邛山野人 著

畅快淋漓三国史(上)

图书在版编目（CIP）数据

畅快淋漓三国史 / 邙山野人著 . -- 北京 : 新世界出版社 , 2022.7
（白话正史）
ISBN 978-7-5104-7387-6

Ⅰ . ①畅… Ⅱ . ①邙… Ⅲ . ①中国历史—三国时代—通俗读物 Ⅳ . ① K236.09

中国版本图书馆 CIP 数据核字（2021）第 271655 号

审图号：GS（2021）7378 号
书中地图插图由天域北斗数码测绘科技有限公司授权使用。

畅快淋漓三国史

| 作　　者：邙山野人
| 责任编辑：董晶晶
| 装帧设计：主语设计
| 责任校对：宣　慧
| 责任印制：王宝根　苏爱玲
| 出　　版：新世界出版社
| 网　　址：http://www.nwp.com.cn
| 社　　址：北京西城区百万庄大街 24 号（100037）
| 发 行 部：（010）6899 5968（电话）　（010）6899 0635（电话）
| 总 编 室：（010）6899 5424（电话）　（010）6832 6679（传真）
| 版 权 部：+8610 6899 6306（电话）　nwpcd@sina.com（电邮）
| 印　　刷：北京亚通印刷有限责任公司
| 经　　销：新华书店
| 开　　本：710mm×1000mm　1/16　尺寸：170mm×240mm
| 字　　数：1116 千字　印张：90.25
| 版　　次：2022 年 7 月第 1 版　2022 年 7 月第 1 次印刷
| 书　　号：ISBN 978-7-5104-7387-6
| 定　　价：228.00 元（全三册）

版权所有，侵权必究
凡购买本社图书，如有缺页、倒页、脱页等印装错误，可随时退换。
客服电话：（010）6899 8638

目录

第 1 章　帝国的末世 ……………………………… 1

第 2 章　少年曹阿瞒 ……………………………… 8

第 3 章　英雄之始 ………………………………… 14

第 4 章　沐猴而冠 ………………………………… 20

第 5 章　白虹贯日 ………………………………… 27

第 6 章　董卓之乱 ………………………………… 33

第 7 章　凉州军团 VS 关东群雄 ………………… 41

第 8 章　鹿走入长安 ……………………………… 47

第 9 章　东线无战事 ……………………………… 54

第 10 章　孙坚得玺 ……………………………… 60

第 11 章　袁绍据冀州 …………………………… 65

第 12 章　刘备救孔融 …………………………… 72

章节	标题	页码
第13章	王司徒的密谋	78
第14章	刺杀董太师	85
第15章	李傕、郭汜之乱	91
第16章	一战袁术,两征陶谦	97
第17章	兖州的背叛	105
第18章	刘备的困境	111
第19章	长安大乱	117
第20章	銮驾东返	123
第21章	挟天子以令诸侯	130
第22章	战宛城阴沟翻船	136
第23章	袁术的野心	142
第24章	孙郎渡江	149
第25章	虎踞江东小霸王	155
第26章	不作死就不会死	162
第27章	白门楼	169
第28章	白马将军公孙瓒	176
第29章	易京陷落	182
第30章	袁绍的决定	188

第31章	曹弱袁强	194
第32章	大战前夜	201
第33章	刘备反水	209
第34章	"孙策欲袭许!"	217
第35章	小霸王之死	224
第36章	孙权上位	230
第37章	关公刺颜良	236
第38章	官渡对峙	242
第39章	曹军兵力之谜	248
第40章	乌巢劫粮	255
第41章	胜败谁人定	262
第42章	兄弟阋墙	269
第43章	邺城攻防战	275
第44章	夺取冀州	282
第45章	北征乌桓	289
第46章	白狼山之战	296
第47章	沧海之心	302
第48章	"坐谈客"刘景升	309

第49章	荆州攻略	316
第50章	祢衡的行为艺术	322
第51章	孔融必须死	329
第52章	鲁肃的规划	337
第53章	进击的江东	344
第54章	孔明身世	350
第55章	卧龙出山	356
第56章	曹兵南下	363
第57章	长坂追击战	371
第58章	当阳桥前一声吼	377
第59章	孙刘结盟	384
第60章	诸葛渡江	391
第61章	仲谋的决心	397
第62章	千古赤壁今何在	404
第63章	曹操大军竟几何	411
第64章	乌林危圮地	417
第65章	黄盖诈降	424
第66章	燃烧的大江	431

第67章	诡异的疫病	438
第68章	"孙十万"合肥首秀	444
第69章	江陵城下的对峙	452
第70章	孙刘联姻	461
第71章	"借荆州"谜团	467
第72章	潼关之战	474
第73章	刘备入蜀	481
第74章	"暗弱"的刘璋	488
第75章	克定蜀中	495
第76章	成都新政	501
第77章	生子当如孙仲谋	508
第78章	荀彧之死	515
第79章	进封魏公	522
第80章	挺进汉中	529
第81章	吴下阿蒙	537
第82章	张辽威震逍遥津	544
第83章	继承人问题	552
第84章	兄弟间的竞争	559

第 85 章	巨轮下的牺牲品	566
第 86 章	曹操与杨修	573
第 87 章	定军山	580
第 88 章	汉中王	588
第 89 章	水淹七军	595
第 90 章	盟友的阴谋	602
第 91 章	荆州的危机	608
第 92 章	谁是内奸	614
第 93 章	英雄末路断头颅	620
第 94 章	荆州失守谁之过	627
第 95 章	吾为周文王	634
第 96 章	最后的遗嘱	640
第 97 章	盖棺难论定	646
第 98 章	曹丕继位	654
第 99 章	相煎何太急	661
第 100 章	汉魏禅代	668
第 101 章	复仇之心	674
第 102 章	蜀军无大将	681

第103章	大战之前	687
第104章	步步为营	694
第105章	兵败猇亭	701
第106章	曹丕三道伐吴	708
第107章	二朱守城	715
第108章	白帝托孤	721
第109章	江山岂是哭得来	729
第110章	英雄刘玄德	735
第111章	危急存亡之秋	742
第112章	诸葛南征	748
第113章	五月渡泸	755
第114章	天堑隔南北	762
第115章	命里小厄躲不过	769
第116章	明帝身世之谜	777
第117章	司马懿登场	784
第118章	狼顾之心	791
第119章	大魏忠臣	799
第120章	秦皇汉武之俦	805

第121章	出师一表真名世	811
第122章	小国强军	817
第123章	子午谷奇谋	824
第124章	路线分歧	831
第125章	借刀杀人	839
第126章	祁山路漫漫	847
第127章	何处是街亭	853
第128章	马谡做先锋	859
第129章	隐秘的细节	866
第130章	不存在的"空城计"	873
第131章	周鲂诈降	880
第132章	石亭之战	887
第133章	《后出师表》真伪之谜	893
第134章	受挫陈仓	900
第135章	东吴大帝	906
第136章	孙权是个好领导	913
第137章	前半生明君	919
第138章	吴蜀交分天下	926

第139章	八阵迷踪	935
第140章	王者之师	943
第141章	以法治国	950
第142章	再出祁山	956
第143章	木牛运粮	963
第144章	司马战诸葛	969
第145章	"二把手"李严	976
第146章	事出有因	982
第147章	退兵风波	989
第148章	新、旧矛盾	995
第149章	诸葛用人	1001
第150章	辽东经略	1008
第151章	公孙渊的奸计	1015
第152章	从斜谷出击	1022
第153章	五丈原对决	1030
第154章	长星陨落	1037
第155章	三代以下君一人	1045
第156章	魏延谋反真相	1052

第157章	暗潮涌动	1059
第158章	排抑浮华	1066
第159章	司马懿北征	1074
第160章	荡平辽东	1080
第161章	高堂隆的警告	1087
第162章	谁为陈平、周勃	1093
第163章	谁是竖刁、赵高	1099
第164章	曹爽 VS 司马懿	1106
第165章	保卫汉中	1113
第166章	正始改制	1120
第167章	山雨欲来	1128
第168章	血色将至	1135
第169章	管辂的预言	1143
第170章	高平陵之变	1150
第171章	愚蠢的决定	1158
第172章	反叛来自淮南	1165
第173章	司马懿之死	1172
第174章	大皇帝的心事	1179

第175章　二宫并立 1185

第176章　南鲁党争 1193

第177章　诸葛恪入局 1200

第178章　司马师伐吴 1207

第179章　东关之战 1214

第180章　新城之围 1221

第181章　血溅吴宫 1228

第182章　司马氏的反对者 1235

第183章　废帝立威 1242

第184章　生不逢时的新君 1250

第185章　第二次淮南叛乱 1257

第186章　司马昭秉政 1264

第187章　第三次淮南叛乱 1270

第188章　寿春之战 1277

第189章　井底的囚龙 1284

第190章　天子殉国 1291

第191章　名士凋零 1298

第192章　广陵散绝 1305

第193章	孤独的北伐	1314
第194章	从洮西到段谷	1321
第195章	季汉斜阳	1328
第196章	"天狱"陷阱	1336
第197章	五路伐蜀	1344
第198章	脆弱的防线	1351
第199章	阴平奇袭	1359
第200章	成都陷落	1366
第201章	蜀中再无大将军	1374
第202章	三国唯一昏君	1381
第203章	统一之战	1389
第204章	金陵王气黯然收	1396

| 附 录 | 诸葛亮流马形制考 | 1404 |

参考书目 ———————————————— 1419

地图目录

东汉十三州形势图（140年） ... 2
洛阳周边图 ... 40
青冀之间图 ... 70
徐豫之间图 ... 101
邺城许都图 ... 202
幽州地区图 ... 295
荆州北部图 ... 366
荆州中部图 ... 403
赤壁之战图 ... 405
淮南江左图 ... 449
关中汉中图 ... 530
汉中之战图 ... 584
夷陵之战图 ... 699

益州南部图 ... 749

陇西陇南图 ... 836

街亭之战图 ... 867

五丈原之战图 ... 1034

魏晋洛阳城内城格局示意图 ... 1153

魏晋洛阳城宫城格局示意图 ... 1153

第1章 帝国的末世

后汉中平六年（189年）四月十一日，一向身体康健的汉灵帝刘宏在事先并无预兆的情况下突然病逝于洛阳南宫，时年三十四岁。

刘宏十三岁时以外藩支庶的身份入继大统，总共在位二十二年。这二十二年，可谓大汉王朝多灾多难、江河日下的二十二年。

在朝廷，刘宏受阉宦挟制，掀起了株连甚广的第二次"党锢之祸"，大批不满宦官专权的官员和士子受到严酷迫害，正直敢言之人被清洗殆尽。以张让、赵忠等十常侍为代表，宦官集团的势力在朝中达到极盛，他们口含天宪，作威作福，卖官鬻爵，剥割黎庶，穷奢极欲，朋比为奸，搞得朝廷政治黑暗无比。

在地方，由于吏治腐化、豪强大姓侵夺和灾害疾疫频发，流离失所的贫民百姓越来越多，走投无路者往往聚为寇盗，劫掠州郡，大小叛乱史不绝书。至中平元年（184年），终于爆发了以"苍天已死，黄天当

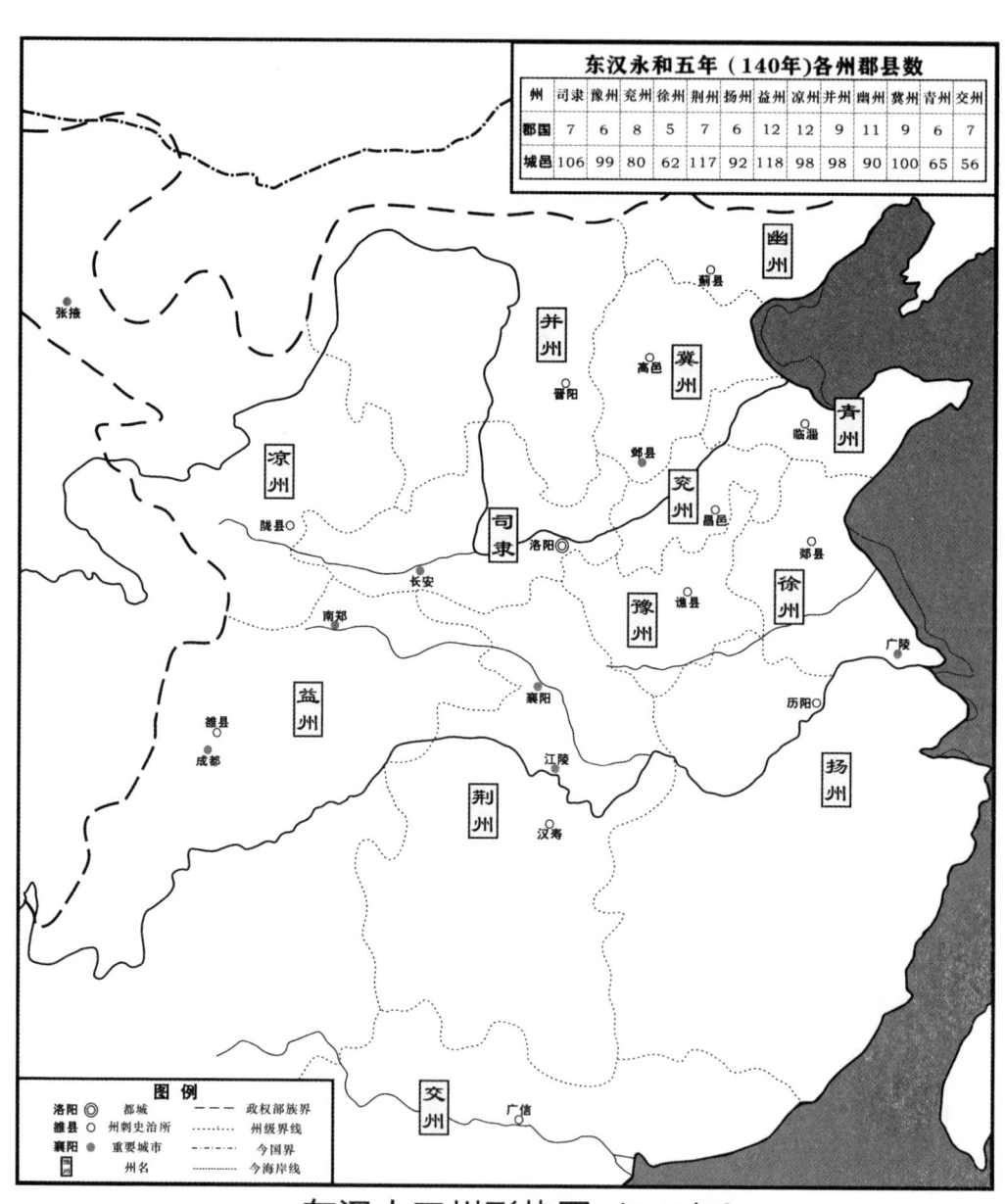

东汉十三州形势图 (140年)

立"为口号的黄巾起义。虽然短短九个月，以张角兄弟为首的黄巾军主力便被官军剿灭于河北，但起义烈火已成燎原之势，多年间此起彼伏，持续摇撼着中州大地。

在边疆，百余年来数度震荡关陇的羌人叛乱在残酷镇压之下好不容易稍有平息，乌浒蛮、板楯蛮、武陵蛮又先后在交州、益州、荆州揭竿而起，河套地区的屠各胡也趁黄巾起义之时再次发动了叛乱，至于塞外的鲜卑人，更是连年入寇幽、并，侵略不止。帝国政府曾经努力维持的四夷宾服、万国来朝的天下秩序早已荡然无存。

与此同时，一向被时人视为天意的天文星象亦连番示警，阴阳五行灾异频出：光和元年（178年），彗星入天市，五年（182年），彗星入太微，乃冥冥中暗示着天帝将徙、天下易主的不祥征兆。另据史料记载，灵帝在位期间宫省共发生过五次大火，国中遭遇了六次严重水灾、五次大规模瘟疫、雹灾四次、地震七次，蝗旱灾害亦为数不少，在时人看来，这些都是政逆神怒、阴阳失和所致。

同样在光和元年，洛阳南宫侍中寺里豢养的一只母鸡还出现了"雌化雄"的生理变异，不过蹊跷的是，此鸡一身毛羽已经与雄鸡无二，头冠部分却仍然维持原样；京师更是传出了"马生人"的奇闻。

就此种种灾异现象，汉灵帝特意降诏召问群臣，咨询妖异产生的原因以及消灾解咎的方法。众人怕祸从口出得罪权阉，大多闭口不言。只有通经明术的大才子、议郎蔡邕直言指出："这种种灾异皆是亡国之凶兆，尤其是这些妖异之象大多发生在宫掖寺署之内，警示的意味更加峻切。总体来看，很可能是小人在位、妇人干政之咎。当年汉元帝时也发生过雌鸡化雄的现象，后来王皇后得立，至哀帝时摄政，用自己的侄子王莽为大司马，最后终于篡夺了汉室江山。现在侍中寺的雌鸡唯头不变，头为元首，乃是人君之象，是将有其事却尚未完成之征兆。惟愿陛

下深自反省，感悟改作，方能消灾解难、转危为安。"

然而汉灵帝见此章奏，虽然叹息良久，甚有感触，却终究无法像蔡邕建议的那样幡然改作。不久后章奏内容外泄，在宦官程璜的指使下，蔡邕被弹劾下狱，最后减死一等，被流放到了塞北朔方。从此以后，敢于直言进谏的大臣更是少之又少了。

而也就是在此后不久，汉灵帝便以"巫蛊"为由废掉了元配宋皇后，两年后又在宦官们的力保下将生育了皇子刘辩的何贵人立为了皇后。

这何氏本是南阳一家屠户的女儿，身份低贱，按理并不应入选后宫。据说是何家花重金贿赂了采选宫女的官员她才得以入选，其背后则很可能来自于宦官们的运作。因为长久以来，宦官与外戚的争斗便一直是东汉宫廷内的主要矛盾。远的不说，就说灵帝初立之时，拥立有功的外戚窦武就曾经联合太傅陈蕃等谋诛群阉不成，反被中常侍曹节、王甫所杀。从那以后，宦官们一直在谋求选立一个他们易于控制的皇后。何家身份低微，又非大族，由此才受到了宦官们的青睐。偏巧何氏的肚子也很争气，得幸后于熹平五年（176年）顺利生下了皇子辩。之前灵帝曾有数子，却不幸全部夭折，因此他对皇子辩的降生十分重视。怕这个婴儿被鬼神所妒再次早夭，按照当时的风俗，灵帝特意将其寄养在一史姓道人家，刘辩因此得号"史侯"。何氏母以子贵，先封贵人，又被立为皇后，何氏的异母兄何进也飞黄腾达，得以入朝担任显官。

何氏生性强忌，地位显贵后更加悍妒，搞得后宫嫔妃人人自危，与此同时也失去了灵帝的宠幸。光和三年（180年）夏，后宫里有一名王美人得到了灵帝的恩幸，事后发现自己怀了孕。怕遭到何氏迫害，她私下找来堕胎药，想要把孩子打掉。哪知道喝下药后，完全没有反应。而且之后王美人好几次做梦，都梦见自己背负着太阳前行，她预感这是腹中胎儿大贵之象，便再也不敢动打胎的念头。到了第二年三月，她便也诞育了一位皇子。汉灵帝觉得这个新生儿跟自己长得很像，便为其取名为协（协者，同也），字伯和。

王美人生于官宦之家，本就姿容甚美，又能写会算，聪敏有才，对灵帝的吸引力远非出身屠户的何后可比。如今她又生育了皇子协，更让何后十分妒恨。她决定趁王美人未及威胁到自己的地位，尽早将她除掉。生下皇子协八天之后的某个时辰，王美人感到口渴，便要了些米粥来喝。没想到粥中有毒，不久她便撒手人寰了。事后灵帝追查，发现此事是何后主使，大为震怒，当时便要将她废掉。最后还是以张让为首的一众阉官苦苦哀求，甚至各出家财千万为礼，才劝得灵帝收回了成命。

为了抚养失去母亲的皇子协，灵帝先是将他交给自己信任的一个小吏，慎择乳母哺育，一年后又把他交给了自己的生母董皇后①养护，因此刘协号曰"董侯"。

从此以后，到底是立"史侯"皇子辩还是"董侯"皇子协当太子，便成了汉灵帝难以抉择的心病。

照理说，皇子辩年长，生母又是皇后，立他为太子本是无疑义的事。可是在鸩杀王美人一事上何后表现出的强横狠毒令灵帝十分寒心。倘若立刘辩为太子，那么将来自己宾天之后，何氏很可能会效仿前代的吕、邓、阎、梁诸后称制专权，说不定会对刘氏天下不利，如此岂不是应了蔡邕所说雌鸡化雄、亡国之征的预言？另一方面，灵帝虽然一直信用宦官，却并不愿处处都受这些刑余之徒的挟制。在废后这件事上宦官们力保何氏，使他恨意无处发泄，长期郁结于胸，自然而然便迁怒到了

---

① 灵帝以外藩继统，其生母董氏未正式得封太后，但上尊号曰孝仁皇后，居永乐宫。然史籍中亦有称其为永乐太后者。

皇子辩身上，也引发了他不愿轻易立其为太子的逆反心理。因此虽然群臣请早立太子，但灵帝却以皇子辩"轻佻无威仪"为由，拒绝马上立他为嗣君。相反，直到王美人去世后的第三年，灵帝还对她的仪容风姿追思不已，亲作《追德赋》《令仪颂》寄托哀思，流露出想立皇子协的念头。再加上其生母、抚养皇子协的董后也经常对着他吹风，后期的灵帝在情感上愈发倾向于立皇子协。不过他也深知，废长立幼是皇家大忌，注定得不到朝廷内外的支持。再加上皇子辩背后有张让、赵忠等权阉撑腰，其舅何进又官居大将军掌握兵权，虽说灵帝有立刘协为太子的意愿，短时间内要想实现却并不现实。因此立太子一事一直久拖不决，直到他突然病逝之时仍然没能确定下来。

对外治国无力，眼睁睁看着江山糜烂束手无策，对内掖庭不安，想立幼子却心愿难遂，受制于宦官却又离不开宦官，憎恶皇后却又废不得皇后，汉灵帝刘宏深感自己这个皇帝做得毫无滋味。因此在王美人去世之后，他明显变得心灰意懒、自暴自弃起来。这一时期的史书中，频频出现关于灵帝所行荒淫放浪的记载。《后汉书》说，灵帝喜欢胡服、胡帐、胡笛、胡舞等充满异域风味的玩意儿，他曾经在后宫里建了个农贸市场，叫宫女们打扮成各色店主，自己则穿着商贾的衣服在其中吃喝游玩；他曾经在西园弄狗，把文官穿戴的进贤冠和绶带套在狗的身上，以此调笑取乐；他还曾经亲自驾着四头白驴拉的大车，在宫中驱驰往来，笑闹狂奔。野史《拾遗记》则记载，灵帝在西园里造了个"裸游馆"，盛夏之时，便选取年轻貌美的宫女在其中泛舟避暑、香汤裸浴。

世道如此混乱，政治如此黑暗，皇帝又是如此昏庸无能，当时上至朝廷士大夫，下至民间有识之士，几乎无人不认为邦国无道，衰世已至，汉家很可能已经不再是天命所归。要不然，怎么从和帝开始，百年间上台的八个刘姓皇帝，竟无一不是冲龄即位，寿命最长的桓帝也只不过活到了三十六岁，殇帝、冲帝、质帝更是在位一年便告夭折，随之而来的不是女主专权，便是外戚、宦官乱政，直搞得大好江山变成了这副破败模样！

　　天之道，终而复始。按照当时普遍奉行的五德终始理论，汉家火德，如今火德既衰，土生于火，当有得土德者取代汉室天下，而黄色是土德的象征。由此不知从何时起，如同西汉末年一样，社会上再度流行起了"汉行气尽，黄家当兴"的谶纬预言。黄巾军"苍天已死，黄天当立"的口号，便是基于此思想背景而生。

　　治乱交替，物极必反。当年秦末大乱，高祖刘邦提三尺剑斩白蛇起事，至威加海内、一统江山，不过花了七八年；至王莽篡汉，天下又乱，光武帝刘秀起兵于宛城（今河南南阳），翦灭群雄，中兴汉室，也不过花了十二年。如今汉室衰乱，四海鼎沸，时人都延颈盼望，祈愿有新的英雄豪杰应世而出，救黎民于水火，返天下以太平。

　　帝国的末世，正是英雄的黎明。

　　只不过，恐怕当时很难有人想到，接下来的动荡纷争竟然持续了将近百年之久，而英雄辈出所缔造的，竟是一个三国鼎立的时代。

第2章 少年曹阿瞒

众所周知，三国是为魏、蜀（汉）、吴，三国的实际奠基人是曹操、刘备和孙坚孙策父子。

在汉灵帝于中平六年（189年）去世之时，曹操和孙坚都是三十五岁，刘备二十九岁。他们之中，官职最高的是孙坚，时为长沙太守、乌程侯，其次是曹操，为典军校尉，官职最低的则是刘备，仅为安喜县尉。总体而言，他们都还不是什么了不起的角色，对当时政治局势和历史走向的影响也微乎其微。但是在接下来的几十年里，历史的波涛一浪高过一浪，最终将他们（以及他们的后裔）推上潮头，成为今天我们所熟知的三国时代的开创者。

正所谓沧海横流，方显英雄本色。东汉末年皇纲解纽、天下大乱为英雄们提供了彼此角逐的竞技场，曹、刘、孙三家之所以能在当时众多的英雄豪杰当中脱颖而出，成为最后的胜利者，固然有许多偶然因素，却也与他们每个人的出身、境遇、秉性和才略息息相关。

为了更好地理解他们创业肇基、走向成功的历程，我们须先追根溯源，了解一下他们发迹之前的早年生活。

先说曹操曹孟德。

曹操是沛国谯县（今安徽亳州）人，一名吉利，小字阿瞒。熟悉三国影视作品的朋友都知道，曹操经常被政敌讥贬为阉宦之后，这是因为他的父亲曹嵩是桓帝时大宦官曹腾的养子。

曹腾少时入宫，因为有幸被选为太子伴读而发迹，官至宦官首领的中常侍、大长秋，后来又因为拥立桓帝有功得封费亭侯，是当时宫省内外颇具权势和影响力的重要人物。

至于曹嵩在被曹腾收养之前的本家出自何氏，现在已经无法确知。《三国志》但言"莫能审其生出本末"，似乎有意隐讳；陈琳为袁绍作檄文，直斥曹嵩为"乞丐携养"，也未能言其姓氏。吴人所作的《曹瞒传》以及晋人郭颁的《世语》则提出，曹嵩其实是夏侯氏子，是夏侯惇的叔父，曹操跟夏侯惇本是堂兄弟。从曹操和夏侯家的密切关系看来，这一说法似乎不无道理。但《曹瞒传》既出敌国之手，对曹操本就意存贬损，也不一定十分靠谱。再说，夏侯家也是谯县大姓，长期跟曹家有姻亲关系，仅凭两家关系密切这一点并不足以证明曹嵩本姓夏侯。复旦大学的韩昇先生就认为，按照当时的社会风俗，收养和过继一般都是在本族内部进行，曹嵩很可能是从曹氏他房过继给曹腾的。不过倘若曹氏他房没有多余的男丁，那么也不能排除曹嵩本是夏侯氏幼子的可能。

不管怎样，早在顺帝时朝廷便已规定"中官得以养子为后，世袭封爵"。曹嵩既然继承了曹腾的宗祧，也就继承了他的社会地位和家族身份。而这一点，对后来的曹操影响极大。

东汉是一个宦官专权特别突出的时代，而当时许多知识分子在"党

锢之祸"中饱受迫害，无不对阉宦深恶痛绝，这就导致宦官在社会上名声极差。其实宦官并非全为奸恶无耻之徒，例如发明了造纸术的蔡伦便是"尽心敦慎"，敢于犯言直谏、匡弼得失的"好太监"。而曹操的祖父曹腾，据《续汉书》的记载，不但为人忠厚，"历事四帝，未尝有过"，并且还举荐进用过虞放、边韶、张温、张奂等"海内名人"。陈琳的檄文中称他"与左悺、徐璜并作妖孽，饕餮放横，伤化虐民"，只是欲加之罪的虚浮之辞，并没有真凭实据。起码从现存史料来看，曹腾或许同其他宦官一样有贪财的毛病，但确实没干过什么伤天害理的勾当。

曹腾在宫省奉事三十多年，又曾长期担任宦官首领大长秋一职，爵封费亭侯，积攒下丰厚家财应该并非难事。而且曹家在谯县本就是大族。史料和考古发现显示，在谯县城南，除曹腾、曹嵩父子之墓以外，还有曹腾堂兄"故颍川太守"曹褒、侄子"故长水校尉"曹炽（曹仁之父）和"汉谒者"曹胤的坟墓。《三国志》中也提到，曹洪伯父曹鼎曾任尚书令，族父曹瑜官居卫将军、封列侯；曹休祖父当过吴郡太守。以上情况说明，曹氏家族在曹操父祖这一辈已经有不少人当官了，虽然与袁绍家族"四世五公"（亦称四世三公，因袁氏四代有五人位至三公）不能相比，却也是世代官宦。再加上曹家人丁兴亡，家资丰厚，在谯沛当地实为一颇具势力的豪族。后来曹操起兵能够在很短的时间内便拉起一支像模像样的队伍，应该与曹家充沛的人力物力脱不开关系。

曹操父亲曹嵩先后官居司隶校尉、大司农、大鸿胪等显官，甚至还当了六个月的太尉。史书上不曾记载他有什么突出的事迹，唯一不太光彩的是，他这个太尉头衔是贿赂宦官后花了"钱一亿万"（汉代以十万为亿）买来的。这一点后来被袁绍抓住，在檄文中大骂他"因臧（赃）买位，舆金辇宝，输货权门，窃盗鼎司，倾覆重器"。其实在灵帝一朝，为了应付财政危机，卖官鬻爵已经是举朝默认的公开行为。当时百官迁转都要私下向灵帝的西园库"上礼"，拜三公者，一般都要送礼钱千万。就连当时的大名士崔烈拜司徒，也是通过灵帝的保母交了五百万的礼钱，灵帝还嫌太少。如果史籍记载属实，那么曹嵩就足足花了均价的一百倍才买来太尉头衔，而且半年之后即被罢免，其实很难称得上划算。

曹操是曹嵩长子，当其出生之时，祖父曹腾还健在，父亲曹嵩亦很可能已经出仕。不过其母丁氏大概在其幼时便已亡故，而曹嵩对儿子的教育也不大热心，以至于曹操后来在其诗作《善哉行》中感叹："自惜身薄祜，夙贱罹孤苦。既无三徙教，不闻过庭语。"说自己从小福薄，既没有受到过像孟母三迁那样的关爱，也没有受到过孔子庭训那样的管教。

生长在官宦大富之家，却缺乏严父慈母的训诫，也就难怪少年时代的曹阿瞒在熊孩子的道路上一路狂奔了。《曹瞒传》说他"少好飞鹰走狗，游荡无度"，俨然一个喜欢惹是生非的纨绔子弟。为此他的叔父曾向曹嵩告状，叫他好好管管阿瞒。曹操得知后十分不满。一次他在路上遇到这位叔叔，马上嘴歪眼斜作抽风状。叔叔吃惊地问他怎么了，他回答中风了。这位叔叔马上回去告诉了曹嵩，说你儿子中风了，赶紧去看看吧！曹嵩大惊，连忙将曹操找来，一看很正常嘛，哪里有中风的迹象？就问曹操你叔叔刚才说你中风了，怎么这么快就好了？曹操说我根本就没中风啊，想来一定是叔叔因为不喜欢我，看见我的样子就讨厌，所以才误以为我中风了吧！从那以后，这个叔叔再告曹操的黑状，曹嵩就不信了。曹操由此更加纵情肆意起来。

《曹瞒传》中记载的这个故事意在暗示，曹操自小便是个喜欢使奸耍诈的家伙。《三国志》也说曹操"少机警，有权数，而任侠放荡，不治行

业"。说明他不但情商智商都很高，而且为人行事并不拘于礼法名教。所谓"任侠"，用现在的话说就是喜欢混社会，"大家好朋友，讲义气"。

少年时代曹操混社会结交的好朋友之一，正是袁绍袁本初。

袁绍虽然出身"四世五公"的高门汝南袁氏，但他本是庶出，其母很可能是袁家的奴婢，以至于后来他的异母兄弟袁术辱骂他为"吾家奴"。多半是因为这一点，袁绍并不像一般的豪门贵公子那样自恃身份，而是"能折节下士"，再加上其人"有姿貌威容"，颇有带头大哥的风范，因此很有人缘。史料还说，袁绍同样"好游侠"。除了曹操之外，他结交的好哥们还有张孟卓（张邈）、何伯求（何颙）、许子远（许攸）、伍德瑜（伍琼）等人。

关于曹操和袁绍少年时并为游侠的事迹，《世说新语》中记载有两则。至于是否可信，您可以自个儿判断。

一是曹、袁二人有一次看见有人办婚礼，不知怎地竟起意要偷新娘，便于夜间潜入那家后园，高呼道："有贼！抓贼啊！"趁着新房里的人都出来看哪里有贼，曹操便钻进新房，拔刀将新娘劫持了出来。两个人逃跑的路上，袁绍不小心掉进了荆棘丛中，一时出不来。曹操见状大叫："偷新娘子的贼在这里！"袁绍一急，顾不得棘刺，一蹿老高跳了出来。由此两人才顺利摆脱了追逐。此事被《世说新语》纳入《假谲》一篇，显然意在突出曹操的机智。

第二件事则是，袁绍年少时曾经派人在夜间潜入曹操住处，用剑投掷睡在床上的曹操，稍低一点没能投中。曹操心知此人一击不中，第二击必定会往高了投，便紧紧贴卧在床上，结果第二剑果然投高，还是没中。至于此事的前因后果，一概不得其详。

身为游侠，当然要会武功。关于曹操的武功身手，史书中也有两则记载。

一则材料来自南朝人刘昭所作《幼童传》：曹操十岁的时候，在家乡谯县的河里洗澡，突然有一只蛟向他逼近，他便在水中奋击，将此蛟击退，然后浴毕而还，并未声张。直到后来有一次，有人看见大蛇，吓得奔逃四散，曹操就笑话他们说："我被蛟攻击都不怕，这条蛇有什么好怕的？"众人一问，才知道曹操与蛟搏斗的经历，都十分惊佩。

还有一则材料见于《三国志》裴注所引孙盛《异同杂语》，说曹操曾经私下潜入过大宦官张让的房间，动机不详，有可能是想行刺，也有可能是想盗取某种物事，不料却被张让发觉，于是曹操"舞手戟于庭，逾垣而出"。众人见其"才武绝人"，莫可奈何，只能任其逃脱。

从这两则材料来看，曹操的武力值显然不低。

尽管少年时的曹操聪明机智，武艺高超，混社会也混得像模像样，但在那个时代的主流价值观里，这些都算不上什么真本事，只有读书仕进才是正途。所以对这一时期的曹操，陈寿在《三国志》中用了五个字评价："世人未之奇。"大家都没觉得他有什么出类拔萃的地方。

但是有一个人却对曹操评价非常高，这个人便是太尉桥玄。

第3章 英雄之始

身为公卿子弟,曹操大概到了十五六岁,便按照当时的惯例进入洛阳太学修习。

太学是东汉官方开设的高等教育机构,用现在的话说就是国立中央大学。太学生称为"诸生",东汉后期太学生最多时曾达到三万余人。《续汉书》记载:"初,魏武帝为诸生,未知名也,玄甚异之。"正是在洛阳太学的经历使曹操进一步开拓了自己的交际圈子,结识了诸多精英知识分子,并引起了太尉桥玄的注意。

桥玄是梁国睢阳(今河南商丘)人,跟曹操基本上算是老乡,又与其父曹嵩同朝为官,按照当时乡党之间前辈奖掖后进的风俗,他在见到曹操之后,给了这个年轻后生很高的评价。《三国志》云,桥玄对曹操说道:"天下将乱,非命世之才,不能济也。能安之者,其在君乎!"《魏书》还说,桥玄感慨道:"我见过的名士多了,却从未见过像你这样的！可惜我已经老了，今后我的妻儿就托付给你了！"桥玄是擅长识人的当世名臣，他居然称当时默默无闻的曹操是能安定天下的命世之才，这实在是极高的赞誉。

桥玄对曹操的帮助还不止于此。为曹操的声名考虑，他又引介曹操结交了著名的舆论领袖许劭许子将。

东汉后期，知识界十分流行人物品题之风，这其中又以许劭、许靖兄弟在汝南主持的"月旦评"最为著名。所谓人物品题，有点像现在媒体搞的"××人物排行榜"，在排名的同时还要品评题榜一番。许劭兄弟搞的这个排行榜因为在每月初一更新，所以得名"月旦评"。汝南是名士辈出之地，许劭兄弟又久负盛名，因此他们的"月旦评"极富权威，谁要是上了榜，就像现在上了"福布斯排行榜"或被选为"时代周刊封面人物"一般，声誉受极大影响，以至于出现当时的士人得到好的评语，便"如龙之升"，得了坏的评语，便"如坠于渊"的情况。

曹操好友袁绍就十分忌惮"月旦评"的威力。据说他在卸任濮阳县令归乡之时，本来车马轩昂，徒党甚众，但到了汝南郡地界，便将随行人员全部遣散，单车回了老家，理由是："吾舆服岂可使许子将见！"怕许劭嫌自己过于张扬。

正是由于许劭的评论有如此的影响力，桥玄才介绍曹操前去拜会于他。

然而可能是因为曹操出身浊流，或者是因为其少年时飞鹰走狗的名声不好，许劭"鄙其人而不肯对"。尽管曹操卑辞厚礼拜访了好几次，他却根本不予置评。可曹孟德是何许人物，岂能叫这点困难难住？最后，不知道曹操使了什么手段，史书但言其"伺隙胁劭"，逼得许劭没有办法，终于说出了一句著名的断语："君清平之奸贼，乱世之英雄。"

这句话见于《后汉书·许劭传》。但《三国志》裴注引孙盛《异同

杂语》则记载了一个更为世人熟知的版本，即许劭称曹操为"治世之能臣，乱世之奸雄"。两个版本的意思大为不同：前一版本的意思仿佛是说，曹操在清平之世不甘于平淡，定会成为奸贼，而在乱世，他的才智能够得以施展，反而会成为英雄；后一版本则说，以曹操的才智，他在清平之世会成为一个能干的官员，在乱世则会成为奸雄。

英雄，奸雄，一字之差，褒贬各异。

何谓英雄？比许劭年代稍晚的另一位人物评论家刘劭在其著作《人物志》中写道："聪明秀出，谓之英；胆力过人，谓之雄。""故英可以为相，雄可以为将。若一人之身，兼有英雄，则能长世；高祖、项羽是也。"也就是说，只有智谋和勇气兼具，同时决断力和意志力超群的人才能被称作英雄。而"奸雄"这个词最早很可能出现于《孔子家语》这本书中。该书借孔子之口，称以五恶乱政的大夫少正卯为"人之奸雄者"（《荀子》和《尹文子》则称其"小人之桀雄"）。再参考该词在汉代史籍中使用的情况，可知奸雄专指那些具备英雄的能力却又好乱乐祸之人。或者可以说，奸雄就是邪恶版的英雄。起码在汉代，奸雄之"奸"，倒未必像今人所理解的是"奸诈、狡猾"的意思。

那么许劭本意说曹操是英雄还是奸雄呢？

为曹操作传的张作耀先生认为，应以英雄为宜。因为许劭在说了这句话之后，曹操的反应是"大悦""大笑"，总之是很满意的样子。如果许劭当面贬斥曹操为奸雄，他应该不会如此。况且，史籍既云曹操在拜会许劭之后，"由是知名"，也从侧面证明了许劭的断语应是褒扬多于贬抑。再说，除了许劭之外，同一时代还有别人也称曹操为英雄。例如大名士李膺的儿子李瓒就说："天下英雄无过曹操。"曾经与曹操并肩作战的鲍信也认为，只有他才能"总英雄以拨乱反正"。综观曹操一生，他也无愧于英雄的称号。至于他的儿子曹丕篡汉，反过来坐实了他

"汉贼"的名头，那是后来的事。实际上即便如此，从魏晋直到北宋这近千年间，有识之士对曹操的评价都是强调其身为英雄的一面。直到南宋以后，知识分子们受到正统观念影响，对曹操的评价才更多强调起他"其实汉贼"的一面。

在我看来，以上两种版本各取一半，"治世之能臣，乱世之英雄"才是对曹操最为准确的评价。

不管怎样，太学教育让曹操具备了出仕的基本条件，桥玄的举荐和许劭的评断则让年纪轻轻的他声名鹊起。本就是官宦子弟，如今又小有名气，因此刚满二十岁，曹操便顺利踏上了仕途。

这个时候，曹操的目标还只是当个能臣。

灵帝熹平三年（174年），曹操举孝廉为郎，随后被除授洛阳北部尉。

东汉的选官制度主要靠察举，也就是先考察后举荐的意思。当时规定，地方郡国按照人口多寡每年都要举荐一定数目的人为孝廉（和帝以后每二十万口举一人，全国岁举孝廉二百余人）。孝就是孝子，廉就是廉吏，初始的孝廉一科重在选拔德行敦良的人才。不过到了曹操生活的这个时代，孝廉的举荐早已被官宦世家和豪族大姓所把持，大多名不副实。因此德行并不出众、并无孝行廉迹的曹操得以被举为孝廉，实在正常不过。

成为孝廉，相当于取得了出仕的资格。通常接下来便会充任郎官，也就是没有名额限制的皇家侍从，其定位有点像候补官员。郎官任满，或者被皇帝诏除，便可派到地方担任县令、丞、尉。曹操这个洛阳北部尉便应该是经皇帝诏除授予的。

县尉是一县之中主管治安捕盗的官员。洛阳县是京师所在，人口众多，因此划分为四个尉来治理。北部尉秩四百石，是负责治安的官员。举荐曹操担任此官的不是别人，乃是司马懿的父亲、时任尚书右丞的司

马防①。其实在当时，曹操更想当的是秩千石的洛阳县令。但主管此事的选部尚书梁鹄很可能考虑到让一个年仅二十、毫无经验的郎官担任天下首县县令过于激进，最后只让他当了北部尉。对于这件事，多年以后曹操还耿耿于怀。后来天下大乱，梁鹄南投荆州刘表，曹操平定荆州后便悬赏缉拿梁鹄。梁鹄走投无路，只好自缚至军门。不过曹操并没有报复他，而是让他在自己军中担当起了秘书。至于司马防，曹操在建安二十一年（216年）晋封魏王之后曾特意将其召至邺城（今河北磁县南），把酒言欢，还开玩笑地对他说："你看孤王今日，还能不能当个县尉啊？"年近古稀的司马防答道："当年我举荐大王之时，大王您当个县尉刚刚好。"曹操于是大笑。

司马防这话并非虚妄之谈。

北部尉虽然官职不大，辖区内却是龙蛇混杂，号称难治，如果没有足够的头脑和魄力，根本干不好这份工作。曹操当时初出茅庐，正处在血气方刚的年纪，十分迫切地想要做出一份成绩证明自己。多年以后曹操在其著名的《让县自明本志令》（又称《己亥令》，以下简称《本志令》）中坦率地承认了这种心态，称自己举孝廉刚参加工作的时候，"自以本非岩穴知名之士"，恐怕被别人瞧不起，因此只想当一个郡守，干出些优秀政绩，好在世人心中建立起名誉。正是基于这样的心态，曹操就任北部尉不久，便干了一件令人刮目相看的事。

《曹瞒传》记载，曹操甫一上任，便将公署四门重新装修，门两旁各挂十几条五色大棒，宣布说但凡有人犯禁，一律用此棒打杀。数月后，灵帝驾前红人、小黄门蹇硕的叔叔犯了宵禁，曹操不由分说，当即

---

① 据出土之《司马芳残碑》，司马防又名司马芳。有学者认为史籍改芳为防，是为避曹芳之讳。本书从史籍作防。

将此人棒杀。这下杀鸡儆猴，吓得京城里一时间人人敛迹，无人再敢犯禁。但是如此一来，曹操却也得罪了灵帝身边那些亲幸宦官。只是他们一来暂时抓不到曹操的把柄，二来多半也是顾及曹操父亲的情面，所以没有设计加害，而是用了个调虎离山的办法，将曹操明升暗降，外调到顿丘（今河南清丰西）去当县令。

在顿丘任上曹操做了哪些事史籍无载，不过后来他曾经向儿子曹植追忆这段经历，说对自己当年的所作所为至今无悔。可见这一时期他依然贯彻了自己从政的初心，应该有不少值得自豪的政绩。然而到了曹操二十四岁这年，灵帝废掉了宋皇后，宋氏亲族随之获罪，而宋皇后的兄弟宋奇是曹操的从妹夫，他因此受到牵连，被免了官。于是曹操回到了谯县老家。

曹操在老家一待便是两年，期间除了纳了一房小妾之外，似乎没少读书用功。因为当两年后汉灵帝诏公卿举荐精通儒经之人的时候，他便以"能明古学"为由被征为了议郎。

议郎一职秩比六百石，相当于朝廷的顾问、调研人员，可以议论朝政得失。曹操在其位则谋其政，先后两次上书，为灵帝即位初年遭受宦官杀害的陈蕃、窦武鸣冤，并痛陈公卿在选拔官员时的营私腐败行为。结果这两封奏章交上去，便如泥牛入海，再也没了消息。而与曹操共同举报公卿与宦官结党营私的司徒陈耽则被权阉诬陷下狱，不久便死于狱中。曹操虽然很可能因为受到了父亲的保护而平安无事，但毋庸置疑已被一众权阉列入了黑名单，如果他继续这样固执地与宦官集团作对，迟早也没有好果子吃。陈耽的死也让曹操深深地感到，朝政如此昏暗，已非忠言进谏所能匡正，天下将乱，想做一个治世能臣不再可能，唯一的选择便是明哲保身，耐心地等待自己的治国才干真正得到施展的那一天到来。于是曹操不再献言，在默默无闻中度过了数年。

第 4 章 沐猴而冠

光和七年，黄巾起义爆发，一时间天下响应。东汉朝廷大为震恐，连忙调发举国精兵，博选将帅，以镇压黄巾军。

三十岁的曹操感到，这是一次大显身手、立功报国的好机会，于是毅然接受军职，以骑都尉的职衔参加了讨伐颍川（今河南禹州）黄巾军的战争。

当时负责征剿颍川黄巾的统帅是名将皇甫嵩和朱俊，两人的总兵力在四万左右。黄巾军虽然装备简陋，但数量甚众，朱俊首战不利，皇甫嵩退保长社（今河南长葛东），被黄巾军波才部团团包围。

眼见众寡悬殊，皇甫嵩麾下将士都大为恐惧。皇甫嵩便召集将校道："用兵之道在于奇正相生，不在众寡。现今贼寇依草结营，正是兵家大忌，可以用火攻。趁其惊乱之时，我军出兵攻击，定可一战成功！"到了晚间，果然刮起大风。皇甫嵩便命一部分士卒拿着火把登城，另一部分精锐则出城纵火突围，城上举燎呼应。乘着火势，皇甫嵩率全军大呼冲锋，黄巾军惊乱溃退。恰在这时，曹操率领一支部队赶到，与皇甫嵩、朱俊合兵发动总攻，遂大破波才部，斩首数万之多。事后皇甫嵩、朱俊乘胜进击汝南等地，一举荡平了颍川黄巾，曹操应该也参加了战斗。

因此军功，曹操升迁为济南国相，成了两千石的地方首长。

东汉地方行政建制是郡国并行，国相相当于郡守。济南国下辖十余县，地方官仗着背后有权贵撑腰，贪残蠹民，乡间奸猾横行，风俗淆乱，并不好治理。曹操到任之后，以其一贯雷厉风行的气魄对境内展开了整顿：一是将不合格的官吏全部奏免，丢官的十之七八；二是禁断民间不合法规的宗教活动，拆毁祭祀牛鬼蛇神的淫祠。经过这一番整治，济南国"政教大行，一郡清平"。

但是曹操此举又得罪了当朝权阉。腐败的地方官往往依托有权有势的太监以为靠山，他们搜刮来的民脂民膏也要定期往上"孝敬"，现在曹操断了他们这条财路，他们当然会将曹操视为眼中钉、肉中刺。对这一点，曹操心知肚明，他在《本志令》中说自己在济南的所作所为"违忤诸常侍"，便是指此。当朝廷在权阉的授意下又一次对曹操的工作进行调动之时，为了避免给自家招来灾祸，曹操干脆称病辞官。他只保留了议郎职衔，再度返回谯县老家，过起了春夏读书、秋冬射猎的闲散生活。

在《本志令》一文里，曹操自叙辞官之后自己年纪尚轻，哪怕从此隐居二十年，等到天下清定之时再复出犹未为晚，因此便在郊外五十里建了一间精舍，"欲以泥水自蔽"，努力想要与政治和官场隔绝开来，只可惜并不能如愿。如此看来，曹操一度效仿岩穴之士，有过长期隐居的打算。所谓不能如愿，很可能指的是下面这件事：

中平五年（188年）夏，被权阉害死的太傅陈蕃之子陈逸和冀州刺史王芬因为受到术士襄楷"天文不利宦者，诸黄门、常侍将要灭族"的预言蛊惑，决定联合有意诛杀宦官的豪杰在冀州起兵。当年灵帝本有北巡冀州、探访河间旧宅的计划，王芬等便想趁此机会劫持灵帝，诛除群阉，然后立合肥侯为新君。王芬等除了联络许攸、华歆等豪杰之外，可能是考虑到曹操曾经上奏为陈蕃鸣不平、为政又处处跟宦官们作对，也向他发出了邀请。

然而曹操得知他们这一计划后，并不觉得靠谱，答复道："废立皇帝，乃是天下最为不祥的举动。历史上虽然有伊尹、霍光干过，但他们都是在反复权衡了利弊轻重后才实施的。而且伊、霍二人所处的地位、掌握的权柄、享有的威望都是别人没法比的。你们只觉得他们当年废帝容易，丝毫没考虑到现在做起来有多难。你们好好想想，以列位所能动员的力量，以合肥侯的身份，比得上景帝时造反的吴、楚七国吗？如此便要行非常之事，岂不是太危险了吗？"

王芬等没听从曹操的告诫，依然打算行动。可后来天象异常，太史上奏说："北方有阴谋，不宜北行。"灵帝便取消了北巡计划，并召王芬入朝。王芬心知此谋败露，弃官逃亡，最后在路上自杀。而他之前联系曹操一事似乎并未被灵帝发觉。

由于近年凉州爆发了边章、韩遂叛乱，各地黄巾亦平而复起，军事形势再度恶化。至中平五年（188年），灵帝对京师禁军进行改革，首次设置了西园八校尉（汉代校尉是直接带兵的最高武官）。八校尉之中，以灵帝自己宠任的小黄门蹇硕为总指挥上军校尉，时任虎贲中郎将的袁绍为中军校尉，曹操则被授予典军校尉一职。

蹇硕这个人正史无传，出身履历一概不详。史书但言其人"壮健而有武略"，所以被灵帝重用为禁军元帅。某种迹象显示，蹇硕似乎是后宫的一股独立势力，是灵帝在其末年为了压制张让等十常侍和大将军何进而刻意提拔的新生力量。由于在镇压黄巾起义的过程中总领京师五营羽林军，外戚何进的势力有了很大提升。再加上张让、赵忠等人一向拥护何皇后，而以袁绍为首的一批少壮派官员也投到何进帐下为其奔走，有意舍皇子辩立皇子协的汉灵帝对何进一党忌惮日深。为了防范何进，灵帝不惜打破东汉向来并无宦官执掌兵权的规矩①，在任命蹇硕统领西园八校尉的同时，还特别赋予他"督司隶校尉以下，虽大将军亦领属"的特权。

蹇硕很清楚灵帝重用自己的意图，所以他的下一步计划就是将何进排挤出京师。第二年初夏，蹇硕以西北边疆战事吃紧为由，劝灵帝派何进去征讨边章、韩遂。灵帝自然批准，还赐给何进兵车百乘、虎贲斧钺以示勉励。但何进也感知到了灵帝此举用意，便以兵少为借口，上奏请派袁绍东出收徐、兖二州之兵，待袁绍回来自己便去西征，以此拖延行期。

谁知就在局面僵持之时，汉灵帝刘宏竟突发疾病，于四月十一日驾崩了！据说他在临死之前，还郑重其事地将皇子协托付给蹇硕，意思是叫蹇硕拥刘协即位。蹇硕倒也不负所托，当即决定趁发丧之时召何进入宫，想先杀何进，再立刘协。何进本打算进宫，但蹇硕的副手潘隐跟何进是旧交，抢先迎出，用眼神暗示他不可入内。何进惊悟，转身上马跑回军营，引兵自卫，称疾不出。

蹇硕没能杀成何进，便没有办法阻止何后和群臣立长子刘辩为新君，于是刘辩在四月十三日登基。何后被尊为皇太后，临朝称制，大将军何进和太傅袁隗（袁绍的叔父）辅政，共录尚书事，朝权实际上落入

---

① 此前虽然有宦官担任车骑将军一职，但只是荣誉军衔，并不实际掌兵。

何氏之手。

灵帝在位的二十余年，宦官集团几乎一直操纵着帝国的政治走向，他们在内兴起党锢之祸，迫害朝野忠良，在外放纵亲党贪残聚敛，荼毒天下百姓，朝廷内外积聚的怨毒之情早已沸反盈天，只是迫于有灵帝在背后撑腰，反宦官的势力无可奈何而已。现在灵帝已死，何氏掌权，多年来被宦官们压制的政治力量如洪水一般涌向何进，试图鼓动他利用手中的权力一举剿灭群阉。这其中又尤以"坐作声价、好养死士"的袁绍最为热心。袁绍派自己的宾客张津劝何进说："黄门、常侍权重日久，又与永乐太后（灵帝生母董后）专通奸利，将军宜更清选贤良，整齐天下，以为国家除患。"何进屠户出身，对国家大政本来就没有明确的主张，觉得既然天下人皆曰阉党可恨，那就应该顺应民意才是，何况前日蹇硕阴谋对他不利，也让他怀恨在心，于是便对诛除阉宦的计划表示了首肯。

这一风声传到蹇硕耳中，他大为恐惧。他觉得以自己的力量不足以与何氏相抗，唯一的出路便是与张让、赵忠等联合起来，便写密信给赵忠说："大将军兄弟秉国专朝，现今正与天下党人谋诛先帝左右，将我曹一网打尽，只是顾及我蹇硕典领禁兵，所以才犹豫未发。我们应该马上关闭宫门，将其捕杀才是！"

然而赵忠等觉得何氏能有今日全靠自身扶掖，何太后知恩图报，一定不忍让她的哥哥加害自己，而蹇硕平素跟自己并非一党，诛除何进的阴谋又是他一人所为，眼前犯不上为了他跟何进拼个你死我活，于是决定出卖蹇硕以讨好何进。

何进得了赵忠等人的密报，当即收捕蹇硕，一刀斩讫，并将其兵权收归己有。

这一来，何进自觉再无对手，更加无所忌惮，随即以"藩后不得留京师"为由逼死了灵帝生母董后及其侄骠骑将军董重,并将皇子协由渤海王徙封陈留王。

到了这个地步,何进可以说已经完全掌握了政局。但他手下袁绍等人并不满足于此,他们希望趁热打铁,将阉党彻底铲除。

袁绍劝何进说,二十年前窦武想要诛除宦官却反为所害,一是因为走漏了消息,二是因为百官和卫士都畏惧权阉。现在将军您不但身居国舅之尊位,而且兄弟并领劲兵(何进之弟何苗亦统军),麾下部曲将吏皆为豪杰名士,愿意为您尽力效命,局势尽在掌控之中,实乃天授良机。将军您若能为天下除此大患,必定名垂青史,盖世功勋又岂是古人能比?而且您现在应该多加小心,不可轻易出入宫省。

何进深以为然,便谎称染疾,既不入宫陪丧,又不出送山陵,并与袁绍商定了诛杀宦官的具体方案。

问题是何进谋而不断,称要先取得何太后的同意才行。何太后一听就不干了,说宦官统领禁省乃是祖宗定下的规矩,怎么能说废就废呢?要是把宦官们都杀了,难道叫我一个寡妇直接跟满朝文武共事不成?说什么也不同意。何进说服不了自己的妹妹,便想妥协,只杀几个招摇的宦官了事。但袁绍认为若不能斩草除根,一定会生出后患。何太后的母亲和何进的弟弟何苗都从宦官那里受过不少贿赂,听说何进想杀宦官,也在何太后面前为宦官说情,说何进之所以要尽杀中官,是为了擅权以弱社稷。另一方面,宦官专权由来已久,有的权阉已经在朝廷内外经营了数十年,根深蒂固,党羽众多,而何进才智声望都很有限,又刚刚执掌大权,一无魄力,二无胆量,故而迟迟不能付诸行动。

事情久拖不决,袁绍急得不行,最后干脆给何进出主意说:"您要是实在不愿绕开太后,不如召集四方猛将豪杰引兵前来京师,给太后施加压力,胁迫她同意我们的要求。"何进也是脑子进了水,居然同意了

这个馊主意。主簿陈琳为此进谏，言召外兵入朝不异于"倒持干戈，授人以柄"，不但难以成功，反而会酿成大祸。但何进并未听从。

曹操听说后也冷笑道："宦官不过是人君宠任的家奴，整治他们只需要诛除元凶，一个狱吏便办得了，何必纷纷召外兵前来呢？想把阉党全部铲除，事情一定会泄漏，我看何进多半要糟糕了。"

不久以后，在自己的诗作《薤露行》中，曹操用"沐猴而冠带，知小而谋疆"来形容这时的何进，说他简直就像个穿着官服的猴子，本事不丁点儿，却偏偏谋划着要干自己应付不了的大事，最后只能是害人害己，弄出一个"白虹为贯日，己亦先受殃"的结局。

所谓"白虹贯日"，是一种预示人君将有灾祸的异常天象。当年二月，天空中便出现了这样的异象。显然曹操认为，数月之后之所以发生危及皇帝的祸乱，首要责任人正是何进。

第5章 白虹贯日

中平六年（189年）七月，驻军在河东一带的前将军董卓收到了何进召其进京的密信，不由喜形于色，立刻上表说张让等窃权乱政，自己要效仿春秋时的赵鞅"兴晋阳之甲，以逐君侧之恶"，随即整军奔洛阳而来。

董卓这个人，是彻头彻尾的军阀。

他籍贯陇西临洮（今甘肃岷县），少年时遍游羌中，结交了不少羌胡豪帅，长大后气力过人，能够"双带两鞬，左右驰射"，以武勇当了凉州塞上的一个军官。后来他入选羽林郎，到京师当起了皇家侍卫，因为跟随中郎将张奂讨伐叛羌有功，晋升为郎中，后来又历任西域戊己校尉、并州刺史、河东太守等职。

黄巾起义爆发后，董卓虽然一度代替卢植去冀州征讨张角，却战败而回。他真正形成气候是以副手身份助皇甫嵩、张温西征凉州叛贼边章、韩遂之后。中平二年至六年，董卓一直统军在凉州作战。然而由于性情粗豪，又存了养寇自重之心，他不但与名将皇甫嵩之间屡有龃龉，而且越来越跋扈自专，显露出不受朝廷约束的迹象。中平六年年初，朝廷征他入朝担任少府，董卓拒不奉命，借口说他帐下的羌胡兵因为领不到军饷，拦着他不让走，他怕引起变乱，只好稽留安抚。灵帝病重之时担心董卓尾大不掉，下诏调他为并州牧，命他将兵众交由皇甫嵩统领。董卓再次拒绝了朝廷的安排，上书说麾下兵众跟自己感情深厚，不愿分离，自己只想带他们到边疆继续为国家效力。此后他便一直驻兵在河东，以观望局势的发展。

何进召外兵进京的计划对董卓来说简直是一次天赐良机，他快马加鞭，很快就赶到了渑池（今县西）地界。这时何进受何苗之劝，又摇摆不定起来，派了使者宣诏叫董卓停止前进。董卓才不管那一套，直接进至洛阳城西二十里的河南城才被谏议大夫种劭所阻，稍退至夕阳亭屯驻。

除了董卓之外，何进还向东郡太守桥瑁和屯兵河内的武猛都尉丁原等人发了召集令。丁原纵兵数千，伪装成黑山黄巾贼，以诛杀阉宦为辞，放火焚烧孟津一带的官舍，以此向洛阳施加压力。然而这时何太后仍未准许，何进也还在犹豫。

袁绍怕事久生变，吓唬何进说："现今交构已成，形势已露，将军您还等待什么呀！如此下去，窦武身上发生的事又要重演了！"何进这才任命袁绍为司隶校尉，"假节，专命击断"。

东汉时的司隶校尉地位特殊，既职掌纠察朝廷百官，又是洛阳、长安两京所在的司州之首脑，虽然品秩低于二千石，权力却是极大。现在何进又授给袁绍假节专杀的特权，更是加强了他的权威。于是袁绍便一边调动京城内外的武职官吏，命他们监视宦官们的动向，一边敦促董卓等人驰驿上奏，继续制造兵谏的表象。何太后这才害怕起来，下令中常侍、小黄门这些太监出宫返家，暂时不许再入禁省，只留何进的亲近私人在宫里侍奉。

何太后的立场这一转变，张让、赵忠等慌了，纷纷跑到何进这里叩头谢罪，号泣说任由大将军处置。何进说，天下汹汹，还不都是因为你们，现在董卓等人马上就到了，你们还不快快退回老家，如此便能留得性命。袁绍劝何进趁这个机会把群阉一网打尽，何进还是不肯。于是袁绍便自作主张，以大将军的名义宣告地方州郡，叫他们收捕宦官们的亲属。

张让、赵忠等人感到大难临头，情急之下，觉得唯有把皇帝和太后握在手中才有挽回败局的可能。此时虽然他们已经被禁止入宫，但张让的儿媳是何太后的妹妹，张让便对自己的儿媳磕头央求道："老臣有罪，自当退回老家听候发落。可老臣受太后、陛下多年恩典，现在就要远离，实在恋恋难舍。希望能再入宫当值几天，让我得见太后、陛下之容颜，之后哪怕转死沟壑，也虽死无恨了！"儿媳把这话转告给了何太后的母亲，何母又进宫转述给了太后，何太后也感到这些天离了这些太监，生活上实在不方便，于是便下诏允许诸常侍重新入值。

八月二十五日，何进可能是自以为局面尽在掌控，完全忘记了袁绍对他"不可轻易出入宫省"的劝告，再次入宫面见太后，要求将诸常侍尽皆诛杀。当值的张让、段珪一合计，何进自从称疾请假以来，一不临丧，二不送葬，现在突然入宫见太后，他是要干什么？肯定是想效仿当年的窦武，要把咱们连锅端啊！便派人前去偷听。何进的话一字不落地尽被他们得知，张让等深觉现在已经到了生死关头，便纠集党羽数十人，携带利刃从侧门溜进去，埋伏在了宫门之旁。何进前脚刚出门，张让等便叫人假传懿旨，说太后又有话说，叫他到里面等候。何进并未生疑，直走到嘉德殿前，才发现自己已经被手持刀剑的阉官们团团包围。张让指着他的鼻子骂道："天下扰乱如此，难道全都是我们的过错吗？何至于苦苦相逼！当初先帝要废太后，要不是我们苦苦哀求，各拿出

千万家财赔礼,你何家早就败了!你现在竟要将我等灭族,这不是太过分了吗?你只说我等贪赃污浊,可这满朝公卿,又有谁是个清官?"何进不待辩解,早被人一剑砍倒,脑袋就此搬家了。

紧接着张让、段珪传诏,以自己的党羽为司隶校尉和河南尹。尚书省拿到诏书,一看有异,便要求请大将军出来审议。结果宫里把大将军的人头扔了出来,道:"何进谋反,已伏诛矣!"

何进被宦官所杀的消息就此传开,引起了更大的混乱。

本来何进在入宫之前,已经布置自己的下属、职任虎贲中郎将的袁术拣选忠厚可靠的虎贲两百人,准备取代阉宦(持兵黄门)来把守宫中门户。而何进的部将吴匡等也带着人马在外等候。眼下见大将军被杀,吴匡当即就想带兵入宫替何进报仇,见宫门已闭,便跟虎贲中郎将袁术一起连劈带砍,对宫门发动了攻击。宫里的太监们则结成了统一战线,人人持兵防守。眼见日头偏西,袁术放火烧起了南宫宫门,希望以此将张让等逼出宫来。

东汉的洛阳宫城分为南宫和北宫,二者之间有复道相连通。灵帝末年常居南宫,最后死于南宫嘉德殿,此时何太后和少帝刘辩也在南宫。张让、段珪等见宫门被火焚烧,知道势难久支,便入告太后说大将军造反、火烧宫门,然后挟持着何太后、刘辩、刘协和当值的一些官员由复道逃往北宫。复道有点像今日的立交桥,是架设在亭楼之间的空中通道。尚书卢植在下面望见太后和皇帝被一众宦官劫持,执戈大声申斥。段珪一时被骂得心虚,放开了何太后。何太后从复道上跳下,得以逃脱,但少帝刘辩和陈留王刘协还是被挟持进了北宫。

与此同时,闻讯赶来的袁绍和叔父袁隗矫诏,杀掉了被张让等任命为司隶校尉的阉党成员,又跟何苗合兵一处,大肆捕杀皇宫里未及逃跑的宦官。赵忠等两千多名阉人皆被擒斩,甚至有的人并非阉人,只是因为没长胡子,也被误杀,有的人为了证明自己不是太监,只好脱下裤子验明正身。期间何进的部将吴匡还嫌恨何苗不跟何进同心,怀疑他跟阉宦同谋,将其攻杀于朱雀阙前。

二十七日,眼看袁绍等人即将攻入北宫,张让等又挟持着少帝和陈留王徒步逃出洛阳北门,直奔黄河上的渡口小平津逃去,混乱中还丢失了天子诸玺。公卿百官无人跟从,只有尚书卢植和河南中部掾闵贡两人带着手下寻迹追来,于夜间赶到了河岸边。闵贡抽刀在手,厉声责骂张让等祸国殃民,若不速死,自己便亲自送他们去见阎王,说完便连斩数人。张让等走投无路,叉手再拜向少帝叩头道:"臣等虽死,天下已乱!惟愿陛下自爱!"然后一个接一个跳进了黄河。

此时已是深夜。十四岁①的刘辩和九岁的刘协逃了一天,惊魂未定,又饥又渴,吃了闵贡献上的羊肉,这才稍稍心安,便在闵贡和卢植的护送下借着萤火之光往回赶。走了数里,找到一辆大车,刘辩、刘协遂两人共乘,走出北邙山时已是第二天清晨。

这时候已经有百官闻讯陆续赶来。一行人走着走着,忽见远处尘起,开来一支胡汉杂糅的军队,为首一人骑着高头大马,身材肥壮,满脸狠戾之色。

不是别人,正是前将军董卓。

袁绍、袁术等人火烧南宫捕杀宦官之时,屯驻在城西二十里外的董卓望见城中火起,心知有变,立刻引军急进。天没亮时赶到城下,听说

---

① 少帝刘辩即位时的年龄,《后汉书·灵帝纪》云十七岁,即生于熹平二年(173年),时灵帝十八岁;《三国志》裴注引张璠《汉纪》则云十四岁,即生于熹平五年(176年),灵帝二十一岁。按灵帝十六岁元服,同年立宋后,若十八岁即生刘辩,似与其"数失子,不敢正名",将刘辩养于史道人家的史实相悖。再参考初见董卓时刘辩"语不可了"的情况,不似十七岁的成年人。故本书取十四岁之说。

皇帝在北邙，便马上赶来奉迎。少帝刘辩见董卓的军队杀气腾腾，顿时吓得哭了出来。一旁的故太尉崔烈便申斥董卓，叫他退兵。董卓道："诸公身为国家大臣，不能匡正王室，致使朝廷播荡。我董卓前来护驾，怎可退兵？"便近前来跟少帝搭话。少帝颇感惶恐，一时不知如何应对。董卓又跟陈留王刘协交谈，问祸乱何以发生。刘协虽比刘辩小上五岁，反而并不慌乱，说及宫中变乱之事，条理清楚，应答得体。史籍说董卓觉得刘协更像个皇帝样，加之刘协又被称作"董侯"，因而便生出了立他为新君的念头。

当天皇帝虽然完好无损地回到了皇宫，大赦改元，表面上看一场变乱已经平息，但经过这一番动荡，外戚何氏和宦官集团同归于尽，朝廷内出现了权力真空。而董卓、袁绍、丁原等在京城内外各拥强兵，心怀鬼胎，一时间局势变得相当微妙。

之前何进曾派自己手下的骑都尉鲍信回泰山老家募兵，这时他刚刚回来。鲍信听说何进已死而董卓新至，便劝袁绍说："董卓拥强兵，将有异志，若不早图，必为所制。可以趁其新至疲劳，抢先袭击，定可将其擒获。"但袁绍可能考虑到董卓此时并无反状，又是自己出主意召来，不好便行偷袭，再者董卓手下的凉州兵凶悍善战，自己也没有把握战而胜之，于是拒绝了鲍信的提议。鲍信颇感失望，便带领部众回了泰山。

实际上董卓只带了三千人马，又是初来乍到，并不足以牢牢掌控局势。为了不让人识破自己的虚实，董卓耍了一个花招：每隔上几天，他就派部队在夜里偷偷出城，第二天早上再大张旗鼓地进城，还宣扬说这是新来的凉州兵。这一搞，洛阳人都以为董卓来了很多援兵，更加慑服于其实力。而原本何进、何苗的部曲因为群龙无首，又畏惧董卓势大，也来投靠了他。对于屯驻在洛阳城郊的丁原，董卓则策反了其部下吕布将其杀死，吞并了他的部众。

第6章 董卓之乱

吕布，字奉先，籍贯并州九原（今内蒙古自治区包头西），跟董卓一样是生长在帝国边疆的武人。

据《三国志》的记载，吕布"便弓马，膂力过人，号为飞将"。但由于出身不高，这时他只是在同样出身寒家的并州刺史丁原手下任职。丁原也是个仅识文字、性情粗豪的武夫，虽然对吕布的骁勇十分欣赏，但充其量只能让吕布当自己的主簿，给不了他更高的官职和地位。正是这一点被董卓利用，策反了吕布。

关于吕布背叛丁原一事，史籍但云董卓"诱布令杀原，布斩原首诣卓"，至于董卓是怎样引诱吕布、吕布又是怎样杀掉丁原的，一概失载。《三国演义》则虚构了一段"馈金珠李肃说吕布"的情节。书中李肃说动吕布，一是以赤兔马和金珠、玉带相诱，二是以吕布认丁原为父一事相激。实际上，吕布虽然确有良马名为赤兔，而《曹瞒传》也记载了"人中有吕布，马中有赤兔"这样一句谣谚，但没有证据说明赤兔马是董卓所赠；至于吕布跟丁原的关系，历史上只是单纯的长官跟部下，并没有义父义子这回事。吕布只是在投靠董卓后，两人"誓为父子"。也就是说，吕布只认过董卓这一个干爹，其"三姓家奴"这一不光彩的头衔，不过是小说家言。

不管怎样，吕布杀丁原而投靠董卓，的确使得董卓成了洛阳城里武力最为强大的势力。董卓的军队来自凉州，其部将李傕、郭汜①、樊稠、张济等都是凉州人。而东汉中期以降，凉州便是战乱最为频仍的地方，凉州兵羌胡杂糅，勇猛善战，在当时世所共知。而原属丁原、现由吕布统领的部队来自并州，其毗邻匈奴和羌胡，也是一个民风彪悍、盛产武将的地区。那时"关西出将，关东出相"的说法，便是指此。吕布本人自不必说，"武力过人"、后来成为一代名将的张辽张文远此时也在吕布军中效力。袁绍既然没有采纳鲍信的计策趁董卓初来乍到之时发动突袭，在吕布投靠董卓之后就更不敢轻举妄动了。

董卓是一个没什么文化的军阀，但他清楚，尽管自己眼前暂时掌控住了洛阳局势，可自己一无大功、二无威望，要想长期执政，让京城里这些公卿百官、世家贵族都服从自己，非得想办法增强自己的权威不可。为此他着手干了几件事：

第一件事是给自己加官。当时霖雨不止已经八十余日，而燮理阴阳乃是三公之责，于是董卓便讽喻朝廷罢免了司空刘弘，由自己来代替。

第二件事是起用一批被宦官迫害的名士，想以此收买人心。这其中名气最大的便是蔡邕。前文提到，蔡邕因为上奏进谏得罪了权阉，被流

---

① 郭汜之名，亦有史料作"氾"。据吴金华《三国志丛考》，汜、氾俗体不分，时常混用。因氾之本意为洪水泛滥，由郭汜一名郭多来推测，其名应以汜为宜。然称之为郭汜已是约定俗成，此处相沿不改。

放朔方。后来他虽然被灵帝特赦,但阉党五原太守王智又诬告他在流放期间诽谤朝廷。蔡邕深恐终将不免,只好亡命天涯,避难于吴地十二年之久。音乐史上著名的"焦尾琴"就是他在吴地流亡时以桐木所制。董卓当上司空后听说天下名士以蔡邕声望最高,便想征辟他为府掾。蔡邕称疾不就,董卓便大怒说,自己能灭人九族,蔡邕如此傲慢,看来是活够了!蔡邕无奈,只好返回洛阳,担任了董卓的司空祭酒。

第三件事,也是最重要的一件事,便是废立皇帝。

前面提到,史籍记载董卓在初见少帝刘辩和陈留王刘协之后,觉得号称"董侯"的刘协更像人君,便生出了废立的念头。可能这的确是原因之一,但更重要的原因则是,董卓急于用一件大事树立自己的权威,而普天之下没有比换皇帝更大的事了。董卓的逻辑大概是:老子连皇帝都能换,看你们谁还敢不服?

这时朝中威望最高的官员是袁绍的叔叔、太傅袁隗,而袁绍本人也握有兵权,于是董卓最先向袁绍暗示,说今上暗弱无能,将来恐怕又是一个灵帝这样的昏君,倒是陈留王不错,看上去比较贤能,不如立他为君。

而袁绍的反应,史籍记载有两种版本。一种来自于《三国志·袁绍传》,说袁绍当时假意附和,还说兹事体大,自己要回去跟太傅商量商量。董卓见袁绍赞成,又泄露底细说:"刘氏种不足复遗。"袁绍不应,横刀长揖而去,出门后马上逃往了冀州。

另一个版本见于裴注所引《献帝春秋》,并被《后汉书》采用。说袁绍公然反对道:"汉家天下已经四百余年,恩泽深厚,万民拥戴。今上年纪虽轻,却没做出过什么不合适的行为,董公你想废嫡立庶,恐怕众人不会认同。"于是董卓按剑训斥袁绍说:"竖子!天下事岂不决于我?我今为之,谁敢不从!你以为我董卓的刀不够锋利吗?"袁绍也怒道:"天下

健者，岂唯董公？"说完引佩刀横揖而出，挂节于上东门而去。

很明显，后一个版本更富戏剧性。但裴松之自己认为，当时董卓跟袁绍还没闹掰，所以董卓才来跟他商量，仅仅因为意见不同，就开口骂对方竖子，拿刀动剑相威胁，这转变过于夸张。何况在袁绍当面"硬刚"之后，董卓又怎能容他轻松脱逃而不加害于他呢？所以还是前一个版本更为可信。

不管怎样，袁绍总归是逃出洛阳，去往了冀州。

值得注意的是，袁绍是汝南人，他没有返回家乡，也没有去往别的州郡，独独往冀州而去，一定有其原因。不久之后，袁、曹等人在关东起兵讨伐董卓之时，两人曾有过一番对话。袁绍问曹操："若事不辑，则方面何所可据？"假如消灭不了董卓，那么退路在哪里？曹操反问袁绍意向。袁绍道："我南据大河，北阻燕、代，兼戎狄之众，南向以争天下，应该可以成功吧！"曹操却说："吾任天下之智力，以道御之，无所不可。"任何地方都可以成为我曹操的根据地。这段对话反映出的两人胸襟抱负之差异暂且不提，单就袁绍"南据大河，北阻燕、代"的战略规划，可知他早就有了以冀州为根据地的打算。对此，清代学者何焯评论说，袁绍是想效仿光武帝刘秀据河北而定天下，所以谋求占据冀州。这一推论大体不错。

东汉时代的天下十三州当中，单就永和五年（140年）政府统计的户口多寡而言，人口数量排在前三位的分别是益州、荆州和豫州[①]，冀州仅

[①] 《续汉书·郡国志》所载豫州沛国户数为200495，口数为251393。按此则每户平均仅1.25人，极不正常。学者一般认为，此口数前很可能脱漏一"百"字；而陈国户数112653，口数1547572，每户平均13.74人，亦为反常。学者多认为此口数前的"百"字为窜入。修正后豫州总口数约为618万。另外，益州总口数虽有724万，但其中有70万"属国"（归附的少数民族）人口，其永昌郡近190万的口数也很可能含有较大水分。

排第四。但是益州僻处西南边疆，与中原山川阻隔，自然并非志在天下者之首选，而荆、豫二州人口最为繁盛的地域，又主要集中于南阳盆地及其临近的汝、颍流域，彼时是袁术力图夺取的目标。实际上如果比较人口密度，冀州要远远超过荆州，不过仅次于豫州而已。史籍当中时见"冀部强实""冀州民人殷盛、兵粮优足"的记载，以至于袁绍自己后来也不无得意地说："冀州虽鄙，带甲百万，谷支十年。"而从战略上来说，冀州西倚太行，南凭大河，进可攻、退可守的态势也是割据称雄的好地方。这样一块肥肉，当然要抢先吞下。袁绍一度成为北方最强大的割据势力，正是肇始于此。

得知袁绍潜逃出京后，董卓本来是打算悬赏缉拿的。但我们前面提到，现在正是董卓收买人心之时，而他起用的名士周毖、伍琼、何颙等人都心向袁绍，其中伍琼、何颙跟曹操一样，还是袁绍少年时代的好朋友。他们劝董卓说，废立皇帝这种大事，岂是常人能够理解的？他袁绍不识大体，心中恐惧，所以才出奔而去，并非是有异志。倘若悬赏捉拿把他逼急了，反倒会激出事变。而袁氏四世为公，门生故吏遍于天下，如果他真的举旗造反，河北就不是董公您的了！不如赦免他的罪过，再赏他一个郡守的职位，袁绍自喜于脱罪，必定不会再生祸端。董卓听信了他们的话，以袁绍为渤海太守，但袁绍仍宣称自己兼任司隶校尉一职。

八月底，董卓在朝堂大会群臣，宣言道："这世界上最大的是天地，其次才是君臣。现今皇帝暗弱，不可以奉宗庙为天下主。老夫欲效仿伊尹、霍光故事，立陈留王，诸位以为何如？"众人大感惶惧，一时无人应答。董卓又道："当年霍光定策，田延年按剑在旁。有敢沮此大议者，皆按军法从事！"意思是谁敢反对，当场就砍谁的脑袋！

群臣一见这阵势，吓得都不敢出声。只有尚书卢植挺身而出，直言

道:"虽然伊尹、霍光皆行废立,但被他们废掉的太甲和昌邑王刘贺都是昏君。而今上富于春秋,又无失德过错之事,不应以前事作比。"董卓大怒,事后便要杀卢植,幸亏蔡邕和议郎彭伯谏阻,才仅仅将他免官了事。董卓又就废立一事征求太傅袁隗的意见,袁隗没有卢植的胆气,报说如董公之议便是。

于是在九月初一,董卓又在崇德前殿召集百官,宣布说:"太后逼死永乐太后(指灵帝母董后),逆妇姑之礼,无孝顺之节。皇帝在丧,无人子之心,威仪不类人君。昔伊尹放太甲,霍光废昌邑,著在典籍,咸以为善。今太后宜如太甲,皇帝宜如昌邑。陈留王仁孝,宜即尊皇祚。"接着便命尚书宣读册文,废少帝刘辩为弘农王。

册文读罢,殿内鸦雀无声。过了好半晌,才有逢迎董卓的尚书丁宫说道:"天祸汉室,丧乱实多;董司空为社稷考虑,诚合天人之望。"然后领头呼起了万岁。其余百官无奈,只好也跟着叩头。废立程序这才得以继续进行。

太傅袁隗解下刘辩身上的玺绶,交给了陈留王刘协,然后扶刘辩下殿,跟众人一起向刘协北面称臣。一旁的何太后哽咽啜泣,许多大臣同样心中悲戚,却始终不敢发声。

九岁的刘协取代了自己的哥哥,成了新任皇帝,是为汉献帝。何太后则被迁幽居永安宫,两天后即被董卓毒杀。次年关东义兵大起后,刘辩也被董卓派李儒毒死。

靠着这一"废昏立明"的"大功",董卓自为太尉,领前将军事,加节传、斧钺、虎贲,封郿侯,完全掌握了朝廷大权。两个月后,他又封自己为相国,独享赞拜不名、入朝不趋、剑履上殿的特权。

然而皇帝确实不是随便就能换的。董卓这一系列冒天下之大不韪的举动彻底暴露了他的野心,背负上了乱臣贼子的骂名,使他自己成了天下人群起而攻之的对象。

董卓本人性情残忍，行事野蛮，独掌大权后更是恣意妄为，史籍言其"奸乱公主，妻略宫人，虐刑滥罚，睚眦必死"，俨然一个贪淫无道、冷酷嗜杀的独裁者。而其麾下士兵军纪败坏，掳掠成性，亦令京师官民饱受荼毒。据说有一天某地百姓正在举行祭祀土地神的庙会，董卓的士兵竟然冲过来将其中的男子全部斩杀，事后用牛车载了妇女财物，将人头系在车辕上歌呼而还，报说是杀贼大获。凡此种种，不一而足。

这样一来，董卓哪怕擢用名士，为那些在党锢之祸中遭受迫害的人平反，也根本无法遏止国中掀起反对他的浪潮。没过多久，各地便纷纷兴起了讨伐董卓的义兵。

第 6 章 董卓之乱

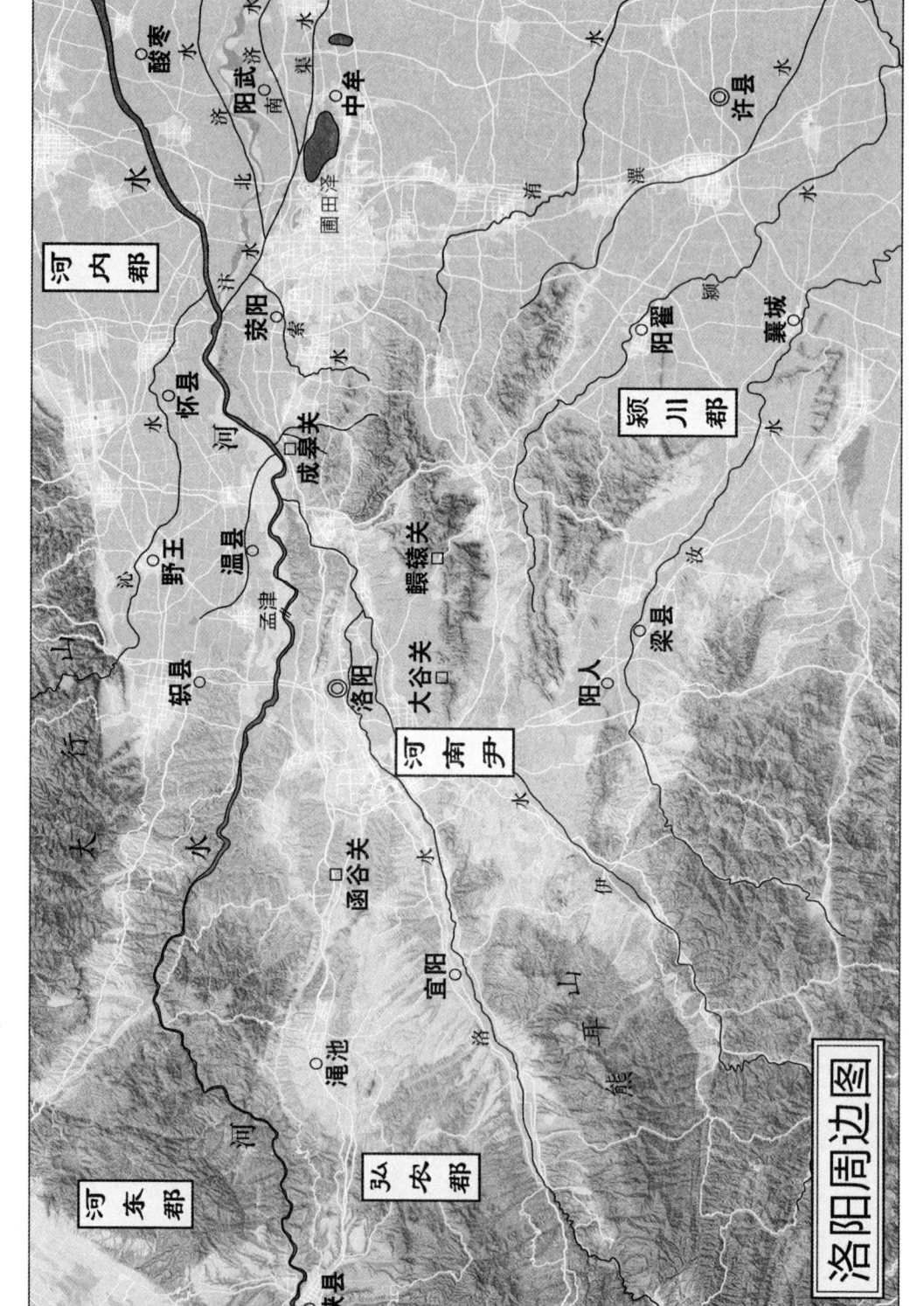

第7章 凉州军团 VS 关东群雄

之前董卓采纳周毖、伍琼等人的建议,以尚书韩馥为冀州牧,侍中刘岱为兖州刺史,陈留人孔伷为豫州刺史,东平人张邈为陈留太守。但是这些人到任之后,都互通声气,各兴义兵,打起了讨伐董卓的旗帜。此外,董卓还任命袁术为后将军,曹操为骁骑校尉。然而这两人也从洛阳出走,袁术奔了南阳,曹操则往谯县老家而去。

曹操之所以出逃,倒不是像《三国演义》杜撰的那样,是因为献刀行刺董卓不成,案发逃亡,仅仅是因为他料定董卓必败,"欲为国家讨贼立功"而已。不过,在其"变易姓名,间行东归"的路上,确实发生了一起令后人争论至今的事件。

从洛阳东行,必经成皋(今河南荥阳汜水)。史料记载,曹操一行路过成皋时在故人吕伯奢家歇脚,碰巧吕伯奢不在,他的五个儿子便设宴招待他们。但是曹操"闻其食器声",怀疑他们要谋害自己,便

"手剑夜杀八人而去",既而又面容凄怆地说道:"宁我负人,无人负我!"出成皋关后路过中牟,当地的亭长怀疑他是逃犯,将其抓到县衙。县上虽然得到了董卓的命令,但县功曹认出曹操后,认为天下方乱,不应拘执俊杰,便劝县令将曹操释放了。

这段故事在《三国演义》中,为了突出曹操的"奸雄"本色,罗贯中故意将次序颠倒,让曹操先经中牟被抓,演绎了一出陈宫"捉放曹"的戏码,然后再让陈宫跟曹操一起投宿吕伯奢家,最后让曹操在先杀吕家八口、后杀吕伯奢本人的情况下说出了"宁教我负天下人,休教天下人负我"的经典台词。至此,多疑、冷酷的曹操形象脱颖而出,实乃小说中一段令人过目不忘的情节。

不过在史书上,并未记载释放曹操的中牟县令或县功曹的姓名,而陈宫其人则是在三年后才加入曹操阵营的;曹操误杀了吕家八口,但并未杀死吕伯奢本人;而在发现是误杀之后,他表现出了明显的悔恨和自责,"宁可我对不起别人,不能叫别人对不起我"这句话,其实含有自我安慰、自我排解的意味。罗贯中不但在这句话里加上了"天下"二字,还让他在故意杀掉吕伯奢后当着陈宫的面说出来,俨然曹操的处世宣言,含义自然大不一样。

出中牟后,便进入兖州陈留郡(今河南开封东南)境内。此时距曹操老家谯县还有四百余里。按《三国志·武帝纪》的说法,曹操"至陈留,散家财,合义兵,将以诛卓"。似乎曹操并没有回到老家谯县。不过《曹真传》透露的信息却显示,曹操起初是回到了家乡募合徒众的,由于受到州郡长官打击,才又回到了陈留。当时的陈留太守张邈是他少年时的好友,也在酝酿起兵,而对于西讨董卓来说,陈留所在的位置要比谯县更为便利。于是曹操便在陈留散尽家财,招兵买马,热火朝天地准备了起来。除了太守张邈支持外,当地大族卫兹也倾囊资助曹操,其亲族曹仁、曹洪、夏侯惇、夏侯渊等人也陆续来投。到了当年年底，曹操便拉起了一支五千人的队伍。

初平元年（190年）正月，也就是董卓废少帝、立献帝四个月之后，关东义兵大起，同时声讨董卓。起兵势力包括：后将军袁术、冀州牧韩馥、豫州刺史孔伷、兖州刺史刘岱、广陵太守张超、渤海太守袁绍、河内太守王匡、陈留太守张邈、东郡太守桥瑁、山阳太守袁遗、济北相鲍信和骁骑校尉曹操。由于袁家四世五公，门生故吏遍天下，而袁绍本人名望甚高，当初又是他首先反对董卓废立皇帝，所以众军公推袁绍为盟主。

本来冀州牧韩馥到任之后，是派了人手将袁绍在渤海监视起来的，因为毕竟董卓此时是代表朝廷发令，而韩馥这个官职又是董卓除授的。后来东郡太守桥瑁伪造朝廷三公的书信遍发诸州郡，罗列董卓的种种罪行，声称他们被董卓逼迫，没办法自救，十分企盼义兵来解除国难。韩馥得到移书，便问手下咱们到底是该助袁氏还是助董氏呢？治中从事刘子惠道："今兴兵为国，何谓袁、董！"咱们不都是为了国家么，怎么能说是帮董卓还是帮袁绍呢！一下把韩馥弄了个大红脸。刘子惠又说："兵者凶事，不可为首；现在可以暂且观察别州的动向，有人起兵的话，我们再响应便是。冀州比其他州郡实力强，到时不怕咱们的功劳在别人之下。"韩馥深以为然，听说其他州郡纷纷起兵，这才写信给袁绍，允许他发兵南下。

于是袁绍自号车骑将军，板授起兵诸将官号，留韩馥在邺城供应军粮，自己带兵会同河内太守王匡屯驻河内，而令其余豫、兖诸军在酸枣（今河南延津西）集结。

这场战争的双方，董卓的军队以凉州兵为主，可称之为凉州军团，而讨伐董卓的义军主要分布在函谷关以东，可称之为关东群雄。除了这两大势力之外，当时各地还存在一些相对独立的小势力，他们有的在这

第7章 凉州军团VS关东群雄

场战争中保持中立，有的因为种种原因只是口头上声讨董卓而并未实际参加战斗，这其中比较重要的是三家"汉室宗亲"，即刘焉、刘虞和刘表，值得稍加介绍。

刘焉是汉景帝子鲁恭王刘余之后，以州郡吏起家，灵帝时累官至太常。黄巾起义爆发后，刘焉一方面见各地州郡长官镇压寇乱不利，一方面自己也存了避祸远方之心，就向灵帝建议恢复州牧设置。汉代的州刺史本是中央派驻地方的监察官，品秩较低（六百石），后来虽然演变成了地方官，并且承担了许多行政职能，但毕竟在名义上还不是一州的最高长官；州牧则是名正言顺的一州行政首脑，秩二千石，权、位都比刺史要重。汉灵帝采纳了刘焉的建议，以他为益州牧，以宗正刘虞为幽州牧。

刘焉在益州站稳脚跟后，一边诛杀当地一些不服管束的豪强，一边派手下张鲁出兵汉中。但张鲁这个五斗米道的信徒在取得汉中以后脱离了刘焉的控制，刘焉也就借口"米贼断道"与朝廷中断了往来，从此割据巴蜀，此时自然也就不再理会董卓和关东群雄的纷争。

幽州牧刘虞则是光武帝刘秀之子东海王刘强的后裔，为人公正宽厚，居官惠及民夷，是当时地方守宰中为数不多的好官。他治理幽州两三年，幽州"民悦年登，谷石三十"，青、徐一带避黄巾之难的百姓都来相投。但是刘虞这个人好是好，性格过于仁厚，又不谙将略，致使手下枭雄公孙瓒日益坐大，渐成尾大不掉之势，所以也没办法参加讨伐董卓的战争。

至于与刘焉同为鲁恭王之后的刘表，这个时候还没到荆州上任，不久后原荆州刺史王叡被孙坚所杀，他才被朝廷派往荆州。后来又有袁术在中间阻隔，刘表也就乐得坐山观虎斗，对中原局势并不特别关心。

那么，本书的另一位主角，与上述三位同属汉室宗亲的刘备刘玄德，此时又在干吗呢？

实际上，玄德公之所以迟迟未及登场，实在是因为在真实的历史上，此时他还只是一个微不足道的小角色。

首先，在出身上，刘备虽然据称是汉景帝子中山靖王刘胜之后，但"世数悠远，昭穆难明"，祖父以上姓名皆不可考。可以肯定的是，他绝对不是"大汉皇叔"。实际上《三国志》里就没出现过"皇叔"这个词，就连后来刘备称帝之时，群臣劝进的奏章里，也只称刘备为"中山靖王之胄"，丝毫没有提到他跟汉献帝有什么瓜葛。《三国演义》中汉献帝跟刘备算宗谱叙叔侄之礼的情节，自然纯属虚构。搞笑的是，如果真按罗贯中虚构的宗谱算下来，刘备的辈分比汉献帝要足足小上五辈儿，何谈皇叔？论血统，他充其量只是个汉室支庶。而据学者推测，当时与刘备同时代的所谓"帝室之胄"应有数十万之多。单凭这一点，他在政治上并不具备很大的号召力。

再看家境。刘备的爷爷刘雄虽然当过范县（今山东梁山）县令，但其父刘弘只是州郡小吏，而且刘弘死得早，刘备全靠其母抚养长大，由于家贫，只好"贩履织席为业"。由此看来，刘备的家庭条件别说跟四世五公的袁绍没法比，就是跟曹操相比也要差上许多，虽然算不上社会底层，却也绝非富贵人家。

即便如此，刘备却素有大志。《三国志·先主传》说，刘备家东南角的篱笆旁生有一棵桑树，枝繁叶茂，高五丈余，远望如同车盖。在那个时代，只有官贵之人坐的车才有车盖，所以有懂风水的人说："此家必出贵人。"而幼年时刘备经常跟其他小孩一起在树下游戏，据说他曾经宣言："将来我一定会乘坐这样的羽葆盖车！"吓得他的叔父连忙警告他："你不要胡说，小心被灭门！"

羽葆盖车，是用雉鸡的美丽羽毛装饰的华盖车，只有天子才能乘坐。小小少年口出如此狂言，难怪刘备的叔父害怕招来祸患。

到了十五岁，刘备的母亲力主他外出求学，于是刘备便拜到同郡大儒卢植的门下，跟公孙瓒成了同学。因为公孙瓒年长，刘备"以兄事之"。这一时期，他的学费和生活费受到了同宗刘德然一家资助。据说这是因为刘德然之父早就看出，刘备这个人"非常人也"，将来一定大有成就。虽然受教于卢植的时间并不长，但跟公孙瓒的同窗之情却在后来让刘备受益匪浅。

成年后的刘备长得很有特点，"身长七尺五寸（约1.77米），垂手下膝，顾自见其耳"。如果这"两耳垂肩，双手过膝"的描述属实，那刘备简直就是一个怪物。不过季羡林先生早就指出，东汉以后随着佛教传入，史籍中对于帝王相的描写明显受到了佛经影响。"双手过膝"其实源于佛陀三十二相中的"正立手摩膝相"，"两耳垂肩"则来自佛陀八十种好中的"耳厚广大修长，轮埵成就"之好。所以在这一时期，除了刘备之外，史籍中还有司马炎"手过膝"、刘曜"垂手过膝"、陈霸先和陈顼也"垂手过膝"的记载。直到今天，中国人还认为"耳朵大有福"，亦是如此。

第8章 鹿走入长安

刘备的性格，其实并非像《三国演义》描述的那样仁厚到爱哭鼻子，而是不苟言笑，酷酷的有点像黑道大哥。

史书说他"少语言，善下人，喜怒不形于色"，与此同时，他不喜欢读书做文章，而是喜欢"狗马、音乐、美衣服"，并且好结交豪侠，以至于当地的不良少年都来攀附他。

关羽和张飞便是他最为倚重的两个打手。

关羽本是河东解县（今山西临猗西南）人，史书说他"亡命奔涿郡"，也就是在家乡犯了事，不得不逃亡到涿郡，并在此结识了刘备。张飞则是涿郡本地人。当刘备在涿郡纠合徒众，想要有一番作为的时候，"羽与张飞为之御侮"。所谓"御侮"，说好听点就是贴身侍卫，说不好听的就是打手和爪牙。但是刘备这个人"善下人"，也就是说他身为大哥却不自恃身份，喜欢跟小弟们混成一片。所以史籍用"寝则同床，恩若兄弟"来形容刘备跟关羽、张飞的关系。后来曹丕的大臣刘晔也说，刘备跟关羽"义为君臣，恩犹父子"。"兄弟"也好，"父子"也罢，总之是形容刘关张三人关系十分亲密。然而遗憾的是，他们不论关系多亲密，终究是领导与被领导的上下级关系，历史上也从来不存在所谓的"桃园结义"。三个人一起头磕在地上，"不求同年同月同日生，只愿同年同月同日死"的誓言，终究是民间一厢情愿的浪漫想象。

刘备二十四岁这一年，黄巾起义爆发，不甘平庸的玄德公召合乡勇，想要一展拳脚。在中山（今河北定州）大商张世平、苏双等人的资助下，刘备得以集结起一支武装，跟随校尉邹靖参加了镇压黄巾军的战斗。在此期间，他还参与过征讨渔阳反贼张纯的战事。张纯本是中山国相，因为对朝廷不满，联合乌桓反叛，寇略幽州郡县。据《典略》的记载，当时青州从事受朝廷调遣北讨张纯，路过平原（今县），当地有个叫刘子平的人知道刘备是个好汉，便向从事推荐刘备。于是刘备跟着青州从事北上，半路遇上了张纯军，战斗中刘备负伤，靠装死才躲过了敌兵。敌人撤退后，有故人将刘备用车拉回来，他这才捡了一条性命。至于《三国演义》中描写的刘备战张角、救董卓等情节，历史上并不存在。后来刘备便因为这些军功，被朝廷授予了安喜（今河北安国西）县尉一职。

前面交代过，县尉主抓治安。在当时，郡国之下设有督邮一职，对县级官府各部门实施监察。用现在的话说，督邮就是市里派到县上的巡视员，在官吏考核上权力极大。刘备在任安喜县尉期间，有一次遇到督邮来巡查，目的很可能是对因军功为县吏的人进行筛选，不合格的就免职。刘备担心自己上了免职的黑名单，就到传舍（招待所）去拜访督邮，但是督邮称疾不见。刘备相当恼火，回去叫了自己手下吏卒，直接闯进传舍，谎称太守有密令命抓督邮，在床上将督邮绑了，捆到拴马桩上狠揍了一顿。据说他甚至动了杀心，督邮哀求告饶，这才将其释放。

在《三国演义》中，罗贯中将这一事件的起因描述为督邮索贿不成，欲陷害刘备，还将鞭打督邮的人换成了性情火爆的张飞。这当然是为了塑造刘备仁厚的形象，然而如前文所述，历史上性如烈火、一言不合就动手的其实是刘备本人。

无论如何，刘备既然打了朝廷命官，县尉的工作也就干不下去了，只好弃官而逃。接下来的几年里，史籍中对刘备的经历记载得零碎而又混乱。《三国志》说，不久后大将军何进派都尉毋丘毅去丹阳募兵，刘备跟他同行，在下邳（今江苏邳州南）境内遇到贼寇，刘备力战有功，因此被任为下密（今山东昌邑东）县丞。后来不知何故离职，再后来又当了高唐县尉，这次可能是因为表现较好，刘备得以升迁成县令。裴松之注所引的《英雄记》则说，灵帝末年，刘备在京师洛阳待过，后来跟曹操一起去往沛国募兵，正好遇到灵帝驾崩，天下大乱，刘备便也起兵从讨董卓。这一记载的可信度不高，此时刘备跟曹操应该尚无交集。

总之，按《三国志》的说法，当董卓之乱爆发，关东群雄同举义兵之时，刘备在高唐被黄巾军所破，无处安身，便北上投奔了他的老同学公孙瓒。不过公孙瓒先是在幽州北部防御乌桓，后又在冀州东部阻击进犯的青徐黄巾，并没有参加征讨董卓的战斗。如果非要说刘备"亦起军从讨董卓"，充其量他也就是遥相呼应而已，演义中的"关公温酒斩华雄""虎牢关三英战吕布"这些桥段自然在历史上并不存在。

实际上别说三英战吕布，就连《三国演义》第五、六回中十分热闹的汜水关、虎牢关战役，也不过是小说家迎合民间趣味而虚构出的"表演型战争"。而不知有意还是无意，罗贯中在这里还犯了一个地理错误，即将汜水关和虎牢关视作两地，开辟了两处战场。历史上，汜水关、虎牢关其实是同一处关隘的别名，指的都是洛阳以东二百里

第8章 鹿走入长安

的成皋关①。

虎牢是古地名，相传因周穆王在此获虎蓄养而得名。战国时韩国灭郑，改虎牢为成皋，秦汉因之设县，其地有汜水南北向注入黄河，隋时改成皋县为汜水县，三个地名往往混用。

成皋之地处在嵩山山脉被黄河侧切构成的夹角地带，东侧又有汜水为阻，天然成为捍卫洛阳地区的一道屏障，自古便是兵家必争之地。当年高祖刘邦就曾在此与项羽长期对峙。东汉定都洛阳后，为了加强对首都的防御，便在成皋设关，当时称为旋门。黄巾起义爆发后，灵帝怕黄巾军进犯京畿，曾在洛阳周边险要之地设置八关都尉，旋门就是其中之一。因此这次关东群雄声讨董卓，成皋理应成为双方激烈争夺的地方。

可是事实上的情况却是，双方并未围绕成皋关发生大规模战斗。

初平元年（190年）正月关东兵大起之后，董卓本来想利用朝廷权威征发各地军队前往征讨，会议时群臣无人敢反对，但尚书郑泰怕董卓兵多后更加凶暴难制，故意谏阻说："为政在德，不在众也。"董卓很不高兴，反问道："如卿此言，难道兵将都是无用的吗？"郑泰怕被董卓看穿自己的真实意图，连忙辩解说："并非无用，只是我以为山东不足以大兵相征。如果您不信，请让我为明公您略陈一二。第一，山东兵众虽多，然承平日久，民不习战，皆为乌合之众；而关西诸郡则频遭羌寇，妇女犹能挟弓操矛，其壮勇之士皆聚集于明公麾下，又有并、凉精兵和匈奴、屠各、湟中义从、西羌八种为明公之爪牙。以之讨敌，如同驱虎豹以赴犬羊，何愁不克？第二，明公您出自西州，少为国将，闲习军事，数践战场，名震当世，人怀慴服，帐下将帅皆中表腹心，恩信久

---

① 受地理环境变迁影响，历史上此地关城的位置屡有兴废迁移，也出现过虎牢、成皋两关各据一城同时存在的情况，但总不出方圆十余里范围，可以视为同一处战场。

加，忠诚可任。而他袁绍是个纨绔子弟，生处京师，张邈乃东平长者，坐不窥堂，孔伷更是只会清谈高论，嘘枯吹生，皆无军旅之才。就是有一二将才，众人尊卑无序，各怀私心，必不能同心共胆，临锋决胜，绝非明公之敌手。第三，战国之时，关东六国非不强盛，终被秦灭；景帝之朝，吴楚七国亦人多势众，卒败于荥阳。明公您秉国平正，讨灭宦竖，忠义昭彰，奉辞伐罪，山东之民感于德政，定不会追随反贼。若以上三点稍有可取之处，朝廷不必无事征兵以扰天下，使得百姓患役相聚为非，反倒有损明公之威德。"

郑泰这番说辞的前两条，应该说不无道理，至于第三点，则纯粹是给董卓灌迷魂汤。然而董卓听了却十分受用，不由转怒为喜，一度想任命郑泰为统帅率领诸军东征，最后有人劝他说郑泰说不定会跟袁绍等人通谋，这才作罢。

不久之后，董卓又改了主意，放弃了主动出击的计划，反而想通过迁都长安来躲避关东群雄的兵锋。这大概是因为，他毕竟是在关陇起家，其麾下将士亦多为凉州人，在洛阳掳掠了大批资财后众心思归。

于是董卓又召开御前会议，向百官宣布道："当年高祖都关中，历十一世而后中兴，转都洛阳；从光武帝至今，又已十一世。据《石苞室谶》之记载，宜再还都长安，以应天顺人。"

《石苞室谶》（亦写作《石包谶》）是当时流行的一部谶书，而所谓谶书，指的是河图、洛书、推背图之类以文字或图案为隐语来预言吉凶的一类图书。东汉时代谶纬大行，上至帝王将相，下至贩夫走卒，有不少人信奉谶纬之术。当年光武帝刘秀定都洛阳，也是参考了图谶的记载。《石苞室谶》说了些什么，今天已无法确知，推测其中多半有五德终始、迁都再受命之类的内容，所以董卓才搬出它为依据，支撑自己迁都的提议。而在《三国演义》中，罗贯中则安排迁都之议发自李儒，

并杜撰童谣云："西头一个汉，东头一个汉。鹿走入长安，方可无斯难。"虽然于史无征，以谣谶为凭据的道理却是相同的。

董卓此言一出，满朝公卿皆惊愕不已，可是又畏于其威势，半晌无人敢言。最后只有司徒杨彪说道："移都改制，乃天下大事，故而才有盘庚迁亳、殷民皆怨之事。当年王莽篡逆，长安被赤眉军所烧，关中残破，所以光武帝才定都洛邑，历年已久，百姓安乐。如今董公您拥立圣主，方兴汉祚，若无故捐弃宗庙园陵，只怕会引起百姓惊动，酿出乱事啊！况且那《石苞室谶》实乃妖邪之书，岂可信用！"

董卓不悦道："关东方乱，所在贼起。而关中肥饶，秦据此得以并吞六国，又有崤、函险固，为国之锁钥。何况陇右盛产木材，杜陵有武帝陶灶，宫室官府，一朝可办，迁都又有何难！百姓小民，何足与议！若有惊扰，我以大兵驱之，敢不服从？"

杨彪仍坚持说天下动之甚易，安之甚难，希望董卓再考虑考虑。董卓怒道："杨公欲沮国家大计么！"太尉黄琬见状，知道董卓动了杀心，连忙劝解道："此国之大事，杨公之言，难道没有值得反思的地方吗？"司空荀爽也打圆场说，其实董相国也不愿意迁都，只是顾及山东叛兵非一日可平，所以才想效仿秦汉以关中制天下的策略。气氛这才稍有缓和。

当天会议结束后，董卓便以灾异为由，奏免了杨彪、黄琬的三公之位。

后来，同样谏阻迁都的周毖、伍琼便没那么好运了。面对两人的劝阻，董卓勃然大怒道："我初入朝之时，你们劝我擢用人士，我听从二位之言，以袁绍为渤海太守，以韩馥、孔伷等为州牧，可这些人到任之后却都举兵相图！这分明是你们出卖我！如此说来，我也算不上对不起你们！"就将两人收捕斩首了。此后再也无人敢对迁都说不。

二月十七日，董卓先将汉献帝的车驾迁离了洛阳。之后他便纵兵收捕城中富户，掠其家财，又放火焚烧宫室、宗庙、府库和民家，大火延及城外二百里。内外余民数百万口在大兵的逼使之下络绎西迁，一路步骑驱蹙，彼此践踏，加以饥饿掳掠，哭号之声不绝于耳，尸体横卧道旁随处可见。他还命吕布发掘城外诸帝陵和前代公卿的坟墓，将墓中珍宝搜刮一空。在班固笔下"光汉京于诸夏，总八方而为之极"的帝都洛阳，就这样化成了一片丘墟。

第 8 章 鹿走入长安

第9章 东线无战事

与董卓迁都长安的消息一起传到关东诸军大营的，还有袁绍的叔叔袁隗一家五十余口尽被董卓所杀的噩耗。

然而令人感到不解的是，从正月诸军大集以来，倏忽三月过去，除了派小股游军试探骚扰之外，关东联军一直没有对洛阳方面发动真正的攻势。即便是盟主袁绍，除了杀掉董卓派来的使者胡毋班等人出气之外，同样没有渡河进攻的意图。

这种情况，被袁绍授予奋武将军一职的曹操看在眼里，急在心头。他对众人说道："诸君举义兵以诛暴乱，现今大众已合，又有何迟疑？向使董卓听闻山东兵起，便倚王室之重，据二周之险，东向以临天下，虽以无道行之，犹足为患。可如今他焚烧宫室，劫迁天子，海内震动，不知所归，此乃天亡其时！我军可一战而定天下，奈何坐此碌碌无为，错失良机啊！"就是说现在是讨伐董卓的最好时机，因为他原本在首都守着皇上，哪怕再混蛋，毕竟是代表朝廷，可现在他把首都一把火烧了，把皇上劫持了，反叛面目彻底暴露了，老鼠过街人人喊打，皇帝又已经到了长安，我们进攻起来不用再投鼠忌器，为什么眼下还要观望不前呢？

尽管曹操的意见很有道理，众人却依然不为所动。曹操无奈，最后干脆带着自己的人马单独西进，想要抢先占据成皋关。跟随他的只有好友鲍信和张邈部下卫兹各自率领的小股部队。

前文已述，曹操在陈留募兵，总共募得五千部众。此时即便倾巢而出，再加上鲍信、卫兹的友军，顶多也就七八千人。若据曹操自己在《本志令》中的回忆，此战他的军队只有"数千"。以这样的军力孤军深入，显然冒有极大的风险。果不其然，进至荥阳汴水后，曹操遭遇到了董卓部将徐荣的军队。一场混战下来，曹操大败，鲍信受伤，其弟鲍韬阵亡。而曹操自己不但中了流矢，乘坐的战马也伤重不起。眼看追兵渐近，堂弟曹洪要把自己的马让给曹操，曹操不受。急得曹洪直说："天下可以没我曹洪，却不能没有兄长你！"曹操这才上马。曹洪在后步从，二人趁夜色一直跑到河边，曹洪又寻了个小船，两人才得以逃回。徐荣见曹操虽然兵少，却能力战不怯，认为酸枣大营必然不易攻取，于是也引兵而还。

等曹操狼狈不堪地回到酸枣，见诸将坐拥兵马十余万，却整日置酒高会，人人一副不思进取的模样，顿时气不打一处来。他忍不住出言责让，并再次提议道："诸君若能听我之计，使渤海（指袁绍）引河内之众临孟津，酸枣诸将守成皋，据敖仓，塞轩辕、太谷，全制其险，再令袁将军（指袁术）率南阳之军入武关，以震三辅，然后皆深壁高垒，以守为攻的同时益为疑兵，示天下以形势，以顺讨逆，便可传檄立定。现今兵以义动，却迟疑不进，失天下之望，窃为诸君耻之！"

曹操的提议，是希望诸军协同作战，一方面占据洛阳周边的重要关隘，切断董卓的粮食供应，一方面三路并举，使其首尾难顾，更要在气势上压倒董卓集团，以促使其内部分崩离析。如果这一计划能够付诸实施，的确可以在战略上给董卓造成极大的麻烦。可问题在于，正如郑泰分析的那样，关东群雄尽管公推袁绍为盟主，表面上一致声讨董卓，实际上却是各怀鬼胎，彼此掣肘，绝难同心勠力。

别人暂且不提，就拿袁绍来说吧，他虽然被众人推举为了盟主，自封车骑将军，但却徒具虚名，权力极为有限，诸将大多并不真心服从于他。就连少时好友曹操，也只称其渤海太守，不承认他车骑将军的头衔。而留守邺城的冀州牧韩馥虽然是袁氏故吏，却一直对袁绍防范有加，生怕他谋害自己夺取冀州，因此他虽然承担了向前线输送军粮的任务，却时时克扣贬损，巴望袁绍因而不战自溃。袁绍本人则将诸军对自己不够服从归咎于自己的实力不够强大，尤其是缺少足兵足粮的地盘，故而在他的心中，当务之急并非进攻董卓、迎回皇上、替叔父一家报仇，而是尽早实现自己"南据大河，北阻燕、代"的战略规划，拿下冀州为根据地。

此外，当初董卓要立刘协为帝，袁绍是明确表示反对的，所以他自觉对献帝没有多少臣子之义。等到董卓将献帝西迁长安，袁绍更觉得朝廷已经沦为了董卓的玩物，与其在名分上受其挟制，不如另立新君与之对抗。于是袁绍跟韩馥等人合计了一下，认为幽州牧刘虞是个老好人，又是汉室宗亲，不如拥戴他称帝便是。对外的理由则是皇帝年幼，又被董卓挟持入关，现在是死是活都不知道，而刘虞是宗室长者，为人贤德，更能中兴汉室。

曹操得知后，对此大摇其头，说董卓之罪，四海皆知，我等合大众、兴义兵，之所以远近莫不响应，正因为我们是正义的一方。现在皇帝虽然被奸臣挟制，但他本人并无过错，如此轻易便改立新主，弄得一个国家有两个皇上出来，那叫天下人何去何从？你们想立你们就立，我反正是只认刘协当皇上！（"诸君北面，我自西向。"）

袁绍等虽然没听曹操劝，但另立中央的企图也没成功，因为刘虞本人就不答应。刘虞不仅仁厚，为人也很有底线，听说袁绍派人来给他上尊号，顿时便翻了脸，厉声对使者道："方今天下崩乱，主上蒙尘。我受朝廷厚恩，不能洗雪国耻，已经深感不安。诸君既然各据州郡，应该同心协力尽忠王室才是，怎么能反做此逆谋来污辱我呢！"说什么也不同意。袁绍和韩馥稍加妥协，说当皇帝你不干，那领尚书事、承制封拜行不行呢？刘虞仍旧拒绝，还斩了劝进的使臣，说你们要再逼我，我就北奔匈奴。袁、韩这才作罢。

还有材料显示，其实这个时候袁绍已经有了自己当皇帝的野心。因为他曾经在一个比较私人的场合，向曹操展示自己新得的一方玉印，暗示自己天命有归。曹操表面上大笑，说你别跟我来这一套，心里却十分不以为然，暗暗鄙薄袁绍的为人。

至于袁绍的弟弟袁术，思想境界还比不上他老哥，打从割据南阳的那一天起，他就觉得"代汉者当涂高"的谶言将要应验在自己身上，同样做起了皇帝梦。所以对袁绍立刘虞为帝的提议，他当然也不支持。而且袁术从来就瞧不起袁绍，认为他不过是自家奴婢生出的孽子，根本没有资格姓袁（他曾经写信给公孙瓒说"绍非袁氏子"），而自己是袁氏嫡传，比他更有资格当盟主，因此对于众人推举袁绍为盟主一事始终耿耿于怀，曾怒骂说这些家伙不追随我，居然去追随我家的家奴！加上在推举刘虞一事上两人鸡同鸭讲，没多久哥儿俩便反目成仇了。

与此同时，酸枣诸军内部也是矛盾重重。兖州刺史刘岱跟东郡太守桥瑁彼此仇视，没多久便爆发了火并，桥瑁被杀。加上军粮已尽，诸军

集结不到半年，便纷纷散去，各回各家了。除了曹操发动的那次攻击，东线战场基本上再没发生过战事。

在这种情况下，曹操虽有进取之心，却也无可奈何，何况汴水一战他的部队损失殆尽，重整旗鼓尚待时日。所以他也返回谯县老家再度募兵，之后又与曹洪、夏侯惇分往扬州各地征募义勇。等他好不容易聚集了四千多人，这些南方兵又不愿意北上，路上发生了叛逃和兵变。叛兵半夜放火烧着了曹操的营帐，曹操挥剑连杀数十人，才从大火中逃了出来。最后没有叛逃的只剩下五百多人。曹操一路走一路招募，回到谯县一带又收集了千余人，再加上曹洪等人的家兵，总算又凑齐了三千人马。

这一段筚路蓝缕的经历，曹操后来在《本志令》中不无解嘲地说明，那是因为自己"本志有限"，不想有太多人马而引起强敌重视，所以时常自我抑制。

到了初平二年（191年）春天，尽管以袁绍为首的关东群雄不思进取，碌碌无为，但局势还是发生了对讨董联军十分有利的变化。令人稍感意外的是，造成这一局面的既不是曹操，也不是袁氏兄弟，而是与董卓一样出身武官的长沙太守孙坚。

孙坚，字文台，吴郡富春（今浙江富阳）人。少年时代便容貌不凡，生性阔达，颇有英雄气概，因而早早就成了县上的一名小吏。十七岁时，他跟父亲乘船出行，在钱塘（今浙江杭州）境内遇到海贼拦路，贼人们正在岸上分赃，行旅皆不敢靠近。孙坚却对父亲说："此贼可击，请讨之！"孙父说这些人你对付不了，不要自讨苦吃。孙坚不听，径自操刀上岸。走到离海贼还有一段距离，他便打手势东西指挥，做出分配人手左右包抄的样子。众海贼望见，以为是官兵前来缉捕，扔掉财物四散而逃。孙坚追杀上前，最后手提人头而回，令孙父大吃一惊。由此他在本郡颇有名声，年纪轻轻便被太守授予代理郡尉一职。

第二年,邻近的会稽郡爆发了妖贼许昌的叛乱,拥众数万。孙坚招募义勇,助州郡讨破许昌,因功被提拔为县丞。之后他转任三县,所在颇有政绩,而且这一时期他的身边时常有乡里少年数百人相从,说明他已经开始拥有自己的私人武装。

黄巾起义爆发后,朝廷派皇甫嵩和朱俊征讨颍川黄巾。与孙坚同为扬州人的朱俊早就听说这个小老乡英勇不凡,就向朝廷表请调时任下邳县丞的孙坚任自己的佐军司马。而除了在下邳跟随他的数百乡里少年,孙坚又"募诸商旅及淮、泗精兵",最后率领一千余人同朱俊参加了平定黄巾的战斗。西华一战,孙坚受伤堕马,僵卧草丛之中。兵众分散,一时找不到他,都以为他多半已经死了。但孙坚骑乘的青骢马跑回了大营,据地悲鸣不止。将士心知有异,便跟着马前去寻找,终于在草丛里找到了孙坚。回营后孙坚将养了十几天,伤势稍愈,便再度出战,军中都深感佩服。宛城一战,孙坚最先登上城墙,士卒随后蚁附,才最终破贼克城。事后朱俊奏表战功,孙坚被封为别部司马。这时他刚刚三十岁,已经算得上秩千石的高级武官了。

第10章 孙坚得玺

中平三年（186年），三十二岁的孙坚奉命出讨凉州，随司空张温西征作乱的边章、韩遂。朝廷之所以派张温出征，很大程度上是因为之前负责平乱的董卓养寇自重、久而无功。也就是在这时，孙坚开始跟董卓有了近距离接触。

张温到长安后，便以诏书召董卓来见。董卓过了许久才到，张温责让他两句，他便言辞不顺，桀骜之色溢于言表。

在旁的孙坚看在眼里，对张温耳语道，董卓这个人丝毫不认为自己有错，反而口出狂言，应该以其没有按时抵达为由，以军法将其处斩！张温说，董卓在陇西素有威名，杀了他，恐怕于我军西征不利呀。孙坚又劝道："明公你亲率王兵，威震天下，哪里非要依赖他董卓？况且我刚才听董卓所言，他对明公不加尊敬，轻上无礼，这是他第一个罪名；边章、韩遂作乱经年，应当及时进讨，他却屡陈不可，沮军疑众，这是他第二个罪名；他受任无功，应召稽留，又桀骜自大，这是第三个罪名。古时仗钺出征的名将，常见斩有罪以示军威的先例，所以司马穰苴才斩了庄贾，魏绛才杀了杨干。明公你顾及董卓的威名，不即加诛，就会亏损自己的权威啊！"

然而张温还是没听。在那个时候，也没人会想到后来董卓竟会造成那么大的祸乱。

这次出征返朝后，孙坚被任命为长沙太守，去镇压当地人区星的叛乱。他到任后选用良吏，亲率将士布置进剿方略，旬月之间便将区星击破。接着他又冒着获罪的风险，越界征讨零陵、桂阳、宜春等地贼寇，所到之处连战连捷。朝廷录其前后军功，进封其为乌程侯。

后来灵帝驾崩，董卓擅权作乱，关东州郡各兴义兵征讨。孙坚得知后，长叹说当年张公要是听了我的建议，朝廷哪还会遭此大难？便也起兵北上，去讨伐董卓。

在从长沙北上的路上，孙坚干了一件不太地道的事：路过荆州城时，他把刺史王叡给杀了。有史料说，王叡曾经跟孙坚一起讨伐零陵、桂阳的贼寇，但他自矜身份，对武官出身的孙坚甚为轻慢无礼，所以孙坚一直含恨在心。这次他途经荆州，正好遇到王叡跟武陵太守曹寅不和，曹寅诈称受了朝廷密令，教唆孙坚去抓捕王叡，可以先斩后奏。孙坚便公报私仇，率兵袭击了刺史府。王叡听闻有人来攻，登楼眺望，问来者意欲何为。孙坚手下兵将诳骗他说，征战劳苦，得的赏钱却连衣服都买不起，所以来跟使君讨点资财。王叡信以为真，就叫人打开府库，让这些士兵自己去看，以证明自己绝非吝财之人。但是兵士不退反进，而孙坚也现身其中。王叡这才大惊，道："兵自求赏，孙府君何以在其中？"孙坚说："我奉朝廷使者的命令，特来杀你！"王叡问："我有何罪？"孙坚答道："坐无所知。"意思是不知犯了什么罪就是你的罪

名。重重围困之下，王叡走投无路，不得不饮金自杀。

吞并王叡的部众后，孙坚继续北进，行至南阳，已经有数万之众。这时他又以南阳太守张咨拒绝向自己提供军粮，"稽停义兵，使贼不时讨"为由，将张咨诱至自己的军营斩杀。南阳官民由此大惧，纷纷献出粮资，孙坚一时无求不获。

王叡和张咨都是朝廷命官，而且并非董卓一党，孙坚为私利杀此二人，显非光明磊落之举。这两件事也暴露出，囿于出身，孙坚惯于用武力解决问题，在政治上境界不高。

也是在这时，后将军袁术从洛阳出奔向南而来。孙坚进至鲁阳（今河南鲁山），跟袁术见了面。两人会谈的内容虽不可知，但推测应该是达成了某种交易。王叡死后，朝廷以刘表为荆州刺史，刘表推荐袁术担任南阳太守，袁术则表请由孙坚行破虏将军、领豫州刺史，治兵于鲁阳。此后，孙坚大多数时间都听从袁术调遣，时人也将其视为袁术部下。

为了进一步筹措讨伐董卓的军粮，孙坚派手下返回长沙督调，启程前他特意在鲁阳城东祖道相送。酒宴之时，董卓军前锋数十骑掩至。孙坚方行酒谈笑，见状立刻号令部曲整顿行阵，不得妄动。不久后赶到的董卓军越来越多，孙坚才传令罢宴，徐徐入城，谓左右道："方才我之所以不马上结束，是担心士兵互相拥挤践踏，让你们进不去城。"董卓军见孙坚士马严整，不敢贸然攻城，于是引还。

后来孙坚先移屯梁县（今河南临汝）之东，被董卓军徐荣部所败，既而进至阳人城（今河南汝阳东北），又遭遇到了胡轸、吕布围攻。孙坚一度战况不利，只率数十骑突围而出。他平常惯戴红色巾帻，敌兵远远望见，对他穷追不舍。孙坚就把巾帻摘下，让亲将祖茂戴着。追兵都去追赶祖茂，孙坚这才得以逃脱。祖茂被追穷急，下马隐身于草丛之中，而将巾帻扣在了坟冢间一截烧黑的断柱上。追骑赶至近前，发现是断柱，寻祖茂不见，便悻悻而还。

吃了这一场败仗，孙坚并不气馁，再度收兵合战。而这时董卓军内部也有矛盾，吕布等人与胡轸不和，屡次暗中捣乱。于是孙坚终于大破董卓军，还阵斩了都督华雄。

没错，历史上杀死华雄的并非关羽，而是孙坚。

孙坚的胜利引起了袁术猜忌。有人劝袁术说，如果让孙坚得了洛阳，那就制不了他了，此举无异除狼而得虎。于是袁术切断了对孙坚的军粮供应。孙坚得知后，连夜奔驰百余里赶到鲁阳来见袁术，对他道："我孙坚跟董卓并非骨肉仇敌，之所以奋不顾身，无非是上为国家讨贼，下慰将军家门之私仇。可将军您却听信谮言，反而嫌疑起我来。现在大功就在眼前，若因军粮不继而功败垂成，岂不可惜！愿将军您深思啊！"

袁术被孙坚质问得无言以对，只好答应调发军粮。孙坚于是回到前线，继续向洛阳逼近。

当时关东联军除曹操发动了一次失败的攻势之外，大多观望不前。孙坚这支来自南方的偏师反而成了令董卓最为头疼的麻烦。大概是当初收买吕布尝到了甜头，董卓又派李傕来收买孙坚，希望跟孙坚和亲，还说只要是孙氏子弟，写个名单过来，他就让朝廷授予刺史、郡守的职位。孙坚答复道："董卓逆天无道，荡覆王室。若不能夷其三族，昭示四海，则我死不瞑目，又岂能与他和亲？"于是进军大谷，距洛阳不过九十里之遥。

董卓自从迁都长安，焚烧洛阳宫室之后，虽然暂时留屯宣平门外的毕圭苑，但他本来就没有长期坚守的打算。这时见孙坚逼近，他亲自统军出战不利，便命吕布留守，自己退屯在渑池。孙坚乘胜直入，至宣阳门（洛阳城南面东数第三门）与吕布大战，吕布败走西撤。于是孙坚振

第 10 章 孙坚得玺

63

旅入城，收复了已成一片废墟的洛阳。

据说孙坚入城之时，见繁华京邑只剩残垣断壁，数百里内渺无人烟，不由得惆怅落泪，随即下令扫除宗庙，修塞被盗掘的皇陵。这期间孙坚驻军于城南甄官井附近，每天早上，井上都有五色云气升腾，军士们十分惊怪，都不敢前来汲水。孙坚得知后，命人下井查看，结果找到了一枚方圆四寸、纽上五龙交盘、其中一龙一角缺损的玉玺，玺上刻有"受命于天，既寿永昌"八字，正是汉室代代相承的传国玺。原来当初张让等劫持少帝出逃之时，左右分散，掌玺者惊惶失措，将其投入了此井。少帝回宫后其余六玺皆被找到，只有传国玺下落不明，直到这时才被孙坚发现。

秦汉之时，天子之玺有七。其中"皇帝行玺"等六玺是日常处理政务所用，独有这刻有"受命于天，既寿永昌"的传国玺，相传乃是秦始皇以蓝田玉（一说和氏璧）制成，实际上并不使用，只是作为皇帝至高无上地位和君权神授的象征。当年刘邦攻入关中，秦王子婴奉玺符投降。刘邦得天下之后便将此玺定为传国玺，在汉室诸帝之间世世传受。后来王莽篡汉，派人逼太皇太后王政君交出传国玺。王太后一怒之下将此玺掷到了地上。玺上螭龙所缺一角，很可能便是因此而来。王莽死后，传国玺三度易手，最后终于归了光武帝刘秀，开始重新在后汉诸帝间传承。四百多年来，它一直作为皇权正统的标志，象征着天命所在。孙坚意外获得此玺，按照当时流行的谶纬观念，自然可以解读为他将应天受命的吉兆。然而古语有云："匹夫无罪，怀璧其罪。"拥有人人觊觎的至宝，很大程度上也是一件极其不祥之事。这一点，孙坚当时并没有预见到。

洛阳既已失守，董卓遂选择进一步收缩防线，命手下董越、牛辅等分别屯守渑池、华阴和安邑，自己引军回了长安。而孙坚也无力继续进讨，考虑到洛阳已是一片废墟，军粮难继，便率军回了鲁阳。

第11章 袁绍据冀州

当孙坚孤军深入、收复洛阳之时，倘若关东联军能够如曹操所言乘机西进协同作战，无疑将对董卓造成更大的打击。然而令人遗憾的是，这时所谓的关东联军由于持续内讧早已名存实亡，分裂成了一个个务求兼并以自强的割据势力。

这一时期，袁绍虽然一直屯驻在河内，但并没有渡河配合孙坚作战。相反，当孙坚讨伐董卓未归之时，袁绍居然任命周㬂为豫州刺史，袭夺了孙坚的大本营鲁阳城（后又被孙坚夺回）。这是因为，孙坚此时依附袁术，而袁术、袁绍两兄弟已然失和。此前袁术既已表请孙坚担任豫州刺史向北扩张，袁绍自然要设法对其加以压制。

另一方面，袁绍采纳谋士逢纪的建议，将从韩馥手中谋夺冀州的计划付诸行动。当时韩馥手下将领麹义反叛，袁绍阴与麹义结好，韩馥的势力已经有所削弱。逢纪献计说，可以秘邀公孙瓒南下攻击冀州，韩馥这个庸才必然惶惧无措，到时再派能言善辩之人向他指陈祸福，韩馥窘急，必定会将冀州拱手相让。袁绍深以为然，便修书给公孙瓒，怂恿他进攻韩馥。

公孙瓒这时候跟幽州牧刘虞已经彼此不睦，正在谋求扩大自己的势力。袁绍既是讨伐董卓的盟主，有了他的授意，公孙瓒便假托讨伐董卓为名，引军奔冀州而来。韩馥与战不利，大为窘迫。此时董卓已经入关，袁绍便将大营从河内东移至延津，以向韩馥施加压力。与此同时，他先后派出自己的外甥高干以及和韩馥关系较好的辛评、荀谌、郭图等人前去游说。这些人劝韩馥说，现在公孙瓒乘胜南来，诸郡响应，锐不可当，袁绍又引军东向，意图难测，我们实在替韩将军你担忧啊！

韩馥听了十分忧虑，问那怎么办呢？

荀谌说，您自己掂量掂量，在得人心方面，您比袁绍如何？

韩馥说，我比不了袁绍。

荀谌又问，在智勇决断这些个人素质方面，您比袁绍如何？

韩馥说，我不如他。

荀谌还问，那在门望资历、社会地位方面，您比袁绍又如何？

韩馥说我还是不如他。

荀谌摊手道："袁氏乃一时之杰，如今韩将军您既然以上三点都不如他，却又久处其上，将来他必不肯居将军之下。冀州是天下重镇，豪杰必争。他袁绍要是跟公孙瓒联手来攻取，那将军您的危亡就指日可待了！不过袁绍跟将军您是旧交，大家又是同盟。为今之计，不如将冀州让给袁绍。这一来他必然感戴将军的厚德，公孙瓒也不能再来相争。如此将军您不但能够收获让贤之名，自身的安全也能得到保障。希望您慎重考虑。"

韩馥本非有胆有识之人，面对公孙瓒和袁绍前后夹击的困局又找不到解决的办法，权衡再三之后，最终同意了荀谌的建议。他的部下耿武、闵纯、沮授等人听说之后都来谏阻，说冀州民富兵强，粮谷可支十年之用，他袁绍孤客穷军，仰我鼻息，只要断其粮食就能将其饿死，怎么能白白就将冀州让给他呢？韩馥说我本来就是袁氏故吏，才德又不比袁本初，古人向来推崇让贤，你们何必如此反对？无论谁劝就是不听。到头来韩馥还是派人将印绶送给袁绍，自己搬出官舍，将州牧之位拱手让给了他。

袁绍随即领冀州牧，将军队开进了邺城。见袁绍军至，韩馥手下从事十余争相离去，只有耿武、闵纯执刀拦拒，结果被袁绍所杀。沮授见事已至此，也归附了袁绍，被任为别驾。

袁绍问他说："方今贼臣作乱，王室播迁。我袁氏历世受朝廷恩宠，志在兴复汉室。然而齐桓公没有管仲辅佐则霸业难成，勾践没有范蠡帮助则无以复国。我欲与卿勠力同心，共安社稷，不知卿将何以匡济之？"

沮授道："将军您弱冠登朝，名扬海内。值废立之际，忠义奋发，单骑出奔，董卓怀惧，济河而北，渤海稽服。拥一郡之卒，持冀州之众，威震河朔，名重天下。若举军东向，则黄巾可平；还讨黑山，则张燕可灭；回师北首，则公孙必擒；震胁戎狄，则匈奴立定。横大河之北，合四州之地，收英雄之士，拥百万之众，迎大驾于长安，复宗庙于洛邑，号令天下，诛讨未服。以此争锋，谁能御之！比及数年，其功不难。"

当时冀州的形势，东边有青徐黄巾军作乱，西边的太行山中有"黑山贼"张燕割据，北边是声势正盛的公孙瓒，并州一带则有南匈奴叛服无常。沮授的建议，是希望袁绍以冀州为基地，向东部的青州、北部的幽州、西部的并州扩张势力，先统一整个河北，再合此四州之力争霸天下。这一战略规划与袁绍的计划不谋而合。所以袁绍听了，喜道："此吾心也。"就任命沮授为奋武将军，让他监护诸将。此外，在韩馥手下

不受重用的魏郡人审配、巨鹿人田丰也受到了袁绍拔擢。至于"让贤"的韩馥本人，虽然被袁绍给了一个奋威将军的名号，但手下无兵无将，纯粹一个光杆司令，没几天，韩馥就后悔了。

然而此时后悔也来不及了。袁绍任用河内人朱汉为都官从事（司隶校尉属官，执掌畿内不法事），此人跟韩馥有宿怨，又揣摩袁绍的意图是迟早要将他干掉，便在某一日擅自发兵围住了韩馥的住所，率人进去抓捕。慌乱中韩馥跑到楼上躲避，朱汉只抓住了他的长子，当场将其两腿槌断。袁绍知道后十分恼怒，立刻将朱汉斩首。但韩馥经此一事，再也不敢在袁绍身边久留，乞求离开邺城，去投陈留太守张邈。后来有一次，袁绍派使者去见张邈，计议中有所耳语，韩馥在一旁见到，以为多半是袁绍指使张邈谋害自己，顿时害怕起来。绝望中，他起身离席，躲进厕所用随身携带的书刀自杀了。

听说袁绍逼走韩馥得了冀州，正向冀州东部扩张的公孙瓒感到自己受了袁绍愚弄，心里老大不舒服。不久后，青、徐黄巾三十万众越过黄河，进入了渤海境内。公孙瓒一肚子怨气没处撒，正好着落在黄巾军身上。他率领步骑二万，在东光县南大破黄巾军，斩首三万余级。黄巾军奔走渡河，他又乘其半渡之时掩击，再度大获全胜，俘虏七万余人，车甲财物不可胜数，一时间威名大震。当时投靠公孙瓒的刘备很可能也参加了这次战事。

吞并了这批黄巾军的人力和物资，公孙瓒实力大增。他感到自己完全可以跟袁绍掰掰手腕了。

恰在此时，由堂弟公孙越之死，公孙瓒获得了向袁绍开战的借口。

之前幽州牧刘虞的儿子刘和一直在献帝身边任侍中，刘虞拒绝接受袁绍立自己为帝的提议，曾经派使者去长安向献帝宣示效忠。企盼东归洛阳的汉献帝十分感动，就派刘和秘密从武关东出，去联络刘虞派兵来迎。然而刘和途经南阳之时，袁术将其截留扣押，叫刘虞先派兵马前来，然后他就放刘和西行。刘虞无奈，便派了数千骑兵去南阳。公孙瓒知道后，心知这是袁术故意讹诈，劝刘虞不可派兵。刘虞不听。公孙瓒怕袁术知道后怨恨自己，转而向他示好，派从弟公孙越带了一千骑兵去助袁术。正好此时袁绍派周㬂夺了孙坚的大本营鲁阳，袁术就派公孙越帮孙坚攻打周㬂。结果在战斗中，公孙越这个倒霉蛋竟然中流矢而亡。公孙瓒闻知大怒，说我弟弟是因为袁绍才丢了性命，此仇不可不报，就出兵磐河（今山东德州德平北），上书披露袁绍十条大罪，对他发动了进攻。

这个时候袁绍刚刚占据冀州，脚跟还没站稳，而公孙瓒携大破黄巾之威，势头正盛，一时间冀州郡县纷纷望风而降，搞得袁绍十分被动。袁绍想示好求和，就把自己渤海太守的印绶交给公孙瓒从弟公孙范，叫他去跟公孙瓒讲情。结果公孙范到渤海后便背叛袁绍，起兵相助自己的兄长。公孙瓒还任命自己的部将严纲为冀州刺史，田楷为青州刺史，单经为兖州刺史，改置郡县守、令，摆明了要一举将袁绍彻底吞并。

初平三年（192年）正月，袁绍亲统全军来战公孙瓒。袁绍屯广宗（今河北邢台威县），公孙瓒据界桥（今威县东北）。

双方先是在界桥南二十里展开合战。公孙瓒当年在幽州防备乌桓之时，常乘白马，他还拣选擅长骑射之人充任左右亲兵，亦乘白马，号为"白马义从"，所向无前。因此乌桓人都互相转告，寇掠时务避白马将军。这次他以步兵三万为方阵居中，以骑兵居于两翼，左右各五千人。白马义从也分为左右两校，担当骑兵的中坚力量，"左射右，右射左，旌旗铠甲，光昭天地"，气势甚盛。袁绍方面虽然骑兵没有公孙瓒多，但总兵力亦有数万，而且其前锋麹义部久在凉州，跟羌人转斗多年，兵皆骁悍。他以麹义领兵八百居前，强弩千张在旁夹辅，自统步兵主力结阵于后。双方可谓旗鼓相当。

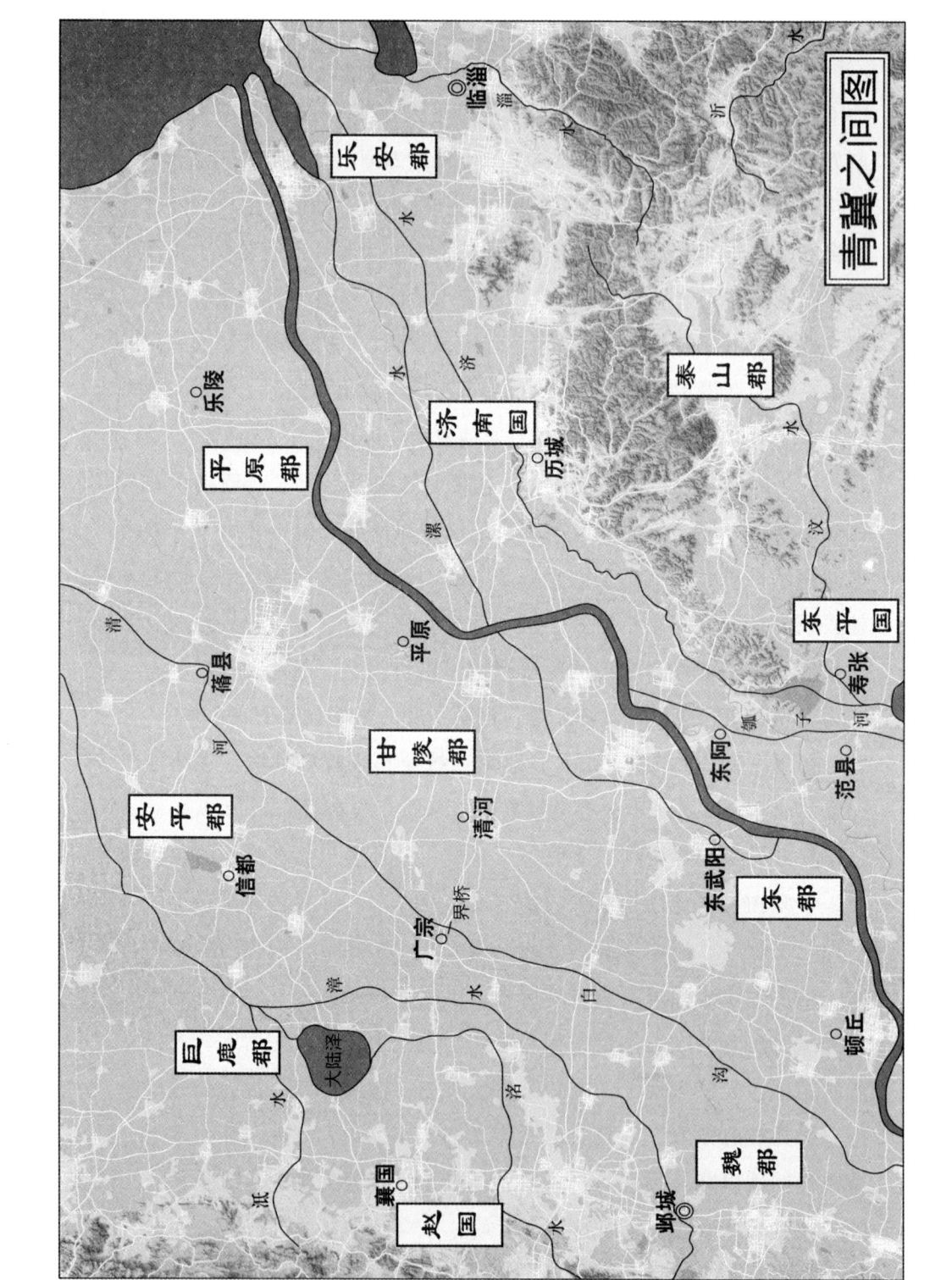

战斗开始后，公孙瓒见袁军前锋兵少，便放纵骑兵展开突击，想将其一举冲垮。面对奔腾而来的铁骑，久经沙场的麹义部表现得相当冷静，士兵们蹲伏在盾牌之下，不动如山，直到敌骑仅有数十步远，才大吼一声同时俱起，在强弩雷发的掩护下扬尘直前。由于距离过近，强弩的杀伤力尽显，射中之处人仰马翻，公孙瓒的骑兵一时间损伤很大。麹义乘势率军掩杀，阵斩公孙瓒任命的冀州刺史严纲及其麾下千余级。此战公孙瓒大败，步骑奔走，不复还营。麹义在后紧追，直追到界桥之上。公孙瓒收拢残兵再战，又被麹义击破。麹义遂攻进了公孙瓒的大营，占领其牙门，营中余众皆溃散奔逃。

统大军继后的袁绍距界桥还有十余里，闻报说公孙瓒已破，他便放松了警惕，命全军继续前进，自己则下马卸鞍，缓缓而行，只留帐下强弩兵数十和大戟士百余随从。不想走到半路，却遇上了两千多从公孙瓒那边脱离出来的骑兵，被其团团包围。一时间飞矢如雨，情势相当凶险。别驾从事田丰见状，拉着袁绍叫他到墙后躲一躲。袁绍反倒摘下头盔，一把扔在地上道："大丈夫当奋战而死！纵然躲身墙间，又岂可得活乎？"所幸那几十张强弩发挥了作用，敌人一时间不敢靠得太近，而且这些溃兵也不知道被围的就是袁绍，并没有全力进攻。不久后麹义带兵来迎，他们便四散而去，袁绍也就平安脱险。

此战过后，公孙瓒退回了幽州。数月后，袁绍派部将崔巨业领兵数万攻围公孙瓒属下故安城（今河北易县南）不克，退军途中被公孙瓒领步骑三万追击于巨马水（今拒马河），袁军大败，死者七八千。公孙瓒乘胜而南，又将冀州东部纳入囊中，疆土直拓至青、冀交界的平原郡。此后公孙瓒派其青州刺史田楷掠地齐鲁，袁绍则以其长子袁谭领青州，与田楷展开争夺。在之后的两年里，整个河北依然维持了袁绍和公孙瓒互相对峙的态势。

第12章 刘备救孔融

初平二年袁绍成功地从韩馥手中逼夺冀州,不但使其成了当时关东实力最强的诸侯,而且对曹、刘、孙三家各自的命运产生了不尽相同的微妙影响。

这其中最倒霉的是孙坚。

前文提到,孙坚此时依附于袁术,而袁绍、袁术兄弟二人彼此交恶反目。袁绍夺取冀州后,袁术为了跟自己这位庶兄抗衡,就跟公孙瓒结成了联盟。袁绍出于牵制袁术的目的,则与荆州牧刘表结援。袁术本就对荆州有所觊觎,转过年来,便命孙坚领兵南下,去攻打刘表。

两年前刺史王叡被孙坚所杀,名士刘表始被朝廷起用管领荆州。当时荆州地区大族强盛,寇盗横行,袁术又阻兵鲁阳,视荆州为囊中之物。刘表深知不取得当地大族的支持绝难站稳脚跟,于是单马进入南郡,说动了荆州名士蒯良、蒯越,在两人的帮助下诱斩寇盗首领五十五人，然后徙治襄阳，镇抚郡县，将除南阳之外的荆州诸郡尽皆平定。这次孙坚来攻，刘表便派黄祖御敌，与孙坚在樊城、邓城一带展开了战斗。黄祖不是孙坚对手，溃败而回，孙坚乘胜追过汉水，包围了襄阳。然而就在这时，孙坚却不幸被暗箭所伤，不久便亡故了。

关于这起事件，《三国志》只是说他"单马行岘山，为祖军士所射杀"。裴松之注所引的《典略》记载稍详，说当时孙坚悉众攻击襄阳，刘表闭门固守，夜里则派黄祖秘密出城去搬救兵。黄祖带兵回来之时，孙坚迎头痛击，打得黄祖败走窜入了岘山。乘胜轻敌的孙坚在夜里亲自追击，结果被藏身在竹木间的敌兵放冷箭射杀。《英雄记》则云，是刘表手下一个叫吕公的将领带兵翻山，孙坚轻骑入山寻讨，被吕公手下士兵投掷石头砸中脑袋，当时便死了。总之，这次战斗中孙坚终于为其轻敌冒进付出了惨痛的代价，死时年仅三十七岁。

孙坚去世的时候其长子孙策只有十七岁，资望尚浅，又无功名，而且很可能此时不在军中，于是孙坚的部众转由其侄孙贲统领，仍归袁术节制。有迹象显示，后来袁术多半对孙坚余部进行了拆分改组，基本上可以说吞并了这支军队。这对于孙氏势力的成长来说毋庸置疑是一次重大的挫折。此后的一段时间，孙氏势力暂时远离了诸侯争霸的舞台，直到四年后孙策略地江东，孙氏才重又复兴起来。

相比英年早逝的孙坚，刘备则是袁绍入据冀州后的实际得益者。

如前所述，刘备在高唐县任上被黄巾军所破后便投奔了老同学公孙瓒。后来公孙瓒击破青徐黄巾以及与袁绍争夺冀州控制权的战役，刘、关、张三人可能也有参与。而且正是在从属公孙瓒期间，刘备结识了后来的名将赵云。

赵云赵子龙是常山真定（今河北石家庄东北）人，据传"身长八尺，姿颜雄伟"，当袁绍与公孙瓒争夺冀州之时，他受本郡推举，率领

乡兵去助公孙瓒。公孙瓒自感出身名望比袁绍差得远，听说赵云来投，便问他："听说贵郡之人都愿相助袁氏，君何以独树一帜，迷途知返啊？"赵云回答："方今天下汹汹，未知孰是，民有倒悬之厄。鄙郡论议，但从仁政所在，并非是有意轻视袁公而亲附将军您。"刘备见到赵云，十分欣赏，深加结纳。后来公孙瓒为了抗衡袁绍，决定在青州开辟第二战场，除了任命田楷为青州刺史之外，还以刘备为平原县令，为自己扼守南部边界。不久后又升其为平原国相，地位相当于太守。赵云也在这时追随他至平原，专职统领骑兵。尽管不久后赵云又因为兄服丧，离开了公孙瓒阵营，但分别时他向刘备承诺"终不背德"，相约他日再会。

某种程度而言，如果不是为了对付袁绍，公孙瓒未必会轻易放刘备出去独当一面。而也正是在平原任上，刘备不但壮大了实力，还初步建立了自己"宽仁""得人心"的名声。这一点后来成了他能与曹、孙两家角逐天下的一个重要原因。史料记载，"是时人民饥馑，屯聚钞暴。备外御寇难，内丰财施，士之下者，必与同席而坐，同簋而食，无所简择。众多归焉"。刘备之得人心，准确地说是得普通小民之心，甚至使得前来行刺的刺客也不忍下手。《三国志》说，平原郡民刘平瞧不起刘备，"耻为之下，使客刺之。客不忍刺，语之而去"。裴注所引《魏书》也说，刘备不知道来人是刺客，因此待他甚厚，刺客感动于此，遂向刘备透露实情后离去。

在平原任上，刘备还曾经发兵救援时任北海相的名士孔融，博得了急公好义的声誉。

孔融孔文举是孔子二十世孙，四岁时便以"让梨"一事被宗人所奇，十岁时便博得了名士领袖李膺"必为伟器"的好评。成年后他先是坚定地反对阉党，继而又不阿附权势熏天的大将军何进，一贯以刚正骨鲠的姿态立朝，深为天下士人所敬。董卓掌权之后，孔融屡进匡正之言，搞得董卓实在不耐烦，又不愿因为杀他而开罪天下士子，于是干脆把他调出朝廷，让他到黄巾军闹得最凶的北海国（今山东潍坊一带）去当国相。

孔融到北海之后，虽然也收合士民，习兵讲武，做了不少防备黄巾军入侵的工作，但北海国地当孔道，青、徐黄巾军往来多由此境，没多久他便被二十万黄巾军击破郡城，走保朱虚县（今潍坊临朐东南）。后来黄巾军再次入寇，孔融出屯都昌（今临朐东北），被围困甚急，只好派使者向刘备求救。

孔融派去求救的使者并非泛泛之辈，而是后来的东吴名将太史慈。

太史慈是东莱郡黄县（今山东龙口东）人，青年时代在郡上当小吏，便因为帮郡守出头而有侠义之名，不过也因此得罪了本州刺史，不得不避祸辽东。在其离家期间，孔融听闻其义举，曾经数次派人上门，给了他母亲不少物质上的帮助。太史慈从辽东回来时，正赶上孔融被以管亥为首的黄巾军围困在都昌。他母亲便对他说，你跟孔北海素昧平生，但你走之后他却照顾赡养我，比故旧还亲，现在他被贼寇所围，你应该尽快去帮他才是！太史慈听了，只在家待了三天，便一个人赶往都昌，趁夜穿过包围圈，进城见到了孔融。

一开始太史慈向孔融要兵，想亲自出城击贼。孔融不同意，只盼望能有救兵。可左等右等，一个救兵也没等来。孔融见局势越来越危险，听人说平原相刘备这人还不错，便准备派使者去向他求救。此时都昌城被包围得甚是严密，孔融手下没人敢承担出城送信的任务，只有太史慈自告奋勇。孔融问他，现在敌人包围这么严，众人都说不能突围，你虽然勇气可嘉，可是真能行吗？太史慈回答说："当初府君您照料我家老母，老母感念此恩，于是派我来赴府君之急，这当然是因为我太史慈有

75

可取之处，来此一定对您有所帮助。现在大家都说不能突围，我要是也说不能，岂不辜负了府君的知遇之恩、老母的托付之意吗？事态紧急，府君您就不要迟疑了！"孔融这才同意。

当晚太史慈装束完毕，天一亮便带鞭摄弓，上马出城，只带两个骑手随从，各拿一个标靶。外面包围的敌人见了，立刻聚集起来，严防太史慈等由此脱逸。可太史慈并不突破敌围，只是牵马下到护城壕内，把标靶插在地上，一本正经地练起了射箭。练完之后收起标靶，又回了城里。旁观的敌人大惑不解，不知道他到底搞什么名堂。第二天早上，太史慈又原样来了一次，仍旧射完箭便回城。这次敌人有的聚集过来，有的贪睡就没起来。第三天太史慈又是如此。敌人见怪不怪，没人起来了。太史慈见状，上马扬鞭，直向包围突去。等到敌人反应过来调兵拦阻，他早已穿越了包围圈，又回身射杀数人，发即应弦而倒，敌兵无人敢追，于是他绝尘而去。

到平原之后，太史慈对刘备说："我太史慈不过东莱一鄙人，与孔北海非亲非故，只是因为意气相投，甘愿分灾共患。现在黄巾贼管亥暴乱，北海被围，孤穷无援，危在旦夕。以君有仁义之名，能救人之急，故北海派我突围前来，乞援于君。希望君能扶危济困，伸以援手。"刘备听了，对太史慈肃然起敬，答道："想不到孔北海竟知道世间有我刘备啊！"当即调精兵三千，同太史慈前往救援。管亥见援兵赶到，随即解围而去。

这次救援孔融的行动，为刘备在青、徐一带建立了良好的声誉。后来徐州牧陶谦愿意将自己的位子让给刘备，应该说不无此次事件的影响。

最后再说一下曹操。

与孙坚和刘备不同，袁绍入据冀州对曹操的影响既不算好也不算坏。说不算好，是因为曹操此时已经将袁绍视为了将来争夺天下的对手，得到冀州后他实力大增，到时一定极难对付。说不算坏，是因为此时袁、曹还是盟友关系，袁绍入冀州志在统一河北，与其呼应，曹操则并力于大河之南的兖、豫地区，以袁绍为后援，南可以与袁术争锋，东可以染指青、徐，正好可以借此局面扩充自己的实力。

前文提到，汴水战败后，曹操往扬州等地募兵，又拉起了数千人的队伍。后来黑山贼于毒、白绕、眭固等十余万众寇掠魏郡、东郡一带，曹操引兵入东郡（今河南濮阳南），在濮阳大破白绕部。盟主袁绍便表请曹操为东郡太守，治东武阳（今山东莘县南）。

初平三年（192年）春，曹操西屯顿丘，于毒等乘机来攻东武阳。曹操用围魏救赵之计入山攻击于毒的大本营，不但解了东武阳之围，还大破黑山贼眭固和作乱的匈奴于扶罗部，实力进一步提升。也是在这一年，青州黄巾军大批涌入兖州，据传有百万之众，任城（今山东济宁一带）、东平（今山东东平、汶上一带）相继失守。兖州刺史刘岱不顾济北相鲍信的劝阻，轻出与黄巾军决战，结果战败被杀，兖州一时成了无主之州。

东郡人陈宫这时对曹操说，自己愿意去说服兖州诸官，请他们拥戴曹操当新刺史。曹操当然同意。于是陈宫赶往治所，对别驾、治中这些刺史属官道："方今天下分裂，本州无主。曹东郡乃命世之才，若迎以牧州，必能安辑生民。"黄巾军大敌当前，除了近在咫尺的曹操之外，当时众人也没有太好的选择，何况鲍信本来就是曹操的好朋友，也支持由他领兖州。有了陈宫、鲍信等人的推举，再加上得到了盟主袁绍的支持，三十八岁的曹操遂走马上任，成了新任兖州刺史（一说州牧）。

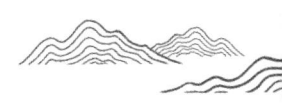

第13章 王司徒的密谋

曹操领兖州之后,为了向百姓昭示自己有能力保境安民,立刻进兵出讨青州黄巾。寿张(今山东东平南)东一战,曹操先败后胜,在付出了极大的代价之后堪堪破敌,好友鲍信也在此役阵亡,连尸首都没有找到。最后曹操只好拿木头刻成鲍信的样子,郑重哭祭安葬。

据说当时曹操亲率步骑千余侦察战场形势,不想误入敌人大营,仓促间接战不利,死伤数百人退还。黄巾军乘胜来攻,数量极其庞大,而曹操不但兵少,还有许多新招募的士兵习练不精,故而全军将士都大为震惧。当此之际,曹操披甲戴盔,亲巡将士,明劝赏罚,极大地鼓舞了三军斗志。之后"承间讨击",挫败了黄巾军的攻势。黄巾军感到曹操不好对付,听说他当年在任济南相之时,曾经大力整顿宗教活动、禁断非法淫祠,就写信给他说:"昔在济南,毁坏神坛,其道乃与中黄太一同,似若知道,今更迷惑。汉行已尽,黄家当立。天之大运,非君才力所能存也。"意思是你曹操的信仰跟我们黄巾差不多，应该知道汉家气数已尽，未来是"黄家"的天下，何必现在还给他老刘家苦苦卖命？

有学者研究指出，曹氏家族可能与黄老道颇有渊源，曹操本人的思想也确与信奉"中黄太一"的黄巾有共通之处。不过在现实利益面前，这些共同的思想根源远不足以使曹操改变对黄巾的策略。史载曹操看过这封书信后，一边呵骂黄巾种种罪孽，一边敦促他们早早投降，丝毫没有"放自家兄弟一马"的打算。后来曹操"遂设奇伏，昼夜会战，战辄禽获，贼乃退走"，既而又锲而不舍地追击至济北。黄巾军被逼得走投无路，只好向曹操乞降。当年冬天，曹操总共接受黄巾军降卒三十余万、男女百余万口。他拣选其中的精锐收编入自己的军队，号为青州兵。从此以后，青州兵就成了曹操资以南征北战的一支重要力量。

这里必须说明的是，东汉末年的黄巾军是一股非常奇特的武装势力。有学者甚至认为，中平元年张角在河北起事之初，黄巾起义只是以宗教为背景的社会改革运动，目的并不是以暴力颠覆国家政权。一个证据是，《续汉志》注引晋代文献《物理论》云，黄巾发难之日，"被服纯黄，不将尺兵，肩长衣，翔行舒步，所至郡县无不从"。不将尺兵，就是不携带任何武器。这种情况，显然不是暴力起义应有的场景。此外，张角起事于邺城，起事之后并不进攻洛阳，而是沿广宗—下曲阳（今河北晋州西）一线北上，也就是向与洛阳截然相反的方向行进，最后会集于真定。晋人干宝在《搜神记》中解释说："起于邺者，天下始业也，会于真定也。"意思是"天下大吉""黄天泰平"的大业在"邺"开始，定于"真定"，这是张角将起义地点和归宿谶言化。所以有研究者认为，张角根本无意于夺取洛阳，推翻东汉王朝，而是要在太行山以东以真定为核心进行割据。而割据的目的，则是建立地上天国以图救世，最终实现真正的"太平"。另一方面，在历来被视为张角起

事理论根据的原始道教经典《太平经》之现存内容中，绝难找到反汉、"代汉"的思想，相反，则存在许多"辅汉"的因素，是"善道"。故此张角在传道而兴的过程中，曾经受到过地方乃至中央许多官员默许和纵容。以上几点或许可以解释，何以"旬月之间，天下响应"的河北黄巾军在九个月后便被剿灭。

不过在中平元年以后复起的各地黄巾军的情况要复杂得多。史载，"自张角之乱，所在盗贼并起"，当时冀州一带有"博陵张牛角、常山褚飞燕及黄龙、左校、于氐根、张白骑、刘石、左髭丈八、平汉大计、司隶缘城、雷公、浮云、白雀、杨凤、于毒、五鹿、李大目、白绕、眭固、苦蝤之徒，不可胜数，大者二三万，小者六七千人"。这些队伍大多活动于古称黑山的太行山区，因此统称"黑山贼"，其中以张燕（即褚飞燕）实力最强，部众"殆至百万"。在太行山以西，有"黄巾余党郭太等复起西河白波谷，转寇太原，遂破河东，百姓流转三辅，号为白波贼，众十余万"。在青徐地区，则有前述与公孙瓒大战、围困孔融、杀死刘岱，后来投降曹操的青州黄巾军。甚至在偏远的益州，也有自号"黄巾"的益州贼马相，自称"天子"，众至十余万人。

值得注意的是，这时的黄巾军普遍由流民、饥民组成，寇掠求活是他们的基本目的，原本"黄天太平"的宗教追求正在减退。而且由于大批的老弱妇孺、家口牲畜裹挟其中，各地黄巾军虽然数量庞大，却很难说是一支纯粹的军队。加之器甲不精、缺乏训练，整体而言黄巾军的战斗力并不强。正因为如此，公孙瓒才能以两万人大破青徐黄巾三十万众，曹操也能以少胜多，降服三十万青州黄巾军。

还有学者指出，青州黄巾军之所以向曹操投降，除了形势所逼之外，很可能也是因为他们判断曹操所奉之道"与中黄太一同"。甚至不排除当时黄巾军认为曹操便是得天命的"真人"，所以甘心受其驱使的可能性。后来曹操曾命人造宝刀五口，曹植所作的《宝刀赋》中便有"实真人之攸御，永天禄而是荷"的赞语；曹丕称帝后也曾下令，称曹操老家谯县为"霸王之邦，真人本出"。总之，对黄巾军等信奉原始道教的势力而言，相比袁绍等人，曹操在政治上更具有亲和力。这一点也是曹操后来取得成功的一个原因。

言归正传。

初平三年（192年）之时，袁绍与公孙瓒相持于河北，曹操控制了兖州，袁术与刘表互相攻伐，曾经联合起来宣称要讨伐董卓的各路诸侯都汲汲于争夺地盘、扩大自己的实力，被劫持西迁的献帝和朝廷似乎被众人抛在了脑后。然而就在此时，长安方面却发生了极为重大的变故。熟悉三国史的朋友应该都知道，这便是吕布刺杀了董卓，并随之引发了李傕、郭汜之乱。

在小说《三国演义》中，这段情节由"王司徒巧使连环计""吕布戏貂蝉""董卓大闹凤仪亭"等著名桥段组成，不但有貂蝉这位名列"古代四大美女"的女一号撑场面，还有英雄美人缠绵缱绻的感情戏、父子二人争风吃醋的伦理戏、阴谋交织笑里藏刀的政治戏、血溅五步人头落地的武打戏，数百年来脍炙人口，妇孺皆知。然而历史上真实的情况却并非如此狗血。首先，貂蝉这个人物根本就是虚构出来的，史上并无其人。至于其本名任红昌云云，更是元杂剧为了剧情需要的杜撰。美人计、凤仪亭等依托貂蝉展开的情节自然也属子虚乌有。不过，王允王司徒设计策反吕布最终杀死了董卓，这一点倒是真实不虚。

王允出身太原王氏，祖上世代为官。他"少好大节，有志于立功"，十九岁时为郡吏，便不畏权宦杀掉了为祸当地的一名阉党成员。后来又因为犯颜力争，反对太守王球选用无德之人补吏而差点被王球杀掉。由此王允获得了刚正不阿之名，深得朝廷三公赏识。黄巾乱起，王

第 13 章 王司徒的密谋

允以豫州刺史之职与皇甫嵩、朱俊共立军功,然而却因为向朝廷告发中常侍张让的宾客与黄巾军有所交通而受到张让陷害,先后两次下狱,险些性命不保。直到灵帝驾崩,何进掌权,王允才被重新起用。

王允升为司徒,是在董卓执掌朝权、原司徒杨彪因为反对迁都被罢免之后。从初平元年三月到二年四月这一年多的时间里,由于董卓尚屯守洛阳,长安朝廷事无大小都由王允处置。王允表面上对董卓尊敬备至,假意亲附,因此得到了董卓的信任;暗地里他却一直在寻找扶持王室、诛杀董卓的机会。

一开始,王允跟司隶校尉黄琬、护羌校尉杨瓒、执金吾士孙瑞等人谋划,想以朝廷的名义派杨瓒和士孙瑞各领一支军队出武关,对外宣称征讨袁术,实际的目标则是仍在洛阳的董卓。但是董卓起了疑心,不同意这一出兵方案。王允只好放弃了动用军队的计划,一时再不敢轻举妄动。

一年后董卓回到长安,更加作威作福,无法无天。他嫌太师之称不足以夸耀,还想效仿姜太公加尚父之号。蔡邕劝谏说最好等平定关东、车驾还洛之后再称,他才暂时作罢。董卓出行之时乘金华青盖车,服饰仪仗逼拟天子,公卿来见,都要谒拜车下,他则毫不还礼,朝廷官员自三台尚书以下每天都要亲自到他的府中汇报请示。他以弟弟董旻为左将军,封鄠侯,侄子董璜为中军校尉,典领禁兵,其余宗族子弟亦并居显位。甚至侍妾所生之子尚在襁褓,便被董卓封为列侯;董卓的孙女还没成年,也被封为渭阳君。

董卓在长安城东筑要塞自居,还在郿县(今陕西扶风南)修建了一座坚固异常的坞堡,城墙厚达七丈,高与长安齐平,内中除贮藏他在洛阳劫掠来的金银珍宝之外,还有可供三十年的粮储,号为"万岁坞"。董卓曾自语道:"事成,雄据天下;不成,守此足以终老。"一次董卓从长安去往郿坞，公卿百官都到城外相送。宴会之时，董卓杀鸡儆猴，将诱降而来的北地反者数百人当众杀掉，而且手段极其残忍：先割掉舌头，再斩断手足，最后挖出眼睛，丢进大锅活活煮死。还没死的，一个个在筵席间翻滚挣扎，吓得与会者战栗不已，筷子都掉了一地，董卓却饮食自若，谈笑风生。手下诸将但凡哪句话说得不中听，立刻诛戮于前。他处置俘获的山东兵，则用涂满了猪油的布将其身体缠住，挨个从脚"点天灯"。

对待自己的政敌，董卓也毫不手软。有一回太史望气，奏说大臣当有戮死者。正好董卓对当年自己听命于张温一事含恨在心，便叫人诬陷张温与袁术交通，将其示众笞杀，以塞天变。其实张温也参与了王允的密谋，只是还未及发动，便惨遭毒手。当年他要是听了孙坚的劝，早早将董卓杀掉，也就不会有今日的下场了。

另一位当初在凉州与董卓曾有过节的名将皇甫嵩则相对比较幸运。此时他官居御史中丞，见到董太师也要拜于车下。董卓见了，问他说："义真（皇甫嵩字），汝今服我不服？"皇甫嵩答道："安知明公乃至于是！"我当初哪料得到你能有今天？董卓说："鸿鹄固有远志，但燕雀自不知耳。"你早该看出来，我董某是胸怀大志之人！皇甫嵩道："昔与明公俱为鸿鹄，不意今日变为凤皇耳。"那时候咱俩都是鸿鹄，只是没想到您今天变成了凤凰！被这个马屁拍得很舒服，董卓笑道："卿早服，今日可不拜也。"就没跟皇甫嵩算旧账。

董卓除了法令苛酷、滥杀无辜之外，经济上也唯以横征暴敛、盘剥百姓为能事。为了聚敛财货，他还废除汉代一直流通的五铢钱，更铸小钱发行。这钱币粗制滥造，根本满足不了实际需要，结果搞得物价飞涨，一斛谷子的价格飙升至数十万钱，本就荒乱的关中被他弄得更加民生凋敝、饿殍遍野。

初平三年（192年）春夏之际，长安一带霖雨不止。司徒王允和士孙瑞、杨瓒等人利用登坛请霁的机会再次密商，决定采用行刺的方式尽快将董卓干掉。

第14章 刺杀董太师

其实刺杀董卓这事儿之前不是没有人干过。

史载,时任越骑校尉的汝南人伍孚痛恨董卓悖逆残忍,立志手刃此贼,便在朝服里暗藏短刀去见董卓。那天他向董卓汇报工作完毕,董卓抚着他的后背送他出门,伍孚见机会难得,抽刀回身便刺。然而董卓武将出身,近年虽然胖得走了形,反应却还不慢,这一刀便没刺中。伍孚还想再刺,董卓边跑边呼叫左右,赶到的卫士很快便将伍孚擒住。董卓气得大骂道:"你这贼虏,要造反吗?"伍孚朗声道:"汝非吾君,吾非汝臣,何反之有?汝乱国篡主,罪恶滔天,吾恨不能车裂汝于市朝以谢天下!"遂被董卓所杀。黄门侍郎荀攸和尚书郑泰也策划过刺杀董卓的行动,只不过未及动手便被发觉,荀攸被捕下狱,郑泰则逃奔了袁术。

有过这两起先例,董卓对自身的安保十分重视,而且还有吕布这样的虎狼之士时常在身边当保镖,要想将其刺死,谈何容易?

但是王允认为,突破点就在吕布身上。他深知此人目光短浅,轻于去就。当初他既能背叛丁原,现今未始不能说服他再背叛董卓。

吕布是九原人,王允是太原人,两人是并州老乡。而且王允出于对付董卓的目的,一直暗中对吕布厚加结纳,所以表面上两人私交甚好。董卓虽然认吕布为义子,但在他的眼中,吕布不过是自己豢养的鹰犬,要想令其驯服,除了饲以膏粱,还得时不时加以棍棒。再加上董卓的性格本来便粗疏偏执、刻薄冷酷,发起火来更是翻脸无情,吕布在他的手下过得并不是很顺心。有一次吕布不知哪里惹恼了董卓,董卓当即拔出手戟朝他扔了过去。要不是吕布有功夫闪得快,恐怕不死也得重伤。后来吕布虽然赔礼道歉,伺候得董卓消了气,但心底里已经对董卓深为不满。

此外,吕布确实与董卓的女人有染。只不过史料中没有记载此女的名字,但言她是董卓的一个侍婢。吕布因为担心此事被董卓发觉,心内十分不安,这也是他能被王允说动的一个原因。

据说是吕布在一次拜访王允之时首先向王允透露了自己险些被董卓所杀的情况。当时王允已经在跟士孙瑞等人密谋诛除董卓,他见吕布忿恨难消,便劝诱他入伙共谋,充当内应。吕布说:"奈如父子何?"董卓是我义父,这样不好吧?王允则劝他说:"君自姓吕,本非骨肉。今忧死不暇,何谓父子?"他掷戟要杀你时,怎么没顾及父子之情?吕布一想可不是嘛,他既不仁,便休怪我不义!于是答应了王允的请求。

四月二十三日,适逢汉献帝有疾新愈,大会未央殿以示庆贺,群臣都要进宫朝拜。董卓也朝服升车,准备入宫。《后汉书》说,董卓上车没多久,驾车的马就惊了,他从车上摔下来沾了一身泥,只好回府更衣。董卓的小老婆见了,觉得此事十分不祥,就劝阻董卓进宫。但董卓多半是认为自己有大兵防卫,又有吕布保护,必定万无一失,所以根本没听。他陈兵夹道,左列是步兵,右列是骑兵,将从自己的营垒直到皇宫的道路防守得滴水不漏,这才乘着他的金华青盖车招摇而来。

与此同时,王允等展开部署,并向汉献帝密报,叫士孙瑞亲自书写诏旨交给吕布,还让吕布的部下李肃带领心腹十余人,伪装成禁军卫士埋伏于北掖门内,等待董卓到来。

说也奇怪,眼看董卓的车驾就要到达宫门前,拉车的马开始脚下打绊儿,不肯顺服前进。董卓大感怪异,心里隐隐觉得不对劲儿,就打算下令回去。一旁的吕布见状,连忙上前劝阻,少不了还向义父拍胸脯打包票说有自己在一定没事。董卓这才满腹狐疑地继续前进。

尽管董卓事先布置了军队,但军队只能护送他到宫门,并不能入宫,因此王允等将动手地点选定在了宫门之内。等董卓的车刚一入北掖门,李肃等人便拿着长戟涌上前来,有人照他身上便刺,有人叉车,有人刺马。由于董卓身披重甲,戟不能入,只是伤了他的臂膀,把他带下车来。董卓顾不得疼痛,转身大呼:"吕布何在?"吕布在后听了,只道:"有诏讨贼!"董卓这才知道吕布已经背叛了自己,气得大骂:"你这狗奴,竟敢如此!"吕布不再答话,上前一矛便将董卓刺翻,并叫手下将其人头斩讫。董卓的主簿田仪(一作田景)和两个家奴奔过来保护董卓的尸体,也被吕布所杀。吕布还从怀中掏出诏书向董卓的随从展示说:"有诏但讨董卓,余皆不问!"随从吏士皆站立不动,大称万岁。王允等得知董卓已死,也派出使者驰赍赦书,传令皇宫内外。外面董卓的军队见了赦令,也就没有闹事。

随后,王允又派皇甫嵩领兵进攻郿坞,杀掉了董卓的弟弟董旻、侄子董璜及其宗族子孙。董卓的老母已经九十高龄,颤巍巍走到坞门口,极力乞求饶命,仍然难逃一死。董卓一族就此灭门。

与此同时，董卓被诛的消息在长安城里迅速传播开来，人民群众的情绪完全可以用"喜大普奔"来形容：但见满城士庶奔走相告、咸相庆贺，许多人在大街上载歌载舞，还有不少人甚至卖掉衣服首饰来买酒买肉，欢庆场面堪比过年。董卓的无头尸身被扔到街市上示众。当时天气已经转热，油脂不断从董卓肥大的躯体上渗流而出，将附近的野草染成丹红。到了晚上，看守尸体的官吏做了一个火把当灯芯，点燃后插在尸体的肚脐上。吸收了油脂的火把光亮异常，直到天明还在燃烧。跟董卓有仇的人，包括袁氏门生在内，将董卓一族的尸身搜集起来，挫骨扬灰于路上，好叫他们永世不得翻身。许多曾经亲附董卓的官员被抓捕下狱，治以重罪。立有大功的王允则被任为录尚书事，主领朝政；吕布封奋威将军、仪比三司，赐爵温侯。

据说董卓的死讯传来之时，时任左中郎将的蔡邕正跟王允在一起，他听了这一消息，语气中颇有感叹惋惜之音。王允登时怒道："董卓乃国之大贼，弑主残臣，几亡汉室！君为王臣，世受汉恩，国家危难之时不能相救也就罢了，如今董卓伏诛，竟然感怀一己之私遇，反相伤痛，难道你与董卓是同党不成？"当即下令将蔡邕收付廷尉。蔡邕在狱中上书，坦言那些话只是一时冲动的昏聩之言，自己绝非不顾大义之人，自己续写的汉史尚未完成，希望朝廷能够暂且留其性命，只施以黥首刖足之刑，好让他能够有机会完成这部史书。包括太尉马日䃅在内的许多官员也替他求情，劝王允爱惜他的才华，不要治其死罪。王允却道，当年汉武帝没杀司马迁，以致让他的诽谤之言流传后世，现今国家正是多灾多难之时，不可令佞臣在幼主身边玩弄文字，既无益于皇帝的道德，还会让我辈蒙受后世谤议。并不同意宽免蔡邕。不久蔡邕便死于狱中。

董卓虽除，但他的女婿牛辅仍屯兵陕城（今河南三门峡），李傕、郭汜、张济等将也统领步骑数万在陈留、颍川一带活动。如何处理这些董卓旧部就成了王司徒面临的棘手问题。

起初吕布向王允提议，应该将董卓的部曲全部杀掉。王允说此辈无罪，不可滥杀，便跟士孙瑞商议，下诏对其特赦。但是不久以后他又觉得，这些人只不过是追随其主子，如果把他们定为逆党，虽然特赦，他们仍然会怀疑自己受到了朝廷敌视，迟早要被清算，这一来便不利于恢复安定的局面。所以他中途变卦，撤回了特赦令。

王允又与众臣商议，准备下诏解散董卓的凉州军。有人反对说，凉州人向来忌惮袁氏、畏惧关东诸军来攻，现在一旦让他们解除武装，一定人人自危，搞不好会弄出乱子，不如任命皇甫嵩为统帅，把他们留在陕城一带善加安抚，然后慢慢跟关东诸军和解，才是上策。然而王允对此并不认同，他的理由是：关东诸军起兵反董，跟咱们是一伙，如果叫凉州兵屯聚在陕城扼险自守，虽然安定了凉州人，却会得罪关东人。所议久久不决。

从中可以看到，王允在处理董卓遗留的凉州军问题上，因为顾忌过多，表现出了明显的举棋不定、进退失据。他一边想对他们加以安抚以免酿出祸乱，一边却又不采纳合适的政策，同时还想在不开罪关东集团的基础上消解关东关西的对立。

对于王允的畏首畏尾，吕布是十分不满的。身为并州军阀，他希望王允能彻底清洗朝廷内外的凉州势力，特别是要解除凉州军团的武装，但是王允不听。郿坞中缴获的董卓积攒的金银财宝，吕布希望能班赐公卿将校，王允还是不许。再加上王允自矜出身，内心里对吕布这样的武夫其实是瞧不起的，原先他为了对付董卓，还能对吕布折节下交，现在董卓既除，他就开始对吕布不那么客气起来。于是没过多久，两人的关系便出现了裂痕。

见王允屡次不同意自己的建议，吕布索性自行其是，派了部将李肃

带兵赶往陕城，宣称有诏诛杀牛辅。牛辅不愿束手就擒，发兵抵抗，结果李肃战败逃回弘农（今河南灵宝北），被吕布所杀。然而失去了董卓这棵大树的庇护毕竟对凉州军的军心造成了不小的影响，牛辅虽然战胜，但他感到在吕布和关东军的夹击下，自己前景堪忧，心中甚为惶惧。不久有士兵在夜里叛逃，满营迭相惊动。牛辅以为全军皆叛，吓得卷起金银细软，带着五六个随从便逾城而逃，结果在翻城墙的时候摔伤了腰，走不动道。随从们见财起意，共谋将其斩首，瓜分财宝之后把人头送往了长安。

第15章 李傕、郭汜之乱

由于王允想要解散凉州军,却迟迟没有推出安抚他们的具体政策,而吕布又派李肃去杀牛辅,当时长安城中流言大起,都说朝廷准备尽诛凉州人。散在各地的凉州军转相恐动,皆拥兵自守,互相传言说:"蔡邕只不过因为被董公厚待,尚且牵连下狱。现在既然不赦免我们,还想叫我们解散。只怕今天解散,明天就会成为刀俎上的鱼肉,任人宰割了!"

李傕、郭汜等人从颍川赶回,得知牛辅已死,无所归依,一时间忧恐不知所为,就派人去往长安,乞求得到特赦。可是王允觉得自己的政策不能老是出尔反尔,就以"一岁不可再赦"的理由拒绝了他们的请求。这下李傕、郭汜等更害怕了,军中也人心惶惶,许多士兵都打算弃军出逃,溜回老家保命。这时,原属牛辅的一个部下向李傕、郭汜提了一个建议,最终改变了历史的走向。

此人便是贾诩。

贾诩字文和，籍贯武威姑臧（今甘肃武威），也是凉州人。青年时代，他曾经举孝廉在洛阳当过郎官，后来因病去职。此后直至四十来岁，他再也没有过出仕的经历。如果不是董卓这个凉州军阀突然间掌握了朝廷大权，像他这样出身寒门，又来自穷乡僻壤的知识分子多半会老死乡里，默默无闻地度过一生。作为董卓的老乡，贾诩先为太尉掾、平津都尉，后迁讨虏校尉。牛辅屯陕城时，他在军中效力。牛辅死后，他自然便来投靠李傕、郭汜。

贾诩深知覆巢之下无完卵的道理，帮助李傕、郭汜寻求出路，也是帮助自己。

他对李、郭等人说，你们要是解散军队、独自回乡，那一个小小的亭长都能把你们擒获。不如大家集体向西，进攻长安，以为董公报仇！此事要是能成，可以奉国家以正天下；倘若不成，再逃走也不迟嘛！

李傕、郭汜等一想，可不是嘛！既然朝廷不赦免我们，与其等死，不如去跟他们拼命。要是能把长安拿下来，天下都是我们的！实在不行，也可以抄寇关中的妇女财物，西归乡里，尚可延命。于是彼此结盟，率领现有的数千军队，一路招诱兵众，晨夜西行，直奔关中而来。

王允闻报，觉得李傕等不过是丧家之犬，根本不以为意，只派了胡文才、杨整修这两个凉州豪酋去劝解，以为只要将朝廷的意图解释清楚，他们就会罢兵。但是王允平素跟胡、杨二人的关系就不好，这次他又没给两人好脸色，只道："关东鼠子，欲何为邪？卿往呼之！"结果胡、杨二人离开长安后立刻叛降了李傕、郭汜，亲自引领叛军攻来。

由于路上有樊稠、张济、李蒙、王方等凉州军陆续来投，李傕等又抓了不少壮丁，叛军队伍迅速壮大。王允这才意识到了问题的严重性。他派胡轸、徐荣领兵拦截，结果徐荣战死，胡轸率余众投降。当叛军进抵长安城下之时，已经汇集了十余万之众。

五月二十日，叛军对长安城发动了围攻。由于城墙高峻，一时之间倒还不至失守。然而十天后，吕布手下的叟兵（即蜀兵，汉代谓蜀为叟）突然叛变，放李傕等入了城。吕布统余兵在城中抵抗了一番，发现败局已定，便把董卓的头颅系在马鞍上，带领数百骑兵夺路出逃。途中他在青琐门外停留，召王允跟自己一同逃走。王允道："若蒙社稷有灵，惟愿国家转危为安，若是不能，则老夫将奉身以死。现今主上幼少，所恃者只有我而已。我岂能就此一走了之？你替我深谢关东诸公，勤以国家为念！"吕布只好不理会王允，率手下逃出了长安城。太常种拂道："为国大臣，不能禁暴御侮，使白刃向宫，去将安之！"遂力战而死。

李傕等入城后纵兵大掠，街上尸体枕藉，吏民死者一万余人。随后李傕、郭汜屯兵南宫掖门，杀掉了太仆鲁馗、大鸿胪周奂、城门校尉崔烈、越骑校尉王颀等意图抵抗的大臣。王允扶献帝刘协上宣平门躲避刀兵，李傕等知道后，都赶至城门下伏地叩头。十二岁的汉献帝见了，责问他们为何进攻长安，放兵寇掠。李傕等道："董卓忠于陛下，却无故为吕布所杀。臣等此来专为董卓报仇，不敢为逆。事毕，请诣廷尉受罪。"继而包围了城楼，要求王允出见，并问："太师何罪？"王允没有办法，只好走了下来。

第二天朝廷下诏，宣布大赦天下，并以李傕为扬武将军，郭汜为扬烈将军，樊稠、张济等人皆为中郎将。五天后王允被杀，子弟宗族十余人同时被害。此后朝政就落入了李傕、郭汜等人之手。

到了九月，李傕加自己为车骑将军、领司隶校尉，郭汜为后将军，樊稠为右将军，张济为骠骑将军，四人皆封侯。

至于献计有功的贾诩，李傕等任其为左冯翊，还想封他侯爵。贾诩

说我出那个主意是为了活命，实在没什么功劳。坚决不接受官爵。李傕又想让他当尚书仆射。贾诩说那个官位要名望卓著的人才能担任，自己的声望地位都差得太远，难以令人信服。最后他只接受了尚书一职。

由于之前长安朝廷与关东诸侯之间的对峙局面已经形成，初平三年的这个夏天，朝权由董卓到王允，再到李傕、郭汜等人手里的迅速转换短期内并没有对关东局势造成大的影响。袁绍依然在与公孙瓒争夺河北，袁术依然在做他的皇帝梦，徐州刺史陶谦则移檄州郡，号召大家共讨李傕，然而应者寥寥。只有取得了兖州的曹操敏感地意识到应该善加利用长安政局的更迭，向朝廷派出了使团。

从兖州西入关中，势必要经过洛阳，而当时洛阳一带是河内军阀张杨的势力范围。张杨与吕布一样，本是丁原的部下，当初也曾参加反董联军，不过后来他却与董卓和解，接受了董卓除授的河内太守一职。所以在关东诸侯与关中的凉州军团之间，张杨两头都能说上话，算是一个缓冲兼中介。曹操的使团要想去往长安，必须经过张杨准许。因为曹操与袁绍结盟，而袁绍与李傕、郭汜等是死对头，所以一开始张杨是拒绝的。但是当时在张杨身边充当谋士的定陶（今地）人董昭劝他说：
"袁、曹现在虽是一家，但将来定会分道扬镳。曹操虽然弱小，其实却是天下真正的英雄，还是跟他结交为宜。眼下既然有这个因缘，就应该允许他通使，并顺便向朝廷表荐此人。他欠了你的人情，一定会感激回报。"张杨这才放曹操的使者过境，还给朝廷上表推荐曹操。董昭也帮曹操写信给李傕、郭汜等将，向他们示好致殷勤。

李傕、郭汜见了曹操的使者，认为曹操跟袁绍是一伙，而袁绍是想另立天子的，眼下他虽然派使者来向朝廷效忠，未必便是诚心，因此便想将使者扣留，不跟曹操对话。黄门侍郎钟繇知道后劝李傕、郭汜说，现在四方豪杰并起，无不矫命专制，只有曹操心向王室，如果不接受他的效忠，那将来谁还能理会朝廷呢？李傕、郭汜这才对曹操厚加报答。要知道，曹操这个兖州刺史的位子是在刘岱死后由众人推举出来的，后来虽然得到了袁绍承认，却一直没有朝廷方面的任命（长安朝廷曾派金尚接替刘岱，受阻于曹操，遂南投袁术）。李傕、郭汜此举等于正式承认了曹操对兖州的宗主权，对他来说自然是好事。

如前所述，当袁绍试图拥立刘虞为天子以与关西分庭抗礼之时，曹操是明确表示反对的。他认为：献帝虽然是董卓所立，但毕竟是正牌的皇帝胤嗣，法统上无可挑剔，即使受制于奸臣，名义上却仍是天下之主；如今志欲篡夺的董卓已死，李傕、郭汜这些武夫只是为了自保于一时，并无长远的政治目标，他们猝掌大权，各拥强兵，互不相下，这种局面势必不会持久。曹操选在这时与朝廷接触，正是其深谋远虑之处，也是他受毛玠启发做出的两个重要决策之一。

毛玠字孝先，陈留平丘（今河南封丘东）人，县吏出身。曹操领兖州之后，辟他为治中从事。他向曹操建言道："方今天下分崩，国主迁移，生民废业，饥馑流亡，公家无经岁之储，百姓无安固之志，难以持久。今袁绍、刘表虽号称士富民强，皆无经远之虑，未有树基建本者也。夫兵，义者胜，守位以财，宜奉天子以令不臣，修耕植，畜军资，如此则霸王之业可成也。"毛玠认为，要想成就霸业，必须在两个层面"树基建本"，打下深厚的基础：一是政治层面，方法是"奉天子以令不臣"，也就是所谓"挟天子以令诸侯"的另一种比较好听的说法。因为谁控制了皇帝，谁就天然地握有道义和舆论上的优势。二是经济层面，方法是"修耕植，畜军资"。因为战争说到底拼的是人，是粮，是经济实力，没有经济基础在后支撑，就都是扯淡。

对毛玠的这两个建议，曹操相当重视。他不但转毛玠为幕府功曹，收为自己的核心幕僚，而且开始将这些指导思想付诸实践。前述他派使

者出使朝廷，正是为"奉天子以令不臣"这一政策打前站。几年后条件成熟，曹操又在辖境内推广屯田制度，毛玠的第二条建议也得到了切实的施行。后来曹操能够击败袁绍等强敌统一北方，这两项政策可谓厥功至伟。

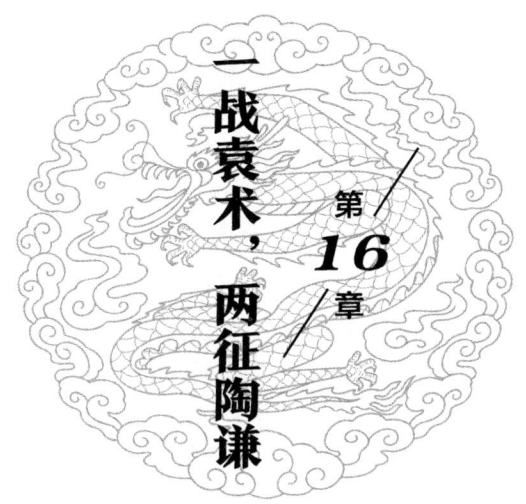

第16章 一战袁术，两征陶谦

初平三年（192年）曹操取兖州后，之所以一直等到建安元年（196年），也就是四年之后才开始推广屯田，实在是因为在最初的几年里，他的发展并非一帆风顺。

兖州地处黄河下游，土地并不甚广，且与冀、青、徐、豫四州和洛阳所在的司隶校尉部犬牙交错。当时曹操与袁绍结盟，其主要敌人除了黄巾余部之外，在南边是袁术，在北边、东边则是公孙瓒及其盟友徐州牧陶谦。

袁术这个人物，不论是在史书上还是小说中都被塑造成了一个狂妄愚蠢的反面角色。这主要是因为，在汉末诸侯当中他第一个敢于僭号、公然宣称自己要做天子，使自己成了众矢之的，后来又迅速败亡，以致沦为众人笑柄。然而这并不意味着袁术这个人物不重要。实际上，在董卓之乱后的十年里，关东诸侯之间的纷争主要以二袁为主导。他们各自拉帮结派，分成了两大阵营，一方是"盟主"袁绍及其盟友曹操、刘表，一方是袁术及其盟友公孙瓒、陶谦。刘备、吕布、张杨等小势力则见风使舵，摇摆于两大阵营之间。在相当长的时间内，两派不相上下。若单就控制的人口和领土而言，袁术甚至一度超过袁绍。

当初二袁从洛阳出奔，袁绍奔冀州，是看中了冀州土富民强，袁术奔南阳，也是同样的想法。

按照现存史料所记东汉永和五年（140年）的人口统计，南阳郡共有528551户、2439618口人，是为天下第一大郡。《三国志》言"南阳户口数百万"，绝非虚言。其一郡之户口，几与徐州一州相当，比并、凉、交三州的人口总和还多。此外，与之毗邻的汝南、颍川、陈国三郡的人口数亦皆在百万以上，在排名次于南阳的五大郡中占据三席（另两郡是永昌和豫章）。袁术起兵之后，恰恰便是以南阳为基地，将汝南等豫州诸郡纳入自己的势力范围。初平元年（190年）他表荐依附自己的孙坚担任豫州刺史，便是为此。

袁绍当然不愿看到豫州这块肥肉落入袁术之口，次年便派周喁袭夺鲁阳，跟孙坚争夺豫州。周喁这个人原本是曹操的部下，很可能是在曹操往扬州募兵之时加入了袁曹联盟，后来便"从公（曹操）征伐，以为军师"。由此可知，在反对袁术这一点上，曹操跟袁绍一开始便步调一致。后来周喁被孙坚击败，孙坚则在讨伐刘表时中箭身亡，袁术跟曹操便亲自上阵，为争夺豫州展开了较量。

前面提到，曹操这个兖州刺史的职位起初并没有得到朝廷承认。相反，长安方面在刘岱被杀之后派了一个名叫金尚的人继任。金尚未及入兖州，便被曹操发兵拦阻，只好投了袁术。初平四年（193年）年初，由于孙坚战死后刘表乘机切断了袁术经由汉水的运粮通道，袁术在南阳却依然不加节俭、奢侈无度，其粮食供应一时出现了问题。袁术一方面想到他郡就食，一方面想跟曹操争夺地盘，便在这年春天以护送金尚入兖为由发兵北上，进入兖州西境，向曹操发起了挑战。

当时曹操入主兖州虽然仅仅一年，但他不久前收服了三十万青州黄巾军，实力大为增长，所以尽管袁术纠集了被曹操击破的黑山贼余部和匈奴单于于扶罗等，看上去来势汹汹，其实来得并不是时候。

这次战役，袁术自己屯兵封丘（今县西南），而命部将刘详屯驻在封丘东北的匡亭。曹操军从鄄城（今县北）出发，先对刘详部发起了进攻。袁术统兵来救，曹操"与战，大破之"。袁术遂退保封丘。曹操乘胜进击，要将袁术包围在封丘。袁术不待包围圈合拢，突围而出，逃往襄邑（今河南睢县）。曹操继续追击，决水灌城，袁术又落荒而逃。曹操再追，直将袁术逐出豫州，逃往了九江郡（治寿春，今安徽寿县），这才收兵而还。另据《三国志·袁术传》的记载，袁绍也派兵参加了这次战事。

这一战大败亏输，对袁术的向北扩张是一次重大打击。此后豫州大部分被曹操控制，南阳也落入刘表之手，袁术只能转而谋求向东方和南方发展。不过塞翁失马，焉知非福，当时东南地区各军阀普遍实力较弱，反而给了袁术充裕的发展空间。不久后他以寿春为基地，击破了九江太守和扬州刺史，并派部将渡江向江东扩张，遂形成了割据淮南、遥控江东的态势。此是后话，暂且不提。

击败袁术后，曹操回过头来对付东边的敌人——徐州牧陶谦。

陶谦字恭祖，丹阳（今安徽宣城）人，儒生出身，大约在中平五年（188年）后开始出任徐州最高长官。董卓之乱后，陶谦始终站在忠于朝廷的立场上。或许是袁绍曾谋求另立新君之故，当其与公孙瓒争夺冀州之时，陶谦选择了支持公孙瓒。史籍记载，初平三年（192年），公孙瓒"使刘备屯高唐，单经屯平原，陶谦屯发干"，侵夺袁绍领土。袁绍与

曹操合兵进击，"皆破之"。这大概是曹操跟陶谦，也是跟刘备的第一次交手。

但是曹操跟陶谦真正结仇，则始于其父曹嵩被杀一事。

当年曹操从洛阳出逃，起兵于陈留，已经在家养老的曹嵩怕引火烧身，没有去投曹操，而是带着小儿子曹德（一说曹疾）跑到徐州琅琊郡（今山东临沂）安顿下来。此时曹操已经在兖州站稳了脚跟，自觉身家无忧，便派人去接曹嵩。回来时路过泰山郡，太守应劭派兵去接，结果晚到一步，曹嵩一家竟被人劫杀在路上！据裴注所引《世语》的记载，应劭还没到，陶谦便"密遣数千骑掩捕"。曹嵩等以为是应劭前来迎接的人马，丝毫没加防备。曹德先在门口被杀，曹嵩吓得带着小妾钻墙洞出逃。可这小妾身材过于丰满，愣是钻不出去，曹嵩只好躲入茅厕，结果被人寻获，全家被害。应劭知道后大惧，深知曹操饶不了自己，索性弃官奔了袁绍。

韦昭《吴书》则云，其实陶谦并没有派兵劫杀，而是派了都尉张闿沿途护送，原想将曹嵩礼送出境，但是张闿见曹嵩家财丰厚，"辎重百余辆"，于是起了贪心，将他一家杀害后吞并了财物，逃奔淮南而去。这一说法与《后汉书》相同。揣摩前后迹象，这种解释应该比前一种说法更近于真相。

总之，不管陶谦有意还是无意，曹嵩终究是死在了他的辖境。依曹操的性格，如此大仇当然要报，何况他本来就觊觎陶谦的地盘。

不过，曹操并没有公然以为父报仇的理由出兵。当时恰好下邳一带有个叫阙宣的贼寇揭竿起事，自称天子。曹操便诬陷陶谦跟此人共谋造反，遂于初平四年（193年）秋奉辞伐罪，将大兵开进了徐州。

陶谦一个书生，哪里是曹操的对手？曹兵势如破竹，很快便攻下徐州十余城。陶谦在彭城（今江苏徐州）试图抵抗，又被曹操击败，最后

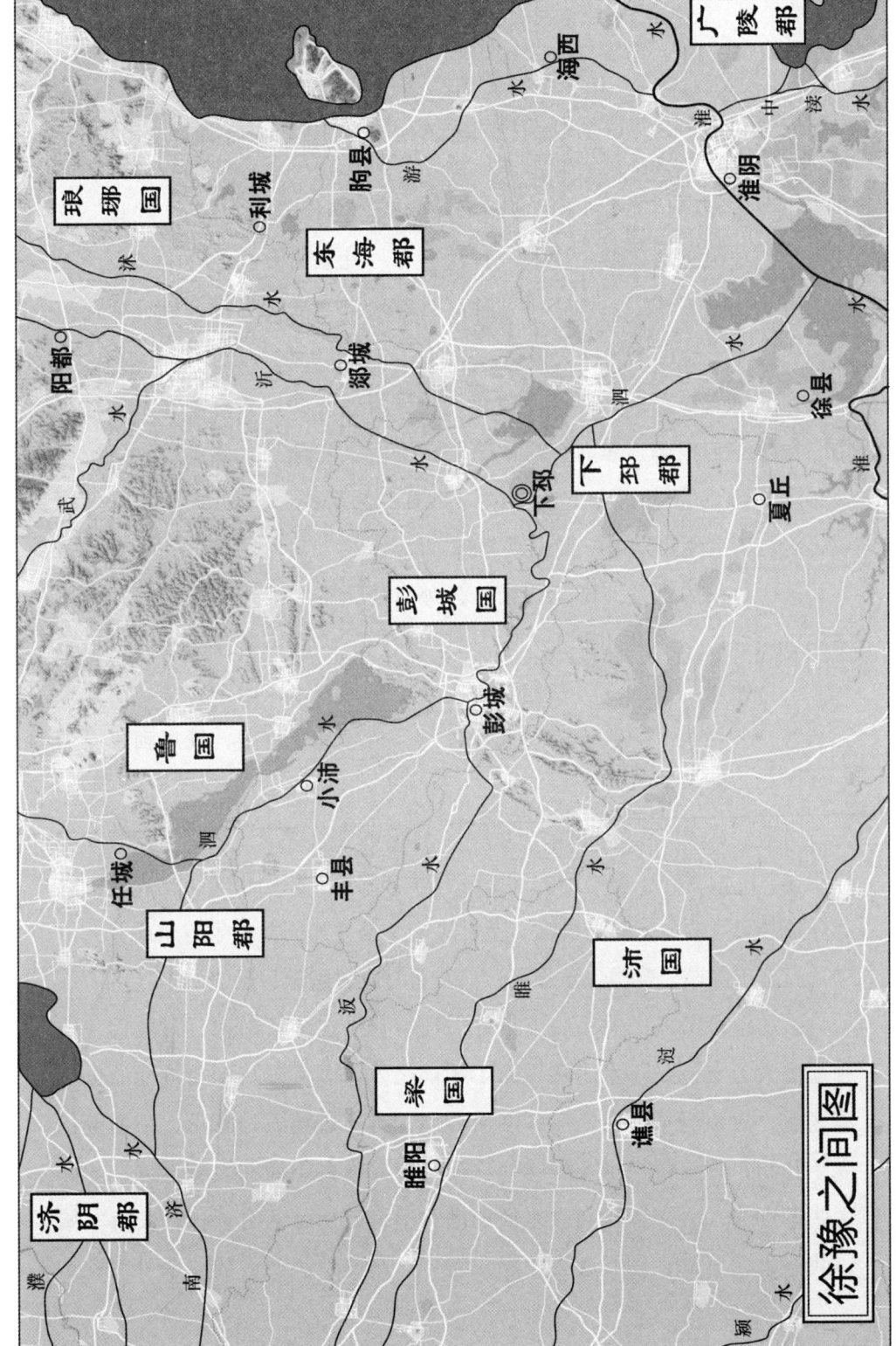

只能走保郯城（今地），坚守不出。

曹操攻围郯城不下，眼见天气渐寒，军粮将尽，只好收兵。没能擒获陶谦，曹操一口恶气无处发泄，便在回程之时攻取了虑县、睢陵、夏丘等地，放纵士兵屠城。史载，这次曹军"凡杀男女数十万人，鸡犬无余，泗水为之不流"。本来中州地区自遭董卓之乱，大批百姓流亡迁徙入徐州境内，经过曹操这次屠戮，一时间"墟邑无复行人"。

到了第二年夏天，曹操命荀彧、程昱留守鄄城，又自领大军来打陶谦，很快略定琅琊、东海，再次将陶谦围困。陶谦见大事不妙，急忙向公孙瓒指派的青州刺史田楷求救。当时身为平原相的刘备亦归田楷统属，于是田楷便跟刘备一同发兵救援。

这个时候的刘备，麾下包括从公孙瓒处得来的幽州乌桓杂胡和掳掠来的饥民在内，总共才数千人马。赶到徐州后，陶谦又拨给他四千丹阳兵。刘备便跟陶谦的部将曹豹合兵一处，在郯城以东邀击曹操。结果毫无意外，曹操再次取胜。陶谦大为恐惧，想要南奔丹阳，没想到曹操却突然退兵，撤回了兖州。

原来，就在曹操深入徐州的时候，他的大本营爆发了叛乱。他曾经的好朋友、陈留太守张邈与他的部下陈宫联合起来，招引吕布入据兖州。大部分郡县望风响应，只有鄄城、范、东阿（今县西南）由于有荀彧等人留守，尚忠于曹操。曹操急于平叛，只好暂时放过陶谦，迅速回军。

张邈跟曹操本来关系一直很好。当初曹操在陈留起兵，时任太守的张邈便大力支持；汴水之战，除了鲍信之外，以实际行动支持他的也只有张邈；袁绍当了盟主之后，刚愎自用，听不进他人的意见，张邈责让袁绍几句，袁绍就指示曹操将他除掉，曹操在袁绍面前力陈不可，才保得张邈性命；后来曹操初次东征陶谦，怕自己出什么意外，就交待家属说我如果回不来，你们就去投靠张孟卓（张邈）。两人的关系可以说是相当的铁。

既然如此,张邈为何突然背叛曹操呢?

主要还是曹操现阶段始终与袁绍保持一致,而袁绍与张邈关系持续恶化的缘故。这里面牵涉到了吕布,也要交待一下。

被李傕、郭汜逐出长安之后,吕布先是往南阳投奔了袁术。袁术本来待他不错,但时间一长,吕布手下将士抄掠不止,引起了袁术不满。吕布怕袁术迟早要对付自己,便北投张杨于河内。张杨跟吕布是老乡,两人私交一直不错,只是当时李傕、郭汜悬重赏捉拿吕布,张杨的手下都怂恿他将吕布交给李傕,虽然张杨有意保护,但吕布终究感到不安,于是又去投了袁绍。

这个时候袁绍已经基本将公孙瓒撵回了幽州,正在全力对付西边的张燕等黑山贼。得了吕布的助力,袁绍如虎添翼,给了张燕很大的打击。吕布于是趁机要兵要粮,四处抄寇,力图扩张自己的势力。这当然又引起了袁绍猜忌。吕布发觉后,便主动要求离去。袁绍表面上同意放吕布去洛阳,还授给了他司隶校尉一职,暗中却安排壮士,想要利用送行的机会将其刺杀。幸而吕布警惕性高,提前脱身逃出,袁绍派来的追兵畏惧其勇猛,都不敢逼近。

吕布从袁绍那里出逃后,再次去投张杨,途中路过陈留,受到了张邈热情款待。史籍说,吕布与张邈临别之时,曾经"把手共誓"。袁绍本来就憎恶张邈,得知此事后更加恼怒。张邈闻听后,深恐曹操顶不住袁绍方面的压力,迟早将自己杀掉,越来越不自安。

与此同时,曹操性格中冷酷、残暴的一面也在其执掌兖州之后暴露出来,最终将陈宫等原本的支持者推到了自己的反面。在东征陶谦过程中屠戮徐州百姓是其表现之一,杀掉兖州名士边让则是表现之二。

边让是陈留人,少年时代便以文章辞赋知名,被时人比为司马相

如。后来被大将军何进征辟为掾，与孔融、王朗、蔡邕这些文化名人交游往来，曾经当过九江太守。董卓之乱后，边让辞官回乡，一直在家赋闲。曹操领兖州后，边让可能是瞧不起曹操的出身，也有可能是鄙其为人，总之他"恃才气，不屈曹操，多轻侮之言"。曹操本就是睚眦必报的性格，此时又正得志，岂能甘受这番侮辱？于是不但边让被杀，其家属亦被族诛。此事令兖州士人震动极大，因为他们谁都不知道自己会不会成为曹操淫威的下一个受害者，史称"兖州士大夫皆恐惧"。后来袁绍讨伐曹操的檄文声称"自是士林愤痛，人怨天怒，一夫奋臂，举州同声"，直接将兖州叛乱的原因归结为边让事件带来的恶劣影响，其实并不算太夸张。

再加上曹操在东征陶谦过程中的种种暴行，陈宫等并非其嫡系的兖州官员颇有朝不保夕之感。于是趁曹操第二次东征在外之时，陈宫联络张邈说："现在天下分崩，豪杰并起，以老兄你的实力和能力，也足以成就一番事业，如今却反而受制于人，志量也未免太小了些！眼下大军东征，本州空虚，吕布壮士，善战无前，不如权且迎其入主，然后观天下形势，待风云之变，足可纵横一时。"张邈既与吕布相交，又正在担心曹操为逢迎袁绍而迟早对己不利，便答应了陈宫的建议。

第17章 兖州的背叛

本来曹操临走之时，安排荀彧和程昱把守大本营鄄城，而使陈宫和夏侯惇屯守东郡。这时陈宫便带领本部人马秘密接应吕布入境。

吕布一到，张邈便派人骗荀彧说："吕将军来助曹使君击陶谦，宜即刻供其军食。"荀彧字文若，颍川颍阴（今河南许昌）人，少有才名。董卓之乱后，天下刀兵四起，荀彧深感颍川为四战之地，便与宗族来投同郡老乡冀州牧韩馥。但是等他来到冀州，韩馥已经被袁绍逼夺了位子。尽管袁绍将荀彧奉为上宾，但经过接触，荀彧断定袁绍终究难以成就大业，又听说曹操其人颇有雄略，便在初平二年（191年）来投曹操。曹操跟荀彧一番深谈，大喜过望，盛赞荀彧是"吾之子房（张良）"，随即让二十九岁的荀彧担任自己的司马。

这次曹操留荀彧守鄄城，正是对他深加信任的表示。事后也证明，如果不是荀彧处置得当，曹操很可能便会丢失兖州，搞得有家难回，血本无归。

当张邈骗荀彧说吕布此来是为相助曹操之时，荀彧并未被他蒙蔽，而且断定张邈已经叛变。由于曹军主力全被曹操带走，鄄城守军很少，而张邈控制的陈留又是大郡。为了保护鄄城，荀彧一边戒严设防，一边急忙派人去召夏侯惇。

夏侯惇字元让，本传称其是汉初名将夏侯婴的后裔。又有史料说，曹操的父亲本姓夏侯，夏侯惇其实是曹操的堂兄弟。在夏侯惇十四岁时，有人侮辱了其业师，夏侯惇为报此仇，曾经手刃仇人，可见其自少年时代起便勇烈过人。

曹操起兵后，夏侯惇一直是他的左膀右臂，此时他担任东郡太守，留守濮阳。由于曹操的家口皆在鄄城，接到荀彧的告急文书后，夏侯惇不敢怠慢，立刻轻军往赴，谁知半道正碰上吕布。一番混战后，吕布主动退却，先是袭取濮阳，劫了夏侯惇的辎重，既而又派几个部将诈降。夏侯惇不知有诈，接见降将，冷不防被降将劫持，当作人质，降将要大量金银财宝才肯放人。众人见主将被劫，一时间大为震恐。幸好夏侯惇的部将韩浩挺身而出，率本部人马守住营门，令全军不得妄动，将士们这才安定下来。随后韩浩赶到夏侯惇的营帐，跟劫持者展开了谈判。他威胁劫持者说，自己受曹公之命讨贼，岂能因为一个将军就放他们逃脱！还垂泪对夏侯惇道："当奈国法何！"接着便命士兵不必顾及人质死活，只管上前击贼。史籍没有记载夏侯惇当时是什么反应，劫持者则被韩浩这股不管不顾的气势吓破了胆，纷纷弃刀叩头，求饶说自己只是想讨几个回老家的盘缠。韩浩将他们全部斩首，夏侯惇这才恢复了自由。

平息了这场风波后，夏侯惇马上赶到鄄城。当时鄄城内人心惶惶，已经有将吏与张邈、陈宫通谋。夏侯惇连斩谋叛者数十人，才将局势稳定。

此时除鄄城、东阿、范县三城之外，大部分兖州郡县都叛降了吕布和张邈。豫州刺史郭贡闻变，率领数万人马来到鄄城之下，并且求见荀彧。有人说郭贡很可能已经与吕布同谋，夏侯惇也劝荀彧不可去见郭贡。但荀彧却认为，郭贡跟张邈、吕布平素没什么交情，现在他这么快就赶来，肯定还没有想好到底该帮助哪头，趁他没决定的时候加以说服，即使他不被我方所用，至少也可保持中立，而如果我们先怀疑他，他恼羞成怒，就会倒向叛贼。便出城去跟郭贡见了面。郭贡见荀彧谈笑自若，毫无惧意，认为鄄城一定防备周全、难以攻取，于是收兵而去。

这时，守军从吕布那边的降卒得到情报，陈宫欲亲自领兵攻取东阿，而令部下氾嶷攻取范县。程昱就是东阿人，荀彧对他说道："现今举州皆叛，唯有此三城尚全，陈宫等又以重兵临之，若不能深结三城吏民之心，局势必危。君乃士民之望，宜往抚之。"程昱便经范县返回东阿。听说范令靳允的家属被吕布擒获，程昱担心靳允叛变，就劝他说："得闻吕布执君母、弟、妻子，孝子诚不可为心。然今天下大乱，英雄并起，必有命世能息天下之乱者，此智者所宜详择也。得主者昌，失主者亡。陈宫叛迎吕布而百城响应，看上去似能有为，但是请你深思，吕布是何等样人？此人粗中少亲，刚而无礼，不过一匹夫之雄罢了！陈宫等迫于形势，暂时推其为主，必不能定君臣之分，其兵虽众，终必无成。曹使君智略不世出，殆天所授。君只须固守范城，我守东阿，则田单之功可立也！相比违忠从恶、母子俱亡，哪一个选择更好？还请你三思。"

当时陈宫的部将氾嶷已经到了范县，靳允正在犹豫。听了程昱这一番话，他不由流涕道，自己绝不敢有贰心！便设下埋伏，杀掉氾嶷，勒兵固守。

随后程昱又派一支骑兵小队拆毁了通往东阿的渡桥。陈宫军赶到，一时难以渡河，程昱遂顺利先至东阿。此时县令枣祗已经督率吏民拒城坚守，程昱赶到后，守军意志更加坚定。最终鄄城、范县、东阿三城岿然不动，使曹操避免了没有落脚之地的结局。急匆匆赶回的曹操激动得拉住程昱的手道："微子之力，吾无所归矣！"

吕布攻不下鄄城，又回屯濮阳。曹操得知后道："吕布侥幸得一州，不能据东平，断亢父（今山东济宁南）、泰山之道，乘险绝我回师之路，而只是屯守濮阳，吾知其无能为也。"于是挥师进攻。

这次平叛战争，曹操一打就是一年，而且打得相当艰苦。

兴平元年（194年）八月，曹操进围濮阳，与吕布相持。当时吕布分兵在濮阳城西四五十里扎营，曹操发动夜袭，至天明时分将此营攻破。然而还未及回师，吕布的大部队就已赶到，三面轮替对曹操发动了围攻。但见吕布顶盔掼甲，亲自上阵搏杀，从早上直到午后，双方激战了数十合，战况对曹操相当不利。最后曹操决定组织一支敢死队陷阵突围。夏侯惇帐下有一司马自告奋勇，抢先报名，愿意率领这支敢死队。

此人便是典韦。

典韦是陈留人，出身不高，史籍中连他的字都没有记载（也可能他并未取字）。他形貌魁梧、气力过人，天生就是武力值爆表的材料。年轻时他替人报仇，曾经怀揣匕首上门，杀了睢阳大豪李永，"追者数百，莫敢近"。董卓之乱后张邈在陈留举兵，典韦参军，别人扛不动竖不起的牙门旗，他一只手就能竖起。之后他转属夏侯惇，所战有功，升为司马。他平素喜欢使用特大号的双戟和长刀，军中传语说："帐下壮士有典君，提一双戟八十斤！"他的饭量也相当惊人，后来他担任曹操的侍卫队长，曹操赐其酒食，往往要好几个人添饭添酒才能供得上他。

此时典韦领应募者数千人，皆重衣两铠，丢掉盾牌，只持长矛撩戟突阵。恰好本军西面被攻甚急，典韦率军驰援。吕布军弓弩乱发，矢下如雨。典韦并不去看，只对队友说："等敌人近至十步再叫我。"很快队友说："已经十步了！"典韦无动于衷，说等五步的时候再告我。队友又道："五步了！"紧跟着又叫："敌人到了！"典韦这才手捧十几杆大戟，狂呼而起，暴走直前，所当者无不应手而倒。吕布军这波攻势由此失败。眼见日已黄昏，双方都收兵还营，曹操才得以引军而回。曹操见典韦如此勇猛，事后便升他为都尉，率领亲兵数百，专门负责保卫自己。

曹操与吕布在濮阳总共相持了一百多天，这期间凶险的战斗远不止上述那一次。《三国志》记载，在一次战斗中，吕布先以骑兵突击曹操手下的青州兵，青州兵奔溃，连带曹操的中军本阵亦陷入混乱。曹操纵马突围，由于大火拦阻，他从马上摔了下来，左手也被烧伤。司马楼异扶他重新上马，这才逃出。裴注所引《献帝春秋》则云，濮阳城里有大姓田氏做内应，曹操乘机引军入城，而且在入城后他还故意烧毁了城门，以向全军将士展示自己绝无退军之意。哪知道一番巷战下来，曹军败绩。吕布的骑兵围住了曹操，却并不认得他是谁，反问他："曹操何在？"曹操往远处一指："乘黄马逃跑的人便是！"吕布的骑兵便舍曹操追那个骑黄马的人而去。此时城门处大火仍在燃烧，曹操顾不得许多，突火而出才逃脱了性命。

除此之外，当时中原大旱，蝗虫四起，许多地方出现了"人相食"的惨状，也使得曹、吕两军都遭遇了粮荒。有史料说，程昱为了给曹操供应三日军粮，不惜劫掠自己的老家东阿，甚至把人肉做成肉干交了上去。这种情况之下，双方最后都疲敝不堪，只好各自引去。曹操返回了鄄城。吕布到乘氏（今山东巨野西）就食，被当地豪强武装所破，转而东屯山阳（今山东巨野南）。

这个时候，袁绍听说曹操丢失了大半个兖州，就派使者来说，希望

第 17 章 兖州的背叛

曹操能把家口送到邺城，他负责照顾，这样曹操就可以免除后顾之忧，集中精力与吕布交战。而且据后来陈琳所拟的檄文，袁绍还派了援兵来帮助曹操。乍一看，这实在是雪中送炭，袁绍很够意思。当时饥荒遍地，军粮匮乏，曹操不得不将新募的士兵再遣散，处境的确很困难，就想答应这一提议。程昱得知后连忙谏阻说："将军您这一想法实在有欠考虑。那袁绍据燕、赵之地，有并天下之心，只是智略不济。将军您甘为之下，难道不觉得羞耻吗？难道将军您的志向仅仅是做韩信、彭越吗？现在兖州虽然残破，我方尚有三城；能战之士，不下万人。以将军之神武，与荀文若和我程昱等收而用之，霸王之业仍可成功。希望将军您再仔细想想。"

程昱说得没错。袁绍表面上是向曹操伸出援手，其实却是想趁此机会将曹操收为附庸。一旦将家口送往邺城，那曹操就只有唯他袁绍马首是瞻的份儿了，充其量只能成为韩信、彭越，如何还能争霸天下？经程昱这一提醒，曹操决定咬紧牙关，勒紧裤带，独力挺过这段困难时期，拒绝了袁绍的提议。

第18章 刘备的困境

兖州这一叛乱，倒把徐州那边已经被曹操打残了的陶谦给救了。

间接得利的，还有刘备。

刘备这次跟田楷一起发兵救援，虽然打了败仗，却在陶谦那里刷了不少印象分。当时公孙瓒已经在与袁绍的争夺中落于下风，刘备又久有自立门户的打算，曹操撤军之后，他便趁机脱离了田楷的指挥，转而依附陶谦。为表回报，陶谦表荐刘备为豫州刺史，并安排他在小沛（今江苏沛县）屯驻。

这一年，陶谦已经六十三岁了。跟曹操打这一仗，搞得他身体和精神都相当崩溃，再加上年老体弱，几个月后他便病死了。

据说陶谦在病笃之时，曾交待自己的手下糜竺等人："非刘备不能安此州。"于是陶谦死后，糜竺就率领州吏来迎刘备。这便是《三国演义》小说中"三让徐州"这一故事的来源。

糜竺虽然没什么才能，但是祖上世代经商，家里超级有钱，史书上说他家"僮客万人，赀产巨亿"。然而在那个时代，商人的地位不高，于是糜竺便想投资政界，提升一下自家的阶级地位。而前面交待过，刘备这个人的性格特点是"善下人"，也就是善于结交地位比较低的人。他在初次起兵之时，就得到过中山大商的资助，跟糜竺这种商人也很合得来。陶谦虽然有两个儿子，但皆未曾出仕，实在不是有能力接班的角色，而当时西有曹操，南有袁术，都对徐州虎视眈眈，似乎除了刘备之外，也没有保境安民的更佳人选。糜竺等迎接刘备入主徐州，即使不是陶谦主动要求，也是当时比较合理的选择。故此除了糜竺之外，下邳大族陈珪、陈登父子也支持这一计划。

对于刘备而言，这当然是天上掉馅饼的好事。不过鉴于当时严峻的周边形势，他也不是没有顾虑。曹操正跟吕布斗得不可开交，暂时无暇东顾倒也罢了，两年前跑到九江、杀掉了朝廷任命的扬州刺史的袁术可是兼称"徐州伯"，明显有吞并徐州的意图。因此面对糜竺、陈登的邀请，刘备一度推辞道："袁公路近在寿春，此君四世五公、海内所归，君可以州与之。"

陈登道："袁公路其人骄豪，实非治乱之主。今欲为使君合步骑十万，上可以匡主济民，成五霸之业，下可以割地守境，书功于竹帛。若使君不见听许，陈登亦未敢听使君也。"意思是就算你不答应我们的请求，我们也不会便宜他袁术。

被刘备援助过的孔融也劝他说，袁术不过是"冢中枯骨"，不必过于顾忌此人，你刘玄德跻身封疆大吏、裂土争霸的机会就这么一次，你要是不珍惜，回头后悔可就晚了！

刘备也只是意思意思而已，送到嘴边的肥肉，焉有不吃之理？因此尽管别驾陈群告诫他说，接盘徐州肯定会跟袁术爆发冲突，到时难保吕布不会在背后偷袭，很可能会得不偿失，他还是抵制不住诱惑，接过了徐州的印信。

上任后鉴于自己名望微薄，为了取得周边诸侯的支持和承认，刘备还让陈登向"盟主"袁绍汇报，说他们之所以拥刘备为主，是因为怕"奸雄"趁陶谦身死之机窃取徐州，给盟主您添麻烦。显然，这里的"奸雄"指的不是曹操，而是袁术。袁绍虽然知道刘备原本是公孙瓒的小弟，对他没什么好感，但让刘备得徐州总要好过袁术将其吞并。所以他回信说："刘玄德弘雅有信义，如今徐州人乐于拥戴，实在符合我的期望。"承认了刘备徐州牧的身份。

转过年来，曹操在跟吕布的争夺中连续取得两场胜利，基本上掌握了战场主动权。这时他听说陶谦已死，刘备新主徐州，立足未稳，便想暂时停止讨伐吕布，再度东征徐州，待将徐州吞并之后再来跟吕布决战。

荀彧并不同意这一策略，进言说："当年高祖刘邦保关中，光武刘秀据河内，都是深根固本以制天下。进足以胜敌，退足以坚守，他们才能在遭遇到困难和失败后最终成就大业。兖州本来就是将军你起兵的基地，百姓们都对你心悦诚服，且其东南据济水，西北阻大河，现在虽然残破，亦足以自保，实际上就是将军你的关中和河内，不可不先平定。既然我们已经在巨野击破了李封、薛兰（吕布部将），如果分兵东击陈宫，陈宫必然不敢西顾，我们再趁此机会抢收熟麦，积蓄足够的粮谷，到时便能一举扫除吕布。击破吕布之后，再联合扬州刺史刘繇共讨袁术，以临淮、泗。现在如果舍弃吕布转而东伐，多留兵的话，取徐州不够用，少留兵的话，只能闭门固守，不得樵采，吕布必然乘虚寇暴，兖州将危。到时趟若徐州不能顺利平定，将军你该到哪里去安身呢？况且陶谦虽死，徐州却未必能轻易拿下。因为他们鉴于前两次失败，一定会寻找盟友和援军。再加上现在东方已经收过麦子，他们必然坚壁清野以

待我军。若将军你攻城不克，略粮又无所获，岂不进退两难？此外，前次讨伐之时将军你刑罚过重，徐州人惧恨在心，定然人自为守，无归降之心，就算我们能攻破城池，也未必能够久守。惟愿将军深思。"

曹操为人的一个优点便是肯虚心纳谏，在其创业早期尤其如此。荀彧这番话有理有利有节，他很快改变了主意。

当年夏季，趁曹军四出收麦之际，吕布和陈宫又从东缗（今山东金乡）率领万余人来攻。据裴注所引《魏书》的记载，当时士兵大都被派遣出去收麦，曹操大营里只有不到一千人。凭这一千人，别说跟吕布硬刚，就是固守营寨也很困难。曹操索性只留妇女看守营寨，自己拉着这千儿八百士兵出营，谋求机动作战。曹营以西便是一道大堤，大堤南边则是树林，树木幽深，便于隐蔽大队人马。初赶到时，吕布怀疑里面有埋伏，没敢直接攻击曹营，而是引军后撤十余里屯驻。第二天吕布又来。曹操将一半军队埋伏在堤后，出另一半在堤前迎敌。这次不知为何，吕布选择了主动进攻，令轻兵上前挑战。待双方战作一团后，堤后的曹军伏兵突然现身于堤顶，步骑并进，居高临下向吕布军杀来。吕布军随即大败，曹操乘胜追击，直追至其营寨才鸣金收兵。当晚吕布趁夜退军，曹操继续进击，再次攻克定陶。此时收麦的曹军主力皆已返回，曹操便分兵平定其他郡县。吕布在兖州无法立足，只好和陈宫、张邈去徐州投奔了刘备。张邈的弟弟张超则带着张邈的家口走保雍丘（今河南杞县）。

八月，曹操进围雍丘。四个月后城破，张超自杀。曹操再次屠城，将张氏一族满门抄斩。张邈为救雍丘，亲往淮南去向袁术求救，半路上却被手下叛变的士兵所杀。

至此叛乱彻底平定，兖州全境又回到了曹操手中。

这对于徐州的刘备来说可不是好消息。

情报显示，此时袁术正在筹划进犯徐州。吞并徐州更是曹操近年来两次兴兵的既定目标，现在叛乱平定，他当然要重拾这一战略。以刘备的实力和徐州残破的现状，独自抵御同时来自西方和南方的进攻几乎是不可能完成的任务。大概正是出于这一原因，刘备虽然明知吕布反复无常，却仍然接纳了他，允许他屯驻在下邳以西。

据说吕布初见刘备，对他尊敬备至，拉关系说咱俩都是边地之人，还夸耀自己杀董卓之功，抱怨关东诸将没一个好人，都想杀我吕布！言下之意，只有他刘备待自己最亲。他把刘备请入自己的大帐，让自己的姬妾坐一旁侍奉酒菜，还亲切地称刘备为弟。刘备的表现则是"外然之而内不悦"，心里对吕布这一套并不以为然。

显然，刘备和吕布貌合神离，彼此的心中都在打着小九九。

这种情况最终被袁术所利用。

建安元年（196年）六月，袁术首先对徐州发动了进攻。刘备留张飞驻守下邳，自领军队拒战袁术于盱眙、淮阴一带。双方相持月余，互有胜负。这时袁术给吕布写了一封密信，将他大肆吹捧了一通，说他对自己有三大功，自己感恩戴德，愿意"奉以生死"，全力报答吕布。还说自己知道吕布缺少军粮，所以特送米二十万斛，正在路上，以后他不管是缺粮、缺物资，还是缺兵器战具，只管开口。吕布见了这封信，顿时大喜。他本来就有逼夺徐州的念头，被袁术这么一忽悠，遂乘下邳空虚之机，引兵水陆并进，从西边攻来。

偏在这时，下邳城里也出了变故。

刘备身为"边地人"兼外来户，入主徐州虽然得到了糜竺、陈登等地方大族支持，但并非所有陶谦旧部都对他心悦诚服。曾经与刘备并肩战斗过的下邳相曹豹就是其中之一。而刘备手下的河北兵跟徐州本地的丹阳兵之间也有矛盾。这次刘备派张飞守下邳，不知怎的曹豹跟张飞争斗了起来。有史料说张飞要杀曹豹，曹豹率部坚守营寨，派人去迎吕

第 18 章 刘备的困境

布。也有史料说，是曹豹被张飞杀掉以后，城中大乱，丹阳兵在中郎将许耽的率领下叛降吕布，招引吕布入城。吕布军连夜进抵城西，丹阳兵在天亮时打开了城门，吕布遂入城放火，击败张飞，不但夺得了下邳，还俘获了刘备及其所统将士的家口。

前线的刘备得到消息，急忙撤军回救。可是士兵们听说家口被俘，全无战心，赶到下邳便作鸟兽散了。刘备狼狈不堪，只好收拢残兵，东趋广陵（今江苏扬州），试图在此立足。但是袁术又趁势来攻。刘备再败，退屯海西（今江苏灌南）。

这个时候的刘备西逼于吕布，南迫于袁术，境况可以说相当窘迫。史载，当时刘备军饥困交加，甚至到了士兵彼此相食的地步。幸而麋竺慷慨解囊，不但献出奴客两千和金银财货以助军资，还把自己的妹妹送给刘备当夫人，刘备这才没有完全陷入绝望。

问题在于，海西地处大海之滨，要避免被消灭，那么除了浮海逃亡之外，眼前便只有举手投降这一条路可走。

在生存面前，刘备最后不得不放弃了尊严，转而向吕布乞降。

第19章 长安大乱

此时此刻，吕布正在因袁术口惠而实不至，许诺的二十万斛军粮迟迟未到而大动肝火。

而且不久前，吕布帐下也出了叛徒。河内人郝萌半夜率兵攻入吕布在下邳的府邸，搞得吕温侯光着屁股便从厕所后面翻墙逃出，跑到部将高顺营中躲避。后来高顺讨平郝萌，吕布一查，郝萌很可能是受到了袁术指使。他这才意识到，袁术利用自己除掉刘备之后，下一步便要对自己动手。

这时听说刘备请降，吕布琢磨了一番，觉得还是有必要保留刘备这颗棋子以对付袁术，于是不顾手下"刘备反复难养，宜早图之"的建议，不但答应了他的请求，还派人将刘备及其将士的家属用车马送还，安排他还屯小沛。

袁术不甘心看到刘备和吕布联合，心生一计，一边派人向吕布求和亲，说要让自己的儿子娶吕布的女儿，一边却派部将纪灵统兵三万前去攻打刘备。

袁家四世五公，门第清贵，吕布却是边鄙武士出身。袁、吕倘若联姻，对吕家的社会地位是很大的抬升，所以吕布很痛快地答应了这一提议。

袁术满以为，吕布既然答应跟自己和亲，那纪灵攻打刘备的时候他就不好意思出手相救。可当刘备向吕布求援的时候，吕布的头脑却很清楚。他对手下诸将说，如果让袁术消灭了刘备，他必定会向北联合泰山诸将（指臧霸等），到时我们就处在袁术的包围圈里了，所以刘备不得不救。于是就统领骑兵二百、步兵千余驰往救援。

闻知吕布来援，纪灵吃了一惊。慑于吕布骁勇善战的威名，他一时不敢再出兵进攻。吕布在小沛西南屯驻后，便派人来请纪灵到营中宴会，纪灵也邀请吕布一同饮食。酒宴中，吕布对纪灵等说道："刘玄德是我吕布之弟。今弟为诸君所困，故此前来相救。其实我生性不喜合斗，反而喜欢劝人解斗！"便叫人在营门当中竖举一戟，道，"请诸君看我吕布射戟，若一发射中戟上小支，诸军便当解去；若不中，诸位可留此决斗，我绝不干预！"

汉代的戟，并非小说或影视作品中常见的"方天画戟"，而是形如长矛横生一支的"卜"形戟。考古所见实物，横生出去的小支（也就是"卜"字的"、"）一般不会超过三厘米。吕布宣称要射的便是此处。

但是吕布距离此戟多远，史籍并未明言。想来不会超过弓箭的射程；也不会距离太近，想要一发射中应该很有难度。也就是说，在纪灵等人看来，以军中射手的平均水准，一发射中的概率应该很低。

接下来的事情我们都知道了——"布举弓射戟，正中小支。"纪灵等人皆惊，纷纷赞道："将军天威！"第二天众人再次欢会，然后各自罢兵而去。小沛之围就这样得到了解决。

这便是演义中"吕奉先射戟辕门"这一故事的史源。

射戟一事显示了吕布高超的射术。纪灵之所以退兵，固然是忌惮吕布的武力，也是因为"一发而中"意味着天意如此，违天不祥。

总之，凭借辕门射戟，吕布轻松解救了困境中的刘备。表面上看来，两人仍是一条战壕里的盟友，但是很快，由于刘备"合兵得万余人"，吕布担心他再次强大起来，又主动来攻刘备。刘备溃败后，索性向西奔走，去投了曹操。

平定兖州叛乱后，按理说曹操已有余裕重启东征徐州的计划。之所以他一时并未对徐州用兵，以致让袁术占了先，实在是因为这时关中发生了更大的变故，他有更重要的事情要先处理。

这件事便是"奉天子以令不臣"，抢夺对当今皇帝的控制权。

如前所述，董卓被杀后，其部将李傕、郭汜、樊稠、张济等率凉州军团攻入长安，杀掉王允，掌握了朝政。之后的一段时间，由张济出屯弘农防范关东诸侯，李傕、郭汜、樊稠三人屯守关中。起初，三人尚能够和衷共济，即使在争权夺利时有一些矛盾，在贾诩的弥缝调解之下，也大体能够相容。但是到了兴平元年（194年）之后，由于一系列事情的发生，三人之间的矛盾变得越来越严重起来。

首先便是樊稠、郭汜的威望日益蹿升，大有赶超李傕的势头。

当初董卓回到长安后，曾经拉拢凉州军阀韩遂和马腾，劝说他们跟自己一起对付关东诸侯。韩遂、马腾带部队赶到时，董卓已经被吕布所杀，李傕等便封二人各一个将军号，遣韩遂回凉州，马腾屯郿县。

马腾这个人虽然祖籍扶风（今陕西兴平），但生长于陇西，是其父跟羌女所生。他身长八尺有余，容貌雄异，为人却很贤厚，因此人多敬服。灵帝末年凉州氐羌叛乱，马腾应募参军，多年后发展成了西北边地

的一支重要武装，对朝廷时叛时服，实际上形同割据。兴平元年春，马腾来朝。他私下有求于李傕（可能与军粮有关），却被李傕拒绝，恼恨之下便想举兵相攻。韩遂闻知，也率领人马赶到长安，开始想从中调解，但后来调解不成，便跟马腾站到了一边儿。这时候朝廷里反对李傕、郭汜的一些官员也想借助马腾、韩遂的力量推翻他们的统治，就充当内应，秘密联络马腾发兵。于是在三月，马腾出兵至长平观（今陕西泾阳南）。李傕派樊稠、郭汜和自己的弟弟李利出战，结果马腾、韩遂大败，死者万余，狼狈向凉州败退。

樊稠继续追击，直至陈仓（今陕西宝鸡西）。韩遂见状，派人对樊稠说："风水轮流转，凡事应该给自己留条后路。大家争斗本来就不是出于私怨，不过是立场不同。咱们都是凉州人，虽然有点矛盾，大面上的利益终归相同。以后万一有什么不如意，咱们就再也见不着面了。现在我有几句好话想说给你听。"

樊稠心想韩遂的话有几分道理，而且说几句话也没什么大不了，便叫手下退后，自己驱马进前，跟韩遂交臂把手，共语良久后各自离去。

凭借击败马腾、韩遂的功劳，朝廷封樊稠为右将军，郭汜为后将军，并开府如三公，同时拥有选任官员的权力。这一来，樊稠、郭汜的地位直逼李傕，三人更加不能相下了。当时朝廷选官，三人都想安排自己的私人，时常为此发生争执。吏部官员被弄得苦不堪言，最后干脆按优先权排序，李傕推荐的人排在最前，郭汜推荐的其次，再次则是樊稠推荐的。其余太尉、司徒、司空等三公推荐的人选，根本不予考虑。

到了八月，冯翊一带羌人叛乱，樊稠、郭汜再次统军将其平定，两人的威望进一步提升。尤其樊稠"勇而得众"，在军中威信很高，李傕对他尤为忌恨。此外，在跟马腾、韩遂交战之时，李傕的弟弟李利作战不力，樊稠曾当众责骂了他一通。李利后来就在李傕的耳边挑拨说，樊稠曾跟韩遂两人交马密语，不知商量些什么，看表情十分亲密。李傕就暗自怀疑，樊稠是不是跟韩遂、马腾有什么阴谋。

兴平二年（195年）二月，樊稠声称要出关去讨伐袁绍等诸侯，向李傕要兵。李傕假意请他来商量，却在会议中当场将他杀死，吞并了他的部众。这一下凉州诸将之间的矛盾彻底爆发，从彼此猜疑迅速演变成了内战。

近年来李傕跟郭汜之间的关系本来就不大好。据说李傕之前好几次宴请郭汜，酒醉后便留他在府中止宿，还安排自己的姬妾侍寝。郭汜的老婆大为吃醋，怕郭汜迷恋李傕的女人而疏远自己，就想法离间两人的关系。有一次李傕派人送吃的给郭汜，郭汜老婆拿豆豉弄成毒药的样子放到里面。郭汜刚要吃，她说这食物是从外边来的，说不定会有问题。然后装模作样地检查了一番，把"毒药"拣出来说："你看这是什么？一山难容二虎，我就怀疑李傕他不怀好意。"后来李傕再宴请郭汜，郭汜喝醉后怀疑有毒，回来后便大饮粪汁，把刚才吃的吐了个干净。然后召集兵将，去跟李傕算账。

眼看李傕、郭汜这两大军阀就要火并起来，汉献帝深恐遭池鱼之殃，连忙派使者去从中调解。结果两人都不听。郭汜谋划将献帝劫至自己的营寨，消息走漏后李傕抢先下手，于三月二十五日派兵数千围住皇宫，逼汉献帝迁入自己的大营。太尉杨彪劝阻说："自古以来哪有皇帝到臣民家里去住的？此事成何体统！"李傕的兵将根本不予理睬。汉献帝只好万分无奈地在步从群臣的陪伴下出了宫。随后李傕便纵兵进入宫中大掠，将国库中的财物洗劫一空，既而放火烧掉了皇宫和衙署。

汉献帝又派太尉杨彪、司空张喜等公卿到郭汜营中调停。结果郭汜将这些大臣全部扣成了人质。

为了对抗皇帝被李傕掌握给自己带来的不利影响，郭汜请这些大臣

吃饭，胁迫他们在进攻李傕一事上形成一致决议。太尉杨彪摇头说，你们一个劫持天子，一个扣押公卿，这怎么能行？郭汜大怒，抽刀就要杀杨彪，被众人劝了好久这才罢休。李傕则召集羌胡数千，赏给他们缯彩，又许诺把宫女分给他们，怂恿他们进攻郭汜。

四月二十五日，郭汜跟李傕手下中郎将张苞合谋，在夜里对李傕营寨发动了进攻。一时间弓弩乱飞，流矢都射到了汉献帝所在高楼的帘帷上。战斗中，李傕的左耳也被射中。张苞在内放火，想要烧毁营寨，却不知为何火总是烧不起来。李傕的部将杨奉趁机在外将郭汜军击退，李傕才得以摆脱困境，劫持汉献帝迁入了北坞。

当时关中正闹饥荒，长安城内外隔绝，皇帝身边的侍臣个个面露饥色。献帝向李傕索要米五斗、牛骨五具赐给左右充饥。李傕说一天两顿饭我不是供应了吗？还要米干什么！就只给了发臭的牛骨头五具。献帝大怒，本想传旨斥责，经侍中谏阻才不了了之。

第20章 銮驾东返

到了当年六月，李傕和郭汜一劫天子、一质公卿，彼此相攻的局面仍在持续，长安一带死者万数，饿殍遍野。李傕的部将杨奉阴谋杀掉李傕，事情泄漏后率部叛离，李傕的实力大为削弱。

这时候，原本屯驻弘农的张济率军赶回，居间调停李、郭。由于李傕、郭汜根本信不过对方，长安宫室又尽被烧毁，张济提出，二人各自交出皇帝和扣押的大臣，乘舆暂且迁至弘农，并且各以子女为质。汉献帝一直希望东返洛阳，弘农距洛阳较近，所以也同意这一方案。传诏的使者去了不下十趟，李傕、郭汜才勉强答应了这个提案。

七月，李傕出屯池阳（今陕西泾阳），汉献帝的车驾离开长安，在张济、杨奉、杨定、董承等大小军阀的护送下缓缓东行。由于李傕、郭汜一直没有放弃再度劫持皇帝的想法，一众军阀也各怀鬼胎，这一路车驾的行进不但极为缓慢，而且围绕其控制权数度爆发了纷争。到了十二月，李傕、郭汜、张济三人又联合到了一起，共追乘舆，与护佑乘舆的杨奉、董承大战于弘农东涧。结果杨奉、董承战败，混战中随驾的百官死伤惨重，御用的物品、符策、典籍尽被丢弃洗劫，略无所遗，汉献帝不得不在野外露宿。

杨奉这个人原本是河东地区白波贼的首领，此时他见事态紧急，一边向李傕假意求和，一边派人火速去河东联络"故白波贼"李乐、韩暹、胡才以及南匈奴右贤王去卑。这些人各率数千部众前来，帮助杨奉、董承击破了李傕。车驾继续东行，李傕、郭汜等再次来攻。杨奉等又败，战死的人比东涧一战还多。兵相连缀四十里，汉献帝的车驾好不容易才进了陕城。

由于这一路上的战乱流离，虎贲、羽林此时只剩下不到百人，杨奉、李乐等结营自守，李傕、郭汜的士兵则在营外叫呼鼓噪，众人饥疲交加，神情惶惧，看样子大有逃散之意。李乐见势不妙，提议汉献帝最好坐船走水路去孟津，如此可达洛阳。但太尉杨彪认为这一带的黄河河道过于艰险，皇帝不能冒这个风险。商议的结果，决定由李乐先偷偷准备好渡船，然后点火为应，引导诸人在夜里渡往河东。

当晚，汉献帝和后妃皆徒步出营，场面一度极为混乱。皇后伏寿因为手拿丝绢，被贪图钱财的军官挥刀逼夺①，身旁侍者被杀，鲜血溅了皇后一身。逃到河边后，因为河岸太高，众人只能七手八脚把皇帝用绢包住，背在背上匍匐而下。慌乱中还有人纵身跳下，摔得七荤八素、冠

---

① 据《后汉书·皇后传》，当时"后手持缣数匹，董承使符节令孙徽以刃胁夺之，杀傍侍者，血溅后衣"。袁宏《后汉纪》则云："董承使符节令孙俨从人间斫后，左灵曰：'卿是何等人也！'以刀捍之，杀旁侍者，血溅后衣。"董承指使人袭击伏后的动机不详，若不图财，则或许与后宫斗争有关。盖因董承之女为贵人，若伏后死，董贵人很可能成为新后。

帽皆坏。渡船不多，将吏士兵都争着上船，李乐、董承怕船翻覆，挥戈驱赶，船面上随处可见被削掉的手指。最后登上渡船的除了皇帝皇后之外，不过太尉杨彪以下几十个官员。没能上船的宫女、官吏尽被乱兵掠夺，冻死淹死者不计其数。

李傕等望见河边有火光，派骑兵前去查看，正好看到汉献帝等人仓皇渡河，已经上了船，便沿岸高呼，让他们留下天子。董承怕这些兵放箭，连忙用被子当布幔，把皇帝皇后保护了起来。所幸有惊无险，渡船顺利抵达北岸。河内太守张杨又派人送来了粮米，汉献帝一行这才免于挨饿。

数天后献帝抵达安邑（今山西夏县西北），暂时安顿了下来。虽然这一时期条件相当简陋，乘舆只能设在荆棘扎成的篱笆当中，门户毫无遮掩，皇帝跟群臣议事之时，士兵们都趴在篱笆上观望戏笑，毫无威仪可言，但好歹已经脱离了险境。唯一令人担心的是，粮食供应依然很紧张，大部分人只能找野菜野果来吃，甚至伏皇后也"唯以枣栗为粮"。

之后汉献帝又派使者去向李傕、郭汜求和。李傕、郭汜见献帝既已在张杨、杨奉、李乐等军阀的保护之下，势难追回，也就答应了这一提议，将扣押和俘虏的公卿百官放遣，还把掳掠的宫女、御用器物等返还了不少。

但是这个时候，围绕在皇帝身边的诸军阀彼此仍然矛盾重重。汉献帝本人希望回归洛阳，而洛阳是张杨的势力范围，张杨当然支持这一提议；论身份是皇亲国戚的董承也尊重皇帝的意见；然而杨奉、李乐、韩暹、胡才这些白波帅却希望将皇帝留在河东，置于自己的控制之下。到了次年二月，韩暹进攻董承，董承不敌，便去投奔张杨。接着胡才又欲攻打韩暹，汉献帝派人劝谕制止，冲突才没有扩大。

这些军阀谁都没有吞并其他人从而独力掌控局面的实力，加之汉献

第 20 章 銮驾东返

帝执意要返回洛阳，经过一番讨价还价，杨奉、李乐、韩暹等人最终同意带兵护送献帝东归。

建安元年（196年）七月初一，汉献帝的车驾终于回到了阔别七年之久的故都。不过因为宫室衙署当年尽被董卓所烧，他只能暂时在大太监赵忠的故宅落脚。尽管如此，十六岁的献帝刘协仍难掩激动的心情。他不顾"一岁不可再赦"的传统，继年初大赦之后再次宣布大赦天下，以此昭示自己的统治迎来了一个新的开始。

事实上，回顾三国时代，建安元年的确是一个新时代的开始。只不过主导这个时代的并非汉献帝刘协，而是曹操曹孟德。

当献帝被白波诸帅挟持流落河东的时候，曹操刚刚平定了兖州张邈、陈宫的叛乱。如前文所述，他早就采纳了毛玠的建议，素有"奉天子以令不臣"之心。初平三年（192年）他派使者西入长安，向献帝效忠，正是为此做铺垫。后来朝廷正式下诏拜曹操为兖州牧，确立了他对兖州统治的合法性，便是对他心向皇室的回报。

现在献帝回到洛阳，张杨、杨奉、韩暹、董承之徒实力不济，又彼此猜忌，对曹操而言，正是攫取对皇帝的控制权、将"奉天子以令不臣"这一战略落到实处的大好机会。于是他召集手下，就此事展开了讨论。

一些人认为，这一战略虽好，但现在关东局势并不明朗，韩暹、杨奉、张杨这些人矜功跋扈，要想将皇帝迁到咱们的地盘恐怕并不容易。荀彧却道："当年晋文公纳周襄王，最终成就霸业；汉高祖为义帝缟素，从而天下归心。自从天子蒙尘，将军你首倡义兵，只不过因为关东扰乱才未及远赴，但你仍蒙险通使，心向王室，说明匡扶天下是将军你的素志。现今车驾回到洛阳，东京却一片荒榛，黎民百姓都怀旧感愤。诚因此时，奉主上以从民望，是为大顺；秉至公以服雄杰，是为大略；

扶弘义以致英俊,是为大德。有此三事,四方虽有逆节之臣,又有何能为?韩暹、杨奉之徒,何足为惧?若不能乘此机会定此大事,必有豪杰生心,以后再要下手,可就来不及了!"程昱也支持荀彧的意见。

荀彧说得没错。如今汉室虽然衰微,但毕竟四百年的历史传统影响深厚,汉家天子仍然在政治上具有极大的号召力。而当时除了李傕、郭汜、韩暹、杨奉这些跋扈一时的军阀之外,曾有意奉迎天子以获取政治优势的诸侯并非只曹操这一家。早在初平二年(191年),幽州牧刘虞就想派兵去长安迎汉献帝东归,后来受阻于袁术,并未成功。不久前献帝还在河东之时,袁绍的谋士沮授也曾向他建议,应该尽早"西迎大驾,即宫邺都,挟天子而令诸侯,畜士马以讨不庭"。只不过袁绍听了郭图的劝,觉得如果将皇帝迎到冀州,就等于给自己找了个主子,到时候听他的吧,自己的权威就受到了压制,不听他的吧,自己就是个抗命的贰臣,实在是自讨苦吃。再加上当初董卓立汉献帝时,袁绍公然表示反对,后来他又一度想另立天子,两人的关系本来就不融洽,所以袁绍最后就否决了沮授的提议,没能抢先下手。还有史料透露,汉献帝流落河东后,曾亲手写信召徐州的吕布前来迎驾,而吕布由于"军无畜积,不能自致",最后只是遣使上书了事。甚至陶谦在被曹操打残之前,也动过"谋迎天子还洛阳"的念头。如果曹操不趁现在这个机会尽早将皇帝的控制权攫取过来,肯定会有别的诸侯再产生同样的想法。

既然荀彧和程昱这两大智囊皆与自己所见略同,曹操也就不再犹豫,当即派曹洪领兵西进,前去奉迎天子。不过正如提反对意见的人所料,董承等人并不欢迎曹操。他们发兵据险,拦住了去路。曹洪受阻,一时前进不得。

这种情况下,曹操并没有选择用武力硬闯,而是针对洛阳诸将之间争权不和的局面,试图先用政治手腕从内部打开突破口。在这一系列行

动中，张杨手下的谋臣董昭发挥了关键作用。

董昭是兖州人，早年曾经是袁绍的参军。袁绍和公孙瓒在界桥大战时，他受命安抚后方，解除了袁军后顾之忧，立有功勋。但是后来因为弟弟董访在张邈军中效力，袁绍又跟张邈交恶，董昭受到排挤。他离开袁绍，途经河内时为张杨所留，便成了张杨的臣属。有意思的是，董昭虽然是张杨的手下，却一直胳膊肘朝外拐，有心相助曹操。前面提到曹操派使者出使长安时受阻于张杨，正是董昭劝服张杨与曹操结好，允许使者过境，并向朝廷表荐曹操。

董昭为何主动帮助曹操，史籍无载，可能与他的兖州人身份有关，也有可能是他慧眼识人而做出的政治投资。这次曹操奉迎天子不顺，董昭看在眼里。他身在洛阳，对杨奉、董承、张杨、韩暹等人之间错综复杂的关系看得很清楚。他认为，杨奉兵马最强，但是却孤立无援，最易于劝服，便以曹操的名义给杨奉写信，大陈仰慕之意，说我曹操有粮，杨将军您有兵，咱俩应该联手，将军您在内为主，我曹操当你的外援，"死生契阔，相与共之"。

在战乱频仍的年代，粮食最为宝贵。洛阳一带一片荒芜，朝廷里尚书郎以下的官员都要自行挖野菜维生，杨奉等人又是一路溃败而来，军粮极为匮乏。听说曹操愿意提供粮食，杨奉很是高兴，对诸将说："兖州诸军近在许县，有兵有粮，国家所当依仰也。"于是便跟诸将一同上表，加曹操为镇东将军，并袭父爵费亭侯。

得到这一封赏，曹操虽心下窃喜，却仍不忘外示谦抑，连上三表辞谢，然后才接受了策命。

这时，洛阳那边的局势又发生了一个有利于曹操的变化。

在护送献帝东归的过程中，"白波贼"出身的韩暹曾经击败过原属凉州军团的董承，两人结怨很深。回到洛阳后，韩暹被封为大将军、领司隶校尉，又压了被封为车骑将军的董承一头。再加上两人同留宿卫，韩暹矜功专恣，董承对他就愈发憎恨。

为了除掉韩暹，董承不惜改变自己原本阻止曹操西进的策略，秘密招曹操入朝。

第 20 章 銮驾东返

第21章 挟天子以令诸侯

正如当初何进贸然召董卓入朝从而改变了历史走向一样，这次董承召曹操入朝也成了三国时代一个重要的历史拐点。

曹操当时屯驻的许县（今河南许昌东）距洛阳不过四百里，上次曹洪西进，正是受阻于董承才未能深入，这次董承主动开门奉迎，自然不会再有什么阻碍。曹操率领军队，很快便进入了洛阳。

原本张杨屯野王（今河南沁阳），杨奉屯梁县，董承和韩暹守卫洛阳。曹操这一到，当即跟董承联合，在军事实力上形成了对韩暹的压倒性优势。曹操趁热打铁，马上搜罗韩暹、张杨的罪状，奏请将其治罪。韩暹一看大事不妙，慌忙单骑逃奔了杨奉。

这一来，朝廷便落入了曹操的掌控之中。

八月十八日，汉献帝下诏以曹操领司隶校尉、录尚书事。曹操也以其一贯的雷厉风行的手段，短时间内恩威并用，发布了三道命令以树立权威：第一，处死了尚书冯硕等三人，是为"讨有罪"；封卫将军董承等十三人为列侯，是为"赏有功"；追赠被李傕所杀的射声校尉沮俊为弘农太守，是为"旌死节"。

但是此时，洛阳还不算是曹操的势力范围。他是靠着跟董承的交易突然引兵入朝才攫取了朝权，一来周边尚有张杨、杨奉这些军阀存在，二来洛阳荒残之余，势难久守，要想牢牢地掌握对皇帝的控制权，免得将来被人从自己手中夺去，曹操紧接着便开始谋求将汉献帝迁往自己的地盘。

他召见董昭，让他坐到自己身旁，很诚恳地向他咨询下一步该如何施为。

董昭道："将军你兴义兵以诛暴乱，入朝天子，辅翼王室，这是堪比春秋五霸的功业。眼下洛阳内外的这些将领各怀异心，未必肯服从于你。留在这里匡扶王室，于局势颇有不便。依我之见，惟有移驾南幸许县。不过自从朝廷播越，新近才还旧京，远近之人都期望安定，如今再度徙驾，难免会引发不满。然行非常之事，乃有非常之功，轻重利弊，愿将军算其多者。"

曹操说："你的意见正符合我的本志。只是杨奉近在梁县，听说他兵马甚精，不知道会不会成为阻碍？"

梁县位于洛阳以南，距洛阳通往许县的大道并不太远，曹操担心杨奉不同意迁都许县而派兵拦截。

听了这话，董昭又道："杨奉在朝廷内外缺少党援，与将军有意结好，前此镇东、费亭的爵赏，正是他所定议。可以遣使对他厚加答谢，安抚其心，只说京都无粮，欲车驾暂幸鲁阳，鲁阳距许县较近，便于转运，如此可免粮荒。杨奉为人有勇无谋，一定不会多加怀疑。在使者往来期间，事情足以办成。他又能有何阻碍？"

曹操点头称善，当即采纳了董昭的计策，向杨奉派出了使者。

八月二十七日，曹操挟汉献帝的车驾东出轘辕关，直往许县而去。正如董昭所料，等杨奉反应过来自己受了诓骗，派兵再来拦截，已然追之莫及。曹操还在追兵所经的山谷中设下埋伏，击败了杨奉派来的轻骑。

九月，曹操自领大将军一职，同时罢免了司徒淳于嘉、太尉杨彪、司空张喜这三公。

十月，曹操进攻杨奉。梁县被攻克，杨奉、韩暹一同逃奔袁术。

三国时代曹操"挟天子以令诸侯"的篇章，由此正式开始。

当然，"挟天子以令诸侯"这一说法来自于曹操的敌人，曹操本人是绝不会这么说的，他只承认自己是"奉天子以令不臣"：我是遵奉皇帝的意志，号令那些不愿臣服的人。其实不管"挟天子"也好，"奉天子"也罢，无非表述不同，本质都是一回事：打着汉家天子的旗号，赋予自己手中的权力以正义性、合法性和权威性。

普天之下莫非王土，率土之滨莫非王臣。我曹操的命令你可以不听，但皇帝的命令你不听，就是乱臣贼子，人人得而诛之！

故此有的学者认为，"挟天子以令诸侯"这一策略对曹操日后的成功干系极大，甚至可视为其政治生涯"关键性的转折"和"重大胜利"。不过也有人认为，"挟天子以令诸侯"这一表述并不准确，实际上曹操尽管掌握了汉献帝，却并不能真正做到"令诸侯"。正如之前董卓、李傕号令不了关东诸侯一样，后来袁绍、袁术、公孙瓒、刘表等诸侯对曹操假借天子的命令也并不买账。曹操"挟天子"所能"令"的，准确地说应该是"士人""士大夫"。而挟天子真正的功用有三，第一便是招引士人，第二是威慑对手，第三则是师出有名。其中又尤以招引士人这一条对曹操帮助最大。例如避乱荆州的颍川士人赵俨得知曹操迎汉献帝都许，便道："曹镇东应期命世，必能匡济华夏，吾知归矣！"遂率宗族来投。同样避乱荆州的杜袭也选择了在曹操奉迎天子后回归颍川。更重要的是，当时有许多精英知识分子是抱持着为天子效力的理念加入了曹操阵营，荀彧、钟繇、华歆、王朗、陈群等人都是如此。正是因为有了汉室天子这一面旗帜，曹操麾下才得以聚集了当时最为杰出的一大批人才。三国时代的各割据势力当中，数曹魏人才最多，就连诸葛亮也不能不感叹"魏殊多士"。这些人除了各以其智能为曹操佐助之外，还是各州郡世家大族的代表，对稳定地方局势、博取士庶民心亦有重要的政治作用。无怪乎后来曹操公开宣称，自己十九年间所征必克，"乃贤士大夫之力也"，今后仍当与贤士大夫共定天下！故此可以说，"挟天子以令士人"才是曹操奉迎汉献帝后所取得的实际效果。

那么对于"令诸侯"而言，"挟天子"难道就一点儿作用也没有吗？

也不尽然。归根结底，一是要看彼此的实力对比，二是要看对方的政治抱负。

建安四年（199年）曹、袁之争愈演愈烈之时，原本是刘虞手下的渔阳太守鲜于辅受田豫劝说，率部归顺曹操；同年，割据南阳的张绣听从贾诩的建议，不顾跟曹操有杀子之仇而向其投降，也是考虑到了他"奉天子以令天下"（贾诩语）的政治优势。鲜于辅和张绣虽然也是一方军阀，但终究实力不济，自知难成大事，而降曹就是归顺天子，这种情况下自然易于接受。与鲜于辅、张绣不同，后来的刘表、刘备、孙权等人尽管实力也远比曹操弱小，却都不肯降曹，这是因为他们各自都怀有割据称雄的野心和抱负。

总而言之，奉迎汉献帝都许的确使曹操获取了相当重要的政治优势和政治资源。考虑到曹操出身于阉宦之家而其竞争者袁绍、袁术则门第清贵、"四世五公"，门生故吏遍于天下，这一点重要性更加值得强调。但另一方面，"挟天子"之举给曹操带来的也未必全是好处。远的不说，单就眼下而言，一直将曹操视为小弟的袁绍对他跟自己连个招呼

都不打便将皇帝挟至许县就深为不满，自讨伐董卓开始便亲密无间的袁曹联盟至此出现了第一道裂痕。

汉献帝刚刚迁至许县，朝廷便降诏给袁绍，谴责他"地广兵多而专自树党，不闻勤王之师而但擅相讨伐"。这显然是曹操执政后给袁绍的一个下马威。袁绍虽感不快，却不能不加以解释，于是回了很长一份奏章替自己辩护，力陈自己不但无过，反而有功。随后朝廷又封袁绍为太尉、邺侯，意在安抚。但当时曹操已经官拜大将军，位在太尉之上，袁绍得知后大为恼怒，说要不是我救他提携他，曹操这个家伙都死了好几次了！现在倒好，他竟然忘恩负义，要挟天子来号令我！就拒绝接受。

《后汉书》说，得知袁绍是这一姿态，曹操"大惧"，便上表将大将军之位让给袁绍。论实力，曹操远逊袁绍，自然有理由对他的愤怒感到畏惧。但是我们知道，曹操这个人向来极其务实，而对虚名不甚在意。他显然很清楚，只要皇帝和朝廷握在自己手里，大将军一职只是个荣誉头衔而已，完全没必要因为这一虚名而跟袁绍闹翻。眼下应该尽量安抚袁绍，继续维持袁曹联盟，这才符合自己真正的利益。于是便派孔融持节拜袁绍为大将军，赐弓矢节钺、虎贲百人，兼督冀、青、幽、并四州，自己则转任司空、车骑将军。

由于曹操的让位之举，袁绍的怒气暂时平息。而且这时公孙瓒未灭，袁绍颇有后顾之忧，也不想马上跟曹操撕破脸。因此这一时期，尽管袁、曹二人已经有所不睦，双方的盟友关系却依然得到了维持。

除了稳住袁绍之外，将汉献帝迎至许县后的头两年，曹操还着手实施了一系列重要措施。在我看来，这当中对其日后成功至关重要的是以下两点：

一是落实当初毛玠"修耕植、蓄军资"的规划，采纳枣祗、韩浩的建议，在许下大兴屯田。

曹操在许县附近推广的屯田主要是民屯，也就是将无主的荒地分配给失地的流民，由政府提供耕牛和农具，然后根据当年的收获量按比例分成（使用官牛则官六民四，用私牛则五五分成）。这一政策后来在全境推广，不但安顿了投降曹操的黄巾余部及其家属，还开拓了稳定的军粮来源，为曹操日后南征北战提供了可靠的物资保障。要知道，自从董卓之乱以来，蜂起的各路军阀大都没有什么具体的生产措施，筹措军粮基本上全靠强征和抢掠，然而中原地区多年来战乱频仍、民众流离，农业生产遭到极大的破坏，因此到了这一阶段，各路军阀哪怕竭泽而渔、杀鸡取卵，也很难再征掠到足够的军粮。据史料记载，即便在号称"谷支十年"的冀州，袁绍的兵卒亦不免"仰食桑椹"，而袁术军在江、淮一带更是吃野草、掘虫鼠，"民人相食，州里萧条"。与之不同的是，曹操的许下屯田当年便颇有成效，"得谷百万斛"。后来他又以任峻为典农中郎将，将屯田之法在全境推广，"数年中所在积粟，仓廪皆满"，曹军的军粮问题从此便得到了解决。

第二点则是吸纳人才，组建属于自己的权力机构——霸府。

将汉献帝迁至许县后，虽说曹操基本上控制了朝政，但朝廷毕竟不是他曹家开的。四百年的帝制传统延续下来，曹操再牛，也不能置君臣礼法于不顾。而且他初掌大权，最怕人家把他当成第二个董卓。因此这一时期，除了对自己的政敌依旧冷酷无情之外，对享有名望的士人和前来投靠自己的人（最典型的便是孔融、祢衡和刘备，详见后文），曹操都尽量表现出礼敬和宽容，对汉献帝也不敢过分逼迫。但是这样一来，手中的权力便不能运用自如。当初郭图之所以劝袁绍不可奉迎天子，也是担心会出现这种"动辄表闻，从之则权轻，违之则拒命"的窘境。然而务实的曹操并未拘泥于现有体制，他稍加变通便从制度上解决了这个问题，其方法便是创建霸府制度。

第22章 战宛城阴沟翻船

所谓霸府，实际上是由公府、王府发展而来的，是通常由权臣建立借以控制皇帝和朝廷、发挥实际权力中心作用的府属机构。史书中有时也称之为"霸朝"。

魏晋南北朝时代，政权更迭频繁，权臣篡代之前，往往先要借助霸府这一机构把持国政、架空朝廷，以便完成国家权力的和平过渡。司马师、司马昭兄弟的大将军府，刘裕的太尉府，高欢的丞相府等都是如此，甚至后世日本的将军幕府，实际上也肇始于此。而这一制度的始作俑者，正是曹操。

按照东汉官制，只有上公（太傅、太师）和三公（太尉、司徒、司空）或地位等同三公的大将军、车骑将军等才有资格设立府署、自辟僚属。曹操奉迎汉献帝都许后，被封为司空、车骑将军，自然可以开府。利用这一便利，他辟用大批贤能之士担任自己的僚属，这一方面是笼络人才,一方面也旨在建立一套忠于自己的行政班子。例如毛玠便担任司空府的东曹掾,陈群为西曹掾,华歆、王朗为参军,荀攸为军师,董昭为军祭酒,等等。尤其值得一提的是,后来被曹操亲赞算无遗策、谋功为高的郭嘉郭奉孝也是在这时被吸纳进司空幕府的。

郭嘉是颍川阳翟(今河南禹州)人,小曹操十五岁,这时候刚刚二十七。据《三国志》的记载,之前郭嘉曾经去投过袁绍,袁绍客客气气地招待了他。数十天后,郭嘉对袁绍手下的谋臣辛评、郭图说道:"智者欲立功名,必须审于量主。袁公徒欲效仿周公礼贤下士,而未知用人之机,多端寡要,好谋无决。欲与共济天下大难,定霸王之业,难矣!"并说自己准备另寻明主,劝二人同去。与郭嘉这个新来者不同,辛评、郭图早已在袁绍帐下效力多年,颇受重用,自然不肯轻易离去,便说:"袁氏有恩德于天下,人多归之,且今最强;去将何之!"郭嘉知道二人难以说服,也就不再多言,独自离开了河北,来投曹操。

经过同乡荀彧举荐,郭嘉见到了曹操。一番谈论之后,曹操大喜,道:"使孤成就大业者,必此人也!"郭嘉退出后,也喜道:"真吾主也!"后来曹操便任郭嘉为军祭酒,专职在身边出谋划策。

有了自己的一套行政班子,再加上"百官总己以听",不出两年,曹操的霸府初见雏形,开始逐步取代朝廷各部门的原有职能。

与此同时,随着政局稳定和军粮问题得到解决,曹操准备趁着与袁绍关系尚未决裂,先吃掉周边较弱的割据势力,在壮大自己实力的同时提前翦除后顾之忧。

他选定的第一个对手,是盘踞南阳的张绣。

张绣是凉州军阀张济的族子,其所统领的军队是张济余部。

前文提到,李傕、郭汜和张济追汉献帝不及,最后接纳了献帝求和的提议,各自引兵归去。但是这个时候关中一片荒残,人烟断绝,士卒

饥饿相食，军队根本维持不下去。后来郭汜被其将伍习杀死，李傕被关中诸将共同诛杀，张济在弘农饥困难以自存，跑到南阳一带寇掠，在攻打穰城（今河南邓州）的时候中流矢身亡，其部众就转由张绣统领。

当时南阳郡已经归属刘表的势力范围。刘表可能是想利用张绣充当抵御曹操的挡箭牌，在张绣军中的贾诩也极力撮合张绣依附刘表，于是张绣便向刘表称藩，刘表允许他屯驻于宛城。

本来按照曹操的规划，徐州的吕布是他意欲铲除的第一目标，张绣突然进入南阳使他改变了想法。首先，张绣实力更弱，自己取胜十拿九稳；其次，吕布好歹是诛杀了董卓之人，而张绣则属于祸乱两京的凉州军阀势力，舆论上更适合作为自己"奉天子以令不臣"的第一个对手；最后，宛城距离许都较近，如果不提前清除张绣，万一在东征吕布时他偷袭许都得手，将汉献帝劫走，那可就得不偿失了。

故此在建安二年（197年）正月，曹操首先对张绣动了兵。

双方实力差距太大，张绣自知不敌，曹军刚抵城郊的淯水（今白河），他就选择了投降。曹操兵不血刃进入了宛城。

这个时候发生了一起让曹操在后世颇受讥嘲的事件：进城后曹操见到了张济的妻子，也就是张绣的婶娘。据《后汉纪》的说法，此女乃是"国色"，曹操色心大起，把这位小寡妇纳为了妾室。

唯大英雄能本色。曹阿瞒之好色，于史有征，而且就取向而言，似乎颇好熟女人妻。除了张绣的婶娘之外，有据可查者，他还纳过何进的儿媳尹氏和吕布旧将秦宜禄的前妻杜氏。在那个年代，妇女基本上是私有财产，在战争中时常沦为战利品。按理说曹操跟张济是同辈，纳其未亡人为妾没什么大毛病，但是这件事的时机却不大好：一是张济方死未久，其妻还在服丧期间；二是这个时候张绣刚刚投降，你便睡了他的婶娘，长幼身份上的羞辱倒是其次，关键是很容易让人产生误会，以为他张绣是贪生怕死，为求富贵竟然主动把自己守孝的婶娘献给曹操，史籍说张绣"恨之"，我猜多半是这个原因。

此外，还有史料透露说张绣手下有个勇将叫胡车儿，曹操爱其勇健，亲手赠金宝给他，张绣闻知，怀疑曹操是想收买胡车儿干掉自己。而根据《三国志》的描述，曹操在听说张绣对自己纳其婶娘不满后，"密有杀绣之计"，确实动了除掉张绣的念头，但是防范不周，"计漏"，被张绣得知。以上几个因素加起来，最终促使张绣决定造反。

张绣反叛的计划应该是得到了贾诩支持。

自从当初为了求活而出主意唆使李傕、郭汜西攻长安引发大乱，贾诩的内心一直颇感愧疚。这一点，从他先是拒绝李傕赏赐的高官厚爵，后来又劝阻李傕不要滥杀大臣便能看得出来。既而汉献帝从长安东奔，贾诩交还印绶，去投奔屯驻华阴的同乡将领段煨。段煨表面上对他很是礼敬，私下里却忌惮贾诩夺其兵权。贾诩很不自安，听说故人张绣去了南阳，便秘密接洽，准备往投。有人问他："段将军对你不错，你离开这里，又能去哪儿呢？"贾诩道："段煨性情多疑，已经有了忌我之心，现在虽然待我甚厚，时间久了却必定要图谋于我。我离他而去，他不但会高兴，而且还会巴望我在外替他结援，肯定会厚待我的妻儿。张绣在南阳并无谋主，也期望我去佐助。这样的话，我个人和家属的性命都能得到保全。"

不出贾诩所料，他去投奔张绣后，段煨果然善待他的家眷，而张绣也对他执子孙之礼，十分倚重。后来张绣投靠刘表，正是靠贾诩从中斡旋。而贾诩也通过与刘表的接触，断言此人"不见事变，多疑无决"，不会有太大的成就。

据《三国志》裴注所引《吴书》的记载，张绣决定反叛曹操后，采用了贾诩的计策，"乞徙军就高道"。也就是说，张绣找了个借口，向

第22章 战宛城阴沟翻船

曹操要求将自己的军队转移到地势较高的地方驻扎，而且"道由太祖屯中"，转移的时候要从曹军阵营中穿过。紧接着他又对曹操说，自己车辆太少，辎重多走不动，调动的时候能不能干脆叫士兵们把盔甲都穿上，这样方便一些。按理说曹操既然已经知道张绣对自己不满，以他的正常智商，不难察觉张绣这一举动十分可疑。可一来曹操取胜后得意忘形，二来多半其心思没少放在新纳的小寡妇身上，此时竟然脑子进水，答应了张绣的请求。

　　这下贾诩的计策得以顺利实施。张绣统领部众全副武装，趁穿过曹营之时突然发动了袭击。曹军将士压根儿没想到张绣会降而复叛，绝大多数连甲胄都没穿，攻击又是自内而起，顿时被杀了个措手不及，很快便一败涂地。为了掩护曹操撤退，校尉典韦率手下十余人拦住营门，与叛军殊死搏战，无不以一当十。但是敌人越聚越多，还有人从旁门冲进来，对典韦合围。典韦双手各舞一支长戟，左右格击，一挥之下，便有十几杆矛被他砍断。不出片刻，手下死亡略尽，典韦身中数十创，双戟也摧折不堪用，他便抽短兵与敌人肉搏。最后他干脆扔了刀，双臂各夹一个敌兵，猛力对撞，直使两人头颅碎裂而亡。其余敌兵见了，都震慑不敢近前。典韦又前突敌阵，连杀数人，直到创口迸裂，血流如注，终于瞑目大骂而死。敌兵这才近前，将其头颅斩下，全军传观。

　　由于典韦奋不顾身的掩护，曹操得以侥幸逃出。但是即使如此，他的右臂也中了流矢。更要命的是，逃跑过程中曹操那匹名叫"绝影"的坐骑头脚中了两箭，不能前行，幸而曹操的长子曹昂把自己的战马让给了他，他才保住了性命。曹昂和曹操的侄子曹安民则同死于乱军之中。此外，当时年仅十一岁的曹丕也随父在军，所幸他比较机警，乱起后乘马逃脱。

　　之后曹操收拢散卒，退往舞阴（今河南泌阳北）。张绣则乘胜追击。退军途中各军将领联系不上曹操,各自扰乱,溃不成军。尤其是青州兵,更是一路烧杀抢掠。只有平虏校尉于禁率领数百部众且战且退,携带伤员共同退却。路上遇见劫掠的青州兵,他还严加斥责,将他们击走。直到敌兵渐远,他才徐整行队,鸣鼓而还。到营地后,于禁没有先谒见曹操,而是抓紧时间修筑营垒。有人告诉他,青州兵已经到主公面前把你给告了,你应该马上去申辩才是。于禁却道:"现在贼寇在后,说不定什么时候就追过来。不先做好准备,何以迎敌?况且主公何等聪明,哪里会如此轻易便听信青州兵的诋毁之言?"直到战壕挖好,营垒得立,于禁才去见曹操,如实讲述了路上的情况。

本来新遭败绩,又得知了曹昂兄弟和爱将典韦的噩耗,曹操的心情甚为恶劣。他只能强加排解,对诸将说张绣之所以降而复叛,是自己没有扣留他的子女当人质的缘故。尽管如此,于禁的汇报还是让曹操甚是满意,而且大败之后,更应对这样的事迹加以表彰来稳定军心、提振士气。于是曹操对于禁道:"宛城之难,吾犹狼狈,将军在乱能整,讨暴坚垒,有不可动之节,虽古名将,何以加之!"下令表录于禁前后军功,封其为益寿亭侯。

击退张绣的追兵后,曹操引军回了许都。张绣则返回穰城,与刘表派来的将领合兵一处,继续蚕食南阳郡县。曹操虽派了曹洪前去抵御,却数战不利,叶县(今县以南)之南的领土尽失。到了当年十一月,曹操再次南征张绣。途经淯水之时,他还设祠亲自祭奠宛城之役的阵亡将士,动情处歔欷流涕,众人无不感慨落泪。

这次曹操攻拔了湖阳、舞阴二城,生擒了刘表部将邓济。但是张绣的主力仍然盘踞穰城,问题并没有解决。

建安三年(198年)三月,趁袁绍北击公孙瓒,而袁术与吕布交恶、彼此相攻之机,曹操第三次出讨张绣。

第22章 战宛城阴沟翻船

第23章 袁术的野心

这次出征之前，荀攸曾劝曹操说，张绣之所以桀骜不驯，是因为他背后有刘表撑腰，但他以游军仰食于刘表，刘表未必肯长期供应，两人迟早会翻脸，所以更好的策略，是暂缓攻击，待两人有矛盾时便可引诱其归顺我方，如果急于进攻，两人势必会一致对外，彼此相救。但曹操并未听从。

荀攸的判断是正确的。

曹操将张绣围困于穰城后，刘表果然发来了救兵。与此同时，后方传来消息，有个从袁绍处叛降曹操的士兵透露说，田丰已经向袁绍献计，准备趁曹操南征张绣之机偷袭许都，将汉献帝劫走。

自从曹操奉迎献帝至许、推行"奉天子以令不臣"的政策，袁绍深悔失计，老想着使个什么法儿把皇帝从曹操那里弄过来。此前他曾经派来使者，对曹操说许县地势底下、气候潮湿，洛阳又残破不堪，最好是徙都鄄城，才有利于国家大计。鄄城位于兖州北境，距袁绍较近，曹操岂能不知他的真实意图？自然不予理会。

听说眼下田丰又劝袁绍偷袭许都，曹操十分担心。加之刘表的救兵已到安众（今河南邓州以东），要断曹操的后路。一番权衡之后，他主动解围而去。

见曹兵已退，张绣便要去追。贾诩劝阻说不要去，去则必败。张绣不听，引骑兵紧摄曹军之后。

面对前有堵截、后有追兵的情况，曹军为了防范敌军突袭，只能连营而前，行进十分缓慢，众人不免都颇为焦虑。曹操本人却十分淡定，还写信给留守的荀彧说："现在敌兵来追，我军虽日行数里，但以我的估算，抵达安众之后，必能击破张绣。"

张绣和刘表军虽然占据了战略上的优势，但兵力却不比曹军，因此并不敢贸然袭击。抵达安众后，张绣军和刘表军分工合作，各据险要，将曹军归路截断。曹操的应对策略是："夜凿险为地道，悉过辎重，设奇兵。"奇兵设在何处，史书并未明言。只知道天明以后，张绣以为曹操已经在夜间遁逃，于是全军追击，却不料中了曹操"奇兵"的埋伏，被步骑夹攻，最终大败而归。

后来荀彧曾就此事问曹操，为何他能预料到击败追兵。曹操说："敌寇遏吾归师，是将我军置于死地。置之死地而后生，吾是以知胜矣。"

张绣败归穰城后，贾诩又来献计说，现在应该马上去追，再战必胜！张绣一头雾水，说我上次没听你的话，坚持去追，这才打了败仗，现在你怎么又叫我去追？贾诩说现在形势不一样了，你赶快去，一定可以得胜。张绣便不再质疑，收拢残兵后急追，一场激战下来，果然获胜。

回来后张绣问贾诩："第一次我以精兵追退军，你说必败；后来我以败卒击胜兵，你却说必克。结果都被你说中了！这到底是怎么回事？"

贾诩笑道："这道理其实很简单。张将军你虽然善战，却不是曹操的对手。曹军新退，以曹操的性格，他必然亲自断后。追兵虽精，但一来你用兵不比曹操，二来曹兵精锐尚存，故知必败。这次曹操来攻，尚未尽力便退兵而去，一定是后方出了变故。因而在击破我方追兵后，曹操必然轻军速进，纵使留诸将断后，其手下将领却并非张将军敌手。故此虽用败兵，却能战而胜之。"

听了这番解释，张绣不由叹服。

回到许都后，曹操探知袁绍并未采纳田丰的计策，不由松了一口气。可饶是如此，从袁绍近来的章奏和给曹操的书信中充满了骄慢之语便可以明显地感到，他已经对曹操深为不满，袁曹联盟已经处在破裂的边缘。如此发展下去，双方迟早必有一战。现在袁绍已经占据了青、冀、并三州之地，地广兵强，公孙瓒在幽州苟延残喘，早晚也会被他灭掉，自己却连一个小小的张绣也莫可奈何。一想到此，曹操便不禁心情抑郁，大动肝火。左右都以为，这一定是三次讨伐张绣未果、反而折损了爱子的缘故。钟繇就此事询问荀彧，荀彧却道："以曹公之聪明，必不会追咎于往事。恐怕是有别的忧虑。"便去求见曹操。

曹操拿出袁绍的书信给荀彧看，并说道："袁本初拥数州之众，势大兵强，而数为不逊。吾欲讨之，恐力不敌，如之奈何？"

荀彧答道："古来成败，真正有才略的人，虽弱必强；如果才略不足，虽强易弱。此事从刘邦、项羽之兴亡便可观知。现今有实力与公争天下者，唯有袁绍。然而袁绍表面上宽厚，内心却充满了猜忌，往往一边用人却又一边怀疑其忠心，曹公你却明练通达，在用人上不拘一格，唯才是举，此为在度量上胜过袁绍；袁绍遇事大多迟疑少决，往往会错过正确的时机，曹公你却善于决断大事，常常随机应变来解决问题，此为在谋略上胜过袁绍；袁绍治军以宽缓，法令不立，军纪松弛，士卒虽多，其实难用，曹公你却法令严明，赏罚必行，兵众虽少，人人皆能奋勇致死，此为在军事上胜过袁绍；袁绍凭借其先世的地位名望，装出举止高雅、聪明智慧的样子来沽名钓誉，所以士人中才疏学浅却又爱慕虚荣的人都投奔于他，曹公你却能以仁德和诚意待人，推心置腹而不求虚假的美名，在物质上克制节俭，封赏有功的人却无所吝惜，故此天下的忠正效实之士都愿为你所用，这是在德行上胜过袁绍。以此'四胜'来辅佐天子，匡扶正义讨伐叛逆，谁敢不服从您呢？袁绍虽强，他又有何能为？"

听了荀彧这番应对，曹操大为振奋，心情顿时好了许多。

这时荀彧又进言说，要与袁绍正面开战，必须先平定吕布，"不先取吕布，河北亦未易图也"。

曹操早就有除掉吕布的计划，闻言点头称是。但是他又向荀彧提出了自己的一点顾虑，那就是怕袁绍趁自己对付吕布之时向关中扩张，勾结羌、胡，南诱蜀汉，造成本方"独以兖、豫抗天下六分之五"的不利局面。

荀彧答道："关中将帅不下数十，莫能相一，唯有韩遂、马腾最强。他们见关东诸侯相争，形势未明，必然各拥众自保。如今倘若抚以恩德，遣使连和，虽然不能长期稳定，却足可使他们在曹公你扫平山东之时保持安分。钟繇为人颇有智谋，可以派他主持关中事宜，定能使曹公无西顾之忧。"

曹操于是派钟繇以侍中守司隶校尉，持节督关中诸军。钟繇到长安后，果然说服了马腾、韩遂，让他们至少在表面上向朝廷遣使效忠，关

中局势暂时稳定下来。

在对袁、曹双方的评价上，郭嘉的意见跟荀彧基本一致，他更是认为，曹操的优势多至"十胜"。即除了荀彧提到的"度胜""谋胜""武胜""德胜"之外，袁绍繁礼多仪，曹操体任自然，是为道胜；袁绍违抗君命，曹操奉顺天子，是为义胜；袁绍为政宽纵，曹操纠以严猛，是为治胜；袁绍妇人之仁，好小恩小惠，曹操恩施四方，兼济天下，是为仁胜；袁绍手下大臣争权，谗谮纷起，曹操则御下以道，奸邪不生，是为明胜；袁绍评价是非的标准混沌不明，曹操则以礼待其所是，以法待其所非，是为文胜。

身为曹操的贴身谋士，郭嘉这番"十胜"的言论自然颇有些溢美之辞，就连曹操本人也有点不好意思地说："如卿所言，孤何德以堪之！"但大体而言，其对袁、曹双方优缺点的分析还算靠谱。同荀彧一样，郭嘉也建议曹操趁袁绍北击公孙瓒的时候先解决徐州的吕布。

除了荀彧和郭嘉的意见之外，建安二、三年间东南局势的进一步变化，也促使曹操做出了东征吕布的决定。

汉献帝被曹操挟至许都后，东南地区随之发生了一起相当重大的政治事件，那便是袁术"僭号"：袁术正式脱离了对汉家天子名义上的臣属关系，在淮南建立了独立政权。

袁术想当皇帝的企图由来已久。据说他少年时便看过一本谶书，上面写有"代汉者当涂高"这一自西汉末年便开始流行的谶语。涂者，途也。当涂高从字面意思上来理解，就是"道路上高高的"。袁术自以为，"术"的含义为"邑中道"，以及他的字"公路"都符合这一谶言。而且他袁家四世五公，门第清华，他袁术是司空袁逢的嫡子（不像袁绍是奴婢所生），血统高贵。袁氏又是舜帝之后，舜为土德，正符合当时"汉行气尽，黄家当兴"，"以黄代赤"的五德终始次序。因此早在董卓之乱时，他便有了自立为君的念头。后来袁绍、韩馥提议拥立刘虞，他自然表示反对，由此正式与袁绍翻脸。

初平三年（192年）孙坚死后，袁术得知他之前攻入洛阳时曾得到了传国玉玺，十分眼馋，便把孙坚之妻吴氏软禁起来，逼着她交出了玉玺。得到玉玺后，袁术更加相信自己是天命所归，因此尽管他争霸中原的计划受挫于曹操，不得不转战淮南，却仍不改建国称帝之心。

兴平二年（195年）长安大乱，汉献帝被一众军阀挟持东奔，一度连个落脚的地方都没有。袁术闻知后，愈发觉得汉室要完，已经到了改朝换代的时候。于是他召集群下，宣言道："方今海内鼎沸，刘氏微弱。吾家四世公辅，百姓所归，今欲应天顺民，诸君意下何如？"

袁术的手下们虽然多半猜到他有僭越之心，可谁也没料到他的脸皮竟然厚到当众这么毫无羞耻地说出如此反动的言论，一时间无人应对。过了片刻，主簿阎象才说道："当年周朝初兴，文王三分天下有其二，却仍向殷朝称臣。明公您虽然世代公辅，恐怕还比不得周室之昌盛，而且汉室虽微，却也不似殷纣王那般衰乱。"言下之意，自然不赞成袁术另立中央。

主簿是州官僚属中的高级职务，连他都这么说，袁术心里相当不高兴。沉默半晌后，袁术派人去召避难扬州、与袁氏是世交的名士张范，想要获取世家大族的支持。结果张范猜透了袁术的意图，称疾不至，只派他的弟弟张承来见。袁术先是对张承说了一番冠冕堂皇的话，然后坦露说，自己有意效仿齐桓公和汉高祖，不知道行还是不行？张承的答复是："在德不在强。倘若能推行德政，让天下人心悦诚服，即使是一介匹夫也能称王称霸。可如果僭越妄为，逆时而动，那么一定会被众人抛弃，多强大的人也不行。"袁术听了，十分不悦。

既然自己的手下和世家大族的代表都不赞成，袁术也就不敢硬来，

第23章 袁术的野心

只好暂且按捺下想要登基坐殿的野心，一边继续设法造势，扩大地盘，一边等待更好的时机。

一年后，形势又有转变。

一方面，袁术的死敌曹操火中取栗，将汉献帝迁到了许都，开始挟天子以令诸侯。袁术当然不愿意被曹操所令而在政治上陷于被动，其另立中央之心愈发强烈。另一方面，袁术从刘备手里夺取了徐州南部，其派遣的一支偏师则在一位少年将军的统领下于江南势如破竹，将东南半壁的大片土地纳入了他的势力范围。袁术自感实力大增，便又开始做起了皇帝梦。

这位少年将军，便是孙策孙伯符。

第 24 章 孙郎渡江

多年前孙坚年方弱冠，还在扬州担任县丞之时，听闻钱塘县有一吴姓女子才貌双全，便前去提亲，想娶此女为妻。

那时候孙坚已经闯出了勇武的名声，身边聚集有数百"好事少年"，在地方上俨然黑白通吃的"带头大哥"角色。吴氏父母早亡，她的亲戚们都嫌弃孙坚为人"轻狡"，不愿答应这门亲事。孙坚得知后大感惭恨。然而后来吴氏本人却对亲戚们说道："何爱一女以取祸乎？如有不遇，命也。"意思是，那孙坚是十七岁便敢一个人斩杀海贼的角色，在本地又有众多徒党，因我一个小女子而跟他结怨，会对咱吴家不利。倘若嫁给他后遭遇不幸，那也是我命中注定。

后来吴氏便跟孙坚成婚，生下了四男一女。

中平元年（184年），孙坚随名将朱俊出讨颍川黄巾，将家眷留在了扬州首府寿春。其年他的长子孙策十岁，次子孙权三岁。

据裴松之所引《江表传》的记载，孙策在十几岁的时候，已经开始效仿父亲当年所为，交结远近知名之士，由此渐有声誉。就是在这时，与他同龄的庐江人周瑜从舒县（今安徽庐江西南）来访，和他意气相投，结下了深厚的友谊。

《太平御览》摘录《语林》的一则史料还说，孙策十四岁那年，曾经去拜见袁术。两人正在谈话，外面通报说刘备刘豫州来访，孙策便求告退。袁术问刘备来跟你有什么关系？孙策答曰："英雄忌人。"意思是英雄之间存有争竞之心，难免彼此排斥和憎恶。孙策退出时走下东阶，刘备正从西阶而上，两人虽未碰面，不知为何刘备却转身望着孙策的背影发愣，半晌不曾前进。

这一段描述虽然颇为有趣，但从其他史实推验，却存在诸多漏洞。首先，孙策十四岁是在中平五年（188年），当时袁术并未占据寿春，刘备也还不是豫州牧。此外，袁术一直瞧不起出身低微的刘备，曾宣言说："术生年以来，不闻天下有刘备。"刘备在豫州、徐州活动时，跟袁术也自始至终是敌对关系，不太可能登门拜访他。揣之情理，这一情节多半是后人对鼎足三分进行阐释编造的段子。

初平元年（190年），孙坚在长沙起兵讨伐董卓，引军北征。可能是为了躲避战乱，孙策受好友周瑜之劝，举家从寿春南迁到了舒县。周瑜把自家道南的大宅让给孙策，升堂拜见孙母吴氏，两家好得跟一家相似。周瑜还助孙策结纳扬州各地的士大夫，使得他年纪轻轻，便在江淮间拥有了一批支持者。

第二年，孙坚在讨伐黄祖时中箭身亡。这个时候孙策还只有十七岁。由于他并不在军，加之资历尚浅，又无官爵，孙坚余部被袁术交给了其侄孙贲统领。孙贲扶送孙坚的灵柩还葬曲阿（今江苏丹阳）。办完丧事后，孙策又挟家渡江，至江都（今江苏扬州西南）暂居。

对于父亲壮志未酬便英年早逝，孙策并不甘心。在江都期间，他数次拜访当地名士领袖张纮，坦露心迹道："方今汉祚中衰，天下扰攘。世间英雄俊杰之士，大多拥众营私，没有人能真正扶危定乱。先父与袁氏共破董卓，功业未遂，不想竟为黄祖所害。我孙策虽然年少无知，却也窃有微志。我想先去听命于袁扬州（袁术），求得先父余兵，然后再去丹阳依托舅父，收合流散，东据吴、会，一则报仇雪耻，二则为朝廷外藩。不知君以为何如？"

当时孙坚余部尽已归属袁术，而孙策的舅舅吴景被袁术任为丹阳太守，孙贲则被袁术表为豫州刺史、丹阳都尉。基本上可以认为，孙氏集团是袁术阵营的一个分支。孙策的计划，就是先去向袁术要兵，再跟舅舅吴景、堂兄孙贲合力攻略江东，拿下这一地区为根据地，伺机与其他诸侯争雄。

他将这一计划向张纮和盘托出，不仅仅是征求他的意见，更是要争取他的支持和资助。但是张纮前不久刚刚丧母，正在居丧，因而一开始是婉言谢绝的。直到孙策痛陈为父报仇之意，言辞慷慨，涕泗横流，张纮颇为感动，才答复说自己同意孙策的计划，并愿意提供帮助。孙策大喜，便将母亲和弟弟托付给张纮照顾，自己赶往寿春，前去拜会袁术。

见到袁术，孙策涕泣言道："先父当年从长沙入讨董卓，与明使君您在南阳相会，同盟结好，本当共襄大事，奈何不幸遇难，勋业不终。我孙策感念先人旧恩，欲自凭结，愿明使君垂察其诚。"

孙策这番话，其实就是提出愿意投靠袁术。如果袁术将其留用，出于人情，就应该至少将孙坚的一部分旧部交给孙策来统领。不过这毕竟是两人第一次见面（如前所论，孙策十四岁时见过袁术的记载并不可信），袁术对孙策还并不信任。他虽然觉得这个年轻的后生是个人物，可以为自己效力，却不愿意将孙坚旧部马上交还给他。他对孙策道：

第 24 章 孙郎渡江

"孤最近刚刚任用贵舅为丹阳太守，汝兄伯阳（孙贲字）为都尉。彼处乃精兵之地，你可还依二人，自行召募。"

求兵不得，孙策只好暂时返回曲阿，去投奔舅舅吴景。在吴景的帮助下，他召募了数百丹阳兵作为起步之资。不料还未出师，便遭遇了重大挫折。史籍记载他"为泾县大帅祖郎所袭，几至危殆"，差点连命都丢了。

吃了这一大亏之后，孙策又来见袁术乞兵。这一次袁术不知是基于何种考虑，终于把一千来人的孙坚余部交给了他，其中就包括程普、黄盖、韩当、朱治等后来东吴的开国元勋。不过在这时，孙策还只能接受袁术的安排在寿春屯驻，并未被允许出外独立发展。利用在寿春居留的这段时间，孙策又结纳了本地人蒋钦、周泰，庐江人陈武，汝南人吕范等将才。当时身在长安的汉献帝派太傅马日䃅持节安辑关东，也在寿春。马日䃅赏识孙策的气度才干，就上表拜其为怀义校尉。

根据史籍描述，孙策其人"美姿颜，好笑语，性阔达听受，善于用人。是以士民见者，莫不尽心，乐为致死"。除了人长得帅，孙策性格也很开朗，并且善于笼络人心。在寿春期间，他不但博得了袁术手下大将乔蕤、张勋的倾心，甚至使得袁术本人都时常感叹："倘若我袁术有子如孙郎，死复何恨！"有一次孙策营中有个骑兵获罪，逃进袁术大营，藏匿于马厩之内。孙策先是派人将其寻获斩首，既而亲自去见袁术，为擅闯他营执法的行为告罪。袁术却只是轻描淡写地说道："士兵叛逃这种事最是可恨，应该共同严惩，何必为此谢罪？"军中以前见孙策年纪轻，性格又好，对他都不甚畏惧，至此对其权威才大为畏服。

不过，尽管孙策与袁术相处得还不错，但他毕竟不是袁术的嫡系。袁术本来曾许诺说让他担任九江太守，结果后来转而任用了丹阳人陈纪。不久后因为军粮问题，袁术跟庐江太守陆康发生了冲突。听说孙策以前曾被陆康轻侮，一直含恨在心，袁术就对他说："前次错用陈纪，每恨本意不遂。如今你若能擒得陆康，我一定将庐江交给你。"孙策受此激励，率军进围庐江。由于事先陆康做了充足的准备，城中兵粮不缺，这一战孙策打得相当艰苦。足足耗了将近两年时间，孙策才攻破庐江。然而这时候袁术又食言而肥，用其故吏刘勋为庐江太守。孙策愈发失望，脱离袁术自求发展之心也更加强烈起来。

当时东南地区的政治形势，除了袁术称霸淮南之外，长安朝廷还指派了刘岱的弟弟刘繇为新任扬州刺史，与袁术争夺地盘。刘繇南来之时，寿春已被袁术占据，于是他便渡江以曲阿为州治。刘繇一开始跟原本屯驻曲阿的吴景、孙贲尚能相安无事，后来听说袁术派孙策进攻庐江，他担心吴景、孙贲也受袁术指使谋害自己，便发兵将二人驱逐。吴景、孙贲退屯历阳（今安徽和县），刘繇则遣将在长江北岸的横江、当利（今安徽和县以东）一线设防。之后袁术派故吏惠衢为扬州刺史，督吴景、孙贲进讨刘繇，相持经年而未有进展。此外，在刘繇辖境以南，会稽太守王朗也忠于朝廷，不服袁术号令，郡内还有山贼严白虎、前合浦太守王晟等各自拥兵数千至万余，互不统属。山头虽然不少，却没有一家实力足够强大。

曾为孙坚旧将的吴郡都尉朱治据此向孙策建议，现在正是他还定江东的好时机。于是孙策对袁术言道，自己愿意去横江帮助舅舅作战，而且孙家在东土颇有恩信，攻克横江之后，他可以回家乡一带招募，足可得三万兵马，以帮助袁术平定天下。

袁术虽然知道由于自己两次食言，孙策已经怨恨于心，其"佐明使君定天下"之言不可尽信。但他为了对付刘繇，此刻确实需要一支生力军加入横江战场；此外他还认为，以孙策现有的实力，他未必便能吃掉刘繇和占据会稽的王朗，于是便表孙策为折冲校尉、行殄寇将军，派他

去相助吴景。

兴平二年（195年），孙策率领千余孙坚旧部和数百宾客离开了寿春。沿途一路募兵，到历阳时已有五六千人。这时候在朱治的护送下，孙策的母亲吴氏、弟弟孙权等家属也来至历阳与舅舅吴景等会合。为了家人的安全，孙策将他们安置到距前线较远的阜陵（今安徽全椒）居住。与此同时，好友周瑜接到孙策的书信，便从其担任丹阳太守的从父周尚那里借了兵马军粮前来相助。孙策见到周瑜，大喜道："吾得卿，谐也！"有你相助，事情就妥了！

一来不再有后顾之忧，二来有周瑜佐助，孙策信心倍增。吴景、孙贲在横江本来就与刘繇的军队处于相持局面，现在平添了孙策这一支生力军，情况顿时不同起来。很快孙策初显身手，击破了在北岸设防的横江、当利两营，既而渡江向刘繇发动了攻击。

第25章 虎踞江东小霸王

就长江下游的地势而言,在明清以前,今日安徽省马鞍山市西南的采石矶(即牛渚矶)一直是最适合渡江的地点。秦始皇东游会稽,便是由此过江。与北岸的横江、当利相呼应,刘繇在此设兵驻防,征调来的粮谷也聚集于此。

尽管缺少渡船,但是孙策命人用芦苇扎成木筏,迅速渡过长江,首先攻破了刘繇的牛渚营,缴获了大批粮谷军械。

当时从徐州流落至此的彭城相薛礼、下邳相笮融二人皆依附刘繇。薛礼据秣陵城(今地),笮融则在秣陵以南屯兵。孙策先进攻笮融,笮融出兵交战,被斩五百余人,随即退回营寨坚守不出。孙策便舍弃笮融,又去攻打薛礼。薛礼见势不妙,突围而逃。原本在横江、当利被击溃的刘繇部将纠合残兵,趁孙策北讨薛礼、笮融的机会袭夺了牛渚大营。

孙策得知这一情况，调头而回，将牛渚营重新夺取，俘获男女万余。然后马不停蹄，再来讨伐笮融。期间他被流矢射中，大腿受伤，不能乘马，便让人用车把自己拉回了牛渚。这一场景被降卒看在眼里，误以为孙策已经身亡，纷纷叛逃。有逃回来的叛卒就告诉笮融："孙郎中箭，已经死了！"笮融大喜，立刻派兵来攻。孙策将计就计，只派数百步骑迎战，而将主力部队埋伏在后方。双方交战后，这数百步骑一触即溃，迅速败走。笮融军以为是孙策死后兵无战心，一通急追，便进入了埋伏，被孙策前后夹击，一千多人被斩。随后孙策乘胜进至笮融营前，命令左右大呼："孙郎竟云何？"敌人这才知道孙策没死，大为惊怖。笮融深知孙策英武，不敢再战，一味深沟高垒，但求自保。孙策见笮融屯守之处地势险要，非短期内便能攻克，索性舍他而去，直取梅陵，既而又转攻湖孰（今江苏南京东南）、江乘（今江苏南京龙潭镇以东）等地，皆顺利攻克。

史籍行文至此，用"所向皆破，莫敢当其锋"一语来形容孙策这段"渡江转斗"的历程。并且提到，"策年少，虽有位号，而吴人皆谓之孙郎"。起初百姓们听说孙郎将至，都吓得魂飞魄散，郡县守吏纷纷弃城逃亡，藏身于山泽之中。后来孙策军开到以后，将士都谨守号令，并不掳掠百姓，"鸡犬菜茹，一无所犯"。老百姓这才转忧为喜，竞相带着牛酒前来劳军。

在向曲阿进军的过程中，孙策还跟太史慈不期而遇，进行了一场格战。

前文提到，太史慈是东莱人。刘繇跟他是同乡。太史慈从辽东避祸归来后，并没有见到刘繇，后来他助刘备解了孔融之围，便渡江到曲阿来拜访刘繇，正赶上孙策发兵来攻。有人对刘繇说，太史慈这个人是个将才，可以用他统领军队。然而当时"月旦评"的创始人许劭许子将也在刘繇这里作客，刘繇担心太史慈出身寒微，如果用他统军势必会被许劭嘲笑，就只是让太史慈当了个侦察兵。

太史慈不以为忤，只带了一个骑兵便出去勘探军情，不想在神亭附近迎面正撞上孙策一行。孙策身边共有十三骑扈从，其中就有韩当、黄盖等猛将。太史慈毫不畏惧，近前便斗，直冲至孙策面前。小说《三国演义》描述这一段情节，说是"两马相交，战五十合，不分胜负"，然后太史慈诈败退走，引孙策来追，又是五十回合不分胜负，最后两人双双落马，弃枪肉搏，孙策掣了太史慈背上的短戟，太史慈也抢了孙策头上的兜鍪，等等。史籍中的叙述则很简单，但云"策刺慈马，而揽得慈项上手戟，慈亦得策兜鍪"，随后两家援兵赶到，便各自解斗而去。

眼见孙策逼近曲阿，军势愈盛。刘繇自忖难敌，便带着许劭北奔丹徒（今江苏镇江），走水路逃往了豫章（今江西南昌）。太史慈则遁于芜湖，自称丹阳太守，在山里打起了游击。

于是孙策卷甲进入曲阿，犒赏将士，一边派人去阜陵将母亲、弟弟接来，一边布告诸县：凡是刘繇、笮融的部曲前来投降，一无所问，愿意加入孙策军队的，一人参军，全家免除徭役，不愿意的也不勉强。这一政策收到了良好的效果，旬日之间，投降、参军的人四面云集，总共召得新兵二万余人、马千余匹。孙策威震江东，实力进一步壮大。

曲阿既已拿下，去往东南的大道便畅通无阻。按照当初孙策对张纮坦露的计划和他向袁术的汇报，下一步便该攻取吴郡和会稽。鉴于手中兵力已有数万，孙策可能是考虑到芜湖有太史慈、陵阳泾县一带又有自己的死对头祖郎，说不定会威胁到后方，便对周瑜说道："我以现有的兵力取吴、会，平山越①，已经足够。卿可还镇丹阳。"遂将周瑜遣还。

---

① 汉晋时期分布于江南各山区的土著部族。

与此同时，袁术得知刘繇被孙策击破，窃喜之余，却也知道应该采取措施，对孙策的扩张加以限制。于是便派了自己的堂弟袁胤为丹阳太守，调周尚、周瑜叔侄返回寿春。对于孙策，他只是表请由其暂行殄寇将军一职。这一举动和他之前以刘勋为庐江太守一样，其实是窃取了孙策浴血奋战得来的胜利果实。不过袁术毕竟是孙策名义上的主公，孙策尽管对他的反感与日俱增，却知道现在还不到与他翻脸之时。

建安元年（196年），孙策对吴郡、会稽两郡展开了进攻。从史籍中的记载推测，当时孙策军可能是先南下钱塘，然后兵分两路，由朱治率领一部分军队北取吴郡，孙策自己则领余军去攻打会稽。

朱治这一路进展比较顺利：吴郡太守许贡发兵抵御，在由拳（今浙江嘉兴）被朱治击败后，南投了山贼严白虎，吴郡遂被朱治占领。

孙策这一路则稍费了些许力气。

会稽、钱塘以西，所在多山，今日著名的天目山、富春山风景区便位于此。那时严白虎、王晟、邹他、钱铜等地方势力各自聚众数千至万余，在山中处处屯结。如果对他们置之不理就此东去，就会有粮道被断，甚至腹背受敌的风险。所以包括孙策的舅舅吴景在内，诸将都主张先讨平严白虎，再渡过浙江（今钱塘江）去进攻会稽。但是孙策却道："严白虎等不过是山贼强盗，并无大志，迟早被我所擒。"还是坚持先拿下以富庶著称的会稽。

对此，历史学家方诗铭先生曾考证说，孙策之所以力排众议，做出首先攻占会稽的决定，除了他判断严白虎等并无大志之外，还在于以周、盛、魏、虞为首的会稽大族对孙氏充满敌意，是他想要重点铲除的对象。就拿会稽周氏来说吧，前面提到，当初平二年（191年）孙坚讨伐董卓之时，周喁便受袁绍所派，袭夺了孙坚的大本营鲁阳城；检索史籍还可得知，吴景和孙贲亦曾被袁术派遣，来与周喁的兄弟周昕争夺丹阳郡，而且现在周昕仍然在会稽太守王朗手下效力；周㬂的另一个兄弟周昂则被袁绍委任为九江太守，败于孙贲之手。由此可知，周氏三兄弟或从属于袁绍，或受朝廷派遣，跟依附于袁术的孙氏势力一直是敌对关系。此外，多年以后陈琳为曹操讨伐孙权写作檄文，也曾刻意提及孙氏与会稽盛、魏、虞等大族之间的宿怨。足见孙策在平定江东的过程中，在会稽遇到的阻力最大，杀戮也最多。

会稽太守王朗本是一介儒生，曾在徐州刺史陶谦帐下听命，后来因为劝陶谦遣使长安向汉献帝表忠心，被朝廷授予了会稽太守的职位。听说孙策受袁术所派，即将向会稽进兵，王朗的功曹虞翻劝他说，孙策善于用兵，不如远走避祸。但是王朗认为自己是朝廷所派，守土有责，还是决定留下来跟孙策碰上一碰。

两千年前的钱塘江入海口远比现在宽阔，江岸也更为靠南，几乎与岸边的山地丘陵紧紧相连。相传在春秋时期，越国的范蠡曾在江边筑城固守，此地因此得名固陵（今浙江萧山西北）。这次王朗便在固陵重兵设防，以阻止孙策军渡江。

由于会稽与孙策的老家富春毗邻，这次他的叔父孙静率领宗族子弟也参加了战斗。起初孙策数次渡江进攻固陵，都未果而还。孙静便献计说："固陵城地势险阻，短时间内难以攻克。距此以南数十里有个地方叫查渎，有道路可通固陵之后，不如走此路去攻击王朗军的背后，攻其不备。我愿亲自担任前锋，定能取得胜利。"孙策点头称善，便诈令军中说："最近阴雨连绵，饮水浑浊，士兵喝了都肚子痛。赶紧准备几百个瓦缸瓦罐，用来澄水。"结果到了晚上，孙策却叫人在瓦罐内填满引火之物，罗列起来点燃伪装营火，然后率领全军分批悄悄撤离，走查渎道袭取了高迁屯（今浙江萧山一带）。王朗得知后大惊，急忙派周昕领兵去迎击。可周昕先前连孙贲都打不过，如今又哪里是孙伯符的对手？

第 25 章 虎踞江东小霸王

当即被阵斩于军。王朗见势不妙,在虞翻的护送下浮海逃往东冶(今浙江南部沿海)。孙策乘胜追击,将其击溃。王朗被追得没法儿,本打算走海路远走交州,但是他手底下的士兵不干,逼着他来向孙策投了降。

据说王朗投降之后,孙策对其进行了近乎羞辱的斥责,而王朗也诚惶诚恐自称"降虏",说自己"身轻罪重,死有余辜",乞求孙策饶他性命。孙策也就没有杀他。

王朗的好运还不止于此。

两年后曹操以天子的名义征其入朝,孙策也没有阻拦。于是王朗辗转北上,到了许都。又过了许多年,王朗成为魏臣,仕途顺风顺水,官一直当到司徒,直到魏明帝时才去世。他的儿子王肃成了一代儒学大师,他的孙女则嫁给了司马昭,是统一中国的晋武帝司马炎的生母。

不过话说回来,现在的年轻人得知王朗王司徒的大名,多半与以上事迹无关。倒是《三国演义》里虚构的一段"诸葛亮骂死王朗"的情节借由影视作品的渲染和鬼畜文化的流行,使得王司徒的名字伴随着"我从未见过有如此厚颜无耻之人"的表情包成了年轻一代无人不知的文化符号。如此"永垂不朽",倘若王司徒泉下有知,真不知他会做何感想。

闲话少说。

拿下会稽后,孙策继续进讨严白虎、王晟、邹他、钱铜等地方势力,将其一一剿灭。这样到了建安二年(197年)前后,他已经控制了吴郡、会稽两郡全境,并在事实上占据着丹阳郡东部,俨然东南地区一支崛起的新兴力量。

这种情况引起了前吴郡太守许贡的忧虑。他向汉献帝秘密上表,称"孙策骁雄,与项籍相似",建议汉献帝最好能以高官厚禄为饵,召孙策入朝,否则将来他必定会成为国家的祸患。演义小说中孙策"小霸王"的外号，正是从许贡这句话衍生而来。

然而这封表奏却被孙策的侦察兵截获。孙策知道后召来许贡，当面责让于他。许贡不敢承认，坚称这表奏不是自己所写。孙策恼恨于心，就叫武士把许贡绞死了。

当时不过二十来岁、血气方刚的孙策压根儿没有想到，他的这一举动竟会为其命运埋下悲剧的伏笔。

第25章 虎踞江东小霸王

第26章 不作死就不会死

试问在建安二年（197年），谁是整个中国实力最为强大的诸侯？

答案可能会令许多人感到意外。

就统辖的疆域和人口而言，不是雄踞河北的袁绍，也不是挟天子在手的曹操，当然更不是刘表、刘璋、吕布、公孙瓒等人，而正是被孔融蔑称为"冢中枯骨"的袁术袁公路。

前面提到，在攻略江东的过程中，孙策的身份一直是袁术的部将，他统辖的军队也被视为袁术之兵。这一点，史籍中有多处记载能够证明。如《后汉书·献帝纪》就说："是岁扬州刺史刘繇与袁术将孙策战于曲阿，繇军败绩。"《三国志·许靖传》亦云："正礼（刘繇）师退，术兵前进，会稽倾覆，景兴（王朗）失据。"因此，孙策的进取便意味着袁术的扩张。而在此前，自称"徐州伯"的袁术还成功地挑拨吕布反水刘备，趁机吞并了徐州南部。所以到了建安二年（197年）年初，袁术的地盘已经包括扬州全境以及徐州、豫州的一部分，大体相当于五代十国时南唐、吴越、闽三国的总和。与此同时，在政治上他同时与吕布和公孙瓒保持着盟友关系，被曹操击败南逃的韩暹、杨奉依附于他，甚至活动在泰山一带的军阀臧霸也与他遥相呼应。

反观其对手，刘表不思进取，仅能自保，袁绍鞭长莫及，且与曹操渐生嫌隙，刘备地盘尽失，寄人篱下，刘繇逃至豫章苟延残喘，唯一能够直接威胁到他的曹操则最近在一个小小的张绣身上吃了大亏，连儿子都赔上了。再加上袁公路向来自命不凡，头脑中时时涌现出"传国玺在手，天下我有"的念头，也就难怪他会在这一年重新运作起酝酿许久的称帝事宜。

史载，建安二年春，袁术"因河内张炯符命，遂果僭号，自称'仲家'。以九江太守为淮南尹，置公卿百官，郊祀天地"。

这里的"僭号"，有人认为可能还不是直接称帝。因为曹操曾在《本志令》中提到，当年袁术僭号之时，"人有劝术使遂即帝位，露布天下，答言'曹公尚在，未可也'"。如果僭号便是直接称帝，那么此人再劝袁术"遂即帝位"就成了画蛇添足之举，而"曹公尚在，未可也"一语也失了凭据。所以，僭号可能是袁术称帝前的一个预备阶段，也有可能是他采用了与皇帝不同的君主称号。

至于其自称"仲家"，有的史料写作"冲家"。清代史学家钱大昕认为，"冲家"就是"冲人""冲子"。若如此，"冲"即"冲"，是幼小之意。我推测袁术之称"冲家"就好比古代君王之称"寡人""孤家"，乃是一种谦称。也有学者提出，"仲"可能是国号，"仲家"就如同刘姓皇帝自称"汉家"。不过这一说法并没有其他证据来支持。还有人试图以"孟、仲、季"（或伯仲叔季）的排行次序来解释，说"仲家"就是"老二"或"第二皇帝"的意思：袁公路要么是想表达"天最

大，老子第二"，要么就是想跟汉帝并肩、二帝并尊。

无论如何，不管袁术有没有直接称帝，他这一"僭号"之举都使得那一时期的中华大地上赫然出现了两个中央政府：一个在许都，一个在寿春。自光武中兴以来汉家天子一统山河的局面首次在制度上和事实上被打破了。

天无二日，国无二君。

对那些视汉室为正统（至少在表面上如此）的人来说，袁术此举毋庸置疑是大逆不道的分裂行径。

别的不说，就是袁术集团内部，也存在不少反对他公然僭号的声音。数年前投奔他的金尚听说袁术要让他当太尉，坚决不肯，出逃未果被袁术所杀；名士陈珪宁可不顾儿子被袁术扣押，也拒绝受其征召为臣。还有前文提到的阎象和张承，也是如此。至于孙策，本来就有脱离袁术独自发展的野心，如今羽翼已丰，正缺少名正言顺的借口，袁术僭号无异于给了他一个得偿所愿的好机会。他让张纮代笔，在袁术僭号前夕给他写了一封千言长信，陈述了九条理由谴责他叛主自立的行为。袁术不听，于是孙策便断绝了与他的关系，转而向曹操示好。曹操当然乐于见到孙策"弃暗投明"，马上派使者授孙策为骑都尉、会稽太守，袭爵乌程侯，次年又升为讨逆将军，改封吴侯。显然，曹操希望孙策所讨的"逆"，自然便是他袁术。

这还不算，令袁术始料未及的是，他的盟友吕布也在他僭号之后背叛了他。

前面讲到，吕布从刘备手中袭夺徐州之后，虽然通过"辕门射戟"阻止了袁术彻底消灭刘备的计划，但出于利益的考量他仍然维持了与袁术的盟友关系。而且袁术为了笼络吕布，还提出让自己的儿子娶吕布之女为妻。这对于出身寒微的吕布来说当然是一次抬升门第的机会，所以他欣然应允。建安二年袁术僭号事毕，就派使者去见吕布，一是告知他自己已经即了尊位，求得外交上的承认，二是顺便接吕布的女儿去完婚。

此前曹操调整战略目标，将张绣列为了首先铲除的对象，为了暂时稳住吕布，他已经使了些政治手段来离间吕布和袁术的关系。裴注所引《英雄记》说，曹操曾经两次亲手写信对吕布厚加慰劳，还拿自家收藏的上好黄金为吕布制作"平东将军"印，连带自己佩戴的紫绶一同送给了他。吕布这个人一向没什么立场，很容易被收买，曹操不过是说了些他爱听的话，给他戴了几顶高帽子，送了他几个小礼物，他就飘飘然忘乎所以，以为自己跟曹操的恩怨已经一笔勾销，回信说"布当以命为效"。

与此同时，一贯反对袁术的下邳名士陈珪、陈登父子不愿见到袁、吕联姻，也劝吕布说："曹公奉迎天子，辅赞国政，将军应该与他协同策谋，共存大计才是。如今倘若与袁术结亲，必受不义之名，只恐将军会有累卵之危啊！"吕布本来已经被曹操所诱，听陈珪这么一说，想起了当初他投奔袁术时遇到的种种不愉快，于是就派人把走在半路的女儿追了回来，宣布断绝这门亲事，并把袁术的使者押送许都，枭首于市。

曹操见吕布中计，趁热打铁，又授意朝廷封他为左将军。吕布大喜。本来陈珪一直想派儿子陈登去见曹操，吕布总是不同意。现在吕布见结好曹操马上就得了实惠，就同意派陈登入朝谢恩，顺便帮自己求徐州牧一职（吕布驱逐刘备后虽然自领徐州，但并未得到朝廷承认）。

他并不知道，其实陈登父子早就对他不满于心。见到曹操后，陈登大谈吕布有勇无谋、轻于去就，劝曹操趁早将他除掉。曹操说吕布狼子野心，诚难久养，要不是你们父子，我也不能彻底了解他的内情。就封陈登为广陵太守，增其父陈珪品秩至中两千石。临别之时，他还拉着陈

登的手说:"东方之事,便以相付。"叫他秘密联络反对吕布的人,到时作为自己的内应。

回到徐州之后,吕布一看他们父子都得了官职封赏,自己所求却未能如愿,顿时气不打一处来,拔戟就将座几砍翻,冲陈登道:"卿父子劝我结好曹公,绝婚袁术,现在我之所求一无所获,卿父子却并得显贵,看来我是被你们出卖了!你说,这到底是怎么回事?"陈登面色如常,从容言道:"我对曹公言讲:'待将军譬如养虎,当饱其肉,不饱则将噬人。'曹公却道:'非也。譬如养鹰,饥则为用,饱则扬去。'其言如此。"意思是曹操之所以这次没给吕布加官进爵,是怕吕布像鹰一样,吃饱了肉就不听使唤了。吕布听了,这才怒气渐消。

不久,袁术恼恨吕布绝婚,派大将张勋、桥蕤等与韩暹、杨奉合兵,步骑数万,分成七路来攻打吕布。据说当时吕布只有步兵三千、马四百匹。他怕自己难以拒敌,对陈珪说袁术派兵来攻,都是因为我听从了你的主意,现在该怎么办?陈珪答道:"那韩暹、杨奉跟袁术不过是短期内纠合在一起,彼此没有共同的谋划,他们的关系必然不能长期维持。用我小儿陈登的话说,他们'比于连鸡,势不俱栖'(用绳子连在一起的鸡,很难趴到一个鸡架上休息)。并不难加以离间。"

吕布采纳了陈珪的计策,给韩暹、杨奉写信说:"你们二位将军护送銮驾东归,跟我吕布诛杀董卓一样,都对汉室有功,为何现今要跟袁术一起当反贼呢?不如大家同心协力,为国除害才是。"同时他还许诺,可以把袁术的军资家财都分给韩、杨二人。韩暹、杨奉果然大喜,秘密跟吕布达成了默契。结果交战之时,吕布始一进军,距袁术军尚有百步,韩暹、杨奉就倒戈杀进了袁术军的大营,张勋、桥蕤等大败,十员将领被斩,士兵死者不计其数。随后吕布又和韩暹、杨奉合兵一处,水陆并进向寿春杀来,一直杀到距寿春二百里的钟离(今安徽凤阳东），大肆掳掠一番之外，还留下一封辱骂袁术的书信，这才渡淮河北还。袁术亲统五千人马出至淮上示威，却遭到了吕布骑兵在北岸肆意嘲笑。

短短半年之内，先是孙策背离，江东不复己有，既而吕布叛盟，韩、杨倒戈，数万大军片甲未还，紧接着当年秋天曹操也落井下石，趁着袁术新败的机会亲自统军来征。袁术哪里还敢迎战？他留大将桥蕤拒敌，自己则南渡淮河躲了开来。结果曹操将桥蕤击斩，然后统军在淮、汝沿线袁术的地盘巡视了一遍，路上还收了大将许褚，振旅而还。整个过程中袁术噤若寒蝉，连个响屁也不敢放一个。与此同时，淮南一带还闹起了大规模的旱灾，一时间赤地千里，士民冻馁，而袁术平时又生活奢侈，不注重屯粮备荒，以致手下士兵成批饿死，江淮饥民相食殆尽，他的势力就更加衰弱了。

接下来的一两年里，袁术的境况相当悲惨。

他本是豪门贵公子出身，过惯了锦衣玉食、骄奢淫逸的生活，僭号称帝之后为了维持至尊身份，更是处处讲排场求气派，史籍说他"媵御数百，无不兼罗纨，厌粱肉"，日常开支巨大。短时间内遭遇连番军事失败和自然灾害，袁术政权的财政迅速崩溃，随之而来的便是众叛亲离，一同崩溃的还有袁术一贯的骄傲和自信。据说他的手下沛相舒仲应那里本有十万斛粮米，袁术打算当作军粮，可舒仲应却将之全部散发给了灾民。袁术大怒，要杀舒仲应。舒仲应说反正跟着你也是死，我宁可用我一个人的性命，救数万百姓于涂炭之中。

到了建安四年（199年）夏天，"资实空尽，不能自立"的袁术烧掉了空荡荡的宫殿，带着嫔妃部曲去潜山（今安徽霍山北）投奔手下将领雷薄、陈简。结果雷薄、陈简紧闭城门，根本不接纳他。这一来袁术更加困窘，残存的士卒也纷纷弃他而去，他又是愤怒，又是绝望，不知接

下来如何是好。

这个时候他终于想起了哥哥袁绍，想去投奔于他，又怕袁绍不纳，就派人送信说愿把帝号奉上。袁绍倒是派了自己的长子袁谭从青州南下接应，但是袁术在北上途中，却被曹操派刘备发兵拦住了去路。袁术无奈，只得又返回寿春。

这年六月，他回到了距寿春八十里的江亭，一问后厨，只剩下麦屑三十斛。时值盛暑，天热难耐，袁术想喝蜜糖水，手下人却答复说蜜早就没了。那时节，灰头土脸的袁术又饥又渴，坐在一个光板的木床上不住摇头长叹，不明白自己为何到了今天这个地步。最后他大呼道："袁术至于此乎！"身子一歪，从床上滚落下来，呕血斗余，不久就死了。

不作死就不会死。袁术的结局，就是这句话的最好证明。

第27章 白门楼

当初吕布如果足够聪明,就实在不应该撕毁与袁术的盟约,转而向曹操靠拢。

因为东南局势很明显,在孙策脱离后,袁术实力大损,跟他吕布其实是唇亡齿寒的局面。而曹操一直有吞并徐州的规划,袁术若是垮了,吕布便再无奥援,凭其一己之力很难挡得住曹操的进攻。

这个道理,吕布后来想明白了。

然而却已经太晚了。

建安三年(198年),袁术已经被连番的军事失利和自然灾害搞成了半残,而吕布也已经跟韩暹、杨奉闹翻。杨奉想招引刘备共图吕布,不料却被刘备诱斩,随后韩暹逃归并州,半道被杀。势单力孤的吕布这时候转而与袁术结好,并派高顺、张辽进攻依附曹操的刘备,攻破小沛,俘虏了刘备家眷。此举引起了曹操极大反感。

正好这时候曹操第三次征讨张绣归来，粮草兵马都是现成的，就想趁这个机会亲征徐州，把吕布这个反复无常的家伙彻底解决掉。虽然不少将领都认为，刘表和张绣在后，或许会对许都造成威胁，但荀攸认为，不久前刚刚击破刘表和张绣的军队，他们必定不敢妄动，而吕布初叛，还没有形成气候，其手下想法也并不统一，此时去攻肯定能够得胜。这一论断得到了曹操赞同。

于是在当年十月，曹操领兵东征。单身脱逃的刘备在梁国境内与之相遇，便一同向徐州进发。

曹军开至彭城后，距吕布的大本营下邳尚有二百里。这时陈宫向吕布建议，应该趁敌人未到先往迎击，我军以逸待劳，获胜不成问题。但是吕布却认为，若要以逸待劳，那就不如等曹军来攻下邳，这样还可以利用泗水为阻，趁敌兵渡河时将其蹙杀于泗水之中。故而并不出兵。

这一来，彭城就成了弃子。曹军随即"屠彭城"，然后开至下邳。这时，曹操安排的卧底陈登也率领广陵郡兵赶到，充当起了曹军的先锋。而广陵位于下邳以南、泗水以东，因为广陵兵的加入，吕布原本想将曹兵"蹙著泗水中"的计划很可能没有办法施展。吕布的兵力本来就处于下风，如今在策略上又陷于被动，局势马上就变得困难起来。

吕布数次领兵出战，皆大败而归，只好紧闭城门，坚守不出。曹操进军城下，一边命士兵凿堑围城，一边下书给吕布为陈祸福。吕布这时候已经动了投降的念头，但陈宫等原本从兖州叛投过来的将吏担心投降后曹操仍饶不过自己，总是设法破坏他投降的计划。陈宫还劝吕布说："曹公远来，势不能久。将军若以步骑出屯于外，我带领余众闭守于内。若曹军进攻将军，我便引兵攻其后背；若但攻城，则将军救于外。不过旬月，军食毕尽，击之可破也。"吕布认为此言有理，值得一试，就准备派陈宫和高顺守城，自己带骑兵趁合围之前杀出，去断曹操的粮道。然而吕布的妻子却对他说："你自己去断粮道倒是可以，可那陈宫跟高顺向来不和，你这一走他们必定不能同心守城，万一有什么闪失，将军你还能去哪儿？况且当年曹操待陈宫甚厚，他仍背叛曹操来投靠于你，现在你待他并不比曹操好，却要把徐州城和妻儿老小的性命交给他，一旦有变，妾身哪里还能是将军你的妻子啊？"被她这么一哭一闹，吕布没了主意，原本的作战计划亦随之取消。

眼看包围圈越扎越紧，吕布又派使者去向袁术求救。袁术答复说："当初你不把女儿给我，活该自取灭亡，现在还来找我干吗？"使者说你今天不救吕布，等他败亡之后，下一个可就到你了！袁术这才集结军队，遥为吕布声援。

其实这个时候袁术自己的境况已经相当糟糕，别说他不大乐意去救吕布，就是真心想救，这些年他对曹操屡战屡败，早就留下了心理阴影，再吃败仗基本上也是板上钉钉，所以袁术的军队根本就没开到徐州。

见袁术的援军久久不至，吕布以为他还在为绝婚一事耿耿于怀，不见自己的女儿就不发兵，于是就把女儿用绵布绑在马上，在夜里亲自护其突围。结果遇到了曹兵堵截，迎面就是一通乱砍乱射，吕布实在过不去，只好又撤回了城中。

河内军阀张杨倒是挺讲义气，很想拉吕布这个老乡一把。可是他兵微将寡，力有不逮，只能屯兵在黄河北岸，在精神上替吕布加油助威。即便是这样，他的部下还搞起了叛变。张杨被杀，其余众尽被袁绍所并。

转眼间，曹操围困下邳已近两月。随着天气渐寒，曹军士卒日益疲敝，非战斗减员也比较严重。这使得曹操开始考虑，是不是应该暂且退兵。荀攸、郭嘉见状，都劝谏道："有勇无谋者，譬如项籍，七十余战

未尝败北，仍不免一战失利，身死国亡。如今吕布威武不及项籍，又三战皆北，锐气已衰。陈宫虽有智谋，行事却嫌迟缓。趁现在吕布士气未复，陈宫计谋未定，并力急攻，定能攻拔下邳。"曹操见两大军师都不赞成退兵，决定听从他们的建议，同时派兵开挖河道，引沂、泗二水灌城。

大水灌城一个月后，下邳城已经岌岌可危。据说吕布曾登上城楼，冲攻城的曹军将士喊道："你们不要逼我太甚，我当自首于明公！"一旁的陈宫则道："逆贼曹操，算什么明公！现在投降就如同以卵击石，哪里还能保全性命！"正如这一场景所显示的，在是否投降这一问题上，以陈宫为首的原兖州将吏和吕布的并州旧部已经分裂成了两派，再加上吕布平素对手下就缺乏笼络制御之策，如今到了生死关头，诸将急于自保，上下离心，没多久就爆发了内乱。

吕布手下有个骑兵将领名叫侯成。之前有一次，侯成派了个人牧养战马，结果这人居然驱赶着战马出逃，要去投奔刘备。侯成亲自追击，将全部战马追回，其他将领得知后都来祝贺。侯成十分高兴，就取了自酿的五六斛酒，猎得十几头野猪来招待各位将领。宴席开始之前，他先拿了半头野猪和五斗酒去见吕布，说自己将马追回，诸将来贺，酒肉不敢饮食，先奉送吕布品尝。侯成此举本来是想跟吕布套近乎，哪知道吕布竟勃然大怒，说："我传令军中禁酒，你却私自酿酒！你跟诸将一起大吃大喝称兄道弟，是想干什么？难不成是密谋要害我吕布？"吓得侯成慌忙告退，回去把酒扔掉，把诸将遣散、贺礼退回。从那以后，侯成就一直担心吕布想做掉自己。这时，他见吕布败局已定，陈宫等却一直拒不投降，便跟宋宪、魏续等有心投降的将领联合起来，在十二月二十四日擒住了陈宫和忠于吕布的高顺，开城率众出降。

吕布见诸将叛变，曹军已经入城，急忙率领左右登城楼自守。下邳城周回四里，外城南门名叫白门，眼下吕布所守的就是白门楼。曹军继续进逼，将白门楼围了个水泄不通。吕布自知难以脱身，就对左右说你们干脆把我头颅砍下，也去投降曹操算了！左右不肯，吕布便扔掉武器，走下来宣布投降。

当吕布被绳捆索绑，带至曹操面前时，两人之间发生了一些很有意思的对话。

《献帝春秋》云，吕布对曹操说："明公何瘦？"好久没见，您怎么瘦了？

听了这话，曹操有点讶异，问："君何以识孤？"你怎么看出来我瘦了，以前我们见过吗？

吕布回答："昔年在洛阳，曾与明公会温氏园。"温氏园是何处不详，但是当年董卓入洛、曹操出逃之前，两人很可能确实在社交场合有过会面。吕布说起这个话题，显然是想跟曹操攀交情，以求得活命。

曹操道："然。孤忘之矣。所以瘦，恨不早相得故也。"原来是这样，我已经忘了。我之所以变瘦，还不是因为你不让我省心！

吕布马上顺竿儿爬，又道："今日已往，天下定矣。"今后天下大势已定，您就可以省心了！

曹操问："何以言之？"

吕布道："当年齐桓公捐弃与管仲的射钩之仇，用之为相，遂霸天下。今明公所患，不过是我吕布，现在我已归服。日后明公可亲自统领步兵，令我吕布统领骑兵，我一定竭尽股肱之力，为明公前驱，天下不足定也！"

吕布之勇武，曹操心知肚明，而且他生长于边塞，骑兵作战更是其所长，若能将其收为己用，军事上确实大有裨益。于是在那一瞬间，曹操沉吟未语，显然有所犹豫。

见曹操不做表态，吕布心里没底，转头瞥见刘备在旁，便对他说道："玄德，今卿为坐客，我为执虏，这绳索缚我太紧，卿不能发一言为我相宽吗？"明着是叫刘备替自己求情将绳索放宽，其实却是想叫他劝曹操饶自己活命。

听了这话，曹操笑道："缚猛虎，焉能不紧？"说着便叫人将绳索放宽。

看这场景，曹操似乎已经动了留下吕布的念头。但是在这时，刘备说出了那句非常著名的台词："明公不见布之事丁建阳及董太师乎？"丁原和董卓怎么死的，难道你忘了吗？

这句话提醒了曹操。大将降而复叛之事，他曹操不是没经历过，宛城一战给他造成的打击和损失，他至今伤痛于心。吕布的勇武远非张绣可比，此人向来反复无常，倘若他日后真的背叛自己倒戈相向，那丁原、董卓身上发生的惨祸的确有可能在自己身上重演。

想到这里，曹操点了点头，已经做出决定。吕布见刘备不仅不帮自己说话，反倒落井下石，顿时气得瞪着他大骂："大耳儿，最为无信！"然而哪怕他骂得再难听，于其生死也是无用。曹操传令，先将吕布缢杀，然后枭首，跟陈宫、高顺的人头一起送许都示众。

据说在陈宫被处决之前，曹操以胜利者的身份揶揄他道："公台，卿平素常自以为智计有余，今竟何如？"

陈宫扭头看了看吕布，道："皆因为此人不听我言，以至于此。若其见从，我等亦未必被你所擒。"

曹操笑道："今日之事，又当云何？"

陈宫说："为臣不忠，为子不孝，有死而已。"

曹操道："卿若如是，奈卿老母何？"

陈宫道："我听闻以孝治天下者，不害人之亲。老母之存否，在于明公。"

太祖又道:"奈卿妻子何?"

陈宫道:"我听闻施仁政于天下者,不绝人之祀。妻子之存否,亦在明公也。"

见曹操不再说话,陈宫遂道:"请出就戮,以明军法。"说完转身往外便走。曹操叫他,他不应。曹操流着泪送他,他头也不回,慨然直奔刑场。

后来曹操便将陈宫之母接来,一直赡养到其去世,陈宫的女儿亦由曹操做主,许嫁于人。其余家属也得到了妥善安置。

此外,平定吕布一战,曹操还收用了大将张辽,以及颍川名士陈纪、陈群父子。青徐一带原本依附吕布的豪帅臧霸、吴敦、尹礼、孙观等人也随之向曹操请降,各自被曹操授予了官职。至此,中原地区黄河以南、淮河以北的领土,基本上全都归属了曹操。

第 27 章 白门楼

第28章 白马将军公孙瓒

建安三、四年间发生的大事,除了吕布被诛、袁术身死、孙策平定江东之外,还有一件事不得不提。

那就是袁绍经过数年苦战,终于攻灭了老对手公孙瓒,统一了河北四州。

公孙瓒其人,在当时各个割据的诸侯当中,应该说还是比较有才能的。时人对他有"文武才力足恃"的评价,基本符合事实。

说文,公孙瓒曾求学于大儒卢植和刘宽,在其任郡吏书佐时以言事辩慧、记忆力超群著称,并由此得到了郡守青睐,被招做了女婿。

论武,公孙瓒初任辽东属国长史,带领几十骑巡视边塞时与数百鲜卑骑兵相遇,便"自持矛,两头施刃,驰出刺胡,杀伤数十人";中平年间,他又在讨平渔阳人张纯和乌桓酋长丘力居的叛乱中立下不少军功,因此屡获升迁,封都亭侯,其麾下"白马义从"威名赫赫,一度成了乌桓人避之唯恐不及的梦魇。

就性格而言，公孙瓒的身上同样具有燕赵之士多慷慨义烈的特点。他在家乡辽西郡担任上计吏时，郡守刘基（并非公孙瓒岳父）获罪被槛车押送入京，按照规定本不允许下属送行。但公孙瓒却伪装成仆役，一路照料饮食，将他护送到了洛阳。这还不算，当刘基被判决流放到现今越南中部一带之后，公孙瓒居然又做出了护送他到越南的决定。后来因为刘基半道被赦免，他才返回了家乡。这件事在当时被视为慷慨赴义的典型，得到了普遍赞扬。

以上这些个人禀赋，是公孙瓒能够在东汉末年的动乱中崛起于幽燕之地，成为一方诸侯的重要原因。他依靠与周边少数民族的战争起家，手中握有精良的骑兵部队，这一点与董卓类似；他喜欢亲近身份低微的"商胡庸儿"，讲究哥们儿义气，这一点又与他的老同学刘备相仿。比较而言，公孙瓒之勇武要强于刘备，事业的起点也比刘备高，但是刘备具有的某些素质公孙瓒并不具备，刘备采取的某些政治方略公孙瓒也并不重视，后来两人的事业成败之所以会有不同的结局，可以说与这些差异不无关系。

与他的敌人刘虞、袁绍不同，公孙瓒在政治上的一个最大劣势便是他出身较低。虽然《后汉书》声称公孙瓒的家族"世二千石"，但这一记载并不见于《三国志》及裴注，而且《后汉书》也没有提及其父祖的名讳和官职，"世二千石"的说法未必可靠。即便真是如此，对公孙瓒的出身也没有什么帮助，因为他"以母贱，遂为郡小吏"。袁绍的生母尽管也是奴婢，但袁绍在过继到袁成门下后完全继承了袁成的社会资源。公孙瓒没有这样的好运，所以只能以"书佐"（文员）这一小吏身份开始职业生涯。如果不是他因为仪表出众（"有姿仪，大音声"）、聪明能干而被郡守招为女婿，他未必会那么快便崭露头角。

本来出身就不高，入仕后又长期在边疆担任武职，这就使得公孙瓒在气质秉性和政治交往上天然与世家大族、清流名士比较疏远。刘备虽然也家境寒微，但好歹出自"中山靖王之胄"，算是汉室宗亲，而且他自打起兵之后，就一直有意识地以"仁义"为辞，试图拉近与世家大族、清流名士之间的关系，他能够得到孔融认可，一度受到陈珪、陈登支持，正是因此。

公孙瓒则不同。据《三国志》裴注所引《英雄记》的记载，公孙瓒在其统治地域内，"衣冠子弟有材秀者，必抑困使在穷苦之地"。凡是杰出的士族子弟，就把他派到偏远穷困的地方去当官。有人问他为何要这样做，公孙瓒回答："我要是给这些衣冠子弟和有名望的士人以富贵和权力，他们就会以为这是理所当然的，并不会感激我。"而公孙瓒最为宠任者，却是"类多庸儿"。跟公孙瓒拜把子结为兄弟的有三人：一个叫刘纬台，是个算命"大师"；一个叫李移子，是个丝绸商；还有一个叫乐何当，也是个大商人。公孙瓒自居大哥，称他们为老二、老三、老四（仲、叔、季），还跟他们结为儿女亲家。这种做法或许能够获得经济上的好处，但肯定会损害他跟当地世家大族和精英知识分子的关系。尤其是在公孙瓒与幽州牧刘虞闹掰之后，幽州当地以鲜于氏为首的世家大族便都倒向了刘虞这一边。

前文曾经提到，刘虞是光武帝刘秀之子东海王刘强的后裔，为人公正宽厚，居官惠及民夷，被时人视为"海内清名之士"。中平元年（184年）以后，天下扰攘，幽州地区先后遭到渔阳贼张纯和乌桓酋长丘力居寇乱，一直动荡不安。公孙瓒虽然尽力征讨，取得了一些胜利，但后来张纯逃入乌桓，隔三差五便跟乌桓人一起入塞来寇扰他一下。边塞千里，防不胜防，公孙瓒没有办法将其彻底剿灭。于是到了中平五年（188年），朝廷便想改变策略，转以招抚为主。因为刘虞早年曾担任过幽州刺史，"恩信流著，戎狄附之"，便再度起用他为幽州牧。

刘虞不负众望，到任之后一边做乌桓人的工作，一边重金悬赏张纯的人头，同时除保留公孙瓒在右北平（今河北丰润）的一万多人马之外，还尽撤沿边各处屯兵，以此向乌桓人展示他寻求和平的诚意。这一系列措施收到了效果。不久，丘力居等皆遣使归顺，而张纯在亡奔鲜卑后被人刺杀，人头送到了刘虞手中，幽州地区动荡不安的边疆局势很快安定下来。刘虞还招纳流民，劝课农桑，"开上谷胡市之利，通渔阳盐铁之饶"。不过两三年间，当中原诸州黄巾四起、处处烽烟之际，幽州境内却出现了"民悦年登，谷石三十"的小康局面。

与此同时，刘虞与公孙瓒的矛盾也日益严重起来。

首先，以何种政策来对待周边的少数民族是两人之间的一个重大分歧。如前所论，刘虞主张以恩德仁义对乌桓、鲜卑进行招抚，以关市等手段尽量维持边境的和平；而公孙瓒作为捍边武将，长期与乌桓人作战，不但双方积怨甚深，并且对其仕途而言，与少数民族之间的战争一直是他扩大自身实力、增长自身权势的重要手段，所以他始终将消灭乌桓作为自己的长期目标。故此尽管朝廷有令，公孙瓒应受刘虞指挥，他却基本上并不听从刘虞号令。相反，对刘虞招抚乌桓的政策，他还暗中破坏。例如乌桓派往刘虞处的使者，公孙瓒就曾经派人半道截杀；刘虞赂赂胡人的财货，他也公然劫掠。而为了换取将士们的效忠，公孙瓒还"纵任部曲，颇侵扰百姓"，这也与刘虞与民休息的治理政策背道而驰。如此一来，两人之间的关系自然越闹越僵。

另外，董卓之乱后关东群雄并起，介入其他诸侯之间的纷争也加剧了两人的矛盾。前面讲过，袁术曾经扣押刘虞的儿子刘和，以此胁迫刘虞遣兵为己所用，当时公孙瓒阻止未果，便转而派从弟公孙越去相助袁术，教唆他吞并了刘虞派去的部众。这一事件令刘虞更加憎恶公孙瓒。

后来刘虞虽然拒绝了袁绍拥自己为帝的提议，但仍然跟袁绍结盟；公孙瓒则因为公孙越之死和袁绍逼夺冀州而跟袁绍大打出手，跟袁术结成了盟友。加以界桥之战公孙瓒败还幽州之后，便在州治蓟城（今北京）东南另筑小城屯驻，与刘虞近在咫尺，两人都怕被对方吞并，彼此的猜忌日甚一日。到了初平三年（192年）以后，两人已经势同水火，都各自向朝廷大上表奏，对对方极尽诋毁之能事。朝廷方面这时则苦于李傕、郭汜之乱，根本顾不上调解刘虞和公孙瓒之间的纷争。事情发展到这一地步，除了火并，根本没有其他解决两人矛盾的可能。

不过，大概是考虑到刘虞毕竟是朝廷正式任命的州牧、自己的顶头上司，又政绩斐然，在本州颇受拥戴，而自己能够扣到他头上的罪名不过是"禀粮不周"，一旦刘虞死于己手，自己势必难逃犯上作乱、违逆朝廷的恶名，因此公孙瓒尽管对刘虞十分不满，却迟迟没有首先对其发难。与之相比，刘虞的顾虑则要少许多，所以当两人的冲突严重到无法共存之时，以仁厚著称的刘虞反而是抢先下手的那一个。

一开始，刘虞数次请公孙瓒来自己这边议事或赴宴，其动机可想而知，所以公孙瓒总是托病拒绝。于是刘虞便跟手下商议，想直接动用武力征讨。但是东曹掾魏攸却劝他为了不落下嫉贤妒能的名声，还是应该对公孙瓒暂且容忍。魏攸其人多半在幽州有一定的影响力，他的话刘虞不能不慎重考虑。

然而到了第二年，魏攸死了。刘虞就再次召集属下，传令调集兵众，要去攻打公孙瓒。出发之前，州从事程绪又免冑而前道："公孙瓒虽有过恶，而罪名未显。明公不先告晓使其改行，而兵起萧墙，实非国家之利。加以胜败难保，不如暂且驻兵，但以威势临之，公孙瓒必定会悔祸谢罪，这样便能够不战而使之屈服。"这一次刘虞显然失去了耐心。他觉得开弓没有回头箭，诛杀公孙瓒是不可更改的决定，而你程绪事到临头竟说出这样的话，简直是惑乱军心，就下令将他以"临事沮议"的罪名斩首，以此警示全军。可能是感到此举与自己仁厚长者的形象有悖，末了刘虞又对将士宣称："此行勿伤余人，但杀一伯圭（公孙瓒字）而已。"

据《后汉书·刘虞传》所说，这次刘虞调集了各处屯兵共有十万人之多。我怀疑这一数字应有夸张。因为公孙瓒的城塞与刘虞毗邻，短时间内征调十万人很难不被他发觉。而据史料所载，当时公孙瓒并没有准备，其部曲都放散在外。要不是刘虞手下有个叫公孙纪的从事因为同姓而被公孙瓒厚遇，连夜赶来向他报信，公孙瓒根本不知道刘虞发兵来攻打自己。仓促间公孙瓒来不及召回部属，自知难以抵御，本来打算掘开城墙逃走，但是紧接着刘虞军的表现却令他改变了想法。

原来，刘虞这个老儒根本不懂得行军打仗之事。他从各处调集的兵众虽多，却各无部伍，素不习战。大军开至公孙瓒的小城之下后，按理便应该焚烧城周民房，以便进行合围，并为后续的攻城战清理出足够的空间。但是这个时候，刘虞又发扬起了仁民爱物的作风，下令不准焚烧百姓的房屋。这一来，刘虞的军队不但没有形成对小城的严密包围，反而被民房零散地分割开来。这种情况下，刘虞仍要求军队攻城，自然对公孙瓒形成不了真正的威胁。几个回合下来，公孙瓒早已将刘虞军组织混乱、战斗力低下的状况看得分明，便在现有守军中拣选了数百壮士，因风纵火，直冲突阵。结果不出所料，本就是一盘散沙的刘虞军如同被狂风吹袭，转眼便奔溃四散，消失无踪，只留下了一地鸡毛。

之后刘虞率官属逃往居庸（今河北延庆）。公孙瓒集合部曲又来围攻，三日后城陷，刘虞及其妻子都成了俘虏。

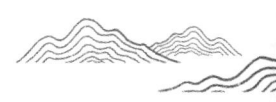

第29章 易京陷落

活捉刘虞后,公孙瓒把他押回了蓟城。

如前所论,由于怕背负犯上作乱的恶名,一开始公孙瓒仍没有杀掉刘虞的决心,只是将其软禁,还允许他照旧处理本州文书。长安朝廷受阻于当时关东关西隔绝对立的形势,并不了解两人之间的纷争,后来就派了个名叫段训的使者过来,册封刘虞为六州都督,公孙瓒为前将军、易侯。利用这一机会,公孙瓒拿之前袁绍拥立刘虞一事做文章,诬陷刘虞欲称尊号,胁迫段训以朝廷的名义将其处死。时值酷暑,临刑前公孙瓒将刘虞拉到闹市上示众,还祝祷说:"倘若刘虞当为天子,天当降雨以相救。"结果整整一天,半个雨点儿也没见。刘虞遂被斩首。

据《英雄记》所载,当时一同被杀的还有"故常山相孙瑾,掾张逸、张瓒"等人。他们作为刘虞的亲党,一边痛骂公孙瓒,一边慷慨同死。《魏氏春秋》更是声称,公孙瓒擒获刘虞之后,"杀害州府,衣冠善士殆尽"。再加上前面提到的,公孙瓒刻意把衣冠子弟派到偏远穷困之地,同时却提拔重用出身微贱的商贩庸儿,凡此种种,都使得他虽然独自占据了整个幽州,却也彻底得罪了本地的"衣冠善士",也就是世家大族。

这个时候,他的老对手袁绍已经削平了活跃于太行山区的"黑山贼"于毒、刘石、黄龙、左校、李大目、左髭丈八等各部,把张燕也几乎打成了残疾,正有余力重拾与公孙瓒之间的较量;而乌桓人感念刘虞、仇视公孙瓒自不必说。于是袁绍、乌桓和幽州本地的世家大族这三者联合起来,组建起了反对公孙瓒的攻守同盟。

公孙瓒很快便感受到了这三方合势给自己带来的巨大威胁。

刘虞被杀不久,其手下从事渔阳人鲜于辅、齐周,骑都尉鲜于银等便纠合州兵,谋划向公孙瓒复仇。鲜于辅为了联合乌桓,推举少时没于乌桓、鲜卑,在胡人中素有恩信的广阳人阎柔担任乌桓司马。在阎柔的招诱下,乌桓、鲜卑和当地汉人汇集了数万之众,与公孙瓒任命的渔阳太守邹丹大战于潞县(今北京通州潞城)之北。包括邹丹在内,公孙瓒军至少有四千多人被斩。之后渔阳郡便落入了鲜于辅的掌控。

兴平二年(195年),乌桓人又跟鲜于辅一起从袁绍那里迎回刘虞的儿子刘和(刘和从袁术处逃奔袁绍),会合袁绍手下大将麹义,三方总计十万人马进讨公孙瓒,在鲍丘(今北京密云南)将其击败,斩首二万余级。此战过后,代郡、广阳、上谷、右北平四郡也爆发了起义,公孙瓒署置的地方官纷纷被杀。公孙瓒试图派兵镇压,却屡战屡败。

到了这时,公孙瓒真正能够控制的地域,便只剩下了幽州南部的涿郡。

史籍说,在吞并了刘虞之后,公孙瓒有感于童谣"燕南垂,赵北际,中央不合大如砺,唯有此中可避世"之语,认为幽、冀两州交界处

的涿郡易县正是童谣中所说的避世之地，便将大本营从蓟城南迁到了位于今河北雄县以北的易城，在此"盛修营垒，楼观数十，临易河，通辽海"，开始建造著名的易京要塞。

之所以称之为易京，乃是就"京"字本意，即人为建造的高丘而言。公孙瓒修造的这一要塞外围有长堑十重，每重堑壕的里面都筑有五六丈高的"京"，"京"上再筑高楼。最内一重堑壕当中的"京"达到十丈（约当今二十四米）之高，公孙瓒自己便住在此"京"之上。要塞皆以铁为门，其中贮存有粮谷三百万斛。

兴平二年（195年）战败以后，公孙瓒基本上放弃了主动出击的军事行动，而选择了退回易京固守。有人问他为何如此，他便说道："当年我驱叛胡于塞表，扫黄巾于孟津，以为天下指麾可定。今日观之，兵革方始，其大势非我所能决定，不如暂且休兵，屯田畜谷，以救凶年。兵法云'百楼不攻'，现今我楼橹千重，又积谷三百万斛，居此足以待天下之变。"

这番话反映出，在三方敌人的联合打击下，公孙瓒其实已经是只有招架之功，而全无还手之力。"以待天下之变"不过是其为免难堪的托辞而已。

在之后的数年里，公孙瓒但居于其易京高楼之内，闷头当起了宅男。除了自己的姬妾之外，凡是七岁以上的男子皆不得入门，来往的文书政令都通过绳吊木桶上下。楼内传递讯息，则由经过发声训练的妇女来执行，每有传宣，皆可声闻数百步。这些措施似乎说明，他对自身生命安全的防护已经到了近乎神经质的地步。

与此同时，公孙瓒手下诸将对他群起效仿，也在各自的地盘内建起了"炮楼"，以至"家家各作高楼，楼以千计"。在这种自我封锁的防守模式下，公孙瓒与诸将的关系日益疏远，宾客亲信也逐渐离他而去。甚至有一次，一名将领被敌兵围困，屡次向公孙瓒求救，他不但不发救兵，反而说道："今日倘若救此一人，日后其他人再遇到这种情况，便会依赖救兵而不力战。不救的话，诸将便会奋力自勉。"如果此事是真，足可见昔日的白马将军如今已经锐气尽丧，思维退化到了何种地步！

不过话又说回来，公孙瓒的这种"塔防"战术并非全无可取之处，在相当长的时间内，它的确给袁绍、鲜于辅等敌人造成了很大的麻烦。

兴平二年（195年），麴义等乘鲍丘大胜之势，进逼易京，相持岁余而不能前进，最后只能粮尽而退。公孙瓒在后追击，得了不少辎重。此后整整三年，尽管有乌桓、鲜于辅的帮助，战略上构成了对公孙瓒的南北夹击，袁绍却也一直对易京无可奈何。

建安三年（198年），袁绍再次调集国中精兵，准备大举进攻公孙瓒。

出兵之前，他还给公孙瓒写了一封长信，劝他"释憾除嫌，敦我旧好"。公孙瓒并不回复，兀自增修守备，并对长史关靖说道："当今四方虎争，无人能坐吾城下相守经年，此事甚明。袁本初又能奈我何！"

然而公孙瓒过于乐观了。

易京的塔防体系虽然严密，可架不住人心已散。上一次公孙瓒不救被围的将领，令其他将领甚为寒心。这一次袁绍来攻，南境驻守的诸将自忖难以坚守，又知道公孙瓒肯定不会发来救兵，于是要么投降，要么溃走。袁绍军得以十分顺利便进至公孙瓒的城塞之下，将他那座周堑十围、京高十丈的塔楼围了个水泄不通。

眼见形势危急，公孙瓒自己倒先想起了搬救兵。他派儿子公孙续突围，去向张燕等黑山诸帅求救，而后他又准备亲统骑兵突出，沿太行山南下，联合黑山军扰乱袁绍的后方。这时长史关靖劝阻说："将军麾下

第29章 易京陷落

之将士眼下人人怀有瓦解之心，之所以还能为你守城，一是顾恋其老小，二是恃将军为主。如果长期坚守，或许还能让袁绍自行退兵。倘若将军你舍城而出，无人坐镇，那易京之危将转瞬即至。到时将军你失去了根本，哪里还能成事？"公孙瓒听罢，只好取消了这一计划。

伴随着日复一日的鼓角喊杀之声，这场围城战从建安三年冬天一直延续到了四年春季。易京的外围城堑相继失守，公孙瓒只能退至内城，筑三重营以自固。

好在这时，公孙续带着张燕等黑山群帅的援兵及时赶回。据《后汉书》所载，援军数量有十万之多，并且分成三路前来救援。

公孙瓒大喜，便派使者携带书信突围，想跟援兵约定日期，放火为号，来一个里应外合。哪知道这封书信竟被袁绍军所截获。到了日期，袁绍设下埋伏，然后按照约定放起火来。公孙瓒不知是诈，引兵出战，随即落入埋伏，被杀了个大败，只得狼狈逃回中京固守。

紧接着袁绍命令开凿地道，直穿至城楼之下，先用木柱支撑，达到一定距离后便放火烧柱，柱毁坑陷，城楼也随之坍塌。利用这一方法，袁绍军逐渐逼近了公孙瓒所居的中京。公孙瓒自知必将不免，就先将自己的姐妹、妻女缢死，然后放火自焚于高台之上。当袁绍的士兵登上高台，斩下他的头颅时，他很可能已经被火烧死了。

长史关靖见公孙瓒败亡，叹道："此前我若没有阻止将军自行，将军未必是如此下场！君子陷人于危，必同其难。如今我岂能独活！"就策马来赴，被袁绍所杀，亦可谓求仁得仁，死得其所。公孙瓒之子公孙续后来也被屠各胡杀死，称雄幽燕十余年的公孙氏势力就此不复存在（当时尚有公孙度割据辽东，但其人与公孙瓒全无关系）。

公孙瓒既灭，当初袁绍"南据大河，北阻燕、代，兼戎狄之众"的战略规划便基本宣告完成，接下来的步骤便该是"南向以争天下"了。

而横亘在大河以南、阻遏袁绍南进扩张之路的，正是其少年时代的好友、宣称自己"任天下之智力，以道御之，无所不可"的曹操。

建安四年（199年），时势的发展终于将曹、袁两人送进了命运的角斗场，一场决定天下霸权归属的大战即将上演。

第29章 易京陷落

第30章 袁绍的决定

自从初平元年（190年）在渤海起兵，十年间袁绍逼逐韩馥，破亡公孙，削平了太行山中大大小小的黄巾余部，大体略定冀、青、幽、并四州，还通过外交手段组建了同盟，捎带着搞垮了企图跟自己争夺天下的异母弟袁术，基本实现了当初的战略规划。平心而论，这一阶段袁绍的创业可以说是比较成功的。

而袁绍之所以能够取得这样的成就，固然要归因于其个人努力，却也与其家族深厚的政治背景密不可分。

众所周知，袁本初出身于"四世三公"之家。他的生父袁逢当过司空，叔父袁隗官至太傅，祖父袁汤是太尉，曾叔祖袁敞也是司空，高祖袁安则是一代名臣，位居司徒。袁氏一门连续四世出了五个"三公"，比齐名的另一"东京名族"弘农杨氏还多一个。先后一百余年的经营，使得汝南袁氏不但势力在朝廷内外盘根错节,而且"门生故吏遍于天下"。要知道在东汉时代,门生与老师、故吏与旧主之间的关系某种程度上类似于臣与君,道德上有尽忠尽孝的义务,政治上通常被视为一体。例如史籍中不时可以见到,掾属对于长官可以自称为臣;长官去世,掾属要为之服丧;一人获罪,其门生故吏也连坐受罚;等等。更重要的是,这种"拟君臣关系"并不因长官去职或去世而消失,还能在代际、家属之间传承。当汉末天下大乱、原有的政治秩序崩坏之际,对于汝南袁氏家族而言,其遍布天下的门生故吏网络便成了其据以起事、凝聚人心的重要政治资源。特别是在袁隗、袁基等袁氏男女五十余口①被董卓所杀之后,史载关东士民"感其家祸,人思为报,州郡蜂起,莫不以袁氏为名",使得袁绍的实力迅速壮大。而韩馥之所以选择将冀州拱手让给袁绍,一方面是受逼于公孙瓒和袁绍的腹背夹击,一方面也是他本人便是袁氏故吏的缘故。

  从另一角度而言,袁氏家族虽是以经学起家(袁家世传《孟氏易》),却并不拘泥于经学。当东汉末年政治衰乱之际,老一辈的袁成、袁逢、袁隗等周旋于掌权的外戚与阉宦之间,试图维持家门地位于不坠,少壮一辈的袁绍、袁术则受清流知识分子积极寻求政治变革的社会运动熏染,结交党人,"好养死士",崇尚气侠,开始有意识地谋求掌握武力。二人为此不惜投靠出身屠户的外戚何进,甘为犬马,并由此在大乱来临之前掌握了一定的兵权。于时放眼国中,手里有兵的没有袁氏地位高、人脉广(如曹操),门第声望能与袁氏相匹敌的手里又不掌握武力(如弘农杨氏家族)。后来何进被杀,袁氏兄弟以报仇为名一举剿灭宦官,为饱受阉党荼毒的天下党人大出一口恶气,至少在清流士

---

① 一说二十余口。

大夫中间树立了声威；董卓擅权，袁绍又头一个站出来反对废立皇帝，再次书写了自身的光辉形象；既而二人从洛阳出奔，一奔冀州，一奔南阳，皆是户口繁盛、兵多粮足的地域。袁氏兄弟可谓既占了天时，又据有地利。这便是当初关东诸侯之所以公推袁绍为盟主，以及献帝初年关东诸侯之间的纷争大体上以二袁为主导的根本原因。

然而袁绍虽能占得天时和地利，于人和上却相当欠缺。

首先，他们兄弟二人为了实现各自的野心，不惜反目成仇，不但削弱了袁氏家族的整体实力，更使得有识之士看穿了二袁虚伪、自私的真面目。后来贾诩之所以劝张绣拒袁而降曹，一个重要的理由便是袁绍兄弟且不能相容，怎么可能容得下别人？试想如果袁绍、袁术联手，那么当时没有任何一方势力能够与之抗衡。而正是由于二袁分裂，袁绍为了对付袁术，才不得不扶持、容忍曹操在黄河以南扩张，致使其坐大成了今日的主要对手。

其次，袁绍是汝南人，韩馥是颍川人，"汝、颍固多奇士"，向来是东汉盛产士族人才的地域，而河北也有诸多强宗大姓。这样，当袁绍逼走韩馥、据有河北之后，他麾下聚集的政治势力便大体可以划分为河南、河北两个派系：从洛阳追随袁绍至冀州的许攸、逢纪、淳于琼以及韩馥的同乡郭图、荀谌、辛评、辛毗属于河南派系；而沮授、田丰、审配、崔琰、张郃等人则是河北本土势力的代表。东汉时代，汝、颍士人一向俗尚朋党，河北士人则大多性情质朴、刚正有余而不够圆滑。一方面出于文化和性情上的差异，一方面由于核心利益不同，河南、河北两大派系之间时常就袁绍集团的施政方针和内外方略产生不同的意见，并由此演变为权力之争。例如在前文提到的奉迎汉献帝一事上，郭图、淳于琼就强烈反对沮授的建议。在随后的对曹战争和立嗣这两大议题上，两大派系的斗争也一直贯穿始终。再加上袁绍本人又是一个"多端寡要、好谋无决"的主儿，毋庸置疑，这不但会削弱袁绍集团的稳定性，还严重地影响其决策的效率和准确性。

除了兄弟阋墙和派系斗争之外，袁绍本人在素质、性格上的某些不足也使得他在"人和"这一点上失去了不少分数。

袁绍既不知人，亦不善任。虽然袁绍向来注重结交士人，对外摆出一副"折节下士""爱士养名"的姿态，加之家世显贵，众望所归，很是吸引了一大批追随者围绕在自己身边，但他在选人用人上的一个倾向是重名气而轻实才，把招徕士人当作提高自己声望的手段，把吸引来的名士视为点缀和花瓶，而未能充分发掘、辨识出众人的才能并真正加以重用。所以荀彧才说他"能聚人而不能用"，郭嘉也说他"欲效周公之下士，而未知用人之机"。这就导致聚集在袁绍麾下的人虽然很多，受重用的却大多是徒有虚名的浮华之徒，真正有才干的人由于不得其志，往往弃他而去。这方面突出的例子正是荀彧和郭嘉二人。荀彧是颍川人，当初是受韩馥的迎请先去冀州，但是他到的时候韩馥的位子已经被袁绍逼夺。袁绍虽然待荀彧以上宾之礼，荀彧却看出此人难成大事，一年后便离开袁绍去投了曹操。同样，郭嘉也是先投袁绍，后又改投曹操。而曹操一见荀彧便称其为"吾之子房"，一见郭嘉便断言"使孤成大业者必此人"，说明曹操在识别人才、使用人才上要远胜袁绍。

袁绍外宽内忌，嫉贤妒能。外宽内忌一语，不但见于荀彧和郭嘉对袁绍的论断，也是其谋士田丰对他的一个评价。也就是说，袁绍这个人表面上待人不错、客客气气，心里面却容不下别人比自己高明，尤其受不了别人对自己的权威批评和质疑。当初张邈之所以背叛曹操，初始原因就是他看不惯袁绍当上盟主以后骄矜自用，批评了他两句，而袁绍竟然就指使曹操杀掉这个少年时的好友。后来张邈的弟弟张超携带家属被曹操围困在雍丘，受袁绍之命担任东郡太守的臧洪本是张超故吏，听说

第30章 袁绍的决定

故主有难，便向袁绍请兵，想去搭救。但袁绍本就嫌恨张超兄弟，那时候又跟曹操联盟，坚决不许，以致张邈一家终被曹操族灭。后来臧洪便为此据一城之地叛离袁绍，被围一年才告失败。曾经在界桥之战大破公孙瓒的大将麴义，也被袁绍以恃功骄纵为名诛杀。

　　袁绍城府不够，心机不深。这一点专是就其不善隐藏个人野心而论。毋庸讳言，东汉末年王纲解纽，普天之下大有"郡郡作帝，县县自王"之趋势的时候，以袁绍的名望和权位，生出登基坐殿的野心并为之奋斗本无可厚非。问题在于，同他的异母弟袁术一样，袁绍过早地将自己的真实目的暴露在了潜在对手和天下士民的面前。如前所述，他早在当上讨伐董卓的盟主之后便曾经主动向曹操展示自己新得的一方玉印，暗示天命在己。后来他又置汉献帝于不顾，谋划立刘虞为新君，公然搞分裂。这些行为不但与他的盟主身份极不匹配，也暴露了他名义上打着拥汉旗帜，其实却是"自作家门"的虚伪用心。对此，有识之士都看得很清楚。例如臧洪就宣称："袁氏无道，所图不轨！"可以说，关东联军在讨伐董卓一事上久而无功，最后陷于分裂内争，他这个名不副实的盟主负有直接责任。

　　要知道，虽然当时汉室式微、天命将移的看法在社会上颇为流行，但四百年的历史传统延续下来，刘姓天子作为稳定的天下秩序的象征，依然在人们的心中拥有巨大的影响力。儒家伦理最重忠孝，东汉士人又极重名节，其时许多士大夫即便理智上明白汉家衰微已是无法挽回，感情上却总归难以认同。何况他袁家四世五公的地位，本就是从汉室得来。现在袁绍、袁术兄弟竟然双双背叛君父，一个不轨于河北，一个僭号于淮南，这般行径岂能得天下人之心？

　　如果袁绍足够聪明，城府够深，他就应该像曹操那样以匡扶汉室为名，挟天子以令诸侯，"把皇袍当作衬衣穿在里面"（历史学家翦伯赞语）；或者像后世的朱元璋那样，选择"高筑墙，广积粮，缓称王"的策略，在时机尚未成熟时隐藏自己的野心和实力，尤其是要避免像弟弟袁术那样公然僭号，而使自己成为众矢之的。

但是袁绍没有这样做。

建安四年（199年）夏，公孙瓒已被彻底消灭，黄河以北再无足以威胁到袁绍统治的割据势力，志得意满的袁本初在将青州分给长子袁谭、幽州分给次子袁熙、并州分给外甥高干分别统治后，将扩张的目标指向了大河以南。与此同时，受汉献帝之封为大将军的他献给许都朝廷的贡奉越来越少，表章的言辞却越来越悖慢，僭越无君之心益发昭彰。也是在这时，在淮南陷入绝境、自知皇帝梦已然破碎的袁术派使者前来，归帝号给袁绍说："汉朝丢掉江山已经很久了，现在的情形跟战国之时相似，只有强者才能兼并天下。一来咱们袁氏受命当王，这是谶纬符瑞都证明了的事；二来老哥你实力最强、德望最高，他曹操虽然号称要扶危继绝，又哪里能办得到？"还说要亲手把象征天命的传国玺奉上。袁绍的堂弟袁叙也写信给他说："天意实在我家，神应有征，当在尊兄。"袁绍听了，更加深信自己是天命所归。

袁绍还私下指使自己的主簿耿苞密奏："方今赤德衰尽，袁氏为舜帝之胤，以土德王，宜顺天意，以黄代赤。"然后他把这封密奏展示给手下的谋士将吏，表面上叫他们发表意见，其实却指望有人逢迎自己，支持自己称帝。然而袁绍的手下看了，都说耿苞所云实为妖妄，应该杀掉以儆效尤。袁绍无奈，为了证明自己并无篡逆之心，只好杀了耿苞这个替罪羊。

袁绍多半认为，自己的手下之所以如此，定是此时皇帝还在曹操手里，而自己尚未平定天下的缘故。

故此，为了早日实现"以黄代赤"的"天意"，袁绍决心尽快消灭曹操，夺回对汉献帝的控制权。

第31章 曹弱袁强

建安四年（199年）夏秋之际，当袁绍做出南征曹操的决定之时，其决策层内部的意见其实并不一致。

监军沮授反对于此时进攻曹操，理由是这几年一直打仗，赋役很重，百姓们都得不到休息，粮仓里也没有很多积蓄，现在南征于国家稳定很是不利。更好的策略，是先派使团去向天子献捷，趁此机会与民休息，发展农业。倘若曹操拒绝使团入境，或者收不到天子的答复，那我们就可以上奏说曹操隔我王路，以此为理由发兵进屯黎阳，逐步经营河南。再多多建造渡船，缮治攻城器械，同时分遣精骑，抄寇其沿边郡县，让他们不得安生，我方则以逸待劳，不出三年，大事可定！

同属河北派系的田丰、崔琰也赞成沮授。

然而郭图和审配却道："兵书上说：'十倍于敌便可围城，五倍于敌便可进攻，力量相等便可合战。'现我方以明公之神武，跨河朔之强众,消灭曹操不过举手之劳。眼下若不进取,以后可就难办了!"

沮授对郭图轻视曹操的看法不以为然,反驳说:"救乱诛暴,谓之义兵;恃众凭强,谓之骄兵。义兵无敌而骄兵难胜。如今曹操迎天子安宫许都,若是举兵南征,我方于道义上便说不过去。更何况决胜之机,不在强弱。曹操法令严明,士卒精练,绝非公孙瓒那坐受围攻之人可比!何必要弃万安之术,而兴无名之兵呢?"

郭图又道:"武王伐纣,不可谓之不义,何况我方兵加曹氏!岂可云无名?现明公帐下武臣竭力,人思立功,若不及时早定大业,岂不可惜?所谓'天与不取,反受其咎',这便是当年越国称霸而吴国灭亡的教训!沮监军之计,意在持牢,而非见时知机之变也。"

沮授本是韩馥旧部,当初之所以受袁绍重用,是因为他支持袁绍以冀州为基地先统一河北,再南进争霸天下,这与袁绍的战略规划完全相同。史书称此人"多谋略",并非虚言。数年前汉献帝流落河东之时,正是他首先向袁绍建议,应该趁机西迎大驾、迁都邺城,然后挟天子以令诸侯。只可惜袁绍听信了郭图和淳于琼的谏阻,并未听从。现在汉献帝既然在曹操的控制之下,袁绍又受朝廷之封为大将军,那么向许都进军便摆脱不了犯上作乱的恶名,所以沮授才主张,应该暂缓南征,即便兴兵,也要制造"曹氏隔我王路"的借口,采取持续骚扰、以逸待劳的方式,不要指望毕其功于一役。因为曹操之用兵,绝非坐受围攻的公孙瓒之流可比。

但是在郭图口中,沮授的办法过于谨慎小心,并不符合这时的形势。而袁绍又是一个脸皮甚薄、死不认错的主儿,他并不认为自己主动兴兵便是不义,也不认为皇帝的归属足以对战争胜败产生影响,更不承认曹操用兵能比自己强到哪里去。再加上此前在立嗣这一问题上,沮授也不能顺从自己的心意(详见后文),便否决了沮授而认同郭图的

提议。

郭图向来跟沮授不睦，趁机私下进谗说："沮授监统内外，威震三军，倘若他的势力越来越大，那不就制不了他了吗？兵书上最忌讳的事，便是跟主公心意不同者昌盛，而跟主公心意相同者却衰亡。更何况沮授已然统兵在外，就不宜再让他在内参与决策。"袁绍便把原来沮授监领的军队分为三部分，让他和郭图、淳于琼各典一军。

南征曹操的战略既定，袁绍便让大才子陈琳撰写了一篇洋洋洒洒千余字的檄文，传布河南州郡，试图在舆论上先声夺人。

檄文首先指出，曹操这个家伙跟赵高一样，是个包藏祸心的大奸臣。他的爷爷是个权阉，没少干鱼肉百姓的勾当；他的父亲本是乞丐的养子，能当上高官全靠贿赂走后门；曹操本人则是"赘阉遗丑"，向来便是个好乱乐祸之徒。当年我声讨董卓，急于用人，觉得曹操可充鹰犬，这才容忍他的缺点加以提拔录用。谁知道这家伙竟然是个忘恩负义的白眼狼！当初他在汴水战败的时候，还有兖州叛乱的时候，要不是我施以援手，他早就完蛋了！可他曹操后来又干了些什么呢？他居然趁我派他去洛阳修缮宗庙、保卫皇帝的机会，把皇帝劫持到自己的地盘，然后搞起了专权！

檄文又说，在曹操的专制统治之下，皇帝成了傀儡，百官成了摆设，逢迎他的人光宗耀祖，反对他的人被夷灭三族，搞得朝廷内外人人噤声，道路以目。议郎赵彦，不过在皇帝身边进了几句忠言，就被钳制言路的曹操擅自收杀，连说都不跟皇帝说一声；故太尉杨彪，也因为跟曹操之间的一点小小恩怨，便被他下狱严刑拷打。更过分的是，曹操这个家伙为了攫取金银财宝，居然亲自带领士兵盗掘了梁孝王刘武的陵墓，还署置了发丘中郎将、摸金校尉等官职，专门负责盗墓，弄得原野上到处都是曝露的尸骸！加之苛政众多，法令严酷，兖、豫之间民不聊生，朝野上下怨声载道。"历观古今书籍，所载贪残虐烈无道之臣，于操为甚！"

檄文还说，我早就想好好教训一下此人，只是碍于外敌未除，一时腾不出手来。而曹操狼子野心，竟然利用这个机会孤弱汉室，意图不轨！他派了精兵七百把守皇宫，名义上说是增加防卫，其实却是把天子拘押起来。他还趁我全力攻围公孙瓒的时候，假托派兵相助，其实却是要偷袭我的背后！后来因为走漏了消息，公孙瓒也被剿灭，他的阴谋才没有得逞。现在我奉大汉之威灵，麾下长戟百万，胡骑千群，从并州、青州、冀州三路发兵攻其前，刘荆州也自宛、叶北进攻其后，"雷震虎步，并集虏庭"，其势就像举火把去燎空中飞舞的蓬草，用沧海之水去浇灭冒着火星的木炭，"有何不消灭者哉！"

坦白讲，从文学的角度而言，陈琳的檄文的确是一篇不朽的鸿文。《三国演义》甚至为此杜撰了一段患头风的曹操一见檄文便"毛骨悚然，出了一身冷汗，不觉头风顿愈"的情节①。但从政治宣传的角度而言，檄文中的某些内容难免虚张声势，不尽不实。例如檄文中提到，曹操之所以去洛阳奉迎汉帝，是因为袁绍命令他去缮修宗庙、保卫皇帝。清代学者何焯就指出，这明显是袁绍为自己不曾奉迎天子而"极意弥缝"的欺人之言。再如，说曹操打算趁袁绍围困公孙瓒之时在背后偷袭，是就建安四年（199年）四月曹操派曹仁渡河进攻张杨余部眭固一事而言。眭固虽然此前已经投降了袁绍，但他本是黑山贼的一支，长期跟曹操为敌。曹操派军将其消灭，顶多算是翦除袁绍羽翼，谈不上是在背后偷袭。至于说曹操亲自盗掘梁孝王墓、署置摸金校尉和发丘中郎将等

---

① 据史籍记载，陈琳后来归顺曹操，仍主军政文书。每拟定草稿，都要先送曹操审阅。一次曹操患头风病发，卧读陈琳所作文书，翕然而起曰："此愈我病。"此一记载被小说《三国演义》移花接木，改写成了曹操读陈琳檄文而头风顿愈一事。

事，更是史料中仅此一见的孤证，是否确有其事还未可知。

无论如何，当袁绍准备大举入侵的消息传来，曹操阵营还是感受到了前所未有的巨大压力。

史籍记载，"诸将以为不可敌"。也就是说，曹操手下的将领们鉴于双方实力强弱分明，大多比较悲观。而朝廷里那些并非曹操一党的文官，对战争结果的预判则更加消极。例如孔融就曾说过，袁绍地广兵强，又有田丰、许攸这样的智囊为其参谋，有审配、逢纪这样的忠臣为其办事，有颜良、文丑这样的猛将为其统兵，只怕很难取胜。

但是曹操却道："吾知绍之为人，志大而智小，色厉而胆薄，忌克而少威，兵多而分画不明，将骄而政令不一。土地虽广，粮食虽丰，适足以为吾奉也。"

意思是袁绍这个人虽然野心不小，但是才智不足；外表凶狠，但是内心怯懦；嫉妒刻薄，缺少威信；麾下兵众虽多，却组织混乱；将领骄横，缺乏统一的指挥。因此尽管他地广粮丰，那都是给我准备的！

曹操少年时便跟袁绍一起飞鹰走狗，游戏帝京，后来又一同担任西园校尉，一同声讨董卓，自然深知袁绍之为人。再加上之前荀彧和郭嘉这两个从袁绍那边改换门庭的智囊都为他仔细分析过袁、曹双方的优劣，因此他这番话倒并非单纯为了消解诸将的悲观情绪，也实在是其内心充满自信的表现。

针对孔融上述失败主义言论，荀彧针锋相对地指出：袁绍兵马虽多，却法令不整，再加上田丰刚而犯上，许攸贪而不治，审配专而无谋，逢纪果而自用，他们不但不能通力合作，反而会争权内斗；至于颜良、文丑，不过匹夫之勇，可一战而擒。同这样的对手交战，我方未必便会处于下风。

诚然，就实力对比而言，虽然不论是当时的记载还是后人的研究，都一致认为袁强而曹弱，但倘若深入分析，就会发现事情并非如此简单。

袁绍虽号称据有冀、青、幽、并四州，麾下拥有"长戟百万，胡骑千群"，但彼时他真正控制全境的只有冀、并二州，其中并州又属人口稀少、土地贫瘠、胡汉杂处之地，在兵力和粮资上能够提供的帮助十分有限。青州的大部分地区虽然归属袁氏，但南部边境实际上却处于军阀臧霸的控制之下。此人虽然武装有一定独立性，但在吕布破灭后已经归降了曹操，基本上听命于许都朝廷。最东的东莱郡则受到越海而来的公孙度水军和海贼蚕食。袁绍的长子袁谭统治牢固的地域，只有青州的西北部。至于幽州，虽然公孙瓒的灭亡使得袁绍名义上获取了这片土地，但当时辽东地区尚有公孙度割据，而辽西、渔阳、右北平等郡则属乌桓各部和地方豪强的势力范围，袁绍真正控制的不过幽州南部。所幸由于之前共同反对公孙瓒，乌桓人跟袁绍之间关系较好，三郡乌桓首领蹋顿、乌延、苏仆延都接受了袁绍册封的单于称号。

袁绍的优势在于，以冀州和幽州南部为核心的河北平原本属于人口密度高、农业比较发达的地区，在东汉末年的战乱中相对而言受黄巾起义破坏的范围较小，程度较轻，因此能够提供较多的兵源和粮食。后来冀州被曹操占领，核算户籍，"可得三十万众"，足证河北地区在当时拥有巨大的战争潜力。

那么曹操这边的情况又如何呢？

随着吕布和袁术相继灭亡，纸面上看来，曹操的地盘已经囊括了兖、豫、司（即两京所在的司隶校尉部）、徐四州，从疆域看来并不比袁绍小多少。但是这几州都是黄巾起义闹得最凶的地区，近年来又饱受军阀之间兼并战争破坏，农业生产一直得不到恢复。数年前曹操在兖州与吕布对峙之时，就曾经因为军粮匮乏，不得不将新募的兵员遣散。建

第 31 章 曹弱袁强

安元年（196年）后他虽然已经开始经营屯田，但眼下应该还仅限于许都一带，未及在全境推广。此外，徐州和司州东部被曹操彻底吞并只是最近一两年间的事，他在这两地的统治并不稳固，关中则是马腾、韩遂等诸将称雄的割据地带。这个时候曹操的兵力主要取自兖、豫二州。

对曹操来说，更加不利的是他所处的战略局势。

首先，以许都为核心的河南平原处于四战之地，除了北方有黄河为凭之外，基本上无险可守，而大河千里，渡口众多，防御一方本就军力较少，要想阻止敌人渡河，难上加难。

其次，与并无后患的袁绍相比，当时张绣尚盘踞南阳，距许都不过五百余里；荆州的刘表又跟袁绍是同盟，说不定会发兵北上；江东孙策虽然接受了朝廷的封号和官职，但一直野心勃勃，也不能排除趁火打劫的可能；以马腾、韩遂为首的关中诸将尽管无力东寇，却总归是隐忧。

另外还有一点，那就是汉献帝刘协已经成年，并不甘心居于傀儡地位，尽管曹操严加防范，他的身边还是聚集了一批反曹势力。战争一旦开始，这些人很有可能在后方搞出些足以影响前线局势的乱子。

所以综合来看，史书上说袁强而曹弱，确实是不争的事实。

第32章 大战前夜

然而战争的迷人之处就在于,胜负并非强弱的简单对比。

历史上许多经典战例告诉我们,只要能够发挥自身优势,扬长避短,那么完全可以做到以弱胜强。

袁、曹官渡之战便是这样一个经典战例。

前面所提到的袁、曹双方的种种优劣和战前态势,是就流传到今天的为数不多的史料粗略分析而得。可以想象,当年身为当事人的袁、曹二人所掌握的信息远比我们丰富。在此基础上,知己知彼、扬长避短就成了影响战局的关键。

事后来看,在这方面曹操一方更加成功。

建安四年(199年)八月,也就是袁绍南征的决策刚敲定不久、其大军尚在集结之时,曹操便率军渡河,进至黎阳,同时命臧霸在东方入寇袁谭控制的青州中部,摧破齐(今山东临淄)、北海(今山东潍坊)、

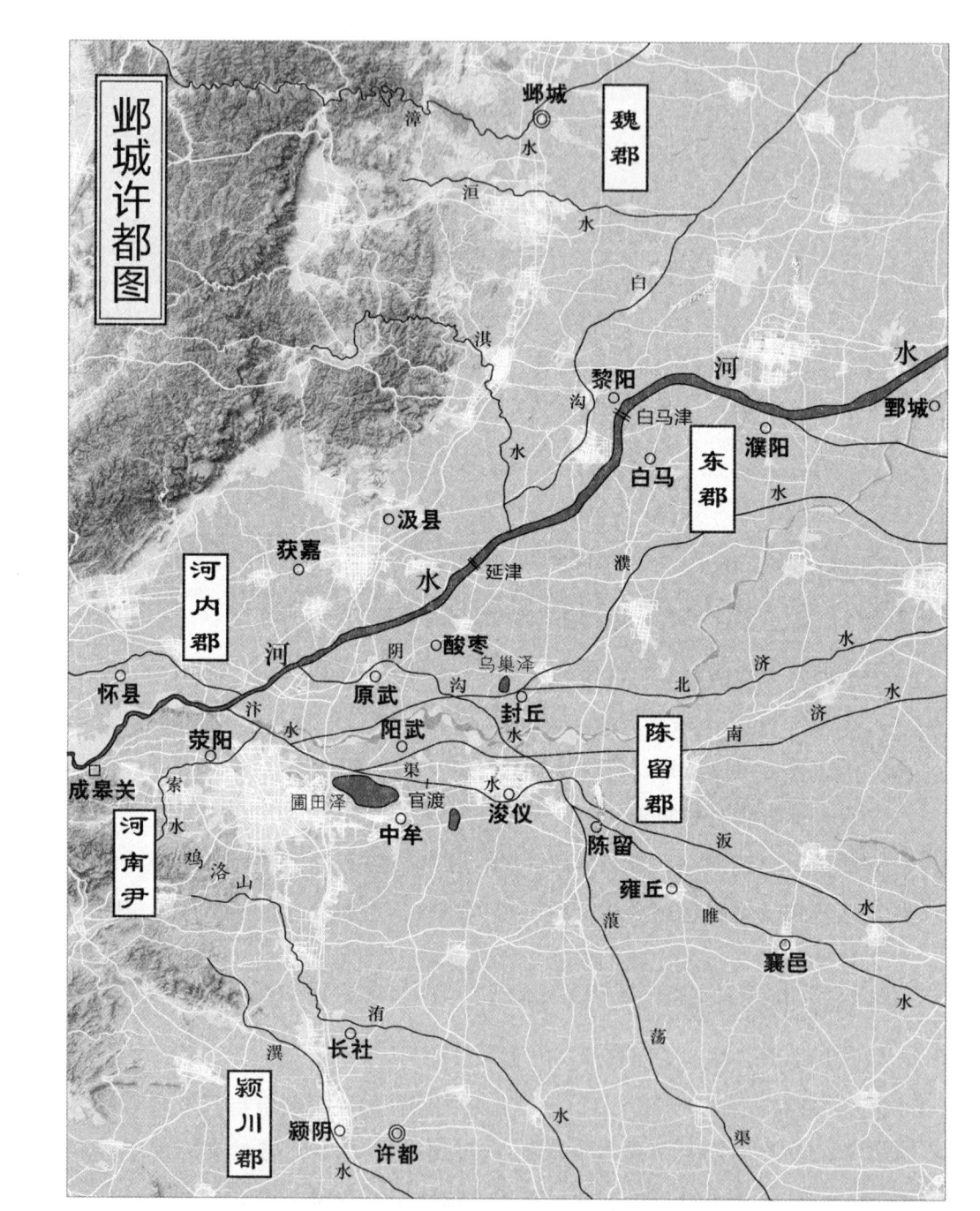

东安（今山东沂水南）三郡。

　　黎阳即今河南省鹤壁市浚县。东汉时的黄河河道要比今天更加靠北，经黎阳城南而东北流。越河而南，则正对归属兖州东郡的白马城。从黎阳到白马的这段水路，在当时是自袁绍的大本营邺城南下渡河距离最近、最为便利的渡口，河北称之为黎阳津，河南则称为白马津。曹操抢先出兵黎阳，我推测一是为了侦察地形，二是为了震慑对手。而命臧霸攻入青州，则属以攻为守，既可以防止袁绍由东线入侵，维护本方侧翼的安全，又可以扰乱其在青州征兵征粮的计划。

　　以上行动显示出，曹操绝非坐受围攻的公孙瓒可比，战争一开始，他就力图将战场的主动权掌握在自己手中。

　　九月，可能是觉得北岸的黎阳并不适合防守，曹操主动撤回，留平虏校尉于禁统步骑两千把守南岸的延津（今河南卫辉东北），另分出一部分军队驻守官渡，自己则回了许都。

　　官渡所在的位置，学界多认为在今河南省中牟县东北。其之所以得名官渡，多半是因为此地乃是自延津渡过黄河后越汴渠南下的一个官道渡口。从《水经注》等史料可以得知，官渡一带虽处于毫无遮拦的平原地区，却分布有数条由济水支流和人工开凿的沟渠构成的水道，平时便于运输粮食，阵地战时亦可以资防御。尤其是官渡以西，是一片由大大小小的几十个池塘沼泽构成的湿地，东西五十里，南北二十余里，或芦苇丛生，或沙阜连绵，行人极难穿越，古人称之为圃田泽。而在官渡以北以东，则是河水冲积和池沼干涸而成的大片沙丘，史籍称之为沙海。当年秦始皇东巡经此，张良携力士以铁椎对其行刺的博浪沙，便应在沙海某处。

　　由此可知，官渡实乃由冀州南下直指许都的必经之途。而曹操在许都以北共布下两道防线，第一道即以黄河为屏障的南岸各要津（白马、

第 32 章　大战前夜

延津），第二道即依托圃田泽和沙海的官渡防线。官渡若失，许都便门户大开，显然是布防的重点。

不知道是不是曹操以攻为守的策略收到了效果，袁绍一方的战前准备工作进行得极其缓慢。大概直到建安四年（199年）年底，他才将"精卒十万，骑万匹"集结完毕，并"以审配、逢纪统军事[①]，田丰、荀谌、许攸为谋主，颜良、文丑为将帅"，兵发黎阳而来。而袁军主力抵达黎阳，并开始对南岸的曹军据点发动进攻，更是次年二月才发生的事。也就是说，从决计南征以后，袁绍足足花了半年多的时间进行准备。从好的方面说，我们可以认为这是因为袁军兵马众多，所需粮草辎重需要时间来准备充分；但是另一方面，这也不能不让人怀疑，袁绍阵营在集兵和后勤上的组织效率实在不够理想。

由于短期内并未发生战事，曹操得以在军事和外交上从容展开部署。

一、命东郡太守刘延移屯白马，和西边的于禁一同防范袁军自黎阳渡河。再加上守鄄城的程昱和守射犬（具体地望不详，推测在河南焦作以南）的河内太守魏种，共同构成沿河的第一道防线。

二、命尚书令荀彧留守许都，自己则统军于十二月出屯官渡。徐晃、乐进、许褚、曹仁、曹洪、夏侯渊诸将或在官渡大营，或在左近为游军，随时听候调遣。荀攸、郭嘉这两大参谋也在军中。

三、命负责屯田的典农中郎将任峻督办各地军器粮运。

四、命司隶校尉钟繇持节镇抚关中，使马腾、韩遂为首的关中诸将在袁、曹之争时保持中立。

[①] 此据《三国志·袁绍传》。然从之后史事来看，审配和逢纪在战争期间留守邺城，并未在前线统军。

五、针对荆州牧刘表与袁绍结盟,有可能发兵与袁绍相呼应的状况,派治书侍御史卫觊出使益州,劝说益州牧刘璋出兵牵制刘表。后来由于道路隔绝,卫觊无法抵达益州,便留镇关中,助钟繇安抚关中诸将。期间卫觊又向曹操建议,派专人监领关中盐政、招徕流民,与诸将争夺人口,关中局势得以稳定。官渡对峙期间,钟繇曾送马两千匹助军。

六、封之前助袁绍消灭公孙瓒的渔阳豪强鲜于辅为建忠将军,督幽州六郡,阎柔为护乌桓校尉。此举使得鲜于辅和阎柔归附了曹操。虽然由于乌桓人亲袁,官渡之战期间鲜于辅和阎柔未能在后方对袁绍形成骚扰,但至少没有倒向袁氏一边。

七、针对袁绍老家汝南郡有门生宾客响应袁氏、拥兵据守的状况,任命满宠为汝南太守,对其展开镇压。

此外,从现有史料来看,在许都以南,除各地守土有责的郡县守长之外,曹操并没有派驻军队专门负责防备可能来自刘表、孙策这两方的侵袭,而是将军队的主力分散部署在了以官渡和许都为轴的核心地带。这大概是刘表和孙策距离许都皆比较远,而官渡大营离许都不过二百余里,若有缓急,轻骑一日可至的缘故。彼时的主要威胁,只是北方的袁绍。

实际上,官渡之战刚开打不久,来自荆、扬两方向的威胁便基本得到了解除。

首先,那个曹操三次亲征都没有吃掉的小军阀张绣,竟然在建安四年(199年)十一月主动投降了他。

张绣虽然实力较弱,但由于其老巢距离许都较近,实为威胁曹操后方的一大隐患。对此,袁绍自然也心知肚明,老早便向张绣派出了使者,要把他争取到自己这一边。由于之前曹操的儿子死在了张绣手里,

张绣本人是想归附袁绍的。可是在跟袁绍的使者交谈时，一旁的贾诩却突然对使者高声说道："你回去替我们谢绝袁本初，就说他兄弟之间尚不能相容，还能容得下天下国士吗？"此言一出，张绣吓得够呛，转头悄悄对贾诩说："要是这样，咱们不就没了归路了吗？"贾诩道："不如从曹公。"张绣说："袁强曹弱，曹操又跟我们有仇，怎么能从他呢？"贾诩说正是因为这样才应该投降曹操："第一，曹操奉天子以令天下，降曹便是降天子。第二，袁绍兵多势强，我们带着不多的人马降袁，定然不被重视；曹操兵少，得我方相助必然欣喜。第三，像曹操这样志在天下的人，一定会抛弃私人恩怨，以招抚四海归心。有此三点，希望将军您不要犹豫。"

由于之前贾诩料事如神，张绣对他甚是心服，便如其言遣使向曹操归顺。曹操果然将仇怨置之度外，热情欢迎张绣来归，不但拜其为扬武将军，还让自己的儿子曹均娶了张绣的女儿。贾诩也被封为执金吾，爵都亭侯。后来张绣便率部参加了官渡之战，亦有军功。

张绣这一投降，就如同斩掉了刘表伸向中原的一只触角，使得原本就心存观望的他更加不敢轻举妄动。

刘表其人，虽有割据自立之心（史载其在荆州"郊祭天地，拟仪社稷"），却无争雄进取之志。这一点，或许与他在荆州的统治根基并不牢固有关。

刘表既是汉室宗亲，又是东汉末年名列"八俊"（一说"八顾"或"八及"）之一的清流名士，然而并不是荆州人，也不像四世五公的袁氏家族那样拥有雄厚的政治资源和背景，因此他在初平元年（190年）赴荆州上任之时，基本上是单枪匹马而去。

那个时候荆州北部有袁术强敌压境，江南又有地方豪强聚众兴兵、处处屯结，局势相当不太平。刘表为了在荆州站稳脚跟，只能仰仗荆州当地大族蒯越、蔡瑁等人，后来还续弦娶了蔡瑁的姐姐。在蒯氏、蔡氏为首的当地大族的帮助下，刘表虽然平定了各地叛乱，稳定了荆州局势，国中实权却也大半落入了这些大族手中。当时尽管有大批中原士人流寓荆州避难，但能被刘表重用的却并不多。显然，值中原大乱之际，荆州本地大族为门户利益考虑，更倾向于闭关自保，而不愿劳师远征。再加上刘表本人一介儒生，长于文治而短于武略，彼时他又已经是五六十岁年纪，缺少锐意进取之心，就使得荆州政权在军事上显得相当保守。所以在很长一段时间里，刘表在外交上都采取"内不失贡职，外不背盟主"的策略。也就是既在名义上尊奉天子，避免背上叛主的恶名，又结好袁绍这个最有实力的盟友。整体上但以保境安民为目标。

只是后来随着曹操迁汉献帝都许、袁曹从同盟转为对抗，这一策略很难再延续下去。建安三年（198年），荆州南部爆发了长沙太守张羡占据三郡的叛乱。叛乱的原因，一来是张羡跟刘表有宿怨，二来则是他听信桓阶之言，要举三郡归附曹操。史料记载，刘表派兵平叛，"连年不下"。直到官渡之战结束，刘表才将叛乱剿灭。所以当战前袁绍邀请刘表共同出兵之时，刘表虽然表示同意，却迟迟没有出兵。再加上本来依附刘表的张绣忽然降曹，夺取了庐江的孙策又在东边虎视眈眈，刘表就更加不敢派军北进了。

据说当刘表在袁曹战争期间置身事外、左右观望之时，他的身边很有一些有识之士对此不以为然。

《三国志·刘表传》记载，从事中郎韩嵩、别驾刘先都曾经劝刘表说："现在袁绍和曹操两雄相争，决定天下大势的人非将军你莫属。将军你要真想成就大事，乘其鹬蚌相争之弊也不是不可；若其不然，就应该在曹、袁二者当中择一而从。现在将军你拥十万之众，却只是袖手旁观，将来不论是谁获胜，都势必会怨恨将军。以曹操之明哲，天下贤能

之士都归心于他，其势必战胜袁绍。到时他一定会发兵南征江汉，只恐怕将军你抵挡不了。为将军打算，不如举荆州归附曹公，曹公必会因此感戴将军，将来长享富贵，泽被后嗣，这才是万全之策。"

蒯越也劝刘表归附曹操。

然而刘表还是拿不定主意。

整个官渡之战期间，他就这样糊里糊涂地保持了中立。

第33章 刘备反水

由于张绣归附和刘表迟疑观望,曹操在全力对付袁绍之时,背后并没有来自荆州方面的威胁。

而在东南方向,情形则大不一样。

建安四年(199年)十二月,也就是张绣归降的次月,徐州方面就爆发了叛乱。

叛乱者不是别人,正是当年夏天曹操派出去拦截袁术北逃的刘备。

自从当初因为被吕布袭破而投奔曹操,刘备已经在曹操的羽翼之下度过了四年时光。这四年对他来说,真可以说是百味杂陈。

起初为了对付吕布,曹操对刘备很是器重,表奏他为豫州牧,仍安排他在小沛屯驻。两年后吕布被灭,曹操又升刘备为左将军,带他回了许都。虽然曹操"礼之愈重,出则同舆,坐则同席",还把关羽、张飞也封为中郎将,但是这个时候刘备已经被剥夺了兵权,成了既不治民，亦无领土的空头州牧。显然，曹操对刘备表面上亲热，其实却并不信任。

曹操身边的谋士也不止一次劝他趁早除掉刘备。

例如程昱，在刘备刚投奔过来时，就曾经劝曹操："观刘备有雄才，又甚得众心，终不肯为人下，不如早图之。"曹操那时答道："方今正是收罗英雄之时，杀一人而失天下之心，不可。"后来又有人表达同样的意见，曹操就来问郭嘉怎么看。

郭嘉说："确实如此，这建议有其合理性。然而曹公您提剑兴义兵，为百姓除暴，一直仰仗诚信二字以招徕天下俊杰。现在刘备有英雄之名，当其穷困之时前来投奔，倘若杀了他，便会落下害贤之名。那样的话，才智之士将会自疑，生出另择良主之心，到时您和谁一起平定天下呢？除刘备一人之患，却会因此损害您在四海的声望。孰轻孰重，还请您明察！"

曹操听后，笑道："君得之矣！"还是你说得对！

虽然另有一则史料说，郭嘉的意见或许相反，他是主张杀掉刘备的，但曹操的选择都一样，即他当时奉汉献帝都许未久，一来权力基础并不稳固①，二来周边强敌环伺，正是招徕天下英杰之时，不好为了杀掉刘备而打击其他人的来归之心。同样，曹操当时甘愿把大将军的名号让给袁绍，后来却又不受袁绍怂恿，拒绝杀掉跟袁绍有宿怨的名士孔融和故太尉杨彪，以及他再三容忍目中无人的狂士祢衡，也是因为这一点。

然而到了建安四年（199年）之后，情况稍稍发生了一些变化。

一是这时候吕布被灭，所谓"狡兔死，走狗烹"，刘备的利用价值

---

① 据《后汉书·杨彪传》，曹操刚奉迎献帝至许那年，有一次朝廷大会公卿，曹操仅仅是见到太尉杨彪脸色不悦，就怀疑他要杀自己，还没等宴会开始，便托疾如厕，逃回了本方营帐。此事说明当时曹操的权力并不稳固。

大不如前。二是随着汉献帝刘协成年，反曹势力开始在他身边集结，曹操对朝中的异己人物加强了监视和防范。刘备既是汉室宗亲，又跟向来不鸟曹操的孔融关系密切，当然属于被曹操怀疑的对象。史料显示，这一时期刘备为了避免引起曹操猜忌，亲自在住处开荒种菜，试图装出一副胸无大志的样子。然而与此同时，他却秘密加入了车骑将军董承领导的反曹阵营。

董承这个人，是汉灵帝生母董后的侄子，他的女儿又被汉献帝纳为贵人，所以他可算是皇帝的岳丈。前文提到，当年曹操入洛阳，正是受董承之邀。曹操能够挟天子以令诸侯，董承是有功的。因此曹操秉政之后，便表奏他为辅国将军，并封列侯。

董承其人是否有取代曹操的野心，由于史料匮乏，今已不得而知。可以肯定的是，当汉献帝业已成年、不甘沦为曹氏傀儡的时候，身为外戚的董承就成了他能够仰仗的为数不多的力量之一。

迁都于许的建安元年（196年），献帝刘协十六岁。他本就聪慧早熟，近年来又饱经患难，更加洞悉权力斗争的残酷本质。眼见宫廷内外尽是曹氏党羽，军国要政无不奉曹操之意，刘协既为汉室江山的沉沦感到悲愤，又为自己的前途命运深深担忧，对曹操的不满和仇恨便一天天地在心中积聚起来。

据《后汉书·献帝纪》所载，有个叫赵彦的议郎曾经向献帝"陈言时策"，结果便引起了曹操憎恶，而被收杀。"其余内外，多见诛戮。"可见曹操对朝中亲汉献帝的力量相当警惕，一旦发现有危及自己权位的可能，立刻下手清除。对这种状况，献帝虽然愤怒，却也无可奈何。

大概是在建安二年（197年），时任司空的曹操在出征张绣之前，带兵入宫向献帝辞行。按照汉代旧制，凡三公领兵入见，都要"交戟叉颈

而前"，意思是要被虎贲卫士拿戟架在脖子上押着进来。之前不知从何时起，这个规矩实际上已经废而不行，而汉献帝不知是得了高人指点，还是从典章中习得，竟然在此时又恢复了这项制度。我们很难想象，当曹操被冰凉的戟刃叉住脖颈如履薄冰一般缓步入殿之时，他到底是何心情。史籍只是记载，当时献帝很不高兴地对他说道："君若能相辅，则厚；不尔，幸垂恩相舍！"你要是能辅佐我，就待我好点儿；要是不能，你就行行好把我放了吧！听了这话，曹操当即脸色大变，只能一边叩头，一边但求告退。出殿之后，曹操"顾左右，汗流浃背"。从那以后，他再也没有前去朝见过献帝。

如果史籍对这起事件的记载属实，那么我们可以认为，当时汉献帝是有机会将曹操诛杀的。而他之所以没有下手，无非是担心玉石俱焚，再引发一次李傕、郭汜之乱而已。

到了建安四年（199年），又有两件事透露出了献帝刘协不甘傀儡地位的努力。一件事是，这一年朝廷"初置尚书左、右仆射"，即将职能类似于中央政府副首脑的尚书仆射由一人扩大到了左、右两人。要知道当时军政大权尽归曹操的司空府，尚书令则由亲曹的荀彧担任，对曹操来说，似乎没有在制度上增设左、右仆射的需要。所以我推测，这一调整应该是出自献帝本人。虽然彼时担任右仆射的人选不明，但有史料记载担任左仆射的是一个叫荣邵的人。此人是汉献帝在长安时的老臣，应该不属于曹操的党羽。由此猜测，这或许是献帝在朝廷要职中增加非曹操势力的一招。

第二件事，便是董承由辅国将军晋封车骑将军，并获得了开府特权。

由于朝廷内外遍布曹操党羽，而宦官势力此前已经被袁氏兄弟一网打尽，深宫之内的"孤家寡人"刘协能够仰仗的力量便只剩下了自己的外家。刘协曾于兴平二年（195年）在长安立有皇后伏氏，伏氏的父亲伏完本来跟董承一样，也是辅国将军，但是此人畏于曹操威势，生怕惹祸上身，不久就主动交出印绶，只接受了中散大夫的闲职。献帝知道伏完指望不上，便将希望寄托在了另一个岳丈董承身上。显然，董承在未立新功的情况下突然晋升为车骑将军，必定出自献帝的策划。

东汉的车骑将军与三公平级，地位甚高，而且通常握有兵权。而此时曹操不过官居司空，行车骑将军而已①。再加上献帝准许董承开府，也就是说，至少在制度上董承的权位已经跟曹操不相上下了（虽然实际上相去甚远）。

开府之后，董承的势力有了进一步扩张。他托辞受献帝"衣带诏"来构建反曹同盟，并将时任左将军的刘备牵涉进来，应该就是在这段时间。

据《三国志·先主传》的记载，当时董承对刘备透露，"受帝衣带中密诏，当诛曹公"。《后汉书·献帝纪》则直言"车骑将军董承、偏将军王服、越骑校尉种辑受密诏诛曹操"，《三国志·武帝纪》亦云刘备"阴与董承等谋反"，可见刘备确实参与了董承的密谋。

还有一则史料显示，当时不止刘备，就是关羽也有杀曹操之心。此事同时记录于《三国志》裴注所引晋人王隐的《蜀记》和孙盛的《魏氏春秋》：

当年刘备随曹操一起东征吕布，将吕布围困在下邳，关羽应该也参

---

① 据《后汉纪》，在董承得封车骑将军之前，还发生了"司空曹操让位于太仆赵岐"的事件，而汉献帝"不听"。此时曹操刚刚消灭吕布，理当论功，他却自己提出让位，似有以退为进要挟献帝的嫌疑。献帝虽然不准，但在赏其平吕布之功时只是"封操三千户"，并未加官进爵。再参照董承无功却能晋升车骑将军之事，更可知献帝明摆着是要抑制曹操而抬升董承。

加了战斗。期间吕布窘急，便派部将秦宜禄去向袁术求救。而关羽之前在徐州见过秦宜禄的妻子杜氏，就向曹操请示说，希望城破之后曹操能把杜氏赏给自己。曹操本来已经答允，可是下邳即将被攻破之前，关羽又跟曹操念叨了好几次。这就引起了曹操的兴致，他怀疑这女子一定姿色出众。于是城破之后，曹操先派人把杜氏接了来，一看果然美得不得了，当下食言而肥，自己留下受用了。从那以后，关羽就落下了心病。

来到许都后，有一次刘备陪曹操出城打猎，途中为了追逐猎物，曹操手下众将都散了开去。关羽可能是知晓了刘备跟董承的密谋，也可能是因杜氏一事怀恨在心，就劝刘备趁此良机刺杀曹操，然而刘备并不答应。虽然后来刘备声称，他之所以不允，是"为国家惜之"，意思是怕曹操死了对献帝和政局稳定不利。但是裴松之早已指出，其真实原因无非是怕曹操心腹党羽众多，杀了他，自己也活不了。

由此可知，与《三国演义》中的描写截然相反，关羽关云长不但好色，而且跟曹操的关系也并不好。

这里顺便再说个题外话：

后来吕布被灭之后，杜氏的老公秦宜禄也降了曹操，被任命为徐州某县县长。刘备叛曹后，路过他的辖境，张飞就对他说，你老婆被人占了，你却当他的官，你寒碜不寒碜啊，不如跟我们走吧！秦宜禄一开始被说动了，可是走了几里路，他又反悔想回去，结果被张飞杀掉了。而杜氏在跟了曹操之后，不但颇受宠幸，就是她带过来的儿子秦朗，也被曹操视为己出。曹操曾多次对人说道："你们可曾见过像我这样喜爱继子的人吗？"

以下言归正传。

刘备虽然参与了董承的密谋，但除了那次打猎，他没有再获得刺杀曹操的机会。适逢建安四年（199年）夏天，在淮南深陷危机的袁术想经由青、徐一带去河北投奔袁绍。为了阻止二袁联合，曹操觉得有必要派兵前去拦截。可能是考虑到自己的军队曾经在徐州数次屠城，当地人敌意难消，而刘备在青、徐经营多年，对当地的情况十分熟悉，也颇有民望，曹操就打算派刘备跟将军朱灵、路招等一同前去。

当然，如前所述，曹操对刘备并不十分放心。为了对他加以试探，可能是利用饯行或私宴的机会，曹操装作若无其事一般，对刘备说了一句话："今天下英雄，唯使君与操耳！本初之徒，不足数也。"

这句话后来被小说家加以演绎，便成了《三国演义》中一段脍炙人口的情节：青梅煮酒论英雄。

要知道这个时候袁绍已经消灭了公孙瓒，袁、曹之争即将全面展开，谁都看得出来，与曹操争夺天下的最大的敌人就是袁绍。而曹操竟然声称"天下英雄唯使君与操"，他袁本初根本凑不上数，潜台词自然就是：只有你刘备才是我真正的敌人！

所以这句话的分量实在非同小可，也就难怪正在吃饭的刘备听了"失匕箸"，吓得勺子筷子掉了一地。

《华阳国志》说，当时恰好天上打了一个雷，刘备便道："圣人云'迅雷风烈必变'，良有以也。一震之威，乃至于此！"总算把自己的窘状掩饰了过去。

据说宴会结束之后，曹操也有点后悔，因为如此袒露心迹，说不定反而会让刘备有了防备。于是他便派人去刘备的住处打探，回禀说刘备正在菜园子里指挥下人择葱，下人弄得不好，他举杖便打。曹操道："大耳翁未之觉也！"就放下了心。再联想到一个响雷都能把刘备吓到，看来他现在确实已经胸无大志，未必便敢反叛，曹操最终还是放刘备去了徐州。

应该说，这次曹操可谓是聪明一世，糊涂一时。他被刘备的精彩演

第33章 刘备反水

技蒙骗，竟然真的以为他像张绣一般雄心消磨，变成了求田问舍的种菜之人。殊不知刘备已经跟董承有所密谋，而经过这次事件，刘备更加确信此处不可久留，很快便带着关、张离开了许都。程昱、郭嘉和董昭得知后，都对曹操说不该放虎归山。曹操虽然醒悟，但已追之不及。

当年秋天，刘备拦截袁术的任务完成后，得知袁绍准备大举伐曹，便找借口滞留在了徐州。至十二月，他终于袭杀了曹操任命的徐州刺史车胄，占据下邳，举起了反曹大旗。

第34章 "孙策欲袭许！"

袁绍的大兵已经压境，侧后方却又出了刘备的叛乱。更糟糕的是，当地豪强昌豨也响应刘备，攻占东海郡（今山东郯城），徐州郡县纷纷叛曹归刘。很快刘备就聚集了数万之众，还派孙乾出使河北，跟袁绍结成同盟，从战略上对曹操形成了夹击态势。

一时间，局势对曹操相当不利。

由于本军主力皆在官渡一线布防，一开始曹操只是派了两个部将刘岱和王忠去讨伐刘备。但这两个人哪里是刘、关、张的对手？自然是劳而无功。据说当时刘备还不无得意地对刘岱、王忠说："像你们这样的就是来一百个，又能奈我何？就是曹操自己来，胜负也未可知。"

与此同时，董承等人在后方也没有停止反对曹操的密谋。

据裴注所引《献帝起居注》的记载，当时董承针对刘备出走、本方在朝中势力大损的情况，对偏将军王服（即王子服）说，当初郭汜手中不过几百个兵,却能击败李傕数万之众,现在就看你我能不能同心协力了!王服说自己兵少,实在不敢。董承就说,事成之后,曹操留在许都的兵就成了咱们的兵,难道还不够吗?王服又问,京师里面还有谁跟咱们是一伙?董承说长水校尉种辑、议郎吴硕是我的心腹。于是两人便商定了计划。

由此可知,董承等是想利用曹军主力屯兵官渡、许都空虚的机会发动政变,然后拥汉献帝以顺讨逆。这一计划倘若成功,曹操不但会陷入三面受敌的险恶局面,军心士气更会大受影响,还哪里能够对付得了袁绍的十万大军?

幸而董承等实力单薄,朝中又有荀彧等人留守,加之曹操在宫廷内外布下了许多眼线,董承的计划最终败露。

建安五年(200年)正月初九,曹操收杀董承等人,皆夷三族。当时董承的女儿董贵人已有身孕,献帝为此向曹操多次求情,结果还是没能救得了董氏的性命。

这一来,刘备曾参与董承密谋的事也随之暴露。曹操更加恼怒,又眼见他在徐州气候渐成,如若再不采取有效措施,势必酿成心腹大患,便生出了亲征刘备的心思。

但是这时候袁绍的军队已经逼近黄河北岸,大战一触即发,舍此东征的话,万一袁绍乘机攻击背后,或者偷袭许都,那不是太危险了吗?所以曹操这一想法甫一提出,诸将都不赞成。他只好解释说:"刘备实是人杰。今日若不击之,必成后患。袁绍虽近,其人却见事迟,定会按兵不动。"在这一点上,郭嘉跟曹操意见一致,他也认为袁绍这个人反应慢,又多疑,即便有心发动进攻,动作也快不了。而刘备的人马都是刚刚聚集,众心未附,迅速前往进攻,一定能够获胜。

听了郭嘉的分析,曹操更不迟疑,当即留部分将领屯守官渡,亲领大军直往徐州而去。

当时刘备亲守小沛,另留关羽把守下邳。而从官渡到小沛将近七百里,比从袁绍的大本营邺城到许都的距离还远不少,刘备压根儿没有想到曹操竟然置袁绍于不顾,亲自统军来跟自己决斗。正如郭嘉所说,他的军队刚刚组建起来,还没怎么训练,又是仓促迎战,自然难敌曹操的百战精兵。王沈于曹魏末年撰著的《魏书》甚至说,当探马向刘备汇报说曹操亲来之时,刘备大吃一惊,不敢相信,就亲自带了几十骑兵出去看。结果望见曹操的帅旗,刘备便弃军而逃了。

王沈的记载当然有故意抹黑刘备的嫌疑。以刘备的性情胆略,得知曹操亲来,吃惊或许可能,却绝不至于不战便落荒而逃。然而战斗的结果确很糟糕,刘备不但丢了小沛,老婆孩子也让曹操俘了去,他自己则经由袁谭控制的青州去投了袁绍。

之后曹操又东击下邳,关羽孤城无援,只好投降。《三国演义》中所谓的"屯土山关公约三事",说投降前关羽向曹操提了三个条件云云,当然纯属虚构。

这次曹操平定徐州叛乱,前后用时还不到一个月,可谓一次相当成功的闪电战。而在其东征期间,据说袁绍的谋士田丰曾力劝他趁机发大兵袭击曹操的背后,袁绍却以儿子生病为辞,拒绝出兵,气得田丰举杖击地道:"嗟乎,事去矣!遭难遇之机,而以婴儿之病失其会,惜哉!"袁绍得知他说了这些话,心中恼怒,从此就疏远了田丰。

其实有史料显示,当时袁绍并不是完全没有对曹军的防线发动过攻击。

据《三国志·于禁传》,当曹操东征刘备之时,于禁奉命把守延津,"绍攻禁,禁坚守,绍不能拔"。也就是说,袁绍的确对于禁负责的黄河南岸防线发动了猛攻,只不过没能打开突破口而已。而于禁的兵

力，据前文可知是步骑两千，袁军进攻的兵力则不详。由于此时袁绍的主力部队尚未进据黎阳，我推测攻击于禁的应该是袁绍的前锋部队，数量可能在一万左右。

既然无法突破于禁的防守，袁绍自然也就不大可能派大军去袭击曹操的背后。史官说袁绍以儿子生病为理由拒绝出兵，无非是为了突出他刚愎自用、不能纳谏的昏庸形象。就算确有其事，也可能是袁绍为前锋部队作战不利而找借口开脱。

总之，经过半年多整编和集结，直到建安五年（200年）二月，袁绍才亲统大军进占黄河北岸的重镇黎阳。与此同时，"绍遣郭图、淳于琼、颜良攻东郡太守刘延于白马"。袁、曹大战至此正式拉开帷幕。

对曹操来说，尽管此前发生了徐州叛乱和"衣带诏"事件，但由于他反应迅速、处理得当，这两起事件并没有给他造成实质性的损伤。而之前张绣归顺，使他得以避免陷入多线作战的不利局面，战略态势已经大有好转。

到了四月间，又有一个好消息传来，宣告从此以后曹操便可心无旁骛地投入与袁绍的决战。

这个好消息便是：近年来威震江东、有意趁袁曹相争之际趁火打劫的"小霸王"孙策突然被人刺死了。

前文提到，兴平二年（195年）孙策率军渡江，先后击破刘繇、许贡和王朗，占据了江东四郡。接下来的几年里，孙策一边跟曹操结好，接受朝廷的官爵，一边趁袁术败亡之机继续扩张。建安四年（199年），孙策用调虎离山之计，趁袁术旧部、庐江太守刘勋外出征讨的机会，与周瑜率兵两万，袭取了庐江郡治皖城（今安徽潜山）。正是在皖城，孙策得到了"皆国色也"的乔公二女，自纳大乔，而把小乔给了周瑜。

刘勋去无所归，便向依附于刘表的军阀黄祖求救。结果黄祖援军又被孙策击破。孙策既跟黄祖有杀父之仇,又怨恨他出兵援助刘勋,便乘胜进逼黄祖的大本营沙羡(今湖北汉口)。

十二月十一日凌晨,孙策率周瑜、吕范、程普、黄盖、韩当诸将与黄祖军和刘表派来的援军大战于沙羡。孙策亲自跨马掠阵,手击战鼓,三军士气大振。再辅以火攻之势,"火放上风,兵激烟下,弓弩并发,流矢雨集"。战至天光大亮,黄祖军全线溃败。总共两万余人被斩,溺死者也有两万。黄祖的老婆孩子被俘,他自己则轻身遁逃。

黄祖被击破后,豫章太守华歆也在虞翻的劝说下向孙策归顺。这一来,江东六郡(丹阳、吴郡、会稽、庐陵、庐江、豫章)便彻底归属了孙氏。

孙策势力进一步扩张的消息传到北方,曹操也不能不感叹:"猘儿(狂犬),难与争锋也!"

本来按照孙策这个"猘儿"的脾气秉性,他大可以"宜将胜勇追穷寇,不可沽名学霸王",继续西攻黄祖和刘表。但是他收到后方汇报,原本已经降附的严白虎余党趁其西征,正在预谋叛乱,于是便引军东归。回丹阳后一调查,严白虎余党的背后主使,乃是曹操委任的广陵太守陈登。

陈家是下邳大族,在徐州颇有影响力。当初之所以刘备能当上徐州牧,吕布最终又丢掉徐州,都跟陈氏家族的向背密切相关。而陈氏家族素来跟孙策不睦。几年前陈登的叔叔陈瑀便曾联络严白虎、祖郎等孙策的死对头,谋划里应外合攻取江东,结果阴谋败露,被孙策派吕范击破,不得不北投了袁绍。陈登这个人,虽被称作"湖海之士,豪气不除",其实却颇有野心。他在任广陵太守期间,治民厉兵,降服海贼,很有一番作为,史籍说他"甚得江、淮间欢心,于是有吞灭江南之志"。孙策西征后,他向严白虎余党授予印绶,谋求江南领土的用心昭然若揭,由此便引发了随后孙策北征。

其时已经是建安五年（200年）的春季，中原袁、曹虎争，袁绍进兵黎阳，已经向南岸的曹军发动了攻势，曹操正在全力应对他起事以来所面临的最大挑战。偏在这时，史料中出现了一则令人骇异的记载："孙策欲袭许！"

《三国志·魏书·武帝纪》云："孙策闻公与绍相持，乃谋袭许。"

同书《郭嘉传》也说："（孙策）闻太祖与袁绍相持于官渡，将渡江北袭许。"

《吴书·孙策传》亦云："建安五年，曹公与袁绍相拒于官渡。策阴欲袭许，迎汉帝。"此外，裴松之注所引《搜神记》《九州春秋》《傅子》以及袁宏的《后汉纪》等史料，也众口一词指出孙策曾有过偷袭许都的计划。可见，此事乃是魏晋时人的共识。《建康实录》更云，孙策"欲谋渡江迎献帝"。

倘若此事是真，那曹操势必陷入腹背受敌的局面，同时应付袁绍、孙策这两大对手，胜算可谓微乎其微。因此曹营众人风闻这一消息，无不忧惧。

只有郭嘉料道："孙策新近才吞并江东，为此诛杀了不少英雄豪杰。这些人都是能得人死力者。然而孙策在行动上却素来轻率冒失，疏于防备。这样的人虽有百万之众，却与独行中原无异。倘若有刺客伏起，他也不过是一人之敌。以我所见，他必死于匹夫之手！"

无巧不成书，就在郭嘉做出这一预言之后不久，孙策便遭遇了刺杀，偷袭许都一事亦由此未能成为现实。这一来，孙策当初是否确实制定过袭击许都的计划便成了后世众说纷纭的一大悬案。

最早对此发表质疑的是东晋史家孙盛。他认为，那个时候孙策虽然占据了江东六郡（黄祖既破，豫章太守华歆也归降了孙策），但黄祖在他的上游窥伺，近在咫尺的陈登又一个劲儿地策反他内部的反对者，江南的偏险山地之中也存在不少不愿臣服他的地方豪强，他哪有功夫去远征许都，把皇帝迁到自己的地盘？但是裴松之却反驳他说，黄祖刚刚被孙策打得大败，魂儿还没找回来呢，刘表又是个胸无大志之徒，他们哪里敢发兵来取江东？而严白虎、祖郎这些劲敌此前已经被孙策消灭，剩下的不过是些山越，并不足为虑。孙策的计划，应该是先取陈登，然后再乘胜袭击许都。倘若他真能得手，到时候淮河流域哪里都能当都城，不一定非要把皇帝迁到江南来。也就是说，裴松之并不排除孙策欲袭许都的可能性。

不过，宋朝的司马光并未采信裴松之的说法，《资治通鉴》中亦删去了孙策预谋袭击许都一事。对此，司马光在《通鉴考异》中解释说，此事多半是当时人见到孙策临江治兵，就怀疑他是要偷袭许都罢了。这是从根本上否决了上述记载的可信性。

到了现代，吕思勉先生又反驳裴松之说，刘表、黄祖之流固然不足为患，江南各地的强宗大族却实在是孙策的心腹之疾，孙策再轻率冒进，也不至于对此不加顾忌。再说以孙策的实力，并不强于陶谦、吕布和袁术，此时还不足以与曹操抗衡，更何况是偏师深入？就算他侥幸袭破许都、挟持了汉献帝，也在淮河流域站不住脚，而要是把献帝迁到江东，那就像项羽把义帝迁到郴地一样，成了毫无价值的一招废棋。孙策又不是傻子，他怎么能干这种事？因此，吕思勉跟司马光一样，认为《三国志》的记载并不可信。

然而与此同时，相信孙策确要袭击许都、劫走汉帝的也大有人在。例如易中天先生在《品三国》一书中就盛赞孙策此举是"讲政治"。更有人大开脑洞，认为孙策不但要攻取许都，还要趁袁、曹相争的机会吃掉曹操，逼得曹操没法，只好设计把他除掉。而郭嘉的预言之所以如此精准，正是因为他便是刺杀孙策一案的背后策划者！

那么，孙策到底有没有计划袭取许都？孙策之死的真相又是什么呢？

第35章 小霸王之死

在考辨孙策袭许一事之前，首先要搞清楚他后来因何而死。

关于孙策之死，《三国志·吴书》记载，当时孙策正在秘密治兵，部署诸将，准备偷袭许都，"未发，会为故吴郡太守许贡客所杀"。接着又叙述原因，说当初孙策杀掉许贡之后，许贡的儿子和门客便逃亡隐匿在江边。孙策单骑出城，突然与许贡的门客遭遇，"客击伤策"，最终伤重不治而亡。

由于《三国志·吴书》多取材于孙吴官修国史，孙策死于许贡门客之手可以被视为孙吴政权认可的官方说法。问题是陈寿的记载过于简略，不但事情发生的时间地点不详，细节也多缺失，如孙策因何单骑出城？又是怎样被许贡门客所伤？这些疑问的答案只能从裴松之注所引的其他史料中找寻了。

据裴注所引《江表传》可知，当时孙策正在讨伐陈登，因为等待粮运，所以在丹徒（今江苏镇江）稽留。由于孙策喜欢打猎，这期间他曾经数次带领士兵出猎。但是因为他的坐骑是宝马良驹，随从往往跟不上他。之前许贡被杀后，他的奴客藏匿民间，一直伺机替许贡报仇。那一天，孙策打猎的时候突然遇到三人，便是许贡的奴客。孙策问他们说："你们是什么人？"答曰："我们是韩当手下的兵，正在这里射鹿。"孙策说韩当的兵我都认识，从没见过你们，说完便张弓射倒一人。另两人慌忙射箭还击，正中孙策的脸颊。这时候孙策的随从及时赶到，将两人杀死。

《吴历》又说，孙策中箭以后，本来医生说可以治好，只需好好休息，百日以内不要剧烈运动便可。但是后来孙策拿起镜子一照，发现原本俊朗的面容已被箭伤所毁，对左右道："面目如此，尚可复建功立业乎？"气得猛砸案几，大发雷霆。结果创口迸裂，当天晚上就去世了。

另据东晋人干宝的《搜神记》，可知当时人传说，孙策的死或许还与道士于吉相关。

于吉这个人，来自琅琊（今山东临沂一带），很可能跟后世的孙恩一样，是个天师道徒。《江表传》说他从东方来到吴郡、会稽一带后，靠着烧香修道、用符水治病，吸引了众多信徒。有一次孙策在城楼上大会诸将和宾客，于吉忽然盛服来至楼下，转眼间满楼宾客、将领便有三分之二溜下楼去，对着于吉迎拜不迭。一旁负责礼仪的人呵斥禁止，仍然无济于事。孙策大怒，随即命人将于吉收捕。后来于吉的信徒纷纷拜托女眷来向孙策的母亲求情。孙母吴氏便劝孙策说："于先生也曾帮助咱们医治将士、为军队祈福，可不能杀了他！"但是孙策说："此人妖妄过甚，能够迷惑人心，竟然使得诸将不再相顾君臣之礼，舍我而去下楼拜他！不可不除！"诸将联名向孙策乞求饶恕于吉，反而更加坚定了孙策的决心。于吉最终被斩，悬首于市。

第 35 章 小霸王之死

《搜神记》的记载则稍有不同：

孙策计划渡江北袭许都，带着于吉同行。当时恰逢大旱，河枯无水，孙策却仍催逼将士，叫他们速速引船。一次他早起出营，亲自督促，见到许多将吏都聚集在于吉的住处，便发怒说："我难道不如他于吉吗？竟争先恐后去依附他！"遂命人将于吉抓来，斥责他道："现在天旱无雨，水路难行，所以我才早早出去督促。你却不能体会我的焦虑，安坐船中，装神弄鬼，乱我军心！如今我要除了你！"于是把于吉绑在露天处曝晒，宣言说倘若他能感动上天，在中午之前下起雨来，就饶了他，否则便将他诛杀。不多时，但见云气渐起，蔚然四合，到中午时果然下起大雨，直下得山涧盈溢、河水暴涨。将士们都喜悦非常，以为于吉这下定会平安无事，都来向他劝慰庆贺。但是孙策宁可食言，还是把于吉杀掉了。将士们哀痛惋惜，将尸首藏了起来。到了夜里，忽然飞来一片黑云将尸体盖住。早上人们来看，尸体已经不翼而飞。而自从杀掉于吉之后，孙策一人独处，总是感觉于吉好像就在自己身旁，心里十分憎恶，以致举止失常。后来有一次孙策受伤，快痊愈的时候拿镜子来看，赫然便发现于吉在镜中显现。回头去望，却又什么都没有。就这样一连发生了好几次，孙策突然扔掉镜子，大叫起来，"疮皆崩裂，须臾而死"。

显然，关于孙策的死因，这一记载比之被许贡门客所刺更富传奇性，也更易于在民间流传。《三国演义》中"小霸王怒斩于吉"这一段书便是由此演化而来。然而如果排除其中荒诞神异的要素，即便此事确曾发生，杀掉于吉一事顶多可以算作导致孙策旧伤复发的诱因，之前被许贡门客刺伤才是他真正的死因。

要知道在东汉时代，有权有势的人豢养门客是很普遍的事。而彼时虽然门客的地位下降到近于奴仆，却仍保有一些"士为知己者死"的战国遗风。许贡其人久任封疆大吏，养一些死士为门客实在正常。在他被孙策所杀以后，门客们欲为其复仇，在当时人看来更是有情有义、值得赞扬的英雄行为。而孙氏家族出身武人，向来有轻身犯险的传统（前有孙坚之死，中有孙策单挑太史慈，后有孙权格虎），孙策又喜欢打猎，多次轻出，自然留给了许贡门客下手的机会。《后汉纪》甚至记载说，许贡的儿子和门客为了引孙策出来，曾经在江边故意杀人。这多少反映出行刺者早有预谋和计划，并不是偶然与孙策遭遇。另据《三国志·虞翻传》，之前虞翻曾经劝过孙策好几次，叫他不要经常出猎、轻身独行，但是孙策却回答说端坐不动想事情实在太闷，意见虽然接受，行动依然照旧。这才最终遭了毒手。

此外，从上述史料可以得知，孙策遇害的地点是丹徒，也就是现在的江苏镇江。从丹徒北渡长江，便是徐州地界，而当时担任广陵太守的陈登屯驻在射阳（今江苏宝应东）。要从丹徒进攻射阳，最便捷的路线是走水路溯中渎水而上。这是一条人工开凿的运河，相传是春秋时吴王夫差所建。但是这条河道经常淤堵，枯水期更加难行，往往需要人力纤引。这一点跟《搜神记》中描述的孙策催督将士引船的情况正相符合。实际上，根据《魏书·陈登传》所引《先贤行状》的记载，孙策在遇刺前已经与陈登有过交锋。当时，孙策军曾将陈登围困在一个名叫匡琦（推测在射阳附近）的地方，陈登还派了功曹陈矫去向曹操求救。而曹操也确实发了救兵。加之陈登颇有智略，孙策先后发动了两次进攻，结果都遭遇了失败。若真是如此，《江表传》说孙策在丹徒稽留是为了等待粮运云云，就颇有为尊者讳的嫌疑。真实的情况是孙策两度讨伐陈登受挫，只得退回丹徒休整。而他多次出城游猎，可能也是心绪不佳的缘故。

另据裴注所引《志林》，可知孙策去世是在建安五年（200年）的四月四日。这一来，我们就可大致复原出孙策遇刺一事的本末由来：

建安四年（199年）底，孙策西征黄祖，陈登趁机联络严白虎余部在

第 35 章 小霸王之死

227

背后捣乱。五年初，孙策返回，不久便北伐陈登。在匡琦城下，孙策两度受挫，不得不退回丹徒。于吉被杀，很可能便是在此期间。后心情不佳的孙策出城打猎，遂被预先埋伏的许贡门客刺伤，至四月四日终于因伤口迸裂去世。

在此基础上，我们就可以比较方便地探讨"孙策欲袭许"一事以及郭嘉的神预言了。

先说结论：我不认为孙策制订过偷袭许都的计划。

首先，此事在政治上并无必要。

前文提到，孙策在向袁术讨还孙坚旧部之前，曾经去求取名士张纮的支持。当时孙策坦言，自己的志向是"东据吴、会，报仇雪耻，为朝廷外藩"。但张纮认为这并不足够，应该先统一荆、扬，然后再据长江，"诛除群秽，匡辅汉室"。后来孙策的战略规划，基本上就是按照张纮所说的步骤。也就是说，匡辅汉室是远期目标，要以消灭上游的黄祖、刘表，统一荆、扬二州为前提。现在孙策基本上占据了整个扬州，下一步便该略取荆州。在取得荆州、实力足够强大之前便去抢夺汉帝，不但不会有明显的好处，反而会引火烧身。

为什么这么说呢？

后人见"挟天子"的曹操取得了成功，未能"挟天子"的袁绍却最终失败，便想当然地以为，取得对汉帝的控制权是影响胜败的关键因素。其实并非如此。前面在讲曹操的时候已经提到，"挟天子以令诸侯"首先要建立在自身实力的基础之上。实力不够，就会像李傕、郭汜等人一样，有天子在手也是白搭。再说，这时的情况跟曹操迎天子那时已经大为不同。那会儿汉献帝饱受李傕、郭汜之乱的折腾，像个弃儿一样流离失所，好不容易回到洛阳，整个朝廷又缺吃少穿，境况相当凄惨。所以曹操以就粮为由挟持献帝迁都，并没有在朝廷内部遇到什么阻力。而且许都距离洛阳也不算太远，仍然是中原腹地，并无碍于汉帝天下之主的影响力。把汉帝从许都迁到江东则不然。要知道此时朝廷已经在许都安居了四五年，人心早已稳定下来，而江东在当时又被视为偏荒之地，可以想见，迁都一定会遭到献帝和朝廷百官强烈反对。如果对此不管不顾，但凭武力强行迁徙，就会成为董卓第二，引起天下人的群起围攻。另外，即便孙策能够顺利把汉帝迁到江东，远离"天下之中"的皇帝在政治上也会威信大减，正如吕思勉先生所言，和秦末时"义帝之居郴"一样，根本起不到"挟天子以令诸侯"的作用。孙策再缺乏政治智慧，也不会干这种得不偿失的傻事。

其次，此事在军事上很难成功。

许都距离孙策的基地江东的直线距离，至少也在一千里以上，路线所经又大多是曹操的地盘。孙策要想偷袭许都，可以说不被曹操发现的可能性基本为零。而官渡距离许都不过二百多里，尽管当时曹军主力都在对付袁绍，但许都也应有部分军队留守，这一点从董承计划发动政变后"得曹公成兵"一语便可看得出来。孙策要想拿下许都，兵带少了根本不够用，倘若倾巢出动，即便后方不发生变乱，千里远征的军粮供应问题也难以解决。更何况孙策连陈登的匡琦城都没有拿下来，他又有什么理由认为自己能战胜得了曹操呢？退一万步讲，就算曹操在袁绍和孙策的夹击下顾此失彼，导致许都被孙策拿下，那么孙策又如何保证袁绍不会趁势南下、抢夺他的胜利果实呢？要知道此前孙策与袁绍根本就没接触过，两人不太可能突然间就结成同盟。至于有人说孙策可能跟董承事先达成了秘密协议，到时里应外合，更是纯属臆测的无稽之谈，不值一提。

由此可知，即便是个智商稀松平常的庸人，也不难判断偷袭许都一事的利害，孙伯符当世英雄，又怎么会干出这种政治上既没有必要、军事上又极不可行的荒唐之举呢？

第36章 孙权上位

既然如此，史料中数次出现的"孙策欲袭许"一语又该如何解释呢？

我认为，"孙策欲袭许"很可能是一则流言。而流言之所以出现，有以下三种可能：

流言是孙策主动放出。孙策没有偷袭许都的计划，并不代表他没有北征的意图。而从前面提到的史实看来，孙策北征的目标就是陈登。陈氏家族老是跟孙策内部的反对势力勾勾搭搭，陈登不除，这个隐患就会长期存在。在讨伐陈登之前放出计划偷袭许都的流言，一来可以麻痹陈登，二来也可以转移曹操的注意力，使得他因为担心许都而减少对陈登的援助。不过从实际情况来看，流言并没有达到预期效果。

流言是陈登主动放出。陈登派陈矫向曹操求救之时，大可以宣言孙策计划先取广陵，随后便会溯淮水进袭许都，以此说动曹操尽快派遣援兵。

流言是自然而然产生。正如司马光所说，当孙策在江边治兵，意欲进讨陈登之时，江北的无知百姓见了，或许会妄加猜测，谣传小霸王要进袭许都。随后此流言不胫而走，最终传到官渡大营，也不是没有可能。

总之，"孙策欲袭许"一事的真相大概就是如此。

接下来，再来谈谈郭嘉的神预言。

如前所论，孙策对自身的安全保卫工作向来不是很重视。除了上面提到的虞翻之外，张纮也曾经劝他"不宜轻脱"。而且张纮本人是曾经在官渡战前替孙策出使过许都的，再加上曹操阵营理应在江东布有间谍细作，可以认为，郭嘉对孙策时常轻身犯险的行为有所了解，并不是什么值得惊异的事。同样，对于孙策在占据江东过程中大加诛戮从而树敌甚多的情况，曹操一方也应早已获知。在这种背景下，以郭嘉的智计，自然可以判断出孙策"死于匹夫之手"的概率并不算小。更何况郭嘉的预言本身并没有限定日期。孙策不久便被刺死，要么是纯粹的巧合，要么就是史官为了渲染郭嘉的智略，事后对其言论有所修饰，以致看上去神准无比。

最后，我们还要关注一下孙策临终前权力交接情况。

众所周知，孙策死后是他的弟弟孙权接了班。今人看来理所当然，其实在当时，孙权却并非确凿无疑的继承人。

孙策死时年仅二十六，虽然有子孙绍，但不过一幼童，自然难以承担大任。他还有三个同母弟，即孙权、孙翊和孙匡，其中年龄最长的孙权十九岁，孙翊十七岁。尽管如此，有史料显示，张昭等重臣一开始都以为，孙策会把大权交给孙翊而不是孙权。因为孙翊这个人"骁悍果烈，有兄策风""性似策"，性格气质跟孙策最像。而且当年孙策接班

第 36 章　孙权上位

的时候也只有十七岁，年龄不是问题。

但是众人没想到，孙策临终前却只把老二孙权叫到了身边。

据《三国志》的记载，那时孙策对张昭等说道："中国方乱，夫以吴、越之众，三江之固，足以观成败。公等善相吾弟！"便叫来孙权，把印绶交给他道，"举江东之众，决机于两阵之间，与天下争衡，卿不如我。举贤任能，各尽其心，以保江东，我不如卿。"《吴历》还说，孙策又对张昭言道："若仲谋不任事者，君便自取之。"而《三国演义》中所谓的"内事不决问张昭，外事不决问周瑜"云云，则是小说家为了抬举周郎的杜撰之辞。

从上述情况推断，孙策对自己凭恃武力吞据江东、扩张过快、杀戮过多从而导致内部存在诸多不安定因素的情况其实是非常了解的。因为据《吴录》等史料显示，孙策在嘱托张昭等"善相吾弟"之后，还说了一句："慎勿北渡！"而在"若仲谋不任事者，君便自取之"之后，亦有"正复不克捷，缓步西归，亦无所虑"之语。"慎勿北渡"可以理解为不要发动对北方的战争，也可以理解为告诫张昭切莫抛弃孙权而返回北方（张昭是彭城人）；如果孙权实在没能力保住江东基业，那么张昭"缓步西归"，返回彭城老家，或者带着孙氏一起回到孙坚据以成事的淮泗地区，也不是不可以。

由此看来，孙策之所以选择孙权而不是性格气质更接近自己的孙翊，是因为看重他"性度弘朗，仁而多断"从而使得江东集团"举贤任能，各尽其心"的能力，希望他接班后能将政策倾向由武力扩张转为内部治理。尽管如此，孙权当时毕竟年轻，威信尚浅，江东集团内部则是"深险之地，犹未尽从，而天下英豪，布在州郡，宾旅寄寓之士，以安危去就为意，未有君臣之固"的状况，所以孙策对孙权能否保住江东并不十分放心。这样一来，张昭、周瑜等重臣在他死后还能否忠心竭力，就成了决定孙氏政权生死存亡的关键。

孙策临终时的官爵,是被许都朝廷册封的讨逆将军、领会稽太守、吴侯。换句话说,他连个刺史都不是,他对江东的统治全靠武力威服。而当时江东六郡的太守之中,除了他自领会稽,丹阳太守吴景、豫章太守孙贲和庐陵太守孙辅都是孙策的近亲,吴郡太守朱治则是孙坚旧部。名位甚轻的孙权接班后,这些人虽然出于共同利益不见得会背叛于他,但能否心悦诚服地拥戴他却不一定(例如后来孙辅就背着孙权勾搭曹操)。至于庐江太守李术,似乎跟孙氏家族关系不深,忠诚度更加难以保证。最让孙策放心的是好友兼连襟周瑜,但他这时候正领兵镇守上游、防备刘表,并不在近前。张纮又出使许都未归。因此张昭就成了孙策深加重托的唯一人选。

张昭字子布,徐州彭城人,在本州是跟王朗齐名的名士。后来徐州战乱频仍,张昭避难江南,成了"宾旅寄寓之士"的一员。此人虽然没有什么过人的才能,但颇有名望,人脉甚广,正可弥补出身武人、社会地位不高的孙策之不足。因此孙策创业之初,便以张昭为长史,把他比作自己的管仲,待以师友之礼,文武大事都与他相商。张昭便跟张纮一起成了孙策的两大参谋,每当孙策出征,往往一人随军,一人留守。

孙策留遗言给张昭说"若仲谋不任事者,君便自取之",当然不是说允许张昭篡权,而是当着众人的面用话把张昭套住,激励他为孙氏尽忠的御下之术。后来刘备白帝城托孤之时,也曾对诸葛亮说过类似的话。其实以张昭的能量,他也不可能篡得了孙氏的权。对此,张昭的心里想必跟明镜一般。因此在孙策去世之后,他见孙权仍兀自悲哭不止,不肯视事,便劝道:"孝廉(孙权被本郡举为孝廉),现在哪里还是哭的时候?方今奸人窥伺,豺狼满道,此时再哀悼亲人、拘泥礼制,无异于开门揖盗,根本算不上仁孝!"就督促孙权更换衣服,扶他上马,巡

第/36/章 孙权上位

视全军。

紧接着张昭又率领僚属一边向朝廷汇报,一边向各地告丧。周瑜亦从上游赶回,以中护军一职与张昭共同辅佐孙权。后来庐江太守李术果然叛乱,山越也伺机造反,都被孙权派兵一一剿平。此后的几年里,除了继续讨伐黄祖之外,孙权治下的江东政权基本停止了对外扩张,转而致力于内部的调整和稳定。鲁肃、诸葛瑾开始得到任用。此是后话,暂且不提。

无论如何,尽管孙策没有过袭击许都的计划,但对于在官渡前线与袁绍对峙的曹操来说,这个"猘儿"的死终究使他免去了后顾之忧,可以说是个不大不小的好消息。而据《三国志·张纮传》的记载,当孙策的死讯传到曹营之后,曹操立刻便生出了"欲因丧伐吴"之心,最后在张纮的劝解下才打消此念,表奏孙权为讨虏将军、领会稽太守,正式承认他为孙策的继承人。

这多半是史官为了突出张纮的外交功绩而故意夸大其词。

实际上,当孙策去世之时,袁绍已经对曹军在南岸的据点白马围攻了两月之久,曹操沿黄河布下的第一道防线岌岌可危,他自顾尚且不暇,又哪里腾得出手来"因丧伐吴"呢?

前文已经提及,白马津正对黎阳,位于自邺城南下渡河的最便捷路线之上。袁绍的十万大军屯聚黎阳后,立刻便派郭图、淳于琼和颜良等人对把守白马的东郡太守刘延发动了进攻。不过有史料显示,后来实际指挥进攻的主将似乎只有颜良一人。

沮授曾谏阻袁绍说:"颜良生性促狭,虽然骁勇,不可独任!"促狭,意思是气量小、心胸窄,这样的人往往受不了批评,听不进不同意见,不撞南墙不回头。所以沮授才说颜良不可独任。

但是这个时候,袁绍早已经对沮授有了成见。因为在他看来,打去年开始，沮授这个家伙就处处跟自己唱反调。袁绍想伐曹，沮授说不行；袁绍出长子袁谭到青州，沮授说不好；大军从邺城出发之前，沮授竟然大会宗族，把自己的财产都分了！意思是这一去就没打算回来。他弟弟问他为何如此，他说以曹操的本领，又仗天子为凭借，我们虽然拿下了公孙瓒，但是士卒疲敝、将帅骄横，主公又自大轻敌，这次失败肯定是免不了啦！

仗还没打，就公然散播失败主义言论，袁绍没把沮授抓起来治罪就算不错了，怎么可能还听得进他的建议？

再说，袁绍由于不擅识人用人，手底下的良将本就不多，有"勇冠三军"之称的颜良好歹算是其中一个，打白马又是硬碰硬的攻坚战，不派颜良去，难道派你沮授这种手无缚鸡之力的书生去吗？

于是袁绍仍然授予了颜良进攻白马的指挥权。

第 36 章 孙权上位

第37章 关公刺颜良

建安五年（200年）四月，眼看东郡太守刘延势难久支，曹操决意亲自救援白马。

这时荀攸献计道："方今我军兵少不敌，分其势乃可。公不如径到延津，假意将渡河袭敌兵之后，袁绍必定会移师西应。这时再轻兵进袭白马，掩其不备，颜良定可一战成擒。"

延津位于白马以西大约百里，是黄河南岸的另一个重要渡口。此前袁绍曾遣军来攻，被于禁击退。荀攸的意思是，由于我军在兵力上少于对方，如果直接去救援白马，那么袁绍得知后定然也会派大军增援颜良，这样的话势必陷入苦战，胜负难料。不如用声东击西之计，伪装成要从延津渡河去掩袭颜良的背后，切断他跟袁绍之间的联系。袁绍见状，定会分兵到延津北岸堵截，也就顾不上再增援颜良。待袁绍的军力被吸引到延津北岸之后，再轻兵迅速东进，杀颜良一个措手不及！

曹操觉得此计甚妙，当即遵行。

果不其然，袁绍闻报曹军正在延津南岸集结，看样子是要渡河，马上分大兵西行以相应。曹操见袁绍中计，便引军急行，直扑白马。直到距白马十余里，城外的颜良才得到消息，大吃一惊，连忙列阵迎战。

曹军的先锋不是别人，正是关羽和张辽。

三个月前关羽在下邳投降曹操后，不知道是不是因为在许都时他曾起意刺杀曹操，心内一直有所不安。而曹操也对此稍有察觉，感到关羽似乎无意久留。于是他便对张辽说："卿试以情问之。"

张辽在吕布手下时曾与关羽同在徐州，刘备降曹后，他和关羽又同为中郎将，两人私交甚好。他知道曹操很欣赏关羽，也希望他能够留在曹营，便找了个机会探问关羽的口风。

关羽感叹道："我深知曹公待我极厚。只是我受刘将军厚恩，誓以共死，不可背之。我终究不会留在此处，要当立功报效，报答曹公后再离去便是。"

得了这个回答，张辽颇为惆怅。回禀曹操吧？怕曹操一生气把关羽杀了。不回禀吧？岂不是事君不忠？犹豫了好久，张辽最后决定还是实话实说。没想到曹操听了，不但不生气，反而赞叹关羽"事君不忘其本，天下义士也"。

这次随曹操出征，关羽是憋了劲儿想立功的。而担任征讨颜良的前锋，正好遂了他的心愿。战斗开始后，关羽远远望见颜良的麾盖，接下来史籍只用了十三个字描述他的行动——"策马刺良于万众之中，斩其首还！"

请注意，史籍在描述关羽的攻击动作时用的是"刺"字。这说明关羽使用的是矛、槊类以击刺为主的武器，而不是刀、钺等以劈砍为主的武器。实际上不止关羽，检索史籍和考古发现可知，在整个汉晋南北朝

第 37 章 关公刺颜良

时代，骑兵使用的长兵器普遍是矛、戟①、槊（矟）、枪这样的击刺类武器。例如吕布在跟郭汜作战时，曾"以矛刺中汜"，后边的骑兵赶来相救，郭汜才得以逃脱，保全性命；孙策在讨伐豪帅祖郎之时，程普为了保护孙策，"驱马疾呼，以矛突贼"；北魏名将于栗磾好使黑槊，人称黑槊将军；等等。而马上使用长柄刀为武器，最早应该是十六国时候的事。例如前赵皇帝刘曜亲征割据陇西的军阀陈安，陈安"左手奋七尺大刀，右手执丈八蛇矛"，相当勇猛。至于"偃月刀"这种武器的出现，则更是迟至宋代。所以关公当然不可能像演义小说中描写的那样，用的是"青龙偃月刀"，而应该是跟吕布、张飞一样，用的是矛。他是先将颜良刺于马下，然后由从骑或亲手用短兵器斩下他的头颅。

当时骑兵之所以采用这种格斗方式，大概有以下两个原因：

汉末三国时代，用于骑乘的双马镫尚未出现。骑手格斗时下盘很难从马上借力，而是主要依靠腰背和上肢力量。以当时的武器制造水平，倘若敌人身披甲胄，那么在能够使出的力量差不多的情况下，直刺要比劈砍更能对敌人造成致命伤。

在骑兵高速运动时，击刺比劈砍动作更快，更有效率。所谓"天下武功，唯快不破"。击刺只需一个动作，而劈砍则需要举兵、下劈两个动作组合完成。你的大刀刚举起来，人家的矛已经刺到。哪种攻击方式更合理，实在一目了然。

另外还需指出的是，许多人受影视作品影响，以为古代两军交战，通常都先是双方将领对战，然后士卒再战。其实大谬不然。两将单挑的情况不是没有，但极为少见，而且通常都发生在遭遇、追逐之时（例

---

① 先秦时代的戟横支与戟身垂直，攻击方式以钩、啄为主。东汉以后，横支逐渐演变成向上弧翘成钩刺，说明攻击方式转变成了以叉刺为主。

如前面提到的孙策对战太史慈）。小说中描写的"两阵对圆""某某出马""大战多少回合"云云，只是不谙兵事之人臆想的"表演性战争"，历史上绝难出现如此儿戏的场景。

拿这场战斗来说吧。关羽虽然受命为先锋，但这是就其指挥前锋部队而言。他远远望见颜良麾盖，说明当时颜良是居于中军，且过于招摇，暴露了自己的位置。关羽能够"策马刺良于万众之中"，而且整个过程"绍诸将莫能当者"，证明他不但勇气过人、武力超群，而且骑术绝佳。世人称关羽、张飞为"万人敌"，不是说他们一个能打一万个，而是说他们在战场上发挥的作用一人能顶一万人。像这样"万军丛中取上将首级"，就是其能力的最好证明。

颜良既死，袁绍军士气上遭受打击倒是其次，关键是失去了指挥，很快陷入混乱。于是白马之围顿解。关羽也威名大振，后来被曹操表奏为汉寿亭侯。

尽管如此，曹操认为，白马城经过两个月的围攻，已经很难再守下去。而袁绍发觉中计以后，或者再发兵来，或者从延津渡河，白马都不宜久留。况且这只是第一道防线，没有必要跟袁绍在此死磕。就下令将白马城中兵民迁走，沿河向官渡方向撤退。

可能由于之前于禁的部队已经被曹操带往了白马，这次袁绍军在延津顺利地渡过了黄河。

还未渡河之时，沮授又来劝袁绍说："胜负变化，不可不详。现在应该留屯延津，分兵官渡。如果能够取得战果，再渡河也不迟。倘若全军渡河，一旦有什么闪失，可就难以返回了啊！"袁绍还是不听。于是上船之前，沮授望着滔滔河水长叹道："上盈其志，下务其功。悠悠黄河，吾其反乎！"然后就向袁绍告起了病假。袁绍表面上不许，心下却大为嫌恨，就把他监统的兵马全都交给了郭图。

在此之前，田丰也曾劝谏说："曹操既破刘备，则许下非复空虚。加之其善用兵，变化无方，其兵众虽少，未可轻视。不如以久持之。将军据山河之固，拥四州之众，外结英雄，内修农战，然后简其精锐，分为奇兵，乘虚迭出以扰河南，救右则击其左，救左则击其右，使敌人疲于奔命，民亦不得安业。不出两年，我方未劳而彼已困弊，便可轻松获胜。现今弃此庙胜之策，而决成败于一战，倘若不如预期，必会后悔无及！"

田丰这个建议，其实跟之前沮授的意见出发点相同，即认为曹操的人马虽少，但战斗力很强，为保险起见，最好不要跟他正面决战，而是应该扬长避短，利用我方经济实力强、军队数量多的优势多路出击，持续骚扰，花费较长的时间先摧毁河南的经济基础，然后再向曹操发动总攻。

然而跟对沮授一样，袁绍也对田丰这一构想大摇其头。生性耿直的田丰并不放弃，反复劝谏，最后惹得袁绍大怒，竟以"沮众"为名把他关押了起来。据说消息传到曹营，曹操听说田丰下狱，喜道："绍必败矣！"

袁军渡过黄河后，袁绍得知颜良被杀、曹操正从白马撤回，心中甚是恼恨，便在延津以南扎下营盘，命刘备、文丑领兵去追。

年初刘备来投袁绍之时，受到了规格甚高的礼遇，袁绍亲自出城二百里来迎接于他（当初袁绍迎接献帝特使太仆赵岐不过才出城百里）。然而跟礼遇大儒郑玄一样，袁绍只是把他们当作证明自己乃天命所归的花瓶，既不信任，也不会重用。这时候又得知颜良是被关羽所杀，刘备在袁绍面前就更加尴尬了。所以我推测，袁绍之所以派刘备跟文丑一同去追击，多半是刘备自告奋勇，宣称自己可以招回关羽的缘故。

由于从延津到白马之间的黄河大体呈西南—东北走向，延津在白马以西，官渡又在延津以西，撤出白马的曹军又携带了大量辎重，所以刘备和文丑没过多久便追上了曹军。

远远望见袁军旌旗，并且尘烟大起，预示追骑甚多，曹军诸将都十分紧张，纷纷劝曹操把辎重丢掉，迅速撤回官渡大营。但是荀攸却道："这些辎重正好可以助我们破敌，如何便要丢弃？"曹操听了，看着荀攸会心一笑，暗道公达之想法正与我略同。便传令在山坡下扎下营盘，命人登垒瞭望。瞭望者报告说："骑兵大约有五六百！"一会儿又报告说："骑兵更多了，步兵不计其数！"曹操便道："好了，不用再禀报了！"于是命全军解鞍放马，原地休息。

这时候刘备和文丑手下已经有五六千人马先后赶到。诸将见状，都请示说应该立即上马。曹操说时候还没到。片刻后骑兵越来越多，而且有不少分头去抢辎重。曹操才说是了，命徐晃等众将皆披甲上马。《三国志·武帝纪》声称，当时曹操的骑兵总共不到六百人，步兵人数则不详。但是袁军由于受辎重引诱，阵脚已乱。曹操纵兵奋击的结果，文丑当场被斩，袁军大败。

按理说关羽应该也参加了这场战斗，但是没有材料证明文丑是被他所杀。我推测身为骑将的文丑应该是死在了乱军之中。

颜良、文丑是袁绍麾下最有名的两大虎将，然而两场战斗下来，竟然双双败亡。消息传到袁绍营中，众人都十分震惊。

事后曹操见好就收，撤回了官渡；心有不甘的袁绍则进逼阳武（今河南原阳东南），与曹军大营形成对峙局面。

官渡之战由此进入相持阶段。

第 37 章 关公刺颜良

第38章 官渡对峙

文丑被杀的时候，刘备在干什么不得而知。不过毋庸置疑，这次战败他同样负有责任。可以想见，败回之后袁绍多半不会给他什么好脸色。

好在之前在邺城时，已经分别多年的赵云又找到了他。两人气味相投，同床而眠。赵云还帮他重新招募了不少部曲。此战结束后不久，关羽又从曹营投了过来。这都让刘备大感安慰。

斩杀颜良之后，曹操知道关羽有言在先，已经萌生去意，但还是希望尽力挽留。他除了表奏关羽为汉寿亭侯之外，还赏赐给他不少财物。然而关羽并不为所动。他将赏赐的财物封存，又写了一封信向曹操告辞，便出营奔袁军方向而去。诸将得知后都想带兵去追，曹操却道："彼各为其主，勿追也。"任由关羽远去。

关羽离曹奔刘一事，是小说《三国演义》中浓墨重彩描写的经典情节，关二爷护着两位嫂嫂"千里走单骑""过五关斩六将"的故事可谓妇孺皆知。然而考诸史籍，便知这些事皆属虚构，历史上根本不可能发生。

首先，没有迹象显示关羽离开之时携带了刘备的家眷。年初曹操东征刘备，确曾俘虏了刘备的老婆孩子①。不过照常理推测，此后曹操应该将刘备的妻子扣在许都，不太可能带往官渡大营。而关羽投奔刘备的时间，在白马战后到七月刘备去往汝南之前这一段时间内，这期间他应该一直都在官渡，没有返回许都的机会，自然也就不可能带上刘备的家眷。

其次，关羽理应是从官渡投往的袁军阵营，彼时刘备或在延津，或在阳武，距离官渡怎么也不会超过二百里，何来"千里走单骑"一说？再说曹操既然已经准许放行，他手下的将领们为何还敢于阻拦？这不是自相矛盾吗？至于途中还收了义子关平和侍从周仓，杀了蔡阳，等等，也是小说家无中生有、张冠李戴。历史上关平是关羽的亲生儿子，并非过五关时收的义子；周仓其人在历史上并不存在；蔡阳则有明确记载是被刘备所杀。小说家安排这种种情节，无非是为了以旅途之艰险烘托关羽之忠义，所以故意安排他先是从许都南下汝南，又从汝南北上黄河渡口，然后再折回汝南，像个无头苍蝇一般在曹操的地盘上兜了一个大圈儿。这一来故事好看是好看了，却并不符合实际情况，读者诸君切莫

---

① 《三国志·先主传》云曹操征刘备，"虏先主妻子"。此处妻、子之名皆不得而知。此前在建安元年（196年）吕布攻刘备之时，就曾经俘虏他的妻、子。史料还说，"先主数丧嫡室"。说明刘备此前曾有过数任妻室，而且在刘禅出生之前很可能早有儿子（古文中妻子并称的子也可指女儿），只不过在战乱中要么失散，要么夭折罢了。

当真。

闲话少叙,以下回归正题。

曹操回军官渡、袁绍进逼阳武后,沮授又来向袁绍说:"北兵人数虽众而劲果不及南军,南军粮谷虚少而货财不及北军;曹军之利在于急战,我军之利在于缓斗。应该持重为上,拖延为主。"

史籍说袁绍依然没有听从。

从之后的战争进程来看,并不完全如此。

袁绍这个人虽然性格上存在缺陷,智略也不出众,但并不是个傻子。开战以来袁军两场失利,折了两员大将,虽然并未伤筋动骨,却证明沮授所说实为事实:袁绍的军队在质量和战斗力上都比不上曹军,将领素质也弱于对手;但另一方面,曹操一方的经济实力却不比袁绍,难以支撑长期的消耗战。因此对于袁绍来说,与其再进行白马、延津那样更加考验将领素质和军队机动性、训练度的野战,倒不如将曹操拖入比人力、拼消耗的阵地战。更何况有围攻公孙瓒的易京要塞的经验在先,袁绍本人对阵地战也比较自信。所以这一阶段,袁绍采取了"连营稍前"的策略,以官渡北边绵延的沙堆为凭借,列营达东西数十里,各营彼此呼应,稳扎稳打地向曹军阵地逼近。某种程度上来说,这与沮授提倡持久作战的策略是相通的,只是袁绍脸皮子薄,口头上不愿意承认而已。

与此同时,之前沮授和田丰提出过的分奇兵袭扰河南的办法,袁绍也不是完全没有实行。

史料记载,尽管在官渡战前,曹操便已经任命满宠到袁绍老家汝南当太守,对当地袁氏宾客门生聚众作乱的情况展开镇压,但是战事开始后,汝南还是出了乱子:已经降附曹操数年的黄巾刘辟部再次叛乱,与袁绍相呼应。

这时袁绍便一边派刘备引军南下,配合刘辟对许都以南的郡县展开寇略，一边遣使招诱豫州诸郡，降附者皆授官职。

这一招很有效果。

《三国志·曹仁传》说，当时由于刘备对瀙强（今河南临颍东）一带的寇略，当地诸县都起兵与之相应，"自许以南，吏民不安"，曹操深深为之忧虑。曹仁便对他道："南方各地都以为我大军正有燃眉之急，其势不能相救，所以刘备以强兵临之，他们才纷纷背叛。然而刘备新近才统领袁绍的兵众，未必能使三军用命。此时前往攻击，一定可破！"曹操深以为然，便派曹仁统军南下。结果刘备果然被曹仁击败，瀙强诸县再度被曹军收复。

但是袁绍并没有放弃袭扰曹操后方的策略。之后他又曾经派别将韩荀（一作韩猛）去抄寇官渡以西的运粮通道。再加上刘备此时已经暗生去意，自告奋勇愿意去联合刘表，于是袁绍再次让刘备南下汝南，"与贼龚都等合"，有兵众数千。这次曹操派蔡阳去征讨，却被刘备击斩。

这期间还发生了一件趣事：张飞在寇略谯县一带时，偶遇一出门樵采的十三四岁女子，乃是夏侯渊的侄女。可能是觉得夏侯小姐出身良家、天生丽质，当时应该已经三十来岁的张飞便将她掳走，当了自己的妻子。后来他们生的女儿还成了蜀汉后主刘禅的皇后。此是后话，暂且不提。

袁绍的招诱政策和刘备等人的持续骚扰对曹操的后方稳定产生了相当大的影响。

据《三国志·李通传》透露，当时袁绍曾派使者至汝南，拜当地豪强李通为征南将军，刘表也试图策反李通，但是受曹操任命为阳安都尉的李通一律予以拒绝。由于周边郡县大部已经降袁，李通的亲戚和部下都劝他说："眼下我们孤危独守，又没有援兵，用不了多久就会败亡，不如赶紧投降袁绍的好！"然而李通却按剑对他们严加斥责，说曹公必定能够战胜袁绍，自己誓死不做贰臣！还杀了袁绍的使者，把"征南将

军"的印绶呈送给了曹操。

当时豫州诸郡大多叛曹降袁的情形，在其他史料中也有反映。多年后魏文帝曹丕就曾在诏书中披露，"官渡之役，四方瓦解，远近顾望"，只有许都所在的颍川郡忠于曹操。《三国志·赵俨传》也说，豫州诸郡多受袁绍任命，"惟阳安郡（今河南确山北）不动"。而阳安郡之所以没有背叛，正是因为有李通在此镇守。

其实阳安郡的局势也并不安稳。豫州诸郡叛曹后，军粮和税收都不再上缴，但是李通为了证明自己忠于朝廷[①]，仍然一个劲儿地催缴阳安郡的税收。朗陵县（今河南确山南）的县长赵俨就劝他说，这时候还催缴税收容易引发民怨，搞不好会弄出乱子。就给留守许都的荀彧写信，把当地情况如实反映了上去。荀彧说这事我跟曹公汇报了，税不收了，把收上来的绵绢都还给百姓。阳安郡民大悦，这才安定了下来。

由此可见，袁绍的这一策略在当时的确给曹操造成了很大的麻烦。

但是曹操并没有顾此失彼，更没有陷于慌乱。他审时度势，采取了以下措施，力图重新掌握战场的主动权：

命曹仁统军进击鸡洛山（今河南新密东），大破袁绍派来抄寇粮道的韩荀，解除了官渡西侧的威胁。

命徐晃、曹洪击破㶏强一带响应袁绍的叛贼祝臂，稳定许都以南的局势。

命于禁、乐进领步骑五千，向北绕过袁绍阵线，去袭击外围的袁绍别营。于、乐二将从延津西南缘河东进，一路烧杀抢掠，甚至还渡过黄河，攻入了获嘉（今县以东）和汲县（今河南卫辉），烧掉了三十多

---

① 据《三国志》裴注引《魏略》，当四周郡县皆向袁绍示好之时，李通也曾经想遣使通意袁绍，但被赵俨说服，乃止。

个依附袁绍的屯营,"斩首获生各数千,降绍将何茂、王摩等二十余人"。之后曹操又命于禁屯原武(今河南原阳),在杜氏津击破了袁绍别营。于禁、乐进的成功进袭证明,袁绍对自己的后方疏于防范。这就为后来曹操的劫粮策略提供了宝贵经验。

此外,负责督办粮运的任峻为了防止粮道被袁军抄断,每次都组织一千辆大车,分成十列纵队,方轨并进,外围再用步兵方阵保护,使得敌兵不敢来进攻。这一方法有效地提高了曹军的运粮效率。时为离狐(今山东东明北)太守的李典则率领宗族、部曲,踊跃捐献粮谷绢帛助军。镇抚关中的钟繇也送来战马两千匹。甚至仅带领七百兵驻守鄄城的程昱也替曹操考虑,谢绝了他增兵两千的提议,理由是袁绍见我兵少,认为对他构不成威胁,必定不来进攻。后来袁绍果然没有理会鄄城。

由于以上这些措施,尽管袁绍袭扰曹操后方的策略取得了很好的效果,却始终没能对他构成足以致命的威胁。

战争的胜负最终还是要靠前线主力军的对决来决定。

第39章 曹军兵力之谜

须知在这场战争中,袁军属于进攻一方,是外线作战,而曹军属于防御一方,是内线作战。

对袁军来说,尽管存在补给线较长、对当地环境不够熟悉等不利因素,但进攻策略和进攻方向却是由他们来决定的。出于种种考量,袁绍最终选择了集中优势兵力主攻许都方向这一简单直接的战法。这与他之前攻打公孙瓒、臧洪、黑山贼的战法基本相同,即利用兵力优势以势压人,直接击打敌人的心脏。所以郭嘉说他用兵"好为虚势",多少有这方面原因。

而对于曹操来说,尽管在作战半径、补给距离和熟悉地形上占有优势,他麾下的高素质将领、高训练度军队也更适合运动战,但由于许都不容有失(甚至仅仅让袁军兵临城下也有全面崩溃的风险),许都以北又皆为平原,他不得不选择阵地战的形式来阻止袁军前进。好在他早就预测到了袁绍的进攻路线，从而选定官渡为主战场，在这里提前修筑了防御工事。

袁绍进逼阳武后，面临袁军在东西数十里范围内步步为营、缓步推进的作战方式，曹操不愿像公孙瓒那样"坐受围攻"，因而采取了"分营与相当"的应对策略。而且史料显示，为了阻止袁军推进，曹操发动过一次野外合战，但结果却是"不利"。这说明曹军即便"士卒精练"，正面跟数倍于己的袁军硬拼还是要吃大亏。这次失利后，曹操"复还坚壁"，撤回到防御工事里面再不出战。这时许攸向袁绍献计说，没有必要在官渡这儿跟曹操死磕，可以分一部分军队盯住曹操，剩下的军队只管绕道去许都劫持天子，只要许都一下，曹军必溃，就算不全盘崩溃，也会因首尾难顾而疲于奔命，如此则大事可成！然而袁绍却自信满满地说道："我定要先拿下他曹阿瞒！"气得许攸干瞪眼儿。

也难怪袁绍如此自信。之前他打公孙瓒也好，打臧洪也罢，对方只要躲在城池里面不出来，最后都难逃失败的命运。眼下曹操的防御工事虽然坚固，却怎么也比不了公孙瓒的易京要塞。袁绍完全有理由认为，凭自己浸淫多年的攻城拔寨经验，曹操之被擒指日可待。据《献帝春秋》记载，他甚至还传令军中，命准备三尺长绳，只待曹操被擒，就用来捆他。

曹操当时的情况确实相当艰难。《三国志·武帝纪》说："时公兵不满万，伤者十二三。"意思是曹操营中只有不到一万人马，其中还有十分之二三属于伤兵！也就是说，这时候曹操可支配的有生力量，还不到七八千！

难道曹操就是凭借这七八千人最后击败了袁绍，取得了以少胜多的辉煌战绩吗？

恐怕并不尽然。

关于官渡之战中袁、曹双方的兵力情况，由于史籍中缺乏明确的记载，历来众说纷纭。

袁绍的兵力有《三国志》"简精卒十万，骑万匹"的记载，基本上没什么争议。但是曹操的兵力却是一大谜题。

给《三国志》作注的裴松之最早对"兵不满万，伤者十二三"的记载提出了质疑。理由有四：第一，曹操刚起兵那时已经有五千人，后来收降了青州黄巾三十万，又吞并了不少地盘，即便有战损，也不至于才不满万人。第二，袁绍列营东西数十里，曹操能够分营与其相当，说明兵力不会太少。第三，倘若曹操兵不满万，那袁绍以十倍的兵力就应该将他团团包围起来，怎么后来曹操还能分兵劫粮、出入无阻？第四，官渡战后，曹操曾坑杀袁军降卒七八万，倘若兵不满万，怎么制服得了这七八万降卒？所以裴松之认为，这一记载是史官"欲以少见奇，非其实录"，不足采信。

裴松之的质疑有一定道理，"时公兵不满万，伤者十二三"的说法可能确实有夸张的嫌疑。但是我却认为，这句话的真正意思是说当时曹操大营里现存的兵力不到一万，而不是说在整个官渡战争期间，曹操的可支配兵力只有不到一万。

要想大体搞清楚曹操的兵力，首先就要将他的可支配兵力与投入官渡战场实际作战的兵力区分开来。

先看曹操的可支配兵力。

有人根据《三国志·荀彧传》中曹操欲征徐州时荀彧"十万之众未战而自困"的说法，认为官渡战前曹操的总兵力约为十万，与袁绍大体相当。曹操此次欲征徐州，在兴平二年（195年）陶谦新死之时。虽然之前三年曹操已经收服了青州兵，实力大增，但彼时吕布据兖州的叛乱尚未全面克复，而且不久前由于发生了"人相食"的大饥荒，曹操还主动将新募的士兵遣散,所以曹操当时的兵力,无论如何到不了十万。"十万之众"云云,如裴松之所说,只是荀彧的"抑抗之言",也就是故意贬低对手、夸耀自己的话术。我推测当时曹操的兵力至多也就五六万。

后来曹操虽然吞并了徐州、打垮了袁术、收降了张绣,地盘进一步扩张,但我们必须知道,曹操对徐州、豫州南部等外围地域的统治并不稳固,他对这些地方的控制主要依赖当地豪强(例如臧霸、李通)。像徐州这样数次爆发叛乱的地区,并不会在兵源、粮饷上给他太多的帮助,甚至反而会牵制他的兵力。例如前面提到,陈登受到孙策攻击之时曾经向曹操请求增援,曹操当时尽管已经面临与袁绍的决战,但还是派出了一支援兵(虽然数量不详)。而像臧霸这样的军阀,安排他在青州进行骚扰是可以的,但把他调离老巢到官渡当炮灰就很难办到。所以在官渡战前,曹操的兵源仍然主要取自兖、豫二州,他自己可支配的兵力应该与上面所说差不多,仍为五六万。

对此,我们还可以从八年后赤壁之战时的曹军兵力反推。

当时曹操为了震慑孙权,声称统军八十万众,但是周瑜却分析说,除新近降服的刘表部众七八万之外,曹操统领的北方士兵不过十五六万。再加上留守的部队,曹操南征之前的可支配总兵力大约在二十万上下。假设其中来自河北的士兵跟袁绍这次发动的兵力相等,也是十一万,那么来自河南四州的兵力就是九万左右。考虑到那时曹操的屯田政策已经推广开来,所能供养的士兵比官渡之战时有较大增加,我们推测官渡之战时曹操的可支配兵力为五六万人应该是比较接近于史实的。

不过这五六万人并不是曹操直接投入官渡战场实际作战的兵力。

首先,由于许都的重要性,曹操至少要留一部分兵力保卫许都。这也就是董承策划叛乱时所谓的"曹公成兵"。我推测应在万人左右。

其次，为了防备袁绍的外甥高干自并州南下，在河内一带也应有适当兵力驻防。

再次，为了保障粮道畅通，任峻使用了千辆大车方轨并进、外围再用步兵方阵保护的办法，应该也占用了相当数量的兵力。

最后，鉴于后方豫州各郡叛乱，为不使叛乱蔓延，曹操或许也会派兵驻防。

这样一来，曹操直接投入官渡战场的兵力就减少为了三四万。

那么，"时公兵不满万"这一记载又该如何解释呢？

我认为，为了掌握战争的主动权，曹操在兵力本就处于弱势的情况下，不惜分兵派于禁、乐进领步骑五千深入敌后去袭击袁绍的别营，又命曹仁进剿寇略汝南的刘备和抄寇粮道的韩荀，命徐晃、曹洪击破濦强一带的叛贼祝臂，等等。这些军事行动都会使防守官渡大营的兵力进一步减少。"兵不满万"正是于禁等分兵尚未归来时这一特殊时期的兵力记载，并不意味着官渡战争期间曹操的作战兵力不满万人。

如前所论，由于官渡地区西为圃田泽、东为沙海的地理环境，以及早在去年九月曹操就提前在此构建防御工事，短时间内以不足万人的兵力防守袁绍的十万大军，并非绝无可能。据《水经注》可知，三百年后的北魏末年，官渡水畔仍留有当年曹操修筑的高台，高台之北则有袁绍修筑的土山和袁军营寨基址。两军夹水对峙，展开激烈攻防的场景依然不难想见。

史籍说，为了突破曹军的防御阵地，袁绍大建楼橹，并下令堆土造山。袁军士兵居高临下，将如雨箭矢倾泻进曹军营内，一时间曹兵人人蒙楯而行，根本直不起腰，士气大受影响。但是曹军后来也在本方营内造土山还击，由于禁亲自督战。曹操还造了一种名叫"霹雳车"的投石器，发石之声响若雷霆，将袁军的楼橹击得粉碎。袁绍又故技重施，使出了他攻围公孙瓒时用过的地道攻城法,但是曹操却在本方营内挖掘长堑,使地道战失去了效用。双方一来一往,对峙了三个多月,仍然是胜负难分的僵局。

可是时间一长,局面就变得对曹操更加不利起来。

一个重要原因是:曹军的粮食不够吃了。

近年来河南地区战争频仍、灾荒不断,曹操的粮食储备本就比袁绍差得远。加之许都以南的豫州郡县大多叛变,军粮征不上来,没叛变的地区怕百姓因赋役过重而倒向袁绍,也不敢肆意强征,军粮供应更加紧张。因此正如沮授所说,"南军粮谷虚少而货财不及北军",战争拖得越久,对曹操就越不利。

当然,对此曹操也不是没想过办法。他曾经采纳荀攸的建议,派徐晃和史涣二将去劫袁绍的运粮车。徐晃等虽然成功得手,烧掉了袁绍将韩荀督运的一批粮草,但劫回来的粮食却微乎其微。而对于粮食储备较丰,又得了公孙瓒储存在易京的三百万斛粮谷①的袁绍军来说,这些损失还不足以使其动摇。

此外,还有史料显示,当时不论是在后方的许都还是在曹营内部,都有不少人暗通袁绍,以图在曹操战败后能迅速改换门庭。甚至在曹操身边的卫士里也出了叛徒。据《三国志·许褚传》,有一个叫徐他的"常从士"蓄谋行刺曹操,由于许褚总是伴随在曹操左右,一直寻不到机会,好容易等到许褚休息的那一天,徐他和同党怀刀直入,就要来取曹操人头。没想到许褚回到住处后眼皮乱跳、心里发慌,下意识地觉得要出事,就又回转了来。徐他等不知道,一进大帐见到许褚,顿时脸

---

① 若士兵口粮按每人每月三斛计,三百万斛可供十万袁军十月之需。易京被攻破时,剩下的粮谷即便没有这么多,对袁绍来说也有很大帮助。

色大变。许褚便知有异，随即将徐他等击杀，曹操这才免除了一场血光之灾。

战事不利，粮草将尽，后方又动荡不稳。这种种因素累积下来，到了当年十月，曹操的神经再坚韧，也开始觉得自己有点顶不住了。

第40章 乌巢劫粮

这一时期，曹操给身在许都的荀彧写了一封信，大意是说眼下兵少粮尽，士卒疲乏，所以自己想"还许以引绍"。这当然是比较委婉的说辞，实际上曹操就是对官渡的对峙失去了信心，想撤回许都再图后举。

荀彧回复道："袁绍不过是布衣之雄，能聚人而不能用。以曹公您之神武明哲，又仰仗天子之大顺，有何不克？如今军粮虽少，局势却还不比当年楚、汉在荥阳、成皋对峙之时。那时刘邦和项羽皆莫肯先退，实因先退者则势屈。曹公您以十分居一之众画地而守，扼其咽喉使不得进，迄今已经半年。须知力尽势穷，必将有变，此乃用奇之时，切不可失。"

荀彧将曹操和袁绍的对峙比作刘邦和项羽，其实并不完全合适。因为楚汉之间围绕荥阳和成皋地区的争夺战前后持续了两年多，刘邦虽然艰苦，但一来他在侧翼有韩信、英布牵制项羽，二来在荥阳防线之后至少还有巩县防线和函谷关防线这两道保险，曹操在外围则并无足以牵制袁绍的友军，而官渡一旦失守，许都势必成为孤城，他面临的形势要比刘邦凶险得多。反倒是项羽的结局足以警告曹操：先退者则势屈。也就是说，现在的情况就像武侠小说中两个高手比拼内力，谁先撤力谁受伤，一旦后退，敌人可不会给你卷土重来的机会！

就此状况，曹操同样征求了贾诩的意见。贾诩说："公明胜绍，勇胜绍，用人胜绍，决机胜绍。有此四胜而半年不定者，但顾万全故也。必决其机，须臾可定也！"

荀彧言"用奇"，贾诩云"决机"，其实都是一个意思，那就是劝曹操不能太求稳，当机会出现的时候，一定要勇于冒险！

得了荀彧和贾诩的鼓励，曹操恢复了些许信心。他望着疲惫不堪的士卒，安慰他们道："再坚持十五天！十五天后我会击破袁绍，不让你们再受苦累！"

话虽如此，其实曹操自己也不知道，"用奇"的机会到底何时出现。

没想到不久以后，机会竟然真的来了！

这一天军士忽然来报，说有个叫许攸许子远的人前来投奔曹操。曹操闻言大喜，鞋都来不及穿，光着脚就迎了出来。因为他知道，许攸不但是袁绍的好友，更是他的元从旧臣和重要参谋。此人在这个敏感时期来投，多半已经跟袁绍闹翻。说不定击败袁绍的机会，就要着落在他的身上！

许攸是南阳人，少年时代便跟袁绍和曹操相识，是他们的"奔走之友"。后来他又参加过当年冀州刺史王芬企图劫持汉灵帝的密谋。袁绍从洛阳出奔冀州，他一路追随，辅佐袁绍至今，也不能不算忠心。问题是此人虽有扶危济困之名，却有个最大的缺点——贪财。袁术曾骂他

"凶淫之人，性行不纯"，荀彧说他"贪而不治"，都是这个原因。而随着袁绍统一河北，其集团内部河南人和河北人之间的矛盾日益突出，其中许攸就跟审配不大对付。这次袁绍南征，指派审配在邺城留守。审配便以许攸家人贪纵不法为由，把他的家属都抓捕下狱，没收大半家产。许攸本来就因为袁绍不接受自己分兵偷袭许都的计策而耿耿于怀，这时又听说老婆孩子被捕、家产被抄，审配指不定还在自己家里搜出了多少把柄，顿时又气又急又心疼。又想到袁绍这个人表面上宽仁，其实却是个气量狭窄之辈，审配等如果趁机告黑状，自己难免吃不了兜着走，所以索性一跺脚，就来投奔了曹操。

曹操一见许攸，抚掌笑道："子远来，吾事济矣！"你这一来，我的事就算妥了！

入坐寒暄后，许攸问曹操，现在袁绍这么强，你准备咋办呀？你还有多少军粮？

以曹操之城府，许攸又原属敌对阵营，他当然不肯轻易和盘托出，便说还够吃一年。

许攸说才不是这样，你重说。

曹操说，够吃半年。

许攸面露不悦之色，说你到底还想不想打败袁绍，怎么跟我不说实话呢？

曹操这才说，刚才是跟你开玩笑调节一下气氛，其实只够吃一个月了，你看我到底该咋办？

许攸见曹操跟自己交了底，便也不再绕弯子，进言道："公孤军独守，外无救援而粮谷已尽，此危急之日也！现今袁氏有辎重万余乘，尽在故市、乌巢，虽有屯军，却无严备。倘若以轻兵进袭，出其不意，烧其存粮，不过三日，袁氏必败无疑！"

听了这番话，曹操简直喜出望外。要知道当时已是初冬，一旦降雪，运输将极为困难，所以许攸透露的这两处地点，很可能储存了袁军过冬的全部衣物和粮食。如果真的能将这批辎重端掉，那就如同切断了袁军的命脉一般。

许攸进一步透露，袁绍派去护送辎重的将领是淳于琼，兵力在万人左右，将骄卒惰，疏于防范。而之前虽然有沮授劝袁绍派部将蒋奇另领一军与淳于琼相呼应，但袁绍并未听从。现在全部粮草就在袁军大营以北四十里的乌巢，如果不去袭击，过两天就会转移入营，这个机会也将不复存在。

不过话说回来，许攸毕竟是从袁绍那边投奔而来，万一他是诈降，是袁绍故意下的套，那可怎么办？曹操手下诸将对此都表示了忧虑。但是荀攸和贾诩都认为，以袁绍的性格和才略，他不会出此计策，许攸的情报值得信赖。曹操也认为，眼下要想战胜袁绍，必须要冒这个险，最终不再犹疑。

于是曹操命曹洪和荀攸留守大营，自领乐进等将和精锐步骑五千，打着袁军的旗帜趁夜从小道绕出，人衔枚、马勒口，士兵皆带束薪，急行奔乌巢而来。①

路上遇到有袁军散卒探问，就答复说袁公怕曹操抄略后军，所以派我们来加强防备。袁兵听了，也就没多加怀疑。

天明时分，曹军逼近了乌巢的袁军营寨。淳于琼闻报，大吃一惊，

---

① 曹操乌巢劫粮大败袁绍的时间，《后汉书·献帝纪》云在九月，《三国志·武帝纪》云在十月，《后汉纪·献帝纪》则云在十一月甲子。甲子日为二十六日，似过晚。盖因荀彧、贾诩皆云官渡对峙已达半年之久，而袁绍是在四月进逼广武与曹操形成对峙。以此推之，决战日期似应在十月，《后汉书》的说法过早。查十月甲子为二十五日，《后汉纪》十一月甲子的记载是否应是十月甲子之讹误呢？姑且存疑。

但他登高一望，发现来敌并不甚多，随即引军出战。他也不想想此战关系全军胜败，曹军来的尽是精锐，何况又是曹操亲自督战，战斗力自然非同小可。曹军一通迎头猛攻，淳于琼不敌，只好退回营寨。于是曹操命令将屯营包围，四面放起火来。

乌巢方向这一起火，袁绍才知道曹操插了自己后背一刀。但他并不愿承认大错已经铸成，仍嘴硬道："就算曹操击破了淳于琼，我只要攻下他的大营，他就还无所归了！"便命张郃、高览等领重兵去打曹营。

张郃说："曹操所领必为精兵，淳于琼一定抵挡不住！乌巢要是失守，那可就大势已去了！应该火速派大兵救援才是！"郭图却道："张郃说得不对！还是应该先攻曹军大营，曹操必还军自救。这是围魏救赵之策！"张郃说："曹操大营甚为坚固，短时间内绝难攻克！淳于琼一旦被擒，我们可就都成了俘虏了！"

张郃所说确为实情。试想曹、袁在官渡对峙已达半年，之前袁绍又是土山，又是地道，变了不少花样儿，都没能拿下曹操大营，何况此时曹仁等诸将早已回归，曹营中至少有两三万人留守，眼下怎么可能短时间内就攻得下来？而乌巢距离袁绍大营不过四十里，如果全力救援，至少还有一丝反败为胜的机会。

然而袁绍绝不肯承认自己的见识还不如张郃这个武夫，只派了一支轻骑去救乌巢，仍坚持命张郃、高览去打曹营。

得知袁军轻骑来援，有将领对曹操说："敌骑渐近，请分兵前去阻击！"曹操怒道："等敌人到了背后再来回禀！"仍指挥全军拼死攻打淳于琼的营寨。

淳于琼本就无力招架，又加上四面火起，未等援军赶到，终于彻底溃败。他本人被乐进所杀，其余眭元进、韩莒子、淳于仲简等七将也被俘斩，营中贮存的粮谷军资尽被焚烧。曹军还将俘虏一千多人全都割去

鼻子、牛马割掉唇舌，放他们回去恐吓袁绍军。

这边厢张郃、高览还在攻打曹营，见到没鼻子的袁军士兵从乌巢方向三三两两号哭着逃回，就知道败局已经注定。有心撤兵回去吧？又怕袁绍盛怒之下把自己当成替罪羊。①两人一合计，干脆烧毁攻具，向曹军投降算了！

当时曹操去乌巢劫粮未归，留守大营的曹洪听说张郃、高览前来投降，一时还不敢相信，因为明明前一刻这两人还在指挥士兵拼命进攻，天知道他们突然投降到底是真是假？但是荀攸对他道："张郃等一定是因为袁绍不听他们的建议，又得知乌巢被劫，所以才来投降。将军勿疑！"曹洪这才接纳了二将。

过冬的粮草物资全部被烧，张郃、高览又率领前线的军队临阵投降，袁军随即军心大乱，开始了全线溃败。返回官渡的曹操趁机发动反攻，曹军在东西三十里的范围内同时展开了追击。袁绍自知大势已去，甲胄都来不及穿，便带着儿子袁谭和八百轻骑夺路遁逃，狼狈不堪地渡过了黄河。

一到北岸黎阳的蒋义渠营寨，袁绍拉着蒋义渠的手，带着哭腔说道："孤以首领相付矣！"我的人头可就在你的手里啦！好在蒋义渠还算忠心，他把袁绍请入大帐，宣令招集溃兵。渡过黄河的部分袁军士兵听说袁绍还在，陆续赶来会合。其余来不及过河的七万多士兵则全都成了曹军的俘虏，被缴获的辎重财物堆积如山，自不必提。

俘虏当中，有没能及时渡河的沮授。据说他在被曹军士兵擒获之时曾高呼道："我沮授不降！实被曹兵所执！"之前同讨董卓时，曹操跟

---

① 《三国志·张郃传》云袁绍军溃在先，张郃投降在后，而且是因为郭图在袁绍面前进谗说"我军战败，张郃反而高兴，并且出言不逊"，才怒而投降的。但《武帝纪》《袁绍传》皆云张郃投降在先，袁绍军溃在后。我认为后一记载更为合理。

沮授也曾有过交情，这次见到他后，便道："分野殊异，遂用圮绝，不图今日乃相擒也！"我们选择了不同的阵营，以致彼此绝交，没想到今天你竟然成了我的俘虏。沮授并无愧色，答道："袁冀州失策，自取败亡。我沮授智力俱困，被擒也是理所当然。"曹操又道："本初无谋，不能用足下之计。国家动乱至今已经有十余年，我正要与君共同来平息啊！"这说明曹操其实很欣赏沮授，希望能将他招降。但是沮授却道："我的叔父、老母和舍弟，皆悬命于袁氏之手。公若怜惜，还请让我沮授速死为宜。"曹操知道沮授若降，袁绍一定会杀掉他的家人，眼前劝也无用，叹道："孤若能早得足下，天下何愁不定！"便将沮授饶恕，暂时留在了军中。可是不久后，沮授又企图逃回河北。曹操只好狠心将他杀掉。

由于军粮有限，无法供养如此之多的战俘，而且河北士兵思乡情切，大有哗变叛逃的可能。曹操亦将七万战俘尽数坑杀。

再加上历次战斗所杀，官渡战场总共有八万多袁军士卒魂断他乡。

第40章 乌巢劫粮

第41章 胜败谁人定

战事结束后,曹操以胜利者的姿态步入了袁绍的中军大帐。

帐内陈设奢华,器物精致,随处可见散落的图书、珍宝与古玩,显示出拥有者是一个颇具高雅品味和不俗气质之人。

但是这些器物珍宝并不能引起曹操的兴趣,他真正关注的是帐中发现的一大批书信。

稍微翻看几篇,便可知这些书信里充斥了大量对袁绍的阿谀奉承之辞、逢迎拍马之语。更有甚者,不乏许都朝廷的种种动向以及曹营中敏感的军事机密。而写信者的名字曹操大多并不陌生,因为他们要么是在朝廷任职的官员,要么是在官渡大营效力的将吏。

显然,每一封书信都是写信者不忠于己的证据。

如果是一般的领导者遇到这种情况,即便不拿着书信挨个清算,揪出自己队伍里的害群之马，至少也应该把信件都归入密档，留备将来不时之需。但是曹操可不是一般人，他的做法是：一把火将这些书信都烧了个干净！据说他当时还对左右说道："当袁绍强盛之时，孤犹不能自保，更何况是这些人呐！"

消息传开后，曹营里那些曾经私通袁绍的人不由得都暗自松了一口长气，庆幸之余，心中又或多或少对曹操生出些许敬佩和感激。

此举表明，曹操深谙人性之复杂。他完全理解战争局势对自己不利时本方人员出于个人利益的考量而向袁绍示好的行为，因为这些人投靠自己本就是为了荣华富贵，而覆巢之下无完卵，在船只沉没之前提前找好救生艇可以说是十分正常的反应。现在既然自己已经战胜袁绍，这些人富贵可保，自然也就不会再与袁氏勾勾搭搭。这种情况下与其睚眦必报，搞得内部动荡不安，不如既往不咎，放下包袱向前看。如此既能显得自己宽宏大量，又能让这些人欠下自己一笔丰厚人情。说到底，搞政治就是操纵人心，得人心者，才能最终得天命。

在这一点上，与曹操相比，自以为天命在己的袁绍在官渡战后的表现可就差得远了。

平心而论，官渡之战虽然以曹胜袁败、袁绍折损了八万人马告终，但这并不意味着曹操此后就能顺利吞并河北。战后一年多的时间里，曹操不但没有渡河追击袁绍，甚至对冀州境内一些叛袁附曹的郡县也置之不理，任凭它们又被袁绍逐次平定，就是因为他深知自己的力量尚嫌不足。如果这段时间袁绍能够像越王勾践一样卧薪尝胆，利用七万战俘被曹操坑杀一事激发河北百姓的复仇信念，同时对之前犯下的种种错误进行检讨、改过自新，那么将来鹿死谁手依然很有悬念。

可是袁绍又是怎么干的呢？

回到河北后，袁绍干的第一件事，就是把田丰杀了。

前面提到，渡河之前田丰因为固谏袁绍不要与曹操正面决战而被他关押了起来。官渡大败之后，许多袁军士卒都捶胸顿足地哭诉："要是田丰在这儿，我们也不至于如此！"还有人到狱中来宽慰田丰，说战争的结果跟你说的一样，这回你一定会被重用！田丰听了只有苦笑，道："袁公貌宽而内忌，我屡次进言忤逆于他，他却丝毫不体察我的忠诚。倘若这次战胜，他高兴之余，便能赦我不死；既已战败，他心中怨恨无处发泄，我哪里还有生路啊！"果不其然，袁绍回来后对逢纪说："田别驾之前谏阻我出征，现我战败而还，实在愧见此人。"逢纪本来就跟田丰不睦，趁机挑拨说："我听说，田丰得知将军战败，在狱中拍手大笑，看样子是为自己言中而开心呢！"袁绍听了不悦道："我不听田丰之言，果然被他所笑。"就下令把田丰处死了。

一个人因为没脸见人，干脆就把没脸见的人杀了，你说这叫什么事儿啊！

河北士人除了田丰，审配也差点被袁绍废掉。因为官渡战败后他的两个儿子跑得不够快，成了曹操的俘虏，跟他不和的人就以此劝袁绍说，审配留守时专断弄权，其家族在冀州势力很大、部曲众多，现在他的两个儿子都在曹操手下，他要是有异心，可就制不住了！袁绍便撤了审配的职。审配、逢纪虽分属不同派系，但同样支持袁尚为嗣，要不是逢纪力保，审配保不齐也会被袁绍杀掉。

如此看来，沮授倘若没有被俘，而是逃回了河北，恐怕同样不会有什么好下场。

杀田丰一事表明，袁绍根本不愿意面对自己犯下的错误。

因为他想不通，也搞不懂。

想不通为什么自己会在占尽优势的情况下大败亏输！搞不懂自己究竟是哪里犯下了致命失误！

那么我在这儿只好当一次事后诸葛亮，利用已知的材料试着替袁本初分析一回。

古往今来，关于官渡之战曹胜袁负的原因，充斥着各种角度不同的说法。在我看来，大致可以总结为以下四种：

第一，袁绍本人不行。

如前所述，荀彧、郭嘉曾分别提出，曹操比袁绍有"四胜""十胜"，着眼点都是其个人素质。从这一视角出发，西晋人陈寿在《三国志·袁绍传》中最早指出，"外宽内忌，好谋无决，有才而不能用，闻善而不能纳"是袁绍失败的重要原因。南朝人范晔在《后汉书·袁绍传》中也说："绍外宽雅有局度，忧喜不形于色，而性矜愎自高，短于从善，故至于败。"自此以后，论曹袁成败者多多少少都要提到袁绍本人在才智、性格上存在骄傲自满、刚愎自用、多谋少决等种种缺陷。例如历史学家何兹全先生就说："袁绍在官渡会战中的失败，首先仍是失败在骄傲轻敌上。"易中天先生则在其著名的《品三国》系列讲座中将袁绍失败的原因总结为"政治上失利，道义上失理，战略上失策，指挥上失误，用人上失当，组织上失和"，再加上这个人表现出"愚蠢、固执和狂妄"，输给曹操理所当然。

第二，袁绍的团队不行。

所谓"兵熊熊一个，将熊熊一窝"。袁绍本人短于识人、用人，也直接导致了他手下团队的整体素质要弱于曹操。其实在袁绍阵营内部，不是没有能力突出的文臣武将，但是袁绍对他们要么不信任重用，要么使用不当。更要命的是，袁绍手下的重臣之间还存在着严重的不和与冲突。方诗铭先生便指出，袁绍麾下始终存在河北、河南两个集团的矛盾，"河北集团的审配打击颍川集团的许攸，颍川集团的郭图打击河北集团的张郃"，以致许攸、张郃在战争关键时刻分别投降曹操，最终造成了袁绍失败。朱绍侯、王永平等学者也认为内部的不和与内耗是袁绍

败亡的直接原因。

第三，袁绍的策略不行。

台湾学者集体编著的《中国历代战争史》第四册论及官渡之战时分析说，魏晋时人总结袁绍之策略主要有三失（一为未早迎天子，二为未能趁曹操分心于张绣、刘备之时早袭许都，三为未能奉行沮授、田丰提出之持久战略），但是三者皆值得重新商榷。首先，从之前李傕等人以及赤壁之战时曹操的例子可知，是否奉迎天子与战争胜败其实无甚关系；其次，趁刘备据徐州叛曹时偷袭许都一策，表面上是大好机会，其实并不可行；最后，从战争进程来看，袁绍也不是没有奉行持久战略，只是实行得还不够彻底。因此该书认为，战略上轻视对手、战术上指挥失当才是袁绍失败的根本原因。

由军事科学院主编的《中国军事通史》第七卷则提出，袁绍战前准备不如曹操充分，战法上未能采用多路作战，而是将十万大军部署在一个方向一线平推，以致被曹军阻遏在官渡战场而无法发挥兵力优势。当战局关键时刻，又对军粮保护不周、处置失当，故此最终失败。

第四，袁绍的立场不行。

要说袁绍的立场，按古人的说法，因为他不奉汉家天子，而是自己想当皇帝，所以"不义"，举兵南征便是师出无名、不得人心，故此终至失败；现今的学者则有人从阶级分析的角度出发，认为袁绍代表了腐朽没落的儒学世家大族的利益，因此为政以宽，纵容手下官僚鱼肉百姓，而曹操则是"地主阶级内部的革新派"，奉行的是法家路线，因此为政以严，打击豪强，获得了百姓的拥护，所以能够战胜对手。

以上各种观点当中，除第四种我并不同意之外，其余三种我都不同程度地认可。

其实就立场而言，曹、袁两家并没有本质上的区别，也不存在明显的民心向背。皇帝在谁手里也与战争的胜负没有直接关系。打个不太确切的比喻，两军对垒譬如打牌，谁赢谁输固然要看牌面好坏，却也取决于打牌的人采用何种策略。手握一副烂牌却最终翻盘，捏着俩王四个二却最终吃瘪的事儿不是没有。袁绍本人和其团队在整体素质方面或许确实不如曹操，但他也有兵多粮足、家世深厚等优势，全在于如何运用而已。①

从军事角度检讨整个官渡战事的战略战术，首先必须承认，建安五年（200年）对袁绍而言其实并不是大举进攻曹操的最佳时机。这一方面是因为在灭掉公孙瓒之后袁绍集团的内部关系尚未理顺（谋臣不和、嗣子未定），一方面也是因为曹操阵营并无内衅（董承集团在起事之前即被消灭），而刘表、孙策两方也并不能对曹操背后给予有力的威胁。田丰、沮授再三谏阻他大举南征，主要原因正是在此。他们不是反对与曹操为敌，而是反对在条件尚未成熟之时便倾巢而出，以会战的方式与曹操一决雌雄。但是话说回来，田丰、沮授提出的分兵迭出、持续骚扰河南的战法倘若真正实行，也未必便能奏效。后来袁军在白马、延津之战失利，以及袭扰后方的刘备、韩荀等均被曹操各个击破就证明，机动性高、士卒精练的曹军在野战上更具优势。史籍说曹仁在鸡洛山大破韩荀后，"绍不敢复分兵出"，就是因为他意识到了这一点。

对袁绍来说，彼时将工作重心放到内部，一边耐心等待时机，一边

---

① 关于曹、袁军事力量的强弱对比，除了本书前文对曹操兵力的考证，还有以下资料可供参考：据《太平御览》收录的魏武《军策令》，曹操声称其时"袁本初铠万领，吾大铠二十领；本初马铠三百具，吾不能有十具"。说明双方在武器装备方面也存在明显差距。但是与此同时，曹操却承认"是时士卒精练，不与今时等也"。说明官渡战时曹军数量虽少，但却是经过"精练"的高质量军队，这一点甚至连后来的曹军也比不了。与此形成反差的是，有研究者注意到，整个官渡战事期间，袁绍军的推进速度十分缓慢。这或许与袁绍"见事迟""迟重少决，失在后机"的性格和其决策团队内部不和有关，但多少也反映出，袁军的整体素质很可能不够理想。

在外交上拉拢江东，同时巩固与刘表的同盟关系，才是战略上的最佳选择。坏就坏在他野心太盛、按捺不住急于改朝换代的冲动，在灭掉公孙瓒之后，未加休整便迫不及待地发动了对曹操的战争。

在进军路线上，《中国军事通史》指责袁绍"未能采用多路作战，而是将十万大军部署在一个方向一线平推"，从而致使袁军的兵力优势没有得到充分发挥，这一说法也值得进一步商榷。从当时的形势来看，从河北黎阳到许都不过才四百里，除黄河外并无山川险阻，经黎阳南渡至阳武、官渡一线实为最简便快捷的进攻路线。而且当时曹操已经安排臧霸在东方攻入青州防备侧翼，河内一带也有相应的防范措施，倘若多路分兵，不但会拉长战线，加重粮草供应负担，并且反而会使兵力优势因分散而丧失，徒增被各个击破的风险。

有时候，最简单的方法就是最好的方法。一个拳头打人，力量显然比五个指头要大。袁绍将十万大军部署在一个方向一线平推，其实并不是个错误的选择。至于官渡对峙阶段许攸向袁绍建议分兵偷袭许都之计，理论上固然可行，但前提是要有智勇双全的将领来执行才行。可那时颜良、文丑已死，刘备、张郃又不被袁绍信任，许都又有荀彧留守，少分兵则无济于事，多分兵则行动必然迟缓，所以袁绍拒绝这一提议也不能说是全无道理。

从官渡对峙半年多的战况来看，如前所论，袁绍利用刘备等骚扰曹操后方的策略还是收到了不错的效果，持续的阵地围攻也使得曹操陷入了相当的困境。最明显的例子就是曹操生出了从官渡撤退之心。当时若不是荀彧和贾诩鼓励曹操咬牙坚持，许攸来降又泄露了袁军屯粮的具体位置，那么后来局势的发展究竟如何实在殊难预测。从这一点来看，我们也不能说袁绍以十万大军进逼官渡的战术就是有错。

既然如此，袁绍究竟是败在了哪里呢？

第42章 兄弟阋墙

《孙子兵法》有云:"凡战者,以正合,以奇胜。"

所谓正,即正常;奇,就是反常。具体而言,战场列阵、大兵合战等常规作战方式是正,分兵袭击、诱敌设伏等非常规作战方式便是奇。会战之时一线队是正,预备队便是奇。战争方式尽管千变万化,但"战势不过奇正",无非常规与非常规手段两种。两种手段当中,决定胜负的通常是非常规手段,所以才说"出奇制胜"。

套用西方战略学家李德·哈特的理论,所谓"奇"其实就是"间接路线"。李德·哈特研究了西方战争史上的280多个战役,发现其中只有6个是采用"直接路线"取得了胜利,其余均属"间接路线"范畴。可以说在这一点上,古今中外莫不雷同。

倘若以此标准来衡量袁绍一生所经战事,可以发现,不论是讨伐公孙瓒、黑山贼,还是平定臧洪叛乱,袁绍基本上都是靠绝对优势兵力以常规手段取胜，并无出奇制胜的先例。故此郭嘉才说他"好为虚势，不知兵要"。而袁绍之所以如此，大概与他名公子弟的身份和"生长京辇，颇闻俎豆，不习干戈"的成长经历有关。

曹操则不然。

本书前文早已提到，曹操自小便机警而多智，起兵后多年残酷的战争生涯更使得他洞彻"兵者诡道"的本质。尤为难得的是，曹操一生精研各家兵书战策，曾经"自作兵书十万余言"。而《孙子兵法》之所以能流传到今天，也是曹操整理注解后的结果。对于《孙子》所载的种种战争之法、取胜之道，他自然熟稔于胸。例如前面"以正合，以奇胜"一语，曹操便注解道："合战为正，后出为奇也。正者当敌，奇者从旁击不备。"可见，此时的曹操已经充分掌握了在合战时将全军分为一线队和预备队的战术。这一点正与西方战神汉尼拔·巴卡不谋而合。

就官渡战事而言，我们发现，从战争一开始，尽管袁强曹弱，实力相对较弱的曹操处于守势，但他并没有采用消极防御的策略，而是守中有攻，频频主动出击，力图将战场的主动权掌握在自己手中。白马之战、延津之战是如此，后来他派于禁、乐进深入敌后袭击袁军别营，派曹仁、徐晃击破韩荀，劫烧袁军运车也是如此。正如《孙子兵法》所云："善战者，致人而不致于人。"

通过这一系列行动，曹操至少达到了以下三个目的：一、斩颜良、诛文丑，积小胜为大胜，打击了袁军士气；二、迫使袁绍采用步步为营的缓慢推进战术，使其不敢分兵，从而掌握了战场主动权；三、寻找到了袁绍对后方疏于防范的弱点。战局进入僵持阶段后，官渡对峙是正，乌巢劫粮是奇。利用之前探察到的袁绍弱点和许攸带来的关键情报，攻其无备，终于一举破敌。

而袁绍在形势有利的情况下，未能主动求变，没有找到曹操的破绽，却反而因内部不和将本方命门暴露给了对手，之前有过运车被劫的先例却仍对乌巢防备不周，关键时刻又调度失误。这一切错误累积下来，最终的失败也便无可避免了。

诚然，曹操官渡之战的胜利也有运气的因素在内。因为倘若许攸没有因审配的算计而投降，又或者他投降的时间再晚上几日，局势很可能便大不一样。但不管怎么说，曹操真正做到了"先为不可胜，以待敌之可胜"。在局面不利的情况下，他没有慌乱，在军粮将尽的情况下，他没有放弃，面对数倍于己的围攻，他在防守上滴水不漏，这才终于等到了"敌之可胜"的良机。

命运最终还是青睐了准备更充分、意志更坚强的人。

对这一结局，七年后高卧隆中的诸葛孔明做出了简洁而精准的评价："曹操比于袁绍，则名微而众寡，然操遂能克绍，以弱为强者，非惟天时，抑亦人谋也！"用现在的话说，天时就是历史进程，人谋就是个人奋斗。但在天时方面，老实说袁绍的条件不比曹操差，两人之间真正的差距说到底还是在于人谋。

不知道官渡之战的惨败有没有让袁绍意识到这一点。又或者他明明知道，感情上却无论如何也不能接受。史书但言，自从官渡败还，袁绍便惭愤发病，到了建安七年（202年）五月，终于呕血而死了。

当时距官渡之战结束已经超过了一年半。这一年半以来，曹操并没有渡河北侵冀州，曹、袁两家都获得了喘息之机。而袁绍虽然折损了八万人马，却仍然保有相当的实力，这也使得曹操一时不敢轻举妄动。有史料显示，这期间曹操除了亲至汝南逐走刘备、派夏侯渊和张辽降服了在东海叛乱的昌豨之外，还动过南征刘表和孙权的念头。虽然这两项计划最终都未能成行，却足可证明当时曹操对袁绍尚有忌惮。多年后司马昭的心腹王基评论官渡战后的曹操"自以所获已多，不复追奔，惧挫

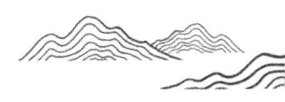

第42章 兄弟阋墙

威也"，就是这个道理。

直到袁绍死后，曹操才做出了大举侵略冀州的决定。这是因为，在袁绍生前早就显露端倪的嗣子之争由于其临死未做妥善安排而愈演愈烈，袁氏家族在他死后很快分裂成了两个彼此仇视的阵营。

袁绍共有三子：长子袁谭，中子袁熙，幼子袁尚。袁谭虽然年龄最长，又有一定才干，出镇青州多年，"北排田楷，东攻孔融"，为袁绍扫平东境立有汗马功劳，但由于其母早死，袁绍的续弦刘氏极力撺掇他立自己的亲生儿子袁尚为嗣。加之袁尚容貌俊美，深得袁绍喜爱，所以袁谭一直郁郁不得志。到了后来，袁绍干脆把袁谭过继到了自己早夭的哥哥名下，明摆着是剥夺了他的继承权。然而多半是怕舆论非议自己废长立幼，一时之间袁绍也没有公开立袁尚为嗣。当时沮授以"一兔走衢，万人逐之，一人获之，贪者悉止"为喻，劝袁绍早定嗣子，袁绍却说自己打算让三子各据一州，看他们谁更有才能。后来他便安排二子袁熙领了幽州，外甥高干领了并州，最重要的冀州刺史职位则仍由他自己兼领，准备将来交给袁尚。

史料显示，袁绍死前很可能没来得及对后事做出妥善的安置。这样一来，原本便互相倾轧的袁氏臣属为了争夺权位，分别投靠到了袁谭、袁尚的帐下。郭图、辛评拥护袁谭，逢纪、审配则拥护袁尚。

由于逢纪、审配跟袁谭的关系一直比较糟糕，他们怕袁谭上位后对自己不利，便趁袁谭尚未从青州赶回之机，矫称袁绍遗命，推举袁尚继承了其父的职位。等袁谭赶到，发现生米已经煮成了熟饭，十分不满，便自号车骑将军（袁绍初起兵时便号车骑将军），带人离开邺城，屯驻在了黎阳。

这一消息传到曹营。曹操自然不肯放过这个趁火打劫的好机会，便于当年九月兵发黎阳而来。

袁谭初到黎阳之时，手里兵马本就不多。袁尚可能是担心老哥造反，不但不加派人手，还派了逢纪前去监视。袁谭得知曹操来攻，向邺城要求增兵，袁尚和审配又不准许。袁谭大怒，就把逢纪杀了撒气。尽管如此，袁氏兄弟毕竟都明白，曹操才是他们的共同敌人，倘若黎阳失守，则邺城势必孤危。因此当袁谭在曹军的凌厉攻势下频频遣使告急之后，袁尚便留审配守邺城，亲自领军前来救援。

这场战事从当年秋末一直进行到次年暮春，史籍但言袁氏兄弟连战数败，于是退回城中固守。两百年后东晋人郭缘生行经此处，仍可见到黎阳城西、城南各有一小城，分别是袁谭和曹操所修筑。

黎阳战役期间，袁氏兄弟为了在侧翼牵制曹操，还发动并州刺史高干、河东太守郭援共同联络南匈奴和关中的马腾入寇河东，在西境向曹操施压。官渡之战期间坐观袁曹成败的刘表也回过味儿来，派新近投靠他的刘备北侵叶城（今河南叶县西南），直接威胁许都。不过这两路敌人都是雷声大雨点小，最终都没能给曹操造成什么打击。在西边，由于钟繇诱降了马腾，致使郭援败亡，南匈奴单于投降，高干不敢再出；在南边，曹操派夏侯惇、于禁前往征讨，刘备虽然伪退设伏在博望（今河南方城博望）胜了一仗，却也见好就收，撤回了新野（今县）。

到了建安八年（203年）三月，曹操终于拔除了袁军在外围的据点，开始全力进攻黎阳外城。袁氏兄弟怕曹军一旦合围，再难脱身，于是引军出战。结果又被曹操击败。当天夜里，袁谭、袁尚遂弃城遁逃。

四月，曹操乘胜进逼邺城，并大肆抢收冀州青麦。《后汉书·袁绍传》于此记载说"尚逆击破操"，后来曹操便撤回了河南。另外，据传为诸葛亮所作《后出师表》中也提到，曹操曾"偪于黎阳"，暗示其在此期间确实遭遇了失利。不过《三国志》中却找不到曹操在黎阳、邺城一带受挫的史料，只说其之所以撤军，是因为采纳了郭嘉的建议。

郭嘉的意见是，袁绍生前就没有确定他这两个儿子的君臣名分，现在郭图、审配等又各自结党争权，在他们兄弟二人之间挑拨离间，如果我们急于进攻，他们就会联合起来一致对外，不如缓上一段时间，先让他们自己争斗起来。这段时间我们可以兵发荆州，宣言南征刘表，等到袁氏兄弟自相残杀之后，我们再乘机北伐，定能一举成功。

曹操觉得此计甚妙，便留部将把守黎阳，自己回师许都，筹备起了南征事宜。

果不其然，曹操刚退，袁氏兄弟就起了争执。

袁谭对袁尚说，我在黎阳时铠甲不精，所以才被曹操所败，现在曹操撤军，他手下将士都因思归而无战意，趁他还没渡过黄河，你多给我点人马器甲，我一定能把曹军击溃！但是袁尚怕他兵多后对自己不利，既不给兵马，也不给甲仗，气得袁谭直跳脚。郭图和辛评就趁机对袁谭说，当初袁绍之所以把他过继给大房，都是审配挑拨的。袁谭听了，就率领本部人马进攻袁尚，叫他交出审配。双方在邺城门外一场乱战，结果袁谭兵败，只好东奔南皮（今县）。

留守青州的袁谭别驾王修得知后，亲领州兵前去援助。得了这些生力军，袁谭又想杀回邺城。王修劝道："自家兄弟就好比是左右手，哪有要跟人争斗却自断其手的道理？若兄弟不能相亲，天下还有何人能亲信呢？事情变成这样，都是因为有小人在当中挑拨离间，您可不能听信其言。如果能将几个小人杀掉，兄弟和好如初，仍然能够横行天下！"但袁谭并未听从。

第43章 邺城攻防战

袁氏兄弟同室操戈，倒把荆州的刘表给急坏了。

因为他得到汇报，曹操近来颇有平定荆州之意，眼下前军已至西平（今河南舞阳东南）。河北这一内乱，曹操再无后患，岂不是可以放心大胆地举兵南征？这对于他刘表来说可是个十足的坏消息。

于是在建安八年（203年）秋，刘表分别向袁谭、袁尚遣使写信，劝他们以大局为重，应该先团结起来设法解决曹操，之后再分辨两人之间的是非曲直。可这时候袁谭、袁尚早已杀红了眼，俩人谁也没理他。

袁尚占据的冀州毕竟兵多粮丰，再加上他又正式继承了袁绍的名位，而袁谭的大本营青州本就实力有限，这时候又有不少城池背叛他而投降了袁尚，所以没过多久袁谭便在争斗中处于下风，被袁尚的兵马围困在了平原。

窘急之下，郭图给袁谭出主意说："眼下将军国小兵少，粮乏势弱，久之必被显甫（袁尚字）所擒。依我之愚见，不如呼曹公来击显甫。曹公之来，必定先攻邺城，到时显甫便会引军还救。将军趁机统军而西，则邺城以北尽归我有。倘若显甫被曹公击破，那么我们就收合其败卒来抵御曹公。曹公远来，粮饷不继，必定难以久持。即便曹兵不退，那时邯郸以北也皆为我所据，足以与曹公对峙。只有这个方法才能解救眼前的危局。"

其实袁谭也知道，郭图这个建议不过是个饮鸩止渴的馊主意。可是事已至此，别无他法，袁谭权衡再三，觉得与其向弟弟摇尾乞降，招引曹操这豺狼入室或许还有一线生机。于是他顾不得什么杀父之仇、官渡之耻，派辛毗去向曹操求救。

辛毗是辛评之弟，早在袁绍从韩馥手中夺得冀州后他们兄弟便一直追随袁氏。当年郭嘉弃袁投曹之时曾劝辛评跟自己同去，被辛评以袁强曹弱为由婉言谢绝。没想到现今形势倒转，袁氏兄弟相残、衰状尽显，曹操却霸业将成、如日中天，这对辛氏兄弟来说多少有些讽刺。

在西平的军营里，曹操见到了前来求援的辛毗。得知袁谭邀请自己北攻邺城，曹操深知郭嘉之计已经奏效，不由心下窃喜。为了把戏做足，他先是答应了辛毗，继而又流露出后悔之意，说自己还是觉得南征荆州更好。这下辛毗不免有些着急，通过郭嘉求情，他再次面见曹操。曹操问他说："袁谭是否可信？若孤兵发冀州，又能否必定攻破袁尚？"

辛毗说："您别问袁谭诚心不诚心，只管看形势对不对就行！现在袁氏兄弟相争，表面上是小人离间，其实却都是为了争夺天下。袁谭走投无路，才不惜向您求救。而袁尚虽然在平原困住了袁谭，一时却也攻不下来，说明他也到了力竭之时。加以连年征战，国困民贫，灾害频生，饥馑横行，实乃天亡袁尚之时！明公您一旦发兵进攻邺城，袁尚若不还救，则冀州必破，若是还救，袁谭又会追击他的背后。这种形势之下，袁尚岂能不败？明公今舍袁尚而伐荆州，然荆州国富民丰，又无内乱，反不如北征得利为大。再说四方诸侯以河北最强，河北若平，天下皆不足定。惟愿明公深思。"

其实这个时候辛毗已经有了改换门庭之心，这番话他完全是站在曹操的角度，为他统一河北设想，言辞不可谓不恳切。当然，就此事曹操也征求了几位重要谋士的意见。例如荀攸就认为，刘表并无大志，此时不急于征伐，还是应该趁袁氏内乱之机抢先攻取河北。而分化袁氏兄弟本就在郭嘉的计算之中，他自然也赞同荀攸的提议。

于是曹操便对众将说道："我攻吕布之时，刘表袖手不动；官渡之役，他仍然作壁上观，不助袁绍。此乃自守之贼，宜且后图，今当乘乱先定河北。即便袁谭狡诈反复，待我攻破袁尚，遍收其地，自不难使其束手！"遂同意了辛毗的请求，引军返还，并于十月渡河，准备进攻邺城。

听说曹操聚兵黎阳，意欲袭取冀州，袁尚连忙撤兵解围，赶回自守。袁谭这才有了喘息之机。不过鉴于上次的经验，曹操深知邺城坚固，不易攻取，因此并未急于进攻。他一边聚兵屯粮，一边招诱河北将吏。袁尚手下二将吕旷、吕翔（一说高翔）于此时来降，被曹操封为列侯。为了暂且安抚袁谭，曹操还为幼子曹整聘袁谭之女为妻。当得知袁谭私下接触吕旷、吕翔，企图用高官厚禄收买二将之时，曹操说道："我早就知道袁谭会搞这些小伎俩！他的用意，无非是想利用我攻伐袁尚的机会，收兵掠地以自强，然后再乘我之弊。可袁尚一旦破灭，我并其众，军势只会更盛，哪里容他乘我之弊？"并不予理会。

到了第二年正月，曹操又下令在黎阳附近的淇水入河处修筑体量巨

大的拦河大坝，使淇水倒灌入东北流向的白沟。由于白沟下通流经邺城以南的洹水（今安阳河），这就构成了一条可以向北运输军粮的水路。

二月，袁尚很可能是想趁曹操还没来，赶紧先吃掉袁谭，遂留审配和苏由守城，再次去攻打平原。期间审配还写了一封言辞诚挚的长信，劝袁谭承认袁尚的嗣君地位，杀掉郭图，兄弟和好。据说袁谭得此信后，怅然登城流涕，然终不能有所改悔。

曹操认为机会到了，马上率军北进，直抵洹水南岸，距邺城不过五十里之遥。这时留守的苏由想要叛降，以为曹军内应，不想计划被审配得知。两人在城中混战一场，苏由兵败，狼狈来奔。很快曹操兵临城下，大起土山、地道，对邺城发动了围攻。

审配这个人虽然心胸不广，专而无谋，但却对袁氏相当忠诚。如今袁尚在外，苏由叛逃，把守邺城的重任自然就落在了他一人的肩上。面对曹兵大举进攻，他组织起了相当有效的抵抗。曹操下令挖地道，他就在城内挖堑来化解。他手下有个武将意图降曹，打开突门（城墙上开凿以备出兵的隐蔽小门）放进了三百名曹兵。审配发觉后，命人在城墙上抛下大石将突门封锁，三百曹兵成了瓮中之鳖，很快全军覆没。倏忽两月过去，曹操依然对邺城无可奈何。

这种情况使曹操明白，如果用强力急攻，势必会造成大量士卒伤亡。好在白沟水路已经打通，粮秣无忧。曹操遂决定改变策略，对邺城实施长期围困。

四月，曹操先是留曹洪围城，自领精兵击破了屯守邺城西北的一个袁军据点，断绝了邺城通往上党（今山西长子）的粮道，既而又攻克了沮授之子沮鹄把守的邯郸，切断了邺城和冀州北部郡县的联系。易阳（今河北邯郸东北）、涉县（今县）两县亦于此后归降。再加上冀州东部被袁谭占据，邺城此时成了一座孤城。

五月，曹操下令捣毁土山、地道，转而在城外筑起长围，开挖壕沟，意在将邺城彻底封锁起来。为了迷惑审配，一开始曹操只叫士卒把壕沟挖得浅一些即可。审配见壕沟可以轻易翻越，惟报以冷笑，并不出兵阻挠。谁料一天夜里，曹军大干快干，天明后已经将壕沟扩至深广各两丈（将近五米），周回四十里长，并决漳水灌入壕沟，与长围一起构成了一道极难翻越的封锁线。审配这才悔之晚矣。

邺城是河北一大都会，袁氏父子经营十余年，尽管粮储较丰，但城内军民甚多，消耗很大。这一彻底封锁从五月直至七月，城中遂出现了大饥荒，饿死者超过一半。

还在平原的袁尚得知这一消息，知道自己若不还军相救，邺城必破无疑，遂统兵万余赶回。未抵邺城之前，一来他希望探一探曹军的虚实，二来也希望能够联系上审配以便里应外合，于是便派了主簿李孚设法先行潜入。李孚深知人众越多，越容易被曹兵发觉，只带了三个心腹随从骑快马南来。直到距邺城仅有数十里，他才命随从赶制问事仗（类似警棍）三十枚，系在马鞍上，自己换上武吏的装束，装扮成曹军军官的样子，于天色昏暗之时接近了曹军营寨。

由于围城已有数月之久，外围的曹兵警惕性并不甚高。尽管曹操事先已有禁令，但仍有三三两两的曹军士卒时而出营放马樵采，李孚一行得以混入其中，顺利地进入了围城阵地。遇到有人询问，他就自称都督，像模像样地巡查起了各营士卒的纪律状况，从最北边的阵地开始，一路向东，又折而向南，绕着邺城巡视了大半圈。见到有不守军纪的士卒，他就严加申饬，随轻重加以责罚。最后他甚至还从曹操的营帐前穿过。直走到邺城西南的章门边，才寻个借口将守围的士兵抓了起来，打开围栅，疾驰来到城下，呼唤守军放下长绳，终于被拉进了城。

审配等人见到李孚，得知援军将至，不禁悲喜交加，皆鼓噪呼

万岁。

曹军这边儿则迅速将有人闯围的情况报与曹操得知。曹操听后笑道："此非徒得入也，方且复得出！"意思是很快李孚还要设法出城。

曹操说得没错。李孚了解了城中情势，又与审配约好了里应外合的信号，便急于返回。他知道这个时候曹军一定严加防备，故伎不可重施，便对审配说道："现今城中粮谷匮乏，留着老弱无用，不如将他们驱赶出城，以节省粮食。"审配表示同意。于是在一天夜里，守军拣选了数千老弱病残，让他们举着白布幡，同时打开三道城门出降。李孚也穿着降民的衣服混在其中，出了北门，最后从包围圈的西北角突围而去。天亮后曹操闻知李孚已出，并不气恼，反而击掌笑道："果然如我所言也！"

数日后，探马来报，袁尚军正向邺城开来。有将领建言，兵法云"归师勿遏"，袁军家口皆在城内，他们急于团聚，肯定会拼死一战，最好先避其锋芒。曹操道："袁尚若从大道而来，我当避之；若循西山而来，此成擒耳！"意思是大道没遮没拦，袁军若由此而来，表示他们不畏生死，战意浓厚；而沿着西山（即太行山）前来，稍有不利便易于遁逃，说明他们心存惧意，战意不坚。后探马又报，袁军果循西山而来，并已进入邯郸境内。曹操大喜，对诸将道："孤已得冀州矣！"

不久，袁尚军进至邺城西北十七里的阳平亭，依滏水（今滏阳河）扎下营寨。入夜，袁尚军点起火把，给城中守军发信号。城内亦举火相应。审配随即整军出战，袁尚也对同一位置发动进攻，试图内外夹攻突破曹军包围。然而曹操早有防备，统兵逆击，不但将审配军逼回城中，更将袁尚打得大败，直追至其营寨。袁尚眼看曹军就要合围，心下大惧，急忙派阴夔、陈琳向曹操乞降。但是曹操并不接受。于是袁尚乘夜遁逃，辗转逃往中山，余众大溃，多数都降了曹操。

曹军将缴获的袁尚印绶、节钺及衣物展示给城中守军看。守军见袁尚已败，士气顿时降到冰点。审配不知袁尚生死，只好宣令士卒说："惟需坚守死战！曹军已疲，幽州（指袁熙）将至，何愁无主！"

其实到了这个地步，邺城失陷几成定局。幽州的袁熙别说没有来援的计划，就是真有，也是远水难救近火。但是审配并没有轻言放弃。天明后，一个偶然的事件更使他看到了一线生机。

第43章 邺城攻防战

第44章 夺取冀州

这一天，自忖胜券在握的曹操骑着高头大马，亲自巡视出师已有半年之久的曹军阵地。

时值秋初，凉风飒飒。包围圈外，曹军旌旗猎猎，连绵的营帐一直延伸到远方视线之外。曹操每到一处，便引来士卒们的阵阵欢呼。包围圈内，由木栅和壕沟构成的封锁线依然完好，除了墙下死尸引来乌鸦聒噪之声，城内悄无声息，显得死气沉沉。

看样子邺城坚持不了多久了。

四方之寇，莫强于河北。河北平，则天下不足定。曹操心想，拿下河北之后，这里倒是一个定都的好地方。

邺城之地南凭大河，西倚太行，中有漳、洹、滏等水系环绕，山川雄险，物阜民丰，"据河北之噤喉，为天下之腰膂"。相传其城池乃是春秋时齐桓公所建，战国时则归属魏国。当年魏文侯用西门豹治理邺城，不但开凿了十二条水渠以利灌溉，还根除了当地"为河伯娶妇"的陋习。时至今日，邺城西北仍有祭祀西门豹的祠庙。袁本初入据冀州后，曾经对邺城进行了一定程度的改建和扩建，还营建了不少官署。尽管他当初没有听从沮授迎天子"安宫邺都"的意见，但邺城其实已经具备了定都的条件。

"现如今洛阳残破，不复人迹，而许都又地势卑湿，毗邻南寇，待我灭掉袁氏之后，定要对此地善加经营，以为王业之基……"曹操一边巡视长围，一边对未来的邺城进行构思。不知不觉间，他并没有意识到走得离长围太近，已经进入了强弩的射程。

突然间，远处似乎响起弓弦破风之声。曹操还没有反应过来，几支羽箭已经从他身旁险险飞了过去！侍卫们大吃一惊，立刻一拥而上，将曹操连人带马拖离了危险区。

原来，曹操巡视阵地的举动早被城上的审配看在了眼里。他悄悄调集强弩，埋伏在墙垛后面，随着曹操的移动而移动。估摸着曹操已经进入射程，审配一声令下，数弩并发，差一点就射中了曹操！

试想倘若曹操时运不济，也像孙坚一样中箭身亡或者受伤，那么历史就会被彻底改写，而邺城或许也就能保得住了。

然而这并不是曹操第一次遇险，也不会是最后一次。到目前为止，他的运气一直还算不错。而运气对一个人的成功来说也十分重要。

错过了这次机会，审配便再没有任何翻盘的可能。

八月初二，奉命把守东门的审配之侄审荣在夜里打开城门，将曹兵放了进来。当时审配正在东南角楼之上，望见曹兵入城，心知大势已去，盛怒之下，觉得冀州之所以有今天，都是被辛评、郭图之流败坏所致。而自从辛评、郭图随袁谭出奔，辛评的家眷就被抓捕下狱。此时审配急忙派人赶往狱中，将辛评一家尽数斩杀。

由于守军早已丧失斗志，饥疲交加，巷战并没有持续多久。曹军很快占领了全城，审配也被生擒。当他被绳捆索绑押到曹操帐下，劈面便被辛毗用马鞭抽了一顿。其实辛毗得知城门洞开的消息，立刻驰往监狱想要解救兄长一家，然而还是晚了一步。他一边用鞭子狠抽审配，一边咬牙切齿地骂道："狗奴，你今天死期到了！"审配不甘示弱，还嘴道："狗辈，正由汝曹破我冀州，我只恨不能连你也杀了！况且我之生死，你这狗辈岂能决定得了？"

片刻后曹操引见，对审配道："你可知是何人打开城门？"审配说不知。曹操便道："正是卿侄文荣（审荣字）。"审配这才恨恨地说道："此小儿不堪重用，乃至今日！"

曹操又道："前日孤巡行长围之时，为何箭弩如此之多啊？"

审配说："我只恨太少！"意思是没把你曹操射死，真是老天无眼！

曹操也不生气，道："卿既忠于袁氏父子，亦自不得不如此。"听语气似乎很想饶审配一命。然而审配辞气壮烈，并没有半点乞活的意思。辛毗等则在一旁号哭不止，坚决要求把审配杀掉。曹操无奈，最后只好成全审配求仁得仁。

据说临刑之前，有个早就降了曹操的冀州官员张子谦因为跟审配向来不和，特意赶来嘲笑他："正南（审配字），卿竟何如我？"审配厉声反驳道："你这家伙是个降虏，我审配却是忠臣！我就是死，也比你偷生强！"说完又嘱咐刽子手说，行刑的时候一定要让自己面北受戮，因"我君在北"之故。

可以肯定的是，冀州僚属当中像审配这样甘愿以忠臣身份为袁氏殉葬的终究是少数，大部分人还是像辛毗、崔琰、陈琳、张子谦那样，顺应时势转而归降了曹操。

例如崔琰，后来被曹操辟为别驾从事。曹操审阅冀州户籍，见冀州现存户口足可征发三十万人为兵，不禁感叹说真不愧是大州。崔琰便进言道："方今天下分崩，九州幅裂，二袁兄弟同室操戈，冀州百姓饱受兵燹之灾。明公不存问风俗、推行仁政、救黎民于水火之中，却先校计甲兵，这难道是鄙州士民对明公的期望吗？"曹操闻言，连忙改容道歉。

至于为袁绍作讨曹檄文、将曹操一家骂得狗血淋头的陈琳，曹操也"爱其才而不咎"，任其为司空军谋祭酒，仍旧负责草拟各类军政文书。

归降曹操后反而倒霉的，大概只有许攸。

据《魏略》所言，许攸因为跟曹操是少年时的朋友，又觉得官渡之战曹操获胜全靠自己献了乌巢劫粮之策，所以自恃勋劳，经常跟曹操开些没大没小的玩笑。聚会之时，乃至当面称呼曹操的小名，道："阿瞒，你要不是因为我，就得不到冀州啊！"曹操虽然笑着说你说得对，其实心里十分不快。后来有一次，许攸陪同曹操一起从邺城东门出行，竟转头对左右说："要不是我，这家人哪里能够出入此门！"这话被人密报曹操得知，曹操便将许攸抓捕下狱，后来就杀掉了。而并非如《三国演义》所言，许攸是被许褚所杀。

这里顺便提一下，央视版《三国演义》电视剧在叙述曹操攻破邺城之后，特意安排了一段曹操亲至袁绍墓前吊祭的情节。史籍记此事，但言"公临祀绍墓，哭之流涕，慰劳绍妻，还其家人宝物"云云。罗贯中著《三国演义》，便将曹操回顾其与袁绍共同起兵声讨董卓时各言其志的话语加了进去。而电视剧版《三国演义》更是增加了一出曹操命陈琳在袁绍墓前高声念诵讨曹檄文的戏码：

邺城郊外秋风萧瑟，沙尘飞扬，祭旗漫卷、烟尘缭绕之中，曹操率

第 44 章 夺取冀州

领一众将士神情肃穆,对状如覆斗的袁绍墓恭行祭奠之礼。哭吊一番后,曹操先命许褚将沮授、审配、辛评①等河北义士的灵牌摆上,又命将袁谭、袁尚、袁熙的灵牌也摆上,因为他们"只顾兄弟相残,实属不肖子孙,虽仍残喘于世,死期已近"!最后,陈琳在曹操的严命之下,不得不登上祭台,勉强念诵起了那篇著名的檄文。念到词句刻薄之处,许褚等曹将大感激愤,纷纷跪倒请曹操制止陈琳。陈琳也颇为尴尬地停止了念诵。然而曹操却厉声道:"念!为何不念?当年此文传至许都,我方患头风,卧病在床。此文读过,毛骨悚然,一身冷汗,不觉头风顿愈,才能自引大军二十万(小说家言,非史实),进黎阳、拒袁绍,与其决一死战!真乃檄文如箭!……此箭一发,却又引得多少壮士尸陈沙场,魂归西天。我曹操不受此箭,壮士安能招魂入土,夜枕青山!星光殷殷,其灿如言。不念此文,操安能以血补天哉!"将士闻听此言,纷纷感慨落泪。陈琳无奈,只好继续将檄文念完。

我个人认为,这一场戏实为电视剧对原著改编最为成功的段落之一。在人物形象的塑造方面,正如知乎网友杨惟时所言,"之前几集征伐袁绍的剧情刻画了曹孟德老奸巨猾、冷酷狡诈的一面,让观众愈发觉得其人可怖;而此番表白却又如峰回路转般,尽显曹公重整河山的情怀抱负,将他的慷慨豪情演绎得淋漓尽致。至此,一代奸雄的两面性格得到了统一,丰满的人物形象跃然眼前"。不仅如此,编剧通过拜祭河北义士灵牌和不念檄文"安能以血补天"这两处细节,将袁曹基于个人野心而发动兼并战争的非正义性质悄然化解开来,转而为这场战争涂抹上了天下秩序重建势必以尸山血海为代价的悲剧色彩。这一来,袁曹二人

---

① 电视剧《三国演义》为突出河北义士之多,说辛评因为得知辛毗降曹,悲愤而死,又将审配杀辛评一家改编为杀辛毗一家,并云是辛评临终时特意嘱托审配所为。此举意在突出袁绍虽有忠臣义士却不能善用,但与历史事实相悖。

之间的私人恩怨也就不那么重要了，而曹操哭吊袁绍于墓前的行为就愈发显得真情实感。

当然，并不是所有的改编都令人满意。例如同样是这一集，演到邺城破后，曹丕纳袁熙妻甄氏一事。其实不论史料还是小说原著，都只言甄氏"颜色非凡""姿貌绝伦"，由此吸引住了曹丕，而且甄氏对改嫁曹丕并没有任何不满。如原著云："操教唤出甄氏拜于前。操视之曰：'真吾儿妇也！'遂令曹丕纳之。"但是电视剧却让甄氏在拜见曹操后提出请求，希望将自己赐死，曹操闻言端详她片刻，才感慨地说出"真吾儿妇"一语。如此一来，曹操称赞的对象便由甄氏的绝世容貌变成了她不愿改嫁二夫的节烈情操。表面上看，这一改动似乎与那个年代陈腐的"女德"价值观相匹配，其实却纯属画蛇添足，并不符合历史真相。

首先，汉代人并不注重所谓"贞节"，女子改嫁和再嫁在当时普遍存在，并不被视为失贞或非礼。例如汉景帝的皇后王娡原先是金王孙的妻子；才女蔡文姬先嫁卫仲道，复为南匈奴左贤王夫人，后又改嫁董祀为妻；等等。社会上将女子改嫁看作失节，是宋代以后的事。

其次，曹操本人就不是一个重名教的人。他的第二任正妻卞氏，也就是曹丕的生母，原本就出身"倡家"。而如前文所言，曹操也曾纳张绣的婶婶邹氏、何进的儿媳尹氏、秦宜禄的前妻杜氏为姬妾。甚至曹操在临死之时，还不忘嘱咐自己的妻妾，希望她们在自己死后都能够改嫁。这样的曹操，怎么会对甄氏宁死不愿改嫁的行为表示赞许呢？

这里唯一的不便或许在于，当时袁熙尚在，他与甄氏的婚姻仍在存续当中。不过考虑到当时战败者的家眷通常被视为战利品，女子常常被没为奴婢，这种情况可以认为其人身权已不属夫家所有，因此在法律上，这并不会对甄氏的改嫁构成障碍。曹操纳秦宜禄前妻杜氏之时，秦宜禄仍然在世，也是同样的道理。

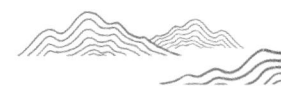

耐人寻味的是，自古红颜多薄命，而薄命红颜又最易引发一众文人骚客的浪漫想象和创作冲动。甄氏这一改嫁曹丕不打紧，由于宫闱事秘，加之相关史料存在含糊与矛盾，大概从东晋南朝开始，野史笔记中就出现了许多以甄氏为主角的故事和传说：有的说曹操本来想自纳甄氏，却被曹丕抢了先；有的说曹植私下爱慕甄氏，其所作《洛神赋》中的"洛神"就是甄氏的化身；还有的说，曹丕的长子曹叡，也就是后来的魏明帝其实是袁熙的骨血，而甄氏之死，乃至曹丕的皇后郭氏之死都与曹叡的身世有关……

此是后话，本书将来再做分析。

第45章 北征乌桓

建安九年（204年）八月曹操拿下冀州州治邺城后，河北的局势日趋明朗。

袁谭虽然趁曹军攻围袁尚之时略取了冀州东部的渤海等郡，但不久后曹操便责其负约，断绝和亲，向其发动了进攻。袁谭连战连败，至第二年正月，遂被曹军将大本营南皮攻破。逃亡的路上，袁谭被追甚急，从马上跌落下来。见追兵赶到，袁谭叫道："你放了我，我能让你富贵！"可是话未说完，便被人将头砍了下来。郭图等也尽皆被斩。

袁尚在中山站不住脚，往幽州去投了二哥袁熙。孰料袁熙的部下焦触、张南等发动叛乱，集体降曹，袁尚、袁熙只好逃往辽西乌桓。

袁绍的外甥、并州刺史高干先降复叛。建安十一年（206年），曹操亲征并州，高干在逃奔荆州的路上被上洛都尉捕斩。

此前黑山贼张燕也已经率众向曹操请降，至此，除了割据辽东的公孙康以及乌桓支持下的袁氏兄弟，黄河以北再也没有能够对曹操构成挑战的势力。

这时候，一道选择题摆在了曹操面前：是应该继续进剿二袁，以彻底清除袁氏卷土重来的任何可能，还是调转枪口，暂且去对付其他割据势力？

若要进剿二袁，就势必北征乌桓。然而辽西险远，道路隔绝，起大军征讨谈何容易！再说，一旦大军北上，许都必然空虚，倘若有人利用此时攻击自己的后背，该如何应对？

其时江东孙权名义上仍是朝廷的臣属，孙权本人受曹操表请为讨虏将军、会稽太守，而且曹、孙两家早有联姻（孙权弟孙匡娶了曹操侄女，曹操儿子曹彰娶了孙权堂兄孙贲的女儿），再加上孙权接班不久，威信未著，所以短时间内江东政权不太可能主动挑起对曹操的战争。马腾等关中诸将虽然叛服无常，但其实力仅足自保，又有钟繇坐镇西境，因此曹操也不担心。倒是官渡战后南奔荆州的刘备被刘表安置在新野，距离许都较近，实在不可不防。

对于这道选择题，曹操的部下们意见不一。

以张辽为首的一些将领认为，现在天子在许都，如果曹操远征辽西，万一刘表派刘备袭取许都，也来个挟天子以令诸侯，那曹操这么多年的打拼不就前功尽弃了吗？领军史涣也认为北征乌桓道远深入，实在过于冒险，并非明智之举。一向跟曹操不对付的孔融甚至讥讽说，乌桓收留二袁就跟"肃慎不贡楛矢，丁零盗苏武牛羊"①一样，是微不足道的小事，为此耗废国力远征，实在是大炮打蚊子——毫无必要！

---

① 肃慎是先秦时期大兴安岭以东的古代部族，对周天子的义务仅仅是贡献楛矢；西汉时苏武出使匈奴被扣留，流放至北海，有丁零人盗取了他放牧的牛羊。这两件事对于周、汉朝廷来说都是微末小事，自然不值得兴兵。

但是郭嘉却赞成在此时北征乌桓。他的理由是："现在我们虽然征服了河北，但四州士民归顺主要是畏惧兵威，我们的德政还未及使他们真心信服。而袁绍经营河北多年，汉人夷狄都怀念他的恩德，袁尚、袁熙兄弟又尚存。倘若我们对其置之不理，舍而南征，袁尚便会凭借乌桓的资助招诱其旧臣。乌桓一动，北境民夷再群起响应，到时别说幽州，就是青、冀之地恐怕也难保为我所有啊！至于刘表，不过是个徒有其表的'坐谈客'。他知道自己的才能不足以驾驭刘备，所以绝对不会放心大胆地对刘备加以重用。刘备不受重视，也就不肯为刘表尽全力。故此哪怕我们虚国远征，后方也不必忧虑！再说乌桓人自恃险远，一定不会对我们严加防备，趁其不备之时迅速袭击，当可一战成功！"

郭嘉这番话不但阐明了北征乌桓的必要性，而且肯定了实际操作的可行性。也就是说，乌桓本身不可怕，可怕的是袁氏残余势力与乌桓相勾结。当初公孙瓒之所以干不过袁绍，就是因为乌桓、袁氏以及幽州当地豪强三方联手。而袁氏余孽一日不除，河北局势就存在反复的可能，只有斩草除根，才能杜绝死灰复燃。所以乌桓不但应该打，而且应该尽早打。现在正是难得的战略机遇期：江东和关中都无力威胁曹操，刘表和刘备也不能通力合作。此时不打，更待何时？

不枉曹操曾称赞郭嘉说："唯奉孝为能知孤意！"他的这番话说到了曹操心里。曹操终于不再犹豫，决意兴兵北征。

兵马未动，粮草先行。

建安十一年（206年），曹操采纳董昭的建议，下令在华北平原上开凿两条运河，以便为远征乌桓运输粮秣。

这两条运河一名平虏渠，"自呼沱入泒水"，一名泉州渠，"从沟河口凿入潞河"。两条河道的具体位置虽然诸说歧异，今天已无法确知，但可以肯定其沟通了海河和滦河这两大水系，从而使得河北南部的

第 45 章 北征乌桓

军粮辎重可以经由水路一直运抵今唐山一带。

第二年春天,曹操在邺城大封起兵以来功臣二十余人,皆为列侯。其中夏侯惇的食邑增加千八百户,合计二千五百户;荀彧增千户,合计二千户;荀攸增四百,合计七百户。此举正如曹操所言,一是对助自己平定天下的"贤士大夫"进行犒赏,二是为即将到来的远征振奋士气、凝聚人心。同时,为了激励中下层将吏士卒,曹操甚至把自己所获的三万户食邑租赋全部分赏给他们,并对战死者的后代进行抚恤和补偿。

随后曹操点将聚兵,正式对三郡乌桓发动了远征。

乌桓这一游牧民族史籍又写作乌丸,本居今辽河上游的西拉木伦河流域,同鲜卑一样是先秦时东胡的后裔。西汉时代,乌桓曾长期受匈奴役属,直到东汉初年匈奴因内乱而分裂,后南匈奴降汉,北匈奴西迁,乌桓人才彻底摆脱了受奴役的地位,并逐步南迁至北境长城沿线。

当东汉政权强盛之时,乌桓人对汉地虽也有反叛寇掠的行为,但整体而言还是和平共处的时候更多。可是到了汉末灵帝年间,天下大乱,乌桓人也被卷进了北方的种种纷争当中。当时乌桓并没有像匈奴一样发展成一个统一的政权,而是每个部落各有大人统属。其中又尤以辽西大人丘力居、辽东属国大人苏仆延、右北平大人乌延部民众多,最为活跃,时称三郡乌桓。

中平四年(187年),渔阳人张纯纠合三郡乌桓叛乱,北边诸州数年不得安宁。公孙瓒一味进剿并不解决问题,最后还是幽州牧刘虞分化张纯和乌桓的关系,才将这场乱事彻底平定。

丘力居死后,其从子蹋顿勇武有智略,总领三郡乌桓。正是在他的领导下,乌桓人联合袁绍和鲜于辅等刘虞旧部,共同干翻了公孙瓒。由此蹋顿等乌桓大人都接受了袁绍承制封拜的单于称号。袁绍还把家人的女儿说成是自己的女儿,送给蹋顿等和亲。除此以外,为了笼络乌桓人为己所用，袁绍应该还给了他们不少物质上的好处。例如汉末以来或因流亡避祸、或被俘虏掠卖而没入乌桓的汉民人口至少有十余万户，袁绍多半不会要求乌桓人将这些劳动力返还。所以直到此时，乌桓人都跟袁氏站在同一阵线。

其实早在征讨袁谭之时，曹操就曾派使者牵招远赴乌桓人在辽西的大本营柳城（今辽宁朝阳南），为瓦解乌桓人跟袁氏的联盟关系做过努力。

牵招这个人曾经在袁绍帐下统领乌桓突骑，对乌桓人比较了解。鉴于当年袁绍封蹋顿等为单于只是他承制所为，是"假"（临时代理）单于，这次曹操允许牵招向乌桓承诺，自己可以禀明天子，授蹋顿等为真单于。

当牵招抵达柳城之时，乌桓峭王苏仆延已经集结了五千骑兵准备派去帮助袁谭。而当时辽东太守公孙康接班其父公孙度未久，自称平州牧，也派使者韩忠拿着单于印绶来册封苏仆延。

苏仆延便邀请牵招和韩忠共同出席宴会，问道："当年袁公言受天子之命，假我为单于；现今曹公又说当再次表奏天子，授我以真单于；辽东也持印绶来。如此，不知谁当为正？"

牵招答道："袁公当年是承制，故此可以有所拜假。但他后来违逆朝廷，天子命曹公取而代之。今由曹公禀天子再授真单于，自然为正！辽东区区下郡，何得擅称拜假也？"

一旁的韩忠闻言，脸色立刻难看起来，反驳道："我辽东在沧海之东，拥兵百万，又有扶余、濊貊之用。当今之势，强者为尊，曹操何得独为是也？"

"拥兵百万"之语当然是韩忠大言欺人。不过公孙氏自董卓时代便盘踞辽东，"东伐高句骊，西击乌丸"，并将周边的扶余、濊貊收为附

庸，甚至一度跨海掠取了山东半岛的一片地域，确实是当时东北亚一个不可小视的地方霸权。公孙度在世时，不但自立为辽东侯、平州牧，甚至还承制郊祀天地，用上了诸侯王的舆服仪仗。曹操秉政后，曾经表奏公孙度为武威将军、永宁乡侯，结果公孙度说："我是辽东之王，永宁乡侯算什么东西！"并不乐意接受。

牵招身为使臣，当然要维护曹操的声威。他马上喝止韩忠道："曹公允恭明哲，翼戴天子，伐叛柔服，宁静四海。你们君臣顽嚣不逊，自恃险远，屡违王命！如今又擅自拜假，侮弄神器，朝廷迟早要将你们诛灭！你怎么敢用如此无礼之言轻慢曹公？"说着便抢步上前，按住韩忠的脖颈就往地上撞，又拔出刀来，作势欲斩。

这下可把苏仆延吓坏了，他光着脚便跳下毡席，一把抱住牵招，劝他万万不可伤害韩忠。其实牵招也只是想吓唬吓唬对方，并不想酿成流血事件，见有台阶下，也就放了韩忠，坐回自己的座位。接着他又"为峭王等说成败之效、祸福所归"。据说苏仆延等纷纷下席跪伏，受了他一番深刻教育。后来苏仆延便取消了援助袁谭的计划。

不过话说回来，牵招这次出使在整体上很难说是成功的。因为乌桓人并没有改变其亲近袁氏的立场。当袁谭败亡，袁尚、袁熙来奔之时，他们义不容辞地接纳了两人，之后又对曹操任命的右度辽将军鲜于辅发动了攻击。因此当曹操决意将袁氏势力彻底根除之时，乌桓人便成了他必须打击的目标。

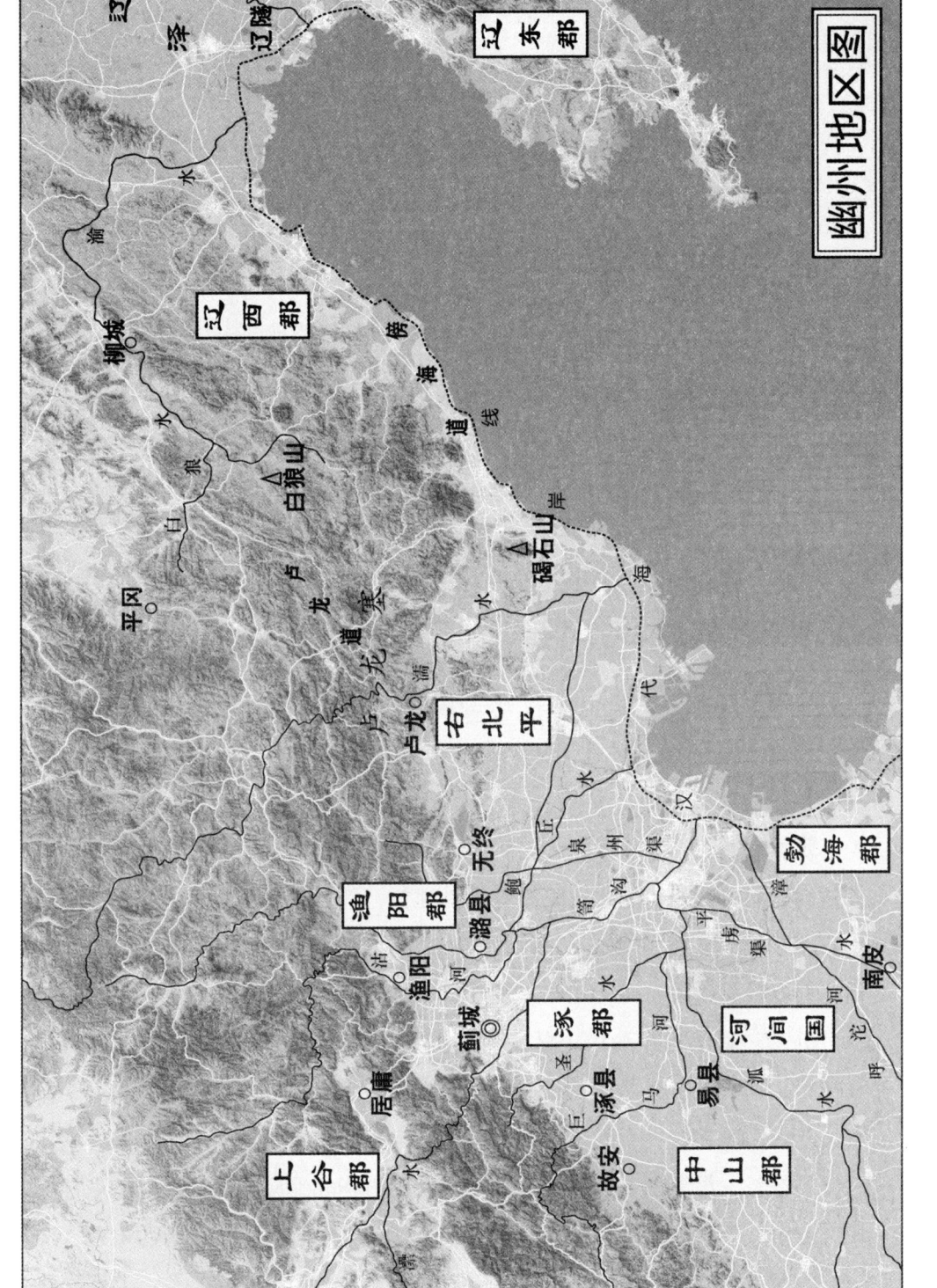

第46章 白狼山之战

曹军于建安十二年（207年）二月从邺城出发，很可能先是沿漳水东下，再进入滹沱河，然后经新开凿的平虏渠转入泒水，于夏初抵达了当年公孙瓒的老巢易县。

走水路虽然省力，但由于携带了大量辎重，速度相当缓慢。郭嘉见此情景，对曹操道："常言道'兵贵神速'，如今我军千里袭人，辎重甚多，难以趋利。时间既久，敌人闻知必然严加防备。不如将辎重留在后面，而以轻兵倍道兼行，如此方能攻其不备！"这一意见深受曹操重视。

五月，曹军进至燕山山脉南麓的重要据点无终（今河北玉田）。再往东行，便将进入乌桓人控制的地域。

燕山山脉东段一直绵延至渤海海滨，自古以来，除了燕山中那些崎岖险仄的峡谷，沿着海滨一线的滩地东行便是由华北平原去往辽河下游最常用的通道。宋人苏辙有诗云："燕山如长蛇，千里限夷汉。首衔西山麓，尾挂东海岸。中开哆箕毕①，末路牵一线。"正是谓此。对这条通道，史家常冠以"傍海道""并海道"之名，地理学界则习称为辽西走廊。当年秦二世胡亥效仿其父巡游天下，便曾经行此道直至辽东。汉武帝封禅泰山之后，也是从海路至此，开始了对于帝国北方边疆的巡视。时至今日，沟通我国东北和华北地区的京哈铁路，大体也是沿这条通道而行。

这条通道虽然平坦开阔，但却存在以下缺点：一是整个通道的路程较长，正常行进，总也要走上七八天。而且在当时，这一路不仅荒无人烟，更要经过一段水草匮乏的沙碛区。五代十国时期，被契丹人发配黄龙府（今吉林长春北）的晋出帝石重贵一行由此通过，途经沙碛，因为找不到吃的，只好叫宫女采野菜坚果充饥。第二点是，这条通道由于濒临海滩，土多泥沙，受潮水和降雨影响，在多雨季节时常泥泞难行，甚至成为沼泽泛滥之区。

按照曹操原定的计划，他是准备走这条"傍海道"的。但是由于他之前对这条通道的缺点缺乏了解，当大军从无终出发之时，已经进入了夏末秋初的多雨时节。曹军没走多远，便发现道路翻浆，淤泥没足，车马深陷其中，难以行进。

曹操甚感为难。为了进行这次远征，朝廷内外已经辛苦筹备了大半年，谁曾想天时不利，乌桓人的影儿还没见到，便遭遇了如此困难。倘若就此回军，徒然浪费不少军资气力不说，二袁和乌桓人得知，必然会大加耻笑。难道除了眼前这条通道之外，就没有别的路径可行吗？

曹操知道，这种问题必须找熟悉地理状况的当地人来解决。而眼下军中正有这样一个人物。

此人名叫田畴，字子泰，就是无终当地人。当初董卓挟献帝西迁长

---

① 箕与毕为二星宿名，据传箕星主风，毕星主雨。箕毕，意为风雨。

安,关东大乱,道路隔绝,幽州牧刘虞想派人去见献帝。二十出头的田畴受人举荐,担负起了这一重任。他自今居庸关一带出塞,沿着阴山西行,再穿越黄河河套,终于辗转抵达长安,不辱使命。当他带着朝廷的答复返回幽州之时,刘虞却已经被公孙瓒所杀。田畴亲到刘虞墓前祭拜,奉上朝廷章报,大哭而去。公孙瓒得知后大怒,悬赏将田畴抓获,质问他为何擅自哭祭刘虞、不把朝廷章报向自己汇报。田畴说:"现在汉室衰微,人怀异心,只有刘公不失忠节。朝廷给刘公的章报里的那些话对你未必有利,你见了会不高兴,所以我没拿给你。你现在杀了无罪之君,又抓捕我这个守义之臣,就不怕燕赵之士都离你而去吗?"公孙瓒听了,还真拿田畴没办法,关了他一段时间,就把他放了。

后来田畴就率领宗族搬到无终北边的徐无山中隐居了起来。日子一长,远近前来依附他的百姓有五千家之多。袁绍消灭公孙瓒后,曾多次派人授予田畴官职,希望他为自己效命,但田畴都予以拒绝。由于以前乌桓人入寇时杀了不少幽州士民,田畴一直有讨伐乌桓之心,只是力有未逮。这次曹操北征,也预先征辟田畴到帐下为官。田畴闻讯,便命手下收拾行装。有门人不解,问他道:"昔年袁公仰慕您的大名,多次以礼相请,您都谢绝。现在曹公的使者只来过一次,您就等不及要出山。这是为何?"田畴笑道:"此非君所识也。"你们哪里知道我的心思。

曹操先署田畴为户曹掾,又拜为蓨令,命他随自己一同出征。现在遇到行路难的问题,便来咨询他的意见。

田畴道:"这条道路夏秋之际常有积水,浅不通车马,深不载舟船,为患已经很久了。本朝早年间,曾经将右北平郡的郡治设在北边的平冈,连接着自卢龙至柳城的山路。后来因为胡骑寇乱,边民内徙,那一道路陷坏断绝,荒废已经有两百年了。如今只有小路可达。现在敌人以为我军一定会从无终傍海而进,如果我们因道路不通而撤军,他们势必放松戒备。不如因此机会,从小路出卢龙塞,穿越空虚无人之地,直趋柳城,掩其不备,定可一战斩获蹋顿之首!"

曹操听了,不禁点头称善。田畴的建议不但可以解决道路不通的难题,而且也符合之前郭嘉轻兵掩袭、攻其不备的计策,曹操没有理由不予采纳。

于是曹操传令回师。为了迷惑乌桓人,他还特意命人在道旁近水处竖起一根标记水位的木杆,宣言说:"方今夏暑,道路不通,且俟秋冬,乃复进军。"乌桓的侦察兵见了,就真以为曹军暂时放弃了进攻。

殊不知曹军返回无终后,很快折而北上,在田畴的引导下越徐无山,入卢龙塞,神不知鬼不觉地消失在了连绵的群山当中。

如前引苏辙诗中所云,自西徂东的燕山山脉虽如千里长蛇,分隔夷汉,然凡山必有谷,倘若不避险阻,穿行于大大小小的山口谷道当中,仍然可以通行。千百年来,从今北京地区穿越燕山去往塞外的通道最常用的有三条,即西北方向出居庸关、东北方向出古北口、正东方向出喜峰口。曹军进入的卢龙塞,就是当年的喜峰口隘道。

这条隘道之所以能够成为沟通燕山两侧的重要交通路线,主要是因为濡水(今滦河)自山口流出,沿濡水左岸河谷北行,再沿其支流瀑河转向东北,便可以进入流经柳城的大凌河的谷地。如田畴所说,西汉时这里主要是右北平郡的地盘。右北平郡郡治平冈的具体地望虽未有定论,但学界多认为在内蒙古自治区赤峰市宁城县西南的黑城子。汉武帝时,汉军曾多次由此出塞进攻匈奴左贤王部。"飞将军"李广亦曾在此任太守多年,其"平明寻白羽,没在石棱中"的射虎故事很可能便是在此上演。然而当曹操统军由此通过之时,这条古道已经废弃将近两百年了,原有的关津桥梁尽皆毁坏不存,曹军只能"堑山堙谷",一边开道一边前进。据《水经注》记载,在卢龙塞以南的濡水西岸,有一卢龙故城,就是曹操此时所修

第/46/章 白狼山之战

筑。再加上"卢龙之险，峻坂萦折"，曹军这一路行来费了相当的力气。按《三国志》的说法，曹军"经白檀，历平刚（冈），涉鲜卑庭""堑山堙谷五百余里"，才抵达了距离柳城二百里的白狼山一带。

直到这时，袁尚、袁熙和乌桓人才得知曹军越卢龙塞前来进攻的消息。蹋顿、楼班、苏仆延等乌桓首领连忙召集部众，汇集了数万骑前来迎敌。

这里必须交待一下，乌桓人身为游牧民族，并没有常备军，他们擅长骑射的成年男性既是牧民，也是战士。这一特点在军事上固然有很多好处，但同样有显著的缺陷。其中之一就是，由于和平时期乌桓人通常都在自家牧场分散放牧，战争来临时需要一定时间才能集合起足够的人手组成部队，因此同其他游牧民族一样，乌桓人长于进攻而短于防御，最怕遭遇突然袭击。历史上凡是中原王朝与部落化的游牧民族之间的战事，或者游牧民族彼此之间的战事，往往是抢先攻击者占据优势，就是这一原因。这次蹋顿等短期内召集了数万骑兵，已经殊为不易。

八月，曹操率军登上白狼山，望见乌桓大军在地平线上显现，正向本方逼近。翻越卢龙塞时，由于山路险仄，难以行车，再加上为了保障行军速度，曹军把辎重都留在了后面，所以这个时候很多曹军士卒并无甲胄。他们看到乌桓人的数量有数万之多，不禁露出了畏惧之色。但是曹操在观察了乌桓人的阵列后发现，敌军的调动和组织混乱无序，行列不整，其指挥系统显然存在问题，士兵的整体素质也不高，虽有数万之众，其实不足为惧。于是决定马上发动进攻。

据《三国志·张辽传》，当时曹军诸将当中，数张辽最为主战，"气甚奋，太祖壮之，自以所持麾授辽"。曹操任命张辽、张郃为先锋，率曹军对乌桓人发起了总攻。结果"虏众大崩，斩蹋顿及名王以下，胡、汉降者二十余万口"。另据《曹纯传》，蹋顿乃是被曹仁之弟曹纯所统的曹军精锐"虎豹骑"所擒斩。

之后曹操乘胜直扑柳城。苏仆延、楼班和二袁自知难以抵御，弃城而逃，率领数千残兵东渡辽水，去投奔了"辽东之王"公孙康。

这对于曹操来说并不是个好消息。因为如前所叙，剿灭二袁、彻底根除袁氏复兴的可能才是这次北伐的主要目标。眼前虽然击斩了蹋顿，收服了二十万胡汉降民，但袁尚、袁熙依然在逃，这一战略目标并没有达成。所以有人就劝曹操，下一步应该乘势进攻辽东。

然而曹操却道："我正要使公孙康斩送尚、熙之首，不烦兵矣！"意思是不用征伐，公孙康自己就会把二袁的人头送来。

于是曹操在整编了乌桓精骑、将收降的胡汉民众分批迁徙到沿边郡县后，于当年九月引兵自柳城回师。

果不其然。曹军还在返回途中，便收到了公孙康的送行大礼包：三个包裹严密的方盒，内含袁尚、袁熙、苏仆延的人头各一颗。

诸将大惑不解，不知曹操何以未卜先知。曹操道："公孙氏向来忌惮袁氏，担心被其吞并。现在二袁往投，我若兴兵急攻，他们必然合力抵御。若是缓之，则会彼此猜忌、自相残杀，此为势所必然之事。"

正所谓"上兵伐谋"，曹操不愧是同时代最为优秀的政治家，他完全看透了袁氏与公孙康一山难容二虎的本质，不费一兵一卒，便使得敌人内部自相屠杀，假公孙康之手彻底根除了袁氏势力，达到了此次北伐的战略目的。他这一洞悉敌人内部矛盾而静观其变的策略，后来被名之为"隔岸观火"，成了民间流传的"三十六计"当中的一个著名战例。

至于公孙康，在曹操的眼中，此人但求龟缩在辽东当他的土皇帝，并无争雄天下之心，根本就不是自己的竞争对手，再加上他名义上仍是朝廷的臣子，所以完全没必要在此时跟他大动刀兵。待到将来四方平定，公孙氏不过一郡之匪，还不是只有纳土来降的份？

第46章 白狼山之战

第47章 沧海之心

曹操不仅是了不起的政治家、军事家，同时也是在我国文学史上占有重要地位的大诗人。其流传至今的诗篇，有不少与他一生中经历的重大历史事件密切相关。

早年董卓弄权，天下大乱，曹操便作《薤露行》，表达了自己对于"贼臣持国柄，杀主灭宇京"的愤懑和不满。

中年北征高干，直取并州，他作《苦寒行》，留下了"北上太行山，艰哉何巍巍"的感叹。

晚年兵出散关，西征张鲁，他又有《秋胡行》传世，以"去去不可追，长恨相牵攀"抒发了自己一生辛劳不能遁世逍遥的惆怅。

这次北征乌桓也是一样。有史料显示，包括《观沧海》《龟虽寿》这两首名篇在内的乐府歌辞《步出夏门行》就写作于本年曹操北征乌桓的返回途中。

如前所述，这年七月本想走"傍海道"的曹军由于适逢雨季、此路泥泞难行而不得不原路折返，改走卢龙塞道。而《观沧海》这首诗中提到的"碣石"就位于傍海道的起始处，当时曹操很可能已经有过"东临碣石，以观沧海"的举动。在《步出夏门行》这篇乐府的序曲（即"艳"）部分，他这样写道："云行雨步，超越九江之皋。临观异同，心意怀游豫，不知当复何从。经过至我碣石，心惆怅我东海。"

有学者从"九江之皋"推断，"云行雨步"云云，是显示曹操有南征荆州刘表之意；"异同"云云，是指本次出征之前，将士们反对北征乌桓而主张南征刘表的不同意见，并引发了曹操不知何从的"游豫"（犹豫）。但是我个人认为，本次出征之前曹操或许在南征与北讨之间有过犹豫，眼下行军至此，其所犹豫者绝不会仍是这一问题。其实从文本的原初意义看来，这一段序言更可能是描述了曹军经行傍海道初段时遇到大雨、道路难行的情景，"超越九江之皋"是形容雨急水大，"异同"和"游豫"的则是曹军是否应该仍然由此进军的问题。当然，后来曹操选择了改走卢龙塞，这一点在诗文中并没有提及。

紧随序言之后的正曲第一章，便是那首气势磅礴的《观沧海》：

> 东临碣石，以观沧海。
> 水何澹澹，山岛竦峙。
> 树木丛生，百草丰茂。
> 秋风萧瑟，洪波涌起。
> 日月之行，若出其中。
> 星汉灿烂，若出其里。
> 幸甚至哉，歌以咏志！

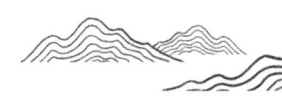

学界大多认为，这首诗是曹操征服乌桓后沿傍海道回师途中经过碣石山时所作。因为其中"秋风萧瑟"一句，明显暗示已是深秋。而曹操是九月自柳城回师，紧随《观沧海》之后的第二章《冬十月》云"孟冬十月，北风徘徊"，第三章《土不同》则已至"河朔隆寒"时节。故此《观沧海》很可能作于九月中下旬的某日。

对此结论我并无异议，只想补充一点，那就是前面的序曲已经显示，七月份曹操走傍海道不通时便曾经路过碣石山，或许那时并未登临，又或许那时曹军胜负未卜，曹操诗兴不高，所以诗作并未完成（也不排除期间有酝酿、推敲的过程）。直到战事结束后胜利回师，再度经过碣石山，他才登山观海，尽展诗情。

曹操登临的碣石山位于今河北省昌黎县城北，乃是燕山余脉延伸至渤海海滨后，因山势断裂而巍然特立于山海之际的一段山岭。早在春秋战国时期，碣石便作为北方边地一座具有地标意义的名山而见载于《山海经》《尚书》等古籍。在当时人看来，中原山川整体走势均趋向东北，"其维，首在陇蜀，尾没于勃碣"，而"龙门、碣石北多马、牛、羊、旃裘、筋角"，属于游牧文化带。也就是说，在中原居民的眼中，碣石山天然标志着地理和文化上的一个界限。同样，对于沿海航行的舟船来说，由于碣石"远望其山，穹窿似冢，有石特出山顶，其形如柱"，在海中数十里外也能清晰望见，加之海岸在此不远处便发生转折，因此碣石山也指示着海道的方向。据说先秦时岛夷（鸟夷）入贡，便是由此道而来。

到了秦朝一统天下，始皇帝大搞巡游，曾经于其在位的第三十二个年头登临碣石山，除刻石纪功之外，还命一众燕齐方士在此入海求仙，寻找不死之药。一百年后，另一位雄才大略的君主汉武帝同样惑于神仙之说，也曾巡行至此，大效始皇帝之故伎。从那以后，碣石山又被赋予了政治和宗教层面的特殊意义。

与秦皇汉武不同，曹操登临碣石山之时，还不是皇帝，天下也尚未一统，然而将近二十年亲冒矢石、南征北讨的经历使得他比秦皇汉武更能理解创业之不易、民生之多艰。他来此的目的也不是刻石纪功、觅神求仙，但是他却不能不被山海之间的壮阔景色所感动。据郦道元记载，北魏时的碣石山下，有礁石如甬道一般伸展入海数十里，当其顶部"有大石如柱形，往往而见，立于巨海之中，潮水大至则隐，及潮波退，不动不没，不知深浅，世名之天桥柱"。试想秋风萧瑟之时，立于高山之上极目，但见碧波浩淼，秋水长天几成一色，岛礁相望，巨柱擎天，云霞赤乌吞吐其中，皓月星辰共潮进退，这一番壮美景象怎能不令孟德公豪情勃发、诗兴大起呢？

其实《观沧海》一诗全在写景，字面上并没有透露彼时彼地曹操是何等心情，怀有怎样的志愿。但古往今来的鉴赏者大多认为，此诗映照着魏武帝的豪迈胸襟和英雄气概。例如清人沈德潜便说此诗"有吞吐宇宙气象"，张玉谷亦云曹操是以海自比，志在容纳。然而正如高祖刘邦慨然歌"大风"一样，帝王将相之胸襟本不与凡人相同。《观沧海》在意境上之所以能超越《大风歌》，很重要的一点便是，此诗在慷慨豪迈之外，还蕴含着不易察觉的深沉惆怅之情。正如大儒王夫之所言，该诗虽"不言所悲，而充塞八极，无非愁者"。这种愁绪同样体现在了随后的《冬十月》《土不同》《龟虽寿》三篇当中。

这就让人不禁要问：曹操初经碣石之时，由于道路不通，胜负难料，其"心惆怅我东海"尚情有可原，那么眼下既然已经达成了战略目标，全军胜利而还，为何他还怀有如此情绪呢？

从最近发生的事情看来，曹操自然有其不开心的理由。

第一件事是，九月间曹军从傍海道回师途中，由于天气寒凉，水枯

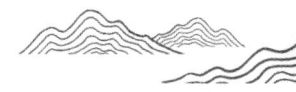

第47章 沧海之心

无雨，途中有两百里行程无水可饮，加上军粮匮乏，将士们不得不杀掉了数千匹战马来充饥。据说后来曹军"凿地入三十余丈乃得水"。回到邺城后，曹操叫人列了一份曾经谏阻自己北伐之人的名单。这些人皆心怀忧惧，以为会受到惩罚，然而曹操却重赏了他们，并当众坦言，自己这次征讨乌桓其实是乘危侥幸，赢得实在走运，当初他们劝阻自己才是万安之策，以后可不能如此冒险。

第二件事是，曹操最重要的谋士之一郭嘉在自柳城回师途中不幸病逝，时年三十八岁。这对于志在一统天下的曹操来说，是一个相当大的损失。据史料记载，郭嘉染病之时，曹操派去探视的人络绎不绝；亡故之后，曹操又亲临哭吊，哀痛万分地对荀攸等人说："诸君之年齿皆与我同属一辈，只有奉孝最为年轻。我本来想等天下之事安定以后，将后事托付给他。谁能想到他竟然中年夭折，这真是命啊！"后来曹操在赤壁大败而归，便曾经长叹道："若郭奉孝在，不使孤至此！"在之后的岁月里，他也曾不止一次地对人追念郭嘉的种种功绩，以及自己对他英年早逝的哀痛和惋惜。

此外，这年十月，青州一带又有小股黄巾作乱，济南王刘赟因此被杀。这个消息如果及时传到北方，或许也会让曹操小增烦忧。

但是我认为，以上诸事并不是让曹操备感惆怅的根本原因。

这一年，曹操已经五十三岁了。对古人而言，如果把人生比作四季，那么正如眼前的萧瑟秋风一样，他已经迈入了草木黄落的迟暮时节。自从中平六年（189年）陈留起兵，时光如白驹过隙，伴随着刀光剑影和鼓角争鸣，十八个春秋不经意间倏忽流逝。十八年来，他讨董卓、战袁术、征吕布、破陶谦、降张绣、逐刘备、灭袁绍、讨乌桓，不知多少英雄豪杰败于己手，多少将校士卒魂归西天。他经历过势如破竹的成功，也遭遇过弃甲丢盔的失败，目睹过"白骨露于野，千里无鸡鸣"的惨状，也亲手制造过屠城杀俘、河水为之不流的惨案。如果说这一切有什么意义，那就是他距离实现自己的理想又近了一点点。

距此五年之前，曹操于官渡战场获胜未久，曾经在一次行军路过浚仪（今河南开封）之时，专门派使者以太牢之礼去故太尉桥玄的墓前祭奠。在祀文中，曹操动情地追忆说，自己当初不过是一个顽鄙少年，位高权重的桥玄却能够赏识自己，而且还多方提携，助自己走上仕途，桥玄不但对自己有知遇之恩，更是忘年知己。那时桥玄曾跟自己从容约定，说他百年之后，倘若我曹操路过他的坟前，如果不用一斗酒一只鸡来祭奠，那我曹操的车越过他坟头三步，就别怪自己肚子痛！这虽然是一句戏言，却见得我们交情非浅。如今言犹在耳，斯人已逝，想起来实在伤心。现在我用太牢薄礼，聊以致奠，希望您好好享用。

曹操之所以对桥玄念念不忘，就是因为他是第一个真正赏识自己、将自己视为安定天下的命世之才的人！而从那以后，不论顺境还是逆境，曹操都不曾将桥玄的鼓励和嘱托忘怀于心。如今经过多年奋斗，桥玄的预言可以说已经实现了一半，然而江南还有刘表、孙权未服，关中还有马腾、韩遂跋扈，汉中有张鲁，巴蜀有刘璋，这些觊觎非分者都等待着自己去一一敉平。怎奈岁月不等人，像郭嘉这样正当壮年的人都会猝然离世，真不知道两鬓斑白的自己是否还能有足够的时间去完成最终的抱负！

五十三岁的曹操站在碣石之巅、山海之际，感觉到无边的惆怅如同海潮，正在将自己包围起来。

天地悠悠，当年建立了无上功业的秦皇汉武，而今安在哉？

人的心灵是如此的广大，而人的生命又是如此的渺小。

知我者谓我心忧，不知我者谓我何求。

这一切，怎能不令人怆然而涕下呢？

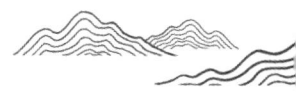

第47章 沧海之心

最后，在末尾的《龟虽寿》这一章里，曹操似乎寻找到了自己的答案：

> 神龟虽寿，犹有竟时；
> 腾蛇乘雾，终为土灰。
> 老骥伏枥，志在千里；
> 烈士暮年，壮心不已。
> 盈缩之期，不但在天；
> 养怡之福，可得永年。
> 幸甚至哉，歌以咏志！

回到邺城的当月，他便下令修建玄武池以演练舟师。

南征荆州的计划，由此正式开展起来。

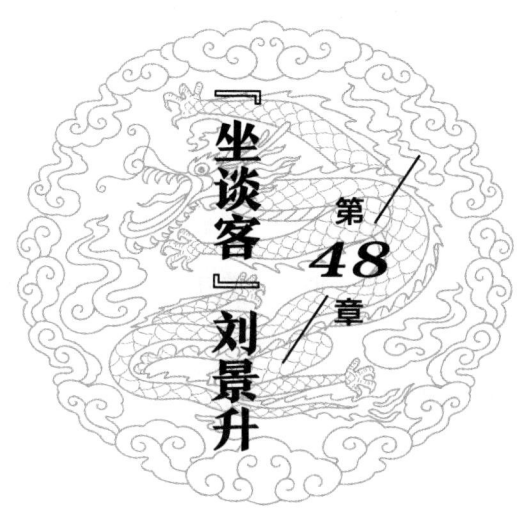

第48章 "坐谈客"刘景升

建安十三年（208年），荆州牧刘表已经六十七岁了。他自从来到荆州，已然度过了十九个年头。

东汉时代的荆州，下辖七郡①，在籍人口六百余万，是天下第二大州。其疆域北起秦岭、伏牛山脉，南抵五岭，大致相当于今天的湖北、湖南二省再加上河南南部和贵州东部。这片土地"北据汉、沔，利尽南海，东连吴会，西通巴蜀"，兼之"沃野万里，士民殷富"，当天下纷争之时，实为"用武之国""帝王之资"。

在东汉末年的战乱中，虽然人口最多的南阳郡遭到了极大破坏，但与此同时，北方诸州却也有大量人民为了躲避战火而涌入荆州。据说仅关中地区因李傕、郭汜之乱而流入荆州者便有十万余家，而临近的汝、

---

① 献帝建安初以南阳郡章陵县为郡，故此后称荆州八郡。

颖地区更有不少士人迁到荆襄一带客居。当中原大地在二袁、曹操、吕布、陶谦等豪强的争夺下乱成一团之时，刘表治下的荆州境内却除了官渡之战前后南部爆发过长沙太守张羡的叛乱，再就是黄祖镇守的东部边境经常受到孙吴进攻之外，大体上一直维持了和平安定的局面。史料声称，"自中兴以来，荆州独全，及刘表为牧，民又丰乐"，在此基础上，刘表坐拥"地方数千里，带甲十余万"之资源，成为足可影响天下局势的一方重要诸侯。

实际上，在这十余年里，上天至少给了刘表三次改变历史的好机会。

最早的一次是初平四年（193年）之后的三四年中。当时盘踞南阳的袁术由于粮道被断，选择东进兖州跟曹操争地盘，结果被曹操击败，不得不退至淮南。南阳地区由此被刘表收复，通往关中的道路已无阻碍。而关中正在闹李傕、郭汜之乱，汉献帝迫切希望能够摆脱凉州军阀的控制。这个时候，刘表完全可以派兵自武关进入长安，抢先将献帝掌握在自己手中。实际上在兴平二年（195年）献帝流落河东以后，卫将军董承就曾采纳太仆赵岐的建议，派赵岐南下荆州联络刘表，而刘表也派了人马到洛阳"助修宫室，军资委输，前后不绝"。要知道此时曹操虽然早就萌生了"奉天子以令不臣"的念头，但还没来得及跟杨奉、董承等控制献帝的军阀搭上关系。而刘表是正牌儿的汉室宗亲，荆州既无战事，南阳郡又与洛阳毗邻，加之又是光武帝刘秀的老家，建有刘秀先祖的宗庙，绝对比许县更适合定都。倘若刘表有意奉迎献帝，完全可以联合董承抢先将皇帝迁入荆州。若是如此，政治优势必将集中到刘表一方，后边就没曹操什么事了！

第二次机会，自然便是曹操与袁绍二虎相争的官渡之战期间。

这一点，前面已经有所提及。当时刘表虽然与袁绍结盟，但他却除了挑拨豫州南部郡县背叛曹操之外，并没有出兵对曹操背后进行实质上的军事打击。在将近一年的时间里，刘表一直对袁曹之战袖手旁观。对他这种犹疑观望的态度，他手下的一些人其实是不满的。例如从事中郎韩嵩就劝刘表说："方今两雄相争，将军您完全能够决定天下的局势。将军您如果想要成就大事，等到他们疲敝之时再出手也不是不可以。如其不然，那就应该选择一方加以支持。怎么能够拥兵十万却坐观成败，来求援者不相助、仗大义者也不归附呢？这样的话，袁、曹两方必然都怨恨将军，不论谁获胜，我们都无法再保持中立了啊！"韩嵩又说，"以曹操的本领，天下俊杰都归心于他，他一定能干掉袁绍。那时他举兵南征，将军您多半抵挡不住！要是那样，还不如尽早归顺曹操。越早投降，得到的好处就越多嘛！"

其实就当时刘表所处的形势而言，倘若他真有争雄天下的野心，那就该坚定不移地贯彻远交近攻的策略，联合袁绍对曹操进行夹击。因为曹操的地盘与荆州毗邻，吃掉曹操的一份领土，他自己的实力就能壮大一分；而袁绍一旦被曹操击败，对他则只有坏处没有好处。这本是显而易见的道理，刘表不可能不知道。因此当韩嵩、蒯越等人都劝他向曹操归顺之后，刘表自己心里也有点犯含糊。后来他便派韩嵩出使许都，想要探探曹操的虚实。结果韩嵩胳膊肘子往外拐，不但接受了朝廷册封的官职，回来后还大肆赞美曹操，力劝刘表遣子入侍，对曹营虚实则一概不提。刘表感到韩嵩背叛了自己，十分恼怒，要不是听了老婆蔡氏的劝阻，差一点就把韩嵩给宰了。最终在整个官渡战役期间，刘表没有发动一兵一卒。

第三次机会，则发生在曹操远征乌桓之时。如前所述，由于道路荒远，曹操的这次远征总共耗费了将近一年时间。而此时刘备已经依附刘表，屯驻在新野一带。据《三国志》所载，刘备曾劝刘表说，应该趁曹

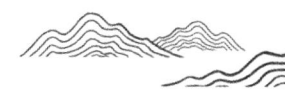

操北征未还之时向许都发动袭击,然而刘表并未听从。后来闻听曹操从柳城得胜而归,刘表很惋惜地对刘备说:"我不用君言,以致错失良机啊!"刘备只好回答道:"方今天下分裂,战争不息,机会之来,并没到结束的那一天。倘若将来能够把握,那么这一次也不足为恨。"

平心而论,当时尽管曹操在许都方面留有相当的兵力防守,但如果刘表敢于放手一搏,并重用刘备及其手下的关、张、赵云诸将,那么许都并非一定固若金汤,天下的局势也尚有发生逆转的可能。然而正如郭嘉事先预测的那样,刘表知道自己的才能驾驭不了刘备,根本就不敢将兵权假手于他,他自己又缺乏军事头脑,对与曹操作战信心严重不足。像刘表这样光说不练的"坐谈客",哪怕机会再多,也只能任其白白溜走罢了!

如果说刘表是因为忌惮曹操实力强大,而不敢主动进攻,那么对待周边实力不如曹操的对手,刘表的表现又如何呢?要知道当年袁术败亡之时,孙策只不过据有江东四郡,实力并比不上刘表。不论公仇还是私怨,孙策都是刘表应该竭力打压的对象。然而事实却是,刘表支持袁术旧部、庐江太守刘勋与孙策对抗的策略最终彻底失败,不但庐江、豫章两郡被孙策吞并,镇守荆州东境的黄祖也连战连败,致使江夏郡东部落入孙吴手中。刘表不甘失败,派以骁勇知名的侄子刘磐寇略豫章,也被孙策派太史慈击退。

也许有人会说,曹操、孙策皆才略过人,手下又多名将,刘表打不过他们也是情有可原。若是如此,我不禁要问,既然曹操、孙策不好惹,那么他刘表完全可以柿子挑软的捏,对隔壁刘璋下手嘛!怎么面对这个没什么本事的"暗弱"之主,他刘表也没占什么便宜呢?

兴平元年(194年)益州牧刘焉死后,其子刘璋接了班。这个人性格懦弱,缺少威信,上台不久其地就爆发了叛乱。有史料显示,这次叛乱很可能背后有刘表主使。因为叛乱者除了刘璋手下的将领沈弥、娄发以及当过蜀郡郡丞的豪强甘宁，还有一个荆州别驾刘阖。不过这次叛乱没有成功，后来甘宁就带着八百人来投奔了刘表。

到了建安五年（200年），原本扶持刘璋上台，又平定了甘宁等人叛乱的大将赵韪跟刘璋君臣失和，以江州（今重庆）为基地举兵造反，整个成都平原几乎全部响应，要不是外来的"东州兵"（关中、南阳流民进入蜀地为兵者）拼死抵抗，刘璋的统治差点就被推翻。这本是刘表趁乱吞并益州的好机会，然而他却收受了赵韪的贿赂，对赵韪和刘璋两不相助，坐视赵韪最终败亡。后来刘璋频频向曹操示好，还象征性地派叟兵①三百助曹操讨伐荆州，一个原因就是他跟刘表有过矛盾。

从地势上来讲，四川盆地沃野千里，又占据长江上流，山河险塞，是荆州天然的战备仓库。当初秦得蜀而资以灭楚，刘邦得蜀而终胜项羽，后来刘备取蜀则天下三分之势始成，桓温灭蜀则险移晋鼎，足可见巴蜀地区在战略上的重要性。而刘璋统治下的益州矛盾丛生、内乱频频，周边的张鲁、马腾等又实力不济、仅能自保，政治环境其实对刘表相当有利。刘表倘若能抢先兴兵灭蜀，那么完全可以跟曹操、孙权掰掰手腕，从而开创一个完全不同的三足鼎立格局。

然而同对待曹操和孙吴一样，刘表到头来只是对刘璋搞了点小动作，根本就没有试图大举出兵。

这就不能不让人感到奇怪，为什么刘表在统治荆州的十九年里，在对外政策上总是如此的保守？

是军事实力不够吗？

论兵，史籍明确记载，刘表麾下"带甲十余万"，后来曹操入荆

---

① 东汉、三国时征募蜀人为兵者。

州，投降的士兵便有七八万，可以说刘表拥有十万之众应该不成问题；论将，荆州方面的名将虽然不如曹操和孙权麾下那么多，但也拥有文聘、甘宁、黄忠这样的将才，更别说刘备带着手下关、张、赵云也听命于刘表。显然，这一理由并不充分。

是周边敌人太强吗？

这一点前面已经说了，刘表的实力其实比上不足、比下有余，曹操、孙吴他敌不过，张鲁和刘璋却还不如他，然而他却没有主动进攻过巴蜀和汉中地区。这一解释也说不过去。

笔者在前面讲述官渡之战时曾经提及，刘表由于当初单马入荆，在荆州的统治基本上全靠蒯氏、蔡氏等本地大族的支持。而荆州本地大族为门户利益考虑，更倾向于闭关自保，而不愿劳师远征。那么，这是否是刘表的荆州政权缺乏扩张动力的主要原因呢？

我想，这至少是原因之一。对此，诸葛亮的一番话可以提供佐证。

据裴松之注所引《魏略》，诸葛亮在初见刘备之时曾经对他说："今荆州非少人也，而著籍者寡，平居发调，则人心不悦。"并建议刘备劝刘表征录"游户"以扩大兵源。

"著籍者寡"的情况说明，一来因战乱流入荆州的大量移民不曾落户，二来荆州本地的豪强大族存在比较突出的荫占人口问题。这就导致豪强掌握的私家部曲强盛，而政府能够征发的兵源则趋于匮乏。再参考刘表初到荆州时"江南宗贼大盛"的情况，可以认为，刘表麾下的所谓"十万之众"应该包括不少豪强掌握的私兵。这些私家武装虽然名义上臣服于刘表，但刘表对他们的控制力殊为有限。指挥他们保卫乡土或许问题不大，要想命令其出境远征，多半就会困难重重。另一方面，由于在籍男丁少，"平居发调"会导致民怨沸腾，对刘表"爱民养士"的清誉不利，这也制约着他所采取的军事行动的规模。这或许可以解释，为什么在与曹操和江东孙氏的战事中刘表每次出兵的规模都不是很大，以及为什么刘表乐于接纳张绣、刘备、甘宁等自带部曲的军阀以为附庸。

此外还有一点，就是刘表的个人素质和秉性。

我们知道，刘表刘景升乃儒生出身，因反对阉党而声名鹊起，号为汉末名士。后来董卓上台，为了收买人心而擢用名士，这才安排他出任荆州刺史以取代被孙坚杀掉的王叡。当初与他见过面的贾诩曾对他有所评价，说他是"平世三公才"，但是不见事变，多疑无决，终究成不了大事。郭嘉则更不客气，直斥他为"坐谈客"，是个语言的巨人、行动的矮子！

回顾刘表统治荆州的十九年生涯，我们发现，他取得的主要成就正是在他比较擅长的文治方面：一是保境安民，使得"江湖之中，无劫掠之寇，沅湘之间，无攘窃之民"；二是兴办学校，推行礼教，使儒学在荆州获得了很大发展；三是利用文化方面的"软实力"招诱四方华夷，使得"夷民归附，大小受命""当世知名，辐辏而到"。而在武略方面，刘表本人既不擅长，又拙于发掘人才，缺乏良臣佐助，无法像曹、孙两家那样将政治资源整合成战争机器。于是当此乱世，他虽然据有荆州这个不错的战略基地，也并非没有乘时观变的野心，但最终却只能随波逐流，而引领不了潮水前进的方向。

一百五十年后，东晋权臣桓温曾经对人讲了这样一个故事：

当年刘表在荆州养有一头大牛，重达千斤，每天吃的料豆是普通牛的十倍，然而叫它拉车载货，却还比不上一头又老又瘦的母牛。后来曹操一入荆州，就把这大牛杀了犒赏士卒，于时众人莫不称快。

建安十三年（208年）刘表治下的荆州正像这头徒有其表的大牛，看上去孔武强壮，其实却无力负重致远，早已经成为觊觎者眼中任人宰割的对象。

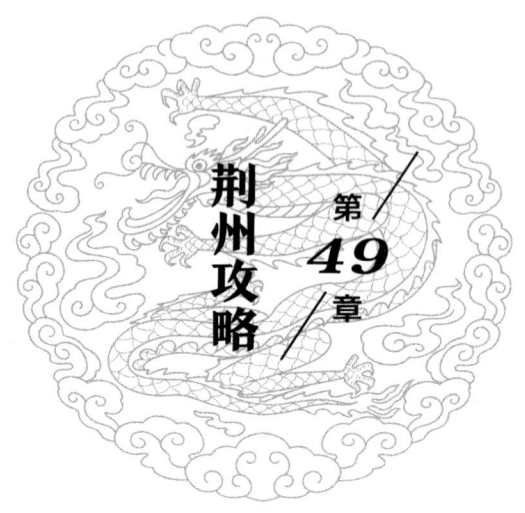

第49章 荆州攻略

志在一统天下的曹操想夺取荆州已经很久了。

当年他挟献帝迁都许县未久，便亲统大军三征张绣，除了要消灭近在许都西南的威胁，亦是要为将来南征荆州撬开大门。官渡之战结束后，他也动过先取襄、樊的念头，不过最终还是采纳了郭嘉的建议，虚晃一枪便北上去收拾了袁氏兄弟。现如今，除了割据辽东的公孙康以及关中桀骜不驯的韩遂、马腾诸将，整个北方已经尽在曹操掌握。而巴蜀的刘璋、江东的孙权表面上都臣服于朝廷，只有荆州刘表及其卵翼下的刘备公然与曹操作对。再考虑到荆州地处长江中游、"东连吴会，西通巴蜀"的战略地位，先拿下荆州便能对扬、益二州构成分割包围的局面，从而一举奠定统一中国的大势。故此当初郭嘉尚在之时，便曾向曹操建言"先定荆"。现在郭嘉虽已去世，但曹操"先定荆"的决心愈发明晰。更何况近年来荆州方面频频传来情报，显示出夺取荆州的时机眼下已经成熟。

曹操比刘表小十三岁，当他还是个飞鹰走狗的少年之时，列名党人的刘表已经是颇有影响力的清流名士。等到曹操三十四岁为典军校尉的时候，刘表则时任北军中候，两人有过一段同朝为官的经历，因此他多少对刘表其人的性格和才能有所了解。情报显示，多年前由于中原战乱，迁入荆州客居的人才虽然很多，但最终能被刘表任用的却是极少。这其中至少有两点原因。

一是当时的人乡土观念深重，讲究安土重迁、狐死首丘。许多知识分子抱持着"邦有道则仕，无道则隐"的心态，面临战乱纷起、政治黑暗的时局，他们尽管出于安身自保而不得不暂居荆州，却宁可隐居不出，也不愿被牵扯进错综复杂的政治纷争当中，而一旦中原局势安定，他们又思乡心切，大多希望重返故土。加之曹操"奉天子以令不臣"，在道义和正统上比受职于董卓的刘表享有巨大的政治优势，所以这些人宁愿侍奉曹操也不愿听命于刘表。

例如后来被曹操辟为掾属的汝南人和洽，当初尽管接到了老乡袁绍的热情邀请，却顾及冀州实为"四战之地"而选择了南迁荆州。刘表对他奉若上宾，他却无意为刘表效力，跑到偏远的武陵（今湖南常德）隐居了起来。同样，颍川人杜袭、赵俨和繁钦避乱荆州时"通财同计，合为一家"，刘表对他们待以宾礼，尤其对繁钦颇为欣赏。杜袭大为不满，对繁钦说我之所以跟你一同来到荆州，只是为了韬光养晦以待将来，可不是为了把刘表当成拨乱反正的明主来辅佐，你要再在刘表面前卖弄本领，我就跟你绝交！繁钦说我听你的。后来三人就搬到长沙去住。直到汉献帝被曹操奉迎至许都后，杜袭和赵俨便都逃还乡里，一个被曹操授任为西鄂县长，一个则为朗陵县长（史料说繁钦也当过曹操的丞相主簿，但其何时归曹则不见记载）。曹魏政权建立后，两人都有

很高的官爵。当时像和洽、杜袭、赵俨这样从荆州回流到曹营的士人不在少数。特别是在曹操消灭袁绍之后，强弱之势既分，人心向背就更加明显。

第二个原因就是如《三国志》作者陈寿所说，刘表跟袁绍一样"外宽内忌，好谋无决，有才而不能用，闻善而不能纳"，确实不擅长识人用人。

乱世之时，原本的社会秩序被打破，人才流动比较频繁，随之而来的一个结果就是"非独君择臣，臣亦择君"。而同现在一样，打工者选择自己的老板，无非是看重两点：一是利益（能挣多少钱）；二是价值（能否发挥自己的能力，或者学到什么东西）。刘表只是荆州牧、镇南将军，能给手下的官爵无论如何也比不了掌控朝廷的曹操，所以在利益这一点上他本来就不占优势，倘若再做不到人尽其才，那就更加留不住有本领的人。这方面一个比较明显的例子是甘宁。

甘宁甘兴霸祖籍南阳，生长巴郡，少年时代便"轻侠杀人，藏舍亡命"，基本上是一个黑白两道通吃的江洋大盗。年长以后才读了些书，开始有志于功名。当初他之所以跟人一起造益州牧刘璋的反，就是觉得方今刀兵四起、群雄争霸，跟着刘璋这样的无能之主没有前程。可是后来造反失败投奔刘表之后，甘宁很快发现，刘表这样一个老儒不懂军事，将来势必无成，自己又不被重用，到时覆巢之下无完卵，自己岂不跟着遭殃？于是他又动了东奔孙吴的念头。只是当时刘表的部将黄祖镇守着去往东吴的必经之路夏口，两家又是世仇，黄祖自然不允许甘宁带着部曲过境。甘宁只好委身在黄祖帐下，一待就是好几年，结果同样不被黄祖器重。《三国志》说黄祖对他"以凡人畜之"，韦昭《吴书》则云"祖三年不礼之"。后建安八年（203年）孙权讨伐黄祖，黄祖战败而逃，甘宁引兵断后。孙权派校尉凌操来追，被甘宁一箭射杀，黄祖这才保住了性命。然而回到营寨后，黄祖却对救了自己的甘宁相待如初。黄祖的部将苏飞看不下去，劝黄祖重用甘宁，黄祖不但不听，反而暗地里策反甘宁的部众。心灰意冷的甘宁想要离去，又怕黄祖知道后戕害自己，一时间相当郁闷。最后还是苏飞帮他出主意，劝得黄祖放甘宁出去当邾县（今湖北黄冈北）县长，甘宁这才乘机逃到了东吴。

不独像甘宁这样的武将如此。或许是文人相轻的习性使然，又或者是上升空间尽被当权的蒯氏、蔡氏占据，刘表徒有"爱民养士"的虚名，身边许多颇有才学的文士其实也得不到他的重用。"建安七子"之一的王粲跟刘表是一个县的老乡，关中扰乱后便来荆州投奔刘表。然而刘表却因为他容貌丑陋、体弱个矮，对这位曾经使大名士蔡邕倾倒的名公之胄并不看重。有"水镜"（即《三国演义》中的水镜先生）之名的大儒司马德操在荆州隐居，被人以"奇士"之称推荐给刘表。刘表见到他后却说："世间闲人为之妄语，此人不过一小书生罢了！"

此外，刘表其人还外宽内忌，心胸狭窄。其从事刘望之因直言进谏，便被刘表所杀；前述韩嵩劝他向曹操遣子入质，也被他抓捕下狱。诸如此类，更使得一些有才华的人不愿明珠暗投、奉刘表为主公。如此看来，"卧龙""凤雏"二人虽然当时都居于荆州，却无一被刘表所用，实在算不上是偶然。而后来刘表死后，许多荆州官属都劝其子刘琮向曹操投降，应该也有这方面原因。

除了在用人上十分失败之外，曹操阵营还得知，近年来刘表老病缠身，很可能活不了太久了。而他跟当初的袁绍一样，在继承人一事上废长立幼，也使得荆州内部处在了分裂内争的边缘。

看过《三国演义》的人多半以为，刘表共有二子：长子刘琦，少子刘琮。其实史料显示，刘表至少还有一个儿子名叫刘修，后来在曹魏官至东安太守。不知出于何种原因，此人在当时于荆州政局无足轻重，我

们也就不再提他。

刘表初到荆州之时年龄已近五十，本有妻室。实际上，琦、琮、修三子很可能都是他的元配夫人所生。然而大约在建安八、九年间，这位元配夫人死了，刘表又娶了襄阳大族蔡瑁的姐姐为续弦。据说刘表原本很喜欢刘琦，认为他"类己"，相貌气质跟自己很像。但是后来他给小儿子刘琮纳了蔡夫人的侄女为妻，这一来蔡夫人就开始喜爱刘琮而厌恶刘琦。蔡氏本来就很得宠，其弟蔡瑁和外甥张允又在刘表身边掌有实权，眼看刘表已经半截入土，为自身利益考量，他们自然希望将来刘琮能接班上位。于是蔡瑁等人逮住机会便在刘表耳边说刘琦的坏话，只要刘琦办了错事，不管多小他们都往大了说，而对刘琮，他们则刚好相反，"有善，虽小必闻；有过，虽大必掩"。时间一长，刘表对刘琦便越来越嫌恶，经常对他发怒训斥，并且明显流露出要立刘琮为嗣之意。

问题是有袁绍的例子近在眼前，废长立幼终归是玩火之举，而且刘琦跟随刘表历练最久，在荆州也有自己的势力，所以刘表的臣属当中有不少人反对他废长立幼的意图。如此一来，荆州官属无形中便分裂成了刘琦、刘琮两派，虽然表面上还没有爆发冲突，但却已然矛盾重重。

这些消息传到曹操耳中，更加坚定了他一举吃掉荆州的决心。不过，打铁还需自身硬，曹操并不因此便轻视自己的对手。除了在邺城开凿玄武池演练水军之外，为了在亲征荆州期间保障后方的绝对稳定，老谋深算的曹操还做出了以下安排。

首先，在建安十三年（208年）六月，曹操将实行了两百多年的三公制度废止，转而恢复了行之于西汉前期的丞相制度。

汉初之时，秉承秦制而来的丞相一职权力极大，府属极多，基本上朝廷之事无所不管，对君权足以构成挑战，所以西汉的皇帝们大多设法削弱相权。至汉成帝时，改"副丞相"御史大夫为大司空，与丞相、大司马是为三公，并为宰相；汉哀帝又改丞相为大司徒。到了东汉初年，光武帝下诏去掉"大"字，并改大司马为太尉，此后太尉、司徒、司空遂为三公。这每一次改革，其实都是对丞相职权的分割和削弱。再加上诞生于内朝的尚书制度承担起了处理政务的功能，最终使得东汉末年的三公权力大不如前，逐渐向至高荣誉头衔过渡。

如前所述，从建安元年（196年）奉献帝都许开始，曹操便以司空、录尚书事之职掌握了朝廷大权，实际构建起了霸府统治。司空府不过是制度需要的外壳，"录尚书事"才是其掌握核心权力的本质。因为当时朝廷里同为三公的还有司徒赵温，朝廷外还有一个"位在三司上"的大将军袁绍，头衔都不比曹操低。按理说袁绍败亡、河北平定之后，曹操本可以邀功自为大将军，但他显然对这种荣誉性的虚名不感兴趣。他要的是更加实际的东西。

其实早在这年年初，曹操就开始着手他进一步集权的计划了。

正月的时候，那个在曹操的阴影下已经像透明人一样当了十几年司徒的赵温不知道出于何种动机，忽然把曹操的儿子曹丕辟为了自己的掾属。当时曹丕二十二岁，尚未出仕。按传统来说，年青人初次为官便被三公辟为府属，本是莫大的荣誉，所以赵温此举很可能是想拍曹操的马屁。可是他并不知道曹操正在打他的主意，这一拍便拍到了马蹄子上。曹操随即上表，以"温辟臣子弟，选举故不以实"为借口，策免了赵温的司徒之职。这一来，除了曹操自己，朝廷里便再无三公，提前为制度变革扫清了障碍。

半年之后，曹操正式登上丞相之位。从那一天起，曹操的专权便不再是"录尚书事"或"百官总己以听"这样的权宜措施，而是成为体制上的规定。

曹丞相终于变成了名副其实的独裁者。

第 49 章　荆州攻略

第50章 祢衡的行为艺术

古往今来，不甘于奴颜屈膝的知识分子始终是独裁者眼中的大敌。

这大概是因为，专制权力要想稳固，最重要的便是控制人们的思想。而自春秋战国以来便"以道自任"、认为道统独立于政统的知识分子们素来认为他们享有批评时政的权利，其舆论领袖的社会地位最易传播思潮、搅动人心。

尽管知识分子的这一传统在秦末曾经受到过焚书坑儒的打击，但自汉武帝独尊儒术之后，随着士人数量激增、士族阶层形成，特别是东汉政权建立得益于士族大姓的支持，最终形成了皇权与"贤士大夫"共治天下的格局，这就使得东汉的知识分子在参政议政上特别有责任感。东汉中期以后，外戚和宦官轮流专政，朝廷昏乱，国势日衰。就知识分子这一群体而言，一方面俗士交游结党以营私利之风大盛，一方面却也有许多正直之士对黑暗现实不满而奋起抗争。"故匹夫抗愤，处士横议，遂乃激扬名声，互相题拂，品核公卿，裁量执政"，以李膺、陈蕃等名士为首的党人掀起了轰轰烈烈的"清议"运动。虽然前有两次"党锢之祸"，后有黄巾、董卓之乱，以清议挽救汉室国运的社会运动实际上归于失败，但这一过程中士族知识分子爆发出的能量还是深刻地改变了汉末的政治生态。一个明显的例子就是，汉末割据争霸的群雄当中有不少（袁绍、袁术、刘表等）便出身于与党人关系密切的士族。就是曹操自己，早年也曾经有过效仿党人的清议之举。

基于这一原因，当时大多数割据者在初起之时都尽量摆出一副优礼士人的姿态以争取其支持。就局势的演变来看，也如同东汉初年一样呈现出"得士者昌，失士者亡"的态势。曹操之成功，除了得益于其"奉天子以令不臣"的政治优势以及军事上的明略，也与其早期（特别是奉献帝都许后）"推诚杖信以招俊杰"、对士族知识分子颇为优待的策略息息相关。正像前面提到的那样，那时候的曹操对于跟自己有宿怨的前太尉杨彪不敢施以极刑，明明知道刘备"反复难养"却加以容留，就是怕担上"害贤"的罪名而使天下士人寒心的缘故。

但是曹操的这一策略并非一直保持不变。消灭袁氏势力、统一北方之后，原本"矫情任算、不念旧恶"的曹操愈发独裁，尤其是对于公然藐视自己权威者，他失去了宽容。这一前后差异，突出地反映在他对待祢衡和孔融这两位名士的态度上。

孔融的大名，在今天的中国可谓无人不知、无人不晓，这当然是我国幼儿教材对其童年时的让梨故事大力宣扬的结果。其实据史料记载，当四岁的孔融被人问及为何每次都拿小梨的时候，他的回答原话是："我小儿，法当取小者。"此处之"法"，乃礼法之意。也就是说，孔融让梨表面上看是尊敬长辈，其实质乃是一种维护儒家尊卑有序的礼法秩序的自觉。小小年纪便如此"懂事"，自然与他是孔子的二十世孙、

第50章 祢衡的行为艺术

自幼受家风熏染有关。

不过,真正让孔融名满天下的不是让梨这种小事,而是他与党人领袖的交游以及随后正色立朝、不畏权贵的种种事迹。

他十岁时,便敢独自一人冒充李膺的"通家子弟",去拜访这位被太学生称为"天下模楷"的河南尹。李膺本不随便见客,闻报是通家子弟才让孔融进门,可一见之下并不认识,便问孔融:"你家长辈跟我有过交往吗?"孔融说:"有啊。先君孔子与君先人李老君(即老子)同德比义,而相师友,我孔融跟您可不是累世通家嘛!"这话竟从一十岁童子口中说出,在座众人无不嗟叹。太中大夫陈炜(一作陈韪)后来才到,听人说起孔融之事,便评论道:"小时了了,大未必佳。"孔融应声道:"如君所言,想君小时必当了了!"说得陈炜无言以对,大为尴尬。李膺则大笑道:"君长大后,必为伟器!"

数年后,党锢之祸爆发,以李膺、张俭为首的党人受到宦官残酷迫害。建宁二年(169年),中常侍侯览诬陷李膺、张俭等"皆为钩党",李膺死于狱中,张俭则"望门投止",四处逃亡。由于跟孔融的哥哥孔褒是旧交,张俭曾经来孔家投奔孔褒,恰巧孔褒不在家(时孔融父已亡故,兄孔褒为一家之主),他见孔融不过十六七岁年纪,就没好意思张口要求收留。孔融见张俭面有窘色,便道:"家兄虽然在外,我难道不能作为主人招待您吗?"就把张俭留了下来。后来事情泄露,地方官带人缉拿,张俭逃走,孔家兄弟二人则被抓捕下狱。案件审理过程中,孔融、孔褒及其老母都抢着把罪责揽到自己身上。地方官不知如何办理,只好禀明朝廷。最后朝廷下诏,处死孔褒而赦免了孔融。这一义举为孔融在士人心中赢得了名声,使他成了与陈留人边让、平原人陶丘洪齐名的"后进冠盖"。

一方面秉承了党人以清议批评时政的传统,一方面则是其负气自高、性情刚直的个性使然，在近三十年的宦海沉浮中，孔融一直扮演着不惧权贵、仗义敢言的角色。十常侍秉政，他弹劾权阉亲族贪污腐败；何进迁大将军，待客失礼，他便"夺谒还府，投劾而去"；董卓废立皇帝，他亦"每因对答，辄有匡正之言"。这样的人当然不会被当权者所喜。何进手下就曾经想派人刺杀孔融，董卓则把他派到黄巾贼闹得最凶的北海国去送死。同现在的许多"公知"一样，耍耍笔杆子、批评批评政府虽然为孔融所擅长，治兵杀贼、保境安民却不是他的强项。如前所述，要不是太史慈请来刘备相救，孔融差点就被黄巾贼灭掉了。后来面对袁谭进攻，他除了"隐几读书"之外，也实无一策。最后领土尽失，老婆孩子都当了袁军的俘虏。

曹操奉汉献帝迁都许县后，为了笼络士心，征孔融入朝为官，列名九卿。回到自己熟悉的领域，孔融孔文举立刻恢复了正义代言人的风采。史料说，每次朝会讨论问题之时，别的公卿大夫都很少主动发表意见，孔融却总是引经据典，决定着议题的走向。这一时期，在是否给在出使淮南被袁术扣押期间因公殉职的太傅马日磾加礼、是否恢复肉刑、是否将荆州牧刘表郊祀天地的不法之事公诸于世等问题上，朝廷都采纳了孔融的意见。此时曹操正在经营自己匡扶汉室、拨乱反正的救世主形象，不愿背负害贤之名，孔融也一度天真地相信"曹公忧国无私""曹公辅政，思贤并立"，因此尽管孔融时不时地给曹操挑点毛病、唱个反调，曹操也能尽量优容。甚至于孔融极力推荐的处士祢衡当众侮辱曹操，曹操也没有因此而找孔融的麻烦。

祢衡字正平，平原般县（今山东乐陵西南）人，少有才辩，但性情孤傲。他在兴平年间避难荆州，至建安初年来游许下。据说他刚到许都时，怀里揣了自己的名刺，准备一旦去拜谒某个大人物，便立刻派上用场。可是直到名刺上的字迹漫灭消失，他也没能把名刺递出去。这大概

反映出，祢衡既缺乏家世背景，在人际交往方面也并不擅长。因为当时许都新建，贤士大夫四方来集，交结名士的机会本来是很多的，然而祢衡却自命清高，对谁都瞧不上眼。

史料记载，有人问祢衡何不跟陈群、司马朗（二人皆世家大族）交往交往。祢衡道："吾焉能从屠沽儿耶！"竟把两人比作卖酒杀猪之徒。那人又问："那你觉得荀文若（荀彧）、赵稚长（赵融）怎样？"祢衡还是一脸鄙夷之色，说："文若可借面吊丧，稚长可使监厨请客。"意思是荀彧这个小白脸只不过长得好看，而赵融脑满肠肥，是个酒囊饭袋。他人问当今许都冠盖遍地，难道就没有你看得上眼的人物吗？祢衡道："大儿有孔文举（孔融），小儿有杨德祖（杨修）。余子碌碌，不足一提。"

孔融是如何结识祢衡，史无明言。不过却有不少史料显示，尽管被祢衡戏称为"大儿"，但是年龄比祢衡大二十岁的孔融确实是他在许都为数不多的朋友之一。这除了因为孔融本人"宽容少忌，好士，喜诱益后进"的性情，多半还要归因于两人的脾气秉性颇为投契。两人都很有文才，却都不同程度地恃才傲物；两人都喜欢标新立异，勇于批判，敢发常人不敢发之言；更重要的是，两人尽管都有些书生意气，志大才疏，但为人处世却都真诚而磊落、正直而勇敢。因此尽管孔融出身世家、位列九卿，而祢衡只是一介布衣，但是两人却结成了忘年之交，彼此十分推崇。

应该就在两人结交后不久，孔融便不遗余力地向曹操和朝廷推荐祢衡。在流传至今的《荐祢衡表》中，孔融盛赞祢衡的禀赋、忠贞、辩才、勇气和能力，认为他是不可多得的帝室之宝，建议朝廷像近日拔擢路粹、严象那样对祢衡进行考察和任用。

结合前后事迹看来，孔融的描述虽然浓重，却也基本属实，祢衡确实在某些方面具有突出才能。而彼时的曹操正摆出一副招怀天下士人的态度，听了孔融的强力推荐，也很想见见祢衡，对他当面考察一番。可是这个时候祢衡不知为何又闹起了他那副"老子谁也不鸟"的臭脾气，"自称狂病，不肯往"。要知道这个时候曹操可是当朝司空，是许都朝廷的实际掌控者，而他祢衡只不过是一个浪迹京城的平头百姓。他自高身份，端起架子不乐意登门，难道还指望曹操以宰相之尊像后来的刘备那样"三顾茅庐"不成吗？祢衡如果只是不愿见曹操也就罢了，他却"数有恣言"，八成很说了些难听的话。这些话传入曹操的耳朵，惹得曹操怀恨在心。

尽管如此，曹操碍于祢衡甚有才望，不愿背负害贤之名，这个时候并不想杀他，而只是想对他敲打惩戒一番。恰逢八月朝会，需对鼓乐预先阅试，听说祢衡善击鼓，他便令有关部门将祢衡任命为"鼓史"。鼓史是奏乐时专门负责击鼓的下吏。按照规定，每个鼓史击鼓通过阅视后，都要换上被称作"岑牟单绞之服"的新衣。"岑牟"是一种"鼓角士冑"，而"单绞之服"是上穿苍黄色单衣，下穿小裤，可以认为这是干粗活的武人才穿的服装。曹操此举，显然是有意贬损祢衡，要杀杀他的威风。

到了宴会这天，众鼓史皆依次上前演奏。轮到祢衡之时，但见他神色慷慨，用脚踏着节拍，步履蹀躞地走上前来，扬起鼓槌便击了《渔阳》三通，鼓声悲壮，"渊渊有金石声"。众人听了，无不动容。鼓曲终了，按说祢衡便该像其他鼓史一样脱下外衣，换上岑牟单绞之服。没想到他却不予理会，径自走到了曹操面前。管事的官吏见状，连忙喝止他道："大胆鼓史，何不换装？竟敢进前作甚！"祢衡说："好。"便当着曹操和众人的面，一件一件把身上的儒服都脱了下来，直到"裸身而立"，把自己白花花的肉体毫无遮挡地展露在外，才不紧不慢地取

过岑牟、单绞穿上，然后又擂了三通鼓曲，接着面容如常地转身走出，把瞠目结舌的众人留在了当场。曹操不动声色地将他这一出行为艺术看完，方大笑道："孤本想羞辱祢衡，不料竟被他所羞辱！"在这笑声背后，我猜曹操已经动了杀心。

　　回来后孔融狠狠责备了祢衡一番，说你是大雅之人，怎么能干出这种事呢？有史料说，祢衡的理由是："不敢以先王之法服而为伶伦之衣。"尽管如此，这终究是一件惊世骇俗的荒唐事，而且祢衡是他孔融推荐给曹操的，现在曹操被他如此羞辱，孔融也感到面上无光。他好说歹说，总算劝得祢衡答应去向曹操道歉。之后又跑来跟曹操说，祢衡当时是狂疾发作，如今他已经恢复正常，不日就来登门谢罪。曹操这才转怒为喜，还吩咐门房祢衡一来便赶紧通报。

　　曹操等了好久，祢衡终于来了。

　　但他不是来谢罪的，而是来骂人的。

第51章 孔融必须死

历史上靠骂人出名的人物并不多，靠脱衣服成名的就更少。

脱完衣服又骂人，从而名垂青史的，祢衡大概是唯一的一个。

据史料透露，那一天天色已经不早，而且气温应该已经很凉。然而祢衡却穿了一件宽布单衣，扎着一条薄薄的头巾，手擎三尺长木杖来到了曹操的营门前。他在门外选了个位置坐下，一边以杖捶地，一边破口大骂起来。至于叫骂的内容，则是"责操及其先祖，无所不至"。虽然他具体怎么问候曹操及其先人已经不得而知，但考虑到祢衡本人口才十分了得，这一番痛骂可以想见必定是花样繁多、猛料不断。被惊动的曹营军官连忙将此事汇报曹操，说："外有狂生，坐于营门，言语悖逆，请即收捕治罪！"曹操得知是祢衡，先是大怒，既而嘿然良久，便叫人预备三匹好马、骑士两人，将祢衡架到马上，出城直往南方去了。

事后他对孔融恨恨地说道："祢衡竖子，何敢如此！孤杀之无异于鼠雀而已!但顾此人素有虚名,远近将谓孤不能容人。现今将其送与刘表,看他如何处置!"孔融听了,也只有无可奈何。

据说在祢衡正式离开许都的那一天,一些对他的所作所为看不惯的士人很想利用送行的机会对他再羞臊一番,便互相串通说:"祢衡悖逆无礼,我们早点去,等他后到的时候大家都不起身,让他自讨没趣。"结果祢衡来的时候,众人或坐或卧,一个起身相迎的都没有。祢衡见状,便坐下嚎啕大哭起来。众人不解,问他为何如此,他收声答道:"坐者为冢,卧者为尸[①]。今处尸冢之间,能不悲乎!"意思是你们都是死人,我是给你们哭丧呐!倒把这些人又羞辱了一顿。

荆州牧刘表从曹操手里接到祢衡这个大礼包后,敬其才名,一开始对他相当不错,举凡文章表奏,都请祢衡审阅定夺。但是没过多久,祢衡瞧不起别人的老毛病又犯了,数次轻侮刘表。刘表虽然深以为耻,但是跟曹操一样怕担恶名,于是转手又把祢衡送到了性情急躁、心胸狭窄的江夏太守黄祖那里。黄祖一个粗人,起初并没想到刘表这是想借刀杀人,待祢衡相当客气,叫他掌管文墨。祢衡的名作《鹦鹉赋》就是在此期间赋成。

有一次,黄祖的儿子黄射跟祢衡一起外出游玩,途中见到名士蔡邕写就的一通碑文,十分欣赏。回来后黄射很后悔没有将碑文誊写下来。祢衡说没事,我看了一遍,全都记得,只有两个地方因为石碑缺损搞不清楚。说完就将碑文逐字默写了下来。黄射派人赶去将碑文誊录,两下对比,竟然一字不差,不禁大为叹服。

可惜到头来,终究是性格即命运,祢衡还是死在了自己狂傲孤高的

[①] 《礼记》云:"坐如尸,立如齐。"又据《说文》,卧者,伏也,人伏地之意。可知此处祢衡亦为卖弄学识。

个性上。

此事发生在十月。当时黄祖在一艘蒙冲船上大摆宴席，酒肉甚丰，祢衡坐在前列，上菜时他的菜比别人的先上，于是他就不等别人，自顾自地吃了起来。吃饱了以后，他又旁若无人地摆弄起了黍臛玩。一旁有人见状，半开玩笑地问祢衡："礼教云何食此黍臛？"黍臛是一种杂以黍米的肉羹，当时习俗，每次饮宴大会之时都要先吃黍臛，但是为何要这样，恐怕大家都说不清楚，所以这个问题虽然隐隐讽刺祢衡不遵礼数，却也含有向他请教的意思。然而祢衡听了，并不回答，仍然低头弄黍玩。发问的人便很尴尬。黄祖身为主人，当然不愿见到冷场，就对祢衡说："处士你难道不应该回答一下吗？"不料祢衡言道："车前有马放屁，难道君子便该听吗？"这下黄祖也被弄得下不来台，便大声训斥了祢衡几句。祢衡瞪了黄祖一会儿，开口骂道："死锻锡公！何不闭嘴！"我猜黄祖可能是锡匠出身，他闻听此言，勃然大怒，叫人把祢衡拉出去就要杖责。祢衡仍然谩骂不止。黄祖怒火愈盛，就命武士将他勒死了。这时祢衡刚刚二十六岁。

据说黄祖的儿子黄射得知此事，急忙赶来相救，却没来得及。黄射流涕说道："此人实有异才，曹操和刘荆州都不曾杀他，父亲奈何要如此啊？"黄祖仍气愤难消，道："人家骂你老爸我是锻锡公，怎能不杀？"

据地方志记载，今武汉市武昌区西北的大江之中，原有一沙洲名鹦鹉洲，正是由祢衡的《鹦鹉赋》而得名，祢衡死后亦葬于此洲之上。然而此洲于明末清初沉于江心，今日汉阳区的鹦鹉洲是后来才产生的，其上的祢衡墓，也只是个衣冠冢罢了。

如果说曹操只是将祢衡置于险地，最后其被杀的结果是他咎由自取，那么孔融的死就是曹操刻意为之了。

前面说到,在建安初年曹操招怀天下士人这段时期,尽管他和孔融在政事上偶有不同意见,但整体来说两人还是相安无事的。即便出了祢衡击鼓骂曹这档子事,曹操也没有为此而责备孔融。然而到了后来,随着一些事情的发生,两人的关系逐渐走向了对立。

一件事是,建安五年(200年)以"衣带诏"事件为标志,汉献帝和曹操的关系变得愈发紧张。在士人心目中,曹操之前经营的"曹公忧国无私"的人设开始崩塌。第二件事是,官渡之战结束后,尤其是建安九年(204年)曹操拿下河北后,他取得了对于整个北方的支配地位,实力上足以碾压其他诸侯,因此政治上借助孔融这样的名士加以点缀的需求变得淡薄。

所以在建安九年以后,一方面孔融在曹操眼中的地位一落千丈,一方面孔融本人"见操雄诈渐著,数不能堪",因为忍受不了曹操独裁而多次以狂放的姿态、激烈的言辞挑战其权威,试图利用自己"清议"领袖的地位在舆论上对曹操进行压制,两人的关系遂降到了冰点。

如前所论,曹操攻破邺城后,曹丕私纳袁熙妻甄氏。孔融很看不惯,就在给曹操写信时,故意编造了一个"武王伐纣,以妲己赐周公"的典故。历史上妲己明明是被周武王处死的,所以曹操想了半天,愣是想不起来这典故从何而来。后来他就抱着学习的心态问孔融。孔融说:"以今度之,想当然耳。"意思是现今你曹操既能把敌人的老婆赐给自己的儿子,那当初武王就也可能把敌人的老婆赐给自己的弟弟嘛!听了这一回答,曹操是何反应,史无明言。

后来曹操要北伐乌桓,孔融也冷嘲热讽,说什么"肃慎不贡楛矢,丁零盗苏武牛羊",认为这种远征完全是穷兵黩武、萧条海内,根本没有必要!为了节省稻谷以供军粮,曹操上表提议禁止酿酒,孔融又"频书争之,多致侮慢之辞"。

虽然孔融的这些议论最终都没有阻止政策实施,却也足以让曹操不胜其烦。更重要的是,孔融作为士林领袖,他的言论不管对与不对,每次都会在朝野内外引起较大反响。因此这时曹操虽然对他"外相容忍",其实却"潜忌正议,虑鲠大业",已经将孔融视为了必须拔除的眼中钉、肉中刺。

当然,曹操不是董卓,即便要铲除政敌,也不会直接采取肉体消灭这种简单粗暴的手段。

很可能是在建安十一年(206年),曹操授意之前跟孔融有过私人恩怨的光禄勋郗虑弹劾孔融。而他虽然装出一副居中劝架调解的样子,却不点名地批评孔融为"浮华交会之徒",最后还以微小的罪名罢免了孔融的少府一职。

此处之"浮华",不是今天常用的华而不实、放纵奢侈之意,而是指以品题人物、议论政治的形式交结朋党。"浮华交会之徒",就是成群结伙的坐谈之士。后来在魏明帝曹叡在位时,曹魏朝廷曾经专门兴起过惩治"浮华"结党的大案,也是就此而言。这桩不大的官司,可以视为曹操对孔融的一次严重警告。一年后孔融虽然又被朝廷拜授为太中大夫,但这却是一个没有具体职权的闲职。而且太中大夫归光禄勋领属,这就使得郗虑成了孔融的顶头上司。这一番操作下来,几近于让孔融"内部退休"。

显然,曹操的意图很明确:老夫的屠刀早就饥渴难耐了,你孔文举要是再不收敛,继续跟我作对,那我就不客气了!

那么在此之后,孔融的表现又如何呢?

很遗憾,或许是他真诚地信奉先人"知其不可而为之""虽千万人吾往矣"的处世理念,又或许是他"高志直情"的难移本性使然,总之据史料记载,孔融虽然退居闲职,却依然不愿放弃舆论领袖的角色,以

致"宾客日盈其门"。他还时常对人感叹:"坐上客恒满,樽中酒不空,吾无忧矣!"很显然没把曹操"浮华交会之徒"的警告放在心上。

到了赤壁之战前夕,曹操大举南征的决心已定。孔融又公然提出反对意见,说什么"文德以来之"。意思是你曹操不该穷兵黩武,而是应该好好提升"文德",靠文化征服对手才是正道。

如前所述,这个时候曹操已经废除了三公,自居丞相,成了名副其实的独裁者。多年以来,他已经烦透了孔融"看人挑担不吃力"一般对着朝政指手画脚,以及他种种好高骛远却空疏无用的陈腐论调,更对他以道德卫士自居、三番五次讽刺自己擅权专政深恶痛绝。现在眼看孔融退居闲职,却依然在朝野上下拥有相当的支持者和影响力,曹操不能不感到警惕和担心。联想到官渡对峙之时,孔融就曾经在后方鼓吹袁绍强盛,散播对自己不利的言论。如今南征在即,为了保障在此期间后方的绝对稳定,曹操终于决定,马上清除孔融这个隐患。

这个任务,曹操还是交给郗虑来完成。

建安十三年(208年)八月,曹操将郗虑由光禄勋提拔为御史大夫,主抓孔融一案。

在郗虑的安排下,丞相军谋祭酒路粹上奏,捏造了孔融的四项罪名:

第一,孔融当年在北海任上,见王室不静,便招合徒众图谋不轨,说什么"我大圣之后"①"有天下者,何必卯金刀"。

第二,孔融曾经对着孙权派来的使者"谤讪朝廷"。

第三,孔融位列九卿,却不遵朝仪,"秃巾微行,唐突宫掖"。

第四,孔融跟祢衡在一起胡说八道,说什么"父亲对儿女本无亲

---

① 据说孔子是商汤的后裔,其六代祖孔父嘉为宋国华督所杀,后代迁居鲁国。

情，只不过是发泄情欲的结果""子女对母亲来说就像罐子里面装的东西，一旦从罐子里出来，关系也就到此为止""倘若父亲不是个好东西，那么遇到饥荒的时候，宁可赡养旁人"，等等。二人还互相吹捧，祢衡称孔融"仲尼不死"，孔融称祢衡"颜回复生"。

总之，孔融大逆不道，必须处以极刑！

这封奏疏一上，孔融立刻便被收捕，判处"弃市"，其妻子儿女也一同被杀。

从郗虑上任御史大夫到处死孔融，总共才隔了五天。

值得注意的是，曹操七月时便从邺城出发引兵南征了，而孔融一案是在八月，有很大的概率处死孔融时曹操并不在许都。有学者推测，这可能是曹操故意安排的"不在场证明"，以避免自己背负戕害贤士的恶名。后来为了消除孔融被杀在舆论上造成的消极影响，曹操还专门宣令三军将校，说孔融只是浪得虚名，世人被他的花哨伎俩所迷惑，所以看不透他的真面目，从他那些不忠不孝的荒谬言论就可推知，其实此人"违天反道，败伦乱理"，不过一个衣冠败类！

明眼人当然不难看出，曹操此举纯属做贼心虚、掩耳盗铃。史书记载路粹的章奏，特意用了"枉奏"二字，实际上已经昭示，路粹提到的那些罪名，要么是纯属捏造，要么就是故意曲解孔融的言论而成。他精心罗织这些黑材料，无非为了将孔融彻底搞倒搞臭，以此来反衬曹操英明。然而正如鲁迅先生指出的那样，曹操以不孝的罪名杀掉孔融本来就自相矛盾，因为他自己便在《举贤勿拘品行令》中公然宣称，有治国用兵之术的人，哪怕不仁不孝也不打紧，那为何他又要以不孝之名杀人呢？

这原因，鲁迅先生当然知道。但是他建议即使曹操再生，我们也不要去问。因为"我们倘若去问他，恐怕他把我们也杀了"！

同样，当时的有识之士其实都明白孔融被杀的真正原因，只是他们也不敢去问。

对于那些身在曹营的知识分子而言，如果说之前还有人一厢情愿地幻想，追随曹操便是追随汉帝，曹公确实是匡扶汉室、忧国无私的明主，那么现在这个幻想也随着孔融的血肉一起零落成了许都街头的烂泥。正如明清之际的大学者王夫之总结的那样，"孔融死而士气灰，嵇康死而清议绝"。在建安十三年的秋天，以孔融的死为标志，曹操身边的知识分子们或主动，或被动，开始在政治立场上走向分化。而他们的选择，实在很难说谁对谁错。

对此我只能套用一位伟人的话来解释：历史潮流，浩浩荡荡，顺之者昌，逆之者亡。

在这一过程里，倒在曹操的屠刀之下的，孔融不是第一个，也不会是最后一个。

第52章 鲁肃的规划

自居丞相和处死孔融只是南征荆州前曹操在内政方面的预防措施。

为了杜绝后患,他在军事和外交方面也做出了相应的布置。

首先,考虑到韩遂、马腾为首的关中诸将形同割据、叛服无常,为免南征期间他们在后捣乱、威胁南征军的侧后方,曹操遣使向马腾施压,征其入朝为官。马腾本来不愿意去,可是一方面他在关中跟韩遂有矛盾,一山难容二虎,一方面他也畏于曹操的兵威,担心自己早晚被灭、不得善终。曹操又敦促沿路的地方官早早准备接待,郡县守长郊迎,大肆营造木已成舟的气氛。马腾考虑再三,最终还是决定启程前往邺城,自己的部曲则全都移交给了儿子马超统领。这一来,马腾形同人质,曹操对关中的控制力便又增强了几分。

其次,曹操安排手下大将张辽屯守长社(今河南长葛东)、于禁屯守颖阴(今河南许昌)、乐进屯守阳翟(今河南禹州),共同构成对许都的严密防护。怕这三员大将彼此不服、产生龃龉，他还派赵俨同时担任三将的参军，居中协调。战事开始后，曹操又命赵俨领章陵太守，徙都督护军，专职监护于禁、张辽、张郃、朱灵、李典、路招、冯楷七军。史料显示，以上诸将当中除了乐进后来被曹操调到了荆州前线，其余都没有参加荆州战役和赤壁大战。鉴于荆州北部与豫州之间有桐柏山、大别山阻隔，一旦曹军主力深入，荆州便难以迅速回救。因此我推测，于禁、张辽等七军很可能被曹操布置在了许都以南、淮河以北这一地带，其任务就是防止江东孙权趁曹军主力远征荆州期间寇掠豫州、威胁许都。

这说明，江东政权虽然名义上臣服于曹操，两家多年交好，但曹操并非没有考虑到孙权突然翻脸、跟自己兵戎相见的可能。只不过鉴于江东跟刘表是世仇，他觉得孙权援助刘表的可能性并不大，因此便把防御的重点放在了阻止江东北侵之上。

事后证明，这是曹操战略安排上的一个重大失误。

因为孙权孙仲谋的志向不仅仅是北侵，还有西进。

这一年，孙权二十七岁。自从建安五年（200年）接替兄长孙策主领江东以来，经过八年历练，他已经从一个很有潜能却稍显稚嫩的少年之主成长为了胆略与权谋兼具的成熟政治家。

如前所述，在孙权初上台之时，江东内部并不安定。史书原话是："深险之地，犹未尽从。而天下英豪，布在州郡，宾旅寄寓之士，以安危去就为意，未有君臣之固。"所谓"深险之地，犹未尽从"，指的是当时居住于山区的包括山越、武陵蛮等少数民族在内的南方原住民有很多对孙氏政权并不臣服；"天下英豪，布在州郡"，指的是像孙策曾经的对手许贡、严白虎、周氏三兄弟那样在地方上颇有势力的强宗大姓，尽管其中许多人已经被孙策剿灭，但其余众仍遍布于各郡县，能量不容小视;"宾旅寄寓之士,以安危去就为意,未有君臣之固"则是指,当时孙氏政权内部的许多人士本是为避难而从北方来到江东(例如张昭),他们自身对扎根江东没有归属感,与孙氏兄弟之间又不是真正的君臣关系,一旦故土恢复安定或者受到诱惑(例如受到朝廷征召),他们就很可能背弃孙氏而选择北归。正是因为考虑到了这些情况,所以临终时孙策尽管对孙权"举贤任能,各尽其心"的能力比较有信心,还是不免要对张昭说些"若仲谋不任事者,君便自取"之类的违心话,以此来激励张昭倾力辅佐孙权。

孙策的顾虑并非多余。在孙权刚接班那会儿,因为他年少并缺乏威信,甚至连其母吴夫人也深深感到担忧。据说有一天,吴夫人特意召见张昭和董袭等老臣,问他们:"江东可保安否?"董袭答道:"我江东地势有山川之固,而讨逆明府(即孙策)恩德在民。今讨虏(即孙权)承基,大小用命,张昭秉众事,袭等为爪牙。此地利人和之时也,万无所忧!"众人皆点头称是,吴夫人这才稍稍安心。

事实上,即使在孙氏家族内部,也存在着不愿臣服于孙权的势力。史料记载,孙策的堂兄弟、在孙策平定江东过程中立有大功的庐陵太守孙辅于孙策去世之后,"恐权不能保守江东,因权出行东冶,乃遣人赍书呼曹公"。居然趁孙权不在家,派人招引曹兵入境。此事走漏消息、被人告发,才没有得逞。后来孙权就把孙辅的亲党全部擒斩,将其幽禁至死。孙策的另一位堂兄孙暠也在乌程(今浙江湖州南)召集人马,想要攻打会稽。幸好会稽军民忠于孙权,才没有酿成大乱。另外,庐江太守李术也"不肯事权",大肆招纳从孙权那边逃亡的部曲和人丁。孙权派人讨要,他却回复说:"有德见归,无德见叛,不应复还。"显然没把孙权放在眼里。而当时孙权的官位只是讨虏将军、领会稽太守,别说李术对他不服,就是孙策留下的那些宿将宾客在礼节上对待他也不是很

第 52 章 鲁肃的规划

尊重。只有周瑜"独先尽敬，便执臣节"，尽力维护孙权的君主威严。

好在孙权这个人"性度弘朗，仁而多断"（至少前半生是如此），又颇擅长"举贤任能，各尽其心"，再加上有吴夫人、张昭、周瑜等人辅佐，他很快便顺利地度过了这段权力交接的过渡期。他一方面对于孙策留下来的勋臣宿将敬重有加，待张昭以师傅之礼，尊周瑜为兄；一方面招延俊秀，提拔了大批新人以为己用，例如诸葛瑾、吕蒙、步骘、朱然等。这其中最为重要的人物则是鲁肃。

鲁肃这个人，在《三国演义》等文艺作品中常常被塑造成忠厚长者的形象，其实大谬不然。按《吴书》的说法，鲁肃"体貌魁奇，少有壮节，好为奇计"，青年时代便有感于天下将乱而勤习骑射击剑之术，招聚少年啸聚山林、讲武习兵，以致被家乡父老称为"狂儿"。鲁肃出身大财主之家，又少年丧父，怎么花钱他自己说了算，因此他把大笔钱财花在了结纳豪杰和赈济穷人上，赢得了不错的名声。他跟周瑜就是这样结交的。

当时周瑜还是居巢县（今安徽桐城南）县长，有一次带着好几百人路过鲁肃的家乡东城县（今安徽定远县东），听说鲁肃乐善好施，便来向他求些路费和粮食。鲁肃家存有两大粮仓粮食，每仓有三千斛，足够千人一月之用。而鲁肃就当着周瑜的面，指着一个粮仓说："这个送给你了。"周瑜又惊又喜，从此就跟鲁肃结下了深厚的友谊。

后来天下大乱，豪杰并起，鲁肃被袁术委任为东城县县长，但是鲁肃很快看出袁术这个人昏庸无能，成不了气候，淮泗之间又是各方争夺的四战之地，不利存身，便带着宗族老幼和手下百余名轻侠少年南行，前来投奔周瑜。路上袁术派兵来追，鲁肃亲持弓盾断后，对追骑说："卿等既是大丈夫，便当了解世间大数。今日天下兵乱，有功的人未必受赏，不追的人未必受罚。你们何必如此相逼？"说着放下盾牌，引弓便射,"矢皆洞贯"。追骑觉得鲁肃的话很有道理,又觉得不一定就能全胜,便相率引还。后来周瑜渡江,鲁肃就跟他一起来投孙策,在曲阿安了家。

不过,这一时期孙策主要倚重的还是其父孙坚的旧将。鲁肃年纪尚轻,又不是孙氏嫡系,因此孙策在世时他并没有受到重用。所以孙策死后,鲁肃也属于"以安危去就为意,未有君臣之固"的宾旅寄寓之士行列。那时鲁肃的祖母去世,他还葬家乡东城期间,便受友人刘子扬(刘晔)的劝告,动过去巢湖投奔军阀郑宝的念头。周瑜得知后,劝鲁肃道:"当年马援曾经对光武帝刘秀说:'当今之世,非但君择臣,臣亦择君。'现今主人亲贤贵士,正在招纳海内俊杰。况且我听先哲秘论,将来承大运代刘氏得天下者,必兴于东南。以历数推之,眼下正是我等攀龙附凤驰骛之秋也!刘子扬之言,足下不须介意。"鲁肃这才一时没有离开。周瑜又在孙权面前盛赞鲁肃"才宜佐时""不可令去",使他终于得到了孙权接见。

这次会见双方都感到愉快,所以当众人告辞退出之时,孙权就把鲁肃单独留了下来。两人合榻对饮,进行了一番推心置腹的长谈。

孙权道:"方今汉室倾危,四方云扰。孤承父兄遗业,思有桓文之功。君既惠顾,何以佐之?"

鲁肃回答说:"当年高祖刘邦尚未强大之时,本来想尊事义帝(即楚怀王之后熊心),结果却没能实现,这都是因为有项羽从中为害。将军你虽然有意效仿齐桓、晋文,但是现在的曹操就像当年的项羽,哪里容得你来当齐桓公、晋文公?以我鲁肃的个人意见,汉室已经不可能复兴,曹操短时间内也无法除掉。为将军你考虑,惟有鼎足江东,以观天下之衅。大势如此,不必有所顾虑。为什么这么说呢?因为北方还有很多事情尚待处理,趁曹操忙于这些事务之时,剿除黄祖,进伐刘表,竟

长江所极,据而有之,然后建号帝王,以图天下,此高帝之业也!"

孙权的年龄比曹操和张昭要小上足足二十六七岁,当其幼年之时,汉室天下已乱,因此与老一辈不同,他在思想感情上与汉室基本上没什么羁绊。他口口声声说"思有桓文之功",说自己有志于像齐桓公、晋文公拥戴周天子那样匡扶汉室,其实跟当初孙策宣称要"为朝廷外藩"一样,只是冠冕堂皇的场面话。鲁肃早已看出,孙权年纪虽轻,但是野心不小,他的志向不仅仅是称王称霸,更是像刘邦一样建号称帝、一统天下。然而他这份看上去有些狂妄的个人野心,并不方便在张昭、张纮等江东老臣的面前透露。而鲁肃在江东同样属于后生晚辈,两人对于汉室的看法基本相同。鲁肃为了得到孙权的信任,也有意迎合他的野心,所以才说出以上这番话来。

要知道,当初张纮为孙策谋划夺取江东、统一荆扬,其定位也不过是"匡辅汉室,功业侔于桓、文",并没有建国称帝的意向。此前东吴群臣虽然大多也知道汉室不可复兴,但是并没有任何一人向孙权提出过称帝的战略目标。鲁肃的这一建议可谓单刀直入,相当大胆。不仅如此,他还提出了具体的战略规划,那就是趁曹操忙于处理北方事务之时,先除黄祖,次灭刘表,最后统一整个长江流域,再依靠整个南中国的资源与曹操分庭抗礼、一决雌雄!

我相信当时孙权听了鲁肃这番话,内心那是相当激动的。但是成熟的政治家从来不轻易透露自己的真实意图。因此他哪怕心里已经笑开了花,面色却相当平静,轻描淡写地对鲁肃道:"今尽力一方,冀以辅汉耳,此言非所及也。"你刚才说的那些,我可没想过。

话虽如此,可是从此以后孙权便对鲁肃另眼看待起来。张昭对鲁肃看不顺眼,屡次在孙权面前诋毁他"年少粗疏",孙权却对鲁肃更加器重,俨然将他视为了自己的心腹。鲁肃也就打消了北归的念头。

不久后，勾引曹操的庐陵太守孙辅被孙权软禁，公然反叛的庐江太守李术也被他派兵消灭。他便开始集中精力，着手将鲁肃的战略规划付诸实施。

第一个目标，便是铲除盘踞江夏的黄祖。

第52章 鲁肃的规划

第53章 进击的江东

古往今来，军事上但凡从长江下游向上游推进，重中之重都在于控制位于两者之间的今武汉地区。

这是因为，长江的最大支流、发源于秦岭南麓的汉水在东流三千里以后，恰在武汉一带与西南—东北流向的长江汇合。由于汉水在古代又称沔水，与夏水汇合后又称夏水，因此汉水注入长江之口除了今日习称的汉口之名外，又称夏口或沔口。夏口以西，是广袤而肥沃的江汉平原；夏口以东，长江则处于北岸大别山和南岸幕府山的夹峙之下，构成了荆州和扬州之间的天然界限。所以从战略上而言，夏口"分荆襄之胜而压荆襄之口"，是整个荆州的东大门。

江夏太守黄祖的驻地沙羡，便位于夏口北岸。

早在建安四年（199年），当时十八岁的孙权就在兄长孙策的率领下参加过讨伐黄祖的战争。那一次孙策虽然重创黄祖，但是由于陈登勾结严白虎余党在后方作乱，不久他就撤了回去。后来孙策去世，孙权接班，头两年他忙于内部事务，对黄祖和刘表的骚扰但以防御为主。直到建安八年（203年），孙权的统治已经稳固，而北方的曹操佯攻荆州、实取河北，短时间内无暇南顾，孙权才重新发动了对黄祖的战争。

这次战争江东军队虽然获胜，摧毁了黄祖的水师，可因为后方"山寇复动"，未及攻下夏口城便即回师。就是在这次战事中，当时还在黄祖军中效力的甘宁一箭射杀了东吴校尉凌操，救了黄祖的性命。

前面已经讲过，甘宁虽然救了黄祖，但事后黄祖依然对他不甚待见，郁闷不已的甘宁后来便在黄祖部将苏飞的帮助下逃到了东吴。

在周瑜和吕蒙的举荐下，孙权对甘宁颇为器重。甘宁也不失时机地进献了夺取荆州的方略。

他对孙权说："现今汉祚日微，汉家天下迟早会被曹操篡夺，而荆州南部山陵形便，江川流通，是我东吴在西边的屏障。据我观察，刘表这个人毫无远见，几个儿子又庸劣不堪，根本没能力继承他的基业。您应该尽早规划，一定要赶在曹操之前把它拿下。而拿下荆州的第一步，就是先取黄祖。黄祖今已年老，昏耄日甚一日，粮食和财帛都很匮乏，其左右近臣又侵夺将士，搞得下边怨声载道。再加上舟船战具久已荒废不修，士兵们忙于屯田耕种，缺乏训练，军纪废弛。现在进攻，一定可以将他击破！击破黄祖之后，便可鼓行而西，直据楚关，乘胜利之势，再逐步规取巴蜀。"

听了甘宁的话，孙权深表赞同。然而一旁的张昭却摇头道："现在吴下人心并不安定，如果大军远征，后方恐怕又会生出乱事呀。"

甘宁对张昭的质疑不以为然，反驳说："国家既然委君以萧何之任，那么镇静后方就是阁下的责任，你却一味担心会出乱子，岂不是愧对古人吗？"

甘宁这番话一点儿也没给三朝老臣张昭留面子。孙权眼看气氛要僵，连忙举杯递给甘宁道："兴霸，今年讨伐黄祖之事，就像这杯酒一样，我准备交给你了！你要好好筹划，一定攻克黄祖！到时你立下大功，何必还介怀张长史之言呢？"

于是在建安十二年（207年），孙权再次西伐黄祖。不过这次仍然没能拿下夏口，而只是"虏其人民而还"。这大概是孙权之母吴太夫人于当年病逝①，众将都被召回嘱以后事的缘故。

第二年春天，孙权以周瑜为前部大都督，以偏将军董袭、平北都尉吕蒙和继承了乃父职位的破贼都尉凌统（凌操之子）为前部先锋，第三次发动了对黄祖的战争。

这一次，东吴军队志在必得，而黄祖也进行了拼死抵抗。

根据史料记载推测，黄祖在江北应该筑有两城，一个在汉水南岸今武汉市汉阳区龟山一带，是郡治所在地，另一个在汉水北岸与之相对，后世称之为却月城。由于之前与东吴水军作战每次都大败亏输，黄祖再不敢主动迎击。他索性将两个大号的艨艟战舰横在汉水之上，用极粗的棕榈大绳系巨石为碇（即船锚），战舰上设一千名弩手，用密集的箭雨封锁了河口。一时之间，东吴水军被箭雨所阻，难以突入汉水，也就无法实施登陆作战。

偏将军董袭见状，与志在为父报仇的凌统各率领一百名敢死队员，每人披两层铠甲，冒着如雨的飞箭，乘快船直突到了两座艨艟之前。董袭亲自用刀割断了系碇的粗绳，原本横在河心的战舰被水冲得顺了过来，东吴水军这才突进了汉水。黄祖看情况不妙，忙令都督陈就统本

---

① 史料中孙权母吴夫人之卒年有建安七年、十二年两种记载，此处据《建康实录》《通鉴考异》，当以十二年为宜。

方水军逆战。结果陈就迎面正撞上吕蒙的前锋部队,战败被杀。随后吕蒙、董袭、凌统三部登陆合围,很快将郡城攻破。城中男女数万口被俘,黄祖弃城而逃,最终被骑兵追斩。

事后孙权重赏了吕蒙等三将,对甘宁也大为嘉奖。黄祖的部将苏飞被擒,本来应该也被斩首。但是在庆功宴上,甘宁下席叩头,血涕交流为苏飞求情说:"当初如果不是苏飞,自己早死多时了,哪里还有机会替将军你效力?希望将军开恩,能饶他不死。"孙权说我要是饶了他,他逃跑怎么办?甘宁说苏飞受将军再造之恩,一定不会逃跑,如果他真的跑了,就砍我甘宁的脑袋!孙权这才赦免了苏飞。

可能是因为黄祖修筑的夏口城位于长江北岸,易于受到荆州方面攻击,所以战事结束后,孙权并未在夏口驻军。尽管如此,消灭黄祖对江东政权来说也具有重要意义:

首先,世仇得报,既可以告慰父兄的在天之灵,也极大地增强了孙权在江东的威信。

其次,江夏郡南部落入孙权掌控,不但扬州西部边境的安全得到了保障,更为东吴势力进入荆州打开了大门。

最后,孙权剿灭黄祖还间接刺激了曹操尽快启动南征荆州的计划。当年春天黄祖被灭,秋天曹操就发动了南征。在曹操和孙权的双重压力下,原本就矛盾重重的荆州集团内部加速了分裂。

当然,觊觎荆州这块肥肉的还不止曹操和孙权,此时寄居在刘表屋檐之下的刘备刘玄德也暗藏着同样的念头。

自从官渡之战后投奔刘表被他安排在新野屯驻,不知不觉间,刘备已经在荆州度过了六七个年头。

一开始,为了像当初利用张绣那样利用刘备对付曹操,刘表对刘备相当客气,不但待他以上宾之礼,而且主动给他增兵。刘备也不负所

托,曾经在博望击败曹军大将夏侯惇和于禁,保证了荆州北部的安全。但是时间一长,随着刘备实力增长,刘表对刘备又不放心起来,便把他迁到了樊城。樊城距离刘表的治所襄阳只有一河之隔,将刘备调到这里,显然有就近监视的意味。所以《三国志》说,刘表对刘备"疑其心,阴御之"。在这样的心态之下,后来曹操北征乌桓时,刘表对刘备劝他趁机偷袭许都的建议置之不理,也就可以理解了。

刘备是志在建功立业之人,并不甘心一直做他人的附庸,因此这六七年来他过得相当郁闷。有史料说,有一次刘备到刘表府中做客,期间去上厕所,发现近来自己的大腿上生出了不少赘肉,不由得感慨地落下泪来。回来后刘表发现他面色有异,似乎有哭过的痕迹,便问他是怎么回事。刘备回答道:"我往年身不离鞍,髀肉皆消。今不复骑,髀里肉生。眼见日月飞驰,老之将至,而功业不建,故此心内伤悲。"

这个时候,刘备应该是四十五六岁。按古人的平均年龄,确实是老之将至。更重要的是,这时天下局势已经从董卓之乱时的群雄争霸发展为曹操一家独大,而刘备却仍然没有一块属于自己的地盘,留给他的机会已经不多了,所以他才会有髀肉复生之叹。

刘表多半是听懂了刘备这番话背后的深层含义,但是史书没有记载他有任何表示。如果这件事确曾发生,那么我认为,刘备这一在刘表面前坦露心迹的行为并不明智。且不说此时刘表已经对他有了猜忌之心,单就他如今寄人篱下的地位和之前反复于公孙瓒、吕布、曹操、袁绍之间的黑历史而言,这番话就极易让刘表生出鸠占鹊巢的担忧。

何况刘备在寄寓荆州的这几年,也不是全然无所事事。有迹象显示,刘备虽然没有大张旗鼓地扩充势力,但至少私下接触了一些荆州本地的人物加以笼络。有史可据者,至少就有司马徽、庞德公、伊籍、霍峻、向朗等人。《三国志》说"荆州豪杰归先主者日益多",并非完全虚美之词。尽管这些人在当时都不是荆州政权的核心人物，但也足以让刘表及其身边的蔡瑁、蒯越等产生警惕。而且刘备很可能还或多或少地卷入了刘表的两个儿子刘琦和刘琮的嗣位之争。因此到了后来，尽管刘表本人没有表明，但是至少他身边拥护刘琦的蔡瑁和蒯越等人已经暗地里将刘备视作了敌人。

有一则不太可信的史料反映了两者之间的紧张关系。据裴注所引西晋人郭颁的《世语》，刘备屯樊城时，有一次刘表宴请刘备，蒯越、蔡瑁就想趁宴会之时除掉刘备。刘备发觉后，便假装上厕所，趁机逃了出去。路上，刘备骑的"的卢"马不慎堕入襄阳城西的檀溪水中，眼看就要淹死在里面。刘备急道："的卢！今日厄矣，可努力！"的卢马乃一跃三丈，跃过了檀溪。后来刘备乘木筏渡汉水返回樊城，筏到中流而追兵赶到，还以刘表的名义致歉，说玄德公你怎么走得这么着急呀？

是的，这便是《三国演义》中"刘皇叔跃马过檀溪"这一故事的史源。

历来史家大多认为，郭颁的《世语》近于小说，史料价值不高。而且东晋人孙盛也早就指出，如果真的发生过这种事，刘备哪里还敢终刘表之世安然寄居于荆州？并由此断言："此皆世俗妄说，非事实也。"对这一见解，我是比较赞同的。

不过，"马跃檀溪"的故事虽属传说，在象征意义上却与刘备寄寓荆州的这段经历若合符契：本来泥足深陷，多年来事业处于无望的低谷，没想到突然间竟如有神助，一跃冲天，短期内开了挂一般顺风顺水，最后登上了人生巅峰。

而这大逆转的第一步，正肇始于襄阳城外隆中的草庐中。

第54章 孔明身世

在小说《三国演义》中，刘备跃马檀溪、摆脱追兵之后，因祸得福，经牧童指引投到了水镜先生司马徽的庄上，司马徽首荐"卧龙、凤雏"，说二者得一，可安天下。刘备回去的路上，又收了化名"单福"的徐庶。徐庶本事很大，又是个大孝子。虽然他有心辅保刘备，但是因为曹操卑鄙地扣留了他的母亲，他后来不得不遗憾地转投曹营。临行前徐庶走马荐诸葛，这才引出刘备三顾茅庐请出诸葛孔明之事。

这一段情节尽管大部分出于虚构，但有一点却与历史记载相符合，那就是刘备确实是经过司马徽和徐庶的推荐才结识了诸葛亮。

司马徽字德操，颍川人，许多年前为躲避战乱而客居荆州，以讲学为业，在襄阳当地是一位很有声望的大儒和名士。他跟襄阳本地大族庞德公是好友，其"水镜"的美称就是庞德公所起。据《水经注》记载，庞德公的家宅位于襄阳城东汉水中的鱼梁洲之上，而司马徽便住在鱼梁洲之南。两家"望衡对宇，欢情自接，泛舟褰裳，率尔休畅"，十分交好。庞德公比司马徽大十岁，司马徽尊其为兄。

庞德公有个侄子，就是庞统。而庞德公的儿子庞山民的妻子，乃是诸葛亮的二姐。诸葛亮经常到姐夫家做客，独拜庞德公于床下。"卧龙"和"凤雏"这两个雅号，便是庞德公最先叫出来的。司马徽既然与庞德公是通家之好，自然也就跟诸葛亮和庞统熟识。此外，由于司马徽精通古文经学，诸葛亮和庞统没少向他请教，所以他对两人的才学也非常了解。

刘备是如何结识司马徽的，史无明文。裴注所引《襄阳记》但云，刘备曾访世事于司马徽，司马徽说："儒生俗士岂识时务？识时务者在乎俊杰。此间自有卧龙、凤雏。"刘备问是谁，他答："诸葛孔明、庞士元也。"

而徐庶向刘备推荐诸葛亮，似乎还在司马徽之前。因为据《三国志》的记载，早在刘备屯新野时，徐庶便前来拜见，并得到了刘备器重。

徐庶跟崔州平、石广元（石韬）、孟公威（孟建）、诸葛亮等人年龄相近，意气相投，是共同切磋游学的好朋友。据说在读书方法上，徐庶、石广元、孟公威三人"务于精熟"，但诸葛亮却"独观其大略"。"观其大略"当然比"务于精熟"省时间，所以经常是那三个人还在埋头用功，这边厢诸葛亮已经提前完成了学习进度，优哉游哉地以45度角仰望天空、"抱膝长啸"了。不仅如此，诸葛亮还开玩笑地奚落他们说："你们三个人当官，最多也就当个刺史、郡守！"（后来徐庶和石广元在曹魏当官，确实也就当到刺史、郡守那一级别，但孟公威则官至征东将军。）那三人反问："你孔明高才，又能当什么官呢？"诸葛亮却笑而不答。

其实不用他回答，徐庶也知道这位老兄的志向。诸葛亮在隆中躬耕陇亩之时，好为《梁父吟》，"每自比于管仲、乐毅"，别的人都只当他吹牛，但是徐庶和崔州平却"谓为信然"。管仲和乐毅都是辅保明主、在历史上建立了辉煌功业的人。徐庶既然来投刘备，说明他觉得刘备还算是个明主，自己的好朋友有管、乐之才，待价而沽，当然要推荐给识货之人。据《三国志·诸葛亮传》，徐庶对刘备道："诸葛孔明者，卧龙也。将军岂愿见之乎？"刘备先是说："君与俱来。"既然有这么个人，那你带过来跟我见见呗。结果徐庶说："此人可就见，不可屈致也。将军宜枉驾顾之。"这个人派头大，寻常请不动，只能你自己登门拜见才行。

刘备虽然现在不得志，但好歹也是左将军、宜城亭侯外带汉室宗亲，是相当有身份的人物，而且已经四十六七岁。诸葛亮则比他小足足二十岁，又是一介布衣。现在叫他亲自登门求见这样一个名不见经传的后生晚辈，确实屈尊。但是我们前面介绍过，刘备这个人"善下人"，并不排斥结交身份比自己低的人。更何况他现在的事业处于低谷，迫切地需要杰出人才加盟。

由此才引出了妇孺皆知的"三顾茅庐"故事。

"三顾茅庐"的茅庐，位于襄阳城西二十里的隆中，也就是现在襄阳市古隆中风景区。虽然距离襄阳很近，但是在当时的行政区划上却是归属南阳郡邓县管辖。因此在《出师表》中，诸葛亮才说："臣本布衣，躬耕于南阳。"明清以后，不了解实际情况的人将此处之南阳郡与后世的南阳府、南阳县混为一谈，为此还产生过诸葛亮躬耕地究竟是在南阳还是襄阳的争论，其实纯属庸人自扰。

当然，诸葛亮并不是荆州人，他出生于徐州琅琊郡阳都县（今山东沂南砖埠），是地道的山东汉子。据说，他们家是西汉时著名的司隶校尉诸葛丰的后代。诸葛亮之父诸葛珪在东汉末年（很可能是汉灵帝时）当过泰山郡郡丞，叔父诸葛玄则一度被袁术署任为豫章太守。由此看来，诸葛家虽然不是大富大贵的豪门世家，但至少也是奉儒守官的书香门第。

诸葛亮出生于光和四年（181年），其上有长兄诸葛瑾和两个姐姐，下面还有一个弟弟诸葛均。大概在其八岁时，父亲诸葛珪便亡故了，诸葛亮一家不得不依靠叔父诸葛玄抚养。不久后董卓之乱爆发，关东刀兵四起，黄巾死灰复燃，诸葛亮的家乡亦难免陷于动荡，特别是后来曹操数次东侵徐州，屠戮过甚，许多郡县人烟断绝，使得诸葛玄产生了迁徙以避刀兵的念头。恰在此时，早年与诸葛玄有旧的袁术邀请他到扬州当豫章太守。诸葛玄便留已经成年的诸葛瑾在家侍奉继母（诸葛珪元配早亡，后又续弦），自己则带着诸葛亮姐弟四人南行去了豫章。此时诸葛亮大约只有十三四岁。

问题在于，那个时候袁术是个与汉朝政府对着干的"伪政权"，他任命的地方官员，汉廷一律不予承认。诸葛玄任豫章太守不久，长安朝廷就派了一个叫朱皓的人来取代他。两人之间很可能发生过军事冲突，最后诸葛玄不敌，转依荆州牧刘表。便是在此之后，诸葛玄把诸葛亮的大姐嫁给了襄阳大族蒯家的蒯祺，二姐嫁给了庞德公的儿子庞山民。而诸葛亮也就此在襄阳一带安顿了下来。

前面曾经提到，由于荆州牧刘表崇尚文治，当时襄阳的文化教育事业相当兴盛。诸葛亮后来能够成长为学识渊博、才干卓越的政治家，就与襄阳的这种文化氛围分不开。据说他少年时曾在刘表开设的"学业堂"当中读书，并且结识了司马徽、庞德公、庞统、徐庶、崔州平、石广元等师友。在其成年之后，还娶了沔南名士黄承彦的女儿为妻。

关于孔明娶妇这件事，据裴注所引《襄阳记》云："黄承彦者，高

爽开列，为沔南名士，谓诸葛孔明曰：'闻君择妇；身有丑女，黄头黑色，而才堪相配。'孔明许，即载送之。时人以为笑乐，乡里为之谚曰：'莫作孔明择妇，正得阿承丑女。'"诸葛亮自己则是"身长八尺，容貌甚伟"的帅哥，后人由此便留下了诸葛亮找老婆不看容貌看才华的印象。

到了北宋，范成大在《桂海虞衡志》中还记载了一则襄阳地区的民间传说：诸葛亮在隆中隐居时，有客人前来拜访，他便叫妻子黄氏准备面食以招待客人。古代做面食并不容易，得先把小麦磨成面粉，是比较费时间的。可是不大会儿，黄氏夫人便把面都做好了。诸葛亮大为惊异，就悄悄到后面偷看，结果"见数木人斫麦，运磨如飞"，整个一套全自动机械化压面机。后来他就向妻子拜师学艺，自主创新研发出了木牛流马。

此外，还有传说称这位黄氏夫人芳名月英，上知天文，下知地理，文韬武略无不精通，不但是自动机器人的发明者，更是帮诸葛亮出谋划策的贤内助。

其实抛开这些没有根据的传说故事不谈，我们可以推知，从这桩婚事中诸葛亮确实能够得到不少好处。因为在那个时候，他的叔叔诸葛玄很可能已经去世，失去了生活资助的诸葛亮不得不搬到隆中山中"躬耕陇亩"，自力更生，成了一名"村夫"。而黄承彦不但是沔南名士，还跟刘表是连襟，其妻子正是刘表续弦蔡夫人的姐姐。也就是说，刘表是诸葛亮的姨父，刘琦、刘琮是他的表兄弟，他亦可称蔡瑁为舅。再加上诸葛亮的两个姐姐分别嫁给了蒯家和庞家，这就使得诸葛亮通过姻亲网络与荆州牧刘表和襄阳大族蔡氏、蒯氏、庞氏都搭上了关系。这一份人脉资源，自然使他受益良多。别的不说，诸葛亮虽然躬耕陇亩，但种种迹象显示，他不但没有困顿其中，反而生活得还不错，或许便与此有关。

  我个人推测，以诸葛亮的人脉和才能，要想在刘表政府内谋个一官半职，应该不是难事。但他在没有生活压力的情况下，并没有急于出仕，而是选择了像隐士一般，高卧隆中，耕读度日，除了与三两知交好友游山玩水、诗酒酬唱之外，并不见有其他活动。

  而且这一隐，便是十年。

第55章 卧龙出山

这十年之中，世事风云不断变幻。

吕布被擒，袁术自毙，公孙瓒覆灭，孙策丧身，甚至连不可一世的袁绍袁本初也败于官渡，最后吐血而亡。众星陨落之下，只有曹操强势崛起，眼看便要统一北方。诸葛亮虽寓居隆中，却对天下大势了然于胸。同时他也获知了大哥诸葛瑾一家携母南迁，在孙权帐下为宾客，颇受器重的消息。欣慰之余，却也无意去投靠兄长。

这十年耕读的岁月里，诸葛亮除了在与徐庶、石广元、孟公威等一同游学之时经常抱膝长啸、"每自比于管仲、乐毅"之外，据说最常干的事便是"好为《梁父吟》"。

梁父是泰山脚下的一座小山。《梁父吟》应该是流传于齐鲁大地的民间歌谣，很可能像今天陕北的"信天游"或者青海的"花儿"一样，是有若干种固定的曲调、随时可以填新词的民歌形式。不过《梁父吟》

的具体内容大部分已经失传，唯一流传至今的一首描述的是著名的齐相晏子"二桃杀三士"的故事：

> 步出齐城门，遥望荡阴里。
> 里中有三坟，累累正相似。
> 问是谁家冢？田疆古冶子。
> 力能排南山，文（又）能绝地纪。
> 一朝被谗言，二桃杀三士。
> 谁能为此谋？国相齐晏子。

没有证据能够证明当初诸葛亮吟诵的《梁父吟》就是这一歌词。不过话说回来，晏子作为齐国历史上与管仲齐名的贤相，同样身为山东人的诸葛亮对他怀有崇敬之情，应该是极为正常的事。耕读之余时时哼唱《梁父吟》，不但可以排遣思乡之情，其实也寄托了诸葛亮希望自己有朝一日能够像管仲、晏婴那样得遇明主从而建功立业的远大志向。

可是时光荏苒，岁月如梭，所谓的明主又在哪里呢？

显然，荆州牧刘表不是诸葛亮心中的人选。

身为刘表的姻亲子侄，诸葛亮对这位姨丈晚年施政的种种弊端和舛错之处应该是非常了解的。如果他愿意为刘表效力，也就不会在隆中一隐十年。

那么，号称知人善任、求贤若渴的曹操又如何呢？

当时，曹操已经在奉天子以令不臣的旗帜下统一了北方，江东孙权也名义上向他俯首称臣，中原一带在他的统治下恢复了稳定，许多当年为了躲避战火而客居南方的士人纷纷北归。而且曹操为了招怀士人，凡主动来归者大多会授予一定的官职（例如前文提到的杜袭和赵俨）。

就连跟诸葛亮一同游学的好友孟公威,最后也决定返回老家。然而得知了这一消息,诸葛亮却对孟公威道:"中国饶士大夫,遨游何必故乡邪?"意思是曹操帐下能人众多,去了也不会受重视,外面的广阔天地大有可为,何必非要返回老家呢?

由此可知,诸葛亮并不是一个苟安于寻常富贵的人物。他的抱负极为远大,因而也对自己出仕的条件要求极高;他自比于管仲、乐毅,也就希望能够获得人主的绝对信任和充分施展才干的舞台。就此而言,身边人才济济而且重要职位皆被心腹嫡系牢牢把握的曹营绝非诸葛亮这一后生晚辈的理想去处。更何况身为徐州人,从少年时代起,大肆屠戮徐州的曹操便在诸葛亮的心目中留下了残暴嗜杀的印象。因此,他绝不会去投曹操。

同样,他既打定了"宁为鸡首,无为牛后"的念头,那么江东阵营自然也不是最佳选择。

按照孟子的说法,所谓圣之时者,是圣人里那些懂得顺应时势的人。因此国君重用孔子,孔子就将国家治理得井井有条;不受国君重用,他也能够在文化层面做出巨大的贡献。如此看来,像诸葛亮这样有才华的人,迟早会做出一番作为。只是如果不是徐庶和司马徽共同推荐,号称卧龙的孔明先生说不定还会像他在《出师表》里说的那样,"苟全性命于乱世,不求闻达于诸侯",在隆中的草庐里高卧更长时间。

在建安十三年(208年)前后,命运最终还是把刘备送到了他的身边。

众所周知,玄德公的马蹄前后在草庐外长满青苔的石阶上印了三遍,才见到了传说中的"卧龙"。①

一番宾主寒暄之后,两人屏人密谈,开始了那场历史上著名的对话。

刘备道:"汉室倾颓,奸臣窃命,主上蒙尘。孤不度德量力,欲伸大义于天下,而智术浅短,遂用猖獗,至于今日。然志犹未已,君谓计将安出?"

这许多年来,我东征西讨,四处奔波,不可谓不努力。可是直到今天,我却连一个自己的地盘儿都没有。你说我到底该怎么办?

孔明答道:"自董卓以来,豪杰并起,跨州连郡者不可胜数。曹操比于袁绍,则名微而众寡,然操遂能克绍,以弱为强者,非惟天时,抑乃人谋也。今曹操已拥百万之众,挟天子而令诸侯,此诚不可与争锋。孙权据有江东,已历三世,国险而民附,贤能为之用,此可引以为援而不可图也。荆州北据汉、沔,利尽南海,东连吴会,西通巴蜀,此用武之国,而其主不能守,此殆天所以资将军,将军岂有意乎?益州险塞,沃野千里,天府之土,高祖因之以成帝业。刘璋暗弱,张鲁在北,民殷国富而不知存恤,智能之士思得明君。将军既帝室之胄,信义著于四海,总揽英雄,思贤若渴。如能跨有荆、益,保其岩阻,西和诸戎,南抚夷越,外结好孙权,内修政理,天下有变,则命一上将将荆州之军以向宛、洛,将军身率益州之众出于秦川,百姓孰敢不箪食壶浆以迎将军者乎?诚如是,则霸业可成,汉室可兴矣!"

这段话,便是传诵千古的"隆中对"。

隆中对其实是以兴复汉室、恢复天下一统为最终目标。但是基于现实形势的考量,兴复汉室的第一步,首先要实现鼎足三分,而鼎足三分

---

① 尽管《魏略》和《九州春秋》都记载是诸葛亮主动先去见刘备。但裴松之早已指出,在《出师表》中诸葛亮自言"先帝不以臣卑鄙,猥自枉屈,三顾臣于草庐之中,谘臣以当世之事",可见还是刘备主动"三顾茅庐"的记载更符合历史。

的第一步,则是避实就虚,不与曹操正面较量,然后先取荆州,次取益州,待跨有荆益之后,再结好孙权,西和诸戎,南抚夷越,等机会来临之时,方可两路出兵,进取中原。

作为大战略层面的整体规划,隆中对之所以大大有名,正如田余庆先生所说,是因为其时(特别是对于刘备而言)未知条件较多,局势并不明朗,但是诸葛亮做出的判断却如此具体,事后的应验如此显著,实属难得。

对刘备来说,他之所以奋斗二十来年却没有方寸之地,除了自身才智和资源的限制,一个重要的原因就是他选错了战略方向。起初他立足平原,被夹在公孙瓒、袁绍、曹操和陶谦之间;继而又入据徐州"争盟淮隅",跟吕布、袁术抢肉吃;后来又打着袁绍的旗号在汝南一带打游击;最终失败,不得不投奔刘表。比之刘备的自身实力,他的这些对手哪个都不比他弱。这就好像一个新手,刚进入游戏便开了hard难度,要想一举通关,可谓势比登天。

现成的一个相反的例子就是孙氏父子。孙坚在豫州扩张失败,随后孙策便调整了战略方向,转而渡江到扬州发展,身边的对手都是刘繇、王朗、许贡、严白虎之流,难度当然低了不少。再加上先是向袁术称臣,后来又抱曹操的大腿,在实力不够强大之前一直闷声发大财,这才有了江东六郡的基业。而诸葛亮隆中对的核心,就是在当前局势下为刘备指明了唯一正确的战略方向,即在北方和东南都已经被强主所据的情况下,只有"兼弱攻昧",夺取西南荆、益诸州,成三足鼎立之势,才有兴复汉室的可能。

而隆中对的高明之处还不止于此。

历史上曾经有过不少与隆中对同样性质的策论,例如同样在三国时代,沮授就对袁绍提出过据冀州争霸天下的计划,鲁肃也对孙权提出过

"竟长江所极"的战略规划，但是它们都不如隆中对令人印象深刻。

这是因为，提出一个看似可行的宏观规划相对容易，然而在基础差、变量多、时间紧的情况下，将这个规划大体不差地付诸实施，从而基本实现战略目标，则是极难。说基础差，是指当时刘备没有独立的地盘，手下人马撑死也就一万多；说变量多，是指除了刘备自己之外，曹操、孙权、刘表阵营的任何变化都会影响这个计划的实施；说时间紧，是指当时曹操已经决意南征，而孙权也时刻准备西进，留给刘备的时间已经不多。但是从取得的效果来看，隆中对的成就是惊人的：建安十三年（208年），刘备四十八岁，地不过一城，兵不满一旅，曹操大军南征，便望风披靡，然而由于贯彻了隆中对的规划，两年后据有荆州，六年后吞并刘璋、跨有荆益，十一年后得到汉中、三分天下有其一，六十一岁称帝，立国四十余年。这一切都是一个刚刚二十七八岁、此前没有过任何从政经验的书生提出来的，你说隆中对算不算成功？

既然如此，那么隆中对是不是一个完美的战略规划呢？

也不是，隆中对还是有缺陷的。

这个缺陷在于，隆中对的战略规划，通盘的基础在首先取得整个荆州。先据有荆州，然后才谈得到跨有荆、益，结好孙权，共同对付曹操。但问题是荆州你想要，别人也想要，当时曹操和孙权都将荆州列为了自己的战略目标。后来赤壁之战曹操虽然大败而归，但还是占有了荆州北部，而荆州东部实际上落入了孙权的掌控。所以隆中对的第一步据有荆州，实际上是打了折扣的。这不但使得蜀汉政权在天下有变时，没有办法按照既定的两路出兵规划，引荆州之兵直指宛、洛，而且荆州归属问题直接影响到了与江东的联盟关系，从而埋下了关羽被杀、荆州丢失的隐患。进而由于荆州丢失，蜀汉政权的生存空间和战略资源大大减少，主政的诸葛亮被迫改变了待天下有变才乘时进取的策略，转而以攻

代守，多次主动出兵北伐。但是却始终难以取得实质性突破，最后诸葛亮饮恨而终。

尽管如此，我们仍然不得不承认，隆中对的规划已经是当时刘备能够采取的最优解。由于自身条件和天下局势的限制，这一规划存在漏洞是在所难免的。对他来说，在当时并不存在完美的战略规划；正如后来在执行时，没有人能够完美地、不犯一点错误地将其实施。

第56章 曹兵南下

史籍记载，听罢诸葛亮的回答，刘备只说了一个字："善！"

一段君臣遇合的伟大友谊，正是从这一个字开始。

那天以后，刘备与诸葛亮的关系日近一日，甚至引起了关羽和张飞的不满。他们不明白，为什么这个白面书生只说了几句话，便使得刘备对他大为叹服、倾心结纳，亲密程度甚至超过了二十多年来陪伴他出生入死的好兄弟（由于隆中对是屏人密谈，关、张很可能并未与闻）。以致后来刘备不得不解释道："孤之有孔明，犹鱼之有水也。愿诸君勿复言！"关、张二人这才不再发牢骚。

鱼得水而生，无水则死，这个比喻虽然夸张，却形象地表现出了诸葛亮加盟对刘备集团的重要价值。且不说他的个人才智对于刘备决策的巨大帮助，单就其人脉资源而言，便已经让刘备受益匪浅。在荆州，诸葛亮的师长有庞德公、司马徽、黄承彦，好友有庞统、徐庶、崔州平、石广元以及前面未曾提及的马良（马谡的哥哥）、习祯等人，刘表父子、蔡瑁、蒯越则跟他有亲戚关系。对刘备这个外来户来说，借助诸葛亮的关系，相当于在荆州集团内部打入了一个楔子，不但能够赢取荆州士人的好感，也可以比较方便地介入荆州集团内部的纷争。

例如，在刘表继承人的问题上就是如此。

前面讲过，刘表晚年受后妻蔡氏的影响，一直希望立少子刘琮为嗣，由此造成了长子刘琦与刘琮之间的矛盾。由于蔡夫人和其弟蔡瑁合谋，荆州大权尽被蔡氏掌握，刘琦时常感到人身安全难以保障。诸葛亮是刘琦的表兄弟，两人的关系一直不错，而刘琦也很佩服诸葛亮的才智，老是希望他能给自己出一个安身保命的主意。然而诸葛亮可能是不愿得罪刘琮和蔡氏家族，总是推三阻四，不肯为他出谋划策。直到有一天，刘琦邀请诸葛亮游览自己的后园，两人上了一座高楼。趁饮宴之时，他悄悄令人将梯子撤走，然后对诸葛亮央求道："今日上不至天，下不至地，言语从你的口中说出来，除了我的耳朵，谁也听不见，你的话可以放心说了吧？"诸葛亮这才说道："你难道没有听说过申生在内而凶，重耳在外而安的故事吗？"申生和重耳是春秋时晋国的两个公子，和刘琦一样，当年他们也面临着国君有意废长立幼、自身性命难保的危险。后来申生被设计陷害，又不愿背负弑父的恶名出逃，只得饮恨自杀；重耳则由于出逃到国外而躲过了迫害，十九年后归国夺回了国君之位，是为晋文公。诸葛亮提及这个故事，实际上也就是告诉刘琦，为今之计只有离开襄阳，脱离蔡氏姐弟的势力范围，才能最大程度地保证自己的生命安全。

听了诸葛亮的这个计策，刘琦若有所悟，后来就一直留意寻找外出的机会。建安十三年（208年）春天，恰好孙权攻破夏口，黄祖被杀，荆州东部边境急需有人前去镇守。刘琦便自求江夏太守的职位，被刘表派往了夏口。

目前没有证据显示，让刘琦进驻夏口是诸葛亮为刘备日后夺取荆州而设计的一环。但是有一点可以确定，那就是刘备和刘琦有共同的敌人——拥护刘琮的蔡瑁、蒯越集团。因此刘琦外出不但使得刘备在荆州东部获得了同盟，一旦刘表亡故，二子争位，刘备也可以很方便地以拥刘琦为主的名义声讨蔡瑁和刘琮。到时两人里应外合，刘琮、蔡瑁等多半不是对手，刘备就可以趁机扩大自己的实力，伺机掌握荆州的实际控制权。

然而这一场景并没有出现。

因为刘备的布局实在太晚了，他还没来得及展开，曹操就对荆州抢先下手了！

建安十三年七月，在做出了前文介绍的那些周密准备之后，曹操亲领大军大举南征。

出兵之前，曹操特意征求了荀彧的意见。荀彧提议，可以表面上大张旗鼓，直出伏牛山与桐柏山之间的宛、叶大道，暗地里再派另一支部队从小道间行轻进，直扑襄阳，以掩其不意。

曹操本来已经打算照荀彧的计策行事，哪知出发没多久，好消息传来：老病缠身的荆州牧刘表得知曹军南征，惊惧交加，竟然一命呜呼了！

刘表二子长期不和的情况，曹操自然早就深知。而刘琮软弱无能、荆州官员普遍战意不坚的情报，之前曹军细作也报了上来。再加上蔡瑁少年时代便跟曹操是好朋友。故此曹操认为，在当前刘表新死、权力交接混乱的情况下，荆州方面多半组织不起顽强的抵抗。所以他并没有按原计划那样派部队间行轻进、攻其不备，而是统领大军自宛、叶大道长驱直入，直奔荆州腹地而去。

第56章 曹兵南下

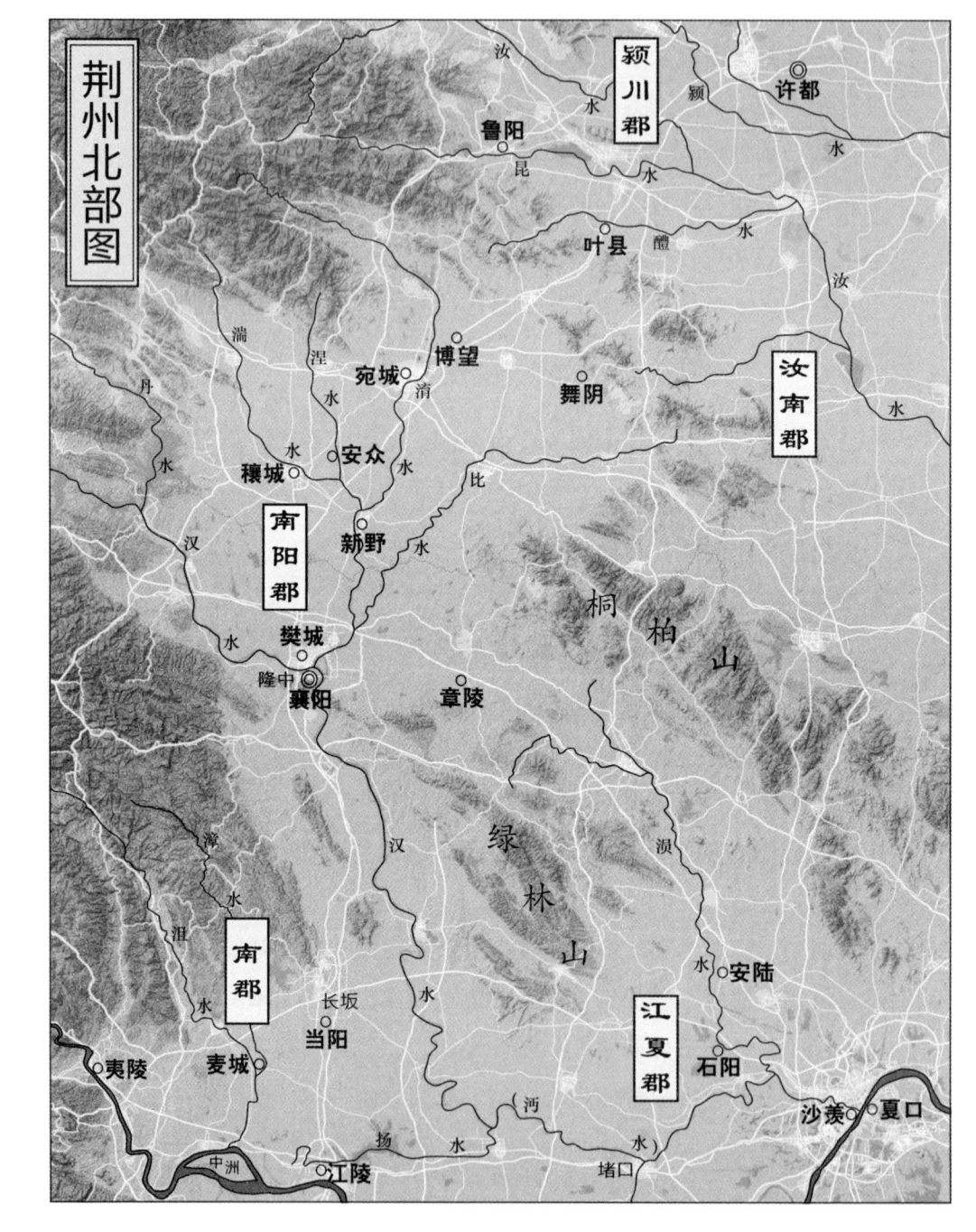

果不其然，刘表刚死，荆州政权便陷入了分裂。

本来在刘表病危之时，刘琦是从夏口赶了回来的。可是蔡瑁和张允怕他一旦见到刘表，激发起父子之情，刘表说不定会对他托以后事，因此便阻拦刘琦说："之前将军命你镇守江夏，其任至重。现在你却丢弃部众，擅自前来，一定会引起将军愤怒和谴责。那样的话，不但于亲情有伤，还会加重他的疾病，绝非人子孝敬之道。"硬是把他挡在了门外。刘琦无奈，最后只好洒泪而去。不久刘表去世，蔡瑁、张允等人便拥刘琮继位为荆州牧。为了"安慰"自己的哥哥，刘琮把之前汉献帝赐给刘表的成武侯印绶送给了刘琦。刘琦大怒，劈手便把印扔到了地上，还计划利用奔丧的机会，兴兵讨伐刘琮。

与此同时，随着曹兵压境，以蒯越、傅巽、韩嵩、王粲为首的一批荆州官员纷纷劝说刘琮投降。

本来刘琮刚接班，还想在一方诸侯的位置上多威风几天。而且父亲尸骨未寒，自己倘若一仗不打便将其基业拱手让给他人，多少有些说不过去。但是傅巽等人理直气壮地对他说："逆顺有大体，强弱有定势。曹公奉天子以讨不臣，我们以人臣而拒人主，便是为逆；以荆州一隅之地而御国家，强弱又实在悬殊；即便以刘备去抵挡曹公，也势必不是对手。这三点我们都处于下风，还想抗拒王者之师，那不是自取灭亡吗？再说，将军你觉得自比刘备如何？"

刘琮当然说自己不如刘备。

于是傅巽说："对啊，要是刘备挡不住曹操，那我们肯定也打不过。要是刘备挡得住曹操，那他哪里还肯当将军你的属下？两条路都走不通，您还是别犹豫了啊！"

也怨不得后来曹操声称："刘景升儿子，若豚犬耳！"刘琮这个家伙确实不争气，他犹豫了一段时间，最终还是决定放弃抵抗。

第56章 曹兵南下

当年九月，曹操的军队刚到新野，刘琮便举州投降，派人拿着汉节前来迎接曹操。

由于没料到荆州会这么快投降，曹军诸将有不少怀疑其中有诈。然而曾经在刘表手下待过一段时间的娄圭却说："现在天下扰扰，诸侯皆假天子之命以自重。刘琮既然肯将天子赏赐的节献出来，一定是诚心投降。"曹操表示同意，遂进兵受降。

刘琮这一投降，可把刘备害苦了！

当时刘备屯驻在与襄阳一水之隔的樊城，对于曹兵犯境的消息，他当然是知道的。而且根据某些史料的记载，刘表在临终前可能对刘备有过"托国"或者是"托孤"的类似举动。例如《英雄记》说："表病，上备领荆州刺史。"《魏书》则说："表病笃，托国于备，顾谓曰：'我儿不才，而诸将并零落。我死之后，卿便摄荆州。'"但是刘备却推辞说："几个公子都很贤能，您只管安心养病。"有人劝刘备答应刘表的要求。他便回答说："刘表待我很好，我如果答应他，别人就会以为我天性凉薄。这种事，我不忍去做。"

即便此事确曾发生，也不能说明刘表就是真心想把荆州让给刘备。因为正如裴松之早就指出的那样，刘表和蔡夫人溺爱刘琮，想让刘琮接班已经不是一年两年了。而且刘表对刘备早就产生了猜忌，他怎么可能临死前突然变卦，把老婆孩子托付给刘备这个自己生前都不太放心的外来户呢？那些所谓的托孤之言，其实无非刘表怕刘备起意夺取荆州，因而装模作样说出的探试之语罢了！刘备一代枭雄，对此又岂能不知？他所谓的不忍，其实只是冠冕堂皇的借口，真正的原因是他现在尚不具备夺取荆州的条件。尤其耐人寻味的是，刘备并没有被刘表的话术套牢，从而许下"我一定竭力辅保令郎"之类的承诺，而只是不咸不淡地说了些"诸子自贤，君其忧病"的片儿汤话，给自己留足了余地，显然也是心怀鬼胎。

由此看来，刘备大概从一开始就没打算对刘琮效忠。傅巽说他不甘于居刘琮之下的言论，倒不完全是无稽之谈。只是在曹操大兵压境的情况下，刘备多半以为合力抵挡曹兵才是燃眉之急，至于如何处理跟刘琮之间的关系，那是以后的事。

因此，刘备完全没想到刘琮会如此轻易地投降，而刘琮因为对他怀有猜忌之心，也一直没敢将自己投降的决定告诉他。过了许久，刘备察觉情况有异，派人去问刘琮，刘琮这才派自己的手下宋忠到樊城告知了刘备。

这个时候，曹操已经进占了荆州的北大门宛城。所以刘备听了宋忠的话，又惊又怒，说你们这些人怎么这么做事，大祸临头了才告诉我，这不是太过分了么！又拔刀对宋忠说，现在就是杀了你也不解恨，况且分别前杀你这一个跑腿的也不光彩！就把宋忠放走了。

随后刘备召集部下紧急磋商。

西晋人孔衍的《汉魏春秋》记载，这个时候有人向刘备提议"劫将琮及荆州吏士，径南到江陵"。但刘备的回答是："刘荆州临亡托我以孤遗，如果我为了自保而背信弃义，那将来我死之后还有何面目去见刘荆州？"并未准许。《三国志·先主传》则记载："诸葛亮说先主攻琮，荆州可有。"说明前述"有人"应该就是诸葛亮。《资治通鉴》在叙事至此时故意把诸葛亮的名字隐去，大概是觉得他不应该劝刘备行此背信弃义之事，便"为尊者讳"了。其实这大可不必，因为以当时的状况，刘备本来就没有打算忠于刘琮，而且刘琮投降曹操，可以说是他自己背叛了父亲的事业，如果刘备能打着刘琦的旗号，以刘琮投降是被小人（蒯越、蔡瑁等）劫持的名义攻打襄阳，道义上也能够解释得通。而刘备之所以没有同意这个计划，应该还是他的兵力太弱，曹军又正在接

近,风险太高的缘故。

考虑到江陵(今湖北荆州)是荆州中部一大都会,储存有大量的军资粮草,刘备把占据江陵列为了暂时的首要目标。于是他把人马分成两部,命关羽领数百艘船沿汉水南下,自己则带着陆军赶往江陵。

路过襄阳城下,刘备驻马呼唤刘琮,想要跟他说几句话。可是刘琮又是惭愧,又是害怕,根本就不敢跟刘备照面。刘备只好到刘表的墓前辞行,然后涕泣而去。这一幕被不少荆州吏民得知,为他增加了印象分。刘琮手下不愿投降的官属,也大多出城投奔了刘备。

第57章 长坂追击战

刘备带着人马离襄阳南下。一路上，前来跟随他的百姓越来越多。刚进入当阳（今湖北荆门南）境内，这个庞大的队伍已经裹挟了十余万人众、几千辆大车。

这样一来，队伍行进的速度越来越慢。到了后来，每天只能走十余里。

有人劝刘备说："应该赶紧去往江陵才行。现在整个队伍人数虽多，但是里面大多是百姓，战斗人员很少，倘若曹军追来，我们怎么抵御得了啊！"

刘备说："古来成大事之人，必以人为本。如今百姓都来归附我，我怎么忍心弃他们而去呢？"

如此看来，玄德公真不愧是仁义之主。怪不得东晋人习凿齿在谈到此事时评论说："先主虽颠沛险难，而信义愈明；势逼事危，而言不失道。追景升之顾，则情感三军；恋赴义之士，则甘与同败。观其所以结物情者，岂徒投醪抚寒含蓼问疾而已哉？其终济大业，不亦宜乎！"意思是刘备这个人前半生历经坎坷，不但没有被现实捶打得失去了原则，反而越发坚持自己的信念，在遭遇危难之时，言行举止依然不违反道义。他之所以得人心，靠的是诚信和仁义，而不是嘘寒问暖、煎汤熬药这些小恩小惠。他最后成就大业，实在理所当然。

我认为，习凿齿的这个论断大体上是正确的，只是此处有两个地方还需加以解释，以有助于我们理解历史上真实的刘备。

一个问题是，荆州百姓十余万人跟随刘备南下，真的是因为他们觉得刘备是一个仁义之君吗？

在《三国演义》中，作者这样描写：刘备离开樊城之前，命人遍告城中，有愿随者可同去，不愿者留下。结果襄樊两县之民齐声大呼曰："我等虽死，亦愿随使君！"即日扶老携幼，号泣上路云云。展示出一幅刘备深受人民爱戴、百姓誓死追随的场景。

历史上却并非如此。实事求是地讲，驱使荆州百姓随之南下的主要原因，与其说是他们对刘备的爱戴，不如说是他们对曹兵的恐惧。

乱世之所以成为乱世，一个重要的原因就是社会秩序崩溃之后，人们的行为很容易冲破道德底线的限制。而在战乱频仍的年代，为了消灭敌人、震慑对手，以及满足本方士兵的贪欲，许多军队在胜利后会采取屠城的方式。曹操的军队在这方面尤其突出。史书所见，在其三十余年的征战生涯中，攻张超屠雍丘，征徐州两屠彭城，征乌丸屠柳城，征关中陇右屠兴国枹罕河池，征侯音屠宛城，攻袁绍则坑杀降卒八万。这其中，又尤以对徐州的屠戮最为丧心病狂、臭名昭著。

而根据史料记载，曹操还制定有一条"围而后降者不赦"的法令，并且该法令一直被其军队和将领严格执行。也就是说，一旦曹兵攻打某地，该地的士兵和百姓如果来不及逃跑，那么就只剩下两种选择：要么在合围之前早早出降，要么就只有死路一条。因为合围之后再投降，按律也是"不赦"的。例如建安十年（205年），在青徐边界一带屡次反叛的军阀昌狶被曹军大将于禁攻围甚急，最后投降。于禁尽管跟昌狶是旧交，但还是援引这条法令将其斩首。

当刘备离开樊城之时，曹军刚抵达宛城。而刘琮尽管做出了投降的决定，但还没来得及付诸行动（后来他是在曹军抵达新野时才正式宣布投降）。也就是说，荆州百姓此时并不确定他们的长官在曹军合围之前会不会投降。他们唯一确定的就是，曹军之前有过多次屠城杀降的劣迹。彼时大兵一到，玉石俱焚，不跑还等着过家家吗？

另外，战争一旦开打，老百姓如果侥幸躲过屠杀，也有可能被抓作俘虏或卖作奴隶。而荆州腹地已经多年不曾遭遇兵燹，士民们听说大兵南征后普遍产生恐慌心理是很正常的事。这种情况下，并不排除刘备本人在荆州具备一定的号召力，但十余万百姓随之南迁，更主要的理由恐怕就是躲避战火而已。

第二个问题是，刘备为何不愿丢弃百姓？他口中的"以人为本"应该如何理解？

在农业社会的古代，国家最重要的资源有两个：土地和人民。所以战争的目标也就是争夺土地和人民。有的时候，人民的重要性甚至还要超过土地。例如历史上常常有这样的情况：条件不允许长期占有某地，或者经营维护这片土地的成本过于高昂时，统治者常常会选择迁走人口而放弃土地。后来曹操与刘备争夺汉中失利时，就是如此。

而这时的刘备压根就没有自己的地盘。虽然他计划前往江陵，但是江陵的地方官是忠于刘琮的。从后来周瑜攻打江陵耗时一年才将其拿下看来，这座城池的城防设施相当完善。如果守军有意抵抗，那么刘备一

时半会儿进不进得去还很难说。这种情况下，人民的归附对他而言就更加重要。此外，带着百姓而行还有另一种好处，那就是在当前曹军入侵的背景下，可以在荆州士民面前树立自己作为百姓保护者的形象，一来抵达江陵城下时，可以以保护百姓为借口赚开城门，二来也有利于日后整合荆州东部和南部的力量来对抗曹操。

如果刘备此时抛弃百姓，那么他多年来经营的"仁主"人设便会彻底崩坏，从而给他的事业造成不可估量的损害，这是刘备绝不愿意承受的。这一点，我们可以从三年后庞统劝他入蜀时的一段话推知。当时庞统劝刘备袭击刘璋、据有益州，刘备却颇有顾虑，道："今指与吾为水火者，曹操也。操以急，吾以宽；操以暴，吾以仁；操以谲，吾以忠。每与操反，事乃可成耳。今以小故而失信义于天下者，吾所不取也。"意思是我跟曹操势同水火，我事业成功的秘诀就是凡事跟曹操反着来：曹操严厉，我就宽和；曹操残暴，我就仁义；曹操狡猾，我就忠厚。攻打刘璋会让我失信义于天下，我觉得不好。由此可知，既然在取得整个益州跟破坏自己的仁义形象之间做选择，刘备都要犹豫再三，那么眼前为了尽快抵达江陵而抛弃百姓，他就更加觉得不值得了。

他说"济大事必以人为本"，就是这个缘故。

或许还有一点，那就是刘备这时尚怀有侥幸心理。

如前所述，当刘备离开樊城的时候，曹操还在宛城，而刘琮虽然已决定投降，但还没有付诸行动。所以刘备是不知道刘琮会在何时何地投降的。刘琮投降的时间越晚，曹操对刘备派出追兵也就越迟（故此我颇怀疑刘备要求跟刘琮对话是有所求）。而从宛城到襄阳是二百五十里，从襄阳到江陵则是四百七十里。按照当时行军"轻行五十里，重行三十里"的日均速度，曹军快则五天，慢则八日就会到达襄阳。正常情况下，这五到八天便是刘备领先曹操的里程。考虑到襄阳是荆州州治，曹操可能会处理一些受降事务，说不定会再耽搁两天。因此刘备难免会想，如果刘琮投降晚一些，或者曹操反应慢一些，追兵来得迟一些，那么自己哪怕带着百姓走不快，也还是可以早一步抵达江陵的。

众所周知，这一次运气并没有站在刘备这一边。

曹军抵达新野后，刘琮正式向曹操投降。由于宛城到新野大概一百三四十里，可知曹操是在刘备南奔四五天后便获知了消息。

曹操完全清楚，刘备始终是自己全取荆州的最大障碍。尽管这次南征之初，他还叫手下文士替自己给刘备写信，抒发了一通两人之间"披怀解带，投分寄意"的老交情。但实际上曹操对这个官渡之战时在背后捅过自己一刀的大耳贼恨之入骨，必欲除之而后快。听说刘备已经南奔，曹操惟恐他抢先占了江陵城，随即丢下辎重，轻军赶往襄阳。

其实曹操此举也是冒险。因为这个时候刘琮身边有个叫王威的将领劝他说："曹操见将军既降，刘备已走，必懈弛无备，轻行单进。若能给我奇兵数千，埋伏在险要之地，定可以擒获曹操！到时不但荆州可保，更可以争霸天下！"可是刘琮并没有听从。

到了襄阳之后，曹操得知刘备已经去远，顾不得处理其他事务，便带领五千精骑急匆匆追了下来。一天一夜的工夫，直追出三百多里。满打满算，这个时候距离刘备离开襄阳也就十天左右。如果刘备以携带辎重的正常行军速度每天三十里前进，这个时候也就走出三百多里。更何况前面已经交代，由于大批百姓的加入，他每天只能走十多里。所以曹操这一通追，终于在当阳县长坂追上了刘备。

我知道，此时有的读者朋友一定在想，这不就是《三国演义》里著名的长坂坡吗？接下来一定就是"赵子龙七进七出""张飞喝断当阳桥"了吧？

嗯……怎么说呢？历史毕竟不是小说，真实的情况并不完全如此。

首先，长坂坡这个地名就是错误的。因为"坂"本身就是山坡的意思，史籍明确记载，曹军追及刘备的地点是"当阳之长坂"。汉代的当阳县，在今湖北省当阳市以东一百四十里，现在属于荆门市辖境。神农架、武当山所在的大巴山脉东端绵延至此，在荆门以南以一道北高南低的漫长山坡下降为平地，这大概就是当地以长坂为名的原因。盛弘之《荆州记》云："当阳县东有栎林长坂。昔时武宁至乐乡八十里中，拱树修竹，隐天蔽日。长林盖取名于此。"晋宋时的长林县，也就是今天的荆门。同书江陵县条也说，江陵以北"一百里有绿林山，茂林翳郁，襄阳大道经由其西，所谓当阳之绿林也"。可知这道长坂附近还生长有成片的树林。

刘备如果警觉性够高，完全可以在树林中埋伏一哨人马。因为这时候的曹操正处于"懈弛无备，轻行单进"的状态，即便不能将他打败，至少也可以起到吓阻和延缓的作用。然而正如前面推测的那样，刘备可能压根就没想到曹兵会来得这么快。刘备这边人众虽多，但真正能战斗的大概不到万人，并且绝大多数是步兵。曹操虽然只有五千人，却是一水儿的精骑，主力正是曹纯统领的虎豹骑，还有刚从荆州投降过来的大将文聘当向导。再加上刚才提到，这片山坡的地势是北高南低。曹军骑兵顺坡突击，可谓大得地利。

于是这场战斗毫无悬念，刘备大败。

眼见情况不妙，刘备连自己的老婆孩子都顾不上，只带了诸葛亮、张飞、赵云等数十骑狼狈逃走。从樊城和襄阳带出来的人众辎重，几乎全被曹操俘获。

第58章 当阳桥前一声吼

这已经不是刘备第一次抛妻弃子了。

根据史籍的记载,早在建安元年(196年),三十六岁的刘备以徐州牧的身份自下邳出发抵御袁术的攻击,结果下邳被吕布攻破,"布虏备妻子及将吏家口"。此处妻、子(也有可能是女儿)之名皆不得而知。这是刘备的妻室第一次被对手俘虏。随后失去家室和根据地的刘备转战海西,幸得富商麋竺资助,其妹妹还被献给刘备当老婆,便是麋夫人。此时麋夫人应该是刘备的正室,尽管不久后刘备向吕布投降,吕布把先前俘虏的女人还给了他,这个不知姓名的女人也只能居于侧室了。

两年后刘备又跟吕布闹掰,吕布派兵攻破小沛,再次俘虏了刘备的家眷。刘备单马脱逃,去投奔了曹操。这是刘备的家属第二次被人俘去,其中很可能包括麋夫人。

同年,曹操用刘备为豫州牧,还驻小沛。这时刘备又纳了一房妾,便是后来的甘夫人。据晋人王嘉的《拾遗记》，甘夫人是小沛本地人，出身微贱，但是相面的却声称"此女后贵，位极宫掖"。待她长到十八岁，"玉质柔肌，态媚容冶"，出落成了一个大美人，其肌肤尤其洁白莹润。有一次刘备将她放到白绡帐中，自己在门外观望，其容色竟宛如"月下聚雪"。不仅如此，甘夫人还贤淑端庄，颇识大体。地方上曾经进献给刘备一个三尺高的玉人，玉人晶莹洁白，与甘夫人交相辉映，令刘备十分沉醉。那段时间，他白天处理军政，晚上就拥着甘夫人和玉人一同赏玩。时间一长，坊间不免传出些不雅的议论和谣言。甘夫人得知后，便劝刘备应该以事业为重，不可玩物丧志，督促他撤走了玉人像。

不久后曹操擒杀吕布，糜夫人归来，此时刘备至少拥有一妻一妾。但是好景不长，刘备因参与衣带诏事件而叛曹，建安五年（200年）曹操攻破下邳，"虏先主妻子，并擒关羽以归"，其家属第三次成为俘虏。由于甘夫人后来在荆州生下后主刘禅，而糜夫人此后便再没有消息，因此我推测，这一次被曹操所俘的"妻子"多半就是糜夫人。而且前文在辨析"关公千里走单骑"并非史实的时候我已经说过，关羽出逃的时候不可能携带刘备的家眷。再考虑到史籍中"先主数丧嫡室"的记载，可以认为，糜夫人要么在被曹操俘虏之前已经去世，要么最后就死在了北方。《三国演义》说糜夫人在长坂坡受伤后跳井自杀，只是虚构的情节。

寄寓荆州的这几年，由于之前刘备"数丧嫡室"，甘夫人尽管仍是妾的身份，却实际上"常摄内事"。这期间，刘备应该还纳过其他姬妾，不过历史上都没留下名姓。玄德公漂泊半生，与家人数度离合，此前就算有过子嗣，此时也皆已不存。①所以初到荆州之时，他甚至还收养了本为"罗侯（地名，似在今湖南汨罗）寇氏之子"的刘封为义子。幸而到了建安十二年（207年），甘夫人又生下一个白胖小子，乳名阿斗，年近五十的刘备这才算续上了香火。

然而转过年来，曹操便兴兵南下，刘琮不战而降，刘备仓皇逃窜。当阳长坂一战，包括甘夫人、阿斗和两个女儿在内，其家口再度失陷于曹兵（史载曹纯俘获刘备二女）。虽然跟他那个逃起命来老婆孩子一脚踹下车的先人刘邦类似，玄德公同样信奉"成大事者不顾家"的信念，可是这毕竟是他第四次抛妻弃子，以他的年纪，以后还能不能有儿子实在难说，因此倘若就此失去阿斗，对刘备来说无疑是一次很大的打击。

幸好，这一次有赵云赵子龙。

按照《三国志》作者陈寿的说法，从初平二年（191年）之时赵云就开始追随刘备了。这十七年来，赵云陪着他转战南北，历经艰难困苦而不离不弃，是刘备身边仅次于关、张的第三号心腹。两人关系之亲密，乃至"同床眠卧"。而整个刘备阵营里能跟玄德公"寝则同床"的人物也就关、张、赵云三个（妻妾自然除外）。

当年刘备投靠袁绍之时，为了扩张自己的实力，曾经委托赵云秘密招募了数百名部曲，袁绍却压根没有发觉。这说明赵云不但深得刘备信

---

① 鱼豢《魏略》载有一则轶闻，说刘备在小沛时刘禅便已出生，且已数岁。后来曹兵杀到，刘备抛弃家属而逃，刘禅藏匿起来，后来不知他的随人西入汉中，被卖作了奴仆。一直到建安十六年，有个叫刘括的关中人避乱进入汉中，买得刘禅为奴，一问，才得知他是良家子，便把刘禅收为养子，还给他娶了媳妇。刘括有个邻居姓简，刘备得益州后，这姓简的在他手下当将军。有一次刘备派简将军到汉中公干，住在招待所里。刘禅就跑来见简将军，诉说了自己的身世。简将军仔细盘问，毫无破绽，就把这件事告诉了当时割据汉中的张鲁。张鲁有意与刘备结好，就把刘禅送往了益州与刘备相见，最后被立为太子。这件事破绽很多，应非实录。

任，而且办事干练可靠。后来刘备在博望设伏击败了夏侯惇，俘虏了其手下夏侯兰。赵云跟夏侯兰是老乡，自幼便认识，知道夏侯兰是法律专家，就求刘备饶其不死，还推荐他当了军正（军队执法官）。史书评论此事，说"云不用自近，其慎虑类如此"。意思是赵云既没有把夏侯兰留在身边搞小团体，后来也没有因为跟他是老乡便拉帮结派，以此避免嫌疑，显示了他思虑谨慎而周密。

这一次刘备被曹兵追及，战败逃走，家属失陷，一时间士卒溃散，场面相当混乱。败退时赵云本来是随在刘备身边的，但是这时也不见了踪影。有人就对刘备说，他看见赵云向北而去，可能是投奔曹操了。闻听此言，刘备气得抄起手戟，照这人便扔了出去，怒道："子龙不弃我走也！"片刻后，但见尘头起处，赵云果然返了回来，而且还带回了甘夫人和襁褓之中的阿斗。

很遗憾，由于史料简略，我们并不知道在救回甘夫人和阿斗的过程中，赵云具体经历了哪些事情。所谓"长坂坡赵子龙七进七出"云云，只是后世小说家的想象。但毋庸置疑的是，在全军溃败、刘备自己都顾不上老婆孩子的时候，赵云能够挺身而出，在本已脱险的情况下又重犯险地，最终将甘夫人和阿斗救回，不但显示出他具有非凡的武艺，更突显了他超人的勇气和无比的责任感。更重要的是，赵云此举保住了刘备的血脉，对后来蜀汉国家的存续意义重大。正是因为这一点，多年后赵云去世，后主刘禅追谥他为顺平侯，还在诏书中特意点明："朕以幼冲，涉涂艰难，赖恃忠顺，济于危险。"群臣也都称颂他"当阳之役，义贯金石"。

对了，这里还要顺便说一下，《三国演义》中那个脍炙人口的桥段——刘备摔孩子刁买人心，自然也是小说家的脑补。刘备胳膊再长，也不至于敢把自己唯一的骨血、一个吃奶的婴儿往地上摔。你说人家赵子龙好不容易才救回来，你这要摔出个好歹，算谁的？

说到这里，便该张飞张益德登场了。

不错，你没有看错。根据史籍记载，张飞的字其实是"益德"而非"翼德"。另外，也没有证据显示张飞是一副"豹头环眼，燕颔虎须，声若巨雷，势如奔马"的黝黑莽汉形象。相反，我个人认为张飞的相貌应该至少并不难看。因为后来他的两个女儿都许配给了刘禅，皆居皇后之位，史书又不言此二女貌丑，起码说明她们得自张飞遗传的相貌是当得起母仪天下的身份的。

关于张飞的历史形象和民间形象的差异，此前学界已经有不少研究。一般认为，作为历史人物的张飞，性格呈现出"勇而暴"的特点，但是到了宋元以后，在杂剧、平话这些民间艺术形式当中，一方面张飞性格中"暴"的因素逐渐被"莽"的因素取代，最终形成了《三国演义》中的莽汉形象，另一方面其"勇"的特点则被夸张到了近乎神话的地步。

这其中，当阳一战张飞据水断桥这一情节，便是将其神化得最厉害的一处。

本来在《三国志》中，说刘备逃走之时令张飞领二十骑断后，"飞据水断桥，瞋目横矛曰：'身是张益德也，可来共决死！'敌皆无敢近者，故遂得免"。就这么三十一个字，张飞英勇无畏的形象便树立了起来。

到了《三国演义》中，情形就不一样了。

作者说，张飞粗中有细，先是叫手下二十余骑都砍下树枝，拴在马尾上，在长坂桥东的树林内往来驰骋，冲起尘土，以为疑兵，然后才亲自横矛立马于桥上，等待曹兵。曹兵前锋文聘部追赵云至长坂桥，"只见张飞倒竖虎须，圆睁环眼，手绰蛇矛，立马桥上，又见桥东树林之

后,尘头大起,疑有伏兵,便勒住马,不敢近前。俄而,曹仁、李典、夏侯惇、夏侯渊、乐进、张辽、张郃、许褚等都至。见飞怒目横矛,立马于桥上,又恐是诸葛孔明之计,都不敢近前。扎住阵脚,一字儿摆在桥西,使人飞报曹操"。

曹操赶到后,又写张飞总共有三声大喝。第一声:"我乃燕人张翼德也!谁敢与我决一死战?"声如巨雷。不但吓得曹军尽皆股栗,就连曹操也慌忙撤了青罗伞盖,对左右说:"我向曾闻云长言:'翼德于百万军中,取上将之首,如探囊取物。'今日相逢,不可轻敌。"话未说完,张飞又喝了第二声:"燕人张翼德在此!谁敢来决死战?"只吼得曹操生出退意,后军阵脚不稳。最后张飞挺矛喝出第三声:"战又不战,退又不退,却是何故!"喊声未绝,惊得曹将夏侯杰肝胆碎裂,倒撞于马下。曹操便回马而走。于是诸军众将一齐望西奔走。末了还附诗一首赞曰:"长坂桥头杀气生,横枪立马眼圆睁。一声好似轰雷震,独退曹家百万兵!"

比较两者的差异,我们发现,为了突出张飞的勇猛无敌,小说相比正史至少做了三处重要的改动:

在正史中张飞是"据水断桥",也就是先把桥拆了,然后隔水与曹兵相对。但是小说中这时桥梁尚在,直到曹操被吓跑之后,张飞才拆掉桥梁。

正史中没有交代敌兵的数量,更没有说曹操曾与张飞当面对质。但是小说不但写曹操亲至,还说曹仁、李典、夏侯惇、夏侯渊、乐进、张辽、张郃、许褚这许多大将都在场,然而却无一敢进前,最终营造出张飞以一人吓退曹操百万雄兵的气势。

正史但言"敌皆无敢近者",意思是追兵有所顾忌,不敢进前。但是小说却说是张飞的大吼吓得曹军一齐败退,情形相当狼狈,更别说还虚构了一个生生被吓得胆破而死的夏侯杰。

然而即便是这样，《三国演义》中的描写还算不得"神话"。直到进入京剧和评书领域，张飞的形象才算彻底摆脱了物理定律的束缚，变成了超人。

在京剧著名曲目《甘露寺》中，乔玄的唱段"劝千岁"里有这样一段脍炙人口的唱词："他三弟翼德威风有，丈八蛇矛惯取咽喉，鞭打督邮他气冲牛斗，虎牢关前战温侯，当阳桥前一声吼，喝断了桥梁水倒流……"

看见了吧？当阳桥不是被拆的，而是被张飞的一声吼生生给震断的！不但如此，张飞的吼声还产生了超强冲击波，以至于桥下之水"停止奔流了三秒钟"（评书大师袁阔成语）！

不管怎么样吧，总之是由于张飞断后，刘备终于顺利摆脱了追兵，"斜趋汉津"而去。路上恰巧遇到了顺水路自襄阳而下的关羽，两军会合后渡过汉水，这才往夏口去投刘琦。

第 58 章　当阳桥前一声吼

第59章 孙刘结盟

当阳一战，刘备遭遇了重大损失，不但部队严重减员，而且从樊城、襄阳带出来的辎重和民众亦大部被俘，不少追随刘备南奔的荆州官员也被曹兵抓了回去。据史料所载，刘备至少有两个女儿在此战落入曹操之手。另外，徐庶和石广元也被迫转投曹营。

徐庶是因为自己的母亲被曹操抓获，担心老母安危，特来向刘备辞行，指着自己的心口说："本欲与将军共图王霸之业者，以此方寸之地也。今已失老母，方寸乱矣，无益于事，请从此别。"后来徐庶是否"身在曹营心在汉"，终生不为曹操设一策，则不得而知。总之，直到曹丕在位的黄初年间，徐庶才累官至右中郎将、御史中丞，仕途并不是很成功。

正当刘备在当阳的凄风苦雨中被接二连三传来的噩耗所淹没的时候，一个人的到来总算为他带来了一则好消息。

这个人就是鲁肃。

本来按照鲁肃的规划，江东应该趁曹操尚未南下之时提前夺取荆州，"竟长江所极"以与曹操抗衡。但是随着建安十三年（208年）曹操大举南征，这一规划看来已经难以实现。因此，鲁肃得知刘表去世，便对孙权说道："荆州与我国近邻，水流顺北，外带江汉，内阻山陵，有金城之固。加之沃野万里，士民殷富，实为帝王之资。现在刘表新死，其二子素不辑睦，军中诸将，各有彼此。此外，那刘备是天下枭雄，虽寄寓在刘表帐下，却受他猜忌而不能为用。如今曹操大兵南下，倘若刘备能与荆州方面同心协力，上下齐同，则宜抚安，与结盟好；如果他们彼此争斗，上下离违，宜别图之，以济大事。请您派我即刻前往荆州，一方面吊祭刘表，慰劳其军中用事者，一方面劝服刘备收抚表众，同心一意，共御曹操。刘备必喜而从命，如此事可成，天下可定。若不速往，恐怕荆州将为曹操所得。"

也就是说，鲁肃的判断是：在曹操大举南下、江东抢先夺取荆州已经不可能的情况下，与其让荆州被曹操夺得，不如培植一支荆州本地势力与曹操对抗。目前来看，刘备是领导这股势力的最佳人选。因此，东吴方面为了自身的利益，有必要在此时对刘备加以支援。

孙权同意鲁肃这一判断，随即派他前往荆州。

鲁肃刚到夏口，便传来了曹兵深入荆州的消息。他紧赶慢赶，星夜兼程，到得南郡境内，刘琮已经投降，刘备则弃樊城南走。他又连忙北上，终于在当阳长坂见到了刚刚被曹操击溃的刘备。

其实这个时候，情形已经与鲁肃刚从江东出发时大为不同。按鲁肃本来的设想，最好是能够说服刘备和荆州官属团结起来，共同对付曹操。但是这时以刘琮为首的荆州官属已经向曹操投降，刘备又刚刚在长坂遭遇了重大失败，在荆州几无存身之地，士气和信心都很低落。然而鲁肃还是认为，刘备仍然有其利用价值，不可轻易放弃。

他问刘备道："刘豫州今欲何往？"你今后有什么打算呢？

刘备说："我与苍梧太守吴巨有旧，欲往投之。"苍梧，也就是现在广西梧州。吴巨曾经是刘表的手下，所以刘备说与他有旧交。问题在于，苍梧僻居岭南，地险民贫，远投吴巨或许可以暂时躲过曹操的追击，但资之以卷土重来、再度争夺霸权，基本上是不可能的。而且这个时候吴巨跟交州刺史赖恭正闹矛盾，两人谁胜谁负还很难说。因此远投吴巨显然不是一个好选择，刘备这个回答未必是出于真心。

鲁肃道："孙讨虏（指孙权）聪明仁惠，敬贤礼士，江表英豪，咸归附之，如今已据有六郡，兵精粮多，足以立事。眼下为君考虑，莫不如派遣心腹之人与江东结好，以共济大业。那吴巨不过一凡人，又偏在远郡，行将为人所并，怎可托身于他？"

对鲁肃的这一提议，刘备的反应是"甚悦"。显然，眼前对他来说，抱上江东的粗腿可比投奔吴巨强太多了。

鲁肃又对诸葛亮说："我和你大哥诸葛瑾是好朋友。"双方遂定交。

不久，刘备半路又遇到了带着一万多人前来迎接他的刘琦。再加上关羽的水军和沿途收拢的散卒，总共不到两万人抵达夏口，暂时安顿了下来。

与此同时，在击溃刘备后，曹操随即进占江陵。当阳一战曹军骑兵为了追上刘备，一日一夜狂奔三百里，战事结束后急需休整。而刘备已经渡过汉水，曹军战船尚未齐备，不便追击。再加上刘琮投降后，还有大批事务亟待处理。所以曹操暂时在江陵停驻了下来，一方面处理受降事务，一方面对接收的荆州水军进行整编和训练。

曹操在江陵大概待了将近两个月。

这期间，他先是"下令荆州吏民，与之更始"，用大赦的方法消解荆州人的敌意。然后"论荆州服从之功"，对投降过来的人——进行安排。其中刘琮为青州刺史，封列侯，后又改封谏议大夫，以一闲散职位最终无声无息地消失在了历史当中。而在劝刘琮投降的过程中发挥了重要作用的蒯越、傅巽等十五人皆得封侯，其中蒯越为光禄勋，韩嵩为大鸿胪，刘先为尚书，邓羲为侍中。大将文聘则被任为江夏太守，统领本部人马。那些不受刘表重视，或者不愿为刘表所用的士人，例如韩暨、和洽、王粲、刘廙等，曹操也纷纷拔擢收为掾属，以从民望。

为了笼络这些刚刚投降过来的荆州官属，避免他们再生异心，曹操除了给予优厚的官爵之外，在私人情谊上也颇为下功夫。例如对蒯越，曹操就称赞他说："我今日不喜得荆州，喜得蒯异度（蒯越字）耳。"文聘投降比别人都晚，曹操不但不怪罪，反而称赞"卿真忠臣也"，待以厚礼。对自己少年时代的好朋友蔡瑁，曹操则干脆到其私宅拜访，见其妻儿，还追忆往昔说："德珪（蔡瑁字），你可记得当年咱们一起去见梁孟皇，却被他拒之门外的事吗？我听说他也在荆州，只是不知他现在还有何脸面来见你呀！"

梁孟皇[①]，其实就是梁鹄。不知各位是否还记得，当年二十岁的曹操郎官任满初登仕途，本想当洛阳县令，最终却被选部尚书录为北部尉。这个录他为北部尉的选部尚书就是梁鹄。从曹操这段话可知，大概当年他和蔡瑁为了跑官，都曾去拜访过梁鹄，只不过人家梁鹄不给面子，根本就不待见他们。后来天下大乱，梁鹄也到了荆州。如今相比"婢妾数百人，别业四五十处"的蔡瑁，梁鹄应该混得比较差。所以曹操才说，

---

① 《襄阳耆旧传》载此处曹操语为"梁孟星"，然史籍中彼时并无字孟星之人。按裴注引卫恒《四体书势序》云，梁鹄字孟皇，安定人。且皇有"黄鸟"之意，正与梁鹄之名相应。可知此处"孟星"应为"孟皇"之误。

他应该没有脸面再来见蔡瑁。

　　既然连蔡瑁都没脸见,那梁鹄就更没脸来见刚刚征服荆州、已是大丞相的曹操了。但曹操这个人有意思的地方就在这里:你越不敢来见我,我就越要见你。他很快发布了通缉令,在荆州境内搜捕梁鹄。梁鹄大惧,走投无路的情况下只好自缚军门,准备为自己当初的有眼无珠付出代价。然而曹操不但没有处罚他,反而因为他擅长书法,叫他在自己的身边当秘书。后来曹魏建国之后,宫殿里面的匾额题署都由梁鹄撰写。

　　在江陵居留期间,鉴于曹军未及进占荆州长江以南的四郡,曹操还派零陵人刘巴南下,前去招抚长沙、零陵、桂阳等郡。长沙太守韩玄等纷纷表示接受中央领导。与此同时,益州牧刘璋也被曹军兵威震慑,先是派使者称臣示好,继而又送来叟兵三百和一些军需物资以表忠心。荆州这边,以王粲为首的一众文人则对曹操歌功颂德,盛赞他平定袁绍、刘表的功业是堪比夏禹、商汤、周武王的"三王之举"。无论从哪个方面看,曹操面临的形势都是一片大好。照这个势头发展下去,曹丞相要想在有生之年一统华夏,看样子也没什么不可能。

　　不过曹操明白,刘备这次虽然遭受了重创,但多年来的颠沛流离、屡败屡战早已将他锻炼成了不肯轻易言败的硬骨头,他一日不除,将来就有复起的可能,荆州也就一日不得安宁,这次南征的目的便不算百分百达成。于是休整了将近两月,接收的荆州水军也整编、操练就绪之后,曹操遂决定沿江东下,直指夏口,准备将刘备集团彻底剿灭。

　　其实对于选在这时东征刘备,曹操阵营内部不是没有不同意见。

　　由史籍记载得知,贾诩就曾劝阻过曹操。他说:"明公昔破袁氏,今收汉南,威名远著,军势既大。若乘旧楚之饶,以飨吏士,抚安百姓,使安土乐业,则可不劳众而江东稽服矣。"意思是荆州降服以后,统一大势已成，眼前不必急于兴兵东讨，而应该将注意力放到休养生息、巩固统治上来。

对于贾诩的这一意见，后来裴松之提出了批评，认为其"未合当时之宜"。因为很明显，以刘备、孙权的性格，他们绝不是不劳众便可以稽服的。一旦曹操北归，他们一定会再来争夺荆州，到时留守诸将未必抵挡得住。而现在荆州初平，曹军挟胜利之威，又据刘表之成资，此时不进讨，又该何时进讨？至于后来赤壁战败，"盖有运数"，是偶然因素起作用，不能说曹操此刻东下便是错误。

裴松之的这番议论不能算错，但是我认为，他并没有真正理解贾诩的意图。正如我前面提到的，以杀掉孔融为标志，曹操已经彻底变成了一个独裁者，其意欲取代汉室的野心也暴露无遗。在这样的背景下，曾经为曹操出谋划策、助其迅速崛起的一些功勋之臣和他之间的关系开始逐渐疏离。到了这时，这些人当着曹操的面说话一般比较小心，已经不敢（或者不愿）再像从前那样开诚布公、言无不尽了。贾诩也是一样。更何况他本来就不是曹操的嫡系，归曹后怕引起猜忌，"阖门自守，退无私交，男女嫁娶，不结高门"，一直但求明哲保身。所以他有些话点到即止。你曹操要是听明白了更好，听不明白，我也没有必要非得给你掰扯清楚。

贾诩没表达出来的那些意思，程昱倒是说出了几分。这一来是因为程昱性格比较耿直，二来也是因为他此刻留守后方，没有在曹操跟前，自然少些顾忌。当时在后方，众人得知荆州降服，刘备东奔意图投靠孙权，都认为孙权会杀掉刘备。因为这时的情形，正与当初曹操北征乌桓、袁氏兄弟投奔辽东公孙康的情况大体相同。那时曹操按兵不动，隔岸观火，公孙康便杀掉袁尚和袁熙，主动把他们的首级献给了曹操。这一明智举动使两者避免了战争，故此公孙氏至今依然保有辽东。以昔比

第59章 孙刘结盟

今，又有什么理由认为孙权不会效仿公孙康呢？

但是程昱的看法恰恰相反。他说："孙权新在位，未为海内所惮。曹公无敌于天下，初举荆州，威震江表，权虽有谋，不能独当也。刘备有英名，关羽、张飞皆万人敌也，权必资之以御我。难解势分，备资以成，又不可得而杀也。"意思是孙权无力独自对抗曹操，初期一定会利用刘备的力量共同对付我方，这一过程中刘备的实力必然发展壮大，到时孙权就是想杀刘备也办不到了。

大家都知道，后来的事果然叫程昱说中了。

第60章 诸葛渡江

当曹操在江陵封官拜爵、大摆庆功宴席的时候，身在夏口的刘备却整天如坐针毡，惶惶不可终日。

有史料甚至说，在这段飘摇江渚的日子里，关羽想起了当初在许都自己本有机会杀掉曹操的事，对刘备发怒道："往年在许都打猎之时，如果听从了我的话，我们就不会有今天这般困窘的局面了！"刘备只好苦笑着强自解释说："那个时候我也是为了国家考虑，才没有贸然行事。况且天道轮回，怎么知道今日之事就一定是祸不是福呢？"

不久，曹操准备整军东下的消息传来，刘备口中不说，心里却更加焦虑了。因为在这个时候，虽然鲁肃已经明确地表达了希望与自己结盟共同对付曹操的意愿，但他毕竟只是孙权的宾客，不能完全代表东吴方面做出决策。而这些日子，尽管孙权主动自下游移驻柴桑（今江西九江西），表现出了对荆州局势的密切关注，但他一不派兵，二不派将，显然还处在犹豫之中。再说，孙权毕竟还年轻，听说东吴内部反对孙刘结盟的呼声高涨。这种情况之下，孙权最后如何选择，实在还很难说。万一他真的决定袖手旁观，那自己手底下这两万人马、几百条破船，可是无论如何也抵达不住曹操的虎狼之师啊！到那时，自己再想逃跑去投奔苍梧太守吴巨，恐怕也为时已晚了呀！

眼前局势凶险如斯，诸葛亮当然是十分清楚的。

他来见刘备，说道："事急矣，请奉命求救于孙将军！"我愿意去说服孙权。

后来在《出师表》中，诸葛亮自陈其"受任于败军之际，奉命于危难之间"，正是指此时。

于是二十八岁的孔明羽扇渡江，在柴桑见到了比自己小一岁、平生尤喜射虎的孙权孙仲谋。

诸葛亮道："方今海内大乱，将军起兵据有江东，刘豫州亦收众汉南，与曹操并争天下。现曹操并吞河北，又破荆州，威震四海，英雄无所用武，故豫州遁逃至此。将军量力而处之：若能以吴、越之众与中国抗衡，不如早与之绝；若不能当，何不按兵束甲，北面而事之？今将军外托服从之名，而内怀犹豫之计，事急而不断，祸至无日矣！"

你要是觉得自己能对付得了曹操，就应该趁早与他绝交；要是不能，那就早早投降。何必像现在这样首鼠两端、犹豫不定呢？这样耽搁下去，迟早大祸临头！

孙权说："苟如君言，刘豫州何不遂事之乎？"按你的逻辑，刘备是肯定干不过曹操的，他怎么不投降呢？

诸葛亮道："田横只是齐国的一位壮士，事败后犹能守义不辱，况刘豫州乃王室之胄，英才盖世，士庶仰慕，若水之归海。若大事不济，此乃天数。豫州又安能复为曹贼之下乎？"

我们刘豫州那是什么身份、什么风骨？他怎么可能向曹操摇尾乞怜？实在干不过，大不了就像田横那样，不就是个死嘛！

言外之意是：怂包才向曹操投降。你孙权不敢怼他，你就是个怂包！

孙权被激怒了，勃然道："吾不能举全吴之地、十万之众，受制于人。吾计决矣！"老子坐拥十万之众，谁怕谁啊？跟他干！

接着孙权话锋一转，又问道："非刘豫州莫可以当曹操者。然豫州新败之后，安能抗此难乎？"我倒是想跟你们联手，可是你刘备刚刚吃了大败仗，现在到底行不行啊？可别到时候把我坑了。

诸葛亮道："豫州虽然军败于长坂，但如今归营的战士再加上关羽的水军，共有精甲万人，刘琦手中的江夏战士亦不下万人。曹操之众，远来疲弊，闻追豫州，轻骑一日一夜行三百余里，此所谓'强弩之末，势不能穿鲁缟'者也。故兵法忌之，曰'必蹶上将军'。且北方之人，不习水战。而荆州士民之所以降附曹操，都是迫于兵势，并不是心服。现在将军你若能命猛将统兵数万，与豫州协规同力，一定可以击破曹操！曹操军破，必然北还。如果是这样，则荆、吴之势强，鼎足之形成矣！成败之机，在于今日。"

平心而论，此处诸葛亮为了增强孙权的信心，于本方军力或许稍有夸张，但亦与事实相去不远。而他对曹军弱点的分析，更是说到了点子上。曹军深入荆州作战，的确面临着"远来疲弊"的问题。尽管这一问题通过接收荆州本土的军力和资源，会得到一定的缓解，但曹军主力仍是由北方人构成。而这些北方士兵到了南方，一来不服水土，二来不善水战，战斗力会大打折扣。再说，那些投降过来的荆州士兵不愿意替曹操当炮灰，也不会全力作战。孙刘联军虽然兵力上处于劣势，但只要同心协力，发挥出本方的优势，那么完全有实力与曹操周旋一番。

听了这番话，孙权大悦，心头的战意越发高涨了。但是如此重大的

第60章 诸葛渡江

决策，事涉国运兴衰，不能仅靠一时冲动便做出决定，孙权仍需与臣下仔细商议一番。

大概就是在这时，孙权收到了一封信。

发信者不是别人，正是曹操。

据《江表传》记载，信里有这样一段话："近者奉辞伐罪，旌麾南指，刘琮束手。今治水军八十万众，方与将军会猎于吴。"意思是我奉天子之命，往南征讨，刘琮已经投降了。现在我带着八十万水军，想跟孙将军你一起打个猎。

传统观点大多认为，赤壁之战是曹操为了统一全国，在消灭了荆州刘表集团以后，想乘胜一举消灭江东孙权集团而发动的战争。就这一角度而言，这封"方与将军会猎于吴"的信实质上就是曹操给孙权的宣战书。

然而从史籍中透露的种种迹象来分析，恐怕事情并不是如此。

首先，《三国志·魏书》等代表曹魏官方立场的史书提及赤壁之战，都说曹操此次作战的对手是刘备，而不是周瑜或者孙权。例如《魏书·武帝纪》曰："公自江陵征备""公至赤壁，与备战""孙权为备攻合肥"。《山阳公载记》亦云："公船舰为备所烧。"也就是说在曹魏阵营看来，此次曹操沿江东下，目的就是消灭刘备，而不是想要征服孙权，孙权只是受人诓骗，当了刘备的帮凶。以致三年后曹操给孙权写信，还特意强调说，曹、孙两家之所以决裂，"实为佞人所构会"，是"刘备相扇扬，事结衅连"所致，我知道并非你孙权的本心云云。

这一点，可以找到一些旁证。例如前面提到的《武帝纪》里"孙权为备攻合肥"这一记载。合肥之战实际上发生在赤壁之战结束后，是孙权企图乘曹操之败，主动侵入魏境以扩大胜利果实的举动。而且合肥远在长江下游，跟刘备八竿子打不着。但是《武帝纪》非要说孙权是替刘备攻打合肥，说明曹操此役确实没有将孙权当作主要对手。另外，当诸葛亮到柴桑前去说服孙权之时，史籍明言孙权"拥军在柴桑，观望成败"。当时孙权之所以"观望成败"，就是因为他知道自己不是曹操东征的目标，他完全可以选择袖手旁观。而且从战略上而言，东吴的统治核心在长江下游的三吴地区，曹操要想吞并东吴，便该在淮泗地区出兵，自上游江陵东征不但舍近求远、事倍功半，而且也很难对东吴造成致命打击。

综合以上证据，我们可以认为，起码在曹操自江陵东下之时，他的目标还只是消灭刘备，而不是并吞东吴。因此也就不能说，赤壁之战是曹操旨在一统天下的战争。

但有一点必须注意，没有将吞并东吴作为战略目标，并不代表曹操没有考虑到与东吴发生军事冲突的可能性。

毕竟，夏口所在的江夏郡现在差不多有一半领土属于东吴的势力范围，兵发夏口一定会使双方关系变得异常紧张。而且刘备一方也一直在积极地寻求孙权的援助。孙权的态度如何，确实是影响局势走向的未知因素。

所以对此时的曹操而言，理想的情况是孙刘之间不结成联盟。当然，要是孙权能像公孙康一样识趣，替自己把刘备杀掉，那就更好了。

正是在这样的背景下，曹操给孙权写了那封信。

因此，这封信的作用不是宣战，而是恐吓。而且也不完全是恐吓，还带着点劝诱的味道。

"治水军八十万众"是恐吓，意思是警告孙权掂量一下自己的斤两，不要援助刘备，否则会有很严重的后果。

"与将军会猎于吴"则既是恐吓，又是劝诱。这句话的字面意思只是说要与孙权一起在吴地打猎，但捕猎对象为何则没有明说。要知道此时江东孙氏名义上毕竟还是许都朝廷的臣子，而且曹、孙两家联姻在前，已经多年交好，要想在一夕之间推翻延续多年的基本国策，对孙权来说也不是

第60章 诸葛渡江

那么容易的事。如果孙权足够知趣，那么刘备就是猎物；如果孙权不识大体，那么他自己就会成为猎物。此中意味，相信孙权不难领会。

可能也是基于这一考量，曹操一边向江东施加政治压力，一边沿江东进。但耐人寻味的是，尽管是顺流而下，他行进的速度却并不快。①途经今洞庭湖一带时，他还颇有闲情逸致，去游了一趟君山。我推测原因之一，是曹操要留给孙权一定的考虑时间。因为眼前的情形与他数年前征讨袁谭、袁尚的时候很有几分相似。当时曹操采纳郭嘉的计策，不急于攻河北，而是"缓之"以待二袁分裂。或许现在他也担心，倘若一时逼迫刘备和孙权太紧，反而会促使他们团结起来。

---

① 由于史料匮乏，我们很难确知曹操在江陵到赤壁的路上花费了多长时间。甚至连赤壁之战发生的日期，学界也没有统一的意见。目前基本确定的是，刘琮投降和曹操占领江陵都是在九月，赤壁大战更可能发生在十二月。自江陵到赤壁，水路近千里。李白诗云："千里江陵一日还。"不考虑文学夸张，航船顺流东下每日也可行三百里。即便曹操以每天百里的慢速行进，十天也可以抵达赤壁了。然而实际上他可能花了一个月时间。再考虑到他曾经去君山旅游，可知这一路确实行进较慢。

第61章 仲谋的决心

对孙权来说,这已经不是他第一次面对曹操施加的巨大压力了。

六年前,也就是孙权二十一岁的时候,曹操就曾经下书江东"责权质任子",即责令孙权送交重要亲属(时孙权长子登尚未出生,因此多半指其弟孙翊或孙匡)到许都当人质。

那个时候,孙权即位未久,地位并不是很稳固,前不久还发生了孙辅勾引曹兵入境未遂的事件。而曹操则挟官渡战胜之余威,北讨袁谭,南逐刘备,完全是一副天下无敌的态势。而且要不是张纮从中斡旋,当初孙策新死的时候他就动过讨伐江东的念头。所以曹操选在这时要求孙权送遣人质,显然是没安好心。

当时孙权召集手下重臣会议,结果张昭、秦松等人都犹豫不决,明显对曹操十分忌惮。孙权感到,自己有必要寻求母亲吴太夫人的支持,便独自带着主张不送人质的周瑜来见母亲。

周瑜说道:"当年楚国初封于荆山之侧,土地才不满百里,但是由于嗣君贤能,以郢都为基地,一代代开疆拓土,终于占有了荆、扬之地,国境至于南海,传国九百余年。现在讨虏将军他承父兄余资,据有六郡之众,兵精粮多,将士用命,铸山为铜,煮海为盐,境内富饶,人不思乱,水师精勇,所向无敌。有何逼迫,便欲送遣人质?须知人质一入,政治上就不得不与曹操行动一致,他再以天子之命相召,将军不得不往,从此便会受制于人。到时即便一切顺利,最多不过封一列侯,仆从十余人,车数乘,马数匹,岂能与南面称孤等同?不如不要送遣,以徐观其变。倘若曹操能奉大义以正天下,将军事之也不算晚。若是他图为暴乱,玩火自焚,那将军便可奋勇扬威,吊民伐罪。彼时天命尚可待,何送质之有!"

吴太夫人听了,连连点头称是,还吩咐孙权说:"公瑾与伯符同年,只小一月而已,我待他跟自己的儿子一样。你要把他当作你的兄长。"

孙权领命,这才决定不送人质。

这一次的情况,则比上次严峻得多。不送人质,顶多曹操面子上不好看,还不足以致使曹、孙两家断交;而支援或者收容刘备,则意味着双方全面战争的开始。鉴于彼此实力相差悬殊,搞不好就会有身死国灭的危险。因此孙权把曹操的那封信向群臣展示后,议事堂里立刻便起了骚动。

以张昭、秦松为首的许多官员震慑于曹操的兵威,纷纷表示:曹操是豺狼,是饿虎,但是他现在托名汉相,挟天子以征四方,动以朝廷为辞,今日若是不从,便是违背大义。况且我们江东之所以能够抗拒曹操,靠的就是长江天险。眼下曹操已经占据了荆州,刘表留下的数千战舰全都归他所有,再加上他从北方带来的步骑,数十万水陆俱下,长江之险已与我共有。实力上的差距那就更不用说了。所以从大局考虑,

"不如迎之"。

众人你一言我一语，大多摇头叹息，对起兵抗曹的前景表示悲观。鲁肃却独垂首不言。

听了半天消极言论，孙权气闷不已，便起身更衣。鲁肃见状，连忙追了出来。孙权知道他的意思，便在屋檐下拉着他的手说："卿欲何言？"

鲁肃道："方才听了众人的言论，才知道他们纯属坑害将军，不足与图大事。像我鲁肃这样，现在自然可以向曹操迎降，但是将军却万万不可。为什么这么说呢？因为我鲁肃投降曹操，曹操就会把我交给乡党来品评，然后按照评议结果授予我一定的名位，就算不济，也可以在政府里谋个下曹从事的官职。到时乘犊车，从吏卒，交游士林，论资升迁，迟早也能当个太守刺史。可是将军您一旦投降曹操，等待您的将是什么呢？希望您早定大计，莫听众人之言。"

听了这番话，孙权不由叹息道："这些人的论议，实在让我很失望。还是你跟我想法相同。看来这是上天把你赐给我呀！"

当时周瑜正好有事去鄱阳公干，鲁肃就劝孙权赶紧把周瑜召还。

周瑜回来后一见到孙权，便道："众人之议甚为不然。曹操虽托名汉相，其实汉贼也！将军以神武雄才，兼仗父兄之烈，割据江东，地方数千里，兵精粮足，三军用命。当资以横行天下，为汉家除残去秽，何况曹操亲来送死，怎可反而迎降？若是担心不敌，请允许我为将军算上一算：假设如今北方已经安定，曹操没有内忧，可以旷日持久地与我方展开较量。这种情况下，曹军是否足以与我方在长江上一决胜负呢？更何况现在北方还算不上平定，马超、韩遂尚在关西，足为曹操后患。而舍鞍马，仗舟楫，与吴越争衡，本就不是中原人所长。再加上现今正值盛寒，马无稿草。驱中原士众，远涉江湖之间，不习水土，必生疾病。以上这几点，都是用兵之忌，曹操却全部冲犯。将军擒操，宜在今日。

第61章 仲谋的决心

请给我周瑜精兵数万，进住夏口，我保为将军破之！"

孙权点头道："曹操老贼欲废汉自立已经很久，只是忌惮二袁、吕布、刘表和孤罢了！现今袁绍等已灭，惟孤尚存，孤与老贼势不两立！君言当击，甚与孤合，此天以君授孤也。"说着拔刀便砍向身前的奏案，道："诸将吏有敢再言当迎操者，与此案同！"

这一刀，代表孙权真正抛开顾虑，下定了与曹操一决雌雄的决心。

当天夜里，周瑜又来求见孙权道："众人只是见了曹操的书信，以为曹军真有八十万众，故此惊恐非常。没有搞清楚曹军虚实，便发迎降之论，其实没什么意义。现在我实际核算了一下，他带领的中原士卒不过十五六万，而且远来疲敝。从刘表那里接收的人马，最多也就七八万罢了，而且还都怀有狐疑之心。曹操以疲病之卒，御狐疑之众，人数虽多，也不足惧！愿得精兵五万，足可制之。将军不必忧虑。"

孙权抚着周瑜的背，坦言道："公瑾，卿言至此，甚合孤心。子布（张昭）、文表（秦松）诸人，各顾妻子，怀有私心，令我很是失望。只有卿和子敬与孤看法相同，这是天意叫你们二人来助孤。五万兵一时之间难以调齐，现在已经简选了三万人，船粮战具皆已备好，卿与子敬、程公（程普）即日前发，孤当续发人众，多载资粮，为卿后援。卿能办之便罢，若有不利，便还就孤，孤当亲与老贼决之！"

次日，孙权便宣布以周瑜、程普为左右督，以鲁肃为赞军校尉，领三万人马直趋夏口，与刘备合力抵御曹兵。

这一安排反映出，孙权虽然年轻气盛，思虑却相当成熟，且已对帝王御下之术颇为熟稔。一方面他任命周瑜和程普为左右督，叫二人互相制衡，一方面又不愿轻易满足周瑜五万人马的要求。这倒不是说他对周瑜不够信任，而是他不愿将全部鸡蛋放在一个篮子里，不愿将命运的主动权交付他人。因为荆州虽然重要，但毕竟是外围，长江下游才是东吴政权的核心利益范围。能将曹兵击败在夏口以西当然最好，即便不能，自己手里也要留有与曹操斡旋的余地。

不过话说回来，这么做也不是没有风险。

就拿左右督这事来说吧，这么做固然减少了个别将帅军权过重、尾大不掉的可能，却也增加了两名统帅因权责不明而产生矛盾的几率。而且周瑜和程普两人之间的关系，原本就不甚融洽。

程普早在孙坚讨伐黄巾的时候，就是他手下的得力干将，在诸将中资格最老，战功最多。在他看来，周瑜只是因为跟孙策之间特殊的私人关系，才在孙策主政时代后来居上，跃升到了今日的位置。因此程普的心里对周瑜一直是不大服气的。《三国志·周瑜传》说，周瑜"性度恢廓"，人缘普遍不错，"惟与程普不睦"。《江表传》也说，"普颇以年长，数陵侮瑜"。只不过周瑜心胸开阔，不跟他计较而已。直到这次出征以前，这种情况大概都没有什么改观。因为据吕蒙所说，赤壁之战后，周瑜和程普一同进攻江陵，还因为彼此不和"几败国事"。由此看来，《江表传》又说程普后来转而对周瑜变得敬重，还讲了些"与周公瑾交，若饮醇酒，不觉自醉"之类的话，那实在是很晚以后的事。至少在赤壁之战时，两人之间确实潜藏着矛盾，只不过由于处理得当，并没有影响到战役指挥而已。

在孙权做出出兵决策之前的这段时间里，可能是因为迟迟见不到江东援军，而曹兵东进的消息又不断传来，心中焦急的刘备已经从夏口赶到了东边的樊口（今湖北鄂州），整日里派哨兵在江边轮班候望孙权的军队。

这一日，远处的江面上终于现出了周瑜的旗帜。哨兵赶忙来报刘备。刘备说："你怎么知道不是从青徐南下的曹兵？"哨兵说："能看出来是东吴的船。"刘备这才放心，派了人前来慰劳周瑜，还邀请他到

第61章 仲谋的决心

自己营中做客。周瑜说自己有军务在身，不能随便离开，玄德公要是能屈尊到我这里来，那是再好不过。刘备得知后，对关羽和张飞说："周瑜是想引我过去。我现在有求于江东，不过去不合适。"便乘了一只小舟去见周瑜。

两人交谈期间，刘备向周瑜打探说："为了抵御曹操，你带了多少人来？"

周瑜说："三万。"

刘备说："只恨太少。"

周瑜说："完全够用，豫州你只管看我周瑜破曹就好了。"

虽只寥寥数语，却可知两人话不投机。

于是刘备便想叫身在别营的鲁肃也过来聊一聊，因为他毕竟跟鲁肃比较熟络。然而周瑜却说："有军令不得随便离营。您要想见子敬，可以另行拜访。"又说，"孔明也一同来了，不出三两日便到。"

这次会见，虽然周瑜的风姿谈吐给刘备留下了深刻印象，但史籍说刘备并不十分相信他仅用三万人便能击破曹操。所以战事开始后，刘备并没有把全部军队都交给周瑜指挥，而是带着两千人跟关羽、张飞故意落在了大部队后面，以备万一情况不妙，随时跑路。

当然，由于这一记载仅见于《江表传》，作者虞溥叙事多站在东吴的立场上，也不能排除故意抹黑刘备的可能。

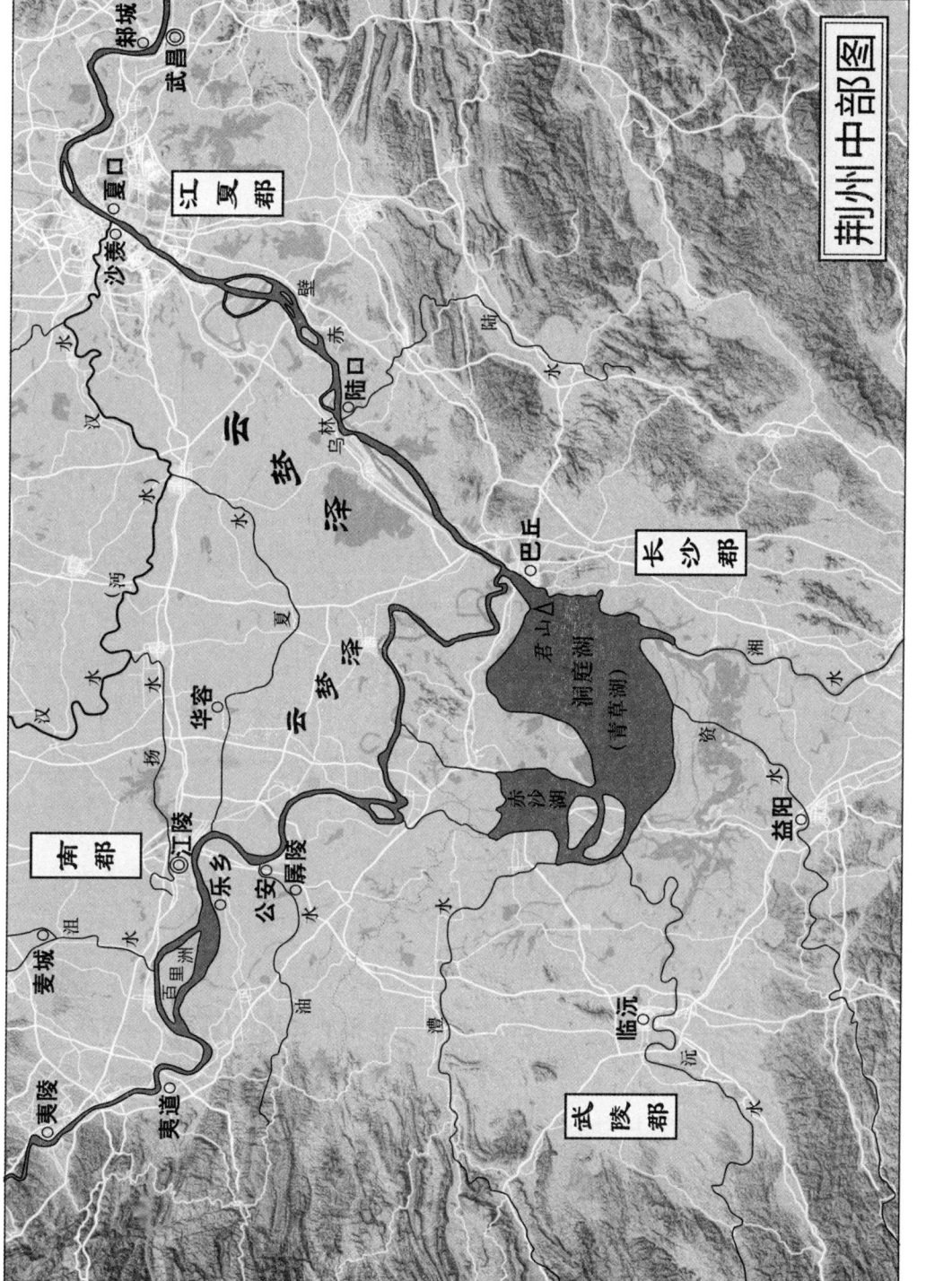

第62章 千古赤壁今何在

孙刘联军自樊口出发后,又越过夏口,于十二月间与曹军"遇于赤壁"。

这是赤壁这个地名第一次出现于史籍之中。

借着"三国"热潮,在今天的中国,这个地名几乎是无人不知,无人不晓。甚至某个城市还专门改名为赤壁市,以坐实自己"赤壁之战发生地"这个堪称无价的大IP。

然而由于史料匮乏和记载简略,大概从唐朝开始,人们就对赤壁的具体位置不是很清楚了。千百年来,关于赤壁所在地产生了各种各样的不同说法。时至今日,许多说法依然大行其道,难以在学界形成统一的意见。由于赤壁的具体地点对于本书赤壁之战的讲述关系重大,此处我必须费些笔墨对其稍加考证。

总结来看,历来关于赤壁地望的不同说法主要包括蒲圻、嘉鱼、武

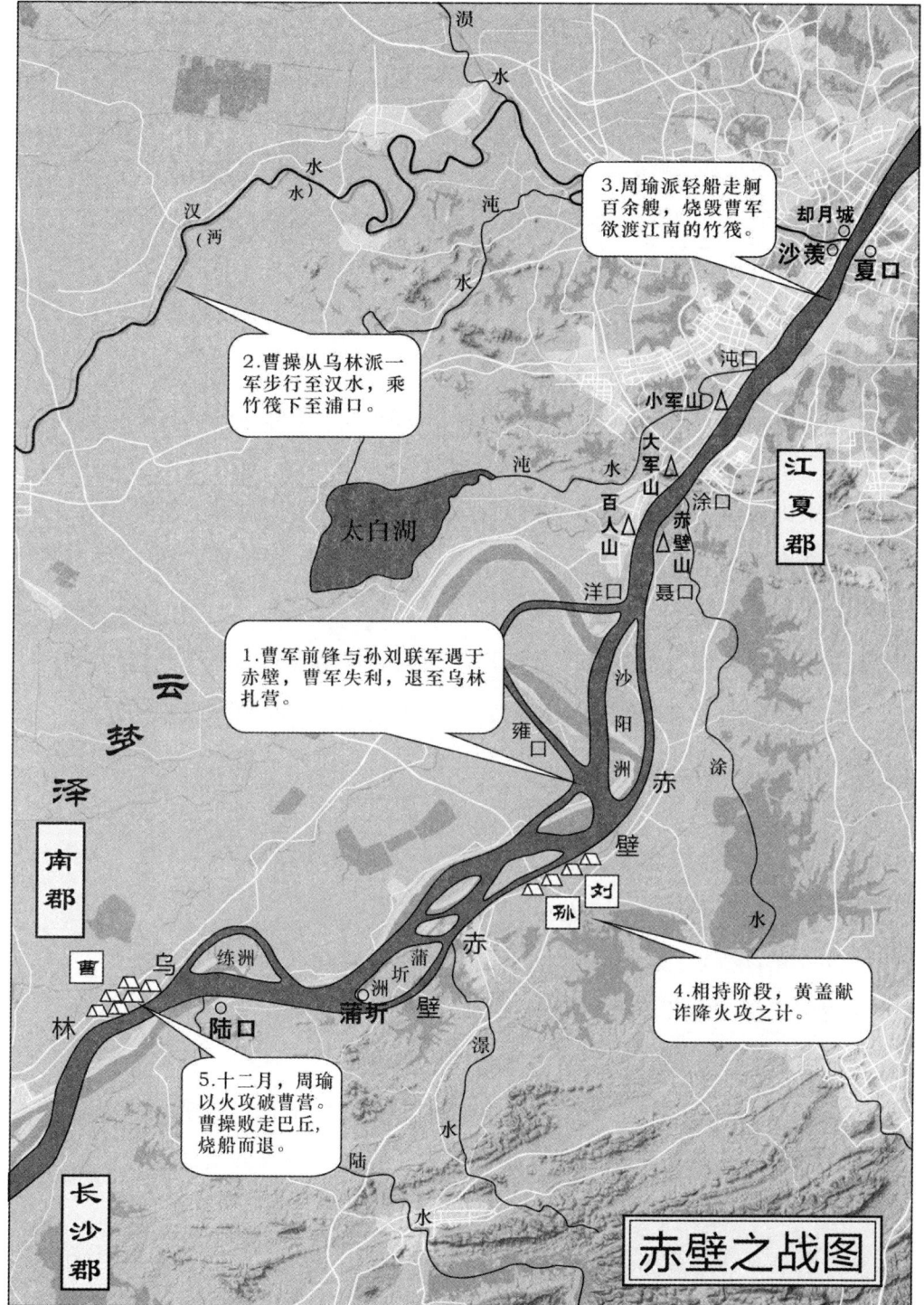

昌（又作江夏）、黄州、汉川、汉阳、钟祥这七种。其中汉川、汉阳、钟祥三说位于汉水沿岸，剩下的四个地点则皆位于今湖北省从赤壁市直到鄂州市的长江之畔。

从曹军主力的进军路线来看，首先就可以排除汉水沿岸的三个地点。

如前所述，曹操是从江陵出发，顺流东下的。而钟祥远在江陵以北数百里，且无水路从江陵可达，曹操既没有必要，也没有办法经过钟祥，钟祥之说自属无稽之谈。

汉川、汉阳两说的一个主要依据是，时人王粲的《英雄记》明确记载："周瑜镇江夏，曹操欲从赤壁渡江南，无船，乘箄沿汉水下至浦口，未即渡。瑜夜密使轻船走舸百余艘，艘有五十人施棹，人持炬火，持火者数千人，立于船上，以萃于排。至乃放火，火燃即回船走去。须臾，烧数千箄火起，火光照天，操乃夜去。"若如此，曹操便是由汉水而下，而不是沿长江荆江段经今岳阳地区后再至赤壁。为了支持这一论点，有关学者还提出了两个论据：一是采纳武汉大学石泉先生的观点，认为汉魏时代的江陵、巴丘、当阳等地皆在今汉水一带；二是即便江陵在今长江北岸，从江陵出发后经由长江支流夏水在今沔阳地区亦可进入汉水航道，曹操是走"夏水—汉水"的水路抵达赤壁的。

其实这两点都是很难成立的。

首先，石泉先生认为江陵、巴丘、当阳皆在汉水流域的说法，是以其楚国郢都在湖北宜城南的观点为依据的。但是这个观点从一开始就受到了黄盛璋等人批评，而且大量出土文献和文物也证明，楚国郢都在今荆州北而不在宜城南。倘若照石泉先生所说，当阳在"宜城县以西的七里岗附近"，那从襄阳到当阳顶多也就一百里，曹操的追兵无论如何也是不可能"一日一夜行三百里"的。所以此说并不符合史实。

其次，关于曹军走夏水的可能性。《水经注》引东汉应劭《十三州记》云:"江别入沔为夏水,原夫夏之为名,始于分江,冬竭夏流,故纳厥称。"意思是夏水得名源自于其冬竭夏流的水文特点。而从周瑜"又今盛寒,马无槁草"一句可知,这个时候正值隆冬枯水期,冬竭夏流的夏水恐怕是承载不了曹操的庞大舰队的。并且由于夏水最终汇入汉水,汉水也受这一特性波及,在冬季不适合大船航行。例如后来司马懿就有过自襄阳顺汉水入江伐吴的计划,最终"会冬水浅,大船不得行"而取消;自江夏北伐襄阳的诸葛瑾也曾因担心冬季来临汉水"水干"而建议陆逊尽快撤军。由此可知,"治水军八十万众"的曹操是不太可能弃江阔水深的长江航道不走,而走"冬竭夏流"的夏水一路的。

再者,也有足够的史料可以证明曹操是经过长江岳阳段而抵达赤壁战场的。如《三国志·武帝纪》就说:"公自江陵征备,至巴丘。"《郭嘉传》也说:"太祖征荆州还,于巴丘遇疾疫。"此处之巴丘,即《水经注》所说"(巴丘)山在湘水右岸,山有巴陵故城,本吴之巴丘邸阁城也",也就是隋唐的巴陵,今天的湖南岳阳。主张赤壁在汉水流域的学者却质疑说,今长江以北、汉水以南的江汉平原上亦有一巴丘。如孔颖达注《左传》引西晋人杜预云"或曰华容县东南亦有云梦巴丘湖",东晋人郭璞注《尔雅》云"今南郡华容县东南,巴丘湖是也",南朝刘澄之《荆州记》亦云"华容县东南有云梦泽,一名巴丘湖"等。再加上随曹操出征的徐干《序征赋》云:"沿江浦以左转,涉云梦之无陂。"王粲《英雄记》也明言:"曹公赤壁之役,行至云梦大泽中,遇大雾,迷失道。"两相印证,似乎满可以确定曹操所经的巴丘湖就是华容县东南的云梦泽,从而为曹军经汉水东下之说提供了又一支撑。

其实不然。

近年周宏伟等学者通过对先秦两汉古籍中"云梦"一词的研究,揭示出早期的"云梦"并非专名,而是古汉语楚地方言对"具有游赏意义的、水体不大但植被繁茂之区"的通称，其本来含义即为草泽或泽草。这也就解释了为何江汉地区分布有多处被冠以"云梦""梦"之名称的地点。当时不但华容县东南有云梦，涢水所经的安陆、云梦县境，沮漳水所经的编县境，江陵长江以南、长江三峡以西、颖水流域的陈地，包括今洞庭湖一带都存在被称为云梦的水泽湿地。而郭璞、刘澄之、孔颖达所谓华容县东南的云梦泽即是巴丘湖的观点，皆源自于他们对杜预原话的删节或错漏。梁代刘昭注《续汉书·郡国志》同样引用了杜预的话，其文却是："或曰：华容县东南亦有云梦。巴丘湖，江南之云梦也。"这才是正确的。也就是说，杜预这句话说了两件事：一是华容县东南有个叫云梦的地方，二是巴丘湖是位于江南的云梦。两者本不牵扯。按照这个说法，华容县东南那个云梦泽根本就不是巴丘湖，"江南之云梦"才是。徐干《序征赋》里所说的"涉云梦之无陂"，其实是这里。

这个被称作"江南之云梦"的巴丘湖，就是当时尚在形成中的洞庭湖。对此，除了前面提到的《三国志·武帝纪》和《郭嘉传》的记载能够证明之外，还有一个有力的证据，正是曹操自己的诗作。

万绳楠先生注意到，曹操的乐府诗《气出唱》第三首开篇便云："游君山，甚为真！"说明曹操游览过君山。虽然后世对于君山究指洞庭湖中的哪座山也是有争议的，但说君山与洞庭湖紧密相连则无可置疑。而曹操自从赤壁之战败还北方后，便再没有南下江汉流域的经历。虽然《郭嘉传》中"太祖征荆州还，于巴丘遇疾疫"的记载证明，曹操自赤壁败还之时也曾途经洞庭湖，但这个时候他大概是没有心情去游山玩水的。因此曹操游览君山的经历只能发生在他自江陵东下的征程中。

综上可知，曹操大军的行进路线，确是从江陵出发，沿长江东下，经由巴丘（今湖南岳阳）与孙刘联军在赤壁相遇。赤壁位于汉水沿岸的汉川、汉阳、钟祥地区这三种说法自然难以成立。

那么，《英雄记》中关于曹军沿汉水下至浦口，被周瑜用火攻烧退的记载又该如何解释呢？难道王粲这个家伙是胡编乱造不成？

倒也不尽然。赤壁之战前，王粲一直在荆州为刘表效力。刘表死后，他积极劝降刘琮，后来因此被曹操辟为丞相掾，赐爵关内侯。曹操东征夏口，他很有可能随军同行。所以《英雄记》中才记载了曹操败还时途经云梦泽迷失道路一事。从这个角度而言，他的记录应该是可信的。

问题在于，王粲的记述乍一看确实与曹操自江陵沿江东下的其他史料相矛盾。这或许也是裴松之注《三国志》时引用了《英雄记》的许多记载却未曾将此事列于其中的一个原因。有研究者为了调和这一矛盾，甚至别出心裁地提出了曹军分两路进攻的观点：一路由曹操率领，自江陵走长江至赤壁；另一路由赵俨督于禁、张辽、张郃、李典等七军，自章陵（今湖北枣阳南）走陆路或自襄阳走汉水直指夏口。

我认为，两路进攻的可能性虽说不能完全排除，但目前所见的证据并不充分。赵俨所督于禁、张辽等七军，史料中完全找不到他们曾经参与赤壁之战的记载。曹操征荆州时，尽管对赵俨委以"领章陵太守，徙都督护军"的职位，但并不是用他当军队统帅，赵俨也没那个资望。而是鉴于"诸将任气，多共不协"的情况，叫他居中协调。另外，从赤壁战前"于禁屯颍阴，乐进屯阳翟，张辽屯长社"的布局，以及战后于禁、张辽、张郃都被曹操派往淮南讨伐叛乱的梅成、陈兰的记载来看，这一时期于禁等始终被曹操安排在豫州的汝、颍一带，目的就是拱卫许都的安全。曹操在大举兴兵入侵荆州之时，不太可能调这些军队翻越桐柏山脉，深入荆州腹地，从而将空虚的许都暴露在江东孙权的面前。

再说，《英雄记》既明言曹军无船，以至于要扎木筏（艪）沿汉水

而下，那就说明这路曹军绝不是从襄阳而来。因为刘琮投降后，襄阳的船只除被关羽带走的数百艘以外，其余的自然被曹军接收，何来无船之说？

既然如此，对于《英雄记》的这段记载，难道就没有比较合理的解释吗？

不才以为，还是有的。不过这一点要等我讲到赤壁之战的进程之时再说。

现在，还是让我们回到赤壁所在地这个最关键的问题上来。

第63章 曹操大军竟几何

排除了汉水流域的汉川、汉阳和钟祥,竞争"赤壁之战发生地"这一头衔的选手目前还有蒲圻、嘉鱼、武昌(又作江夏)和黄州这四位。

这其中,黄州赤壁于宋代以后声名大噪。因为大文豪苏东坡著名的《念奴娇·赤壁怀古》以及前后《赤壁赋》都作于此处,几乎凭一己之力给黄州赤壁打造了一张光彩夺目的文化名片。但凡有点文化素养的中国人,试问谁不知道"大江东去,浪淘尽,千古风流人物""人生如梦,一尊还酹江月"的诗行,又有哪个不晓"清风徐来,水波不兴""山高月小,水落石出"的名句呢?

不过,苏轼本人从来没有确凿无疑地认定黄州赤壁就是三国那场著名大战的古战场。《念奴娇》中他说:"故垒西边,人道是三国周郎赤壁。"我可没说啊,我也是听别人说的。《赤壁赋》中他则借友人之口发问:"西望夏口,东望武昌,山川相缪,郁乎苍苍,此非孟德之困于周郎者乎？"这个位于夏口和武昌之间的地方难道不是赤壁吗？但是到底是不是，苏东坡他还真就没说。

其实苏东坡以为赤壁可能在黄州，多半是受了唐人杜牧影响。因为杜牧在任黄州刺史时同样留有一首脍炙人口的名篇："折戟沉沙铁未销，自将磨洗认前朝。东风不与周郎便，铜雀春深锁二乔。"然而苏轼毕竟是王安石眼中有能力"重作三国书"的人，凭史学素养，他大概也知道杜牧的观点只是抒情比兴的一时需要，如后世袁枚所说，"诗家使事，不可太泥"，大面上不出差错便可，具体细节自然是做不得准的。所以他才说"人道是"：这事儿我是听杜牧说的，您要是不同意，出门左转找他算账便是！

遗憾的是，黄州赤壁只是一个美丽的错误。赤壁之战的古战场，还真就不在杜牧磨戟、东坡泛舟的地方。

最明显的证据就是，黄州即今湖北黄冈，其对面的长江南岸便是樊口。如前所述，周瑜是在樊口与刘备会合后，"与备俱进，遇于赤壁，大破曹公军"。"俱进"一语，说明孙刘联军离开樊口后，至少前进了一段距离才与曹军遭遇。因此战场自然不可能就在樊口对岸。从当时的情形推测，刘备虽然来到了樊口，但是西边的夏口这个战略要地他应该也没有放弃（很可能还是刘琦控制），而史料中也找不到曹操进占夏口的记载。所以周瑜劝孙权时才说请兵数万，"进住夏口，保为将军破之"。《英雄记》亦云"周瑜镇江夏"，以致沿汉水而下的那支曹军一时无法过江，也证明了当时夏口在孙刘联军的掌控中。所以孙刘联军自樊口出发后，应该是越过了夏口继续西进，然后与曹军相遇的。赤壁只能位于夏口以西，不可能位于黄州。

黄州既被淘汰，现在就只剩下了蒲圻、嘉鱼和武昌（江夏）三地。

蒲圻说源自于《元和郡县志》。志文蒲圻县条云："赤壁山在县西一百二十里，北临大江，其北岸即乌林，与赤壁相对，即周瑜用黄盖策焚曹公舟船败走处。"据此，赤壁在今湖北省赤壁市（原蒲圻县）赤壁镇，蒲圻据以改名赤壁，便是因此。

武昌（江夏）说源自于《水经注》。该书卷三十五叙蒲圻以东长江走向云："江水又东，右得聂口，江浦也。左对聂洲。江水左迳百人山南。右迳赤壁山北，昔周瑜与黄盖诈魏武大军所起也。"据此，赤壁在明清武昌府江夏县西南七十里，又称赤矶山，对岸即汉阳府百人山（今纱帽山）。

嘉鱼说则来自于清末学者杨守敬对以上两说的质疑。杨守敬据南朝人盛弘之《荆州记》中"蒲圻县沿江一百里，南岸名赤壁，周瑜、黄盖此乘大舰上破魏武兵于乌林。乌林、赤壁，其东西一百六十里"的记载，以为赤壁当在嘉鱼县东北与江夏接界处。

当我们在地图上审视以上三处地点，可知三者皆在长江南岸，蒲圻赤壁最西，武昌赤壁最东，而嘉鱼赤壁位居两者之间。从蒲圻赤壁到武昌赤壁，按照明清时的水路里程，大约是二百七八十里。

那么，以上三种说法，到底谁对谁错呢？

这个问题，下面我会结合赤壁之战的发展进程试做解答。

但是在此之前，仍然有一个问题需要先搞清楚。

那就是对战双方投入的兵力总数。

先看曹操一方。

《三国演义》说，曹操统共率领"马步水军共八十三万，诈称一百万"，这当然是小说家的夸张，于史无据。同样，西晋人陆机在《辩亡论》里的章句"魏氏尝藉战胜之威，率百万之师，浮邓塞之舟，下汉阴之众"，也是一种文学修辞，不能视作史实。实际上，即便是曹操给孙权信中所说的"治水军八十万众"，也是意在恐吓的虚浮之辞。

按照当时人书写檄文战表的浮夸习惯,这个数量应该至少是曹军真实兵力的三倍。

既然如此,曹军的真实兵力到底是多少呢?

《三国志·周瑜传》中两处提到曹操的兵力,但是并不一致。一处是史官的叙述,云:"其年九月,曹公入荆州,刘琮举众降。曹公得其水军,船步兵数十万,将士闻之皆恐。"另一处则是引用《江表传》,记录了周瑜为孙权分析敌情的原话:"今以实校之,彼所将中国人,不过十五六万,且军已久疲。所得表众,亦极七八万耳,尚怀狐疑。"此外,多年后东吴权臣诸葛恪曾撰文提及:"近者刘景升在荆州有众十万,财谷如山,不及曹操尚微,……北方都定之后,操率三十万众,来向荆州。"

以上就是正史中关于曹操兵力的全部记载。至于后人在各种战史著作、史学论文中提及的相差极大的不同数目,全是在此基础上估算而得,不提也罢。

比较以上三处不同记载,我认为,"船步兵数十万"是一个很笼统的说法,意在渲染东吴将士的恐惧之情,但是又不能说它不对,因为三十万也可以说是数十万,再去除十万荆州降众,那么曹操带来的北方士兵的数目就跟周瑜所说的十五六万比较接近了。而诸葛恪的言论也稍有夸张,因为他撰写这篇文章的目的是为自己出兵伐魏辩护,所以拿出刘表的例子来强调不可养痈遗患、致使敌人坐大,为此需要突出当时曹操兵众之盛。再说,他所谓的"操率三十万众"也是就约数而言。

相对而言,周瑜为孙权分析敌情时,坦诚地说"以实校之",说明他之前有过一定的推算和调研,而且他也没有故意缩减敌人数量的必要,因为估算的曹兵数量越少,孙权给他的兵力也会相应减少。所以周瑜的结论,即曹军中北方士兵有十五六万,接收的荆州士兵有七八万,应该是比较客观的。

也就是说，刘琮投降后，曹操在荆州战场的可支配兵力大约在二十三四万。不过，考虑到在襄阳、江陵这样的战略要地不能不留有一定的兵力驻守，曹操率之沿江东下的兵力应该还略有减少。我个人的看法，赤壁之战时曹操一方投入实际作战的兵力在二十万左右。

再看孙刘联军一方。

东吴这边，如前所述，孙权给了周瑜三万人。不过也有史料说，"瑜、普为左右督，各领万人"，总数仅为两万。刘备这边算上刘琦的江夏兵，最多也就两万。所以孙刘联军的兵力在四到五万之间。

由此可知，双方的兵力对比至少为四比一。曹军占据绝对优势，是无可置疑的。

但是有一点必须明白，那就是双方军队的特点并不一样。

东吴的军队和刘琦的江夏兵，主要是水军。这样的军队，按照东吴人自己的说法，"上岸击贼，洗足入船"，精于水陆两栖作战。而曹操的军队中，只有七八万荆州兵具备这样的素质，其余十余万北方士兵，纵使在邺城的玄武池里有过模拟水战的经验，到荆州后也有两个月的时间对舟船生活加以适应，恐怕一时之间也是难以达到水战要求的。

须知古代的水战以船舰冲撞和接舷格斗为主要形式，不但对士兵的操船技术和水性要求很高，就是格斗方式也与陆上完全不同。习惯步骑作战的士兵到了船上，往往有劲儿也使不出来。例如南北朝的时候有一个叫刘胡的将领就说过："若步战，恒在数万人中；水战在一舸之上，舸舸各进，不复相关，正在三十人中。"也就是说，陆地上是千军万马的大集团作战，个人隐藏在战阵之中，更强调服从战术纪律；水战则是以单个的船为作战单位，每条船上有几十人到几百人不等，更强调小团队的配合和个人作战技巧。打个不太恰当的比方，曹操这十几万缺乏水

战训练的北方士兵到了船上，基本上就跟运载的货物差不多。一旦在江面上发生战斗，还是得依靠荆州水军。

可是我们前面介绍过，刘表和黄祖的荆州水军与东吴军作战屡战屡败，说明荆州水军的整体质量是不如东吴军队的。而且如周瑜所说，这些降兵降将"尚怀狐疑"，战斗意志本身就很成问题。

此外还有一点值得注意。那就是曹操虽然缴获了刘表的数千战船沿江东下，但是江面宽度有限，前进时数千艘战船只有极少量处在最前，其余战船只能在后形成一个长长的队列。成语所谓舳舻千里，就是指这一情形而言。千里当然是夸张，但是数千艘战船绵延个几十里、一百里，应该是没有问题的。例如东晋末年卢循的舰队入寇建康，就是"舟车百里不绝"；太平天国的时候，太平军三千战船自武汉东下，也是"衔尾数十里"。这种情形看似壮观，然而一旦与敌军遭遇，在一定时间内战斗只在最前端发生，后面的船队往往来不及赶到。这样一来，兵力占优一方的优势就无从发挥，而前锋战斗力强的一方就会大占便宜。

第64章 乌林危圮地

现在，让我们回到双方初次交战的那一刻。

孙刘联军越夏口西上后，与曹军"遇于赤壁"。

《三国志·周瑜传》说："时，曹公军众已有疾病。初一交战，公军败退，引次江北。瑜等在南岸。"

显然，这第一次交锋曹操败了。不过这一次战争规模应该不大，曹军的损失也不多。尽管失利，但曹操可以安全地将全军撤回到长江北岸，扎起营盘。周瑜也不敢追击，只是在南岸与曹操形成对峙之局。

而这次交锋之所以失利，史籍的解释是曹军士兵有不少已经身染疾病。这当然是一个不可忽视的因素，后面我会详加分析。不过，正如我在前面提到的那样，本来曹军中的北方士兵就不善水战，而荆州士兵的战斗意志也不强，加上这一次双方是在长江上遭遇，曹军的兵力优势无法发挥。其前锋失利，应该说完全不是意外。

另外，虽然没有史料能够证明，但是我猜测，这场战斗尽管是一次遭遇战，但周瑜一方事先已经有充分的准备。因为正如步兵长驱野战往往需要斥候在前探路一样，有经验的水军指挥官在舰队行进过程中也会派出快船在江面上往来巡弋侦察敌情。周瑜很可能是通过这些承担侦察任务的快船得知曹军舰队正在靠近后，觉察到了曹军水师队形过长的弱点，为了先声夺人而选择主动进攻的。

要知道，这个时候孙权虽然已经与刘备结盟并派兵援助，但是他却不曾向曹操宣战。周瑜率三万人马与刘备合兵一处的消息，此战之前曹操很可能并不确知。甚至如果像一些学者声称的那样，赤壁之战前的曹操处于一种骄傲自大的情绪当中，那么他或许还会幻想，孙权多半已经被自己的兵威所震慑，即使不像刘琮那个软蛋那样束手迎降，至少也会置身事外以求自保。而刘备一副落荒而逃的丧家狗模样，在势单力孤的情况下，他是绝不敢主动前来送死的。所以就这个意义而言，曹操应该没有料到会在这时遇到敌人的进攻，周瑜的参战，其实是一次突袭。

正是由于事先没有想到会遭遇敌人，失利后曹操选择的扎营地点也算不上理想。这一点，直接影响到了整个战役的胜负。

从史料可知，曹军停靠北岸的地方名叫乌林。

《水经注·江水注》提到长江流经蒲圻县西的陆口之前，先后经过上乌林南、乌黎口（中乌林）、下乌林南、子练口这几处地点。而下乌林南，郦道元认为"吴黄盖败魏武于乌林，即是处也"。再参考前面提到的盛弘之《荆州记》"蒲圻县沿江一百里，南岸名赤壁，周瑜、黄盖此乘大舰上破魏武兵于乌林。乌林、赤壁，其东西一百六十里"的记载，我们现在就可以将赤壁之战的战场范围进一步缩小了。

先看乌林。

由于有陆口做参照，自来乌林的位置鲜有争议，可知其位于今湖北省洪湖市乌林镇一带，对岸正是改名后的赤壁市赤壁镇。而且我们还知道，乌林包括上乌林、中乌林和下乌林，是对这片地域的统称。此外，"乌林、赤壁，其东西一百六十里"，而赤壁则是对"蒲圻县沿江一百里"的南岸的统称。若如此，上、中、下三乌林的分布范围便在六十里左右。由下乌林向东一百里的这片地域，便是赤壁。

盛弘之是南朝刘宋时人，《荆州记》成书于元嘉（424—453年）中期，上距赤壁之战才两百多年，而且本书是他在荆州任职期间所作，所记内容或来自内府图籍，或为其亲身考察所得，史料价值是比较高的。所以他对于乌林、赤壁的相对位置的记载，是我们据以考证赤壁地望的最可靠的资料。尤其值得注意的是，"蒲圻县沿江一百里，南岸名赤壁"这句话告诉我们，赤壁不是像后世以为的那样是一座山，而是对蒲圻县境内沿江一百里的南岸的统称。我猜测，这百里江岸之所以得名赤壁，大概是崖岸石壁饱经风雨和江涛冲刷，呈现出红色的缘故。这种情况其实在以砂岩为主体构造的江河崖岸上相当普遍，才导致了后世"侧近居人见崖岸赤色，因呼为赤壁"的情形，以致唐宋以后江汉地区出现了多处赤壁。

现在我们回过头来再看前面提到的关于赤壁所在地的蒲圻、嘉鱼和武昌（江夏）三说，就会发现，之所以会出现这三种不同的观点，全是因为对于史料的理解不同。

蒲圻说以为，曹操在江北乌林扎营，周瑜既在南岸，便应与其相对，所以将赤壁比定在了乌林正对面的山崖上。这也是刻有"赤壁"二字的摩崖石刻之所以出现在今天赤壁镇石头口村矶头临江崖壁上的原因。

武昌（江夏）说则将"乌林、赤壁，其东西一百六十里"理解为从乌林到赤壁山的距离是一百六十里。而这一段的长江水道古今的走向并

第 64 章　乌林危圮地

不一样。今天从乌林镇到郦道元比定的武昌西南的赤壁山，如前所述，水路里程大约是二百七八十里，这是因为长江在流过嘉鱼县后拐了一个近似马蹄形的大弯。但是在汉魏六朝时代，这个马蹄形的弯还只是一条小河汊，长江主水道比现在更加靠南，并且直流向东北（时至今日卫星照片上仍清晰可见）。所以减去这拐弯的一百多里，从乌林到武昌西南一处名叫赤矶山的地方正好是一百六十里，赤矶、赤壁的意思又差不多，郦道元便将此处认定为"周瑜与黄盖诈魏武大军所起"的地方了。

嘉鱼说的提出者杨守敬是晚清人，他生活的年代，长江的流向已经与今日差不多，所以在他看来，武昌赤壁的位置距离乌林就未免太远了。而且杨守敬对"乌林、赤壁，其东西一百六十里"的理解跟我相同，即这句话的本意是说乌林和赤壁这两片相连地域的分布范围是一百六十里，即赤壁一百里、三乌林六十里。也正是因为这片百里南岸都可以称作赤壁，所以杨守敬只是笼统地说道："赤壁当在嘉鱼县东北与江夏接界处。"

明白了这三种说法为何会出现，我们现在就可以分析一下哪一种更接近史实了。

如前所述，曹操是与周瑜军"遇于赤壁"，首战失利后退据北岸乌林的。也就是说，双方初次交锋的地点便是蒲圻县沿江一百里的范围内。以此标准衡量，武昌赤壁说由于多算了六十里，已经超出了这一范围，首先可以排除。曹军败退之时，周瑜军或许会追击一段距离，但应该不会与乌林曹军隔江面对面扎营。因为正如两个拔刀相向的仇人睡觉的时候不会待在同一房间一样，从军事常识上来说，与曹操这样的二十万人马、数千条战船的庞大舰队对峙，总要留出足够的安全距离。而这一带的长江江面今日还不到1.8公里，当时就算比现在略宽，直线距离还是过近。所以我推测，周瑜应该是在曹军斜对面的南岸扎营。据

《水经注》的记载，从乌林往东数十里的长江江心里分布有练洲、蒲圻洲、白面洲等沙洲，如果周瑜在这一带的南岸扎营，那么不但可以用这些沙洲作为掩护，也可以在沙洲上设置岗哨来监视曹军。故此我认为，乌林正对面的蒲圻县（今湖北赤壁市）赤壁山也不是周瑜、黄盖率军出发的地方，嘉鱼说虽然也未必准确，但却比另外两说更接近史实。当然，由于乌林毕竟是曹操大军被烧、败退奔走的地方，就这个意义而言，说对岸的赤壁山也属于赤壁之战的古战场，倒也不能算错。

最后，我的意见是，孙刘联军是在今嘉鱼县东境对曹军发动了第一次进攻，在随后的追击中停泊于嘉鱼县西境的长江南岸，后来也是由此出发对位于今乌林镇一带的曹军营寨发动了进攻。

若是如此，赤壁之战古战场这个头衔还是由乌林、蒲圻、嘉鱼三地共同承担，才最为公平。

《孙子兵法》有云："地形者，兵之助。""知天知地，胜乃可全。"西方兵圣克劳塞维茨也说，地形地貌"不论是对战斗过程本身，还是对战斗的准备和运用来说，都有决定性的影响"。现在战场范围既已确定，我们就可以据此讨论双方的战略战术了。

对于深谙兵法的曹操而言，在作战生涯当中，只要条件允许，他都会对决战战场加以精心选择，以牢牢掌握主动权。例如官渡之战就是如此。但是这一次，由于事先没有想到会遭遇敌人，为了在战事不利的情况下尽早止损，他几乎是出于本能地选择了在北岸乌林临时扎营。事实上，由于曹军首战失利，江面的控制权已经被孙刘联军掌握，为防止归路被断，他也只能选择在北岸停泊。

问题在于，对于水战而言，乌林这个临时停靠的地方实在不够理想。

清代时，魏源在《圣武记》中将历代水战要领总结为："大胜小，坚

胜脆,顺风胜逆风,顺流胜逆流。防浅、防火、防风、防凿、防铁锁。"之所以要五防,自然是因为这五种因素容易使水军陷于危险当中。

后三样暂且不提,单就防浅和防火而言,乌林这个地方对于曹军来说就很不利。

据地质学界的研究,从洪湖到嘉鱼段的长江由于处于地质构造的断裂带上,至少从第四纪开始,江岸两侧便存在明显的东升西降迹象。正是这种构造活动的断裂和升降,造成了这一带长江南岸山崖耸立的景观,所谓"沿江一百里,南岸名赤壁"便是指此。今天这种景观消失不见,应该是唐宋以后沙洲向河岸靠拢造成河道北移的结果。另一方面,北岸则从全新世以来便是地势平缓的河漫滩冲积平原,平原西北侧由于受到云梦泽等水体(今洪湖的前身)侵蚀,地势显得逼仄而狭窄。在这片狭窄的带状地域上,以泥沙沉积形成的自然堤为中心线,面向河岸一侧是泥泞的漫滩,背向河岸一侧是向云梦泽延伸而去的缓坡。两岸在地形地貌上的这种差异,使得北岸一侧河床较浅、江水流速较缓,枯水期行船至此容易搁浅,而南岸一侧则河床较深、江水流速较快,便于通航。实际上即使在今天,这一带的长江主航道依然靠近南岸。

前文已经交待,此时正值隆冬,长江处于枯水期。因此对于曹军的数千条战船来说,显然违背了"防浅"的原则。即便搁浅的情况一开始并未出现,随着时间的推移和江水缓慢退却,直到春汛来临之前,这种情形也只会变得越来越严重。

此外,北岸的大片滩涂是适合芦苇等浅水植物疯狂生长的地点。而当冬季水位下降后,这些枯萎的芦苇便成了极为危险的易燃物。二十万曹军扎营于此间,毋庸置疑也背离了"防火"这一原则。

按《孙子兵法》的说法,对于水战而言,乌林这个地方实在是一块"圮地"。圮者,毁也。遇到这种危险的地域,明智的选择是赶紧离开

（"圮地则行"）。可问题是由于荆州水军作战不利，现在江面的控制权已经被周瑜掌握。曹军虽有二十万之众，要想顺利离开，却并不容易。

好在这时数九隆冬，整日里净刮西北风，曹军水寨据守北岸，南岸的孙刘联军要想发动火攻，一时也不得其便。

于是两军就这样暂时对峙了下来。

第64章 乌林危圮地

第65章 黄盖诈降

曹操毕竟是曹操。他当然知道本军所处的地形于水战十分不利,同时首战失利的结果也让他看清了荆州水军不可信任。但是他也知道,自己的军队更擅长陆地作战,并且在兵力上占有绝对优势。既然在江面上正面作战占不了便宜,那就应该设法越过长江的阻隔直捣敌营。于是在对峙期间,他重拾当年乌巢劫粮的故伎,派出奇兵进行了一次非常冒险的尝试。

我认为,前述王粲《英雄记》中那段看似与其他史料互相矛盾的记载其实记录的正是这一段史事。

王粲先是说:"周瑜镇江夏,曹操欲从赤壁渡江南。"说明这个时候曹操明确地知道自己的对手已经不再是刘备,而是东吴的周瑜。赤壁初次交锋后,他之所以欲渡江南,自然是为了使本军的步骑优势得以发挥。但是由于赤壁一带江面被周瑜水军封锁,曹操只能派一支部队向东北方向迂回至汉水下游,企图在避开东吴水军的情况下秘密渡江。也正是因为这支部队是从乌林步行至此,所以才出现了"无船,乘簰沿汉水下至浦口,未即渡"的情景,即乘坐临时制造的大竹筏沿汉水而下。麻烦的地方在于,曹军未及渡江而停留的这个"浦口"具体是哪里,已经很难知道了。因为"大水有小口别通曰浦",凡是在大江大河交汇处分流的小河口都可以称之为浦口。而汉水下游入江处除了夏口之外,在明代以前一直存在着众多小河口(尤其是右岸),以至有"汉江九口"的说法。从常理推测,他们应该会选择一个距离夏口城较远的河口,以免被孙刘联军发现才是。

不过正如这段史料揭示的那样,试图秘密过江的曹军还是被孙刘联军发现了。于是在一天夜里,周瑜派遣了"轻船走舸百余艘",每艘船有五十人划桨,船上的战士则"人持炬火",迅速接近了曹军的竹筏。"至乃放火,火燃即回船走去。须臾,烧数千簰火起,火光照天,操乃夜去。"于是曹操的这一计划最终宣告失败。此事愈发反映出,当时周瑜完全掌控着自赤壁以下直到夏口一带的江面控制权。他决计不给曹操任何渡江的机会。

另一方面,此战虽然孙刘联军获胜,但曹军只是竹筏被烧,人马并没有什么损失,双方对峙的态势也并没有变化。不知道是不是受到了此战启发,东吴老将黄盖随即向周瑜提出了火攻乌林曹营的建议。

《三国志·周瑜传》中记录黄盖的原话是:"今寇众我寡,难与持久。然观操军船舰,首尾相接,可烧而走也。"也就是说,当时曹操的数千艘战船以"首尾相接"的状态堆挤在一起,一旦遇火,极易蔓延,所以黄盖才说"可烧而走"。

奇怪的是,这句话到了《资治通鉴》当中,就变成了"操军方连船舰,首尾相接,可烧而走也"。多出了"方连"二字。考虑到《通典》

第 65 章 黄盖诈降

《册府元龟》亦是如此，看来多半是今本《三国志》于此处有所脱漏。而《三国演义》中庞统巧施连环计，骗得曹操将全部战船尽以铁环锁连的情节，正是由此二字演绎而来。

史料显示，庞统本人并没有为曹操划策的经历。这一点我们暂且不去说它。单就"方连船舰"这一记载而言，我们是否能认为曹操的确采取了锁连战船的策略呢？

恐怕很难。因为"连"固然可以理解为连接、连系，却也可以理解为连续不断、一个挨一个。况且单凭一个"连"字，根本看不出来是否使用了铁环或者铁锁。曹操又不是傻子，如前所说，乌林这个地方本来就违背了"防浅""防火"这两大原则，他避之还唯恐不及，怎么可能做出将所有战船用铁锁连在一起这样脑残的决定呢？《三国演义》说庞统劝曹操锁连战船的理由是上铺阔板可以减少船只颠簸，使北军如履平地。且不说这又违反了水战的原则，就当时的状况而言，也完全没有必要。因为长江正值枯水期，北岸河床浅，江水流速缓，波涛本来就不大，而且驾船的技术需要长期训练，非一朝一夕便可养成。倘若真像《三国演义》中说的那样，每几十条战船便用铁索和木板钉在一起，又该叫船员如何驾驶？所以说锁连战船这一情节实在漏洞多多，历史上不可能真的发生。

那么，"方连船舰"到底是什么意思呢？

在古汉语中，此处的"方"可以有两种理解。一种是把它看作副词，是"正""正在"的意思。一种则取其本意，即《说文解字》中的解释："方，并船也。"段玉裁进一步注解说："下象两舟并为一，上象两船头总于一处也。"显然，应以后一种意思为宜。也就是说，"方连船舰，首尾相接"是指曹军的战船一艘艘并排停泊，而且彼此挨得很近。

周瑜和黄盖想利用的，正是这一点。

于是黄盖派人给曹操送去了一封信，说自己愿意投降。

《江表传》记载这封信的内容如下：

盖受孙氏厚恩，常为将帅，见遇不薄。然顾天下，事有大势。用江东六郡、山越之人，以当中国百万之众，众寡不敌，海内所共见也。东方将吏，无有愚智，皆知其不可。惟周瑜、鲁肃偏怀浅戆，意未解耳。今日归命，是其实计。瑜所督领，自易摧破。交锋之日，盖为前部，当因事变化，效命在近。

大意是说，他孙家虽然待我很好，但是您曹丞相统一天下是大势所趋，除了周瑜和鲁肃这两个傻蛋，江东文武就没有不这么认为的。我黄盖是真心归顺，两军交锋之时我会见机行事倒戈来降云云。

显然，这里面黄盖没有提到自己跟周瑜有什么不和，而且史籍中也没有"周瑜打黄盖"的记载。可知黄盖为诈降成功不惜使出"苦肉计"一事，也是小说家出于情节需要的杜撰。同样，阚泽下书一段也是如此。史书中并未言及这位送信人的姓名，只说他是"行人"。

看了黄盖这封信，曹操的心里不是没有怀疑。按理说兵发赤壁以来曹军两战失利，虽然都不是什么伤筋动骨的大败，毕竟于士气有损，而东吴那边却是士气正旺，本不该有大将投降之举。但另一方面，东吴内部有不少人主张向曹操代表的中央政府投降的情况，他也是有所了解的。张昭、秦松等人自不必说，就是孙权的堂兄、现任豫章太守孙贲也因为辖境与荆州毗邻，担心曹兵压境而欲"遣子入质"（另外也要注意，孙贲之女嫁给了曹操之子曹彰，二人有姻亲关系）。诚如黄盖所言，以江东一州之地对抗中国百万之众，或许一两场战斗会占上些便

第65章 黄盖诈降

宜，但从大势来看，终究是众寡不敌。在这一背景之下，如果连孙贲这样的同姓亲属、张昭这样的托孤重臣都生出了投降之心，那么像黄盖这样的异姓将领顺应时势而选择弃暗投明，不是也很正常吗？

再说，类似的情况曹操以前也遇到过。当初他三次征讨张绣，皆是无功而返，还搭上了自己的亲儿子和大将典韦。后来他没打张绣，张绣却主动来投降，不就是因为一来他曹操挟天子以令诸侯，二来双方强弱之大势早已分明吗？眼前的黄盖，又有什么理由不会成为下一个张绣呢？

于是曹操特意召见了替黄盖送信之人，仔细盘问了他一番。末了说道："但恐汝诈耳。盖若信实，当授爵赏，超于前后也。"倘若你黄盖真心归顺，我对你的奖赏肯定空前绝后。

由此可知，曹操虽然没有百分百地相信黄盖，但至少已经上了钩，诈降的计策还是起到了作用。

在此，也就是即将进入历史上真实的"火烧赤壁"的讲述之前，鉴于小说和影视剧中的诸多虚构情节已经深入人心，我感到很有必要先稍做辨证，免得到时横生枝节，混淆读者们的视听。

第一个要说的，便是所谓"蒋干盗书"一事。

曹操曾派蒋干劝降周瑜一节，历史上确有其事。据《江表传》的记载，蒋干是九江郡人，与周瑜的籍贯庐江毗邻，两人可以说是老乡。而且蒋干这个人"有仪容，以才辩见称，独步江淮之间，莫与为对"，俨然一副名士派头，绝非舞台上的小丑角色。史籍说当年曹操听说周瑜"年少有美才"，便派蒋干秘密去扬州说服于他。周瑜见到蒋干后，安排他到馆驿安歇，后来又带他参观自己军营中的仓库甲杖，示之以侍者服饰珍玩之物，末了对蒋干说："丈夫处世，遇知己之主，外托君臣之义，内结骨肉之恩，言听计从，祸福与共，假使苏秦张仪复生、郦食其在世，我还要抚着他们的后背反驳他们的言论，何况足下少年书生，岂能说服于我？"蒋干听了，只是笑笑，终无所言。回到中原后，蒋干便向曹操汇报说周瑜这个人雅量高致，非言辞所能离间。此事也便无疾而终。

由此可见，蒋干不但并无盗书的举动，而且为人颇有风度。更重要的是，此事不大可能发生在赤壁之战期间。因为赤壁之战时周瑜已经三十四岁，而曹操派蒋干说降是因为他"年少有美才"，按古人的理解，三十四岁无论如何也不能说是"年少"了。再从他"外托君臣之义，内结骨肉之恩"等言辞来推测，这件事应该发生在周瑜二十出头、助孙策平定江东期间为宜。

第二件事，便是著名的"草船借箭"。

同蒋干盗书一样，这件事在三国历史上也确有原型。不过主角并不是诸葛亮，而是孙权，地点则是五年后长江下游的濡须口战场。

据《三国志·吴主传》及裴注所引《魏略》，建安十八年（213年）正月曹操进攻濡须坞（今安徽无为东南），与孙权相持月余。期间孙权亲乘一大船来觇视曹军，于是曹操"使弓弩乱发，箭著其船。船偏重将覆。权因回船，复以一面受箭。箭均船平，乃还"。若是如此，可知孙权乘坐的并非草船，他的目的也不是"借箭"，调转船身使受箭均匀只是他为避免翻船而被迫采用的权宜之计罢了。后世小说家移花接木，将此事安置在诸葛亮的头上，又设置了周瑜限其三日打造十万支箭等情节，一是为了凸显孔明的超人智谋，二则是为周瑜忌妒、谋害诸葛亮这一线索服务。为了使此事显得真实可信，作者不但将"借箭"情节安排在大雾垂江的深夜，而且拉了鲁肃这个"忠厚长者"做陪衬，可见颇下心思。

其实要是认死理儿，草船借箭的故事在逻辑上就有一大堆漏洞。例

如有网友便提出，船上全都是草人，曹操那边要是射火箭怎么办？刘宝瑞先生有个单口相声也调侃说，要想顺利把箭借回来，最重要的是要懂数学，搞不好的话，不但箭借不回来，没准儿还全军覆没。怎么呢？首先得算一支箭多重，按十六两制，一支箭大约四两，十万支可就是两万五千斤！小说里诸葛亮总共带了"轻快船二十只"，算下来每只船平均负荷一千二百五十斤。可是射的时候你不知道什么时候到十万支啊，为保险起见，只能尽量让他多射，所以每只船至少要承受一千五百斤的重量。所谓"轻快船"能否承受得了，实在令人怀疑。

再说了，小说中的情景，当时是大雾弥漫，又是五更天尚未亮之时，曹军只闻江上传来擂鼓呐喊之声，根本看不见目标。在这种情况下，弓箭手即使不是瞎射，也跟瞎射差不了多少。再加上江面辽阔，二十只小船只能覆盖极小的面积，每射出十支箭，能有一支射中草人，就已经是很高的命中率了。我们姑且假设命中率是百分之十，那么要借到十万支箭，意味着曹军至少要射一百万支。小说中说曹军弓箭手是一万余人，平均下来就是每人射一百支。要是这样，大概每个曹兵都得累个半死。问题是曹军放箭，也不可能按船分配。说这只船重量够啦，别射啦，那只船不够儿，再找补点儿。那怎么可能？万一有的船还没射够，有的船已经过载，又怎么办呢？你诸葛亮只在一条船上，怎么知道别的船的情况呢？二十只船肯定受箭不均，调转船身的时间又怎么协调呢？大雾弥漫的情况下，二十只船大概彼此也看不见，协调不一致的情况下，万一相撞怎么办？

所以小说终究是小说，不能细想，一想全是bug（破绽）。

第66章 燃烧的大江

接下来要说的,是"宴长江曹操赋诗"这一情节。

说起曹操的诗作,最著名的除了前面提及的《观沧海》,那就一定非《短歌行》莫属了:

对酒当歌,人生几何!譬如朝露,去日苦多。
慨当以慷,忧思难忘。何以解忧?唯有杜康。
青青子衿,悠悠我心。但为君故,沉吟至今。
呦呦鹿鸣,食野之苹。我有嘉宾,鼓瑟吹笙。
明明如月,何时可掇?忧从中来,不可断绝。
越陌度阡,枉用相存。契阔谈䜩,心念旧恩。
月明星稀,乌鹊南飞。绕树三匝,何枝可依?
山不厌高,海不厌深。周公吐哺,天下归心。

一般认为，这是一首宴乐酬唱之作，表达了曹操渴望招怀天下贤才以成就周公之业的心境。但是这首诗究竟作于何时，一直以来始终难以确定。

在小说《三国演义》第四十八回，作者将曹操作《短歌行》的时间安排在了赤壁对峙期间一次在大船上举行宴会之时，其实也是受了苏东坡《赤壁赋》的影响。因为在《赤壁赋》的第三节，苏轼借友人之口发问道："月明星稀，乌鹊南飞。此非曹孟德之诗乎？西望夏口，东望武昌，山川相缪，郁乎苍苍，此非孟德之困于周郎者乎？方其破荆州，下江陵，顺流而东也，舳舻千里，旌旗蔽空，酾酒临江，横槊赋诗，固一世之雄也，而今安在哉？"

显然，罗贯中安排"宴长江曹操赋诗"这一情节，正是受赋中"酾酒临江，横槊赋诗"一语之启发。也正是由此，后来才有了老版《三国》电视剧中鲍国安老师饰演的曹操舞槊高歌"对酒当歌，人生几何"的经典情景。

可是问题在于，学界的研究显示，《短歌行》要么作于赤壁之战之前，要么作于战后，唯独不可能作于赤壁之战两军对峙期间。

为什么这么说呢？因为诗中"呦呦鹿鸣，食野之苹。我有嘉宾，鼓瑟吹笙"这一段来自于《诗经·小雅·鹿鸣》一篇，而《鹿鸣》乃是汉魏时期专门用于朝会宴饮的嘉礼场合演奏的雅乐，可知当时曹操"对酒当歌"所"当"（此处之"当"应为"面对"的意思）之"歌"正是《鹿鸣》。既是仅限于正式的朝宴场合的雅乐，自然对乐工、乐器、礼仪、程序等方面有着特殊的要求，两军对垒之时不但场合气氛不相符，条件恐怕也不具备，所以该诗作也就不大可能作于赤壁对峙期间。

最后，谈一下至关重要的"借东风"问题。

如前所述，在黄盖下诈降书之后，周瑜火攻曹营的计划已经基本上完成了布局。正所谓"万事俱备，只欠东风"，由于孙刘联军位于长江南岸，要想对北岸的曹军实施火攻，还得风向合适才行。而赤壁对峙发生在"盛寒"的隆冬时节，按照常理而言，刮东风（或者东南风）的天气是不容易出现的。所以小说《三国演义》中特意安排了一段"七星坛诸葛祭风"的情节，让诸葛亮作法借来三日三夜东南大风，这才助得周瑜火烧赤壁成功。

作者之所以如此，在我看来至少有两重目的：一是为了凸显诸葛亮有通天彻地之能，二是为了强调刘备一方在赤壁破曹时所起到的作用。书中这么描写，在古代人眼中是完全没有问题的，但是到了科学昌明的时代再看，就会觉得不够真实。所以鲁迅先生在《中国小说史略》中才评论说，《三国演义》在塑造人物方面"亦颇有失"，一个显著例子就是其"状诸葛之多智而近妖"。

回到历史本身，诸葛亮借风一事当然并不存在。但是根据《江表传》中"时东南风急"的记述，可知周瑜、黄盖火烧赤壁之时确实是刮了这个季节不常见的东南风。所以裴松之才说，曹操之所以战败，"实由疾疫大兴，以损凌厉之锋，凯风自南，用成焚如之势"，纯属运气不好。难怪杜牧也要感叹"东风不与周郎便，铜雀春深锁二乔"了！

这一来，一个绕不开的问题就摆在了我们这些凡事都要考证一番的死理性派面前：在距今一千八百多年的赤壁战场，到底有多大的可能会刮起东南风呢？

要想解答这个问题，首先就要确认火烧赤壁一事发生的时间。

然而遗憾的是，历史上影响如此深远的一场战事，史籍不但没有记录其具体日期，甚至就连它发生在哪个月份也是语焉不详、彼此歧异。

《后汉书·献帝纪》说赤壁之战发生于"冬十月癸未朔，日有食

之"之后；《三国志·武帝纪》和袁宏《后汉纪》均说此事发生于当年十二月间；司马光在《资治通鉴》里则试图调和矛盾，将此战放在了十月日食之后、十二月之前，后人据此，多以为火烧赤壁乃十一月间事（《三国演义》便是如此）。

如前所论，当曹军尚未从江陵东下或者还在半途之中的时候，周瑜便对孙权说出了"又今盛寒，马无槁草"一语，可知当时已经进入了隆冬时节。而据陈垣《廿二史朔闰表》，建安十三年（208年）闰十二月，冬至日在十一月二十九日（公历12月24日）。考虑到长江中游冬季的气温本来便比黄河流域要暖，以距战场最近的嘉鱼县为例，气象资料显示其12月的平均气温在4℃到11℃之间。即便汉末三国时代我国的平均气温比现在略低1℃到2℃，这个温度也是不应该被称作"盛寒"的。再加上双方开赴战场和两岸对峙的时间，可知火烧赤壁一事最早也要到十二月才能发生。《三国志·武帝纪》和袁宏《后汉纪》的记载应该是正确的。

既然时间可以定在十二月（公历12月25日—次年1月23日），那么在这一时间段内，赤壁一带刮东南风的概率又是多少呢？

笔者统计了"天气后报"网站上公布的嘉鱼县2018、2019两年1月份的主导风向数据[①]，结果发现刮东南风的次数仅为3次，出现的概率不足3%；刮北风的次数最多，为49次，概率为47%；其次是东北风38次，概率为36.5%；然后是东风12次和西北风8次，各占11.5%和7.7%。换句话说，一个月里真正刮东南风的天气只有一天，其他日子则主要是以刮北风和东北风为主。

---

① 笔者原想统计更长的时间段，但该网站2017年的风向数据大多显示为"无持续风向"，无法统计。

这么一看，如果当地的气候情况与一千八百多年前相比没有大的变化，曹操这个家伙还真是运气不好：一个月里只有一天刮东南风，偏偏就叫周瑜、黄盖逮着了！

不过，倘若换一个角度来看，这件事也不能完全归因于运气。

首先，在汉魏时代我国的造船技术已经相当成熟，普遍使用多桅多帆，而且当时的船帆多用"卢头木"等植物织成，属于典型的硬帆。这种硬帆的最大特点就是能随桅杆转动，从而利用侧向风。也就是说，除了迎面而来的"打头风"，其余方向的风实际上都是可以利用的。从卫星地图上看来，乌林镇到嘉鱼县这一段长江基本呈"西—东"流向，对位于曹军东南方的周瑜军而言，即使没有正后方的东南风，来自侧后方的东风、南风、东北风和西南风也是足以扬帆而进的。如果将这几个方向的风也纳入统计，那么可以实施火攻的天气出现的概率就猛增到了50%！考虑到一月时当地常有三分之一的日子下小雨，就算将下雨的日子排除，这个月也有十天左右可资利用。

其实若按《三国志·周瑜传》的叙述，火攻当日"时风盛猛"，并没有明说是哪个方向的风。"东南风"的说法只见于《江表传》。因此我们也不能排除当时刮东风或其他方向的风的可能。

另外，当前还有一种观点，认为周瑜、黄盖利用的乃是"湖陆风"。所谓"湖陆风"，是指水域和陆地之间受热不均导致气压差异而引起的气流运动。一般而言，白天的时候水域气压高，风从湖面吹向陆地，而夜晚的时候陆地气压高，风从陆地吹向湖面。赤壁一带西北有云梦泽，西南有洞庭湖的前身巴丘湖，是具备湖陆风出现的条件的。但是史料显示，赤壁之战很可能发生在白天，而不是像小说描述的那样发生在夜里。那样的话，因气压差异产生的湖陆风应该是从西向东吹，正与东吴军的前进方向相反。所以用这种观点来解释当天的风向问题，无异

第66章 燃烧的大江

于南辕北辙。

总之,周瑜、黄盖等久在南方生活,此前又曾数次深入江夏地区作战,对当地的气候条件应该是十分熟悉的。之前在黄盖献策、定计火攻的同时,他们肯定预计到了合适的天气一定会出现,而不是将如此重大的军事行动全然交给运气来决定。而对于初次涉足长江流域的曹操来说,既不占天时,也不占地利,鉴于荆州水军"尚怀狐疑""非心服也"的态度,在人和方面似乎也比不上孙刘联军,由此看来,这场战争的失利绝非像裴松之说的"盖有运数"那么简单。

好了,闲话少说,考虑到赤壁之战的结果大家其实都很清楚,下面我也就不再卖关子了。

很可能是十二月中下旬的一天,江面上刮起了东风或者东南风。于是按照计划,黄盖拣选蒙冲斗舰数十艘(《江表传》云轻利舰十舫),在其中满载薪柴芦荻等易燃物,灌上油脂,再用帷幕盖得严严实实,遍插龙幡牙旗。又预先准备了一些轻快的走舸,系在大船之后,以便士卒点火之后尽快撤离。然后黄盖先派人给曹操送信,说自己今日便降,随后率领着这些伪装的火船依次进发,直奔曹营而来。

这一天风势很大,黄盖的船队中江举帆,行得飞快。他将十条船放在最前,命士兵们齐声高呼:"投降!投降啦!"曹营那边听到动静,士卒们都跑到江边,伸着脖子往远处观望,一个个交头接耳,指言是东吴军投降(由此可知当时是白天)。眼看距曹营只有二里多地,黄盖一声令下,所有大船同时点火。江风劲吹之下,"火烈风猛,船往如箭",数十条火船如同拖着长尾的巨龙,很快便以分散的队形冲入了停靠在北岸的曹军战船当中!

要知道,那个时候的船只皆是木制,而且船身皆以桐油之类浸涂以延长使用寿命,船上其余篷、索、帆、板等也无一不是易燃物,所以一旦着火，极难扑灭。而由于事发突然，曹军疏于防范，其"方连船舰，首尾相接"的停泊方式也不利于疏散，再加上北岸水浅，船行不便，不到片刻工夫，大火就以迅猛之势在战船间蔓延开来。更要命的是，江岸边遍生的芦苇此刻成了天然的导火索，很快便引得火舌直卷岸边的曹军营寨，"顷之，烟炎张天，人马烧溺，死者甚众"。在这种情况下，曹操本事再大，也已无济于事。周瑜再率领孙刘联军趁机擂鼓冲锋，在后一通掩杀，二十万曹军遂兵败如山倒，不消几个时辰便"樯橹灰飞烟灭"了！

第 66 章 燃烧的大江

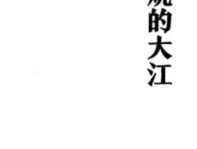

第67章 诡异的疫病

赤壁之战之所以历来被视为我国古代以少胜多的经典战役，除了战事本身富于戏剧性之外，更主要的在于此战对于天下大势和历史走向产生了巨大影响。今天人们熟知的三国时代，虽然通常要从东汉末年的黄巾、董卓之乱讲起，但如果不是赤壁沿岸的那场熊熊大火，恐怕魏蜀吴三足鼎立之格局后来也就不会形成。

正因此，胜利一方凡是参与了这场战事的重要成员，无不将其视为自己一生中最值得大书特书的功绩，多年以后，他们的英雄事迹也得以被后世代代颂扬。

例如，据《宋书·乐志》记载，孙权称帝后，曾经命人谱写了十二首鼓吹曲，其中第四曲便是《伐乌林》，其辞曰："曹操北伐，拔柳城。乘胜席卷，遂南征。……议者狐疑，虑无成。赖我大皇，发圣明。虎臣雄烈，周与程。破操乌林，显章功名！"可知在孙权看来，赤壁破曹首先要归因于自己力挽狂澜"发圣明",其次才是周瑜、程普等将士之功。

不过在后世文人们看来,还是羽扇纶巾、谈笑破曹的周郎最值得歌颂。除了前面屡次提到的苏轼《念奴娇》《赤壁赋》,大诗人李白也作诗道:"二龙争战决雌雄,赤壁楼船扫地空。烈火张天照云海,周瑜于此破曹公!"

至于首献火攻之策,随后又诈降发挥了重要作用的黄盖,相对而言在民间得到了更多的赞扬。据说黄盖去世之后,凡是他曾经当官的地方,老百姓都图画他的形象,四时祭祀;夏口附近有一地名为黄军浦,相传也是因黄盖驻军于此而得名。顺便说一下,其实赤壁之战黄盖放火成功后,在战斗中被流矢射中坠江,差一点就死了。后来他虽然被吴军士卒从冰冷的江水中捞了上来,但当时战场混乱,谁都没认出来他是黄盖,把他随便往厕所里的座便器(厕床)上一扔就不管了。黄盖挣扎着呼叫韩当,终于韩当循声找到,赶紧给他换衣服治伤,他这才活了下来。

而同样属于胜利一方的刘备阵营,由于兵力有限,水战又并非其所长,所以在战斗中主要发挥的是辅助作用,并没有太多值得夸耀的亮点。所谓关羽在华容道放走曹操云云,亦出于小说家虚构,不必多谈。

那么,战败一方的曹操对赤壁之战又是怎么看的呢?

这就很有意思了。

首先,曹操承认自己在赤壁吃了瘪,但是他坚持认为,这并非周瑜的功劳,而是本军爆发了疾疫所致。如据《江表传》的记载,后来曹操曾写信给孙权说:"赤壁之役,值有疾病,孤烧船自退,横使周瑜虚获此名。"建安十六年(211年),阮瑀以曹操的名义给孙权下书,也说:"昔赤壁之役,遭离疫气,烧船自还,以避恶地,非周瑜水军所能抑挫也。江陵之守,物尽谷殚,无所复据,徒民还师,又非瑜之所能败也。"不是你周瑜打败了我,是我自己为了躲避瘟疫,主动把船烧掉

第67章 诡异的疫病

退兵。

在我看来,曹操这个解释纯粹是煮烂的鸭子——嘴硬,当然不是事实。不过话说回来,疾疫之说也不完全是空穴来风。史料显示,曹军这次南征的确遇到了比较严重的疫病。

如前所述,早在两军"遇于赤壁"的首次战斗发生时,《三国志·周瑜传》便提到"时曹公军众已有疾病",说明至晚在从江陵东下途中,疾疫已经在曹军当中流行开来。后来赤壁大战爆发,同书《武帝纪》云:"于是大疫,吏士多死者,乃引军还。"《吴主传》则云:"(曹)公烧其余船引退,士卒饥疫,死者太半。"《先主传》亦云:"时又疾疫,北军多死,曹公引归。"说明当时曹军因疾疫而严重减员的情况是魏、蜀、吴三国史官的共识。另据《蒋济传》,曹操在败还北方的过程中,曾派将军张喜带一千骑兵过汝南驰援被孙权攻击的合肥,瘟疫还由此传染给了汝南兵。可见这一疫病的危害程度的确相当猛烈。

耐人寻味的是,周瑜似乎对此早有预见,因为他在之前劝孙权发兵之时已经明言:"驱中国士众,远涉江湖之间,不习水土,必生疾病。"这就更加让人感到好奇,想知道曹军到底是感染了何种疫病。

早在二十世纪八十年代,便有学者提出,曹军有可能是得了血吸虫病。

血吸虫病是一种血吸虫在人体内部寄生而导致的疾病。由于血吸虫的唯一中间宿主钉螺滋生于湖沼、池塘、沟渠、水田等地域,喜欢温暖潮湿的环境,所以自古至今,我国长江中下游地区都是血吸虫病的流行区。据说,湖南长沙马王堆一号墓女尸和湖北江陵凤凰山汉墓出土的男尸体内均曾检获血吸虫虫卵,说明早在西汉时,这种寄生虫病已经在当地传播开来。而据解放初期的统计,全国大约有一千万人感染此病,严重流行区甚至达到了"千村薜荔人遗矢,万户萧疏鬼唱歌"的悲惨境况。

理论上而言，曹军进入荆州的九月份气温尚未低于血吸虫幼虫（尾蚴）活动的适宜温度，操练水军、行军扎营之时，士兵又不可避免地会接触水面，尾蚴是完全有可能进入士兵体内寄生下来的。但是问题在于，通常为初次发病的急性血吸虫病从病人接触疫水到发热等临床症状出现需要平均四十天的潜伏期（慢性血吸虫病症状不明显，暂不考虑），而这种病的传播只能依赖钉螺，不会在人与人之间传染。并且毛蚴从钻入螺体到逸出尾蚴，温度适宜时也需要8～10周。当两军于赤壁对峙之时，气温早已不适合尾蚴的生长发育。然而史料分明显示，赤壁对峙前后正是曹军疫病大规模爆发之时。所以综合考虑，曹军士兵或许的确有人染上了血吸虫病，但当时造成大规模减员的疫病应该并不是它。

也有学者认为，曹军感染的疫病可能是斑疹伤寒或疟疾。

斑疹伤寒是一种由名叫立克次体的微生物引起的急性传染病，大体可划分为流行性斑疹伤寒和地方性斑疹伤寒两类。其中流行性斑疹伤寒主要依赖人身上的虱子传播，多发生在冬春季节。因为天气寒冷之时，人们洗澡和换洗衣服的次数都较少，而且古人为了御寒常常挤在一起和衣而眠，自然利于虱子的繁殖和"播种"。从这一点看，倒和赤壁之战发生的时间相吻合。再加上古代行军作战，将士常常长时间不解甲胄，往往出现"介胄生虮虱"的情形。因此曹军将士感染这种疾病是很有可能的。而一旦感染流行性斑疹伤寒，只需要平均十天左右的潜伏期，便会呈现出高烧、头痛、胸背部出现斑点状的皮疹等症状，同时神经系统、心血管系统、肾脾功能也会严重失常，据说死亡率在10%到40%之间。

至于疟疾，则是按蚊叮咬人体时输入疟原虫而导致的传染病，史籍常称之为"疟""痎疟"或"瘴疠"。由于发病时寒热交替，故俗称"打摆子"。因为与按蚊的生活习性息息相关，作为瘟疫的疟疾有两个特点：一是多发生于夏秋之际，二是多发生在南方地区。荆州一带自古以来确实是疟疾的流行区，尤其是当北方军队进入时，更容易大批量感染。例如东汉初年，马援率四万人远征武陵蛮，军中便因爆发了"温湿疾病"而死者大半，马援自己也染病而卒。南宋时，金国宰相仆散揆曾率九路大军南下攻宋，虽然颇有进展，却因士卒疲疫而匆匆撤军，并最终引发了次年金国的疟疾大爆发。"侯王官吏，上下皆病，轻者旬月，甚者弥年。"仆散揆本人也死于这场瘟疫。从传染病学的角度来说，某一传染病在某地持续流行很长时期后，当地人大多会产生一定的抗体。这时，此前并没有接触到这种疾病的外地人进入当地，便极易感染此病。正因此，在很长一段时间里，北方人都将进入南方视为畏途。杜甫就有诗云："江南瘴疠地，逐客无消息。"曹操也在追念郭嘉时说，由于人多畏病，南方有疫，郭嘉常言"吾往南方，则不生还"。而此前周瑜预言说北方士兵"不习水土，必生疾病"，应该也是就此而言。江汉流域历来为水乡泽国，蚊子之多可想而知，所以从地理环境来看，曹军感染疟疾完全可能。

　　那时间因素又如何呢？我们知道，曹军进入荆州是在农历九月份。而中华按蚊在长江中下游地区的活跃时间是从公历4月持续到10月，嗜人按蚊的活跃时间还要更迟。也就是说，曹军初入荆州时，按蚊尚未进入越冬，疟疾在曹军当中传播是有可能的。而感染疟原虫后，一般经过12~14天的潜伏期开始发作，发病期可持续6~8周。所以在赤壁之战发生的十二月份，疟疾仍然可以发作。此外据史料透露，孙刘联军一方似乎并没有感染疫病。这也从另一个角度说明曹军感染的很可能是疟疾这种地方病。

　　实际上，汉末建安年间是我国历史上瘟疫频发的一段岁月。对此，同时代的"医圣"张仲景有着深切的感悟。他在《伤寒论·自序》中曾经沉痛地说，自己的宗族本来有二百多人，但是建安纪年以来还不到十年，"其死亡者三分有二，伤寒十居其七"（汉人将包括瘟疫在内的所有外感病都称作伤寒）。尤其是在建安末年，当时如曹植所言，"疠气流行，家家有僵尸之痛，室室有号泣之哀，或阖门而殪，或覆族而丧"，以致著名的建安七子当中，竟有五人在这场瘟疫中丧生。

赤壁之战时曹军遭遇的这场瘟疫，就是流行病频发这一背景下的一次集中爆发。古代行军打仗，卫生条件往往十分恶劣，加之南征的曹军有二十余万之多，其中来自北方的十五六万士兵又对南方的水土很不适应，感染疾病实属正常。而且士兵们的身体素质不同，免疫能力各异，接触的病原亦有别，很可能患上的是不同的疾病。不论是前面提到的斑疹伤寒、疟疾，甚或其他学者提出的流感等传染病，在当时的军营里都有感染和流行开来的可能。由于史籍中没有记载染病士兵的症状，我们已经无法确知造成曹军大规模减员的疫病到底是哪种。毋庸置疑的是，这场瘟疫的确严重削弱了曹军的战斗力。

所以曹操将自己战败的主要原因归咎于疫病，也算是情有可原。

第68章 "孙十万"合肥首秀

接下来我们继续探讨前面提出的问题,即曹操后来如何看待赤壁之战。

如前所论,首先曹操认为赤壁战败,原因不在于周瑜,而是瘟疫所致。其次,曹操还认为赤壁之败只是小小挫伤,无关大局,自己南定荆州的目标已经达成。

例如在赤壁之战结束两年后,曹操在他那篇著名的《让县自明本志令》中便声称,自己消灭刘表之后"遂平天下",不仅无视刘备和孙权的存在,更对赤壁之败只字不提。曹魏建国后,乐官制定了鼓吹曲十二篇,其中第八曲《平南荆》也宣称,自刘琮投降后便"天下一定,万世无风尘"。这当然跟实际情况不符。且不说吴蜀两国各自割据一方,天下并未一定,就是荆州,曹操实际上也只是占据了包括襄阳在内的北部一隅,与刘表、刘琮所据相比大为缩水,"定荆"的目标只能说勉强达成了一半而已。

曹操公开这么说，自然有其政治上的考虑。其实在内心深处，他又何尝不知道赤壁之败已经给自己造成了无法挽回的重大损失！这一点，有一则史料完全可以证明。《三国志·郭嘉传》云："后太祖征荆州还，于巴丘遇疾疫、烧船，叹曰：'郭奉孝在，不使孤至此。'"《傅子》还补充说，曹操又道："哀哉奉孝！痛哉奉孝！惜哉奉孝！"而曹操之所以对郭嘉英年早逝如此痛惜，一方面是因为郭嘉的智略于其事业具有重大价值，一方面却也反衬出赤壁之败给他心理上造成的震动是何等的巨大。

说到这里，正好可以顺便论述一下曹操败退的路线问题。

传统观点多认为，火烧赤壁之后曹操便即"引军从华容道步走"，在周瑜、刘备的追击下一路逃回了江陵。随后他留曹仁、徐晃守江陵，乐进守襄阳，自领余众回了北方。再参考王粲《英雄记》中"曹公赤壁之役，行至云梦大泽中，遇大雾，迷失道"的相关记载，可以得出，曹操败退的路线是自乌林走陆路经华容县南境后回到江陵。

但是我认为这一说法不确。乌林战败后，曹操应该先是走水路败退，至巴丘一带后主动烧尽余船，然后才自华容道走陆路逃回江陵。

之所以这么说，证据之一就是前面提到的《郭嘉传》中曹操"征荆州还，于巴丘遇疾疫、烧船"这一记载。虽然疾疫的发生早在赤壁战前，但此处既曰"征荆州还"，说明烧船一事应是发生在乌林战败后途经巴丘之时。另据前引曹操信中"昔赤壁之役，遭离疫气，烧船自还"的说法，可知他确实是主动烧船。这意味着，曹军的数千艘战船并未被赤壁大火焚尽，撤离乌林时，曹操很可能仍是乘船而退（有学者还估算说，以曹军战船首尾相连的纵向队列而言，数十只火船很难将其烧光）。只不过到巴丘后，大概因追兵迫近，曹操又不想将战船留以资敌，便将其尽皆焚毁，舍舟登陆，再穿越华容以南的云梦泽，回到了江陵。

我的这一观点还能在其他史料中找到一处旁证。唐初李泰《括地志》之"岳州巴陵县"条曰："巴丘湖中有曹由洲，曹公为孙权所败烧船处。"后来《通典》《太平寰宇记》《元和郡县志》等唐宋地志也基本上沿用了李泰的说法。当然，唐初距离三国时代毕竟已经过去了四百年，曹操烧船的具体地点是否如《通典》所言"在今县南四十里"，还是如《元和郡县志》所说在洞庭湖口，还大有可探讨的余地，但揆之于正史，烧船总在巴丘一带应该是不会错的。

考虑到巴丘湖在长江以南，而今天的华容县也位于长江以南，所以有学者认为巴丘烧船之后曹操是沿着长江南岸而行返回江陵的。其实这也是不正确的。因为华容县今日的位置是在隋唐之后才形成的，汉代的华容县在长江北岸的湖北潜江市龙湾镇一带。据《汉书·地理志》和《水经注》等史籍可知，华容县东南有一云梦泽。前述《英雄记》中曹操在穿越云梦泽时遇到大雾迷失道路一事，就是发生在此期间。此外，《山阳公载记》还说，曹操一行途经华容道时，道路泥泞不通，又遇上大风，后面还有刘备等追兵，情况一度相当危险，曹操不得不"悉使羸兵负草填之，骑乃得过。羸兵为人马所蹈藉，陷泥中，死者甚众"。当曹军终于走出沼泽地带，曹操不由喜上眉梢。诸将问他何以如此，曹操说，刘备这个家伙水平跟我差不多，就是反应慢了一些，他要是在此处早早放火，我们岂不是要全军覆没了嘛！不久刘备果然放起火来，但是已经太迟了。

显然，《三国演义》中曹操三次大笑，分别招引出赵云、张飞和关云长三将之埋伏的戏码，正是由此演绎而来。而关羽在华容道义释曹操一事，在历史上当然并不存在。

其实在赤壁之战和随后的败退行动中，曹军虽然死伤惨重，"兼以饥疫，死者太半"，但还远不到《三国演义》中描绘的全军覆没、只剩二十七骑的境地。因为史料显示，曹操不但有余兵留给曹仁、乐进把守江陵和襄阳，还在自巴丘的归途中派给张喜一千骑兵，让他过领汝南兵去救援合肥。

于是在建安十三年（208年）年末和次年年初，战争继续在东西两个战场展开。

在东方，是孙权乘曹操赤壁战败之机，亲率大军攻围淮南门户合肥；在西方，则是追击而至的周瑜与留守江陵的曹仁展开了长期对峙。

我们先说合肥战场。

前面讲到，赤壁战前，周瑜向孙权请兵五万，孙权只给了他三万。所以就整个东吴的军力而言，周瑜所领只是偏师，主力军还在孙权手里。这些军队本来是孙权担心周瑜抵挡不住曹操，自己留着要跟曹操决战的。没想到周瑜竟出奇制胜，一把大火烧退了曹兵。孙权欣喜之余，自然不会放过这个趁火打劫的机会。于是乌林的余烬尚未冷却，他便"自率众围合肥，使张昭攻九江之当涂（今安徽怀远南）"。

合肥这个地方，相传是因施水（今南淝河）和肥水（今东淝河）在夏季河水暴涨的时候汇合于此而得名。施水东南流，经合肥入巢湖；肥水则北流，经寿县入淮河。大概在春秋战国之时，当地的统治者便开凿运河，将施水和肥水连接了起来。这样，这条途经合肥的水路便将长江水系和淮河水系打通，成了秦汉时代一条沟通南北的交通大动脉。例如《史记·货殖列传》就说："合肥受南北潮，皮革、鲍、木输会也。"

就地势而言，合肥以西是西北—东南走向的大别山脉，以东是大别山余脉向东北延伸而成的张八岭等山地丘陵，以南则是周回四五百里、号称"淮西巨浸"的巢湖。合肥正位于这三者构成的狭窄通道之上，因

第68章 "孙十万"合肥首秀

此对控制江淮而言战略地位极其重要。用顾祖禹的话说，合肥"为淮右噤喉，江南唇齿。自大江而北出，得合肥则可以西问申、蔡，北向徐、寿，而争胜于中原；中原得合肥，则扼江南之吭而拊其背矣"。

当初包括合肥在内的江北地区，本是袁术的地盘。袁术死后，孙策孙权兄弟虽然先后消灭了袁术的旧部刘勋和不服管束的庐江太守李术，但由于当时江东的主要对手是黄祖和刘表，孙、曹两家又相安无事，孙权并未将进取合肥当作战略重心。于是在这一时期，曹操任命刘馥为扬州刺史，初步完成了以合肥为中心的江北防务。

等到赤壁战后，曹孙两家彻底决裂，在有志于争胜中原的孙权眼中，合肥城就成了他喉咙里必须拔除的一根鲠刺。因为对于东吴而言，迫于江南腹地多山，它的核心利益区实际上沿长江呈带状分布。而从合肥南下，越巢湖、入濡须水便可进入长江，不但能够直插东吴心脏地带，更可以切断其上下游领土之间的联系。打个比方，如果说东吴是一条长蛇，那么"合肥—濡须口"一线就是它的七寸，其得失实攸关生死。因此从这一年开始，在曹操在世的十一年间，曹、孙两家围绕合肥的控制权总共发生了八场大战，其中孙权主动进攻的就有五次，史称"五越巢湖"。

有的历史爱好者还注意到，孙权用兵，特别偏爱十万这个整数。例如他决定联刘抗曹之时便说："吾不能举全吴之地、十万之众，受制于人！"而据史料记载，建安十三年（208年）、建安二十年（215年）、青龙二年（234年）、嘉平二年（250年）这四次孙权主动进攻曹魏，统领的军队都号称有十万之众。

然而兵多是一回事，能否用好则是另一回事。实际上这几次进攻最终的效果都并不理想（尤其是建安二十年的逍遥津之战，我们以后再讲），以致今天网络上的段子手还给孙权起了一个"孙十万"的外号，

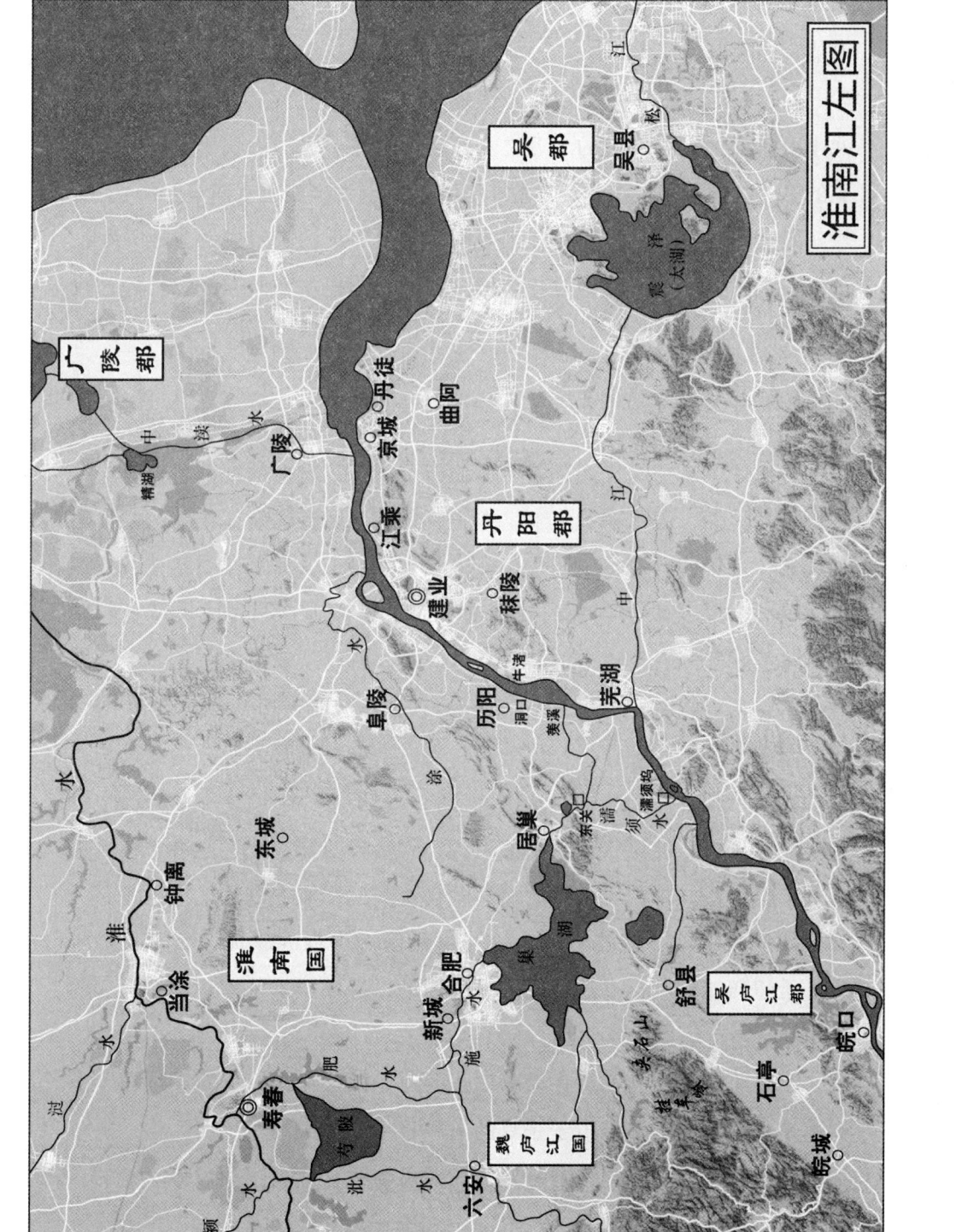

对他大加嘲讽。

不过在当时，军力上虚张声势是惯例。就像曹操二十余万大军号称八十万一样，孙权所谓的十万之众肯定也是注了水的。就拿这次他对合肥的第一次进攻来说，虽然号称十万，实际上我推测也就四五万。

但是即便如此，相对于合肥刘馥手中由郡县壮丁组成的当地守军，孙权在兵力上还是占据绝对优势的。所以刘馥根本不敢迎战，任凭孙权将合肥城围了个严严实实。

好在刘馥自从到任以来，屯田治水，招怀流民，积蓄军资，修葺城池，在备战上做足了准备。尽管战事开启不久，刘馥本人便病死在合肥城中，但城中官吏军民还是遵照他的指示进行了有效的抵抗。当时连续多日天降大雨，雨水冲刷之下，夯土版筑的城墙濒临崩坏，守军便拿出刘馥储存多年的草苫将城墙层层包覆起来；晚上，吴军试图在夜色掩护下攻城，守军又取出刘馥储存的数千斛动物油脂，制作成火炬光照城外，将吴军动向看得清清楚楚，从容应对。所以从建安十三年冬天一直到次年春天，吴军攻围合肥城一百余日，依然劳而无功。

当年孙坚、孙策打仗，从来都是身先士卒、亲冒矢石，受此影响，孙权本人也颇具尚武精神。这次见合肥久攻不下，他便要率领骑兵亲自去攻敌。长史张纮见状，急忙谏阻说："兵者凶器，战者危事。将军你现在年轻气盛，未免轻视敌寇而不顾自身安危，实在令三军将士寒心。即便您斩将搴旗，威震敌场，这些也是偏裨小将的职责，而非主帅所宜。希望您能克制自己逞一夫之勇的冲动，深怀运筹帷幄、掌控全局的霸王之计。"孙权这才作罢。

在此期间，曹操虽然在撤离荆州的路上派张喜带一千骑兵过领汝南兵前来救援合肥，但是由于张喜的士兵将疫病传染给了汝南兵将，援军的行动十分缓慢，迟迟不曾赶到。而曹操新败，又要顾及形势吃紧的江陵那边，一时也派不来更多援兵。倘若战局拖延下去，合肥城能坚持多久还很难说。幸而这时，在城中任扬州别驾的蒋济出了个主意。他向刺史密报，假装张喜派人送信来，说援军步骑四万已经抵达了距合肥二百多里的雩娄（今安徽六安叶集），叫他派主簿前去迎接。同时还命三组使者拿着书信告谕城中守将，一组入城，另两组则故意被吴兵抓获。孙权得到假信，竟当了真，加之士众已疲，而张昭对当涂的进攻也失利而归，遂烧掉攻城器械，撤围而去。

"孙十万"亲自出征的首秀，就这样虎头蛇尾地结束了。

第69章 江陵城下的对峙

再来看荆州战局。

赤壁战后,周瑜和刘备兵分两路,水陆并进,撵着曹操的屁股一直追到江陵。但是曹操随后就撤回了北方,只留下曹仁、徐晃二将陪孙刘联军周旋。由于江陵城池完备、粮储又丰,一时之间周瑜并不敢仓促进攻,双方隔江未战。

这个时候,刘备对周瑜说道:"曹仁守江陵,城中粮多,足为疾害。可使张飞领千人随卿,卿分二千人随我,相为从夏水入截曹仁之后。曹仁闻我深入,必走。"周瑜便分给了刘备两千人马。

这说明,从击退曹操的那一刻起,刘备已经在谋划尽可能多地瓜分胜利果实了。考虑到自己的实力不如周瑜,赤壁一战出的力也不如周瑜多,江陵这块肥肉他知道无论如何是争不过东吴的,于是把目标放在了荆州其他要地上。

看来，刘备的首选是襄阳。因为夏水东流入汉水，汉水又北通襄阳，他所谓的"从夏水入截曹仁之后"的计划，通往的目的地只能是襄阳。而数月前刘备正是从樊城、襄阳南逃，他在樊城屯驻多时，在襄阳又有不少朋友，自然希望能够重归故地。再说襄阳是荆州州治所在，此时当在刘备军中的刘琦应该也是主张收复襄阳的。另一方面，倘若刘备能拿下襄阳，确实能切断曹仁跟北方州郡之间的联系，于江陵攻势有利，所以周瑜明知刘备醉翁之意不在酒，却也没有反对。至于双方交换部分军队，也是两家联盟合作的表示。我猜测，张飞所统应是步兵，借给周瑜攻城；周瑜拨给刘备的两千人应该是水军，以便他由夏水入汉，进逼襄阳。

从史料中透露的线索来看，刘备的确对襄阳发动过攻势。然而把守襄阳的乐进也不是吃素的，据其《三国志》本传，乐进"留屯襄阳，击关羽、苏非（飞）等，皆走之"。徐晃也"与满宠讨关羽于汉津，与曹仁击周瑜于江陵"。可见刘备收复襄阳的计划其实遭遇了失败，玄德公只能另寻别处落脚。

这边厢，周瑜攻围江陵的行动也并非一帆风顺。

包围江陵之前，甘宁向周瑜建议，应该先拿下上游的夷陵（今湖北宜昌）。

夷陵位于江陵以西三百五十里，扼守着通往巴蜀的长江三峡之口。鉴于赤壁战前益州牧刘璋已经象征性地向曹操遣兵送粮表示臣服，我推测甘宁的战略意图是要切断江陵来自巴蜀的援助。因为江陵城里粮食虽多，但之前供应曹操的二十余万大军，应该已经消耗了很大一部分，曹仁的守军应该至少也有一万多，如果长期被围，迟早会坐吃山空。考虑到襄阳方面有刘备骚扰，陆路运输又不方便，这个时候江陵是不太可能得到来自北方的援助的，所以来自巴蜀的运船是其获取粮食的唯一

第 69 章 江陵城下的对峙

来源。

周瑜采纳了甘宁的这一建议，派他去攻。而夷陵守军单弱，甘宁虽然只带了数百人，仍一举将城拿下。与之毗邻的益州的守将袭肃见状，也率军来降。周瑜本来想将袭肃的部众交给时任横野中郎将的吕蒙统领，但吕蒙说袭肃有胆识本领，又是慕化远来，于情于理都不应该夺取他的部曲。周瑜对吕蒙此议颇为赞许，就把部众还给了袭肃。

曹仁得知夷陵被吴军占据，暗叫失策，随即派出五六千人将甘宁包围在城中，要将夷陵夺回。即便加上投降过来的守军，这个时候甘宁手里也只有不到一千人。不几日，曹军在城外搭起高楼，箭如雨下。士卒皆惧，甘宁却仍谈笑自若。

周瑜那边得到汇报，有心来救，诸将却都担心，以眼前的兵力，倘若分兵去救甘宁，一旦曹仁来袭大营，怕是难以抵挡。但吕蒙却对周瑜、程普说道："只需留凌公绩（凌统）守营，我吕蒙与两位将军同去解围即可。想来解夷陵之围，不需太久，我担保公绩十日以内能守得住。"周、程都表示此计可行。

吕蒙还向周瑜建议，可以派出三百人在夷陵通往江陵的山路上砍伐柴木设置路障，到时曹兵撤退，便可得其战马。周瑜也依言从事。军到夷陵，双方即日交战，曹军大败，死伤超过一半。当天夜里，曹军残部便弃营而逃，结果半路遇到路障，骑兵们不得不丢弃战马，徒步逃亡。周瑜军在后追击，共缴获战马三百匹。江南素来少马，战马对吴军来说十分珍贵。大营将校见己方不但解了夷陵之围，还用船载回了这么多精壮战马，顿时士气大振。周瑜遂乘势率军渡江，屯守江陵城下，谋划围城。

然而曹仁并非坐受围攻之徒。据其本传记载，当吴军前锋数千人刚刚进抵城下，曹仁在城楼上望见，便招募了三百敢死队员，命部将牛金率领出击。可是由于敌众我寡，牛金交战未久便被敌兵所包围。长史陈矫等人望见牛金即将全军覆没，不由得尽皆失色。曹仁大怒，呼左右把马牵来，便要亲自上阵。陈矫等都来拦阻，说贼寇势大，不可抵挡，就算舍弃数百人也算不了什么，将军您何苦以身犯险啊！曹仁不答，披甲上马，带着麾下壮士数十骑就出了城。进至距敌兵几百步远，有一条壕沟。陈矫等以为曹仁会停在沟边，遥为牛金呼应。哪知道曹仁跃马扬鞭，"渡沟直前，冲入贼围"，左冲右突，终于将牛金救了出来。到得城下，曹仁回头见还有士兵尚未脱围，又转身杀回，再将余众救出。吴军这才退去。这一番血斗，最后曹仁只折了手下区区数人。陈矫等大为叹服，道："将军真神人也！"

而按照《周瑜传》的说法，后来周瑜和曹仁约定了日期在城外大战。期间周瑜亲自跨马杀敌，却不料被流矢射中右胁，伤势严重，只好收兵还营。过了几天，曹仁探知周瑜卧病在床，便集合兵马，出城叫阵。周瑜于是勉强起身，巡视军营以鼓舞士气。曹仁见无隙可乘，也就退兵而去。

此外，据《三国志·孙皎传》所引吕蒙之言，此番周瑜、程普一同进攻江陵之时，还曾因"不睦，几败国事"，可知绝非周瑜中箭这么简单。只不过史籍阙载，详情已经不得而知。

周瑜和曹仁在江陵的这番争斗持续了一年有余。最后还是曹仁在消耗光了所有储备资源以后主动撤离，将一座空城留给了周瑜。用曹操的话说就是，"江陵之守，物尽谷殚，无所复据，徙民还师，又非瑜之所能败也"。这证明不了你周瑜有多大的本事！

不管怎样，江陵总算是落入了东吴的手中。于是孙权以周瑜为南郡太守，屯江陵，以程普为江夏太守，屯沙羡。这样一来，荆州中部就被孙权所掌控。

第 69 章 江陵城下的对峙

当然，周瑜和曹仁在江陵鏖战的这段时间，刘备也没闲着。他取襄阳不成，便转而南下，一边奉刘琦为荆州刺史，一边向南部四郡进兵。南部四郡的守长（武陵太守金旋、长沙太守韩玄、桂阳太守赵范、零陵太守刘度）皆是刘表旧部，刘琮投降后他们也相继向曹操归顺。当初他们既降得曹操，如今自然也就降得刘备和刘琦。刘备没费多大功夫，四郡守长便全都遣使归降。甚至庐江一带被曹将夏侯渊打跑的小军阀雷绪，也带着部曲数万口前来投奔于他。

正好这时候刘琦病死，经过手下推举以及与孙权往来磋商，刘备被孙权默许以左将军一职领荆州牧，暂治位于油江口的公安（今湖北公安北）。孙权还让周瑜将长江以南的南郡土地分给刘备。刘备则表孙权行车骑将军，领徐州牧。

实际上，从赤壁战前到江陵战役结束的这一年多时间里，刘备跟孙权的关系相当微妙。

名义上而言，这一时期孙刘两家如史籍所记，是"结同盟誓""崇连和之好"的盟友关系，但是在实际行动中，受自身实力所限，刘备却是唯孙权马首是瞻，正如他当初投靠袁绍、刘表之时一样，其地位形同附庸。这一点从周瑜初见刘备时对他颐指气使的态度当中就能看得出来。若是用今天的国际关系做类比，刘备跟孙权就像日本跟美国一样，虽然号称同盟，其实前者却是跟在后者屁股后面当小弟。只不过这个小弟时时刻刻都在想着单飞自己做大哥而已。

其实从一开始，处理孙刘两家关系的主动权就握在孙权手里。正如当初程昱分析的，刘备新败奔吴之时，孙权完全可以选择杀掉刘备，但因为两家有共同的敌人，而刘备很有利用价值，因此他选择不那么做。另一方面，为了争取孙权的援助，刘备或许跟孙权之间有过秘密交易。要不然就无法解释，为何从周瑜出兵夏口开始，江夏郡实际上就落入了东吴的掌控（尤其考虑到江夏太守本是刘琦）。如果将援助刘备视为一项风险极高的政治投资，那么孙权从中获取的回报也极为丰厚。且不说两家合作击败曹操，免除了他日后被曹操吞并的风险，单就眼前的利益而言，一来他得到了江夏和南郡，完全控制了长江中游，二来借助刘备的表荐，他的名位由"讨虏将军、会稽太守"一举抬升为"车骑将军、徐州牧"，位次比刘备的"左将军"还要靠前，于其个人声望大大有利。在此前提下，孙权似乎也默许了刘备对南部四郡的占领。当时刘备任诸葛亮为军师中郎将，入驻临蒸（今湖南衡阳），专职督调零陵、桂阳、长沙三郡的赋税以供应刘备的军队，就是一个证明。

后来，此举却引发了孙刘两家所谓"借荆州"的是是非非，并直接导致了孙刘联盟的破裂和三国时期的另一场经典大战。这在当时就谁都没能预见到了。

畅快淋漓三国史（中）

邙山野人 著

新世界出版社

第70章 孙刘联姻

建安十四年（209年）江陵战事结束后，整个荆州的局势如下：

以乐进镇守的襄阳、文聘镇守的石阳（今湖北汉川西北）为据点，曹操仍旧占有南郡北部、江夏北部以及整个南阳郡；长江以北的南郡中部和江夏郡的其余土地归属孙权；长江以南的武陵、长沙、零陵、桂阳四郡以及公安附近的一小块南郡土地则大体由刘备掌控。

虽然就战略意义而言，孙权全据沿江要地，但是就地盘而论，却是闷声发大财的刘备收获最多。

面对刘备的实力迅速增长，孙权当然不能不有所警惕，所以在这个时候，便发生了孙刘联姻事件。如大家所知，孙权把自己的妹妹嫁给了刘备。

孙权的这位妹妹，史籍中并无其名，今人熟知的"孙尚香"一名和"黄月英"一样，都出自元明小说家的杜撰。从史料得知，这位孙小姐很可能由吴夫人所生，是孙权的同母妹。而孙权本人这一年二十八岁，再参考孙坚的卒年，可知孙小姐的芳龄应在十九到二十八岁之间。刘备这时却已经四十九岁，两人之间有着二十多岁的年龄差距。然而年龄从来就不是政治婚姻的障碍。孙权之所以把妹妹嫁给刘备，表面上看是"进妹固好"，是为了巩固孙刘两家的伟大友谊，其实却是把一枚重要的棋子安插在刘备身边。因为这位孙小姐可并非娇滴滴的女儿家，而是一个"才捷刚猛，有诸兄风"的母老虎角色。据说她身边有侍婢百余人，人人不爱红妆爱武装，成亲后刘备每次来见老婆，这些娘子军都执刀侍立在旁，搞得刘备入洞房如同上刑场，每次上床就担心见不到明天的太阳。不独如此，除了这百余名娘子军，据《云别传》"权妹骄豪，多将吴吏兵，纵横不法"之记载，可知孙夫人还领有一支"吴吏兵"，而且这支部队并不听从刘备号令。

这种情况下，就等于孙权在刘备的脖子后面架了一口钢刀，只要他不听话，这刀就随时有落下来的可能。无怪乎后来诸葛亮回忆说："主公之在公安也，北畏曹公之强，东惮孙权之逼，近则惧孙夫人生变于肘腋之下。"夫妻关系如此，哪里谈得到男欢女爱？另据《元和郡县志》，在公安以西的孱陵附近有一座孙夫人城，乃是刘备为安置孙夫人而专门修筑的。可知两人成亲不久便即分居，形同陌路。《三国演义》中那些孙尚香与刘备"两情欢洽"，为此孙尚香不惜胳膊肘子朝外拐跟着刘备私奔，以致东吴"赔了夫人又折兵"的情节，全都是书生意淫拿来骗人的。

孙刘联姻没有数月，转过年来，刘备就离开公安，顺流而下，来到了孙权所在的京城（即京口，今江苏镇江）。他此行的目的，按《先主传》所说，是"绸缪恩纪"，纯属增进双方感情的友好访问。然而来自孙吴一方的史料则是不同的说法。《三国志·鲁肃传》云："备诣京见权，求都督荆州。"《江表传》则云："备以瑜所给地少，不足以安民,后从权借荆州数郡。"从下文周瑜在得知刘备赴京后给孙权的上疏中"猥割土地,以资业之"一语可知,刘备此行确实向孙权提出了土地方面的要求。所以学界一般认为刘备"求都督荆州"跟"借荆州"其实是一回事。

周瑜的意见是:刘备这家伙是个枭雄,又有关羽、张飞这样的虎将当膀臂,一定不肯长久为人所用。所以我建议最好把他留在吴地,多给他修些漂亮房子,送给他美女珍玩,让他沉迷此间,然后把关、张二人各置一方,挟持他们受我周瑜这样的人指挥去打仗,如此则大业可成!现在若是滥割土地给他,让他有了争霸的资本,再加上他们三人聚在一起,只恐怕刘备如同蛟龙得云雨,终非池中物啊!

而除了周瑜之外,还有吕范等也劝孙权趁此机会将刘备扣留下来。但是鲁肃却不赞成这么做。他对孙权说:"将军您虽然神武命世,可曹操的威势和实力过于强大。我方初得荆州,恩信未洽,应该暂时借给刘备,让他加以安抚。此举不但可以增加曹操的敌人,还能树立我方的党羽,如此才是上策。"

《周瑜传》说,孙权"以曹公在北方,当广揽英雄,又恐备难卒制,故不纳",即没有采纳周瑜、吕范将刘备扣留在吴的意见。刘备得以顺利返回,临行前孙权还亲乘飞云大船,与张昭、秦松、鲁肃等十余人一同为他送行,双方大摆宴席,欢笑叙别。期间张昭、鲁肃等先出,孙权独与刘备私语。《建康实录》云,两人凝视滔滔大江良久,孙权说道:"待孤与玄德公扫清污秽,迎帝旧都,事宁之日,愿与玄德公同舟游于沧海。"刘备便答:"此亦备之志愿也。"两人又说到周瑜,这时刘备忽作感叹状道:"公瑾其人文韬武略,实是万人之英,但其器量广大,恐怕不能久为人臣啊!"这话孙权听了,不知作何感想。

离开京口后,刘备立刻对左右说道:"孙车骑长上短下,其难为

下，吾不可以再见之。"于是昼夜兼行，很快回到了公安。

后来刘备追忆这次京口之行，曾问庞统说："卿当年为周公瑾功曹，孤到吴之时，听说此人密有白事，劝仲谋将孤扣留，可确有其事？在君为君，卿不必隐讳。"庞统说有。刘备便叹息道："那时孤正当危急之中，势有所求，所以不得不往，竟险些不免于周瑜之手！可知天下智谋之士，所见略同。当时孔明谏孤莫行，其意甚笃，也是考虑到此的缘故。孤以仲谋所防在北，当赖孤为援，故决意不疑。此诚出于险途，非万全之计也！"

由此可见，刘备这次京口之行，还不单单是为了"求都督荆州"，也是因为他当时正处危急之中，必须向孙权求助以解除"危急"。这就令人感到有些奇怪了。因为当时曹操新败，还没有再次用兵荆州的迹象，刘备则得到了江南四郡，左近并无劲敌，何以他竟说"孤时危急"呢？依我之见，唯一的可能就是他当时受到了近在咫尺的周瑜逼迫。他只有向周瑜的老板孙权求助，才能化解这次危机，故而他在宴会之时才故意"酒后吐真言"，用那些话离间周瑜和孙权。"求都督荆州"也是如此：当时刘备虽然是名义上的荆州牧，却指挥不了时为南郡太守的周瑜，他向孙权要求都督荆州的权力，就是希望能以此压制周瑜。

这样看来，彼时同居南郡的刘备和周瑜虽然还没到势同水火的地步，却也是一山难容二虎，彼此间已经有了不小的嫌隙。周瑜极力主张将刘备扣留在吴也就不奇怪了。

孙权之所以没有采纳周瑜的计策，不管是史籍的解释还是刘备自己的判断，曹操在北都是最为关键的原因。因为赤壁一战已经让曹操意识到，他统一天下的最大障碍并非刘备，而是坐断东南的孙仲谋。返回北方后，他在淮河大练水军，又在合肥大举屯田，显然意在江东。这种情况下如果照周瑜所说将刘备软禁，关、张等人肯定不会善罢甘休，势必会在荆州引发新的纷争,于抗曹大局将甚为不利。此外,虽然孙权不会轻易就中了刘备的离间之计,但他对周瑜也并非百分百地信任,赤壁之战时他分命周瑜、程普为左右督就很能说明问题。如果扣留刘备后周瑜趁机吞并了刘备的势力,或者关、张二人受挟制而听命于周瑜,那周瑜的实力便会大大膨胀,这种情况恐怕孙权也不愿意见到。所以权衡利弊,孙权觉得还是放还刘备为宜。

那么,孙权是否答应了刘备的要求,就此便让他"都督荆州"或者借给他荆州之地了呢?

按照东晋人习凿齿的《汉晋春秋》所记,在鲁肃劝孙权不要扣留刘备,相反应将荆州借给他之后,"权即从之"。若如此,则刘备返回之后,"借荆州"一事便已经发生。为了渲染这一事件的重大意义,习凿齿还说:"曹公闻权以土地业备,方作书,落笔于地。"得知孙权把荆州借给刘备,曹操大为震惊,竟吓得把笔掉在了地上。

然而参照其他史料可知,恐怕事情并没有这么简单。

就在刘备回到荆州后不久,周瑜也去京口见了孙权,正式提出了攻取巴蜀的计划。周瑜认为,赤壁败还后曹操忙于内政,暂时无暇南顾,可以利用这个机会,让自己和奋威将军孙瑜(孙权的堂兄弟)各领一军西伐,先取刘璋,再并张鲁,然后留孙瑜镇守巴蜀,与关中的马超结援,自己仍回荆州跟孙权一起攻略襄阳。如此一来,曹操将三面受敌,北方也就不难攻取了。

看来,周瑜是知道孙权对自己不能完全放心的,所以他才提出要跟孙瑜一起西伐,然后让孙瑜留镇巴蜀。结果这一计划得到了孙权的批准,而且史料显示,孙权还邀请了刘备,希望他能一起出兵。

《先主传》说,当孙权派使者表达了共同取蜀的提议后,刘备身边有人认为可以答应,因为"吴终不能越荆有蜀,蜀地可为己有"。但是

第 70 章 孙刘联姻

荆州主簿殷观却进言说，倘若我军当了开路先锋，万一"进未能克蜀，退为吴所乘"，那不就完蛋了嘛！所以现在最好的方法，就是口头上赞成孙权伐蜀的计划，但是却以"新据诸郡，未可兴动"为借口而不发兵，如此则东吴必不敢穿越我方地盘而独自取蜀。刘备依计而行，孙权便取消了伐蜀的行动。

可是来自东吴的史料告诉我们，孙权中止伐蜀不是因为不敢撇开刘备，而是周瑜突然病逝的缘故。

据周瑜本传，他是在自京口城返回江陵的路上得了"暴疾"（有人猜测与去年他在江陵受箭伤有关），在巴丘（今湖南岳阳）病逝的。临死前，周瑜留有一封给孙权的遗书。书中词句流传至今虽然有两个版本，但大体内容相近，主要谈的都是两件事：第一，死生有命，自己诚不足惜，唯一遗憾的就是攻取巴蜀和襄阳的志向未能完成。第二，现在曹操在北，疆场未静，刘备寄寓，有似养虎，天下需要忧心的事情还有很多，鲁肃其人不论才干还是人品，都足以继我周瑜之任。"傥或可采，瑜死不朽矣！"

这一年，周瑜仅有三十六岁。小说中诸葛亮气死周瑜一事，自是子虚乌有。

孙权得知这一噩耗后，大为哀恸，流涕道："公瑾有王佐之资，今忽短命，孤何赖哉！"为之素服举哀，还亲至芜湖迎丧。后来除了为周瑜大办丧事之外，其子女孙权也都安排与孙氏联姻，并采纳周瑜的遗言，任鲁肃为奋武校尉，接管了周瑜的部众，同时以程普领南郡太守，两人同镇江陵。

原本周瑜攻取巴蜀的计划，这一来也就不得不中止了。

以上事实说明，直到周瑜去世之时，南郡仍在孙权手中。所谓"借荆州"一事，这时尚未发生。

第71章 "借荆州"谜团

周瑜之死不但打断了东吴西征巴蜀的计划,更是直接影响了孙权将荆州土地借给刘备的决定。

接替周瑜之位的鲁肃,本是孙权身边最早劝他"竟长江所极据而有之"的人,按理说他本应该对西伐巴蜀的计划表示支持。可是鲁肃明白,今时已经不同往日,在曹操将其战略重点转向东南的情况下,当务之急并非进攻,而是防御。而目前的态势,东吴据有的荆州领土宛如一条伸向上游的臂膀,独自承担了来自北方的压力,却将本该共同抗曹的刘备完全挡在了身后。一旦曹操再次大举南征,那么东吴就成了刘备的挡箭牌。若是刘备不安好心,趁机在背后捅刀子,那东吴面临的局面可就凶险无比了。所以鲁肃认为,东吴既然丧失了全取荆州的机会,眼前又无法吞并和消化刘备集团,那么为了抗曹大局,还是应该扶持刘备使之成为曹操的劲敌。换句话说,为使长远利益得到保障,眼前的短期利益是可以暂时放弃的。

正是基于以上原因，鲁肃向孙权建议，可以将以江陵为核心的南郡土地"借"给刘备。孙权答应了这个提议。

这里有两点必须注意：一是孙权"借出"的土地并非整个荆州，而是只有南郡。二是严格来讲，这一行动与其说是"借"，不如说是"换"，虽然换的时候东吴多少吃了点亏。

为什么这么说呢？

请您少安毋躁，且让我先介绍一下清代学者赵翼的看法。

在赵翼的《廿二史札记》一书中，专门有一节叫"借荆州之非"。其主要论断是：所谓借荆州的说法，全出自吴人事后之论，并非当日实情。理由是荆州是刘表父子的荆州，不是孙权的荆州。赤壁破曹之后，刘琦是荆州刺史，他死了以后才是刘备接班；江南四郡又是刘备征战所得。不是你孙权的东西，你怎么能说是借给别人？后来东吴君臣趁关羽北伐之机袭取荆州，这才捏造了"借荆州"的说法来为自己辩护。流传至今，倒好像刘备理亏一样，其实大谬不然。

赵翼之论虽然武断，却也不能说全无道理。因为史料中凡称"借荆州"的言论，确实都来自东吴一方。但是这并不能说明此事全是东吴栽赃。例如在建安十九年（214年）刘备取得蜀地之后，孙权派人讨要荆州时，刘备便答复说："须得凉州，当以荆州相与。"而不是否认东吴对荆州的所有权。此事同见于《蜀》《吴》二志，说明在蜀汉一方眼中，"借荆州"一事还是存在的。后来关羽和鲁肃单刀相会，鲁肃讨要荆州之时，关羽同样没有直接否认，也是一证。

既是如此，那就是刘备这个大耳贼厚颜无耻借而不还了？

那倒也不尽然。

我认为，"借荆州"一事之所以如此聚讼纷纭、夹缠不清，并引发了吴蜀两国的一系列争端，实是因为此事在数年当中有一个发展变化的过程。

一开始，东吴一方出让的土地只是被其占领的南郡，而且严格来讲是换而不是借。此事即《吴主传》所记建安十五年（210年），孙权"分长沙为汉昌郡，以鲁肃为太守，屯陆口"一事。再参考《鲁肃传》得知，"肃初住江陵，后下屯陆口。……拜汉昌太守、偏将军"。可知周瑜死后，鲁肃本来是接替周瑜和程普同镇江陵的。但是不久后因为某种调整，他将驻地由南郡治所江陵东迁到了下游的陆口（今湖北蒲圻西），并就任汉昌太守。而汉昌这个郡是从长沙郡分出来的，其地域当在长沙郡的北部。长沙则是刘备占有的江南四郡之一，之前的太守是韩玄。韩玄投降刘备以后，还曾把黄忠献给刘备驱使。与此同时，原本的南郡太守程普则"领江夏太守，治沙羡"，也随之东迁。空出的江陵城，是由刘备阵营派关羽占据，也即其本传所云"以羽为襄阳太守、荡寇将军，驻江北（江陵城在江北）。先主西定益州，拜羽董督荆州事"。

综合以上史事，可知在建安十五年周瑜死后，孙刘两家经过协商，完成了一项重大的防区交换，即东吴让出南郡给刘备，刘备则同时将长沙郡北部交给孙权。如此一来，刘备阵营将更多地承担起防御曹兵自襄阳南下的任务，而东吴则可以将注意力收回到陆口以东，尤其是江淮地区的防御上来。

用偌大一个南郡换取长沙北部，表面上看孙权是吃了亏，但是在抗曹战略上却是一个很大的收获。所以《汉晋春秋》说曹操得知孙权"以土地业备"，惊得连笔都掉到了地上，也并非全然不可能。

至此，便是"借荆州"一事的第一阶段。

接下来事情发生变化是在建安十六年（211年）刘备入蜀前后。要谈刘备入蜀，就必须先谈曹操西征关中。所以眼前我们还得暂时把"借荆

州"一事搁在一边，回过头来关注一下赤壁战后北方局势的发展。

毋庸置疑，赤壁之战失败对曹操的事业是一次极为严重的打击，尽管在公开场合他一直并不承认。其实军事上的损失还是其次，真正值得忧虑的是政治上和人心上的不利影响。赤壁战前，曹操战无不胜、势如破竹，尽管是挟天子之名，却无时无刻不在向世人昭示他曹操才是天命所归，是真人出世。这一点对于曹操权力的稳固和政治威望的提升至关重要。但是赤壁之战却"打破了曹操不可战胜的神话"，直接动摇了围绕曹操的天命之论和真人之说，使得他原本稳固的统治基础出现了裂痕。所以周瑜才说"曹操新败，忧在腹心"。

其实失败本身并不可怕。一生那么长，没有人可以永远一帆风顺，关键在于失败后如何去应对。有的人前半生风生水起，诸事顺遂，后半生一旦遭遇失败，就心态崩塌，要么破罐破摔，一蹶不振，要么死不认错，在错误的道路上越走越远。中国历史上，隋炀帝杨广就是个典型的例子。

曹操可不是隋炀帝，他嘴上不说，心里边却完全明白自己错在哪里，败在何处。所以回到北方后，他很快在内政和外交上进行了多处调整，以应对赤壁战后的新局面。

对内，他先后颁布《存恤吏士家室令》和《求贤令》，一方面对包括在赤壁之战中死难的将士之家给予妥善的抚恤和安置，一方面宣布自己用人不以品德地位为准，而是"唯才是举"，鼓励启用新人。同时针对赤壁战后民间私议纷起、于自身声名有损的情况，曹操还颁布了他那篇著名的《让县自明本志令》，七分真话、三分假话地"坦露心迹"，宣称自己"本志有限"，无意篡汉自立，但是"江湖未静，不可让位"，交出权力这种事老子是绝对不干的！因为"设使国家无有孤，不知当几人称帝，几人称王"。能力越大，责任就越大，我曹操的个人利益就是国家利益，"是以不得慕虚名而处实祸"。知趣的，这一话题以后不必再提。

曹操的确是明人不说暗话，颁布《本志令》、让出三县封邑后仅仅一个月，他便又任命世子曹丕为五官中郎将，"置官属，为丞相副"。汉室进一步被架空，曹家权力则愈发巩固起来。

对外，曹操整治水军，开芍陂屯田，置扬州郡县长吏，派张辽、于禁等讨斩了作乱庐江的梅成、陈兰，明显将战略重心放到了东南。但是与此同时，曹操深知孙刘联盟根基已成，绝非短期内便可瓦解。为重振在赤壁一战受损的军威，以及杜绝将来与孙刘决战时的后患，他决定暂时在江淮一带采取守势，而将攻略目标放在了关中。

自从李傕、郭汜之乱以来，关陇地区就陷入了军阀割据、以力争雄的混乱状态，大大小小几十个军阀，各有自己的一块地盘，名义上虽然大多宣称遵奉中央，但实际上都是"我的地盘我做主"，根本不听许都朝廷号令。十几年来，曹操也只是依靠司隶校尉钟繇屯驻弘农、洛阳一带，对他们遥加羁縻而已。钟繇软硬兼施，保证关中诸将在曹操消灭袁绍、刘表期间没搞出大乱子，已经十分难得。

当然，钟繇之所以能出色地完成这一任务，一个重要的原因就是关中诸将彼此争斗，并没有形成一个统一的势力。诸将当中，以韩遂、马腾实力最强。两人初时曾结为异姓兄弟，彼此相亲，后来却因为手下部曲争抢财货地盘而闹翻了脸，互相攻战不已，甚至马腾的老婆孩子都被韩遂所杀。到头来还是靠钟繇和凉州牧韦端从中调解，两人才暂时休战。赤壁战前马腾能够勉强接受曹操的征调，入朝担任卫尉，也与这一点密切相关。

马腾虽然带着家属入了朝，但他在关陇的部曲仍由其子马超统领。

马超马孟起出生于灵帝熹平五年（176年），而据《三国志》记载，

中平元年（184年）时马腾就"与边章、韩遂等俱起事于西川"，那个时候马超才九岁。也就是说，整个青少年时代，马超都是跟着老爸在军营和疆场上度过的，军队就是他的家。建安初年，马腾跟韩遂大打出手，一次交战中马超遭遇韩遂手下勇将阎行，阎行用矛来刺马超，矛折，他依然用断矛击中了马超的脖子，差一点就把马超干掉；数年后，马腾联合钟繇进讨袁绍余部高干和郭援，马超统兵万人与郭援作战，冷不防腿上中了流矢，血流如注，他却用皮囊裹住伤腿坚持上阵，最终破斩了郭援。这期间，曹操曾数次征辟马超，想把他弄到自己身边来，但马超并不予理会。后来马腾入朝养老，马超的几个弟弟马休、马铁等也都追随老爸接受了朝廷的官职迁往邺城，马超却选择了独自留在关中，接替父亲统领部众。

到了建安十六年（211年），曹操已经决心攻取关中。但是一来考虑到关中诸将眼下都向朝廷纳贡称臣，师出无名，二来他也不想过早暴露自己的真实目标从而让马超、韩遂等有所准备，所以老奸巨猾的曹操采纳了钟繇的建议，对外声言讨伐张鲁，其实却命钟繇自洛阳、夏侯渊自河东直指关中。这是因为，要想攻取张鲁的汉中，最便捷的进军路线便是由关中越秦岭南下，关中诸将既是朝廷臣属，就有义务派兵助战，并为朝廷军队提供沿途所需军资。按曹操的算计，如果马超等乖乖听命，那就趁机夺其兵权，如果他们不履行义务，那就可以以此为借口"假途灭虢"，直接将他们灭掉。

也不知是手下人没能体会曹操的意图，还是故意演戏给外人看，曹操讨伐张鲁的决定一出，仓曹属高柔就谏阻说："大兵西出，韩遂、马超疑为袭己，必定共相扇动。还是应该先招集三辅。三辅若平，汉中便可传檄而定。"尚书卫觊也认为此举一定会激起关中诸将叛乱，建议谨慎从事。曹操当然没听。

不出所料，钟繇的军队出发没多久，便引起了马超等人高度紧张。

许多年来，关中诸将早已经习惯了各自为政、割据一方，名义上向朝廷低个头、称个臣不算啥，但是想从他们手里要兵要粮，那简直就是要他们的命！再说他们也都知道，以曹操近年行事的趋势和作风，他迟早都要并吞关中。与其束手待毙，还不如放手一搏！

于是史料记载，"马超、韩遂、侯选、程银、杨秋、李堪、张横、梁兴、成宜、马玩等十部皆反，其众十万，屯据潼关"。

大敌当前，关中诸将令人意外地团结了起来。

第72章 潼关之战

其实关中诸将里资格最老、威望最高的韩遂，一开始并没打算真心造反。

跟马腾一样，韩遂早在灵帝末年便兴兵起事，期间几起几落，折腾了将近三十年，如今还是一个高不成低不就的草头王。后来眼看马腾卸甲南山入朝养起了老，快七十岁的韩遂心思也有些活络，就派部将阎行去见曹操，先探探路。结果曹操对阎行热情款待，还封了他一个太守。为博取曹操信任，阎行便主动提出，愿意送自己的老父入朝宿卫（其实就是做人质）。回到关中后，阎行就替曹操传话给韩遂说，你当初起兵造反，那都是被逼无奈，我是很清楚的，现在应当早来，和我共同匡扶汉室。阎行也劝韩遂遣子入侍，向曹操表示一下诚意。韩遂犹豫了很长时间，最终还是把自己的儿子跟阎行的父母一起送往了邺城。

马超等人决意造反之时，韩遂根本不在关中，而是在凉州攻打武威太守张猛。但是马超等觉得韩遂资望最高,必须让他当头儿,就共同推举韩遂为都督。等到韩遂从凉州赶回,马超就对他说道:"先前司隶校尉钟繇曾秘密授意给我,叫我有机会便把将军你除掉,可见他们关东人根本不值得信任!现在我已经舍弃了父亲,而以将军为父,将军你也应当舍弃儿子,以我马超为子!"言下之意,他已经铁了心跟曹操对着干,为此明知会给老父带来灾祸,那也顾不上了。

阎行知道后,劝韩遂不要听从马超。但是韩遂觉得诸将反势已成,自己无论如何也摆脱不了嫌疑,便道:"今诸将不谋而同,似有天数。"还是跟马超合兵一处,赶往了潼关。

关中诸将掀起如此声势,曹操知道已非钟繇、夏侯渊所能对付,便命曹仁为安西将军,暂督诸将严守防线,特令坚壁不可交战。自己这边则命曹丕留守邺城,以程昱为曹丕参军,徐宣统邺城军事,国渊为留府长史,然后于当年七月亲统大军来战韩遂、马超。

八月,曹操进抵潼关,与马超等夹关对峙。

潼关这个地方,正位于今日山陕交界处黄河由南北流向转为东西流向那个大拐弯的南岸,自古以来便是由中原出入关中的重要通道。从地势上来说,由于黄河对南岸的冲激和侧切,拐弯后的黄河几乎紧贴秦岭北坡的黄土台塬,河岸边的沟谷缓坡就成了东西往来的必经之途。而由潼关东出,紧接着便是另一重险关——函谷关。所以史家常说"自崤山以西、潼津以南,通称函谷"。但是在此年之前,史书上但言函谷关,潼关之名则是直到曹操这次西征才首次出现。因此后来就有一种说法,说是建安年间移函谷关于此,并改名为潼关。

古汉语中潼、冲相通,潼关是因河水冲激关山而得名。由于潼关以东"邃岸天高,空谷幽深,涧道之狭,车不方轨",号称天险,易守难攻,所以马超等以重兵屯集于此,将曹军西进之路堵了个严严实实。而

第72章 潼关之战

且每隔几天，就有其他关中军阀领兵赶到加入马超阵营。

见此情形，曹营诸将深感忧虑，但是曹操却面露喜色。诸将问他为何如此，曹操道："关中辽阔荒远，倘若贼寇各依险阻，我军往征，非一两年不能平定。现今他们都会集于此，数量虽多，却彼此不相统属，没有正确的领导，如此则可将其一网打尽，省了许多功夫，我就是因此而喜啊！"

还有将领担心关西兵善使长矛，除非精选前锋，恐怕难以抵挡。曹操又道："战在我，非在贼也。贼寇虽习长矛，我将使其无处施展，诸君但可观之。"言下之意，他对如何取胜已经胸有成竹。

曹操的计划，简单说就是声东击西。

潼关虽是西进关中的重要通道，却非唯一通道。在潼关之北五六十里的蒲坂，也就是今山西省永济市蒲州镇以西，有一黄河渡口名叫蒲津，历来也是由河东去往关中的要途。此前曹操命夏侯渊自河东西进，其实指向的就是这条通道。对于眼下扎营于潼关之前的曹军来说，这条路仍然可行，只不过必须先由风陵渡一带北渡黄河，再沿河北进五十里而已。

据《三国志·徐晃传》，最先向曹操提议由蒲坂过河的乃是徐晃。他的原话是："公盛兵于此，而贼不复别守蒲阪，知其无谋也。今假臣精兵渡蒲坂津，为军先置，以截其里，贼可擒也！"也就是说，曹操大兵集于潼关，已经将马超、韩遂的注意力吸引到了这里，他们便放松了对蒲坂的警惕，没有安排足够的守军。因此徐晃提议由自己领一支精兵偷渡蒲津，先在西岸扎住脚，然后曹操再派兵继进，由背后进攻关中诸军。

听罢此言，曹操道："善！"便给了徐晃四千人马，叫他依计而行。

徐晃渡过蒲津后，营寨还没建起来，便被敌军梁兴部发觉。梁兴趁夜以五千人进袭，徐晃力战将其击退，终于在西岸扎稳了落脚点。

于是在闰八月，曹操下令自潼关北渡黄河。

要知道，这个时候曹军已经在潼关与关中诸军对峙了一个月，本方的动向马超等人是很容易发觉的。而渡口狭窄，地形逼仄，全军要渡到北岸需要较长的时间。马超等一旦发现曹军转移，肯定会乘其半渡之时发动攻击。所以这时候渡河，对军纪和军心是一大考验。为了不造成军心扰乱，曹操决定让士卒先渡，自己则在许褚的保护下带虎士百余人留南岸断后。

果不其然，曹军才渡到一半，马超便率领步骑万余前来突阵。一时间矢下如雨，曹操却兀自坐在胡床（类似大号马扎）上不起身躲避。许褚、张郃等见局势危急，对曹操道："贼来得越来越多，现在我军渡河将尽，宜速速离去！"不由曹操分说，连拉带扶就把他弄上了船。还没来得及渡河的曹兵见曹操跑了，也争相入船，船只很快超载，险险就要翻覆。许褚不得不连斩攀船者数人，这才稳定了船只。然而这时船工又中流矢死了，再加上水流甚急，结果曹操坐的那只船不往北走，反而直往下游漂去。马超见状，带着手下沿河紧追，一边追一边放箭。许褚就左手举马鞍遮蔽曹操，右手摇橹驾船。好在此时校尉丁斐在岸边把没带上船的牛羊战马全都放了，追兵去争抢这些牛马。曹船直漂出四五里，才终于渡到了北岸。

先渡过去的曹将们找不着丞相，正在慌乱，一见曹操无恙，不禁又惊又喜，有的人还哭得一把鼻涕一把泪。曹操却大笑道："今日几为小贼所困乎！"于是遂整军自蒲坂渡到河西，又"连车树栅为甬道"，沿着河岸逐步推进到了渭水以北。

这一来，曹军就等于绕到了关中诸军的身后。马超等连忙向后撤退，隔渭水重新列营。另据《山阳公载记》透露，本来马超是想进军渭

北阻击曹军的,因为曹操刚刚渡到河西,携带的粮草必定不多,如果这时候纠缠住他,不让他轻易从河东得到补充,那么曹军必定坚持不了太久。但是韩遂却不同意这一提议,说不如等曹军渡渭河的时候再进攻,可以将其蹙于河中。马超这个计划就没有得到施展。后来曹操得知,感慨道:"马儿不死,吾无葬地也!"

韩遂并没有等到将曹兵"蹙于河中"的机会。因为这个时候,曹操"多设疑兵",完全隐藏了自己的真实意图。当韩遂等还在迷惑之时,他却已经悄悄安排船只,载着士兵由河入渭,在渭水上搭建起了浮桥。夜里曹操分兵过桥,很快在南岸扎起了营盘。马超领兵劫营,被早就布置好的伏兵击破。这下韩遂、马超等方知曹操厉害,退屯渭南,遣使请和,说愿意割让黄河以西的土地。可曹操已经占尽优势,决意一举荡平关中,哪里还会跟他们议和?

九月,曹操全军渡过渭河。然而马超等数次挑战,曹操却又坚壁自守,不予理会。关中诸将猜不透曹操打的什么鬼主意,一个个心里没底,于是又派使者前来,提出愿意割地并送遣质子。曹操本想再度拒绝,但贾诩认为不妨假意答允以让敌人放松警惕。曹操问他如何破敌,贾诩说:"离之而已!"离间他们不就得了?曹操答道:"解!"老夫明白了!

关中诸将见曹操既已答应和谈,便推举韩遂出来跟曹操在两军阵前讲话。韩遂的父亲当年跟曹操是同年举孝廉,而韩遂自己也在洛阳跟曹操有过交往,况且此时他的儿子还在曹操手里当人质,所以韩遂对曹操很是客气。两人交马会谈,很是聊了一段时间。曹操故意东拉西扯,尽说些当年在洛阳的旧事,就是不提眼前的谈判条款。

在韩遂身后不远的马超等人但见两人拊手欢笑,神态亲密,却又听不清两人具体说了些啥,不禁又是疑惑,又是焦急。马超见曹操远离本方军队，身后只有一将随从，本有心突然发动袭击，将曹操掳掠过来。据《江表传》透露，之前马超还为此预估曹操体重，用六斛米的米袋子演练过一番。可是眼下他往曹操身后仔细一端详，觉得那将眼熟，怀疑可能是前日在潼关用马鞍挡箭的许褚，便高声问曹操说："久闻公帐下有一虎侯，不知安在？"许褚力大如虎，却又木讷少言，故军中呼为"虎痴"。曹操听了，回头指了指身后。许褚遂怒目圆睁，狠狠瞪了马超一眼。马超自忖难以得手，就打消了这个念头。

整个会谈期间，阵前的木栅栏上挤满了观望的胡汉士卒。曹操见状笑道："尔等欲观曹公邪？亦犹人也，非有四目两口，但多智耳！"我曹操不是什么神仙妖怪，就是智谋多些罢了！

会谈结束后，马超等来问韩遂到底谈了些什么。韩遂说没谈什么，就是扯了些无关紧要的旧事。马超等都不是很相信。过了几天，曹操又派人给韩遂送来一封书信。打开一看，上面涂抹点窜，好多地方都看不清楚到底写的是啥。马超等见了，以为曹操早就跟韩遂定好了暗号密语，更加怀疑他出卖了自己。到了这时，关中诸将内部已是军心浮动、战意不坚了。

曹操见时机成熟，遂宣布和谈破裂，与马超等约期会战。

战斗开始后，曹操先用轻兵迎敌。轻兵灵活机动，关西军的长矛兵追赶不及。双方战斗良久，曹操见敌人的长矛阵已经乱了阵形，这才派出自己的精锐虎豹骑两翼夹击。于是大破关西军，"斩成宜、李堪等。遂、超等走凉州，杨秋奔安定①，关中平"。

事后有人问曹操说："当初敌人聚守潼关，渭北防线空虚，那个时候不从河东西入而反守潼关，过了一段时间却又北渡，这是为什

---

① 今甘肃镇原东南。

么呢？"

曹操回答："贼守潼关之时，倘若我入河东，贼必北守各渡口，到时西河未必可渡，所以我才故意盛兵向潼关，引得贼寇悉众南守，使西河守备空虚，徐晃等才得西渡。这时再引军渡河，有徐晃之军在，敌人便阻止不成。之后连车树栅，为甬道而南，既是先立于不败之地，又是向敌人示弱。渡过渭水后坚守不出，也是为了麻痹敌人。因此马超、韩遂不为营垒而求割地，我假意应允，使其安心而放松防备，我军则趁机休养士卒。然后再聚全力于一击，所谓疾雷不及掩耳，就是这一回事。兵之变化，固非一道也！"

第73章 刘备入蜀

潼关、渭南战事结束后,马超、韩遂等率余众逃往凉州。曹操追至安定,于十月间降服了杨秋。这时考虑到天气已寒,而河北不久前又爆发了田银、苏伯叛乱,曹操遂留夏侯渊坐镇关中,自领大军返回。而由于曹丕在程昱等人的辅佐下处置得当,田银叛乱在曹操回师途中便被平定。

回到邺城当月,为赏曹操克定关中之功,汉献帝诏其"赞拜不名,入朝不趋,剑履上殿,如萧何故事"。而曹操鉴于马超、韩遂已构不成威胁,遂将马腾一家以及韩遂的儿子尽皆处死,以儆效尤。此后他又将注意力转到东南,筹划起了征讨孙权的行动。

不想在这时,受曹操西征关中影响,西南局势竟首先发生了变化。

当初曹操拿下荆州后,益州牧刘璋本已向曹操遣使称臣,赤壁之战前还特意派了别驾张松来向曹操示好。张松这个人,据说长得又矮又矬，虽然识见精明，但却举止荒疏。再加上他满口蹩脚的四川普通话，跟曹操见面时十句话里有八句曹操听不懂，所以曹丞相对他印象颇为不佳。而且那时候曹操刚从荆州接收了大批士人，供选用的人才很多，不可能人人兼顾，因此后来杨修劝曹操赏给张松一官半职，曹操也没听（一说以其为比苏县令，比苏地近今中缅边境，对于本是州别驾的张松来说无异于羞辱）。不久后曹操忙于追击刘备，沿江东下，对张松就更顾不上了。张松大感受了歧视，玻璃心哗啦啦碎了一地，就此恨上了曹阿瞒。回到益州后，他就在刘璋面前一个劲儿地黑曹操，正好这时候曹操又在赤壁吃了瘪，刘璋就听信了张松的话，跟曹操断绝了往来。

张松又劝刘璋结好刘备，共同抗曹，刘璋也如言而行，派法正出使荆州。法正回来后，对张松盛赞刘备有雄才大略，与之相比，刘璋简直就是个草包。两人一番密议，遂决定翼戴刘备入主益州。

后来曹操为平关中，声言要西攻张鲁，刘璋得知后大为忧惧。因为汉中乃巴蜀门户，曹操要是得了汉中，那兴兵伐蜀便水到渠成，刘璋自知以自己的本事和实力，是无论如何也抵挡不住曹兵的。张松见时机已到，便摆出一副忧国忧民的面孔，对刘璋道："曹公兵强，无敌于天下，若其因张鲁之资以取蜀土，不知何以御之？"刘璋说我正担心这个事呢，就是没什么办法啊！张松说我倒有个主意，那刘豫州是使君您的宗亲，又是曹操死敌，其人善于用兵，如果让他去打张鲁，张鲁必破，"鲁破，则益州强，曹公虽来，无能为也"！

刘璋点了点头，觉得此言有理。张松趁热打铁，又道："方今州中诸将庞羲、李异等人，皆恃功骄豪，颇有招徕外兵之心。不得豫州相助，则敌攻其外，民攻其内，必败之道也！"

一方面以利益相诱惑（破张鲁），一方面又以危险相恐吓（敌攻其外，民攻其内），张松的确是个忽悠人的高手。而刘璋经他这么一忽悠，果然中计，就决定派法正带四千人去迎请刘备。

刘璋的主簿黄权闻知，劝阻说："刘左将军素有骁名，今若请到，欲以部曲遇之，其必然心生不满；欲以宾客礼相待，则一国不容二君，若客有泰山之安，则主有累卵之危。不若闭境自守，以待时局安定。"刘璋不听，反把黄权调去外地。当初曹操派去招抚荆南诸郡的刘巴因为归路被断，辗转来至益州，也劝刘璋不可接纳刘备；又有一个叫王累的下属把自己倒悬在城门上以死相谏。刘璋也都置若罔闻。

法正到荆州后，先是向刘备公开表达了刘璋的意愿，既而私底下又献计说："以明将军之英才，乘刘牧之懦弱，又有张松这样的州之股肱在内响应，取此益州，可谓易如反掌！"益州境内兵器府库所在、人马众寡、道里远近等军事机密，法正也一一向刘备和盘托出。

正如之前诸葛亮在"隆中对"里规划的那样，刘备其实早就有取蜀之意。可是眼前肥猪拱门，张松、法正甘愿当带路党引领自己入蜀夺权，刘备不知为何又有些犹豫了起来。

庞统庞士元在周瑜去世后已经转投刘备麾下，并经由鲁肃和诸葛亮的一致推荐得到了刘备的信任。见此情景，他劝刘备道："荆州前经战火，人物殚尽，土地荒残，东有孙吴，北有曹氏，尚不足以成就大事。如今益州国富民强，户口百万，粮丰货足，又有山川之险，宜可权且取之，以资大业。"

刘备道："今天下皆知吾与曹操势同水火。操以急，吾以宽；操以暴，吾以仁；操以谲，吾以忠。每与操反，事乃可成。若明助刘璋，暗中取蜀，便是以小故而失信义于天下。吾所不取也。"也就是说，刘备担心取蜀会摧毁自己在天下人心中好不容易才树立起来的仁义形象。

庞统答道："权变之时，固非一道所能定也。兼弱攻昧，五霸之事。逆取顺守，报之以义，事定之后，封以大国，何负于信？今日不

取，终为人利耳。"成就大事要讲权变，可不是固守一个原则便能行得通的。弱肉强食从来就是历史规律，春秋五霸当年干的也就是这回事。反正你不取，别人也会来取。等我们拿下益州，给刘璋一个好的归宿，也就算对得起他了嘛！

这番话说服了刘备。

于是刘备留诸葛亮、关羽、张飞守荆州，以赵云领留营司马，自己则统步卒数万（《华阳国志》云万人），和庞统、黄忠、魏延以及来迎的法正一起溯江而上，进入了益州。

可是问题在于，取益州不仅仅是刘备和刘璋两人之间的事，还涉及到了第三方，那就是孙权。

前面讲过，孙权也早就有夺取益州的想法，赤壁之战后在周瑜、甘宁的鼓动下，他本已将此计划付诸实施。而且当时他还曾邀请刘备一同出兵。尽管刘备没有答应，却无碍于周瑜单方面采取行动。只不过后来由于周瑜突然病故，这一计划不得不中止执行。再然后鲁肃上台，为抗曹大计考虑，劝服孙权把南郡让给了刘备，同时刘备则把长沙北部割给孙权。这也就是前面所说的"借荆州"事件的第一阶段。

按理说到了这时，江东与巴蜀在地理上已经被刘备的地盘彻底隔绝，孙权便不该再有争益州之心。因为就算他在益州拿到土地，也没有办法直接统治。但是很显然，放弃益州这么大一块肥肉总不免让孙权觉得可惜。何况他也猜得到刘备的小算盘，不想看到夺取益州的好处被刘备独吞。于是在建安十六年（211年）传出曹操西征的消息后，孙权派使者来对刘备说，张鲁那个"米贼"专为曹操耳目，规图益州，而刘璋懦弱无能，不能自守，倘若曹操得了巴蜀，那荆州可就危险了！如今我想先取刘璋，再讨张鲁，使长江首尾相连，一统吴、楚。到时就是有十个曹操，也不必担忧了！

刘备早就把益州当成了自己的囊中之物，自然不肯同意孙权的这一提议，便答复说："益州国富民强，土地险阻，刘璋虽弱，足以自守。而张鲁只是虚情假意，未必肯尽忠于曹操。如果用兵于巴蜀、汉中，势必万里转运，粮秣难以供应，恐怕失利在所难免。更何况曹操虽败于赤壁，其根基并未动摇，一有机会便会饮马沧海、观兵吴会。倘若我们同盟之间无故自相攻伐，就会让曹操找到我方的破绽。由此看来，取蜀实非长计。"

从以上措辞看来，由于这个时候刘璋已经派法正来与刘备结好，所以刘备便对孙权说，刘璋也是我们的同盟，而为了抗曹大计，咱们反曹同盟之间还是不要自相残杀的好。另据《鲁肃传》的记载，刘备甚至还说：刘璋跟我刘备都是汉室宗亲，如果他有得罪你仲谋的地方，希望你看在我的面子上能多多担待；如果你非要找他的麻烦，那我刘备实在没脸见人，只能披发入山，永不出世了！

那么孙权的反应如何呢？

《献帝春秋》说："权不听，遣孙瑜率水军住夏口①。"一时间颇有霸王硬上弓的架势。而刘备也不甘示弱，不但不让孙瑜过境，反而"使关羽屯江陵，张飞屯秭归，诸葛亮据南郡，备自住孱陵"，于沿江要地严密布防。孙、刘两家剑拔弩张，大有战争一触即发之势。

这一场政治危机后来又是如何化解的呢？

史料中只有八个字："权知备意，因召瑜还。"意思是孙权了解到刘备无论如何都不肯放吴军过去的决心，就召回了孙瑜。

真要是这样，那就是孙权怂了。

可是我总怀疑，事情不该如此简单。

---

① 今武汉武昌。

要知道孙权可是喜欢亲手格虎的主儿，此人最不缺的就是胆量。要不然，当初他也不会在实力悬殊的情况下力排众议，决心死磕曹操。这样的人，怎么可能刘备一吓唬，就服软了呢？你要说他是为了顾全反曹同盟的大局，那倒有可能。但问题是现在曹操正忙于西征关中，暂时无暇南顾，短时间内就算他跟刘备翻脸，将来也有修复关系的可能（后来孙吴夺取荆州后就是如此）。更重要的是，以政治常识来看，这场纷争既是孙权主动挑起，他便不会不知道刘备会做何反应。何况刘备之前已经说得很明白，他决计不肯放吴兵西进。这种情况下孙权仍然命孙瑜一军挺进夏口，结果刘备一吓，他又乖乖撤军，行事如此，如果不是另有目的，岂不是白白做无用功？

那么孙权的目的到底是什么呢？

由于史料没有记载，我只能联系前后线索，妄加揣测一番。幸好，几年后孙刘两家围绕荆州归属的那场纷争可以给我们一些启发。

当时刘备已经取得益州，孙权就派了诸葛瑾等向他索要荆州数郡。刘备不给，说等自己得了凉州，再把荆州给孙权。孙权大怒，就派吕蒙攻取荆南三郡。刘备不肯吃亏，也派关羽来争，便有了鲁肃与关羽单刀相会之事。那时两家的关系比现在还要紧张。可是后来两家打起来了没有呢？没有。为什么呢？因为两家在谈判桌上达成了协议。这便是所谓的"湘水之盟"，即以湘水为界中分荆州，西边土地归刘备，东边土地归孙权。

到这儿，问题就来了：如前所述，周瑜死后孙权"借"给刘备的只是南郡，而江南三郡原本就是刘备自己征讨所得的地盘。那么为什么此时孙权不索要南郡，反而索要江南三郡呢？而刘备为什么又愿意把湘水以东的土地（包括三郡中的桂阳、长沙以及原本就被孙权控制的江夏）割让给孙权呢？

当然，当时曹操已经夺取汉中，军事上对刘备产生了一定压力也是一个原因。但这只能解释为何刘备愿意做出妥协，却仍无法解释为何双方争执的焦点是江南三郡。

我认为，其原因就隐藏在建安十六年双方因伐蜀而起的这次纷争的背后。而孙权之所以选择了主动退军，并不是怂了，而是因为跟后来那次一样，两家其实在谈判桌上达成了某种协议。

毕竟，"战争无非政治通过另一种手段的继续"。在军事行动的背后总隐藏着政治目的，一旦政治目的达成，就没有必要非得拼个你死我活了。

所以我推测，当时孙权和刘备达成的协议很可能是：你不让我伐蜀可以，但你也不能伐蜀；你一旦取蜀，就必须给我荆州的领土予以补偿。倘若刘备同意这一条件，东吴甚至愿意派兵帮助刘备伐蜀。

后来孙权之所以索要江南三郡，以及刘备对"借荆州"一事未加以矢口否认的态度，应该都是由此而来。

若果真如此，围绕"借荆州"的种种谜团便迎刃而解了。

第74章 "暗弱"的刘璋

我之所以推测孙刘两家曾有此秘密协议，并说东吴派兵帮助刘备伐蜀也是协议的内容之一，一个主要的证据就是，有史料显示在建安十六年以后，孙权确实派兵参与了刘备对巴蜀和汉中的军事行动。

据《三国志》裴注所引《吴书》："建安十六年，（吕）岱督郎将尹异等。以兵二千人，西诱汉中贼帅张鲁，到汉兴寒城，鲁嫌疑断道，事计不立，权遂召岱还。"当时东吴领土与汉中并不接壤，但是孙权却派吕岱领一军深入到了汉水上游，此举除了策应刘备受刘璋邀请北攻张鲁的行动之外，不可能有其他目的。另外，《三国志·吴范传》还记载："及壬辰岁，（吴）范又白言：'岁在甲午，刘备当得益州。'后吕岱从蜀还，遇之白帝，说备部众离落，死亡且半，事必不克。权以难范，范曰：'臣所言者，天道也，而岱所见者，人事耳。'备卒得蜀。"吴范是东吴著名的术士。他在建安十七年（212年）预言两年后刘备得蜀,孙权不大相信,因为从蜀中返回的吕岱汇报说刘备损失惨重,"事必不克"。这说明吕岱一军直到建安十七年后还在巴蜀配合刘备行动,只是后来见刘备一时难以得手,就先期撤了回来。而除了这两则史料,后来法正在劝刘璋向刘备投降时也说:"今荆州道通,众数十倍,加孙车骑遣弟及李异、甘宁等为其后继。"此言虽属虚声恫吓,但孙权派兵相助刘备应该确有其事。尽管从吕岱率领的兵力及其动向来看,这一助力实际上并没有取得太大效果。

所以归根结底,刘备能拿下益州,一方面主要是靠自己努力,另一方面也是全靠同行衬托——刘璋实在太愚蠢了些!

刘璋是刘焉的第四子,他能够坐上益州之主的位子,其实多半是由于运气好。

当初刘焉就任益州牧之时,除了第三子刘瑁,刘璋和两个哥哥都被留在了京城。后来董卓秉政,刘焉拒绝将益州的赋税粮帛上交,董卓就把他们兄弟三人都关押了起来。直到董卓死后,汉献帝为向刘焉表达善意,才放刘璋去了益州。

不久李傕、郭汜之乱爆发,刘璋的两个哥哥跟马腾勾结欲除李傕,失败被杀。同年刘焉病死。在刘瑁、刘璋这两个继承人当中,刘瑁居长,在蜀亦久,但是掌权的益州官属赵韪等贪图刘璋性格懦弱、易于控制,便推举他继任了州牧之位。

到刘备入蜀之时,刘璋已经在益州统治了整整十八年。

平心而论,虽然在后人眼中,正如诸葛亮"隆中对"时所说,刘璋一直被视为"暗弱"之主,但是就实绩而言,他治下的益州其实却是既富庶又太平。例如庞统就声称"益州国富民强,户口百万",《三国志·董和传》也说刘璋时期"蜀土富实,时俗奢侈,货殖之家,侯服玉食"。后来刘备攻克成都后,曾经一次性赏赐诸葛亮、法正、关羽、张

第74章 "暗弱"的刘璋

飞四人"金各五百斤、银千斤、钱五千万、锦千匹",这些当然都是刘璋的库存。对比五十年后蜀汉灭亡,国库里的金银总共才各两千斤的状况,可知刘璋时期巴蜀的经济实力一点儿也不弱。

之所以如此,一方面是因为刘璋在位期间除了建安五年(200年)爆发过一次大规模的叛乱之外,蜀中基本上没有什么战争,另一方面也是因为不断有关中、南阳等地流民为避乱而涌入益州,劳动力有所增加。再加上刘璋本人能力有限、野心不足,又颇有爱民之心,政策上很少折腾,基本上是无为而治,所以巴蜀百姓得以休养生息,益州自然也就"民殷国富"了。

然而生逢乱世,匹夫无罪,怀璧其罪。若是在天下太平之时,刘璋或许是地方上一个不错的父母官,可是在汉末四海鼎沸、英雄虎争的环境下,他的保守和低能只会使富庶的益州成为人人垂涎的猎物。与同时代如狼似虎的曹、刘、孙、吕、袁、公孙诸人相比,刘璋的"暗弱""不武"尤其显得突出。正如王夫之所分析的,所谓"刘璋暗弱","弱者,弱于强争;暗者,暗于变诈"。具体而言,刘璋既无远大志向,亦无战略眼光,这是其"弱于强争"的一面;而他不善御下,在多疑少断的同时又轻信人言,则是其"暗于变诈"的一面。

其实刘焉原本图据益州之时,是有乘时观变、谋取天下霸权的想法的。一开始他向朝廷建议设置州牧之时,本是"内求交址①牧",可后来听术士董扶说"益州分野有天子气",便又改求了益州。到益州后,史书先是说刘焉"抚纳离叛,务行宽惠,阴图异计",后又说他"意渐盛,造作乘舆车具千余乘"。说明刘焉的确有自己做天子之心。只不过他病死得早,没来得及走到那一步而已。

---

① 今越南北部。

刘璋上台初期，中原局势混乱，诸侯无暇顾及西南。如果刘璋也有其父的野心，最明智的策略便是远交近攻，在中原群雄中寻求同盟（例如袁术或曹操）的同时，全力进攻毗邻的刘表。可是史籍中却找不到刘璋有意与任何一方结盟的迹象（倒是曹操有过派卫觊出使益州联合刘璋的努力，只是道路受阻，未能成行）。甚至刘表挑动甘宁等在益州发动叛乱，刘璋也并没有发动有力反击。这说明不论意愿还是能力，刘璋都倾向于守境自保。

刘璋缺乏战略眼光还在于，如果其目标就是守境自保以图割据，那么他就应该与汉中的张鲁搞好关系，以使其成为自己的一道挡箭牌，就像刘表扶植黄祖对付孙策，并先后接纳张绣、刘备对付曹操那样。再说张鲁本就是其父刘焉的部下，刘焉在位时虽然他已经独立了出来，但两人的关系并未闹僵，张鲁留在益州的家属也得到了刘焉善待。可是刘璋上台后，却仅仅因为张鲁对自己不够恭敬，就杀掉了张鲁的母亲和弟弟。这下两家彻底成了仇敌，刘璋不但无法利用汉中以为巴蜀屏障，反而凭空给自己增添了一个大麻烦。试想如果他当初能将张鲁的家属送还，借机与其修好，那么何至于后来要请刘备入川？

刘璋不但搞不懂天下局势，也看不清世道人心，哪怕对身边之人也是如此。所以《益州耆旧传》说，刘璋"懦弱多疑，不能党信大臣"。《三国志》刘璋本传也说他性格上的一个缺点就是"明断少而外言入"，意思是他既缺乏判断力，又没有主见，所以别人一忽悠，或者一进谗言，他就轻信。

建安五年（200年）原本扶持其上台的大将赵韪之所以兴兵叛乱，以及后来巴西太守庞羲也一度颇有反意（所以张松才忽悠刘璋说"州中诸将庞羲、李异等皆恃功骄豪，欲有外意"），多少都是由此而起。至于他居然没看出来张松、法正"里通外国"的真实目的，以致被刘备多年

第74章 "暗弱"的刘璋

经营的"仁义"人设所迷惑，轻率地做出了招引其入蜀的决定，更是其一生中最大的昏招。

刘备于建安十六年（211年）下半年应邀领兵入蜀，刘璋下令沿途供奉无缺，务必使其宾至如归。

途经巴郡（今重庆）之时，驻守当地的将军严颜叹道："此所谓独坐穷山，放虎自卫者也。"你刘璋此举，简直就是请了只饿虎来给自己当保镖！

刘备自巴郡继续北上，经垫江（今重庆合川区）溯涪江，与刘璋在涪城（今四川绵阳）见了面。当然，由于两人之前没什么交情，此番刘璋也不是全无防范，与他同来的还有步骑三万余人，"车乘帐幔，精光耀日"。

会面期间，张松撺掇法正，劝刘备趁此机会便对刘璋下手。刘备答说不可仓促。庞统也说，若在会面之时拿住刘璋，便可不动刀兵而坐取益州。但是刘备仍坚持道："初入他国，恩信未著，不可如此！"于是两军在涪城欢饮百余日。刘璋推刘备行大司马，领司隶校尉；刘备则表刘璋行镇西大将军，领牧如故。分别之时，刘璋分给刘备一些兵力，又送了他米二十万斛、战马千匹、车千乘以及大量缯絮锦帛，让其北伐张鲁，还下令镇守白水关的杨怀、高沛部也归他督属。这样一来，刘备的总兵力就达到了三万。

然而刘备入蜀本就是醉翁之意不在酒，所以尽管他从刘璋那里吃也吃了，拿也拿了，却并不肯真去办事。离开涪城后，他向北前进了也就四百多里，走到葭萌（今四川广元昭化）就屯驻了下来，一待就将近一整年。

这一年时间里，刘备重点只干了一件事，那就是"厚树恩德，以收众心"，一边挖刘璋的墙角，一边密筹取蜀之策。

到了建安十七年（212年）冬天，已经平定了关中的曹操发兵东击孙权，号称步骑四十余万，孙权就派人向刘备求援。这一年里刘璋对刘备招待甚周，刘备正苦于找不到兴兵取蜀的好借口，便利用此事做起了文章。他写信给刘璋说："曹操大兵伐吴，东吴向我求救，而孙权跟我是唇亡齿寒的关系。再加上乐进现在在青泥（襄阳西北有青泥河）跟关羽相持，如果我不回军相救，乐进必定大胜，到时便会转侵州界，其威胁远甚于张鲁。张鲁不过一自守之贼，不足虑也。"末了便向刘璋请求增兵万人，以及军资甲仗，等等。

刘璋虽然能力不足，却不是个傻子。刘备这一年来的所作所为，或者说是无所作为，已经让他猜到了此人是何居心。正应了那句话——"请神容易送神难"，刘备要走，刘璋还巴不得。他也知道刘备的真实目的无非以此相挟要兵要粮而已，但是考虑到两人现在毕竟还没有闹翻，刘璋还是决定给刘备增兵四千，其余军资各给一半。

有史料说，这一馈赠并未让刘备满意。他以此激怒手下士兵说："我等为益州远征强敌，师旅疲敝，不得休息，刘璋却吝惜府库财货而不封赏我辈的功劳，这还怎么指望我们为他出死力？"

这时，又发生了另一起事件，使得两人正式撕破了脸皮。

原来，刘备假意要回援荆州一事被张松知道后，张松可能当了真，就写信给刘备和法正说："如今大事将成，怎么能够舍此而去呢？"结果这件事被他的哥哥张肃发现。张肃担心此事一旦暴露，势必祸及自身，就跑去向刘璋告发了张松。刘璋惊怒之下，把张松抓起来杀了，还下令各地守关将领断绝跟刘备的交通。

消息传到刘备这边，刘备大怒。庞统便献计说，眼下有上中下三策："阴选精兵，昼夜兼道，径袭成都。刘璋既不通军事，又素无预备，大军猝至，可一举便定，此为上计。守白水关的杨怀、高沛是刘璋

第74章 "暗弱"的刘璋

之名将,听说两人数次上书刘璋,建议他早日发遣将军您还荆州,将军可因此送信给他们,就说荆州有急,欲东归还救,并使三军装束,装出撤军的样子。这两人既服将军英名,又喜将军之去,多半会前来送行。将军便擒住两人,夺其兵众,再向成都,此为中计。退还白帝,连引荆州,徐还图之,此为下计。若徘徊不去,将致大困,不可在此长久拖延。"

刘备想了想,觉得所谓的上计还是过于冒险,决定采取中计。

于是他便先将杨怀、高沛诱至军营,责以无礼,将二人斩首,既而进据白水关,接收了其部众,然后派黄忠、魏延等引兵直向涪城。

第75章 克定蜀中

刘备起兵的葭萌地处嘉陵江上游的群山之中，地瘠民贫，其实并不适合做大兵屯驻的基地。但是涪城则不然。用清初舆地学大家顾祖禹的话说，该地"水陆四冲，为蜀重地"，是整个四川盆地北部最重要的战略枢纽。

早在东汉初年，光武帝刘秀派军大举征伐割据巴蜀的公孙述之时，后来名列"云台二十八将"的臧宫便领一支军队克广汉，破涪城，与南路岑彭、吴汉军对成都形成钳形攻势，加速了公孙述的灭亡。南北朝中期，北魏镇西将军邢峦主持攻伐汉中和巴蜀，也是以进取涪城为重要目标。尤其是在给朝廷的表奏当中，邢峦明言："若得涪城，则中分益州之地，断水陆之冲，彼外无援军，孤城自守，何能复持久哉！"足见涪城战略地位之重要。后世西魏伐蜀，以及北宋灭后蜀，也都是从涪城进逼成都。

所以刘备在吞并了杨怀、高沛的部众之后，只留霍峻领数百人把守葭萌，自己则带着其余军队全部开往了涪城。路上经过梓潼（今县），县令王连闭城坚守，刘备甚至也不予围攻，因为他知道只要拿下涪城，自己就在益州扎稳了脚跟，而梓潼兵力有限，根本威胁不到自己的后方。

对于刘备的这一战略意图，其实刘璋一方也是知晓的。当其起兵之初，便有益州从事郑度向刘璋建议说："今刘左将军悬军袭我，兵不满万，士众未附，军无辎重，唯仰民间田谷。计之上者，莫若尽驱巴西、梓潼等地的百姓内迁到涪水以西，其仓廪野谷，一律烧毁，然后深沟高垒，以逸待劳，彼军来至，坚守勿战。到时刘备久无所资，不过百日，必将自走。走而击之，定可成擒！"

老实说，在本方缺乏高明的军事首脑的情况下，郑度的这个计划不失为一条削弱刘备力量的良策。因此当刘备安插在成都的细作将这一消息报给他得知后，他大为嫌恶，便来问法正应对之策。然而法正却摆手说："将军您不必忧虑，郑度的这个建议刘璋是一定不会听的。"

果不其然，一向"明断少而外言入"的刘璋这时候反倒听不进他人意见，自以为明断地对众臣道："吾闻拒敌以安民，未闻动民以避敌也。"打仗不就是为了保护老百姓吗？怎么能因为害怕敌人就强迫百姓迁徙呢？就拒绝了郑度的这个提议，只派刘璝、张任、吴壹（亦作吴懿）等人领兵去救涪城。

然而张任等还是来迟了一步，涪城已经被刘备抢先占据了。随后张任等试图反扑，也被刘备击破。吴壹还在战败后投降了刘备。

由于刘璋没有采纳郑度的徙民清野之策，拿下涪城的刘备不但得到了不少军资粮秣，更在战略上获得了"中分益州之地，断水陆之冲"的重要据点。

为庆贺这一胜利，刘备在涪城大飨将士，置酒作乐。席间他不免有些得意忘形，对庞统道："今日之会，可谓乐矣！"不想庞统却面露不快之色，冷冷说道："伐人之国，而以为欢，非仁者之兵也。"

刘备这时候已经喝高了，听了庞统这句嘲讽之言，不由得恼羞成怒，心说当初你劝我入蜀之时不是说出于权变可以不讲仁义吗？我照你计策行事，有了点小成绩，现在只不过庆祝一下，你又在那里装什么假正经？便没好气地冲庞统说道："武王伐纣，前歌后舞，难道不是仁者之兵吗？卿言不当，宜速起出！"你给我外边凉快儿去！

庞统一看刘备发起了脾气，只好逡巡引退。

过了半晌，刘备酒醒了些，便为刚才的失态行为后悔起来，赶忙派人去将庞统请回。庞统也就没事一般坐回原位，该吃吃该喝喝，也没有要道歉的意思。刘备见状，便主动问庞统道："方才之论，不知你我二人是谁言语有失？"庞统答道："君臣俱失。"咱俩都有不对的地方！刘备闻言大笑，于是二人宴乐如初。

其实也难怪刘备得意忘形。整个建安十八年（213年），益州局势都在向对他有利的方向发展。先是刘璋从绵竹（今四川德阳北）派来的李严、费观军阵前倒戈，向刘备投降；既而刘备军进抵雒城（今四川广汉），出战的刘璋部将张任兵败被擒，拒降而死；与此同时，刘璋派去溯嘉陵江而上抄刘备后路的一支军队也被留守葭萌的霍峻以数百人击退。而随着自己手中可资利用的兵力越来越多，刘备也得以分军四出来平定周边各郡县。

但另一方面，雒城守备严固，刘备军在攻城过程中的伤亡也很大。尤其糟糕的是，庞统在指挥士兵攻城时中了流矢，不幸身亡，年仅三十六岁。刘备痛惜之余，深感单凭自己一军取蜀力有不逮，便派人给荆州方面送信，命关羽留守，其余诸葛亮、张飞、赵云等皆统军溯江而

第 75 章 克定蜀中

上，攻略益州东南的巴东、犍为等地，争取早日与自己会师于成都。

诸葛亮等自荆州西进，很快便攻克了益州东境的白帝（今重庆奉节东）、江州等地，打通了刘备军跟荆州大本营之间的通道。其中进攻江州一役，巴郡太守赵筰和将军严颜进行了顽强抵抗。严颜战败被擒，张飞忍不住骂道："我大军至，尔何以不降而敢拒战？"严颜答道："卿等无状，侵夺我州！我州但有断头将军，无有降将军也！"张飞闻言大怒，命人将其拉出去砍头。严颜面无惧色，道："砍头便砍头，何为怒也！"掉个脑袋才多大的事，有什么好发怒的？见严颜在死亡面前如此淡定，张飞反倒又起了敬佩之心，"壮而释之，引为宾客"。这便是《三国演义》中"张翼德义释严颜"这一段故事的由来。

拿下江州后，诸葛亮、张飞、赵云兵分三路，各占城池。"赵云自江州分定江阳（今四川泸州）、犍为（今四川彭山）。飞攻巴西（今四川阆中）。亮定德阳（今四川遂宁南）。"至此，益州大部都落入了刘备的掌控。

与此同时，刘备还让法正给刘璋写了一封长长的劝降信，为其点明形势，剖析利害，劝其"可图变化，以保尊门"。但刘璋并未回复。

刘备打雒城打了整整一年，到建安十九年（214年）夏天，雒城终于陷落。于是成都门户大开，刘备和诸葛亮、张飞、赵云诸军会师于城下，将成都重重包围起来。

到了这时，尽管城中守军尚有三万，但士气低迷，外无救兵，胜负早已经失去了悬念。而且就在刘备包围成都不久，他又迎来了一个重大利好：在关陇无处存身的马超率余部从汉中入蜀，前来投靠了他。

原来，自从三年前被曹操击败后，马超逃回了陇西。但他"有信、布之勇，甚得羌、胡心"，在曹操东还后，他又纠合起一支部队，杀掉了凉州刺史韦康，一时搅得陇右不宁。不过后来他还是被韦康的部下们联手逐走，奔汉中投奔了张鲁。

张鲁初时很想借用一下马超之力，就任命其为都讲祭酒，还准备把自己的女儿嫁给他。但是有人劝他说，马超这个人连自己的老爸都不爱，以致马腾全家被杀，他哪里还在乎一个姻亲？张鲁心说可不是嘛。这事就没成。后来马超向张鲁借兵，说要北取凉州。张鲁的兵力本就有限，给他的资助自然也不多，于是马超攻取凉州不成。再加上张鲁的手下杨昂（一作杨白）等人嫉恨马超比自己有本事，颇有害他之心，马超大感不安。正好这时刘备略地巴蜀，势头正盛，马超遂派人秘密联络刘备，转达了归降之意。（历史学家方诗铭先生甚至认为，马超有意除掉张鲁夺取汉中，阴谋暴露后才仓皇出逃。）

其实前些年马超还在关中之时，就联络过刘璋，有意与之结盟。但有人劝刘璋说马超"勇而不仁，见得不思义，不可以为唇齿"，亲近此人等于养虎遗患，刘璋就拒绝了他。

然而刘璋驾驭不了的猛虎，刘备却自信可以降伏。这时候他一来急于用人，二来也很想利用一下马超的威名，因为刘璋所仰仗的"东州兵"大部分来自关中，素来对马超之勇健颇为畏服，于是便很痛快地答应了马超的要求，还派专人来迎他。

这期间，刘备还耍了点小把戏。他先是让马超停止前进，既而又秘密给他增兵，这样当马超赶到成都之时，所带的部众便相当可观。然后刘备安排马超屯驻于城北，特意让守军望见。城中军民得知后，都大为震怖。刘璋手下蜀郡太守许靖为此便生出了逾城投降之意，只不过事先被人发觉，没能成行。刘璋得知后，一来顾及许靖毕竟是清流名士（著名的"月旦评"就是许劭、许靖兄弟所主持），二来考虑到城池将破，杀了许靖也于事无补，也就饶过了他。

不久，刘备又派跟刘璋关系不错的简雍入城劝他早降。

这个时候，据说城中尚有精兵三万，储存的粮谷也足以支持一两年，所以刘璋手下有不少主张坚持到底。然而刘璋却言道："我父子在州二十余年，并无恩德以加百姓。如今攻战三年，百姓死亡流离于草野之间，都是因我之故，我如何能够心安啊！"便下令开城，与简雍同乘一车出降。见此情此景，其臣僚莫不流涕。

刘璋仁厚如此，刘备也没有太难为他。事后他把刘璋一家迁往公安，尽归其个人财物以及原佩的振威将军印绶，把他圈养了起来。数年后孙权袭破荆州，又把刘璋迁到了秭归，短短几年后他就去世了。在那个时代，对于亡国之君来说，这已经算是一个不错的结局了。

第76章 成都新政

夺得巴蜀使刘备的事业得到了质的飞跃。

此前的二十多年里,尽管他曾经争盟淮隅,短暂地据有徐州,但不久便在曹操、袁术、吕布的夹击下丧失了全部土地;后来他虽然又得了荆州,但一来当时有东吴帮忙,二来这里面还牵扯进了错综复杂的"借荆州"一事,"产权归属"的问题终究有些不清不楚。而益州这个天府之国,却是他依靠自己的力量实打实地吞入口中的一大块肥肉。这块肥肉一下肚,当年"隆中对"诸葛亮提出的"跨有荆益"之战略规划即告完成,三分天下而刘备有其一,便足可以与曹、孙抗礼而竞逐了。

所以刘备高兴,十分高兴。

入城后,他"置酒大飨士卒",不但赐给有功的诸葛亮、法正、张飞、关羽诸人金各五百斤、银千斤、钱五千万、锦千匹,还"取蜀城中金银分赐将士,还其谷帛"。对于这句话,宋元史学家胡三省的解释是:"凡城中公私所有金银,悉取以分赐将士,至于谷帛,则各还所主也。"可知刘备虽未像曹操那样允许军队屠城,但纵容士兵对城中百姓劫掠一番仍然是免不了的。因为有史料显示,早在围城之时,刘备就已经跟将士们约定:"若事定,府库百物,孤无预焉。"意思是城里的钱财你们随便分,我是不管的。结果城门一开,士兵们纷纷丢掉武器,争相涌入各官署的府库抢夺财货宝物,刘璋积攒多年的家底儿很快便被瓜分一空。

即便是这样,将士们的胃口仍然难以得到满足。许多人怂恿刘备说,应该把成都城里的房子和城外的耕地都分赐给诸将。此举虽然有助于刘备带来的这些外籍兵将早日在蜀中安定下来,却势必激化他们跟益州本地人之间的冲突。所以赵云知道后,反驳说:"当年霍去病说:'匈奴未灭,无以家为。'现在国贼岂止匈奴,怎可便求安顿?应该等到天下大定,到时各返桑梓,归耕本土才是。而今益州人民初罹兵革,疮痍未复,其田宅皆可归还,先让他们安居乐业,然后再征调赋税劳役,方可得百姓之心。"

赵云是河北常山人,也属于标准的外来户。他追随刘备这么多年,虽然战功卓著,却从来不争名夺利、讨赏邀功。赤壁之战后刘备降服荆州四郡,曾任命他为桂阳太守,取代原本的太守赵范。当时赵范为了讨好赵云,想把自己守寡的嫂子、有"国色"之称的樊氏献给赵云。然而赵云却谢绝说,咱俩都姓赵,你哥哥就相当于我的哥哥,我怎么能娶自己的嫂子呢?有人劝赵云不如笑纳。他又说,赵范只是迫于形势而投降,其心不可测,天下女子多得很,没必要为此困扰。后来赵范果然逃走,赵云也并未介意。这次征服西蜀,按理说赵云也该像别的将领一样,为家室考虑向刘备要房子要地,但他却说出这样一番高风亮节的话来,可见他不但人品没得说,而且还颇具政治远见。后来刘备就采纳了他的意见，把田宅归还给了百姓。

而除了瓜分战利品之外，刘备深知，要想在益州站稳脚跟，最重要的是建立一套行之有效的统治体系。所以在接收成都后不久，他便自领益州牧，同时委任诸葛亮为军师将军、署左将军府事，兼益州太守，法正为扬武将军、蜀郡太守。两人"外统都畿，内为谋主"，是刘备身边最为重要的谋谟之臣。武将方面，以关羽"董督荆州事"，代替自己管理荆州；张飞为巴西太守，镇守益州东北以御曹操；马超为平西将军，使督临沮县（今陕西略阳东），并封前都亭侯；黄忠为讨虏将军；赵云为翊军将军；魏延为牙门将军。其余随其入蜀的糜竺、简雍、孙乾、伊籍、马良、向朗等荆州旧部也各有安排。

另一方面，对于刘璋的部属和益州士人，刘备尽管对他们还不够信任，但也尽量授以显位，待以优礼。例如那个大名士许靖，本来因为他在危难之际想要弃主出降，刘备对他很瞧不起，没打算重用，但是法正说尽管许靖是个有名无实的花瓶，可还是可以起到示范效应，最好示以敬重，于是刘备便让他担任了左将军长史。其余董和、黄权、李严、刘巴、彭羕、吴壹、费观诸人，也要么授以显职，要么纳入幕府。

这其中尤其值得一提的是刘巴，因为他本来跟刘备是彼此憎恶的敌人。当初曹操来伐荆州，刘备南奔，襄阳士人有许多都跟随他一同出逃，刘巴却选择了北投曹操。后来曹操在进据江陵后便派他去招抚长沙等三郡。哪知道刘巴还未返回，曹操便在赤壁一战后狼狈退回了北方。紧接着刘备征服江南，刘巴归路被断，只好南奔交州，准备走海路返回京师。哪怕诸葛亮写信劝他，也没能让他回心转意。刘备一度对此耿耿于怀。

到交州后，刘巴又跟交趾太守士燮相处得不愉快，便又自今云贵交界地带辗转来到了益州。由于当年刘焉跟刘巴父亲是故交，所以刘璋对

第76章　成都新政

他颇为优待，经常和他商量军政大事。那会儿张松、法正撺掇刘璋招引刘备入蜀，刘巴就曾极力表示反对；刘备来了以后，刘璋给兵给粮让他去打张鲁，刘巴又说这是纵虎归山。结果刘璋都没听，气得刘巴干脆闭门不出，告起了病假。

刘备攻围成都之时，曾传令军中说，谁要是杀了刘巴，我就诛他三族。等到真见了刘巴，刘备不怒反喜，还辟他为自己的掾属。这时刘备的心态，我猜跟当年曹操对待梁鹄一样，多少都有点"今天你对我爱搭不理，明天我让你高攀不起"的意思。通过此举亦可以告诉世人，我刘备连自己讨厌的人都能任用，你们还有什么理由不来辅佐我呢？

而刘巴上任不久，便给刘备出了个管用的主意。

如前所述，拿下成都后由于犒赏三军以及允许士兵掠取府库财物，刘璋时期积攒的家底儿很快挥霍一空，"军用不足，备甚忧之"。结果刘巴说，这个问题很好解决嘛，只需要"铸直百钱，平诸物价，令吏为官市"即可。所谓"铸直百钱"，就是铸造一种新货币，一枚新币的面值相当于一百枚旧币；而"平诸物价，令吏为官市"，就是借发行新货币的机会，由政府对市场和物价进行监管和控制，不允许价格发生不利于政府的波动。"备从之，数月之间，府库充实"，以这种从民间汲取财富的方式顺利渡过了经济危机。

同发行新币、管控物价一样，获得蜀地后刘备随即将盐、铁这些重要战略物资纳入了国营体系。他以王连为司盐校尉，"较盐铁之利，利入甚多，有裨国用"；又以张裔为司金中郎将，专门负责管理铁矿的开采和冶铸。盐铁官营政策后来在诸葛亮治蜀时期也一直得到了保持，甚至蜀锦生产也纳入官办，蜀锦成了关系国家经济命脉的重要外贸商品。

在法律和行政制度层面，刘备则放手让诸葛亮等人建立了一套严峻周密的法制体系，也即《三国志·伊籍传》中所说的伊籍"与诸葛亮、法正、刘巴、李严共造蜀科"。科即律令之意。在这五人当中，显然诸葛亮起主导作用，而素来以管仲、乐毅为楷模的诸葛亮是主张以严明的法令和强硬的手段来进行社会治理的。

据说一开始，在刘璋统治下松散惯了的巴蜀士民对此颇有怨言。为此法正曾劝刘备说："当年高祖刘邦入关，约法三章，关中百姓感恩戴德。现在您刚得益州，对百姓还没什么恩惠，而且作为外来客，也应该对当地民情稍加体谅，希望您能在法令的制定和执行上宽缓一些。"

诸葛亮知道后，对法正解释说："你只知其一，不知其二。当年暴秦无道，政苛民怨，匹夫振臂一呼，则天下土崩瓦解，高祖因此成事，自然为政以宽。而刘璋暗弱，从其父刘焉开始就施以宽政，是以官府行事徒尚形式，德政不举，威刑不肃，大小官僚专权自恣，君臣之道，渐以陵替。须知宠之以位，位极则贱；顺之以恩，恩竭则慢。许多弊政实由此而起。现今我用法令加以威慑，法行则知恩；以名爵划分界限，爵加则知荣。恩荣并济，上下有节。这才是治国之要。"

由此可知，诸葛亮推行的"以法治国"可谓深得韩非、管仲之精髓。以此理念为基础，整个蜀汉时期的司法刑政也是比较严苛的（尤其是在执法方面），所以时人对于诸葛亮治蜀有"刑法峻急"之称。

例如有段时间由于天旱歉收，严禁酿酒，官吏在一户人家里搜出酿酒器具，议罪时便不管其在禁令颁布以后有没有继续酿酒，都按违禁处理。后来简雍有一次陪刘备出游，路上见一男一女同行，便跟刘备说："这两人欲行淫乱，为何不抓起来？"刘备说你怎么知道？简雍说很明显嘛，他们携带作案工具，跟那些想酿酒的人一样。刘备大笑，就把那些因持有酿具而被抓的人都放了。

值得注意的是，不管是法正"缓刑弛禁"的建议，还是诸葛亮"荣恩并济，上下有节"的主张，其实重点针对的都不是普通的贫民百姓，

第 76 章 成都新政

而是那些"专权自恣"、不守君臣之道的巴蜀豪族和刘璋旧部。这些人在刘璋父子的宽容和恩宠下骄纵惯了，以致没大没小，连刘璋也不放在眼里，所以后来刘备才能比较顺利地拿下巴蜀。如今再拿高官厚禄以及法律上的特权来笼络他们，就显不出与之前的区别，既没有意义，他们也不会感恩。因此这时需要的就是严刑峻法：只有被严格的法令狠狠地修理过，他们才会珍惜君主的恩典；只有被升降的仕途反复地折磨过，他们才会知晓爵禄的荣耀。最终的目的，就是让他们成为在君主面前服服帖帖，既有一定办事效率，又不违背君主意志的臣仆。

刘备当然希望手下的臣僚都能够变成这样，所以他选择支持诸葛亮的主张，而没有同意法正的建议。

不过话说回来，在当时的背景下，再严格的法治其实也是人治。别的不说，就拿法正来讲吧，尽管他要求"缓刑弛禁"的建议没有被刘备批准，但是他本人深得刘备信任，在法律层面实际上是享有特权的。

据其本传透露，当初他在为刘璋效力时不受器重，没少跟人结怨，如今得了志，"一餐之德，睚眦之怨，无不报复，擅杀毁伤己者数人"，属于典型的知法犯法。所以有人就对诸葛亮说："法正在蜀郡太过骄横，您应该跟主公说说，敲打敲打他才是啊。"然而诸葛亮却答道："当年主公在公安之时，北惧曹操之强，东惮孙权之逼，近则忧孙夫人生变于肘腋之下，可谓进退狼狈，直到法孝直（法正字）为之辅翼，才翻然翱翔，不再受制于人。我如何能禁止法正使其不得肆意行事呢？"

而益州本地人彭羕，则与法正待遇截然不同。

彭羕这个人虽有才干，但性格孤傲，在刘璋手底下就仕途不顺，甚至曾经被髡钳为徒隶（剃去头发服劳役的犯人）。后来刘备入蜀，他就跑到葭萌去，经由庞统和法正的举荐投到了其麾下。几次考察下来，刘备逐渐对其重用，拿下益州后便任其为治中从事。这下彭羕又嚣张起来，自矜之色溢于言表。诸葛亮表面上对他客客气气，心里却不以为然，屡次在刘备面前密奏彭羕"心大志广，难可保安"。所以后来刘备对他又逐渐疏远，将他外调为了江阳太守。

  彭羕自感被贬，牢骚满腹，就来找马超聊天。马超本想安慰他两句，说以你的才能加上领导的赏识，我觉得你肯定能跟孔明、孝直同等地位，怎么你竟外放了呢？彭羕便道："老革荒悖，可复道邪！"意思是刘备这个老兵油子昏了头，我还能说什么呢？马超就没敢往下接话茬。结果彭羕又说了一句："卿为其外，我为其内，天下不足定也。"马超闻言大吃一惊，更不敢说话了。等彭羕一走，马超就举报了他。刘备立刻将其下狱。后来尽管彭羕在狱中写信给诸葛亮辩解，说自己那些话是酒后失言，还说"天下不足定"云云其实指的是要消灭曹操，但最后他还是被处死了。

第 76 章 成都新政

第77章 生子当如孙仲谋

如前所述，从刘备入蜀到夺取成都这一系列事件发生在建安十六年（211年）到十九年（214年）期间。而在十六年年底，曹操西征关中的战役即已结束。我们不禁要问：身为刘备最忌惮的对手，这三年里，曹操在干什么？为何他会对巴蜀局势置之不理，坐任刘备吞并益州？

答案是：这期间曹操正忙于两件事。第一件事是对付孙权；第二件，也是更为重要的一件事，便是"作家门"——为曹魏立国做准备。

先说第一件。

自从在赤壁之战中吃了孙权的苦头，曹操大幅提高了对东吴的重视程度。这几年，他一方面在淮河大练水军，一方面在合肥大举屯田，并精心选置扬州郡县长吏，为南征做了充分的准备。到了建安十七年（212年），关中初平，尽管汉献帝以此封赏曹操"赞拜不名，入朝不趋，剑履上殿"的特权，但这并不能使他感到满足。于是曹操便在这一年的冬十月亲统大军发动了对东吴的南征。

出兵之前,曹操命"建安七子"之一的阮瑀代笔,给孙权写了一封长信。大意是:自从咱们绝交以来,已经三年了,但是我没有一天忘记以前的感情。咱们两人本是姻亲,恩同骨肉,都是因为小人从中作梗、挑拨离间才闹成这样,我想你的本意肯定不希望如此。赤壁之战我不是打不过周瑜,实在是因为遭遇了瘟疫,自己烧船退的军。再说荆州本来就不是我的土地,你取荆州对我又没有损失,咱俩何必因这事结仇呢?其实长江天险并不足恃,我完全有能力击败你。你如果有心和好,要么杀了张昭,要么干掉刘备,那么我就把长江以南都封给你。实在舍不得杀张昭,只干掉刘备也成。现在我手下驻守南边的将领都说你国中不大太平,纷纷鼓动我南征。其实我是不乐意的。希望你能回心转意,莫辜负这一良机。

显然,这封信软硬兼施,既是劝降书,又是宣战书。曹操给孙权开出的两个条件——杀张昭或者杀刘备,其实都是要挑动其内部纷争,孙权岂能不知?他自然没有回应。

实际上,孙权早就为抗击曹操来犯做好了准备。建安十六年(211年),他首先采纳张纮的建议,将治所从京口迁到了"山川形胜""有王者之气"的秣陵(今江苏南京),并将其改名建业,修筑起了要塞石头城。紧接着,他又听从吕蒙的劝告,在合肥以南的巢湖入江之口(即濡须水口)上夹水建城,史称濡须坞,以阻遏曹军水师由濡须水进入长江的可能。

一开始东吴的某些将领对此还不大理解,说:"上岸击贼,洗足入船,何用坞为?"水战我们根本不怕曹操,修坞堡干什么?吕蒙解释道:"兵有利钝,战无百胜。如有邂逅,敌步骑蹙人,不暇及水,其得入船乎?"战场局势变幻莫测,万一在地面上遇到敌人用骑兵步阵冲击我们，一时来不及上船，那该怎么办？众将遂无话可说。后来濡须坞果然在对抗曹军时发挥了重要作用。

事先的攻心之策既无效果，曹操遂于建安十七年（212年）正月进军濡须口，发动了正面进攻。曹军这次号称有四十万之多（真实数目可能为十余万），一上来便攻破了东吴设在北岸的江西营，俘虏都督公孙阳，形成了"临江饮马"的态势。但是曹军既没有拿下濡须坞，也就进入不了长江，威胁不到东吴腹心，孙权得以从容集兵七万前来迎战。

据《三国志·甘宁传》的记载，这次孙权命甘宁带三千人为前锋，并且密令他于夜间突袭曹军营地。行动之前，还赐给甘宁米酒菜肴，以此壮行。于是当夜，甘宁从手下将士中精挑细选了一百多健儿，将酒菜分赐给他们。众人食毕，甘宁便拿一银碗酌酒，先自饮两碗，又给手下都督酌了一碗。谁都知道喝完这碗酒就要去夜袭曹营，生死难料，所以这个都督十分紧张，一时伏在地上，不肯去接。甘宁便拔出短刀横置膝上，呵斥他道："你跟我甘宁相比，难道更得主公器重不成？我甘宁尚不惜死，何以你却独独惜死？"这都督见甘宁声色俱厉，这碗酒自己要是不喝，怕是当场就要被他砍了，只好叩头起身，接过酒饮尽。其余士兵也各自满饮了一大碗。到得二更时分，甘宁带着这一百多人悄无声息地摸到曹军营前，拔出鹿角①，逾垒入营发动了偷袭，很顺利地便斩得数十级。一时间曹营大乱，士兵们惊骇鼓噪，纷纷点燃火把寻找敌人。然而这时甘宁早已带领手下安全撤出，回到自己营中敲鼓吹号，大肆庆祝起来。甘宁连夜来向孙权汇报，孙权喜道："足以惊骇老子否？聊以观卿胆耳。"这一闹，就是吓不到曹操那个老头子，也可以见识一下爱卿

---

① 又称鹿砦、拒马、叉栏或拒鹿马，其实就是将树木削尖交叉埋入地中、尖头冲外构成的屏障，是当时军队安营扎寨常用之物。

你的胆子！当即赏赐甘宁绢千匹、刀百口，还说道："曹孟德有张辽，孤有甘兴霸，足可相匹敌！"

这次曹、孙二人在濡须口一带总共相持了个把月，曹操没能占得一点儿便宜。而根据裴注所引《吴历》的说法，曹操曾经制作了一种"油船"，趁夜将士兵渡到了沙洲上，以便发动进一步攻势。但是此举被吴军发觉，孙权遂命水军出击，将沙洲包围。洲上曹兵走投无路，有三千多人被俘，投水淹死的也有数千。后来孙权数次派人前来挑战，曹操都坚守不出。于是孙权就亲自乘一只轻船而来，从濡须口直入曹军营寨。诸将以为来船是挑战者，都想迎击，但是曹操却说："这一定是孙权想要亲自观察我军部伍如何。"就下令军中戒严，弓弩不得妄发。孙权乘船绕着曹军营寨行了五六里，便吹吹打打地回了营。但是《魏略》的记载却大为不同，说孙权乘船来窥探曹营时，曹操下令弓弩乱发，无数的箭射到船上，以致受箭的那边因太重而倾斜。孙权便命调转船身，让另一边受箭，等到"箭均船平，乃还"。后世"草船借箭"的故事，其实正是由此而来。

经过这一次与孙权直接交手，曹操才发觉自己以前小瞧了这个后生晚辈。《吴历》继续写道，当时曹操见吴军舟船、器仗、军伍整肃，便喟然叹道："生子当如孙仲谋。刘景升儿子，若豚犬耳！"而孙权也写信给曹操说："春水方生，公宜速去。"并在另一张纸上写道："足下不死，孤不得安。"春汛即将到来，东吴的水军优势只会愈发明显。再加上曹操的统治中心邺城距离合肥前线太远，他也不方便长期在外征战，于是他对诸将说道："孙权不欺孤。"便撤军而还。

曹操虽然走了，但孙权却来了劲。

原来，赤壁之战结束后不久，曹操由于担心东南沿江一带郡县的人口被孙权掳走，曾想将这些地区的民户迁往内地，为此还征求过扬州别

驾蒋济的意见。蒋济说，江淮间的百姓本没有逃往东吴的念头，他们贪恋故土，倘若强制迁徙，反而会引发不安。曹操没听，仍然下令当地官员组织迁徙。结果这一行动在民间引发了骚乱，包括庐江、九江、蕲春、广陵各郡在内的淮南民户十余万人全都逃往了江东。这一来，淮河以南的大片土地就成了荒无人烟的弃地，根本没办法供养驻军，于是曹军在合肥以南就只剩下了皖城（今安徽潜山）一个据点。而从合肥南下，除了巢湖—濡须水这条水路，就是经皖城这条陆路，由此西行可威胁柴桑（今江西九江）、夏口，东行可逼迫丹阳（今安徽马鞍山东）、建业，其战略位置还是比较重要的。所以后来曹操派庐江太守朱光在皖城一带大搞屯田，还派间谍由此渡江，去勾结鄱阳郡不满孙权统治的豪帅。

此事被东吴得知后，吕蒙对孙权道："皖田肥美，等到其成熟收获，敌众必增。如是数岁，曹操必以此谋攻。宜早除之。"孙权遂于建安十九年（214年）夏稻田尚未成熟之时率军来攻皖城。

按照正常的攻城程序，诸将都主张营建土山、打造攻具，待土山、攻具建好再发动攻击。吕蒙又建议道："建造土山、攻具，必历经时日而后成，可那时不但城中守备得以修治，更有可能等来救兵，对我军不利。况且我们乘夏日水盛而来，如果停留太长时间，河水会越来越浅，归路会格外难行，这不能不令人担心。如今我观此城，并非甚固，以三军之锐气，四面齐攻，短期内应该便可攻克，然后我们乘水盛之时尽早归去，方是全胜之道。"并推举甘宁为"升城督"。孙权同意。

于是当日甘宁手持长绳，身先士卒，在拂晓时分率众附城。吕蒙则统精锐继后，手执枹鼓。吴军士卒皆奋勇攀登，到上午八九点钟，便攻破了皖城，太守朱光及军民数万全部被擒。本来张辽统领从合肥来的援军已经抵达了二百里外的夹石（今安徽桐城北），听说皖城已陷，只好退军。

曹操得知皖城失陷,心中恼怒,又打算统军亲征。

此时正值夏末秋初,雨水连绵,其实并不适合南征,因此得知这一消息后,许多将士都颇有怨言。曹操也知道三军颇有情绪,担心有人前来谏阻,就事先传令说:"今孤戒严,未知所之,有谏者死。"

丞相主簿贾逵接了命令,对三个同僚道:"如今不宜南行,丞相教令如此,不可不谏也。"便执笔写了谏书的草稿,给三个同僚看。那三人不得已,只好也签了名,把谏书呈了上去。曹操一见,登时大怒,立刻传令把贾逵等抓了起来。下狱后,狱吏知道贾逵是主簿,起初没打算给他戴枷锁。贾逵却说你赶快给我枷上,丞相肯定疑心我利用职务之便从你这里得好处,不久便会派人来观察我。结果贾逵刚把枷锁戴上,曹操派的家人就到了。后来曹操知道贾逵没有恶意,把他官复原职,但其南征的决心并没有动摇。

而除贾逵之外,参军傅干也谏阻伐吴,说了些"用武力不如修文德"之类的大道理。曹操自然不会听。

于是当年七月,曹操带同曹丕一起自邺城南伐,而以时年二十三岁的曹植留守。此举很可能另有深意,这点我们稍后再叙。由于此前曹植并无实际处理政务的经验,曹操特意告诫他说:"我当年为顿丘县令之时,刚刚二十三岁,如今回想那时的所作所为,依然无怨无悔。现在你也二十三岁,怎可不努力为之!"

大军出发之后,文采风流的曹植还著有一篇《东征赋》,畅想了曹操一举荡平东吴、胜利归来的情景。然而其在赋中"神武一举,东夷必克"的愿望并没有成为现实。实际上,这一次双方可能就没真正打起来。《三国志·武帝纪》但云曹操七月东征,十月便自合肥回到了邺城。考虑到路上消耗的时间,曹军在合肥前线停留可能还不到两月。而

第77章 生子当如孙仲谋

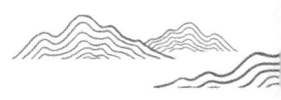

东吴方面的史料则根本不曾记载这年秋冬与曹军有过战争。

我猜测，曹操之所以这么快便无功而还，一方面是由于东吴的濡须防线防守严密、无懈可击，一方面也可能是因为许都那边再次出现了亟待解决的问题。

第78章 荀彧之死

这一年,名义上的天下之主汉献帝刘协已经三十四岁了。

自从建安五年(200年)衣带诏事件暴露,董承、董贵人等被曹操诛杀,献帝与曹操之间其实已经撕破了脸,原本表面上和平共处的关系已不复存在。在此之前,曹操便久已"不复朝请",消灭袁氏之后他更是将大本营迁往邺城,远远离开献帝。十余年间,两人不曾再见过面。

这十余年里,献帝眼睁睁地看着曹操对外从一个胜利走向另一个胜利,对内则以霸府逐步架空朝廷,心向汉室的孔融等老臣被他一个个翦除,套在自己脖子上的绞索越收越紧。

但是这一切,都没有荀彧荀令君的死令他感到伤心和绝望。

自从初平二年(191年)由袁绍处来投,荀彧一共辅佐了曹操二十二年。二十二年的时光,曹操从一个手下只有几千人的杂号将军成功地转变为整个北中国实际的主宰,三分天下有其二。这期间他每一次取得关键性胜利,可以说背后都有着荀彧的功劳。

当初兖州背叛,是荀彧守住鄄城,避免了曹操无家可归;陶谦新死,曹操想舍吕布先取徐州,是荀彧加以谏阻,使他彻底收复兖州,根绝了后患;献帝自河东返回洛阳,是荀彧消除了曹操的疑虑,坚定了他奉迎天子都许的决心;许都朝廷初建,是荀彧向曹操推荐了郭嘉、荀攸、钟繇、陈群等军政人才,帮助他树立了爱才好士、举贤任能的形象;官渡战前,面临袁绍强大的军事压力,是荀彧力陈"四胜"之论,鼓舞曹营士气,给了曹操战胜袁绍的信心;战局最胶着的时刻,曹操军粮不济、意欲退军,又是荀彧劝他坚持下去,寻找机会以奇计破敌,这才有了后来的乌巢劫粮和最终的胜利;袁绍败还河北后,曹操有意南征刘表,还是荀彧劝他先定河北再图南荆,才使得他在较短的时间内荡平了袁氏势力,一统北方。以上这些功勋,在曹操阵营所有的文臣武将当中,如果说荀彧称第二,那就没人敢称第一。这也是陈寿在《三国志·魏书》中将荀彧列为曹魏异姓功臣之首的原因。

对此,曹操自然也是心知肚明。所以在建安八年(203年)他表奏荀彧为万岁亭侯,荀彧以自己无野战之功推辞时,曹操便劝他道:"君之相为匡弼,君之相为举人,君之相为建计,君之相为密谋,亦以多矣。夫功未必皆野战也,愿君勿让。"后来他还把自己的女儿嫁给了荀彧长子。建安十二年(207年)曹操又增荀彧食邑至二千户,还想表奏其为三公,荀彧辞让十余次,才使他收回了成命。

曹操之所以如此厚待荀彧,除了是对其功劳给予合理的酬赏,更重要的原因在于,荀彧不仅仅是作为谋士发挥作用,正如知乎大V张佳玮所说,他其实更像是曹操在事业上的合伙人。从本质上来说,早期的曹操集团其实就是以曹氏、夏侯氏为首的谯、沛武人与以荀彧为首的汝、颍士人的结合体。如果没有荀彧及其家族带来的社会资源和政治影响力,曹操的创业绝对不可能如此顺利。因此就某种意义而言，正是荀彧成就了曹操。再加上荀彧的品德和人格亦无可挑剔，所以尽管他比曹操小八岁，但在相当长的时间里，曹操都一直将其视为良师益友，对其敬重有加。钟繇后来就曾对此感慨说："真正的明君以臣为师，其次则以之为友。以太祖（曹操）之聪明，每有大事，常先咨之于荀君，此乃古师友之义也！"

而从另一角度而言，也是曹操成就了荀彧。因为在天下分崩、刀兵四起的乱世，对于荀彧这样志存匡救的知识分子而言，不投靠像曹操这样的明主就无法实现其人生价值。用东晋史学家袁宏的话说，"文若怀独见之照，而有救世之心，论时则人方涂炭，计能则莫出魏武，故委图霸朝，豫谋世事"。这也是当初他之所以离开袁绍转投曹操的重要原因。

然而可惜的是，两人这种基于共同利益而互相成就的合伙人关系，随着一统北方后曹操倾移汉鼎的个人野心日益明显，到赤壁之战前夕，或者说是孔融被杀以后，实际上已经很难维持下去了。

一个迹象就是，荀彧、荀攸、崔琰、毛玠这些之前屡为曹操出谋划策的智能之士，在赤壁之战前后集体"失语"，不再为其提供建设性的意见。只有并非汝、颍之士的贾诩还在小心谨慎、适可而止地向曹操有所建言。而荀彧本人献给曹操的最后一条计策，也只是劝他在南征刘表时"显出宛、叶而间行轻进，以掩其不意"而已。后来因为刘表病死，这一计策实际并未完全执行。

再参考赤壁败还后曹操当着众人的面大叹"若郭奉孝在，不使孤至此"，以及随后数年他连发三道"求贤令"，宣布今后用人的标准是"唯才是举""勿拘品行"，哪怕是"不仁不孝而有治国用兵之术"的人也可以为己所用的情况，这就十分令人玩味了。

如史籍所述，荀彧"仁以立德，明以举贤"，荀攸"人之师表""去恶不去不止"，崔琰"清忠高亮""正色于朝"，毛玠"以俭

率人""其所举用,皆清正之士",他们在当时都是士人道德品行上的楷模;相反,郭嘉则"不治行检",为此被"不以非道假人"的陈群数次当众指责。而赤壁之战后曹操之所以对郭嘉无比怀念,却对荀彧等德才兼备之人视而不见,就是因为郭嘉对他无比忠诚,而荀彧等人则受儒家传统道义原则之束缚而不能与之同心。

正如陈寅恪先生所说:"夫曹孟德者,旷世之枭杰也。其在汉末,欲取刘氏之皇位而代之,则必先摧破其劲敌士大夫阶级精神上之堡垒,即汉代传统之儒家思想,然后可以成功。"

所以,"求贤令"不仅仅是赤壁战败后曹操出于汲取经验教训而在人才政策层面上进行的修正和自省,更反映了他内心想要抛弃以荀彧为首的这些老古板而提拔忠于自己的新人之倾向。

正是在这样的背景下,发生了荀彧反对曹操进爵为魏公的事件。

据《三国志·荀彧传》,此事发生在建安十七年(212年)。

如前文所述,在此之前,由于奉迎献帝都许以来的种种功勋,曹操已经官居丞相,爵封武平县侯,食邑万户(本三万户,后"让县自明本志",减户五千,并分一万五千户给曹植等三子),并且享受"赞拜不名,入朝不趋,剑履上殿"的特权。在汉家制度内,他的官爵位号已经到顶了。

尤其是"以功为先后"的爵位。汉代的爵位有两类,一类是来源于秦制的二十等军功爵,最高等级是列侯,曹操的武平侯就是如此;另一类是诸侯王爵,只有皇子皇孙才有资格被封授,也即所谓的"非刘氏不得王"。而早在建安元年(196年)奉迎献帝都许,曹操就已经被封为武平侯。十几年来虽然其食邑有所增加,但爵号却只能止步不前。这既与其一统北方的功劳不相匹配,也满足不了他意欲封土建国的野心。汉代礼制规定,列侯只能坐食租税,没有封国,也不能治民,所以在此之前,曹操只能假手于自己冀州牧的官职来建立自己的直辖领土。更重要的是,在现有体制内,列侯的爵位一般情况下不能世袭,丞相、冀州牧的职位在法理上也是及身而止,那么一旦曹操本人去世,他的子孙不能直接继承他奋斗一生得来的权益。这一点当然是他难以接受的。

因此,曹操要想更进一步,就必须对现有体制做出重大改动。

这条路,之前有人尝试过。

那就是王莽。

两百多年前王莽辅政,曾伪托古制,使朝廷封自己为安汉公,裂土封国,打破了汉代并无"公"爵的制度,为其篡夺汉室江山奠定了基础。进入东汉后,"公"这一爵称很快消失,两百年来再无前例。如今曹操既欲步王莽之后尘,首先想到的自然也是托古改制,假恢复上古五等爵制(公侯伯子男)之名,行裂土分封之实。

这种真实目的不便公诸于众的工作,当然不能由曹操自己来做。而且到了这个份儿上,甚至不需要他授意,也会有人"体察上意",主动为其分忧。毕竟,在"天命"已弃汉室而去的大势下,像孔融、荀彧那样不知趣的人总归是少数。

承担这一任务的人是董昭。

董昭是兖州定陶人,之前是袁绍、张杨的属下,所以他既不属于汝颍士人,也不属于谯沛嫡系,可以从容周旋于两派之间。而且早在为张杨效力时,他就屡次相助曹操,在奉迎献帝都许一事上起了很大作用,后来他又担任曹操的司空军祭酒,数进良策,深得其信任,所以由他来发起提议是比较合适的。

据其本传记载,建安十七年(212年),董昭首先向曹操进言:"宜修古建封五等。"即重建儒家经典构拟的西周时期"公侯伯子男"五等爵制。而所谓开建五等,后四等只是掩人耳目,只有设立最高等级的

"公"爵才是其真实目的。

曹操对此自然心知肚明,便装腔作势地答复说:"开建五等,是文、武、周公那样的圣人才能办的事,而且也不是为人臣子者所宜。我如何堪当此任啊?"

董昭早就想好了说辞,从容应对说:"自古以来,以人臣的身份匡世者,从未有人如丞相您今日这般大功。有今日这般大功的人,则没有一位能够久处人臣的地位。现在明公您以谦逊自居,乐保名节,实在是比伊尹、周公还高尚的至德。然而您的这份苦心,上至天子,下至小民却未必能够理解。身处臣子的地位,却总是招来外间的怀疑,就不能不令人感到担忧了。为您百年之后考虑,还是应该现在就打下基础。而打基础的根本一在于土地,二在于民户,所以应从这两点下手,来营建属于自己的藩国。这些话狂妄不经,本来不该进入您的耳朵,实因为您待我董昭恩重如山,我才不敢不说。"

听了这些话,曹操的反应史籍虽没有记载,却不难推知,因为紧接着董昭就与"列侯诸将"集议,提出了"丞相宜进爵国公,九锡备物,以彰殊勋"的主意。但是由于荀彧当时官居侍中、尚书令,相当于名义上的朝廷首脑,这一计划要经过他的首肯才方便实施,于是董昭又私下来征求他的意见。

近年来,曹操不断谋求进一步抬升个人地位的行动,荀彧都清清楚楚地看在眼里。他完全明白这意味着什么,却又无可奈何。

因为时代在变,人心也在变。

在内心深处,荀彧也知道,王朝兴衰有如春秋轮回,一家一姓之天下总会迎来江山易手的那一天。汉室之衰微早就不是一天两天的事情,如今连皇帝本人也不过是个深宫里的囚徒、御座上的傀儡,他荀彧一个白面书生又能如何呢?然而可能是他所受的数十年儒家忠君教育在作崇，也或许是他汉侍中、尚书令的职责使然，又或者是他侍讲禁中十余年从而与汉献帝建立了深厚的私人感情的缘故，荀彧终究无法认同曹操以汉臣之身份谋求另起炉灶的行为。所以面对董昭的暗示，他的回答是："曹公兴义兵，本为匡朝宁国，秉忠贞之诚，守退让之实。君子爱人以德，不宜如此。"

你曹操当年起兵，不是说为了匡扶汉室吗？这么多年你一贯以忠臣面目示人，难道都是虚假的吗？进爵国公、九锡备物实非臣子所宜。为了你自己的声名，我希望不要如此。

董昭将他的这一答复传达给了曹操。

史籍说，曹操的反应是"心不能平"。

不久后，曹操南征孙权，路上向朝廷上表，要求派荀彧来谯县劳军。荀彧一到，曹操就将他扣留了下来，名义上以其为丞相参军，其实却是剥夺了他对朝政的发言权。

按照陈寿本人在《三国志》中的说法，后来曹操兵发濡须口，荀彧则因病被留在了寿春，"以忧薨，时年五十"。于是"明年，太祖遂为魏公矣"。

此处一个"遂"字，实际上暗示了荀彧之死的真正原因。

第78章 荀彧之死

第79章 进封魏公

关于荀彧之死，有的史料还提供了一些颇富戏剧性的秘辛。

例如成书于东晋的《魏氏春秋》说，曹操派人送给荀彧酒食，然而打开食盒，里面却是空的。荀彧从中体会到了某种含义，于是饮药而卒。

曹操其人，一贯喜欢打哑谜。最著名的事例，当然是《三国演义》里描写的"一合酥""鸡肋"两事。此外，他还送过"当归"给太史慈，送过"鸡舌香五斤"给诸葛亮，都是别有用心。①至于此处空食盒（原文为"空器"）之含义，有人说，是叫荀彧把嘴闭上；还有人

---

① 以"鸡肋"为军中口令一事见裴注所引《九州春秋》；"一合酥"一事则见于《世说新语》，不过原文本为"一杯酥"；"当归"一事见太史慈本传，因其为东莱人，所以曹操以此劝其北归；"鸡舌香"一事见《魏武帝集》所收曹操写给诸葛亮的书信，鸡舌香为尚书郎奏事时所含用，此举也有劝降之意味。

说，是暗示汉室江山已经不复存在；甚至更有人大开脑洞，说空器是"碗"，所以曹操是想挽回荀彧的心。其实在我看来，这件事没那么复杂。上古以粮食为俸禄，食禄食禄，无食自然也就意味着无禄。而且按照礼制，士死称之为"不禄"。以荀彧之聪明博学，他岂能不知曹操的意图？纵观曹操一生，私人恩怨他或许可以既往不咎，但政治上跟他作对的人，他决计不会放过。既然在进封魏公一事上荀彧选择了站在曹操的对立面，他就应该已经预见到了这一可能。这种情况下，与其将来像孔融一样被扣上一个莫须有的罪名后陈尸街头、累及百口，还不如趁早自行了断、求仁得仁，以免祸及子孙。所以，《魏氏春秋》说荀彧饮药自尽，应该是比较可信的。陈寿所云"以忧薨"只不过是隐讳的说法。

据裴注所引《彧别传》，临死前，荀彧还烧掉了所有他出任尚书令以来的书信和奏章。他曾经做出的那些奇谋妙策、奏议建言，同他破灭的理想一样全都化作了飞灰。

奇怪的是，另有一则史料声称，荀彧的死还与伏皇后一案有关。

此事见于裴注所引吴人袁晔（或作暐）著述的《献帝春秋》，说当年董承和董贵人因衣带诏事件被杀时，伏皇后大惧，担心自己早晚也会落得个跟董贵人一样的下场，就写信给父亲伏完说，皇帝有意对曹操展开报复，希望他能设法相助。伏完得了这封信，就跑来拿给荀彧看。"彧恶之，久隐而不言"。后来伏完又把这件事告诉了自己的妻弟樊普，樊普立马向曹操告发，曹操就暗中有了防备。再后来荀彧又担心此事泄露后自己受牵连，想主动揭发，就利用出差到邺城的机会劝曹操把自己的女儿嫁给献帝。曹操说："现在皇帝有伏皇后，我女儿怎么能许配给今上呢？再说我当宰相还不够，难道还要靠裙带关系来固宠吗？"荀彧就说："伏皇后无子，性格又坏，往年曾经写信给她父亲说了好些不当言论，可以因此事将她废掉。"曹操说，往年有这事你怎么不早

说？荀彧假装吃了一惊，说我以前跟你说过啊！曹操说这又不是小事，我怎么可能不记得？于是荀彧吃惊地说道："真的没跟你说过吗？可能是当年在官渡跟袁绍相对峙时，我怕增加你的烦恼，所以一时没告诉你。"曹操追问道："既是如此，那官渡战后为何不说？"荀彧无言以对，只好不住地道歉。

因为此事，曹操对他怀恨在心，但是表面上却还是客客气气，所以外人都不知道详情。到了董昭提议进曹操为魏公，荀彧无法认同，想找机会劝劝曹操。于是到谯县劳军之时，他就在仪式结束后请求与曹操单独会见。然而曹操已经猜到了他的目的，"揖而遣之，彧遂不得言"。

荀彧在寿春去世后，曾有人从寿春逃奔东吴，告诉孙权说，曹操命荀彧把伏皇后杀掉，荀彧不干，所以就自杀了。孙权把此事转告刘备，刘备就说道："老贼不死，祸乱未已！"

以上这些情节，虚实交错，言辞生动，说的跟真事儿一样，所以迷惑性很强。例如伏皇后写信给父亲伏完、荀彧到谯县劳军等，都是确有其事。不过其核心事件，即荀彧向曹操当面告发伏皇后一事的真实性，却老早就受到了裴松之质疑。他的理由是，一来此事别无旁证，二来"回托以官渡之虞，俛仰之间，辞情顿屈，虽在庸人，犹不至此，何以玷累贤哲哉！"意思是这套说辞漏洞百出、对答拙劣，以荀彧之聪明，怎么可能说出这些话来？所以"凡诸云云，皆出自鄙俚，可谓以吾侪之言而厚诬君子者矣。袁暐虚罔之类，此最为甚也！"裴松之断言，这一记载来自街谈巷议，是以小人之心度君子之腹，纯属没影儿的事儿！

对裴松之的这一看法，我是比较认同的。《献帝春秋》的作者袁暐生长吴地，很可能从未到过北方，他对于曹魏内幕的了解只能得自传闻，真实性自然无法保障。而且该书的写作风格颇近小说，许多记载都与同时代的其他史料存在很大的差异，其"秽杂虚谬"一直受到历代史家批驳。再说，就是不看该书的史料价值，单从其记载的这一事件本身来说，除了裴松之指出的那一点之外，也还存在至少两处与史实不符的破绽。

一处是：该记载假荀彧之口说"伏后无子"，然而据《后汉书·献帝纪》及同书《伏皇后传》，伏皇后实际上生育有两个皇子，并非无子。

另一处是：荀彧之死在建安十七年，而伏皇后因事发被废死是在建安十九年，且史料明言"至十九年，事乃露泄"。若曹操在荀彧死前便已得知此事，他不可能等到两年后才处置此案。

由此可知，说荀彧曾向曹操告发伏皇后一事，确实是"厚诬君子"，冤枉了荀令君。

荀彧的死，对曹操来说是"隐诛"，是其不动声色地清除了篡国路上的一块绊脚石；对他本人来说，则同苏格拉底、王国维一样，主动选择了为自己消逝的理想而殉葬。毕竟，如果不是他二十年来的辅佐，曹操这个出身浊流的"赘阉遗丑"恐怕也不会成为今天的汉室篡夺者。可以想象，这对于一生致力于安邦定国的荀彧来说是多么残忍的侮辱和打击。

所以，同留下"五十之年，只欠一死。经此世变，义无再辱"之遗言的王国维先生一样，荀彧选择了不给任何人让自己再次受辱的机会，以高贵的死亡捍卫了自己的尊严。巧合的是，他和王国维一样，去世的时候也是五十岁。

五十而知天命，天命却容不下荀文若。

不死，我又能如何？

荀彧的死讯很快传到了许都，献帝刘协闻知，十分哀痛。适值祭祖神之日，宫中本应大设宴乐，献帝却下令将宴乐撤去，以此稍致悼念之

意。因为他知道，荀彧这一死，曹操倾移汉鼎的行动便不再有任何障碍，自己的处境将会更加艰难。

另一方面，由于荀彧是自尽而非以罪伏法，曹操也没有为难其家属宗族。不久后，荀攸仍担任了魏国尚书令，荀彧的四个儿子也在曹魏任官，其中长子荀恽继承了荀彧万岁亭侯的爵位，四子荀顗还当上了司空。

不过，因为荀彧去世时的身份仍是汉臣，在汉魏禅代以后，有相当长的时间他都被曹魏政权排除在了开国元勋的名单之外。例如曹魏曾经于青龙元年（233年）、正始四年（243年）两次配飨"大魏元功之臣"于太祖曹操庙，自夏侯惇、曹仁、程昱以下至庞德、典韦共二十三人，陈群、钟繇、华歆、王朗等均在列，却没有功勋最为卓著的荀彧、荀攸和郭嘉。后来在正始五年（244年）和景元三年（262年），荀攸、郭嘉又分别被补录了进去。但迄曹魏灭亡为止，荀彧也没有获得这个资格。裴松之分析说，这可能就是他末年曾反对进封曹操为魏公，以及他并非魏臣的缘故。至于荀彧以魏臣的身份载入史籍，则是西晋以后的事了。

言归正传。

以荀彧之死为标志，曹操篡夺汉室江山的计划再无阻碍，一步步地顺利进行开来。

建安十八年（213年）正月，"诏并十四州，复为九州"。通过将幽、并二州以及司州之河东、河内、冯翊、扶风四郡并入冀州，大大增加了曹操以冀州牧一职所直辖的疆域。

五月，以冀州十郡封曹操为魏公，加九锡。此举不但意味着曹操突破了汉代体制的限制，此后可以名正言顺地把既得权益通过爵位世袭给自己的子嗣，更标志着"魏国"作为一个拥有全套政府机构的国中之国，正式诞生在了东汉心腹之内。而以魏为国号也是对"代汉者当涂高"这一汉末十分流行的谶纬的回应①。至于九锡,则是儒家学者根据古礼构拟的九种由天子赐予的极品荣誉装备,用来彰显殊勋,包括车马、衣服、乐器、虎贲、弓矢等。这些器物装备在等级上通常只有天子或诸侯王才配使用,因此同魏公的爵称一样,是对曹操人臣身份的极大抬升。

建安十九年(214年)三月,"诏魏公操位在诸侯王上,改授金玺、赤绂、远游冠"。

这年秋天,荀攸在随军南征孙权的路上去世。据说曹操"言则流涕"。

十月,曹操自合肥前线返回。紧接着十一月就发生了伏皇后被废杀的事件。

伏皇后名叫伏寿,她于初平元年(190年)献帝受董卓挟持西迁长安后入掖庭为贵人,兴平二年(195年)适值李傕、郭汜之乱时被立为皇后,多年来与献帝共经患难。如前所述,有孕在身的董贵人因董承衣带诏事件被杀给了她极大的震撼,怕自己也遭遇董贵人的下场,她曾写密信给父亲伏完,说皇帝希望他能设法除掉曹操。但是伏完既没有这个能力,也没有对抗曹操的意愿。后来随着建安十四年(209年)伏完去世,这件事本应成为尘封的秘密,从此不会被世人知晓。可是不知为何,到了五年后的建安十九年(214年),这件事竟然经由某种史籍不曾记载的渠道终于被曹操得知。当时曹操很可能还在合肥前线的军中,一来劳师无功,二来为了处理此案,他才选择了回师。

回到邺城后,大为震怒的曹操随即逼献帝废掉伏皇后,并命御史大

---

① 按《三国志》所记蜀人杜琼的说法:"魏,阙名也,当涂而高,圣人取类而言耳。"

夫郗虑、尚书令华歆持节勒兵,入许都皇宫将其收捕。据说当日伏皇后得知,紧锁房门,藏身于墙壁之内。但华歆"坏户发壁,就牵后出"。这时献帝本人在郗虑的监视下坐于外殿,伏皇后披散着头发、光着脚、边走边哭地来到他的面前,央告道:"不能复相活邪?"献帝面无表情地说道:"我亦不知命在何时!"又转头对郗虑说:"郗公,天下宁有是邪?"

之后伏皇后被关入冷宫,"以幽崩"。她生育的两个皇子也被曹操派人鸩杀,其余伏氏宗族因此案牵连而死者亦有百余人。

前一年曹操已经将自己的三个女儿曹宪、曹节和曹华送入宫中,到了次年年初,曹操就安排中女曹节成了新皇后。

第80章 挺进汉中

当曹操忙完了进魏公事宜以及伏皇后一案，对孙权的战争也暂时告一段落，刘备早已在此期间攻克成都，据有了整个巴蜀。

这样一来，汉中的张鲁就成了夹在曹操和刘备之间的唯一缓冲地带。加之汉中本就是益州的一部分，从地形地势来考虑，由蜀中出兵汉中也比自中原出兵更加便利。曹操深知，如果自己不尽早将汉中拿下，那么刘备就会抢先下手。

于是在建安二十年（215年）三月，曹操亲自领兵西入关中，准备走陈仓（今陕西宝鸡东）、武都（今甘肃成县西北）一线故道进入汉中盆地。

自来由关中平原越秦岭进入汉中，自西向东总共有出陈仓的陈仓道（又称故道）、出斜谷的褒斜道、出骆谷的傥骆道、出子午谷的子午道这四条通道。陈仓道虽然路程最远，但相对平缓易行，又有嘉陵江水道

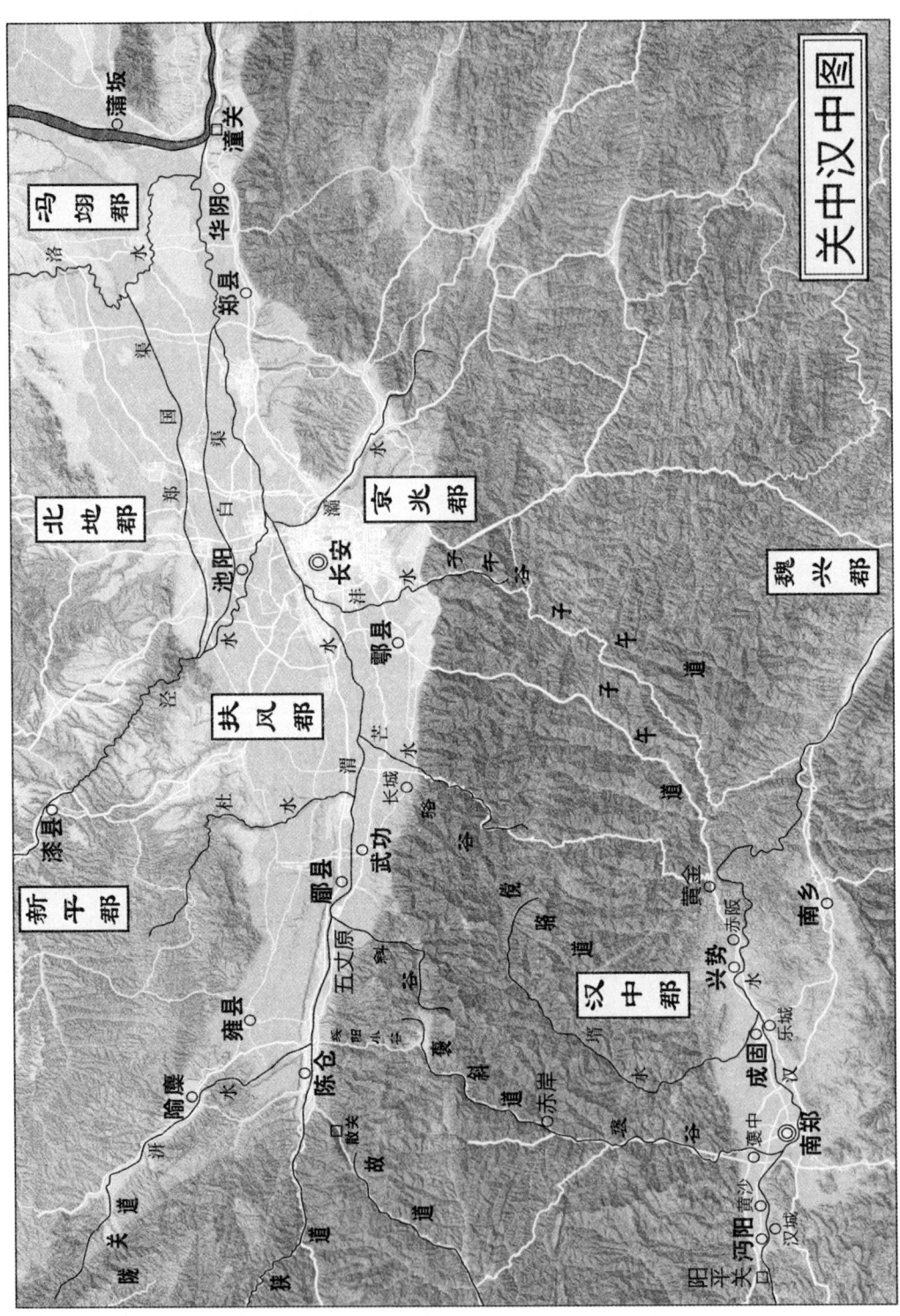

可运载辎重，因此多为大军出征时所用。传说四百多年前刘邦"明修栈道，暗渡陈仓"，就是由此经行。

情况与四百多年前不同的是，由于东汉时氐、羌等少数民族内迁，这时的西汉水上游尽被氐人占据，走这条道路势必与氐人发生冲突。为此，曹操特意派张郃、朱灵为前锋，击破了数批阻塞道路的氐人。到了四月，曹操进至河池（今甘肃徽县），又遇到氐王窦茂率众万余恃险不服。经过一个月的攻围，曹操才将窦茂屠灭。

此外，受到这次曹军西征威慑，四年前被击败后一直藏身于凉州的韩遂被其他军阀所杀，首级也被送入了曹营。

七月，曹军进至阳平关（今陕西勉县西）下，关后便是纵横六百里的汉中盆地。而从初平二年（191年）至今，张鲁已经在此割据了二十四年之久。

据《三国志·张鲁传》的记载，张鲁本是沛国丰县（今江苏徐州丰县）人。其祖父张陵客居蜀中，学道于鹄鸣山（亦作鹤鸣山，今四川大邑西北），后来便"造作道书以惑百姓，从受道者出五斗米，故世号'米贼'"。张陵死后，由儿子张衡接班；张衡死后，其子张鲁又继承了衣钵。照这种说法，张鲁家族乃是"五斗米道"世家，而其祖张陵（即张道陵）就成了道教始祖、后世传称的"张天师"。

不过，包括吕思勉、任继愈在内的一些学者却早就指出，《张鲁传》的这一说法与同时代跟五斗米道有关的其他史料颇为矛盾。例如，《后汉书》李贤注所引刘艾《灵帝纪》云："时巴郡巫人张修疗病，愈者雇以米五斗，号为'五斗米师'。"《三国志》裴注所引鱼豢《魏略》亦云："光和中，东方有张角，汉中有张修……角为太平道，修为五斗米道。"接下来在叙述了太平道和五斗米道各自的特点之后，《魏略》更点明说："后角被诛，修亦亡，及（张）鲁在汉中，因其民信行

第 80 章 挺进汉中

修业，遂增饰之……"等等。刘艾曾在献帝朝为官，鱼豢则是魏末晋初人，两人的记录都比陈寿要早，也更加可信。如果这两则记载无误，那么五斗米道的创始人就不是张陵，而是一个名叫张修的人。

实际上，张修这个人的事迹在《张鲁传》中也有提及。传文说，刘焉为益州牧后，任命张鲁为督义司马，派他跟别部司马张修一起去攻打汉中太守苏固。结果后来张鲁趁机杀掉张修，吞并其部众，自己独占了汉中。

将这些事件联系起来看，真实情况应该如吕思勉所说，五斗米道本出于张修，张鲁吞并张修后觉得这种依托于宗教的统治方式比较有效，便沿用了张修的教法。后来张鲁又对这一段不光彩的历史有意隐瞒，便将五斗米道的由来附会到了自己父祖身上。这种说法传至后世，张道陵就成了道教的始祖。

兴平元年（194年）刘焉死后，张鲁跟继位的刘璋关系恶化，两家兵戎相见，变成了仇敌。而当时汉廷正值李傕、郭汜之乱，自然也没工夫去管汉中一郡的事，就给了张鲁镇民中郎将、汉宁太守的职衔，只通贡献而已。后来有人献给张鲁一枚玉印，说是从地里面挖出来的。张鲁的手下认为这是天意，就打算推举他为"汉宁王"。但是功曹阎圃劝张鲁说："汉中这个地方既足以割据，就没有必要非得称王，不但没有什么实际的好处，反而会引祸上身。"张鲁听从了阎圃的劝告，所以直到今日，他对外的身份仍然只是镇民中郎将兼汉宁太守。

与此同时，张鲁对内采取了宗教化的统治方式。他自号"师君"，"以鬼道教民"。前来学道的人，初时都叫作"鬼卒"；正式受道、信仰坚定的资深教徒，则称之为"祭酒"。祭酒各领部众，多者为"治头大祭酒"。至于"鬼道"的具体内容，按照《魏略》所说，主要是以符水治病、置病人于静室忏悔思过、以祭酒为"鬼吏"为病人请祷等。请祷之时，要先把病人的姓名及其悔过服罪之意写在纸上，一式三份，一份上告于天（置于高山上），一份埋之于地，另一份则沉之于水，谓之"三官手书"。凡是以此法治病的人，都要出米五斗以为报偿。此外，祭酒还以《老子》五千文教导民众，鼓吹为人要诚信不欺，有病便自首其过。每个祭酒还要在路旁设立"义舍"，其职能相当于驿站邮亭。义舍里悬挂有免费的义米、义肉，行路之人可以根据自己的饭量取用，倘若因贪心而取用过多，据说鬼道就会让此人生病。而触犯法律的人，可以获得三次减免，若仍然不知悔改，才正法行刑。

史书说，借助这种统治方式，"民夷便乐之"。张鲁遂得以"雄据巴、汉，垂三十年"。

其实客观地说，张鲁能在汉中割据如此之久，一方面固然是因为其统治方法得当，一方面也是在汉末天下大乱的背景下，汉中盆地相对闭塞的地理环境使其可以暂时置身于中原纷乱的军事斗争之外的缘故。尤其是他周边的诸侯，都是刘表、刘璋这样的庸常保守之辈，并不足以对他造成足够的威胁。

此外，为了防备来自关陇和蜀地的进犯，张鲁还在西境要道上修筑了一系列防御工事。前文提到的阳平关就是其中最重要的一处。

据《水经注》的记载，阳平关初建之时名为张鲁城，位于今陕西勉县以西汉水与咸河交汇处的走马岭上。该城"周回五里，东临浚谷，杳然百寻。西北二面，连峰接崖，莫究其极"，只有南边的山坡上有二里多的盘道可以登临至城下，可谓易守而难攻。而由阳平关西南行，就是蜀中与汉中分界的白水关和剑阁（剑门关），西北行则与直通关中的陈仓道相连接，关后不过百里，便是汉中郡的郡治南郑（今陕西汉中市），其战略地位可见相当关键。

其实当初得知曹操兴兵前来攻伐之时，张鲁自知实力有限，本来是

打算投降的，但是他的弟弟张卫等坚决不干。张鲁也就没有阻止张卫在阳平关横山筑城十余里，率众数万据关坚守。

本来在这次出征之前，曹操从凉州地方官和武都一带投降的军民那里得到的情报都说张鲁不难攻打，且阳平关城下南北两山相距较远，难以防守。曹操信以为真。等到这次到了关下，曹操亲自考察，才发现完全不是那回事儿，不由叹道："与他人商度，总是难尽人意。"可是来都来了，哪能一仗不打便畏难而退呢？于是曹操还是试着对山上的关城和周边诸屯发动了进攻。果不其然，由于山岭险峻难登，曹军士卒死伤严重却没有取得任何战果。加以军粮将尽，曹操一时颇为沮丧，就说："征战三十年，谁料今日一朝竟受制于人，如之奈何？吾军少食，不如速还。"便打算拔营退军。

接下来发生的事情，各家记载不尽相同。

按《三国志·武帝纪》，曹操是主动退兵实施了诱敌之计。张卫军见曹兵撤离，于是放松了守备。这时曹操又秘密派遣高祚等将"乘险夜袭，大破之，斩其将杨任"，随后曹军大举进攻，张卫战败夜遁，遂攻克了阳平关。

同书《刘晔传》则说，曹操因军粮将尽下令退兵，命刘晔督率在后的部队，全军依次撤出。刘晔预料张鲁可破，而一旦撤军，粮道不继，未必能全军而还，就疾驰来劝曹操回师反攻。曹操"遂进兵，多出弩以射其营"，最终取得了胜利。

可是其他史料却显示，这次胜利既不是曹操主动设计的结果，也不是刘晔进谏所至，而是源自一起令人大跌眼镜的意外事件。

据《魏名臣奏》所载董昭的上表，说曹操在准备退兵之时，派夏侯惇、许褚唤山上的曹兵退回，可是由于诸军分散，最前面的曹军一时未及下山，黑夜中迷了路，竟误打误撞地闯入了守军的营寨。守军惊惶无备，随即溃走。落在后面的侍中辛毗、刘晔两人得知这一消息后，连忙告诉夏侯惇和许褚："官兵已据得贼要屯，贼已散走！"夏侯惇初时不信，亲自去探看，这才回来报告给曹操。曹操趁机发兵大举进攻，于是拿下了阳平关。同样载于此书的杨暨表奏，也说"天祚大魏，鲁守自坏，因以定之"，承认是张鲁军自己溃乱导致了关城失守。

至于张鲁军为何会自乱阵脚，《世语》的说法则是，夜里不知从哪里跑来数千只野麋鹿，冲坏了张鲁军的营寨，与此同时，曹军高祚部误与张卫军遭遇，高祚命士卒多鸣鼓角以召集兵众，黑夜中张卫以为是曹军大部队前来攻围，于是惧而投降。

由于《魏名臣奏》集录的都是当时曹魏要臣呈送朝廷的表奏，基本不可能造假，所以在这一起事件上，它的描述显然比《武帝纪》更加可信。而《武帝纪》将意外导致的敌人自溃说成是曹操的有意设计，其实是夸大了曹操的功劳。

无论如何，曹军总算是攻下了阳平关。这一来，原本就有意投降的张鲁更加放弃了抵抗。这时阎圃又劝他说："如果我们现在因事态紧急而归降，肯定得不到曹操的重视，封赏必轻。不如往南去投朴胡（巴中地区的少数民族首领，史称七姓夷王），依险与曹军相拒，然后再委质请降，就可以获得较高的封赏。"张鲁就弃城翻越米仓山，逃往了巴中。出城之前，他手下要将府库财货烧毁，张鲁还说："我本欲归命朝廷，只是心意暂时未能上达。现在为了躲避兵锋，并无恶意。宝货仓库，国家之有。"就把府库原样封存了起来。后来曹操进入南郑后，从张鲁的库存里拿出大量资财，以犒赏此前在山岭中跋涉了上千里的三军将士。

曹操这一拿下汉中，就等于拆除了巴蜀的一道屏障，而且由于尽得张鲁库存，军资粮食都得到了补充。所以有人建议，应该趁此机会一鼓

作气，入蜀消灭刘备。例如刘晔就说："如今我们平定汉中，蜀人得知一定惊惧失守，乘此直入，蜀中便可传檄而定。刘备虽是人杰，但得蜀日浅、根基不牢，以曹公您之神武，因蜀人震恐之势以大军倾压，定可成功！如果拖延过久，诸葛亮明于治而为相，关羽、张飞勇冠三军而为将，蜀民既定，据险守要，那就难以下手了！"

当时在曹操府中任主簿的司马懿也进言说："刘备以诈力并吞刘璋，蜀人未附，又去远争江陵，此机不可失也。现今新得汉中，益州震动，进兵临之，势必瓦解。因此之势，可取得事半功倍之效。"

然而曹操却回答道："人苦无足，既得陇，复望蜀耶？"没有听从二人的建议。遂留夏侯渊督张郃、徐晃守汉中，自引大军回了北方。

据传为曹操唯一存世书法真迹的"衮雪"石刻，便是他在这次回军途中穿行褒河峡谷时留下的遗迹。

第81章 吴下阿蒙

公平地说,单纯从军事角度讲,刘晔、司马懿建议取蜀的计划是有一定可行性的。因为据史料显示,在曹操取得汉中之后,曾有蜀地来降的人报告说:"蜀中一日数十惊,备虽斩之而不能安也。"这一描述或许有所夸张(就像前文提到的武都降者说阳平关易攻一样),但巴蜀军民在心理上被曹军兵威所震应是事实。

此外,确如司马懿所说,当时刘备还在荆州与东吴相持,即便迅速赶回也需要一定的时间,蜀中短期内兵力是比较空虚的。如果曹军利用这一机会发动长途奔袭,或许能够取得远超预期的效果。

不过,如果曹操真这么做,那么他所冒的风险也会很高。

首先,益州虽不像江汉平原那样水网纵横、湖泊遍布,却崎岖多山,同样不适合曹军最为擅长的平地野战。加之曹操对益州的地理状况并不熟悉,曹军倘若深入,一不小心就有可能陷入赤壁、乌林那样的不利境地。

其次，由汉中入蜀，必须通过白水、剑阁之险，山行七八百里才能进入地势开阔的成都平原，因此军粮供应会再次成为难题。刘备虽远在荆州，但蜀中却有诸葛亮、法正留守，这两人足智多谋，极难对付。到时倘若守军坚壁清野，城池难以攻克，士卒饥疲交加，而刘备又率荆州军团及时赶回，那曹操就会面临前后夹击、全军覆没的危险！

最后，即便曹军顺利入蜀，曹操又能克服前两项风险，以刘备现在的实力和韧性，他仍然足以与曹军周旋，没有个两三年不可能将他打垮。在此期间，孙权一定会趁机在东方发动攻势。曹操既被牵制在蜀中，就无法兼顾东方战场，搞不好就会丢掉淮北、青徐的大量地盘，反而得不偿失。

所以，对曹操来说，除非他另行委派一位自己足够信任、又具备出色才干的主帅代替自己统军入蜀，否则于此时发动对刘备的全面战争并不明智。显然，曹操帐下并没有这样一位人选。

更重要的是，赤壁之战后曹操的基本思路已经从创业转向了守成，眼下对他来说最关键的事情是确保曹魏代汉事业稳定推进，而不是征服新的领土。这才是他说出"人苦无足，既得陇，复望蜀耶"那句话的真正内涵。

有意思的是，曹操虽然无意取蜀，但当时身在荆州的刘备却没有猜透他的意图。于是曹军平定汉中一事随即在孙、刘联盟那边引发了连锁反应，并导致"借荆州"这出戏再度衍生了新的剧情。

前文讲到，建安十六年（211年）的时候，刘备和孙权很可能就伐蜀一事达成了秘密协定，即刘备一旦取蜀，那就必须将荆州领土割给孙权予以补偿。在此基础上，东吴甚至可以出兵帮助刘备伐蜀。而后来孙权也的确派了吕岱等入蜀协助刘备。只不过，从史料透露的信息看来，东吴军对刘备取蜀的行动实际上并没有起到太大的帮助。建安十七年（212年）后，吕岱得知刘备进展不顺，就主动先撤了回去。这还不算，可能是受到吕岱汇报刘备损失惨重、"事必不克"影响，孙权还在此时使了一记阴招，也就是史料提及的"大遣舟船迎妹"一事。

据裴注所引《云别传》之记载，刘备跟孙权的妹妹成亲后，因为孙夫人生性娇豪，手下所领东吴兵将又纵横不法，于是刘备在入蜀时就任命赵云为留营司马。因其为人"严重"（严肃稳重），特意安排他"任掌内事"。后来孙权趁刘备西征之时大遣舟船迎妹，孙夫人就想将当时只有六七岁的刘禅一起带走，诸葛亮命赵云、张飞"勒兵截江"，这才把刘阿斗抢回。此事也便是《三国演义》中"赵云截江夺阿斗"这一段书的来源。

要知道孙夫人当初是孙权安置在刘备身边的"眼线"，意在监视和挟制。但是后来刘备在公安另筑一城与孙夫人分居，此时又西征入蜀，孙夫人这枚棋子已经发挥不了什么作用，孙权不愿让妹妹守活寡将其迎回，也还说得过去。可是刘禅却是甘夫人所生，跟孙夫人没有血缘关系，她既然决心跟刘备一拍两散，为啥还要带走这么一个拖油瓶呢？很明显，这一定是孙权的授意。他是想用刘备的继承人当人质，从而为自己在与刘备的外交博弈中赢得优势。只是由于诸葛亮、赵云等应对及时得当，他的这一计划才没有得逞。

对于孙权在背后搞的这些小动作，刘备当然有理由感到不开心。此举虽然没有导致孙刘联盟就此破裂，却也足以为两家的关系蒙上一层阴影。

到了建安二十年（215年），刘备已经拿下巴蜀，孙权就派诸葛瑾出使荆州，要求刘备兑现诺言，将荆州土地割让给自己。刘备本就不情愿将荆州拱手让出，再加上此时他一来觉得孙权并没有完全遵守协议，

第 81 章 吴下阿蒙

二来也对其教唆孙夫人劫夺阿斗一事怀恨于心，就狡辩说："我正要攻取凉州，待凉州一到手，就把荆州给你。"孙权听了这个答复，恨恨说道："他这是借而不还，拿空话搪塞拖延而已！"就不再跟刘备沟通，而是单方面任命了长沙、零陵、桂阳三郡的地方长官，叫他们去取代之前刘备委署的官吏。"借荆州"事件由此进入第二阶段。

这时候刘备还在成都，荆州事务全由关羽负责。以关羽高傲刚猛的性格，当然容不得这种事情发生。于是他就派遣兵将，将孙权委派的这些地方官全都赶了回去。这下孙权大怒，立刻命吕蒙领兵两万，前去攻取长沙、零陵和桂阳，又命鲁肃领万人屯守巴丘，自己则进驻陆口，坐镇后方节度诸军。

吕蒙字子明，籍贯汝南富陂（今安徽阜南县东）。少年时代他便避乱南渡，来江东投靠了为孙策效力的姐夫邓当。有一次邓当奉命诛讨山越，刚刚十五六岁的吕蒙便私下随军加入了战斗。邓当发现后大惊，连番训斥也没能阻止吕蒙。事后他就把这事告诉了吕蒙的母亲。吕母又是后怕又是恼怒，想狠狠责罚于他。吕蒙却道："家中贫贱，难可久居，万一我能立功，就能因此而富贵。正所谓不入虎穴，安得虎子。"吕母心生哀怜，就饶过了他。

那时军中有一个小吏，因为觉得吕蒙年纪小，常常轻辱于他，说这小兔崽子能有什么能为，不过是白白拿肉喂虎罢了！隔天两人遇上，他又出言嘲辱，吕蒙气不过，拔出刀来就把这个人给宰了。之后他逃到别处躲了起来，过了些日子又通过校尉袁雄传话给孙策，说愿意自首。孙策在袁雄的劝说下召见了吕蒙，一聊之下不由另眼相看，就免了他的罪责，还让他在自己身边留用。

又过了几年，吕蒙的姐夫邓当死了，张昭就举荐吕蒙接替了邓当的职位。后来孙权继位，有意将一些部众较少的年轻小将整编合并。吕蒙得到消息，赶忙借钱给手下士兵买了军服和装备。等到阅兵那天，吕蒙的部队不但衣甲鲜明，而且操练纯熟。孙权顿时眼前一亮，不但没把吕蒙的部队合并，反而给他增了兵。在随后的几年里，吕蒙征山越、讨黄祖，都立有军功，并且在赤壁之战和攻围江陵的战争中也发挥了重要作用，其职衔也从别部司马一直升迁到了偏将军、寻阳县令。

这期间，还发生过这样一件趣事。

有一次，孙权对吕蒙和蒋钦说，你们现在掌权管事，应该多好好学习、天天向上才是。吕蒙说，军中事务繁多，恐怕没什么时间读书学习啊！孙权就说："你以为我是让你搞研究、当博士吗？只是让你翻翻书、了解了解过去的事罢了！你说事情多，能有我的事多吗？我小时候除了《易经》，什么《诗》《书》《礼记》《左传》《国语》都学习过。统事以来，又通读了诸家兵书和《太史公书》等三史，自以为大有裨益。以你们两人的悟性，肯定能学有所得，为什么不去做呢？我建议你们先把《孙子》《六韬》《左传》《国语》以及三史都读了。当年光武帝忙于兵马军务，仍然手不释卷，他曹孟德也称自己老而好学，你们还有什么理由不努力呢？"

既然领导都把话说到这个份儿上了，再不好好表现表现，那可就是不识抬举了。于是从此以后，吕蒙真就发愤苦读起来。再加上如孙权所言，他的悟性确实很高，没过几年，他的学问就超过了许多老学究。

后来周瑜去世，孙权派鲁肃去陆口接替周瑜的职务，途中经过吕蒙的防区。有人劝鲁肃说，如今吕将军功名日显，您跟他得多往来往来才好。鲁肃就来找吕蒙聊天。以前鲁肃多少有点瞧不起吕蒙，所以此番会谈，他不自觉地老想在言语上压吕蒙一头。哪知道吕蒙侃侃而谈，说出的话知识含量极大，与原来简直判若两人，鲁肃不由大为吃惊，叹道："往常我只道老弟你但有武略，想不到今天你的学识竟如此渊博，已经

第 81 章 吴下阿蒙

不再是当初的吴下阿蒙了呀！"吕蒙笑道："士别三日，便该刮目相看。老兄今日之论，未免令古人见笑了。"

吕蒙又问鲁肃："你既是接替公瑾，就要与关羽为邻，不知有何计略以防患于未然？"鲁肃一时竟被问住了，只好仓促答道："随机应变便是。"

吕蒙微微摇了摇头，道："方今孙刘虽为联盟，但关羽却实为熊虎。我听说此人长而好学，常读《春秋左传》，其性情则雄豪自负，常好盛气凌人，岂可不事先有所预备？"

说完吕蒙放下酒杯，针对未来可能发生的状况一连讲了好几条对策。直听得鲁肃越席而前，拊着吕蒙的背说："子明，吾不知卿才略所及，乃至于此也！"于是鲁肃就拜见了吕蒙的老母，与他结友而别。

后来吕蒙又建议孙权修建濡须坞、拔掉曹操在合肥以南的据点皖城等，都在东吴的抗曹战争中发挥了重要作用。很显然，这一时期吕蒙和鲁肃一样，已经成了孙权最为倚重的大将。

刘备得知孙权派了鲁肃、吕蒙来攻取三郡，也大为光火，马上传令给关羽，命他直趋益阳，拦截东吴的军队，同时亲统五万大军自蜀中东下，决心不惜用武力来维护本方的领土完整。

当关羽统兵三万进至益阳，与鲁肃形成对峙之时，刘备已经赶到了公安，而这边吕蒙已经降服了长沙、桂阳两郡，只有零陵太守郝普闭城自守，不愿降吴。由于鲁肃所统只有一万人马，孙权怕他抵挡不住关羽，就赶忙给吕蒙下了一道急令，叫他先不要管零陵，尽快赶去与鲁肃会合。

这个时候吕蒙已经包围了零陵城。得了命令之后，按理说他便该通知全军撤围，即日北还才是，然而吕蒙却隐瞒了这一消息。当天夜里，他召集诸将，布置好了明天一早攻城的方略，然后派郝普的一个朋友入城对他说了这样一番话：

"我知道你有心效仿古人行忠义之事，可是你却没有认清当前的形势。眼下刘备在汉中已经被夏侯渊所围，关羽仍在南郡，我家主公亲往征讨，而长沙、桂阳两郡已经归降。现在刘备、关羽自顾不暇，哪里还顾得上来救援你？我手下将士皆为精锐，士气高涨，还有更多的援兵即将赶到。如果你死心防守，也不过能拖延几天罢了，只要我军全力进攻，此城必破。城破之后，你自己死了不打紧，还要连累你百岁的老母以白发受诛，难道你就不心痛吗？"

由于零陵位于湘水上游，下游的巴丘、益阳被吴军占据后，郝普就与荆州本部失去了联系，吕蒙这么一忽悠，他信以为真，就出城投降了。等受降仪式结束，吕蒙把孙权的书信拿给郝普看，郝普这才知道原来刘备已经回到了公安，关羽则近在益阳，自己完全被吕蒙耍了。这时候吕蒙才留孙河驻守零陵，自领大军去跟鲁肃等会合。

第 81 章　吴下阿蒙

第82章 张辽威震逍遥津

随着吕蒙、孙皎、潘璋等军前来会合,东吴在益阳的兵力已经不弱于关羽,一场大战一触即发。

鲁肃深知,孙刘两家的战争一旦开始,双方势必两败俱伤,从中得利的只有北方的曹操。而他本人从赤壁之战开始,一直都是孙刘联盟的提倡者。取代周瑜主领西境军务以来,他也一直对关羽抚慰有加。所以事到如今,他并没有放弃通过谈判解决两国争端的希望。

他派人送信给关羽,想要与他进行一次会谈。

据说当时东吴这边有不少将领担心关羽会在会谈时搞阴谋,所以并不主张鲁肃前去。鲁肃就说道:"今日之事,应该诚心开释。刘备负约,是非未决,关羽怎么敢擅生事端?"便与关羽约定,双方各自把兵马驻扎在百步之外,只有诸将军可以携带单刀参加会谈。

所以真正的"单刀会"并不是小说中渲染的那样,是鲁肃摆下鸿门宴而关羽独乘小舟单刀赴会,乃是双方将领在脱离本军的情况下于中间地带进行的一次对等谈判。

会谈开始后,鲁肃首先谴责说:"我国当初之所以把土地借给你们,是看你们战败远来,没有一个落脚之处的缘故。现在你们已经得了益州,却丝毫没有奉还之意,我们只求取三郡,你们还是不允,这难道不过分吗?"

关羽回答说:"赤壁、乌林之役,刘左将军亲冒矢石于行阵之间、睡觉的时候都不脱甲胄,这才奋力击破了曹操,岂能没有一块土地以为酬劳,而全让你们东吴来占领呢?"

鲁肃说:"不然。一开始我与刘豫州在长坂相遇之时,他手下的军兵还不满一个营,一筹莫展,斗志低迷,只想远窜岭南去投吴巨,根本就没指望能有今天。我家主公怜悯他无家可归,这才不吝啬土地和人民,全力资助他让他渡过了危机。哪成想刘豫州竟然为了私利而忘恩负义,完全不顾我们之间的友谊,得了西蜀之后又要独吞荆州,这种行径就是一介匹夫都不忍为,更何况他是你们众人堂堂之主?你们这些当下属的,不能以正道辅佐主公也就罢了,怎么还能不讲道理,徒以武力相争呢?"

这一番话直把关羽说没了词儿,一时不知如何回答才好。关羽手下一员将领见状,就插嘴说道:"土地这东西,谁有功德就归谁,哪还能永远不变?"鲁肃心说我与关将军讲话,哪里轮到你这小辈多嘴?当即厉声呵斥,把这人骂了一顿。眼看局面要闹僵,关羽操刀而起,道:"此等国家大事,这人知道什么!"说着使了个眼色,叫这人退了出去。这场谈判才没有破裂。

估计双方谈到最后,还是刘备做出了较大的让步。因为这个时候曹操已经拿下了汉中,大有统兵入蜀之势,如果在荆州一直跟东吴这样僵

第/82/章 张辽威震逍遥津

持下去，搞不好鱼和熊掌一个都捞不着。于是据史料记载，双方达成了一个协议，即以湘水为界中分了荆州领土，西边的土地（南郡、零陵、武陵）归刘备，东边的土地（江夏、长沙、桂阳）则归孙权。此为"借荆州"事件的第三个阶段。

对孙权来说，一仗没打就获得了整个桂阳和大半个长沙，肯定是外交战线的一次重大胜利。对刘备来说，虽然割掉了不少土地，却也换来了孙刘联盟的维系，长远来看也是符合本方利益的。而且我个人猜测，孙权可能还答应了刘备一个附加条件，即双方订约之后，东吴立刻出兵合肥，以转移曹操视线、减少他在汉中方面对巴蜀施加的压力。因为孙权从陆口撤军之后，马上于当年八月便统兵十万发动了对合肥的大举攻击。

这个时候，曹操还在从汉中返回的路上，合肥方面只有张辽、李典、乐进等统领七千余人屯守。不过好在曹操出征张鲁之前，已经预料到了孙权入寇的可能性，事先曾给了合肥护军薛悌一道密令，封皮上写着"贼至乃发"四个字。等到孙权大兵压境，薛悌连忙把书信拆开，见上面内容是："若孙权至者，张、李二将军出战，乐将军守，薛护军勿得与战。"

话虽如此，这道命令到底过于笼统：只说叫乐进守营，叫张辽、李典出战，却没有交待何时出战、怎样出战。所以众人尽管读了命令，却仍然心里没谱，尤其是听闻孙权这次来攻足有十万之众，实力对比悬殊，就更加犹豫不定。

张辽见状，朗声道："曹公远征在外，若待其分兵来救，我辈早就被敌寇所破了！所以这道命令的意思，就是叫我们趁敌众尚未集合之时迎头逆击，挫伤其斗志，同时安定我方军心，然后才可久守。成败之机，在此一战，诸君何疑？"

本来李典、乐进跟张辽私下相处得并不和睦，虽然张辽提出了自己的意见，可如果李典、乐进都不同意，恐怕他也只能少数服从多数。然而关键时刻，李典完全抛开了私人恩怨，慨然道："此国家大事，不管你的主意能否成功，我都不会因为一点私怨而不顾公义！"表示支持张辽。这一来乐进也就无话可说。

于是当天夜里，张辽在军中招募了八百名敢死队员，然后杀牛宰羊，大吃大喝了一番。天亮后，趁吴军还没来得及围城，张辽带着这八百壮士鼓噪着杀出城来。据其本传记载，他"被甲持戟，先登陷阵，杀数十人，斩二将，大呼自名，冲垒入，至权麾下"。一边大呼"吾乃张辽张文远也"，一边冲入了吴军的营垒，一直杀到孙权所在的中军大旗之下。

而由于吴军没有想到城里的守军竟敢主动来攻，毫无防备，一时竟被杀了个措手不及。据《潘璋传》透露，"张辽奄至，诸将不备，陈武斗死，宋谦、徐盛皆披走"。东吴大将陈武可能就是被张辽所斩的二将之一。徐盛也受伤败走，连惯用的长矛都丢了。后来还是贺齐率本部兵马迎击，才把徐盛的矛又找了回来。（一说"矛"应为"牙"，指牙旗。）就是孙权本人，也被这通突然袭击搞懵了。他眼见张辽杀到左近，大惊之下不知所措，只好赶紧爬上一个土丘，叫士兵们持长戟围在身边保护自己。张辽冲孙权叫骂，说有本事你下来！孙权不予理会。这个时候，原本溃败的宋谦、徐盛部士卒已经被潘璋率军赶了回来，再加上贺齐的人马，前来救主的吴军越来越多。而孙权也看清了张辽毕竟只有七八百人，就指挥吴军将其围了个里三层外三层。

张辽见形势严峻，左右冲杀了几次，然后猛力向前直击，在包围圈上冲开了一个缺口，便带着身边的几十个人冲了出去。剩下的士卒望见，高呼："将军弃我乎？"张辽就又拨马杀回，一番死战之后，终于

第82章 张辽威震逍遥津

将余众救出。这一场惊心动魄的战斗从早晨一直进行到中午，张辽宛如神鬼附体，"人马皆披靡，无敢当者"。最后他安然无恙地返回了城内。

守军因此士气大振，军心大安，乐进、薛悌等也对张辽心悦诚服。而孙权这边原本雄心勃勃而来，号称雄兵十万，谁成想刚一照面便被人家张辽以八百人迎头痛击，死伤不少，于士气上大为挫伤。

之后十余天，孙权组织了几次对合肥城的攻势，效果并不理想。而且史料显示，这时候瘟疫也开始在吴军营中流行起来。于是孙权便决定退军。

这个时候，孙权又犯下了一个相当致命的错误。他可能是为了稳定军心，避免士兵由撤退变成溃逃，也可能是想将部队隔离，以免瘟疫进一步蔓延，总之他决定让军队主力分批先期撤离，而自己和甘宁、吕蒙等人留下断后。因此当大部吴军已经经由合肥城东逍遥津上的木桥撤到施水以南之时，孙权跟吕蒙、甘宁、凌统、蒋钦所部以及虎士（卫队）千人还滞留在水北。

这一情况早被城头上的张辽看在了眼里。他当即与乐进、李典商定，只留少部分士兵守城，其余人马倾巢而出，直奔逍遥津。

张辽是并州马邑（今山西朔州）人，又跟随吕布征战多年，最善骑兵突击战术。当初曹操远征乌桓，在白狼山遭遇乌桓大军，就是张辽力主出战，又为前锋突击，才一举击斩了单于蹋顿。曹操留密令叫张辽、李典出战，乐进防守，也是他深知二将"勇锐"而乐进持重的缘故。此番突袭逍遥津，正能发挥张辽勇猛而善于突击的特点。

这边厢孙权、吕蒙等人还在耐心地等着按次序过桥，冷不防尘头大起，张辽率领曹兵就杀到了。众人大惊，孙权急忙传令想把前军召回，可前军早已去远，一时半刻绝难赶到。甘宁先是开弓连放数箭，射倒了几个曹兵，继而敌人冲至近前，他便和凌统、吕蒙等捍卫在孙权身前，率部与曹兵展开了肉搏。

本来由于凌统之父凌操当年是被甘宁所杀，两人彼此仇视，平常连面都不见，这个时候为了保护孙权也通力合作了起来。甘宁奋力退敌，还厉声质问已经吓傻了的军乐手为何没有鼓吹，眼前的凶险局面他只当是闲庭信步；凌统则带着手下三百人拼死杀出一条血路，保护着孙权突出重围，赶到了河桥边。然而这时候曹兵已经将桥斫毁，中间有一丈来宽没有桥板。幸亏孙权所乘的马是一匹宝马良驹，有个叫谷利的亲随叫孙权伏身在马鞍上放松缰绳，他在后面用鞭子狠抽马屁股，马儿吃痛疾驰，这才从桥上跃了过去。

对岸早有贺齐领三千人前来接应，赶紧把惊魂未定的孙权迎了回去。凌统见孙权已经过桥，又转身杀入了敌阵，一连杀伤了数十人，直到左右皆死，他自己也多处受伤，估摸着孙权已经去远，他才撤了回来。由于桥梁已断，凌统披甲在河里潜行了一段，总算过得河来，赶上了大部队。

逍遥津一战，张辽抓住吴军在撤退过程中全军脱节，孙权所在的后军被河水阻隔在桥北这一破绽，差一点活捉了孙权。

《献帝春秋》称，战斗期间张辽问一个投降的吴军士兵："刚才有一紫髯将军，长上短下，便马善射，可知是谁？"回答说那就是孙权。张辽后悔得直拍大腿，跟乐进说我要是早知道那人就是孙权，全力去追，肯定就把他拿下了！这一记载未必可信，因为前面说过，张辽第一次出战时突入吴军营垒就杀到了孙权附近，还指着他叫他从土丘上下来，所以他不应该不认得孙权。尽管如此，这一战孙权能够逃脱，除了靠身边的几员将领拼死捍卫之外，也可说是十分侥幸。

因此，孙权安全返回到大船上之后，心里颇为庆幸。不久有人禀

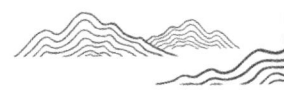

报，说凌统也已赶回，他更是又惊又喜。两人见面后，凌统有感于自己的亲近左右为了掩护孙权撤退几乎全部牺牲，不由失声痛哭。孙权连忙用衣襟亲手为他擦拭眼泪，安慰道："公绩（凌统字），亡者已不可复生，只要卿在，何患无人？"见凌统伤重，孙权又把他留在自己的船里，让人取来最好的药给他治伤。

事后孙权在船上摆下酒宴，以感谢众将誓死护卫之功。期间贺齐走下自己的座位，含泪对孙权道："至尊身为人主，凡事皆当持重。今日之事，几至祸败，彼时群下震怖，仿佛天塌地陷一般。臣谨希望您能以此为终身之诫！"孙权听了，走到贺齐面前止住其悲声，对众人说道："让众卿如此，我好不惭愧！这件事今后我不但会记在衣带上，也会牢记于心。"《建康实录》也说，孙权"垂泣啮指出血，以为终身之戒"。从此以后，孙权虽仍有亲征之举，但再也不曾轻身犯险，亲履前线。

至于曹操那边，当他得知了张辽等在此战的表现后，不禁大为赞叹。除了上奏朝廷加封张辽为征东将军之外，转过年来他再次亲征孙权，途经合肥时还特意巡视了逍遥津张辽作战之处，并为之叹息良久。而张辽也凭借此战声名大噪。直到多年以后，江东一带但凡有小儿啼哭不止，其父母还吓唬说："张辽来了！张辽来了！"据说百试百灵，由此留下了"张辽止啼"的传说。到了曹丕称帝后的黄初三年（222年），曹魏三路伐吴，尽管张辽有病，曹丕还是命他带病出征。而孙权得知张辽前来，仍心有余悸地对诸将说："张辽虽病，不可当也，慎之！"足可见逍遥津一战给他留下了巨大的心理阴影。

最后，还有一点需要说明。那就是近年来，网上一直流传着逍遥津一战张辽以八百人大破孙权十万众的说法。"孙十万""张八百"之类的绰号多多少少亦是由此而来。其实我们如果仔细阅读了史料，就会发现这一说法并不准确。

这一说法的源头乃黄初六年（225年）曹丕的一道诏书。当时张辽已经去世，曹丕追念其在合肥之功，下诏说："合肥之役，辽、典以步卒八百，破贼十万，自古用兵，未之有也。"并称赞他们是"国之爪牙"。

如前所述，这次合肥之战实际上可以分为两场战斗。第一场是张辽率八百壮士自城中杀出，趁吴军未及合围之时打了他们一个措手不及。吴军的总数虽然号称十万，但这显然是一个经过了较大夸张之后的数字。而且这一次张辽虽然在吴军中杀了好几个来回，还斩了两员大将，然后全身而退，但吴军并未被击败。故而说"破贼十万"未必合适。第二场逍遥津之战倒是可以说击败了吴军，然而这一次张辽、李典、乐进全部参战，曹兵数量虽然不详，至少也应该是七千合肥守军的大多数。而吴军主力因为已经提前撤退，留在水北的只是余下的后军。所以严格说来，这一次仍然不是"破贼十万"。

总之，以八百人击破十万人的说法，只是曹魏一方为了政治宣传而刻意营造的战争神话而已，并不是历史真相。

第83章 继承人问题

逍遥津之战结束后的一年多时间里,除了刘备军在巴西地区与留守汉中的张郃部仍有小规模的战斗之外,魏、蜀、吴三方之间暂时没有大的战事。

利用这一难得的空闲,曹操再进一步,由魏公进封为魏王,距天子之位不过咫尺之遥。到了这时,一个必须解决的重大问题就呈现在了曹操面前。

那就是立谁为王太子一事。

这一年曹操已经六十二岁,在古人当中已属高龄。经过半生奋战,如今他已建立了不世功业,拥有了大片国土,倾移汉鼎一事也接近成功。将来不论是他曹操自己登基坐殿,还是只当"周文王",让此事在自己儿子的手里去完成,他都需要一个合格的继承人将这份大业成功传递下去。而在"家天下"的帝制社会,君主一家之事也便是一国之事,继承人的素质将直接决定一个王朝的命运，所以在这个问题上，曹操不能不慎之又慎。

曹操一生好色，妻妾众多。据《三国志》所记，这些妻妾总共给他生了二十五个儿子。这其中，年龄最长的本是刘夫人所生的曹昂。但是我们前面交待过，当年宛城一战曹昂死在了张绣手里，当时年仅十一岁的曹丕则侥幸逃脱，所以到了这时，健在者中年龄最大的是三十岁的曹丕。而与曹丕一样同为卞夫人所生的还有曹彰、曹植、曹熊三子，其中曹植二十五岁，曹熊早夭，曹彰则具体年龄不详，依排行而言当在丕、植之间。

按照周代以来确立的嫡长子继承制，在继承顺位上是正室所生优先。曹操的正室，本是他在青年时代的元配丁夫人。然而丁夫人一直无子，后来刘氏早卒，曹操就把她生的曹昂交由丁夫人来抚养，所以丁夫人一直将曹昂视同己出。正因此，宛城之战曹昂死难后，丁夫人悲痛欲绝，以致"哭泣无节"，还老是埋怨曹操说："你害死了我儿子，却一点儿都不念记他！"一来二去曹操被她搞烦了，就把她送回了娘家，让她"冷静冷静"。过了一段时间，曹操亲自来接她。当时丁夫人正在织布，家人报告说曹操来了，她却依然埋头操作，根本不去迎接。曹操无奈，只好走到近前，抚着她的后背说："跟我一起坐车回去吧！"丁夫人却既不回头，也不说话。曹操站立片刻，转身退出，在门外又说道："得无尚可邪！"难道这还不行吗？丁夫人还是一言不发。曹操便道："真诀矣！"既然这样，那就分了罢！后来就跟丁夫人断绝了婚姻关系。

本来丁夫人为正室时，对倡优出身的小妾卞氏是多少有点瞧不起的，给她的物资供应也常常不足。丁氏既与曹操绝婚，卞氏就取代她成了正室。然而卞氏不但不念旧恶，反而趁曹操外出征战时常常馈送财物

给丁氏，仍然把她当家人供养。多年来卞夫人不但自己生育了四个儿子，其余丧母诸子也都由她抚养，加之她生活简朴，管理内事也比较周到，所以曹操对她一直是比较满意的。照理说，曹操便该在卞夫人所生的子嗣中选取继承人。

不过有迹象显示，曹操最初中意的人选却既非嫡室所生，年龄也不居长，而是环夫人所生的曹冲。

没错，就是那个因"曹冲称象"故事而被后人视为神童的曹冲。

据其本传记载，还在五六岁时，曹冲便已经"聪察岐嶷"，在观察和处理问题时的表现达到了成人水平。也是在这时，孙权进贡给朝廷一头巨象，曹操想搞清楚这大象到底能不能放进冰箱……啊，不对！是到底有多少斤两！诸臣僚都不知该如何测量。曹冲却道："置象大船之上，而刻其水痕所至，称物以载之，则校可知矣！"曹操大悦，就下令如此施为。虽然陈寅恪、季羡林等学者指出，以船称象的故事可能来源于印度，是后人附会到了曹冲身上，但史籍中仍然有其他事迹足以说明年幼的曹冲拥有过人的智慧和情商。

比方说有一次，看守仓库的库吏发现，曹操存放在库中的马鞍不知何时被老鼠给咬坏了。而由于曹操治军从严，法律严酷，库吏大为恐惧，深知就算自首只怕也难逃一死。此事被曹冲知道后，他就对库吏说，我有办法，你们过三天再去自首。于是曹冲就用小刀在自己的衣服上穿了几个洞，弄成被老鼠咬破的样子，装出一脸不高兴的样子来见曹操。曹操问他怎么了。他回答说："世人常说，若老鼠咬坏衣服，对其主不吉。现在我身上的单衣被老鼠咬了，所以不高兴。"曹操就安慰他说，那都是愚夫愚妇瞎说，不必为此担心。三天后，库吏前来自首，曹操听完就笑道："我儿的衣服近在眼前，尚被老鼠所啮，何况马鞍悬挂在仓库里面呢！"遂对此事一无所问。

除了这件事之外，史书还说，每次遇见将要被治以严刑的人，曹冲都要了解事情经过，然后向曹操分析辩解这些人的冤枉之处和可恕之情，有那因为工作上一时失误而被治罪责罚的勤劳小吏，他也常常向曹操陈说应该给予适当的宽宥。前前后后因为曹冲陈请而得以活命的，总共有好几十人。这种情况说明，曹冲不仅仅具有仁爱的天性，更重要的是在观察、分析和处理实际事务上具有过人的眼光和突出的才智。以"智宥库吏"一事为例，向曹操求情并不难，难的是曹冲既能让库吏免于受罚，又让曹操免于被"鼠啮鞍，其主不吉"的观念所困扰，甚至他也没因此而欠曹操人情，因为饶恕库吏是曹操主动做出，而不是拜他求情所致。

以曹冲十来岁的年纪，处理起事情来却如此周到而圆满，不能不说实在令人吃惊。再加上曹冲"容貌姿美，有殊于众"，更是被曹操所宠爱。所以史籍明确记载，在有一段时间，曹操"数对群臣称述，有欲传后意"。

可以认为，那时曹操心中已经认定，以曹冲如此优异之资质，再加以自己精心培养，将来他一定可以成为将自己开创的千秋大业发扬光大的优秀接班人。

然而天不遂人愿，到了十三岁那年，曹冲得了重病，尽管曹操亲自为之向鬼神祷告请命，最终还是没能挽回他年轻的生命。而当时名医华佗已经被曹操所杀，为此曹操曾后悔地说，自己不该杀掉华佗，否则曹冲之病还有治愈的可能。

另有一事说明，曹冲的确是曹操选定继承人的最初人选。因为在曹冲死后，曹丕见曹操悲痛不止，前来安慰，曹操却对他说道："此我之不幸，而汝曹之幸也！"后来曹丕称帝后，也曾不止一次对身边人说："家兄孝廉（指曹昂），自其分也。若使仓舒（曹冲字）在，我亦无天

下。"意思是我哥哥死在宛城那是命,就不说什么了,可要是我弟仓舒活到今天,这天下也就不是我的了!

此外,曹操还不惜违背礼法颇费心思地为曹冲寻了一位年貌身份相当的早夭少女合葬①,让他在阴间不致孤单。又有传言说,当时有个叫周不疑的年轻人甚有才智,世人常将他与曹冲相提并论。后来曹冲病卒,曹操就派刺客把周不疑杀掉了。凡此种种,都说明曹冲在曹操心目中的地位无人能够替代。

建安十三年(208年)后曹冲既夭,曹操只好将选择继承人的目光重新投注在了卞夫人诸子身上。

实际上,从河北平定到建安二十一年(216年)曹操进封为魏王,这十来年的时间里曹丕一直都是世子,建安十六年(211年)后,他还以五官中郎将的官职担任副丞相,其地位整体上来说是比较稳固的。

他唯一感到自己的地位受到挑战的时期只是建安十九年(214年)到二十二年(217年)这三年。而给予他这种压力的,正是其同母弟曹植。

曹植字子建,在卞夫人诸子中排行第三。史载,他在十岁时便已经"诵读《诗》《论》及辞赋数十万言",并且于诗文尤为擅长。有一次曹操看了他写的文章,有点不大相信是一个十来岁的少年所为,就问他:"你是不是请人润色了?"曹植回答说:"言出为论,下笔成章,何必请他人润色?若是不信,但请面试即可。"后来曹操在邺城修建的铜爵(雀)台落成,曹操带领诸子游观,叫他们每人作一篇赋。别人还在冥思苦想,曹植却"援笔立成",而且文辞不俗,粲然可观。曹操本

---

① 起初曹操选中的是名士邴原之女,但邴原婉拒说"合葬非礼",后来曹操就选定了"甄氏亡女"与曹冲结为冥婚。至于此处之甄氏是否便是曹丕之妻甄氏(即甄后),尚难论定。即便就是甄后,以年龄相近而推测,此女应该也是甄氏与袁熙所生,与曹冲并非近亲。

人就是个大文学家，当然品得出这赋文背后的才思，不由得对曹植之文才大为惊异。再加上曹植性情直爽平易，不喜欢摆架子、讲排场，平时使用的车马服饰都比较朴素，很对曹操的脾气；每次曹操召见时故意问难，他也能条理清楚地一一应答。所以在曹冲去世后，他就成了曹操最为宠爱的儿子。

建安十六年时，刚刚二十岁的曹植得封平原侯，食邑五千户。同时得封的还有曹操的另两个儿子曹据和曹豹（一名曹林）。此事虽是曹操"让县自明本志"的结果，但排行在前的曹丕、曹彰并未得封似乎说明，以曹植为首的三子明显更受曹操偏爱。

不过在这时，曹植还没能威胁到曹丕的世子地位。这一点，可以从曹丕不久后就被任为"副丞相"，并且在曹操出征时留守邺城主持日常工作上看得出来。

早在建安十一年（206年），也就是曹丕二十岁时，他就第一次以世子的身份在曹操征讨并州期间留守邺城，开始为曹家的事业分担起了责任。随后几年，曹丕又随从曹操南征荆州、东进合肥，并积极参与朝政，在"田畴让封"一事上，其建议得到了尚书令荀彧、司隶校尉钟繇的支持。有过之前这些历练，曹丕在处理政务时已经轻车熟路，颇能独当一面。曹操让他担任副丞相，从某种程度上来说，既是对他的政治能力的认可，也是对他的着力培养。而曹丕也没有让曹操失望。在建安十六年这次留守期间，他应对得当，迅速而及时地扑灭了河北爆发的苏伯、田银叛乱。在如何处置降房一事上，他采纳了程昱的建议，并不自作主张，而是请示曹操做决定，这也令曹操颇为满意。总之，这一时期尽管曹植开始得到曹操偏爱，但曹丕的世子身份和实际地位并没有受到挑战。

然而到建安十九年以后，这一情况发生了变化。

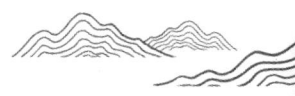

第一个证据是，这一年二十三岁的曹植由平原侯徙封为临菑侯。两者虽同为县侯，但临菑是齐国旧都，土沃财丰，经济条件远比平原要好。而上次与曹植同封的曹据和曹豹并没有得到类似的待遇，更为年长的曹彰这时则连侯都不是。说明这纯粹是曹操对曹植的格外照顾。

第二个证据是，当年秋天曹操东讨孙权，特意安排曹植留守邺城，而不是像以前那样将这一任务交给曹丕。为此他还专门用自己二十三岁为顿丘县令的经历勉励曹植，希望他能抓住这一机会做出成绩。不过由于曹操三个月后便收兵而回，曹植实际上没有得到太多表现机会。

这两件事无疑公开显示出了曹操对曹植的偏爱。与此同时还有史料透露，这一时期曹操曾频频在私下场合就立嗣一事向臣下征求意见。再加上建安二十一年他为魏王后迟迟不公布太子的人选，他这犹豫不决的态度让曹丕、曹植及其各自的党羽看在眼里，当然会引发他们的争竞之心。

第84章 兄弟间的竞争

曹丕、曹植兄弟围绕太子之位的竞争，相信熟悉三国历史的朋友都已知道结局了。不过，历代史家对于最后曹丕为何胜出而曹植又为何失败的阐释则各有其侧重。

在《三国志》曹植本传中，陈寿叙述说："植任性而行，不自雕励，饮酒不节。文帝（即曹丕）御之以术，矫情自饰，宫人左右，并为之说，故遂定为嗣。"也就是说，陈寿认为曹植在个人素质上有两大缺陷：第一是过于任性，不能约束自己的言行；第二就是饮酒无度，其实这也是他任性的表现之一。与之相反，曹丕则显得成熟老练，懂得伪装，有较强的自控力，又有曹操亲近之人为其游说，由此最终击败了曹植。

陈寿这么说，有没有事实依据呢？

有的。

先来看关于曹植"任性"一事。最能说明他这一性格特点的,是一起所谓的"司马门事件"。据其本传所载,有一次曹植曾经因"乘车行驰道中,开司马门出"而惹得曹操大怒,致使管理司马门的公车令因连带责任被处死,而曹植自己也从此失去了曹操的宠爱。用曹操自己的话说,就是"始者谓子建儿中最可定大事","自临菑侯植私出,开司马门至金门,令吾异目视此儿矣"!后来曹操还以此事为诫,加强了对诸子的管理,甚至出征时也将他们带在身边。

汉代制度,司马门指的是皇宫外门或诸侯王的王宫外门,另外,位于皇宫或王宫南部、入殿时必经的一道门阙也称之为司马门,通常由公车司马令管理,凡吏民上奏、四方贡献以及被征召公车的人都要先在此等候。所谓"待诏公车""公车上书",都是在这个地方。从曹操杀掉了公车令这点来看,曹植私出的司马门应该就是邺城魏王宫内的这一道门[①]。而曹操之所以如此恼怒,首先是因为按照规定,除天子或诸侯王本人之外,任何人出入司马门都必须下车。例如在汉文帝时代,太子和梁王兄弟二人共车入朝,就因为"不下司马门"而受到了公车令张释之拦阻和弹劾。其次,从上文曹操"自临菑侯植私出,开司马门至金门"这句话的语意推测,大概当时本有禁令,司马门是禁止随便开启的。而且两门之间的驰道除魏王本人外应该也是禁止他人使用的。所以曹植"乘车行驰道中,开司马门出"的行为总共触犯了三项禁令,即没有下车、擅行驰道和私出司马门。考虑到曹操本人对于法令的制定和执行一向非常重视(如他自己便曾因马踏麦苗而"割发代首"),这次他没有惩治

[①] 学界对曹植私出的司马门究竟位于邺城、许都还是洛阳尚有不同意见。笔者认为,当时洛阳荒残,原有宫阙皆已不存,而史料中又找不到曹植居留许都的记载,因此推断此处之司马门位于邺城。建安二十一年曹操既为魏王,官署仪仗皆比照天子,其王宫便应设有司马门和公车令。

曹植而只是把公车令当替罪羊杀掉,再一次证明了他对曹植的偏爱。但曹植如此任性妄为,到底还是引起了曹操异目而视,使他改变了之前以为曹植在诸子中"最可定大事"的想法。

不过,另有史料显示,此事似乎并不是这么简单。

西晋史学家司马彪在《续汉书》中谈及杨修之死时记述,有人向曹操举报"修与临淄侯植饮醉共载,从司马门出,谤讪鄢陵侯彰",曹操闻之大怒,就把杨修抓起来杀掉了。

此外,《三国志》裴注所引《世语》也说,曹操曾命曹丕和曹植各从邺城一门出城,但同时则秘密指示守门的官吏不准放行,以此来考察两人的所作所为。结果曹丕到门下后,见不开门就回来了。而杨修却对曹植说:"要是门吏不让通行,你就说是魏王有令,可以将守门人斩杀!"曹植便如此而行。

尽管《世语》的记载近似小说,可信度不高。但若与《续汉书》的记载综合起来考虑,似乎不能排除"司马门事件"牵涉杨修在内的可能性。当然,杨修之死的情况比较复杂,并不仅仅是因为"司马门事件",这一点后文再叙。不过,我并不认为这起事件像《世语》所说的那样是曹操有意测试的结果,以曹植的性情,真实的情况多半应该如《续汉书》所言,是他酒醉后一时冲动所致。

这里便涉及曹植的另一个缺点,即陈寿提及的"饮酒不节"。

那个年代同现在一样,酒是风靡整个社会的社交型饮料,除了某些特殊时期和特殊场合之外(如天旱禁酒),饮酒本身并不是个问题。但曹植受人指摘的地方在于,他喝起酒来没有节制,以致误事。这方面的例子,除了前面提到的犯禁私出司马门一事,其本传还记述说,建安二十四年(219年)曹仁被关羽围困于樊城,曹操本已任命曹植为南中郎将统兵前去救援,行前准备召他入见好好叮嘱一番,哪知曹植却"醉不

能受命",曹操只好撤销了这一任命。尽管《魏氏春秋》说,这次曹植之所以喝醉,是因为事先曹丕请他喝酒,故意逼他多喝,但曹植本人也难辞其咎。

有意思的是,曹丕好像十分了解曹植的这一弱点,之前他就曾经抓住这一点大做文章。据学者研究,在成书于建安二十二年十月之前的《典论》一书中,曹丕专门著有《酒诲》一章,表面上谴责刘表、袁绍好酒败德以致破灭,其真实动机则是影射曹植纵酒无度、不堪大用,以为自己在太子之位的竞争中赢得道德舆论上的优势。直至后来曹丕当了皇帝,还不忘以此为借口整治曹植。例如在黄初二年(221年),曹丕就授意监国谒者灌均奏报曹植在封国内"醉酒悖慢,劫胁使者",要不是顾及卞太后,差一点就把曹植治死。

而除了"任性""好酒"这两个缺点之外,有的学者还认为,曹植功名之心比较淡泊,对竞争太子之位不够热心,决意篡汉的态度也不像曹丕那么坚定,这些都是他败给曹丕的原因。然而我认为,这一观点并没有足够可靠的证据来支撑。论者引述曹植所作《三良》诗中"功名不可为,忠义我所安"一句,说由此可知曹植并不执着于功名,而更在意不违忠义,曹操看出他不愿篡汉,所以没有把太子之位给他;后来曹植听闻汉魏禅代而"发服悲哭"也是一证。可是曹植流传至今的诗文中明明有不少章句透露出了他渴求建功立业、名垂青史的志向。例如在给杨修的信中,曹植就坦承自己的志向是"戮力上国,流惠下民,建永世之业,流金石之功",而不是"徒以翰墨为勋绩,辞颂为君子"。显然,他认为自己的才能不仅仅是在文学领域,更应该到政治、军事领域去发挥。就这一点而言,自然是地位越高,权力越大,也就越容易建立起永垂不朽的功业。至于"发服悲哭"一事,一是当时曹植可能跟苏则一样[1]，由于身在外地、不了解朝中情况而误以为献帝已死；二是如《魏略》所言，是"自伤失先帝（曹操）意，亦怨激而哭"。以此来证明曹植反对篡汉仍然过于牵强。

有人还提出，据《曹彰传》记载，曹操在去世之前，曾经急召曹彰，但是当曹彰从关中赶到后曹操已经崩逝，曹彰就对曹植说："先王召我者，欲立汝也。"而曹植却回答说："不可。不见袁氏兄弟乎！"这说明曹植高风亮节，"以天下让"。我觉得这一说法也是有问题的。首先，当时曹操急召曹彰，真实目的恐怕并不是像他自己声称的那样是为了改立曹植，因为这时候曹丕被立为太子已经将近三年，其储君身份早已得到上上下下承认，他本人又无过错，以曹操之深谋远虑，断不会在去世前临时变卦另择他人。曹操之所以征召曹彰，恰恰是怕他滞留关中对日后曹丕的统治不利。而曹植以袁氏兄弟为诫，拒绝曹彰拥立自己的企图，固然是以曹魏政权的整体利益为重，却也是因为他清醒地认识到自己并没有足以与曹丕争位的资本。换句话说，曹植这时表现出的退让是他争位失败的结果，不能用来证明他当初缺乏竞争之心。

可另一方面，或许是受史料匮乏所限，我们同样也找不到曹植为争太子之位而主动从事过什么阴谋活动的记载。在两人竞争最激烈的阶段，他也只是尽力将自己的才能表现出来给人看而已。这说明曹植的为人像他的诗文一样，感情丰富却又没什么心眼儿，追求成功的手段比较坦荡而磊落，与"御之以术，矫情自饰"的曹丕恰恰构成了对比。

所谓"御之以术"，就是待人接物讲究方法和策略，不能单凭一己好恶率意而行。而从史籍中透露的信息来看，在人际关系方面，曹丕显然比曹植更会笼络人心。例如对荀彧，史籍明言曹丕"曲礼事彧"。也

---

[1] 《三国志·苏则传》云："初，（苏）则及临菑侯植闻魏氏代汉，皆发服悲哭。"

就是说，曹丕身为副丞相，却在面对尚书令荀彧时于礼节上自降规格，以示尊敬。又如对荀攸，就因为曹操曾对曹丕说过"荀公达，人之师表也，汝当尽礼敬之"，有一次荀攸生病，曹丕就亲往探视，独拜床下。同样，曹丕与邴原、张范两位名士一同留守邺城时，曹操交代他凡事多请教两人，他就对两人"执子孙礼"。通过这些礼贤下士的举动，曹丕首先在士家大族中间赢得了广泛支持。

因此，当建安十九年后曹操在立嗣一事上犹豫不决，并为之"密访群司"、向群臣征求意见时，许多人都或多或少地表达了对曹丕的认同。如毛玠就曾经向曹操密谏说，袁绍就是因为嫡庶不分才导致了覆宗灭国，废立嗣子这种大事，我们当臣下的可不希望听见。桓阶也多次进言说，曹丕"德优齿长，宜为储副"。崔琰更是冒着触怒曹操的危险，以"露板"的形式公开上书说："盖闻《春秋》之义，立子以长，加之五官将（即曹丕）仁孝聪明，宜承正统。琰以死守之！"曹植的妻子乃是崔琰的侄女，然而为了捍卫嫡长子继承制，崔琰却态度坚决地支持曹丕，使得曹操也不能不感叹他的公正无私。有人还说，甚至后来的崔琰之死也可能与此有关，这一点我们稍后再说。

在此事上发表了关键意见的还有贾诩。据其本传记载，曹丕由于担心被弟弟夺了嗣子之位，曾委婉地向贾诩请教"自固之术"。贾诩答复说："愿将军恢崇德度，躬素士之业，朝夕孜孜，不违子道。如此而已。"意思是以你现在的处境，只需要端正态度，踏踏实实追求上进，在学术上拿出成绩，同时道德礼法上又不违背孝道，就可以了。曹丕听了他的话，从此"深自砥砺"，时刻注意自己的所作所为。后来曹操有一次屏退左右，专门就立嗣一事征询贾诩的意见。贾诩却低头不语，一字不说。曹操说我问你话，你不回答是什么意思？这时贾诩才答复说，刚才自己心里正想一件事，所以不及回答。曹操又问你在想什么？贾诩就说:"思袁本初、刘景升父子也。"于是曹操大笑。

显然,袁绍、刘表两人在立嗣时废长立幼,最终导致本集团内部分裂、迅速走向败亡的前车之鉴已经成了时人心目中的反面典型,这一点不止贾诩、毛玠清楚,就是曹丕自己在《典论》中也有提及,曹操又岂能不知?如今他面临的情况正与当初袁绍、刘表面临的情况差不多,如果他仅仅出于个人偏爱而置嫡长子继承的传统于不顾(像他曾经有意于曹冲那样),特别是在曹植的能力素质相比曹丕没有明显优势而曹丕本人又稳居世子多年、积累了相当人望的前提下,此举一定会在曹魏政权内部引发动荡和纷争。而此时蜀、吴二敌虎伺,代汉大业也尚未完成,这种情况是曹操绝对不能容忍的。所以听到贾诩"思袁本初、刘景升父子"的答复,曹操才会心照不宣地大笑起来。

《贾诩传》说,此番对话过后,"于是太子遂定"。这虽然夸大了贾诩的作用,但却点明了曹丕得立的根本原因还是在于其嫡长身份。

第85章 巨轮下的牺牲品

相比"御之以术"的曹丕,曹植在经营人际关系和公众形象时的表现就不够理想了。

早在曹植初封平原侯时,曹操曾特意选派河北名士——"德行堂堂邢子昂"邢颙来担任其家丞。但是曹植更喜欢亲近文学之士,而与"防闲以礼,无所屈挠"的道学先生邢颙相处得很不愉快。庶子刘桢劝他跟邢颙搞好关系,避免背负不能礼贤之名,曹植也没听从。后来当曹操就立嗣一事征求邢颙的意见时,邢颙就很干脆地反对"以庶代宗"、以曹植为太子。

情况与此类似的还有司马懿的弟弟、曾在曹植府中担任文学掾的司马孚。《晋书》记载说,因为曹植"负才陵物",司马孚常常恳切劝谏,曹植一开始对他很不满意,后来知道他是为自己好,才表达了歉意。但最终司马孚还是同邢颙一样,转而成了曹丕的属下。

如前所述，曹植为人"性简易，不治威仪""任性而行"，骨子里是真挚而浪漫的诗人气质。这种性格与其过人的才华相配合，固然可以吸引杨修、邯郸淳①等气味相投之人为之倾心，却也导致他与邢颙、司马孚这样注重礼教名誉的道德之士格格不入。此外，曹植自负高才，难免有些"文人相轻"的毛病，对同时代的许多文士都瞧不上眼。例如在给杨修的信中，他就曾讥讽陈琳、王粲、徐干、应玚等人的文章大有毛病。这其中徐干和应玚本都是曹植的掾属，然而后来也改换门庭投向了曹丕。以上事实似乎说明，正像某些学者总结的那样，曹植"对好友关怀体贴备至，对志趣不同的人则非常疏远，并形迹毕露，不善于团结和自己意见不同的人，无形中树立很多对立面"。其结果就是曹丕能笼络多数人支持自己，而曹植只得到了少数人的支持。

当然，曹丕能获得多数人的支持，也与其"矫情自饰"，也就是懂得克制和善于伪装的本领分不开。

这方面《世语》记载了一则很有代表性的事件：有一次曹操统军出征，曹丕、曹植诸子都在路边送行。曹植发言时以优雅的辞藻、华丽的章句歌颂了曹操的文治武功，其出口成章的才华令众人为之瞩目，曹操也颇为满意。一旁的曹丕自愧不如，怅然若失。其心腹吴质见状，对他耳语道："魏王将行时，流涕可也。"于是在曹操启程前，曹丕便哭着拜倒在尘土之中，声情并茂地用出色的演技表达了自己不愿与老父须臾

---

① 《魏略》所记曹植与邯郸淳交往事最能体现他的性格："会临菑侯植亦求淳，太祖遣淳诣植。植初得淳甚喜，延入坐，不先与谈。时天暑热，植因呼常从取水自澡讫，傅粉。遂科头拍袒，胡舞五椎锻，跳丸击剑，诵俳优小说数千言讫，谓淳曰：'邯郸生何如邪？'于是乃更著衣帻，整仪容，与淳评说混元造化之端，品物区别之意，然后论皇羲以来贤圣名臣烈士优劣之差，次颂古今文章赋诔及当官政事宜所先后，又论用武行兵倚伏之势。乃命厨宰，酒炙交至，坐席默然，无与伉者。及暮，淳归，对其所知叹植之材，谓之'天人'。"

分离的眷恋之情。受其感染，曹操和一众臣属也不由得唏嘘落泪起来。事后，大家都认为曹植虽然文采出众，但论诚意和孝心却不及曹丕。

此外，前文还提到，曹丕采纳了贾诩的建议而"深自砥砺"，在约束自己的言行上也下了很大的功夫。

另有一则事例说明，其实曹丕的"矫情自饰"也相当辛苦。因为他在得知自己被立为太子之后，曾得意忘形地抱住辛毗的脖子，喜道："辛君知我喜否？"其轻佻的举动受到了辛毗的女儿辛宪英嘲讽，认为这是魏国国祚不久的不祥之兆。然而此时大局已定，曹丕似乎也不怕人家说他露出马脚。

不过话说回来，在曹植与曹丕竞争太子之位的过程中，曹植也不是全无优势。除了前面提到的曹操对他偏爱之外，与几位同母兄弟相比，他也更受母亲卞夫人疼爱。对此史料中有明确记载。[①] 而卞夫人跟曹丕的关系则比较一般，这一点从曹丕当太子后，左右宫人前来祝贺，卞夫人"王自以丕年大，故用为嗣，我能得免无教导之过便已知足"的回答中就能看得出来。卞夫人既是曹操的嫡室，在立嗣一事上的影响力当然要比曹丕结交的"宫人左右"更大。而除杨修之外，曹植的支持者丁仪、丁廙兄弟在朝中也很有势力。

据《魏略》所载，丁仪之父丁冲是曹操的故交，在其奉迎献帝都许的过程中曾立有功绩，后为司隶校尉，早卒。后来曹操为爱女择婿，一来感念丁冲的恩德，二来听说丁仪名声不错，虽然还没见过丁仪，就把他列为了候选人。听说曹丕见过丁仪，就来征询他的意见。曹丕说："女子都注重相貌，丁正礼（丁仪字）一目失明，恐怕咱曹家女儿不会喜欢他。我看不如嫁给夏侯楙（夏侯惇子）。"于是曹操就同意了曹丕

---

① 《三国志》裴注引《魏书》云："东阿王植，太后少子，最爱之。"

的提议，而将丁仪辟为了掾属。直到有一次曹操与丁仪交谈，发现此人确实有才，就有点后悔地说："丁仪实为佳士，即使其两目全盲，也当嫁女于他，何况只是一目失明呢？"丁仪知道此事后，记恨曹丕阻挠自己跟曹家的婚事，从此就倒向曹植一边，成了反对曹丕的骨干。

曹植与曹丕竞争太子之位那三年，也是丁仪、丁廙兄弟权势最盛的时期。史籍所见，可知崔琰之死、毛玠之废以及东曹属徐奕的外放都与时任西曹掾的丁仪大有干系。而如前所述，崔琰、毛玠在太子之争当中都是支持曹丕的一方。此外，丁仪还曾试图拉拢卫臻（助曹操在陈留起兵的卫兹之子）加入曹植一党。其弟丁廙则当着曹操的面，不遗余力地赞美曹植"天性仁孝，发于自然，而聪明智达，其殆庶几。至于博学渊识，文章绝伦。当今天下之贤才君子，不问少长，皆愿从其游而为之死，实天所以钟福于大魏，而永授无穷之祚也"。应该说，那一段时间曹操之所以在继承人问题上犹豫不定，以致曹植"几为太子者数矣"，丁仪兄弟起了很大作用。

不过，在立嗣这一事关国祚的大事上，曹操最终还是理智战胜了感情。立曹丕为太子，不是因为他的才能比曹植更出众，而是因为这种选择最利于政权稳定和君权集中。毕竟当时曹魏刚刚立国，外部有吴、蜀强敌窥伺，内部代汉大业也尚未彻底完成，没有什么比稳定和集权更重要。

就这个意义而言，不管是支持曹丕的崔琰、毛玠，还是支持曹植的杨修、丁仪，都只是在权力巨轮的前进过程中不幸的牺牲品。

我们先说崔琰。

前文曾经交待，崔琰是河北人，本是袁绍的属下，是曹操征服河北后第一批擢用的冀州名士。他对于曹操的主要贡献，是长期担任东曹掾主管人事工作，"文武群才，多所明拔。朝廷归高，天下称平"。加之

其人品行端方，相貌威重，一直是正色立朝的楷模，平素连曹操对他也有几分敬惮。由于当年曹丕留守邺城之时，崔琰跟他有过良好的合作，加以崔琰本人是嫡长子继承制的坚决维护者，所以当曹操就立嗣一事秘密向群臣征求意见时，尽管崔琰的侄女嫁给了曹植①，他还是坚定地支持以曹丕为太子。不过有一点崔琰做得不好，那就是别的大臣都是通过私下的渠道秘密进言，独有他选择了以"露板"的形式公开上书。这就等于把曹操嗣子不明、二子争立的家事张扬得世人尽知，对曹操的声名威望多少会造成一些不利的影响。而且崔琰越表现得心怀坦荡、大公无私，也就越反衬出曹操心理阴暗、见不得人。所以有学者认为，尽管当时曹操表面上对崔琰"贵其公亮，喟然叹息"，但心中其实是相当不满的。

至于崔琰之死，更显得有点莫名其妙。

事情的起因是，当初崔琰负责人事工作时，曾经选拔了一个叫杨训的人担任曹操的掾属。建安二十一年曹操封魏王后，这个杨训就写了一篇溜须拍马的表章，盛赞曹操如何如何伟大。此事传扬开来，有不少人就评论说，当年崔琰举荐杨训的理由是其人"清贞守道"，谁知他竟是个追名逐利、逢迎拍马之徒，可见崔琰所举非人。这对于一向爱惜羽毛的崔琰的令誉当然是一种损害。于是崔琰就向杨训要来那份奏章的草稿，细细读了一遍，末了在答复他的书信中写道："省表，事佳耳！时乎时乎，会当有变时。"意思是你的表章我看了，事情还可以嘛！时间啊，时间啊，随着时间的推移，情况是应当有所变化的啊。崔琰的本意其实是支持杨训，而讥讽那些没把事情搞清楚就乱发议论的"键盘侠"。哪知道这句话被其政治

---

① 据《世语》记载，后来有一次曹植的妻子，也就是崔琰的侄女穿了一身绣衣，被曹操登台见到，就以"违制命"为理由将其赐死了。此事应发生在崔琰已死、曹丕得立太子之后。

对手得知，立刻抓住这点做起了文章。其本传声称，有白琰此书傲世怨谤者，太祖怒曰："谚言'生女耳'，'耳'非佳语。'会当有变时'意指不逊。"就把崔琰治罪，罚为了徒隶。

从其他史料透露出的信息来看，这个举报崔琰的人，很有可能就是丁仪或其党羽。举报的罪名"傲世怨谤"，显然是指崔琰对曹操封魏王的"世变"有所不满，所以曹操才会如此动怒，其"'会当有变时'意指不逊"的言语也是就此而言。

把崔琰罚去服劳役之后，曹操还时不时地派人前去探视，看他有没有表现出悔过之意。然而崔琰的性格一向是耿直刚正，无故受此不白之冤，心里自然大有怨气，并不肯认错服软。于是举报他的人又向曹操报告说："崔琰虽为刑徒，却仍与宾客往来，其家门庭若市，他本人则对着来访的宾客虬须直视，似乎心中大有不平。"曹操听了，就对崔琰起了杀心。

一开始曹操怕背负害贤之名，就派了一个素有公正廉明之称的官吏去审理崔琰的案子，指示说："三日之内等你的消息。"言外之意是三天内你最好让崔琰自我了断。然而三天过去，可能是这个官吏没跟崔琰把话说清楚，也可能是崔琰自己没搞明白曹操的意图，他并没有自杀。曹操便怒道："崔琰必欲使孤行刀锯乎！"官吏这才把曹操的话告诉了崔琰。崔琰听了，先是对官吏表达了歉意，说："是我不对，没想到曹公之意是这样。"然后就自尽了。

事有凑巧，有史料记载，这一年在曹操和崔琰之间还发生过这样一件趣事：

也是在曹操封魏王之后，有匈奴单于派来使者拜见曹操。但是曹操觉得自己个头矮小、容颜丑陋，缺少开国雄主的派头，不足以威服远人。于是在接见匈奴使者时，他就让"声姿高畅，眉目疏朗，须长四

尺，甚有威重"的崔琰代替自己坐在床上，他自己则捉刀立于床头。会见结束后，曹操派了个间谍问那使者："魏王何如？"使者道："魏王雅望非常。然床头捉刀之人，真乃英雄也！"曹操闻之，就派人追杀了这位使者。

早有学者指出，这件被《世说新语》记载的趣事近于儿戏，多半属于街巷传言，不太可能是真事。不过这一故事折射出的魏晋人心目中的曹操形象却大体真实地反映出了晚年曹操的心态，那就是猜忌刻薄，神经过敏，尤其忌讳被人窥破心事。崔琰之死，多少也与这种心态有关。正如《三国志集解》的作者卢弼所言："魏武有篡夺之心，而又欲避篡夺之名。琰与训书，不啻窥见其隐衷，发泄其诡谋，故深恶之而置诸死地也。"

被曹操这种过于敏感的心态祸及的，还有毛玠和杨修。

第86章 曹操与杨修

毛玠跟崔琰一样,曾长期担任曹操的东曹掾,负责府中官吏选任。他为官廉洁俭朴,严于自律,举用的官员也皆为清正之士,当时的吏治为之一新。就连曹操也感叹说:"用人如此,使天下人自治,我还有什么可做的呢?"

在立太子的问题上,毛玠也跟崔琰立场相同,坚决维护嫡长子继承制。只不过他比崔琰聪明一点,他采用"密谏"的方式,照顾到了曹操的隐私。但是曹操先后逼死荀彧、赐死崔琰的所作所为被毛玠看在眼里,他嘴上不说什么,心里却愤愤不平。尤其是老同事崔琰死去,时人普遍觉得他受了冤枉,为之痛惜,毛玠就更是物伤其类,深深为他感到不值了。

不知道毛玠是不是在公开场合表现出了这种不满,总之,又有人(可能还是丁仪)向曹操告发说:"毛玠外出见到黥面反者,其妻子没为奴婢，言曰：'使天不雨者，盖此也。'"曹操大怒，就下令将毛玠抓捕下狱，命大理钟繇严加审问。

所谓"黥面反者"，是那些因牵涉进造反案件而被罚脸上刺字的囚犯，这些人的妻儿家属受连坐，被没为官奴。按照古人的逻辑，人世间刑政失当会引起自然界阴阳失调，阴阳失调就会导致水旱灾害。"使天不雨者，盖此也"这句话就是讽刺曹操治下刑罚过当。而崔琰之死恰恰是曹操搞文字狱、刑罚过当的结果，如果这句话确实是毛玠所说，当然会引起曹操震怒。一次罢朝后，曹操就对侍中和洽透露，自己之所以逮捕毛玠，一是因为他讽刺自己，二就是因为他对崔琰一案怀恨在心，"损君臣恩义，妄为死友怨叹，殆不可忍"。

然而不管钟繇如何诘问，毛玠始终坚称自己从没说过这样的话，这纯属别人陷害诬告，并请求与告发者当堂对质。

令人遗憾的是，曹操并没有给他当堂对质的机会。对此曹操解释说，他是"欲两全玠及言事者"，意思是使毛玠和告发者的名誉都能得到保全。然而仅凭告发者的一面之词，拿不出真凭实据，终究不好便治毛玠死罪，再加上桓阶、和洽等大臣都进谏营救，最后曹操只是罢免了毛玠的官职，将他放还于家。过了一段时间，毛玠就在家中去世，好歹得了个善终。

而相比毛玠，杨修就没有这么好运了。

在小说《三国演义》中，杨修是一个出场时间虽短但却戏份很足的人物，以至于将他的故事单独拿出来，也足可以构成一部情节完备、张力十足的戏剧（如新编京剧《曹操与杨修》）。其中许多脍炙人口的情节，虽然免不了有些虚构的成分，但大部分都可以在史料中找到相应的来源。

例如第七十一回，描写了曹操在进军汉中途中路过蔡文姬家，杨修破解了蔡邕留下的曹娥碑字谜一事。此事原出于《世说新语·捷悟》，说曹操曾在杨修的随从下路过曹娥碑，见碑背后刻有"黄绢幼妇，外孙齑臼"八个字。曹操问杨修："解否？"杨修说："已解。"曹操便道："卿未可言，待我思之。"两人行出三十里，曹操道："吾已得。"就叫杨修把自己的答案写下来。于是杨修写道："黄绢，色丝也，于字为绝。幼妇，少女也，于字为妙。外孙，女子也，于字为好。齑臼，受辛也，于字为辞①。此八字之意，乃'绝妙好辞'也。"曹操一看，跟自己的理解正同，叹道："我才不及卿，三十里乃觉。"

然研究者早已指出，曹娥碑远在会稽，彼时在孙吴的控制之下，曹操和杨修皆不曾涉足江东，当然不可能经过曹娥碑。小说为弥补这一破绽，说曹操在蔡文姬家中所见的只是"碑文图轴"，并非原碑，地点也放在了蓝田一带，可谓煞费苦心。

接下来《三国演义》第七十二回，又先后叙述了汉中战事期间杨修破解曹操"鸡肋"军令之含义，以及"门中活""一合酥"等谜语诸事。

"鸡肋"一事最早见于《三国志》裴注所引《九州春秋》，与小说中的描述大体相同：曹操有退军之意，设军令为"鸡肋"，众人都迷惑不解，独有杨修开始打点行装。有人问他："你怎么知道要退兵？"杨修便答："鸡肋，弃之如可惜，食之无所得；以此比汉中，可知王欲还也。"

其余"门中活""一合酥"等，小说里也是照搬《世说新语》。"一合酥"事，前面讲荀彧之死时已经提及，原文本是"一杯酥"，因

---

① "辞"异体字"辤"，左"受"右"辛"。而齑臼是研磨香辛料的工具，故曰"受辛"。

为在当时"酥"指的是乳酪、奶皮这种东西，而不是电视剧里面出现的那种糖酥点心，所以是用杯盛而不是盒子装，只不过曹操把"合"字写在了盖子上。罗贯中或者不明就里，或者是为了让读者便于理解，加以"合""盒"互通，便将"一杯酥"改成了"一合酥"，以符合杨修"一人一口酥"的谜底。"门中活"一事的模式也与"一合酥"类似，说丞相府建造大门，刚刚造了个骨架，曹操便在门上写了个"活"字后不顾而去。别人都不解何意，杨修却叫把门拆了重修，理由是："门中一'活'字，'阔'也。大王是嫌这门太阔。"

由于《世说新语》本就是杂采前书和传闻辑录而成，有些记载是否可靠还很难说，就像曹娥碑一事便是附会，所以"门中活""一合酥"事件是否确实发生过也殊难断定。不过有一点可以确知，那就是杨修的确智商极高，经常可以先于众人预知到曹操的意图。

按理说，对于时任丞相府仓曹属主簿、职责相当于后勤部秘书的杨修而言，能够猜到大领导的心思本是好事，如果善加利用，不仅可以促进工作便利，更可以为自己的仕途晋升制造良机。然而遗憾的是，杨修实在有点聪明过了头，没把上天赐予的高智商用在正确的地方，恰巧晚年的曹操又神经过敏，唯恐被别人窥破心事，其结果就是最后杨修不但害了自己，也连累了别人。

关于曹操为何要杀掉杨修，历来有以下几种解释：

杨修聪明太过，被曹操所忌。关于这一点，除了前面提到的那些段子，《世语》中还有一则材料可为佐证：杨修跟曹植交好，经常到他那里做客，但是杨修在丞相府里有本职工作，怕自己翘班不在的时候工作上出现问题，杨修就事先忖度曹操的心意，预先写好十几条答复和汇报交给手下，吩咐说一旦曹操发问，就依次交上去应对。本来这个计策挺好，可是杨修的手下人没算好时间，条子递得太快，这边曹操的教令刚出去，杨修的答复就送了进来。一来二去，曹操起了疑心，派人一审，这才戳穿了杨修这套糊弄人的把戏。（一说是风吹乱了杨修的纸条，手下人不辨次序，因而败露。）

杨修交结曹植，助其争太子之位。杨修属于曹植一党，这一点有诸多史料能够证明，无可怀疑。其相助曹植的具体事迹，除了前面提到的教唆曹植斩关出邺城门一事，至少还有下面这个事例：曹丕由于担心被曹植夺了储位，用一辆车载了破竹箱，把心腹吴质装在里面拉到自己府中商量对策。这件事不知怎么被杨修知道了，他就报告给了曹操。曹操还没来得及核实，曹丕已知，大为恐惧。吴质就给他出主意说："这有何患？只须明日在竹箱中装满丝绢，用车拉进来即可。到时杨修必然还要上告，魏王则必定派人核实，一旦发现杨修所说乃是虚言，自然便会怪罪于他。"曹丕依言而行。事情的发展果然如此，曹操得知箱中无人，从此就对杨修大起嫌猜。

杨修身份特殊。杨修既是汉太尉杨彪之子，又是袁氏外甥（杨彪妻为袁术姊妹）。袁氏是曹操的死对头，自不必说，就是杨彪本人一直以来也跟曹操不大对付，建安初年曹操刚奉献帝都许，就差点把杨彪给杀了，而杨彪后来见曹操有意篡夺汉室江山，从此就托称脚疾，在家隐居，其实还是不合作的态度。更重要的是，汝南袁氏和弘农杨氏都是累世公卿的高门大族，尽管汉末以来屡受打击，但在政治上仍然拥有相当的影响力。所以《三国志》说："太祖既虑终始之变，以杨修颇有才策，而又袁氏之甥也，于是以罪诛修。"杨修一身而兼具弘农杨氏、汝南袁氏两大背景，其人又颇富智计，辅佐的又是嗣位竞争的失败者曹植，曹操为身后计，显然是不放心让他活在世上的。

至于杨修与曹植私出司马门，以及《三国演义》中描写的因泄露"鸡肋"含义而惑乱军心，其实都不是曹操杀杨修的真正原因。按照史

第86章　曹操与杨修

料记载，曹操杀杨修的罪名有两条，一是"漏泄言教"，指的是前面提到的预作答教一事；二是"交关诸侯"①，即他与曹植交往过于密切。对此，杨修自己也是心知肚明的，所以他在死前要感叹说："我固自以死之晚也。"我原本就觉得自己死得太晚了！

杀掉杨修以后，曹操曾经给杨彪写了一封信。信上曹操说，自己之所以杀杨修，是因为"足下贤子恃豪父之势，每不与吾同怀"。杨修这家伙仗着自己老爸有势力，老是跟我对着干！"复即宥贷，将延足下尊门大累，便令刑之。"我要是再宽纵他，他就会给你们全家招来灾祸，所以才将他正法。意思是杀杨修一人，保全你杨家满门，你还有什么可抱怨的？

年近八十的杨彪痛失爱子，肝肠俱碎，然而读了曹操这封表面上温语安慰，其实却隐含威胁与警告的书信，却也只能强忍悲愤，回信说杨修是咎由自取，多谢曹操不忘旧情、对我杨家加以照顾云云。杨修的老母袁氏也写信给卞夫人说："小儿违越，分应至此。只是可怜他刚刚到了立业的年纪便命归尘土，留下年幼孤儿给我们两个白发人，实在伤痛于心。"

据说不久后曹操见到杨彪，问他道："公何瘦之甚？"

你怎么这么瘦了呀！

杨彪答道："愧无日䃅先见之明，犹怀老牛舐犊之爱。"

金日䃅是汉武帝时候的宠臣，他的两个儿子从小便被武帝收在宫里以为弄臣，可后来两儿长大，行为不谨，在殿下与宫女调笑嬉戏，被金日䃅发现，金日䃅怕武帝怪罪，就自己把儿子杀了。杨彪此语，意思是

---

① 朝官"交关诸侯"一般都有强烈的政治目的，历来为君主所忌。杨修告发曹丕用竹箱纳吴质入府，曹丕大惧，很可能就是因为"交关诸侯"是大罪。

很惭愧自己没有金日磾那样的先见之明，没能早点阻止杨修获罪，尽管如此，自己却仍然像舐犊的老牛一样深深怀念爱子，以致如此消瘦。

清代史学大家王鸣盛认为，当此乱世，杨彪自己就差点被曹操所杀，杨修就应该吸取教训，从此远离权势之地，深自韬晦以全身，然而他却甘愿受曹操驱使，交游于曹丕、曹植之间，还不断地炫耀自己的才智，最终只是他一人就戮而没有殃及其父，已经算是幸运了。

文史大家金性尧先生也说，杨修即使不被曹操所杀，将来曹丕继位，一样饶不了他。因为曹植另外的支持者丁仪、丁廙兄弟，就是在曹丕当上魏王不久后便被杀掉的。

第87章 定军山

建安二十年秋天曹操平定汉中之后，张鲁翻越米仓山在巴中一带躲了几个月。这期间刘备得闻汉中入曹，迅速与孙权达成了"湘水之盟"，然后回守益州。不久，他得知曹操已经返回北方，汉中只有夏侯渊督张郃、徐晃留守，便派黄权领兵进入巴中，想要招降张鲁。

张鲁这时候有两种选择：要么降曹，要么降刘。可是不管是论实力还是论权位，曹操都比刘备要强上许多，而且张鲁在逃跑前已经通过封存府库的行为博取了曹操的好感，投降曹操应该能获得更多的封赏。再加上张鲁跟马超已经结仇[①]，而马超现在是刘备手下大将，张鲁就更不愿

[①] 据《典略》记载，马超从汉中投奔刘备时，其庶妻董氏和儿子马秋留在了张鲁那里。曹操平定汉中后，张鲁来降，曹操就把董氏赐给了阎圃，把马秋交给张鲁处置，结果"鲁自手杀之"。方诗铭先生认为，马超是阴谋吞并张鲁失败后才去投的刘备，所以来不及把妻子带走。

意降刘了。于是当他得知刘备派人来迎时，就愤愤地说："宁为曹公作奴，不为刘备上客！"便北还南郑，投降了曹操。事后曹操封张鲁为镇南将军、阆中侯，还让自己的儿子曹彭祖（即曹宇）娶了张鲁的女儿。

此前黄权就对刘备说："若失汉中，则三巴（巴东、巴西、巴郡）不振，就如同割去了蜀地的一条臂膀。"张鲁这一投降，曹、刘两家在汉中以南再无缓冲，很快便因争夺土地和人民起了冲突。先是张郃进军宕渠（今四川渠县东北）一带，被时任巴西太守的张飞击破。紧接着法正劝刘备道："曹操一举而降张鲁，定汉中，不因此势以图巴、蜀，而留夏侯渊、张郃屯守，自领大军北还，这不是因为他智谋不逮、实力不足，必定是内有忧逼之故。如今计较夏侯渊、张郃之才略，并不能敌过我国之将帅，若举兵往讨，必可战而胜之。战胜之日，广农积谷，观衅伺隙，上可以倾覆寇敌，尊奖王室，中可以蚕食雍、凉，广拓境土，下可以固守要害，为持久之计。此盖天以汉中与我，时不可失也。"刘备就采纳了法正的建议，两路出兵，一路以张飞、马超、吴兰出屯下辨（甘肃成县西北），意在切断汉中曹军与关中之间的联系；一路则由自己率领，以法正为谋主，以赵云、黄忠、魏延为将帅，出剑阁直指阳平关，意欲攻取汉中。诸葛亮则被刘备委以留守之任，主要负责"足食足兵"。

法正推测曹操不敢在汉中滞留是因为"内有忧逼"，是有一定道理的。平定汉中次年，曹操便由魏公进爵为魏王，一年后又"设天子旌旗，出入称警跸""冕十有二旒"，并正式确立曹丕为王太子，其篡汉事业正处于最关键的阶段。建安二十三年（218年）正月，许都还发生了汉太医令吉本等聚党千余人夜攻曹操长史王必、意欲挟持汉献帝南投荆州关羽的事件。这起叛乱虽然很快被镇压，却足以显示出汉室的支持者仍有可能对曹魏内部安定构成威胁。

第87章 定军山

由于以上原因，当一开始曹操得知刘备发兵来犯之时，他并没有亲征的打算，而只是派曹洪统军去对付张飞、吴兰，并命汉中的夏侯渊、张郃、徐晃分兵据守，阻遏刘备。

曹洪这个人贪财好利，但因为早年救过曹操的性命，又是曹操的堂弟，是资历最老的曹营干将之一，所以这次被任为主帅。不过曹操对他的能力并不是很放心，特意选派了宗室中的后起之秀曹休以及刚正有谋的辛毗为参军辅佐曹洪，颁令说："当年汉高祖贪财好色，却有张良、陈平能匡正其过失。此次出征，佐治（辛毗字）、文烈（曹休字）肩上的责任可不轻啊！"还叮嘱曹休说："你虽是参军，实际上却相当于主帅。"而曹洪明白曹操的心思，也就什么事都让曹休拿主意。

当曹洪军进抵下辨、与蜀将吴兰部形成对峙之时，前方传来消息，说刘备派张飞屯守固山（似在甘肃成县北），要断曹军的后路。一时间众人都颇为犹豫，不知道该进还是该留。曹休道："贼寇若果真断我军后路，便该伏兵潜行，如今却先张扬声势，说明他们实际上办不到。趁张飞尚未前来，应该急攻吴兰。吴兰一破，张飞自走。"曹洪依言而行，对吴兰发动了进攻，将其杀得大败。而张飞、马超得知吴兰军破，果然撤了回去。得胜后的曹洪在军中置酒高会，还找来一群倡优穿着薄露透的纱衣歌舞调笑，引得为人保守的武都太守杨阜大发牢骚。

在汉中战场，刘备军初期的进展也并不顺利。

如前所述，阳平关地势十分险要，当初曹操进攻汉中，要不是因为守军遇到意外而主动退走，八成就拿不下来关城。现在夏侯渊、徐晃固守阳平关城，张郃则屯据广石（不详，疑似在阳平关西北）以为犄角，刘备一时半会儿也无计可施。他先是派陈式领十余营士兵断绝马鸣阁栈道（不详，似在今陕西略阳东南），想要切断曹军与关中之间的联系，结果被徐晃分兵邀击，士卒坠落山谷而死者甚多。曹操为此夸奖徐晃说:"此阁道乃汉中之险要咽喉,刘备欲隔绝内外,以取汉中,将军一举而摧破敌军之计,善之善者也!"既而刘备又派精兵万余,分为十部,于夜间急攻广石。张郃率领亲兵奋力搏杀,也将刘备军击退。

刘备见连战不利,心里起急,就传令给成都的诸葛亮,叫他在益州全境征发兵众前来增援。对这一道命令,其实诸葛亮的心里是很有顾虑的。因为这个时候刘备占据益州未久,于百姓恩信未洽,大规模发民为兵很容易引起民间怨愤。为此,诸葛亮专门询问了手下从事、益州本地人杨洪的意见。杨洪道:"汉中实乃益州之咽喉、存亡之机要,若无汉中,则无蜀矣。此家门之祸也。方今之事,男子当战,女子当运,发兵何疑?"之前在刘璋手下,杨洪在益州各郡都有过任职,对民情十分熟悉,他的意见很有代表性。既然他主张发兵,诸葛亮也就打消了顾虑,依令而行。正好法正随刘备出征,其蜀郡太守的职能并不能实际履行,诸葛亮就向刘备上奏,举荐由杨洪代理蜀郡太守。杨洪与诸葛亮配合默契,办事效率高,很快便转了正。

刘备得到后方增援,军势复振,又在阳平关与夏侯渊相持了大半年。到了建安二十三年秋天,曹操见汉中战事久拖不决,也自邺城领兵来援,于九月抵达了长安。

然而还没等曹操加入战斗,前线局势就发生了重大变化。

原来,由于在阳平关下长期受阻,刘备转变了策略。阳平关虽然扼守住了自西向东由汉水河谷进入汉中平原的孔道,使大军无法越此而前行,但却阻止不了小股军队沿山坡小道翻越至关后的"偷渡"行为。利用这一点,刘备命本军化整为零,渡到汉水南岸后"缘山稍前",在阳平关东南十里外的定军山上扎起了营寨。

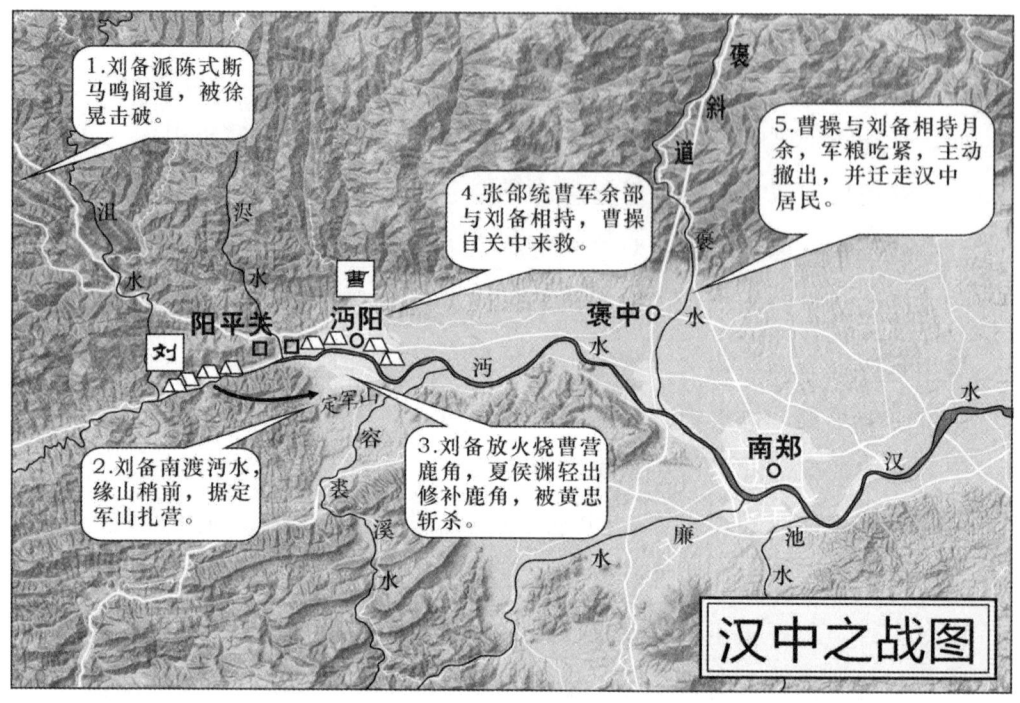

定军山其实只是勉县县城以南一座低矮的小山，与平地高差也就两百多米，既不秀丽，也不险峻，但其名气之大，在三国地名排行榜上绝对可以跻身前五。之所以如此，一是因为历史上黄忠在此斩了曹军主帅夏侯渊，助刘备成功夺取汉中，一战扬名；二是因为《三国演义》中与此战有关的情节后来被搬上戏曲舞台，成了永垂青史的经典（即谭鑫培主演的《定军山》，是中国历史上第一部电影）。

夏侯渊字妙才，是夏侯惇的族弟。本书开篇时已经交待，如果曹操之父曹嵩如传言所说确出自夏侯家，那么夏侯渊应该跟曹操也有亲缘关系。

据说早在曹操在家闲居的青年时代，夏侯渊就因为替曹操顶罪蹲过班房，后来曹操竭力营救，他才重获自由。中平末年曹操于陈留起兵后，夏侯渊跟曹仁、夏侯惇一样是最早帮助曹操草创大业的膀臂，近三十年南征北战，在官渡等战场上立下了不少功劳。尤其是从建安十六年曹操击溃马超韩遂、平定关中开始，夏侯渊便独当一面，坐镇长安，主持整个关陇地区的军政要务。毫不夸张地说，时任征西将军的夏侯渊就是曹魏关西方面军总司令。

执掌关西军区期间，夏侯渊最大的政绩是彻底清除了马超、韩遂的残余势力，并消灭了枹罕（今甘肃临夏）人宋建在当地建立的割据政权。后者虽然实力不济，但从灵帝末年凉州动乱开始已经不奉王命三十多年，其覆灭颇具象征意义，因此曹操特意下令褒奖夏侯渊说："宋建造为逆乱三十余年，渊一举灭之，虎步关右，所向无前。仲尼有言：'吾与尔不如也。'"

这话虽说得漂亮，可如果检索夏侯渊的一生战绩，就会发现他这个"虎步关右，所向无前"的评语其实含金量是不大够的。因为他虽然打了很多胜仗，但绝大多数是在实力占优的情况下对付远弱于自己的对手，其手下败将昌豨、徐和、雷绪、商曜、刘雄、宋建、氐王千万等人在当时也都不是什么了不起的角色。马超、韩遂虽然也曾经被夏侯渊击败，可那时两人早已经被曹操打垮，实力大不比从前。而且夏侯渊还有一个特点，就是打仗时虽然勇猛，性子却比较急。早在他当典军校尉之时，军中就传言说："典军校尉夏侯渊，三日五百，六日一千。"意思是夏侯渊行军十分迅疾，三天就能跑出五百里。问题是萝卜快了不洗泥，步子迈得太大就容易扯着蛋。就是因为了解夏侯渊这一特点，曹操曾多次告诫他说："为将当有怯弱之时，不可但恃勇也。将当以勇为本，行之以智计，若但知任勇，一匹夫敌耳。"

这次夏侯渊坐镇阳平关，易守难攻，尽占地利，手下又统领张郃、徐晃这两大名将，按理说他只要安心固守，刘备是没有什么办法的。可

是自打得知刘备军经由山间小路绕到自己身后，在定军山上扎起了营盘，夏侯渊就坐不住了。

夏侯渊为什么坐不住？除了他的性格因素之外，我推测主要是因为刘备现在反客为主，在山坡上扎营，抢占了制高点，如果置之不理，刘备既可以切断阳平关与汉中平原之间的物资运输通道，也可以联合关外蜀军对阳平关实施内外夹攻，甚至还可以直接进攻汉中首府南郑。不论他做出哪种选择，战略上对夏侯渊来说都是不利的。所以夏侯渊"将兵来争其地"，想要把刘备排挤出定军山。但是因为刘备已经抢先占据了山北麓的高坡，夏侯渊就只能在山下平地结营。考虑到蜀军所处地势高而本军地势低，为防止蜀军来袭，夏侯渊还在营地四周以鹿角作围。由于阳平关在西，北面又有汉水为屏，夏侯渊筑围布防的重点自然是正对蜀军的东、南两面。

接下来发生的战斗，魏、蜀两方的记载不尽相同。综合各家史料，可以大致将整个过程还原如下：

建安二十四年（219年）正月某夜，刘备利用夜色掩护使士卒放火，成功点着了曹营外围的鹿角。夏侯渊得知后，便命张郃守护东边的围栅，自己则守护南边的围栅。天亮后，刘备首先对张郃发动了进攻。由于鹿角被烧毁，张郃防御吃紧，夏侯渊就把自己手下的军兵分了一半给张郃，自己则只带了四百人巡行南围，并指挥士兵抢修受损的围栅。这一情景被站在山坡上的刘备、法正望见，法正道："可击矣！"于是刘备便命黄忠"乘高鼓噪攻之"，结果黄忠"推锋必进，劝率士卒，金鼓振天，欢声动谷，一战斩渊"。按照事后曹操方面的说法，当时蜀军从山上望见夏侯渊修补鹿角，便从山谷中突然杀出，夏侯渊仓促迎战，却被蜀兵绕到了身后，余兵退回营中，夏侯渊却没能回来。

曹操认为，夏侯渊此战败就败在了轻率冒失之上，"为督帅尚不当亲战，况补鹿角乎"！身为一军主帅，本就不应该徒恃匹夫之勇亲自上阵杀敌，更别说是修补鹿角了！敢情以前曹操告诫他的那些话都白说了！什么"虎步关右，所向无前"？不过是个"白地将军"①罢了！

---

① 魏武《军策令》云："渊本非能用兵也，军中呼为'白地将军'，为督帅尚不当亲战，况补鹿角乎！"胡三省云白地即不生草木、多白沙的大漠，白地小虏谓乌桓、鲜卑。如此意，白地将军是指夏侯渊鲁莽，不讲战略。

第88章 汉中王

提起定军山之战的另一主角黄忠，不少朋友的心中立刻便会涌现出一个银髯飘摆、猿臂善射、忠勇刚烈的老将军形象。然而同关羽、张飞等三国人物一样，黄忠的这一形象主要来源于民间话本和演义小说，并不是他在历史上的真实面貌。

首先，黄忠并不是一个神射手。迄今为止，不管是在《三国志》黄忠本传还是在其他史料当中，都找不到黄忠善使弓箭的记载。可以肯定，黄忠拥有"百步穿杨"的技能纯粹是小说家言。

其次，黄忠很可能也并不"老"，起码没有老到小说中那种程度。在《三国演义》中，黄忠初次登场，便已"年近六旬"，至第八十三回去世之时，则"七十有五"。然而史籍中并没有记载黄忠的生年，也就无法推断其年龄。唯一将黄忠与"老"联系起来的一则史料，是后来刘备封黄忠为后将军时，关羽不满，怒道："大丈夫终不与老兵同列！"

然而仅凭这一骂人之语，还不能断定黄忠就是年纪一大把的老头儿。因为我们前面曾经提到过，刘备入主益州后，不得志的彭羕骂他"老革"，"老革"其实就是"老兵"，而当时刘备也就五十四岁。另外，东晋桓温为安西将军时，其司马谢奕也曾调笑他为"老兵"，那时桓温才三十来岁。所以，黄忠未必就是"老黄忠"。

其实按照历史记载，与神射手这一擅长远程攻击的设定相反，黄忠乃是个不折不扣的近战角色。《三国志》说，黄忠"常先登陷阵，勇毅冠三军"。攻城时黄忠第一个登上城头，陷阵时他也冲在最前面，这样的人与其说是个弓箭手，反倒不如说他更像个"坦克"。南朝人陶弘景的《古今刀剑录》还说，黄忠随刘备攻南郡时得到一口"赤如血"的宝刀，定军山之战黄忠用此刀"一日之中，手刃数百"。夏侯渊死在这样的黄忠手里，也不能算冤。

夏侯渊这一死，曹军群龙无首，立刻陷入混乱，张郃等只好仓皇撤回阳平关，一时间士气低迷，不知所为。这时候夏侯渊的司马郭淮挺身而出，对众人道："张将军乃国家名将，素为刘备所惮，今日事急，非张将军不能安也！"遂与督军杜袭等共推张郃暂时代理主帅职务。张郃当仁不让，出营收拢散卒，勒兵布阵。包括徐晃在内，诸将都表示接受张郃节度，曹军这才渐渐安定下来。

刘备在汉水南岸摆开架势，看样子是想乘胜渡水来攻。曹军诸将合议，觉得眼下众寡不敌，应该依水为阵，严防蜀军渡河。郭淮又道："若如此，乃是示弱，不足以挫敌。不如远水为阵，引诱刘备渡河，然后待其半渡之时急击，便可破敌。"张郃等采纳了郭淮的建议。不过刘备并未上当，他见曹军远水列阵，怀疑有诈，就没有渡河。这样一来，曹军也就坚守不出，双方仍旧以阳平关和汉水为界，暂时又形成了僵持局面。

第 88 章 汉中王

长安的曹操得到军报，惊怒之余，连忙赐给张郃节杖，承认了他的主帅地位，并随即决定亲往汉中。

当年三月，可能是由于马鸣阁的栈道已经被蜀军破坏、不便通行，也可能是因为陈仓道路远，怕来不及救援，曹操这次没有走数年前他进讨张鲁时所取的陈仓道，而是经斜谷入山，走褒斜道抵达了汉中。

听说曹操自来，刘备倒并不担忧，对左右道："曹操虽来，无能为也。我必有汉川矣！"看上去对如何应付曹操他已经成竹在胸。

刘备的策略是：敛众拒险，以守为攻，轻易不与曹操交战。

当曹军进入汉中后，刘备随即退回到定军山上，仍旧占据居高临下的地利。这一来，曹操虽顺利进抵阳平关与张郃、徐晃会合，却也只能采取与夏侯渊相同的策略在山下扎营，与刘备形成对峙。

这种情况下，对曹操不利的因素在于，阳平关原本的守军再加上曹操带来的援军，总兵力应该在十万左右[①]，后勤供应的压力是比较大的，而曹军的运粮通道是自关中经褒斜道越秦岭，然后再沿汉中盆地的北缘西行至阳平关。这条通道仅山路便有五百余里，不但崎岖险厄，而且由于水流湍急，无法利用褒水和斜水实施漕运，只能利用人力和畜力运输军粮，这就进一步增加了粮运的成本和难度。

刘备显然已经预料到了这一点。他之所以采取敛众拒险、避而不战的策略，就是想在时间上消耗曹军，放大其在后勤供应上的问题。与此同时，他还派黄忠、赵云在定军山以东的另一座山上筑城，一来可以保护侧后方的本方粮道，二来可以时时渡过汉水去袭扰曹操的粮道。

据《三国志》裴注所引《云别传》，一次蜀军得知，曹操的运粮队

---

① 《三国志》裴注所引《诸葛亮集》云曹操"举数十万之师，救张郃于阳平"，这是为夸耀本方胜利的夸张之辞。

正沿北山运来军粮几千万囊，黄忠觉得可以袭取，就让赵云留守营寨，自己带着两人军兵径去劫粮。可是过了约定的时间，黄忠还没有回来。赵云担心有失，就率领几十骑出营探视接应，不想正遇上曹操发兵大出，与曹军前锋部队迎面遭遇。赵云战不多时，曹军大部队也已赶到，局势愈发凶险，于是他便跃马突阵，且战且退。曹军的包围圈被赵云数次冲散，却又复合。他自己冲出去不成问题，但手下将领张著等受伤落在后面，赵云又返回来接应。双方就这样一退一追，一直追到蜀军营寨之前。留守的沔阳长张翼将赵云让进营内，便要闭门拒守。但赵云却命令将营门大开，做出偃旗息鼓的模样。追来的曹兵见状，大为疑惑，以为赵云设下了伏兵，不但不敢近前，反而退了回去。这时赵云才叫营中士兵擂起战鼓，拿强弩射击曹军。曹军大惊，自相践踏，还有不少人落入汉水淹死。第二天早上，刘备亲自来赵云营前巡视昨日战迹，叹道："子龙一身都是胆也！"作乐饮宴不提。此后军中皆呼赵云为"虎威将军"。

曹操与刘备相持月余，不但没有取得什么战果，而且粮道不断受到蜀军骚扰，饿死和逃亡的士兵每天都在增加。曹操也想过断蜀军的粮道，史料显示他曾经派曹真、徐晃攻破了阳平关外的蜀军高详（即高翔）部，其意图很可能就是如此。但从种种迹象推测，这一行动并没有取得预期的效果。这是因为，刘备将主阵地转移到定军山后，其运粮路线也从阳平关外转移到了定军山以南的容裘谷（今陕西勉县东南漾家河谷地），而据《水经注》记载，容裘谷"道通益州"，即经由今宁强、广元一线可通成都平原。诸葛亮从后方调运来的粮食由此可以源源不断地给刘备以补充。容裘谷的左侧是定军山刘备大营，右侧则是黄忠、赵云所据"凭山即险，四面阻绝"的城垒，曹军若敢至此劫粮，无异于自蹈死地，所以蜀军完全不用担心粮食供应问题。

曹操面临的窘境还不止如此。当时为了转运军粮至汉中，曹魏在邻近州郡广泛征发民夫。如《三国志·杜畿传》记载，河东郡就派遣了五千壮丁。这五千人有感于太守杜畿之恩义，互相勉励说："人固有一死，不可负我府君（太守之尊称）。"故此无一人逃亡。但像河东郡这样的毕竟是特例，被征发的民夫死亡率极高，因此大多数人一有机会就选择逃亡，甚至有的还聚众叛乱。例如陆浑县（今河南嵩县北）就因为"百姓恶惮远役，并怀扰扰"而爆发了叛乱，叛民杀掉县主簿后南投关羽，关羽授印给兵，叫他们寇扰曹魏南境。南阳地区同样爆发了叛乱。

到了后来，曹操攻吧攻不动，撤军吧，面子上又不好看，一时间相当尴尬。前述所谓"鸡肋"之语，正是他此时所发。

刘备也看出曹军气势渐衰，开始整日派干儿子刘封下到山底挑战。曹操见状怒道："卖履舍儿，长使假子拒汝公乎！待呼我黄须儿来，令击之！"刘备你这个卖草鞋的，竟敢派个干儿子来挑战你老子我！等把我那黄胡子的儿子叫来，让他陪你儿子练练！

据说曹彰生了一副黄胡须，因此被曹操称为"黄须儿"。不久前，他刚刚北征代郡乌桓，取得了一场大胜，是曹操诸子当中颇具军事才能的一个，再加上他擅长骑射，膂力过人，能手格猛兽，所以曹操才说叫他来单挑刘封。

不过遗憾的是，定军山下并没有出现曹、刘两人各使儿子出战的情形。曹彰走到半路，曹操就主动撤军，将汉中拱手让给了"卖履舍儿"。

为了尽量减少撤出汉中的损失，曹操安排撤军分两路进行，同时还下令将曹军控制区的百姓也一并迁走。西边一路由曹真率领，先走陈仓道至武都，然后会合驻扎在此的曹洪，负责迁徙武都和下辨的汉、氐民户到秦岭北麓的扶风、天水地界；东边一路则由曹操亲自统率，仍走褒斜道，主要迁徙汉中东部的民众。

强制徙民在当时并不是一件容易的事，东汉人王符就曾经说，百姓看待迁徙比死刑还可怕，因为死刑不过死一人，而迁徙往往毁家灭门。赤壁之战结束后，曹操就因为想要迁徙东南百姓到内地，造成了江淮间"民转相惊，自庐江、九江、蕲春、广陵户十余万，皆东渡江。江西遂虚，合肥以南惟有皖城"的局面。这一次曹操从汉中成功迁走了多少百姓史籍并没有明确记载，我推测应该不会超过一半①，史籍所言刘备"得地而不得民"的情况可能有所夸张。

面对撤退的曹军，刘备可能是担心曹操在半路设伏，并未深入追击，而是分兵沿汉水东下，迅速攻取了西城（今陕西安康）、房陵（今湖北房县）、上庸（今湖北竹山西南）诸地，将汉中与荆州连为了一体。

至此汉中战役宣告结束。从战果来看，尽管曹操将武都和汉中的民众迁走了不少，秦岭以南的领土却从此归于刘备，曹操虽未像赤壁之战那样大败，总也是失利而回。后来诸葛亮提及汉中之战，说曹操举数十万之师前来，结果却"仅能自脱"。司马懿也曾对人说："昔武皇帝再入汉中，几至大败。"都说明汉中之战的结果是刘胜而曹败。曹军在撤退的过程中可能还遭遇了相当程度的损失。例如，后来在蜀汉当到镇北大将军的王平就是在此期间投降了刘备。甚至曹操自己在回到北方后也多次强调："南郑简直就是天狱，中间的斜谷道不啻五百里石穴！"

---

① 曹操成功迁出的人口主要来自武都郡。据《三国志·张既传》，曹操命张既到武都"徙氐五万余落出居扶风、天水界"。《杨阜传》亦云杨阜"前后徙民、氐使居京兆、扶风、天水界者万余户"。以一户五口计，武都郡民在汉中之战前后迁入关陇者超过三十万口。这是因为刘备未向武都郡派出重兵。汉中郡迁出的人口史未明言。当时两军对峙，曹军恐怕不会有充裕的时间迁徙民众，而汉中东部诸郡随后也被刘备迅速攻占，因此我推测"户出十万"的汉中迁走的应该不会超过一半。

以此为这场失利开脱，同时也为全军而归感到庆幸。从此，曹魏在关陇地区转而采取防御态势，一直到诸葛亮死后都是如此。

而汉中之战结束后，紧接着就发生了两件大事：

第一件大事，是经由手下推举，刘备自封大司马、汉中王，封土建国，至少在名位上实现了与曹操平级。按照田余庆先生的说法，这是他"跻身政治高层以与曹、孙抗衡的决定性的一步"。而且当年高祖刘邦就是由汉中王而一统天下。这一步也为刘备后来的称帝奠定了基础。

第二件大事，就是关羽在荆州发动了对曹魏襄、樊的攻势，进一步触动了三家的均衡态势。

第89章 水淹七军

自从刘备西进入蜀，关羽全面负责荆州事务已经有七八年了。

当初听说马超来降，刘备给了他很高的地位，关羽就写信给诸葛亮，询问马超是何等样人。诸葛亮知道关羽一向自负，心里面八成对刘备待见马超这个外人很不以为然，就答复他说："马孟起（马超字）资兼文武，雄烈过人，实乃一世之杰，可以与历史上的英布、彭越等量齐观。在我看来，他应该能与张益德并驱而争先，但是跟髯公您之超凡绝伦还是比不了的。"关羽有一副美须髯，所以诸葛亮称之为髯公。他的这一回答虽然捧了马超，但归根结底还是捧关羽，给他戴了好大一顶高帽。因此关羽看了这封书信，"大悦以示宾客"，也就对马超受封一事不大计较了。

这期间，还发生过所谓"关云长刮骨疗毒"一事。关羽是在哪一场战事中受的伤，史书并未提及，只说他"尝为流矢所中，贯其左臂"。

后来伤口虽然愈合，但每逢阴雨，骨头里便十分疼痛。有医生诊视后说："箭头有毒，毒入于骨。只有切开手臂上的伤口，刮骨去毒，才能将此患根除。"于是关羽便伸出左臂，叫医生马上开刀。当时正值关羽宴请诸将，遂一边谈笑吃喝，一边动起了手术，"臂血流离，盈于盘器"，关羽则用右手割炙引酒，言笑自若，直至手术结束。《三国演义》中说，刮骨的医生乃是神医华佗。这其实是出于"名人效应"的附会，那时华佗早已被曹操所杀，自然不可能跑到荆州替关公做手术。

后来刘备称汉中王，封拜百官，仿照西汉制度置前后左右四将军，四将军位列上卿，是武官之首。这前将军之职，自然非关羽莫属。马超为左将军，张飞为右将军，也是时下两人威名地位的正当体现。但是刘备准备以黄忠为后将军的决定却多少有点"瘸子里面拔将军"的意味，因为黄忠尽管有定军山之功，可其在蜀汉阵营内部的资历和威望都不能与关、张相比。故此诸葛亮得知后，就对刘备说道："黄忠之名望，素来不及关、马，而今便令与之同列。孟起和益德近在汉中，曾亲见其功劳，尚可以此晓谕，云长远在荆州，闻之必然不悦，难道不会不妥吗？"刘备就道："吾自当解之。"我自己跟他解释。

于是刘备遂派益州前部司马费诗赶往荆州，代表自己授给关羽前将军的印绶。关羽听说黄忠得拜后将军，果然怒道："大丈夫终不与老兵同列！"不肯受拜。费诗就劝关羽说："成就王业者，在用人上须不拘一格。当年萧何、曹参跟高祖刘邦是少小亲旧的关系，而陈平、韩信都是后来亡命来投，但论其班列，韩信却排在最前，也没听说萧何、曹参因此便生出埋怨。如今汉中王以一时之功，在位次官号上对某些人有所推崇，然而其心意之轻重，岂能与君侯您相提并论？再说，王与君侯，譬犹一体，从来就是休戚祸福与共。愚见以为君侯不宜计官号之高下、爵禄之多少为意也。君侯若是不受拜，我不过是传达命令的一介使者，回去便是。只是替君侯您感到可惜，怕您将来会后悔啊！"

关羽听了这番话，颇为感悟，这才接受了前将军的印绶。

据史料记载，刘备封汉中王是在建安二十四年（219年）七月，而当月关羽就发动了对襄、樊二城的进攻。

当时镇守樊城的，是曹操的堂弟、征南将军曹仁。

与夏侯惇、夏侯渊、曹洪等同辈亲贵元老相比，曹仁其实是最具将帅之才的一个。自从追随曹操起事后，他几乎参与了曹操经历的所有重要战事，差不多全无败绩。特别是赤壁之战曹操败归北方后，曹仁独守江陵对抗孙刘联军一年有余，不但没吃什么亏，反而以流矢射伤了周瑜。后来周瑜英年早逝，说不定就跟这箭伤有关系。而曹仁在江陵城下率数十骑突阵勇救部将牛金的行为（见前文第69章）也获得了三军将士的一致赞佩。西晋人傅玄甚至声称："曹大司马之勇，贲、育弗加也，张辽其次焉。"对他的评价相当之高。

曹仁治军还有一个特点，那就是"严整奉法令"。据说他常把军中的律令条例放在身边，遇事便照法令处理。后来曹彰受命北讨乌桓，曹丕就拿曹仁当例子，告诫曹彰："为将奉法，不当如征南邪？"可见曹仁自律亦是极严。

曹操晚年，大体上将全国边境划分为三大军区：夏侯惇都督二十六军，坐镇居巢（今安徽巢湖东北），负责防备孙权；夏侯渊以征西将军之职镇守关陇和汉中，直到被斩于定军山；征南将军曹仁则负责荆州北部防务，主要对手正是关羽。

曹、刘两家争夺汉中的战役打响后，受征发徭役影响，南阳地区在建安二十三年（218年）十月爆发了侯音为首的反曹叛乱。叛军擒获南阳太守，占据宛城，并派人联络关羽，大有南北夹攻全取荆州的态势。然而曹仁之行动极为迅速，还没等关羽有什么动作，他便率庞德等于次年

正月攻拔宛城，剿灭了侯音。

半年多后，汉中之战早已结束，曹操已经回到了长安，关羽才正式出兵，开始进攻襄阳和樊城。

平心而论，这并不是自荆州北伐的好时机。

当年诸葛亮在隆中为刘备筹划争霸之策，第一步是"跨有荆、益"，第二步则是两路北伐。如今第一步的战略目标已经大体实现，理论上是可以执行第二步计划的。但诸葛亮明确强调，两路北伐计划的实施，首先要有一个大前提存在，那就是"外结好孙权，内修政理，天下有变"。"结好孙权，内修政理"我们暂且不提，更重要的是现在的形势并非"天下有变"。曹操虽然新失汉中，但其元气未伤，实力仍绝对占优。曹魏境内因强征民夫引发的骚乱尽管波及到了许都以南若干地区，关羽也遥授印号，将这些叛民收为党羽，可他们毕竟实力太弱，距离荆州也太远，徒壮声势，在军事上实际起不了多大作用。此外，诸葛亮所说的两路北伐，其中一路虽然是"将荆州之军以向宛、洛"，但同时要有"率益州之众出于秦川"这一路来配合，两路互相呼应，才能取得效果。然而之前刘备进军阳平关的时候关羽没出兵，刘备在定军山与曹操对峙之时他也没出兵，现在汉中战役结束两个月，刘备已经收兵回了成都，他却偏偏出兵了。此时既没有来自盟友一方的掩护，也没有来自本方阵营的策应，关羽基本上是孤军奋战的态势。尤其值得注意的是，没有证据显示关羽对襄、樊的进攻来自于刘备的命令。也就是说，如此重大的军事行动，关羽很可能并未向刘备请示，而是自己专断所为。

以上事实不免令人怀疑，身为一代名将，关羽这么做到底是为了什么？他贸然发动进攻，动机何在？

对这一点，现存史料中没有任何明确的记载，后世的研究者也几乎无人提及。我只能猜测，这可能仍与刘备封前后左右四将军时的安排有关。前文已述，以关羽之孤傲自负，尽管他在费诗的劝告下接受了前将军的印绶，但恐怕心中对于自己"与老兵同列"的结果还是不能全然释怀。因为不管是论资历、功绩，还是论能力、权势，关羽在蜀汉阵营的武将当中都是超越众人的存在。打个不太恰当的比方，对于蜀汉这家大公司而言，关羽的地位就好像创业合伙人，而黄忠只不过是个业绩不错的打工仔。现在大家都拿同样的分红，关羽当然有理由感到不满。你黄忠不就是侥幸斩了夏侯渊这个敌方大佬吗？我关云长倘若出手，建立的功勋只会比你更大！他曹仁比那"白地将军"如何？待我取了他的项上人头，看你们还有何话说！

或许就是在这种心态下，尽管眼前并非北伐的最佳时机，关羽还是自作主张地发动了对襄、樊的进攻。而之前刘备在封拜其为前将军时，还赐给了他"假节钺"的特权。这既表示刘备对关羽信任和优待，同时也可能是他对关羽接受与黄忠同列的一种抚慰和补偿。问题在于，关羽独掌荆州八年，本来就享有极大的自主权，现在"假节钺"又赋予了他代君主征伐的权力，这就更助长了他独断专行的决心。

这次进攻关羽动用了多少兵力，史未明言。不过四年前关羽与鲁肃、吕蒙争夺三郡之时，曾"号有三万人"，此时兵力即便有所增加，也不会加得太多，而且关羽因为防范东吴，还将不少兵力留给了守江陵的糜芳和守公安的士仁①。所以我推测，战事初起时关羽的军力顶多也就三万。

襄、樊二城的态势，是襄阳在汉水南岸，樊城在北岸与之相对。面

---

① 《三国志·关羽传》作傅士仁。据《孙权传》《吕蒙传》及杨戏《季汉辅臣赞》，皆作士仁，今取此说。

对来自南方的进攻，自然应该以北岸的樊城为防御重点。当时曹仁守樊城的部队，应该至少有一两万，但是曹操得知关羽来攻后并不放心，又派了于禁前来增援，这时候曹军总兵力将近四万，已经不弱于关羽。而为了避免坐受攻围，曹仁命于禁、庞德统七军三万人在樊城以北十里扎营，又命吕常把守南岸的襄阳，自己则领余兵数千驻守樊城。在战术上，这本是一个攻守兼备、彼此呼应的合理布局，而且在二百五十里外的宛城，曹操还派了徐晃统军为后备，三五天就能赶到，所以老实说，这一仗关羽的胜算本来并不高。

哪知道人算不如天算，汉水流域变幻无常的天气帮了关羽的忙。

八月间，襄樊一带普降大雨，十余天不止，"汉水暴溢"，"平地水数丈"！这一下扎营于北岸地势较低处的于禁、庞德等遭了殃，洪水汹涌而至，转瞬间便淹没了曹军营寨。于禁等慌忙率领士卒登上高处避水，根本来不及抢救被洪水卷走的武器军资。而关羽原本就是乘船自江陵而来，当下调集大船对困在水中的曹军发起了进攻。于禁等躲没处躲，战又不能战，走投无路之下只好向关羽投降。

倒是原本为马超部将的庞德（庞德随马超投张鲁，曹操定汉中后来降）英勇不屈，仍据大堤奋战。由于庞德的哥哥庞柔在刘备手下效力，当初关羽来攻，曹军诸将都有点怀疑庞德不够忠诚，但庞德却道："我受国恩，义在效死。到时我会亲自与关羽作战，不是我杀了他，就是他杀了我。"后来他果然亲自上阵来战关羽，据说还射中了关羽的额头。因为庞德常乘白马，关羽的士兵都称他为"白马将军"，对他相当忌惮。这一次尽管被困于大堤之上，四周尽被关羽的大船包围，庞德依然被甲持弓，箭不虚发。其部将董衡、董超等欲降，皆被庞德斩杀。这一战从早上一直杀到中午，最后箭矢射尽，庞德仍命士兵短兵接战，还道："我听说良将不怯死以苟免，烈士不毁节以求生，今日便是我之死期！"战意愈发旺盛。

然而像庞德这样置生死于度外的毕竟是少数，眼见水势越来越盛，而关羽军的攻击也愈发猛烈，庞德麾下兵将尽皆投降。最后庞德不得不带着两三个亲随上了一艘小船，想要回樊城去投曹仁。可是洪水迅急，小船很快便被冲翻，庞德丢失了弓矢，只能抱着船板漂在水中，终于被蜀军士兵俘获。见到关羽后，庞德立而不跪，毫无降意。关羽道："卿兄长在汉中，我欲以卿为将，何不早降？"庞德骂道："竖子，何谓降也！魏王带甲百万，威振天下。你那刘备不过是个庸才，岂能敌邪！我宁为国家鬼，不为贼将也。"关羽便把他杀掉了。

据说七军被淹、于禁投降而庞德被杀的消息传到长安，曹操叹道："吾知于禁三十年，没想到临危处难，他竟然反不及庞德！"就将庞德的两个儿子封为列侯。

第89章 水淹七军

第90章 盟友的阴谋

小说《三国演义》为塑造关公"智勇双全"之形象，先写他设计拿下了襄阳，又写他趁江水泛涨之机筑堰蓄水，然后于夜间突然放水，这才淹掉了于禁的七军。所以书中这一回的回目就叫《关云长放水淹七军》。

然而这与历史上的情节并不符合。史籍记载，关羽自始至终也没有攻克襄阳，更没有证据显示洪水是由关羽筑堰蓄水所造成。因此"水淹七军"不假，但绝不能说是关云长放水淹了七军。

那么，能否认为于禁等七军被淹就纯粹是老天帮忙、关羽走运呢？

也不能完全这么说。

关羽能全获七军，固然要归因于突然而至的洪水，却也得益于他对襄樊一带地理和水文状况的精确把握。

我们知道，早在当初刘备被刘表安置在樊城之时，关羽就开始在这一带主管水军了。所以后来曹操南下，刘备在弃城而逃的时候，才会让关羽统领数百艘船从汉水南下,准备跟自己在江陵会师。赤壁之战后,关羽也曾在襄阳、汉津一带与徐晃、乐进作战,对当地的水陆形势必定十分熟悉。因此,对于每年夏秋之际汉水多半会弥漫上涨的情况,他应该是完全了解的。而且由于江陵与襄、樊之间有"扬水—汉水"这一条水路可通,选在这时进攻对船舰众多的荆州军也更为有利。

这一点,其实当时曹魏阵营内部也有人有所觉察。据《三国志·温恢传》透露,本年孙权也曾再次进攻合肥,但时任扬州刺史的温恢却对兖州刺史裴潜道:"此间虽有贼寇,并不足忧,我倒是担心征南(指曹仁)那里会有变故。如今水潦方生,而子孝(曹仁字)悬军无有远备。关羽骁锐,乘利而进,必将为患。"可见若关羽利用水军优势于夏秋水盛之际来攻,的确会对曹军构成威胁。

可是既然千里之外的温恢能预料到这一点,难道近在咫尺的曹仁就没有预料到吗?为什么他会将于禁安排在易受水攻的地区呢?

我认为,从前述庞德避水上堤、据大堤与关羽交战的情况来看,曹仁事先并不是没有防范措施,只是这次洪水的猛烈程度完全超越了堤防能够承受的极限,这就是曹仁没想到的了。而据地理学家张修桂的研究,汉水北岸的樊城由于处于万山挑流顶冲的区域内,比对岸的襄阳更容易遭受汉水直接冲击。樊城与襄阳夹江对峙制约江流,也是每每导致汉江壅水泛滥的原因。例如《水经注》就记载,汉桓帝时樊城便曾"南半沦水";明朝嘉靖年间,汉水再次泛滥,尽管樊城面江一带的大堤皆以砖石砌成,还是被洪水冲溃。正是樊城的这一地理特点,造成了历史上"樊城之富庶渐衰"、发展远远落后于襄阳的局面。

基于对襄、樊地区和汉水的了解,关羽对此番进攻可能出现的情况应该是有所准备的,但这场百年一遇的洪水也确实帮了他大忙。据东吴那边的情报显示,这一次关羽总共俘虏了于禁所统曹军三万。而在将这

三万俘虏押往江陵后，关羽紧接着便对襄、樊二城发动了攻围。当然，攻围重点还是曹仁驻守的樊城。

那时候城墙都是黄土夯筑，由于洪水冲灌，许多地方的墙体都开始出现了崩坏，再加上城外七军尽没，守城的曹军将士都大为震恐。有人就劝曹仁说："今日危局非人力所能挽救，应该趁关羽尚未合围，赶紧乘船于夜里逃走！如此虽会失掉城池，却可保命！"时任汝南太守的满宠听了，摇头道："洪水迅急，多半难以持久。我听说关羽已经派别将进抵郏县一带，许都以南人情扰扰，他之所以不敢北进，就是怕我军袭击他的背后。如果现在弃城而去，只怕黄河以南都将不复国家所有，将军您还是应该坚持下去。"曹仁点头称善，便命满宠沉白马于水以祭水神，又与将士盟誓，决意同心固守。

这个时候城中守军只有数千人，而洪水最高的时候距离墙头只有七八尺，关羽乘大船逼近，将樊城重重包围，又命别将统兵将襄阳也围了起来。曹操委派的荆州刺史胡修、南乡太守傅方都向关羽投降，整个襄樊地区内外断绝，局势相当严峻。再加上陆浑、郏县、梁县（今河南临汝西）地区都爆发了反曹叛乱，叛军遥受关羽印号，寇掠许都西南，一时之间满宠所说的"黄河以南不复国家所有"的状况似乎大有实现的可能。

这是关羽一生中声威最为显赫的一段时期。

《三国志》的作者陈寿行文至此，曰："羽威震华夏。"并不算夸张。

只可惜，他这一"威震华夏"时期如流星般短暂，只持续了大约两个月。

八月间，于禁七军尽没，樊城被围，曹操当然不能置之不理。

于是他一边调徐商、吕建等部前往荆州与徐晃会合，一边下令给意欲救援樊城的徐晃说："须等待兵马齐至，再一同前进。"而针对许都以南面临叛军威胁的情况，曹操起初动过迁都的念头。当然，这个时候曹魏的统治中心是在邺城，许都的汉家朝廷其实只剩下一个空壳儿，但是毕竟汉献帝还在那里，倘若被关羽劫走，那就会对尚未完成的篡汉事业大大不利。所以迁都虽显得示弱于人，却也是不得已的一个选项。然而当曹操把这个提议交由手下讨论之时，时任丞相军司马的司马懿和西曹属蒋济都进言说："于禁等为水所没，非战攻之失，于国家大计未足有损。刘备和孙权外亲内疏，此番关羽得志，孙权必不愿也。可遣人出使东吴，劝孙权出兵蹑其后，并许诺事成之后将江南之地封给他，孙权定会大喜。如此则樊城之围自解。"至于迁都，大可不必。

曹操同意了这个计划。

其实没有曹操的怂恿，孙权也早就想对关羽下手了。

当初鲁肃尚在之时，孙权尽管采纳了他结好刘备共抗曹操的政策，但内心深处总觉得刘备占尽了便宜而自己吃了大亏，尤其是对于鲁肃劝自己将荆州"借"给刘备一事，他更是深为不满，以致多年以后还耿耿于怀。后来虽然通过"湘水之盟"从刘备手里拿回了长沙等三郡，但孙权仍觉得意犹未足。

实际上，起初孙、刘联盟建立只是在曹操大兵南下之时的应急举措，刘备和孙权两人原本就怀着互相利用的鬼胎，建安十九年（214年）后随着鼎足之势形成，两家都自感短期内并无灭亡的危险，在联盟关系的维系上也显得并不热心。就孙权一方而言，建安二十二年（217年）鲁肃去世后，取代他的位置的吕蒙跟之前的周瑜一样，一直主张东吴在战略上夺取荆州、全据长江，早就将关羽视为了眼中钉、肉中刺。

吕蒙曾秘密向孙权献计说："如今可令征虏（孙皎时为征虏将军）守南郡，潘璋扼守白帝城，再使蒋钦统兵万人为游军，循行长江上下，

第 90 章 盟友的阴谋

以应对别处出现的敌人,我吕蒙则前据襄阳。若是如此,我们哪里还会惧怕曹操?又何必依赖他关羽?况且刘备、关羽君臣自负其诈力,素来反复无常,不可以诚心相待。现在关羽之所以不敢东侵,都是至尊(指孙权)圣明、蒙等尚在的缘故。倘若我们不在强盛时图谋于他,将来一旦局势不利,再想扩充实力可就办不到了!"孙权颇以为然。

孙权还曾想攻略徐州。吕蒙又说:"如今曹操远在河北,自攻破袁氏以来抚集幽冀,未暇东顾。我听说徐州守兵不多,前往攻取自然可获。然而就地势而言,徐州与河北陆路通达,骁骑可以纵横驰骋。至尊今日得了徐州,曹操后日必大举来争,就算我们用七八万人防守,恐怕仍然吃力。反不如先取关羽,成全据长江之势,更为有利。"对他的这一见解,孙权尤为认可。

待到后来关羽北攻襄、樊,留糜芳、士仁把守江陵和公安,吕蒙探知后便上疏对孙权道:"关羽北讨樊城,在荆州留有不少守兵,这一定是担心我吕蒙在后相图的缘故。近年我常常有病,希望准许我返回建业,以治疾为名。关羽得知,必会撤掉荆州守军,尽赴襄阳。到时我方便可以大军浮江,昼夜驰上,袭其空虚,则南郡可下,而关羽可擒也!"

孙权点头称是,便对外宣扬吕蒙病重,召其返回。

吕蒙从陆口东归,途中经过芜湖。时年三十七岁的陆逊陆伯言正以定威校尉一职屯驻此地,听说吕蒙路过,便赶来拜会,问他道:"阁下既与关羽为邻,如今怎么反倒远下建业?将来一旦出了变故,岂不令人忧心?"吕蒙并不想泄露军事机密,便道:"确实如你所说。只是我身染重病,不得不如此。"陆逊闻言,点了点头,又道:"关羽自恃骁勇,向来盛气凌人,现今他擒获于禁,刚刚立有大功,正是志得意骄之时,一定会务求北进而顾不上防备我方。再听说你因病去职,就更加会放松警惕。此刻出其不意,正是将其擒获之时。阁下见到至尊,应该就此事详加计议。"

吕蒙嘴上不说，心里却对陆逊的见解与自己相合而赞叹不已。只是他这时并不方便对陆逊当面挑明，便搪塞道："那关羽勇猛善战，实难为敌，况且其占据荆州已久，恩信大行，新近又立了大功，气势正盛，想从他手里夺取荆州，恐怕不是那么容易啊！"

等吕蒙到了建业，孙权问他有没有合适的人选推荐之时，吕蒙道："陆逊见识深远，才堪负重，我观其谋划，终可担当大任。再加上此人威名不显，不被关羽所忌，眼下没有比他更好的人选了。如果您要用他，应当令他对外深加韬晦，内中暗伺形便，如此方可成功。"

虽然对外宣称吕蒙病重只是东吴谋取荆州的整个计划当中的一部分，但种种迹象显示，当时吕蒙的健康状况确实已经不大理想。于是孙权便采纳了吕蒙的建议，升陆逊为偏将军、右部督，让他代替吕蒙上督陆口。

陆逊到任后，一连写了两封信给关羽，称赞他擒获于禁之功，大陈自己的景仰之意，给关羽灌足了迷魂汤。关羽读了陆逊的信，心下大安，丝毫也没有注意到盟友东吴已经悄然间在自己的背后举起了屠刀。

第 90 章　盟友的阴谋

荆州的危机

第91章

长久以来，有一种观点认为，建安末年孙刘联盟之所以走向破裂，除了孙权、刘备两人在荆州的战略利益互相冲突这个根本原因之外，当时主领荆州防务的关羽对此也负有不可推卸的责任。

例如《三国志集解》的作者卢弼就认为："关羽一介武夫，本无远谋，既背诸葛结吴为援之策，又无鲁肃消弥边衅之能，卤莽灭裂，贻误事机，种此恶因，遂致后日麦城之祸。"大儒王夫之也指出，"吴蜀之好不终"的一个主要原因就是关羽"忮吴怒吴（嫉妒和激怒东吴）"，从而使诸葛亮、鲁肃制定的两国结好的基本战略得到了破坏。

平心而论，我并不认为关羽就是有意破坏或者抛弃孙刘联盟的既定方针，但是他本人刚愎自负的性格和外交上强硬无礼的态度，确实使得孙刘两家原本就貌合神离的关系蒙受了进一步伤害，也让东吴一方为其翻脸背盟的行径寻找到了借口。

史书记载，早前孙权曾经有意与关羽联姻，"遣使为子索羽女"，可是关羽不但拒绝了这门亲事，还"骂辱其使"（"虎女安肯嫁犬子"[①]等詈语系《演义》杜撰），惹得孙权大怒。当然，考虑到当年孙权嫁妹给刘备的先例，可知这一次孙权多半也没安好心；以关羽在刘备集团内部的身份和地位，也应该尽量避免与他国君主勾勾搭搭。所以关羽拒绝许婚是没有什么问题的。问题在于他不该口出恶言骂辱孙权的使者，因为两国毕竟是盟友，完全没必要因为此事把关系搞僵。

另据魏国史料《典略》的记载，当关羽围困樊城之时，孙权一方面告知关羽自己愿派兵相助，一方面又下令给援兵叫他们切莫速进。关羽怨恨东吴援兵迟迟不至，又活捉了于禁等七军，就恨恨地骂道："貉子敢尔！如使樊城拔，吾不能灭汝邪！"貉是一种类似狐狸的动物，"貉子"是当时中原人对江东人侮辱性的称呼。西晋的时候孙权的后代孙秀降晋，娶了晋武帝的姨妹，两夫妻有次吵架，女的就骂孙秀为"貉子"，气得孙秀直闹分居，可见骂江东人为"貉子"是相当严重的侮辱。如果《典略》所言属实，关羽不但骂孙权为貉子，还威胁说自己攻克樊城后就要灭了东吴，那他可就太不理智了！

此外，《三国志·吕蒙传》还说，关羽俘获了于禁七军数万人之后，由于军粮不足，就擅自夺取了东吴储存在湘关的粮米。"权闻之，遂发兵袭羽。"

早有马植杰等学者指出，其实以上事件"都是孙权寻找或制造的借口，即无其事，权还是会袭羽的"。因为问题的关键正如蒋济和司马懿所言，这几年刘备集团实在扩张得太快，之前吞并巴蜀、汉中也就罢

[①] 孙权有七子，时年长子孙登仅十一岁，尚未婚配，孙权很可能是想让他娶关羽的女儿。另外，步夫人还为孙权生有两女，长女名叫鲁班，小字大虎，幼女名叫鲁育，小字小虎。可知孙权之女亦可称"虎女"。

了，现在关羽"威震华夏"，大有包举荆、豫之势，这一点是孙权绝不愿意看到的。正如多年后吴国《鼓吹曲》自己承认的那样，当时东吴方面对局势的判断是"臂大于股，将受其殃"，关羽这条胳膊快要膨胀得比孙吴这条大腿还粗壮了，再不下手，迟早会遭殃！

于是在建安二十四年九、十月间，孙权便与吕蒙等秘密制订了袭取荆州的计划。这个时候恰好曹操采纳了蒋济的建议，派人联络孙权叫他偷袭关羽，"许割江南以封权"，孙权当然没理由不同意。曹、孙两家很快就此事达成了默契。孙权遂一方面调兵遣将，一方面向曹操上书称臣，"以讨羽自效"。

书信里，孙权还提到，希望曹操这边能替自己保守秘密，别把自己要偷袭荆州的消息泄露出去，免得关羽有所防备。曹操问群臣该如何处理。群臣大多都说应该保密，但是董昭却道："战争之事最重要的是权变，讲究怎么合适怎么来。我们应该表面上答应孙权替他保密，私底下却将这个消息泄露出去。关羽得知孙权来袭，如果还军自救，那就解了樊城之围，于我方自然有好处。到时孙权和关羽鹬蚌相争，待其自弊，我方便可得渔翁之利。如果秘而不宣，只让孙权得了好处，并非上策。再说，襄、樊二城的守军不知道救兵会不会来，整天计算着粮食担惊受怕，倘若坚持不住，生出二心，那可就糟糕了。将消息泄露给守军，可以坚定他们的信心，所以还是不保密为好。况且关羽这个人一向强硬自负，他自恃江陵、公安二城防守严固，即便得知孙权来攻，也必不会速退。"

曹操觉得董昭说得对，就把孙权的书信抄了几份送给徐晃，叫他射进包围圈里面去。守军得了书信，果然士气大振，而关羽闻知孙权有意袭取荆州的消息后，一时颇为犹豫，也没有选择退兵。

这一时期，曹操已经从长安回到了洛阳，并准备亲自南下去救曹仁。手下群臣大多劝他急行，怕拖延的时间长了樊城便会失守。独有侍中桓阶以为不然，对曹操道："大王以为，曹仁等是否能预料到今后事态如何发展呢？"曹操说："能。"桓阶道："大王是怕曹仁、徐晃等不够尽力吗？"曹操说："不是。""那大王您为何要亲自前往呢？""我是怕敌兵众多，徐晃等力不从心罢了！"曹操答道。

"如今曹仁等人身处重围之中，却能守死无二，都是因为大王您在远处为之声势。他们居万死之地，必有死争之心。内怀死争，外有强救，再加上大王您亲统六军示以余力，您又何必担心失败而非要亲自前去呢？"

桓阶的这番话使曹操打消了亲往前线的念头。他停驻于郏县附近的摩陂，又调集了殷署、朱盖等总共十二营的军队去增援徐晃。

关羽来攻的时候，徐晃屯驻在樊城以北二百五十里的宛城，战略上本来是曹仁和于禁的预备队，但是谁也没想到襄樊一带竟会突然间发起大洪水，于禁七军被淹，三万人全军覆没。当徐晃得到报告，已经来不及救援。而且由于这时候手下都是新兵，徐晃不敢冒险跟关羽硬碰，就一边小心地前进，一边等待其他援军到来。

为了阻止曹军增援，关羽在樊城北边数里的偃城驻有一支军队。徐晃逼近后，派人在偃城后方挖了一条长长的壕沟。守军见状，以为徐晃想要断自己的后路，就烧营退走。徐晃遂得以以偃城为基地，两面连营，向樊城缓缓推进。

对于徐晃这种谨慎小心的战法，当时有些将领是不大理解的。他们主张一鼓作气与关羽决战，但是徐晃却认为眼前的兵力不足以解围，还是应该等待后续的援兵。同在一军的赵俨也认同徐晃的意见，劝诸将道："如今敌兵的包围十分坚固，水势也还比较大，我军兵力尚少，曹仁又被隔绝在包围圈内，不能与我军合力。这时候贸然进攻，徒然消耗

第 91 章 荆州的危机

战力。不如命前军逼近长围，想办法送信给曹仁，先让他们知道救兵已至，以此激励将士。我预计不到十日，其他援兵就会赶到，这期间曹仁足可坚守。到时候我们再内外并举，同时进攻，一定可以破贼！如果因为没能及时救援而被魏王怪罪，这责任我赵俨一力承担。"诸将听了，也就不再质疑。徐晃依言而行，大凿地道，一直逼近到距离包围圈三丈之地，然后将书信用箭射进围中，由此与曹仁建立了联系。前述孙权写给曹操的书信，也是通过这种方式交到了守军手中。

其实战局发展到这一地步，形势已经对关羽很不利了：一方面樊城守军得知救兵已至，信心倍增，在曹仁的率领下更加同心死守；一方面曹操派来听命于徐晃的援军与日俱增，总兵力很可能已经与关羽的荆州军持平甚至更多；更糟糕的是，孙权这个家伙弃友背盟，想要袭取江陵和公安，吕蒙的军队正在西进途中；而自从襄樊战役开打，至今已有三月，刘备那边则并未从巴蜀派来一兵一卒相援，甚至关羽送信给屯驻在汉中东境的刘封和孟达，叫他们派兵相助，这二人也都以"山郡初附，未可动摇"为辞，拒绝听从关羽号令。所以这个时候，除非老天爷照顾关羽，再来一次大洪水，否则他取胜的可能性微乎其微。明智的选择，应该是立刻放弃与曹军争夺襄樊，迅速返回自救，只有这样才能使荆州疆土尽量得到保全。

然而如董昭所言，可能是强硬自负的心理在作怪，也可能是觉得江陵、公安二城防守严固，糜芳、士仁足可抵挡一阵，关羽在知道了孙权来袭的消息后并没有立即撤军，仍旧坚持围城。

而随着殷署、朱盖等十二营援军到来，徐晃总兵力大增，自觉已经足可与关羽展开正面较量。当时关羽在包围圈的起点屯有重兵，同时在附近的四个高冢上也设兵驻防，徐晃便大肆宣扬要攻起点，实则对四个高冢上的据点发动了隐秘而突然的进攻。关羽见这几个据点要失守，就亲率步骑五千来救，徐晃当即全军出击，将关羽击退。

有一则史料还记载，关羽曾在曹营效力，与徐晃私交甚好，这次得知徐晃前来，两人曾遥相共语，但叙平生而不及军情。片刻后交谈结束，徐晃下马对手下将士宣令道："有能得关云长头者，赏金千斤！"关羽大吃一惊，对徐晃道："老兄何出此言？"徐晃答道："此乃国事！"不知道是不是与这千金重赏有关，此刻徐晃麾下将士如狼似虎，追着关羽的败兵陷阵直入，连破十道壕沟与鹿角组成的包围圈，一直杀到了樊城之下。城里的曹仁见状，也乘机发动反击，溃围而出。

关羽见本军战况不利，傅方、胡修二将败死，对樊城的包围也已经失效，只好传令三军放弃阵地，在水军的掩护下撤退。但是即便如此，他仍不肯马上返回江陵，而是命舟船封锁汉水水面，继续隔绝樊城和襄阳之间的联系。

就这样，关羽错过了最后一次挽救荆州的机会。

第91章 荆州的危机

第92章 谁是内奸

当关羽站在战船上，心有不甘地望着樊城城头暗生闷气之时，在千里之外的寻阳（今江西九江北），一袭商贾服的吕蒙正在白衣摇橹声中溯江而上，直奔荆州二城而来了。

东吴这次出兵荆州，孙权本来想委派自己的堂弟孙皎跟吕蒙一同出征，并为左、右部大督。但是吕蒙却对他说道："至尊如果认为征虏足可担当此任，就应该只用他一人；如果认为我吕蒙有这个能力，就应该只用我吕蒙。当年赤壁战后，周瑜和程普并为左右部督，同攻江陵，虽然事情都由周瑜决定，而程普却自恃年资，职衔又与周瑜平等，以致两人多有不和，差一点坏了大事。这件事就是对眼前的警醒。"孙权这才明白过来，只以吕蒙为大督，而命孙皎为后继。

本来为了防备东吴袭击，关羽在沿江两岸都设有岗哨和烽火台，一旦发现吴兵入境，就沿江举烽，报与江陵得知。但吕蒙为了不被发觉，特意将战舰伪装成商船，命精兵藏身于船舱之内，水手们都换上平民所穿的白衣，假扮成商人，神不知鬼不觉地进入了蜀汉辖境。沿途岗哨都被吕蒙派人活捉，所以蜀军方面迟迟没有察觉。吴军昼夜兼行，很快便抵达了公安城外。

守公安城的，是将军士仁。此人是刘备同乡，之前有何事迹史无明文，但他既能被刘备、关羽安排留守公安这个重镇，起码说明他是比较受信任的。当发现吴军兵临城下之时，他一开始也的确摆出了闭门拒守的架势。见此情形，吕蒙便派出虞翻前去劝降。

虞翻这个人，其实是三国时期很有意思的一个人物。他不但能言善辩，博学多才，精通易经和医卜之术，而且善使长矛，还是个长跑健将。据说他可以日行三百里，大步流星，跟马一样快。早年他最大的功绩，就是在孙策攻略江东的过程中劝降了豫章太守华歆，使得孙策兵不血刃就拿下了豫章。可惜的是，虞翻这个人性格耿直，眼里不揉沙子，遇到看不惯的事，哪怕是自己的领导他也敢于犯颜直谏，所以包括孙权在内，许多人都不喜欢他。本来他已被孙权下放到了地方，吕蒙称病回建业后爱惜他的才干，便以虞翻懂医术会治病为由把他调到了自己军中。

虞翻来到城门下，对守军道："我有话和你们将军说。"士仁得知，并不肯相见。虞翻便写了一封书信，射进城中。信里的主要内容当然是劝降，但其中提到的某些信息不能不让人注意。虞翻说："大军之行，斥候不及施，烽火不及举，此非天命，必有内应。"意思是吴军这一路行来如此顺利，你们蜀国连个警报都没有收到，这说明你们内部一定有奸细。你士仁不降不打紧，到时候"吕虎威欲径到南郡，断绝陆道，生路一塞，案其地形，将军为在箕舌上耳"。等吕蒙占了江陵，把水陆通道一断，公安就会成为口袋里的一座孤城，你想跑都跑不了！

第92章 谁是内奸

虞翻这些话，显然不是凭空捏造。因为士仁在看了这封信以后，很快便"流涕而降"，献出了公安城，这说明他对信中所说的情况是比较认可的。

那我们就不禁要问了：虞翻信中所说的"内应""奸细"到底是谁？他凭什么说吕蒙"径到南郡"便能占领江陵？

方诗铭和朱子彦先生都认为，这个出卖荆州，促使糜芳、士仁投降的人很可能是潘濬。

潘濬字承明，荆州武陵（今湖南常德）人，原本是刘表旧部。后来刘备入主荆州，任其为治中从事，并在入蜀后令其"典留州事"。而刘备以公安为荆州治所，所以这个时候潘濬应该就在公安城中。由于有史料记载潘濬"与关羽不穆（睦）"，再加上后来潘濬在入吴后当了大官，所以方先生推测，孙权正是通过潘濬对守城的糜芳和士仁展开了诱降工作，使得两人先后不战而降。

然而已经有学者指出，这一推测存在很大的问题，因为根据裴注所引《江表传》的记载，当孙权拿下荆州，"将吏悉皆归附"之后，潘濬却"独称疾不见"。孙权派人抬着床到潘濬家里把他请来，他依然俯首把脸贴在席上，涕泗交流，哀不自胜，不肯拜见孙权。最后还是孙权温语相慰，用古之先贤事二君者的例子开导，又叫左右拿手巾替他擦去泪水，潘濬才下地拜谢，归顺了东吴。而后来潘濬在东吴为官二十年，一直都有很好的名声，算得上是"公清割断"的一代名臣，不管从哪个角度看都不像是卖主求荣的小人。再说，潘濬虽"典留州事"，但是荆州事务实际上都是关羽说了算，他既在公安，就更管不着江陵的事，而揣摩虞翻的语意，"内应"多半就在江陵，所以他才说吕蒙计划"径到南郡"云云。

故此我认为，这个出卖荆州的内奸很可能并非潘濬，而就是江陵守将、刘备的小舅子、时任南郡太守的糜芳。

糜芳是糜竺的弟弟，也是从刘备转战徐州的时候便追随他的旧部，又跟刘备有姻亲，所以才能被授以南郡太守这个重要职位，归属关羽指挥。然而关羽待人接物，往往"善待卒伍而骄于士大夫"，对手下士兵很好，对那些当官的则不够客气，再加上他性格刚愎自负，盛气凌人，所以荆州的不少官属跟他相处得都不大愉快，前述潘濬就是其中之一。至于糜芳和士仁，史籍也说"素皆嫌羽轻己"，估计平常也没少受关羽的气。尤其这次北征襄樊，留守的糜芳和士仁负有供给军资之责，但出于种种原因，他们在后勤供给上并不能令关羽满意，据说关羽便声称回军后要治二人的罪。要知道关羽是连自己的老板刘备都敢顶撞的主，他发起脾气来，可不管你糜芳是不是刘备的小舅子，所以糜芳和士仁得知后都很忧惧。

此外，还有一则来自东吴的史料说，之前有一次南郡城中失火，烧毁了很多军用物资，关羽为此怪罪糜芳，糜芳很是恐惧。孙权知道这件事情后秘密引诱糜芳，"芳潜相和。及蒙攻之，乃以牛酒出降"。如果此事属实，那么由于这件事很可能发生在襄樊战役之前，一方面说明孙权早有袭取荆州之意，并为此没少在荆州官吏身上打主意，一方面也透露出，在吕蒙西上之前，糜芳已经有了投靠孙权的意图。"潜相和"三字足可证明，糜芳就是虞翻信中所说的"内应"。也就是说，吕蒙已经知道，自己一到江陵，糜芳就会献出城池。所以他才信心满满地叫虞翻以此暗示守公安的士仁，江陵一归东吴，你士仁就成了瓮中之鳖，跑都没地方跑。而士仁也正是相信了这一点，才放弃抵抗，选择了投降。

士仁虽然也跟关羽有矛盾，但投降的意志并不坚决。虞翻很可能是看出了这一点，因此在士仁投降后，对吕蒙说："此谲兵也。应该带着士仁一同去南郡，留我们自己的兵守城。"吕蒙依言而行，没给士仁任

何反悔机会。

吴军抵达江陵后，糜芳本来就跟孙权"潜相和"，这时又见士仁已经投敌，自然奉上牛酒，开城出降。而糜芳不战而降的决定只是他个人的选择，当时江陵城里有不少将士对此是表示反对的。这一点，《虞翻传》中的记录便可证明。当时吕蒙见糜芳已经出降，并没有马上率军入城，而是在沙滩上饮酒作乐。虞翻见状，忙对吕蒙道："今区区一心者，糜将军也。城中之人，岂可尽信？何不急入城，持其管龠乎？"意思是一心投降的只是糜芳，城里面其他人可不是这个心思，您得赶紧进城，把控制权拿下才行啊！吕蒙立刻听从了虞翻的意见。而当时城里面已经有人设伏准备袭击吴兵，因为吕蒙迅速率军入城，才没有成功。

此事其实也从另一个角度证明，糜芳早就有投降东吴之心。所以吕蒙才会在他投降后放松了警惕，只顾饮酒作乐，而没有立即接管江陵的控制权。

可能就是因为虞翻早就了解这一点，所以后来他一直十分鄙视糜芳的为人。据其本传透露，有一次虞翻乘船出行，迎面正遇上糜芳的船。糜芳船上人多，他手下人就一边吆喝让虞翻的船先把水道让开，一边呼喝说："避将军船！"虞翻听了，厉声喝道："失忠与信，何以事君？倾人二城（此处言二城不言一城，也说明糜芳是内奸），而称将军，可乎？"糜芳把门窗一关，不做回应，只是叫手下赶紧给虞翻让道。后来又有一次，虞翻坐车经过糜芳的营门前，门吏将门关闭，不让虞翻的车过。虞翻就大怒道："当闭反开，当开反闭，岂得事宜邪？"意思是该关门的时候你反而开门，该开门的时候反而关门，这件事你糜芳办得合适吗？"当闭反开"云云，自然是讽刺糜芳开城迎降。而糜芳闻听此言，也面露惭色。

另据《三国志·糜竺传》，当糜芳投敌、荆州失守的消息传到巴蜀，他的哥哥麋竺就把自己绑了，来向刘备叩头请罪。虽然刘备宽慰他说兄弟罪不相及，仍待麋竺如往日一般，但麋竺却惭恚发病，一年多后就死掉了。

麋氏兄弟当然有理由感到灵魂不安。因为对蜀汉阵营而言，虽然荆州失守的责任主要应由关羽来承担，但荆州全境之所以未做抵抗便落入东吴之手，以致关羽最后落得个无家可归、身首分离的悲惨下场，诸葛亮两路北伐进取中原的战略规划也随之化为泡影，这一切恶果实际上都是从麋芳通敌而开始的。

第92章 谁是内奸

第93章 英雄末路断头颅

江陵是关羽的大本营，吕蒙既接管了江陵城，也就控制了关羽及其手下将士的家属。

为了赢取荆州民心，吕蒙特意下令三军不得骚扰城中人家，不得索取百姓物资。吕蒙麾下有个小吏，跟他是同乡，就因为拿了老百姓家里一副斗笠来遮盖公家铠甲，便被拿住问罪。吕蒙认为，铠甲虽属于公家，但他的行为依然触犯了军令，自己不能因为他是同乡便枉法，于是含泪将此人斩首。全军将士得知，大为震惧，一时间军纪整肃，秋毫无犯，路不拾遗。吕蒙还派出人去慰问城中的寡幼耆老，疾病者给医药，饥寒者赐衣粮。城里的府库财宝则全部封存，留待孙权来处理。

江陵、公安二城陷于东吴的消息很快传到了关羽的耳朵里。震惊之余，他只好引军退还。一路上，他派了好几拨使者去见吕蒙，一方面质问他何以背盟，一方面也是为了打探城中消息。

对于关羽的使者，吕蒙给予了热情接待，不但带着他们周游城中，家家致问，还允许他们替关羽的将士传递家书和口信。这些使者回来后，将士们一打听，得知自己的家属不但平安无恙，而且吕蒙给他们的待遇比平常还要好，于是斗志全失，为夺回江陵跟东吴拼命的念头也就荡然无存了。

曹仁、徐晃等见关羽已退，就大会诸将，商议是否要乘胜追击。这几个月来，樊城里的曹兵曹将受够了关羽的鸟气，眼前战局逆转，大多数人当然主张追击，若是能擒获关羽，那就更是青史留名的大功。但是赵俨却说："孙权在后掩袭关羽，又怕关羽还救后我们观其二虎相争，得卞庄之利，所以才向魏王称臣求效。现在关羽既已孤危，我们就应该留着他，让他去斗孙权。如果我们深入穷追，孙权就会将防备目标从关羽转移到我们身上，免不了又起争端。魏王一定不愿意见到这种事。"曹仁等觉得赵俨的话有道理，也就没发兵去追。过了几天，曹操从摩陂发来指令，果然如赵俨所说，叫曹仁不可追击。

按关羽的意图，原本是打算带余兵返回，看看是否有机会重夺江陵的。然而他手下的士兵已经被吕蒙的攻心战术击垮，纷纷弃甲逃散，走到半路，他的身边就没剩下多少人了。这个时候孙权已经派陆逊攻取了宜都（今地），封锁了长江三峡，想从水路返回巴蜀绝无可能。关羽自知孤穷，只好西保麦城（今湖北当阳两河镇）。

孙权得知，一方面派出潘璋、朱然领轻骑截断关羽西逃的退路，一方面则派人劝诱关羽投降。据说关羽为迷惑孙权，假意允降，以城墙上的幡旗假人为掩护，只带左右十余骑逃出了麦城。

眼前关羽唯一的生路，就是向西北方穿越荆山山脉，从而进入汉中东部刘封、孟达的辖区。孙权自然也知道这一点，早就派了潘璋等在各条道路上埋伏。

第 93 章 英雄末路断头颅

在此期间，孙权曾叫虞翻用易经占卜，结果得了一个"兑下坎上"的"节"卦，五爻变之"临"。虞翻便道："不出二日，关羽必当断头。"①另一位占卜大师、曾经成功预言了刘备取蜀的吴范也被孙权找来算卦。之前关羽在麦城诈降，他就说："彼有走气，说投降乃是使诈。"现在潘璋那边传来报告，说关羽已经逃走，吴范却道："虽然逃走，终究不免。"孙权问卦象显示是何时，吴范道："明日日中。"结果到第二天正午时分，一阵风吹动帷帐，吴范便拊手言道："关羽已被擒获了。"片刻后，外面果然传来军报，说已经擒住了关羽。时在建安二十四年（219年）十二月某日。

关羽被擒的地方，按《吕蒙传》所说，是在麦城西北一个叫漳乡（一作章乡）的地方。而《潘璋传》则云，潘璋和朱然接到截断关羽逃走之路的命令后，"到临沮，住夹石，璋部下司马马忠擒羽，并羽子平、都督赵累等"。由于漳乡属临沮县（今湖北远安县旧县镇）管辖，所以两者并不矛盾。

东晋人王隐所著的《蜀记》记述说，其实这次出征不久，关羽就已经有了不好的预感，因为他梦到有猪咬自己的脚，便对关平道："吾今年衰矣，然不得还。"有人解释说，建安二十四年己亥，正是猪年，而吕蒙的"蒙"字下面便是"豕"，猪啮足正是吕蒙袭其后的意思。另据陶弘景《古今刀剑录》，关羽曾不惜性命亲自到深山中采来上好的铁矿石，用之冶铸了两把宝刀，刀身刻有铭文"万人"二字。这次败走麦城，他自知难以生还，便将宝刀投入了水中。

仍据《蜀记》，擒获关羽后，孙权一度有过将其招降为己所用的念

---

① 有学者说，节卦五爻由阳变阴，则为临卦。临卦卦辞云："至于八月有凶。"自二至五，隔三四两爻，故言不出二日。还有人说，兑卦意味着毁折，坎卦意味着流血，节自泰卦中来，乾为首，九三至五，凡迁两位，所以两日之内断头。

头。但他身边的人都反对说:"狼子不可养,后必为害。当年曹公没有早早将关羽除掉,结果自取其患,乃至谋议迁都。如今岂能让他活在世间!"于是孙权就传令给潘璋,让他将关羽斩首。

一代名将,就这样含恨告别了人世。

翌年初春,原野上的积雪尚未融化,刚刚回到洛阳的曹操便收到了一份东吴送来的礼物:关羽的头颅。

小说《三国演义》于此写道,曹操闻东吴送关公首级至,喜曰:"云长已死,吾夜眠贴席矣。"又写其打开木匣,亲视关公之头,见关公面貌如同平日,便笑道:"云长公别来无恙!"此言未毕,但见关公口开目动,须发皆张,吓得曹操顿时跌倒昏厥,良久方苏醒过来。于是曹操遂对众官道:"关将军真天神也!"又下令刻沉香木为关羽之躯,以王侯之礼将其葬于洛阳南门外,令大小官员送殡,操自拜祭,赠为荆王云云。

以上情节既是小说家言,自不必太当真。然而关羽虽死,但围绕其身后之事,确实还有很多地方值得说一说。

首先要谈的,便是关羽的安葬处。

史籍中关于关羽尸身的下落,只有两处记载。《魏书·武帝纪》提到:"权击斩羽,传其首。"裴注所引《吴历》则云:"权送羽首于曹公,以诸侯礼葬其尸骸。"后人正是以这两处史料为依据,做出了关羽身首分离,"头枕洛阳,身卧当阳"之判断。今日游客如织的洛阳关林和湖北当阳关陵两处景点也是由此而来。不过,成书于宋元之际的郝经《续后汉书》却记述说:"权遂全据荆州,表送羽首于曹操,操并求其尸以诸侯礼葬之。"若如此,那就是曹操要求孙权把关羽的尸身也送来,然后全尸在洛阳下葬。郝经此言想必应有所本,但其生活的年代上距三国已有千年,可信度实在令人怀疑。问题在于,按《吴历》所说,

第93章 英雄末路断头颅

"以诸侯礼葬其尸骸"的人是孙权,可孙权跟关羽久已不睦,即便他本人愿意,他原本的身份也只是车骑将军,靠擒斩关羽之功才被曹操封为南昌侯,那么他是否有足够的资格以诸侯礼来安葬关羽,我是比较怀疑的。关羽汉寿亭侯的爵位是曹操控制下的汉室朝廷所封,有资格葬其以诸侯之礼的也只能是汉廷,所以郝经说"操并求其尸以诸侯礼葬之"在逻辑上是完全合理的。当然,也不排除有这样一种可能,那就是曹操下令给孙权,叫他以诸侯礼安葬关羽的尸身。

近年有学者提出,今洛阳伊滨区佃庄镇关庄村的一处土冢才是埋葬关羽首级的真墓,理由是据说当地曾立有一明代石碑,上书"汉寿亭侯武安王协天护国大将军关侯之墓",又说二十世纪七十年代墓冢塌陷,考古人员在墓室中发现一个头骨,等等。皆为传言,并无实据,不足为凭。

第二个问题,是关羽的谥号。

众所周知,后人习称岳飞为岳武穆,称关羽为关壮缪,都是就其谥号而言。不过,关羽这个"壮缪"的谥号并非是由刘备所赐,而是在他去世四十一年之后,才由后主刘禅追谥的。更加引人争议的,则是"壮缪"二字的含义。按《谥法解》,武而不遂、死于原野曰壮(庄),名与实爽曰缪。就字面意义而言,似乎颇有批评贬责之意。无怪乎后世有人替关羽打抱不平,说蜀汉君臣不应冠其以恶谥,而乾隆皇帝也要降旨将关公的谥号改为"忠义"二字了。

还有学者说,"壮缪"并非恶谥,因为古汉语中"缪""穆"相通,《谥法解》云:"布德执义曰穆,中情见貌曰穆。""壮缪"其实就是"庄穆",跟秦穆公、岳武穆一样都是美谥。所以史书才说,景耀三年(260年)关羽与张飞、马超、庞统、黄忠同获追谥后,"时论以为荣"。但金性尧先生却认为,尽管"古籍中的缪字也通穆,谥法则不可通"。这大概是因为在《谥法解》中，"缪""穆"二字各有其字也各有其释，两字内涵不同，不能通用。

为了调和这一分歧，有的学者又提出，谥号除了恶谥和美谥之外，还有平谥，"缪"字实际上是平谥，"壮缪"一美一平，基本上属于低于美谥而高于平谥的一个谥号。

依我个人意见，关羽谥"壮缪"恐怕是不能被归为贬义的。这是因为，蜀汉立国四十余年，总共只有十二个大臣死后被赐予了谥号①。这十二人要么立有大功，要么生前享有极高的权势和地位，故此才得享上谥的殊荣，且其余十一人皆为美谥，关羽即便有丢失荆州的过错，却也是为国捐躯，没理由独独被安上一个"名与实爽"的恶评。倘若真是蕴含有贬义在内，身为蜀人的陈寿不可能不知道，更不可能在总结得谥者时将其与另外十一人混为一谈，并云"时论以为荣"。就《谥法解》中的含义而言，以"庄（壮）"字谥关羽起码有两层意思，一层取其"屡行征伐""胜敌克乱"的含义，是汉代武将常用谥（如赵充国、岑彭），一层则取其"武而不遂""死于原野"的含义，表达对关羽功败垂成的惋惜和哀悼之情。而"穆"字应取其"布德执义"的含义，意在肯定关羽在道德上忠于刘备、不离不弃的义举（曹操就曾称关羽"事君不忘其本，天下义士也"）。两者互相配合，恰可盖棺定论关羽的一生，我认为是比较合适的。因此，我同意缪、穆相通，"壮缪"实际上就是"庄穆"。

---

① 《三国志·赵云传》云："初，先主时，惟法正见谥。后主时，诸葛亮功德盖世，蒋琬、费祎荷国之重，亦见谥；陈祗宠待，特加殊奖，夏侯霸远来归国，故复得谥；于是关羽、张飞、马超、庞统、黄忠及云乃追谥，时论以为荣。"法正谥曰翼侯，诸葛亮谥忠武侯，蒋琬谥恭侯，费祎谥敬侯，陈祗谥忠侯，张飞谥桓侯，马超谥威侯，黄忠谥刚侯，庞统谥靖侯，赵云谥顺平侯，夏侯霸谥号未见史载。

至于为什么刘备在世时关羽没能获得谥号，直到四十一年后才由后主刘禅追谥这一问题，也应放到大环境当中来理解。与西汉时期"有爵则有谥"不同，东汉对于大臣赐谥一事向来极为严格。据学者统计，东汉享国近两百年，一共只有四十七个大臣得谥，远少于西汉的一百九十三人。刘备应是继承了这一传统。所以陈寿才总结说："先主时，惟法正见谥。"除关羽之外，同样死在刘备前头的张飞也是后来才得追谥。刘备没给关羽、张飞谥号，只能说明二人在他心目中的地位比不上法正，如此而已。

第94章 荆州失守谁之过

接下来,很有必要谈一下刘备和关羽的关系以及荆州丢失的责任问题。

时至今日,受小说《三国演义》以及相关的文艺作品影响,人们大多认为,刘、关、张三人是"不求同年同月同日生,但求同年同月同日死"的结义兄弟,他们的感情亲密无间,他们的关系坚若磐石。三人兄弟同心,匡扶汉室,虽然最后在功业上没能达成自己的理想,但在道德上却有始有终,用行动完美诠释了中国文化中"忠""义"的精髓,由此成了后世万人景仰和效仿的对象。

本书前面早就说过,尽管历史上并没有刘、关、张三人正式结拜的记载,"桃园结义"的情节最早出自元明之际的话本和小说,但史书确实多次提到三人的关系非比寻常。例如《三国志·关羽传》便云:"先主与二人寝则同床,恩若兄弟。而稠人广坐,侍立终日,随先主周旋,不避艰险。"费诗劝关羽受封前将军之职时也说："王与君侯，譬犹一体。"后来刘晔更是对曹丕言讲："关羽与备，义为君臣，恩犹父子。"这都说明刘备与关、张二人之间的关系已经超越了普通的君臣，上升到了堪称"兄弟""父子"这种直系血亲的程度。

不过，近年来以方诗铭、朱子彦为代表，颇有一些学者对三人之间，尤其是创业晚期刘备与关羽之间的关系表达了深深的质疑。

在《论三国人物》一书中，方诗铭先生援引章太炎早年发表的《正葛》一文，认为刘备、诸葛亮之所以在关羽丢失荆州后不发兵救援，是因为担心将来易代之后关羽坐大难以驾驭，故不惜假手于东吴将其铲除。朱子彦也在多篇文章中屡次强调，关羽既违背诸葛亮结好东吴的策略，又对刘备有诸多不满，因此刘备、诸葛亮故意不发援兵，甚至关羽死后史书中都找不到任何刘备表示悲痛的记载，也没有给予他谥号，章太炎、方诗铭的意见值得肯定。

如果这种说法成立，那么刘备与关羽之间情同手足的关系就纯粹是赤裸裸的假象，刘备不但要为关羽的死负上相当的责任，而且诸葛亮也成了谋害关公的帮凶。

真相难道竟是如此残酷吗？

幸而并不是这样。

已有学者指出，章太炎先生虽然在《正葛》一文中"无所顾忌、敢于突破禁区"（田余庆语）地提出了刘备、诸葛亮"借刀杀人除关羽"的观点，但这篇文章写于他的青年时代，而后来太炎先生"晚涉世变，益窥古人用心"之后已经对这篇文章进行了大幅修改，并更名为《思葛》，基本上放弃了自己当年这个不够成熟的看法。在《思葛》一文中，太炎先生认为，即便关羽不能跟诸葛亮同心，但"其才可辅而用"，荆州在战略上的地位对蜀汉又如此重要，诸葛亮绝不会为除一关羽而葬送整个荆州，再说当时"政在先主"，诸葛亮只是个参谋，所以他对荆州之失和关羽之死并没有很大的责任，归根结底，还是刘备自己的"褊迫疏慢（眼界狭窄、骄傲马虎）"所致。

而对于章太炎这一修正过的观点，方、朱二先生不知有意还是无意，都没有做出解释，而是仍然采纳了他弃之不用的旧观点。考虑到《正葛》《思葛》两篇文章同时收录于被方、朱二先生所引用的《章太炎全集》第三册，这实在是有些令人不解。

方诗铭先生还说，他之所以认可章太炎的论断，主要根据是《三国志·廖立传》的一段记载。廖立时为蜀汉长水校尉，此人自负有才能，对现有职位不满，所以发牢骚说了一些被诸葛亮认为是"诽谤先帝、疵毁众臣"的话，其中提到："昔先帝不取汉中，走与吴人争南三郡，卒以三郡与吴人，徒劳役吏士，无益而还。既亡汉中，使夏侯渊、张郃深入于巴，几丧一州。后至汉中，使关侯身死无孑遗，上庸覆败，徒失一方。是羽怙恃勇名，作军无法，直以意突耳，故前后数丧师众也。"方先生解释说，此处廖立所说的"直以意突（按自己的意愿任性而为）"者并非关羽，而是刘备，"使关侯身死无孑遗"就是指责刘备故意将关羽置之死地。

其实结合上下文综合判断，廖立这番话意在谴责刘备用人不当，以为自己不受重用寻找借口，即诸葛亮所说的"公言国家不任贤达而任俗吏"，其中关羽和他后面提到的向朗、王连一样，都是他挑出来批评"国家不任贤达"的典型。"直以意突"一句，跟前文的"怙恃勇名，作军无法"相呼应，指的都是关羽本人。"关侯身死无孑遗"恰恰是刘备对关羽过于信任，由着他在荆州任性妄为的结果。所以在我看来，廖立这番话是不能拿来证明章太炎"刘、葛借刀杀人除关羽"这个旧观点的。

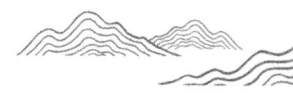

诚然，如田余庆先生所说，在荆州失守、关羽败死这一问题上，《三国志》本身或许的确存在"为贤者讳"的情况，这就导致读史者虽欲廓清真相、追究责任，却找不到足够的证据而只能臆测一番。方、朱二先生就是如此。我不否认，确实像他们指出的那样，关羽性格傲慢、刚愎自用，与刘备、诸葛亮之间或许也有些龃龉，但我认为，这些还不足以使刘备产生翦除关羽的想法。这个时候刘备和关羽基本利益一致，即便有矛盾也是内部矛盾，完全没必要搞什么"借刀杀人"。起码从现有材料来看，关羽对刘备的忠诚和刘备对关羽的信任一样，都是无可怀疑并且自始至终的。偶尔的两句牢骚（如"大丈夫终不与老兵同列"），证明不了关羽有不忠之心，也就更不能反过来证明刘备有除关羽之意。亲生的父子兄弟尚且要吵架拌嘴，何况刘、关只是"恩犹父子""恩若兄弟"呢？退一万步讲，即便如方、朱二先生所言，刘备担心易代之后关羽难以控制，想要把他除掉，那么他也有其他手段可选择，完全犯不上以整个荆州为代价来为关羽陪葬。总之，如果把关羽的败死视为一桩刑事案件，起诉刘备"过失致人死亡"或许还可说道说道，指责他有意谋害终究证据不足，恐怕法庭是不会立案的。

那么，为什么在整个荆州战役期间，刘备始终没有向关羽派出一支援兵呢？

这个问题，我同意易中天先生在《品三国》中的意见：想不到，来不及。

如前所论，从一开始，襄樊战争就是关羽自作主张发动的，刘备既没有授意，也没有授权，但同时也没有反对。而前几个月的战局一直是对关羽有利的，于禁七军被俘，关羽威震华夏，刘备那边收到的净是捷报，他当然觉得没必要派援兵。何况这个时候汉中战役刚刚结束，巴蜀的军队也需要休整。等到进入十月，东吴背盟偷袭，糜芳、士仁献城投降，战局急转直下，这些是刘备压根没想到的事情。他一没想到孙权会在背后捅自己一刀，以为"湘水之盟"后荆州问题已经基本得到了解决；二没想到小舅子糜芳、老部下士仁居然这么没有立场。

这个时候刘备再想有所动作已经来不及了。一来蜀中与荆州之间山川阻隔，距离遥远；二来孙权也已经派陆逊攻取宜都，封锁了三峡峡口。十一月关羽败走麦城，去路尽被东吴截断，这种局面下刘备要想救关羽，除非派出空降兵。到十二月关羽被擒杀为止，刘备大概只有不到两个月的时间来展开救援，再排除路上信息传递的时间，这个窗口可能连一个月都不到。由于史料阙载和陈寿"为贤者讳"，我们并不知道刘备和诸葛亮在这一个月里到底有哪些作为。反正从当时的情形来看，怕是神仙也救不了关公。事后，刘备也只能迁怒于刘封和孟达，结果孟达叛降曹魏，刘封获罪赐死。这是后话，暂且不提。

现在，我们可以回过头来，通盘探讨一下荆州丢失的责任问题了。

毋庸置疑，荆州的丧失使诸葛亮隆中对策提出的"跨有荆益"之战略规划就此破灭，不但使其两路北伐进取中原的策略再也无法实施，而且使蜀汉国力大为削弱，从此成为三足鼎立中综合实力最弱的一方。这个责任是一定要有人承担的，而关羽作为"董督荆州事务"的荆州最高长官和襄樊战役的发起者，自然是难辞其咎的第一责任人。正像何兹全先生强调的那样，"关羽的出兵，是在一个不是时机的时候的一次军事冒险"。关羽的错误在于，第一他错误估计了形势，在错误的时间发动了战争；第二他没有协调好内部矛盾，致使糜芳、士仁轻易倒戈；第三他在得知孙权有意来袭时没有及时回救，导致自己进退失据。而他犯下这三点错误的主要原因，正是其"刚而自矜"的性格，而不是小说中所谓的疏忽大意。"大意失荆州"的说法只是民间一厢情愿的想当然。

所以不客气地说，最后关羽兵败身死，在某种程度上可以说是咎由

第 94 章　荆州失守谁之过

自取，即陈寿所言的"以短取败，理数之常"。

那么，刘备有没有责任呢？

当然有。这便是所谓的领导责任。

说到底，安排关羽董督荆州是你刘备的安排，关羽既然犯了大错，那刘备自然难辞其咎。所以跟廖立发牢骚时的指责一样，早有学者提出，刘备专任关羽留守荆州属于用人不当。例如在《读通鉴论》第九卷，王夫之就声称，其实对刘备来说，更好的选择是留诸葛亮带着张飞、赵云守荆州，让关羽去打襄樊，但是刘备没这么做，是因为他"信武侯而终无能用"，比起诸葛亮，他更信任关羽，乃至"骄之""私之"。刘备"有武侯而不能用，徒以信羽者骄羽"，"非将将之道"，"失岂在羽哉？先主自贻之矣"。

公平地讲，其实这个时候刘备倒也不是"有武侯而不能用"，而是从赤壁之战结束以来，刘备一直是拿诸葛亮当萧何来用的。初得荆州之时，他让诸葛亮"督零陵、桂阳、长沙三郡，调其赋税，以充军实"；夺得巴蜀以后，他又安排诸葛亮"镇守成都，足食足兵"。真正在刘备身边充当张良角色的，是庞统和法正，而关羽起到的，实际上是韩信的作用。所以我们可知，在刘备的心目中，诸臣各有定位，他没让诸葛亮守荆州未必就是对他的信任不及关羽，而是用处不同。

当然，就荆州的重要性而言，只留关羽一个大将驻守确实有些单薄，理想的情况应该是给关羽再配备一两个副手。最合适的人选是出身荆州大族的庞统，只可惜此前他已死于雒城之役了。无论如何，就当时的情况而言，不管是能力资望还是对刘备的忠诚度，关羽都是合适的人选。坏就坏在他这个人的性格缺陷过于突出，而刘备又对他过于纵容和娇惯了。

所以，刘备用关羽守荆州不是用人不当，而是管理不善。

此外，在自身事业发展顺利、实力迅速膨胀的情况下，刘备"褊迫疏慢"，被胜利冲昏了头脑，对孙权全据长江的野心估计不足，没能及时调整和巩固与东吴的关系，没有预料到曹、孙两家互相勾结的可能性，这也是他需要深刻检讨的地方。

至于诸葛亮，如前所说，这个时候他主要负责镇守成都、足食足兵，间或给刘备提提意见，听不听还是要看刘备自己。"隆中对"里面虽然提出了"将荆州之军以向宛、洛"的进攻路线，但关羽自作主张地选择了错误的时机，恰恰违背了"隆中对"跨有荆益、两路北伐的核心精神。从马超来投、诸葛亮劝慰关羽一事可以看出，诸葛亮对关羽"护前"（即爱面子）的性格相当了解，他对美髯公只能"顺着毛捋"。刘备要是都管不了关羽，那诸葛亮就更管不了了。所以在荆州丢失一事上，诸葛亮顶多就是对刘备提醒得不够，是不需要承担太多责任的。

第95章 吾为周文王

严格来讲，按照王朝史观，三国时代是从曹魏代汉以后才正式开始的。就这个意义而言，其实本书前面的所有章节，谈的都是东汉末年或者"前三国时代"的事，而曹操、关羽等和董卓、吕布一样，都可算作是汉末人物。

不过，以关羽的死为标志，世间新陈代谢的速度仿佛加快了，短短几年间，一批老人物离去，一些新国家诞生，历史的面貌就截然不同了。

紧跟关羽之后去世的，恰恰是他的仇敌吕蒙。

吕蒙吕子明近年的健康状况一直都不太好，所以他才设计以还都治疾为辞来迷惑关羽。这次袭取荆州虽然兵不血刃，却仍少不了一番舟车劳顿。因此战事刚刚结束，东吴大军还在公安，吕蒙就又发了病。据《江表传》的记载可知，当时孙权在公安大会，犒赏三军，吕蒙就告病没有参加。孙权一开始以为吕蒙的病不重,还笑着说:"擒获关羽之功,乃子明之谋。如今大功告捷,封赏还没有落实,难道他不高兴了吗?"于是就在原本封吕蒙为南郡太守、孱陵侯,赐钱一亿、黄金五百斤的基础上,又增赐给他步骑鼓吹、仪仗队等。吕蒙不好再推辞,只能强打精神接受了封拜,但是回营后病情就转重了。孙权这才担心起来,连忙派人把吕蒙接到自己的内殿,亲自监护对他展开救治。为此孙权还颁下重赏,说但有能治好吕蒙之病者,赐千金。每次针灸治疗,一听见吕蒙的痛苦呻吟之声,孙权就面色惨淡,久久不乐。有时候他很想进室内探看,又怕吕蒙劳动,就叫人在墙上偷偷凿孔窥视。见吕蒙能稍稍吃点东西,他就开心,否则他就愁闷叹息,夜不能寐。有几天,吕蒙的病情似乎颇有好转,孙权很高兴,还下令大赦境内,群臣毕贺,哪知不久后他便陷入了病危。"权自临视,命道士于星辰下为之请命",然而还是没能挽回吕蒙的性命,卒时仅四十二岁。

孙权十分哀痛,一连数日饮食大减。吕蒙临死前,已经交待把自己得的金宝赏赐封存起来,等一旦命绝便全部上还,丧事一切从简。孙权知道后就更加悲戚感动了。

《三国演义》描述说,吕蒙是在受封赏时被关羽的魂灵索命暴亡。这当然是无稽之谈。

多年之后,孙权曾与陆逊谈及周瑜、鲁肃、吕蒙三人道:"公瑾雄烈,胆略过人,故能摧破孟德,开拓荆州,其功业无人可及,今日由君来继承。当年公瑾邀子敬东来,致达于孤。孤与之初一宴语,便论及大略帝王之业,此乃一大快事。后来孟德因获刘琮之势,大言率数十万众水陆俱下。孤普请诸将,咨问如何处置,子布、文表(秦松字)皆言宜遣使迎降,子敬即驳言不可,劝孤急呼公瑾,付以精兵,逆而击之。此乃第二件快事。且子敬之纵横策,远胜苏秦、张仪。虽然后来他劝吾借

地给刘玄德,是其一短,不足以损其二长。周公尚不求全责备于一人,故孤忘其短,而贵其长,常把子敬比作邓禹。至于子明,年少时孤以为他只是果敢有胆、任劳任怨而已,没想到其成年后学问开益,奇谋良策不输公瑾,只是言谈举止之英姿尚不能及罢了。其图取关羽之策,胜于子敬。"

由此看来,在孙权的心目中,吕蒙对东吴的贡献虽比不上周瑜,却要超过鲁肃,主要就是因为他帮助东吴夺取了整个荆州。

然而有得必有失,孙权虽然兵不血刃地将荆州夺了过来,却也不是全无代价。除了吕蒙病故、孙刘同盟关系尽被破坏之外,再次向曹操称臣纳贡也是他必须付出的代价之一。

在建安二十四年年底,很可能与送上关羽头颅同时,孙权还派校尉梁寓献贡物给曹操,并把之前在皖城俘虏的庐江太守朱光等人放还。

当梁寓等抵达洛阳之时,已经是建安二十五年(220年)年初。曹操刚刚从摩陂振旅归来。对于孙权送来的明珠、象牙、犀角、玳瑁等贡物,曹操并不感兴趣,真正引起他注意的是孙权的一封信。信中孙权以天命为辞,以臣子的口吻恭请曹操顺应天意,早日登基称帝。

曹操把这封信拿给群臣看,还用诙谐的语气说道:"是儿欲踞吾著炉火上邪!"

孙权这小子难不成想把我放到炉子上烤啊!

如果只从字面意思看,曹操似乎是在表达对孙权的不满。然而群臣里的聪明人早已看出,魏王其实是窃喜于心的。因为不管孙权的请求是真心还是假意,这封信都意味着这个控制天下三分之一土地的人从此抛弃了遵奉汉室的立场,转而承认曹魏的正统地位。而多年前东吴君臣还公然宣扬"操虽托名汉相,其实汉贼",声言要"为汉家除残去秽"。

既然孙权这个外藩都力劝魏王顺应天命,那我等内臣又岂能落后?

于是侍中陈群、尚书桓阶奏道:"汉室自安帝以来,政去公室,国统数绝,如今更是除了名号之外,没有一尺土地、一户人民。其国祚早已衰尽,历数久已终结,故此在桓、灵之世,诸明图纬者皆言:'汉行气尽,黄家当兴。'殿下应期受命,十分天下而有其九,却仍服事汉家,不免令群生注望,遐迩怨叹,所以孙权在远称臣,此乃天人之应,异气齐声。臣等愚见,以为虞、夏不以谦辞,殷、周不吝诛放,畏天知命,无所与让也。"

二人的意思是,当年夏朝取代大舜、周朝取代殷纣之时,没听说大禹、周武王有什么谦让的举动,该推翻的就推翻,该打倒的就打倒,天意就是如此,所以魏王您也不要客气了,直接干就完事!

可能是看到曹操没什么表示,夏侯惇又奏道:"天下人都知道汉祚已尽,到了改朝换代之时。自古以来,凡能为民除害、民心所归者,便是天下的主人。殿下您戎马三十余年,吊民伐罪,功德巍巍,早为黎民百姓所依归。殿下应天顺民,复何疑哉!"

这一次,面对满朝文武的凝视,曹操终于开口了:"'施于有政,是亦为政。'若天命在吾,吾为周文王矣。"

"施于有政,是亦为政"这句话出自《论语·为政》。当时有人问孔子说,您怎么不从事政治活动呢?孔子引《尚书》中"孝乎惟孝,友于兄弟"的章句说:"生活中遵行孝悌之道并将其推广到社会层面,这就是政治活动。你怎么能说我不从事政治活动呢?"曹操用孔子这个典故,潜台词是自己现有的地位已经在治国为政,也就没必要非得追求名义上的统治者称号。所以他下面这句话才说:"若天命在吾,吾为周文王矣。"如果真像你们说的那样天命在我,那么我宁愿当周文王,改朝换代的任务还是交给我的儿子来完成吧!

这句话曹操是对着夏侯惇和一众心腹重臣所说,应该是他的真

心话。

那么我们不禁要问，曹操到底想不想当皇帝？

想，当然想，非常想。

自从建安十八年（213年）封魏公以来，曹操受九锡，立社稷，置百官，起三台，二十一年（216年）进魏王之后更是设天子旌旗，出入警跸，冕十有二旒，乘金根车，驾六马，仪仗待遇跟皇帝相差无几，所欠者也就是一个名义罢了。

但是曹操高于常人的地方就在于，欲念战胜理智这种错误行为他只允许自己犯一次（即宛城纳张绣之婶）。因此尽管他渴望"天子"这个名号，可理智告诉他，如果他想像文王、武王那样在开创新王朝的同时却不蒙受篡盗之名，那么眼下称帝并不合适。这是因为，第一，曹操青年出仕便食汉禄，这一辈子都是汉臣，早年起兵又是以匡扶汉室为目标，此时如果他亲手易汉为魏，终究逃脱不了不忠背主的恶名；第二，如今天下三分，吴、蜀各据一方，在政权的合法性上魏国还并没有取得周、汉那样确凿无疑的正统地位。所以有史料说，夏侯惇并不是如《魏氏春秋》记载的那样力劝曹操称帝，而是委婉地提出"宜先灭蜀，蜀亡则吴服，二方既定，然后遵舜、禹之轨"。夏侯惇是否这么说过另当别论，这至少说明朝中有一种意见，即统一天下应在称帝之先。随后的"王从之"一句，也说明曹操对此是认可的。

此外我还认为，垂暮之年的曹操看待天时人事愈发通达，暂不称帝的决定其实与他在《本志令》中"不得慕虚名而处实祸"的思想一脉相承——反正这天下迟早都是我曹家的，也不必急于一时，倒让人觉得我曹操小家子气。

于是，曹操最终还是以汉臣的身份迎来了人生的终点。

可能是从汉中之战结束后，曹操就一直抱恙在身。因为诸葛亮曾经提到，曹操是"遂丧汉中之地，深知神器不可妄获，旋还未至，感毒而死"的。意思是丢失汉中让曹操郁结于心，以致感毒发病。陆机《吊魏武帝文》也说曹操在回军途中"逾镐京而不豫，临渭滨而有疑。冀翌日之云瘳，弥四旬而成灾。咏归途以反旆，登崤渑而揭来。次洛汭而大渐，指六军曰念哉"。说明至少从离开长安开始，曹操的病情就不断加深，以致回到洛阳后最终不治。

当然，也有材料证明，曹操一直深受"头风"（类似偏头痛）这种疾病困扰。当年神医华佗为他诊治，虽然每每能够减轻其发病时的痛苦，但短期内却无法根治。后来华佗思乡情切，请假暂还，又以妻子有病为辞久久不归，惹得曹操大怒，将其抓捕下狱。那时荀彧曾为华佗求情说，此人医术实在精湛，人命悬于其手，应该适当宽免。但曹操却道："不必担忧，杀了他，难道天下就没有会治病的人了吗？"最后华佗死于狱中。曹操知道后还恨恨地说："华佗这个小人养病自重，就是故意不给我治好。我不杀他，他也绝不会替我铲除病根。"直到后来曹冲病危，他才后悔杀了华佗。

不过，华佗之死已经是十几年前的事。曹操最终死于何种疾病史籍并未明言。据记载，建安二十四年有瘟疫大规模暴发，所以也不能排除曹操感染了疫病的可能性。还有一种更蹊跷的传说，言曹操回到洛阳后下令修造建始殿，为此砍伐了濯龙祠的一棵梨树，梨树被砍伤的根部流出鲜血，工匠将此事汇报给曹操，曹操就亲自前往查看，"以为不祥，还，遂寝疾"。

建安二十五年（220年）正月二十三日，也就是关羽殒命一个多月后，曹操也病逝于洛阳，时年六十六岁。

第96章 最后的遗嘱

曹操行事向来周详缜密，城府极深，在安排自己的身后之事上也是如此。

早在建安二十三年，他便已经下令，在邺城西门豹祠以西的原上为自己预先营建陵寝。陵寝的规划既要求遵循古礼，留出功臣陪葬的兆域，又要求以薄葬为原则，"因高为基，不封不树"，"居瘠薄之地"。

他还命人按春夏秋冬提前准备了四箱寿衣，箱子上标明：自己一旦去世，即按当季的衣服殓葬，"金珥珠玉铜铁之物，一不得送"。

病重之后，他拉拉杂杂地说了不少遗言。后人将收集到的曹操遗言记录下来，名之为魏武遗令，流传到今天总共有二百多字。必须说明的是，这二百多字乃是从不同的史料中摘选连缀而成，其内容次序肯定不是当初曹操交待时的原貌。然而"人之将死，其言也善"，从中我们仍可一窥曹操临终前的所思所感和心事所系。

他提到了自己的饮食状况："吾夜半觉小不佳，至明日，饮粥汗出，服当归汤。"当年曹操想从孙策那儿挖角太史慈，就曾经送给他一盒当归，意为劝其归来。同时"归"也是死亡的一种含蓄说法，所以金性尧先生评论说，曹操病时服当归汤，"却也不忌讳"。

他反省了自己的所作所为："吾在军中持法是也。至于小忿怒，大过失，不当效也。"这句话可能是对曹丕等诸子所说。曹操认为，自己在治军执法方面堪为榜样，但有一些"小忿怒，大过失"则不值得效法。"小忿怒"可能是就后人所指曹操心胸狭窄、睚眦必报等行为而言，"大过失"或许仍与宛城之战、赤壁之败有关。

他规定了自己的丧礼葬礼："天下尚未安定，未得遵古也。吾有头病，自先著帻。吾死之后，持大服如存时勿遗。百官当临殿中者，十五举音，葬毕便除服。其将兵屯戍者，皆不得离屯部。有司各率乃职。敛以时服，葬于邺之西冈，上与西门豹祠相近，无藏金玉珍宝。"曹操一改汉代流行的厚葬风气，主张薄葬，丧葬礼仪尽量简单，也不希望为此而影响各级政府和将吏的日常工作。

他还念念不忘侍奉过自己的那些女人："吾婢妾与伎人皆勤苦，使著铜雀台，善待之。于台堂上安六尺床，施繐帐，朝晡上脯糒之属，月旦十五日，自朝至午，辄向帐中作伎乐。汝等时时登铜雀台，望吾西陵墓田。余香可分与诸夫人，不命祭。诸舍中无所为，可学作组履卖也。吾历官所得绶，皆著藏中。吾余衣裘，可别为一藏，不能者，兄弟可共分之。"曹操虽姬妾众多，但由于他力主节俭，后宫内上自下后皆"不尚华丽，无文绣珠玉"，这些姬妾跟着他也没享多少福，所以曹操希望自己死后她们能居住在铜雀台，使余生有所保障。她们的主要任务，就是早晚向曹操的灵帐上一些干粮肉脯，初一十五表演一些歌舞音乐；平常无事可做的话，就织点丝带、做点鞋履卖钱。至于自己剩下的香料，

可以分给各位夫人，不要浪费。那些有特殊意义的官绶，要妥善收藏。其他的珍贵衣物，能收藏就收藏，收不了的你们兄弟就分了吧。

最后，曹操还指着自己疼爱的幼子、幼女嘱咐曹丕等四子①说："以累汝！"这几个弟弟妹妹以后就辛苦你们照顾了！说完就流下了眼泪。另据《魏略》，曹操还感叹说："我前后行事，至今无愧于心，只是若人死后有灵，子修见我若问'我母何在'，我不知该如何回答啊！"其时曹操元配丁夫人已亡，由于两人因曹昂死于宛城一事闹矛盾绝婚，丁夫人被独自葬于许都南郊，曹操担心到了阴间曹昂责问此事，故而有此一叹。

后世有人读了曹操这份遗言，以为孟德英雄一世，临终前的表现竟是如此的絮絮叨叨婆婆妈妈，未免令人气闷。陆机在《吊魏武帝文》中就感叹说："若乃系情累于外物，留曲念于闺房，亦贤俊之所宜废乎！"认为贤者在生死之际不应再对身外之物恋恋不舍。鲁迅先生也颇为诧异地提到："当时的遗令本有一定的格式，且多言身后当葬于何处……操独不然，他的遗令不但没有依着格式，内容竟讲到遗下的衣服和伎女怎样处置等问题。"更有甚者认为曹操在遗令里净说些不足为外人道的家务琐事，却一字不提军政要务、国家大事，实乃欺世盗名的伪善之举。例如司马光就曾经对人说："昨看《三国志》，识破一事。曹操身后事孰有大于禅代？《遗令》谆谆百言，下至分香卖履、家人婢

---

① 曹操遗令中提到的四子究指哪四子，史无明言。李善在《文选》注中认为即"文帝以下四王"，也就是曹丕、曹彰、曹植、曹彪。不过据史载可知，曹操去世时曹丕尚在邺城，曹彰亦在由长安赶来的路上，都不在他身边，所以即使四子指曹丕以下四王，也并非是像李善说的那样"盖太祖崩时四子在侧"。曹操给四子的遗言可能是以书面形式转达的。至于幼子和幼女，李善认为即杜夫人所生曹豹（一名曹林）及高城公主。另外，陈妾所生的曹干（一名曹良）也应在列，因为其本传提到，曹操有遗令给曹丕说："此儿三岁亡母，五岁失父，以累汝也。"

妾，无不处置详尽，而无一语及禅代事；是实以天子遗子孙，而身享汉臣之名。"毛宗岗继承了司马光的这一观点，直斥曹操："欲使天下后世信其无篡国之心，于是子孙蒙其恶名，而己则避之，即自比周文之意耳。其意欲欺尽天下后世之人，而天下后世之无识者乃遂为其所欺。操真奸雄之尤哉！"司马光和毛宗岗的看法，显然是宋明以后以蜀汉为正统、以曹魏为僭伪的主流观念的产物。

不过到了现代，大部分学者已经能够摘掉有色眼镜，平心静气地看待这一问题。例如金性尧先生就说："曹操的遗嘱，是古今帝王将相当中最人性、最坦率的一篇表白……由此可见曹操性格里仁厚、体贴、细腻的一面。"还有研究者指出，曹操的遗令遗言是他临死前回归普通人、回归真我的表现。就这个意义而言，苏东坡指责曹操"平生奸伪，死见真性"倒是歪打正着。正所谓"无情未必真豪杰，怜子如何不丈夫"，汉高祖刘邦牛不牛？他临死前不也是把自己最喜欢的小儿子郑重托付给太子刘盈吗？楚霸王项羽算不算英雄？他乌江自刎前不是也舍不得心爱的虞姬吗？怎么曹操在面对死亡的时候表现出一些对儿女的怜惜、对姬妾的不舍就显得不够英雄、不够达观了呢？

至于毛宗岗所说遗令中"独无一语及禅代之事"并由此做出的"曹操平生无真，至死尤假""操真奸雄之尤"这个论断，在我看来根本就是从错误的前提出发而得出的错误结论。因为见过曹操遗令原本的陆机在文章中明明提到："观其所以顾命冢嗣，贻谋四子，经国之略既远，隆家之训亦弘。"这说明遗令中原来收录有曹操对心腹重臣的训示、对曹丕等四子的嘱咐，而且这部分内容几乎肯定与汉魏禅代之事相关，只不过陆机关注的重点并不在此，所以他没把这些内容摘录下来。而后人所见的曹操遗令，又是以陆机《吊魏武帝文》为骨干增补连缀而成，这就导致了遗令中"独无一语及禅代之事"。也就是说，不是曹操没交

第96章 最后的遗嘱

待，而是这些话没流传下来。毛宗岗以此指责曹操装腔作势、欺世盗名，实在是冤枉了他！

总而言之，正如我前面强调的那样，我们现在看到的曹操遗令只是不完整的、经过后人辑录的残篇。曹操之所以"子孙满前而咿嘤涕泣，留连妾妇，分香卖履，区处衣物"（苏轼语），并非是他有意作伪，而恰恰是他真情流露的表现。这些信息向我们透露，"英雄"也好，"奸雄"也罢，其实都是后人基于不同立场给曹操蒙上的脸谱，真实的曹操跟你我一样，是有血有肉有情有感的普通人。

"神龟虽寿，犹有竟时；腾蛇乘雾，终为土灰。"曹操当然知道纵使贵为帝王将相，生命也同常人一样短暂易逝。因此最重要的不是生命的长度，而是生命的质量。多年前在《本志令》中，他说自己少年时的志向只是当一个称职的郡守，"好作政教，以建立名誉"；后来天下动乱，他出任军职，也只不过希望自己将来能当个征西将军，死后墓道上能刻上"汉故征西将军曹侯之墓"的字样。如今，他取得的成就已经远远超过了当年的志向。他的生命即将消逝，但他建立的功业彪炳史册，终将不朽。而如同他早就为自己营建好了陵寝一样，数年前他就为自己的事业选定了继承人，开创新王朝的计划也按部就班、接近成功，如果不是他自己甘愿当"周文王"，这天下恐怕早已姓了曹。唯一不够完美的，就是中国尚未一统。然而一代人有一代人的使命，或许天道的本意就是如此。所以我相信，当死亡来临时，曹操在事功上并没有留下太多的遗憾，在军国要务上也没有过分担忧的地方。政治的面具一旦抛下，他便可以无拘无束地回归自身生命的本真。这才是他在遗令中絮絮叨叨作小儿女态的真正原因。

最后还需说明的是，曹操遗令中并不包括民间传说的所谓"七十二疑冢"之内容。《三国演义》采纳了这一传说，说曹操怕自己的坟墓被人发掘，遗命于彰德府讲武城外设立疑冢七十二，以"勿令后人知吾葬处"，只不过是为了塑造曹操"平生无真，至死尤假"的奸雄形象，并非真实情况。实际上，曹操并没有刻意隐藏自己陵墓的位置。遗令中他明确提到，陵墓就位于"邺之西冈""西门豹祠西原上"，而且他还要求儿女姬妾"时时登铜雀台，望吾西陵墓田"，可见其陵墓所在并不难找。魏晋时代，"望墓田处"甚至成了邺城当地的一个著名景点。直到唐代，文人墨客的诗文中还屡有提及。例如沈佺期有诗云："昔年分鼎地，今日望陵台。"张祜《邺中怀古》亦云："肠断宫中望陵处，不堪台上也无人。"其中的"望陵台""望陵处"就是眺望曹操陵墓的地方。初唐时太宗亲征高丽路过邺城，还祭祀了曹操的坟墓。不过，由于曹操主张薄葬，其陵墓"不封不树"（不筑坟堆，不植树木），曹魏其余帝陵又位于洛阳一带，再加上战乱或城市迁移等原因，到了宋代以后，曹操陵墓的位置便被荒烟蔓草所埋没，变得无人知晓，"七十二疑冢"的传说亦随之在宋元时代流行开来。①

有意思的是，"墓有重开之日，人无再少之颜"，谁也没想到，近一千八百年之后，曹操的墓葬竟会在河南安阳西高穴村被发现。尽管这座墓葬在2009年被定性为曹操高陵时一度在网上引起了不小的争议和讨论，但时至今日，学术界的主流意见一致认为，从墓葬的规模形制、出土器物、地理位置、遗骨年龄等关键证据判断，随葬石牌上的铭文里所说的"魏武王"不是别人，正是那个东临碣石、以观沧海，削平群雄、统一北方，时而英雄、时而奸雄的三国主人公——曹操曹孟德。

---

① 最早提及"曹操七十二疑冢"的是宋人笔记。如罗大经《鹤林玉露》云："漳河上有七十二冢，相传云曹操疑冢也，北人岁增封之。"另王安石有诗云："青山如浪入漳州，铜雀台西八九丘。"李壁注曰："余使燕过相州，道边高冢累累，云是曹操疑冢也。"

第97章 盖棺难论定

按理说，行文至此，本书对曹操的讲述便该结束了。然而作为"三国志真正的主人公"（堀敏一语），曹操这个历史人物实在过于复杂，以至于笔者尽管在前文中围绕他耗费了大量的笔墨，但还有一些事关其形象的重要问题没能充分地阐述。

例如曹操的容貌问题。这个在诸多影视作品中由著名演员扮演的一代雄主，真实的面貌到底什么样？

耐人寻味的是，与描写刘备"身长七尺五寸，垂手下膝，顾自见其耳"、描写孙权"形貌奇伟，骨体不恒"相比，《三国志》中并无一字正面描写曹操的容貌。这似乎说明，与同时代人相比，曹操的仪表很可能平平无奇，不值一提。目前所见，记录曹操容貌的材料皆来自于野史。如东晋人孙盛所著《魏氏春秋》云："武王姿貌短小，而神明英发。"意思是曹操个子矮，但很有精气神。前引《世说新语》也提到过，接见匈奴使者的时候，曹操"自以形陋，不足雄远国"，所以曾叫崔琰冒充自己。再加上吕布在白门楼上曾直言"明公何瘦"，想来曹操的体脂率也不会很高。由此推测，晚年的曹操大概是一个身高不到一米六的干瘦老头儿，与影视剧中潇洒伟岸的形象相去甚远。

安阳西高穴村曹操高陵在发掘的过程中，曾发现了一具成年男性的遗骸，骨龄显示在六十岁左右，现已被研究者确认为曹操遗骨。然而由于遗骨受到盗扰，保存状况不佳，很难确定死者生前的准确身高。网上则流传着1.5米、1.6米、1.7米等各种说法。此外，墓葬中虽有头骨，却无下颌，所以也无法通过技术手段复原死者的容貌。近年某高校研究团队虽然通过DNA技术寻找到了"曹操后裔"，然后由刑事容貌专家根据九支曹操后裔的长相特征向上逆推，复原出了一个"眉毛散状、鼻梁突起、额头有倾斜幅度"的曹操形象，但这种复原方法有很大局限性，实在算不上靠谱。

显然，相比其并不出众的仪表和风姿，真正使曹操富于魅力的是其迷人的个性和过人的才华。

曹操的性格，易中天先生总结得很好："他既狡诈又老实，既温情又狠毒，既宽容又报复。""曹操可能是中国历史上性格最复杂、形象最多样的一个人。他这个人聪明透顶，又愚不可及；狡猾奸诈，又坦率真诚；豁达大度，又疑神疑鬼；宽宏大量，又心胸狭窄。可以说是大家风范，小人嘴脸；英雄气概，儿女情怀；阎王脾气，菩萨心肠。"以上这些特点，本书在讲述曹操一生的经历时已经有所涉及，在此不再赘述。其实我想说的是，曹操性格中最吸引我的一点，是他与生俱来的幽默感。

曹操是一个很幽默的人，他既喜欢恶作剧，也喜欢开玩笑。这一点，从前面讲过的他少年时用装中风的把戏欺骗叔父、偷新娘子的时候

第97章 盖棺难论定

大叫有贼来欺骗被荆棘困住的袁绍，以及"一合酥""门中活"等文字游戏中就可以看得出来。

曹操尤其喜欢笑。许劭说他是治世之能臣、乱世之奸雄，他"大笑"；何进要召董卓进京，他"闻而笑之"；袁绍拿一方玉印向他显摆，他"笑而恶焉"；甚至祢衡当众裸体给他难堪，他依然"大笑告四坐"。据本人粗略统计，今本裴注《三国志》中曹操在各种场合总共笑了不下二十次。罗贯中显然抓住了曹操的这一特点，于是到了《三国演义》中，这一数字翻了一番还不止，更虚构了华容道曹操三次大笑引出三批伏兵的经典情节。

曹操之所以这么能笑，有时候固然是为了掩饰窘态、自我解嘲，但更多的时候是源于他开朗乐观、率性而为、平易近人的性格。所以《曹瞒传》描述说："太祖为人佻易无威重。"佻就是轻薄、不庄重的意思。《曹瞒传》为吴人所作，意在贬低曹操，说他当大领导却没有个领导的样子，"好音乐，倡优在侧，常以日达夕"。还说他经常穿着休闲服，腰里别个装手绢、杂物的小荷包，头上冠也不戴，只戴个布帽子就出来会见宾客。跟人家聊起天来，什么段子都敢说，什么玩笑都敢开，"及欢悦大笑，至以头没杯案中，肴膳皆沾污巾帻"，笑到前仰后合，脸都埋到餐桌里，汤水把头巾弄脏了都不在乎。这样的曹操，其实颇具魏晋风度、名士风采，怎能不叫人着迷呢？

至于曹操的才华，我想不需多说。蓬莱文章建安骨，曹操的诗歌开创了文学史上一个影响深远的流派，千载之下还能入选语文课本，足以说明问题。此外，在军事方面曹操自作兵书十余万言，手下诸将出征，都以其所著《孟德新书》为指导。在用人方面，他"知人善察，难眩以伪，拔于禁、乐进于行阵之间，取张辽、徐晃于亡虏之内，皆佐命立功，列为名将。其余拔出细微，登为牧守者，不可胜数"。论书法，西晋的张华认为，"汉世，安平崔瑗、瑗子寔、弘农张芝、芝弟昶并善草书，而太祖亚之"，说曹操的草书比后人公认的"草圣"张芝只差一点儿；唐代书法家张怀瓘称之为"雄逸绝伦"。论音乐、围棋，张华又评曰"桓谭、蔡邕善音乐，冯翊山子道、王九真、郭凯等善围棋，太祖皆与埒能"，说曹操的音乐造诣跟著有《琴操》的蔡邕持平，围棋水平也跟当时的几位大师相当。不仅如此，曹操的武艺也不差，《魏书》说他"才力绝人，手射飞鸟，躬禽猛兽，尝于南皮一日射雉获六十三头"。他会打铁，曾经"与工师共作卑手刀"，还曾设计制作了"百辟刀"五把送给儿子们；他还懂建筑学和机械学，"造作宫室，缮治器械，无不为之法则，皆尽其意"，铜雀台就是他所设计，官渡之战中曹军使用的"霹雳车"也是他的发明；甚至中医方术他也多少懂一点儿，张华说他"好养性法，亦解方药"，左慈、华佗这些人都是他招引而至。

由此看来，曹操可谓"文体两开花"，实为多才多艺之人杰。更难得的是，他这许多成就都是在其三十多年的戎马生涯中所取得的。史籍说他"御军三十余年，手不舍书，昼则讲武策，夜则思经传，登高必赋，及造新诗，被之管弦，皆成乐章"，可见他的生命力和创造力是多么的旺盛。

然而遗憾的是，按照儒家传统，评价一个人不光要看他的才华，更要看他的品德。以司马光"德胜才谓之君子，才胜德谓之小人"的标准，曹操恐怕很难被归为前者。他之所以被后人诟病，乃至其在戏台上的形象沦为一白脸奸臣，缘由也在于此。

黄仁宇先生在《中国大历史》一书中说，曹操口中所说、手下所做都像马基雅维利，怪不得他要承受千古的唾骂了。这是因为，马基雅维利主义的本质就是为达目的可以不择手段。这一点其实与中国的法家不谋而合。曹操虽说熟读儒家经典，但他在治国理政时用的大多是法家手

段，所以陈寿才说他"览申、商之法术，该韩、白之奇策"（其实诸葛亮治蜀也是如此）。而儒家知识分子批评法家的一个重要原因，就是法家不讲道德原则，因此也就没有底线。

曹操正是这样。

这就导致了他最为世人非议的两大污点：一是残暴，二是奸诈。

生逢乱世，又身为政治家和军事家，杀人是一定免不了的。问题在于，曹操不光杀自己的敌人和反对者，还杀投降的士兵和无辜的百姓。他能写出"白骨露于野，千里无鸡鸣。生民百遗一，念之断人肠"这样的名句，但他也能一次性坑杀官渡降卒七万，并制造徐州地区"凡杀男女数十万人，鸡犬无余，泗水为之不流"的惨案。前文已经说过，曹操的军队尤好屠城，而且严格执行"围而后降者不赦"的法令，这就使得曹操在民间的口碑极差，百姓畏曹军如虎狼。某种程度上老百姓之所以觉得刘备仁慈，恰恰是因为有曹操的残暴衬托。此外，曹操杀起人来，有时候在外人看来完全不讲道理，或者只是因为芝麻绿豆大的小事，这也使得他难逃残暴的罪名。比方说《世说新语》记载的那个著名的"梦中杀人"事件："魏武常云：'我眠中不可妄近，近便斫人，亦不自觉，左右宜深慎此！'后阳眠，所幸一人窃以被覆之，因便斫杀。"《曹瞒传》还记载，有一次曹操枕着一个宠幸的姬妾睡午觉，睡前跟她说："一会儿叫醒我。"后来那姬妾见曹操睡得香，到时间就没叫他。结果曹操睡醒，立刻便将她棒杀。而《三国演义》中曹操因军粮不足而栽赃监粮官王垕、借其人头以息众怒的故事，在史料中也有原型。前文提到的他杀孔融、杨修，逼死荀彧、崔琰等事，也难免在世人的心目中留下他刻薄寡恩、残酷冷血的印象。总之，曹操之残暴在当时世所公认，不但袁绍、刘备屡屡以之为辞，就是孙权也说："操之所行，其惟杀伐小为过差，及离间人骨肉以为酷耳。"这条罪名，他是无论如何也逃不掉的。

曹操最容易招黑的第二点，是他的奸诈。

所谓奸，是指对君主不忠；所谓诈，是指阴险狡猾。说曹操奸诈，自然是因为他阴谋篡汉。

吕思勉先生在《三国史话》里为曹操辩诬，说他"始终执守臣节，不肯篡汉"，对此我是不大同意的。别的证据前文其实已经说过，不必多提，这里我只强调一点：吕先生以《本志令》为证明曹操无意篡汉的主要依据，这是有问题的。因为《本志令》发布于建安十五年，下距曹操去世还有十年。那时曹操还未封魏公，或许确无篡汉之意，但十年前没有不代表十年后没有，这十年间他由公而王、用魏国朝廷架空汉家政府的行为已经说明了一切。再说，《本志令》是公开给世人看的，并不意味着真实地反映了曹操的内心。老话说"听其言，观其行"，我们不能光听他怎么说，还要看他怎么做。曹操后来的所作所为未必就跟《本志令》所说保持一致。一个例子是，《本志令》里曹操明明对妻妾说："我万年之后，汝曹皆当出嫁。"但是我们都知道，曹操在遗令里是叫姬妾们都居住于铜雀台，初一、十五对着自己的牌位跳舞的。既然这条涉及私生活的承诺都可以说了不算，那其他的话也证明不了什么。

话说回来，是忠臣还是奸臣这种问题，只有重名节的古人才特别关心，现代人似乎是不大在乎的。天下从来就不是一家一姓之天下，姓刘的既穿得龙袍，那姓曹的自然也穿得，得民心者得天下嘛！可问题在于，如果你是光明正大地争得，那别人也就无话可说；如果你是搞阴谋、耍手段，当面一套背后一套，名不正言不顺地窃取而来，那就别怪人家说三道四了。曹操"托名汉相，其实汉贼"，打着辅汉的旗号壮大自己的实力，表面上遵奉天子，实际上把献帝当傀儡、囚徒，千方百计鸠占鹊巢、另起炉灶，手段当然谈不上光明，更别提他直接派兵入宫废

杀伏皇后及其两位皇子了。另一方面，虽然他自己有所顾虑，生前甘愿当周文王，但他死后坟土未干，儿子曹丕就急吼吼地将汉献帝一脚踢开，登基坐殿的同时，也坐实了老爹"汉贼"的名头，那还有什么可辩解的？

正因此，后来到了东晋十六国时代，靠自己白手起家打下天下的后赵君主石勒就宣称："大丈夫行事当磊磊落落，如日月皎然，终不能如曹孟德、司马仲达父子，欺他孤儿寡妇，狐媚以取天下也。"而唐太宗李世民尽管对曹操的军事才能和功业高度称赞，同时却也"深鄙其为人"。还有人认为，曹操就是因为一味崇尚诈力，道德上没有底线，才未能在有生之年统一中国，他自作家门的龌龊手段也被后来者效仿，直接导致了曹魏政权复被司马氏篡夺。宋代的苏洵说"曹操有取天下之虑，而无取天下之量"，多少是就此而言。

总而言之，在王纲解纽、动荡不止的汉末乱世，曹操能够于群雄中脱颖而出，十分天下而据七八，使中国北方重新恢复了统一和安定，其功业是当得起陈寿"非常之人、超世之杰"这一评语的。但是另一方面，其为人在道德上没有底线，其行事但以实用为目的，这就使得他的一些所作所为失于残暴，其谋取权力的手段也显得格外奸诈起来。特别是曹魏未能统一中国，又是短命王朝，所以在曹操死后不久，记载其劣迹的黑材料就开始在民间流传。吴人所作的《曹瞒传》便是其中的典型。此后数百年里，篡夺皇权者无不以曹操父子为效仿对象，这就更加坐实了曹操"欺他孤儿寡妇，狐媚以取天下"的奸臣形象。而自从东晋人习凿齿著《汉晋春秋》，首倡以蜀汉为正统、曹魏为篡逆以来，复经朱熹《通鉴纲目》之宣扬，戴着有色眼镜的知识分子们也纷纷从历史书写的角度"尊刘抑曹"，有意凸显曹操残暴好杀、阴险狡诈、不得人心的那一面。因此，到了唐宋以后，人们对曹操的评价每况愈下，其在老百姓心目中的形象也就越发不堪起来。例如唐人刘知几评论说，曹操"贼杀母后，幽迫主上，罪百田常，祸千王莽"，意思是曹操的罪恶比春秋时祸乱齐国的田常、西汉时篡位自立的王莽还要大上千百倍；苏东坡在其笔记中也记载，时人听讲三国书，"闻刘玄德败，颦蹙有出涕者；闻曹操败，即喜唱快"，说明至少在北宋年间，曹操奸臣的形象便已经深入民心。罗贯中在《三国演义》中塑造的奸雄曹操，只不过是顺应民意而已。

与此相应，刘备集团中众人的形象则得到了不同程度的美化。其中最夸张的是关羽。魏晋南北朝时代，时人但以其为勇将。然而到了唐宋以后，佛教和道教先后将其吸收为护法神祇，统治者也大肆鼓吹其"忠义无双"，于是关公在民间的形象便"儒称圣，释称佛，道称天尊；汉封侯，宋封王，清封大帝"，一路扶摇直上了。

有意思的是，近代以来随着新思想传入，人们对曹操的评价也屡有反复，总体而言是趋向正面的评价越来越多。如章太炎便盛赞曹操"信智计之绝人，故虽谲而近正"；鲁迅也承认曹操至少是一个英雄，自己非常佩服他；郭沫若更是替曹操翻案，说曹操是"民族英雄"。时至今日，在网络论坛和新媒体上，许多人依然对"曹老板"的人品和功过争论不休。相信读书至此，您对历史上的曹操也有了新的了解。或许可以套用那句著名的话："一千个人的心目中就有一千个曹操。"这么说应该不过分吧？

第 97 章　盖棺难论定

第98章 曹丕继位

在今本《曹丕集》中，收录有一首《短歌行》，据说是曹操去世之后曹丕思念父亲的悼亡之作。该诗模仿曹操那首更著名的《短歌行·对酒当歌》，于开篇吟咏道："仰瞻帷幕，俯察几筵。其物如故，其人不存。神灵倏忽，弃我遐迁。靡瞻靡恃，泣涕连连。"翻译成白话，意思是：仰视父王的床帐，下看他用过的桌席，这些物品虽然如旧，他的人却已不在。他的灵魂已经弃我远去，徒留我一人无所依靠，涕泣不已。

下文曹丕又化用曹操诗中"鹿鸣"的典故，用野鹿和飞鸟的父子相依来凸显自己丧父后的孤独和悲苦，抒发了他"长吟永叹，怀我圣考"的感情，可谓情真意切，颇为动人。后来这首诗歌还被曹丕指定为节朔时演奏的固定曲目，由他亲自抚筝和歌，以表达自己的孝思。

如此看来，曹丕对父亲的感情不可谓不深厚。

不过，也有人在史书中找到了相反的材料，指责说曹丕的孝举其实都是伪装。证据之一是，据《世说新语》记载，曹操死后未久，曹丕就"悉取武帝宫人自侍"，把曹操的姬妾弄上了自己的龙床。而延康元年（220年）七月曹丕南行至谯县老家，便大摆筵席，还搞了好多歌舞音乐、杂技演出，此时距离曹操去世也才半年，这种纵情声色的行为显然与儒家守孝三年的礼法传统不符。

然而在我看来，曹丕的以上行为彼此并不矛盾。其实他跟曹植一样，骨子里都是感情丰富、敏感多情的热血小青年，但是他自幼浸淫于权力场，长大后又深陷太子之争，基于现实政治的考虑，不得不给自己罩上一副循规蹈矩、温良恭谨的面具，无奈其城府毕竟不比乃父，装得久了难免会露出些许马脚，于是便出现了前文所述他在被定为太子后搂着辛毗的脖子说"辛君知我喜否"的情景。他悼念父亲的离去，应属真情实感，不过这也并不能妨碍他"悉取武帝宫人"以及在家乡父老面前用文艺演出的方式炫耀摆阔。毕竟，他为了得到这个位子已经"矫情自饰"，压抑本性忍耐了十多年，如今王位在手，他终于得到了前所未有的轻松和自由，当此之际，稍稍放纵一下来补偿自己，又有什么好奇怪的呢？

由于曹丕的太子地位三年前便已确定，曹操临终前对后事也早有安排，所以在其逝世之后，曹丕的继位并没有遇到什么严重的阻碍。不过，因为曹操是于西征返回途中在洛阳薨逝，而曹丕则远在邺城，一时间军中无主，权力的过渡还是产生了一些不小的波澜。

史料显示，之前西征军中疾疫流行，士卒民夫又被劳役所苦，大军返回洛阳时，士气本身便很低落，这时又值曹操去世，洛阳军中便发生了不小的骚动。左右近臣怕噩耗传播开来，引起更大的混乱，都主张秘不发丧，最后谏议大夫贾逵力陈不可，才正式发丧，命群臣入临。结果其他部队倒还好，以臧霸军为首的青州兵得知曹操已死，竟然宣扬天下

将乱，纷纷击鼓聚众，结伙要回老家①，一时间搞得洛阳内外气氛颇为紧张。以致当时有人建议，应该对青州兵这种无组织无纪律的行为严加禁止，不听的话就发兵征讨；还有人出主意，说最好把各地守将都更换为谯沛籍的旧人，因为只有谯沛人才靠得住。贾逵坚决反对限制青州兵的行动，认为这样只会激化矛盾，最好的办法是派人前往抚慰，并一路供应他们返回老家的粮食。魏郡太守徐宣也驳斥了更换守将的建议，认为专任谯沛只会寒了其他人的心。

由于贾逵和徐宣反对，以上建议并未实施，骚乱也就没有进一步扩大。

不久，曹操第三子、鄢陵侯曹彰从关中赶到了洛阳。曹彰其人擅长骑射，膂力过人，据说可以手格猛兽，也颇有军事才能。他对曹丕一向是不大佩服的，所以一到洛阳，就问主管丧事的贾逵："先王玺绶何在？"贾逵立刻正色答道："太子在邺，国有储副，先王玺绶非君侯所宜问也！"

曹彰在朝廷内部并无党羽，之前也不曾被曹操列为太子候选人，但他时任越骑将军，手里掌握着一支军队，如果他能抢先夺得魏王玺绶，或许便会给曹丕的继位制造很大的麻烦。此番他虽然在贾逵这里吃了个憋，却并不死心。据《魏略》透露，由于曹彰是受曹操去世前征召而来，他就据此煽动曹植说："先王之所以召我，是为了立你。"然而曹植一来自知并无胜算，二来也是为了顾全大局，拒绝道："不可。岂不见袁氏兄弟之下场吗？"

---

① 有学者认为，青州兵此举可能与他们认定曹操系太平道宣扬的救世"真人"有关。当年青州黄巾之所以甘心向曹操投降，张鲁愿意接受曹操的招抚，都与此存在联系，甚至不排除青州黄巾投降时与曹操之间曾缔结过某种契约的可能。如今"真人"去世，契约解除，青州兵自然不愿再为他人效忠。

曹彰、曹植二人联合起来夺位的风险，曹丕阵营那边也不是没有预料到。

当曹操去世的凶问传入邺城，包括曹丕在内，留守诸臣都相聚号哭，纷纷为伟大首领的离世而痛不欲生。此时，太子中庶子司马孚就挺身而出，劝曹丕说："如今大行晏驾，天下百姓都恃殿下为命。当上为宗庙，下为万国，奈何效匹夫之孝乎！"意思是真正的孝道是继承曹操遗志，承担起魏王的职责，而不是像一个普通人那样哭哭啼啼。曹丕又哭了一会儿，才道："卿言是也。"止住了悲声。司马孚又转身厉声对群臣道："大行晏驾，天下震动，当早拜嗣君，以镇海内，而但哭邪！"随后便与尚书和洽等人筹备起了奉太子尽早即位的事宜。

问题在于，曹操这个魏王是汉室所封，所以就程序而言，曹丕继位也应该首先获得汉帝批准。当然汉献帝对此是绝不敢反对的，无非邺城和许都之间一来一往，总要花上不少的时间，未免有夜长梦多之虞。于是尚书陈矫建言说："先王薨逝于外，天下惶惧。太子宜割哀即位，以系远近之望。且又爱子在侧，倘若彼此生变，则社稷危矣！"显然，所谓"爱子在侧"云云，指的就是曹彰和曹植身在洛阳。

曹丕左右群臣意识到了陈矫所言的严重性。为了杜绝这一风险，眼前只有不拘常制，"先上车，后补票"，尽快确立曹丕的君王身份。于是在陈矫、和洽、司马孚诸人的张罗下，不到一天的工夫就准备好了即位所需的各种繁文缛节。次日一早，众臣便托王后卞氏之令，拥护曹丕举行了即位仪式。又过了一段时间，许都那边才派来御史大夫华歆为首的使团，奉汉献帝策诏，正式授予了曹丕丞相、魏王、领冀州牧的职衔，在程序上确认了曹丕接班的合法性。

而曹丕即位之后，立刻便着手干了两件事。

第一件事，是封赏文武百官，以太中大夫贾诩为太尉，御史大夫华

歆为相国，大理王朗为御史大夫，和洽为郎中令，司马孚为中书郎，刘放、孙资为秘书左右丞，陈群、卫觊等为尚书，并置散骑常侍、侍郎各四人，还规定宦人为官者不得过诸署令，在笼络人心的同时，进一步完善了曹操建立的魏国中央官署。

第二件事，则是找借口杀掉了当年支持曹植跟自己争位的丁仪、丁廙兄弟，并在曹操的葬礼结束后，勒令曹植、曹彰等宗室返回各自的封国，设防辅监国之官对他们严加监视，非有诏令不得随便外出。

按照《魏略》所说，一开始曹丕只是想叫丁仪自杀，以便保全他的子嗣。但丁仪贪生怕死，不肯自尽，还苦苦对着中领军夏侯尚叩头求饶。夏侯尚是曹丕为太子时的密友，他虽然对丁仪颇为同情，却也无可奈何，因为曹丕要杀丁仪的决心十分坚决。还有学者认为，这一时期曹植写了一首《野田黄雀行》的诗，用黄雀落入罗网、少年恻隐相救的故事，抒发了自己欲救丁仪而不得的郁闷心境。后来丁仪便被下狱治罪，连带其弟弟丁廙、儿子被一同处死了。

行文至此，很有必要谈一下据传为曹植所作的那首著名的《七步诗》。

经过《三国演义》演绎，今人但凡说起曹丕、曹植兄弟，自然而然就会想起二人的太子之争以及胜利者曹丕为了刁难报复失败者曹植而令其七步成诗这则故事。《演义》第七十九回叙述说，曹植醉酒，对曹丕使者无礼，曹丕遂派许褚将其擒来，质问他说："昔先君在日，汝常以文章夸示于人，吾深疑汝必用他人代笔。吾今限汝行七步吟诗一首。若果能，则免一死；若不能，则从重治罪，决不姑恕！"曹植遂以殿上所悬二牛相争之画为题，七步内先作了一首《死牛诗》。曹丕又命其以"兄弟"为题，但不许犯"兄弟"字样。曹植即口占成诗云："煮豆燃豆萁，豆在釜中泣，本是同根生，相煎何太急！"曹丕意有所感，又兼卞太后求情，于是只将曹植贬爵了事。

然而遗憾的是，经过学者考证，基本上可以认定《七步诗》并非曹植本人的作品，而是后人伪托，"七步成诗"一事历史上也并未发生。

首先，从版本学上来说，黄永年先生早已指出，明代以前各家整理的曹植诗文集当中都不曾收录有《七步诗》。而《七步诗》的最早版本，乃源出《世说新语》。该书"文学"门第六六条云："文帝尝令东阿王七步中作诗，不成者行大法。应声便为诗曰：'煮豆持作羹，漉菽以为汁。萁在釜下然，豆在釜中泣。本自同根生，相煎何太急？'帝深有惭色。"然而这一版本是六句三十字。宋初的《太平广记》摘抄《世说新语》，也是先录《死牛诗》，再抄写了雷同的六句三十字《七步诗》。与《演义》中类似的四句版本最早见于《文选》李善注。李善是生活在唐前期的人，他在注《文选·齐竟陵文宣王行状》时转引《世说》云："魏文帝令陈思王七步成诗。诗曰：'萁在竈（灶）下然，豆在釜中泣。本是同根生，相煎何太急。'"成书于盛唐开元年间的《初学记》亦云："刘义庆《世说》曰魏文帝令东阿王七步成诗，不成将行大法。遂作诗曰：'煮豆燃豆萁，豆在釜中泣。本是同根生，相煎何太急。'文帝大有惭色。"敦煌遗书（编号P.2524）《语对》残卷也记载说："陈思王曹植字子建，魏文忌之……帝命令七步成诗，若不成，将诛王。应声曰：'萁在釜下然，豆在釜中泣。本是同根生，相并何乃急。'帝善之。"可见到了唐代，《世说新语》中所载的《七步诗》在流传中衍生出了不同的版本，且大多被简化为更符合唐人习惯的五言四句。

更有意思的是，《世说新语》的记述并未交代故事背景，曹丕为何要叫曹植七步成诗，以及这件事发生在什么时候等要素一概不详。但是到了唐代，这一故事在流传过程中被添油加醋，凭空多出了一些因缘枝节。例如《太平广记》中就说曹丕、曹植是在同辇出游时遇见两牛相斗,才引出了《死牛诗》和《七步诗》。而晚唐人陈盖为胡曾《咏史诗》作注,却说曹植是因为向曹丕进呈双陆才招致曹丕以作诗来刁难(双陆是一种赌博游戏,双陆争输赢,有争夺皇位的含义)。也是在这时,唐人开始把曹植的名篇《洛神赋》附会成《感甄记》,并杜撰出了曹植深恋曹丕之妻甄氏的"叔嫂虐恋"传说。李商隐甚至声称:"君王不得为天子,半为当时赋洛神。"意思是曹植之所以没能继承大位,有一半要归咎于他跟嫂子的不伦之恋。这还不算,晚唐佛教文献《法华经玄赞要集》当中,居然说曹植是因为强奸甄妃不成,曹丕才拿七步成诗为借口想要杀他。此事自属荒诞无稽。其实甄妃嫁给曹丕之时,曹植还只有十三岁,而甄妃则比他大十岁,即便她美若天仙,两人相恋的可能性也微乎其微。再加上《洛神赋》作于黄初三年(222年),当时甄妃已死,曹植则在曹丕的严密监管下处于囚徒般的境地。这一时期他动辄得咎,为了保全身家卑躬屈膝,讨好皇帝还来不及,又怎么可能把对嫂子的恋情寄托在文章里,从而给曹丕以整治自己的口实呢?

第99章 相煎何太急

然而尽管《七步诗》出于后人伪作，其中却也折射出了某种"历史真实"。那就是曹丕即位后对曹植、曹彰等宗室兄弟大加整治，管理手段相当严厉，的确给人造成了一种"本是同根生，相煎何太急"的印象。

根据我读史多年的总结，自从秦始皇建立起"君一人而臣万民"的中央集权皇帝制度，皇权本身就始终面临着来自七大方面的挑战，即宗室、外戚、宦官、大臣、小民、夷狄和读书人。七者之中，宗室、外戚、宦官、大臣四者是来自内部的挑战，小民和夷狄是来自外部的挑战，他们都可以让皇帝下台乃至非正常死亡；读书人虽然没这个能力，却可以煽动以上六者，让皇帝生前担惊受怕，死后不得安生。

曹魏政权从东汉末年社会崩溃的废墟中诞生，经过曹操的铁腕统治，到曹丕继位时，其实这七个方面都没有对君权构成致命的威胁（当然这是就魏国而非汉室而言)。但曹丕鉴于汉末外戚与宦官互相倾轧、祸乱频生的教训,以及自己在争立太子时的切身经验,上台不久就对宗室、外戚和宦官这三种势力采取了严厉的限制措施。

对宦官,如前所述,他规定宦人为官者不得过诸署令,并将这一规定制成金策,藏之石室,以示后世不得更改。因此终曹魏一朝,并无宦官干政之事。

对外戚,早在撰写《典论》时曹丕便多次表达过对妇家擅权的厌恶之情,黄初三年他更是降诏,明令宣示:"自今以后,群臣不得奏事太后,后族之家不得当辅政之任,又不得横受茅土之爵。以此诏传后世,若有背违,天下共诛之。"所以外戚势力在曹魏时期也未成气候。

至于宗室,曹丕一来有感于自家兄弟争位的经历,二来考虑到自己的子嗣尚幼、诸叔却正值壮年的现实状况,更是不遗余力地加以防范、限制和打击。

史料显示,曹丕在位期间对宗室诸王采取了一系列相当严苛的限制措施。例如他甫一即位,便勒令诸宗室封侯者"就国"。实际上,曹魏的诸侯王只是"虚封",虽有所谓的封土,却并无领兵治民敛赋之权,其收入全靠食邑(即封国民户的土地税)。而由于汉末战乱,郡县人口大幅缩减,以致不少诸侯王的生活相当窘迫。就拿曹植来说吧,他留下的章奏诗文中便多次提到自己在封国内面临的种种窘况。如在《迁都赋序》中他说自己"连遇瘠土,衣食不继";在《社颂序》中说"块然守空,饥寒备尝";在《转封东阿王谢表》中又说"桑田无业,左右贫穷,食裁糊口,形有裸露",王爷的身边人居然食不果腹,穷得没衣服穿,可见其境遇确实相当糟糕。

当然,曹植之所以落到如此境地,在相当程度上是曹丕对他加以报复和整治的结果。

据丕、植二人的传世诗文，可知在曹丕继位、曹植曹彰被勒令归国后不到半年，曹植曾向朝廷上奏，希望能够准许自己暂离封国临淄，到黄河边遥祭先王曹操。但是却被曹丕以"顾迫礼制""庶子不得祭宗庙"为由加以拒绝。后来曹丕逼汉献帝禅位，曹植在临淄不了解具体情况，以为献帝已死，遂有"发服悲哭"之举，弄得曹丕老大不痛快。再加上好友丁仪、丁廙、孔桂皆被曹丕诛杀，曹植心绪恶劣，本就好酒贪杯的他很可能于醉后发了不少牢骚。于是转过年来，便发生了监国谒者灌均秉承上意，弹奏曹植"醉酒悖慢，劫胁使者"的事件。

这次曹植的"罪行"，按照他自己后来的说法，是"狂悖发露，始干天宪"，"傲我皇使，犯我朝仪"，再参考灌均所说的"醉酒悖慢，劫胁使者"，推测是曹植在喝醉后当着朝廷使者的面说了些目无法纪的话，做了些有辱国体的事（发露形体），甚至对使者有强迫刁难的行为。按照规定，应该将曹植召到朝廷治罪，议罪的结果，即便不处死，也应该削去爵土，免为庶人。但曹丕碍于卞太后尚在，便下诏说："植，朕之同母弟。朕于天下无所不容，而况植乎？"只将其贬爵为安乡侯（由县侯贬为乡侯）。不久曹丕普授诸皇弟为公爵，曹植因为有罪，只改封鄄城侯。

谁知曹植到了鄄城，又被东郡太守王机、防辅吏仓辑等人诬告有不法行为。从《魏略》的一段记载来推测，这次曹植自感冤屈，很可能不顾"藩王不得朝觐"的命令，私自赶往京师洛阳，想要当面向曹丕分辩谢罪。曹丕得知，命关吏阻止其前进，但曹植却留下随行人员，只带了"两三人微行"赶到洛阳，先去见了清河长公主，想通过他们兄弟二人的这位异母姐姐面见曹丕。那边关吏不见了曹植，赶忙向朝廷汇报，曹丕派人去找也没找到。卞太后闻知，以为曹植说不定畏罪自杀了，就哭着来向曹丕要人。正好这时候曹植"科头负鈇锧，徒跣诣阙下"，来到

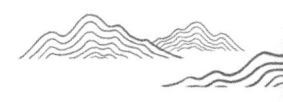

宫门前请罪，二人这才知道曹植没死，都松了一口气，连忙让他入见。等曹植光着头、裸着脚、扛着刑具踉跄入殿，跪在地上痛哭流涕之时，曹丕却依然铁青着脸，既不跟他说话，也不让他把冠履穿戴起来。一旁的卞太后见状，便又难过起来。曹丕只好叫曹植先穿好衣服，"待罪南宫"，等候处理。

关于这一时期曹植获罪这件事，还有史料说，曹丕曾经咨询过一个名叫周宣的解梦大师，说梦见自己在磨一枚钱币上的文字，可怎么磨都磨不掉，那文字反而更加清晰，不知道这梦是什么意思？周宣默然不应。曹丕再度催问，周宣才说："这是陛下家事。陛下您有事想做但太后却不允许，所以那钱文才会越磨越明。"史家因此论断说，这梦其实就是暗示曹丕想重重惩治曹植，却为卞太后所不容。

或许的确是因为有卞太后的保护吧，这一次据曹植自己在《自诫令》中的追述，曹丕大发慈悲，没有理会百官要求将他治罪的提议，"反我旧居，袭我初服"，又把他放回了鄄城。

然而到了黄初三年三月，曹丕大封诸皇子、皇弟为王，曹植却不在其列。直到一个半月后，他才将曹植由鄄城侯进爵为鄄城王。如果这不是卞太后干预的结果，那就是曹丕故意用这种方法来折辱曹植。转过年来，他又把曹植改封到雍丘（今河南杞县），这其实也是一种变相的惩罚。这个时候曹植虽是王爵，食邑却只有二千五百户，比他当年当临淄侯时食万户的待遇差得甚远。鄄城和雍丘又都是汉末饱经寇乱之地，经济条件并不理想，所以曹植才在文章里写道："余前封鄄城侯，转雍丘，皆遇荒土。……块然守空，饥寒备尝。"

此外，受制于曹丕先后颁布的其他限制诸侯王的政策，例如不准到京师朝觐，不准彼此交游，不准交接宾客，不准任职为官，出城游猎不得过三十里，国中只配给老弱残兵一二百人，又设防辅、监国之官对其严加监视等，曹植在封国内的境遇其实不啻一名囚徒。在曹丕去世、其子曹叡即位以后，这一状况依然没有得到改善。

即便这样，相比另一位兄弟曹彰，曹植的命运已经算是好的了。

黄初四年（223年）夏，曹丕特许诸王来朝，共度节气。曹植、曹彰、曹彪等诸王于是于五月间陆续来到京都。根据曹植自己在《应诏诗》中的描述，他对这次来朝相当期待。然而到了洛阳入住西馆之后，不知道曹丕是实在太忙还是存心加以冷落，好长时间他都得不到召见。于是曹植便写了《责躬》《应诏》这两首诗拜表以闻，希望引起曹丕注意。无论如何，曹丕后来还是赏脸给了曹植一次得见天颜的机会。但他对曹彰就没有那么客气了。

《三国志·曹彰传》云，来到京都后，曹彰"疾，薨于邸"，没能见到曹丕便得病死了。但《魏氏春秋》却透露说："初，彰问玺绶，将有异志，故来朝不即得见。彰忿怒暴薨。"也就是说，曹丕因为记恨当年他问"先王玺绶何在"一事，认为他有争位之心，所以在他来朝后故意不见他，而曹彰因此大受刺激，以致"忿怒暴薨"，是被曹丕气死的。真相是否如此，我们并没有足够的证据去证明。不过有一点可以确定，那就是世间人普遍认为，曹丕与曹彰的死脱不开干系。因此《世说新语》中便出现了这样的记载：

魏文帝忌弟任城王骁壮，因在卞太后阁共围棋，并啖枣。文帝以毒置诸枣蒂中，自选可食者而进。王弗悟，遂杂进之。既中毒，太后索水救之，帝预敕左右毁瓶罐。太后徒跣趋井，无以汲。须臾，遂卒。复欲害东阿，太后曰："汝已杀我任城，不得复杀我东阿！"

任城王即曹彰，东阿王即曹植。这则曹丕用毒枣毒死曹彰的故事与

"七步诗"一样应同为虚构,因为身为天子的曹丕要想治死一个地位形同囚徒的诸侯王,在合法的渠道内有的是手段,完全不必像小贼一样用这些下三滥的伎俩。即便要下毒,也不会选在卞太后的住处,更不会把毒下在二人共食的枣内。标记毒枣的记号若过于明显,就会被曹彰识破;若是不明显,就无法排除自己误食的可能。这种荒唐可笑的方法,多半是思路清奇的人才想得出来。况且《三国志》已经明言,曹彰是在黄初四年入朝时死在官邸之内,死前连曹丕的面都没见着,这就更加说明了这则故事不可信。

在某种程度上,这则故事其实只是反映了后人心目中对于丕、植、彰兄弟不和一事的普遍看法:权位争夺的胜利者曹丕气量狭小,报复心强,总是想方设法对失败者曹植、曹彰进行羞辱和打压。曹彰性刚,所以不得善终;曹植性柔,又有卞太后保护,也不过仅而获免而已。

黄初四年的那个初秋,结束了朝会的曹植自洛阳返国。此时曹彰新死,中州适值秋潦,河水漫溢四野,心情抑郁的曹植想在路上与另一位兄弟白马王曹彪同行,以慰彼此契阔之情。然而朝廷却以诸王不得交游为辞,明知二人回国的路线相同,却硬是要求他们分开行道宿止。曹植愤懑难当,又有感于此次分别恐将再也不能相见,遂写下了那首著名的五言长诗《赠白马王彪》。

这首诗是曹植后期最重要的代表作,全诗共80句,400字,其篇幅之长、结构之巧、感情之深,都在古典抒情诗中极其罕见。诗歌首叙归国途中的苍凉景色和艰深旅途,"伊洛广且深,欲济川无梁","霖雨泥我涂,流潦浩纵横","鸱枭鸣衡扼,豺狼当路衢",而诗人的人生也像这段旅途一样,正处于举步维艰的困境当中。在这个秋风萧瑟、寒蝉凄切的黄昏,三十二岁的曹植揽辔踟蹰,望着那荒芜的原野和如血的残阳,不由发出了"天命与我违"的喟叹。身为豪门贵公子,他曾经天真地以为自己的人生应该"建永世之业，流金石之功"，因此当曹彰北征乌桓得胜归来之后，他曾经那么热切地歌颂过他"捐躯赴国难，视死忽如归"的行为。可是如今，那个"狡捷过猴猿，勇剽若豹螭"的"幽并游侠儿"已然横死，因为不知从何时开始，童年的欢笑、手足的情深，仿佛在转瞬之间，就变成了隔膜、猜忌、倾轧、阴谋和残杀。"人生处一世，去若朝露晞"，在被迫与白马王曹彪分别之际，尽管曹植勉力安慰他说"丈夫志四海，万里犹比邻"，我辈大好男儿不必像小儿女般为骨肉分离而过于伤怀，然而曹植自己也明白，他们二人的命运现在完全掌握在别人手中，什么天命，什么神仙，不过是自欺欺人罢了！诗篇的最后，曹植只能无奈地写道："离别永无会，执手将何时？王其爱玉体，俱享黄发期。"就让我们彼此珍重，将这次分手当作永远的别离罢！

　　八年后，由于魏明帝曹叡特许诸王来朝，曹植与曹彪应该又见过一面。不过这次朝会之后的第二年，始终郁郁不得志的曹植便于封国内病卒了。又过了十九年，曹彪因为牵涉进王凌、令狐愚的叛乱案而被迫自杀，终究没有逃脱"相煎何太急"的命运。

第 99 章　相煎何太急

第100章 汉魏禅代

时间回到延康元年,对于刚刚继魏王位的曹丕来说,其实消灭曹植、曹彰等内部政敌的威胁虽然是他亟待处理的事项之一,但却并非这一时期最重要的事。

在曹丕看来,最重要的事,当然是继承曹操"吾为周文王"的遗志,尽快成为"周武王",彻底完成改朝换代的事业。

不过,尽管相比曹操,曹丕对汉室更无感情,也对以臣逼君一事更无道义上的负担,但曹操对称帝有所顾虑的因素此时并未消失。汉朝毕竟是一个延续了四百多年的大一统王朝,囿于政治传统和思想惯性,许多人依然对汉室存在着深厚的眷恋和幻想。更何况刘备割据巴蜀,动辄以兴复汉室为辞;孙权坐断东南,也有伺机窥鼎之心。再加上曹丕的个人威望比乃父差上许多,这种情况下如果贸然逼汉献帝让位,虽说成功的可能性无可怀疑,却很有可能引发一些始料未及的政治事件,从而不利于新生政权的稳定性。

　　远的不说，仅仅两年之前，许都就发生过汉太医令吉本聚党千余人夜攻曹操长史王必、意欲挟持汉献帝南投荆州关羽的事件；而就在曹丕继魏王位四个月之前，在他的眼皮子底下还曾经发生了魏讽谋反一案。魏讽这个人官居魏相国（曹操以钟繇为相国）西曹掾，其籍贯很可能出自谯、沛。他不但很有才智，而且名动邺都，"自卿相以下皆倾心交之"。这样的人物，按理说在曹魏内部大有前途，若是为个人富贵考虑，他完全不必去干谋反的勾当。所以最大的可能就是魏讽等人对曹魏篡汉的事业不满。而魏讽的支持者，包括张绣的儿子张泉、刘廙的弟弟刘伟、王粲的两个儿子以及宋忠之子，武将方面也有文钦和长乐卫尉陈祎牵涉在内。当时他们趁曹操统兵在外，潜结徒党，计划攻取邺都，幸亏陈祎临时反水向曹丕告发了此事，曹丕才得以抢先将魏讽等一网打尽。与吉本的叛乱不同，魏讽案的参加者大都来自曹魏集团内部，曹丕亲手处理此案，当然不会不明白这其中牵涉的关节所在。现在他刚刚接班便想一步到位取代汉献帝，就不能不提前规划好预防措施，以避免类似的事件再度发生。

　　于是在这年六月，也就是曹操去世之后还不到半年，曹丕忽然在邺城东郊搞起了军事演习，宣称要大举南征。

　　当时有个管财政的叫霍性的官员政治觉悟不高，以为曹丕是真要跟孙权、刘备一决雌雄，就傻乎乎地向朝廷上奏，劝曹丕万万不可起兵。他哪里知道曹丕南征是假，借机把兵权牢牢握在手里、以兵威逼迫献帝让位的同时最大程度地杜绝叛乱风险才是他的真实目的。所以在曹丕看来，霍性这个家伙谏阻南征，那就是公然阻止自己登上皇位，实属罪大恶极，必须严惩以儆效尤。史称"帝怒，遣刺奸就考竟，杀之"。霍性到死，大概都没明白自己到底犯了哪门子政治错误。

　　有了霍性的前车之鉴，大部分曹魏官员又不是傻子，当然不会再有

第100章　汉魏禅代

人吭声。于是在六月二十六日,曹丕便率领文武百官和举国军队,浩浩荡荡地离开邺城,直奔黄河以南而来。

其实这一路与其说是出征,还不如说是政治巡游。

同为"80后"(两人皆为180年后出生),到底是孙权最懂得曹丕的心思。曹丕的大军前脚刚动,后脚孙权就知道他此行意不在南征,立刻便遣使纳贡向曹丕示好。紧接着又有镇守汉中东部的蜀将孟达率众来降,曹丕不顾刘晔劝阻,封其为新城太守,还领所部。然而据曹丕自己在令文中透露,孟达投降是他提前派人劝诱的结果,说明早在继位之初,他便利用荆州丧失后汉中局势不稳的态势对孟达展开了策反工作。再加上之前冯翊郡有山贼郑甘、王照来降,居然被曹丕封为列侯的举动,足可见这一时期曹丕有意制造一种万方宾服的政治气氛,以便为篡汉一事积累声望、制造声势。

七月下旬,曹丕抵达老家谯县,随即大肆犒赏三军,并罔顾儒家三年之丧的礼法,盛陈伎乐百戏,款待家乡父老。从令文中曹丕将谯县称为"霸王之邦,真人本出"看来,此举显然不纯是为了炫耀虚荣,更重要的目的是为天命更迭制造舆论。

当然,同样服务于这一目的的,还有史书记录的自曹丕继位以来便频繁出现的种种祥瑞事件。

先是"三月,黄龙见谯"。《三国志·魏书》声称,早在汉灵帝熹平五年(176年),谯县就发生过黄龙现身的异象。龙当然是帝王的象征,例如当时许多流行的谶书都宣言,汉高祖刘邦就是赤龙跟他妈交合的产物。而谯县是曹操父子的老家,此地有龙出现,其政治含义不言自明。更重要的是,这龙不是黑龙,不是白龙,而偏偏是黄龙。本书开篇时我就介绍过,按照时人信奉的五德终始理论,汉家火德,火德既衰,土生于火,取代汉室天下者便是土德,而黄色正是土德的象征,黄龙必将取代赤龙。这也是后来曹丕定年号为"黄初",孙权也把自己的头两个年号定为"黄武"和"黄龙"的原因。

问题在于,龙毕竟是神异之物,寻常不能得见。为增强此事的可信性,记事者补充说,当年光禄大夫桥玄和太史令单飏都知晓此事,桥玄还问单飏这是什么征兆。单飏道:"其国后世当有王者兴。不及五十年,亦当复见。"彼时有个叫殷登的人在场,将此事默记了下来。如今四十四年过去了,桥玄、单飏虽早就化作了土,但殷登依然健在,因此当他得知谯县再次有黄龙出现之后,便感叹道:"单飏之言,就应验在这里呀!"曹丕听闻,随即召见殷登,称赞他"服膺占术,记识天道",还赐给他谷米二百斛,从官方上认可了"黄龙见谯"的可信性。

有殷登示范在前,各地上奏的祥瑞便更加络绎不绝起来。四月,饶安县说有白雉出现;八月,石邑县说有凤凰来集;其余祥瑞按照太史丞许芝的说法,可谓"黄龙数见,凰皇仍翔,麒麟皆臻,白虎效仁,前后献见于郊甸;甘露醴泉,奇兽神物,众瑞并出"。总之都是大魏当兴、曹魏代汉的预兆。

于是,在举国上下营造的一片改朝换代的气氛中,曹丕统领"持戟百万、控弦千队",于十月间在曲蠡停驻了下来。曲蠡位于颍阴县南,距离许都不过七十里。汉献帝如果耳朵好使,说不定都能听见曹军的鼓号之声。四十岁的献帝刘协已经在曹操父子的手里当了二十来年囚徒,他当然明白今日之事意味着什么。而不论他愿还是不愿,眼前的局面都已经无法改变。所以对他来说,要想保住性命,唯一的选择就是对曹丕的行动加以配合。很快,献帝便召集朝廷百官,告祠高庙,宣布将皇位禅于魏王,并派兼御史大夫张音持节奉玺绶给曹丕。

到了这一步,曹丕面临的就不再是接受不接受禅位的问题,而是怎么接受的问题。

禅让这种和平交接政权的方式，最早见于《尚书》等儒家典籍。根据这些典籍的描述，上古之时，尧曾经在年老之后将"帝位"禅让给舜，舜后来又禅位给禹。当时禅让的理由，仅仅是因为受禅者更加贤能。到了汉代，由于五德终始说、符瑞灾异说、天人感应论大为流行，儒生们又将这些神秘主义理论杂糅附会到了禅让之事当中，从而在"贤能"之外又为禅让披上了一层"天命"的外衣。后来王莽之所以能够成功篡夺汉室江山，正是从"贤能"和"天命"这两个方面入手为自己受禅塑造合法性的结果。

由于上古之事微远难明，实际上王莽代汉就成了帝制时代以来第一个成功的禅代先例，曹丕要想复制这一成功，最可行的具体操作方案就是效王莽之故辙。然而这当中有个麻烦的地方在于，王莽由于改制失败，最后身死国灭，向来被后世视为一个卑劣的篡夺者。因此曹丕既要效法王莽，却又不能让人家把自己看作王莽。所以在禅让的程序和受禅的方式上，他一定要让自己与王莽有所区别。

回顾王莽代汉的历史，可以发现，其身份由辅汉忠臣转变为篡汉奸臣的关键环节，就在于他以周公自比"居摄"三年之后，违背了自己"复子明辟"的诺言，把自己从"假皇帝（代理皇帝）"变成了"真天子"。而实现这一转变的操作程序，仅仅是以齐井、石牛、铜符、金匮这些假托天意的符命为依据，由王莽"至高庙拜受金匮神嬗"而已。换言之，王莽的皇位是从代表赤帝的汉高祖之灵那里受禅而来，禅让不是发生在王莽和名义上的汉家储君孺子婴之间，整个过程里也不存在居位者主动让位这一行为。况且，孺子婴那时只是一个四岁的幼童，根本没有独立行事的能力。所以一旦脱离当时的情境，王莽就无可避免地要背负"欺他孤儿寡妇，狐媚以取天下"的恶名。

如今情况不同的地方在于，曹丕既非"居摄"，汉献帝也不是没有行为能力的孺子婴,再加上献帝居于天子之位已经超过了三十年,且一贯谨小慎微,并无过失,因此即便有"天命"加持,曹丕也不可能像王莽那样直接跟上天汇报一声就将献帝一脚踢开,自己坐上皇位。整个禅让程序要想合理合法,曹丕就必须让这件事像儒家典籍中描绘的尧舜禅让一样,不但要采用由献帝直接让位给自己的方式,而且要显得献帝"心甘情愿",自己则是"情非得已"。

为达到这一目的,当献帝初次派张音持节将天子玺绶送到他面前的时候,曹丕并未接受,而是装模作样地以自己德行微薄为由加以拒绝。而在随后的日子里,天子玺绶好像忽然成了烫手的山芋,这边汉献帝坚持要让,那边曹丕就找各种借口拒不接受,中间则有魏国群臣一批批前赴后继,以连篇累牍的章奏反复劝进。胡三省曾谈及禅代之事,论述这一模式说:"凡禅代皆奉表三让,百僚三表劝进而后即位。"这是就后世习以为常的模式而言,当时曹丕还是初次采用这种方式,因此格外麻烦。据方北辰整理,整个辞让过程中,群臣劝进总共十六次,曹丕则拒绝了十九次,为时二十余天,最后直到十月底①,献帝第四次下诏、群臣第十七次劝进,曹丕才同意在繁阳(今河南临颍西北)筑坛,正式举行登坛受禅仪式。

孟冬时节的郊外,寒气袭人。在汉魏公卿、列侯、诸将、匈奴单于、四夷朝者数万人的注视下,随着魏相国华歆从献帝那里跪受玺绶,然后进呈受禅台上的曹丕,已经传国二十四代、延祚四百余年的汉家皇朝就此结束了对中原的统治。

名副其实的三国时代,自此正式开启。

---

① 禅代仪式举行的具体时间,《三国志·魏书》与《后汉书·献帝纪》记载有异。今据《三国志集解》所引欧阳修《集古录》之考证,当以十月二十九日为正。

第101章 复仇之心

据说，身份已经由魏王变成魏帝的曹丕走下七丈多高的受禅台，对群臣所说的第一句话便是："舜、禹之事，吾知之矣。"

此处曹丕说"舜、禹之事"而不是"尧、舜之事"，显然是因为尧舜禅让是"天下为公"，而舜禹禅让则是"家天下"之始。曹丕把自己受禅比作大禹受舜之让，言下之意当然是希望他曹家的天下能够像夏代一样国祚绵长。

然而有意思的是，按照当时流行的五德终始说，汉家乃是尧后，而曹家则宣称自己是大舜的后裔，即"魏家舜后"。这一来虽然在理论上为汉魏禅代的合法性找到了依托，但却无形中把自身放到了"舜、禹之事"中舜的位置，从而为后来者假托"禹后"顶替曹氏制造出了空间，不经意间成了曹魏王朝短命而亡的宿命般的谶言。

其实平心而论，为了把"舜、禹之事"模仿到位，曹丕给下台的汉献帝刘协的待遇还算不错。他不但封刘协为山阳公，食邑万户，位在诸侯王上，还允许他以天子车服郊祀天地，宗庙、祖腊皆如汉制。直到十四年后，刘协在山阳国寿终正寝，魏明帝曹叡还葬其以天子之礼。汉献帝的其余子孙也得到了曹魏的善待。相比后世禅位之君大多不得善终的遭遇，汉献帝在曹魏时代的结局实属难得。

不过，在当时由于信息闭塞，并不是所有人都能及时而准确地获知这一情况。

例如前面提到，身在临淄的曹植听闻汉魏禅代，以为献帝已死，就"发服悲哭"，替献帝服起了丧。而金城太守苏则也是如此。以致后来曹丕曾不无怨恨地说道："吾应天受禅，而闻有哭者，何也？"曹魏境内既是这样，身为敌国的蜀中就更难确知献帝的生死。史书声称，这一时期"蜀中传言汉帝已遇害"，于是刘备便发丧制服，还给献帝上了个谥号曰孝愍皇帝。

转眼到了第二年的春夏之交，哭也哭了，丧礼也办完了，谥号也上了，一个迫切的问题便摆在了蜀中人民的面前：不管刘协到底死还是没死，汉帝总归是没了，那么我们这些彷徨无主的汉室遗民应该由谁来领导呢？

答案显而易见。

当年四月，在太傅许靖、安汉将军麋竺、军师将军诸葛亮等一众群臣的劝进下，汉中王刘备宣布：天命不可以不答，祖业不可以久替，四海不可以无主，为挽救汉室倾颓之命运，于成都即皇帝位，大赦境内，改元章武。

据说即位之前，刘备虽然没像曹丕受禅那样做足戏份，"逊让至于三四"，适当的辞让姿态还是有的。而且蜀汉内部对其称帝也并非全持赞同意见，如前部司马费诗就上疏说，现在大敌未克便先自立，恐怕于

第101章 复仇之心

人心有碍。尚书令刘巴和主簿雍茂等人也持反对态度。是以刘备也不是没有顾虑。

这时诸葛亮就劝他说:"当年吴汉、耿弇等人初劝世祖(即刘秀)即帝位之时,世祖再三辞让。耿纯进言曰:'天下英雄喁喁,冀有所望。如不从议者,士大夫各归求主,无为从公也。'世祖深以为然,便不再推辞。方今曹氏篡汉,天下无主,大王您乃刘氏苗裔,绍世而即帝位,正得其宜!士大夫随大王久勤苦者,亦欲望尺寸之功如纯言耳。"

刘备创业虽早,但蜀汉形成一个稳定的政权却在三国之中最晚,从拿下益州到刘备称汉中王,不过是近几年的事,因此在政权建设方面,蜀汉还存在诸多不完善之处。尤其在内部的利益分配方面,随从刘备入川的"荆州集团"、刘焉时期入蜀的"东州集团"以及土生土长的"益州集团"之间的关系远没有理顺。为凝聚人心,必须对他们宠以官爵、许以利禄,所以诸葛亮才说"随大王久勤苦者,亦欲望尺寸之功"。这些人跟着你拼死拼活,不就是图个高官厚禄、锦绣前程吗?如果你不当这个皇帝,那还怎么册封文武百官?

刘备很快便被说服了。即位后,他封诸葛亮为丞相,许靖为司徒,刘巴为尚书令,张飞为车骑将军、司隶校尉,置百官,立宗庙,使炎汉之国祚在巴蜀地区依然存续了下来。

这一年,刘备刘玄德六十一岁。

虽然他统治的国土不过汉帝国盛时的一州之地,但毋庸置疑的是,放眼海内,已经没有任何人比他更配得上大汉皇帝这个称号。

他是"景帝子中山靖王胜之后",是如假包换的帝室之胄,又以汉左将军的身份接受过献帝的衣带密诏,是反曹抗曹事业当仁不让的领袖。他据有的汉中,乃是高祖刘邦当年进取天下的"龙兴之地",他由汉中王进位皇帝的举动亦是袭刘邦之故辙。群臣们都说,他的名讳早已具载于图谶，近年涌现的种种符瑞都是他受命于天、绍续汉室的明证。

诚然，如今汉室不振，王纲解纽，中原大好河山尽被国贼占据，可两百年前汉家遭遇"阳九之厄、百六之会"，国统被王莽篡夺之后，光武皇帝不是也"以眇眇之胤，起白水之滨"，数年之间便廓清四海，使得汉家皇统废而复兴、绝而复续了吗？以古比今而言，那曹操父子与窃国大盗王莽实在没什么区别，孙权兄弟也不过是隗嚣、公孙述之流；就当前的天时人事而论，则火德之运不衰，刘氏旧泽犹存，人心依然思汉。既然汉室可以在光武帝刘秀手里实现"中兴"，以我刘备之才略，以巴蜀汉中之基业，凭什么不能振衰起敝、再致太平，使煌煌炎汉实现"季兴"（第三次兴盛）呢？就连曹操也承认，"天下英雄唯使君与操"。现在曹操已死，曹丕不过是个夸夸其谈的黄口小儿，孙权也不过仰仗父兄成资，并无过人智略，我刘备又有何惧？尤可恨东吴见利忘义，背友叛盟，袭我荆州，害我云长，此仇不报，更待何时？

很可能正是基于以上心理，即位之后不久，刘备就力排众议，执意发动了对东吴的复仇战争。

据《三国志》裴注所引《云别传》，当刘备决意进攻东吴之时，赵云曾劝阻他说："国贼乃是曹操，并非孙权，若能先灭魏国，则东吴自然臣服。如今操贼已毙，其子曹丕篡盗，我们应当利用众人的敌忾之心，尽早图取关中，然后占据河、渭上流以讨凶逆，如此则关东义士必定会裹粮策马以迎王师。此时不宜舍魏不顾，先与吴战，兵势一交，短时间内便难以轻易解除，并非上策。"然而刘备不但不听，还把赵云留在了江州。

除赵云之外，史籍还说："群臣谏者甚众，汉主皆不听。"其中有个叫秦宓的官员以天象为由，劝刘备说东征必将不利，还被刘备关进了监狱。

至于诸葛亮，史籍中既没说他赞同东征，也没说他反对东征，似乎在伐吴一事上他并没有鲜明的立场，至少他没有明确地表达出来。有的学者说，从隆中对"跨有荆益"的战略规划看来，诸葛亮应该是不反对乃至支持发兵夺回荆州的。但是也有学者表示，联合东吴是诸葛亮一贯的对外策略，他绝不会支持刘备主动破坏孙刘联盟的举动，史书没有记载他的反对言论，那是因为他有所顾忌、不方便说，或者知道说了也没用。后来刘备大败于夷陵，诸葛亮不是感叹说"法孝直若在，则能制主上，令不东行；就复东行，必不倾危矣"吗？这就说明诸葛亮认为除了死去的法正，当时没有人能够说服刘备回心转意，自己当然也不能。由此看来，诸葛亮大概在心底里是不赞成刘备去向东吴复仇的，只是他不便明说而已。

依我之见，从诸葛亮的身份以及他当时所处的地位看来，这后一种意见可能更接近于历史真相。

首先我们要搞清楚，根据史料记载，在刘备生前，尽管他声称"孤之有孔明，犹鱼之有水"，诸葛亮也确实在蜀汉政权的创建过程中发挥了关键作用，但在重大事件的决策上，刘备并不是像小说中描写的那样对诸葛亮言听计从。例如当初曹操南征荆州，刘备弃樊城而逃，诸葛亮曾劝他在路过襄阳时袭取刘琮，刘备没听；孙刘联姻之后，刘备曾到京口去见孙权，"求都督荆州"，诸葛亮怕他被东吴扣留，劝他不要去，他还是没听；刘备夺得益州后，有个叫张裕的官员对他不服不忿，诸葛亮劝刘备从宽处理，但刘备仍坚持将此人诛杀；此外，在任命黄忠为后将军一事上，刘备好像也没有征得诸葛亮的同意。

另一方面，史籍虽然也记载了不少刘备采纳诸葛亮建议的事例，但除了赤壁战前联吴抗曹这一重大决策之外，这些事例主要集中在官员的选任、处置等内政方面。如建议刘备任用庞统、刘巴、马良、杨洪，宽免有罪的蒋琬、李邈，诛杀有罪的刘封、彭羕等。再参考史书所记刘备对诸葛亮的使用状况，如"督零陵、桂阳、长沙三郡，调其赋税，以充军实"，"先主外出，亮常镇守成都，足食足兵"，可知在刘备心中，诸葛亮的定位并非是谋士或者军师（尽管诸葛亮曾任军师将军），而是类似于萧何，所仰赖的主要是他在内政和人事上的经营。而在军事、外交等事关谋略的领域，刘备最信任的其实是法正，或者他干脆自己拿主意。这也就是《三国志》说刘备得益州后以"诸葛亮为股肱，法正为谋主"的原因。

"股肱"不是不重要，甚至有时比谋主还重要，关键在于两者的定位和功能不同。刘备籍贯涿郡，又并非士人，他以一介豪强的身份入主荆州和巴蜀，如何赢得当地士人的支持从而站稳脚跟，是他这个外来户的短板。而诸葛亮本人除了具备出色的个人才能之外，恰好可以弥补他的这个短板。就这个意义而言，诸葛亮对刘备的重要性就如同荀彧之于曹操，既是经理人，又是合伙人。刘备对诸葛亮当然十分信任，否则就不会在出征时放心地让他留守后方，也不会在称帝后便委任他为丞相。只不过在刘备的心里，萧何有萧何的功能，韩信有韩信的用处，当他身边还存在其他同样值得信赖的膀臂时，或许是出于权不外假的考虑以及派系平衡的需要，让诸葛亮扮演萧何的角色似乎便足以让刘备安心。因此，当庞统在时，刘备以庞统和诸葛亮并为军师中郎将；后来法正受宠，刘备又让法正"外统都畿，内为谋主"，使得诸葛亮也要让他三分。奈何数年之中庞统、关羽、法正先后谢世，到刘备称帝时，原本的股肱之臣已所剩不多，诸葛亮遂得以以超然于群臣的地位获拜丞相之职。即便在这时，刘备对诸葛亮也没有全部放权，因为刘备虽然让他当丞相，却并没有授予他开府之权，而是让他以"录尚书事"的职衔处理朝政。也就是说，在刘备生前诸葛亮虽然已经位居丞相，但他没有自己的行政班底，在权力的行使上不但比不上"曹丞相"，甚至连汉初的萧何也没法比。所以，有许多事情都是刘备自己拿主意，诸葛亮可以提建议，但刘备也并非言听计从。

此外，给《三国志》做注的裴松之还提到，在刘备面前，诸葛亮具有"谦顺之体"。意思是说他凡事都顺从刘备的意思，刘备决定的事，他绝不反对。这一方面说明他们君臣二人的确是鱼水相得、配合默契，一方面也向我们暗示，在讨伐东吴这种事关国运的重要决策上，诸葛亮即使与刘备意见相左，恐怕也不会公开表露出来。

还有一点必须注意，那就是当时诸葛亮的哥哥诸葛瑾在东吴那边正受重用，恰以南郡太守之职代吕蒙驻守公安。也就是说，刘备要想收复荆州，就必须消灭诸葛瑾。虽说诸葛兄弟各为其主，孙刘交好之时，两人交往但谈公事，"退无私面"，可一旦兵戎相见，两人毕竟是亲兄弟，而且诸葛瑾还把自己的二儿子过继给了诸葛亮当嗣子，即便刘备不怀疑诸葛亮的忠诚，诸葛亮自己也得知趣避嫌。这种情况下刘备要打荆州，他怎么可能公然反对？

如此看来，后来孔明那一声"法孝直若在"的感叹，实在蕴含了许多不易为人察觉的懊悔和无奈。

第102章 蜀军无大将

后人谈起刘备称帝当年便迫不及待地东讨孙权，由此发动了夷陵之战这段史事，几乎众口一词地认为，刘备发兵的主要目的便是为关羽复仇。

如《三国志·先主传》云："先主忿孙权之袭关羽，将东征。"前引《云别传》亦云："孙权袭荆州，先主大怒，欲讨权。"《资治通鉴》也说："汉主耻关羽之没，将击孙权。"对此观点，我认为无可怀疑。

可问题在于，关羽被害和荆州之失发生在建安二十四年冬，而刘备东征的时间则是章武元年（221年）七月，这中间至少有一年半的延迟。即便刨除刘备为献帝发丧和随后称帝的干扰，这个反应和准备的周期也显得太长了些。

而且老实说，刘备虽然当了皇帝，但此时蜀汉内部的情况却并非最佳。首先是在荆州丢失后未久,由于孟达叛变,蜀汉紧跟着又丢失了汉中地区的东三郡;其次是在出征前的一个月,刘备还折损了另一条膀臂——猛将张飞。

孟达这个人本是刘璋旧部,在建安十六年刘备入川时跟法正一起投靠的刘备。后来刘备夺得益州,便任命他为宜都太守。在建安二十四年刘备夺取汉中的攻势中,孟达受命北取汉中东部的房陵(今湖北房县)和上庸。这期间,发生了一起真相晦暗难明的事件,即《三国志·刘封传》所说的"房陵太守蒯祺为达兵所害"。蒯祺出身荆州大族中卢蒯氏,与跟随刘琮投降曹操的蒯越应是亲戚,所以他这个房陵太守的职位多半是曹魏所封。问题在于,蒯祺的妻子正是诸葛亮的大姐,有这层关系在,当曹魏势力撤出汉中时,刘备完全有可能从蒯祺手里和平接收房陵。但是不知道出于什么原因,蒯祺竟然死在了孟达手里。考虑到孟达本来就不是刘备嫡系,此举很可能让刘备对他的忠诚产生了怀疑。于是蒯祺死后,刘备"阴恐达难独任,乃遣封自汉中乘沔水下统达军,与达会上庸",派自己的养子刘封担任孟达的顶头上司,接管了孟达的军事指挥权。

蜀军夺取汉中东部三郡(房陵、上庸、西城)后,刘备以刘封为副军将军,以降将申耽为上庸太守、其弟申仪为西城太守,独独对孟达没有任何封赏。这似乎也说明,孟达已经失去了刘备的信任。不久关羽发动了襄樊攻势,期间曾数次向刘封、孟达请求支援,但二人却以"山郡初附,未可动摇"为辞,拒绝派兵相助。所以史料声称,关羽败亡后,刘备对封、达二人颇为不满。再加上刘封和孟达彼此不和、互相猜忌,刘封甚至从孟达手中夺走了象征军中权威的鼓吹,孟达又是愤恨,又担心早晚获罪,再加上曹丕即位后对他有所劝诱,他就带着自己的部众叛降了曹魏。

曹丕得知孟达来降，十分得意，便封他为建武将军、新城太守，叫他导引征南将军夏侯尚、右将军徐晃共袭刘封。

这个时候，刘备已经将刘禅封为了太子，刘封的地位愈加显得尴尬。于是孟达便写信给刘封，劝他也跟自己一样降魏。但刘封并未听从。很快曹兵压境，原本就是曹将的申耽、申仪再次反水，刘封独木难支，败还成都，东三郡遂被曹魏吞并。

刘备当初收养刘封当义子，那是因为刚到荆州时他担心自己没有子嗣。可是后来甘夫人生下了刘禅，别的姬妾又生了刘永和刘理，这一担忧便不复存在。再加上刘封"有武艺，气力过人"，随着刘禅被立为太子，他的存在反而成了将来威胁刘禅地位的一个不安定因素。本来因为不救关羽，刘备已经对刘封很是不满，此番他又弃城失地、狼狈败还，使得刘备更加厌恶。诸葛亮也顾忌刘封其人刚猛难制，怕他将来有不利于刘禅的行为，劝刘备趁此机会将他除掉。于是刘备便将刘封赐死了。据说临死前刘封还感叹，恨自己没听孟达之言。

如果说孟达的叛变和刘封的死是蜀汉内部矛盾持续发展的结果，那么张飞突如其来的死亡则在很大程度上属于"性格即命运"这一主题下的个人悲剧。

历史上的张飞其实并不像民间戏曲和小说中描写的那样是一个"豹头环眼，燕颔虎须"的莽夫形象，但是他的文学形象之所以被塑造成一个勇猛粗豪的莽汉，在史料中多少也能找到一点根苗。《三国志》所记张飞诸事，"据水断桥"见其勇，"义释严颜"见其义。自命清高的刘巴视张飞为"兵子"，拒绝与张飞交谈，可见张飞确实没什么文化。再加上其籍贯属燕地，本传又用"雄壮威猛"四字形容其人，这就很容易让人产生张飞是一个直爽粗豪的北方大汉的印象。此外，《三国志》还说，关羽和张飞的性格各有缺点，"羽善待卒伍而骄于士大夫，飞爱敬

第102章 蜀军无大将

君子而不恤小人"。意思是关羽对手下士兵很好，对那些自矜身份的士大夫则往往没好脸色，而张飞恰恰相反，对士大夫很是尊敬，但对手下士兵则缺乏体恤之心。刘备因此经常告诫他说："卿刑杀既过差，又日鞭挝健儿，而令在左右，此取祸之道也。"张飞却一直改不掉这毛病。

刘备称帝后，张飞被委以车骑将军、司隶校尉的重任，是蜀汉地位最高的军事将领。从刘备册封张飞的诏书内容看来，在即将到来的讨伐东吴的战争中，刘备本来是指望张飞能够发挥关键作用的。哪知道就在张飞率兵万人从阆中开赴江州之前，他帐下将佐张达、范强刺死了张飞，带着他的首级顺流而下，投降了孙权。据陶弘景《古今刀剑录》，当张飞初拜新亭侯之时，曾铸有一口宝刀，上刻铭文曰"新亭侯"，后来范强杀死张飞，便把这口刀带到了东吴。营中都督见张飞被害，急忙表奏刘备得知。刘备一听说是张飞手下都督上表，立刻心知不妙，不由说道："噫！飞死矣！"

前面说过，包括赵云在内，许多蜀汉臣僚其实都反对东征。不知道是不是因为这一点，刘备这次并没有带赵云东下。眼下大军未动，便先折损了车骑将军张飞。再加上关羽、黄忠皆死于此年之前，马超虽在，却得不到刘备信任，魏延此时虽崭露头角，却必须留守汉中，诸葛亮也被安排留守成都、辅佐太子，因此这时候刘备手中可供调遣的将领基本上都是一些碌碌平庸之辈。然而这种情况并没有改变刘备执意东征的决心。

我认为，早在关羽被害后不久，刘备应该就有了向孙权复仇的想法。然而《孙子兵法》有云："主不可以怒兴军，将不可以愠用战。"刘备哪怕对东吴的"背刺"再愤怒，作为一个成熟的政治家，他也不会仅仅因复仇欲望的催动便妄兴大兵。

初失荆州之时，孙权借由向曹操称臣，吴魏两国的关系正在蜜月期，以曹操之老谋深算，如果刘备东出荆州，曹操一定会袭夺汉中，威胁他的身后，刘备又向来对曹操深为忌惮，所以曹操在日，他是不敢舍汉中不顾而兴军东下的。曹操死后，紧接着便发生了孟达叛降事件，孟达导引曹兵南征，东三郡相继失守，再然后曹丕为了逼汉献帝禅位，自邺城假意南征，大军直指黄河以南，口口声声宣称要"斩吴夷以染钺，血蜀虏以衅鼓"，至少在形势上给蜀汉造成了一定的压力。刘备估计也不确定曹丕到底是不是真要南征，所以这一阶段他关注的重点一直在北方，依然无暇跟孙权算账。等到曹丕篡汉的计划顺利完成，搞明白状况的刘备虽然不再担心魏兵来伐，却又要为称帝登基这更为重要的事项腾出时间。就这样一拖再拖，直到关羽被害一年半之后，刘备才得以将复仇计划付诸行动。

另有迹象显示，曹丕即位后魏吴两国关系发生的某些变化可能也是促使刘备决意在此时东征的一个因素。

当初孙权虽为偷袭荆州而向曹操称臣，但彼时汉魏尚未鼎革，曹操与孙权之间建立的君臣关系并不会天然地被曹丕继承，而且曹丕比孙权年纪更轻，威望也比乃父差得甚远，所以曹丕即魏王位后，孙权又打起了新主意。

据《三国志·曹休传》，曹丕即魏王位数月后，夏侯惇去世，曹丕随后任曹休为镇南将军接替他原本的职务。曹休甫一到任，便击破了孙权派驻历阳的一支军队，还派兵渡江烧毁了芜湖的吴军营帐数千（此战或即孙权所说魏军马步七百"径到横江"与全琮"大相杀伤"事）。不久，孙权派将领陈邵进据襄阳，曹丕又派曹仁、徐晃将襄阳夺回，这场战事大概一直延续到刘备东征之前数月方告结束。后来魏国三公的上奏中也指责孙权趁曹操去世"欲因大丧，寡弱王室"，"擅取襄阳"。以上事件说明，尽管曹丕接班后孙权曾有"遣使奉献"之举，但这时候孙

权明显是不大愿意向曹丕臣服的,两国边境纷争再起,魏吴关系又有趋向破裂的趋势。就这个意义而言,曹丕自邺城统军南征之举也不全是虚声恫吓。

再加上赤壁战后,曹魏诸军延边设防的布局一直是东重西轻,备吴的军力远胜于备蜀,荆州被东吴夺取后,这一态势又进一步加强,到刘备称帝时,能够直接威胁到蜀汉的曹军只有镇西将军曹真驻扎在关中的部队。所以刘备很可能认为,选在这时进攻东吴,曹丕多半会选择袖手旁观,即便他有心掩袭自己的身后,有秦岭天险阻隔,曹真一军也不足为惧,用不着担心腹背受敌。而且就眼前魏吴关系的状况来判断,甚至有可能曹丕会趁火打劫,在东边也对孙权发动攻势,若是那样的话,形势就将对本方更加有利。

最后我们还应想到,这一年刘备已经六十一岁了。当年随着他出生入死一起打拼的那些兄弟,如今大多已经离世,与他结怨的那些对手们也一一化作了尘土,相信玄德公每日揽镜自照之余,一定早就明白留给自己的时间已经不多。当今天下三分,曹魏地广兵多,实力最强,短时间内不可能将它打倒。而东吴相对较弱,又在荆州立足未稳,蜀汉居其上流,国中荆州籍将校皆有报仇雪恨、收复故土之心。如果刘备还有那么一点儿雄心壮志的话,不利用眼前这个机会搏一下,又要等到何时呢?

于是,章武元年七月,刘备统精兵四万余人离开成都,顺江而下,毅然决然地发动了对东吴的复仇战争。

第103章 大战之前

彼时吴蜀两国在长江上大体以瞿塘峡为边界，峡以西归蜀汉，峡以东则属东吴。

前年关羽被害，江陵、公安等地被吕蒙夺取之后，陆逊也趁机攻取了瞿塘峡以东的巫县（今重庆巫山）、秭归（今县归州镇）和夷陵（今湖北宜昌），彻底封闭了蜀军东出的孔道。此后陆逊便一直以镇西将军、宜都太守的职衔坐镇夷陵，高度警惕着刘备重夺荆州的图谋。

由于被大巴山、巫山、武陵山等山脉所阻隔，自来由四川盆地出入江汉平原几乎都以长江三峡为必经之途。一般认为，三峡即瞿塘峡、巫峡和西陵峡，而三峡地形之险仄、江水之湍急自古闻名，史称"三峡七百里中，两岸连山，略无阙处，重岩叠嶂，隐天蔽日，自非亭午夜分不见曦月"。诗仙李白的名句"朝辞白帝彩云间，千里江陵一日还。两岸猿声啼不住，轻舟已过万重山"描绘的正是这一段三峡水路历程。而七百里三峡的两端，也就是鱼复县（今重庆奉节）所辖的瞿塘峡峡口和夷陵县所辖的西陵峡峡口，则宛如一段隧道的两头，战略上天然地构成了两道易守难攻的关隘，向为兵家必争之地。

在此次刘备东征之前，历史上发生在这一带的著名战役主要有两次。一次是战国之时，秦将白起统数万之师，"一战而举鄢、郢，再战而烧夷陵"，攻克了位于江陵的楚国郢都。当时一位名叫张若的蜀郡郡守曾领秦军东出三峡配合白起作战，并攻占了巫和黔中两郡。另一次是在东汉初年，光武帝刘秀派大将岑彭、吴汉自荆州伐蜀，割据巴蜀的公孙述则命田戎、任满领兵数万在夷陵以南的荆门、虎牙两山之间横江筑起浮桥和关楼断绝水道，同时结营跨山以塞陆路，相当长一段时间内使得汉兵前进不得。后来还是岑彭修造数千战船、招募敢死之士逆流而上烧毁了浮桥，汉兵才得以自三峡长驱而入，最终消灭了公孙述。

在这两次战役中，扼守西陵峡峡口的夷陵都发挥了重要作用，对此刘备和陆逊两人应该是完全了然于胸的。再加上瞿塘峡峡口此时被蜀汉掌控，蜀军进入三峡并无阻碍，故此蜀汉要想收复荆州，首先就必须突破吴军对夷陵地区的防守，而一旦突破夷陵防线，随着长江航道变得平缓宽阔，江岸两旁也再无崇山峻岭阻隔，蜀军不但可以顺流直取江陵，更可以步骑驰骋分道并出，形成对荆州各郡县的全面攻势。所以无论对攻方还是守方来说，夷陵地区的控制权都至关重要，势必成为此次吴蜀之战双方争夺的焦点。

实际上，早在两年前东吴初夺荆州之时，孙权为了加强对三峡航道的控制，便将秭归和巫县从宜都郡分出来，新设了一个固陵郡，并委派擒杀关羽有功的猛将潘璋为太守。为了增强守军的实力，不久甘宁去世，孙权还把甘宁的部众拨给了潘璋。与此同时，身为宜都太守的陆逊又在夷道县（今湖北宜都）东的清江口南岸修筑了新城。这样一来，东吴就在长江三峡一带构筑起了三道防线：

第一道，即包括巫县和秭归在内的固陵郡防线，扼守着首尾一百六十里的巫峡，负责人是潘璋。

第二道，即西陵峡峡口及其南侧的夷陵县城，自从两年前陆逊奉命守峡口，其大营一直驻扎于此。

第三道，为夷陵以南的荆门、虎牙二山，以及依托清江为堑的夷道县城。即使夷陵失守，只要这道防线没被攻破，蜀军仍然难以东出。所以某种程度上来说，这道防线才是整个夷陵防御体系的关键。

七月间得知刘备兴兵来伐的消息，孙权先是遣使请和，结果刘备"盛怒不许"。这似乎说明，孙权的请和只是一种外交上的姿态，因为刘备的目的除了给关羽报仇，就是要收复荆州（准确地说是湘水以西的土地），而孙权是绝不肯以割让土地的方式来换取和平的。

当时诸葛瑾给刘备的来信也说明了这一点。诸葛瑾提醒刘备：你跟关羽的关系比起你跟献帝的关系怎么样？荆州之大小又比天下如何？就算你把我们东吴和曹魏一样当作敌人，那么哪一边的仇更大、更应该先报？裴松之评论说，诸葛瑾的这封信其实不过是"奢阔之书"，意思是满篇空话，根本就没有说到点子上。献帝虽是刘备的"君"，两人的关系却属"公"，关羽虽是刘备的"臣"，两人的关系却属"私"，更何况他们同甘共苦几十年，早已经亲如手足；天下虽大，可那并不是他刘备的天下，而荆州则是他刘备辛辛苦苦赚下的产业，是他早就吞进肚里的肉，现在被人背后捅刀子生生夺走，还害了自己兄弟，你说哪个仇恨更大？再说，要不是你东吴叛友背盟戕害了关羽，我刘备不说两路北伐一定能消灭曹魏，至少也能让曹丕慑于外部压力，不敢轻易篡汉，你孙权助纣为虐，大汉的敌人不是你是谁？

所以刘备根本就没给诸葛瑾回信，因为他那些话实在不值一驳。

孙权见和谈不成，遂派李异、刘阿等军进驻秭归，做好了应战的准备。

刘备则以左右领军冯习、吴班为前锋，首先对巫县和秭归发动了进攻。

从《水经注》的记载可知，巫县县城因山为墙，南临大江，东西北三面皆临深谷，本处于易守难攻的境地。可是由于峡谷逼仄、江水汹涌迅疾，东吴一方自下游运送物资和援兵都极为困难，所以陆逊指挥下的吴军并没有在巫县和秭归进行强烈的抵抗。在冯习、吴班的水陆攻势下，李异、刘阿很快放弃二城，退回了夷陵。

到目前为止，战争虽然已经开始，但规模还不算大。而且这次交锋过后，接下来的五六个月里，双方都没有主动进攻。对于防守一方的东吴来说，这并不奇怪，奇怪的倒是刘备，因为他为复仇而来，本不该表现得如此克制和冷静。

检索史籍，这段时间里刘备除了派人联络武陵郡的五溪蛮夷，以印绶封赏劝诱他们相助自己之外，别的事情什么都没有干。

所以我只能认为，刘备的意图只有一个字：等。

等什么？

一等以五溪蛮夷为代表的荆州土著势力对自己东征之举进行响应，二等外部环境发生对本方更有利的变化。

所谓外部环境，说白了也就是曹魏一方。

其实早在曹丕即位之初，他就曾诏问群臣，让他们预测刘备会不会为了关羽之死而出兵伐吴。当时大部分人都认为，西蜀弹丸小国，国中名将只有关羽，关羽败死后其国内必然忧惧，不大可能再大举征伐。然而侍中刘晔却独唱异议说："蜀国虽然弱小，刘备的策略却是要以威武自强，所以他一定会大兴兵众以表示自己尚有余力。况且那关羽与刘备虽义为君臣,却恩犹父子,若刘备不能为他兴军报仇,于终始之分便为不足。"

后来刘备果然不出刘晔所料,发动了对东吴的复仇战争。而孙权求和不成,知道要想击退刘备,那就万万不能让自己落入双线作战的不利境地,因此他迅速调整了外交策略,一改曹丕即位后不卑不亢的姿态,马上派人出使曹魏,表示自己愿意称藩为外臣。为表"诚意",他还将当初被关羽俘虏、继而又被吕蒙接收的于禁等魏将一并送还。

眼见比自己还大五岁的孙权前倨后恭向自己乞降称臣,曹丕的虚荣心得到了很大的满足。去年冯翊山贼郑甘等率众投降之时,曹丕就曾拿着降书向朝臣显摆说,自己并不是骄傲自得,而是"徒以为坐而降之,其功大于动兵革也"。如今孙权这个连父亲都无可奈何的家伙居然向自己提供了又一次"坐而降之"的机会,只需点个头便可以将东南半壁名义上纳入大魏版图,不费一兵一卒便可以大大增强自己即位以来仍嫌不足的威望,如此划算的买卖,怎么好意思轻易拒绝呢?

然而刘晔对此却并不认同。据《傅子》记载,刘晔对曹丕言道:"孙权无故求降,一定是因为他事有所急。眼下刘备兴大兵伐吴,孙权外有强寇,众心不安,又害怕我国趁机也对他大加挞伐,所以才卑辞求降,一来可以阻止我国讨伐,二来还可以假我为援,起到迷惑和震慑刘备的作用。孙权这个人善于用兵,遇事知道应变,他的如意算盘必定如此。如今天下三分,我大魏十有其八,而吴、蜀各保一州,阻山依水,有急相救,这才是他们小国的利益所在。现在他们自相攻击,正是天亡之时。所以我们应该大举兴师,直接渡江袭其腹心,如此蜀攻其外,我袭其内,东吴之灭亡也就是旬月之间的事。而一旦东吴灭亡,西蜀就会孤立无援。试想就是割给他东吴一半的土地,蜀国仍然不能久存,更何况到时蜀得其外,我得其内呢?"

第103章 大战之前

曹丕摇头道："人家称臣来降，若是兴兵讨伐，那天下其余未降之人必然疑惧。再说，我们为什么不能一边接受孙权的臣服，一边发兵去袭击蜀汉的身后呢？"

刘晔道："虽可兴兵伐蜀，然而蜀远吴近，况且刘备得知我国来伐，便会立刻回防，我们想阻止也阻止不了。而如果我们发兵击吴，刘备揣知东吴将亡，必定大喜而进与我争割吴地，绝不会改变他复仇的决心反过来救助东吴。所以伐蜀不如伐吴。"

平心而论，就当时的局势而言，如果曹丕采纳刘晔的建议兴兵伐吴，尽管未必便能如其所言在旬月之间灭亡吴国，但的确可以使曹魏一方趁吴蜀相争之际获取最大的利益，历史的进程也将呈现不同的走向。然而遗憾的是，曹丕似乎对灭吴信心不足，而对"坐而降之"更感兴趣，所以他最后还是接受了孙权的臣服，并派遣使团南下，持节封拜其为大将军、吴王。

当然，对于孙权降服的真实意图，曹丕也不是没有过怀疑。据《魏略》所载，早在曹丕尚未称帝之时，孙权就把跟于禁一同被俘的浩周、东里衮两人放回了曹魏。鉴于两人曾经与孙权相处过一段时间，后来曹丕就问他们说，孙权是不是真的向自己臣服。结果浩周说"权必臣服"，东里衮却说孙权"不可必服"。比较起来，当然是浩周的话听了更舒心。曹丕大悦，不但称赞浩周"有以知之"，还派他随使团一同南下，前去封拜孙权。

其实对于向曹魏称臣这件事，东吴内部也存在反对意见。

按理说，孙权之前的名号只是汉骠骑将军、南昌侯，现在直接跳过"公"这一爵位直接封为吴王，已经是很大的提升。而且按照刘晔的说法，"王位去天子一阶"，封吴王后，孙权从此便成了江南士民名正言顺的国君，实质上也就等于在法理上承认了孙氏家族对荆、扬二州的独立统治权。从这个意义来看，曹丕开出的条件不可谓不厚。

然而接受这个封号也会带来一个坏处。那就是一旦接受曹魏的封拜，孙权跟曹丕就有了君臣名分，从此便成为魏臣。将来孙权如果反对曹魏，或者自立为帝，那他在道义上就会授人以口实。因此当曹丕的使者来到武昌，要正式册封孙权为吴王之时，有的臣僚就提出，孙权"宜称上将军、九州伯，不应受魏封"。

"九州伯"的"伯"字，与"霸主"的"霸"相通。九州即是天下，九州伯也就是天下的霸主，听上去颇为动听，也比较贴合当时孙权的地位。

可惜的是，孙权并不满足于当霸主，而是要当皇帝。而为了将来能当皇帝，就得为了眼前的现实利益能屈能伸。考虑到这一点，孙权觉得名誉上的损失完全可以承受，于是拒绝道："九州伯这一称号，自古以来闻所未闻。再说当年刘邦也曾经被项羽拜为汉王，后来他不还是成了天子？这种事不过一时之权宜，又有什么害处呢？"便接受了吴王的册封。

第104章 步步为营

以孙权被曹丕册封为吴王为标志，随后的大半年里，两国使者往来，书信频通，表面上显得相当亲密。

例如曹丕曾遣使孙权，向他索取"雀头香、大贝、明珠、象牙、犀角、玳瑁、孔雀、翡翠、斗鸭、长鸣鸡"。这些东西大多是珍稀宝贵之物，哪一样都价值不菲、置办非易。所以吴国群臣上奏说："荆、扬二州，贡有常典。魏所求珍玩之物不合礼数，应该不给。"但是孙权却说："如今国家正对付外寇，获取曹丕的支持十分重要，与此相比，他索取的那些东西不过是一堆瓦石，有什么好珍惜的？况且这时候曹操丧期未过，曹丕就公然索求这些供人玩乐的奢侈品，这样的人怎么可以跟他讲礼数？"就在此事上满足了曹丕的全部要求。

又如，孙权派都尉赵咨出使曹魏。曹丕问他道："吴王何等主也？"赵咨答道："聪明仁智，雄略之主也。"这个大言不惭的回答显然触动了曹丕的玻璃心。曹丕就问他你这么说有啥根据。于是赵咨侃侃而谈道："吴王纳鲁肃于凡品，是其聪也。拔吕蒙于行阵，是其明也。获于禁而不害，是其仁也。取荆州而兵不血刃，是其智也。据三州，虎视于天下，是其雄也。屈身于陛下，是其略也。"

曹丕听了，一时竟挑不出理来，但是他并不相信孙权像赵咨吹得那么牛逼，仿佛没有短处，就继续发问道："吴王颇知学乎？"在那个年代，不是一个人知道学习就叫"知学"，而是指这个人在学术上有所研究，至少要精通儒家经典。曹丕自己接受过良好的教育，还著有文学专著《典论》，在这方面颇为自得，所以才有此一问。

赵咨道："吴王浮江万艘，带甲百万，任贤使能，志存经略，虽有余闲，博览书传、历史，籍采奇异，不效书生，寻章摘句而已。"意思是我们吴王精通的是经世致用的韬略之学，没事不搞文辞章句那些虚头巴脑的东西。

不管赵咨是不是语带嘲讽，这句话总之是让曹丕有些不快。于是大魏皇帝下面这句话就明显有些不客气起来："吴可征否？"

你说，我可不可以去打吴国啊？

赵咨依然不卑不亢："大国有征伐之兵，小国有备御之固。"

曹丕又问："吴难魏否？"

你们就不怕我们魏国吗？

赵咨道："带甲百万，江、汉为池，何难之有？"

我吴国兵强马壮，又占据南方地利，怕你何来？

话说到这个地步，再不转移话题就聊不下去了。而对于赵咨的伶牙俐齿和机智应对，曹丕倒也不乏欣赏，于是问道："吴如大夫（赵咨职为中大夫）者几人？"赵咨答道："聪明特达者八九十人。如臣之比，车载斗量，不可胜数。"

考虑到以上赵咨应对的情景大多出自吴国一方的记载，难免有夸吴贬魏的嫌疑，因此其中细节不可尽信，但是所反映出的吴国君臣不甘屈居魏国之下那种心态，在当时应该是真实而且普遍存在的。与此同时，曹丕也不甘于仅仅在名义上享有对东吴的宗主权。为了加强对孙权的控制，他数次遣使，要求孙权将他的太子孙登送到魏国当人质。孙权则口头上答应，实际上却虚与委蛇、百计拖延，反正就是不肯将儿子交到曹丕手里。所以这一时期，除了在军事上与蜀汉针锋相对之外，在外交战线上孙权也跟曹魏没少掰手腕。有关内容，我们稍后再叙。

总之，由于孙权及时向曹丕称臣，曹魏一方并没有如刘备预想的那样趁火打劫，加入对东吴的战斗，这对苦等半年的刘备来说显然不利。好在武陵郡的蛮夷很给刘备面子，史称"诸县及五溪民皆反为蜀"，毗邻的零陵、桂阳等郡也受到波及，处处阻兵，胡王沙摩柯还带领部众加入了刘备的军队。而曹丕虽也动过袭击蜀汉背后的念头，但考虑到"蜀远吴近"，加之王朗等认为时机未到，也就没有出兵伐蜀。此外，原关羽主簿、荆州失陷后当了俘虏的廖化听说刘备东征，靠着诈死骗过吴兵，昼夜西行，终于在秭归回到了蜀营。刘备大悦，当即任命廖化为宜都太守，随军一同出征。

转眼到了第二年的正月，刘备见魏吴情好日密，知道自己再等下去毫无意义，而只有自己首先重创吴兵，让曹魏方面感到有利可图，曹丕才有可能改变主意。他遂命吴班、陈式领水军为前锋，自领大军继后，"缘山截岭"，由秭归走陆路奔夷陵而来。

孙权得到消息，遂以陆逊为大都督，督朱然、潘璋、宋谦、韩当、徐盛、鲜于丹、孙桓等五万人前往抵御。

夷陵之战东吴方面的参战兵力为五万，这一点向无异议，但蜀汉方面的兵力是多少，则一直众说纷纭。

有人说是八万，根据是《傅子》记载，陆逊大败刘备，"杀其兵八万余人，备仅以身免"。还有人说是四万，因为孙权在给曹丕的上书中明言"刘备支党四万人，马二三千匹，出秭归"。这也是《资治通鉴》说蜀军"进兵秭归，兵四万余人"的史源。

我个人推测，刘备所统兵力应该跟吴军差不多，也在五万左右。《傅子》是魏晋之际人傅玄的著作，时代虽近，但著述的目的是"评判得失"，而不是纪录史事，所以为了证明"得失"，叙事时就不免有所夸张。上引杀刘备兵八万人的材料旨在突出刘晔神机妙算以及曹丕没听刘晔建议之"失"，夸大东吴的胜利是为了衬托曹丕失算，故此才云"杀其兵八万余人，备仅以身免"。事实上刘备并非仅以身免（至少牙门将向宠部全军而还），由此亦可知八万人的数字有所不实。

至于四万人的记载，可能并不包括吴班、陈式的水军以及后来加入蜀军的蛮夷兵众，将这些人马也计算在内的话，蜀军总数应该可以达到五万。还有一则材料也可以提供旁证，那就是七年前孙权派鲁肃、吕蒙来争荆南三郡时，刘备自成都也是统兵五万东下公安。鉴于本次东征，担任蜀军大督的冯习是为"左领军"，水军统领吴班为"右领军"，可知这一次刘备所统主力确为驻守成都的中军。另《吴书》云："蜀军分据险地，前后五十余营。"若以当时一营千人的常规计算，蜀军总数亦为五万。所以，将刘备的军力定为五万应该与史实相差不远。

如此看来，双方是五万对五万，实力相等，夷陵之战绝非《三国演义》渲染的什么陆逊以十万兵大破蜀军七十五万的以少胜多之战。

对刘备而言，正是因为他的兵力并不占优，所以他必须采取十分谨慎的作战方略。而蜀汉虽居上流，享有顺江而下一日千里的优势，但其水军随着关羽的败亡遭到了重大损失，以巴蜀现有的水军力量，根本无法与东吴抗衡。综合考虑以上两点，我们就不难理解，为什么刘备虽然

命吴班、陈式领水军在前探路，但在陆军主力前进的方式上，他却采取了缘山截岭、步步为营的办法。

《三国志·陆逊传》说："备从巫峡、建平连围至夷陵界，立数十屯。"所谓建平，其实就是秭归（后吴设建平郡于此）。而文中"连围"二字，《资治通鉴》作"连营"，再加上魏文帝曹丕曾有"备不晓兵，岂有七百里营可以拒敌者乎"之论断，后世遂形成了夷陵之战陆逊"火烧连营七百里"的印象。

其实这一印象并不准确，《通鉴》也不该将"连围"改为"连营"。因为刘备的连围，如《魏书》所云乃是"树栅连营"，即用木栅栏扎起围墙，将营垒以及营与营之间的通道全部围起来。所以《黄权传》才说后来吴军总攻之时，是"乘流断围"。这种扎营方法，一是为了提供保护，二是为使诸营垒之间能够及时呼应，以防止各营被分割歼灭。宋代《武经总要》有"木栅法"云："凡木栅，因敌所逼，不及筑城垒；或因山河险势，多石少土，不任板筑，乃建木为栅，方圆高下，随事深埋，木根重复，弥缝其阙。内重短为阁道，外柱一重，长出四尺，为女墙，皆泥涂之。栅外掘壕一重，阔二丈，深一丈。木栅里每百步造战楼一具，中置望楼以远探望。"可知这是古代修筑野战工事的常用方法。

刘备之所以修筑木栅将营垒连接、包围起来，恰恰是因为三峡之间地形逼仄，蜀军只能沿着江岸在极为有限的空间内布营，如此则诸营势如长蛇，如果不加以保护，就极易被切割成数段。其实当年曹操西征马超、韩遂之时，"连车树栅，为甬道而南"，也是基于同样的道理。另一方面，为了保护后方的补给线，刘备同样修筑了一些围栅，于是便出现了《魏书》所云"树栅连营七百余里"的情形。

此处云七百余里，应该是袭用了长江三峡七百里长这一常用数据，刘备的围栅不太可能长达七百里。实际上，这半年来刘备都是以秭归为基地，而从秭归到夷陵，最多也就二百里。参考前引“备从巫峡、建平连围至夷陵界，立数十屯”的史料，蜀军的营垒围栅应该主要分布在这二百里的范围内。另由《水经注》可知，在秭归和夷陵之间的长江峡谷两侧，至少分布有六座古城，其中的刘备城“依山即坂，周回二里，高一丈五尺，南临大江”，相传就是刘备征吴时所修筑，其余五座古城当时很可能也是蜀军驻扎之所。

刘备这种缘山截岭、步步为营的战术看起来笨拙缓慢，其实却颇为有效，因此从正月到二月，尽管陆逊派宋谦攻破了蜀军五屯，但还是被蜀军推进到了夷道猇亭一带。

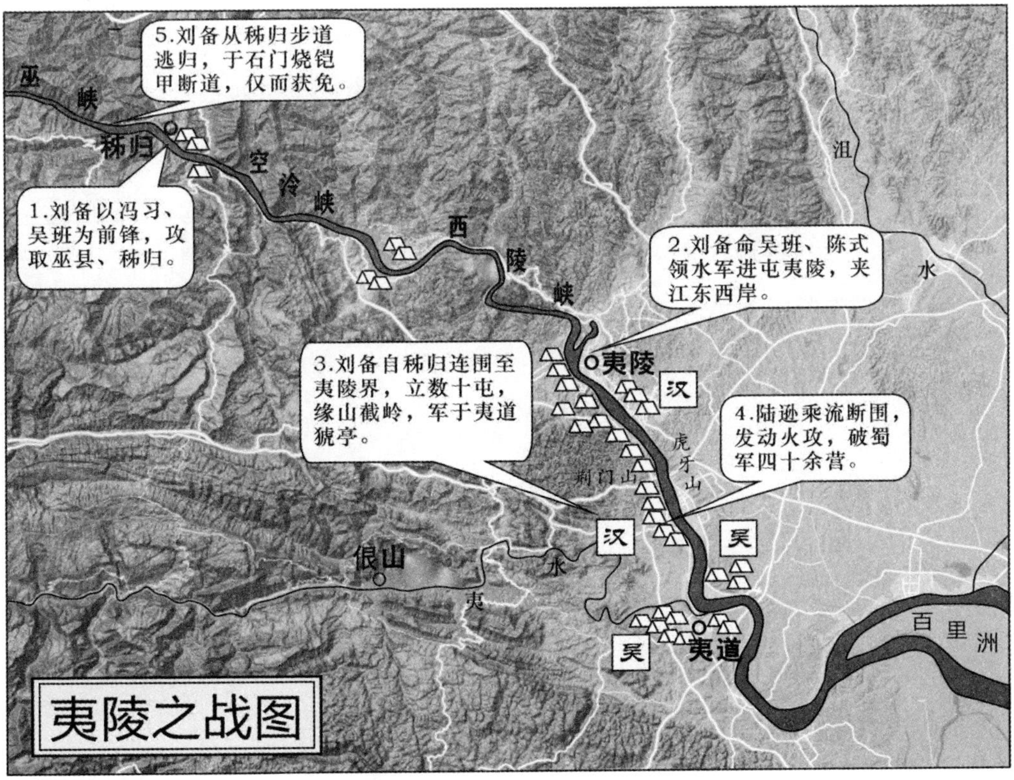

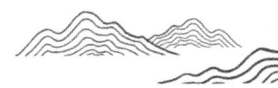

5.刘备从秭归步道逃归，于石门烧铠甲断道，仅而获免。
巫峡
秭归
空泠峡
西陵峡
沮水
1.刘备以冯习、吴班为前锋，攻取巫县、秭归。
2.刘备命吴班、陈式领水军进屯夷陵，夹江东西岸。
3.刘备自秭归连围至夷陵界，立数十屯，缘山截岭，军于夷道猇亭。
夷陵
汉
4.陆逊乘流断围，发动火攻，破蜀军四十余营。
虎牙山
荆门山
汉
吴
佷山
夷水
吴
夷道
百里洲
夷陵之战图

夷道即今天的宜都，在夷陵以南九十里，而猇亭之地望虽然不详，总不出夷陵、夷道两县之间的长江南岸。再参考《先主传》"吴班、陈式水军屯夷陵，夹江东西岸"之记载，可知陆逊未做坚决抵抗便放弃夷陵，向南退守到了夷道，也就是前面所说的第三道防线。

夷陵扼守着西陵峡的峡口，蜀军占领夷陵后虽然仍被两岸的丘陵所阻，不能展开队形，但好歹是出了七百里三峡，在峡东获得了立足点。而且由夷陵向东北，可以经沮水流域抵达襄阳，现在那里是曹魏的地盘；而由夷陵向西南进发，则可以经佷山县（今湖北长阳西）去往武陵郡。所以刘备甫一进据夷陵，便派侍中马良自佷山赶往武陵，继续发动当地蛮夷。与此同时，刘备则委任黄权为镇北将军，命他率领部分兵马在北岸扎营，一来保护自己的侧翼，二来监督襄阳方面曹军的动向。他自己则领大众在南岸，仍以步步为营的方式向前推进。

其实对于这种部署，黄权本人是不大放心的。当初刘备从秭归大举进兵之时，他就曾劝谏说："吴人骁勇悍战，加之水军顺流，进易退难，臣请为先驱在前，陛下宜为后镇。"意思是出三峡容易，回来可就困难了，你刘备现在是一国之君，御驾亲征未免过于冒险，不如先让我替你打头阵探探虚实。

遗憾的是，刘备并未听从。

第105章 兵败猇亭

至于陆逊为何如此轻易地放弃了夷陵防线退往夷道,史籍虽未明言,但我们可以通过一封他给孙权的上书来稍做推测。

在这封书奏中,陆逊言道:

夷陵要害,国之关限,虽为易得,亦复易失。失之,非徒损一郡之地,荆州可忧。今日争之,当令必谐。备干天常,不守窟穴,而敢自送。臣虽不材,凭奉威灵,以顺讨逆,破坏在近。寻备前后行军,多败少成,推此论之,不足为戚。臣初嫌之水陆俱进,今反舍船就步,处处结营,察其布置,必无他变。伏愿至尊高枕,不以为念也。

陆逊认为,夷陵的战略地位虽然十分重要,但它存在一个天然的缺陷——"虽为易得,亦复易失"。意思是夷陵城容易攻下,却很难守得住。这大概是因为，彼时的夷陵城位于长江北岸的缓坡上，基本无险可据，城防也不甚坚固。所以当年赤壁战后，甘宁才带了几百人便轻易占领了夷陵城。后来曹仁来攻，要不是周瑜、吕蒙及时救援，他也未必守得住。此外，历来守城的关键，在于城与城之间，或者内与外之间互相呼应（即所谓的掎角之势），而当时夷陵四周并无其他城池，属于孤城。至于《水经注》记载的、位于夷陵城北边的步阐故城和南岸的陆抗城，都是后来所增修。再加上吴军地处下流，逆水来救比较困难，所以陆逊才有此一说。

既然不好防守，那就索性以退为进，收缩防线。

另外，陆逊之所以放心地让出夷陵，还有一个重要原因，那就是刘备采取了"舍船就步，处处结营"的策略。

夷陵的重要地位，在于其扼守着西陵峡峡口。而一旦峡口失守，巴蜀水军便可以顺流直下长驱迳进。根据东晋人袁山松的说法，由于江流湍急，自蜀中行船至夷陵只需要五天，但是逆水而返则需百日。又从《战国策》所载张仪说楚王的言论可知，即使以五百年前比较落后的船舶技术，蜀中水军开到江陵也不过十天。所以要想夺取荆州，最快速的办法就是在上游以优势水军直捣江陵。实际上，后来西晋灭吴之战，王濬在益州主持的攻势就是如此。这也是陆逊说他当初一度担心蜀军会"水陆俱进"的原因。

可是问题在于，"水陆俱进"的策略必须以拥有优势水军为前提，至少与敌方水军相比不能太差。要知道，王濬为组建灭吴水军，可是足足"作船七年"。而刘备在丧失了荆州水军后并不具备这个条件，他也没有王濬那个耐心。此时的巴蜀水军只能充当先头部队，并不具备跟东吴水军正面较量的能力，所以他才迫不得已采用了"舍船就步，处处结营"的策略。这个策略虽然稳妥，却丧失了速度和灵活性，而且在夷陵以南，还有荆门、虎牙二山以及江岸边的一系列丘陵山地为阻隔，蜀军的行动仍然受到很大的限制。也就是说，如果蜀军水陆俱进，那么封锁峡口是陆逊最佳的选择，而蜀军既是舍舟登陆、步步为营，那就没必要死守"虽为易得，亦复易失"的夷陵城。

后退一步，不但能够获得更大的战略空间，更可以进一步拉长蜀军阵线，引诱其暴露出更多的弱点。

多年后，陆逊的孙子陆机回忆说："刘氏之伐，陆公喻之长蛇。"

显然在陆逊眼中，如果把峡谷中连围数百里的蜀军比作长蛇，封锁洞口固然可以使它无法噬人，却也打不到蛇。要想吃到蛇肉，后退一步引蛇出洞或许才是最佳的选择。

不过在当时，并不是所有吴军将领都能够理解陆逊的用意。

这一年陆逊陆伯言四十岁。之前他在东吴虽已声名鹊起，但威望与周瑜、吕蒙还远不能相比，这次被孙权授予大都督一职，其实很多老资格的将领并不心服。故其本传云："诸将军或是孙策时旧将，或公室贵戚，各自矜恃，不相听从。"于是有一次陆逊按剑言道："刘备天下知名，曹操也怕他三分，是我们必须严阵以待的强大敌人。各位将军并荷国恩，应当彼此和睦，勠力同心，共同蠲除此虏，而不是现在这样互不配合。我陆逊虽是书生，却受命于主上。主上之所以让各位屈尊听从我的号令，无非因为我有尺寸之才，能够忍辱负重罢了！职责所在，军令如山，诸位切莫违犯！"

现在诸将见陆逊主动放弃了第二道防线，又迟迟不加以反击，不免都有些沉不住气。特别是刘备进据夷陵后，依山扎营，分据险地，围栅堑壕越修越多，惹得诸将越发按捺不住想要进攻的欲望。然而陆逊却道："刘备举军东下，锐气始盛，且蜀军乘高守险，短时间内绝难攻下。即便攻下几座营寨，也未必就能大获全胜。而进攻中倘若有什么闪

第105章 兵败猇亭

失，便会损伤我军大势，那可就祸害非小了。现在我们只需劝励将士，谨守门户，以观其变便是。如果此地是平原旷野，我们或许会有颠沛交驰之忧。可如今刘备缘山行军，势不得展，自当疲于木石之间，慢慢就会暴露出弱点。"并不允许出兵。

有一次，刘备派出吴班领数千人于平地立营，颇有挑战之意。诸将都想率军出击，陆逊又说道："此中必然有诈，暂且观之。"过了一段时间，刘备知道自己的计谋已被瞧破，这才将伏兵八千从山谷中调了出来。陆逊便道："我之所以不让诸位去攻击吴班，就是怀疑这里面一定有诡计。"诸将这才对陆逊敬服起来。

还有一次，陆逊派孙桓率部讨击刘备军前锋，之后撤退不及，被蜀军重重包围。孙桓派人向陆逊求救，陆逊竟然不理。孙桓是孙氏亲族，论起来应该管孙权叫叔，时为安东将军。诸将见状都说："孙安东乃是公族，被围困窘，奈何不救？"陆逊说："安东能得士众之心，加之城牢粮足，不必过分忧虑。待我计略得展之时，即便不去救他，其围也会自解。"

就这样，吴蜀双方在夷陵以南、夷道以北这段不足百里的江岸边一直对峙了半年多，时间也来到了当年的闰六月。期间虽有攻守，但都是小规模战斗，彼此难分输赢。

然而陆逊心知，随着时间的流逝，胜利的天平正在慢慢向自己一方倾斜。

首先，进入夏末，荆州一带已经告别了梅雨季节。与此同时，刮南风的天气也越来越多。气候条件有利于吴军采用火攻。

其次，蜀军营寨各据险阻，大多于山地扎营，又辅以围栅堑壕，虽然易守难攻，但这种看似严密的防御体系有赖于日常毫不松懈的维护和坚守。而如今时日既久，僵持的局面又难以改变，不仅蜀军士兵因为长期辗转于木石之间，人人疲惫倦怠，就是刘备自己恐怕也会因战局停滞不前而感到沮丧困顿、一筹莫展。这种情况下只需击破其一点，这套防御体系就会崩溃。

于是陆逊召集众将，向他们传达了自己的意图。

诸将还是难以理解，都说："打刘备应该当初就打，现在让蜀贼深入我国五六百里，僵持对峙七八个月，各个要害之处都被他们牢牢把守。现在再打，恐怕没什么好处！"

陆逊道："那刘备十分狡猾，军事上的经验又多，初入我国之时，他思维缜密、专心致志，并不易撼动。如今他在此地滞留已久，又寻不到战胜我军的方法，将士疲敝，心丧意沮，已经使不出什么诡计。擒获此寇，正在今日！"

陆逊命诸将先攻蜀军一营，然而战况不利，士卒死伤甚多。诸将都抱怨说，这不过是白白断送士兵的性命。殊不知在这场战斗中，陆逊通过观察，已经洞悉了蜀军阵地的弱点所在。他对诸将道："我已知晓破敌之术。"便命所有士兵各持一把茅草，趁风起之时，对蜀军阵地的防守薄弱环节发起了猛攻。

引蛇出洞之后，终于到了打蛇七寸之时。

而蜀军这条"树栅连营七百里"的长蛇，其七寸很可能便位于江上。

据《黄权传》"吴将军陆议（陆逊本名议）乘流断围，南军败绩"一语，可知吴军是从江上乘流而进，撕破了蜀军防线，其突破口要么在围栅与江水的结合部，要么就在江岸之上。而蜀汉水军尽管"夹江东西岸"屯驻，刘备却既没有像公孙述那样横江架起浮桥，也没有像后来的吴主孙皓那样用铁锁拦江之法。所以东吴水军才得以逆流而上，突入了蜀军腹地。随即按照陆逊的命令，吴兵纷纷放火。着火的营帐制造了更大的混乱与恐慌，江岸边的蜀军营寨先后失守。陆逊见蜀军败相已露，"通率诸军，同时俱攻"，长蛇状的蜀军连营很快被涌入的吴兵切割包

第105章 兵败猇亭

围。潘璋、朱然、韩当、骆统等猛将此役皆有上佳发挥。蜀军大督冯习被潘璋部下所斩，前部督张南、胡王沙摩柯也死于乱军之中，前后四十余营被攻破，杜路、刘宁等将则走投无路，向陆逊请降。而原本被蜀军围困的孙桓部也顺利解围。

混乱中，刘备统领余众登上了一座名叫马鞍山的丘陵，"陈兵自绕"，以免被吴军俘虏。陆逊则督率各军从四面合围，一时间蜀军"土崩瓦解，死者万数"。好在这时天色已晚，吴军不得不暂停攻势。眼见身边将士人人盔歪甲散，血污满身，要多狼狈有多狼狈，刘备不由长叹道："不想吾花甲之年，竟被陆逊折辱，岂非天邪！"最后，在夜色的掩护下，刘备总算逃离了马鞍山，凄凄惶惶地向西败走。

东吴军得知刘备夜遁，一路追击。其中曾被蜀军围困多日的孙桓得此复仇良机，紧追不舍，一度率兵截断了秭归附近的要道。据说刘备"逾山越险，仅乃得免"，然后惭忿交加地叹道："当年我到京口之时，孙桓还是个黄口小儿，谁能想到如今他竟将我逼迫到这个地步！"《水经注》还说，在巫峡以东的石门滩北岸，有一座石门山，山下有个洞贯穿东西，乃是沿江陆路的必经之途，刘备逃亡时就从此山洞穿过。当时追兵甚急，逼得刘备命人焚烧铠甲堵住驿道断后，这才逃回了白帝城（今重庆奉节）。

另据史料，蜀军败退过程中，别部督傅肜（一作彤）断后拒战，兵士死亡殆尽。追击的吴将劝傅肜投降，傅肜骂道："吴狗！何有汉将军降者！"遂奋力战死。时任从事祭酒的程畿在军败后溯江独还，有人劝他说追兵已至，得赶紧弃船轻行才能活命。程畿说："我在军中时便未曾畏敌逃走，更何况如今是扈从天子呢？"结果被吴军水兵追及。程畿执戟奋战，虽然弄翻了敌人一条船，但终究寡不敌众，以身殉国。

以李异、刘阿为首的吴军追兵一直追到白帝城，才在对岸的南山上停驻下来。

至此，夷陵之战以刘备惨败而归宣告结束。按照东吴方面的说法，此战蜀军临阵被斩以及投降的人数有数万之多，"舟船器械，水步军资，一时略尽。尸骸漂流，塞江而下"，蜀汉的精锐部队为之一空，国力也大为损伤。所以留守成都的诸葛亮得到汇报，才会感叹说："法孝直若在，则能制主上，令不东行；就复东行，必不倾危矣！"

此外，被刘备安排在江北的黄权部因为归路被断，无法返国，最后只能带着中高级将领三百多人北上投降了曹魏。后来蜀国群臣奏请将黄权妻、子正法，但刘备觉得自己当初没听黄权劝谏，心中有愧，就没有这么办。而负责招诱武陵蛮夷的马良不久也死在了当地。

这个时候，对于是否乘胜深入，甚至攻取巴蜀这一问题，吴国君臣一时并没有形成统一的意见。以徐盛、潘璋、宋谦为首的主战派纷纷表示，刘备必可擒获，请求发兵进攻。但是陆逊、朱然、骆统则认为，当吴蜀对垒之时，曹丕已然偷偷调集了军队，对外声称是帮助东吴，其实包藏祸心，所以还是收兵为好。再加上此时驻守江州的赵云得知刘备战败，已经率军来援，最后孙权就采纳了陆逊的意见，命李异、刘阿收兵回了巫县。

于是吴蜀之间的边界又恢复到了战前的状态。

第105章 兵败猇亭

第106章 曹丕三道伐吴

陆逊估计得没错,当吴、蜀两国在夷陵一带对峙时,密切关注战局的曹丕一直在打着鬼主意。

曹丕曹子桓虽然被后世称作"文帝",但他同样有并吞天下的雄心。

其实早在曹丕即位之初,他就曾对太尉贾诩说:"吾欲伐不从命,一统天下,不知吴、蜀何先?"

当时已经七十四岁的贾诩答道:"攻取者先兵权,建本者尚德化。陛下应期受禅,抚有四海,若绥之以文德而俟其变,则平之不难。吴、蜀虽蕞尔小国,却各自依山阻水,刘备有雄才,诸葛亮善治国,孙权识虚实,陆逊见兵势,据险守要,泛舟江湖,皆难一举攻克。用兵之道,讲究先胜后战,量敌论将,如此才能算无遗策。臣窃料国中群臣,并无可与刘备、孙权相匹敌之人,即便陛下以天威临之,亦未见万全之势也。当年舜舞干戚而有苗服，臣以为当今宜先文而后武。"

以上这段话说白了就是：现在还没到平定天下的时候，吴、蜀两国哪个你也灭不了，眼前的工作最好放到国内建设上来。

曹丕虽然什么也没说，但是我估计他心里对这个回答并不满意：我是问你先打哪个国家比较好，不是问你该打不该打，你扯那些有的没的干什么？该不该打难道我心里没有数吗？

据说吴蜀开战后，曹丕一度想以相助孙权为名发兵，在侧后袭击蜀汉。但当时司空王朗谏阻说："天子之师不动则已，动必有成。要是现在孙权亲自统军跟刘备对抗，双方智均力敌，旷日持久，那还可以选派持重之将相机进取。如今孙权并未大举，那我方的助吴之军就没必要先出动。况且眼下雨水方盛，也不是行军动众之时。"曹丕就选择了作壁上观。

现在夷陵之战刚结束，曹丕转而认为，已经到了该打孙权的时刻。

当初曹丕决定封孙权为吴王时，刘晔曾对他一语道破说：孙权称臣根本就是伪降，封他一个"十万户侯"也就得了，现在封他为吴王，那是为虎添翼，等他击退刘备之后，他肯定会故意激怒陛下您，让您主动去打他，到时他就可以名正言顺地切断跟我们的君臣关系。

必须承认，刘晔对孙权的意图推测得十分正确。

受封吴王后，孙权表面上对曹丕毕恭毕敬，贡礼不缺，实则对曹魏试图控制东吴的努力一概加以拒绝。这一点在孙权拒绝将太子孙登送到曹魏当人质一事上体现得尤为鲜明。

最早在孙权初封吴王之时，曹丕就通过同册拜使者一同入吴的浩周向孙权暗示，他应该尽早派遣"任子"（即质子）入朝，以表其归顺之诚意。

这对孙权来说并不算什么新鲜事。前文提过，当年他刚接班孙策未

第106章 曹丕三道伐吴

久，曹操乘新破袁绍之威就曾经下书江东，命孙权遣送人质。那时孙权召群臣会议，张昭、秦松等人都犹豫不决，幸亏周瑜全力支持，他才顶住压力拒绝了曹操。当年曹丕他爹都没能办到的事，如今孙权就更不会让曹丕得逞。因此，当浩周在私宴场合向孙权透露，自己曾在曹丕面前用阖门百口的性命担保孙权一定会遣子入侍，孙权尽管表现得感激涕零，还指天发誓让浩周放心，但是浩周一走，孙权就推三阻四，找各种理由拒绝遣送太子。

夷陵之战正式开打后，曹丕通过"东巡"的方式再次向孙权施压，还提出条件说只要孙登入朝，就可以封他为万户侯，然而孙权却"以登年幼，上书辞封"，只是派西曹掾沈珩入魏向曹丕致歉，献了一些珍玩宝物而已。

见到沈珩后，曹丕问他说："吴嫌魏东向乎？"

沈珩说："不嫌。"

"何以不嫌？"

"信恃旧盟，言归于好，是以不嫌；若魏渝盟，自有豫备。"意思是我们相信两国之间的盟约，就算你魏国单方面撕毁盟约，我们也早有预备，并不怕你。

曹丕又问："闻太子当来，宁然乎？"

沈珩说："臣在东朝，朝不坐，宴不与，若此之议，无所闻也。"

曹丕想探知一下东吴内部对于派遣质子一事的真实动向，结果沈珩干脆打马虎眼，说自己在吴国并非管理层，接触不到核心机密，所以他完全不知道。

这一段时间，别看魏、吴两国使者往来，貌似亲密，其实双方都是各怀鬼胎，彼此并不信任。曹魏那边以刘晔的意见为代表，前面已经介绍过。东吴这边出使的沈珩、赵咨等人回国后，也都劝孙权不要相信曹丕。例如沈珩回来后就对孙权说，自己侦知侍中刘晔"数为贼设奸计"，两国的和平局面绝不会长久，您得早做准备；赵咨也说，"观北方终不能守盟"，劝孙权不如自立为帝。

随着夷陵之战的结束，魏、吴之间这种脆弱的和平局面也迎来了终结。

由史料记载可知，八月间孙权收兵，吴蜀战争告终，九月间曹丕就命曹休、张辽、臧霸出洞口（亦称洞浦，今安徽和县南），曹仁出濡须，曹真、夏侯尚、张郃、徐晃围南郡，发动三路大军对东吴展开了进攻。

当然，按照刘晔之前的规划，这个时候已经错过了征伐东吴的好时机。所以他又谏阻曹丕说："此时彼新得志，上下齐心，而阻带江湖，必定难以攻拔。"同前两次一样，曹丕还是没听。

至于为何选择在此时攻吴，根据曹丕自己在诏书中的说法，其实从一开始，魏国群臣就怀疑孙权是个吃里扒外的白眼狼，他自己还不敢相信，所以才按照朝臣的意思，派浩周拿人质一事来考验孙权的诚心，结果孙权果然不肯从命。后来曹丕又想要派侍中辛毗、尚书桓阶入吴，跟孙权再盟前言，并督促其派遣太子。孙权还是百计推辞，一会儿说孙登年幼自己舍不得，一会儿又说他还没有婚配就这么送走实在不放心（彼时孙登十四岁）。于是魏国群臣都上奏说，从孙权前后言行判断，此人"自以阻带江湖，负固不服"，共犯下大罪十五条，"终非不侵、不叛之臣"，为避免养虎遗患，必须免去他的官爵，将他抓捕治罪，"敢有不从，移兵进讨"。曹丕自己勉为其难，这才举兵南进。末了他还对孙权拍胸脯保证说：只要你早上把太子送来，晚上我就召回大兵，"此言之诚，有如大江"。

高明的政治家，从来就是说一套，做一套。既然曹丕口是心非，那

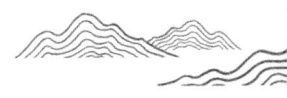

孙权也就继续阳奉阴违。他一方面卑辞上书假意承认错误，说自己愿意在年底的时候把太子送往曹魏，一方面则针锋相对，以吕范督五军统舟师抵御自东路来犯的曹休，以朱桓为濡须督抵御出合肥的曹仁，而命诸葛瑾、潘璋、杨粲各领所部救援被曹真、夏侯尚围困的南郡。

到了十月，孙权尽管还没有正式跟曹魏断交，却在国内放弃了使用两年多的曹魏年号"黄初"，而改用"黄武"纪年，实际上等于宣告独立。所以《魏书》记载说："是月，孙权复叛。"有的学者就主张，三国中孙吴政权之立国应从此年算起。

接下来的几个月，魏吴两国在东、中、西三条战线展开了激烈角逐。

曹魏东路军的主帅，是自小与曹丕感情极好、被曹操称为"吾家千里驹"的宗室后起之秀曹休。彼时其以征东大将军、扬州刺史、都督青徐二州的职衔，不但统领着张辽、臧霸、贾逵等五州人马二十余军，且曹魏水军亦多在其麾下。曹休的进攻路线，很可能是自扬州刺史治所寿春统水军沿淮河东下，然后走中渎水（即古邗沟）进入长江。选择这条路线，便可以避开东吴严密布防的濡须口防线，直接威胁江东腹地。

其实打去年开始，张辽就一直疾病缠身。曹丕为表关切，曾特意派侍中刘晔带着太医去其驻地视疾。这次伐吴，尽管曹丕知道他尚未痊愈，但为了借重他的威名，还是命他乘船与曹休一同出征。孙权得知张辽亲来，十分忌惮，还下敕给诸将说："张辽虽病，不可当也，慎之！"

十一月，曹休一军出现在了长江北岸的洞口。这里江面较狭，比接近长江入海口的广陵、京口一带更加适合渡江作战。

这一时期孙权以武昌为国都，扬州地区的沿江防务则主要交由吕范、贺齐两员大将负责。其中贺齐的防区在上游，吕范的防区在下游。

这次曹休的进军路线属于吕范防区，故此孙权命吕范统领徐盛、全琮、孙韶等五军，统舟师停泊南岸，正对洞口的曹休军。

据《董昭传》透露，曹休抵达洞口之后曾向朝廷上表，说自己希望亲率精兵渡江，"虎步江南，因敌取资，事必克捷"，还说"若其无臣，不须为念"，万一自己死了，皇上您也不必挂怀。曹丕知道后，连忙派驿马制止曹休。当时董昭正在身边，便道："臣窃见陛下面带忧色，难道是因为怕曹休渡江吗？其实以臣之见，渡江绝非易事，就算曹休有此志愿，也会与诸将共同行动，必不会独行。而臧霸等人如今既富且贵，已经没有别的野心，多半只想终其天年、保其利禄而已，哪里愿意冒险南渡，把自己置之死地而求侥幸呢？如果臧霸等不图进取，曹休的主张就难以实施，我看陛下就是命令他们渡江他们都会犹豫。所以您不必担心。"

有意思的是，另据《魏略》，臧霸曾对曹休言道："国家未肯听霸耳！若假霸步骑万人，必能横行江表。"似乎在南渡一事上，臧霸的态度反而更为积极。

总之，由于曹丕禁止，曹休一军并没有贸然发动渡江攻势。然而不久，忽然发生了一起意外事件：江边由于刮起暴风，南岸吕范的水军有将近一半船只被吹断缆绳，直接漂到了曹军营下。面对这送上门来的美餐，曹休焉能不吃？一通砍瓜切菜下来，吴军士卒淹死和被杀的至少有数千人。后来曹丕更吹嘘说，此战曹休"斩首四万，获船万艘"。吴国史料也透露说："洞口诸军遭风流溺，所亡中分，将士失色。"可见此役吕范的水军的确损失相当严重。

曹丕得知这一状况后，马上改变主意命曹休乘胜渡江。可曹军还未及南渡，一来由于徐盛等收拢余兵，重新在南岸稳住了阵脚，二来上游的贺齐率部及时赶到，"蒙冲斗舰之属，望之若山"，东吴水军又恢复

了元气。曹休试着派臧霸率快船五百、敢死万人向对岸的徐陵（今安徽马鞍山南）发动进攻，尽管取得了"杀略数千"的战绩，但紧接着便被吴军全琮部击破，将军尹卢被斩。曹休心知难以得逞，只好收兵而还。

此战结束后，本来有病在身的张辽因受风浪颠簸，在回师途经广陵（今江苏扬州）之时便病逝了。据说到唐代晚期，张辽墓还位于扬州华林寺内。今天合肥逍遥津公园内的张辽墓，不过是后人以资纪念的衣冠冢罢了。

第107章 二朱守城

在曹丕这次"分命猛将,三道并征"的伐吴行动中,除了东路的曹休无功而返之外,中路的曹仁军和西路的曹真军也遭遇到了吴军的顽强抵抗。

曹仁中路军的进攻目标,仍是当初曹操"四越巢湖不成"的濡须口要塞,他的对手则是时任濡须督的东吴大将朱桓。

学界多认为,濡须水的入江口历史上曾有三次较大的变迁,而汉晋时期的濡须口位于今安徽无为市东南的泥汊镇一带。自从当年孙权采纳吕蒙的建议,开始在此处夹河立坞以来,十余年间历经朱然、吕蒙、蒋钦、周泰等督将的修葺建设,濡须口要塞的城坊设施已经颇为完善。史料显示,濡须大坞修筑于濡须水东岸、长江北岸的高地上,因连接两岸的坞墙环曲如弯月,故又有"偃月坞"之称。坞中置有强弩万张,构成的火力网足以封锁河口。与大坞相对的濡须水西岸亦筑有小坞,即建安十八年曾被曹操攻破的江西营。此外，在濡须口以南的江心沙洲之上，则安置有守军家属和大量辎重。

一般而言，濡须坞的常驻军在万人左右，大战来临时应该还会更多。鉴于濡须坞易守难攻，当年连曹操也无可奈何，所以这次曹仁策划了一出声东击西的把戏。出兵前，他散布消息说自己的攻击目标不是濡须口，而是濡须以东的羡溪（疑今安徽当涂牛屯口）。羡溪是濡须水的一条支流，由此亦可入江，所以东吴在其水口也有设防。朱桓不知是计，便拨出一半军力前去增援羡溪。哪知道援军派出去之后，朱桓又得到军报，说曹仁统步骑数万，已经开到了濡须坞七十里外。朱桓大惊，急忙派人去召回援军。然而为时已晚，援军还未及赶回，曹仁的大军便杀到了。

这个时候朱桓的手下总共才五千人，诸将见众寡悬殊，都十分忧惧。朱桓便鼓励众人道："凡两军交战，胜负在将，不在众寡。不知诸位以为曹仁用兵行师，比我朱桓如何？兵法上不是常说'客倍而主人半'吗？那还是就主客双方俱在平原，无城池之守，士兵的素质和斗志差不多相同的情况而言。现在曹仁既不是智勇双全，其手下将士又千里跋涉、人马疲困，而我军却共据高城，南临大江，北背山陵，以逸待劳，为主制客，此百战百胜之势也！就算是曹丕亲自前来，尚不足忧，更何况是曹仁等人呢！"便下令偃旗息鼓，想凭借坚城诱使曹军来攻。

这一次曹仁的主要目标，本来是要攻取吴军设在江心沙洲上的大本营，因为一旦其家属被俘，濡须守军就会不战自溃。但他被朱桓偃旗息鼓的计策所迷惑，以为守军大部分已开赴羡溪，整个要塞守备空虚，就动了贪功之心，将所统军队一分为四：派自己的儿子曹泰领一军去攻濡须城；派将军常雕、王双乘油船偷袭江心沙洲；同时派蒋济带一队人马开赴羡溪，以阻止朱桓派出的援军及时回援；自己则领余兵万人坐镇橐皋(疑在今安徽无为北)以为后继。

对于曹仁的这番布置,随军的蒋济是不大认可的。他劝曹仁说:"现在吴贼占据西岸,列船上流,我军派兵入洲中,无异于将自身置之地狱,此乃危亡之道也。"可惜曹仁没听。

朱桓治军,向来以轻财爱士著称,凡有俸禄产业,皆与麾下将士均分。而且他记忆力还特强,只要见过人一面,就能几十年不忘,史称"部曲万口,妻子尽识之"。所以他能得将士死力,其部曲战斗力很强。

曹仁的分兵之策削弱了自身的数量优势,再加上朱桓指挥有方,坞城坚固,进攻濡须和沙洲的曹军都没有取得预期的战果。尽管事后曹丕声称,"大司马据守濡须,其所擒获亦以万数"。但吴国史料却记载,曹泰一军烧营而退,进攻沙洲的曹军主将常雕被杀,王双被俘,士卒死亡千余人。最后,曹仁在退军路上亦染病而亡。

曹仁的死很可能与军中暴发的瘟疫有关。事实上,伐吴战事延续到黄初四年(223年)春天后,江汉流域也暴发了大规模瘟疫,并直接影响到了曹军在江陵的攻势。

江陵这个地方,由于位处江汉平原的中心地带,自来土沃水丰,物产富饶,加之地当"右控巴蜀,左联吴越,南通五岭,北走上都"之交通枢纽,向为荆州地区的大都会和战略要地。早在先秦时期,这里便是楚国的郢都。而由江陵向北不到五百里,便是江汉平原的北部重镇襄阳。自打从关羽手中夺取荆州后,孙权虽一度袭夺襄阳,但很快便被曹仁、徐晃夺回。这一次三道伐吴,曹丕不但派出曹真、夏侯尚、张郃、徐晃等亲贵大将合力来攻江陵,而且自己还亲至宛城坐镇指挥,可见他对西线攻势相当重视。

曹真字子丹,按照其本传的说法,他跟曹休一样是曹操的"族

子"。不过另有史料说,曹真本性秦,当年他的爸爸秦邵为掩护曹操被敌兵所杀,曹操不忍让其子成为孤儿,便把他收养了下来。有一次打猎,一只老虎紧追曹真,曹真猛转身射出一箭,便将老虎射死。曹操赞其勇壮,就叫他跟曹休同领虎豹骑。后来因为参加曹操西征关中和汉中的战争,曹真累功至镇西将军。黄初三年(222年),又被封为上军大将军、都督中外诸军事。

夏侯尚则是夏侯渊的侄子,从小跟曹丕交好,史称"尚有筹画智略,文帝器之,与为布衣之交"。早在曹操平定冀州之时,夏侯尚便以军司马一职随从征伐;后历任五官将文学、黄门侍郎、散骑常侍、中领军等职。曹丕称帝后,夏侯尚因为主导了夺取汉中东三郡的战役,被曹丕升为征南大将军、荆州刺史、都督南方诸军事。这次进讨江陵,参战的除了原本的襄阳驻军,还有曹丕从洛阳发来的中军,由曹真和夏侯尚共同指挥。

江陵城位于长江北岸,其北侧又毫无屏障,因此面对曹军自北而来的攻击,防守起来难度不小。幸而当年关羽在此驻守之时对城墙进行了扩建和整修,城防设施比较坚固。开战之前,吴将孙盛又带兵万人抢先占据了江陵城西南的百里洲,以为掎角之势。

在城中主持防务的,则是东吴大将朱然。

朱然本是当年随孙坚一同打天下的元勋朱治的外甥,当时朱治无子,便将其收为了子嗣。他跟孙权同龄,少年时两人又曾经一起读书学习,私交甚好。孙权接班后,朱然历任县长、郡守,在讨伐山贼的战事中显露出了军事才能,后来他参与了吕蒙袭取荆州的行动,因功被封为昭武将军。据说吕蒙病笃之时,孙权曾问他说:"卿如不起,谁可代者?"吕蒙道:"朱然胆守有余,愚以为可任。"吕蒙死后,孙权便命朱然接替他镇守江陵。

而除了城中的朱然和百里洲上的孙盛之外,孙权还命诸葛瑾、潘璋、杨粲亦各领所部,从周边郡县来援。

黄初四年正月,曹真先派张郃渡江击破孙盛,夺取了百里洲,然后在洲上架起浮桥,以重兵三万人进驻。紧接着,夏侯尚又亲率步骑万人,乘油船发动夜袭,攻破了停泊于江渚的诸葛瑾诸军,将其舟船尽皆烧毁。从西边来援的潘璋得知后说道:"魏寇军势始盛,江水又浅,未可与战。"便率部在魏军上流五十里暂时停驻了下来。

这一来,江陵四周要地尽被魏军占据。曹真遂"起土山,凿地道,立楼橹临城",发动了对江陵城的围攻。夏侯尚则把自己的大本营迁到了百里洲上,封锁了吴军自水路来援的通道。

朱然不愧被吕蒙称作"胆守有余",面对此不利局面,他谈笑自若,毫无畏惧之意。史称当时"城中兵多肿病,堪战者裁五千人",但是朱然却督厉将士,不仅击退了魏军的多次进攻,而且还有余力伺机攻破了城外的魏军两屯。把守北门的江陵令姚泰见城中粮谷将尽,密谋以内应降魏,也被朱然发觉后铲除。围城战从正月一直进行到三月,曹真、夏侯尚愣是拿朱然没辙。

眼见江陵久攻不下,曹丕甚是焦急。因为随着天气转暖,不但江水越涨越高,而且疫病又开始在军中流行开来。除此之外,夏侯尚在百里洲上扎营的举动也潜藏着危机。董昭就上书对曹丕说:"武皇帝(即曹操)智勇过人,但是他用兵向来重视敌手,从来不敢这样轻敌。以常理而论,士兵们都崇尚前进而厌恶后退,所以在平地无险之时,尚且应谨慎小心,即便引军深入,也应该留有方便撤退的道路。这是由于军队的进退往往不能如意的缘故。现在征南的军队屯驻在沙洲之上,可谓至深;与岸上只有浮桥可通,可谓至危;浮桥只有一道,可谓至狭。这三者皆是兵家所忌,而今却同时出现。吴贼来攻,万一浮桥有什么闪失,

第107章 二朱守城

那洲上的精锐岂不是非我军所有了吗？臣每当想起此事，都寝食不安。再加上近来江水越来越盛，一旦暴增，又该如何防御？即便不能攻下江陵，也应当全军而还。为何要冒险行此侥幸之举，却不以为惧呢？万望陛下明察。"

曹丕读了董昭这封奏疏，颇为感悟，便下诏命夏侯尚赶紧撤出百里洲。

这个时候，在上游观望不前的吴军潘璋部已经利用这段时间伐苇数百万束，制作了大量木筏，就等江水上涨后顺流放火，从而将浮桥烧毁。眼见夏侯尚要从洲中撤出，东吴水军赶紧在东西两头对浮桥发动了进攻。由于浮桥狭窄，夏侯尚军好不容易才撤到北岸，差一点就被困在了沙洲之上。

此役过后，由于百里洲被吴军夺回，再想全面封锁江陵城已经不太可能。再加上十天后江水暴涨，城内外瘟疫蔓延，曹军士卒病死者甚多，于是曹丕只好下诏命曹真、夏侯尚撤兵。

曹丕即位以来首次大举兴兵的三道伐吴之役，就这样虎头蛇尾地结束了。

由于江陵以北的南郡土地在这次战争中受到了严重破坏，加之瘟疫横行，民户稀少，这次战事过后，魏、吴双方在荆州都实行了徙民内地的政策，其中东吴把江北的民户都迁徙到了江南，朱然也将大本营由江陵城迁到了南岸的乐乡（今湖北荆州浣市）。从此以后，在整个三国时代，江陵城荆州都会的角色不复存在，转而成了孤悬江北的一座军事要塞。

第108章 白帝托孤

当魏、吴两军在江陵城下打得不可开交之时，驻扎在夷陵的陆逊始终没有被孙权征调参加救援南郡的行动。

这是因为，当时刘备还居住在白帝城，猇亭之战后吴蜀关系未明，陆逊必须时刻监视着刘备的行动。

据《吴录》透露，当刘备闻知曹魏大举伐吴的消息后，曾经写信给陆逊说："现在曹贼已在江陵，我准备再次举兵东下，不知将军你觉得我能不能办到啊？"陆逊则老实不客气地答复道："最近你的军队刚刚覆灭，只怕伤口还没好吧？贵国刚开始谋求跟我国恢复友好，以便弥补你犯下的过错，这时候恐怕根本没能力再穷兵黩武。如果我说得不对，你还打算带着残兵败将来送死，那你们肯定一个也逃不了！"

如果这个记载确有其事，那也不过是刘备虚张声势。因为在当时，且不说蜀汉大败之余，根本无力再发动大规模的攻势，就是其国内的局势也受战败影响而出现了动荡不安的趋势。先是汉嘉太守黄元举兵反叛，紧接着南中豪帅雍闿也在今云南一带拥兵割据，图谋归附东吴。更糟糕的是，刘备本人败还后抑郁成疾，一病不起，眼看就不久于人世。这种情况下，他又怎么能与东吴再启战端呢？

所以对此时的蜀汉而言，趁东吴与曹魏闹翻的机会，重新恢复与孙吴的结盟关系才是聪明理智的选择。

史料显示，早在章武二年（即吴黄武元年，222年）十月，也即夷陵之战结束后两个月，刘备就派太中大夫宗玮出使东吴，首先向孙权表达了恢复邦交正常化的意愿。但是孙权出于种种考虑，并没有马上给与答复。我推测，主要原因在于这时魏、吴虽已开战，但并未完全断交，而且刘备还对陆逊有过上述"吾将复东"的恐吓之语，三国之间的和战关系尚存在变数。另外，在孙刘联盟破裂之前，刘备只是汉中王，跟孙权名义上都是汉室臣子，名分上两人基本对等，可是现在刘备已经自称为大汉皇帝，而孙权则是魏帝所封的吴王，在外交礼仪上双方如何平等论交也是一个颇为棘手的问题。所以《江表传》透露，这一时期孙权并不承认刘备为帝，而只愿称之为汉中王。

直到两个月后，魏、吴江陵战役全面开打，东、中两线也激战正酣，孙权感到有必要稳定西境，才派太中大夫郑泉出使蜀汉，对刘备的示好做出了回应。

吴国史料声称，刘备见到郑泉后问他："吴王为何不答复我的书信？难道是认为我之正名有所不宜吗？"郑泉就答道："曹操父子欺凌汉室，终夺其位。殿下托名汉室宗亲，不能铲除曹贼，以为海内表率，却汲汲于自身之名位，实在与天下公议不合，所以寡君未曾答复。"刘备听了，甚感惭愧。

此处郑泉称刘备为"殿下"，表明孙权仍不认可刘备的皇帝身份。

然而正如曹操那句"不得慕虚名而处实祸"的名言，这时的刘备已经不在意这一细节了。夷陵之战的惨痛教训告诉他，为了抗曹这一共同利益，眼前最好选择搁置争议。同时刘备自知中原克复无望，荆州也不可复得，就命诸葛亮在成都营建郊祀天地的南北郊①，还命使者前往南郡，将甘夫人的灵柩迁回蜀中。此次吴、蜀交聘之后，两国才算正式结束了敌对状态。

这期间，身在成都的诸葛亮先后派尚书令刘巴、军议中郎将射援赶赴白帝城，向病中的刘备表达了关切之情。巴西太守阎芝也紧急征召了五千士兵派汉昌县长马忠送来，以弥补刘备麾下大为受损的军力。刘备跟马忠会谈后，还颇为赞许地对刘巴说："我虽然失去了黄权，却又得到了马忠，可见世间不乏贤能。"

遗憾的是，夷陵之战这一年对蜀汉来说实在是流年不利。司徒许靖、骠骑将军马超皆卒于此年，尚书令刘巴从白帝城回来后，很快也病故了。刘备只好提拔犍为太守李严为尚书令，接替刘巴的职务。

转过年来，刘备的病情也进一步加重了。

据其遗诏透露，一开始他的病只是"下痢"，后来则"转杂他病，殆不自济"。刘备自知势将不起，遂于二月间召诸葛亮、李严等来到白帝城，准备向他们托付后事。

于是，在白帝城永安宫，四十三岁的蜀汉丞相见到了病榻上六十三岁的主公。

此时他们君臣相知已经超过了十六年。

---

① 吴嘉禾元年（232年），群臣奏请彼时已经称帝的孙权行郊祀之礼，但孙权以"郊祀当于土中，今非其所，于何施此"为由加以拒绝，可见当时普遍认为郊祀之礼应于中原之地举行。刘备在成都营建南北郊，是他自知无法收复中原之后的无奈之举。

这十六年来,按照隆中对的战略规划,刘备从一个寄人篱下的流浪军阀,据荆州,克巴蜀,夺汉中,翻然翱翔,短时间内以极其薄弱的家底创建了与魏、吴鼎足而三的基业,某种程度上来说确实缔造了一个奇迹。在这一过程里,蜀汉群臣当中没有人比诸葛亮贡献更多、功勋更高,现在也没有人比他更受刘备信任。所以在弥留之际,刘备尽管将尚书令李严也列为并受遗诏的辅臣,但他心里清楚,真正值得托付后事的其实只有诸葛亮一人。

故此,他在临终前对诸葛亮说出了下面的话:

"君才十倍曹丕,必能安国,终定大事。若嗣子可辅,辅之;如其不才,君可自取。"

诸葛亮闻言,流着泪回答道:"臣敢竭股肱之力,效忠贞之节,继之以死!"

后来刘备又颁遗诏给太子刘禅说:"汝与丞相从事,事之如父。"《诸葛亮集》里面也提到,刘备临终前对小儿子刘永嘱咐道:"吾亡之后,汝兄弟父事丞相,令卿与丞相共事而已。"

刘备这番托孤之语字数虽然不多,含义却相当复杂,历来史家对其解读也不尽相同。

显然,争议的地方,不在"君才十倍曹丕,必能安国,终定大事",而是在"若嗣子可辅,辅之;如其不才,君可自取"这一句。所谓"君可自取",就是允许诸葛亮取代刘禅自己当皇帝①。刘备身为一个

---

① 方北辰先生认为,"君可自取"乃是自己可以选择处置办法之意,即在最为严重的情况下,诸葛亮可以废黜刘禅,选立刘备另外的儿子为君,而非他自己可以径直取代后主刘禅。笔者并不认同这一观点。但刘备既允许诸葛亮自取皇位,当然也就允许他废立皇帝。"君可自取"实际上就是授予诸葛亮废立君主之权,至于废掉皇帝后是另立刘备余子,还是自立,则由其自己决定。这才是真正的"自取"。

封建帝王，临死前竟然授权给大臣，允许他取代自己的儿子当皇帝，即便其前提是"如其不才"，也实在不能不令人感到惊异。

就笔者所见，后世学人对刘备这番话大体有三种不同类型的评价，简单说就是：真话，假话，以及糊涂话。

第一类意见认为，刘备说的是真话。因为玄德公与孔明两人鱼水相得、肝胆相照，他完全相信诸葛亮的忠诚，相信他不会辜负自己的托付。但是刘备同时也认为，以嗣子刘禅的能力和蜀汉的实力，远不足与魏吴两国相抗，万一事出非常，为了守住这份基业，避免其白白落入敌国之手，诸葛亮是可以两害相权取其轻、取刘禅而代之的。所有猜测刘备是故作诈语来"套路"诸葛亮的想法，都无非以小人之心度君子之腹。所以胡三省赞许说："自古托孤之主，无如昭烈之明白洞达者。"苏东坡、胡寅、罗大经、陈廷敬、崔述、桂馥、卢弼等人的观点，大致都是这种倾向。

另外，田余庆先生在其《蜀史四题》中提出："刘备作此托孤遗言，正是为了在并受遗诏的李严面前巩固诸葛亮的独特地位，预防旧人另有图谋。如果不测事端突然出现，连伊尹、周公都无济于事的时候，诸葛亮还可以走向前台，自取帝位，以应急需。"即认为刘备这番话表面上是说给诸葛亮，其真实目的则是叫诸葛亮防备李严。这个观点仍是以刘备对诸葛亮的完全信任为前提，所以尽管拐弯抹角，仍然可与上述意见归为一类。

第二类意见则认为，刘备说的是假话，是"诈语"，是"套路"，其目的就是迫使诸葛亮表态，以使其日后不致生出篡逆之心。例如南宋人陈仁子在《文选补遗》一书中便将刘备的托孤语跟光武帝刘秀写给窦融的书信并列，认为此二者皆属"不固人而人自固，不制敌而敌自制"之事例。具体说就是："刘禅孱弱，疑不足以臣武侯者，而昭烈独曰：

'嗣子不肖，君可自取。'武侯乃终其身无他志。"北宋人胡寅在《致堂读史管见》中提及的"或谓昭烈自知刘禅之不才、群臣无出孔明之右者，不能保孔明之必与禅也，故于临终正言之，冀亮德己而不忍取"以及清人崔述书中所谓"后世论者谓昭烈故为此言，以坚武侯之心"的说法也是代表性的观点。乾隆帝在《御批通鉴辑览》中的批示，以及周一良先生在其《魏晋南北朝史札记》之"刘备托孤语"条目中的阐释亦属此类。

最后一种意见，以东晋人孙盛和清初大儒王夫之为代表，认为刘备对诸葛亮说的这些话是"乱命"，根本起不到"固委付之诚，且以一蜀人之志"的作用。例如孙盛就认为，倘若受托付的人是忠贤，那就根本没必要说这些话来试探；如果不是忠臣，那就更不该用这样的话为其篡逆野心制造口实。况且这些话如果叫刘禅听了，他会怎么想？亏得后主刘禅是个暗弱无能之辈，天性中缺乏猜疑和阴狠，诸葛亮的威望智略也足以将异端消灭在萌芽阶段，否则这种情况被小人利用，那不是很容易在他们君臣之间造成不和吗？所以刘备说这些话，简直是犯糊涂。

依我之见，这三种意见虽然各有各的道理，但就彼时彼地的情境而言，恐怕孙盛"乱孰甚焉"的指责是不能成立的。一来从诸葛亮抵达白帝城到刘备病逝，期间尚有两个多月，二人有足够的时间商议后事，刘备也必定会对自己的托孤之语反复思量；二来从刘备给刘禅的遗言可知，当时刘备虽身染重病，但头脑清醒，神智正常。所以刘备这番话绝不是他一时犯糊涂说出的昏乱之语。

既然如此，那么"如其不才，君可自取"一句到底是刘备的真心话还是其故作"诈语"呢？

我的判断是：九分真，一分诈。

之所以说九分真，首先是因为，刘备临死前留给蜀汉的其实是一个烂摊子，国力大损，民生凋敝，人才空虚，内乱频频，外部还有实力绝对占优的死敌曹魏以及居心叵测的孙权，情况正如诸葛亮后来在《出师表》中所言："此诚危急存亡之秋也。"刘备深知，这种局面靠后主刘禅绝对应付不过来，要想挽救危局，眼下只有诸葛亮一人。所以他才对诸葛亮说："君才十倍曹丕，必能安国，终定大事。"可是空口说白话不行，在当前的背景下要想让诸葛亮治理国家得心应手，就必须赋予他至高权力和至尊地位。现在诸葛亮尽管是丞相，但也毕竟是臣，而自古以来君相矛盾就是危及朝廷稳定的一大根源。要想抑制这一矛盾，一定程度上就必须像当年的周公或者霍光那样赋予（至少是部分赋予）诸葛亮某种凌驾于嗣君之上的权力，唯有如此才能保证"宫中府中俱为一体"。所以刘备不但要让刘禅在私人关系上将诸葛亮视作父亲，"汝与丞相从事，事之如父"，还要公开赋予他废立之权。"如其不才，君可自取"就是对此而言。

当然，此举绝不是鼓励诸葛亮废立皇帝或者自立，以刘备的识人之明和二人的相知之诚，他完全相信诸葛亮不会辜负自己的期望。这也是我之所以相信刘备的托孤语是"九分真"的原因之一。然而刘备心底里也清楚，人性往往经不住考验，在某时某地坚持原则的人，随着时间的改变，当其所处的环境完全不同之时，多半也会对自己曾经抱有的道德原则产生怀疑。尤其当一个人的权力处于无人制约的状态时，"绝对的权力导致绝对的腐败"，道德原则更容易被弃若敝屣，当年的王莽就是一个再鲜明不过的例子。所以刘备这番话，也隐含有一分迫使诸葛亮表态，从而使其作茧自缚，为其将来不受制约的权力加上一道诺言作为保险的意思。从诸葛亮"臣敢竭股肱之力，效忠贞之节，继之以死"的回答看来，他显然是明白刘备的心思。

其实这种帝王心术，不只刘备，中古时期还有其他君主也曾用过。

二十多年前孙策临终，托孤给张昭等人之时，便曾对张昭说："若仲谋不任事者，君便自取之。"后来北魏孝文帝死前也曾对自己的兄弟交待，倘若自己的继嗣才德不济，那么你们可相机行事，或辅或取，总之是"无令他人有也"。这其中固然有试探和激励辅臣的因素，却也反映出，凡明智之君，并不将国家利益与自己一家一姓之私利视为一体，若是遇到难以两全的情况，那么为了国家利益，甚至可以放弃一家一姓之私利。乾隆帝傲慢自大，眼界狭窄，并未勘破这层道理，故此他才批示说："昭烈于亮，平日以鱼水自喻，亮之忠贞，岂不深知，受遗时何至作此猜疑语？三国人情，以谲诈相尚，鄙哉！"

到底刘备是不是猜疑诸葛亮，又或者是谁更"鄙"，相信读者朋友您一定自有判断。

第109章 江山岂是哭得来

说完了刘备对诸葛亮的托孤之语,再说一说他给儿子刘禅的遗言。

据裴注所引《诸葛亮集》,这份遗诏全文如下:

朕初疾但下痢耳,后转杂他病,殆不自济。人五十不称夭,年已六十有余,何所复恨?不复自伤,但以卿兄弟为念。射君到,说丞相叹卿智量,甚大增修,过于所望,审能如此,吾复何忧?勉之,勉之!勿以恶小而为之,勿以善小而不为。惟贤惟德,能服于人。汝父德薄,勿效之。可读《汉书》《礼记》,闲暇历观诸子及《六韬》《商君书》,益人意智。闻丞相为写《申》《韩》《管子》《六韬》一通已毕,未送,道亡,可自更求闻达。

刘备说,如今他已经六十多岁,面临死亡并无太多遗恨,唯一挂念的就是刘禅兄弟。而从下文看来，与分香卖履、流连妾妇的曹操相比，他并不担心刘禅兄弟未来的生活（毕竟有诸葛丞相忠心辅佐），他真正放不下心的其实只有两个方面：一是刘禅的"智"，二是刘禅的"德"。他在遗诏中嘱咐刘禅"勿以恶小而为之，勿以善小而不为"，这是担心他的德行；他劝刘禅多读《汉书》《礼记》《六韬》《商君书》以及其他"益人意智"的诸子书，则是担心他的智识。由此可知，在刘备的心目中，自己的儿子不论是道德修养还是处理政事的能力都存在诸多不足，至少在此时并没有达到一个合格君主的标准。这也是刘备之所以叫刘禅对诸葛亮"事之如父"并赋予诸葛亮废立之权的重要原因。

那么问题来了，历史上的后主刘禅真的是像那句俗语所说，是一个"扶不起的阿斗"吗？

在解答这个问题之前，有一点必须首先说明，那就是刘禅的小名很可能并非"阿斗"，而是"阿升"。

据《三国志·后主传》所载，"后主讳禅，字公嗣"，其"阿斗"的称呼只见于《刘封传》所记孟达给刘封的劝降书中"自立阿斗为太子已来，有识之人相为寒心"这句话。然而清人陈景云早已辨明，此处之"斗"字当作"升"，因为《三国志·明帝纪》裴注引《魏略》的一封诏书中明白宣示，刘禅的字其实是"升之"，故此按照当时的习惯，可以昵称为"阿升"①。而"斗""升"两字在汉隶中的字形极为相近，很容易在抄写中导致讹误。这或许便是《刘封传》中将"阿升"误写为"阿斗"的原因。至于《三国演义》中"甘夫人尝夜梦仰吞北斗，因而

---

① 不过方北辰提出，刘禅可能先后有两套名字，即原名刘斗，字升之，后改名禅，字公嗣。改名的缘由，或许就是刘备当了汉中王，以其为嫡嗣。

怀孕，故乳名阿斗"的说法，当然是小说家的附会，不必当真。

而同阿斗这个小名一样，今天人们受演义作品的影响，对刘禅个人智力水平的认识也充满了误解。坊间甚至传说，刘禅之所以智力低下，就是因为当年长坂坡刘备摔孩子，喀嚓一下把他摔傻了。然而我们前面早已辨明，历史上并没有发生过刘备摔孩子的情景，同样，也没有任何史料能够证明，后主刘禅是一个智力低下之人。

前文提到的刘备遗诏中称"丞相叹卿智量，甚大增修，过于所望"，意思是诸葛亮称赞刘禅，其近年的见识已经有了长足的增长。不过刘备对此还不够满意，希望刘禅继续努力学习，追求进步，尤其是要多读"益人意智"的史书和诸子书，诸葛亮也曾亲自抄写《申》《韩》等法家著作送给刘禅阅读。后来诸葛亮还曾对杜微说，刘禅"天资仁敏，爱德下士"。所谓"敏"，自然是思维敏锐、反应快的意思。这些事实都说明，刘禅的智力水平虽然没有达到足够让刘备放心的优秀程度，但也绝非低能弱智之辈。考虑到当时刘禅只有十七岁，搁现在也就是一个高中生，之前又没有任何处理政事的经验，刘备对他的能力表示担心实属正常，我们不能因此便断定他的智商低于常人。

有人说，《三国志·董允传》里不是写，诸葛亮北伐中原之前，曾十分担心刘禅"富于春秋，朱紫难别"吗？一个人如果连朱、紫这两种颜色都分不清，那他不是弱智是什么？

实际上，此处之"朱紫难别"，并非说刘禅分不清所见的颜色是朱还是紫，而是化用《论语》中"恶紫之夺朱"这一典故，暗指刘禅年纪轻，在道德判断上分不清对和错之间的细微差别，容易受到不良事物侵染。所以诸葛亮才任董允为侍中，领虎贲中郎将，让他实际掌管刘禅宫中之事。

再参考刘禅后半生的所作所为，笔者认为，刘禅之所以表现得庸庸

第109章　江山岂是哭得来

碌碌，给人一种能力不逮的印象，无非因为前期有诸葛丞相大权独揽，其本人垂衣拱手，无所作为，后期他又宠信宦官黄皓，蜀汉又是在他手里灭亡的罢了。至于亡国后刘禅在魏朝"乐不思蜀"，装傻充愣，又焉知不是他为了明哲保身、颐养天年而采取的韬晦之术呢？

总之，目前的资料显示，刘禅顶多跟刘表、刘璋一样，是一个能力平庸的"暗弱"之君，而绝非像后世的晋惠帝那样是一个智力低下的呆傻之徒。但是对志在兴复汉室、一统中原的刘备来说，这样的继承人显然并不能使他感到满意。更何况当时的蜀汉连遭败绩，丧师失地，加以内乱频生，正处于风雨飘摇之际，非大才无以力挽狂澜。故此刘备才在临终前举国托付给诸葛亮，并命刘禅对其事之如父。后来刘禅也果然遵行了刘备的遗诏，始终对诸葛亮信用不疑。而诸葛亮也能鞠躬尽瘁、死而后已，没有辜负他的重托。就这个意义而言，刘备对后事的安排是极其成功的，他死后倘若有知，应该也会含笑于九泉。

章武三年（223年）四月二十四日，刘备刘玄德病逝于白帝城永安宫，时年六十三岁。

尽管生前建立的功业不及曹操，死后蜀汉的国祚也最为短促，但有意思的是，与曹操不同，千百年来后世对刘备的评价始终都以赞颂为主，到了唐宋以后，其在民间的名声更是盖过曹操，成了三国人物当中受到最普遍热爱的那一个。故此苏东坡在《东坡志林》中说，时人听讲三国书，"闻刘玄德败，颦蹙有出涕者；闻曹操败，即喜唱快"。而在央视版《三国演义》电视剧片头，刘备的特写排在其他出场人物之前，占据第一位，应该也是这种情况的反映。

问题在于，民间之所以有这种舆论倾向，大多是受到了小说、戏剧等文艺作品的影响。而我们如果将刘备作为一个历史人物来评价，就必须首先将文艺作品塑造的那个刘备的形象从我们的脑海里清除出去。

根据本书前文的讲述，我们知道，历史上的刘备并非皇叔；刘、关、张三人不曾"桃园结义"；怒鞭督邮的人不是张飞，而是刘备；陶谦"三让徐州"给刘备一事乃是虚拟；"跃马檀溪"一事实为传说；"刘备摔孩子"一事并不存在；其余《三国演义》中为人熟知的"刘安杀妻""张松献图""甘露寺招亲"等以刘备为主角的桥段，实际上也出自小说家之杜撰。

更重要的是，刘备绝不像演义中塑造的那样，遇上点什么事便爱哭哭啼啼，乃至落下一个"江山是哭出来的"的名声。

有学者统计，在今本《三国演义》中，刘备总共哭了三十多次，好事哭，坏事也哭，激动哭，感慨哭，着急难过更要哭，而且一哭往往有效果。无怪乎毛宗岗在评点时说道："先主基业，半以哭而得成。""先主从来善哭。"而实际上，检索《三国志》及裴注所引的各种史料，满打满算刘备只哭了六回。这六回当中，共有五次是为了与他人的生离死别而哭。例如早年与田豫分别，刘备涕泣云"恨不与君共成大事"；刘表死，刘备"哭于表墓"；庞统死，刘备"言则涕泣"；法正死，刘备"为之流涕者累日"；甚至杀刘封，刘备也"为之流涕"。只有一次，刘备哭的是自己。那就是他在刘表处寄寓多年，眼见髀肉复生，无所作为，这才"慨然流涕"，为自己老之将至、壮志难酬流下了悲愤的泪水。

显然，演义中描绘刘备之哭，是为了凸显他的仁爱。但是这种手法用得过滥，反而让人觉得刘备有些软弱和虚伪，鲁迅所说"欲显刘备之长厚而似伪"就是对此而言。实际上，按照史籍的描述，刘备是一个"喜怒不形于色"之人。这说明他十分善于控制自己的情绪。考虑到这一点，再审视正史中刘备的六次落泪，我们就能从中感受到，尽管男儿有泪不轻弹，但面临与知交好友的生离死别，刘备还是难以克制自己的

第109章 江山岂是哭得来

泪水。他分明是一个重情重义的磊落汉子,他绝不软弱,在尔虞我诈的权力斗争中,他也并不比曹操、孙权等政治对手更加虚伪。

相反,刘备深知"济大事必以人为本",在礼贤下士、厚树恩德上处处留心,这就使得他比同时代的其他豪强显得更为宽厚仁义,很能得众人之心。这或许便可以解释为何关、张二人与他并非结义兄弟,却甘愿和他"誓以共死,不可背之";赵云与他本非故交,却对他承诺"终不背德";平原郡民刘平派刺客刺杀刘备,刺客却被他感动得不忍下手;尽管前半生颠沛流离,看不到成功的希望,但刘备不论到哪里都能吸引当地人才加入自己的队伍。

其实在我看来,刘备身上最宝贵的品质还不是宽厚和仁义,而是他锲而不舍的雄心,以及百折不挠的韧劲。

第110章 英雄刘玄德

小时候，大概每个人都有梦想。但是长大后，能够依然抱持自己的梦想并为之奋斗终身的，恐怕没有几人。

玄德公就是其中之一。

他虽然号称汉室宗亲，是"景帝子中山靖王胜之后"，但当时光是这个中山靖王刘胜的后代，就有成千上万，他刘玄德身为一个跟当朝皇帝八竿子打不着的宗室疏属，实在占不着什么便宜。论出身，他比不上袁绍；论家境，他比不上曹操；论名声，他比不上陶谦、刘表；论祖宗基业，他比不上刘璋、孙权；论兵马战力，他比不上吕布、公孙瓒。然而，自从少年时望着自家篱笆旁那棵五丈高的桑树，说出"吾必当乘此羽葆盖车"那句豪言开始，数十年来，不论经历何种风雨，遭遇何种挫折，刘备的雄心始终不曾改变。

回顾其一生，他二十四五岁起兵，二十多年间从河北一直折腾到湖北，七次寄人篱下，八次大败亏输，其中四次搞得连老婆孩子都当了敌人的俘虏，到了四十七岁依然是一事无成，连个稳当点儿的落脚地都没有。一般人遇到类似的状况，多半不是自暴自弃、破罐破摔，从此一蹶不振，就是愤世嫉俗、放弃原则，把自己变成自己最讨厌的人。

就拿与刘备同时代的那些汉末豪强来说吧。公孙瓒盛时署置三州刺史，破灭黄巾三十余万，然而一旦受挫于界桥，便从此失去了进取之心，钻进易京要塞，守着三百万斛谷子，幻想"食此足以待天下之变"，终于坐受袁绍围攻，自焚于高台之上；而袁绍盛时，更是"合四州之地，收英雄之才，拥百万之众"，实为当时最强诸侯，即便官渡战败折损了八万人马，但境土未失，本钱犹在，仍然足可与曹操周旋一番，可是他却一蹶不振，呕血而死，死前又没处理好后事，终于导致两个儿子自相残杀，河北落入曹操之手；在刘备之前占据南阳一带的张绣，曾经三次令曹操无功而返，他的军队来自凉州，麾下又有贾诩辅佐，如果有称霸雄心，完全可以南结刘表，西连韩遂、马腾等关中诸将，这步棋走好了，他甚至有割据巴汉、抢在刘备之先成为鼎立三足之一的可能，然而最后他却选择了投降曹操，安心地当起了富家翁。当然，我们不能说张绣的选择就是错误，因为在那个战乱频仍、人命如草芥的年代，能平安地活到老死已属不易，告别征战后能够安享富贵，在轻裘肥马、妇人醇酒的围绕中度过余生，某种程度上也是一种幸福。如果刘备也像张绣一样满足于此种幸福，那么他在三十八岁时便可以放弃称霸天下的志向，从此安心地在许都朝廷里当他的左将军、宜城亭侯，至于这天下将来是姓袁还是姓曹，大可以漠然视之，只要富贵可保，也完全不必理会什么衣带诏。

然而三十八岁的刘备明白，他要追求的人生价值绝不止于此。

于是接下来的十年里，他的生活依然充满了崎岖坎坷、颠沛流离。

更糟糕的是，十年过去，华发早降，髀肉复生，他却依然看不到成功的希望。

面对这样的际遇，刘备可曾为当初的选择感到后悔吗？或许从他这一时期对待许汜的态度里，我们可以找到答案。

许汜是襄阳人，向有名士之称，当年曾跟陈宫等一起拥护吕布反对曹操，后来吕布败亡，许汜就返回乡里，成了刘表座上的常客。有一次，许汜和刘备一同在刘表处饮宴畅谈，共论天下之人。许汜道："陈元龙，湖海之士，豪气不除。"陈元龙是指陈登，在徐州时刘备和许汜都跟陈登有过往来，其人"学通今古，处身循礼，非法不行，性兼文武"，曾在广陵两次击破孙策的进攻，也是一个杰出的人才，只可惜寿命短促，三十九岁便死了。许汜称其为有豪气的湖海之士，言下之意是说，陈登这个人不够文雅，终究上不了台面。

对他这句话，刘备颇不以为然。这一是因为他跟陈登气质相近、性情相投，二也是因为他对许汜这个人的品行本身就有些鄙薄。于是他问刘表道："许君之论，是耶非耶？"你说许汜说得对不对呢？

刘表没什么主见，只好打马虎眼："欲言非，此君为善士，不宜虚言；欲言是，元龙名重天下。"

见刘表一味和稀泥，刘备忍不住了，他反问许汜："君言豪，宁有事邪？"你说陈登上不了台面，可有什么凭据吗？

许汜道："昔年遭乱，我过下邳，前去拜见元龙。然元龙却无客主之意，久不相与语，自上大床卧，使客卧下床。"我许汜乃是名士，来见你陈登是给你面子，你却半天不搭理我，还自己在上首的大床上卧着，叫我卧在下首的小床上。如此不懂礼数，不是上不了台面是什么？

原来竟是这等琐事。刘备心下不屑，直言道："君有国士之名，今

天下大乱，帝主失所，望君忧国忘家，有救世之意，而君求田问舍，言无可采，是元龙所讳也，何缘当与君语？如小人，欲卧百尺楼上，卧君于地，何但上下床之间邪？"你许汜自诩国士，当此天下大乱之时，你不去扶危济困，救民于水火，反而到处求田问舍，给自己谋私利，陈登讨厌的正是你这样的人，他怎么会搭理你呢？这也就是陈登，要是我刘备，恨不得自己卧在百尺楼上，让你卧在地下，离你越远越好，上下床之间又怎么够呢？

当时刘表闻言，也放声大笑起来。

从这一段记载可知，刘备最鄙视的便是许汜这样胸无大志、徒有虚名，置社会责任于不顾而只知求田问舍之人。正是因为他不愿成为这样的人，二十多年里他才一次次败而复起，像个打不死的小强一样辗转于各大势力之间。更可贵的是，这一次次挫折并没有抹平他的棱角，某种程度上他依然是那个立志"乘此羽葆盖车"的少年。所以襄阳城里，见到髀肉复生，他慨然流涕；定军山下，曹军矢下如雨，他却不肯避箭。他也没有因急于求成而放弃自己的原则。曹操南下，刘琮请降，他没有乘人之危攻取荆州，反道："背信自济，吾所不为！"日行十里，追兵渐近，他也没有抛弃百姓自顾逃命，反道："今人归吾，吾何忍弃去！"故此习凿齿才称赞他说："先主虽颠沛险难，而信义愈明；势逼事危，而言不失道。"

这样的刘备，难道不令人敬佩吗？

诚然，刘备的前半生败多胜少，乍一看，似乎他的军事能力实在不甚高明。然而奇怪的是，尽管刘备在入主巴蜀之前的战绩世人皆知，可凡是同时代的有识之士却无不认可他的才能。例如郭嘉、贾诩和程昱皆称刘备有"雄才"，刘巴称其为"雄人"，刘晔称其为"人杰"，周瑜和鲁肃则称其为"枭雄"，陈登则说他"雄姿杰出，有王霸之略"，就连曹操也承认"天下英雄唯使君与操"。可见刘备不是没有本领，他暂时的落魄只是因为时运不济、基础太薄，以及没有处在恰当的用武之地罢了。实际上，就是刘备自己也明白这一点，所以他尽管屡战屡败，却从不曾丧失斗志和信心。正如隆中对那天他向诸葛亮所剖白的那样，四十七岁却依然一事无成的他"志犹未已"，依然抱有"欲信大义于天下"的雄心！他也同样相信，当此乱世，"事会之来，岂有终极"，只要自己坚持下去，一定可以迎来事业上的转机。正是因为他持有这样的信念，并为之不懈努力，四十八岁之后他才终于"翻然翱翔，不可复制"，在极短的时间内跨有荆益，并吞巴汉，成就了鼎足三分的伟业。

这样的刘备，难道不令人赞赏吗？

陈寿在《三国志·先主传》的最后评论刘备一生之功业，说他"机权干略，不逮魏武，是以基宇亦狭"。意思是刘备之所以取得的成就不比曹操，主要是因为他在"机权干略"上比曹操要差一些。我承认，在权谋才略上的表现刘备确实不如曹操，但其"基宇亦狭"的原因却并不仅限于此。要知道，曹老板虽然是宦官之后，在出身上不甚清高，可曹家却家大业大，世为显官，是豫州地方数一数二的豪强，再加上曹家及其姻亲夏侯家人丁兴旺，家资厚富，曹操起事前又在朝廷为官多年，拥有广泛的资源和人脉，这些都使得他在创业初期即享有刘备无法比拟的优势。而刘备则除了一个汉室疏属的名头和关、张两个好哥们儿，几乎无所凭依，他跟卢植学习的学费是同宗捐资，他初次起兵的军费来自大商人赞助，甚至他起事以来拥有的第一块地盘，也主要来自公孙瓒的施舍。此外，曹操和孙氏兄弟初期都是在其家乡附近发展，其事业从起步便得到了宗族乡党的大力支持，而刘备则从一开始便远离家乡，不论在徐州、荆州还是益州，他都是一个势单力孤的外来户。他在创业初期之所以屡屡受挫，难以站稳脚跟，多少亦与此有关。

所以说，打个不太恰当的比方，就像现在流行的许多三国题材电脑游戏一样，扮演刘备还是扮演曹操开局，在难度上其实并不一样。如果曹操的难度是"简单"，那么刘备即使不是"极难"，至少也是"困难"。显然，这一开局难度上的差异极大地影响到了两人的创业进程，以致到建安十三年时曹操已经占据了半个中国，刘备却依然是"十几个人、七八条枪"，没有一块立足之地。这一差异并不是简简单单的一句"机权干略，不逮魏武"便能够解释的。

　　另外还需说明的是，刘备一生所经的重要战役，不论胜负，大多数情况下他都不是兵力占优的一方。就是并吞巴蜀一战，刘璋麾下的军队在数量上也是远超刘备，只是其内部不和、指挥无方，最终才归于失败。汉中一战，夏侯渊和曹操投入的兵力也不比刘备少，但是刘备还是取得了胜利。夷陵之战时刘备只带了四五万人便敢东征孙吴，或许正是受到了这些成功先例的影响。话说回来，刘备本人身上似乎颇能体现"不以成败论英雄"这一理念。当其"每战则败，奔亡不暇"之时，你不能说他不够英雄；当其败走猇亭、病亡白帝之时，你也不能说他不够好汉。毕竟人到老年，血气已衰，如果刘备不是为了给关羽复仇，或者他抱有一点安逸守成的心思，那么六十多岁的他完全可以安坐成都，而另派别将东征，即便失败，至少也不会有丧身殒命之忧。刘备没有选择这样做，并不是鲁莽，而是一定有他不得不如此的理由。在其心中，这个理由一定比他的生命更重要。

　　这样的刘备，难道不令人景仰吗？

　　老子云："生而不有，为而不恃，长而不宰，是谓玄德。"而"备"字有五彩杂糅之锦绣之意①。五彩杂糅，近观诸色兼备，远观其色

---

① 参见桂馥《札朴》"蜀先主名字"条。

近玄（这就是"五彩斑斓的黑"）。恰如老子所推崇的最深厚、最幽远之德，生成了万物但不据为己有，养育了万物但不自恃其功，导引了万物却不做主宰，这大概就是刘玄德一生的追求吧！

第110章 英雄刘玄德

第111章 危急存亡之秋

　　章武三年四月二十四日刘备病逝后,诸葛亮遵其遗嘱,向后主刘禅奏请"三日除服"(只服丧三天),然后在五月间将刘备的灵柩由永安迁回了成都,并上其谥号为"昭烈"。

　　同月,十七岁的刘禅即位,改元建兴,并封诸葛亮为武乡侯,开府治事。八月间,刘备与甘夫人的灵柩一起入葬惠陵(今成都武侯祠刘备墓)。

　　蜀汉历史,从此进入了诸葛亮独掌大权的时代。

　　这一年,诸葛亮四十三岁。按照古人的看法,他已经不再年轻。之前的十余年里,他尽管也是蜀汉政权的核心人物,但那时刘备尚在,他的主要职责在于辅弼而非决策。他虽然早就担任了丞相一职,但那时他还没有开府治事之权,国事依然要交由朝廷百官处理。但是现在他则取得了当年曹操之于许都朝廷的地位,蜀汉的前途和命运要靠他来决定了。

然而这时的蜀汉是什么状况呢？

首先，由于荆州丧失以及夷陵之战失败，蜀汉方面不但丧失了近十万兵力，还折损了一大批能征惯战的宿将，演义中所谓的五虎上将，如今只剩下赵云一人。自刘备入川以来积攒的家底几乎败了个精光。更重要的是，失去荆州以及毗邻的东三郡，使隆中对诸葛亮提出的"跨有荆益"之规划已经无法实现，让蜀汉在战略上处在了极为被动的位置。

其次，国中局势动荡，内乱频频。先是越嶲郡（今四川西昌）的"叟帅"高定（《华阳国志》作高定元）起兵反叛，据郡称王；紧接着汉嘉（今四川名山北）太守黄元趁诸葛亮前往永安省疾之时称兵不服，威胁成都，幸赖留守的杨洪、陈曶处置得宜，很快将其讨平；继而益州郡（今云南昆明滇池一带）的豪族雍闿趁刘备新死，杀死太守，恃险不宾，还经由东吴的附庸交趾太守士燮牵线，表示归附孙权；刘禅继位后，牂柯（疑在今贵州都匀）太守朱褒也跟雍闿呼应，打起了反旗。一时间"南中诸郡，并皆叛乱"，整个益州南部，除了庲降都督李恢、永昌郡吏吕凯等仍在坚守之外，大部分疆土可说已非汉有。

最后，国际局势对蜀汉也相当不利。死敌曹魏的态度自不必说，就是东吴，此时双方也只不过刚刚结束了战争状态，别说不是联盟，就是基本的信任也尚未恢复。刘备死后，孙权表面上派立信都尉冯熙入蜀吊丧，暗中却颇有"观衅"之心。他不但公开支持雍闿，还封刘璋的儿子刘阐为益州刺史，将他派往两国边界，明摆着挑拨南中群豪叛蜀归吴。东吴与曹魏之间的使者往来也并未断绝。

再加上后主刘禅年少，不谙国政，朝中新旧各派彼此猜疑，信心动摇，所以蜀汉政权眼前的状况正如诸葛亮后来在《出师表》中所说，"此诚危急存亡之秋也"，从内到外都潜藏着许多危机。

这种状况，不止孙权，就是曹丕那边儿也看在眼里。曹丕大概以为，刘备既死，蜀中主少国疑，现在正是对诸葛亮大打外交攻势的好时机。于是在这一年，魏司徒华歆、司空王朗、尚书令陈群、太史令许芝、谒者仆射诸葛璋等一众臣僚纷纷在曹丕的授意下给诸葛亮写信，其内容大同小异，无非"陈天命人事，欲使举国称藩"。

面对魏国群臣这一封封劝降信，诸葛亮无一理会，而是另作《正议》一文，宣示天下。

在这份义正词严的声明中，诸葛亮将曹魏比作历史上的项羽、王莽，说他们只不过一时势大，但"起不由德"，终将败亡。华歆、王朗等"二三子"摇唇鼓舌，助纣为虐，不过是浪费文墨。有道是"万人必死，横行天下"，何况我大汉"据正道而临有罪"，必将像轩辕黄帝一样君临万方，恢复高祖之荣光！

后来罗贯中创作《三国演义》，或许便是受到了这篇《正议》的启发，从而杜撰了诸葛亮北伐时"武乡侯骂死王朗"这一经典情节。其实王朗当时官居司空而非司徒（其成为"王司徒"是在魏明帝时），他这一辈子更是连诸葛亮的面儿都没见过，两人唯一的接触，大概就是这次他写信给诸葛亮劝蜀汉称藩来降。话说回来，历史上的王朗虽然并非忠贞不二之臣，但也没有留下什么劣迹，据其本传记叙，他在担任三公后发表的不少奏疏论议还对朝政多有裨益，故此号为名臣。罗贯中把他编排成厚颜无耻的"皓首匹夫、苍髯老贼"，让他在两军阵前被诸葛亮一顿嘴炮活活骂死，实在是有些冤枉了他。

总之，诸葛丞相通过这份《正议》表明了态度，宣示了决心，在戳破敌方幻想的同时也团结了队伍，统一了思想，起到了提振士气的作用，为接下来各项政策的实施创造了理想的舆论环境。而面对前面提到的各种危机，诸葛亮也充分地展示了自己的治国才能，不过短短数年，便使得蜀汉政权转危为安，重又恢复了元气。

首先在外交领域，诸葛亮重新确立了"联吴抗曹"的基本国策，数次派遣使者出使东吴，积极主动地修复了此前双方因荆州问题而产生的裂痕，终于使孙刘联盟得以恢复。

这其中，扮演了重要角色的人是邓芝。

邓芝是新野人，据说是东汉初年大功臣邓禹之后，汉末乱起，他就避难迁入了益州。刘备入蜀之时，他还只是一个看守粮仓的小吏，是刘备慧眼识珠，将其提拔成了郡县守令，后因为官清严有治绩，又得入为尚书。夷陵之战结束后，尽管刘备曾派宗玮、费祎等出使东吴，试图与孙权重结盟好，但相当一段时间里孙权的反应都不甚积极。等到刘备病死，孙权又假托派人吊丧，颇有观衅之意，还鼓动雍闿等南中豪帅叛蜀归吴，吴蜀两国之间的关系仍然比较紧张，诸葛亮也深为此事感到忧虑。邓芝见状，就对诸葛亮建议说："方今主上幼弱，初登大位，应该重遣大使与吴国重申盟好之意。"

闻听邓芝此言，诸葛亮便知他对吴蜀关系看得相当透彻，且与自己所见略同，遂答道："此事我已思之良久，只是未得其人，直到今日方始得之。"

邓芝问其人为谁。诸葛亮笑道："即使君也。"不是你邓芝又是谁呢？

于是在建兴元年（223年）十月，诸葛亮遂派邓芝以中郎将之职携带马二百匹、锦千端为礼物，前往武昌去拜会孙权。

几个月前，东吴刚刚击退了曹魏的三路进犯，虽未丧城失地，却也付出了相当大的代价。按理说这时蜀汉表达重归于好的诚意，对孙权是一个利好。可问题在于，蜀汉本就实力偏弱，刘备死后其内部又涌现了诸多危机，这个政权未来的走势如何一时殊难预料。所以在双方恢复旧

盟之前，孙权首先要搞清楚，这个盟友现在到底还靠不靠谱。因此邓芝到来后，等了好长一段时间，孙权都拿不定主意，索性也就不接见他。

邓芝见此情形，就主动上表，说自己此来不光是为蜀，也是为了你吴国的利益着想。

孙权这才接见邓芝，并且一见面便开门见山地说道："孤诚愿与蜀重结盟好，可是又担心蜀主幼弱，国小势逼，日后被魏国所乘，难以自保，所以才犹豫不决。"

邓芝早就猜到孙权有此顾虑，便道："吴、蜀两国据有四州之地，大王乃命世之英，诸葛亮亦一时之杰也。蜀有重险之固，吴有三江之屏，合此二长，共为唇齿，进可并兼天下，退可鼎足而立，此理之自然也。大王今若委质于魏，魏必上望大王之入朝，下求太子之内侍，若不从命，则奉辞伐叛，蜀必见机而动，顺流而进，如此，江南之地非复大王之有也。"

广告学告诉我们，要想把一样东西推销出去，最基本也最有效的方法有两种：一是利益诉求，说有了这东西会对你有切实的好处；二是恐惧诉求，说没有这东西会对你造成巨大的损害。邓芝虽没学过广告学，这番话却与之暗合：你孙权觉得我蜀汉实力不够，可俺们丞相诸葛亮有才能啊！再加上地利优势，吴蜀互相配合，进可攻退可守，与双方都大有好处。相反，拒绝与我们结盟，也就意味着你孙权必须保持与曹魏的臣属关系，而你却连太子都不愿意送往魏国，曹丕必然无法接受。到时候曹兵压境，我们蜀汉也来凑热闹，两下夹攻，保管有你好瞧！

听了这番话，孙权沉默良久，才对邓芝道："君言是也。"坚定了联蜀抗曹的决心。不久后，孙权便派张温入蜀报聘，同时与曹魏断交，吴蜀两国遂得以捐弃前嫌，重归于好。此后，诸葛亮复派邓芝、费祎、丁宏、阴化、陈震等使臣多次出使东吴，而孙权也派同级别的官员屡屡回访。对于邓芝的才干，孙权十分赏识，他曾经在给诸葛亮的书信中言道："丁宏掞张，阴化不尽，和合二国，唯有邓芝。"意思是丁宏语多浮夸，阴化又不尽不实，在促进两国友谊方面，只有邓芝最为称职。

两国恢复盟好后，为了便于与蜀汉进行协作，孙权还特令驻扎在夷陵的陆逊代表自己跟诸葛亮沟通。每次他写信给刘禅、诸葛亮，都先交由陆逊过目把关，言辞轻重若有不妥，便让陆逊酌情改定。此后直至蜀亡，双方一直保持了友好合作的战略同盟关系。

与东吴恢复盟好使得蜀汉外部环境大为改善，暂时免除了遭受外敌入侵的担忧，诸葛亮遂放心地将精力投入到平叛等内部事务上来。

一开始，诸葛亮考虑到蜀中民生凋敝、元气未复，所以在刘禅即位后的头两年，他并没有急于对南中叛乱的雍闿等人用兵，而是一边"务农殖谷，闭关息民"，恢复农业生产，一边整顿吏治，拣选贤良，以弥补夷陵之战给蜀汉造成的损失。

这一时期，诸葛亮提拔王连为屯骑校尉领丞相长史，蒋琬为东曹掾，马谡为参军，马忠为门下督，费祎、董允为黄门侍郎，陈震为尚书。原本因为谏阻刘备伐吴而遭贬黜的费诗、秦宓也被起复，授予新职。对于平定黄元叛乱有功的杨洪则赐爵关内侯，委任为蜀郡太守。还有一些自命清高、不肯出仕的宿儒名流，如梓潼人杜微、犍为人五梁等，诸葛亮也加以优礼，聘以显爵，以此凝聚人心。他还设置锦官，专门管理蜀锦的生产和销售；设置堰官，负责都江堰等水利工程的建设和维修。

到了建兴三年（225年）春季，诸葛亮见蜀中政局稳定，民安食足，元气渐复，外部环境上曹丕又汲汲于伐吴，一时无暇于西南，遂亲自整军南征，发动了平定叛乱的南中战事。

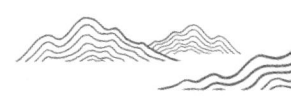

第112章 诸葛南征

南中,是汉朝人对于益州南部各郡的概称,其涵盖的地域大概相当于现在的云南全境、贵州西部以及四川省的西南部。

从地形地貌来看,处于我国地势第一级阶梯与第二级阶梯交界处的横断山脉在其南端紧紧楔入云贵高原,使得这片被称为南中的广大地域山高谷深、河流纵横,其自然面貌与沃野千里的四川盆地迥然不同。

在先秦时期,这里本是夜郎、牂柯、滇、濮等被汉人称为"西南夷"的少数民族居住的地域,绝少有汉人进入。到战国末年,楚国大将庄蹻领兵攻伐夜郎,因归路被秦军所断,便在滇池一带定居称起了王。秦始皇一统天下后,也曾派一个名叫常頞的官员在今宜宾以南开通五尺道,在南中地区设官置吏,不过由于十几年后秦朝灭亡,中原王朝对当地的统治并未得到延续。直到一百年后,雄才大略的汉武帝想要打通由巴蜀去往南越和身毒(今印度)的通道,这才迎来了开发南中地区的

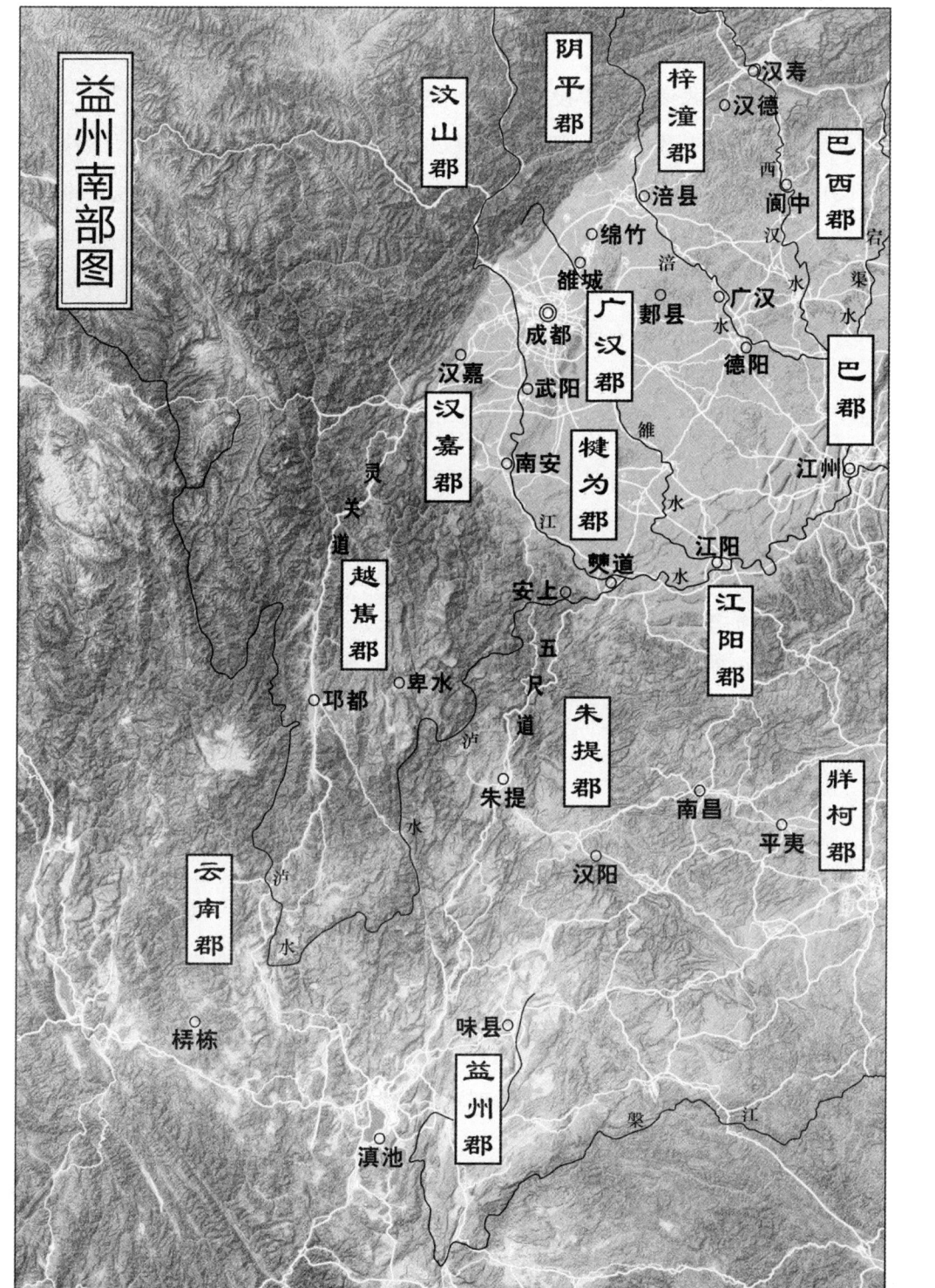

高潮。随着汉武帝在南中设置牂柯、越嶲、益州三郡，以及东汉明帝设永昌郡，当地少数民族大多接受了中央政府的统治，进入南中的汉族移民也越来越多。三百多年来，南中各地遂形成了三股势力并存的复杂格局：以中央政府派遣的州郡长官为代表的"长吏"、以土著少数民族首领为代表的"夷帅"、以外来汉族地主豪强为代表的"大姓"。三股势力若能彼此相安，南中便太平无事，否则便会爆发动乱。

这次叛乱的主角雍闿，便是南中地区最有势力的大姓之一。

雍闿是汉初功臣什方侯雍齿的后代，其人在益州郡恩信卓著，也颇有政治野心。在刘备于夷陵之战败还后，很可能是受到孙权和士燮的引诱，雍闿就纠集郡民杀掉了太守正昂，转而依附孙权，孙权遥封其为永昌太守。刘备死后，诸葛亮考虑到国有大丧，一时不便征讨，就一边指示中都护李严对雍闿设法安抚，一边派张裔以新任太守的身份前往益州郡，以期对雍闿稍加羁縻。然而尽管李严苦口婆心地写了一封长达六页的书信给雍闿，劝他不要反叛，雍闿却只回信一纸，以傲慢地口吻说道："我听说天无二日，土无二王，然方今山河鼎立，正朔有三，是以远人惶惑，不知所归也。"张裔一到郡内，雍闿便将其擒获，送往了东吴。

为了能长期割据，雍闿不但与作乱越嶲郡的"叟帅"高定结盟，还煽动了牂柯太守朱褒共同反叛蜀汉，同时又派手下孟获向当地少数民族散播谣言说："朝廷要向你们征收乌狗三百头，胸口不能有一根杂毛；螨蛇之脑三斗，一升也不能少；三丈长的木头三千根，一根也不能缺。你们掂量掂量，这要求能不能做到？"夷民信以为真，都异常愤怒，就跟着雍闿一起打起了反旗。

雍闿一时得势，便引军西攻永昌（今云南保山），还多次散发檄文给永昌士民，劝他们早早投降。永昌郡僻处极西，已经多年未有太守，雍闿满以为可以顺利征服此地，哪知道以五官掾功曹吕凯、府丞王伉为首的一众郡吏却团结郡民，闭境拒守，坚决拒绝雍闿的招降。吕凯还答复雍闿说，你雍闿世受汉恩，便该肝脑涂地报效国家，现在居然当叛徒，实在有愧于先人，恕自己难以从命。而由于永昌山川险阻，郡民守御得法，雍闿攻之不下，一时间也无可奈何。

同样，云贵高原崎岖险阻的地形也限制了叛乱者彼此之间的配合和呼应，再加上夷民但求自保，不乐远征，因此在将近两年的时间里蜀汉虽未派兵征讨，叛乱的局势却也并未进一步恶化。

建兴三年初，诸葛亮已经与孙权重新缔结了同盟，又得知曹丕近期正准备对东吴大举用兵，为了尽早安定后方，以便将来实施北定中原、还于旧都的计划，他遂决定于当年三月亲自领军南征。

当时在中原汉人眼中，少数民族居住的西南边疆向来属于卑湿暑热、疫病流行的瘴疠之地。尤其南中一带地势险远，雨林密布，历史上汉人到此往往水土不服，疫病缠身，因此一直被视为畏途。例如汉武帝当年开拓西南夷，士卒便因遭遇疾病而大批量死亡；王莽时西南夷反叛，平叛的官军亦"出入三年，疾疫死者什七"。所以这一次诸葛亮亲自南征，其实冒有很大的风险。故此丞相长史王连曾劝阻他说："南中乃不毛之地，疫疠之乡，不宜以一国之望，冒险而行。"诸葛亮虽对王连的恳切之情十分感动，但他思索再三，仍深感派他人出征难以放心，还是谢绝了这一提议。

进入三月，不巧王连病卒，诸葛亮便任向朗为长史，留其和费祎、马谡等镇守成都，自己则带杨仪、蒋琬、费诗为参谋，统大军向南中进发。

临行之时，百官至郊外送行，马谡一送就送出了几十里，其情甚为不舍，又似欲有所言。对于这位才气过人的后生，诸葛亮向来是颇为欣

第112章 诸葛南征

赏的，再加上他的哥哥马良与诸葛亮是挚交，夷陵战后马良又为国捐躯，诸葛亮在伤怀惋惜之余，对马谡就更加信任了。尽管刘备临死前曾评点马谡说："此人言过其实，不可大用，君其察之！"但诸葛亮对此却并不认同。开府执政后，他任马谡为参军，常常和其咨商军国大事以至深夜。这时见马谡似有心事，诸葛亮便对他说道："你我虽共事多年，今将远行，还请惠赐良言。"马谡便不再犹豫，直言道："南中恃其险远，不服久矣，即便今日将其攻破，明日只怕又会反叛。将来丞相您一旦倾国北伐以事强贼，他们知道蜀中空虚，更会无所顾忌。倘若将他们赶尽杀绝以除后患，既不符合仁者之心，短时间内也难以成功。所谓用兵之道，攻心为上，攻城为下，心战为上，兵战为下，此次南征，唯愿丞相您能够收服南人之心。"

马谡这番话与诸葛亮所思略同，遂被其深加采纳。后来南征期间的一系列战事，便都是在"攻心为上"这一策略的指导下进行。

据学者研究，从秦汉时期开始，自成都平原去往今云南腹地，可供选择的道路大体有两条：一条是由今宜宾经昭通、曲靖而抵滇池，秦时便已开通，称五尺道，西汉重开，称南夷道或牂柯道；另一条则经川西之西昌，南渡金沙江至滇池或洱海，为西汉时司马相如所开拓，称西夷道或灵关道。若是去往牂柯，则多取前一条路线；若是去往越巂和益州郡，便应走后一条路线。现在牂柯被朱褒占据，高定和雍闿则分别控制着越巂和益州，要想将他们一举殄灭，分兵进讨应该是比较合适的方法。

本来由成都进攻越巂，最便捷的路线是走灵关道，即自汉嘉郡南部今雅安一带入山，越大渡河后便可直抵越巂。然而史料显示，自东汉"羌乱"以来，由于汉嘉郡以南有"牦牛夷"（也叫牦牛羌）断道作乱，这条道路已经一百多年难以通行了。所以《华阳国志》记载，这次南征诸葛亮是"自安上由水路入越嶲,别遣马忠伐牂柯,李恢向益州"。也就是说,诸葛亮并没有走灵关道。

安上是越嶲郡东部之一县,距郡城大约八百里,其地大致在今绥江、屏山一带。当初高定叛乱,杀掉了太守焦璜,诸葛亮一时无暇征讨,便派龚禄为新任太守,暂时于安上驻扎。而据《华阳国志》,安上县"水通僰道入江"。僰道即今宜宾,是五尺道(牂柯道)之起点。再参考《三国志·李恢传》,可知时任庲降都督的李恢驻扎在平夷(疑在今贵州咸宁)。所以我认为,这次南征诸葛亮实际上是三路进兵:自成都走岷江水路至宜宾后,以门下督马忠为新任牂柯太守,派他领一支军队走五尺道南下,讨伐占据牂柯郡的朱褒;命庲降都督李恢统本部人马自平夷南进,进攻雍闿的根据地益州郡;他自己则统中军主力由宜宾溯金沙江而上,征讨越嶲郡的高定。

至于此次南征的总兵力,史无明文。任乃强先生推测说:"三路大军,合后勤人徒,应在十万以上。"如果刨除后勤人员,那么作战兵力大概总有五万。考虑到此时距离夷陵之战惨败还不到三年,诸葛亮能够征集起如此兵力已经殊为不易。

得知诸葛亮来攻,高定"自旄牛、定笮、卑水多为垒守",在郡城的北、东、西三面设垒布防(西面设防是防备永昌的吕凯),而雍闿也亲率人马自南边来援。史书说,诸葛亮"欲俟定元军众集合,并讨之,军卑水"。也就是说,诸葛亮希望毕其功于一役,所以他在抵达卑水后便停止了前进,以便等叛军集合后再发动进攻。而卑水县距郡城三百里,在今昭觉县一带,"水流通马湖",进可攻退可守,粮秣的运输也不成问题。1977年,考古工作者在昭觉县四开乡曾发掘一汉魏时期军屯遗址,出土有箭镞、弩机构件,后又从当地村民处采集到刻有"军司马""军假司马"的铜印。这些很可能便是蜀军在卑水屯驻的遗迹。

第112章 诸葛南征

753

史料中暗藏的某些蛛丝马迹显示，诸葛亮停军于此，除了"俟定元军众集合"之外，或许还另有目的。因为不久后，敌军内部就发生了火并，"定元部曲杀雍闿及士等"。前来增援的雍闿竟然被高定的手下给宰了，连带还有一个名叫王士的人被杀。而这个王士，本是犍为太守，之前刚刚被诸葛亮改任为益州太守。按《三国志》的说法，"会丞相亮南征，（王士）转为益州太守，将南行，为蛮夷所害"。此处之"将南行"，不是即将南行，而是携带他一同南行的意思。所以，王士肯定是诸葛亮派到雍闿那里去的。后来敌人之所以发生内讧，多半就与此有关。任乃强先生推测说，可能是诸葛亮知道雍闿跟高定有矛盾，于是将王士派往雍闿处劝抚，高定知道后怀疑雍闿出卖自己，就安排手下杀死了他，王士也一并遇害。或许这便是"攻心"策略所起到的作用。

不管怎样，这一突发变故使得随后的战局变得简单了：雍闿死后，其手下孟获率余部撤回了本郡，高定孤木难支，很快被诸葛亮击败，越嶲城也被蜀军占领。"失其窟穴"、妻子被俘的高定不甘心失败，又纠合残党两千余人歃血结盟，再度来战，最终被诸葛亮击斩。与此同时，马忠在牂柯也取得了胜利，但先期进入益州郡的李恢则被围困在了昆明（今滇池以东）。好在叛民虽多，却属乌合之众，李恢又诓骗敌人说，自己粮尽求归不得，有意与叛军同谋，敌人信以为真，"围守怠缓"，李恢军一时倒无覆灭之忧。

第113章 五月渡泸

攻灭高定、收复越嶲郡之后,诸葛亮稍事休整,随即继续南下,在五月间渡过泸水(即金沙江),进入了益州郡境界。

这便是《出师表》中所说的"五月渡泸,深入不毛"。

诸葛亮率军渡过泸水的地方,各家所说虽不尽相同,但大体总在今会理县西南,永仁、元谋两县之间。至晚从《水经注》时代开始,世间便传说,此处之泸水蕴有瘴气,每年三四月间最为猖獗,人畜冲之必死,其他时间也会使人头晕目眩,胸闷呕吐不止。所以当年诸葛亮才选择于五月间从此渡河。唐人樊绰所著的《蛮书》还说,此处泸水两岸的植物都生得胳膊粗细,河川中气候闷热,即便冬天渡河,行人也往往赤裸身体,汗流浃背。《三国演义》中描写的蜀兵裸衣渡河、半渡皆倒、口鼻流血而死的情节,应该就是受了这些传说的启发。实际上,这些荒诞恐怖的描绘不过是中原人夹杂了地域偏见和民族歧视的无知想象。蜀兵被瘴气所阻的事,起码《三国志》《华阳国志》等魏晋史料中都没有记录。

史书叙诸葛亮渡过泸水后,紧接着便发生了著名的"七擒孟获"事件。

例如《汉晋春秋》就说:

亮至南中,所在战捷。闻孟获者,为夷、汉所服,募生致之。既得,使观于营陈之间,问曰:"此军何如?"获对曰:"向者不知虚实,故败。今蒙赐观看营陈,若只如此,即定易胜耳。"亮笑,纵使更战,七纵七禽,而亮犹遣获。获止不去,曰:"公,天威也,南人不复反矣!"

《华阳国志》的记载也大致相同。

由此可知,在诸葛亮南征的过程里,确实发生过"七擒孟获"一事。不过与人们熟知的小说故事不同,以下事实仍需说明:

首先,孟获其人并非"蛮王"。《华阳国志》明确记载,孟获籍贯建宁(今云南曲靖),是雍闿的手下,在雍闿死后代其为主。而且同书还记载,孟获后来曾在朝中担任御史中丞一职,这个职位需要较高的文化素养。这说明孟获多半是早年进入南中的汉人移民中的大姓,尽管其"为夷、汉所服",麾下叛军中有不少少数民族士兵,但他绝非小说中"身穿犀皮甲,头顶朱红盔""骑赤毛牛"的蛮王。

其次,由于后世民间普遍崇拜诸葛亮,今天的云贵川地区存在许多据传与诸葛南征、七擒孟获相关的地名或遗迹。有学者根据明清以来的方志统计,认为南中各地与诸葛亮南征相关的遗迹大致有260余处,所谓的"点将台""孔明寨""诸葛城""孟获洞"等远不止一处。清人张若骅在《滇云纪略》中甚至言之凿凿,将"七擒孟获"故事里每一擒发生的地点都列举得清清楚楚。然而遗憾的是，但凡对历史稍有敬畏之心，我们就会知道，这些遗迹和传说绝大多数出自后人附会，并不能拿来证明历史上诸葛亮真的到过此处。

实际上，《三国志·诸葛亮传》和《后主传》叙此次南征事都极其简略。亮传只说"三年春，亮率众南征，其秋悉平"。《后主传》也但言"春三月，丞相亮南征四郡，四郡皆平"。如果不是《华阳国志》等史料的记录，我们几乎对此次南征战事一无所知。即便这样，从中获知的信息也极为有限。然而如此简略的记载，在《三国演义》中就被铺陈成了篇幅长达五回（八十七回至九十一回）、浓墨重彩数万字的一段支线剧情，其虚构种种自然可想而知。柳春藩先生就指出，小说中出现的人名地名颇为怪异，未见于历史记载（如木鹿大王、带来洞主、祝融夫人等），作战的地区、路线，参战的将领也与史料不合。此外，小说中为世人熟知的诸葛亮用面塑成人头，纳以肉馅，以"蛮头"代替人头以祭祀泸水的情节，以及"火烧藤甲兵"等故事①，也都是文学创作，不能当作历史真实。

总之，历史上诸葛亮在擒获孟获之后，随即收复了益州郡。与此同时，原本被围困的李恢也趁敌人松懈疲惫之机发动反攻，大破敌兵，取得了"追奔逐北，南至槃江，东接牂柯，与亮声势相连"的辉煌战绩。到了当年秋天，蔓延南中四郡的叛乱全部得到平定。事后为了加强对当地的控制，诸葛亮采取了多项措施，其中包括：

---

① 馒头起源于诸葛亮南征以面代蛮头的说法，最早见于北宋人高承的《事物纪原》。近来辛德勇先生已经撰文说明，此乃伪说，不足征信，馒头早在东汉便已出现。至于《三国演义》中乌戈国派藤甲兵相助孟获之事，大概也是罗贯中从史书中得到的启发。盖《史记》云中国西南境外有"乌弋山离国"，或曰"乌弋"，比乌戈只少一笔；《旧唐书》等唐宋史籍也曾提及，今东南亚一带的南蛮诸国有"以藤为甲""以象为兵"的风俗。

对南中地区的行政建制进行改革,"改益州郡为建宁郡,分建宁、永昌郡为云南郡,又分建宁、牂柯为兴古郡"。叛乱始发三郡所辖的地盘都大大缩小,对抗朝廷的实力直接受到削弱。

封赏平叛有功之人,并任其为南中地方大员。如封"军功居多"的李恢为汉兴亭侯、安汉将军、建宁太守,仍领庲降都督,让其移治味县(今云南曲靖),全面负责对南中夷民的招抚弹压工作,以"执忠绝域"的吕凯为云南太守、王伉为永昌太守,以消灭了朱褒的马忠为牂柯太守等。这些人后来为镇守南中都发挥了很大作用。

抽调投降的夷民精锐为兵,迁往蜀中,直接受朝廷指挥,史称"移南中劲卒、青羌万余家于蜀,为五部,所当无前,号为飞军"。后来五部飞军受王平指挥,曾多次参加北伐战事。其余比较羸弱的夷兵,则分给南中大姓焦、雍、娄、爨、孟、毛、李各家为部曲,置五部都尉统领。

针对当地少数民族好勇斗狠、长期不服管束的情况,诸葛亮鼓励各家大姓用财货收买夷民为部曲奴客,收服多者便可累世为官,一些在当地有威信的部酋和首领,也被授予职官加以笼络。例如宣称"南人不复反矣"的孟获,后来就被征召入朝,官儿一直当到御史中丞;大姓爨习官至领军;孟琰为辅汉将军;等等。

在当时,诸葛亮这种"即其渠率而用之"的策略有的人并不赞成,他们担心这样一来,南中的地方政权仍会被大姓掌握,从而不利于中央政府的统治。但是诸葛亮说:"若是将地方上的实权都交由外人,也就必须留有一定数量的兵马在各地驻防。如此则有三点很不方便:一是留驻的兵马难以筹措衣食;二是这次战争中双方结下的仇恨尚未消解,容易与当地夷民产生新的矛盾;三是夷民见我们留兵驻防,势必横生猜忌,彼此难以信任。我现在一不留兵,二不运粮,但求纲纪粗定、夷汉粗安罢了！"

此外，为了消除少数民族与汉民之间的文化隔阂，同时对他们加以教化，诸葛亮还制作了许多图谱赐给夷民。图谱上"先画天地、日月、君长、城府；次画神龙，龙生夷，及牛马羊；后画部主吏，乘马幡盖，巡行安恤；又画夷牵牛负酒、赍金宝诣之之象"。这其实就是用绘本的方式对不懂汉文化的少数民族进行义务教育：先画天地、日月、君长、城府，是要夷民首先懂得上下尊卑的关系，以便让这些"无大侯王"的少数民族接受皇权统治的观念；次画神龙以及龙生夷人、马、牛、羊，应该是利用西南夷中流传的"九隆神话"①以增强图谱的神圣性和权威性；最后画部主吏巡行安恤夷民、夷民牵牛负酒前来进贡的图像，是要教导夷民接受朝廷官吏的管理，以实现上下和睦，夷汉相安。据说诸葛亮还曾赐给夷民"瑞锦铁券"，并与他们立碑盟誓，相约永世结好。

从历史事实来看，诸葛亮这些"攻心为上"的措施的确发挥了效用，之后的三四十年里，蜀汉在南中的统治也基本上实现了"纲纪粗定、夷汉粗安"。当然，所谓"粗安"，指的是大体上实现了安定，并不是说此后南中再无动乱发生。实际上，尽管《襄阳记》声称"终亮之世，南方不敢复反"，然而其他史料却显示，诸葛亮收兵回成都之后，越嶲郡就再次发生了叛乱，太守龚禄被杀，新任太守不敢到郡，只能在八百里外的安上驻扎，后来张嶷为太守时软硬兼施，郡内才恢复平静；同样，建宁郡在蜀军撤走之后也发生了"南夷复叛，杀害守将"的事件，只不过庲降都督李恢处置得当，叛乱很快被平，并没有酿成太大的祸事。直至诸葛亮晚年，南中地区仍有刘胄等领导的小规模叛乱发生。

---

① 《后汉书·西南夷传》云：哀牢夷有一妇人名沙壹，常捕鱼水中，与龙生十子。第十子名九隆，其子孙世代为王。

考虑到南中地区错综复杂的政治、民族形势，其实我们对诸葛亮倒不必过分苛求。因为正如吕思勉先生所言，诸葛亮的素志在于北伐，"其于南土，不过求其不为后患而止"。无论如何，借助这次平叛之威，诸葛亮的确使得蜀汉政权对南中的统治达到了一个新的水平，之后尽管偶有动乱，"纲纪粗定、夷汉粗安"的格局却得到了保持。统治稳固的结果，就是南中的人力、物力得以被蜀汉所用。除了前面提到的拣选擅长山地作战的劲卒、青羌组建"无当飞军"之外，《三国志·李恢传》还说，李恢任庲降都督时"赋出叟、濮耕牛战马金银犀革，充继军资，于时费用不乏"。《华阳国志》也说，蜀汉"出其金、银、丹、漆、耕牛、战马，给军国之用"。显然，后来诸葛亮之所以能够连年北伐，有南中地区提供的丰富的战略资源做支持也是一个比较重要的原因。

建兴三年十二月，平定了叛乱的诸葛亮走牂柯道返回成都。

期间途经汉阳（今贵州咸宁东）时，有一个从曹魏投降过来的名叫李鸿的人前来求见。

诸葛亮接见了此人，蒋琬、费诗陪坐。

李鸿透露，自己前些天从孟达那里路过，正好遇到李严手下的牙门将王冲惧罪降魏，也在孟达那里暂留。他听王冲当面向孟达造谣说，当初孟达降魏后，诸葛亮恨得咬牙切齿，一心想要诛杀他的妻子家属，只是幸亏刘备没有答应罢了。然而孟达听了，却道："诸葛亮见顾有本末，绝不会行此之事。"不但没受王冲挑拨，而且言语间对诸葛亮颇有仰慕思念之情。

孟达降魏后一直以新城太守的职位被曹丕安排驻守从蜀汉夺取的东三郡，其地东接襄阳，西抵南郑，正当北伐宛、洛之要冲，其手下将士亦多为蜀汉旧部。既然他仍不忘旧情，为北伐事业考虑，诸葛亮感到可以对孟达再加笼络。于是事后他就对蒋琬和费诗说："回到成都后，我应当写信与孟达再联系联系。"费诗却摇头道："孟达那家伙往年对刘璋就不忠不敬，后来又公然背叛先主，如此反覆之小人，哪里还值得为他下书？"

虽然费诗的话不无道理，但诸葛亮却也另有考虑。他一时不便反驳，唯有默然不答。

如今南中粗定，诸葛亮终于可以放心地将精力投入到北伐事业中了。回到成都后，他"治戎讲武，以俟大举"，全面启动了北伐中原的筹措事宜。

第113章 五月渡泸

第114章 天堑隔南北

黄初六年（225年）的那个夏天，当蜀汉丞相诸葛亮"五月渡泸，深入不毛"，在云南的热带雨林里追击孟获的时候，魏国大皇帝曹丕则正坐在高高的楼船上，耀武扬威地统领舟师沿着颍水和涡水向东南前进。

这已经是曹丕即位后第三次御驾亲征了。同前两次一样，他攻伐的目标仍是东吴。

三年前曹丕第一次亲征，便发动三路大军同时攻吴，气势不可谓不盛。如前所述，尽管曹丕事后声称三路大军都取得了胜利，其中尤以东路曹休"斩首四万，获船万艘"，战果最为辉煌，但真实的情况却远非如此理想：曹军不但没有达成既定的战略目标，而且还折损了大将张辽和曹仁，士卒死伤也比较严重。

这次战争中，东吴将士的顽强斗志给曹丕留下了极为深刻的印象。后来在一个私密场合，曹丕曾十分感慨地对心腹孙资说道："我军在洞浦杀敌万人，得船数千，然而不过短短数日，吴兵吴船便又再度集结；江陵被围数月，把守东门的不过千八百兵，然而其守御却毫无崩解。这些事实乃孙权法禁严明、上下相奉之明证。"

所以，对于攻伐东吴的难度，曹丕是心知肚明的。尤其到黄初五年（224年）前后，诸葛亮派邓芝出使东吴，已经与孙权恢复了旧盟，解除了西顾之忧的孙权更加肆无忌惮，并不惧怕曹兵来攻。甚至连孙权派往魏国的使者冯熙，也当着曹丕的面大肆夸耀东吴"带甲百万，谷帛如山，稻田沃野，民无饥岁"，吴王本人则英明神武、知人善任，还说什么"轻重之分未可量也"，意思是咱两家谁强谁弱还不知道呢！听了这些话，曹丕当然很不高兴。再加上后来孙权跟曹魏正式断交，还派贺齐主动进攻蕲春，俘虏了叛逃入魏的降将，曹丕索性就扣留冯熙不放，一直把他软禁到死。

即便如此，曹丕却并没有放弃征服东吴的想法。

本来这时候刘备新死，蜀汉自夷陵战后元气未复，内部又有雍闿等叛乱于南中，对曹魏来说正是兴兵伐蜀的好时机。然而曹丕却置蜀汉于不顾，一根筋地又发动了对东吴的亲征。

黄初五年秋，曹丕自洛阳东巡许昌（黄初二年改许县为许昌县），大造水军，准备再次伐吴。侍中辛毗见状谏阻说："吴越之民依江海为阻，自古以来就叛服无常，关键全在中原王朝是否昌盛。就像当年的尉佗、公孙述割据一时却不免败亡一样，现在陛下你富有海内，他东吴迟早都要向大魏臣服。问题在于，如今天下安定未久，地广人稀，百姓一直得不到休息，并不是适宜用兵之时。当初先帝数次伐吴，都只是临江而返。现在军队不比先帝的时候多，将领也不比先帝的时候强，仍然照旧去打，怕也是难以奏效。以臣之见，倒不如养民屯田、生聚教训，十年之后再行大举，如此方能一劳永逸。"

曹丕听完这番话，不太高兴地反问道："你的意思，难道是叫朕把敌寇留给子孙后代来解决吗？"

辛毗为人耿直，一向以敢言著称。当年曹丕刚刚即位，不顾蝗灾和饥荒，想把十万户士家从冀州迁往洛阳，辛毗冒着曹丕的怒火固谏，甚至扯断了曹丕的衣襟（即所谓"辛毗牵裾"），终于使得曹丕将迁徙的民户削减了一半。后来曹丕沉迷于射雉，辛毗又直言谏阻，曹丕就收敛了许多。今日面对质问，辛毗同样据理力争地答道："昔年周文王把殷纣留给了武王，便可谓'知时'。若是时势不可，岂能任性而为？"

可能曹丕深知辛毗之为人，所以尽管他的话很不中听，也没跟他计较。一个月后，曹丕还是亲乘龙舟，统水军自颍水进入淮河，继而又沿着上次曹休伐吴的故道抵达了长江北岸的广陵。

按理说，这一年吴国腹地再次爆发山民叛乱，沿江守兵许多都被孙权调往了内地，曹军南下本来是有机可乘的局面。而据《三国志·刘晔传》可知，曹丕抵达广陵后，"命荆、扬州诸军并进"，说明曹丕这次仍有东西同时进攻的计划。然而后来的情况却是，曹军的进攻干打雷不下雨，双方根本就没打起来。按吴国史料的说法，曹丕在广陵南望大江，说了句："彼有人焉，未可图也！"便收兵回去了。

还有史料说，曹丕这次之所以不战而退，乃是东吴大将徐盛采取了疑兵之计的缘故：得知曹军有意渡江后，徐盛在下游沿江筑围，围上每隔一段距离便用木架和芦苇搭起一座假城楼，从建业一直到江乘（今南京东宝华山一带），百里长围一夕而成，同时还将所有船舰大浮于江。后来曹丕在北岸隔江眺望，江雾弥漫之下但见塔楼林立、长围森严、无数东吴战船在汹涌江水中往来游弋，不禁愕然长叹道："我大魏虽有武骑千群，无所用也！"

据说当时曹丕还问群臣："你们说，孙权会亲自前来吗？"这是因为当时东吴的首都是在上游的武昌,别说现在曹军只是屯集广陵,充其量只能威胁到下游的建业和京口,就是万一曹军渡过江来,深入三吴腹地,短时间内也不会对孙权造成致命的威胁。再说,下游还有徐盛、孙韶、吕范、全琮等诸将戍守,所以这个时候孙权多半不会亲自前来。然而扈从群臣为了吹捧曹丕,都回答说:"陛下亲征,孙权恐惧非常,必定会举国前来应战。他又不敢将举国之兵交由手下统领,所以一定会亲自前来。"只有刘晔直言道:"孙权得知陛下亲征广陵,会认为您是故意想吸引他东下,以便让其他将领在上游发动攻势,所以他一定会集兵观望,暂时应该不会有什么行动。"曹丕在广陵停驻月余,孙权果然不曾前来。在一次沿江巡视时,他乘坐的龙舟还遭遇了暴风,狂风巨浪将龙舟一直推往南岸,差点就翻了船。亲身体验到了长江天险难以逾越后,无奈之下,曹丕只好退军而还。

总之,不管是"彼有人焉,未可图也",还是"武骑千群,无所用也",这些材料都试图告诉我们,有生以来第一次见到长江的曹丕被东吴据有的这道天堑之险所震慑,才不得不放弃了进攻。不过,田余庆先生却认为,其实这次南征,曹丕的真实目的原本就不是进攻东吴。

在《汉魏之际的青徐豪霸》这篇文章中,田余庆先生分析说,曹丕即位以后一直试图彻底解决曹操遗留下来的"青徐豪霸"(即以臧霸和青州兵为代表,并非曹操嫡系且有相对独立性的青、徐武装集团)问题。曹操去世后青州兵"鸣鼓擅去",黄初三年伐吴时臧霸与曹休不合,这些事件都迫使曹丕着手解决这一痼疾。后来利用东巡的机会,曹丕趁臧霸来朝,就剥夺了他的兵权和部众。但是臧霸被剥夺兵权后,其根据地青徐地区随之出现了动荡,所以黄初五年这次南征到达广陵后,曹丕曾有"赦青、徐二州,改易诸将守"的举动。所谓"赦青、徐二州",就是下令赦免青徐二州参与动乱的人以平息事端;"改易诸将

第114章 天堑隔南北

守"，田余庆先生认为就是解除臧霸旧部吴敦、尹礼、孙康或他们的后任、部属的兵权。但是矛盾仍未解决。于是到了第二年，又发生了利城兵变一事。

利城兵变就发生在黄初六年曹丕第三次御驾亲征东吴期间。

上次亲征无功而回后，曹丕并没有返回京师洛阳，而是一直驻跸在水道伐吴的起点许昌。这多少反映出，从撤军的那一刻起，曹丕就留有再赴前线的打算。而从这一年年初开始，他就为再次亲征进行了充分的准备。他不但派官员巡视许昌以东地区，还新开凿了连接汝、颍二水的讨虏渠，以便为南征大军运送粮草。他还颁下诏书，宣称"吾今当征贼，欲守之积年"，准备在长江北岸修筑宫室，居住其中，摆出一副非要跟孙权死磕到底的态度。为了顺利执行这一战略，他特意封陈群为镇军大将军，司马懿为抚军大将军，指定自己一旦亲征，便由司马懿留守许昌，"录后台文书事"，陈群则随车驾董督众军，"录行尚书事"。

以上各项安排妥当后，曹丕便于当年闰三月底离开许昌，发动了第三次南征。

对于这次南征，朝廷里依然存在不少反对意见。例如在曹丕于谯县居停期间，宫正鲍勋就当面谏阻他说："此前王师屡征而未有所克，主要是因为吴、蜀唇齿相依，凭山阻水，从形势上来说自有其难以攻拔的理由。往年龙舟飘荡，隔在南岸，圣躬蹈危，臣下破胆，当时宗庙几至倾覆，足为百世之戒。如今陛下又劳师远征，日费千金，只怕中国不免虚耗，又增敌虏之威。臣窃以为不可。"

鲍勋是曹操好友鲍信之子，为人耿直，在曹丕当太子的时候就跟他有私怨[1]，后来他又屡次谏阻曹丕耽于游猎，曹丕早就看他一百二十个不顺眼。这时见他又违背己意、出言不逊，曹丕登时大怒，马上便将鲍勋贬为了治书执法。

而除鲍勋之外，尚书蒋济也上表说，由淮入江的水路通道滞涩难通，希望曹丕取消这次行动。但曹丕同样没有听从。

蒋济本身就是淮北人，后来又长期在扬州为官，对由淮入江的这条水道的通行状况自然了如指掌。如前所述，在黄初三年以及去年的伐吴战事中，曹军都是走这条通道，也就是所谓的中渎水道而南下广陵。中渎水古称邗沟，最早是吴王夫差所开凿，后来西汉时的吴王刘濞、东汉末年任广陵太守的陈登都曾经对这条水道进行修整和疏通。特别是陈登在任期间曾经在旧道西边另行开辟了一条截弯改直的新道，使得航程又缩短了不少。但是即便如此，由于这一水道南高北低，两侧区域地势低洼、湖沼遍布，而这些湖泊又大多比较浅，所以水盛时尚可通行，水枯时便会干涸壅塞。曹军前两次通行比较顺利，大概是因为这两次行军都发生在秋季，当时水道尚未干涸。而这次南征，曹丕于五月间便抵达了谯县，按理说他有充裕的时间在枯水期到来之前率领水军进入长江。然而到了六月，位于徐州沿海一带的利城郡（今江苏赣榆西）却发生了兵变，太守徐质被杀，叛兵推举的新太守唐咨则与东吴建立了联系。如前所述，田余庆先生就认为，这起兵变多半与之前曹丕剥夺臧霸及其旧部兵权、改易青徐地方守将人选一事有关。

后来曹丕在谯县滞留长达三个多月，在水路开往淮河的途中也一度

---

[1] 鲍勋为魏郡西部都尉时，曹丕的夫人郭女王之弟犯法被鲍勋所纠，法应弃市。当时曹操出巡谯县，曹丕在邺城留守，他亲自写了好几封信给鲍勋，希望他能宽免自己小舅子的罪行，鲍勋却不为所动。再加上鲍勋任太子中庶子的时候"守正不挠，太子固不能悦，及重此事，恚望滋甚"。

离开船队,走陆路去往徐县(今江苏泗洪南),这些行动可能都是为了处理利城郡的叛乱及其善后事宜。这么一耽误,等到曹丕再度来到广陵,已经进入了当年的初冬十月。此时淮河流域普遍进入枯水期,蒋济的担忧当然不无道理。

或许曹丕并没有注意到这一点,又或者他虽然知道但是却不以为意。来到广陵后,志得意满的曹丕在江北举行了一次盛大的阅兵。当时曹军之盛,史称"戎卒十余万,旌旗数百里"。检阅完毕,曹丕还乘兴写了一首诗:"观兵临江水,水流何汤汤!戈矛成山林,玄甲耀日光。猛将怀暴怒,胆气正纵横。谁云江水广,一苇可以航……"

此处"谁云江水广,一苇可以航"一句,是化用《诗经·河广》中"谁谓河广,一苇杭之"这句诗,比喻在曹军将士的勇气面前,再宽广的大江也是那么的狭窄。然而这毕竟属于文学上的夸张。实际上在汉魏时代,长江入海口不但比今天更靠近扬州、镇江一带,而且入海处的喇叭口也更为宽广。这就导致广陵、京口之间(即扬州、镇江之间)的长江江面宽达四十里以上,并且风高浪急,完全不适合在此地渡江。这也是去年吴将徐盛只在江乘以西百里修筑长围和假楼的原因。

这一点,之前来过广陵的曹丕应该是十分清楚的。不过从"谁云江水广,一苇可以航"这句诗来推测,我怀疑他原本就打算无视广陵一带江宽浪急的现状,有意派水师强行渡江。然而对他来说不走运的是,蒋济的预言成了现实:由于当年冬季天气极寒,中渎水道的部分河段提前封冻,声势浩大的曹军水师竟被困在河道里无法入江!这下子,曹丕渡江攻吴的计划再次成为泡影。面对大江汹涌的波涛,他只能摇头叹道:"嗟乎!固天所以隔南北也。"又一次无奈而还。

第115章 命里小厄躲不过

曹丕这次撤军并不顺利。

根据《吴录》记载,镇守京口的吴将孙韶得知曹军撤兵后,曾经派人带着五百敢死队员,在夜间对撤退中的曹军发动了突袭。当时曹丕大惊,虽无性命之险,却被吴兵劫走了仪仗队中的副车和羽盖,不免面上无光。

这还不算。由于河道封冻、湖水干涸,曹军水师战船数千艘散布在数百里范围内滞涩难行,就是曹丕的龙舟回到精湖(今江苏金湖东)一带后也搁浅在了水中。当时朝臣论议,觉得既然这样,不如索性留兵在此屯田。但蒋济反对说,这一带东近大湖,北面又紧邻淮河,一旦进入涨水季节,吴军水师一定会前来袭击,根本无法安屯。甚至曹丕还产生了将船烧掉以免资敌的念头。商议的结果,曹丕决定将所有战船留给蒋济慢慢处理,自己先走陆路回京。后来蒋济就发动士卒开凿了四五道水渠，将搁浅在各处的战船逐渐收拢起来，又筑大坝遏断湖水，待湖水蓄高之后猛地掘开大坝，趁着水势终于将大部分战船开入了淮河。

今本《曹丕集》中收录有《杂诗》二首，其中第二首有学者认为就写作于这次南征返回途中。其诗云：

> 西北有浮云，亭亭如车盖。
> 惜我时不遇，适与飘风会。
> 吹我东南行，行行至吴会。
> 吴会非吾乡，安能久留滞。
> 弃置勿复陈，客子常畏人。

曹丕一生，从未到过吴、会之地，最南也就是到达广陵。所以学者认为，所谓"吹我东南行，行行至吴会。吴会非吾乡，安能久留滞"，其实就是用比喻的方式暗示此次南征不顺利。壮志既然难酬，也就只好黯然回乡。

十二月，曹丕的大驾先后经过谯县、梁国，然后在陈留境内停驻了一段时间，接见了改封为雍丘王的曹植。到了次年正月，他本来计划返回许昌，然而没等入城，却发生了"许昌城南门无故自崩"的怪事。按当时人的观念，这显然是对君主不利的不祥之兆。曹丕心中嫌恶，就决定不回许昌，转而返回了洛阳。

回到洛阳后，曹丕依然心中郁闷，情绪不佳。关于这一点，从他对鲍勋的态度就能够看出来。

大驾在陈留停驻时，陈留太守孙邕前来拜见已经因谏阻伐吴而被曹丕贬为治书执法的鲍勋。当时营垒未成，营地中只是用标杆和土垄暂时作为标记。孙邕一时图省事，没按标记的正道走，而是从土垄上直接斜穿而过。此举被军营令史刘曜得知，按照规定，他准备追究孙邕的责任。这时负责司法工作的鲍勋就以"堑垒未成"为理由将此事压了下来。回到洛阳后，刘曜又不知犯了什么罪，鲍勋决定将其贬官流放。刘曜心中愤恨，就向朝廷告发了鲍勋私下为孙邕开脱一事。本来这种过失，按照正常的司法程序，重罚也不过"正刑五岁"，轻罚则只需"罚金二斤"，但是曹丕得知后大怒道："鲍勋必无生理，你们竟敢宽纵于他！给我把包庇鲍勋的官员都抓起来审，一定要让他们十鼠同穴、一网打尽！"

很明显，曹丕一来是因为跟鲍勋有私怨，早就怀恨在心，二来则是借此机会发泄自己此次南征无功而还的郁闷情绪。因此，即便太尉钟繇、司徒华歆、镇军大将军陈群、侍中辛毗、尚书卫臻、守廷尉高柔等几乎所有扈从重臣均上表以"勋父信有功于太祖"为鲍勋求情，曹丕却仍坚持要诛杀鲍勋。由于这一处罚无法可依，负责执法的高柔甚至拒不执行。盛怒的曹丕最后不得不将高柔调离岗位，直接派使者到廷尉狱处死了鲍勋。

这已经不是曹丕第一次展现出他天性凉薄的本质了。

曹丕曹子桓这个人，自幼生长于大富大贵之家，接受了良好的教育，颇具才华。据他自己在《典论》中的说法，他少诵诗论，"长而备历五经四部史汉诸子，百家之言靡不毕览，所著书论诗赋凡六十篇"，八岁能骑射，善左右开弓，每发辄中，甚至在剑术方面也颇有造诣，曾经击败过"善有手臂，晓五兵"的奋威将军邓展。后来他当了皇帝，不论在其诗文著述还是在各种公私场合，也一直试图将自己打造成一个热情宽宏、礼贤下士、推己及人的仁君。例如他不止一次地向人透露，他最赞赏的君主是汉文帝，希望自己能够成为像文帝那样"宽仁玄默，务欲以德化民，有贤圣之风"的明君。然而我们知道，不论是在古代还是

第 115 章 命里小厄躲不过

在现代，后人对于曹丕的历史评价都距离汉文帝相去甚远。考虑到两人都属守成之君，在开疆拓土上都没有突出的成绩，之所以会拉开差距，我认为至少有以下两大原因：一是曹丕功业未就便急吼吼地篡夺了汉室天下，显得"得国不正"；二就是因为他器量狭窄，为人刻薄寡恩，在私德方面不大令人佩服。

鉴于读者诸君是生活在二十一世纪的现代人，多半不以曹、刘两家之是非为是非，所以关于曹丕篡汉是否正确，我不准备多谈。但是关于他的个人品行，这里我还要说道说道。

曹丕天性凉薄，从他对待曹植、曹彰等同胞骨肉的态度上，以及曹操新死，他便将其姬妾纳为己用等事上，我们已经有所感知。而除了父兄之外，他对待自己的妻子也是如此。前面提到，曹丕之妻甄氏本是袁熙之妇，因为姿貌甚美，攻破邺城后曹丕便占有了她。后来甄氏为曹丕生育了长子曹叡，一度颇受宠幸。甚至曹丕在宴请自己僚属的时候，还曾特意叫她出来拜客以为炫耀。不过这种基于美色的宠幸并没有延续到曹丕为太子以后。这一时期，由于出谋划策帮曹丕争位有功，本来只是普通宫女的郭女王（郭氏幼年被其父称为"吾女中王"，遂以女王为字）强势上位，成了曹丕的新宠。曹丕当皇帝后，除了升为贵嫔的郭女王，他还宠幸李、阴二贵人以及汉献帝的两个女儿，甄氏就更加受冷落了。可能就是因为这一点，本来不爱嫉妒的甄氏"有怨言"，再加上郭女王在一旁煽风点火，曹丕大怒，遂于黄初二年六月将与自己做了十七年夫妻的甄氏赐死了[①]。更过分的是，据某些史料记载，甄氏死后"不获大敛，被发覆面"，口中还被塞满了糠，可见曹丕不但对她嫌恨甚深，

[①] 虽然《三国志》裴注所引《魏书》说，甄氏是病死在了邺城，但裴松之认为"文帝之不立甄氏，及加杀害，事有明审"，此说不取。

而且丝毫不念旧情。

同样,曹丕因为一点私怨便不念旧情、得到机会便报复泄愤的事例,还有史籍记载的曹洪一案。

曹洪这个人我们前面介绍过,他是曹操的堂弟,早年又救过曹操的性命,所以尽管他贪财好利、才干平平,还是经常被曹操委以重任。而曹洪家财之富有,连曹操都自叹不如。据说曹丕年少之时,因为向曹洪借钱未能如愿,对他一直暗中记恨。后来他当皇帝后,便在曹洪门客犯法一事上大做文章,想要把曹洪治死。当时群臣进谏都没能使曹丕改变心意,就是跟曹丕私交甚好的曹真求情也无济于事,最后还是卞太后通过郭女王向曹丕施压,曹丕才不得已将他免官削爵了事。

如果说因为曹植和曹彰是政治对手,曹洪、鲍勋跟自己早有私怨,对甄氏则属喜新厌旧,所以曹丕才对他们翻脸无情,那么对于跟自己无仇无怨、政治上又没有任何威胁的其他人,曹丕又如何呢?我想,于禁的遭遇便很能说明问题。

如前所述,在襄樊战役中于禁被关羽所俘,后来吕蒙袭取荆州,于禁又归了东吴。夷陵战前,孙权向曹丕称臣示好,就把于禁送回了曹魏。曹丕接见于禁之时,但见他"须发皓白,形容憔悴,泣涕顿首",形貌甚为凄惨可怜,便用古时候荀林父、孟明视这两个降将戴罪立功的故事勉励于禁,并重新拜其为安远将军。本来发展到这里,曹丕宽仁大度的形象呼之欲出,此事几可成为一段佳话。然而不久后,曹丕决定派于禁出使东吴,临行前命他去参拜曹操的陵墓。当年曹操得知于禁投降的消息,曾有"吾知禁三十年,何意临危处难,反不如庞德"之叹,所以曹丕让于禁当面向先王神位致歉,倒也并不过分。可于禁没有想到的是,他走入陵屋才发现,曹丕早就命人在四壁画满了襄樊之战时关羽战胜、庞德愤怒、于禁乞降的图画。回来后,于禁惭恚发病,很快就去世

了。末了，曹丕还赐了他一个"厉侯"的侮辱性谥号（杀戮无辜、暴虐无亲曰厉）。

后来司马光评论此事，颇为遗憾地说道："于禁将数万众，败不能死，生降于敌，既而复归。文帝废之可也，杀之可也，乃画陵屋以辱之，斯为不君矣！"意思是于禁理应因失节而受到惩罚，你曹丕杀他贬他都行，但你不应该用这种阴损手段侮辱他，这种做法实在不是人君所当为。

此外我还发现，就是对自己的好友，曹丕有时也显得刻薄无情。例如夏侯渊的侄子、跟曹丕从小玩到大的夏侯尚，因为颇有智略而深受曹丕器重，得拜征南将军，再加上夏侯尚娶了曹操的养女（曹真的妹妹），两人亲上加亲，一直私交甚笃。可是后来夏侯尚爱上了一个小妾，对他的宠幸超过了对正妻曹氏，曹丕觉得不成体统，就不顾夏侯尚的感受，直接派人把那个小妾绞死了。此事让夏侯尚深受打击，他悲痛发病，精神恍惚，一年后便死掉了。

以上这些事例说明，尽管有的学者声称"曹丕不是那么可爱，也不是个十分可恶的人"，但说他天性凉薄、心胸狭窄，应该没有什么问题。对此，《三国志》的作者陈寿在《文帝纪》末尾的评语，其实已经有所透露——在称赞了曹丕"天资文藻，下笔成章，博闻强识，才艺兼该"这些优点之后，陈寿话锋一转："若加之旷大之度，励以公平之诚，迈志存道，克广德心，则古之贤主，何远之有哉！"这不就是委婉地批评曹丕缺乏"旷大之度""公平之诚"，在道德上比不上古时候的贤主吗？

黄初七年（226年）正月曹丕回到洛阳后，很可能由于舟车劳顿和心绪不佳，不久就得了病。偏巧这时又发生了鲍勋一案。为了治鲍勋于死地，曹丕不惜与群臣作对，搞得自己数次大动肝火，想必由此亦加重了病情。五月间，也就是鲍勋被杀二十天后，曹丕的病情迅速恶化起来。

这一天，病榻上的曹丕恍惚间忆起一事：

大约在十几年前，曹操的僚属中有个叫朱建平的人特别擅长相面。有一次，当时还是五官中郎将的曹丕大摆宴席。朱建平也在场，曹丕就叫他给在座的宾客每人相上一相，还问他自己年寿几何。

朱建平的相术在当时大大有名。荀攸和钟繇两人曾找他算过命，还彼此开玩笑说谁如果死得早，另一人就要照顾他的家属。那时朱建平就对二人道："荀君年龄虽轻，可终究要将后事托付给钟君。"钟繇听了，就调笑道："到时我要干的事，就是把你的爱妾阿骛嫁给别人！"后来荀攸果然五十八岁就死了，钟繇却一直活到八十岁。朱建平还擅长相马。有一次曹丕准备出门，叫人牵一匹马过来，他在半路遇到，便说："看这匹马的面相，今日必死。"结果曹丕刚要上马，这马被他衣服的香味熏到，竟咬了曹丕膝盖一口。曹丕大怒，当场便将这匹马给宰了。

此时朱建平遍看众人，一一言道："夏侯君（指夏侯威）四十九岁为州牧，而当有厄，厄若得过，可年至七十，致位公辅；应君（指应璩）年六十二为侍中，而当有厄，此前一年则独见一白狗，而旁人不可得见；曹君（指曹彪）据藩国，至五十七岁当厄于兵，宜善防之……"末了他又对曹丕言道，"将军当寿八十，至四十岁时当有小厄，愿谨护之。"

黄初七年，曹丕正好四十岁。

难道这场病就是朱建平所说的小厄吗？可惜此人已经死了，不能召来一问。

忆及此处，病榻上的曹丕很努力地想要支撑起身体，欲以此证明自己精力尚存。然而他用尽全身力气，最终还是喘息不止地瘫倒在了床上。

他最后只能无奈地承认，自己那"逐禽辄十里，驰射常百步"的健康体魄和无限活力几乎在一夜之间便荡然无存了。

猛然间，曹丕像是悟到了什么，挣扎着对左右言道："我明白了，朱建平说我年寿八十，意思是昼夜加起来一共八十。我的死期到了，死期到了！"

据说在此期间，曹丕之母卞太后曾亲来视疾。进房后，卞太后发现旁边的侍女和姬妾当中有当年曹操所钟爱之人，便问曹丕这些人是何时得来。可能是因为人之将死，其言也善，曹丕如实说，她们是曹操死后被自己所收用。卞太后听了，便转过身去再也不看曹丕，叹道："你这家伙禽兽不如，死也活该！"

五月十六日，弥留之际的曹丕宣布立长子曹叡为太子，并颁下遗诏，命中军大将军曹真、镇军大将军陈群、征东大将军曹休、抚军大将军司马懿共同辅保嗣主。不知道是不是因为受到了卞太后责骂，曹丕还下令说，自己死后，便将后宫淑媛、昭仪以下的嫔妃全部遣归其家。

曹丕病死于洛阳嘉福殿中。

第116章 明帝身世之谜

曹丕去世当天，甄氏生育的长子曹叡遂成了新任魏国皇帝，史称魏明帝。

不过，我们并不能确切地知道这个年轻人当时的年纪。

按照《三国志·明帝纪》的说法，曹叡死时三十六岁，也就是说他出生于建安九年（204年），即位时正好二十三岁。然而核诸史籍，正如前文所讲的那样，建安九年八月曹操攻下邺城，甄氏才被曹丕所得。如果他真是曹丕的骨血，那么至少要到下一年才会出生。这样一来，曹叡即位时就是二十二岁。

此外，《明帝纪》还说，曹叡十五岁得封武德侯。可《文帝纪》却记载，曹丕封曹叡为武德侯是在延康元年（220年）五月，如果当时曹叡十五，那么他就出生于建安十一年（206年），死时三十四岁。

《三国志·常林传》裴注所引《魏略》则云，吉茂"转为武德侯庶子。二十二年，坐其宗人吉本等起事被收"。而太医令吉本被杀是在建安二十三年（218年）年初，那么吉茂任武德侯庶子一职就只能在二十二年（217年）或之前。若如此，至晚到建安二十二年曹叡就已经被封为了武德侯。按时年十五计，他就成了建安八年（203年）生人，而那时邺城还被袁氏所控制。要真是这样，那曹叡就是不折不扣的袁家人，甄氏是带着一岁多的"拖油瓶"嫁给曹丕的。

故此，由于以上史料记载之间的矛盾，魏明帝曹叡在我这里完全成了"量子"曹叡：他的亲爹既可能姓曹，也可能姓袁；他可能出生于建安八年、九年、十年或十一年，去世时的年纪则在三十四岁到三十七岁之间。

对于这种情况，卢弼在《三国志集解》中解释说，陈寿记曹叡年终三十六岁是为"曲笔"，其意图就是要读史的人用这一年岁倒推，再结合甄后被赐死以及曹叡久不被立为太子的事实，得出明帝其实是袁氏之子的结论。

不过，这一推想也并非无懈可击。

因为根据甄后本传，"建安中，袁绍为中子熙纳之。熙出为幽州，后留养姑"。而袁熙被袁绍指派为幽州刺史是在建安四年（199年）袁绍吞并公孙瓒之后，此后直至建安九年二月邺城被曹操包围，现有史料中没有袁熙曾回到邺城居住的记载。也就是说，大概在建安四年或五年以后，甄氏和袁熙实际上一直处于长期分居状态。即便我们大开脑洞，假设在邺城被曹军包围之前袁熙曾回到老家跟甄氏有过短暂的团聚并播下种子，那么至当年八月曹丕占有甄氏之时，时间已经过去了七八个月，甄氏要么早就生产完毕，要么就挺着个大肚子。如果是后者，曹丕除非口味独特，否则不可能对她一见钟情；如果是前者，那么曹叡本为袁氏之子一事定会早被众人所知，陈寿就没有必要用"曲笔"来加以遮掩。

当时的社会，妇女再嫁是常事，而再嫁的女子常常带有跟前夫所生的子女。曹操家族并非清流士大夫，在名教上并不甚讲究。例如曹操自己在收纳了秦宜禄的前妻杜氏以及何进的儿媳尹氏后，都把她们跟前夫所生的子女（即秦朗、何晏）视若己出。他还曾颇为自豪地对宾客们说道："你们说，世间可曾有像我一样疼爱假子的人吗？"然而疼爱归疼爱，是"真子"还是"假子"却始终分得清清楚楚，秦朗、何晏在地位上虽被视作宗室，但在血统上却不能姓曹。而据《明帝纪》，曹叡"生而太祖爱之，常令在左右"，曹操还对他说过"我基于尔三世矣"的话。如果他真的是袁氏血统，那么曹操是绝不会说出这样的话的。

此外，彼时三足鼎立，敌国吴、蜀方面的史料常常有抹黑曹魏君主的嫌疑。如《曹瞒传》言曹操之父曹嵩本是"夏侯氏子"就是一个例子。倘若曹叡出身不明，那么理论上敌国史料中便该有相关的记载，或者民间有类似"牛继马后"①那样的流言产生。然而在现有史料当中，我们却找不到这样的痕迹。这一事实说明，至少在当时，曹叡的血统并不是街头八卦或者敌国史官关注的焦点。

所以，基于以上逻辑，我个人还是倾向于认为曹叡就是曹丕的亲生儿子，《三国志》中说其终年三十六岁可能只是文本上的讹误，并没有太多深意。当然，这么说终究有点像"如何证明你妈是你妈"一样，除非把袁熙、曹丕、曹叡三人的遗骨都挖出来做DNA检测，否则注定不可能拿出不容置疑的证据。

---

① 曹魏时期的谶书《玄石图》中记载有"牛继马后"的预言。司马懿得知后，怀疑此语乃是暗示司马氏终将被牛氏取代之意，后来他就用毒酒毒死了大将牛金。然而西晋灭亡后，琅琊王司马睿建立东晋。据说司马睿的生母夏侯氏还是琅琊王妃的时候曾经跟一个姓牛的小吏私通（《魏书》则说是与牛金私通），生下个儿子就是司马睿。按照这种说法，从司马睿坐上皇帝宝座那一天开始，就血统而言，这天下其实已经暗中姓了牛。

至于为何曹丕要赐死甄氏以及曹叡久不被立为太子，我想其原因也应与曹叡的血统无关。

要知道，据史料记载，甄氏出生于光和五年（182年），嫁给曹丕的时候她是二十三岁，之前很可能跟袁熙生有一女[①]，再加上她比曹丕要大五岁，等到曹丕当太子之年，她已经是三十六岁的半老徐娘。而曹丕跟乃父一样，本就是好色之徒。当年甄氏再美，想必此时也是韶华已逝。即便她出身高贵（汉太保甄邯后，世吏二千石）、知书达理（年九岁喜书，被诸兄戏称女博士），又对卞太后十分孝顺（卞太后曾赞她说："此真孝妇也！"），在前有郭女王以智谋上位，后有献帝二女，李、阴二贵人左右夹攻的情况下，恐怕也留不住曹丕的宠爱之心。

据裴注所引王沈《魏书》，早年甄妃得宠之时，并不是一个善妒的女人，史称："后宫愈隆而弥自挹损，后宫有宠者劝勉之，其无宠者慰诲之。"曹丕一直子嗣不繁，她还时常劝他说："黄帝之所以子孙繁盛，多半是因为姬妾众多。希望您能够广求淑媛，以丰继嗣。"后来曹丕想休掉一个姓任的嫔妃，甄氏还劝阻说："任氏既是乡党名族，又德色兼备，妾等不及，为何要将她遣送出宫呢？"曹丕答说："她性情狷急，既不温柔，又不恭顺，已经不止一次惹我生气了，所以才要发遣她。"甄氏便流涕道："妾身受您宠遇，众人皆知。现在如果发遣任氏，别人一定会说她是因为我才获得如此下场，如此则妾身岂不要背上挟私专宠之骂名？希望您能重新考虑考虑！"然而最后曹丕还是没听。

以上故事多少透露出，甄氏对于后宫争斗的残酷性缺乏足够清醒的

[①] 据《三国志·武文世王公传》，曹冲死后，曹操最终选定了"甄氏亡女"与曹冲结为冥婚。此处之甄氏是否便是曹丕之妻甄氏（即甄后），尚难论定。若果如此，曹冲建安十三年卒，年十三，以年龄相近推测，此女应该是甄氏与袁熙所生，与曹冲并非近亲。

认知，而她的这种做法显然会留给竞争者更多的生存空间。后来郭女王之所以能够轻松上位，应该就是拜甄氏的天真和仁厚所赐。任氏的结局其实已经昭示，一旦失去宠幸，曹丕对侍奉过自己的女人是多么的薄情。

由于史籍阙载，甄氏究竟是在何时失去宠爱，我们已经无法确知。不过，通过考察郭女王的崛起，我们可以发现一点端倪。

郭氏出生于中平元年（184年），只比甄氏小两岁，幼时因为被父亲称赞"此乃吾女中王也"，遂以"女王"为字。史籍说，她家祖上世代为官，但在汉末战乱中，她不幸"早失二亲，丧乱流离，没在铜鞮侯家"。说明她很可能曾经沦为奴婢。等到她进入曹丕家为侍女，是在曹操当上魏公以后。这时候郭女王的年纪已经超过了三十岁，再加上史书对其姿貌不着一字，我们可以认为，她并不是靠色相吸引了曹丕。

郭女王入宫之时，恰逢曹丕、曹植兄弟暗中争夺太子之位。史称："（郭）后有智数，时时有所献纳，文帝定为嗣，后有谋焉。"这说明，给曹丕出谋划策帮助他夺得了太子之位才是郭女王强势崛起的真正原因。但她到底给曹丕出过哪些主意，史籍却语焉不详。我猜测，至少在两方面郭女王可以发挥作用。一是《曹植传》明确提到，曹丕之所以得立，"宫人左右，并为之说"是一大原因。例如曹操的宠妃王昭仪就出过力。而这些笼络收买宫人、嫔妃的工作，多半就是郭女王来执行的。二是据《世语》记载，曹植的妻子崔氏穿过于华丽的衣服被曹操看见，便以有违制命为由被赐死了。这可能是由于崔氏出身河北大族，并不习惯吃苦。而郭女王出身卑微，早就习惯了节俭朴素，在这方面她至少能够提醒曹丕不要犯下跟崔氏相类似的错误。

与颇有智谋心计的郭氏相比，为人仁厚善良的甄妃显然没有为曹丕夺得太子之位提供太多帮助，因此很可能是在这一时期，她最终失去了

第116章 明帝身世之谜

曹丕的宠幸。

剧情接下来的发展如前所述：曹丕当皇帝后，郭女王被升为贵嫔，地位仅次于皇后，但是甄妃却并没有顺理成章成为正宫。对此，王沈《魏书》解释说，曹丕曾经想册封甄妃为后，甄妃却以自己有病、能力不足为由屡次加以拒绝，"玺书三至而后三让，言甚恳切"，没等曹丕再来相迎，她就病死了。但是裴松之早就表示这一说法并不可信，因为《三国志》明确记载，甄妃是因失宠而"有怨言"，被曹丕在黄初二年（221年）六月赐死的。她根本不是病终，"玺书三至而后三让"云云自然也是谎言。

甄妃被害之时，其子曹叡已经十七八岁，爵封齐公。此前对于父母之间感情淡漠的状况，他应该是有所感知的。但是因为甄妃是在邺城被赐死，而曹叡当时应该跟曹丕一起居住在洛阳，所以他对母亲为何会被赐死并不清楚，也没有机会再见母亲最后一面。这样，甄妃临死前，就将自己得罪的始末缘由告诉了李夫人，并拜托李夫人替自己照顾曹叡。

到了第二年，曹丕又不顾群臣对于他以妾为妻以及郭氏出身微贱的反对，执意将郭女王立为了皇后。这一来，曹叡的地位就更尴尬了。

他虽是长子，但从小跟父亲的感情却并不深，这时因赐死甄妃一事，父子两人的关系更是颇为疏远。这一时期，曹丕不但没有封他为太子，而且据《晋书》记载，曹叡的爵位还一度从平原王贬为了平原侯。而除曹叡以外，这时曹丕至少还有七子：潘淑媛所生的曹蕤、朱淑媛所生的曹鉴、仇昭仪所生的曹霖、徐姬所生的曹礼、苏姬所生的曹邕、张姬所生的曹贡和宋姬所生的曹俨。遗憾的是，成为皇后的郭女王却一直未能产下子嗣。所以在黄初三年（222年）以后，根据《魏略》的说法，"文帝以郭后无子，诏使子养帝（明帝曹叡）"，叫曹叡认郭女王为母亲。而曹叡却因为甄妃被赐死一事"意甚不平"。见曹叡难以接受，曹丕便"有意欲以他姬子京兆王（礼）为嗣，故久不拜太子"。

也就是说，黄初三年前后，曹丕鉴于自己正当壮年，在立太子一事上并不心急。与此同时他可能有以下打算：如果日后郭后生子，此子自然优先；若郭后无子，是选择曹叡还是曹礼或者其他子嗣，则要看他们的具体表现。

第117章 司马懿登场

晋朝野史《魏末传》当中记载有这样一则故事：

有一次，曹叡随从文帝出猎，遇见一大一小两只鹿。显而易见，这是一母一子。魏文帝一箭射出，母鹿应弦而倒，他又命曹叡射那只小鹿。没想到，曹叡竟然扔掉弓矢，不听文帝的命令。文帝质问，曹叡便流涕言道："陛下已杀其母，臣不忍复杀其子。"这话令曹丕深为触动。他立曹叡为太子之意，便是在那时确定的。

正如裴松之早就指出的那样，《魏末传》属小说家言，其记事大多并不可信。这则射鹿故事，其实只是民间对于明帝得立为太子一事的浪漫想象。

实际上，曹叡最后能登上太子之位，一来是因为他转变了态度，表现得对曹丕和郭后非常恭顺，二来则是因为曹丕突然病危，一时间也没有别的选择。

据《魏略》记载，曹叡初时虽对认郭后为母充满了抵触情绪，但他最终还是接受了这一既成事实，并转而"敬事郭后，旦夕因长御问起居"，将自己打造成了一个侍奉嫡母颇为恭顺的孝子。而郭女王因为一直没有儿子，对他也"遂加慈爱"。两人的关系变得融洽起来。见到这种情况，曹丕应该也是比较欣慰的。

另一方面，黄初三年以后，文帝又有曹贡、曹俨、曹鉴三子先后夭折，当其在黄初七年陷入病重之时，其十子[1]当中包括曹叡在内，健在者只有五人。尤其是在曹丕最宠爱的后妃当中，郭后、阴贵人，乃至汉献帝二女都没有诞下子嗣。李贵人虽产下一子，但早早即夭折。其余四子要么年龄幼小，要么资质性情太差，并没有人能比曹叡更合适[2]。既然曹叡跟郭后相处并无问题，曹丕也就没理由再去选择他人。

于是直到生命的最后一刻，曹丕才颁布了立他为太子的诏命。

转过天来，曹叡就成了大魏皇帝。

由于当藩王的这些年，曹叡"不交朝臣，不问政事，唯思潜书籍而已"，基本上不从事任何政治活动，再加上曹丕时期各诸侯王的行动本身就受到种种规矩严格限制，所以在此之前，绝大多数朝臣跟曹叡并无交往，完全不了解这位新君是个什么样的人。现在曹叡已经即位，群臣都是既好奇又关心。对于这一情形，晋人郭颁的《世语》中有一段颇为有趣的记载："帝与朝士素不接，即位之后，群下想闻风采。居数日，独见侍中刘晔，语尽日。众人侧听，晔既出，问：'何如？'晔曰：

---

[1] 《三国志·武文世王公传》云曹丕有九子，然据曹植《仲雍哀辞》，可知曹丕为太子时另有一子曹喈，字仲雍，出生两月即夭折。
[2] 据《三国志·卫臻传》，曹丕曾一度考虑立仇昭仪所生的东海王曹霖，为此还问卫臻："平原侯何如？"卫臻则称赞曹叡，而对曹霖不置一词。又据曹霖本传，其人"性粗暴，闺门之内、婢妾之间，多所残害"，这或许是他未能得立的一个原因。

'秦始皇、汉孝武之俦，才具微不及耳。'"

服丧期间，曹叡并没有急于向群臣表现，而只是单独接见了时任侍中的刘晔，向他详细了解了外间状况。当时担任侍中的当然不止刘晔一人，史籍所见至少还有辛毗和傅巽，而曹叡之所以独独召见刘晔，除了因为他智计过人之外，最主要是考虑到刘晔在朝素来不与他人结交，属于不党不从的中间派。两人一聊就是一天，具体的内容虽然没有记载，但我们可以推想，当时曹叡最迫切需要刘晔提供咨询的，就是他今后应该如何治国理政，以及怎样处理跟四位辅政大臣之间的关系。

与二十五岁便当了副丞相、即位时有十年"二把手"经验的曹丕不同，曹叡尽管这时也是二十来岁，完全具备独立行政的能力，但之前却没有任何实际处理政务的经验。这或许就是曹丕去世前安排曹真、曹休、陈群、司马懿四人辅政的重要原因。

这四人当中，曹真和曹休都是宗室疏属，让他们掌权不会像曹植、曹彰等近亲宗王那样直接威胁到皇位，而且两人跟曹丕还是从小玩到大的好哥们儿，曹丕对他们深为信任。陈群则是继荀彧、荀攸之后汝颍文士的领袖，曹丕早在当太子的时候就对他十分器重，他长期以来一直执掌尚书省，负责政务的实际处理工作，为人公忠体国，值得托付。这里最值得我们注意的，是四人中的最后一位——抚军大将军司马懿。

众所周知，三国时代"分久必合"的结果，最终是被司马家建立的晋朝夺得了天下，而司马家的帝业则是在司马懿手中所奠基，所以到了后世，不论是严肃的史学研究者还是不太严肃的民间说书人，对于司马懿的崛起及其篡权夺位的过程一直都十分感兴趣。近年来，由于《军师联盟》《三国机密》等影视剧热播，司马懿更是以权谋高手的形象成了备受成功学吹捧的"三国大赢家"，诸如《司马懿吃三国》《老谋子司马懿》《阳谋大师司马懿》之类的书籍也像雨后春笋一样层出不穷。可能是为了迎合现代人的审美趣味，所有这些以司马懿为主角的文艺作品都试图将他塑造成一个老谋深算、忍辱负重、为达目的不择手段的阴谋家，而他最后之所以能够篡权成功，一个非常重要的原因就是他特别"能忍"。这一点，从《权力的忍者：司马懿》《司马懿：一个能忍的牛人》《×××说司马懿：忍出个路人皆知》等近年出版的图书书名上就能够看得出来。

显然，以上作品里不约而同地隐藏有一个预设：司马懿早就怀有夺取天下的野心，为避免招来杀身之祸，他在攫取权力的过程中始终表现得十分隐忍，也伪装得十分高明。正是靠着这一点，他躲过了曹操的猜忌，骗取了曹丕的信任，这才有了他后来的成功。

那么，真相是否如此呢？

要想搞清楚这一点，就必须首先考察一下司马懿的家世及其在曹操、曹丕两朝的经历。

按照《晋书》的说法，司马家的远祖可以追溯到颛顼帝高阳氏的儿子重黎，近祖则是秦末汉初时的赵将司马卬。当年霸王项羽分封诸侯，司马卬被封为殷王，以河内郡为封国。后来他的子孙便在河内世代繁衍，司马懿一家便是居于河内温县（今河南温县西）的司马氏中的一支。

河内这个地方，南倚黄河，北靠太行，交通便捷，人口繁庶，战略地位在秦汉时代相当重要。尤其是司马懿的家乡温县，由于商贸发达，"西贾上党，北贾赵、中山"，很早就发展为与邯郸、临淄齐名的大城市。到了西汉中后期，随着儒学在此地传播，一批累世通经的家族开始在河内涌现。延及东汉，司马家族也受儒风熏染，成了其中一员。

司马懿高祖司马钧本是武将出身，曾经在东汉王朝平定羌乱的战事中建立功勋，故此得封征西将军。但到了司马懿爷爷司马俊这一辈儿，

第117章 司马懿登场

却已经以"博学好古"著称,变成了彬彬文士。至于司马懿的父亲司马防,则更是"雅好《汉书》名臣列传,所讽诵者数十万言",俨然跨入了名士行列。

司马家族这一"由武入文"的转型,看上去相当成功。因为司马防后来不但仕途亨通,官一直当到尚书右丞、京兆尹,在朝中积累了不少人脉资源(如他曾举荐曹操担任洛阳北部尉),而且还借助儒学教育将自己的几个儿子也培养成了杰出的人才。据说,司马防退居二线后,儿子们虽然都已成家立业,但在面对老父时仍然"不命曰进不敢进,不命曰坐不敢坐,不指有所问不敢言,父子之间肃如也",展示出了良好的家教和谨严的家风。

按照史籍记载,司马防总共有子八人,号称"八达"(八人皆以达为字,如伯达、仲达),俱为知名。这一说法可能有司马氏称帝后夸耀粉饰的成分,因为考索其事迹,"八达"中的后五位兄弟在当时基本没有什么活动,真正有所建树的其实就是老大司马朗、老二司马懿以及老三司马孚。

三人之中,司马朗成名最早。据其本传,司马朗九岁的时候,有人当着他的面直呼其父名字,这在当时是有违礼法的行为,司马朗就毫不客气地谴责说:"怠慢别人父母的人,必定对自己的父母也不孝敬。"弄得对方赶紧赔罪。到了十二岁,他就以出色的经学成绩通过了朝廷举办的考试,成为"童子郎"。期间监考官见他身材高大,一度怀疑他隐瞒了年龄。司马朗就解释说:"我家人身高体壮,世代都是如此[①]。我司马朗虽然年龄幼小,不敢追慕古人,却也不屑于干那些篡改年龄以求早

[①] 司马朗的祖父司马俊就是"长八尺三寸,腰带十围,仪状魁岸,与众有异",可见司马朗继承了这一体貌特征。

成的事。"这一回答让监考官颇为惊异。

后来董卓之乱爆发，关东诸侯起兵，汉献帝受胁迫西迁长安，董卓则暂留洛阳。这时在朝担任治书御史的司马防就面临着两种选择：是跟献帝一起前往长安，还是去投奔关东诸侯。毋庸置疑，这一选择将决定司马家今后的政治前景。鉴于当时局势变幻莫测，为保险起见，司马防最后决定两手抓，派长子司马朗携家属返回乡里，自己则追随献帝去往长安。

二十岁的司马朗回到家乡后，第一件事情就是召集乡亲，劝他们道："董卓悖逆，为天下所仇，忠臣义士必将兴兵诛讨。本郡与京城接壤，河北义兵受阻于黄河和虎牢，势必停留于此，不久此地必将成为四分五裂的战争之地，遭受池鱼之殃。各位父老不如趁现在道路尚通，举宗东迁到黎阳。黎阳那里不但有营兵驻扎，监营谒者赵威孙还是我家姻亲，其所统兵马，足可保护大家平安。"然而各父老眷恋故土，又觉得司马朗年轻不可靠，都没有听从。最后只有同乡赵咨带着家属和司马朗一同去投奔了赵威孙。

结果不出数月，袁绍、韩馥、王匡等河北诸侯的军队果然就开进了河内。而接下来的几个月里，各军缺乏统一指挥，又不敢轻易进讨董卓，纷纷陷入彼此攻杀、纵兵劫掠的境地，河内百姓受此兵燹，死亡了将近一半。又过了几年，受曹操与吕布争夺濮阳波及，黎阳一带也动荡不安，司马朗才带着家人回到了温县。

之后数年，眼见中原群雄各据，局势扑朔迷离，饥荒瘟疫横行，司马朗并不急于出仕，而是一边扶危济困、收恤宗族，一边担负起了家长的职责，用心抚养和教育那几个尚未成年的弟弟，使他们不至于因世道衰败便放弃了学业。

可以说，少年时代的司马懿和司马孚主要是在哥哥司马朗的培养下

成长起来的。在那段动乱岁月里，任凭外间风雨飘摇，司马氏兄弟却能闭门安心读书，箪食瓢饮而自得其乐，动心忍性以待天下太平。

这自然是因为，司马家本身就是当地很有势力的大族，家大业大，乱世里哪怕生活困难一些，却也是不愁吃喝。

第118章 狼顾之心

学者研究显示,司马懿早在入仕之前,便已经通过其家族在乡里的人际关系网络获得了一定的声誉。

例如在当时,河内郡有一名士叫作杨俊,也为避战乱而四处迁徙。他曾比较司马朗跟他的族兄司马芝,论断说:"芝虽风望不及朗,但实理则有过之。"司马懿在十六七岁时曾经与杨俊相遇,杨俊便评论他说:"此非常之人也。"

"非常之人"这一概念,最早出自司马相如的一篇文章。在这篇文章里,司马相如假借汉使之口说道:"世必有非常之人,然后有非常之事;有非常之事,然后有非常之功。"所以在一开始,非常之人其实指的是能建立非凡之功业的人。故此后来陈寿称赞曹操,说他是"非常之人,超世之杰"。身为河内人,杨俊自感有义务品评和提携本郡晚辈,所以才给了司马懿这么高的评价。司马懿后来发达后,也一直对杨俊深为感激。

建安元年曹操奉迎汉献帝都许后，熬过了李傕、郭汜之乱的司马防很可能也随之来到了许都。由于司马防本就与曹操有旧，已经在乡里避乱多年的司马朗受到曹操征辟，开始以司空掾属出仕，在先后担任了几个地方的县令后，司马朗入为丞相主簿，又迁兖州刺史，最后在建安二十二年的伐吴战役中因受疫病感染而去世。与此同时，司马朗的族兄司马芝也在曹操南征荆州后开始为曹营效力，官一直当到河南尹、大司农。

以上这些事实说明，河内司马家虽不是"四世五公"，却也是世代官宦。早在司马懿走上从政道路之前，他的父兄就为他铺就了一条平步青云的坦途。

当然，前提是他本人有能力，而且在政治上还要站对队伍。

就前者而言，司马懿并不发愁。据《晋书》记载，他"少有奇节，聪明多大略，博学洽闻，伏膺儒教"。由于家学渊源和自身勤学，成年后的司马懿资质相当优秀。这一点从崔琰对他的评价中就可以看得出来。司马朗出仕后，跟崔琰关系很好。而借由与司马朗的交往，崔琰也就认识了司马懿。那时司马懿年纪尚轻，还没有当官，但是崔琰却对司马朗说："子之弟，聪哲明允，刚断英跱，殆非子之所及也。"聪哲明允，是说司马懿智商情商都很高；刚断英跱，则是说他性格之坚毅果敢超越常人。崔琰在曹操幕府中长期负责人才的甄别和选拔，素有知人之名，他能给司马懿这么高的评价，可见司马懿的个人素质确实相当突出。

在后一点上，司马懿同样没有太多选择。因为当时曹操挟天子以令诸侯，在许都朝廷当官本质上也就是为曹操效力。再加上他的父亲和兄长都在曹营任职，基本上他也只有这一条路可走，也只有这条路能让他相对快捷地接近最高权力。

然而，史籍对于司马懿仕宦经历的记载却不免令人深思。

按照《晋书·宣帝纪》的说法，司马懿第一次当官，是在建安六年其二十三岁时。这一年，河内郡将他辟举为上计掾。所谓上计掾，其实就是地方上派往朝廷去做年终总结的特派员。计吏（包括掾、史）官位不高，但入京后要接受三公质询，甚至有时还要参加朝会大典，获得觐见皇帝的机会，所以各郡国在挑选计吏之时一般都会选择仪表出众、谈吐得体之人，身份也不能太低。而这个时候曹操官居司空，司马懿自然要向他汇报工作。这次会见司马懿很可能给曹操留下了良好的印象，再加上他又是司马防的儿子、司马朗的弟弟，曹操遂决定将他征召入自己的幕府。

在那个时期，曹操的司空府其实就是全国官僚的储备库。但凡曹操发现哪里有可用人才，常规程序就是将他先纳入幕府，考察一段时间，然后再量才授任，或者留在身边当参谋，或者外放地方当守长。基本上可以说，入了曹操的司空府，就等于上了通往高官厚禄的快车道。

然而面对这一常人求之不得的机会，《晋书·宣帝纪》所记司马懿的表现却是"帝知汉运方微，不欲屈节曹氏，辞以风痹，不能起居"。意思是司马懿看出曹操有意篡汉，耻于为他效命，就用装病的方法拒绝了曹操的征召。

《宣帝纪》还说，曹操怀疑此事有诈，就派了个刺客在夜间假装去行刺司马懿[①]，如果他真得了风痹（风寒湿侵袭导致的肢体麻木和瘫

[①] 朱子彦提出，《宣帝纪》"魏武使人夜往密刺之"一句中的"刺"，并非刺杀，乃是刺探、侦察的意思。但笔者以为，若是刺探，便不该夜往，因为夜间人皆睡眠，自然卧床不动，根本看不出来司马懿是否瘫痪。方北辰则认为，此处之"刺"是曹操派人偷偷潜入，然后用针刺大腿的方式试探司马懿。这种说法倒还有其合理性。

痪），就是遇到危险，也会动弹不得。结果司马懿面对利刃，依然"坚卧不动"，就此骗过了曹操。等曹操当丞相后，又想辟司马懿为文学掾，还对派去的人下令说："如果他再推辞，就把他抓起来！"司马懿不得已，才接受了这一职位。

若是再参考《晋书·后妃传》，此事还有更离谱的剧情：

司马懿的妻子是同郡人张汪的女儿张春华。他以风痹为辞拒绝曹操征辟后，有一天卧床在家，庭院里正在晒书，突然下起了暴雨。司马懿一着急，就忘了自己是一个瘫痪的病人，竟然下床亲自将书收了回来。不想这一幕却被家中一个婢女见到。事后司马懿跟张春华一说，张春华怕这件事泄露出去，有可能给夫妻俩招来杀身之祸，就亲手杀掉了那个婢女以灭口。以后的日子里，张春华就亲自劈柴烧火，伺候司马懿起居。因为有这一段经历，司马懿一直对张春华敬重有加。

实际上，依照《晋书》所记卒年推断，张春华是中平六年（189年）生人，而曹操辟司马懿为掾属应在建安七年（202年）之后①，这个时候张春华才十四岁。且不说此时她很有可能还没出嫁（尤其考虑到她二十岁时才生下长子司马师），就是真的已经嫁给了司马懿，说她一个十四岁的小姑娘能亲手杀掉一个年岁与自己相当的婢女，还是令人难以置信。所以我怀疑，这件事跟司马懿用装病的方式拒绝曹操征辟一样，都存在史官故意作伪的可能。

仇鹿鸣在《魏晋之际的政治权力与家族网络》一书中也提出了类似的观点。尤其令人信服的是，仇氏发现了一条来自《北堂书钞》的《魏略》佚文：

---

① 汉代地方派遣计吏入都一般在年末，至次年年初返回。司马懿既是建安六年为上计掾，则受曹操征辟应在次年为宜。

> 晋宣帝好学，曹洪自以麤疎，欲屈自辅帝，帝耻往访，乃托病拄杖。洪恨之，以语太祖，太祖辟帝，乃投杖而应命也。

初时曹洪听说司马懿有学识，想召他来辅佐自己，但是司马懿却耻于为曹洪效力，于是"托病拄杖"，不肯出山。曹洪衔恨，就把这件事告诉了曹操。然而一受到曹操征辟，司马懿却"投杖而应命"，瞬间就没病了。这说明，司马懿之前装病不过是待价而沽，他并没有拒绝曹操的征召。

面对同样一件事，《魏略》和《晋书》的记叙之所以会有这样的差异，主要是因为《晋书》虽修成于唐初，但司马懿"不欲屈节曹氏"的说法则来自晋人著述，而鱼豢的《魏略》则是依据曹魏官方史料撰成，相比晋朝人写晋史自然没有那么多忌讳和粉饰，可信度也更高。

其实就像十四岁的张春华不太可能手杀婢女一样，《晋书》对于司马懿"不欲屈节曹氏"的叙事本身就存在很多破绽。

首先，建安七年的曹操虽然大权独揽，但取代汉室的野心还没有彻底暴露，当时荀彧、孔融等心向汉室的士族领袖都在朝廷任职，就是司马懿的父兄也在为曹操效力，所以入曹操幕府为掾属并不能算是失节，自然也就不存在"不欲屈节曹氏"一说。

其次，当时士人拒绝公府征辟以自抬身价的做法甚多，他司马懿不过是个二十出头的年轻人，其父兄又与曹操有旧交，曹操麾下人才云集，有他不多，没他不少，怎么可能因为他不想当官就派刺客去刺杀他或者把他抓起来呢？

最后，据《后汉书·荀彧传》和裴注所引《彧别传》，司马懿入仕经过了荀彧推荐和引介。这也从侧面说明，他并非因为害怕被曹操迫害

才不得已出来当官。

所以，正像仇鹿鸣指出的那样，司马懿"不欲屈节曹氏"的记载恐非事实，这一说法在两晋广泛流行可能出自西晋官方意识形态有意渲染，其目的就是制造司马懿本不欲在曹魏当官的假象。而晋人之所以这么写，无非要通过渲染曹魏与司马氏的长期对立，为司马氏后来的篡魏之举在道义上进行开脱。

总之，不管是出于何种原因，在三十岁之前，司马懿都不曾为曹操效命。

这期间，司马懿曾经与隐居于陆浑山中的高士胡昭有过交游。据说有周生想谋害司马懿，赖胡昭从中化解，此事并未成行。这位胡昭不但拒绝过袁绍的征召，就是曹操数次礼辟，他也照样坚决推辞。就这个意义而言，司马懿不愿过早出仕，说不定倒是受了胡昭影响。此外，司马懿还与同乡张春华结了婚，并于自己三十岁那年得了第一个儿子司马师。

子曰："三十而立。"此年之后，或许是因为不愿让自己的才华被埋没，司马懿不再拒绝出仕。于是在曹操为丞相后，经由荀彧举荐，他入丞相府担任文学掾。随后的几年里，他又历任黄门侍郎、议郎、丞相东曹属，然后升为了丞相主簿。曹操去世前，他的职务则是军司马。

按《晋书·宣帝纪》所记，这一时期司马懿频频为曹操出谋划策，许多建议都堪称远见卓识。例如在曹操平定汉中后，司马懿曾建议乘胜伐蜀，但曹操并未听从，从而错失了趁刘备与东吴争夺荆州之机将其消灭的好机会；司马懿说荆州刺史胡修性情粗暴，南乡太守傅方为人骄奢，建议曹操不要让此二人驻守边境，曹操没听，结果关羽发动襄樊战役，于禁被俘后，这两人都很快向关羽投降。此外，司马懿还建议曹操大兴屯田，谏阻曹操将南境居民内迁，以及劝曹操引诱孙权、叫他偷袭荆州等,这些计策都被曹操采纳,取得了很好的效果。

总之,这些描述为我们刻画了一个智计百出、算无遗策的"大军师司马懿",曹操只要听从了他的建议就得利,不听就要糟糕。

就常理而言,司马懿为曹操出了这么多主意,做了这么多贡献,曹操即使不对他加官进爵、大加奖励,至少也应该心存感激,对他更加信任才是。

然而《晋书》的记载却恰恰相反:

> 魏武察帝(司马懿)有雄豪志,闻有狼顾相,欲验之,乃召使前行,令反顾,面正向后而身不动。又尝梦三马同食一槽,甚恶焉。因谓太子丕曰:"司马懿非人臣也,必预汝家事。"太子素与帝善,每相全佑,故免。帝于是勤于吏职,夜以忘寝,至于刍牧之间,悉皆临履,由是魏武意遂安。

所谓狼顾,最初是指狼生性胆怯多疑,行走时经常回头看,怕后面遭到袭击。因此"狼顾"一词,常常用来表示一种恐惧不安的状态。《战国策》引苏秦之言云"秦虽欲深入,则狼顾,恐韩、魏之议其后",以及贾谊《论积贮疏》云"失时不雨,民且狼顾",都是这个意思。但是到了东汉魏晋以后,随着相术作为阴阳术数的一种在民间广泛流行,当用"狼顾"一词来指人时,其词义与狼一贯阴狠残忍的形象相重合,便引申出了狼子野心、必将反噬的含义。例如《三国志》引吴臣薛综之言,说山越"缓则首鼠,急则狼顾";陈琳替曹操作檄文,云"自董卓作乱,……鹰视狼顾,争为枭雄者,不可胜数";甚至后来蜀人李邈指责诸葛亮专权,也说他"身杖强兵,狼顾虎视"。所以《晋书》此处云曹操闻司马懿有"狼顾相",其实就是说曹操怀疑司马懿对

自己不忠，有"彼可取而代之"的野心。

　　为了检验这一传闻的真假，《晋书》煞有介事地写道，曹操专门安排了一场实验，让司马懿在前行的过程中回头往后看，结果司马懿身子不动，脸却扭到了正背后。这一恐怖片中才能出现的情节证实了司马懿拥有狼顾之相的传言，再加上"三马同食一槽"的梦也预示了曹家被司马家取代的可能性，曹操就此对司马懿大起恶感。他不但郑重其事地警告太子曹丕，说司马懿绝非人臣，将来一定会介入曹魏家事，甚至还产生过罢黜或者杀掉司马懿的想法。得亏曹丕跟司马懿关系好，总是袒护包庇于他，他才幸免于难。《晋书》还说，就是因为怕引来曹操猜忌，司马懿一直勤勤恳恳，任劳任怨，甚至亲自去干那些身份低微的仆役才干的活，这才打消了曹操的顾虑。

第119章 大魏忠臣

披阅史籍至此,笔者眉头一皱,发现此事并不简单。

我们先不说从技术上司马懿能否突破生理极限,把自己的脑袋像猫头鹰一样扭到那个角度,单就叙事逻辑而言,这件事就存在诸多不合理之处。

首先,《晋书》前文既说司马懿为使自己假装风痹一事不致暴露,可以做到刺客当前而坚卧不动,说明他不但心思缜密,而且定力过人。而曹操之多疑酷虐,众所周知。司马懿既然怕引起曹操猜忌,那他又怎么可能当着曹操的面,轻易暴露自己的"狼顾相"呢?

再者,"三马同食一槽"之梦明显是后世根据司马懿、司马师、司马昭父子三人前后相继,历三世才完成了亡魏成晋之举这一事实附会而成。而在曹操晚年,就算排除"八达"中不知名的人,当时在曹魏朝廷效力的司马氏也至少有司马防、司马朗、司马懿、司马芝四人,既然曹操梦到的是三马，怎么他就非得怀疑司马懿一人呢？而当时司马师最多十来岁，司马昭更小，不可能被曹操视为威胁。

最后，假设《晋书》所言属实，司马懿确实不小心暴露了"狼顾相"，曹操也借助梦的预兆将他锁定为颠覆事业的头号嫌疑人，那曹操是何等样人，怎么可能仅仅因为曹丕对司马懿有所袒护就容许这样一个危险人物在自己的眼皮子底下长期存在？要知道，为了巩固统治、确保权力，曹操可是不惜杀掉了孔融、荀彧、崔琰、杨修，而相比这些人，杀死一个司马懿对他来说不过像捏死一只蚂蚁般容易。另据《零陵先贤传》，当年曹冲死后，曹操仅仅因为有个叫周不疑的人在才智上能够跟曹冲分庭抗礼，便派刺客将其刺杀。当时曹丕也曾加以劝阻，但曹操却说："此人非汝所能驾御也。"并未听从。如果曹操真怀疑司马懿有谋朝篡位的野心，那就是有十个曹丕恐怕也救不了他。

基于以上理由，我认为，所谓司马懿因狼顾相而受到曹操猜忌一事，其实跟他"不欲屈节曹氏"一样，都是晋代史官出于政治目的而有意加以渲染的结果，十有八九不曾发生过。

同样，我们核之于史籍，就会发现，《晋书》对曹操时代司马懿种种贡献的描述其实也存在不同程度的夸张。

比方说，前文提到的平定汉中后他劝曹操乘胜攻取巴蜀这件事，按《三国志》的记载，提出这个建议的人乃是刘晔。陈寿身为晋臣，却没有于此提到司马懿的名字，这本身就很能说明问题。而曹操大兴屯田之举，先后经由毛玠、枣祗、韩浩、任峻等人规划和推行，早已成为曹魏的基本国策，自不必等到司马懿建议后才得实施。至于诱使孙权偷袭关羽的借刀杀人之计，也是蒋济和司马懿共同的谋划，但是在《晋书》的描述里，却成了司马懿一人的主意。

此外《晋书》还说，曹操在洛阳去世后，司马懿"纲纪丧事，内外肃然，乃奉梓宫还邺"。可是根据《三国志》，主管丧事并护送梓宫返回邺城的人明明是谏议大夫贾逵。

当然，鉴于当时司马懿的官位和职务，前述建议刘晔能提，司马懿同样也能提，我们也没有证据将司马懿排除在治丧和护送梓宫的名单之外，所以还不能断言《晋书》的记载就是胡编。我之所以指出以上这些问题，无非提醒大家，《晋书》对司马懿功业的美化夸张和其构建的曹操与司马懿长期对立的历史叙事是一体两面，都意在解释司马氏篡魏之合情合理。

其实在整个曹操时代，正如仇鹿鸣所言，"司马懿在政治上并不引人注目，也未能获得重用，这主要是由于其加入曹操集团的时机偏晚，当时曹操即将完成统一北方的大业，其政权吸纳人才的工作已经基本完成，并没有给司马懿留下多少施展才华的空间"。

司马懿真正发迹，是在曹丕即位以后。

按照《晋书》的说法，早在司马懿为丞相府文学掾时，就奉曹操之命与曹丕常相"游处"。魏国建立后，他又被选任为太子中庶子。鉴于曹丕得立为太子是在建安二十二年，司马懿担任太子中庶子应在此年之后。中庶子是太子的亲近顾问和侍从，要陪太子读书，帮太子出主意，起帮教辅助的作用。司马懿比曹丕大八岁，身份清贵，学养也好，这或许就是曹操选任他为中庶子的一个原因。而当时除司马懿外，担任中庶子的还有王昶、鲍勋，也都是世家子弟。司马懿的弟弟司马孚后来也曾担任此官。不过，从《晋书》说司马懿"每与大谋，辄有奇策，为太子所信重，与陈群、吴质、朱铄号曰四友"这句话来推测，司马懿似乎在曹丕为太子之前便已经成为他的心腹党羽，并且为他在太子之争中战胜曹植而出谋划策，立有功勋。

再考虑到司马懿的弟弟司马孚本来是临淄侯文学掾，因曹植"负才

陵物"，司马孚切谏不合，后来就转为了太子中庶子，可知在这场太子之争当中，司马家最终全面倒向了曹丕。

尤其在曹操于洛阳崩逝、权力交接一时出现断层的关键时刻，司马家两兄弟一个纲纪丧事，护送梓宫，同贾逵一起杜绝了曹彰染指王位的可能，一个督促留守群臣早拜嗣君，同和洽、陈矫一起确保了曹丕及时登位，都发挥了重要作用。

事实证明，尽管司马朗、司马防在建安末年先后逝世，但司马懿、司马孚兄弟精明的政治投资在曹丕时代为司马家带来了丰厚的回报。

曹丕即魏王位后，司马懿立刻得封河津亭侯，转任丞相长史。汉魏禅代前夕，他又出任督军御史中丞，并率领手下一众侍御史向曹丕集体劝进。由于当时曹丕是以南征为名进逼许都，身边有举国军队扈从，司马懿能够出任督军御史中丞，足可见他深得曹丕之信任。曹丕顺利登上帝位后，为了对司马懿表示嘉奖，先是将其爵位由亭侯升为乡侯，后来又任其为侍中、尚书右仆射。而司马孚初时虽未封爵，却在内朝先后担任中书郎、给事常侍、黄门侍郎、骑都尉等要职。

曹丕时代魏朝的政治体制，基本上可以用"三公无事，政归台阁"来概括。也就是说，尽管当时贾诩、钟繇、华歆、王朗等前朝元老位列公辅，但他们并无实权，军政要务全由皇帝通过尚书省、中书省这些枢密机构来处理。所以对于曹丕来说，安排"自己人"执掌尚书省至关重要。

黄初年间，长期担任尚书省首脑的是陈群。他是汉末名士陈纪之子、陈寔（陈太丘）之孙，是荀彧去世后汝颍士人集团当之无愧的领袖，再加上曹丕当太子的时候就对他敬重有加，把他比作自己的颜回，待以交友之礼（即前引四友之一），陈群的地位一直十分稳固。而陈群之下的尚书省二把手，就是担任仆射的司马懿。考虑到陈群属于"从容之士"，"处重任而不亲事"，司马懿则"勤于吏职"，恐怕在实际政务的处理方面倒是司马懿承担的工作更多。

到了黄初五年以后，由于曹丕常年出征在外，司马懿又被授予抚军大将军、录尚书事的职衔，留守许昌主持朝务。这一时期因为陈群以镇军大将军之职随军扈驾，所以司马懿是日常政务的总负责人。他"内镇百姓，外供军资"，职责所系事关重大。他还曾经自感责任太重而向曹丕请辞，但曹丕却说："朕自己对于庶务都要夜以继日处理，没有片刻休息。对你委以重任，并不是让你以此为荣，而是让你替朕分忧罢了！"后来曹丕又专门下诏给司马懿，勉励他像萧何一样担负起留守后方的重任，以让自己在出征期间全无西顾之忧。基本上可以说，在曹丕在位晚期，位高权重的司马懿有点像刘备晚年的诸葛亮，实际上扮演着国务总理的角色。

在此时期，司马懿还安排自己的长子司马师娶了夏侯尚的女儿夏侯徽，通过联姻进一步巩固了自己的权势。

正是由于司马懿深得曹丕之信任，其在魏朝的地位又十分重要，因此当曹丕病危之时，才特别指定他和曹真、曹休、陈群一起担当辅佐嗣主的重任。

对于曹丕的这一安排，后世史家不乏质疑。例如王夫之就说："魏之亡，自曹丕遗诏命司马懿辅政始。"就连遗诏四人辅政，在船山先生看来也是"甚无谓"之事，因为"子叡已长，群下想望其风采，大臣各守其职司，而何用辅政者为"。他认为当时曹叡已经完全具备了独立处理政务的能力，朝臣也各司其职，根本没必要安排曹真等四人担当辅政大臣，此举反而给了司马懿扩张权势的机会。

最后，由于不理解这一安排，王夫之只能推测说，曹丕之所以遗诏陈群、司马懿辅政，是为了制衡曹真，同时"合真与懿、群而防者，曹植兄弟也。故魏之亡，亡于孟德偏爱植而植思夺嫡之日"。也就是说，

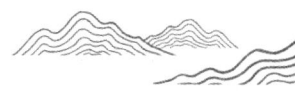

第119章 大魏忠臣

曹丕的目的是以异姓防同姓，以宗室疏属防近支宗王。

到底曹丕是不是这么想，目前所见的证据很难证明。至于将曹魏灭亡归因于曹植与曹丕的夺嫡之争或者司马懿开始辅政，在我看来也有点过于玄乎。逻辑学上有句话，叫作"原因的原因不是原因"。司马懿入选辅臣当然是其权势扩张过程中一个非常重要的标志，但是说这件事导致了后来曹魏的灭亡，恐怕还缺少直接证据。

可以肯定的是，尽管在后人眼中，魏明帝曹叡时代是司马懿权势扩张的关键时期，谣谶所记司马氏代魏的种种预兆都出现于此时，但如果认真考索史事，就会发现，其实在曹叡时代，司马懿的表现完全是不折不扣的大魏忠臣。

在阴谋论者看来，这恰恰证明了司马懿的成功：深谙权谋韬晦之术，能屈能伸，"大奸若忠"，完美隐藏了本质。

但我要说的是，不论司马懿当时有没有产生狼顾之心，在魏明帝在世时他都没有获得过威胁皇权的机会。

这是因为，驾驭他的毕竟是一个被称作"秦皇汉武之俦"的男人。

第120章 秦皇汉武之俦

不知出于何种原因，不管是在史学研究当中还是在文艺创作方面，与其父祖相比，魏明帝曹叡都是一个时常被忽视、被误解的角色。

例如在小说《三国演义》中，罗贯中就将曹叡刻画成了一个胆小怯懦、全无主意、几无戏份的"工具人"，其出场的唯一作用似乎就是作为司马懿斗诸葛亮的背景板。

而在前几年热映的电视剧《军师联盟》中，曹叡的人设则是因心理受到严重创伤（目睹母亲被赐死又压抑自我认仇人为母）而性格扭曲、举止乖张的神经质人，不但酷爱穿女装，而且跟小太监腻腻歪歪，似乎大有同性恋倾向。

很遗憾，以上作品中曹叡的形象都不符合历史真实。

关于曹叡的才略，稍后结合其在位期间的历史事件再做分析，此处我想先谈一下他的性格禀赋以及所谓的女装和性取向问题。

首先，今人以为魏明帝好穿女装，完全是误读史料所致。

涉及这一点的史料，总共只有两条。

一条是《晋书·舆服志》的记载："后汉以来，天子之冕，前后旒用真白玉珠。魏明帝好妇人之饰，改以珊瑚珠。"

另一条则来自《三国志·杨阜传》："阜尝见帝著绣帽，被缥绫半袖，阜问帝曰：'此于礼何法服也？'帝默然不答。自是不法服不以见阜。"

不学无术者见到头一条史料中"魏明帝好妇人之饰"这句话，就以为是说魏明帝喜欢穿用女子的服饰，再参考后一条中他身穿"缥绫半袖"的记载，便赫然一拍大腿，想当然地得出了曹叡是一个女装大佬的结论。

其实大谬不然。前一条史料的真正意思，是说东汉以来，天子冠冕的前后旒一直用白玉珠制成，但魏明帝喜欢妇人首饰所用的珊瑚珠，此后便改用珊瑚珠制作。至于明帝接见杨阜时所穿的"缥绫半袖"，就是用薄纱制成的短袖上衣，跟他头上戴的"绣帽"一样不是正式场合穿用的法服。当时大概是夏天，曹叡或许是图凉快，又或者是嫌麻烦，所以没穿正装，但"缥绫半袖"绝不是女子才穿的服装。曹叡统治后期日趋奢侈，穿用的服饰也崇尚华丽，指责其轻浮淫靡或许有之，但如果由此便认为他是个酷爱女装的"伪娘"，则纯属无稽之谈。

那么，曹叡是否喜欢男色，有同性恋倾向呢？

这个问题稍微复杂一点。

先来看史籍中所谓曹叡喜欢男色的记录。

《曹毗曹肇传》曰："肇，魏明帝宠爱之，寝止恒同。常与帝戏赌衣物，有不获，辄入御帐，服之径出。其见亲宠类此比也。"

这条记载见于《艺文类聚》，可能来自《三国志·魏书》的佚文。此外，《太平御览》卷386和卷689中亦有两处记载。其中卷689的记载与《艺文类聚》相同，将与明帝"赌衣弄帏"一事系在了曹肇的头上。但卷386却说：

《曹肇别传》曰："肇之弟纂，字德思，力举千钧，明帝宠之，寝止恒同。尝与戏赌衣物，有所获，辄入御帐取而出之。"

这里同明帝"一起困觉"并"赌衣弄帏"的人则变成了曹肇的弟弟曹纂。

明帝最宠爱的男人到底是曹肇还是曹纂，又或者是哥儿俩一起受宠，我们且不去管他，问题在于，以上史料都没有说曹叡宠爱他们是因为喜欢男色。清末人史梦兰的《全史宫词》倒是写道："肇有殊色，明帝宠幸之。"但他这么说的依据完全不可追溯，根本不能当作证明三国之事的史料。

实际上，根据《三国志》所记，曹肇兄弟是曹休之子，他们应该跟曹真的儿子曹爽一样，是曹叡为数不多的年辈相当的好朋友。他们之所以得宠，就跟曹丕宠幸他们的父辈曹真、曹休一样，与男色并不相关。魏明帝本人虽然在外貌上比较出众（"帝容止可观，望之俨然""天姿秀出，立发垂地"），对英俊的男人他也表示过关注（"何平叔美姿仪，面至白，魏明帝疑其傅粉"），但这同样证明不了他有龙阳之好。至于"寝止恒同"这一点，只是史籍用来表示人主宠信的惯用语汇[①]，

[①] 对此，侯旭东先生在《宠：信—任型君臣关系与西汉历史的展开》一书的第二章中有精彩论述。

也不能说明曹叡就是gay。倘若此点能够显示出曹叡的性取向，那刘备与关、张"寝则同床"，与赵云"同床眠卧"，又该如何解释呢？

网上还有人拿曹叡没有子嗣一事说事，甚至说曹叡的后宫仅有五人，以此作为他不近女色而偏好男色的证据，这就更是睁眼说瞎话了。

的确，后来曹叡指定的继承人曹芳是他的养子，但这并不是因为他宠幸男色而未能生育。史料记载，后宫嫔妃至少为曹叡生育有三子二女，只不过造化弄人，这三个儿子和其中一女都幼年夭折，只有齐长公主一人活到了成年。而说起曹叡后宫嫔妃的数量，据《魏略》"自贵人以下至尚保，及给掖庭洒扫、习伎歌者，各有千数"之记载，则至少有数千之多。曹叡还对后宫嫔妃的品秩进行了改革，增加了淑妃、昭华、修仪等品级，使嫔妃的爵秩增加到了十二等，还设立了"典省外奏事"的女尚书。更夸张的是，曹叡还曾下诏"录夺士女前已嫁为吏民妻者"，然后趁机将其中有姿色的女子纳入后宫。所以《资治通鉴》说曹叡"耽于内宠"，《宋书》更是直斥他"自初即位，便淫奢极欲，多占幼女，或夺士妻"。以上种种举动，显然不是一个不近女色者能做出的行为。

至于《军师联盟》中时常出镜的跟曹叡关系暧昧的小太监辟邪这个人物，当是由《魏略》所记曹叡临终前"顾呼宫中常所给使者曰：'辟邪来！汝持我此诏授太尉也。'"这一记载所设立。然而胡三省早就指出，辟邪不是人名，而是这个跑腿办事的职务的名字，称之为辟邪只是图个吉利。所以辟邪当然也不是曹叡的性伴侣。

总之，目前的史料显示，魏明帝曹叡既不好穿女装，也并非同性恋者。影视剧中将他设计成那样的形象实在是厚诬古人。

那么，曹叡的性格又是否像影视剧中演绎的那样，是因心理创伤而压抑扭曲的变态型人格呢？

恐怕也不是。

裴松之在《三国志·明帝纪》的最后引述孙盛之言，说"魏明帝天姿秀出，立发垂地，口吃少言，而沉毅好断"。而孙盛的高祖正是明帝朝担任中书令的孙资，这一概述既是他"闻之长老"得来，应该是比较可信的口述史材料。再结合陈寿对明帝"沉毅断识，任心而行"的论断，可以认为，曹叡虽因口吃而寡言少语，性格却是沉着稳重，十分有主见。从曹叡留存于世的诗文来看，他的文学修养颇高，这显然是他在少年时"不交朝臣，不问政事，唯潜思书籍"的结果。不过他虽借助诗文表达孤独忧伤之感，却并不习惯在臣下面前暴露自己的情绪，史籍中也极少见到他遇事喜乐或发怒的记载。与此同时，他在权力控制和个人享受方面则表现出强烈的欲望。

不知读者诸君是否还记得，当曹叡初即位之时，侍中刘晔对他曾有"秦始皇、汉孝武之俦，才具微不及"的评语。有人认为，这句话是说曹叡跟秦皇、汉武一样属于雄才大略之君，只是能力要差一些。但是我认为，刘晔此语强调的其实不是曹叡的才略，而是他的个性与秦皇、汉武相似。

众所周知，秦始皇和汉武帝在中国历史上都是著名的强势君主，他们精力充沛、独断专行，而且欲望强烈、好大喜功。从曹叡在位期间的表现看来，他也是这样一位君主。当然，由于时局和条件所限，曹叡在事功上的成就远远不能与秦皇、汉武相提并论。在追求个人享乐方面，他也是直到在位后半期才得以大逞其欲，故此陈寿才批评他"不先聿修显祖，阐拓洪基，而遽追秦皇、汉武，宫馆是营"。但在乾纲独断、追求集权方面，他则在即位不久就显露出了这种倾向。一个具体表现就是曹丕虽然留给他四位辅政大臣，但他却"皆以方任处之，政自己出"，一开始就树立了独立执政的风格。

第120章 秦皇汉武之俦

这既是曹叡的个性使然,也受当时的外部局势所迫。

黄初七年五月曹丕新死,八月孙权就趁魏国大丧之机对江夏发动了进攻。与此同时,诸葛瑾也在荆州对襄阳发动了配合攻势。

赤壁战后,原东汉江夏郡大体以长江和汉水为界,分别划归南北两方控制。此时东吴控制江汉以南,郡治武昌就是孙权的首都;而江汉以北的曹魏领土仍称江夏郡,郡守文聘驻扎在石阳(今湖北汉川西北)。得知孙权亲率五万大军来攻,群臣都主张即刻大发救兵,但曹叡却道:"孙权之众素习水战,如今之所以敢下船陆攻,就是冀其能攻我不备。现在吴军既与文聘成相拒之局,攻守势倍,料其终不能持久。"不同意派遣援兵。

然而面对诸葛瑾对襄阳的攻势,曹叡却并未置之不理。这或许是因为相比江夏,襄阳距曹魏腹地更近,战略地位也更加重要。据《晋书》记载,司马懿就是在这时开始被曹叡委以军职,督诸军前去征讨诸葛瑾的。

这是一个合理却又不大平常的决定。

司马懿之前虽被曹丕授以抚军大将军的称号,但同陈群的镇军大将军一样,只是荣誉性官称,并不意味着他拥有指挥军队之权。而且司马懿之前主要从事文职行政工作,除了曾担任军司马随曹操一同出征之外,并没有实际带兵打仗的经验。在曹丕指定的四位辅政大臣当中,一直执掌兵权的是曹真和曹休。现在曹休既以征东大将军之职坐镇扬州,短时间不作他想,按理说似乎应委派曹真统军出征为宜,但是曹叡却独独选择了并无带兵经验的司马懿。

而司马懿这一去,在十余年的时间里,便不曾再回到中央执政。

第121章 出师一表真名世

黄初七年秋，尽管魏明帝对江夏并未发出援兵，但由于太守文聘守御得当，又适逢在南境执行公务的治书侍御史荀禹主动发动地方兵民登山举火以为疑兵，进攻石阳二十余日后，孙权便退回了武昌。

与此同时，司马懿也初战告捷，击斩了诸葛瑾的部将张霸，解除了襄阳方面的威胁。此后魏明帝虽然论功行赏，封司马懿为骠骑大将军，但却命令他屯驻宛城，专职督统荆、豫二州诸军。至此，司马懿的身份便从辅政大臣正式变成了守边方镇。

东吴这次入侵虽告失败，但孙权的态度却颇为乐观。在一封给诸葛瑾的书信里，他说道："近得伯言（陆逊）表奏，以为曹丕已死，荼乱之民当望旌瓦解，不料反更静然。又闻曹叡选用忠良，宽刑罚、布恩惠，轻徭薄赋，以悦民心，只怕其为患比曹操在时还要更深。孤以为不然。曹操的所作所为，其惟杀伐小有过分，以及离间人骨肉比较冷酷罢了，至于御将,自古少有。曹丕比起曹操,万不能及。如今曹叡不比曹丕,就像曹丕不比曹操一样。其所以施行这些小恩小惠,一定是因为其父新死,他担心国势不稳,恐怕魏国的困苦之民一朝崩沮,才勉强实行这些政策来换取民心,以便让自己的位子坐得安稳。这哪里是他魏国将要兴盛的预兆呢?"

孙权继续写道:"听说曹叡任用的陈群、曹真诸人,或是文人儒生,或是宗室戚臣,岂能驾驭雄才虎将以制天下?权柄不专,则其事乖错,如当年的张耳、陈余,非不和睦,最终却因为争权夺利而自相残杀,此乃事理使然。陈群等人当年之所以能遵守善道,是因为有曹操勒着他们的脖子,他们畏惧曹操之威严,故此尽心竭力,不敢为非。曹丕继位时年龄已长,承父亲余惠,加之以恩情,这些人仍能感义效命。如今曹叡幼弱,恩威不立,随人东西,这些人必定会乘机取巧弄权,各有所附,结为朋党,免不了奸谗并起,彼此嫌隙,互相攻击。长此以往,这种臣下争权夺利、君主难以驾驭的局面势必会造成曹魏衰败。孤之所以能知其然,是因为自古以来,就没有四五人共同把持权力却长期和睦不翻脸的先例!强当陵弱,弱当求援,此乱亡之道也。子瑜,卿但侧耳听之,伯言常长于计校,恐此一事小短也。"

由这封信可以看出,当时在东吴内部对于曹叡继位后魏国的发展前景存在着两种不同的预测:一种意见以陆逊为代表,认为曹叡上台后的种种举措展示了他成为明君的潜力,因此将来曹魏很可能会走向强盛,"其患更深于操时";但是孙权的看法恰恰相反,他认为曹叡在驾驭臣下方面不但比不了曹操,甚至连曹丕也不如,将来曹魏内部一定会因为争权夺利而分崩离析,最终走向衰亡。

对于孙权的这个预测,裴松之很早就表达了质疑。他说:"魏明帝一时明主,政自己出。孙权此论,竟为无征。"

的确,从历史事实看来,曹叡并不是一个"主幼不御""随人东西"的国君,在他的治下并没有发生群臣因争权夺利而彼此嫌贰之事,孙权的预测在"短时段"内并未出现。但是如果将此事放宽到"长时段"的范围内,我们就会发现,孙权预测的"主幼国疑,威柄不一"的情况实际上出现在曹叡去世之后,而后来曹魏之所以被司马氏取代,也正是肇始于此。

换句话说,对于曹魏的国势,陆逊和孙权都没说错,只不过一个预测对了现在,另一个则预测对了未来。

起码就彼时彼地的情势而言,曹魏政权还没有出现衰败的迹象。而孙权尽管话说得漂亮,却也没能在与曹叡对抗时占得什么便宜。

倒是国力最弱的蜀汉,在曹叡上台后频频北伐,构成了他在位前期所面临的最大威胁。

前面提到,平定南中叛乱后,诸葛亮"治戎讲武,以俟大举",全面启动了北伐中原的筹措事宜。他所等待的,只是一个合适的时机。

一年后,曹丕病死,此前籍籍无名的曹叡忽然成了新君。东吴方面也趁着曹魏国有大丧的机会在南线发动了攻势,虽然并没有取得任何成效,但孙权趁曹魏新君"幼弱"之机决意兴兵的心思甚明。因此尽管眼前还不是隆中对"天下有变"的最佳时机,但志在兴复的诸葛丞相已经不愿再等待下去了。

之前为了筹措北伐,诸葛亮已经将前将军李严从永安调往江州,以便让他在自己出征后负责留守事宜。驻防永安的军队则交由护军陈到负责。

随后,在蜀汉建兴五年(227年)三月,诸葛亮决定亲率大军出屯汉中,将那里作为北伐曹魏的基地。

临行前,四十七岁的诸葛丞相向后主刘禅拜表辞行。

千古名篇《出师表》由此诞生。

鉴于这篇文章多次入选中学课本，内容早被大家熟知，此处笔者不再逐句翻译，而是分节誊录，重点阐释一下文字背后的含义。

表文开篇，诸葛亮写道：

先帝创业未半，而中道崩殂，今天下三分，益州疲弊，此诚危急存亡之秋也。然侍卫之臣不懈于内，忠志之士忘身于外者，盖追先帝之殊遇，欲报之于陛下也。诚宜开张圣听，以光先帝遗德，恢弘志士之气，不宜妄自菲薄，引喻失义，以塞忠谏之路也。

北伐前，诸葛亮最放心不下的，就是后主刘禅。

这一年刘禅二十一岁，说大不大，说小也不小。尽管我们前面分析过，他并不像民间认为的那样是一个智力低下的呆子或傻瓜，诸葛亮甚至对他还有"天资仁敏，爱德下士"的评语，但比之年龄相近、处境相似的曹叡，似乎他并没能成长为一个合格的守成之君。尤其令人担忧的是，或许是受成长环境影响，这个时候的刘禅已经表现出了容易受亲近阉宦所左右的倾向。所以诸葛亮才希望他能"开张圣听"，虚心接受朝臣的忠言，而不是"妄自菲薄"，以能力不济为由拒绝提高自己的德行。

宫中府中俱为一体，陟罚臧否，不宜异同。若有作奸犯科及为忠善者，宜付有司论其刑赏，以昭陛下平明之理，不宜偏私，使内外异法也。

彼时蜀汉的统治体制，实际上与建安十八年前的曹操阵营颇为相似，即后主刘禅只是名义上的国家首脑，军政大权皆由诸葛亮实际履行（"政由葛氏，祭则寡人"）。在刘禅已经成年的情况下，理论上而言，外朝之事由丞相负责，内廷之事则应由后主自行处理。但是由于刘禅"朱紫难别",在是非对错上容易受亲近阉宦所左右,诸葛亮十分担心自己走后他会偏听偏信、处置不公,对身边人徇私枉法,从而使自己制定和推行的法治受到破坏,造成"内外异法"的局面。因此诸葛亮郑重提出,"宫中府中俱为一体,陟罚臧否,不宜异同",希望后主将这一点作为行事之原则,不可任性而为。

侍中、侍郎郭攸之、费祎、董允等,此皆良实,志虑忠纯,是以先帝简拔以遗陛下。愚以为宫中之事,事无大小,悉以咨之,然后施行,必能裨补阙漏,有所广益。将军向宠,性行淑均,晓畅军事,试用于昔日,先帝称之曰能,是以众议举宠为督。愚以为营中之事,悉以咨之,必能使行阵和睦,优劣得所。

为了协调好宫廷与丞相府的关系,做到"宫中府中俱为一体",光靠后主的主观能动性还不够,还得委派忠正之臣尽心辅佐、加以监督,以消除亲近佞幸对后主的不良影响。所以接下来诸葛亮又推荐了郭攸之、费祎、董允等在宫中任职,希望后主凡事多向他们请教咨询,又推荐向宠担任中领军,专职负责宫廷防卫。

问题在于,这样安排固然可以避免"内外异法",可是后主如果连宫中之事都难以做主,或许会感到不大自在,外间也会有人质疑诸葛亮过于专权。因此诸葛亮随后又阐述了自己这么做的理由:

亲贤臣,远小人,此先汉所以兴隆也;亲小人,远贤臣,此后汉所以倾颓也。先帝在时,每与臣论此事,未尝不叹息痛恨于桓、灵也。侍中、尚书、长史、参军,此悉贞良死节之臣,愿陛下亲之信之,则汉室之隆,可计日而待也。

东汉王朝不可避免地滑入深渊是在桓、灵二帝时,而桓、灵二帝时期恰恰是宦官专权最严重的时期,所以诸葛亮所说的"小人"究指何人,其意甚明。也就是说,诸葛亮之所以强调"宫中府中俱为一体",之所以安排郭攸之、费祎、董允、向宠等人在自己出征期间主管宫中之事,乃至监督后主的行为,就是为了避免后主"亲小人,远贤臣"而重蹈东汉衰亡的覆辙。

最后,诸葛亮表明了自己受先帝知遇之恩、立誓兴复汉室的志向与舍我其谁的责任感:

臣本布衣,躬耕于南阳,苟全性命于乱世,不求闻达于诸侯。先帝不以臣卑鄙,猥自枉屈,三顾臣于草庐之中,咨臣以当世之事;由是感激,遂许先帝以驱驰。后值倾覆,受任于败军之际,奉命于危难之间,尔来二十有一年矣。

先帝知臣谨慎,故临崩寄臣以大事也。受命以来,夙夜忧叹,恐托付不效,以伤先帝之明,故五月渡泸,深入不毛。今南方已定,兵甲已足,当奖率三军,北定中原,庶竭驽钝,攘除奸凶,兴复汉室,还于旧都,此臣所以报先帝,而忠陛下之职分也。至于斟酌损益,进尽忠言,则攸之、祎、允之任也。愿陛下托臣以讨贼兴复之效;不效,则治臣之罪,以告先帝之灵。若无兴德之言,则责攸之、祎、允等之慢,以彰其咎。陛下亦宜自谋,以谘诹善道,察纳雅言,深追先帝遗诏。臣不胜受恩感激。

今当远离,临表涕零,不知所言。

这篇表奏呈送不久,诸葛亮便统军离开了成都。

而这一去,他就再也没有回来。

第122章 小国强军

进入汉中盆地后,诸葛亮驻军于沔阳(今陕西勉县)。

据《水经注》所记,诸葛亮居住的武侯垒(又名诸葛城)位于沔水北岸,水南亦有一城垒,背山傍水,中有小城。其西,便是汉中锁钥阳平关;其南,则是当年黄忠斩了夏侯渊的定军山;其东,是足可提供给养的、以南郑为中心的三百里汉中平原;其北,由山间谷道翻越秦岭可与关中相连。

四百多年前,高祖刘邦就是由此出兵,一战获关中,再战拒荥阳,三战围垓下,最终消灭了霸王项羽而一统天下。

八年前,先帝刘备亦在此亲冒矢石,诛夏侯,抗曹操,奠定了季汉三分天下的伟业。

如今,兴复汉室、还于旧都的任务则要靠老臣我来履行了!

然而现在天下的形势,已经与早年隆中对时大为不同。

在北方，曹魏占据了东起辽西、西至高昌敦煌的广大地域，拥有民户四百四十余万口①，兵多粮足，又有乌桓、匈奴铁骑为之用，其国力超过吴、蜀两国之总和。

在东方，孙权据有荆、扬二州，坐拥民户二百余万口②，其实力亦远超蜀汉。

而此时的蜀汉则崎岖于一州之地，拥有民户不足百万口③，地仄民乏，在三国中实力最为弱小（日本史学家宫崎市定甚至认为，魏、吴、蜀三国国力对比为6:2:1）。更重要的是，由于荆州丢失，隆中对"跨有荆益"两路北伐的规划已经彻底破产，这就使得北伐在战略选择上大幅减少了可操作的空间。

在这样的局面下，尽管有东吴作为盟友，要想正面与曹魏这个庞然大物抗衡，哪怕诸葛亮有十倍于曹丕的才干，依然是一个极为艰巨的任务。

更何况诸葛亮追求的不是闭关自守，而是推翻曹魏、一统中原。

为了这一目标能够实现，诸葛亮首先就必须在内部挖潜，力争将蜀汉政权打造成一个拥有凝聚力和战斗力的耕战集团。

事实上，这一计划早在他初步治蜀的时候便开始实行了。

近年日本学者柿沼阳平撰文提出，蜀汉政权是一个奉行"军事最优

---

① 据杜佑《通典》，减去平蜀所得蜀国户口，魏国"有户六十六万三千四百二十三，口有四百四十三万二千八百八十一"。必须注意的是，三国时期各国皆存在大量隐匿人口，此处之户口只代表政府所实际掌控的数量，而不能说明真实的人口数量。

② 据《晋书·地理志》，孙权赤乌五年（242年）"其户五十二万三千，男女口二百四十万"；《三国志·孙皓传》裴注引《晋阳秋》，东吴亡国时"男女口二百三十万"。

③ 《晋书·地理志》云，刘备章武元年（221年），"其户二十万，男女口九十万"。《三国志·后主传》裴注引王隐《蜀记》云，蜀亡时"领户二十八万，男女口九十四万，带甲将士十万二千，吏四万人"。

先型经济体系"的国家。这是因为根据历史记载，蜀汉政府能够掌握的人口户数不到三十万，男女口数不到百万，然而与此同时，其将吏兵卒的数量却有十四万二千之多。也就是说，军事人员在政府能够掌控的全体人口中所占的比例为六分之一或七分之一[①]。这一比率不但远远高于汉代，在魏、蜀、吴三国中也位居第一，甚至也超过了南北朝时实行府兵制的北周。假设当时蜀汉男女比例基本持平，那么在政府的户籍登记册上，差不多每三个或四个男人就有一人被划入兵籍。当然，由于隐匿人口大量存在，真实情形并不像数据显示的那么夸张。不过这已经足以说明，蜀汉是一个军事最优先型国家。整个国家的经济体系也势必围绕此来构建。

其实在刘备入蜀之初，由于益州未经战火，再加上刘焉父子二十余年清静无为、修养生息，蜀中的经济条件本来相当不错。所以庞统才拿"益州国富民强，户口百万"为说辞劝刘备入川。刘璋第一次见到刘备，也一口气拿出"米二十万斛、骑千匹、车千乘"为礼物，出手相当阔绰。甚至后来刘备拿下成都，用来赏赐四大功臣关羽、张飞、诸葛亮、法正的资财便有两千斤黄金、四千斤白银、四千匹锦缎，外加两亿铜钱。这还不包括他赏赐其余数万将士的部分。

然而益州府库再富，也架不住刘备几万人如此大肆瓜分。如前所述，因为战后"士众皆舍干戈，赴诸藏竞取宝物"，刘备刚一接手，益州便面临了财政枯竭的窘境。以致后来他不得不采纳刘巴的建议，用发行"直百五铢"，即发行虚价大钱主动让货币大幅贬值的方法来渡过财政危机。这个方法虽然解了燃眉之急，但却造成了严重的通货膨胀，致

---

① 学界对蜀汉人口统计时兵、民、吏是否别籍存在不同意见，因此在计算时是否将兵、吏计入总量会导致比例略有差异。

使巴蜀民间经济陷入了持续衰退的低谷[①]。

而除发行新货币之外，为了构建"军事最优先型经济体系"，以供应自己持续对荆州和汉中用兵，刘备还像汉武帝一样大搞盐铁官营，制定律法森严、抑制豪强的"蜀科"等。这些措施经由诸葛亮执行，都取得了不错的效果。换言之，正是诸葛亮帮助刘备建立了一套相对高效的"战时经济体系"，从而保障了刘备以不足百万之人口"足食足兵"，常备十余万军队来与曹操、孙权争雄。

问题在于，这套经济体系本身并不能创造财富，而只能帮助集权政府从民间汲取财富，在整个社会经济因战争而得不到充分休养的情况下，如果长期持续下去，最终的结果就是竭泽而渔，使整个社会走向崩溃。就是因为这一点，当年汉武帝坐拥西汉盛世，到了晚年却差点翻车。而刘备自从得到巴蜀，数年来竭其资财持续对外用兵，汉中之役"男子当战，女子当运"，其结果却是"得地而不得民"，夷陵之战倾举国之力，最终却换得"舟船器械，水步军资，一时略尽"，经济上都付出了极大的代价。再加上荆州和东三郡先后丧失，到诸葛亮执政之时，蜀中的财力、物力、民力已经到了山穷水尽的地步，《出师表》中所说的"益州疲弊"，绝非虚言。

有一组数据似乎很能说明此时蜀汉政府面临的困局。

据考古发现，1978年四川威远出土了一批蜀钱，其中有四百余枚"直百五铢"很可能便是刘备夺取巴蜀后所铸造。这批直百五铢中，9克以上的占80%，减重的钱币虽然已经出现，但尚不是主流。然而在1984年出土的彭县蜀钱当中，直百五铢已经全面减重，超过90%的钱币单个

[①] 这个方法并非刘巴所独创，之前董卓就曾大铸小钱，致使物价飞涨。但是考虑到益州远离董卓统治区，道路隔绝，经济自成体系，董卓的货币改革似乎并没有对益州造成严重影响。当地货币大幅贬值应是自刘备始。

重量在1.6~4.1克。这意味着，直百五铢发行短短数年，就贬值了三到五倍。再联系史料中刘备"取帐钩铜铸钱以充国用"的记载，可知当时蜀汉政府财政之窘迫，除了持续透支信用从民间榨取财富之外，似已别无他途。

诸葛亮执政初期，经济上面临的就是这样一副严峻局面。

这样的情况别说什么北伐中原、兴复汉室，就是像刘备在世时那样维持一支十几万人的军队，都是难上加难。然而在曹魏强大的军事压力下，蜀汉又必须保持不低于十万的常备军。所以正如知乎网友刘史君总结的那样："季汉要生存，必须走出内忧外患；走出内忧外患，处处需要用钱；季汉政府财力已竭，只有向社会汲取；而整个季汉社会也已经不堪重负，濒临破产；社会越破产，季汉政府越没钱，内忧外患越严重，越需要季汉自强；季汉越自强，就越需要钱，就越要从社会汲取，社会负担就越重……"当时的蜀汉政权正在经济上陷入万劫不复的恶性循环。

那么，自比管仲、乐毅，"才胜曹丕十倍"的诸葛丞相，能否带领蜀汉走出这个恶性循环呢？

执政第一年，诸葛亮"务农殖谷，闭关息民"，使疲弊不堪的益州经济得到了难得的喘息机会。

执政第三年，诸葛亮平定南中，取其金、银、丹、漆、耕牛、战马为之用，"军资所出，国以富饶"，为蜀汉开辟了新的经济增长点。

与此同时，诸葛亮继续"较盐铁之利"，提拔原盐府校尉王连任丞相长史，改良煮盐技术，增开铁矿，将盐铁官营政策推进到相当精细和高效的境地；他兴修水利，劝课农桑，完善国内的基础设施，尤其注意都江堰的维护和管理，以保障每一寸耕地都能如期获得收益；他设立锦官，大力推广蜀锦的制造和出口贸易，使得蜀锦不但远销吴、魏，还一

直出口到漠北的鲜卑。到了后来，一方面国营蜀锦的销售利润成了政府的经济命脉，就连诸葛亮自己都承认"今民贫国虚，决敌之资，惟仰锦耳"；一方面则随着货币持续贬值，蜀锦甚至取代了铜钱成为"硬通货"，乃至蜀汉灭亡之时，国库中尚有"锦、绮、绢各二十万匹"。

此外，在政治文化层面，为了维持整个国家机器的相对廉洁与高效，诸葛亮还以身作则，大力推崇勤奋、简朴、鞠躬尽瘁的社会风尚；为了增强蜀汉内部的凝聚力，他同样注重在意识形态领域进行积极管制，以消除来自民间的不满。例如"来敏乱群"，挑拨新旧矛盾，他就立刻将其免官；"廖立狂惑"，散播反动言论，则被诸葛亮流放边荒。

通过以上这些措施，到了建兴五年（227年），蜀汉经济终于出现了好转的迹象。《出师表》所言"南方已定，兵甲已足"的状况，就是指此。

然而这还远远不够。

因为上述成绩的取得皆是在没有大规模战争之时（南中之役为时半年，规模不大），如果蜀汉今后安于现状，闭关自守，现有的经济体系固然可以继续维持，但由于蜀汉在经济总量上与敌国曹魏相去甚远，长此以往，双方国力上的差距只会越拉越大。所以正如《后出师表》所言："不伐贼，王业亦亡；惟坐待亡，孰与伐之？"北伐尚且有一线希望，不北伐则必然灭亡。可是一旦发动大规模的北伐战争，"守战之力，力役三倍"（进攻一方消耗的人力财力是防守方的三倍），庞大的财政支出又势必会将蜀汉经济拖入濒临崩溃的深渊。

对诸葛亮而言，要想摆脱这一两难困局，唯一的可能就是开源节流、以战养战。

所谓开源节流，主要措施就是屯田。

屯田之举，早在建安初年曹操就已经在许都附近开展，此后逐渐推广，其统一北方的事业获益良多。不过刘备集团限于条件，一直没能把屯田搞起来。因为不管军屯还是民屯，一要有可供分配的耕地，二要有足够的人力。蜀中虽然号称沃野千里，但都是有主的土地。刘备攻克成都后尽管一度动过搞土改的念头，但为了争取益州本地豪强的支持，最终还是没能实施。直到夺取汉中后，由于曹操将汉中民户大量迁走，蜀汉"得地而不得民"，这才在汉中平原获得了屯田的基本条件。不过随后刘备就将主力撤回了成都，并没顾得上在此地屯田。

对北伐而言，没有比汉中更好的屯田基地了。

就战略地位而言，汉中"北瞰关中，南蔽巴蜀，东达襄邓，西控秦陇"，进可攻，退可守，"形势最重"；就自然条件而言，汉中盆地土壤肥沃、气候宜人、物产丰富，尤其适合农耕。从史籍记载来看，在诸葛亮时代，北伐动用的兵力常在十万左右，而这十万人平时主要屯驻在汉中。尽管有迹象显示，汉中屯田的规模并不能使这十万人完全自给自足，但可以肯定，屯田的开展的确大大减小了蜀汉政府在财政上的负担和长途转运需要付出的成本。诸葛亮七年之内能够进行六次北伐（五次主动北伐加一次防守反击），蜀汉经济却没有继续恶化，不能不说是一个奇迹。

而所谓以战养战，说白了就是夺取敌国的土地和人口，制造新的经济增长点。

这也是诸葛亮的六次北伐，除最后一次以直趋长安为目标外，其余五次都以陇山以西为攻略重点的一个重要原因。这一点稍后我会结合北伐路线再做详谈。

第123章 子午谷奇谋

建兴五年三月,诸葛亮率大军进驻汉中,为即将到来的北伐屯田积谷,并着手将汉中建设成可供十万人长期驻扎的军事基地。

与此同时,后主刘禅也颁布了北伐曹魏的檄文。其中写道,诸葛丞相"统领步骑二十万众,董督元戎,龚行天罚",吴王孙权"潜军合谋,掎角其后",而除吴、蜀联合之外,这次北伐还有"凉州诸国王"派遣来的胡人酋长前来相助。

以上这些当然是故意夸大、以壮声势之辞。

实际上史料显示,这次北伐动用的兵力顶多十万出头,绝不可能达到二十万众;而孙权那边虽然有意配合,但由于彼此相距过于遥远,至多只能遥为牵制,对北伐局势帮助不大;至于"凉州诸国王"派来的援军,大概是陇西、陇南一带不满曹魏统治的羌胡部民,数量应该也很少。

不过就当时的局势而言，也存在一些对蜀汉北伐比较有利的因素。

首先一条就是，由于历史原因，曹魏政权对关陇地区的统治一直比较薄弱。自从李傕、郭汜之乱爆发，在将近二十年的时间里，这里基本上就是军阀混战的无政府状态。而曹操控制下的许都朝廷虽然任命钟繇为司隶校尉，在相当长的时间里他却只能驻扎在弘农，任由关陇地区被韩遂、马腾等凉州诸将实际控制。直到建安十六年曹操西征关中击败马超、韩遂，以及随后的几年里夏侯渊逐步向西推进，将宋建、氐王千万等反对势力一一清除，曹魏集团才算基本上控制了关陇地区。

即便这样，在那以后关陇也是曹魏政权控制力相对较为薄弱的边缘地带，尤其是陇山以西。一个例证就是，建安末年曹操一直没有委派凉州刺史，相关政务皆由屯驻长安的雍州刺史遥领。而曹丕上台后刚一设置凉州刺史，就引发了当地豪强黄华、麹演等人的叛乱，一时间张掖、武威等四郡皆反，"河西大扰"。而且就曹魏诸军在全国的布防态势而言，关中驻军应该只有数万，并且主要集中在长安一带，陇山以西的广袤地带守备空虚，兵力严重不足。

其次，从黄初三年以后，负责关陇防务的雍凉都督一直由曹丕的妹夫、夏侯惇的儿子安西将军夏侯楙担任。而据《魏略》记载，此公不但不懂军事，而且贪财好色。坐镇关中之时，他甚至因为蓄养的美女姬妾过多而跟自己的老婆清河公主产生了矛盾。魏延就曾评价此人，说他"怯而无谋"，是个废物点心。此时兴兵北伐，这样一位主将显然不是诸葛亮的对手。

最后，自从曹丕上台以后，曹魏方面就一直以东吴为主要对手，并没有料到弱小的蜀汉竟然敢于主动北伐。例如《魏略》就说："始，国家以蜀中惟有刘备。备既死，数岁寂然无声，是以略无备预。"庸懦无能的夏侯楙能够担任雍凉都督，多少也是因为曹丕判断蜀汉在刘备死后

多半会闭关自守，无力出击。

直到诸葛亮出屯汉中，魏明帝曹叡才对西境局势重视起来。

据《三国志》裴注所引《孙资别传》，得到蜀军出屯汉中，将要大举北伐的消息，曹叡本打算先下手为强，发兵越秦岭进讨，但是中书令孙资却谏阻说："当年武皇帝亲征南郑讨伐张鲁，在阳平关一战危而后济，赢得十分艰难。后来他又领军将夏侯渊余部救出，多次对人言讲：'南郑简直就是天狱，中间的斜谷道不啻五百里石穴。'足见南入汉中之深险。以武皇帝之善于用兵，尚且任由蜀贼栖于山岩，吴虏窜于江湖，不责将士之力，不争一朝之忿，诚所谓见胜而战，知难而退。如果我们现在发兵南征攻打诸葛亮，不但道路险阻，而且连军队带民夫，总共至少要调用十五六万人，势必大举征发，搞得天下骚动。因为与防守方相比，进攻一方消耗的人力财力是其三倍。眼前不如就以现有兵力，分派诸将各据险要之地，已经足可以震慑强寇、镇静边疆。如此则将士虎睡，百姓无事。数年之后，我魏国将国势日盛，吴、蜀二虏则徒劳无功，必将自弊。"曹叡深以为然，就打消了主动进攻的想法。

这样一来，蜀汉方面就掌握了挑选战时和战场的主动权。

众所周知，"秦岭—淮河"一线是我国南北方的地理分界线，秦岭以南的汉中盆地在气候条件上与北方的关陇地区存在明显差异。在汉末三国时期，汉中盆地以稻作为主，夏种秋收，关陇地区则主要种植宿麦（冬小麦），秋种夏收。而从史籍记载来看，诸葛亮五次主动北伐，除建兴六年（228年）出散关那次为配合东吴而选择在冬季出兵之外，其余四次都是在春季进军，且主要集中于早春二月。这当然并非偶然，选择在春季北伐，就可以在宿麦成熟之前进入关陇，如果战事顺利，则可以抢收敌麦，至少也可以干扰敌人收麦的行动，战事若不利，则可以赶在夏末之前退回，基本上不违农时。此外，早春时节水草不丰，马匹瘦弱，魏军骑兵优势不能充分施展，应该也是一个原因。

而相比战时，在战场的选择上，诸葛亮则有更深的考虑。

当年隆中对策，诸葛亮为刘备规划的是两路北伐：一路出荆州向宛、洛，一路出益州向秦川。向秦川则必经汉中，可见由汉中北伐，应以攻取关中为主要目标。这也是四百多年前刘邦的进取路线。

问题在于，眼前的局面已经与隆中对之规划有了明显的差异：荆州丧失不但使两路北伐之策彻底流产，而且严重削弱了蜀汉国力。诸葛亮麾下的十万之众，就是蜀汉的全部家底；以本国的经济条件，也不可能去打长期的大规模战争。所以在北伐的战略选择上，他必须慎之又慎，尤其要考虑到两国经济和实力对比。

根据《魏略》所记，这次出征之前，就北伐目标一事，诸葛亮在南郑与手下臣僚曾有深入讨论。

时任汉中太守的大将魏延提出了自己的策略。

魏延说："听说曹魏守将夏侯楙年少，是曹氏女婿，且怯而无谋。如今只需给我魏延精兵五千，外加负粮人五千，直从褒中出，循秦岭而东，当子午而北，不过十日可到长安。夏侯楙闻我军突然杀到，必定乘船而逃。到时长安城中不过督军御史和京兆太守，有横门邸阁的粮储，再加上征集的民谷，足供我军之食。等到东方之兵前来救援，至少也要二十多天。这期间丞相您从斜谷而来，必能赶到。如此，则一举可以略定咸阳以西！"

魏延的这个计划，后世常称之为"子午谷奇谋"。

魏延字文长，本传记其籍贯为义阳。魏晋的义阳郡即汉末章陵郡，郡治先在安昌（今湖北枣阳南），后在新野。而刘备麾下义阳人不少，史载邓芝、傅肜、胡济、刘邕、樊建、来敏都是义阳人，可知他们大多应是刘备屯驻新野时的旧部。魏延也是一样，其本传云"以部曲随先主

入蜀，数有战功，迁牙门将军"。看来他的出身即使不是小兵，也是低级军官，全靠战功卓著才升到了将军阶层。

当初刘备从曹操手里夺得汉中、加冕为汉中王后，由于要赶回成都，需要委派一员大将镇守这一门户重地。当时张飞、赵云、马超、黄忠等诸将皆在，众人都以为刘备既然让关羽镇守荆州，那么把守汉中的主将肯定非张飞莫属，而且张飞自己也这样认为。哪知道任命一公布，刘备竟然选择了魏延，于是"一军尽惊"。

刘备为什么如此安排，史籍并未明言。然而倘若魏延的才干和忠诚度没有得到刘备的认可，那么他绝不可能得到如此重要的职位。据说在临行前，刘备大会群臣，问魏延说："如今委卿以重任，卿居此地，将欲何为？"魏延便道："若曹操举天下而来，请为大王拒之；若偏将十万之众至，请为大王吞之！"应对可谓霸气测漏。刘备听了点头称善，众人也咸壮其言。

当然，光说不练假把式，吹牛也不算本事。魏延这个镇北将军、汉中太守是否称职，还是要用实际表现来证明。

遗憾的是，由于曹操死后曹丕将攻略重点转向了东吴，在将近十年的时间里，魏延并没有得到将入寇敌军"拒之""吞之"的机会。

不过我们多少可以通过其他史料侧面观察一下魏延对汉中的守御情况。

《三国志·姜维传》云："初，先主留魏延镇汉中，皆实兵诸围以御外敌，敌若来攻，使不得入。"这句话当中的"围"指的是以土木山石筑成的围墙和城堡，一般设在关谷险隘之处，守军屯驻于围内，凭借地利以御外敌。后来费祎当政，曾经巡行"围守"，也是指此。再结合姜维对魏延"错守诸围""合《周易》'重门'之义"的描述，可知魏延守汉中的策略，是在秦岭要道上设立扼守通道的"碉堡"，碉堡与碉堡之间互相交错，彼此呼应，一围受攻，余围来救，从而构建起一套严密的"塔防"体系，阻止魏兵进入汉川平原。这一策略后来在延熙七年（244年）的兴势之战中得到了验证，当时汉中守军不足三万，却抵挡住了曹爽十余万大军来攻，就是靠这套战法。这起码说明，魏延任内对于汉中防御体系的打造相当成功。往年孟达反叛，引领夏侯尚夺取了东三郡，却不敢深入汉中，应该也与魏延的守御有关。

要知道，这次北伐之前诸葛亮并没有到过汉中，魏延却已经在此地屯守了九年，对秦岭间的道路状况和山北的敌军形势理论上他应该比诸葛亮更加熟悉，所以他的建议不能不引起重视。

按照魏延的规划，蜀军可以兵分两路：

主力军由诸葛亮率领"从斜谷来"，即走定军山之役曹操所走的褒斜道北越秦岭，出谷就是五丈原，然后再沿秦岭北麓循渭水而东，进抵长安。这条路线历来并无争议。

另一路偏师由魏延自领，大约万人，进军路线是"直从褒中出，循秦岭而东，当子午而北"，可以在十天之内抵达长安，属于出敌不意的奇兵。然而对于这条路线的具体走向，历代史家却存在两种截然不同的看法。

其中的关键，就在于如何理解文中的"褒中"。

如果像颜师古、顾祖禹一样，将"褒中"释为"居褒谷之中"，那么就很容易认为，"直从褒中出"指的是走褒谷南口北上翻越秦岭。可是褒谷这条路线紧接斜谷，所以才称为褒斜道。如此一来，魏延的路线就跟诸葛亮的完全重合，似无必要。所以有的学者便强自解释，说魏延在出褒谷后不走斜谷，而是沿秦岭山脊东行，直接穿越到子午谷的中段，然后再北行出谷。问题在于，秦岭中的河谷绝大多数都是南北走向，历史上并不存在这样一条东西向、沿秦岭山脊贯通褒斜道和子午道

第123章 子午谷奇谋

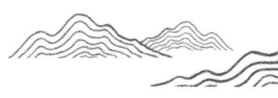

的通道。何况魏延说不到十天便能抵达长安，绝不可能另辟蹊径。

所以，我更倾向于辛德勇、孙启祥的观点，即此处之"褒中"指褒中县，也就是现在陕西省汉中市北边宗营镇一带。由于彼时蜀军的大本营设在沔阳，从沔阳往东，南边的定军山、梁山和北边的秦岭共同构成了一个东西宽、南北狭的河谷走廊，而这一走廊在到达褒中县境后转而开阔，故此"直从褒中出"可以理解为由沔阳东行至褒中县而出。然后沿秦岭南麓继续东行，便可抵达位于今石泉县池河镇的子午谷南口。再由此北行出谷，即可进抵长安城西南。"循秦岭而东，当子午而北"便是指此。

也就是说，魏延想独领一军，穿越子午道。

第124章 路线分歧

对于魏延这个"子午谷奇谋",后世的评价像对他本人一样,基本上也是众论纷纭。

有人认为,这个计策虽然冒险,但在当时的条件下成功的概率并不低,而在魏强蜀弱的情况下,也只有冒险奇袭才能大获全胜,所以此计完全值得一试。例如郝经在《续后汉书》中就盛赞说:"兵有正有奇,两敌相向,未有不以奇胜者……此盖奇道可以必胜。且楙逊懦未尝更事,非延之敌。楙既北走,度魏兵不二十日不能西,而全秦之地已为吾有,命一大将固守函谷,魏兵虽至,无能为也。然后据关以临河南,天下事定矣!"

但是更多的人则同意诸葛亮的判断,即此计"悬危",风险太高,难以成功。例如与郝经同时的胡三省就认为:"凡兵之动,知敌之主,知敌之将。亮之不用延计者,知魏主之明略而司马懿辈不可轻也。亮欲平取陇右且不获如志,况欲乘险侥幸尽定咸阳以西邪?"毛泽东主席也是这个意见。

而在《品三国》里,易中天先生则撇开军事问题不谈,大算政治账,说诸葛亮不同意魏延是因为他有自知之明,知道自己灭不了曹魏,但是在政治上他又不得不打出北伐的旗帜,所以只能小心谨慎、不敢冒险。他还引用王夫之的话说:"公盖有不得已焉者,特未可一一与魏延辈语也。"意思是诸葛亮的苦衷只有他自己明白,他不能跟魏延说,说了魏延也不懂。

那么,以上说法到底哪个更对?子午谷奇谋到底能不能行得通呢?

首先我承认,这个计策有其合理和闪光的地方。理由如下:

子午谷可以走,也走得通。

前文讲曹操西征张鲁时我曾提到,自来由汉中翻越秦岭进入关中平原,自西向东共有出陈仓的陈仓道(又称故道、散关道、嘉陵道)、出斜谷的褒斜道、出骆谷的傥骆道、出子午谷的子午道这四条通道。四道之中,最平坦易行的是陈仓道,但路程却最远;最短的是傥骆道,但开通最晚,路况也最艰险;褒斜和子午两道在里程和难易度上则皆居中等,在汉代迭相兴废,最为常用。

之前子午道最著名的一次穿越,正是刘邦在鸿门宴后被项羽封为汉中王,即走此道去往南郑。当时张良送刘邦南行,劝其烧绝栈道示无还心,以便让项羽放松警惕。刘邦便依计而行。后来直到西汉末年,子午道才被当政的王莽下令修复。再往后东汉明帝诏开褒斜道,子午道就逐渐废弃。但是到了安帝年间,褒斜道被叛乱的羌人破坏,于是又重修子午道通行。十几年后羌乱平定,再加上子午道"途路涩难",朝廷便复开褒斜而废子午。至汉末张鲁图谋割据汉中,褒斜道再次被断,关中流民只能通过子午道进入。然而子午道毕竟狭窄艰难,不利大军通行,故此曹操西征汉中选择的是陈仓道。之后褒斜道很可能被曹操修复，因为四年后的定军山之役，曹操来回都是走褒斜道而行。

因此，这个时候褒斜道和子午道都可通行，但相对而言，褒斜道多用于大军，而子午道较为狭仄，更适合小规模的军事行动。所以魏延才建议诸葛亮走褒斜道，而自己带一万人走子午谷。

第二，走子午道确实可以起到奇袭的效果。

如前所论，要想攻击长安，相比子午道，褒斜道是大军出入的优先选择。而如果诸葛亮采纳魏延之计，那么走褒斜道的蜀军主力一定会将曹魏的注意力吸引过去。这时候子午道多半没有防备，魏延从此杀出，的确能出其不意，给人以神兵天降的感觉。而守长安的夏侯楙又属懦弱无能、贪生怕死之辈，即便不弃城而逃，恐怕也组织不起有力的抵抗。魏延能趁乱拿下长安固然最好，就算拿不下来，也可以夺取横门（在长安西）粮仓里的存粮，等待与诸葛亮会合。

这里存在一个小问题，即夏侯楙在得知蜀军主力将由斜谷入寇的消息后会如何使用城中的数万驻军。如果他派兵西出，抢先封锁谷口，那么长安空虚，更易被魏延所得，派出去的部队还无所据，腹背受敌，最终肯定挡不住诸葛亮；如果他没有逃跑也没有派兵出击，而是龟缩城内固守待援，或者他逃走后守军在御史、太守的组织下依然负隅顽抗，那么等诸葛亮与魏延会师，赶在救兵来援前夺取长安的可能性依然很高。

所以，到夺取长安为止，"子午谷奇谋"的设想是可行的。即使在具体的操作过程中可能会遇到路途艰险、补给缺乏、人数太少不足以攻城、两军在时间上必须配合默契等问题，但这些都是可以克服的困难，就算解决不了，顶多也就损失万八千人，不致伤及蜀军元气。而这个计策一旦成功，却可以"一举而咸阳以西可定"。从这个角度而言，可谓低投入高回报，风险虽高，但值得一试。

第124章 路线分歧

麻烦的地方在于，"子午谷奇谋"的致命缺陷不在能不能夺得长安，而恰恰是在夺得长安之后。

从曹丕时代开始，魏国将首都由邺城迁到了洛阳。当时洛阳方面的中央军保守估计也应在十万左右，再加上周边郡县的地方军，曹叡是可以在短时间内聚集起十五六万人的，这也是前述孙资劝曹叡不要主动出兵时估算"凡用十五六万人"的原因。而洛阳到长安总共九百里左右，魏延说救兵二十多天赶到是一个比较准确的估计。这期间即使蜀军顺利拿下了长安，十万蜀军面对赶来的十五六万魏军，除了一座孤城之外也根本无险可守，要么坐受围攻，要么出城合战。而关中平原一马平川的地形显然于拥有优良骑兵的魏军有利，再加上敌众我寡，补给不易，粮道也有被断的危险，怎么算蜀军都是输面更大。要知道，诸葛亮手下这十万将士可是蜀汉这几年好不容易攒起来的全部家底儿，万一覆没，立马就有亡国之虞。所以你就算借诸葛丞相十个胆，他也绝不敢批准魏延这个悬军深入、有去无回的搏命计划。

有人也许会问，关中不是号称四塞之地吗，那么蜀军抢先占据潼关或函谷关，如郝经所言"命一大将固守函谷"，将魏军堵在关外，行不行呢？《三国志·魏延传》不是也说"延每随亮出，辄欲请兵万人，与亮异道会于潼关，如韩信故事"吗？

对这一问题，我只能说，理想很丰满，但是现实很骨感。这个方案漏洞百出，根本行不通。

的确，潼关位于长安和洛阳之间的要道上，扼守潼关会对魏军造成很大阻碍，这一点，前面讲曹操西征马超的潼关之战时已经阐明。问题在于，按照魏延的说法，从他进攻长安开始，留给诸葛亮赶来会合的时间只有二十几天。而潼关距离洛阳不到六百里，魏军十五天便可赶到。也就是说，诸葛亮要想抢在魏军之前进据潼关，那么就需要在十五天的时间里，走完原本计划二十天走完的距离再加上长安到潼关的三百里。对于以步兵为主，又携带大量辎重的蜀军主力来说，这实在有些强人所难。

退一步讲，即便诸葛亮拿出神行太保的本事，或者撇开辎重、急行军占了潼关，那么他面临的局面不但没有改善，反而会更加恶化。因为这样一来，十万大军的补给线将会拉长到千里以上，而在潼关这样的敌人腹地也注定征不来多少粮食。此外，洛阳方面的援军也可以走河东的蒲津渡河绕到潼关背后，当年曹操就是用这招干掉了马超。最后，当时南阳盆地还有司马懿在屯守，他完全有可能效仿刘邦入关的故智，从武关道长驱入关中，直接包了诸葛亮的饺子。

所以无论如何，深入到潼关一带都是一个极为危险、毫无益处的举动。诸葛亮要是这么干，除非是发疯。

正是基于以上种种考虑，最后《魏略》记诸葛亮对魏延的答复是："亮以为此悬危，不如安从坦道，可以平取陇右，十全必克而无虞，故不用延计。"否决了"子午谷奇谋"。

坦白说，"十全必克而无虞"只是一种夸张的说法，任何一场战争都存在变数，就没有百分百稳赢一说。鉴于这段史料出自魏人记载，未必是诸葛亮的原话，不能据此就指责孔明过于胆小。关键的地方在于，《魏略》这段记载跟《魏延传》"如韩信故事"的叙事一起，为我们揭示了诸葛亮、魏延分歧的真正原因。

所谓"安从坦道，可以平取陇右"，从后面的史实来看，指的就是诸葛亮第一次北伐时攻祁山这条路线。而诸葛亮五次主动北伐，有三次都是指向这一地区。因此很明显，这三次北伐，目标根本就不是攻取关中，而是意在"平取陇右"。

地理上提到函谷关以西，我们常说关陇地区，是把关中、陇西并

第124章 路线分歧

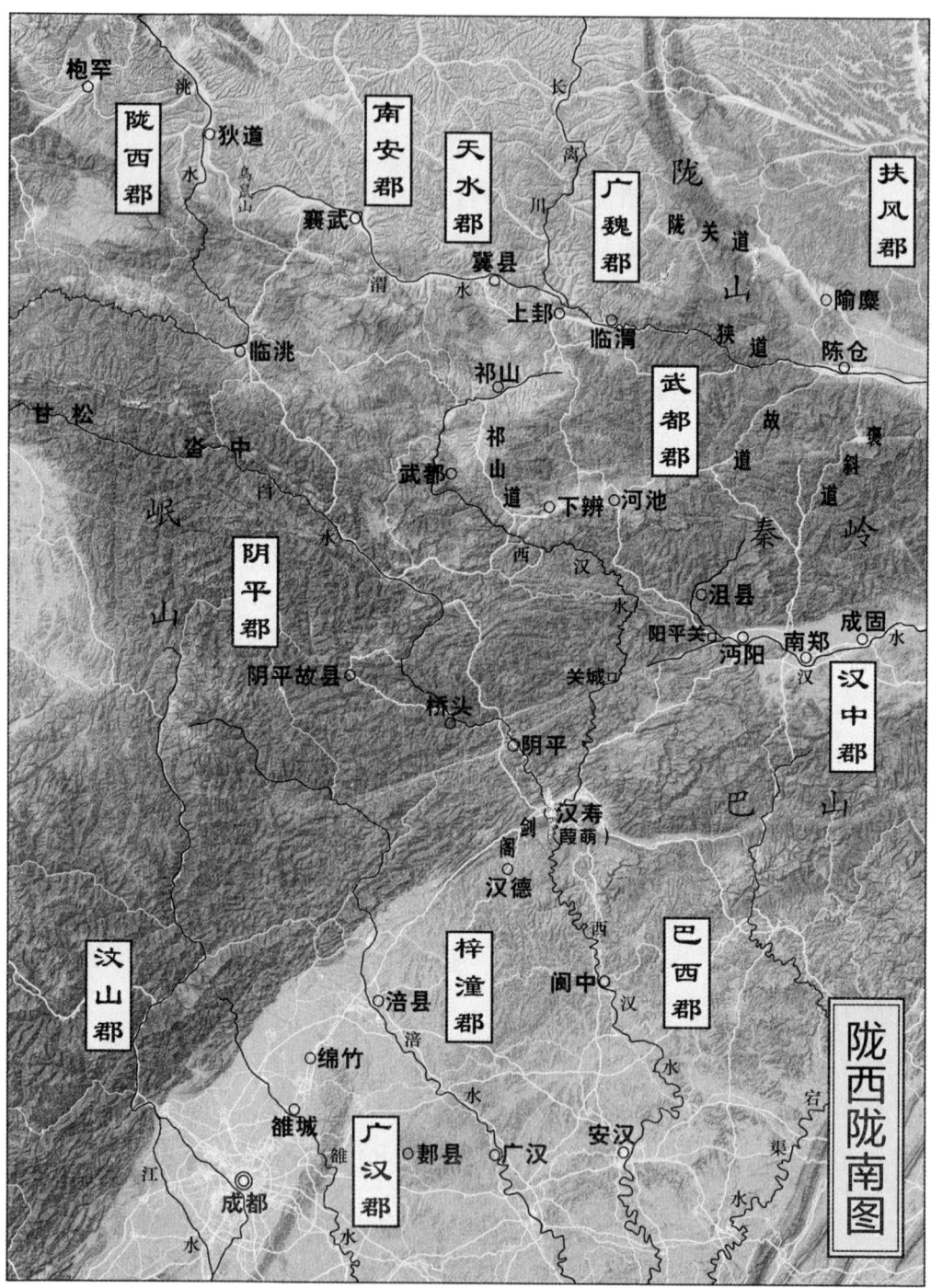

称。实际上由于陇山、六盘山的存在，关中平原和陇山以西的广袤土地基本上是各自独立的地理单元。用汉代行政区划来表示，陇山以西属凉州，陇东则属司隶。两者不但地形地貌存在着显著的差别，在风俗文化、民族分布上也迥异。更重要的是，关中和陇西虽然都在汉中以北，但一个在东，一个在西，在单次军事行动中无法兼顾。选择以何者为攻略目标，当然有着截然不同的战略取向。

我推测，魏延之所以想出师关中、拿下长安，以公而言，固然有继承刘备遗志、还于旧都的意图，以私而言，则受到其强烈的功名心驱动。

如前所述，魏延出身较低，一路以军功升迁，他在众人怀疑的眼光中承担捍卫北疆的重任，对刘备说出的豪言壮语里充满了想要证明自己的强烈意愿。可是固守汉中九年，他并没有得到将十万敌军"拒之""吞之"的机会。这对于"性矜高"的魏延来说不能不是一件憾事。陈寿就说："延常谓亮为怯，叹恨己才用之不尽。"意思是魏延老觉得自己的才干受到限制，英雄无用武之地。故此他一方面立功心切，一方面又渴望摆脱诸葛亮的束缚，两种心态互为一体（立大功是为了获得更高的自主权，有自主权才能立大功），促使他在战术的制订上更偏向于冒险、激进的策略。此外，若是以小人之心妄自忖度，我认为即便魏延冒险失败，他付出的代价也在可接受的范围内。如果实在害怕被诸葛亮军法从事掉脑袋（如同马谡），他大不了还可以像黄权或者孟达一样投降曹魏，当时三国给降将的待遇普遍不低，这样的背景下他在魏国得到的官位未必会比在蜀汉阵营小多少。

还有，魏延只是一介武夫，他受限于自己的经验、见识和地位，没法像诸葛丞相那样算清楚北伐的政治账和经济账，他考虑的只是具体的军事层面，这也是他宁愿挥师关中的一个原因。

第124章　路线分歧

"子午谷奇谋"的诞生，就是这么一个背景。

至于《三国志·魏延传》所说"延每随亮出，辄欲请兵万人，与亮异道会于潼关，如韩信故事"一段，虽然未必是发生在此次北伐之前，但也是同样的道理。所谓的"韩信故事"，不是指什么"明修栈道，暗渡陈仓"，因为历史上根本就没有"明修栈道"这回事，此一剧情纯属元明以后的小说家言。这句话的真正意思，是说魏延希望自己能单领一军独立作战，因为当年刘邦就是自己领一军，而命韩信单领一军去开辟新战场。

诸葛亮当然知道魏延的小心思，故而每次都"制而不许"。

魏延后来的悲剧结局，早在第一次北伐之前便现出了端倪。

第125章 借刀杀人

诸葛亮否定了魏延出子午谷的建议，归根结底是他这次北伐就没把攻取长安当作目标。如前所述，他的意图是"平取陇右"。那么，为什么在诸葛亮的心里，攻取陇西的优先级要大于拿下关中地区呢？

对此，史念海先生曾极具眼光地指出，诸葛亮五次主动北伐，其中三次攻入陇右，都是想占据凉州，以便获取凉州的兵源和马匹。因为凉州人骁勇善战，且从董卓之乱以来就是令曹操头疼的对手，加以凉州产马，得到凉州战马就能够大大改良蜀军骑兵的质量，从而抵消曹魏方面的骑兵优势。此外，凉州东南部便于补充军粮，对蜀军也是一个利好因素。

我同意史先生的论断，但是有几个地方还要补充一下。

一是如前所说，关陇地带整体属于曹魏统治力量比较薄弱的地区，而相比关中平原，曹魏在陇右的统治更加不稳，六七年前还发生过规模较大的叛乱，攻略此地更容易获得当地人响应。而曹军主力从长安方面前来救援，则需要长途跋涉，并面临补给线过长的难题。

二是蜀军擅长山地作战，当年刘备在定军山逼走曹操，靠得就是这一特点。在整体实力和骑兵战力都远弱于对方的情况下，蜀军应该尽量避免平地合战，而优先选择在山地与曹军周旋。陇山一带的地形不但适合蜀军的特点，断绝陇山间的谷道更能将凉州地区与关中隔绝开来，这样便能更加促使凉州当地势力叛离曹魏。简单说就是，攻击长安只能损伤曹魏一点，断绝陇道却能割掉曹魏一条臂膊。

三是当初马超来归之时带有不少凉州部众，如今马超虽死，马岱尚存，他们对陇右形势和民情比较熟悉，在当地也有一定威望，多少利于诸葛亮夺取凉州策略的实施。实际上后来诸葛亮着力培养姜维，也是出于同样的原因。另外，黄初四年原曹魏凉州刺史张既去世后，取代他的人是诸葛亮少年时代的好友孟建孟公威。虽然没有证据表明诸葛亮对孟建进行过拉拢或策反，但从后来明帝将其调离凉州以及诸葛亮第二次出祁山时通过司马懿、杜袭向孟建致意的情况来看，这次北伐之前诸葛亮应该与孟建有过接触。

最后，夺取凉州的计划早在隆中对时就有雏形，即所谓"西和诸戎"是也。而据有巴蜀之后应重点攻略凉州也是刘备的意思。当年孙权向刘备讨要荆州，刘备打马虎眼说"须得凉州，当以荆州相与"，并非全是戏言。甚至这一规划也在周瑜的考虑之中。赤壁战后，周瑜希望孙权能抢在刘备头里吞并巴蜀，其方案就是先跟孙瑜一起溯江取蜀，然后让孙瑜以益州为基地，好与凉州马超结盟。由此可见，在曹魏已经全据中原的情况下，避实就虚、先取凉州才是英雄所见的最佳选择。

这个方案虽不是"十全必克"，却也是目前局面下的最优解。

所以，诸葛亮必须出兵陇右，也只有先取凉州，才能够壮大自己、削弱敌人，从而为国力最弱的蜀汉争来生存空间和与曹魏较量的一点点胜算。

然而在出兵陇右之前，除以上比较确定的因素之外，在局势推演时还有一个额外的变量晦暗不明，时常令诸葛亮感到不安。

那就是驻扎在汉中以东的原蜀汉将领、现曹魏新城太守孟达。

前面提到，孟达是在关羽败亡、荆州丢失后的第二年叛降曹魏，后来被曹丕任命为新城太守，驻扎在上庸。而建兴三年诸葛亮在南征返回途中又从降人李鸿口中获知，孟达不但对自己毫无忌恨，而且颇有念旧之意。再加上曹丕死后他又不得曹叡信任，似乎满可以乘机对其加以策反，使其能为己所用。

于是早在出屯汉中前一年，诸葛亮便通过多种途径对孟达展开了接触。

起先，诸葛亮亲自写密信给孟达说："往年南征，我于岁末还军途中恰与李鸿相会于汉阳，由此得知足下近况，十分感叹。我知道以足下平生之素愿，绝非爱慕富贵而背主求荣之人，当初乖离，实在是刘封侵陵足下，违背先主待士之义所致。我还听说王冲当面跟您造谣，您却相信我的为人而不相信王冲的话。思考这些真挚的话语，想起我们当年的交情，不禁生出依依东望之心，所以派人送来此信。"

紧接着，诸葛亮还授意李严也写信给孟达，帮着自己一起吹风。在一封信里，李严写道："吾与孔明俱受寄托，忧深责重，思得良伴。"暗示孟达如果回归蜀汉，就能跟诸葛亮和自己共同执政。

李严跟孟达一样，本非刘备带从入川的荆州嫡系，如今却能跟诸葛亮一同受托辅政（至少在名义上），担任蜀汉政权实际上的二把手。诸葛亮叫他给孟达写信，言外之意显然是希望孟达能够不计前嫌，也不必顾虑自己并非荆州旧人的身份。

这一策反之计取得了效果。

当初孟达降魏，固然是因为受到了刘备猜疑和刘封排挤，却也多少是拜曹丕引诱所赐。降附曹魏后，由于孟达"有容止才观"，被视为"将帅之才""卿相之器"，曹丕不顾刘晔等人反对，对其优宠有加，不但封其为散骑常侍、新城太守，而且还在孟达来朝时与其执手同车而行。再加上朝中重臣桓阶、夏侯尚也与之亲善，所以终曹丕之世，孟达都能安于现状。但是后来随着桓阶、夏侯尚相继去世，曹丕又不幸病卒，孟达在朝中顿失靠山与奥援，不免便"自以羁旅久在疆场，心不自安"起来。这时候诸葛亮再以旧情和权位相诱，孟达就起了重归蜀汉的念头。

据史料记载，得到诸葛亮、李严的书信后，孟达不但"数相交通"，而且还派人送给诸葛亮"白纶帽""玉玦"以致意。"白纶帽"或许有赞许诸葛亮志向高洁的含义，"玉玦"则代表了孟达回归蜀汉的决心。《华阳国志》还说，当时孟达甚至和东吴也建立了联系，孙权也写信招诱于他。

孟达时为新城太守，控制着今陕西安康以东、湖北十堰以南的土地。此处地接吴、蜀，重峦叠嶂，林深地险，人口不多，交通也不大方便。但是在失去荆州之后，这片地域便成了蜀汉东出的唯一路径。田余庆先生甚至推测，隆中对时诸葛亮"跨有荆益"的战略规划原本就需要占据包括新城在内的东三郡来实施。如果孟达能够归降，对于北伐曹魏当然是一重大利好，至不济也可以在东线对曹兵构成牵制。但是蜀汉要想接收孟达的防区，却也有两点不便。一是在蜀汉领土与孟达防区之间，还有曹魏魏兴太守申仪存在，此人跟孟达早就有仇，绝不会允许蜀军过境。二是曹叡甫一上台，便派司马懿领四万大军屯驻宛城，加强了对西南边疆的防范力度，而孟达手下也就一万多人，独力绝难与司马懿相抗。

更重要的是，现在诸葛亮不是要东取宛、洛，也不是要北取关中，而是要西征陇右，其既定的攻略路线与孟达所在完全是两个方向。这意味着，要想接济孟达，诸葛亮就必须分兵数万东出汉川，或者干脆暂停其进军陇西的计划。而这两点都与诸葛亮原本的战略背道而驰。

这还不算，诸葛亮最担心的是孟达这个人素有野心。据说孟达初到上庸之时，曾经亲自考察临近的白马塞，望着险峻的城池和连绵的山势，喟然叹道："刘封、申耽据此金城千里之地，竟失之乎！"言语间颇有顾盼自雄之意。费诗也说，孟达往年对刘璋就不忠不敬，后来又公然叛刘降曹，是个反复无常的小人。现在他尽管送来玉玦意欲归汉，却难保其便是一片赤诚。要知道，诸葛亮一旦挥师陇西，汉中将只有少量守军，而孟达对汉中东部的山川地势比较熟悉，其麾下部曲也大多为蜀人，万一他真有不测之心，趁汉中空虚之际引领司马懿溯汉水直指南郑，那整个汉中就将落入曹魏之手。到时候诸葛亮势必还无所归，只有绝路一条！

一想到此，诸葛亮就脊背发凉，手心冒汗。

他绝不能冒这个风险，哪怕孟达诈降的可能性只有百分之一，他也不能。

所以在北伐之前，他必须先排除这个隐忧。

于是在建兴五年年底，忽然发生了一起令人颇为不解的事件。

《三国志·明帝纪》云："十二月，……新城太守孟达反，诏骠骑将军司马宣王讨之。"

孟达为何在这时起事，史籍中有两种不同的说法。

《魏略》云："魏兴太守申仪与达有隙，密表达与蜀潜通，帝未之信也。司马宣王遣参军梁几察之，又劝其入朝。达惊惧，遂反。"

也就是说，最先发现孟达跟蜀汉勾勾搭搭的是他的仇家、毗邻的魏兴太守申仪。申仪将此事密报给了朝廷，明帝授意司马懿核实，司马懿就派参军梁几到孟达那里打探，还"劝其入朝"。孟达发觉计划泄露，便索性造反了。

问题在于，申仪是怎么知道孟达想要降蜀的？据田余庆先生研究，当时蜀中跟孟达联系，因为途中有申仪阻隔，多半不从汉水谷地经过，而是绕道长江上游永安以东的山岭。曹操死后，刘备派了个名叫韩冉的使者入魏吊祭，可能就是走这条路线。再说，李严原本就坐镇永安，而孟达跟东吴联系也要走这一方向。所以诸葛亮、李严给孟达的书信都应该是从此路转呈，申仪是不太可能截获的。

对此，《晋书·宣帝纪》的记载给出了解答："蜀相诸葛亮恶其（孟达）反覆，又虑其为患。达与魏兴太守申仪有隙，亮欲促其事，乃遣郭模诈降，过仪，因漏泄其谋。"

此事在西晋司马彪《战略》中也有提到，而且细节更丰富："太和元年，诸葛亮从成都到汉中，达又欲应亮，遗亮玉玦、织成、障汗、苏合香。亮使郭模诈降，过魏兴。太守申仪与达有隙。模语仪言：玉玦者，谋已决；织成者，言谋已成；苏合香者，言事已合。"

如果以上属实，那么事情的真相就是：诸葛亮在明知申仪跟孟达有仇的情况下，故意将孟达通敌之事经郭模之口泄露给了申仪，其用意就是要激起孟达速反。

果不其然，申仪立马将此事密报司马懿，司马懿不但派人前来监视，还劝诱孟达入朝。孟达心知入朝就是死路一条，于是只能仓促起兵。

据说孟达在起兵之前，曾写信给诸葛亮求援，其中说道："宛城距洛阳八百里，距我则有一千二百里，司马懿闻知我起事，肯定会先上表向天子请示，等他收到朝廷答复，时间已经过去了一个月。到时我城防已固，诸军已集。何况我位处深险之地，司马懿未必自来，若其遣诸将前来，我也并不惧怕。"而司马懿为了麻痹孟达，则写信劝他说："将军你当年抛弃刘备托身于国家，国家则委将军以疆场之任，任将军以图蜀之事，可谓心贯白日，待你不薄。且蜀人得知将军背离，不论愚智，都对你切齿痛恨。诸葛亮早就想要将你除掉，只是苦于无计可施罢了。那郭模所言不是小事，诸葛亮岂能如此不小心而令此事泄露？其用心为何，想必将军你不难推知。"

司马懿不愧智谋过人，一眼便勘破了诸葛亮"借刀杀人"的用心。而他写信点醒孟达，无非怕孟达见援军不至便弃城而逃，主动去投奔诸葛亮或孙权。《宣帝纪》说，孟达收到这封信后"大喜"，同时"犹与不决"。我觉得孟达犹豫不决应该是实情，但大喜则未必，因为不论从哪个角度来看，他当时所处的情境都是危机重重，毫无喜悦的理由。

《宣帝纪》还说，司马懿的手下认为孟达既然跟吴、蜀两方都有勾结，我们就应该暂时按兵不动，先观望观望，但司马懿却道："孟达反复无常而无信义，此时正是吴蜀二寇跟他彼此猜疑之时，应该趁其计谋未定即刻出击才是。"于是潜军进讨，倍道兼行，只花了八天时间便赶到了上庸城下。孟达见状大惊道："吾举事八日，而兵至城下，何其神速也！"①

前文早已交待，孟达跟司马懿兵力相差太远。既然他没来得及逃

---

① 按照当时行军"轻行五十里，重行三十里"的正常速度，八天行进一千二百里是不可能的。即便轻军倍道兼行，一天百里，八天也不过行进八百里。所以网上有人怀疑，孟达还在犹豫要不要起兵的时候，司马懿就已经出发了。不过还有一种可能，那就是司马懿抵达上庸的先头部队是骑兵。当初长坂之役，曹操派轻骑一日一夜行三百余里将刘备追及。夏侯渊擅长急行军，也有"三日五百，六日一千"之名。只有以这种速度，才能做到八日行进一千二百里。

走，尽管上庸城三面阻水，城外又有木栅为固，其结局依然毫无悬念。司马懿率军渡河，很快攻破围栅，直抵城下，八道攻之。十六天后，孟达外甥邓贤、部将李辅等人开门出降，上庸随即告破。司马懿将孟达擒斩，传首京师，余众万人皆成了俘虏。

《晋书》说，在此期间，吴、蜀皆发来了救兵，但都被司马懿派兵拦住。可陈寿在《三国志·费诗传》里却透露，诸葛亮"以达无款诚之心，故不救助"，根本就没理会孟达。

北伐前最后一点后顾之忧，至此终于解除。

第126章 祁山路漫漫

蜀汉建兴六年正月,也就是孟达败亡当月,诸葛亮统领十万大军西出阳平关,发动了对曹魏的进攻。

其具体策略是:命赵云、邓芝统领一军为疑兵,伪装成蜀军主力,扬声由褒斜道攻取长安以西的重要据点郿县(今陕西扶风南),自己则沿西汉水向西北方向挺进,直指扼守陇南谷地的曹军要镇祁山城。

由于《三国演义》的影响,坊间多盛传诸葛亮北伐有所谓"六出祁山"之说。

严格来讲,这一说法并不准确。

祁山作为地名,在当时有不同的含义:当其指城塞时,指的是位于今甘肃礼县以东祁山乡附近的一座山城;当其指山岭时,指的是礼县境内西汉水南北两岸的山脉丘陵;与此同时,它还可以指代祁山山脉所围绕的西汉水河谷,乃至扩大为整个陇南地区的概称。后世将此次诸葛亮北伐所走的古道称之为"祁山道",也是就这个含义而言。

然而不论取哪个含义,后来诸葛亮出陈仓、出斜谷两次北伐都不曾经过祁山地区,所以"六出祁山"的说法实际上并不成立。

自来由汉中去往凉州,祁山一带是必经之途。

包括祁山山脉在内的陇南山地位于秦巴山区、青藏高原和黄土高原三大地形交汇区域,域内尽管遍布崇山峻岭,沟壑纵横,但由于嘉陵江水系和汉江水系的存在,经由山间河谷迂曲北上,便可以从汉中盆地抵达陇山以西的渭水河谷。这条通道不但是和平时期的商贸路线,战争时期也经常被秦陇巴蜀间的军事集团善加利用。

前文我虽然说过所谓"明修栈道,暗渡陈仓"其实是后人虚构的情节,在历史上并不存在,但当年刘邦用韩信之计,确曾在出汉中时采用过声东击西的策略。据辛德勇、李开元研究,刘邦在南郑起兵后,最先派曹参攻下辨,樊哙攻西县,使雍王章邯产生了汉军将要全力攻略陇西的错觉,后来才突然转由陈仓道杀出,一举占领了关中。下辨在今甘肃成县,西县在甘肃礼县一带,两地皆位于祁山道上。可知至迟到秦末汉初,祁山道便已经是沟通陇西和汉中的要道。

而祁山城之所以成为诸葛亮的首要进攻目标,就在于它位于嘉陵江上游源头西汉水的北岸,扼守着河谷间通往陇西重镇上邽(今甘肃天水)的通道。

据《水经注》的记载,祁山城位于嶓冢山(今天水东南齐寿山)以西七十里、上邽西南二百四十里,是一座"山高岩险""极为严固"的城堡。其所在的山头从"连山秀举,罗峰竞峙"的祁山主脉脱离开来,平地拔起于西汉水北岸,"山围六七里,高数十丈",曹军营寨就建于"四面巉削,上平如席"的山顶台地上,其势易守而难攻。从魏明帝"先帝东置合肥,南守襄阳,西固祁山"的讲述中,可知祁山城很可能初建于曹操时代。

祁山城首见于史籍，是在建安十八、十九年间。当时被曹操击败的马超在曹军撤走后卷土重来，两度入寇陇西，激起了当地官吏杨阜、姜叙、赵昂等人反抗，期间赵昂便是据守祁山，挡住了马超的进攻。尤其马超第二次入寇是在投奔张鲁以后，其路线正是从汉中出阳平关西上，与这次诸葛亮北伐相同。数年后刘备发动汉中攻势，也曾派张飞、马超、吴兰进军下辨。如果没有意外，这两场战事马超的堂弟马岱应该都有参加。有他当向导，这一带的地理形势诸葛亮不难知悉。

学界一般认为，诸葛亮这次北伐的进军路线是自沔阳出阳平关，沿沮水（今黑河）河谷进至武兴（今陕西略阳），然后沿前述张飞、马超西征之旧道溯嘉陵江西北行至武都郡治下辨，由下辨西北行，则沿后世杜甫由秦州入蜀的唐代官道，经青阳峡、寒峡（一名鹭峡）出建安川至祁山，全程将近六百里。

关于这条路线所经的地理状况，近年有一种说法颇为流行：汉代以前，包括流经祁山一带的西汉水在内的嘉陵江上游诸水并非像今天一样注入嘉陵江，而是与汉江汇流。但是到了西汉初年，准确地说是高后二年（公元前186年），武都郡发生了一次大地震，导致山体崩塌，在略阳与宁强之间形成了一个巨大的堰塞湖，受阻的西汉水转而西南流，形成了今天的嘉陵江。这一说法被称作"嘉陵夺汉"，由历史地理学者周宏伟提出。

受周宏伟的观点启发，李开元先生大胆推测："嘉陵夺汉"之前，汉江水量比较充沛，船运由汉中出发，逆水西行可以一直抵达陇西，故此刘邦命曹参和樊哙进攻陇西之时，可以充分利用这条水道由南郑直接溯水而上；"嘉陵夺汉"以后，汉江水量萎缩，贯通的水路交通被切断，因而诸葛亮北伐之时，蜀军只能用木牛流马一类粗笨工具在山道上艰难行进，最终不得不因为粮运不继而退兵，致使北伐大业历年无成。

我必须承认，李开元先生的描述很有吸引力。因为这一解释恰与《三国演义》中水镜先生"卧龙虽得其主，不得其时"的预言相符合，使得诸葛亮作为一个"伟大的失败者"，其命运更加令人感到惋惜和同情。然而遗憾的是，"嘉陵夺汉"一说自诞生不久便受到了众多学者质疑[①]，越来越多的证据显示，汉初地震并没有导致略阳一带形成规模巨大的堰塞湖，嘉陵江上游水系与汉江上游水系也不存在袭夺现象。因此也就不能用"嘉陵夺汉"来解释诸葛亮北伐何以未能成功。

实际上，从汉中至祁山的路线虽然穿行于山间，路途比较迂远，但由于汉代历任地方官对艰险路段多有整治，如汉安帝时武都太守虞诩开通沮县至下辨之漕运、灵帝时李翕凿崖治路、耿勋修治狭道等，到了诸葛亮时代，这条路线相对而言并不算太难行。故此《魏略》才说"不如安从坦道，可以平取陇右"。

所以这次北伐，一开始颇为顺利。

当年正月，蜀汉大军甫一开至祁山，便引起了陇右诸郡极大震动。诸葛亮一边统军将祁山城团团围住，一边分派将士四出晓谕安民。当地百姓见大军戎陈整齐、衣甲鲜明、军纪严肃，俨然有王者之师的风范，于是纷纷群起响应。在很短的时间内，天水、南安、安定三郡便改旗易帜，宣布归顺了季汉。

这一消息迅速向东方传播，不但引起了"关中响震"，而且也令洛阳朝廷方面大吃一惊。对此，《魏略》不无夸张地写道："始，国家以蜀中惟有刘备。备既死，数岁寂然无声，是以略无备预；而卒闻亮出，朝野恐惧。"

[①] 参见赵炳清、周运中：《〈汉初武都大地震与汉水上游的水系变迁〉之质疑——与周宏伟先生商榷》，《历史地理》2013年第2辑；杨霄：《汉初武都大地震与汉水上游的水系变迁之管见——与周宏伟先生商榷》，《历史地理》2016年第2辑。

实际上，由于前一年诸葛亮便已出屯汉中，并同时颁布了著名的《出师表》和《北伐诏》，曹魏方面对蜀汉北伐的意图早已知悉，魏明帝曹叡并非"略无备预"。前引曹叡与孙资的计议就是一个明证。曹叡虽然放弃了主动进攻的想法，但根据史籍透露的线索，事先他至少采取了三项措施以应对蜀汉即将到来的进攻：第一，他任命徐邈为凉州刺史，而将与诸葛亮有旧交的孟建孟公威调离了凉州；第二，命雍州刺史郭淮巡行陇右；第三，在诸葛亮以赵云、邓芝为疑兵，做出大军将出斜谷的态势后，他派大将军曹真西入关中，督诸军屯守郿县，实际上等于剥夺了原雍凉都督夏侯楙的指挥权。

不过，由于诸葛亮实施了疑兵之计，让曹魏以为他的主攻方向是关中，所以此次大军攻祁山还是具有相当的突然性，再加上三郡一齐背叛，"朝野恐惧"当是实情。

但魏明帝曹叡很快做出了反应。《魏书》记载说，得到祁山被攻、三郡叛魏的消息后，一时间朝臣都不知如何是好，魏明帝却道："以往诸葛亮阻山为固，不易攻伐，如今他既自来，正合兵书致人之术。而且他贪图三郡，知进而不知退。现在乘机进讨，一定能将其击破！"于是部勒五万兵马，命右将军张郃为统帅，即刻西趋陇右。随后，魏明帝又拒绝了散骑侍郎钟毓劝他"宜镇守中土"的建议，决意御驾亲征，并于二月十七日（丁未）抵达了长安。

这期间，由于之前魏明帝采取的那几项预防措施，陇右的局势并没有进一步恶化。

首先，新任凉州刺史徐邈到达治所榆中（今甘肃兰州东）后，正好赶上诸葛亮出祁山，三郡反叛。徐邈马上召集州兵，派手下参军和金城太守出击南安，击破了当地倒向蜀汉的地方武装。此举虽然没能收复南安，但却有力地支援了毗邻的陇西郡。彼时陇右四郡，由于天水、南安

第126章 祁山路漫漫

两郡倒向蜀汉，郡守弃郡东逃，位于最西的陇西郡便被隔绝开来，太守游楚只能连哄带骗，胁迫本郡吏民坚守城池。据说南安郡曾引蜀兵来攻，游楚便在城上对蜀帅道："若你能断绝陇道，使东边发来的救兵不到，只需一月，则我陇西吏民将不攻自服。若是不能，只怕来此是徒劳无功。"蜀兵攻城不利，随即退去。

其次，奉命巡行陇右的雍州刺史郭淮在这次战争中发挥了重要作用。陇右四郡（天水、南安、广魏、陇西）所辖地域在汉代本属凉州，但是曹魏代汉后，将这片地域划归了治所位于长安的雍州。而从黄初元年开始，雍州刺史这一职位便由郭淮担任。此人曾参加过曹操西征汉中之役，后来又长期担任夏侯渊的副手，对关陇形势十分熟悉。诸葛亮出屯汉中后，魏明帝很可能是意识到了陇右悬远、防守空虚的弱点，故此特命郭淮前往巡视。据《三国志·姜维传》透露，当诸葛亮兵发祁山之时，郭淮恰好在祁山西北百里的洛门（今甘肃天水洛门）一带巡行。祁山被围的消息传来，郭淮立刻中止原定计划，火速东归撤回了上邽城。紧跟郭淮一起东撤的还有天水太守马遵一行。此举虽然导致天水郡随即叛降蜀汉，但郭淮亲自镇守上邽，使蜀军不能越其而上陇，从而为张郃大军自洛阳赶来赢得了宝贵的时间。

最后，督关中诸军的曹真虽然被赵云、邓芝的疑兵牵制于郿县，但由曹真统军总好过懦弱无能的夏侯楙。而魏明帝刚一抵达长安，就解除了夏侯楙雍凉都督的职务。

由于以上这些措施，尽管有三郡响应，但陇西、广魏两郡和凉州全境依然归属曹魏，整个陇山通道也仍旧被魏军控制。与此同时，祁山城则在魏将高刚的把守下凭险坚守，一时难以攻拔，而张郃的五万大军则倍道兼行，正从洛阳方向开来。

建兴六年二月，首次北伐时诸葛亮所面临的形势大抵就是如此。

第127章 何处是街亭

诸葛亮一出祁山的这次北伐,在《三国演义》中是浓墨重彩的一章。小说里,罗贯中不但花费了整整五回铺陈其事,而且制造了"收姜维""骂王朗""失街亭""空城计""斩马谡"等一系列经典情节。时至今日,这些生动鲜活的故事读来依然令人心潮澎湃、感叹不已。

相比小说,史籍的记述则显得既简略又平淡。

例如在《三国志·诸葛亮传》中,陈寿写道:"魏明帝西镇长安,命张郃拒亮。亮使马谡督诸军在前,与郃战于街亭。谡违亮节度,举动失宜,大为郃所破。亮拔西县千余家,还于汉中,戮谡以谢众。"如此重要的一场战事,仅仅五十余字便完成了讲述。

又据马谡、王平、张郃三人本传可知,街亭一战马谡之所以战败,乃是马谡"舍水上山,举措烦扰","依阻南山,不下据城",王平屡谏他又不听,最终被张郃切断了汲水通道之故。这场失利直接导致诸葛亮"进无所据",只好撤军退回了汉中。

遗憾的是,借助这些史料,我们只能构建起这场战事的大致轮廓,许多至关重要的细节至今依然模糊不清。

比方说,除进围祁山之外,到街亭失利之前,诸葛亮还进行了哪些军事行动?这期间他所统的中军究竟屯驻在何处?街亭之战到底发生在什么时间、什么地点?在总兵力优于敌军的情况下,为何马谡的前军战败,诸葛亮便进无所据,只能撤回汉中?

以上问题彼此关联,关系到这一次北伐为何失败,然而仅凭现存的史料来分析,却很难得到比较确切的答案。目前所见的前人研究也不能令我感到满意。尤其对于街亭的具体位置这一问题,我认为,前人提出的陇关道沿线、祁山周围、汉中一带等说法,都不能较好地契合本次战事的相关史实。

为了证明这一点,下面我会利用现有史料,尽可能地对这次战事进行一次全局推演。

首先我们知道,诸葛亮这次北伐的发动时间是在正月,其战略是声东击西,即以赵云、邓芝为疑兵,"扬声由斜谷道取郿",而他自己则领主力西攻祁山,目的是夺取陇右的控制权。

在战争初期,这一计策取得了效果:曹真所督关中诸军被赵云军牵制在郿县一带动弹不得;陇右四郡当中的天水、南安再加上陇东的安定郡,总共三郡改旗易帜,宣布归顺蜀汉。曹魏关中响震,朝野恐惧。

紧接着,魏明帝曹叡做出了应对:派张郃领五万人救援陇右,同时御驾亲征,于二月十七日抵达了长安。

按照前面魏延的估算,洛阳到长安九百里,路上至少也需要二十天。所以我们可以推测,魏明帝是在正月二十七日左右离开的洛阳。假设张郃是在此前数日先期出发,那么从洛阳到陇山脚下的陈仓或者隃糜

（今陕西千阳）将近一千三百里，张郃要走上小一个月，即其进抵陇下大约在二月二十三、四日。

接下来的问题比较麻烦，那就是张郃到底是走哪条路线翻越陇山的。

一般来说，自来大军越陇，多走今陇县以西的陇关（大震关）通道，自陇关西下，经清水县便可抵达渭水河谷的天水（即上邽）。这条路线大约三百四十里，七日程。再加上从凤翔到陇县的一百五十里，走陇关道至天水共十日程。如果张郃走这条路线，那么当其进入渭水河谷，时间应是在三月上旬。

历来有一种观点，即认为诸葛亮派马谡驻守街亭，目的就是阻止张郃翻越陇山，因此街亭必位于陇关道沿线无疑。前人提出的街亭位于秦安县东北、庄浪县东南、张家川县西北，或者清水县与陇县之间等说法，都是这一思想的产物。而且这些观点还能在汉唐地志中找到所谓的论据，即陇关道西口有一个名叫"街泉亭"的地方（《续汉书·郡国志》云在略阳县，《通典》《元和郡县志》云在陇城县）。例如谭其骧《中国历史地图集》之三国地图，便将街亭标注在了今甘肃庄浪县东南、张家川县以北的一处地方。近年颇为流行的街亭即秦安县东北陇城镇一说也是由此而来。

还有一种说法以陈可畏、吴洁生、孙启祥为代表[1]，即认为张郃并不是走陇关道翻越陇山，而是走他在十几年前击马超、救祁山时曾经走过的旧道——"陈仓狭道"。

---

[1] 陈可畏：《街亭考》，《地名知识》1981年第4、5期合刊；吴洁生：《诸葛亮首出祁山之役考述——兼论街亭的地理位置》，《社会科学》1988年第4期；孙启祥：《街亭位于陇关道西口献疑——兼论街亭在天水市东南的合理性》，《襄樊学院学报》2011年第1期。

据《三国志·夏侯渊传》，当时马超向张鲁借兵，从汉中还攻祁山，守祁山城的姜叙等人向镇守长安的夏侯渊求救，夏侯渊便"使张郃督步骑五千在前，从陈仓狭道入，渊自督粮在后。郃至渭水上，超将氐、羌数千逆郃。未战，超走，郃进军收超军器械。渊到，诸县皆已降"，成功解了祁山之围。

这条陈仓狭道的具体路线史籍无载，但从地形地貌推测，可知是由陈仓以西溯渭水河谷西进，走两岸的险峻山路直接翻越陇山，故而有"狭道"之名。如果张郃走这条路线，显然是不可能路过渭水以北的"街泉亭"一带的。故而孙启祥提出，位于渭水以南、今天水市麦积区东南的街亭村应为街亭之战发生地。

孙启祥注意到，根据史籍透露出的线索，街亭一地距祁山较近，同时诸葛亮的军队也未曾越过渭水进至陇关道西口一带，因此街亭位于陇关道西口诸说都不可信。对这一判断，我是基本认同的。因为如前所述，尽管天水、南安叛魏，但扼守渭水河谷要道的上邽有雍州刺史郭淮镇守，始终都在曹魏的控制之下，故而《郭淮传》云："蜀相诸葛亮出祁山，遣将军马谡至街亭，高详屯列柳城。张郃击谡，淮攻详营，皆破之。"在张郃对马谡发动进攻的同时，郭淮也从上邽发动了对蜀军高详部的配合攻势。再加上祁山也没有被攻破，这种情况下诸葛亮是不太可能越上邽而不顾，径自进军到祁山两百里以外的陇道附近的。

对此，我们还可以从另外两个方面加以证明：一是与诸葛亮基本同时代的袁准（一作淮）的讲述，二是当时诸葛亮中军所在的位置。

先看第一条。据《三国志·诸葛亮传》裴注所引《袁子》："诸葛亮始出陇右，南安、天水、安定三郡人反应之，若亮速进，则三郡非中国之有也，而亮徐行不进。既而官兵上陇，三郡复，亮无尺寸之功，失此机。"袁准为曹魏重臣袁涣之子，魏末晋初时在朝中任职，他的观点可以代表曹魏朝廷对街亭之战的主流看法，可信度较高。从其讲述可知，由于诸葛亮徐行不进，蜀军未能实际占领三郡。也就是说，三郡叛魏归蜀只是当地吏民的自发行为，蜀军并未进占其地。就这个意义而言，前述南安郡曾引蜀兵去攻打陇西郡进而被郡守游楚击退一事如果属实，很可能是当地武装在响应蜀汉后借用了蜀军的名义。

至于诸葛亮为何徐行不进，袁准的解释是："蜀兵轻锐，良将少，亮始出，未知中国强弱，是以疑而尝之。且大会者不求近功，所以不进也。"意思是诸葛亮首次北伐，不了解敌人虚实，对当地的响应者也不够信任，再加上兵将不够精练，因而采取了谨慎小心的态度。此外，"大会者不求近功"，诸葛亮有更大的战略目标，所以并不急于占领一两个郡县。

有人问袁准："何以知其疑也？"你怎么知道诸葛亮采取了谨慎小心的态度呢？袁准又说："初出迟重，屯营重复，后转降未，进兵欲战，亮勇而能斗，三郡反而不速应，此其疑征也。"提出了两项证据：一是诸葛亮一开始"屯营重复"，其意图显得谨慎而保守；二是诸葛亮后来转变了意图，"进兵欲战"，但这时尽管他"勇而能斗"，却与三郡之间没有任何配合。①

又问："何以知其勇而能斗也？"

袁准回答："亮之在街亭也，前军大破，亮屯去数里，不救；官兵相接，又徐行。此其勇也。亮之行军，安静而坚重。安静则易动，坚重则可以进退。亮法令明，赏罚信，士卒用命，赴险而不顾，此所以能斗也。"

---

① "后转降未，进兵欲战"中的"降未"一词究指何意，殊难理解，此处文本很可能有讹误。"三郡反而不速应"既可以理解为三郡反魏后诸葛亮没有积极响应，也可以理解为诸葛亮进兵欲战后三郡没有积极响应。总之，起码在街亭之战时，三郡与诸葛亮之间没有任何配合。

袁准关于诸葛亮"勇而能斗"的解释是否成立，我们暂且不论，此处必须注意的是"亮之在街亭也，前军大破，亮屯去数里"这一点。由此可知，街亭之战时，马谡、王平所在的前军与诸葛亮所在的中军相距并不太远。那么，诸葛亮的中军当时位于何处呢？

显然，当一开始诸葛亮进围祁山之时，他的中军肯定是位于祁山附近的。而祁山城的位置，目前学术界一致认为就是现在甘肃礼县以东十公里的祁山乡。《水经注》云，祁山城南三里"有亮故垒，垒之左右，犹丰茂宿草，盖亮所植也"，可能就是诸葛亮驻军时留下的遗迹。此外，《三国志·诸葛亮传》还记载说，街亭失利后"亮拔西县千余家还于汉中"，说明西县在蜀军的控制范围内。而西县故城的位置学者虽然争讼纷纭，但总不出今天水镇以西、礼县以东的西汉水河谷及其支流杨廉川（今冒水河）一带。秦汉时期，西县一直是陇西郡（东汉为汉阳郡，曹魏为天水郡）内的一个大县，祁山城所在的西汉水河谷在当时是西县的地盘，域内土地肥沃，人口众多。这一点，也与诸葛亮所说"祁山去沮县五百里，有民万户，瞩其邱墟，信为殷矣"的状况相吻合。将大军驻扎于此，第一可以就近指挥对祁山的围攻，第二方便借助西汉水（即《水经注》所说漾水）运输粮秣，第三则能控制此地的万户人口，第四可以随时经由西汉水上源与赤谷川之间的谷道北进攻击上邽，第五还可以通过西北方向的杨廉川河谷，与天水、南安两郡响应蜀军的当地武装取得联络，姜维来投诸葛亮应该就是取这条路线。综上可知，直到街亭失利为止，诸葛亮的中军都不出渭水以南的祁山、西县范围，而马谡的前军既然与诸葛亮相距不远，自然不可能越上邽而北，出现在渭水以北的陇关道西口。更不要说《续汉书·郡国志》等史籍明明记载当地地名是为"街泉亭"，不能武断地将其等同于街亭了。

街亭战地，还是应该在渭水以南找寻。

第128章 马谡做先锋

那么,位于今天水市麦积区东南的街亭村是否如孙启祥等所说,便是当年张郃击败马谡之所呢?

不能说全无可能,但其证据仍然并不充分。

首先,这次张郃未必是由陈仓狭道而来。十几年前张郃救援祁山,所统只有步骑五千,因为陈仓狭道不便于大军通行,故而夏侯渊才亲自督粮统大军在后,多半是走陇关道与张郃会合。后来诸葛亮再出祁山,司马懿、张郃也是走陇关道前来迎击。而这次张郃统领的人马有五万之众,自然携带有大量的粮草辎重,并不方便走陈仓狭道。退一步讲,即便张郃走此旧路,其终点也应该同上次一样"至渭水上"。而街亭村位于天水市东南六七十里的山沟内,并不处在由祁山所在的西汉水河谷进至渭水南岸的通道上,驻军于此,攻不成守不就,完全没有必要,诸葛亮绝不会行此拙劣之举。

其次，街亭村一带为街亭古战场的说法本身出现得很晚，直到明末清初才首见于《巩昌府志》等地方志，而在明清时代，当地的正式名称是改龙镇，俗呼为街子口。由于当地方言"改""街"同音，我很怀疑当地改名街亭是三国戏流行以后有意附会的结果。

最后，我认为，不管是陇关道西口也好、陈仓狭道西口也好，都不是街亭的真正所在。而前人之所以对街亭的位置判断有误，主要是因为没有理解诸葛亮真正的作战意图。

我的观点是：街亭之战时，魏军处于防守态势，而诸葛亮才是主动进攻的一方。

证据有二。

其一便是前引袁准所说的，诸葛亮"初出迟重，屯营重复，后转降未，进兵欲战"。此事如果属实，说明战事后期诸葛亮从"迟重"转而"进兵欲战"，主动采取了进攻行动。

证据之二就是，《诸葛亮传》提到，马谡街亭战败后，"亮进无所据，退军还汉中"。既然是"进无所据"，那就说明蜀军当时正处于前进态势，或者至少准备采取向前进军的行动。

再结合街亭之战时马谡担任的是"统大众在前"的"先锋"任务，而张郃则是"拒亮将马谡于街亭"，以及"前军大破，亮屯去数里"这一情况，我有理由认为，战事发生时诸葛亮的大军正从祁山出兵前往某地，而街亭一战失利直接导致了这次进攻行动失败，所以街亭一定位于从祁山进攻某地的要道上。

从地理形势和当时魏蜀两军在陇右所处的战略态势来判断，诸葛亮从祁山出兵，攻击目标有且只有一个，那就是上邽以及附近来援的张郃军队，其进军路线同样有且只有一个，那就是溯西汉水上源河谷，越铁堂峡，进入赤谷川通道。

自来由上邽去往祁山一带，赤谷川通道是必经之途。唐代时大诗人杜甫为避安史之乱，从秦州（今天水）辗转入蜀，第一站从秦州出发，第二站便进入了赤谷川。杜甫有诗云："晨发赤谷亭，险艰方自兹。"由此便步入了比较艰险的山路。而据《水经注》，赤谷水又名黄瓜水，也就是现在天水市西南注入籍河的南沟河。沿南沟河入谷南行六十里左右，是为铁堂峡，越铁堂峡便可抵达位于西汉水谷地东缘的天水镇，再沿谷地西行，经盐官故城后就能到达祁山乡。故杜诗《发秦州》《赤谷》之后，紧跟着便是《铁堂峡》《盐井》两首。按《水经注》的描述，盐官故城在嶓冢山西五十余里，祁山在嶓冢山西七十余里，这也与今天盐官镇与祁山乡之间的距离相符。由此可知，诸葛亮若从祁山进攻上邽，除走铁堂峡、赤谷川这条路线之外，别无他途。

那么，在祁山尚未攻破的情况下，诸葛亮为什么要统大军北进出谷，挥师上邽呢？这是因为诸葛亮眼前的首要目标不是夺取城池，而是寻求与魏军主力，尤其是张郃援军进行决战。

如前所说，在战略层面，这次北伐诸葛亮的最终目的是夺取陇右。但在具体的战术层面，夺取陇右则要靠击败曹魏援军来实行。正如陇西太守游楚所说，蜀军若能断陇，"使东兵不上，一月之中，则陇西吏人不攻自服"。可是由于上邽、临渭（广魏郡治）两地仍被魏军控制，不管是陇关道还是陈仓狭道都并未断绝，张郃的东兵不管走哪条路线，都能够顺利赶到上邽。这种情况下，只有击败张郃，才能够消弭上邽、祁山等地守军的抵抗之心，促使陇西、广魏两郡倒向蜀汉。正是这一考量使诸葛亮改变了"初出迟重"的谨慎态度，转而"进兵欲战"，主动向上邽方向挺进。

而从当时的整体战局来看，由于曹真军被赵云的疑兵所牵制，魏明帝向陇右派出的援兵暂时只有五万人，与此相比，诸葛亮即使分兵留攻

第128章 马谡做先锋

祁山，其兵力仍然占据优势。这应该也是他勇于进攻的一个原因。

此外，还有一则证据能够证明诸葛亮采取了主动进攻的策略，那就是他在祁山之时曾给孙权写的一封信。信中写道：

汉室不幸，王纲失纪，曹贼篡逆，蔓延及今，皆思剿灭，未遂同盟。亮受昭烈皇帝寄托之重，敢不竭力尽忠，今大兵已会于祁山，狂寇将亡于渭水，伏望执事以同盟之义，命将北征，共靖中原，同匡汉室。书不尽言，万希昭察。

有人说，这封信可能写于建兴九年（231年）诸葛亮第二次出祁山之时。但我认为并不是这样。理由是，建兴九年时孙权早已称帝，国号称吴，而且其帝号也得到了蜀汉承认，这种情况下，诸葛亮是不便在信中要求孙权"同匡汉室"的。所以这封信一定是这次北伐时所写。既云"大兵已会于祁山，狂寇将亡于渭水"，那就说明诸葛亮下一步的目标就指向渭水，准确地说，就是在上邽附近与敌军展开决战。

不过，受地理条件所限，诸葛亮要谋求与张郃决战，首先要顺利出谷。而从常理判断，数万大军出入川道谷地，自然是要分成前、中、后部，以排成纵列的长蛇阵行进。这种情况下，担任先锋的前部军队能否顺利取得稳固的落脚点，将直接影响到后续部队的行动。就彼时彼地的情境而言，郭淮驻守的上邽城正对赤谷口，张郃的五万大军也已赶来救援，诸葛亮要想进攻上邽或者与张郃决战，就必须先在赤谷口占有一个据点，有了该据点的掩护，他才能比较安全地将大军从谷中开出，展开成野战阵形或者扎下营盘。

这个据点，就是街亭。

亭者，停也。汉代的亭既是邮驿站点，又是负责治安联防的行政建制，往往位于交通要道之上。较大的亭有城墙，有居民，常常发展成村镇，战争时期便会成为临时的驻军场所。夷陵之战时刘备停驻的猇亭应该就是这样一个地方。街者，"四通道也"，凡四通八达的道路都可称街。所谓街亭，本意就是街边之亭，实在是个普普通通、没什么识别度的地名。故此汉唐史籍提到，除了马谡驻军的这个街亭之外，在甘肃永登县北部还有一个街亭城。《隋书·地理志》也记载，位于汉中盆地的汉川郡境内有个街亭山。

从前引杜甫《赤谷》诗中可知，诗人从秦州入山之前，在山口停宿的地方就叫赤谷亭。我怀疑，这个唐代的赤谷亭，很可能就是三国时的街亭。

另据《水经注》，魏晋南北朝时的上邽并非只有一座城池，而是"五城相接"。其中北城里有湖水，南北朝初年还有边冏、梁会两人占据东城南城造反，攻逼西城。因此，上邽应该由东西南北中五座城池组成。彼时郭淮驻守的可能只是其中之一。赤谷位于上邽西南，所以毗邻赤谷亭的不是西城就是南城。或许就是因为该亭位于通往西城或南城的大道边，故此得名街亭。倘若如此，那么对诸葛亮来说，最合适的策略就是利用街亭这个据点先夺取邻近谷口的西城或南城，然后据此来与张郃、郭淮周旋。这也是他交给马谡的重要任务。

然而不知为何，马谡却没有依照诸葛亮的指示而行。

现在，我们可以谈谈马谡的使用问题了。

如前所述，马谡是诸葛亮好友马良之弟，"马氏五常"之一，字幼常，宜城人，时年三十九岁。早年马谡以荆州从事的身份随同刘备入蜀，曾先后担任绵竹、成都的县令和越嶲郡太守。史称其"才器过人，好论军计"，因此得到了诸葛亮的器重。据说刘备临死前跟诸葛亮交待后事，对马谡曾有"言过其实，不可大用"的评价，但诸葛亮对这一意

见却并没有重视。执政后,他便任马谡为参军,"每引见谈论,自昼达夜"。三年前南征雍闿、孟获,诸葛亮就采纳了马谡"攻心为上"的建议,获得了"夷夏粗安"的效果。

参军这个职位名义上是高级参谋,但实际的职责则可文可武、不拘一格,全看府主交待的是什么任务。彼时诸葛亮的丞相府以向朗为长史,魏延为司马,胡济为主簿,马谡、蒋琬、杨仪、费祎、廖化、李邈等为参军,表面看上去不缺人手。但是坦白来讲,蜀汉作为一个外来者进入益州建立的政权,随着第一代非益州籍将吏的凋零,内部正面临着人才枯竭尤其是军事将领稀缺的窘境。

这次北伐,诸葛亮安排赵云统领一军为疑兵,远在数百里外,帐下堪当使用的宿将不过魏延、吴壹等区区数人。按理说,"统大众在前"这个先锋任务,更合适的人选是魏延,因为魏延不但资历威望最高,而且去年诸葛亮出屯汉中之后他就被委任为了"督前部",领凉州刺史的职务。然而我们前面讲过,在北伐的策略上,魏延跟诸葛亮存在根本性的分歧,更重要的是,他总是企图单统一军自由行动。所以,就像现在任何一位领导都不会把关键性的任务交给不听话的下属一样,诸葛亮也没法重用魏延。至于吴壹,本身并没有多高的才能,他本来是刘璋的手下,他的妹妹则是刘璋兄刘瑁之妻。后来到刘备入蜀时,吴壹妹已是寡妇,而由于孙权把他妹妹接走,刘备自己也没有正室,于是在法正等人的撮合下,刘备就娶了吴壹之妹,也就是现在的皇太后。靠着这层关系,吴壹才官居显位,爵封县侯。眼下这份风险甚高的任务,诸葛亮也不想交给他。

于是诸葛亮的眼光就落到了马谡身上。

我相信,他在马谡的身上看到了年轻的自己。

有人说,马谡其人言过其实,但是当年诸葛亮隆中高卧,自比管仲、乐毅之时，又何尝不被人视作大言不惭？陈寿既用"才器过人"来形容马谡，蒋琬亦称其为"智计之士"，至少说明此人的确很有能力，并非夸夸其谈之徒。更重要的是，马谡不但理解诸葛亮的意图，深得诸葛亮的信任，更是荆州系后继者当中少见的人才，而为了安邦定国和北伐大业，诸葛亮非常迫切地需要培养和拔擢一批能够独当一面的膀臂。一个人天赋再高，总要在实战中得到锻炼才能成长。再说，当年魏延能够脱颖而出，也是因为刘备破例拔擢。而且诸葛亮认为，只要马谡遵照自己的指示行事，应该就不会有大的蹉跌。

　　我想，可能正是基于以上理由，诸葛亮才做出了任马谡为先锋的决定。而马谡的首要任务就是抢先在街亭建立据点，以掩护诸葛亮的中军开出赤谷川。

第128章　马谡做先锋

第129章 隐秘的细节

街亭之战发生的具体日期史籍无载,以魏明帝返回洛阳的时间推测,应该在三月中旬。

而其地点,就在上邽西南的赤谷川口。

战事的大体过程由于小说、戏剧的演绎以及前面的讲述,相信大家早已了然于胸。总之,就是马谡不顾副将王平的谏阻,"舍水上山,举措烦扰","依阻南山,不下据城",因而被张郃断绝了汲水通道,大败而还。

但是这里面仍然有一些问题需要解释。

比方说,按照《诸葛亮传》的记载,马谡之所以选择舍水上山,是因为他"违亮节度,举动失宜",意思是他违背了诸葛亮的命令。以此反推,想必诸葛亮的指示就是要求马谡在山下近水处"据城"扎营。如此说来,街亭这个地方应该是有城存在的,而且这个城就在水边。这一点,也与我推断赤谷川口为街亭所在地的观点相吻合。该谷中不但有赤谷水(又名黄瓜水,今南沟河)流注籍河,而且谷口还有赤谷亭存在,不远处则有上邽西城或者南城。因此我推想,按诸葛亮的规划,马谡最好能趁敌军来不及全力防备的时候,抢先占据一城。如果该城距谷口较近,那么就可以掩护诸葛亮的中军出谷;如果距离谷口较远,那么当郭淮、张郃的注意力被马谡吸引过去的时候,诸葛亮就可以统领中军迅速出谷,对敌人进行夹击。

至于与马谡同出的高详,其任务应该是配合马谡作战。其屯驻的柳城位于何处虽无所稽考,但籍河边自古多柳,清代时城南河边尚有柳树万株,柳城或许便位于籍河河边。从地形地貌推测,马谡似应扎营于赤谷水东岸的南山(史籍将籍河河谷以南之山称为南山)山坡上,而高详则位于赤谷水以西、籍河南岸的平地上。

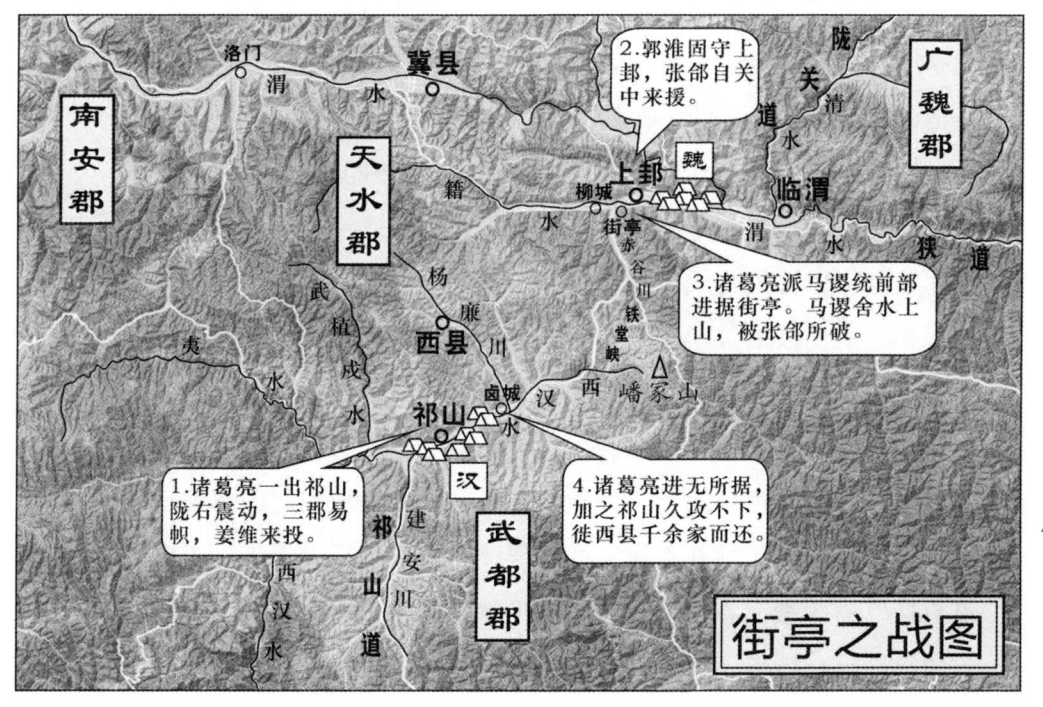

那么，为什么马谡会无视诸葛亮的命令，自作主张"舍水上山"呢？

其实按照军事常识，行军扎营在地形的选择上本来就应该优先高处。故《武经总要·下营择地法》云："大约军之所居，就高去下，向阳背阴，养生处实，无以水火为虑。"《孙子兵法》也强调，宿营的原则是"视生处高""凡军好高而恶下，贵阳而贱阴"。占据制高点，不但视野开阔，易于防守，而且不惧水攻火攻，士兵也不易染病。马谡选择"依阻南山"，本来没什么毛病。至于水源这个问题，从张郃"绝其汲道"来看，马谡选择的扎营点附近原本也是有水源的，只不过后来张郃发现了这处水源，设法截断或者重兵设防，蜀军便再也无法正常取水了。这一点肯定是马谡疏忽所致，他难辞其咎。那么他为什么"不下据城"，即不去占领山下的西城或者南城呢？我猜多半是因为城中已经有敌军防守，马谡没有信心能够占领。考虑到这毕竟是马谡第一次领兵，对面又是张郃这样智勇兼备的名将，马谡临事而惧亦属正常，史书说他"举措烦扰""举动失宜"大概就是这个意思。既然马谡判断彼时占据城池的A计划执行不便，那么"将在外君命有所不受"，他改变主意而在"视生处高"的南山上扎营，应该也不算太差的B计划。

平心而论，这个时候马谡如果能够守住营地，坚持到诸葛亮的中军抵达，也可以算是完成了任务。但坏就坏在他疏忽大意，忽视了对水源的保护，致使汲道被断，全军陷入了无水可饮的死地。行军打仗是高体力劳动，需要补充大量水分，此时又是阳春三月，无水可饮的情况下大概只需一两天，蜀军士兵就会丧失战斗力。张郃再一通猛攻，马谡自然就落得了个"众尽星散"、大败而回的下场。与此同时，郭淮也从上邽发动进攻，击溃了驻扎在柳城的高详。只有王平带着手下一千来人"鸣鼓自持"，缓缓向谷中撤退。张郃见状怕有伏兵，于是没有追击。王平这才徐徐收合溃卒，率残众返回。

由于马谡、高详的失利，街亭附近再无蜀军据点。此时尽管诸葛亮的中军已经开到距街亭数里的距离，但因为谷口被张郃封锁，也无法挽回败局。袁准说，这个时候"官兵相接"，张郃的军队就在诸葛亮的屁股后，但诸葛亮却并未慌乱，而是"徐行"而归，"此其勇也"。证明诸葛亮确实具有泰山崩于前而不变色之勇气。而从赤谷南入十公里，即今皂郊镇至铁堂峡一带，向为山崖壁立、地势险要之所，故杜诗云："山风吹游子，缥缈乘险绝。峡形藏堂隍，壁色立积铁。"这样的地形，张郃是不敢追击的。于是诸葛亮安然退回了祁山。

这个时候，另一条战线也传来消息：赵云、邓芝的疑兵与曹真军战于箕谷，由于寡不敌众，同样遭遇了失败，所幸赵云亲自断后，敛众固守，损失并不严重。期间为了阻截曹兵追击，赵云还主动烧毁了赤岸（今陕西留坝江口镇）以北的栈道一百余里。

至此，诸葛亮夺取陇右的计划已难以为继了。街亭之战尽管只损失了马谡所领的前军，诸葛亮的中军毫发无伤，但张郃既将谷口封锁，蜀军就无法北进。而祁山守军得知魏军战胜，一定士气大增，守意愈坚。这种情况下如果在祁山继续纠缠下去，不但得不偿失，而且曹真多半会赶来与张郃会合，形势只会更加恶劣。

诸葛亮无奈，只好迁走西县民户千余家，撤兵退回了汉中。

随后曹真挥师安定，天水、南安两郡响应蜀军的地方武装也被张郃迅速镇压，叛乱的吏民"皆坐应亮破灭"。

蜀汉第一次北伐的大好局面，就这样因马谡的一个失误而断送了。

失利的责任，必须有人承担。

所以回到汉中后，诸葛亮立刻干了两件事。

第一件是"戮谡以谢众"，也便是演义中"挥泪斩马谡"这一段情节。

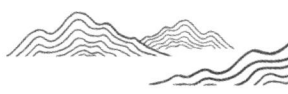

《诸葛亮传》说，马谡"下狱物故，亮为之流涕"。裴注所引《襄阳记》也说，马谡临终前写信给诸葛亮，云"明公视谡犹子，谡视明公犹父"，倘若自己的死能像舜帝处死治水失败的鲧一样使后人警醒、大业振兴，那自己虽死无恨。行刑时诸葛亮亲自临祭，于时十万之众为之垂涕。后来马谡的遗孤也得到了诸葛亮的善待。

不过耐人寻味的是，某些史料却透露出了演义中不曾涉及的隐秘细节。

一则史料是《华阳国志》记载，与马谡同为参军的广汉人李邈劝诸葛亮不要处死马谡，理由是"秦赦孟明，用霸西戎；楚诛子玉，二世不竞"，意思是当年秦将孟明视在殽之战大败而还，秦穆公不但没处死他，还对他继续重用，最后终于使秦国击败晋国，称霸西戎；而楚成王则责令城濮之战败归的大将子玉自杀，结果连续两代国君，楚国都无所作为。如此两例对比，显然是希望诸葛亮能让马谡戴罪立功。

然而诸葛亮不但没听，还疏远李邈，把他遣回了成都。

有意思的是，楚成王杀子玉这个比喻，后来蒋琬也对诸葛亮提到过。街亭之战时，蒋琬留守成都，所以他在事后才有机会向诸葛亮表达意见。他说："楚成王杀子玉，真正高兴的人是楚国的敌人晋文公。如今天下未定而杀掉马谡这样的智计之士，难道不是太可惜了吗？"诸葛亮便流着泪回答说："孙武之所以能制胜于天下，就在于他用法严明。故而才有杨干乱法，魏绛戮其仆之事。当今四海分裂，战争方始，如果我因人废法，那还拿什么来治军讨贼啊！"

楚成王杀子玉这事，历来被后人视作自毁长城的典型，所以李邈和蒋琬才频频提及。可问题在于，当年子玉之所以战败，很大程度上是因为楚成王跟子玉赌气，故意给了他较少的军队，而子玉败还后，楚成王又责让他不听自己的话，子玉这才自杀。这事归根结底错的不是子玉，而是楚成王。用这个例子跟诸葛亮杀马谡相比较，其实并不十分合适，除非另有原因。

还有一则史料来自《三国志·向朗传》。向朗这个人当时在诸葛亮身边任长史，其本传说："朗素与马谡善，谡逃亡，朗知情不举，亮恨之，免官还成都。"也就是说，街亭战败后马谡一度有过畏罪潜逃的举动，而向朗知情不报，纵容马谡逃亡，因而得罪了诸葛亮，事后便被免职遣回了成都。而马谡后来还是被抓捕下狱，以正军法。《华阳国志》则记载，向朗的罪名是"不时臧否"（褒贬评价不合时宜），似乎对马谡颇有回护之辞。这些记载倘若属实，那就让人不禁感到疑惑：如果马谡真的像他在信中说的那样心甘情愿赴死，那他为何还要潜逃？向朗知情不报，并替马谡开脱辩护，除了因为他跟马谡是同乡、两人关系很好之外，是否还另有隐情？诸葛亮罢黜向朗如果说名正言顺，那他为何同时还要遣还只是提了一点不同意见的李邈？马谡如果罪有应得，那何以被处死时"十万之众为之垂涕"？

再看看除了马谡、向朗和李邈之外，是否还有人与此案相涉呢？

有的。《三国志·王平传》说："亮既诛马谡及将军张休、李盛，夺将军黄袭等兵，平特见崇显，加拜参军，统五部兼当营事，进位讨寇将军，封亭侯。"王平屡谏马谡不听，又在败军之际保全了自己的部众，并使张郃不敢追击，可谓有功，这没什么好说。可是张休、李盛为什么被诛，黄袭为什么被剥夺兵权呢？此三人在史籍中仅此一见，事迹不详，想来应该是马谡的属下（史载陈寿之父时为马谡参军，亦受髡刑）。

问题在于，不听诸葛亮的指示是马谡的主意，三人作为下属只有遵从，即便有错，张休、李盛也罪不至死吧？更奇怪的是，屯驻柳城的高详同样战败，却不见诸葛亮对他有任何惩罚措施。后来高详（一作高

翔）更是在蜀汉一直当到"大将军"的显位[①]。在箕谷败于曹真的赵云也仅仅是从镇东将军贬为镇军将军。这又是怎么回事呢？

东晋人习凿齿就认为，诸葛亮先是没听刘备的告诫，未能对马谡量才授任，后来出了事，对马谡的惩罚又"裁之失中"，明显过于严厉。对此，清人何焯解释说，那是因为习凿齿不了解当时的情势：诸葛亮任马谡为前锋本来就是破例提拔，魏延、吴壹等人不可能对此没有意见，现在马谡战败，如果诸葛亮不对他加以严惩，那岂不是更给魏延等以口实？为了杜绝众人之异议，诸葛亮才不能出此"惜一人而乱大事"的下策。赵一清、钱振锽则提出，马谡之所以被杀，除了战败之责外，还因为他有逃亡之举，否则未必就会掉脑袋。

但是我认为，马谡的逃亡行为不是发生在阵前，而是发生在蜀军撤回汉中、他得知自己将要被处死之后。因为马谡如果逃亡，那他逃亡的目的地不是东吴就是曹魏，考虑到当时吴蜀联盟，他更可能逃往曹魏。不论去哪儿，逃亡都意味着叛国，而马谡的妻小在蜀汉，如果不是摊上了必死无疑的罪名，他绝不会舍弃妻小逃亡叛国，从而让家口受连累（黄权、孟达投魏，其家属就差点被杀）。也就是说，尽管逃亡是更严重的罪名，但在此之前诸葛亮就做出了处死马谡的决定。于是马谡认为，左右是个死，不如逃跑，还能有一线生机。

然而他并没成功。

那么，诸葛亮给马谡定的到底是什么罪名呢？

破解这一谜案的关键，就在"物故"二字。

[①] 高详，史籍又写作高祥。此人最早出现于汉中之战，被《魏书》称为刘备别将。但《三国志》和《华阳国志》都记载，建兴九年有一位名叫高翔的将领参加了诸葛亮再出祁山之战，其人在弹劾李严的表奏上具衔"督前部右将军玄乡侯"，后来更是进位杂号大将军。此人之前若无军功累积，不会平白至此。故高详、高翔应为同一人。

第130章 不存在的"空城计"

《三国志·诸葛亮传》提到马谡的结局,云其"下狱物故",诸葛亮为之流涕。陈寿这一用词,引起了后世史家的注意。

"物故"这个词,在秦汉史籍中常指代死亡。对于其本义,尽管诸家所训不同,如刘熙认为物故就是"诸物皆就朽故";高堂隆认为,物通无,故通事,"物故"就是再也不能干事儿;颜师古则认为有两说,一种说法是"言其同于鬼物而故",另一种说法是"不欲斥言,但云其所服用之物皆已故耳"。但经过学者统计分析,我们已可知道,并非所有的死亡都能用"物故"指代,其正确的用法是专门用于那些突发的、令人感到意外的非正常死亡。

例如《史记·大宛列传》云:"将吏贪,多不爱士卒,侵牟之,以此物故众。"士卒多死,是因为受到将吏残忍对待;《后汉书·应劭传》云,有个叫尹初的人为替弟弟顶罪,"求代其命,因缢而物故",

这是自杀；《英雄记》云孙坚之死，是因为刘表的士兵从山上扔石头，"中坚头，应时脑出，物故"，这是被人砸死；刘璋的哥哥刘瑁"狂疾物故"，是突发精神疾病而死；居延汉简中常有"戍卒行道物故"之现象，则是因为疾病或水土不服。

就这个意义而言，虽然监狱里的犯人经常由于环境恶劣和遭受拷打而"物故"，但是经过审理后被明正典刑这种情况是不能用"物故"来描述的。所以清人潘眉才质疑说，陈寿在《三国志》里记叙某人被官府依律处死，要么用"弃市"，要么用"伏诛""伏辜"，就是没有用"物故"的。此处云马谡之死用"物故"，似属春秋笔法，意非寻常。

按照前引《襄阳记》的叙述，马谡是在诸葛亮亲自临祭的情况下被开刀问斩的，他不但甘愿就戮、死而无憾，而且还有全军将士流泪为其送行。正是这一场景构成了"挥泪斩马谡"这出戏剧的核心内容。如果真是这种情况，那马谡简直是"牺牲"，是"献身"，何谈"物故"？考虑到《襄阳记》（即《襄阳耆旧记》）是东晋人习凿齿所著，而习凿齿本身就是襄阳人，该书又以"矜其乡贤，美其邦族"为主旨，对历史上的襄阳名人多说好话、不说坏话，这段记载的可信性是要打折扣的。习凿齿虽然承认马谡是因街亭之败被处死，但他对败战的原因只字不提，与此同时却侧重描写马谡慷慨赴死、众人含悲忍泪的情景，情感上明显为马谡感到惋惜。这一点也跟前引他认为诸葛亮未能量才授任在前、"裁之失中"在后的看法相一致。总之，在习凿齿看来，街亭之败主要是诸葛亮的责任，马谡不过是个倒霉的替罪羊。因此对马谡之死，《襄阳记》中的记述难逃刻意美化的嫌疑。

其实在我看来，在马谡之死这个问题上，要想解决"下狱物故"与"明正典刑"之间的矛盾，关键就是要搞清楚马谡的罪名。

而从现有材料可知，马谡的罪名总共有三条：

第一条当然是街亭战败,这个没有什么争议。但是从高详没受惩罚、赵云仅仅贬号来看,战败本身并非死罪。

第二条是"违亮节度",也就是违背诸葛亮的命令。常言道"军令如山",按照诸葛亮自己制定的治军法令,"军有七禁:一曰轻,二曰慢,三曰盗,四曰欺,五曰背,六曰乱,七曰误",任何一项都是"有此者斩之",不听指挥比以上七禁还严重,绝对够得上死刑。可我们也知道,战场形势瞬息万变,很多时候主帅的意思下面执行的人不可能完全照搬,所以才有了"将在外君命有所不受"这句话。马谡违命到底是客观局势所限,还是他本人自作主张、一意孤行,他又在多大程度上违背了丞相的军令,这当中本身就存在探讨的空间和性质判定的不同。我相信,向朗起初"不时臧否",发声替马谡辩护,后来又"知情不举",纵容他逃走,应该就是因为他对这一点的理解跟诸葛亮有分歧。我甚至怀疑,马谡之所以决定逃亡,也是由于他从向朗这里得到了自己将被处死的信息。而张休、李盛等人可能也与逃亡一事有涉,故而也被诛斩。

然而马谡最终逃亡未果,徒然使自己增添了第三条罪名:叛逃。

这一罪名虽然严重,于马谡却是债多不愁——反正他已经是必死的人了。但是对于诸葛亮来说,此案却不便公开深究。因为我们知道,蜀汉作为三国中实力最为弱小的一个,又是外来户进入益州建立的政权,其统治者对向心力和凝聚力的需求十分迫切,这就要求诸葛亮对举国臣民的思想高度统制,尤其要坚决遏止有人生出叛离之心。在本国历史上前有糜芳、士仁,后有黄权、孟达为示范的情况下,马谡作为诸葛亮亲自提拔并重用的心腹,其叛逃行为如果被世人所知,政治上的影响将极为恶劣。所以对诸葛亮而言,马谡一定要杀,不杀不足以服众,但是不宜对案情详加审理,也不宜公开处刑。最好的办法就是让马谡自己认罪(交换条件是保全马谡的妻儿),然后将其在监狱中处死,或者勒令自

杀，最后再对外宣称马谡是因为"违命""战败"而被军前正法，其人罪有应得、死得其所，而诸葛丞相则铁面无私、用法严明。

我想，这大概就是陈寿称马谡"下狱物故"，习凿齿则宣扬马谡是在刑场上慷慨赴死的原因。

马谡虽然得到了应有的惩罚。但归根结底，是诸葛亮对他委以重任。正像许多人指出的那样，诸葛亮识人不明，用人不当，自然也要负领导责任。

所以诸葛亮回到汉中后的第二件事，就是上表给后主刘禅，为这次北伐失利自请处分。

表奏中写道："臣以弱才，叨窃非据，亲秉旄钺以厉三军，不能训章明法，临事而惧，至有街亭违命之阙，箕谷不戒之失，咎皆在臣授任无方。臣明不知人，恤事多暗，《春秋》责帅，臣职是当。请自贬三等，以督厥咎。"于是后主降诏，贬诸葛亮为右将军。

彼时诸葛亮官居丞相，与大将军平级，按蜀汉官制，往下贬一等为骠骑、车骑、卫将军，二等为镇南、征西等杂号大将军，三等为前后左右将军。诸葛亮虽被贬号右将军，但后主同时命其"行丞相事，所总统如前"，其权柄并没有任何改变。

尽管如此，自贬三等却并非仅仅是象征性的惩罚。有史料显示，此后诸葛亮深以这次北伐失利为戒，对整个军队的制度建设、指挥训练、作战方法等方方面面进行了积极的调整和改革，对自身存在的缺点和不足也进行了深刻的检讨和反思。据《汉晋春秋》记载，当时有人建议，应该在全国大规模征兵，以弥补此次北伐遭受的损失，但是诸葛亮却道："大军在祁山、箕谷皆多于贼，却不能破贼而反为曹贼所破，足见我军之弊病不在兵少，而在一人。如今我正要精简兵将，明罚思过，校变通之道于将来。如果不能如此，即便兵多，又有何益？自今而后，诸君之建议只要于国家有益,就不妨直言我之所短。若能如此,则事可定,贼可死,功可跷足而待矣。"接下来的一段时间,诸葛亮"考微劳,甄烈壮,引咎责躬,布所失于天下,厉兵讲武,以为后图",没过多久,就达到了"戎士简练,民忘其败"的效果。有迹象显示,流传至今的诸葛亮兵法战策以及著名的"八阵图"大都创制于这一时期。

而除了这些宝贵的经验教训,此次北伐也并非全无收获。

至少,姜维来归是可令诸葛亮略感欣慰的事情之一。

姜维字伯约,家居天水冀县(今甘肃甘谷东),时年二十七岁,本是天水太守马遵辖下参军。如前所述,当诸葛亮进围祁山之时,雍州刺史郭淮偕同天水太守马遵一行恰巧在郡西的洛门一带巡行,姜维和一众郡吏也在随行之列。得知祁山被攻,郭淮心知不妙,立刻对马遵道:"是欲不善!"便疾驰东归,进入了上邽城。按理说,这时候马遵守土有责,应该返回冀县。但他担心冀城"界在西偏,又恐吏民乐乱",怕天水郡民一旦倒向蜀汉,自己将身陷贼营,而且由于附近郡县已经开始响应蜀军,马遵怀疑姜维等郡吏也有异心(这是因为姜维等郡吏都是本地人,而刺史、太守都是"空降"的外官),于是当天夜里,他便悄悄溜走,也追着郭淮赶往了上邽。等姜维等人发现太守失踪,追之不及,只好相率返回冀县。接下来史籍的记载有所不同:《魏略》说,冀县吏民见到姜维大喜,还推举他代表本县去见诸葛亮;但是《三国志·姜维传》却说,冀县人闭门不纳姜维,姜维走投无路,只好来向诸葛亮投降。不管哪种说法正确,总之这一去,姜维就再也没有见到自己的老娘。因为没过多久,马谡败于街亭,诸葛亮只得携西县千余家退军,姜维有家难回,也就随其迁往了汉中。

诸葛亮初见姜维,一番交谈后心下甚悦,觉得此人是个可造之材,就写信给留府长史张裔、参军蒋琬道:"姜伯约忠勤时事,思虑精密,

第130章 不存在的『空城计』

考察其资质禀赋,永南、季常诸人皆比之不如。其人可谓凉州上士。"永南是指李邵,曾任诸葛亮的西曹掾,季常则指马良,两人皆有才名。如此看来,诸葛亮对姜维评价甚高。

更重要的是,姜维是陇西人,他的父亲曾任郡功曹,在与羌胡作战时战死沙场,其家在当地应属豪强,很有势力,姜维本人则是天水郡的高级官吏,而诸葛亮北伐的策略就是优先攻取陇右,姜维来投就意味着蜀军在陇右有了"带路党"。再加上经过初步接触,诸葛亮发现姜维"敏于军事,既有胆义,深解兵意""心存汉室,而才兼于人",故此很快便将姜维列为了重点培养对象,不但征辟他为仓曹掾,加奉义将军,封当阳亭侯,还表示要把自己军事上的经验全都教给姜维,然后派他去成都觐见后主。

对姜维而言,他本身就是"好立功名,阴养死士,不修布衣之业"之人,此番既受诸葛亮知遇之恩,从"天水之匹夫"变成了受大汉丞相青睐的未来事业接班人,他也就安心留在了蜀汉。据说后来姜维的老母曾托人带信给他,向他要一味中药——当归,但是姜维回答:"良田百顷,不在一亩;但有远志,不在当归也。"并没有回归家乡。

说到这里,顺便聊聊演义中与"失街亭""斩马谡"密切相关的"空城计"一事。

小说里,罗贯中将街亭设定成了地当粮道的"汉中咽喉",西城则是"蜀兵屯粮之所",说街亭丢失以后诸葛亮急忙退往西城搬运粮草,不料司马懿突然率领十五万大军杀到,而城中只有两千五百守军,于是诸葛亮心生一计,这才有了"武侯弹琴退仲达"的空城计故事。

此事之原型,出自《三国志》裴注所引西晋人郭冲"条亮五事"的第三事:

亮屯于阳平，遣魏延诸军并兵东下，亮惟留万人守城。晋宣帝（即司马懿）率二十万众拒亮，而与延军错道，径至前，当亮六十里所，侦候白宣帝说亮在城中兵少力弱。亮亦知宣帝垂至，已与相逼，欲前赴延军，相去又远，回迹反追，势不相及，将士失色，莫知其计。亮意气自若，敕军中皆卧旗息鼓，不得妄出庵幔，又令大开四城门，扫地却洒。宣帝常谓亮持重，而猥见势弱，疑其有伏兵，于是引军北趣山。明日食时，亮谓参佐拊手大笑曰："司马懿必谓吾怯，将有强伏，循山走矣。"候逻还白，如亮所言。宣帝后知，深以为恨。

实际上，裴松之早已辨明，这事儿多半是民间传说，被郭冲当成了真事儿。因为诸葛亮初屯阳平关时司马懿还在宛城任荆州都督，直到数年后曹真去世，他才转赴长安与诸葛亮对敌。诸葛亮一出祁山那次战役，司马懿根本就没参加。

当然，像"空城计"这样在事态紧急的情况下虚张声势以诓敌的战例，三国历史上倒也确曾存在，赵云、曹操、文聘都不同程度地使用过。罗贯中在改编郭冲的"条亮五事"时，受到这些事例的启发也说不定。

第131章 周鲂诈降

前文讲到,诸葛亮在首攻祁山时曾给孙权写过一封信,请求他"以同盟之义,命将北征,共靖中原,同匡汉室"。从当时两国间的交通状况来看,身在武昌的孙权收到这封信应该是一个月后了,那时诸葛亮已经撤回了汉中。

不过这封信还是起到了效果。而送信的使者多半是诸葛亮的参军费祎。

自从诸葛亮派邓芝入吴与孙权重结盟好,这几年间双方一直通使不断,关系相当和谐。史籍记载的双方使者往来互相调侃吹牛的段子,很多都发生在这一时期。

例如孙权派辅义中郎将张温出使蜀汉,返国的时候百官都来饯行,大家都到齐了,只有时任左中郎将、长水校尉的秦宓没来。张温见诸葛亮派人催了好几次,就好奇地问:"彼何人也?"诸葛亮说:"益州学士也。"意思是秦宓是个特别有学问的人。

等到秦宓不紧不慢地来到，张温就故意问他："君学乎？"

秦宓说："五尺童子皆学，何况小人我！"

张温又问："天有头乎？"

秦宓道："有之。"

"在何方也？"

"在西方。《诗》云：'乃眷西顾。'以此推之，头在西方。"

"天有耳乎？"

"天处高而听卑。《诗》云：'鹤鸣于九皋，声闻于天。'若其无耳，何以听之？"

"天有足乎？"

"有。《诗》云：'天步艰难，之子不犹。'若其无足，何以步之？"

"天有姓乎？"

"有。"

"何姓？"

"姓刘。"

"何以知之？"

"天子姓刘，故天必姓刘。"

"日生于东乎？"张温最后问道。

他前面都没能问住秦宓，多少有点面上无光，所以才明知故问地问了一个傻子都能回答的问题。因为太阳是天子的象征，而吴国在东，只要秦宓承认太阳从东边出来，就是承认了东吴的正统地位。

秦宓自然瞧破了他的心思，答道："日虽生于东而没于西。"意思是咱两家地位平等，不分东西。

于是张温对秦宓之学识大为敬服,宾主尽欢而散。

张温走后,诸葛亮再次派邓芝入吴回访。一次宴见,孙权对邓芝这个老朋友道:"若天下太平,二主分治,不亦乐乎?"意思是灭了曹魏以后,咱两家把天下分了,那不也挺好的吗?

邓芝便道:"天无二日,土无二王。如灭魏之后,大王未深识天命,彼时君各茂其德,臣各尽其忠,将士各提枹鼓,则战争方始耳。"你孙权想跟我们大汉争正统,没门!

孙权于是大笑:"君之诚款,乃当尔邪!"你这家伙也太实诚了吧!

以上对话透露出,孙刘两家尽管迫于形势结成了同盟,但政治上仍然是潜在的对手。在军事领域双方虽然不再大动干戈,但在外交领域却时刻较着劲。当然,这种较劲很多情况下是在觥筹交错、谈笑风生间进行的。可能就是因为这一点,孙权特别喜欢跟蜀使逗闷子、开玩笑,这一时期他很给蜀人留下了"性既滑稽,嘲啁无方"的印象。

比方说南中叛乱时益州太守张裔被雍闿送到了吴国,两国和好后孙权放张裔回国,临行前他就逗张裔说:"我听说当年蜀地有卓氏寡女,亡奔司马相如。贵土风俗,何以至此啊?"你们蜀国的寡妇喜欢跟人私奔,这民风也太差了吧?张裔就不卑不亢地回答:"愚以为卓氏之寡女,犹贤于买臣之妻。"朱买臣是吴人,四十多岁的时候还是个穷光蛋,一边砍柴,一边吟诵诗书。他老婆既嫌他穷,又嫌他没出息、不干正事,就跟他离了婚。哪知道后来朱买臣受汉武帝赏识,当了大官,他老婆惭悔万分,竟至自杀。张裔的意思是,卓文君再不守妇道,也是因为迷恋司马相如的才华,而朱买臣之妻不但是个势利眼,还不尊重文化人,所以你们吴地的风俗更差。

费祎数次使吴,联络孙权共同伐魏,也遇到了跟邓芝、张裔类似的情况。

据裴注所引《祎别传》，孙权每次宴请费祎，都拿出上好的酒给他喝，等到费祎已经喝醉，他就开始问这问那，净是些不方便解答的问题。费祎心知不妙，就常常装醉推诿，回来以后才针对那些问题写条陈一一作答。孙权对费祎颇为器重，曾对他说道："君天下淑德，日后必当股肱蜀朝，恐不能数来也。"临走之时孙权还把自己心爱的宝刀赠给费祎。费祎答谢说，自己虽然不配得到这样的眷顾，但考虑到宝刀是用来"讨不庭、禁暴乱"的物事，就姑且收下，"但愿大王勉建功业，同奖汉室，臣虽暗弱，终不负东顾"。

当初孙权以向曹丕称臣为代价，换取了吴王这个头衔，名正言顺地成了"王国"（kingdom）的统治者。但是由于他并未称帝，未能继承"天命"，法理上来说，他现在尽管没有向任何人称臣，却依然可以遵奉季汉和曹魏这两个帝国（empire）中的任何一个为正统。所以费祎也好，诸葛亮也罢，都能以"同匡汉室"为辞，劝孙权共同出兵。

其实这个时候孙权已经在年号、符瑞等问题上大做文章，开始为自己称帝奠基造势。"同匡汉室"的口号他本人虽然难称认同，但并不妨碍他基于共同利益而配合诸葛亮的北伐攻势，对曹魏出兵。问题在于两点：一是这个时候诸葛亮已经在街亭失利后撤回了汉中，他失去了两面夹击的机会；二是之前与曹魏的交锋记录证明，贸然向合肥等重镇发动正面进攻占不到什么便宜，多半徒劳无功。要想对曹魏构成实质性打击，还得另辟蹊径才行。

于是孙仲谋眉头一皱，计上心来。

自从孙策兄弟在江东立足以来，广泛分布于荆、扬山区的"山越""山民""宗帅"就一直是制约东吴发展和稳定的心腹大患。这其中，位于今江西省东北部的鄱阳郡一带更是叛乱频发的重灾区。史料显示，在孙策、孙权时代，鄱阳郡宗民发动的大规模叛乱有七次之多。就在这次费祎使吴的两年前，还发生了"鄱阳贼彭绮自称将军，攻没诸县，众数万人"的叛乱，历时年余才被剿平。更让孙权感到恼火的是，几乎每次山寇叛乱的背后，都有曹魏在暗中捣鬼。例如建安二十一年，"鄱阳民尤突受曹公印绶，化民为贼"；二十二年，"丹杨（阳）贼帅费栈受曹公印绶，扇动山越"。这种情况到了魏明帝时代也是如此。就拿前面提到的彭绮叛乱来说吧，彭绮起兵后，曹魏朝廷里就有许多人提议趁此伐吴，后来魏明帝听了孙资的谏阻，虽然没有发大兵接应彭绮，但曹休依然击破了屯守皖城的吴兵，与彭绮遥相呼应。

基于这种情况，孙权决定效仿汉武帝"马邑之谋"，用派人诈降的方法诱骗镇守寿春的征东大将军曹休，然后诱敌深入，将其歼灭在埋伏圈当中。

这个计策要想得逞，关键在于诈降的人选。

一开始，孙权指示鄱阳太守周鲂，叫他秘密寻找一位"山中旧族名帅为北敌所闻知者"，让此人去诈降。但是周鲂仔细考虑了一番，觉得这些山民宗帅都是些跳梁小丑式的人物，根本不足仰仗，搞不好还会泄露消息，使计策难以成行，便向孙权提议，不如由自己亲自上阵，向曹休诈降。孙权表示同意。于是周鲂就拟定了一个周密的计划，派自己的两名亲信潜入魏国，与曹休展开了接触。

前前后后，周鲂总共给曹休写了七封密信。信上说，自己辖境内的山民屡次叛乱，引起了孙权极大不满，近来朝廷更是几次三番派使者对自己严厉谴责，看样子已经祸在顷刻，为求自保，愿意举郡反叛，希望曹休派兵接应。为取信于曹休，周鲂还在信中泄露了不少军事机密，又乞求赏给自己起兵用的印绶和旗帜，还说孙权近日大合兵众，准备进攻石阳，江边防守空虚，绝对是机不可失、时不再来。与此同时，孙权也屡次派使者严谴周鲂，以资配合，周鲂则截断头发以示"谢罪"。

由于鄱阳郡历次反叛多与曹魏有所勾结，孙权和周鲂的双簧又演得十分逼真，再加上前不久东吴大将韩当的儿子韩综、将军翟丹（一作翟舟）也因为畏罪先后叛降入了曹魏，而曹休自己则在扬州屡战获胜，有所轻敌，于是终于上了当。

在曹休的怂恿下，魏明帝不但批准了他深入皖城接应周鲂的计划，还命司马懿在荆州治水军，直指江陵、夏口，命豫州刺史贾逵督满宠、胡质自西阳（今河南光山）直向东关，三道伐吴。

此处之东关并非指后来孙吴在濡须水北口修筑的要塞东兴关，而是曹魏对东吴彼时都城武昌的代称①。

孙权在称吴王之前，驻地屡迁。大体说来，在建安十四年以前，孙权屯驻吴县（今江苏苏州），从十四年至十六年暂驻京口，十六年至二十四年则以改名建业的秣陵为都，二十四年袭取荆州后有近两年的时间居于公安，至黄初二年刘备称帝后，他又把都城由公安迁到了位于今湖北鄂州的武昌。

夺取荆州后的东吴长江防线总共五千七百里，居于中游的武昌可以东西兼顾，不管是蜀汉来自上游的进攻，还是曹魏从北方发动的多路征讨，孙权都能够非常方便地沿江上下调动军队，从而应付裕如。而由于桐柏山、大别山的阻挡，之前曹魏伐吴，要么取道西边的襄阳、江陵，要么取道东边的合肥、广陵，都很难直接威胁到武昌。再加上武昌以西的东吴重镇夏口牢牢控制着自汉水进入长江的通道，在其北岸正对面的邾城（今湖北黄冈）孙权也屯有重兵，武昌正北方的曹魏豫州刺史则远

---

① 三国时期有三处东关，一处为蜀汉之江州，一处为濡须水北口东兴关，一处为孙吴都城武昌。此处之东关指武昌，参见宋杰：《孙吴武昌又称"东关"考》，《三国兵争要地与攻守战略研究》，中华书局2019年版。

驻在千里外的项城（今河南沈丘），所以当时的情况是曹军打不到孙权的心脏，但是孙权却能够"西从江夏，东从庐江"，不断侵扰江北的曹魏领土。

针对这种情况，曹魏豫州刺史贾逵最早向明帝建议，应该开辟一条从正面直接威胁武昌的通道，这样就能使孙权自顾不暇，难以派中军东西赴援。司马懿也曾在入朝时进陈伐吴方略："夏口、东关，贼之心喉。若为陆军以向皖城，引权东下，为水战军向夏口，乘其虚而击之，此神兵从天而堕，破之必矣。"这一提议得到了明帝的赞许。之后，明帝就命司马懿返回宛城，操练水军，还把刚刚在陇西得胜而归的张郃调往荆州受司马懿节度。

所以魏明帝这次三道伐吴，并不是只为叫曹休接应周鲂这么简单。按他的规划，如果曹休对皖城的进攻能够吸引孙权统中军东下，那么武昌方面必然守备空虚，如此便可命司马懿顺汉水直指夏口，命贾逵越大别山直插邾城，正面威胁孙吴都城——武昌。

第132章 石亭之战

然而魏明帝的如意算盘却落了空。

原因不是孙权的中军没有被吸引出武昌,而是东线的曹休过于贪功冒进。

在魏明帝三道伐吴的规划中,东路的曹休军虽然兵力最多,却是"虚招",西边的贾逵、司马懿两路人马才是"实招"。只有曹休将孙权的中军长期牵制在皖城,司马懿和贾逵才能趁虚而入,打击到夏口和武昌。所以曹休那边的行动应该谨慎持重,并注意与西边的两路军在时间上进行配合。

可是这一计划刚开始实施,明帝就发现曹休军行进的速度明显快于西线两军,原因是曹休"表求深入"以尽快接应东吴叛军。这一情报引起了尚书蒋济的担忧,他劝明帝道:"大司马深入虏地,与孙权精兵为敌,而朱然等在上流,其势必乘我军之后,臣未见其利也。"与贾逵同行的满宠也上疏道："曹休虽明断果敢,却缺少用兵之经验。现在他所走的道路背湖旁江,易进难退,实为兵书所言之'挂地'。其军若入无强口,陛下宜深为之备。"

所谓"挂地",在《孙子兵法》中专指那些对进攻一方来说"可以往,难以返"的地形。汉代时巢湖的中心比现在偏向西南,面积也更加广阔,今庐江县以北的地域亦为湖泊沼泽,难以通行。所以曹休军从寿春出发后,必须穿越大别山东段余脉诸山才能赶往皖城。其山间谷道有二:一在今安徽桐城北硖(夹)石山,一在桐城西挂车岭。硖石道比挂车道更为易行,是曹军最优先的选择。满宠提到的无强口则在硖石东南、今庐江县以西[①],有水路可通濡须口。一旦曹军由硖石道南入,那么长江和枞阳湖在其左,大别山在其右,巢湖在其背后,正是"背湖旁江,易进难退"的挂地,而东吴的水军则可以由濡须口溯今黄陂湖西上,正好可以截断曹军的硖石山归路。故此满宠才忧心忡忡地说,曹休军倘若深入无强口,朝廷得提前有所预备才行。

听了蒋济和满宠的汇报,魏明帝心知不妙,连忙下旨命司马懿停止前进,又命贾逵改变方向东进与曹休会合。贾逵收到命令,便知曹休要糟。其实贾逵和曹休的关系本来并不太好,因为几年前曹休曾对文帝进言,说贾逵这个人性格过于刚直,而且喜欢轻侮手下诸将,不适合当都督,文帝就打消了让贾逵假节的念头。但是在军国大事面前,贾逵觉得这些私人恩怨并不重要,于是赶忙部署诸将,水陆并进,前去接应曹休。

这个时候,孙权早就做好了迎击曹休的准备。他不但从三千里外的西陵调来名将陆逊,而且亲自赶到皖口(今安徽安庆),当着三军将士

---

① 《通鉴》胡三省注云无强口在夹石东南,《三国志集解》引沈钦韩云无强口在夹石戍西北。由水道考虑,由三国时的濡须口沿今天河(即杨守敬《水经注图》之西河)西上黄陂湖,可至今庐江县西的硖石山东南。故胡说为是。

的面授予陆逊假黄钺的特权，任命其为大都督代己出征。此事对于陆逊具有特殊意义，因为他的少年时代便是在皖城度过的。多年以后，陆逊的孙子陆机以极其骄傲的口吻写道："魏大司马曹休侵我北鄙，乃假公黄钺，统御六师及中军禁卫，而摄行王事。主上执鞭，百司屈膝。"陆逊麾下，则以朱桓和全琮为左右督。

吴军的总兵力，有人据《周鲂传》"时陆逊为元帅，全琮与桓为左右督，各督三万人击休"的记载，认为是六万。但我认为，"各督三万人"应是指陆逊、朱桓、全琮各领三万人，总数应为九万。因为史载曹休的兵力是"步骑十万"，孙权如果仅以六万御敌，似嫌太少。考虑到孙权多次攻魏，动用的兵力时常达到十万级别（故网友戏称其为"孙十万"），而《陆逊传》又记载吴军布阵是"逊自为中部，令朱桓、全琮为左右翼，三道俱进"，我认为可以断定左、中、右三军兵力相等，皆为三万，总兵力当以九万为宜。

有迹象显示，曹休进入皖城境内后，孙权还向曹魏荆州的安陆（今湖北云梦）派出了一支疑兵。这可能是因为孙权得知了贾逵正向曹休增援的动向，故而假意进攻荆州，以此干扰曹魏对皖城的增援。这一目的被蒋济所看破，他再次上疏明帝道："今吴贼示形于西，必欲并兵图东，宜急诏诸军往救曹休。"

然而还没等贾逵、朱灵的援军赶到，陆逊与曹休的决战便在皖北的石亭打响了。

此时，曹休已经知道自己受到了周鲂欺骗。但他觉得自己人马众多、兵精粮足，并不打算退兵。

于是，在深秋的原野上，双方摆开了阵形。

战役的过程，魏、吴两国史料所记大为不同。

《陆逊传》说："逊自为中部，令朱桓、全琮为左右翼，三道俱

进。果冲休伏兵,因驱走之,追亡逐北,径至夹石。斩获万余,牛马、骡驴、车乘万辆、军资器械略尽。"获得了一场大胜。《周鲂传》亦云:"鲂亦合众,随陆逊横截休。休幅裂瓦解,斩获万计。"可知曹休的战阵是被陆逊左、中、右翼的阵形冲成了数截,预设的伏兵也没有发挥作用,因此战败。曹军损失约万人,辎重则几乎全部丢弃。

《曹休传》则云:"贼将伪降,休深入,战不利,退还宿石亭。军夜惊,士卒乱,弃甲兵辎重甚多。"意思是阵前交锋曹军虽然不利,但仍然进行了有序的撤退和宿营,不过当晚军营里发生了骚乱,这才导致部队逃跑,辎重大部丢失。这可能是魏国史官讳言大败,有意对战事的结果进行了修饰。

另据《朱桓传》,战前朱桓曾向孙权提议道:"曹休本以亲戚见任,并非智勇名将。今战必败,败必走,走当由夹石、挂车。此两道皆险厄,若以万兵柴路,则彼众可尽,而休可生擒。臣请将所部以断之。若蒙天威,能够将曹休擒获,便可乘胜长驱,进取寿春,割有淮南,以规许、洛。此万世一时,不可失也。"孙权跟陆逊商议,陆逊觉得这一建议不好,就没有施行。

夹石、挂车也就是前面介绍的硖石山和挂车岭,是曹军撤退的必经之途。由于这两处山谷都比较狭窄险峻,朱桓就提议让自己带一万多人先去设置路障,封锁曹休军的退路,还说如此便能将曹军全歼,将曹休生擒,然后就可以乘胜直取寿春,占有整个淮南。然而陆逊没听,曹休这才得以逃回。

这样说来,似乎名将陆逊的智略反倒不如朱桓。

其实并非如此。

蒋济、满宠、贾逵的传记都显示,东吴并不是没有在硖石道设置伏兵,只不过贾逵、朱灵的救兵赶到,断道的吴兵见状撤退,曹休才最终脱险。

这其中，起到关键作用的是贾逵。

贾逵接到明帝命他驰援曹休的诏命后，水陆并进二百里，抓了个吴兵俘虏一问，才知道曹休已然战败，而吴军从无强口直入，切断了硖石退路。此时贾逵手下诸将大多不知所措，有人还建议应该暂时止步，以待后援。贾逵就说道："曹休兵败于外，路绝于内，进不能战，退不得还，现在他的生死安危只在一两日之间。吴贼以为曹休军无后继，所以才敢至此。我军只需疾进，便可出其不意，贼见我军必走。若是在此等待后军，待吴贼断险已固，救兵虽多，又有何益？"于是倍道兼行，并多设旗鼓以壮声势。吴军见贾逵军赶至，随即撤退。贾逵便占据硖石，用自己的军粮赈济曹休，曹休军这才度过了危机。

由此可知，陆逊不是没有派兵去断曹休的后路，只不过他没有像朱桓建议的那样，派朱桓亲自领万人前去而已。这大概是因为朱桓当时统领吴军一翼，让他离去可能会影响与曹休的决战。另外，兵法有所谓"归师勿遏"一说，如果真派朱桓将去路封死，那就是逼曹休玩儿命。要知道曹军的兵力有十万之多，即便在石亭损失了一两万人，仍然是一支不可小视的大军。断绝这八九万人的归路，逼他们背水一战，实在并非上策。

战事结束后，陆逊统军振旅过武昌，受到了孙权重重褒奖。孙权不但命左右用自己的御盖仪仗将陆逊接入大殿，还脱下自己戴的翠帽、金带，亲手给他戴上。到了陆逊回西陵那天，除了命公卿百官祖道送行，孙权还特赐给他一艘御用的豪华游艇，上饰缯彩，以示荣耀。

曹休这边则是另一番场景。

本来曹休被周鲂愚弄，心里就窝着火，继而战败而归，虽说人员上面的损失尚不算太大，但丢盔弃甲、军粮辎重尽失的惨状却令他感到无地自容，更要命的是，这惨状偏偏是被跟自己素来不和的贾逵所目睹，

第132章 石亭之战

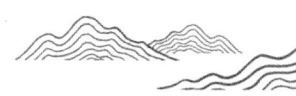

这脸就算丢到家了。于是曹休尽管知道自己是靠贾逵援救才得脱险，但仍然克制不住恼羞成怒的情绪，始终没给贾逵好脸色看。据《魏略》记载，曹休不但不感激贾逵，还指责埋怨他来得太迟，甚至还"使主者敕豫州刺史往拾弃仗"，叫贾逵带人去捡本军逃跑时丢弃的武器甲胄。按理说，曹休时任大司马、扬州牧兼都督扬州，是没有资格命令贾逵这个豫州刺史的。但曹休曾被文帝赐有假黄钺的特权，可以在战时代替天子发号施令，贾逵如果不听号令，甚至可以将其问斩。然而贾逵自觉理直气壮，答道："本为国家作豫州刺史，不来相为拾弃仗也。"愣是没理会曹休便引军而还了。

事后，曹休和贾逵各自上表，都指责对方的不是。尤其曹休还诬赖贾逵"后期"（迟于约定日期），想让朝廷治贾逵的罪。魏明帝虽然知道贾逵占理，但仍然以曹休"宗室任重"为辞，最终两无所问，谁都没有责罚。

尽管魏明帝没有追究曹休战败的责任，而且还派使者对其好言慰喻，礼赐益隆，但是曹休自己在心理上却始终没能迈过这道坎儿。回到驻地没多久，他便惭恨发病，死掉了。

第133章 《后出师表》真伪之谜

曹军在石亭战败、曹休病死的消息很快传入了汉中。

再加上张郃所统军队此前已经被明帝调往荆州，关中驻防的兵力再次降低到五万以下，诸葛亮认为，趁眼前关中空虚的机会，应该尽快再次北伐。

但是这个时候距离上次北伐失利毕竟才半年有余，蜀中群臣有不少心怀余悸，并不赞成在此时出兵。

为了统一思想，并引导朝野舆论之走向，据说在这年十一月，诸葛亮再次向后主上表，阐述了自己不得不出师的理由。这便是后人习称的《后出师表》。

表文开篇写道：

先帝虑汉、贼不两立，王业不偏安，故托臣以讨贼也。以先帝之明，量臣之才，固知臣伐贼，才弱敌强也。然不伐贼，王业亦亡。惟坐而待亡，孰与伐之？是故托臣而弗疑也。臣受命之日，寝不安席，食不甘味，思惟北征，宜先入南，故五月渡泸，深入不毛，并日而食。臣非不自惜也，顾王业不得偏全于蜀都，故冒危难以奉先帝之遗意也。而议者谓为非计。今贼适疲于西，又务于东，兵法乘劳，此进趋之时也。

接下来文章便以"臣之未解"六事详尽阐述了为何眼前是"进趋之时"：第一，当年高祖刘邦创业也是先败后胜，现在陛下您不比刘邦，我们这些大臣也比不上张良、陈平，要想不出力便坐取天下，根本不可能。第二，远的不说，就拿刘繇、王朗来说吧，这两人就是典型的保守派，今岁不战，明年不征，最终的结果就是被孙策所吞并。第三，曹操的军事才能算好的吧，他不还是吃了好几次大亏，差点儿丧命？臣的才能更弱，不可能不冒风险就能成功。第四，先帝总是说曹操有本事，可是即便曹操用人也会有失误。臣之水平还不如曹操，怎能说必胜？第五，臣到汉中不过一年，便损失了赵云等将校七十余人、士兵一千余人。这样的情况如果持续下去，那还怎么打仗？第六，现在的情况是不出兵也要供养军队，出不出兵，花销差不多，与其坐守，反不如进攻。

最后文章说道，当年刘备败于当阳，谁都以为这天下从此便将姓曹，哪知道后来短短数年，就连战连捷，打下了今日基业。世事如此，难可逆料。"臣鞠躬尽力，死而后已，至于成败利钝，非臣之明所能逆睹也。"意思是自己只管拼命干，至于能不能成，就管不了那么多了。

有意思的是，尽管表文中"鞠躬尽力，死而后已"稍加改动而成的"鞠躬尽瘁，死而后已"（最早见于南宋萧常《续后汉书》）这句话已经成了千古名言，并时常被后人拿来形容诸葛丞相之忠贞，但从清代开始，这篇表文是否确为孔明所作便成了一桩争讼至今的公案。

以笔者目力所及，认为此表确为诸葛亮所作的，有何焯、钱振煌、李伯勋、卿三祥、吴洁生、庞怀靖、朱大渭、梁满仓以及日人贯井正；主张此表为后人伪作者，则有袁枚，钱大昭，黄式三、黄以周父子，傅斯年，陶元珍，林国赞，李宝淦，金性尧，刘逸生，马植杰，柳春藩，白亦奠，张永明，陈文德。总体来看是言真者少，言伪者多。

而言伪者之所以认为《后出师表》是伪作，实在是因为这篇文章从出处到文风，再到里面提到的具体事件以及弥漫其中的情绪，都存在着诸多难以解释的疑点。

首先，在陈寿于泰始十年（274年）所编成的《诸葛亮集》当中，只收录有《前出师表》，并没有《后出师表》。直到一百多年后，《后出师表》才出现在了东晋人习凿齿所著的《汉晋春秋》中，并且习凿齿声称，此表乃是转引自吴人张俨的著作《默记》。

理论上而言，陈寿作为蜀汉旧臣，在编纂《诸葛亮集》时又以西晋朝廷掌握的蜀汉档案为参考，既然《前出师表》备载于陈寿所著诸葛亮传记，如果《后出师表》真的是诸葛亮的作品，他是不太可能漏收于《诸葛亮集》当中的。此外，成书于南朝的《昭明文选》同样是独载《前表》而不载《后表》，也是一证。

当然，凡事总有例外，史学考证的一个常识就是"言有易，说无难"。

有研究者指出，陈寿编诸葛亮集既是奉上司之命所作，后又"删除复重，随类相从"，说明其编的乃是"选集"而非"全集"，收录时自然有所取舍。《后表》不见于《亮集》，不能说明其就一定不是诸葛亮的作品。又据《华阳国志》，与陈寿同时，尚有蜀人寿良亦曾编撰诸葛亮文集，且与陈寿所编"颇不同"。此事说明诸葛亮作品中确有不少篇章未被陈寿收录。此外，《三国志》裴注所引的诸葛亮"言教书奏"

当中也有一部分并非出自《亮集》，而是跟《后表》一样出自《汉晋春秋》等杂史。这些情况都提醒我们，不能用陈寿是否收录作为勘定《后表》真伪的标准。

其次，《后表》在行文风格上与《前表》颇为不同，其中透露出的情绪和心态也与当时诸葛亮所处的形势不符。如袁枚就指出，《前表》之气势"何其壮也"，《后表》之气势却"何其衰也"，而当时街亭虽挫，北伐事业却方兴未艾，以诸葛亮之为人，绝不可能"戚戚嗟嗟"，为此"上危主志，下懈军心"之语。傅斯年也认为，《后表》"若果决而实忧疑，若奋发而实不振"，反映出的心态毫无自信，不像诸葛亮之言论。张永明则云："《前表》不失为汉人的笔法，尚有苍劲朴厚之气；《后表》近似两晋六朝骈偶纤靡的作风，而语意亦欠含蓄。"总结说来，便是"《前表》悲壮，《后表》衰飒；《前表》意周而辞简，《后表》意窘而辞繁"（黄式三语）。这种显而易见的差异着实令人不解。

不过，主张《后表》为真者大多认为，前、后二表在气势、风格及修辞特点上的差异并不大，即便有所区别，也是写作背景发生变化所致，据此不足以断定其为伪作。

最后，也是最难解释的一点，就是《后表》所叙若干史事与《三国志》等史料的记载缺乏呼应，甚至互相矛盾。这其中又尤以赵云卒年一事最为突出。

据《三国志·赵云传》，赵云卒于建兴七年（229年）。但《后表》却说："自臣到汉中，中间期年耳，然丧赵云、阳群、马玉、阎芝、丁立、白寿、刘郃、邓铜等及曲长屯将七十余人。"而诸葛亮出屯汉中是在建兴五年，"期年"的时间是一年，当时赵云尚在，再加上《汉晋春秋》记上表的时间是在建兴六年十一月，何以表文便说"丧赵云"？而且赵云后边罗列的阳群等七人，在史籍中完全查无此人，难道不也是很奇怪吗？

力主《后表》为真者面对这一问题，或者径以文字错讹为借口，或者强自弥缝云："赵云卒于十一月，葬于次年。"要不然便将"丧"字释为重病或丧失战斗力。至于阳群等七人不见于史载，则是因为他们"职位低、资望浅"，陈寿著史时觉得不值一提。

此外，《后表》在论述曹操一生所经的危难时所说的"困于南阳，险于乌巢，危于祁连，逼于黎阳，几败北山，殆死潼关"诸事中，"危于祁连，逼于黎阳，几败北山"这三件在史籍中都没有明确记载。而且众所周知曹操最大的失败是赤壁之战，为何表文中提都不提？其余类似的小问题还有很多，鉴于本书并非学术专著，此处不再赘述。

总之，《后出师表》在写作风格、行文逻辑、文义修辞、史实运用以及反映出的心态等方面都存在着引人指摘的"槽点"，与"志尽文畅""语贵丁宁，义求周洽"的《前出师表》相比，这些"槽点"尤其显得突兀，很难让人相信出自孔明的手笔。

有鉴于此，言伪者提出，此表乃是后人伪作。而在何人伪作这一问题上，则又有不同的推测。

有人说，伪造者乃是诸葛亮的大侄子、诸葛瑾之子诸葛恪。理由是孙吴建兴二年（253年），时任太傅、受命辅佐幼主孙亮的诸葛恪锐意北伐曹魏，遭到了许多大臣反对，诸葛恪为此著《伐魏论》晓谕群臣，文中提到他"近见家叔父表陈与贼争竞之计，未尝不喟然叹息"云云。因此诸葛恪有动机伪造《后表》以争取舆论。

还有人说，伪造者不是别人，就是将《后表》收录于《默记》的吴国大鸿胪张俨。例如金性尧、白亦奠就是这个观点。他们的理由是张俨在《默记·述佐篇》中曾大赞诸葛亮比司马懿为优，还说诸葛亮的遗著

"辞意恳切，陈进取之图，忠谋謇謇，义形于主"，明显说的就是《后出师表》。故而张俨也有伪造此表的动机。

不过我倒是认为，诸葛恪和张俨所见的诸葛亮书奏未必便是《后表》，也有可能是别的什么文章。当初陈寿编纂《诸葛亮集》，总共二十四篇，凡十万四千一百一十二字，然而其中的大部分文字都没能流传到今天。仅凭"辞意恳切，陈进取之图""与贼争竞之计"之类泛泛描述便将其比附为《后表》，未免过于武断。诸葛恪和张俨两人虽说不能百分百地排除伪造表文的嫌疑，但考虑到当时蜀国未亡，吴蜀通使频频，倘若在吴地凭空伪造这么一个蜀人未曾见过的"著名历史文献"，难道他们就不怕被戳穿后贻笑大方吗？再说，《后表》这样一份文献是否存在，无论对诸葛恪压服舆论还是对张俨著书立说都没有特别大的影响，而《后表》中体现的文才见识也明显不如《伐魏论》《述佐篇》，我个人还是倾向于此表并非诸葛恪或张俨所作。

那么，《后出师表》到底是何人所作呢？

不知道。

从该表文中体现出的那种"反正早晚要死，不如跟他们拼了"的气急败坏、破罐破摔的心态来臆测，此文多半作于蜀亡之后、吴亡之前，而且作者应该看过诸葛恪的《伐魏论》。之前研究者注意到的《伐魏论》与《后表》之间在论证逻辑和遣词造句上的相似性，在我看来不是因为诸葛恪抄袭了《后表》，而恰恰是因为《后表》的作者受到了《伐魏论》的启发，而且此人之所以想到伪造《后表》，也是以诸葛恪"近见家叔父表陈与贼争竞之计"这句话为诱因。

彼时蜀汉新亡，吴人唇亡齿寒，必定大受刺激，其民间想必应有爱国知识分子欲求振作以挽救危局，然其既不当权，又无良策，也就只能耍耍笔杆子讽喻当局，顺便发泄一下胸中愤懑之气。此人既有感于东吴没有诸葛亮那样的贤相,又深为吴国"不伐贼,王业亦亡,惟坐而待亡"的局面感到着急,故托名葛相伪作《后表》,并附丽于张俨《默记》之后(从这个角度而言,此人有可能是张氏后人或门生)。逮至东晋,习凿齿不察,将其录入《汉晋春秋》,后又被裴松之转引。这大概就是《后出师表》流传至今的原因吧。

第133章 《后出师表》真伪之谜

第134章 受挫陈仓

《后出师表》虽假，但诸葛亮锐意北伐的进取之心是真。

需知街亭虽败，但蜀军元气未损，诸葛亮又趁机对部队进行了精简和整编，此时屯守汉中的兵力整体数量尽管有所下降，却依然保持着比较旺盛的士气。再加上曹军新遭石亭之败，张郃远调，关中空虚，诸葛亮认为眼前还是值得发动一次攻击的。因为不发动攻击，也就找不到敌人的弱点。

考虑到年初对祁山的进攻没有收到太好的成效，而赵云在箕谷退兵之时又烧毁了栈道一百多里，使得褒斜道暂时难以通行，这一次诸葛亮便将攻略目标放在了扼守故道北口的陈仓城之上。

如前所述，在翻越秦岭的四条道路当中，故道最为平坦易行，本是大军出征时的常规选择，当年曹操平定张鲁就是从此而行。

但是这条道路的缺点就是里程太长。按《通典》所记唐代驿路，取陈仓故道自汉中郡至长安总共一千二百二十三里,减去南郑到勉县间的七八十里和陈仓到长安间的四百里,则故道总长约七百五十里,不但远于褒斜道和子午道,也比自汉中到祁山的距离要多出一百五十里。

这就给蜀军远征制造了一个难题:军粮补给。

诚然,这条道路的沿途有嘉陵江、清姜河等水道可资运输,但一来这时已是河道干涸的冬季,二来嘉陵江的流向是自北而南,蜀军北运需逆流而上,所以综合来看,这次北伐恐怕还是要以陆路运输为主。而走陆路的话,尽管由今勉县至略阳的起始段以及由今凤县至宝鸡的终点段道路都比较平坦,但中间翻越青泥岭的两三百里山路依然崎岖险峻,主要依赖栈道通行。故李白《蜀道难》云:"青泥何盘盘,百步九折萦岩峦。"

冬季的秦岭寒风刺骨,滴水成冰,山路上踏雪成泥,人马通行都极为困难,但诸葛亮还是统军于十二月出大散关(今陕西宝鸡西南),进抵了陈仓城下。

守城的是魏将郝昭。

郝昭其人,《三国志》无传,据裴注所引《魏略》,他是太原人,为人雄壮,少年从军,累积战功至杂号将军,之前镇守河西十余年,颇得民夷之心。去年西平人麹英反叛,魏廷便派郝昭往讨,将其剿平。街亭之战张郃击退蜀军后,曹真推测诸葛亮在祁山受挫,再来进攻多半会攻陈仓,于是便命郝昭在此镇守,预先加强了守备。

据唐宋地志及考古发现,秦汉陈仓城位于今宝鸡市北渭水北岸的土塬上,东西二城相连,上城在东,相传是春秋时秦文公所筑,下城在西,乃是郝昭新筑。

其实陈仓老城原本就比较坚固。汉灵帝末年凉州叛乱,陈仓城一度被叛贼王国所围,朝廷派皇甫嵩和董卓前往救援时,董卓提议速救,但

第134章 受挫陈仓

皇甫嵩却并不着急,理由就是:"陈仓虽小,城守固备,未易可拔。"结果王国攻围陈仓八十来天没能攻下,自己就退了兵。现在郝昭又在老城以西另筑新城,构成掎角之势,防守体系就更加完备了。

据《元和郡县志》所引《魏略》佚文,郝昭刚把新城筑好,诸葛亮的大军便到了。诸葛亮本以为陈仓城破败易攻,到了一看,没想到不但整修一新,而且加筑了西城,相当惊讶。派人一打听,得知守城者是郝昭,又吃了一惊,因为诸葛亮原本就知道郝昭在凉州甚有威名。于是在这个时候,诸葛亮没有先攻城,而是派了郝昭同乡靳详到城下去劝降。

靳详年轻时跟郝昭是好友,如今在诸葛亮帐下任监军。他说了哪些话史籍无载,郝昭在城上的回答则被记录了下来:"魏家科法,卿所练也;我之为人,卿所知也。我受国恩多而门户重,卿无可言者,但有必死耳。卿还谢诸葛,便可攻也。"意思是我不管是为了报答朝廷还是为了保全我的家口,都不可能投降,要攻快攻,不必啰嗦。靳详把答复转达后,诸葛亮仍不死心,又叫靳详对郝昭说,眼前众寡悬殊,不要徒然自取灭亡。郝昭道:"前言已定矣。我识卿耳,箭不识也。"话我早就说完了,你要再来,可别怪我箭下无情。

我猜诸葛亮之所以想劝降郝昭,不光是为了拿下陈仓,应该也与郝昭在凉州颇具威信有关。这一点跟他收纳姜维类似,也是基于攻略陇西的战略考量。陈仓虽位于陇东,但却扼守着"狭道"入口,距离翻越陇山的陇关道也并不远,占领陈仓很大程度上就能切断陇西诸郡与关中曹军的联系,而一旦陇道被断,曹军无法入援陇西,凉州地区就会变得易于攻取。这个道理前文已经讲过,不再多提。

眼下劝降既然失败,也就只有攻城一途。

按《魏略》的说法,当时诸葛亮自觉统兵数万,而郝昭手下才一千来人,再加上救兵一时到不了,他便放手发动了攻城战。

诸葛亮先以云梯、冲车攻城，郝昭就命人放火箭射云梯。云梯着起火来，烧死了上面的士卒，郝昭又让人从城墙上放下去穿绳的大石磨，将冲车砸折。

诸葛亮建造了百尺高的井阑，用装土的麻袋填平壕沟后，将井阑直推到城下，蜀兵既可居高临下射击守城士兵，亦可借助井阑直接登城。郝昭却能迅速在城墙之内另筑起一层城墙。

诸葛亮又在城外开凿地道，想一直通到城里。郝昭便在城内横着挖地道进行拦截，蜀兵出来一个捉一个，出来两个捉一双……

在天寒地冻的渭水边，这场战事就这样持续了二十多天。诸葛亮试了很多种方法，却愣是拿郝昭没辙。

前面说过，陈仓到长安不过四百里。曹军只需八到十日便能赶到。事实上曹真接到陈仓被围的消息后，很快便派费曜（又作费耀或费瑶）领兵前来救援。不过费曜可能是顾忌兵力不足，并未立刻发动进攻。与此同时，魏明帝则紧急征召之前调到荆州的张郃入援，派给他中军禁卫三万，并在洛阳城西亲自为张郃送行。魏明帝还问张郃说，等张将军你赶到，诸葛亮不会已经得了陈仓吧？张郃心知蜀军悬军深入，粮运难继，便回答说："臣我还没赶到，诸葛亮便会退兵，因为我屈指计算，他的军粮顶多还能支持十天。"

张郃推算得没错。

正如我前面讲到的，这次北伐期间，寒冷的气候、崎岖的山路以及故道长达七百五十里的路程给蜀军军粮运输带来了极大的困难。这一点，从诸葛亮写给兄长诸葛瑾的一封信中便能看得出来。

诸葛亮与黄氏成婚后长期无子，早年间诸葛瑾曾把自己的二儿子诸葛乔过继给他为嗣，后来诸葛亮北伐，就把二十来岁的诸葛乔也带到了

第134章 受挫陈仓

汉中。不过到了去年，诸葛亮终于得了个亲生儿子，取名诸葛瞻①。一般这种情况下，诸葛亮就可以将诸葛乔送还本家了。大概就是这个原因，这时诸葛亮写信给诸葛瑾道："乔本当还成都，今诸将子弟皆得传运，思惟宜同荣辱。今使乔督五六百兵，与诸子弟传于谷中。"意思是当时为了运输军粮，蜀军将校子弟都必须参加，诸葛亮为了起到表率作用，也派诸葛乔带领五六百人在山谷中转运军粮。然而不幸的是，据史料记载，诸葛乔去世时正是建兴六年，时年二十五岁。有人据此认为，上述书信是写于建兴五年，或者年初祁山之战前后。但是我认为，虽然不能排除以上两种可能，但是考虑到本年年底蜀军粮运的艰难情况和冬天秦岭的恶劣条件，奉命运输军粮的诸葛乔因疾病劳累而死于这次北伐的可能性更高。

由于我们不知道蜀军的确切数量，以及出征时诸葛亮究竟带了多少军粮，因而也就无法确知张郃是如何得出蜀军最多还能坚持十天的结论。但从史料记载可知，张郃是在进至郑县（今陕西华县）时得到诸葛亮退军的消息。而洛阳到郑县大约五百里，以日行五十里计，正好十天。

此时上距诸葛亮进攻陈仓还不到一月。

在这不到一个月的时间里，由于低估了陈仓的城防和守将的能力，诸葛亮并没能攻下城池。再加上军粮即将耗尽，援军又日益接近，诸葛亮选择了退兵。

《诸葛亮传》又云："魏将王双率骑追亮，亮与战，破之，斩

---

① 有人据诸葛亮书信中有"妾无副服"一语，认为诸葛亮有纳妾，并推测诸葛瞻是妾所生。据史料记载，诸葛瞻生于建兴五年，其母很可能受孕于四年。查四年时诸葛亮尚在成都，五年春才出屯汉中。然此时上距诸葛亮与黄氏成亲已经有二十多年，黄氏是否仍能生育颇可怀疑。诸葛亮身为丞相，身边自然有姬妾照料起居，"妾无副服"之妾应泛指姬妾，不排除诸葛瞻是姬妾所生的可能。

双。"考虑到当时张郃尚未赶到，郝昭的守军又仅有一千，王双应该跟费曜一样是曹真派来的援军。此人立功心切，深入追击，没想到最后用自己的人头给诸葛丞相当了送行礼。

事后，由于郝昭以寡敌众，守陈仓、退诸葛，得到了魏明帝的高度褒奖。明帝不但下诏赞其"善守"，还封其为列侯。事后郝昭入朝，明帝亲自接见，还对同为太原人的中书令孙资说："卿乡里乃有尔曹快人，为将夺目如此，朕复何忧乎？"本来魏明帝还想大大地重用郝昭，哪知道不久郝昭就病死了。据说临死前他还给儿子留遗言说："我一生为将，却深知将不可为。以前为攻取城池，我曾经多次发掘墓冢，取其棺木以制造攻城战具，此外我也知道厚葬根本于死者无益。我死之后，你一定要敛以时服，不必厚葬。况且人活着的时候有住所，死了又能在哪呢？既然现在远离祖坟，把我葬在东西南北任何地方都是一样，你看着办吧。"

郝昭就这样死了。他一生最辉煌的时刻，就是在陈仓击退诸葛亮一役。

第135章 东吴大帝

古语有云:"一鼓作气,再而衰,三而竭。"许多人做事情都是这样。

诸葛亮一次北伐败于街亭,二次北伐受挫陈仓,当时曹魏方面许多人都估计本就国小民贫的蜀汉会从中受到教训,此后一段时间,多半不敢轻启战端。

但是谁也没有想到,诸葛亮竟然越挫越勇,建兴六年年底刚刚退兵,次年春天他就再次发动了进攻。

这次的攻略目标是陇南。

在今陇山以南、岷山以东的地域,东汉末年曾设有武都、阴平二郡。其中武都郡治所在下辨,阴平郡治所在今甘肃文县一带。当年刘备跟曹操争夺汉中,曾派马超、吴兰进逼武都,却被曹洪、杨阜击破,但是后来随着曹军撤出汉中,曹操在武都、阴平施行了徙民政策,曾先后迁走民户六万余户，所以后来这两郡虽属曹魏，但基本上跟与东吴接壤的淮南诸郡一样，属于民众稀少的战略缓冲地带。由《太平御览》所引《魏略》佚文可知，早在黄初元年（220年），曹丕就将武都郡治迁到了位于关中腹地的美阳（今陕西麟游一带），故而诸葛亮一出祁山路过下辨之时，在此地并没有遭到任何抵抗。阴平郡的情况虽不详，但我估计也是这样。

也就是说，在诸葛亮这次北伐之前，武都、阴平两郡的大部分民众已经被曹魏迁走，剩下的民众和土地对魏国而言不啻鸡肋，食之无肉，弃之却又有些可惜。

然而彼之鸡肋，在诸葛亮看来却是美味。这倒并不全是因为蜀汉国小民贫，任何一点能增强国力的机会都不应该轻易放过，还有一个重要原因是，此二郡位于汉中侧翼，又是蜀中西北门户，别看穷山恶水不显眼，一旦曹魏准备入侵，那么这两郡的战略地位就会陡升（后来蜀汉灭亡就是因为邓艾自阴平道攻入了蜀中）。而且由此两郡向西，经过羌民聚居区后便可抵达凉州腹地，占有此两郡也可以作为进取凉州的跳板。

于是在建兴七年春季，诸葛亮先派陈式（一作陈戒）领前军攻入两郡。雍州刺史郭淮自上邽来救，诸葛亮便统大众再走祁山道前来迎击。郭淮自知不敌，加之两郡本来就是"鸡肋"，随即迅速撤回上邽，将两郡拱手让给了诸葛亮。此后两郡便正式纳入了蜀汉版图。

凭此收复两郡之功，诸葛亮被后主刘禅恢复了因街亭失利自贬三等的丞相之位。

今《太平御览》中收录有诸葛亮"作斧教"（丞相之令曰教）一则，应该就颁布于这次西征两郡之时。其文曰：

前后所作斧，都不可用。前到武都，一日伐鹿角，坏刀斧千余枚，赖贼已走。若未走，无所复用。间自令作部作刀斧数百枚，用之百余日，初无坏者。余乃知彼主者无意，宜收治之。此非小事也，若临敌，败人军事矣！

诸葛亮说，前段时间到武都迎敌时，为了砍伐树木制造拦阻敌人的鹿角，一天之内居然砍坏了斧头、砍刀一千多把，幸亏当时敌军已退，要不然根本没有刀斧可用。后来他自己监督"作部"（制造武器的部门）重新制造了几百把刀斧，用了一百多天，基本都没有损坏。于是便知当初刀斧之所以损坏，都是因为主管制造的人玩忽职守，就决定将他们一一收治。因为武器制造非同儿戏，如果不认真执行，迟早会坏大事。

除此以外，《太平御览》中还收录有诸葛亮颁布的"作匕首教""作刚铠教"。虽然年代不可考，但跟前引"作斧教"一样，可知诸葛亮对军械制造十分重视，甚至在日理万机当中还亲自监督落实。诸葛亮这种事必躬亲的作风，在史料中还能找到一则典型事例，那就是裴注所引《襄阳记》中记载的一事：

有一天，诸葛亮"自校簿书"，也就是亲自核对丞相府日常管理中形成的各种账目和文件记录，搞得自己相当辛苦。主簿杨颙得知，便直入进谏说："为治有体，上下不可相侵。就像一个家族里面种地有奴，做饭有婢，看家有狗，打鸣有鸡，拉车有牛，载人有马，大家只要各司其职，主人就能垂衣拱手、高枕无忧。可哪天要是主人亲自上阵，把奴婢牛马的活都由自己来管，到头来只会弄得自己心力交瘁、一事无成。是因为主人的能力不如奴婢牛马吗？当然不是。是因为这样违背了治家的原则。现在丞相您亲自核校簿书，弄得流汗终日，岂不是太辛苦了吗？"

史籍记载说，听了杨颙这番话，诸葛亮的表现是"谢之"，即虚心地表示接受批评。然而从之后的事实来看，恐怕诸葛亮意见虽然接受，行动却不能不照旧。因为正像前面提到的伪劣刀斧事件一样，在当时的条件下，哪怕政治再清明，归根结底也是人治，更何况整个蜀汉内部矛盾重重，全靠诸葛亮一人之才干才暂时憋住一口气、拧成一股绳，这个国家事无巨细，需要他操心的地方实在太多太多了。

建兴七年春夏之交，正当诸葛亮收复二郡，返回汉中之时，远在数千里外的武昌发生了一件大事。

四十八岁的吴主孙权在隐忍多年之后，终于完成了孙氏父子三代奋斗数十年的夙愿——做皇帝。

有人说，在三国时代这场"权力的游戏"当中，属孙权开局最为容易。因为在此之前，他的父兄已经为他打好了基础，指明了方向，此后他只需不犯大错误，稳步前行，自然就能迎来今日的局面。

这话当然有其道理。不过，还有一个问题尚需解释，那就是既然孙权开局最易，那为何三国之中属他称帝最晚呢？

要知道，这个时候曹魏已经称帝二代共八年六个月了，蜀汉也已经推出了两任皇帝，考虑到江东孙氏坐断东南的局面其实在赤壁战后已经形成，而刘备则是在失去荆州的情况下坚持称帝，这显然不仅仅是因为实力问题。

从另一个角度思考，或许由于孙坚、孙策父子当初创业都是以匡扶汉室为辞，以袁术为前车之鉴，汉室尚在时，孙权不便称帝。那么汉魏禅代以后，孙仲谋却一直顶着吴王的帽子忍了八年，这又是为什么呢？

有学者指出，一个重要的原因是江东内部不稳。

例如田余庆先生就强调，孙吴建国之所以迁延时日最长，除了山越不宁、外敌威胁、像曹操一样"畏名义而自抑"等一般原因外，更重要

的是需要调整与江东大族的关系，等待孙吴政权江东化完成，实现以吴人治吴。

必须承认，就宏观视角而言，田先生这一解释很有说服力。但是如果把这一观点放到"短时段"内来检验，就会发现仍显不足。比方说，所谓以吴治吴的"江东化"进程，其完成具体是在何时？以何表现为标志？是以顾雍为相、以陆逊为上游统帅吗？可顾雍为丞相是在黄武四年（225年），陆逊为上游统帅更是早在吕蒙去世之后，那么为什么孙权一直等到黄武八年（229年）才称帝？

还有学者认为，孙权没能过早称帝，是因为孙吴政权的合法性先天不足。

换句话说，孙坚是什么人？不过是个十七岁便敢杀人的武夫。孙策是什么人？是帮袁术为虎作伥的爪牙。你孙权又是什么人？是汉帝册封的骠骑将军、南昌侯。曹丕称帝，那是汉帝"禅让"给他的，加之又占据中土，理由充足；刘备称帝，好歹也因为他是汉室宗亲，虽僻居西陲，倒也说得过去；可你孙权算干吗的呢？

你说你是汉臣吧，现在汉室中绝，皇统一分为二，你只有两种选择：要么宣称自己当皇帝，跟魏、蜀并帝而三；要么承认魏或蜀汉为正统，名义上跟在其后面继续当小弟。

我相信，当初孙权内心里其实是想做前者的，然而这么做在当时并不明智。

原因很简单：那个时候刘备正大张旗鼓要夺回荆州并替关羽报仇，称帝就等于跟魏、蜀两家同时闹掰。此举得不偿失，非聪明者所为。

所以当时仲谋选择了后者。

这么做还有一个好处，那就是通过向曹丕称藩，使自己的名号晋升为吴王。

曹魏开国，最初是魏公，然后是魏王，最后才是皇帝；刘备简单一些，也是经过了汉中王阶段的过渡。孙权不过是向曹丕称了句臣，便换得了战略优势以及从侯爵跳过公爵直升王爵的名号，这对于合法性先天不足的他来说，其实是一个妙招。

等到刘备去世、诸葛执政，孙刘两家恢复盟好的局面巩固，又先后挫败曹丕的数次进攻，一转眼已经到了黄武四、五年以后。这个时候，孙权终于可以将称帝一事提上日程了。

但是实话实说，要想让臣民心服口服，此时孙权称帝的理由仍然不是很充分。

那怎么办？

造势啊。

学者认为，自东汉以降，凡言天命者有三种政治遗产可资利用：一曰皇室血统，现在这一点被蜀汉占了；二曰中心地域，这一点被曹魏占了；三曰图谶符瑞，孙权能够利用的主要就是这一点。

所以我们看到，尽管曹丕、刘备在称帝建国的过程中对图谶符瑞也有利用，但孙吴政治中的符瑞传统尤其浓厚。据统计，从孙权到孙休，《三国志·吴书》中总共记载了祥瑞二十九次。到了末帝孙皓时期，祥瑞更是泛滥成灾，国山封禅碑中甚至记载，自从孙皓在位以来，发生了祥瑞上千次。

当然，孙权这个时候还没有那么厚颜无耻。不过我们仍然可以看到，从孙权自立黄武为年号以标志其不再向曹魏称臣开始，到其称帝为止，《吴书》中总共出现了六次祥瑞记录：黄武元年（222年）三月鄱阳言黄龙见，二年（223年）五月曲阿言甘露降，四年（225年）六月皖口言木连理，五年（226年）七月苍梧言凤凰见，黄龙元年（229年）四月夏口、武昌并言黄龙、凤凰见。可以肯定，这每一次祥瑞的背后应该

都有逢迎者积极活动，为孙权称帝而造势。例如早在黄武二年曲阿言甘露降之前，便有群臣上表劝孙权"即尊号"。但当时魏兵刚退，吴、蜀也还没有恢复盟好，孙权知道条件尚不成熟，便以"汉家堙替，不能存救，亦何心而竞"为辞表示拒绝。接下来的几年，继续用符瑞造势。

到了黄龙元年春，公卿百官再次集体上表劝孙权"正尊号"。与此同时，"夏口、武昌并言黄龙、凤凰见"。考虑到这时孙刘联盟已经巩固，曹魏则刚刚在石亭之战大败而回，而自己也已经不再年轻，孙权终于接受了这一请求。

四月十三日，孙权在武昌南郊举行告天仪式，宣布即皇帝位。

在告天文书中，孙权宣称自己是秉承天意，直接继承了汉统，同时否认了曹魏代汉的合法性。因此，他不但直斥"孽臣曹丕，遂夺神器"，曹叡"继世作慝，淫名乱制"，还特意将汉朝存在的时间计算为四百三十有四，比曹魏的算法多了八年（即汉魏禅代之后迄今的八年）。而对于蜀汉政权，文书中则没有表态，实际上等于默认了季汉存在的合法性。

在十九岁以奉义校尉、本郡孝廉的身份登上政治舞台后，三十年间孙权"尊礼英贤，抚纳豪右，诛黄祖，走曹操，袭关侯"，终于奄有荆扬二州，坐断东南以成帝位。故此，后世上其谥号为"大皇帝"。

宋人云："则天法尧曰大。"意思是只有像尧那样的明君才堪称"大"。

孙权比尧如何我不知道，但我必须承认，就其前半生而言，孙权绝对可称明君。

第136章 孙权是个好领导

赵翼在《廿二史札记》中曾有"三国之主用人各不同"的著名论断:"人才莫盛于三国,亦惟三国之主各能用人,故得众力相扶,以成鼎足之势。而其用人亦各有不同者,大概曹操以权术相驭,刘备以性情相契,孙氏兄弟以意气相投。"

许多人对这一论断深表赞同。

我却觉得,曹操"权术相驭"和刘备"性情相契"都比较好理解,但是用"意气相投"来形容孙策、孙权用人则不够准确。因为"意气相投"指志趣和性格相同的人彼此投合,"意气"作志向、兴趣解,然而从赵翼下面举出的具体例子,如孙策义释太史慈、孙权对陆抗自陈有负陆逊等来看,并没有体现出这个意思。可能赵翼自己也意识到了这一点,故其在文章末尾又说:"此孙氏兄弟之用人所谓以意气相感也。"把"意气相投"换成了"意气相感"。

别看只是一字之差，意思却大为不同。"意气相感"之"意气"，作情谊、恩义解。如司马迁《报任安书》云："曩者辱赐书，……意气勤勤恳恳。"是指任安在书信中对司马迁表达的情谊真挚而诚恳。《楚汉春秋》记虞姬别霸王时歌曰："汉兵已略地，四方楚歌声。大王意气尽，贱妾何聊生。"是指霸王自刎前欲与虞姬情断义绝。范晔在《后汉书·蔡邕传》的末尾论述蔡邕为何对董卓之死而叹息时亦云："意气之感，士所不能忘也。"也是指蔡邕有感于董卓对待自己的恩义。

如果是这个意思，用来形容孙氏兄弟之用人就比较恰当了。因为不管孙策也好，孙权也罢，他们都十分擅长以情谊感动人才，以恩义笼络人才。孙策在这一点上的做法，我在前面讲他跟太史慈、周瑜的事迹时已经说过，此处不必再提。下面我想重点讲一下孙权是如何用"意气相感"的方法驾驭群下以助其成就帝业的。

打个不太恰当的比方，如果把孙吴政权比作现代企业，那么孙权本人就是企业的最高领导，而其手下的文武群臣就是员工。为了让员工死心塌地替自己卖命，除了提供爵禄封赏等物质报酬之外，孙权至少还在以下四个方面下足了功夫：

第一，让员工觉得领导欣赏和重视自己。

这方面就拿甘宁来说吧。如前所述，甘宁当年之所以从刘表、黄祖处投奔孙权，就是因为他在荆州不受重视，完全没有用武之地。孙权十分了解这一点，所以他不但待甘宁如同旧部，而且但凡有攻城拔寨之类的艰巨任务，他都放手委任甘宁去干，往往能收以少克众之效。对于甘宁的英勇善战，他也不吝赞美之词。比方说第一次濡须之战时，甘宁夜劫操营归来，孙权便大赞他道："孟德有张辽，孤有甘兴霸，足相匹敌。"不过，甘宁毕竟是个半路来投的外来户，再加上他性情粗鲁暴躁，不但跟东吴其余将领的关系处不好，就是孙权的命令他有时也不大听从，经常惹得孙权发火。幸亏吕蒙劝孙权说："天下未定，像甘宁这样的斗将难得，宜容忍之。"孙权也就宽宏大量，仍然厚待甘宁。甘宁心下感激，是以不惜性命，至死都为孙权效力。

对甘宁这样并非嫡系的人都是如此，对周瑜、吕蒙、蒋钦、周泰、陈武、潘璋、凌统、董袭、吕岱、吕范、贺齐、朱然这些心腹旧将，孙权就更加重视和爱惜了。周瑜去世，孙权"素服举哀，感动左右"；吕蒙染疾，他将其接到府内，想尽办法为其延续性命；陈武战死，他亲自参加葬礼，甚至下令以其爱妾殉葬；凌统亡故，他"哀不能自止，数日减膳，言及流涕"，还将其两个遗孤接入宫内抚养……凡此种种，史籍中的记载还有很多。

第二，让员工觉得领导信任自己。

这方面有诸葛瑾、潘濬一前一后两个例子。夷陵之战开打前，诸葛瑾曾奉孙权之命写信给刘备劝和。当时就有人向孙权进谗说，诸葛瑾私下跟刘备接触，可能有反水之心。孙权便道："孤与子瑜有死生不易之誓，子瑜之不负孤，犹孤之不负子瑜也。"为此他还派人告知陆逊说："子瑜与我相交多年，恩如骨肉，彼此深相了解，其为人非道不行，非义不言。当年玄德派孔明前来，我曾经对子瑜说：'你跟孔明既是一母同胞，弟弟又应该追随兄长，你为何不留下孔明？孔明如果愿意留下，我就写信向玄德解释。'那时子瑜回答：'我弟既与玄德委质定分，义无二心。弟之不留，犹瑾之不往。'其言足可无愧神明。如今岂能有此事？我前日得到那些造谣的文书，就将其转发给了子瑜，子瑜也诚心回复。孤与子瑜，可谓神交，绝非外言所能离间。我也把你劝我莫信谣言的表奏转给了他，让他知晓你的心意。"正因为孙权对诸葛瑾如此信任，诸葛瑾才得以坐镇荆州二十余年，成为东吴一代名臣。

相比诸葛瑾，潘濬的情况更能说明问题，因为他本是刘备的臣子，

是在东吴夺取荆州后才投降的孙权。从黄龙三年（231年）开始，潘濬便被孙权派往荆州去平定武陵五溪蛮的叛乱。几年后诸葛亮病逝，蒋琬以大将军的身份在蜀汉执政。由于潘濬跟蒋琬是亲戚，这时便有人向武陵太守卫旌告发，说潘濬秘密与蒋琬接触，很可能有异心。卫旌将此事上报孙权后，孙权道："承明（潘濬字）不为此也。"便把卫旌的报告密封发给了潘濬，表示自己对他充分信任。后来潘濬一直在东吴官居太常，直到赤乌二年（239年）去世。

可以说，与曹操、刘备相比，孙权不管手下臣僚的出身来历如何，基本上都能够做到疑人不用、用人不疑。故此胡三省评论说："观孙权君臣之间，推诚相与，谗间不行于其间，所以能保有江东也。"

第三，让员工觉得自己的价值和贡献被肯定。

在这一点上，《三国演义》中有所描写的孙权为周泰授御盖一事就是典型例证。

周泰字幼平，跟蒋钦一样最早是孙策身边的随从，后来累积军功至统兵官。那时孙权还是少年，欣赏周泰之为人，便请孙策把周泰派给自己使用。有一次孙策讨伐山贼，孙权留守宣城，身边只有一千人护卫，而且疏于防范，没怎么修建防御设施。冷不防山贼数千杀至，孙权刚刚上马，贼寇就已冲到近前，甚至有人还砍中了孙权的马鞍。当时众人慌乱四散，只有周泰挺身奋战，拼死保护孙权。等到贼寇退去，周泰身中十二处创伤，血流如注，昏死在地良久才醒转过来。那天要不是周泰，孙权多半就要玩儿完。第一次濡须之战时，周泰力战有功，事后便被孙权任命为濡须督。当时徐盛、朱然等大将都受周泰指挥，对他不是很心服。孙权知道后，就借一次巡查的机会宴请诸将，然后亲自行酒到周泰面前，命他脱下自己的上衣。见周泰浑身上下伤痕累累、创瘢斑驳，孙权大为感动，一边用手指伤疤，一边问周泰那伤疤是如何得来。周泰便回忆作战情景，一一作答。

说到后来，孙权激动得一把攥住他的手臂，流着眼泪说："幼平，你跟我情同兄弟，战如熊虎，不惜性命，被创数十，肤如刻画，我怎能不待你以骨肉之恩、委你以兵马之重啊！你是我东吴功臣，我应该与你同荣辱、共休戚！"说完便把自己常用的青罗伞盖赐给周泰，还派仪仗鼓吹为周泰导从。那以后，徐盛、朱然等才对周泰敬服起来。

类似的方法孙权对鲁肃、陆逊也用过。赤壁战后鲁肃自前线返回，孙权亲自带领诸将前来迎接，不待鲁肃入阁拜倒，孙权便起身施礼，还说道："子敬，孤持鞍下马相迎，足以显卿未？"那时鲁肃刚被授予赞军校尉一职，名位尚微，孙权以如此排场迎接，已经是天大的面子了，然而鲁肃却趋前答道："未也。"意思是这些还不足以让我感到光荣。众人听了，无不愕然。鲁肃坐下之后，才徐徐举鞭言道："愿至尊威德加乎四海，总括九州，克成帝业，更以安车蒲轮征肃，始当显耳。"等你当上皇帝，用天子礼遇贤人的最高规格迎我，那才叫光荣啊！众人闻言都欢笑起来。至于陆逊，石亭之战后孙权对他的礼遇和尊显同样丰厚，前面已经讲过，此处不再多提。

第四，创造和谐的团队氛围。

孙权麾下人才济济，名将甚多，有的时候难免因为私人恩怨或者争功斗气弄得彼此不和。这时孙权总能设法化解，使他们捐弃前嫌，以收同心勠力之效。这方面的显例仍然是甘宁。

我们前面讲过，一开始，甘宁便跟凌统是死对头，因为凌统之父凌操就是被甘宁射死的。甘宁总是尽可能地避开凌统，孙权也命令凌统不可寻仇。有一次，两人在吕蒙处不期而遇，酒过三巡之后，凌统按捺不住，操刀起舞，刀尖老是往甘宁那边划拉。这一来甘宁坐不住了，也起身道："宁能双戟舞。"说完抄起双戟便要跟凌统对练。吕蒙见状，连忙道："甘将军虽能，却不比我吕蒙之技巧。"就一手拿刀一手拿盾，

走到凌统和甘宁之间把他俩分开了。孙权得知此事，便把甘宁调往别处屯守。后来逍遥津之战，有赖甘宁、凌统通力合作，孙权才得以脱险。

还有一次，甘宁不知道怎么跟孙权的堂弟孙皎发生了争吵。有人劝甘宁向孙皎道歉，甘宁道："臣子都是一样，征虏虽是公族，难道就可以随便侮辱人吗？我甘宁侍奉明主，唯有效死无二，诚不能为此低声下气随俗折腰之事！"孙权知道此事后，就写信责备孙皎说："你如今也快三十了，子云'三十而立'，可不是只指学业。我授以精兵，委以大任，让你统制诸将于千里之外，是想让你成为我的膀臂，扬威于北境，可不是让你去跋扈逞能。听说你最近跟甘兴霸喝酒，因醉使性，凌侮于他，他现在要求划归吕蒙统属。此人虽生性粗豪，时有不如人意，但总体而言仍不失大丈夫。我对他尚且亲敬，你如何便憎恨疏远于他？一个人谨言慎行，才可以治民；宽容仁爱，才可以得众。这两点如果你做不到，怎么可以在远方统军抵御强敌？人谁无过，过而能改，善莫大焉。你应该好好反省一下所作所为。"孙皎得了这封信，便上疏谢罪，还卑辞厚礼向甘宁道歉。两人于是和好如初。

孙权曾有一句名言："天下无纯白之狐，而有粹白之裘，众之所积也。"你看那裘皮大衣通体雪白，没有一根杂毛，但是这并非来自一只狐狸，而是由许多狐狸身上的皮毛一点点积攒而成。干大事业也是如此，必须借助众人之力。孙权深知这一道理，故此才像前面介绍的那样想方设法以情谊和恩义笼络手下之人才。正由于此，后来东晋人孙盛才评论说："观孙权之养士也，倾心竭思，以求其死力，泣周泰之夷，殉陈武之妾，请吕蒙之命，育凌统之孤。卑曲苦志，如此之勤也。是故虽令德无闻，仁泽罔著，而能屈强荆吴，僭拟年岁者，抑有由也。"

显然，孙权没有辜负孙策临终前对他"举贤任能，各尽其心，以保江东"的托付。

第137章 前半生明君

不过话说回来，孙权也并非没有缺点。

据史籍所记，一来可能与江东孙氏武人出身的家庭背景有关，二来也是其外向型的性格使然，孙权一生始终有两大爱好难以割舍，一个是打猎，另一个就是喝酒。

孙权喜欢打猎，尤其喜欢捕猎老虎等猛兽，这一点史书中有多处记载。甚至步夫人为他生育的两个女儿，孙权都用大虎、小虎来当她们的小名儿。他接到宫里抚养的那两个凌统遗孤，也被他亲切地称作"此吾虎子"。朱桓摸到孙权的胡子，就号称"捋虎须"。孙权之爱虎，由此可见一斑。

其实打猎本是强身健体、娱乐放松的正当爱好，许多君主都非常喜欢。曹操打猎"一日射雉获六十三头"，死后还要将"常所用格虎大戟"随葬；曹丕也宣称"射雉乐哉"，经常白天出去游猎，半夜才回来。然而凡事都讲究个度，君王打猎兴师动众，还要群臣陪同，一搞就是数天乃至十几天，搞得太频繁了就会产生劳民伤财、耽误朝政的弊端，所以凡是耿直敢言的朝臣大都立场坚定地反对君主的游猎活动。当年曹丕就因为这个事情跟辛毗、鲍勋、王朗等弄得很不愉快。此外，孙权比曹丕过分的还有一点，那就是他喜欢亲自上阵跟猛兽"亲密接触"，这危险的举动更易引起众臣担忧。

《三国志·张昭传》说，在成为吴王之前的那段时间，孙权非常喜欢打猎，还经常骑马亲自射虎。有一次，一只老虎突然跳到孙权身前，利爪甚至攀上了马鞍①。后来虽没酿成大事，但老臣张昭却已经脸色大变，进前谏阻说："将军你为什么要这样呢？为人君主者，是能驾御英雄、驱使群贤，难道是能在原野上驰逐、跟猛兽比勇力吗？自轻如此，一旦有所闪失，就不怕天下人耻笑吗？"

张昭这话显然意有所指，孙坚、孙策两人当年就是因为轻身犯险才先后丧了命。现在孙权既是人君，他的个人安危就关系到政权稳定，实在不应该不从中吸取教训。

孙权心里明白，就向张昭郑重道歉说："是我年少虑事不远，令君如此，甚为惭愧。"然而此后孙权还是戒不了这个爱好，于是他干脆叫人建造了一辆射虎车，顶上没盖，车厢上设有方形窗口，一人在前驾车，孙权自己就在车厢里用弓弩射猎。时不时有野兽从兽群中逃逸出来冲撞射虎车，孙权便拿棍棒击打以玩乐。张昭再来谏争，他便笑而不答。张昭也没辙。

孙权当上皇帝后，可能是因为年龄大了，射虎的行为越来越少。但

---

① 《三国志·吴主传》云建安二十三年，"权将如吴，亲乘马射虎于庱亭。马为虎所伤，权投以双戟，虎却废，常从张世击以戈，获之"。不知和《张昭传》所说是否为一事。《建康实录》则云庱亭射虎时谏者为长史张纮。

其射野鸡的兴趣却丝毫未减,因为此事,潘濬也多次进谏。孙权就不好意思地回答说:"自从我们上次分别,我只是偶尔出猎,已经不再像当初那样了。"潘濬便道:"方今天下未定,事务繁多,射雉并非要事,况且即使是弓弦断绝、箭扣破裂这样的小事,都可能危害到陛下的安全。臣乞请陛下停息此事。"潘濬告退走出的时候,看见射雉时用来藏身的草垛还在,就走过去亲手将其一一拆毁。据说后来孙权就下决心戒掉了这一嗜好,"不复射雉"。不过我猜,步入老年后体力不济才是孙权放弃射雉的主要原因。

而除打猎之外,孙权最喜欢干的事就是喝酒。准确地说,是跟众臣一起喝酒玩乐,宴会狂欢。

有一次,孙权在武昌临钓台与群臣饮宴。酒过三巡后,有那酒量浅的大臣就不支倒地,歪七扭八地醉卧在席间。孙权见状仍不尽兴,就命人用水将醉酒之人浇醒,还说:"今日酣饮,只有醉堕台池之中,方可停止。"本就对杯中物颇为厌烦的张昭听了随即正色不言,直接走到外面坐进了自己的车中,一副躲清静别烦我的表情。孙权见他这样,就派人来叫他回去说:"众人一起作乐而已,公又何故为此发怒?"张昭于是说道:"当年殷纣王为肉林酒池、长夜之饮,亦以为乐,不以为恶也。"孙权听了面露惭色,说不出话,就终止了宴会。

显然,在张昭这样不苟言笑的卫道士眼中,正派的君主是不应该做出纵酒狂欢这种事的。孙权自己也明白这点。

可是没办法,谁让他好这口呢?

还有一次,孙权为了庆贺自己成为吴王而设宴款待群臣。到了宴会的末段,他走下御座亲自行酒。别人能得到跟吴王对饮的机会,高兴还来不及,然而生性疏狂、由于多次进谏不被采纳而心怀不满的虞翻虞仲翔见孙权向这边走来,就趴在地上装起了醉。等到孙权从身旁走过,他又翻身坐起，继续该吃吃该喝喝。那意思仿佛是说，老子没醉，就是不愿意跟你孙权喝。孙权将这一幕看在眼里，顿时怒火中烧。他拔出佩剑，当时就要将虞翻捅一个对穿。旁边的人都吓呆了，只有大司农刘基一跃而起，抱住孙权劝道："大王您如果在酒醉之后杀人，即便虞翻有罪，天下人有谁会知道？况且大王您就是因为能礼贤下士而四海敬仰、百姓归心，眼下一时冲动就将这一名声抛弃，岂不可惜？"孙权也知道刘基说得对，但他心下依然气不过，就反问道："曹孟德尚杀孔文举。孤杀一个虞翻，有何不可？"刘基便答道："曹操残害士人，至今天下非之。大王您躬行德义，欲与尧、舜比肩，怎么能跟曹操置身于同列呢？"这话把孙权说没了词。于是孙权只好饶过虞翻，还吩咐左右说："从今往后，我若是酒后下令杀人，皆不得杀。"

通过以上事例可以发现，孙权尽管改不了嗜酒、好猎的缺点，但大多数情况下都能够认识到自己的错误，并虚心接受臣下的批评和劝谏（即使未必能改）。这也是我认为孙权在前半生堪称明君的一个重要原因。

与此同时我们也应该看到，同其他需要时刻维护自身权威的专制君主一样，孙权也不喜欢那些总爱犯颜直谏以标榜自身忠贞的骨鲠之臣。例如前面提到的虞翻，还有老臣张昭。

称帝后，孙权大封文武百官：以陆逊为上大将军、右都护，领荆州牧；以诸葛瑾为大将军、左都护，领豫州牧；以步骘为骠骑将军，领冀州牧；以朱然为车骑将军，领兖州牧；以朱桓为前将军，领青州牧；以全琮为卫将军，领徐州牧……然而效力江东三十余年的老臣张昭却没有得到任何封赏。

要知道，当年孙策横死，孙权以十九岁的孝廉身份接班，全靠张昭、周瑜表率忠心辅佐，才巩固了自身地位，赢得了江左士庶的支持。

当时张昭的地位基本上等同于萧何。尽管有资料显示孙策临终时张昭本以为他会指定三弟孙翊为接班人，孙权对此不能全无芥蒂，但张昭已经用实际表现证明了他的忠心，而孙权这一时期也"以昭旧臣，待遇尤重"，对他相当尊敬。

两人之间的关系真正出现裂痕还是在赤壁战前。那时满朝文武以张昭、秦松为首，都倾向于劝孙权向曹操主动投降，只有周瑜、鲁肃坚持主战。对于张昭的这种做法，用孙权自己的话说是"深失所望"，十分寒心。这些情况前文已述，不必细说。但张昭为何主张投降，除了"各顾妻子，挟持私虑"之外，是否还有别的原因，仍然值得讨论讨论。

裴松之首先提出，张昭当初之所以辅佐孙氏，本就是为了"上藩汉室，下保民物。鼎峙之计，本非其志"。意思是张昭始终以汉室的统一为考量，割据争霸从来就不是他的本心，而当时曹操就是汉室的代表。如果张昭的主张得以施行，"则六合为一，岂有兵连祸结，遂为战国之弊哉"。再说东汉初年窦融因为归降得早，窦氏遂成东汉最煊赫之勋戚，张鲁一个小诸侯，降曹之后还得到了极大的封赏，孙权如果举江东六郡归顺，那封赏的程度一定难以想象。所以张昭主张投降，其实也是忠臣。

应该说裴松之的观点有一定道理。因为张昭生于桓帝时代，在其渡江前历经桓、灵、少、献四朝，跟曹操一样基本上算是汉朝人，再加上他精研《左氏春秋》之学，深受大一统思想影响，其老家彭城又在北方，在当时的条件下他主张归附汉朝丞相，实在是极为正常的事情，也代表了孙策那些淮泗旧臣的主流意见。

或许正是这一点让孙权意识到，将来要想以江东成就帝业，还是需要仰仗那些有进取之心的同龄人以及江东本土精英。

于是我们看到，赤壁之战后孙权重用的北籍臣僚，鲁肃生于172年，

第137章 前半生明君

诸葛瑾生于174年，周瑜生于175年，吕蒙生于179年，年龄普遍都比张昭、张纮、秦松这些旧臣晚上一代；与此同时，以陆逊、顾雍为代表的江东人士在孙吴政权中越来越占据重要地位。

这种情况下，本就在理念上与之有分歧的张昭受到孙权冷落，就是顺理成章之事了。

例如黄初二年孙权受封吴王后，效仿汉初诸侯王制度设置丞相。当时众臣都推举张昭，但是孙权却道："方今国家多事，丞相之职责重事繁，不宜以此优劳子布。"就让"史无其传"的孙邵（北海人，本为孙权长史，并非宗室）当了丞相，而只封张昭为绥远将军、由拳侯。两年后孙邵去世，群臣又推举张昭。这次孙权则说："孤难道是舍不得把丞相给子布吗？实是丞相事繁，而此公性情刚强，所言孤若不从，其必然大兴怨咎之辞，终究对他无益。"然后就任命了顾雍。

对比这两个回答，可知孙权对张昭是越来越讨厌。第一次不让张昭当丞相，他还客客气气地编理由说是因为事务繁重，怕张昭受累，第二次他就索性把话挑明了：不让张昭干是因为这家伙越老越倔，到时候意见不合，他一定会倚老卖老、大放厥词，搞不好我就要收拾他！还不如让他离我远远地，省得生事。

由此可见，除了"三观"不合之外，性格上过于耿直也是张昭不受待见的一个原因。这一点，前面提到的钓台宴饮时张昭讽刺孙权纵酒无度就是一例。

黄龙元年孙权称帝后，大会百官庆贺。席间他回顾往昔，想起了英年早逝的周瑜，便感叹道："孤非周公瑾，不帝矣！"当年要不是周瑜劝我向曹操宣战，我哪能当上皇帝？这个时候群臣自然免不了有一番歌功颂德。张昭便也随着众人一同举笏而起，可是他还没来得及说话，孙权便说了句："若如张公之计，今已乞食矣。"要是听了你张昭的主意，我现在指不定在哪里要饭呢！此言不啻当场给了张昭一记响亮的耳光，史称"昭大惭，伏地流汗"。事后不久，张昭就以老病缠身为由，请求辞去官位，就此退休。然而孙权却不想让人觉得自己是因为小心眼记仇才免了张昭的官，反而加封他为辅吴将军，其班位仅次三公，食邑万户。意思是给你一个清贵闲职，识趣的话你就在家安心养老，国家大事就少掺和吧！

张昭也知道自己讨皇帝嫌，于是之后的一段时间，每日只潜心学术，注解《左传》《论语》以消磨时间。然而他终究还是改不了退而不休的官僚习气，后来因为公孙渊称藩一事，张昭又跟孙权起了激烈冲突。此事暂且不表，到时再叙。

第138章 吴蜀交分天下

称帝后，孙权很希望自己的帝号得到蜀汉方面的承认，于是提出了"并尊二帝"的倡议，并派使者将这一倡议告知了蜀汉。

所谓并尊二帝，即吴、蜀两国彼此互相承认天下有且只有我们两家是皇帝，双方以同等身份交往。至于曹魏，自然是僭越的反贼。

成都朝廷收到这一提议，立刻炸开了锅。

许多大臣都认为，"天无二日，土无二王"，孙权本是我们大汉的臣子，如今竟敢公然称帝，本质上跟曹魏一样都是僭越行为，因此"交之无益而名体弗顺，宜显明正义，绝其盟好"，咱们应该跟孙权立刻断交！

如果这一意见付诸实行，那么在外交上蜀汉就将退回到夷陵战前的状态——同时与魏、吴两国为敌。

这显然是极为不利的。

于是诸葛亮开释群臣道:"孙权早就有僭逆称帝的野心,我国之所以容忍忽略他的此类举动,就是因为在讨伐曹魏一事上需要他的支援。如今倘若公开与其断绝关系,一定会引来他的仇视。到那时我们就必须在东边增加兵力,和他对抗,甚至要等到吞并东吴之后才谈得上北伐中原。然而吴国贤才还很多,将相亦彼此和睦,绝非一朝一夕能够平定。一旦长期相持不下,北方的曹贼必然会利用这一机会。这显然并非上策。"

可如果不跟孙权绝交,又似乎有悖于大义,并且会削弱蜀汉皇统的正统地位。那该怎么办呢?诸葛亮接着说道:"当年孝文皇帝曾用谦卑的言辞给匈奴写信,先帝也曾为了与东吴结好而对孙权有所妥协,他们都是根据形势变化、为了长远利益而采取了权变之策,而不是像匹夫那样只会逞一时之忿。现在许多人都认为孙权贪图割据,愿望已足,所以不会尽力跟我们合作伐魏。其实这都是似是而非的观点。为什么这么说呢?因为孙权限江自保不是因为他不想消灭曹魏,而是因为他的智谋和实力都不足以战胜对方。曹魏那边也是一样。故此当我们派大军北伐之时,孙权若采取上策,就会出兵分割曹魏的领土,若采取下策,也会侵入边境掠夺魏国人民,而绝不会端坐不动。退一步讲,即便孙权端坐不动,只要他跟我国维持友好,那我们北伐便不会有东顾之忧,曹魏的河南兵马也无法尽数西调,对我们来说已经是很大的帮助了。"

因此,最后诸葛亮提到:"权僭之罪,未宜明也。"不应该公开谴责孙权,更不能和他断绝关系。

不但如此,诸葛亮还说服后主于当年六月派卫尉陈震为使者入吴,对孙权表示祝贺。

陈震字孝起,南阳人,也是刘备在荆州时的老部下,之前曾任尚书令,也曾有过一次出使吴国的经历。诸葛亮在给哥哥诸葛瑾的信中还称

第138章 吴蜀交分天下

赞他说："孝起忠纯之性，老而益笃，及其赞述东西，欢乐和合，有可贵者。"派这样一个人出使，诸葛亮是比较放心的。

陈震自然知道自己身上所任非轻，他刚一进入吴国边界，便向边防官员提交了正式的外交函，表明了自己的来意。孙权得到汇报，知道蜀汉已经承认了自己的帝位，心中难掩喜悦。等到陈震到达武昌后，双方立刻进行了亲切友好的会谈，重申了两国联合抗曹的共同利益。最后双方不但登坛盟誓，宣布了"戮力一心，同讨魏贼""若有害汉，则吴伐之；若有害吴，则汉伐之。各守分土，无相侵犯"的盟约，还经过磋商，达成了一项"交分天下"的重大协议，具体内容是："以徐、豫、幽、青属吴，并、凉、冀、兖属蜀，其司州之土，以函谷关为界。"

显然，这个协议的着眼点并非现在，而是将来。即吴蜀合作灭掉曹魏之后，其领土应该如何划分。

首先需要明确的是，当时按曹魏的行政建制，魏国总共领有十二州，而协议中涉及的州只有九个，可知这一划分是以东汉末年的天下十三州为依据的。在东汉十三州中，孙吴据有荆、扬、交三州，蜀汉则只占有一个益州，因而协议中被瓜分的就是剩下的九个。

这九个被曹魏占据的州，如果严格按照其所处的位置以及与本国领土接壤的原则东西平分，那么青、徐、豫三州属吴，并、凉二州属蜀是没有问题的。有意思的地方在于，冀州和兖州这两个地处太行山以东的州被划给了蜀国，而同样位于太行以东的幽州则归了吴国。再加上位于中原腹地的司州领土（即东汉司隶校尉部）是以函谷关为界，关西归蜀，关东属吴，这样一来，蜀汉的领土就借助冀州实现了"看海"，而吴国的领土幽州则成了被蜀国领土包围的一块飞地。

有人说，这么划分是孙权让步的结果，实际上蜀汉占了便宜。就拿司州为例来说吧，东汉的司隶校尉部总共七个郡，如果以函谷关为界,那么蜀汉将得到左冯翊、右扶风、京兆尹、河东、弘农五个郡,而东吴则只能得到河南尹和河内郡。若是放大到全国,按东汉的建制,徐、豫、幽、青四州共二十八郡国(含属国),并、凉、冀、兖四州共三十八郡国[1],再算上司州,东吴所得郡国总数比蜀汉整整少十三个,怎么算都是吃了大亏。

所以我猜想,当孙权把这份提议的草稿交给蜀汉全权大使陈震审阅时,陈震心里多半是暗爽的。没准儿他觉得,拿这份协议回去,自己一定是大功一件。事实上陈震回国后,的确被后主酬以了亭侯的封赏。这说明诸葛亮对他这次出使取得的成果还是比较满意的。

但是我却认为,孙权这个"吃亏是福"策略的背后却隐藏着他不为人知的算计。

诚然,以当时的实力对比而言,吴、蜀两国合作灭掉魏国的可能性微乎其微,不管怎么划分,说穿了都是空头支票。然而即使是画饼充饥,在政治上也具有特定的意义。再说,三国鼎立的局势究竟如何发展,我们现在了然于胸,当时置身其中的人却很难预料。所谓历史,并不是只有一种路径。换句话说,就像张俨在《默记》中假设的那样,如果诸葛亮的寿命能比历史上多活那么一二十年,或者司马懿的寿命短上那么一二十年,那么历史就很可能是另一副面貌。所以对孙权而言,哪怕有千分之一、万分之一的可能,他也要考虑到这么做会产生哪些后果。

现在,我们顺着孙权的思路思考一下。假如吴蜀联合真的灭掉了魏国,那么显而易见,吴、蜀两国就成了直接的竞争对手。正如当初邓芝

---

[1] 各州郡国数目参见徐冲:《〈续汉书·百官志五〉"刺史"条郡国数辨证》,《中华文史论丛》2011年第4期。

所言:"如并魏之后,大王未深识天命者也,君各茂其德,臣各尽其忠,将提枹鼓,则战争方始耳。"实际上,不用魏国灭亡,只要蜀汉攻入长安,东吴攻入洛阳,曹魏败象一露,恐怕吴、蜀两国就会倒戈相向。然而由于吴蜀分割司州是以函谷关为界,在两国正式撕破脸之前,蜀军是不方便出兵关东的,而吴兵则可以借由颍水、济水等水道进入黄河下游。这意味着兖州尽管是协议中划归蜀汉的领土,但蜀军根本没办法实施占领,而其周围的青、徐、豫三州则属吴地,这就使其事实上成了东吴的囊中之物。也就是说,在曹魏仍据有黄河以北的领土时,东吴便能得到青、徐、豫、兖四州外加函谷关以东的洛阳地区,而蜀汉则只能得到凉州和半个司州。这时尽管蜀汉可以要求东吴按照协议将兖州归还,但东吴也可以效仿当年刘备"借荆州"的故伎"以彼之道,还施彼身"。

接下来,蜀汉有两种选择:一是以此为理由向东吴宣战,出兵争夺关东领土;二是北上继续进攻曹魏,夺取划归自己的并州和冀州。而不管选择哪一种,在战略上都将陷入极为不利的境地。

先看第一种情况,即蜀汉向东吴宣战。这时如果蜀军出兵争夺函谷关以东的洛阳地区,很容易便会遭受魏、吴两国南北夹击,多半是有去无回。

而如果蜀汉选择搁置争议,继续维持与东吴之间的脆弱联盟,并转而北上争夺并州和冀州的话,考虑到冀州是曹魏立国之根基,一定会遭到残余曹魏势力顽强抵抗。要知道当年曹操在官渡之战后还花了整整四年才拿下冀州,如果没有东吴的全力配合,蜀汉即使能靠自己的力量占领河北,也势必要付出巨大的代价。这期间一旦东吴生出下庄刺虎之心,再搞一次袭取荆州那样的偷袭,那么别说河北捞不到,就是关中也有可能转手归了东吴。

退一步讲，即便蜀军以奇兵顺利夺得了并、冀二州（例如前秦灭前燕之战），那么孙权仍然留有后手，即协议中划归吴国的幽州。当蜀汉攻略河北之时，东吴即可派水师走海路由青、徐直取幽州。这时由于曹魏中央政府已经崩溃，拿下幽州易如反掌。与此同时，东吴亦可重兵屯集于黄河沿线。当吴、蜀正式开战以后，冀州的蜀军就将面临东吴来自南北两个方向的进攻，吴胜蜀败的概率依然很高。

总之，按照目前这么划分，吴之得土近而蜀之得土远，吴得实利而蜀担虚名，一旦吴、蜀开战，吴国就可以在战略上占据优势。不得不承认，孙仲谋这个如意算盘实在打得相当之响亮。

由于这次谈判是在武昌进行，双方又很快便达成了协议，因此我推测当时陈震并未向身在汉中的诸葛亮请示，而是全权代表蜀汉朝廷参加了谈判。谈判的主导权显然是由孙权掌握的，所以他才精心选择了这样一份表面上吃亏、实则占尽便宜的方案。陈震或是没有察觉，或是虽然察觉却又拗不过孙权，也就接受了这个方案。

我想，若是诸葛亮亲自跟孙权谈，多半会提出把豫州和兖州对换，因为唯有这样才能扭转蜀汉在战略上所处的不利局面。而且刘备当年曾被献帝封为豫州牧，求取豫州可谓名正而言顺。至于孙权能不能答应，那就是另外一个问题了。

当然，由于历史上吴、蜀并未能联合灭掉曹魏，这一协议最终也就成了痴人说梦。不过有史料显示，吴、蜀两国还是在力所能及的范围内各自履行了这一协议。例如，协议签订后蜀汉把鲁王刘永改封为甘陵王，梁王刘理改封为安平王，就是因为鲁、梁两地是协议中的吴国领土；吴国方面也解除了步骘、朱然分别担任的冀州牧和兖州牧职位；与此同时，由于司州领土在协议中被一分两半，不论蜀国还是吴国，都没有设司隶校尉一职遥领司州。

第138章 吴蜀交分天下

畅快淋漓三国史

（下）

邙山野人 著

第139章 八阵迷踪

蜀汉建兴七年秋,陈震从吴国发来的消息传到汉中,诸葛亮得知了两国盟誓共讨曹魏以及协议"交分天下"诸事。没过多久,又传来了孙权迁都建业、留陆逊辅佐太子孙登镇守武昌的消息。

孙权迁都表明,两国盟誓之后他已经完全不再担心西境的防守问题,其今后攻略的重点仍将是下游的淮泗、巢湖一带。

这一变化对蜀汉的好处在于,此后蜀汉方面也无须再担心本国东境遭到孙吴入侵,江州、永安方面的驻军便可以调来用于北伐。另外,如果孙权能将魏军主力长期牵制在下游,那么蜀汉这边面临的压力也会适当减轻。

不过,这些消息并不足以让诸葛丞相感到放松。因为有迹象显示,在蜀汉两年间发动了三次北伐之后,曹魏方面正在酝酿一次大规模反攻,到时整个汉中便会成为抗击魏军的前线。

于是在这年冬天，诸葛亮将府营由沔水北岸迁到了南岸定军山北麓的山原上，并增筑汉、乐二城，进一步加强了汉中的守备状况。

据《水经注》等史籍记载可知，汉城又名西乐城，位于今勉县东南、汉水南岸、漾家河西岸的高山上，城周三十里，十分险固。城东的漾家河谷地，当时称作容裘谷，有山路经今宁强一带直通蜀中。而乐城则位于城固县东的汉水南岸，北侧有湑水河和汉水两道屏障为阻挡。再加上原本的兴势、赤阪、黄沙诸围，诸葛亮已经在汉中构建起了一套相当严密的防御体系。

除了防御设施之外，蜀军据"八阵图"演练的战阵战法此时也应愈发纯熟了。

杜甫有诗赞蜀相云："功盖三分国，名成八阵图。""八阵图"作为诸葛亮一生军事智慧的结晶，不论在当时还是后世都大大有名。特别是到了元明以后，随着三国故事在民间的流行以及对诸葛亮崇拜的升温，"八阵图"在文艺作品中更是被蒙上了一层层威力无比、玄幻莫测的神话色彩。最典型者，莫过于《三国演义》中描写的夷陵战后陆逊追击刘备遇八阵图故事：

陆逊听罢，上马引数十骑来看石阵，立马于山坡之上，但见四面八方，皆有门有户。逊笑曰："此乃惑人之术耳，有何益焉！"遂引数骑下山坡来，直入石阵观看。部将曰："日暮矣，请都督早回。"逊方欲出阵，忽然狂风大作，一霎时，飞沙走石，遮天盖地。但见怪石嵯峨，槎枒似剑；横沙立土，重叠如山；江声浪涌，有如剑鼓之声。逊大惊曰："吾中诸葛之计也！"急欲回时，无路可出。正惊疑间，忽见一老人立于马前，笑曰："将军欲出此阵乎？"逊曰："愿长者引出。"老人策杖徐徐而行，径出石阵，并无所碍，送至山坡之上。逊问曰："长者何人?"老人答曰:"老夫乃诸葛孔明之岳父黄承彦也。昔小婿入川之时,于此布下石阵,名'八阵图'。反复八门,按遁甲休、生、伤、杜、景、死、惊、开。每日每时,变化无端,可比十万精兵。临去之时,曾吩咐老夫道:后有东吴大将迷于阵中,莫要引他出来。老夫适于山岩之上,见将军从'死门'而入,料想不识此阵,必为所迷。老夫平生好善,不忍将军陷没于此,故特自'生门'引出也。"

按罗贯中的叙述,这"八阵图"位于白帝城以东的夔关(今四川奉节东)江岸边,地名鱼腹浦,乃是在沙滩上以乱石排成阵势而成,内中暗含奇门遁甲之术,若不晓得其中机关,陷在里面就出不来。如今影视作品中所见的诸葛亮八阵图,大多也是照着这个路子来演绎。

那么,历史上诸葛亮创制的八阵图是否就是这个样子呢?

首先,我们看一下《三国志》里的描述。

陈寿在《诸葛亮传》的最后写道:"亮性长于巧思,损益连弩,木牛流马,皆出其意;推演兵法,作八阵图,咸得其要云。"意思是诸葛亮拥有工程师般的头脑,他不但改良了连弩,发明了木牛流马,而且推演兵法和创作八阵图也都能掌握其要领。

请注意,这里陈寿说的是"推演兵法,作八阵图,咸得其要"。意思是诸葛亮通过创作八阵图而掌握了其要领。"其要"的"其"指的是什么呢?显然只能是指"八阵"。也就是说,"八阵"本身并非诸葛亮所发明,他只是通过学习和演练掌握了"八阵"的要领,然后将自己的经验总结成书,写成了《八阵图》这一军事著作。

同时我们发现,早在先秦兵法中就有关于"八阵"的记载。

例如《隋书·经籍志》书目中就有《孙子八阵图》一卷,《历代名画记》所列古之秘画图珍亦有《孙子八阵图一》《吴孙子牝牡八变阵图

二》，故东汉郑玄注《周礼》云："孙子八阵，有苹（屏）车之阵。"虽然流传至今的《孙子兵法》中无图，亦无有关八阵之记载，但据《汉书·艺文志》可知，汉代时其尚附有"图九卷"。再加上春秋时盛行车阵，很可能当时便已经有了八阵的雏形。

最早明确提到八阵的文献是银雀山汉墓出土的竹书《孙膑兵法》。

该书《八陈（阵）》篇云："知道者，……阵则知八阵之经，见胜而战，弗见而铮（静），……用八阵战者，因地之利，用八阵之宜。"可知八阵乃是一种因应地形而变化的军阵。又根据下文"用阵三分""斗一守二"等记载，张震泽先生指出，八阵实际上就是一阵八分，即将一方阵用"井"字分成九个部分，中间为统帅所居的中军，通常不与敌接触，承担御敌任务的是其余八个部分，称为八阵。

这种一阵八分的方阵，是秦汉军阵的基本形态。

所以我们看到，在《燕然山铭》中，班固记窦宪破匈奴时云："勒以八阵，莅以威神。"建安二十一年有司向曹操上奏时亦云："汉承秦制，三时不讲，唯十月都试车马，幸长水南门，会五营士为八阵进退，名曰乘之。"曹操批准了这个建议，后来每到立秋，便治兵讲武，演练八阵。

同样是立秋的军事操练，《后汉书·礼仪志》还说："兵、官皆肄孙、吴兵法六十四阵，名曰乘之。"可知八阵亦可演化为六十四阵。

由此看来，八阵实在是当时极为平常的作战阵形，不但诸葛亮会，曹操会，甚至袁绍、公孙瓒等人也会。因为界桥之战时公孙瓒"兵三万，列为方阵，分突骑万匹，翼军左右"的布阵方式与《孙膑兵法·八阵》"车骑与战者，分以为三，一在于右，一在于左，一在于后"的描述正相符合，应该就是八阵变化而成。而袁绍本人就曾担任西园八校尉之一，对于东汉禁军时常演练的八阵自然比较熟悉。

既然如此，为什么只有诸葛亮的八阵这么有名呢？

因为他掌握了八阵的精要，并随之进行了改良。

如《孙膑兵法》所述，"用八阵战者，因地之利，用八阵之宜"。一阵八分只是八阵的基本形态，其精要全在因应地形和时势之不同进行变化。对此，《孙膑兵法》在《十阵》篇中提出了十种常用变化：方阵、圆阵、疏阵、数阵、锥行阵、雁行阵、钩行阵、玄襄阵、火阵、水阵。皆是从基本的八阵变化而来。诸葛亮既"咸得其要"，以上变化他应该是完全了然于胸的。

但是这还不够。因为三国时的战争形态与春秋战国时相比已经发生了比较大的变化，而且蜀汉本身具备的军事条件、敌人的军事特点也必须考虑进来。

先秦流行的车战此时已经退出了历史舞台。

骑兵成为决定胜负的主力兵种，骑兵突击往往是破阵的有效方式。

曹魏拥有的骑兵不论在数量上还是在质量上都对蜀汉形成碾压优势。

蜀军擅长山地作战，其所用连弩经诸葛亮改进之后效率得到了提高。

所以，诸葛亮必须根据以上情况对八阵进行改良，使八阵推陈出新，重新焕发生命力。

从史籍记载来看，诸葛亮的努力获得了很好的成效。他曾经颇为自豪地声称："八阵既成，自今行师庶不覆败。"西晋人李兴也称赞说："推子八阵，不在孙、吴。"意思是诸葛亮的八阵在孙子、吴起之外又有所创新。

遗憾的是，诸葛亮对八阵到底做了哪些改良，在实战中得到了哪些应用这些情况，不管是《三国志》还是裴注所引的魏晋史籍，都没有具

第 139 章　八阵迷踪

体的记载。

我们知道的只有司马懿后来在五丈原视察诸葛亮留下来的营垒遗迹后所说的那句话："天下奇才也！"

除此之外，能够据以推测的便只有几处真假难辨的所谓八阵图遗迹，以及后人对于八阵战法的研究、继承在史料中的记录了。

我们先看史籍所见的八阵图遗迹。

据东晋人干宝所著《晋纪》："诸葛孔明于汉中积石为垒，方可数百步，四郭，又聚石为八行，相去三丈许，谓之八阵图。于今俨然，常有鼓甲之声，天阴弥响。"

干宝所说的这个汉中八阵图，《水经注》云在沔阳定军山诸葛亮庙以东，彼时"遗基略在，崩褫难识"，已经不再是干宝所记形状俨然可辨的状态了。南朝人刘澄之的《梁州记》则云诸葛亮在沔阳的居所"背山向水，门前累石以为阵，水至坏其行列，水去辄复故"。

而与汉中八阵图相比，白帝城附近的八阵图遗迹更为著名。

《晋书·桓温传》说，永和二年（346年）桓温自荆州西征成汉时路过鱼复县（今四川奉节东），"初，诸葛亮造八阵图于鱼复平沙之上，垒石为八行，行相去二丈。温见之，谓'此常山蛇势也'。文武皆莫能识之"。所谓"常山蛇"，是见于《孙子兵法》的一种两头蛇，其特点是"击其首则尾至，击其尾则首至，击其中则首尾俱至"。由此可知，桓温说八阵图是常山蛇势，并非说阵图的形状是一字长蛇阵，而是说阵之布列具有首尾呼应、一处受敌余处来救的优点。

这处八阵图，在南朝人盛弘之的《荆州记》中也有记载，而且细节更为丰富：

鱼复县盐井以西，石碛平旷，骋望四远。诸葛孔明积细石为垒，方可数百步。垒西郭，又聚石为八行，（行八聚），相去二丈许，谓之"八阵图"。曰："八阵既成，自今行师，庶不复败。"（八阵及垒皆图兵势行藏之权，）自后深识见者，并莫能了。桓宣武伐蜀经之，以为常山蛇势。

《水经注》转引这段记载时还补充说："今夏水漂荡，岁月消损，高处可二三尺，下处磨灭殆尽。"

有意思的是，到了隋唐文献中，鱼复八阵图不但形状大小有了变化，而且开始具备了某种神奇之处。例如《荆州图记》云：

永安宫南一里，渚下平碛上，周回四百十八丈，中有诸葛孔明八阵图，聚细石为之，各高五尺，广十围，历然棋布，纵横相当，中间相去九尺，正中开南北巷，广悉五尺，凡六十四聚。或为人散乱。及为夏水所没，冬水退，复依然如故。

韦绚《刘宾客嘉话录》则云：

夔州西市，俯临江岸，沙石下有诸葛亮八阵图，箕张翼舒，鹅形鹳势，象石分布，宛然尚存。峡水大时，三蜀雪消之际，倾涌混漾，可胜道哉！大树十围，枯槎百丈，破硊巨石，随波塞川而下，水与岸齐，人奔山上，则聚石为堆者，断可知也。及乎水落川平，万物皆失故态，唯诸葛阵图小石之堆，标聚行列，依然如是者，仅已六七百年，年年淘洒推激，迨今不动。

青年时代的韦绚曾侍奉刘禹锡居住于夔州，此八阵图应为其亲见。

在其记述中，以小石堆成的八阵图却能抵御江潮巨浪之冲击，六七百年而不坏，显然是受到了杜诗"江流石不转"之影响。而杜诗之所以这么写，多半又是受《荆州图记》等地志中"冬水退，复依然如故"之类描述的启发。

这个八阵图，后来苏东坡还考察过。他说："自山上俯视，百余丈凡八行，为六十四蕝，蕝正圆，不见凹凸处，如日中盖影。予就视，皆卵石，漫漫不可辨。甚可怪也。"

此外，南朝人李膺的《益州记》还说，四川新都县稚子阙北五里（今四川成都青白江区弥牟镇）亦有一"土城四门中起六十四魁，八八为行，魁方一丈、高三尺"的八阵图。

那么，这三处八阵图中，到底哪个才真正是诸葛亮留下的遗迹呢？

第140章 王者之师

汉中、成都和白帝城都是诸葛亮曾经居留之地,以上三处遗迹据说有的今日仍存,而且还成了当地的文保单位。但是坦白说,仅凭现有记录,根本无法断定其是否真为诸葛亮留下的遗迹。

这里我想说的是,八阵图原本只是兵书或者"军事手册"(《通志·艺文略》目录中有《武侯八阵图》一卷),是诸葛亮将自己演练八阵的经验总结下来以供将校教习之用的"说明书"。而八阵的演练全靠士卒完成,并不需要石堆、石阵、石垒这些难以移动的物事做配套。有的学者说,这些东西有可能是演阵时用来标记各部队所处位置和边界的标志物。然而这一理论似是而非。因为按照前引诸记载,阵图遗迹中石堆与石堆之间的距离最短者九尺,最长者三丈,以中古时一尺约在24到31厘米计,石与石仅相隔二到九米,试问什么样的部队需要在不到九米的范围内利用石堆做标志才能确定自己所属的位置呢?

所以我认为，不管这些石堆石阵是否有可能是诸葛亮留下的遗迹，它们实际上都与八阵图无关。

而真正的八阵图在诸葛亮死后并未失传，在之后的七八百年里，仍有兵家据此训练军队并运用于实战。

据《晋书》记载，蜀汉灭亡以后，司马昭曾经派一个叫陈勰的官员专门学习诸葛亮"围阵用兵倚伏之法，又甲乙校标帜之制"，而陈勰"悉谙练之"。后来司马炎称帝，陈勰就负责指挥皇帝出行的大驾卤簿。许多年过去，陈勰已经改任别职，有一天司马炎出宫打猎，搞到天黑才返回，为了在夜色中保护皇帝，车驾和卫队需要"合函"，即组合成紧密的箱形阵列，然而不知怎的，搞了半天都没排列成。司马炎不耐烦，就传旨叫陈勰来指挥，结果陈勰"举白虎幡指麾，须臾之间而函成"。

由此可见，陈勰据以指挥"合函"的，就是他从诸葛亮那里继承的"围阵用兵倚伏之法"。"围"指围守，主要是阵地战时施用的安营扎寨、筑围树栅等方法；"阵"指军阵，即以八阵为代表的野战阵形的使用与变化。这说明陈勰已经掌握了八阵图的精要，只不过他只能用来指挥仪仗队，并没有将其运用于实战的机会。

西晋时，将其应用于实战的人是马隆。

泰始、咸宁年间，鲜卑酋长秃发树机能叛乱于凉州，晋武帝数次派兵征讨未果，时为小将的马隆毛遂自荐，招募了三千五百人前往平叛。进入河西地区后，"虏树机能等以众万计，或乘险以遏隆前，或设伏以截隆后。隆依八阵图作偏箱车，地广则鹿角车营，路狭则为木屋施于车上，且战且前，弓矢所及，应弦而倒。……转战千里，杀伤以千数"。后来终于将树机能斩首，平定了叛乱。

马隆自荐时的职位是殿中司马督，属于负责宿卫的禁军军官，但是他却能够"依八阵图作偏箱车",说明自陈勰依八阵图教习禁军护卫后,八阵图已经在晋廷有了一定程度的流传。这里我们尤其应该注意的是,马隆面对以骑兵为主的鲜卑叛军,采用的战法是"地广则鹿角车营,路狭则为木屋施于车上"。也就是说,在开阔平衍的地带,就用偏箱车配合鹿角列成营寨,而如果道路狭窄逼仄,就在偏箱车上搭建木屋,且战且前,再配合强弓硬弩(马隆募兵时的要求是"腰引弩三十六钧、弓四钧"),遂取得了转战千里、杀伤数千的功效。

马隆依照八阵图制作的偏箱车,其形制已很难详考。按照努力复原偏箱车的明代人的看法,这似乎是一种在车身一侧以木板或木箱为遮蔽的"装甲车",车上的人可以借由箱板的掩护进行射击,亦可将鹿角、木屋架在箱板上形成一个临时掩体。众车组合,即可构成车营。显然,这与前述陈勰指挥车驾构成箱形阵列有异曲同工之妙。

到了两百年后的北魏时代,名臣高闾向孝文帝献策以对付北方游牧民族柔然时说:"宜发近州武勇四万人及京师二万人,合六万人为武士,……分为三军:二万人专习弓射,二万人专心戈盾,二万人专心骑矟。修立战场,十日一习。采诸葛亮八阵之法,为平地御寇之方。"此时八阵战法依然被认为是对付骑兵的上佳选择。这里高闾虽然没有提到车阵,但却指出构成八阵的兵种应包括持弓弩的射手、执长兵和盾牌的步兵以及承担冲击任务的骑兵三种。八阵之法,就是对这三个兵种合理配置并娴熟运用的战法。

其实从西汉时卫青用武刚车对付匈奴开始,华夏政权就发展出了以车阵制御骑兵冲突的战法。但是与此同时,车阵也存在一些不容忽视的缺点,例如守强攻弱、机动性不足、对地形要求较高、与步兵对垒并无优势,以及惧怕火攻等。这就使得车阵适用的场景受到了极大的限制。

众所周知,曹魏拥有以虎豹骑为代表的优质骑兵,而且在之前的战

斗里，蜀汉军队也有过被曹魏骑兵重创的经历。所以诸葛亮北伐，如何对付曹魏骑兵就成了他必须面对的棘手难题。车阵自然不失为一个选择，但是前提是，他必须克服以上提到的那些缺点。于是我们看到，诸葛亮的野心是将蜀军打造成一支步、骑、弩、车等多兵种无间配合、适应全地形作战、在不惧骑兵冲击的基础上达到攻守平衡的新型军队，这才是他演练八阵图所追求的目标。

诸葛亮的军事著作虽然没能流传到今天，但其教令兵法的吉光片羽仍然借助唐宋类书的摘抄保存了下来，使我们可以稍稍窥知他为这一目标所做出的努力。

例如"贼骑来教"云："若贼骑左右来至，徒从行以战者，陟岭不便，宜以车蒙阵而待之。地狭者，宜以锯齿以待之。"

如果敌人的骑兵从左右两方同时杀到，而从行的步兵来不及爬山或无山可登，那么就应该"以车蒙阵"御敌，如果地势狭窄，就用"锯齿"来防御。

此处之"以车蒙阵"，学者有两种解释。一种认为"蒙"是动词，取包裹、遮盖之意，"以车蒙阵"就是用车覆盖在军阵外围，以资防御；另一种说"车蒙阵"可能是一种以车为骨干的防御阵形，类似卫青"令武刚车自环为营"的车阵。不管哪种解释，其实意思都差不多，即开阔地带的步兵在遇到骑兵来袭时应以车为掩体。"锯齿"为何物则难以确知，或类似铁蒺藜，或类似鹿角，总归是设在路面上阻挡骑兵冲突的障碍。

再比如，诸葛亮有这样的"军令"："连冲之阵，似狭而厚，为利阵。令骑不得与相离，护侧骑与相远。""敌以来，进持鹿角，兵悉却在连冲后。敌已附，鹿角里兵但得进跽，以矛戟刺之，不得起住，起住妨弩。""闻五鼓音，举黄帛两半幅合旗，为三面圆阵。"

"连冲"，可能是将冲车横连起来构成掩体。将冲车横连置在阵前的连冲之阵看起来薄而狭窄，实则坚厚有力，且可以向前冲锋，故为利阵。"令骑"应是负责传令的骑兵，所以不得离开。连冲阵的侧方需要保护，因此护侧骑要在稍远的距离随时注意远方是否有敌军靠近。

敌兵来攻，在阵前设置鹿角，步兵全部退到连冲后。等敌人已经靠近，鹿角里的步兵便蹲踞前进，用矛和戟刺杀敌兵，这时切不能起身站立，因为会妨碍弩箭射击。

听到鼓响五声，见到黄帛两半幅合旗举起，便变为三面圆阵。所谓三面圆阵，应是左、中、右三军或前、中、后三军同时变成防御性圆阵。

我想，以上这些军令可能就是诸葛亮在演练八阵或者带兵出征期间所留下的残篇。通过这些军令残篇可以发现，将步、骑、弩、车各兵种密切配合，以便"因地之利，用八阵之宜"，应该是诸葛亮用兵的一个原则。而且八阵图的精华还不止于此，诸葛亮的军令中还有不少涉及行军、作战、扎营、指挥、侦察、地形、水战等各方面的内容，想来八阵图也应将其包括在内。

但是我认为，这还不足以完全体现诸葛亮的军事才能。

八阵图只是表象，隐藏在八阵图后面的才是诸葛亮的最强点——治军。

陈寿在《诸葛亮传》里曾有一个极其有名却又饱含争议的论断："亮才，于治戎为长，奇谋为短，理民之干，优于将略。"又云："然连年动众，未能成功，盖应变将略，非其所长欤！"意思是诸葛亮真正的才能在于治戎和理民，奇谋机变这些将略则是他的短处，其北伐之所以历年无成，很可能就是因为这一点。

对于诸葛亮是否缺乏应变将略这个问题，我们稍后再谈。这里我想先谈一下诸葛亮公认的长处，即陈寿所说的"治戎"之事。至于"理

民"，基本上是"治戎"的延伸，两者差别不大。

治戎，用白话说就是治军。

从本质上来说，所有的军事活动都可以归结为两点：一是治军，二是用兵。

治军是如何打造一支军队，用兵是如何使用这支军队。前者是后者的基础，换句话说，治军为体，用兵为用，所有的兵法都必须以治军为根本。

所以尽管《孙子兵法》一直强调"用兵之法"如何如何，但司马迁在为孙子作传时只记载了他一件故事，那就是他初见吴王阖庐时拿嫔妃宫女练兵的事。而吴王阖庐也仅仅因为这一件事便决定任孙子为将。其道理显而易见：嫔妃宫女都能练好，治军自然不在话下。

同样，当名将吴起被问以"兵何以为胜"的问题时，他的回答是："以治为胜。"具体来说就是："所谓治者，居则有礼，动则有威，进不可当，退不可追，前却有节，左右应麾，虽绝成阵，虽散成行。与之安，与之危。其众可合而不可离，可用而不可疲，投之所往，天下莫当，名曰父子之兵。"

我认为，诸葛亮治军就达到了吴起所说的"父子之兵"的程度。

何以见得呢？

看看当时的人如何形容他治下的蜀军便知道了。

一出祁山之时，陈寿记蜀军云："戎阵整齐，赏罚肃而号令明。"

袁准的描述则更为具体："其兵出入如宾，行不寇，刍荛者不猎，如在国中。其用兵也，止如山，进退如风；兵出之日，天下震动，而人心不忧。""亮之行军，安静而坚重；安静则易动，坚重则可以进退。""亮率数万之众，其所兴造，若数十万之功，是其奇者也。所至营垒、井灶、圊溷、藩篱、障塞，皆应绳墨。一月之行，去之如始至。"

这样的军队,只有"王者之师"才能形容。

古之行军,以仁为本,以义治之;王者之师,有征无战。

战争的目的不是杀戮,而是救黎民于水火,致天下以太平。

所以诸葛亮不会像曹操那样大搞屠戮,也不会像司马懿那样不惜人命地攻城。①

所以即使打了胜仗,面对他人的祝贺,诸葛亮仍然会面露戚容自责道:"普天之下,莫非汉民,国家威力未举,使百姓困于豺狼之吻。一夫有死,皆亮之罪。以此相贺,能不为愧?"

当然,这样的王者之师并非一开始便打造成功。故此才有街亭之败、箕谷之失。

那时,诸葛亮曾问邓芝:"街亭军退,兵将不复相录,箕谷军退,兵将初不相失,是何缘故?"邓芝回答:"箕谷退军之时,有赵云亲自断后,故军资什物略无所弃,兵将亦无缘相失。"诸葛亮颇为感叹,便命赵云将剩余军资分赐将士,以示嘉奖。但赵云却道:"军事无利,何为有赐?请将赏赐收入赤岸府库,待到十月节时作为冬赐。"诸葛亮听了,不禁对赵云更加赞赏。

这件事说明,要想缔造真正的王者之师,还要拥有与之相配的王者之将。

赵云真可谓王者之将也。

然而至建兴七年,随着赵云去世,蜀汉连这样一个王者之将都找不到了。

这大概也是后来诸葛亮北伐不愿意分兵出击的一个原因。

---

① 后来司马懿征公孙渊,司马陈圭以攻孟达为例劝其急攻。司马懿说,孟达兵少粮多,自己兵多粮少,因此"以四击一,正令失半而克,犹当为之",意思是就算死伤一半(两万人),如果能把城攻下他也乐意。

第141章 以法治国

那么,诸葛亮是如何打造父子之兵、王者之师的呢?

途径有二:一是训练,二是法治。

士兵在成为士兵之前,只是一个个原子化的个人。把所有这些有自主意识的个人转化成"斗万众如一人"(戚继光语)的部队,训练是唯一的手段,而训练水平的高低往往决定着部队战斗力的强弱。这也是吴王阖闾要让孙武训练嫔妃宫女以检验其带兵水平的一个原因。

前引《汉晋春秋》提到,街亭失利而回后,诸葛亮曾经历了一次"减兵省将,明罚思过"的深刻反省,并认为战败的缘故不在兵少,而是"在一人耳",之后的一段时间他便"考微劳,甄烈壮,引咎责躬,布所失于天下,厉兵讲武,以为后图",从而达到了"戎士简练,民忘其败"的效果。由这一记载可知,诸葛亮一定采取了多项措施以提高蜀军的整体质量。所以我推测,八阵图就创建于这一时期。

我们知道，高闾向北魏孝文帝建议训练一支六万人的部队，就是"十日一习，采诸葛亮八阵之法"。这说明八阵图原本就是训练士卒的方法。由于当年刘备所带的老兵在荆州、夷陵两大战役中死亡殆尽，出屯汉中时诸葛亮统领的十万大军大部分是近年征募的新兵。这也部分地解释了为何街亭战败时出现了"兵将不复相录"的情况。显然，从一出祁山时的"戎阵整齐"到后来的"止如山，进退如风""行军安静而坚重"，这中间不经过艰苦的训练是不可能做到的。"厉兵讲武""戎士简练"说的就是这样一个过程。经此练兵之后，蜀军的整体质量和战斗力都得到了提升。所以诸葛亮才能自豪地说："八阵既成，自今行师庶不覆败。"

然而光靠训练还不够。

因为士兵毕竟不是机器，而是有血有肉的人，每个人顾及私利都有自己的算计。要想让他们舍小家顾大家，为了国家的利益舍生忘死，要么用道德加以感召，要么就必须用法令加以约束。道德固然有效，但它没有强制性，没办法保证下限。所以对任何大组织（如军队）或者大共同体（如国家）而言，法律的重要性都比道德要大得多。诸葛亮熟读《申》《韩》《商君书》，深谙以法治国之道，自然信受奉行。

要之，诸葛亮的法治拥有以下三大特点：

第一，科教严明，刑罚不滥。

以法治军也好，以法治国也罢，首先要有法可依，而且这法要具有普适性和平等性。用那个时代的语言来说，就是要"明法"。

故此诸葛亮治蜀，第一件事就是和法正、刘巴等人共造"蜀科"，这点之前已经讲过。同时前面还提到，以"蜀科"为代表，整个蜀汉时期的司法刑政比较严苛，以致有些人对于诸葛亮治蜀曾有"刑法峻急"之称。其实这话要看怎么理解。所谓"刑法峻急"，主要是相对于之前刘焉、刘璋时代"文法羁縻，互相承奉，德政不举，威刑不

第141章 以法治国

肃"的散漫状况而言的。汉承秦制，法律条文本就苛杂，至东汉末年，更是发展为"凡断罪所当由用者，合二万六千二百七十二条，七百七十三万二千二百余言"的繁杂体系。一方面汉律的实用性持续下降，一方面刘焉父子经营的又是一个低效、无力的政府，这就使得各种法令徒具条文，实则难以执行。这便是蜀科制定之前益州法治的基本状况。刘备和诸葛亮意在扭转刘璋弊政，建立强力政府，自然要从源头入手，循名责实，狠抓法律执行。那些在刘璋的暗弱统治下宽纵惯了的人突然感到法网收紧，一时难以适应，才会有"刑法峻急"的抱怨。

其实正如曹操所言，"治定之化，以礼为首；拨乱之政，以刑为先"。所谓乱世用重典，彼时先有群雄割据，后有三国虎争，四方云扰，兵戈不息，一定程度上采取严刑峻法几乎是魏蜀吴三国统治者的一致选择。曹操"用法峻急，有犯必戮"，"魏承秦汉之弊，法制苛碎"，连曹丕自己都承认"上下相弊以文法，百姓无所措其手足"。孙权早年便有"法令太稠，刑罚微重"的毛病，到了晚年更是"科法严峻，下犯者多"，至于其后继者孙休、孙皓时代的法治状况则更差，以致研究者认为："东吴政权的法制建设不仅在三国之中是比较差劲的，在封建社会的历史上也可以说是一个坏的典型。"相比魏、吴，诸葛亮的法治在严苛程度上未必更重，在执法上的表现则犹有过之。故此陈寿云诸葛治蜀"刑政虽峻而无怨者"，袁准也称赞诸葛亮"行法严而国人悦服，用民尽其力而下不怨"。

这方面，《华阳国志》中的一处记载有助于我们理解诸葛亮在执法上的态度：

诸葛亮执政时，有人曾抱怨他"惜赦"，即几乎不搞大赦。诸葛亮闻知后就回答说："治世以大德，不以小惠。故匡衡、吴汉不愿为赦。先帝亦言：'吾周旋陈元方、郑康成间，每见启告，治乱之道备矣，不语赦也。'若景升、季玉父子，岁岁赦宥，何益于治？"在诸葛亮眼中，大赦过多是法治废弛的产物，因为公正严明的司法本身就是最大的道德，一个法治正常的社会并不需要借助时常大赦来博取民众的欢心。为证明此点，他还引用了刘备的话，说刘备当年向陈纪、郑玄咨询治乱之道，二人也没有提到大赦可用于治国。至于刘表、刘璋这些人倒是每年都搞大赦，可是对他们治国又有什么好处呢？

平心而论，蜀汉作为一个"军事最优先型"政权，兵吏在总人口中所占的比例本就很高，再加上军法严峻、军令如山，理论上而言，军事活动越频繁，获罪者的数量便越大幅增多，政府采取大赦为手段收拢民心的需求也越高。但是我们发现，在诸葛亮执政的十二年间，蜀汉总共只在后主登基时进行了一次礼仪性的大赦，政治性的大赦一次都没有。这与刘禅后期平均两年搞一次大赦的情况形成了鲜明的反差。在我看来，这种情况恰恰证明诸葛亮的法治既公正又高效，所以民间没有怨言，也就不存在大赦的需求。

故此陈寿才评论说，诸葛亮时代"军旅屡兴，而赦不妄下，不亦卓乎"！这实在是一件相当了不起的事情。

第二，以身作则，教化为先。

诸葛亮虽然重法治，却不是商鞅、韩非那样的法家，甚至对于先秦法家思想的缺点和弊端他也了然于胸。在《论诸子》一文中，他明确指出"商鞅长于理法，不可以从教化"，而为政应"以教令为先，诛罚为后"。执法固然重要，但等人犯罪之后再动刑罚毕竟是亡羊补牢的行为，更好的办法是预先教导人们始终遵纪守法。在当时的条件下要想做到这一点，统治者首先就要以身作则。就此而言，诸葛亮一生身体力行，始终都是从严律己，言为士则，行为世范足为蜀汉上下之表率。

别的不提，就拿街亭败还后"自贬三等"这件事来说吧，乍一看没

第141章 以法治国

什么出奇，但是凡事就怕比较，跟同时代的其他事例一比，我们就能看出来这件事的特殊意义了。曹魏方面，石亭之战曹休大败，还推卸责任，把锅甩给救命恩人贾逵，魏明帝不但不治曹休的罪，反而"礼赐益隆"；东吴那边，后来诸葛恪丧师于新城，死者数万，他也没有一点反躬自省的姿态。以诸葛亮当时的身份地位以及他对舆论的掌控程度，即便他不主动为街亭之败承担领导责任，相信蜀汉内部也不会有人说三道四。然而在诸葛亮看来，法治的普适性和公正性对自己同样适用，所以他勇敢地承认了自己的错误，并主动要求给自己相应的惩罚。实际上，从后主诏书中"重违君意，听顺所守"一句可知，当时诸葛亮要求自贬三等，原本是打算连丞相的权力也一并放弃的，是后主坚持要求他以右将军行丞相事。单就这一点来说，我认为诸葛亮的姿态就比制法自犯后仅仅装模做样地割掉几缕头发的曹操要高得多。

如果这件事还不够有说服力，那么诸葛亮让自己的嗣子诸葛乔跟诸将子弟一样在秦岭山道中传运军粮这件事又如何呢？

还有，诸葛亮一生清廉自守，生前不治财产，死后"不使内有余帛，外有赢财"，不也是他以身作则、严以律己的表现吗？

与此同时，诸葛亮对蜀汉群臣和自己的属下也是高标准、严要求。《魏氏春秋》说，他曾经亲作"八务、七戒、六恐、五惧，皆有条章，以训厉臣子"。正是由于诸葛亮的表率和教化，在相当长的一段时间里蜀汉政府都维持了清廉和高效的工作作风。

第三，赏罚必信，公正无私。

这一点其实不必多说，妇孺皆知的"挥泪斩马谡"一事就是最好的例证。此外，不管是在当时还是后世，诸葛亮在赏罚上的诚信和公正一直都是人们赞赏的对象。

袁准说："亮法令明，赏罚信，士卒用命，赴险而不顾。"

晋武帝时的给事中樊建说诸葛亮治国："闻恶必改，而不矜过；赏罚之信，足感神明。"

陈寿本人更是不吝赞美之辞："诸葛亮之为相国也，抚百姓，示仪轨，约官职，从权制，开诚心，布公道。尽忠益时者虽仇必赏，犯法怠慢者虽亲必罚，服罪输情者虽重必释，游辞巧饰者虽轻必戮。善无微而不赏，恶无纤而不贬。""科教严明，赏罚必信，无恶不惩，无善不显，至于吏不容奸，人怀自厉，道不拾遗，强不侵弱，风化肃然也。"

当然，我们必须承认，这种法治的效率和公平完全建立在诸葛亮一人不世出的才能及其不断透支健康所付出的心血之上。但是无论如何，至少在这一时期，靠着艰苦勤奋的训练和公正严明的法治，诸葛亮的确为蜀汉打造起了一支高素质的军队。八阵把士兵们的身体连结起来构成铜墙铁壁，法治则把他们的心灵打磨得像利剑一样闪闪发光。这样的军队，战斗力相当可畏。

可能正是源于这样一种印象，西晋人郭冲后来写道：

魏明帝欲亲征蜀汉，命司马懿督张郃等军三十余万，直趋剑阁。当时诸葛亮正在祁山，其麾下十万军队，每次两万轮休，现在者只有八万。眼看就要与魏军交战，府中参佐都建议，应该暂且停止轮休，从而集中兵力以壮声势。但是诸葛亮却道："我用兵行军，向以大信为本。如今将要离去者束装以待期，其家中妻女亦延颈而计日。虽大敌当前，仍不能为此失信之事。"便催促应轮休者尽快离去。于是将士们都十分感动，本来应离开的人选择了留下，留下的人也激越感奋，互相勉励道："诸葛丞相之大恩，我辈虽死犹难报！"临战之日，三军将士莫不拔刃争先，以一当十，最终击杀张郃，司马懿也无奈退军。

尽管核以其他史实，郭冲的这段叙事破绽百出，很大程度上不值得采信。但我认为，这个故事的基本内核，即诸葛亮以信义治军，蜀军将士也愿意为他效死无二的情形，依然接近于历史真实。

第142章 再出祁山

太和四年（230年）秋七月，魏明帝下诏伐蜀。

这是明帝即位以来规模最大的一次军事行动。过往四年，吴、蜀相继寇边，搅得大魏南、西边境颇不安宁。尤其是蜀汉崎岖一州之地，竟然在诸葛亮的治下两年三次北伐，着实令魏廷感到相当头疼。朝中有不少人以为，不能老是被动地等待蜀军来攻，而应该攻入蜀地给予其致命打击。于是大司马曹真便向明帝提出了一个"数道并进"的计划。

所谓数道并进，准确地说是三路进军：曹真、张郃分别统领洛阳和关中一带的曹军，一路走斜谷，一路走子午谷；宛城方面的曹军则由司马懿率领，溯汉水河谷西进，经西城一带后进入汉中盆地，力争与曹、张二军会师。

这个计划从一开始就受到了有识之士反对。司空陈群向明帝上表道："当年太祖皇帝亲到阳平关攻张鲁，一路多收豆麦以益军粮，结果张鲁未下，军粮就仍然出现了短缺。今走斜谷，路上无粮，加以谷道险阻，难以进退，若从后方转运，则必被抄截，多留兵守要，又会减损兵力。不可不深思熟虑。"

十几年前曹操出兵汉中取张鲁是在四月，而且走的是散关故道，一路上曹操从氐人那里抢掠了不少粮食，即陈群所说的"多收豆麦以益军粮"，而现在武都郡的氐、汉民众早就被魏、蜀两国分别迁往了内地，一路渺无人烟，自然也就征集不到军粮。况且曹真要从斜谷进军，就势必面临谷中险峻难行的道路状况。因为前面我们讲到，两年前赵云、邓芝从斜谷退兵，一把火烧毁了一百多里的栈道。以致后来诸葛亮在给诸葛瑾的书信里还说："前赵子龙退军，烧坏赤崖以北阁道，缘谷一百余里，其阁梁一头入山腹，其一头立柱于水中。今水大而急，不得安柱，此其穷极，不可强也。"又云："顷大水暴出，赤崖以南桥阁悉坏。时赵子龙与邓伯苗一戍赤崖屯田，一戍赤崖口，但得缘崖与伯苗相闻而已。"现在曹真既能提出由斜谷进军的方案，我猜多半赤崖以北的栈道已经有所修复。但即便如此，斜谷道依然十分艰险，尤其是现在正处夏秋之际，山中本就多雨，一旦遇到大雨或者山洪，信中提及的洪水冲毁栈道的情况恐怕不会少见。就算一切顺利，曹真的大军走出山谷抵达了汉中，他仍然要面临粮道被断、退路被截的风险。所以陈群才明确表达了反对意见。

本来魏明帝觉得陈群所说在理，但曹真又上表说可以改由子午道进军。陈群再次反对，并就此提出了种种建议，大概是说，如果非要伐蜀就必须如何如何才行。《三国志·陈群传》说："诏以群议下真，真据之遂行。"意思是明帝把陈群的意见转给曹真，本来是想跟曹真商量看这样行不行，但曹真却以此诏书为依据，直接便出了兵。

再参考其他史料可知，七月时明帝就下了伐蜀诏，但曹真是到八月

第142章　再出祁山

时才自长安发兵。陈群、曹真之间就伐蜀方案反复辩难应该就发生在这中间的一个月内。这说明从一开始魏朝内部对于发动这次战争的意见就并不统一，战事开启在很大程度上是曹真坚持己见、锐意出师的结果。

最后执行的方案，是曹真走子午道，张郃走斜谷道，司马懿仍自西城进军。魏军的总兵力保守估计在十余万。

闻知曹魏大兵压境，诸葛亮统军离开定军山北麓，东进到今陕西洋县以东的赤阪扎下了营寨。今洋县东二十里的龙亭镇相传就是诸葛亮驻军之处，这里山色暗赤，遂有赤阪之称。曹兵不论是从子午道南入还是溯汉水西进，都将途经此处，故而诸葛亮在此严阵以待。与此同时，由斜谷道入寇的张郃一军也不得不防。于是诸葛亮紧急征召江州都督李严率两万人驰援汉中，原本的江州防务则交由其子李丰署领。

然而曹真等人还是让诸葛亮失望了。

八月间，北方普降大雨，时疏时骤地一连下了三十多天，秦岭中栈道断绝。曹真边修路边前进，吭哧吭哧地走了一个月，才把魏延号称十天便能走完的子午谷走了一半。司马懿那边水陆并进，溯沔而上，行到丹口后也遇到了大雨，前进不得。

这个时候魏明帝已经东巡到了许昌。得知伐蜀不顺，满朝公卿纷纷上疏，希望明帝能尽早收兵。太尉华歆直言"千里运粮，非用兵之利；越险深入，无独克之功"；少府杨阜则从灾异入手，一个劲儿地强调天时不利我军；散骑常侍王肃更是晓之以理、动之以利，从各个角度劝皇帝休兵。

魏明帝在给华歆的回复中强调说，蜀贼凭山川之险，武、文二帝多次辛劳都剿灭不了，自己哪里敢骄傲自大就说一定能把他们消灭呢？只是考虑到诸将说总不去打，蜀贼不可能自己垮掉，所以这次才试上一试。如果时机不到，那么效仿当年武王伐纣遇到天象不利便暂且还师的先例，也未尝不可。

这说明，魏明帝已经给自己找好了台阶。

又过了几天，雨势仍未缓解，伊、洛、河、汉诸水都出现了泛滥决堤的现象。魏明帝见状，也就下诏命曹真等三路人马各自退兵。

据《魏略》记载，此时在曹真军中担当前锋的偏将军夏侯霸（夏侯渊子）部已进至子午谷南口的兴势围附近，他报仇心切，还跟蜀军打了一架。但是魏军随后全线撤退，夏侯霸与蜀军的交锋也就成了这次伐蜀之役当中仅有的一场战斗。

利用魏兵撤走的空当，诸葛亮于这年冬天命魏延、吴壹领兵西进，一直深入羌中，与曹魏雍州刺史郭淮、将军费曜在阳溪恶战了一场。阳溪在南安郡境，学者多推测在礼县以北、武山县以南某处，这里当时是羌人居住区，故曰羌中。在这场战斗中，好不容易得到了表现机会的魏延大破郭淮，事后被升为前军师、征西大将军、南郑侯。

阳溪之战失利再次暴露了陇西是曹魏的薄弱环节。于是到了第二年的春天，也就是建兴九年（231年）二月，诸葛亮再次统领大军杀奔祁山而来。

此之谓二出祁山，也是诸葛亮第四次主动北伐。

正是在这次战争当中，诸葛亮启用了新型运输技术——木牛。

《三国志·后主传》云："春二月，亮复出军围祁山，始以木牛运。"

世人皆知，诸葛亮为运输军粮发明了"木牛流马"。但迄今为止，这木牛、流马到底是什么样，没人能够说得很清楚，尽管史籍中有一篇名为《作木牛流马法》（以下简称《作法》）的文献保存了下来。

据裴松之说，这篇文献出自陈寿编纂的《诸葛亮集》，而陈寿所上《亮集》的目录中也有《传运》一章专门讲述军粮运输，因此其真实性

第142章 再出祁山

应该没什么问题。按其记载，木牛和流马严格来讲是两种装置。木牛初次使用是在建兴九年再出祁山时，而流马则至下一年才出现于史籍，并主要用于最后一次北伐的出斜谷之役。两者的形制、特点和载重量都大为不同。

《作法》记载："木牛者，方腹曲头，一脚四足，头入领中，舌著于腹。载多而行少，宜可大用，不可小使；特行者数十里，群行者二十里也。曲者为牛头，双者为牛脚，横者为牛领，转者为牛足，覆者为牛背，方者为牛腹，垂者为牛舌，曲者为牛肋，刻者为牛齿，立者为牛角，细者为牛鞦，摄者为牛鞦轴。牛仰双辕，人行六尺，牛行四步。载一岁粮，日行二十里，而人不大劳。"

接下来《作法》开始讲流马："流马尺寸之数，肋长三尺五寸，广三寸，厚二寸二分，左右同。前轴孔分墨去头四寸，径中二寸。前脚孔分墨去前轴孔四寸五分，（长一寸五分），广一寸。前杠孔去前脚孔分墨二寸七分，孔长二寸，广一寸。后轴孔去前杠（孔）分墨一尺五分，大小与前同。后脚孔分墨去后轴孔三寸五分，大小与前同。后杠孔去后脚孔分墨二寸七分，后载尅去后杠孔分墨四寸五分。前杠长一尺八寸，广二寸，厚一寸五分。后杠与等。板方囊二枚，厚八分，长二尺七寸，高一尺六寸五分，广一尺六寸，每枚受米二斛三斗。从上杠孔去肋下七寸，前后同。上杠孔去下杠孔分墨一尺三寸，孔长一寸五分，广七分，八孔同。前后四脚，广二寸，厚一寸五分，形制如象，靬长四寸，径面四寸三分。孔径中二脚杠，长二尺一寸，广一寸五分，厚一寸四分，同杠耳。"①

---

① 流马尺寸一段，今本《三国志》裴注与《通典》《册府元龟》《续后汉书》《通鉴纲目》《资治通鉴》胡注所引录文之字句稍有差异，疑其中或有错讹。此处在中华书局标点本《三国志》录文的基础上对照各本及前人研究进行了校订，具体参见本书附录《诸葛亮流马形制考》。

不出意外的话，以上记载你并没有看懂。这很正常，因为文中不但充斥着后人难知其意的专有名词，而且很可能在传抄的过程中出现了错讹。

即便如此，由于木牛流马的名气太大，至少从宋代开始，就不断有人对其形制做出猜测并试图实际复原。如高承《事物纪原》"小车"条云："木牛，即今小车之有前辕者；流马，即今独推者是，而民间谓之江州车子。"陈师道《后山丛谈》卷四亦云："蜀中有小车独推，载八石，前如牛头；又有大车，用四人推，载十石。盖木牛流马也。"据说元代科学家郭守敬亦曾仿制木牛流马，"虽不尽得诸葛旧制，亦自机妙"。到了明清两代，地方志中也偶见某人试作木牛流马之事迹。如《建宁府志》说，有个叫谢纯的人仿造木牛流马，"一鞭可行数十步"；《四川通志》也提到，岳池人余正已"造木牛流马，屡试辄验"。迄至现代，研究木牛流马乃至试图复原其形制者则更多，仅就笔者所见，1949年以后公开发表的相关论文便至少有数十篇，民间人士自娱自乐搞的"发明创造"更是数不胜数。总结来看，所有这些有关木牛流马的观点若以其运动方式划分，大致可以分成三类：一类认为木牛流马是有轮之车；一类认为是仿牛马形态可迈步行走之机械；还有一类认为木牛是车，流马则是小船或其他水上运输工具。

显然，认为木牛流马是像牛马那样可以迈步行走的机械装置的观点是受到了《三国演义》影响，所以主要在民间流行。仅就史料记载来看，这一观点是难以成立的。因为《作法》明确提到木牛"一脚四足""双者为牛脚""转者为牛足"，流马也有前轴、后轴，可见不论木牛还是流马，都是以轮子的转动为运动方式。正是基于这一根据，一直以来学术界始终以第一类观点为主流。

不过，即便同为第一类观点，诸家学者对于木牛流马的形制也有分

歧。具体说来有三种不同意见：

- 木牛流马是大同小异的一种工具，即人力驱动的独轮车。刘仙洲、史树青、孙机、陈从洲等均持此种意见。
- 木牛、流马是两种不同的工具，木牛是人力驱动的独轮车，流马则是四轮车。范文澜首倡此说。
- 木牛、流马是两种不同式样的四轮车。谭良啸、方北辰是这一观点的倡导者。

那么，到底哪一种观点更符合实际呢？

第143章 木牛运粮

按我的看法,首先可以认定,木牛和流马其实是两种形制颇为不同的运输工具,刘仙洲等将其视作大同小异的同一类工具的观点可以说是不太正确的。

为什么这么说呢?因为根据史籍记载,木牛与流马至少存在四点不同:

两者首次使用的时间、地点不同。《三国志》明确写道:"(建兴)九年春二月,亮复出军围祁山,始以木牛运。""十年,亮休士劝农于黄沙,作流马木牛毕,教兵讲武。""十二年春二月,亮由斜谷出,始以流马运。"也就是说,木牛第一次投入使用是在建兴九年诸葛亮再出祁山之时,而流马的创制则是下一年的事,其首次投入使用更是迟至建兴十二年(234年)诸葛亮出斜谷与司马懿在五丈原对峙之时。

两者形制不同。按照《作法》的描述,木牛有双辕,有供人拉拽的鞅和鞧轴。根据孙机的解释，鞅即靷，是牲畜拉车时承力的绳索，鞧轴则是横在牲畜尻后的一根轴状圆木，鞅系于其前而车系于其后。然而从其"人行六尺，牛行四步。载一岁粮，日行二十里，而人不大劳"这一描述看来，双辕、鞅和鞧轴显然不是套在牲畜身上，而是套在人的身上，说明木牛是靠人力推拉前进的。同时，木牛还具有"一脚四足""双者为牛脚""转者为牛足"的特点，因此我基本同意方北辰、谭良啸的观点，即木牛是在独轮车的基础上发展而来的四轮横贯于单轴之中的一种人力车，需前拉后推才能前行。而流马虽然也是靠人力推动的四轮车，但并没有车辕、鞅和鞧轴这些部件，再加上其运载量较小，说明其很可能是靠单人推行前进，而不是像木牛那样还需要有人在前拉动。而且从其具有前轴、后轴以及"前后四脚""形制如象"等特点来看，流马的四轮是两两平行，颇似今日超市使用的手推车，亦与木牛四轮横贯于单轴之中的形制不同。

两者的运载量不同。如前所述，一个木牛可以"载一岁粮"，即一个人一年的口粮。那么这个运载量是多少呢？据《盐铁论》所载，"十五斗粟，当丁男半月之食"。一个月三十斗，一年就是粟三十六斛（石），这一数字与居延汉简中士兵口粮每月三石三斗三升的记载大抵相同。但是这是以粟为基准的，若换算成大米，据周一良、杨联陞之考证，则为日食七升，每月约两斛，一年二十四斛。考虑到汉中主要种植稻米，此处似应以后者为准。也就是说，一个木牛可载米二十四斛，若以汉代一斛米的重量相当于现在三十斤计，则木牛可载重七百二十斤。而一个流马则装载两个方囊，每个方囊"受米二斛三斗"，两个就是四斛六斗，总共一百三十八斤。这样看来，流马的载重量还不到木牛的五分之一。

两者的行进速度不同。木牛的特点是"载多而行少""特行者数十里，群行者二十里"，即运载量较大，但行进速度慢，所以"宜可大用，不可小使"；流马的行进速度虽无明确记载，但从其载重量只有木牛的五分之一来推断，其行进自然应更加快速，否则就没有投入使用的必要。

由此可知，木牛和流马确实是两种差异颇大的运输工具，绝不能轻率地将两者混为一谈。

至于为什么诸葛亮在创制了木牛以后又要发明流马以运军粮，这一点稍后讲到五丈原一役时再谈，这里先只谈木牛的使用问题。

熟悉三国史的朋友都知道，诸葛亮北伐之所以历年无成，一个重要的原因就是他经常要面对军粮不足的难题。所以《三国志》才说"亮每患粮不继，使己志不申"，以致后来他干脆在五丈原搞起了屯田，准备跟司马懿打持久战。但是这是就整体概括而言的，具体到每次北伐，情况又不太一样。第一次北伐出祁山，第三次北伐取武都、阴平两郡，史料中都没有军粮不足的记载，一方面是因为这两次战事持续的时间都不太长（祁山之役历时不足三月，武都之役史无明言，推测历时更短），一方面也与当时祁山、武都地区尚有不少居民，可以就地补给的状况有关。当然，战事时间短并不意味着一定就不缺粮，例如第二次北伐攻陈仓总共不到一个月，蜀军仍然出现了粮尽的情况。这是因为这次战事本就是乘曹魏在东线遭遇石亭之败后的突然之举，之前的准备并不充分，加上当时又是严冬，而陈仓故道里程最长，粮运实在难继。

与此同时我们还注意到，由于秦陇阻隔，军粮转运问题不但使诸葛亮深受困扰，也同样制约着曹魏的对蜀行动。前引曹真伐蜀，陈群谏阻的一个理由就是沿途无谷，转运艰辛不便；王肃也说"粮悬而难继，实行军者之大忌"；这次诸葛亮二围祁山，曹魏方面同样面临着"陇右无谷"的棘手境况，原本朝廷合议"欲关中大运"，但远水难解近渴，最

后还是雍州刺史郭淮对当地羌胡威逼利诱，强制他们赞助军粮，才缓解了这一问题。由此可见，陇右祁山一带经过魏蜀两国之前的交锋和徙民，现在已经成了空无人烟的弃地，任何一方要想在此作战，军粮转运都是一个严峻的考验。

为了帮助大家进一步理解这个问题，我们不妨把自己放到诸葛亮的位置，做几个简单的数学题。

第一题：已知北伐总兵力十万，每人每月口粮米两斛，那么战事每持续一个月，总共需要消耗多少口粮？

答案是：二十万斛。

二十万斛是个什么概念呢？据王子今研究，汉代"均输"运粮车的标准载重量是一车可载二十五斛。那么二十万斛就是八千车。问题在于，当时每辆大车需二牛共驾（汉简常见车一辆用牛二之记载），如果一次性运载八千车粮食，一共就需要一万六千头牛。牛又是用于屯田耕作的宝贵生产工具，即便诸葛亮可以筹集到一万六千头牛，将其全部用于运输军粮，也显然代价不菲。而且用牛运输还有一个缺点，就是牛本身也要消耗不少草料，每个月下来也是不小的开销。

可能正是考虑到这些情况，诸葛亮才创制了不吃不喝、使用人力驱动的"木牛"。

关于木牛的发明权，这里还要插一句。有史料显示，木牛的诞生很可能是集体智慧的结晶。据唐人虞世南《北堂书钞》引《蒲元别传》云，当时诸葛亮的掾属中有个名叫蒲元的人，"亮欲北伐，患粮难致。元牒与亮曰：'元辄率雅意，作一木牛，廉仰双辕，人行六尺，牛行四步，人载一岁之粮也。'"《通典》卷十杜佑注也说："亮集督军庞力（或作廖立）、杜叡、满元（疑即蒲元）、胡忠，推意作一脚木牛。"可见木牛的创意虽出自诸葛亮，但具体的研制设计则是蒲元等多人合作。至于民间传说木牛流马所用机关之术是诸葛亮从其妻黄氏处学来这一说法，本来就是戏说，不必当真。

如前所述，木牛一辆可载米二十四斛，与大车的运载量相差无几。根据方北辰的复原，每个木牛至少要两人操作，即一人前拉，一人后推。这样虽可节省畜力，却需消耗一定的人力。同时我们还知道，木牛的行进速度较慢，一天只能行二十里。那么第二道数学题就是：已知祁山道六百里，若要持续供应十万蜀军每月所需的军粮二十万斛，最少需要同时使用多少个木牛？

答案是：一个木牛日行二十里，走完祁山道全程刚好需要三十天，假设空车返回的时间不变，那么一个运粮周期就是六十天。然而一个木牛只能运米二十四斛，因此要想满足蜀军两月不断粮，那么一次就需要16666个木牛、运粮士兵33332人。

必须承认，这一运输方式仍然难称高效。而且运粮的士兵越多，能够投入实际作战的兵力就越少。故此诸葛亮才说，木牛"宜可大用，不可小使"。意思是用木牛运粮，最好是在大军初发之时，动用尽可能多的士卒同时使用，这样才能一次性运输尽可能多的粮食；当战事开始，大部分士卒投入战场以后，用木牛运输就难以满足需求了。

建兴九年二出祁山的这次战役，实际上就是这样。

这次诸葛亮于二月出师，很快便将魏将贾嗣、魏平围困在了祁山城。由于当时曹真已经病入膏肓，魏明帝得报后就决定调司马懿前去迎战。《晋书》记载，明帝对司马懿道："西方有事，非君莫可付者。"便命司马懿为都督雍、梁二州诸军事，叫他西屯长安，统领车骑将军张郃、后将军费曜、征蜀护军戴凌、雍州刺史郭淮等来战诸葛亮。

也就是说，到诸葛亮第四次北伐时，他的对手才变成了司马懿。

比之司马懿，张郃则是从街亭之战开始便是诸葛亮的劲敌，明帝即

位后的对蜀战事，他几乎都有参与且立有大功，加之他长期担任曹真的副手，其实让他接替曹真的职务也未尝不可。不过张郃毕竟不是曹氏嫡系出身，资望上也比不上受诏辅政的司马懿，再加上孙权迁都建业后荆州方面防务有所减轻，所以明帝最后还是选择让司马懿统军西征。

不知道张郃对于明帝的这个任命是不是有情绪，我们发现，在这次战事期间，张郃跟司马懿的合作似乎并不和谐。

第144章 司马战诸葛

按照《晋书》的讲述，司马懿统军出长安未久，张郃就向他建议，应该"分军住雍、郿为后镇"。意思是不要把大军全部开往陇西，而是分成前后两军，前军去救祁山，后军则屯驻在雍县、郿县一带（今陕西凤翔、扶风地区），暂取观望态势。

但是《三国志》张郃本传中并没有提及此事。如果这个建议真是张郃提出，那么我猜测，张郃可能是担心诸葛亮会声东击西，趁魏军全力救援祁山之时另派一军偷袭陈仓或出斜谷。因为诸葛亮第一次攻祁山的时候就曾派赵云、邓芝为疑兵，而当时曹魏方面的布置，也是一军救祁山（张郃），一军屯郿县（曹真）。另外，当时鲜卑首领轲比能也响应诸葛亮，率部进至北地石城（疑在陇山以北）一带。张郃建议留军雍、郿，可能也有防备轲比能的用意。

不过司马懿并没有听从张郃，还说："若前军能独自抵挡蜀军，张将军所言甚是；若是不能，而分为前后，就会像当年楚国分为三军那样被黥布所擒。"

黥布即英布，汉初为淮南王。当年韩信、彭越被杀后，英布惧而造反，发兵攻楚。楚王刘交派兵迎战，分为三军，结果英布击破一军，其余两军便不战自溃了。司马懿举此为例拒绝分兵，理由不能说不充分。然而我们同样可以怀疑，就像诸葛亮不愿意让魏延独领一军那样，其实司马懿也不愿意跟张郃分享兵权。

从《晋书》云司马懿"进军隃麋（今陕西千阳）"之记载可知，这一次魏军并没有走"陈仓狭道"，而是走陇关道翻越陇山，这样一来路上势必要多耽搁几天。

诸葛亮得到消息，为了避免再次陷入街亭之战时蜀军主力来不及出谷的不利局面，立刻调整了部署：只留一部分兵力围困祁山，自己带领其余部队迅速北进，出赤谷川抵达了上邽城下。把守上邽的郭淮、费曜试图阻止蜀军的行动，结果"亮破之，因大芟刈其麦"①。此时去年播种的冬小麦虽未成熟，但青麦依然可食，所以诸葛亮要抢在魏军之前收割上邽一带的青麦。《北堂书钞》中收录有一则诸葛亮《算计》佚文，云："今上县之战，更在贼门，战地平如案也。"或许叙述的就是这次战事。

《晋书》又说，司马懿军获知郭淮战败，诸葛亮进抵上邽，一时"诸将皆惧"。但是司马懿却不慌不忙地说道："诸葛亮虑多决少，必定安营自固，然后芟麦，吾得二日兼行足矣。"便卷甲晨夜兼行，很快

---

① 据《三国志》裴注所引《魏书》："初，亮出，议者以为亮军无辎重，粮必不继，不击自破，无为劳兵；或欲芟上邽左右生麦以夺贼食，帝皆不从。前后遣兵增宣王军，又敕使护麦。宣王与亮相持，赖得此麦以为军粮。"若如此，则上邽之麦并未尽被蜀军抢先收割。

赶到了上邽附近。

揣摩文义，此处史官似乎是想暗示，诸将之所以忧惧，应该是担心援军尚未赶到诸葛亮就攻取了上邽，而司马懿则判断诸葛亮为求稳妥，一定会先抢收青麦，而不是急攻上邽，这时候自己加快行军，完全来得及赶到。这段叙事意在凸显司马懿冷静沉着，料事如神。

不过研究者早就指出，唐初纂修的《晋书》实以臧荣绪《晋书》为底本，而臧氏之书于魏晋之际史事又多因袭王隐《晋书》。王隐为东晋史官，其书乃是奉晋元帝之命所修撰，书写开国之祖司马懿的创业史自然少不了粉饰和避忌。正如我们前面讨论司马懿"不欲屈节曹氏"那段史事一样，《晋书》某些讲述的可靠性其实很值得怀疑，其所记司马懿与诸葛亮的这次较量也是如此。

比方说，《晋书》云司马懿急行军赶到上邽附近后，"亮望尘而遁"。于是司马懿信心十足地说道："吾倍道疲劳，此晓兵者之所贪也。诸葛亮不敢据渭水来战，此易与耳。"然而据习凿齿《汉晋春秋》所言，诸葛亮统军在上邽东与司马懿相遇后，并没有"望尘而遁"，实则是司马懿"敛兵依险，军不得交"，不愿与诸葛亮交战，诸葛亮才引军退回。

《晋书》紧接着又说："进次汉阳，与亮相遇，帝（即司马懿）列阵以待之。使将牛金轻骑饵之，兵才接而亮退，追至祁山。"然而此事同样不见于其他史籍。相反，据《汉晋春秋》记载，这时候张郃与司马懿再次出现了意见分歧。张郃说："彼远来逆我，请战不得，谓我利在不战，欲以长计制之也。且祁山知大军已在近，人情自固，可止屯于此，分为奇兵，示出其后，不宜进前而不敢逼，坐失民望也。今亮悬军食少，亦行去矣。"总之就是希望等诸葛亮粮尽自退，反对司马懿冒进追击。司马懿仍然对他的意见置之不理，只留费曜、戴陵统精兵四千守

上邽，余众悉出，西救祁山。

等到司马懿跟在蜀军屁股后面追到了祁山，诸葛亮早已在卤城扎下了营寨。此卤城之"卤"，按卢弼在《三国志集解》中引何焯、谢钟英的说法，其实就是"西"的异体字，卤城就是一出祁山时诸葛亮驻军的西县县城；还有学者认为，卤城即盐官故城所在的盐官镇。不管哪种说法正确，当时诸葛亮的大本营总归是设在祁山与西县之间的河谷地带。

接下来的战局发展，各家史籍所记又不尽相同。

《晋书》仍极力渲染司马懿之战绩："亮屯卤城，据南北二山，断水为重围。帝攻拔其围，亮宵遁，追击破之，俘斩万计。"

《汉晋春秋》则云："既至，又登山掘营，不肯战。贾栩（应为贾嗣）、魏平数请战，因曰：'公畏蜀如虎，奈天下笑何？'宣王（即司马懿）病之。诸将咸请战。五月辛巳，乃使张郃攻无当监何平（即王平）于南围，自案中道向亮。亮使魏延、高翔、吴班赴拒，大破之，获甲首三千级、玄铠五千领、角弩三千一百张，宣王还保营。"也就是说，司马懿起初仍求自保，不愿出战，奈何此举受到了手下将校无情嘲笑，祁山守将贾嗣、魏平更是直言他"畏蜀如虎"。在主战派将校的压力下，司马懿才在五月初十发动了一次进攻，命张郃主攻王平所在的南围，自己则与诸葛亮正面对垒，结果反被诸葛亮击破，败还本营。

据《三国志·王平传》记载，蜀将王平当时驻守南围，魏军来攻时，"司马宣王攻亮，张郃攻平，平坚守不动，郃不能克"。这一记载与《汉晋春秋》是可以互相印证的。显然，《晋书》说司马懿大破诸葛亮、攻拔其围的说法纯属吹牛。

事实上，司马懿吃了一次败仗后便龟缩营内，此后的一个月里再也不敢出击。

有意思的是，这时候诸葛亮跟司马懿虽是疆场上的对手，但却并不妨碍他们通过书信有所交流。此时早年曾避难荆州的颍川人杜袭正在司马懿的帐下任军师，他在荆州时可能跟诸葛亮颇有交往，于是诸葛亮就写信给司马懿，辗转向杜袭致意。信上诸葛亮还说："使杜子绪宣意于公威。"意思是请杜袭给在曹魏做官的好友孟建孟公威带个好。也是在这次战事期间，诸葛亮得知老同学徐庶、石韬在曹魏的仕途不过尔尔，就感叹道："魏殊多士邪！何彼二人不见用乎？"魏国人才真那么多吗？怎么这两位都不被重用呢？

另据殷芸《小说》，在这次战事中，诸葛亮"乘素舆，葛巾，持白羽扇，指麾三军"，司马懿闻知后便大赞其"可谓名士"。文艺作品中诸葛亮羽扇纶巾、乘木轮小车的形象就是由此而来。

说完了这两个小插曲，以下言归正传。

到了建兴九年六月，由于司马懿依山扎营，一直凭险不出，诸葛亮也没有什么太好的办法。最后军粮即将告罄，他不得不决定放弃进攻。

前面提到，这次战事期间，诸葛亮开始使用木牛运输军粮。但是木牛"宜可大用，不可小使"，主要就是因为一来木牛行进速度慢，二来需占用大量人力。当战事进入对峙阶段，面对司马懿带来的兵力不弱于己的援军，诸葛亮已经抽不出多余的人手来"大用"了，这时候随着时日迁延，军粮罄尽就是可以预见的事了。我们知道，诸葛亮是二月对祁山发动围攻的，战事进行到六月，以十万人每月口粮二十万斛计，四个月就是八十万斛（这还不包括战马牲畜所食）。虽然蜀军在上邽城下抢收了部分青麦，时间一长仍不免坐吃山空。实际上，张郃劝司马懿不要追击时明言诸葛亮"悬军食少"，说明他清楚地知道，军粮问题是诸葛亮无解的难题，早晚会暴露出来。

有史料显示，进入六月后，盛夏多雨的天气也加剧了蜀军军粮危机。

《华阳国志》记载，当时诸葛亮有感于粮运难继，曾写信给留守汉中的都护李严，信中就当前形势提出了三策："上计断其后道，中计与之持久，下计还住黄土。"此时后方粮运实际都由李严负责，所以这上、中、下三策如何取舍，说白了都取决于李严怎样配合。如果李严这边能将军粮供应得上，那诸葛亮自然可以徐徐筹划断司马懿的后路或者继续跟他相持；这边如果供不上粮食，那诸葛亮也就只能选择下计，即返回汉中黄土（又名黄沙，在今勉县东黄沙镇）以为后图。《华阳国志》说："盛夏雨水，平（即李严）恐漕运不给，书白亮宜振旅。夏六月，亮承平指引退。"《三国志·李严传》也说："秋夏之际，值天霖雨，运粮不继，平遣参军狐忠、督军成藩喻指，呼亮来还；亮承以退军。"再结合《诸葛亮传》"粮尽退军"之表述，可以认为，最后诸葛亮之所以选择退兵，一方面是因为现存的军粮已经罄尽，一方面也是因为盛夏多雨，谷道不通，李严那边明确表示没办法把汉中的粮食运到前线。

其实这个时候，司马懿的存粮也已经不多。见诸葛亮解围撤军，司马懿和张郃对下一步如何行动又起了纷争。司马懿可能是想一雪前耻，所以命张郃率部追击。但据《魏略》记载，张郃却反对说："军法，围城必开出路，归军勿追。"奈何司马懿不听。常言道"官大一级压死人"，更何况这时候司马懿官居大将军、大都督，拥有"假黄钺"的生杀大权，张郃不得已，这才领军追击。结果诸葛亮早已经在木门设下了埋伏，"蜀军乘高布伏，弓弩乱发"，张郃于是中箭而亡。中箭的部位，一说在右膝，一说在大腿（髀），皆非致命之处，所以张郃如果不是失血过多，那多半就是死于伤口感染。至于诸葛亮设伏的木门，有的史料记作青（清）封，前人多据《水经注》将其地望标注在今天水西南、盐官镇以北的木门谷。然而史籍明言，张郃是在诸葛亮自祁山退军的途中在后追击而中伏，木门谷在祁山以北，似与此史实不合。

据说魏明帝得知张郃身亡，一度临朝而叹，十分惋惜地说道："蜀未平而郃死，将若之何！"司空陈群也附和说："张郃诚为良将，国之所依也。"可是一旁的辛毗却觉得陈群这话未免有些长他人志气、灭自己威风，于是出言反对道："陈公何出此言？试看当建安之末，天下人皆谓不可一日无武皇帝，及武皇帝委国祚，而文皇帝受命。黄初之世，天下人亦谓不可无文皇帝，及文皇帝委弃天下，而陛下龙兴。方今国内所少，岂在张郃？"意思是地球离了谁都照转，就是武、文二帝先后辞世，咱大魏在陛下的治下不照样兴盛依然？少了一个张郃实在也算不了啥。

辛毗这话让陈群无法反驳，只好点头说你说得也对。魏明帝就笑了，说："陈公可谓善变矣。"陈群你也太没立场了吧。

总之，张郃虽被魏朝视作良将，但他的死除了招来明帝的几声叹息外并未引起任何波澜。倒是蜀汉那边在诸葛亮退军之后，紧跟着朝中便发生了一起扑朔迷离而又影响深远的政治事件。

第144章 司马战诸葛

第145章 "二把手"李严

建兴九年六月,诸葛亮自祁山退军,但直到当年八月他才返回汉中。不到六百里的山路,却足足耽搁了两月之久,这本身就很有些不同寻常。而回到汉中后不久,诸葛亮便偕同北伐诸将和丞相府全体府属公开联名上表,发动了一场对当时蜀汉政权的二号人物——中都护李严的集体弹劾。

李严,字正方,后又改名李平,籍贯南阳,本是刘表的手下。当年曹操南征荆州,李严正好在紧邻益州的秭归任县令,得知刘琮投降,李严就西入益州投奔了刘璋。刘璋对他还挺重用,先任他为成都令,刘备起兵夺蜀后刘璋又用他为护军,叫他督绵竹诸军去抵御刘备。然而李严却跟许靖、吴壹等人一样选择了临阵投降,从此成了刘备阵营的一员。

如前所述,学术界一般认为,蜀汉政权成立后,其内部主要包含三种势力,即随刘备入蜀的荆州集团、在刘焉刘璋父子时代入蜀的东州集团,以及土生土长的益州集团。李严虽与法正、孟达、许靖、刘巴、董和、吴壹等人同为东州士的代表,是刘备入蜀后需要拉拢的对象,不过他的资望不比许靖、刘巴,论信任度更不如法正,所以一开始刘备只以其为犍为太守、杂号将军。好在李严本人甚有才干,在任期间先后剿平了盗贼马秦、高胜的叛乱,以及越嶲夷帅高定对新道(今云南绥江)的围攻,很好地保障了成都南大门的安全。更重要的是,在刘备称帝的一系列操作中,李严也发挥了不小的作用。建安二十五年,许靖、麋竺、诸葛亮等领衔向刘备集体劝进,表奏中特意援引了一起"黄龙见武阳赤水,九日乃去"的符瑞事件。武阳是犍为郡治,彼时的郡守正是李严。另据《华阳国志》记载,"黄龙见武阳"一事实际发生于二十四年,两年后为彰显这起祥瑞的政治意义,李严还在当地刻碑立庙,这便是宋人洪适在《隶续》中收录的《黄龙甘露碑》。石碑共两通,其中之一刻有"甘露"字样。所以我猜除了"黄龙见"以外,为了逢迎刘备称帝,李严应该还炮制了"甘露降"的祥瑞。经过这一番操作,李严终于成功获得了刘备的青睐。后来刘备夷陵战败,一病不起,国中又爆发内乱,急需德才兼备之臣安定局面、收拾人心,再加上此时法正、许靖、董和、刘巴皆已亡故,东州士里没有人比李严才望更高,于是刘备就提拔李严担任了刘巴留下的尚书令一职。临死前为安定政局,刘备更是让李严跟诸葛亮并受遗诏共辅少主,同时任其为"中都护,统内外军事,留镇永安"。至此,李严终于成为蜀汉政权实际上的二号人物。

不过,对于这一时期李严在蜀汉政权中扮演的具体角色及其职权范围,学术界一直都有不同意见。这一点直接关系到后来他跟诸葛亮为何产生矛盾,所以不能不先加以辨析。

问题的关键,就在于如何理解李严"中都护,统内外军事,留镇永安"的职务。

陈玉屏先生说，这一职务"实际上是以李严为蜀汉的军事统帅，与诸葛亮形成文武夹辅之势"。方诗铭先生也说："刘备将李严抬高到与诸葛亮并列的地位，不但可以与诸葛亮抗衡，而且还可能进一步取代诸葛亮，成为蜀汉首屈一指的人物。"田余庆先生则比较谨慎，虽然他并不认为李严是蜀汉最高军事统帅，但他依然认为李严中都护之任略当孙吴之周瑜（孙策以周瑜为中护军，策卒，周瑜以中护军与长史张昭共掌众事），"中都护统内外军事的职任更重于中护军，近于魏晋常见的都督中外诸军事，例为武力权臣所居"。

那么，按照刘备的布置，担任"中都护、统内外军事"的李严到底是不是蜀汉最高军事统帅呢？

恐怕并非如此。

所谓都护，都即大，护即领护，都护就是总领统护的意思。按秦汉官制，本没有都护一职。到了西汉中后期，汉廷为领护管理西域诸藩国，始创设西域都护。这是因为当时汉朝常临时派校尉或其他武官以特使的身份"护"西域某国，而都护"总护南北道"，故曰都护。后来又有鲜卑都护、乌桓都护，也是就此意义而言。这时的都护虽有军权，但其总领统护的对象乃是少数民族臣属，而非军队。

真正以都护统军，最早大概是曹操以夏侯渊、曹洪为都护将军。如《三国志》记载，"汉中平，以（夏侯）渊行都护将军，督张郃、徐晃等平巴郡"，曹洪"累从征伐，拜都护将军"。从史籍累称曹洪为"都护曹洪"来看，都护起初就是都护将军的简称。而之所以名之为都护，正如西域都护之得名一样，是因为汉代在将军麾下本有称之为护军的领兵官，都护尽护诸军，是总护军或高级护军，故称都护。又据《东观汉记》，东汉时代"大将军出征，置中护军一人"。中护军即领护中军的护军，因此中都护也就是领护中军的总护军，即中军总统领。

现在的问题在于，就蜀汉而言，刘备出征时有中军，诸葛亮北伐有中军，成都皇宫里的禁卫亦可称中军，那么当时李严所统的到底是哪个中军呢？

在李严之前，蜀汉政权虽没有中都护这个职位，但与之职权相近的中护军则早有建制。《三国志·赵云传》云："建兴元年，（云）为中护军、征南将军，封永昌亭侯，迁镇东将军。"刘备出征夷陵时，赵云本屯驻在江州，后来刘备战败，他便赶到永安救驾，至建兴元年刘禅继位，从其"征南""镇东"将军号来看，他很可能仍在永安。与此同时我们知道，这时候李严是以中都护、统内外军事的职务留镇永安的。考虑到刘备东征的主力军正是他从成都带来的中军，显然，李严、赵云所统的中军就是这支随同刘备败回后驻扎永安的卫戍部队。

正如知乎网友刘史君分析的那样："刘备战败后，当务之急是利用残余军队与援军在永安组建防线，防止东吴进一步深入蜀中。而防卫任务中最核心者，当然是保证刘备的安全。……刘备既已继位，则保卫刘备在保护军府统帅之外，更有了皇帝禁卫性质。故而，刘备临终之际，李严所任的中都护首先是作为皇帝在永安的禁卫武官出现的。"也就是说，当时永安地区的驻军都归中都护李严指挥，下辖若干护军，除中护军赵云、护军陈到之外，时任巴东太守（治永安）的辅匡亦为护军，同样统属于李严。

说完了中都护，再来看"统内外军事"这一职衔。

田余庆先生说，中都护、统内外军事的职权类似魏晋常见的都督中外诸军事。这是很有见地的。"统内外"其实就是"都督中外"，这里内外之内跟中外之中一样，指的都是皇宫之中、禁省之内，统内外也不是指全国内外，而是指皇宫内外的京师地区。永安虽不是京师，但由于刘备设行宫于此，地位等同京师。"统内外军事"仍是永安地区的军事统帅。

所以，不论是中都护，还是统内外军事，都不是蜀汉全国最高军事统帅，当时李严享有的只是永安地区防备东吴的军队的指挥权。不过在刘备去世前国内局势不稳的情况下，这一职权堪称责任重大，故此刘备专门指明要李严"留镇永安"，而且还给了他与诸葛亮并受遗诏的二把手地位。

那么，是否可以认为李严的政治地位已经像方诗铭先生所说的那样，达到与诸葛亮并列、抗衡乃至可能取而代之的地步了呢？

也不能这么说。

如前所述，李严的本官是尚书令，后又加为中都护、统内外军事，留镇永安。建兴元年刘禅继位后，李严又受封都乡侯，假节，加光禄勋。此后直至诸葛亮北伐前夕，其职务并无变化。中都护、统内外军事前面已经分析过，下面再简单看一下他其余的官爵。

按东汉官制，尚书令是行政首脑，本来握有实权。然而由于刘备称帝后诸葛亮一直以丞相之职录尚书事，所以这一时期蜀汉的尚书令徒有虚名，具备的更多是象征意义。而且在担任光禄勋以后，很可能李严便不再兼任尚书令的职位。光禄勋位列九卿，"掌宿卫宫殿门户"，考虑到之前李严的官秩还不到九卿级别，这一迁升显然与他负责永安行宫的防卫有关。都乡侯的爵位和假节特权也是一样，都是为了配合其"尚书令李严为副"的辅臣地位。

这时诸葛亮虽然是武乡侯、假节，论爵位与李严持平，但其丞相的秩级则至少比李严要高上两级。论实际权力，两人则相差更远。诸葛亮不但录尚书，领司隶校尉，而且开府治事，不久又领益州牧，史称"政事无巨细，咸决于亮"，后主刘禅则"事之如父"，公言"政由葛氏，祭则寡人"。而李严虽列名辅臣，但由于远离成都，实际很少参与中枢政务，论军权，他也只能控制永安一带的驻防部队。从哪个角度来看，他这个二把手的权力都是没法跟一把手诸葛亮相比的。

建兴四年以后，情况又有变化。当时诸葛亮为筹划北伐，决意来年出屯汉中。既然李严是二把手，而且此时吴蜀重结盟好，永安方面的防务也并不紧急，那么留守成都的重任按说便该由李严负责。可是耐人寻味的是，诸葛亮虽然承认"严当知后事"，但却并未召李严入朝，而是命其"移屯江州，留护军陈到驻永安，皆统属严"。至于成都方面，从《出师表》等史料看来，宫中事务由侍中、侍郎郭攸之、董允等负责，府中事务则由留府长史张裔负责，担任尚书令的是陈震，负责防务的是中领军向宠，并没有"当知后事"的李严什么事儿。另外，这几人当中，除张裔是益州本地人之外，其余都属荆州集团①。这多少反映出，诸葛亮在用人倾向上依然延续了刘备时代信用荆州人的特点。诸葛亮不愿让李严入掌中枢，或许也与此有关。

李严虽未能入朝掌权，但相比留镇永安，移屯江州至少使其实际职权得到了相当程度的提升。因为之前永安都督与江州都督是互不统属的，而李严转督江州后驻永安的陈到则"皆统属严"。再加上江州都督辖区很可能包括巴郡、巴东、巴西、涪陵、江阳五郡，几乎相当于蜀汉国土的四分之一，其本官也由光禄勋升到了前将军，这一时期李严似乎并没有什么不满。所以在给孟达的信中，李严才颇为自傲地写道："吾与孔明俱受寄托，忧深责重，思得良伴。"诸葛亮也夸赞李严说："部分如流，趋舍罔滞（形容处理事情又快又好），正方性也。"

既然如此，那么蜀汉政权的这两位大佬到底是何时开始产生嫌隙的呢？

---

① 董允的籍贯虽为荆州南郡，但其父董和在刘璋时代入蜀，向来被学界视为东州士。而董允本人由于年纪较轻，在刘璋时代并未出仕，直到刘备为汉中王后，才以太子舍人步入仕途。故田余庆等皆将董允归入荆州集团。

第146章 事出有因

诸葛亮自己在弹李严表中说:"自先帝崩后,平(李严此时已改名为平)所在治家,尚为小惠,安身求名,无忧国之事。臣当北出,欲得平兵以镇汉中,平穷难纵横,无有来意,而求以五郡为巴州刺史。去年臣欲西征,欲令平主督汉中,平说司马懿等开府辟召。臣知平鄙情,欲因行之际逼臣取利也,是以表平子丰督主江州,隆崇其遇,以取一时之务。"

也就是说,诸葛亮认为李严最早有两件事办得不对。一件事是诸葛亮北出之时想调李严的兵马镇守汉中,李严"穷难纵横,无有来意",反而讲条件要求让自己当巴州刺史;另一件是去年诸葛亮准备西征,想让李严"主督汉中",结果李严又旁敲侧击地谈条件,说你看魏国那边的托孤之臣陈群、司马懿都开府了,你我也是托孤之臣,丞相你开府多年,眼下是不是应该让我也开个府?这两件事诸葛亮都断定李严是"因行之际逼臣取利", 是故意要挟自己以获取私利。

表奏写于建兴九年,所以文中的去年是指建兴八年。这年秋天正值曹魏三路入侵。《华阳国志》叙此事云:"丞相亮军成固赤阪,表进江州都护李严骠骑将军,将二万人赴汉中。严初求以五郡为巴州。书告亮,言魏大臣陈群、司马懿并开府。亮乃加严中都护。以严子丰为江州都督。大雨,道绝,真等还。丞相亮以当西征,因留严汉中,署留府事。严改名平。"《三国志·李严传》则云:"八年,(严)迁骠骑将军。以曹真欲三道向汉川,亮命严将二万人赴汉中。亮表严子丰为江州都督督军,典严后事。亮以明年当出军,命严以中都护署府事。严改名为平。"

这两处史料都将诸葛亮调李严赴汉中事记于曹真入寇之时。然而根据前引表奏,调李严镇守汉中起先是因为诸葛亮"当北出",从叙事逻辑看来亦发生在"去年"之前。所以我猜测,可能早在建兴六年诸葛亮第一次北伐时他就想调坐镇江州的李严将兵开赴汉中,只不过当时李严"穷难纵横",并未成行。也是在此时,李严提出要求,希望"以五郡为巴州刺史",诸葛亮并没有答应。前面提到,这时李严的职务是前将军、江州都督,其统辖的范围很可能即为五郡。不过按汉魏制度,都督只管军事,不理民政,其权力颇受限制。据说李严到江州后,不但新建了一座周回十六里的大城,而且还计划凿穿城后的大山,将汶江与巴江相连通,然后以此新城为巴州州治,可见其人颇有以江州为基地大施拳脚的雄心。这或许就是他希望设立巴州、好将军政大权都抓在手里的一个原因。问题在于,蜀汉国土不过东汉之一州,除益州外从不设他州刺史①,刘备在时自领益州牧,刘备死后则是诸葛亮任益州牧,现在李严想

---

① 马超曾领凉州牧,魏延、姜维亦曾领凉州刺史,吴壹领荆州刺史,以及吴蜀交分天下后诸刺史皆为遥领,无实土。

另立一州自己当刺史，不管用心为何，实际都是在分诸葛亮的权。再加上李严找各种理由不听调遣，可以认为，从这时起诸葛亮便已经对他心有不满了。

到了建兴八年，曹兵入寇，事态紧急，诸葛亮又调李严率两万人入援汉中。考虑到上次自己拒绝了李严设立巴州的请求，这次为使他积极配合，诸葛亮不得不对李严有所报偿，升其为骠骑将军应该就是为此。没想到李严得寸进尺，又提出了新的诉求，即希望自己能够跟诸葛亮、司马懿一样享受开府特权。所谓开府，就是开设府署，辟置僚属，从而拥有一套独立的行政班子。按东汉制度，除丞相等三公外，大司马、大将军、车骑将军等顶级武官是可以开府的，骠骑将军此前也有开府的先例。此前曹魏那边就是曹真、曹休、陈群、司马懿四位辅政大臣同时开府。诸葛亮则是在后主即位后才开府治事。李严以此为辞，要求享受跟诸葛亮平级的开府待遇，实际上跟当初想当巴州刺史一样，都是想要实权。这次诸葛亮还是没答应，不过为了安抚李严，他还是"加严中都护，以严子丰为江州都督"。

有人也许会问，早在刘备临死之时，李严不就是中都护了吗？怎么这时候又被加官为中都护呢？

对此刘史君解释说，这是因为中都护的本质是高级护军，需有所护的对象。李严初封中都护时在永安，所护为永安之行宫，再封中都护在汉中，所护为丞相行府之军，故称中都护名实相符。但是在其移屯江州后，江州既无行宫，亦无行府，他自己就是督区最高军事统帅，再称中都护就名不副实了，所以建兴四年以后李严很可能不再担任中都护，而只任前将军、江州都督，直到建兴八年调往汉中后，才又被加封为中都护。

我同意这一解释，不过还想补充一点。李严督江州时新筑大城，

《华阳国志》称"都护李严更城大城",给孟达写劝降信,《华阳国志》也说"都护李严亦与书",此两事都发生在建兴四年李严移屯江州后、去汉中之前。既称"都护李严",说明李严虽不再担任"中"都护,但可能仍保留有都护的称号。打个不太确切的比方,这有点像教授退休后虽不再从事教学活动,但仍称教授一样。

其实根据田余庆先生的研究,今《太平御览》中收录有一则题为《与兄瑾论白帝兵书》的佚文,以往多认为来自诸葛亮写给诸葛瑾的书信,但实际上这封信并非写给诸葛瑾,而是写给李严的。其文曰:"兄嫌白帝兵非精练,到所督,则先帝帐下白毦,西方上兵也。嫌其少也,当复部分江州兵以广益之。"此处诸葛亮称李严为兄,可能是因为李严比自己年长,也可能仅仅是朋友间称兄道弟以示亲密,无关长幼次序。从文意来看,大概是之前李严写信给诸葛亮,抱怨白帝城的驻军既不够精练,数量又少,所以诸葛亮回信解释,说陈到手下统领的都是先帝留下的"西方上兵"白毦,实为精兵,要实在嫌少,可以从江州再调部分人马过去。

田余庆先生认为这封信写于建兴四年李严移屯江州、留陈到督永安之时,这当然不是没有可能。不过我却认为,从蜀臣杨戏《季汉辅臣赞》云陈到"建兴初,官至永安都督、征西将军"看来,陈到应该早在建兴四年之前便驻防永安了,而且一来建兴四年以后吴蜀重结盟好,永安方面压力大大减轻,似无增兵的必要,二来此时李严既已移屯江州,又是筑城,又是穿山,正准备大干一场,多半不会乐意把自己的江州兵拨给陈到。因此这封信更可能写于建兴初年李严镇守永安之时。这显示出,尽管一开始李严就注意扩充自己的实力,但那时他跟诸葛亮之间尚没有直接冲突,两人的关系还是比较融洽的。

另外,还有一件事不得不提。那就是据说《诸葛亮集》中收有一篇

第146章 事出有因

李严给诸葛亮的书信,内容是"劝亮宜受九锡,进爵称王",而诸葛亮则答复说:"我与足下相知已久,本来不需要再表白心迹,但是现在足下希望我为国增光,勿拘旧道,所以我不能再保持沉默了。我诸葛亮本是东方一介下士,误用于先帝,这才位极人臣,禄赐百亿。如今讨伐汉贼还未见成效,先帝的知遇之恩也没能报答,却想要像齐桓、晋文一样坐自贵大,实在不成道理。如果有一天,我能灭掉曹魏、斩杀曹叡,奉迎陛下回归中原故居,到那时我和你们一起接受封赏,别说九锡,就是十命我也当得起!"

李伯勋先生将这封信系于建兴五年诸葛亮出屯汉中之时,理由是当时后主曾赐给诸葛亮"金斧钺一具,曲盖一,前后羽葆鼓吹各一部,虎贲六十人"。可能后主原本要加诸葛亮九锡,由于诸葛亮谦让,最后只赐了以上这些物事。问题在于,对后主诏赐诸葛亮斧钺、虎贲一事今本《三国志》裴注明明系于建兴三年诸葛亮南征之时,李先生云其事在五年,不知何据?再说,即便排除时间因素,单就政治意义而言,仅仅诏赐臣下斧钺、虎贲等物也与赐九锡在规格和特权上差别极大,似不能如此简单便相提并论。

前面讲曹操封魏公时曾介绍过,所谓九锡,其实是儒家学者根据古礼构拟的九种由天子赐予的极品荣誉装备,用来彰显殊勋,包括车马、衣服、乐器、虎贲、弓矢等。由于这些器物装备在等级上通常只有天子或诸侯王才配使用,因此常被视为"非人臣之礼"。尤其从汉初到李严写信给诸葛亮的时代,四百多年的时间里,真正受过九锡的只有王莽、曹操、孙权三人。其中孙权的九锡跟其吴王头衔一样,是曹丕所赐,另当别论,王莽和曹操两人则是举世公认的"汉贼",故此在世人眼中,人臣而受九锡的意义几乎等同篡逆,同封公或封王一样是谋朝篡位的一个过渡阶段。对此,李严不可能不知。那么他为什么毫不忌讳,竟敢公然写信给诸葛亮劝他"宜受九锡，进爵称王"呢？这件事对他又有什么好处呢？其动机实在不好理解。

如果此事属实，我认为至少存在以下两种可能。

一种可能是，李严想"捧杀"诸葛亮。用九锡、封王来试探就是为了抓诸葛亮的把柄，一旦诸葛亮抵制不住诱惑，在这件事上动了私心，那李严就可以以此为口实动摇诸葛亮的威信和地位，从而取而代之。

还有一种可能是，就像他当年因炮制"黄龙见""甘露降"而受到刘备青睐一样，李严此举意在拍马屁、表忠心。意思是我李严其实是你诸葛亮的人，你大可放心分点权力给我，只要咱俩互相合作，世界尽在掌握。

不管哪种可能，其出发点都是假定诸葛亮并非纯臣，确有私心。

然而李严的计划并没有奏效。

因为他没有想到，诸葛丞相确实是一个高尚的人、一个纯粹的人、一个脱离了低级趣味的人。

有人说，诸葛亮在回信中不是明明说"别说九锡，就是十命我也当得起"（"虽十命可受，况于九邪"）吗？这不是恰恰证明他"毫不避讳人臣之大忌""不臣之心昭然若揭"（朱子彦语）吗？

在我看来，问出这个问题的人大概小学语文就没学好，愣没听出来诸葛亮这句话是个正话反说的反讽句。

为什么诸葛亮要这么说？

因为他认为李严这个提议简直荒谬无比，不值一驳！

你李正方跟我相交多年，我诸葛亮是什么人你不是不了解，再说你跟我都是先帝榻前托孤之臣，当年跪受遗诏时说的那些话言犹在耳，如今你竟然说什么"宜受九锡，进爵称王"！

此语不但侮辱了我的人格，也玷污了我们的友谊，甚至先帝的在天

第146章 事出有因

之灵也为之蒙羞。闻之可耻,言之可恨!

李正方啊李正方,我对你真是看走了眼!

我相信,那一刻诸葛亮的心中其实是相当愤怒的,但是考虑到李严的地位,仅凭此事他又不好撕破脸,所以他才压抑了怒火,客客气气地称李严为"足下"(而不是像以前那样称之为"兄"),语带含讽地写了那样一封回信。

至于此事发生的时间,鉴于九锡之礼用于彰显殊勋,诸葛亮若无殊勋,李严就不好提出此建议,从这个角度推测,我认为此事多半发生在建兴八年曹军入寇失败、魏延军取得阳溪大捷之后。因为至李严被废之前,诸葛亮总共有四次主动北伐、一次防守反击,其中取得不错战果的是第三次北伐取得了武都、阴平二郡,以及第四次北伐射死了张郃,再有就是建兴八年趁曹军入寇失败发动反击取得了阳溪大捷。取二郡在建兴七年,诸葛亮得到的嘉奖是恢复了因街亭失利而自贬三等的丞相待遇,此时似不宜言及九锡;射死张郃在建兴九年六月,当年八月李严就被废,时间又太晚;唯有八年一役,曹军三路入寇,最后却只能狼狈退军,蜀汉危机顿解,自然可算捷报,再加上魏延、吴壹又在阳溪大破郭淮,诸葛亮身为总指挥,可谓居功甚伟,这种情况下李严借花献佛,乘机劝诸葛亮受九锡,从政治形势上来说应该是比较合适的。而且李严自己也是在这一年被升为骠骑将军,正积极谋求开府,他完全可以用此事跟诸葛亮谈交易:我都支持你受九锡封王了,难道让我开个府你都不肯吗?

结果诸葛亮还就是不肯。

从建兴六年两人因巴州刺史一事暗生嫌隙,至两年后李严开府不成、劝受九锡被拒,表面上诸葛亮和李严相安无事,私底下的关系却是越闹越僵。到了建兴九年北伐之时,这一矛盾终于因军粮运输一事而公开化了。

第147章 退兵风波

在《弹李平表》中，诸葛亮说，尽管他知道李严是"因行之际逼臣取利"，但他还是"表平子丰督主江州，隆崇其遇"，这都是为了"取一时之务"，为暂时的大局考虑。故此李严到汉中后，他就把府中事务都交给他负责，乃至群臣上下都觉得他待李严实在好得有些过分。诸葛亮解释说，自己之所以如此，"正以大事未定，汉室倾危，伐平之短，莫若褒之"。可惜的是，最后诸葛亮还是承认自己失算了："然谓平情在于荣利而已，不意平心颠倒乃尔！"我本以为李严就是贪图名利，结果没想到他的用心竟然险恶若斯！

那么，到底李严干了什么事，竟会使得诸葛亮用如此严厉的言辞来控诉他呢？

前面讲到，建兴九年这次北伐，尽管诸葛亮采用了木牛运粮，但到了夏秋之际，由于雨水频降、粮道断绝，其军粮依然出现了匮乏。而这时坐镇汉中全面主管军粮运输事宜的不是别人，正是中都护李严。为此诸葛亮还专门给李严写信，就眼前的上中下三种作战方案与其商讨。《华阳国志》和《三国志·李严传》都说，当时是李严担心自己完不成供应军粮的任务，于是派人送信给诸葛亮，诸葛亮这才自祁山退兵。

问题就出在这里。

按《李严传》的讲述，李严先是派参军狐忠、督军成藩"喻指呼亮来还"；等到闻知诸葛亮退兵后，他又装出很吃惊的样子说道："军粮饶足，何以便归？"目的就是"欲以解己不办之责，显亮不进之愆"。更过分的是，李严还抢先向后主上表，说什么"大军退兵是伪退，是丞相诱敌之计"。诸葛亮发觉情况有异后，"具出其前后手笔书疏本末，平违错章灼"，即拿出李严前后几封亲笔信上呈朝廷，其中的矛盾和破绽甚是鲜明，让大家一看就知道是李严从中捣鬼。面对这些呈堂证供，李严理屈词穷，无可辩驳，只好自首谢罪。这才有了前面所叙的集体弹劾李严之事。

《华阳国志》还说，起初李严怕诸葛亮追究自己运粮不继的责任，一度想杀掉督粮官岑述让他背锅，又"惊问亮何故来还，又表后主言亮伪退"。叙其试图推卸责任的举动与《李严传》相同。

另据诸葛亮奏请废李严为民的表文，最后群臣合议，裁定李严的罪名是"受恩过量，不思忠报，横造无端，危耻不辨，迷罔上下，论狱弃科，导人为奸，挟情志狂，若无天地。自度奸露，嫌心遂生，闻军临至，西向托疾还沮、漳，军临至沮，复还江阳，平参军狐忠勤谏乃止"。若如此，则李严的错误绝不止推卸责任这么简单。所谓"受恩过量，不思忠报，横造无端，危耻不辨"，是说国家给了李严那么多好处，他却不思为国尽忠，反而毫无政治原则，无事生非，制造事端；"迷罔上下，论狱弃科，导人为奸"，则是指责李严欺上瞒下，在司法工作中无视法律条文，纵容他人走向犯罪；"挟情志狂，若无天地"，是说李严狂妄自大，甚至天地他都不放在眼里。然而以上言辞都是虚文，言及具体事实的只有一条，即"自度奸露，嫌心遂生，闻军临至，西向托疾还沮、漳，军临至沮，复还江阳，平参军狐忠勤谏乃止"。意思是李严眼看自己的奸谋就要暴露，听说北伐大军马上就要回到汉中，就以染病为托辞，离开大本营去往了沮、漳一带，等大军临近沮县，他又试图返回江阳，最后因为参军狐忠谏阻才告终止。

此处之沮、漳，卢弼在《三国志集解》中怀疑书写有误，因为沮水和漳水都在荆州，当时是孙吴国土，李严是不可能去往那一带的。不过有史料显示，其实蜀汉在汉中以西设有沮县，此处之沮指的就是这个沮县，所以前文才说李严"西向"还沮、漳。漳指何处虽不详（李伯勋疑"漳"为"涪"之误），亦应在沮县附近。我们知道，沮县是汉中去往祁山的必经之路，故此诸葛亮才说"祁山去沮县五百里，有民万户"。同时沮县还处在南下通往巴蜀腹地的大道上，《华阳国志》记汉末时武都令景毅调任益州太守，当地百姓相送，"至沮者七百人，白水县者三百人"就是一证。正因为沮县这一交通枢纽的地位，当初马超来投，刘备才"以超为平西将军，督临沮"（临沮县在东吴，此处当指沮县，即督临沮县）。而江阳郡即今四川泸州，亦在江州都督辖区（卢弼甚至怀疑"江阳"为"江州"之误）。

结合这两处地名，可知表文所叙之事是：现在诸葛亮率大军即将还师，李严可能是担心一旦跟诸葛亮对质，自己假传圣旨（"喻指呼亮来还"）致使诸葛亮退军的阴谋便会败露，于是就声称要回家养病，离开汉中行府往西来到了沮县。等到大军快到沮县的时候，李严又想返回江州或江阳，总之是不愿跟诸葛亮见面。但由于参军狐忠谏阻，他最终放弃了这个计划。

若是如此，李严又有畏罪潜逃的嫌疑。

我们发现，在李严这一系列昏招频出的操作中，其参军狐忠似乎扮演了重要角色。因为一开始李严派人叫诸葛亮退兵，送信人之一正是狐忠，后来劝阻李严逃走的人也是他。考虑到参军的职能形同副手，李严的所作所为很难瞒得过狐忠，此人的立场就很耐人寻味了。

不少学者认为，这个狐忠就是马忠，原名狐笃，也即前文叙刘备兵败夷陵后，巴西太守阎芝派他领五千人来援，刘备感叹说"虽亡黄权，复得狐笃，此为世不乏贤"的那个狐笃。他是巴西阆中人，本是小县县长，因为受到刘备欣赏，后来一直颇受诸葛亮器重。建兴元年诸葛亮甫开府治事，便以马忠为门下督；三年后诸葛亮南征，又任命他为牂柯太守，独领一军讨伐朱褒；建兴八年，马忠又被诸葛亮召为丞相参军，"副长史蒋琬署留府事，又领州治中从事"。

按诸葛亮的安排，在其统军出征期间，原成都丞相府一切事务都由留府长史负责。首任留府长史为张裔，张裔的副手是参军蒋琬。建兴八年张裔卒后，蒋琬继任，这时蒋琬的副手就是参军马忠。由于留府长史代表丞相发号施令，位虽不高，权却极重，这一点从张裔汇报工作时"送者数百，车乘盈路"的盛况就看得出来。马忠不但担任留府长史的副手，而且还兼领益州治中从事，从实际权责来看，他手中的权力未必比徒有虚名的骠骑将军李严小多少。这样一个角色，为什么会突然成了李严的手下呢？

对此有一种解释是，因为当时李严的职务是以中都护署府事。也就是说，当诸葛亮不在汉中时，留守汉中的李严就相当于代理丞相，马忠既是丞相参军[①]，自然要听从李严调遣。有意思的地方在于，《马忠传》

[①] 学者洪武雄认为，此时马忠的职务应为中都护、骠骑将军李严之参军，故前引表奏称之为"平参军狐忠"。笔者怀疑，马忠此时似同时兼任丞相参军与骠骑将军参军。

叙其在建兴九年的活动，只说"亮出祁山，忠诣亮所，经营戎事"，并未提及他曾与李严共事。而且这一叙述过于笼统，含糊不清，似乎颇有隐情。因为根据《李严传》的记载，马忠确曾前往祁山诸葛亮大营，只不过他此行是替李严传递消息，而非"经营戎事"。不久马忠又返回了汉中，故此当李严欲南返之时，他才现身阻止了其行动。那么问题来了，从其履历看来，马忠即使不是诸葛亮的心腹，至少也是受诸葛亮赏识和提拔之人，如果李严真是假传圣旨，他为什么要派马忠这个跟自己没什么交情的人去办这件事呢？马忠既是成都留府长史蒋琬的副手，又曾在汉中行府工作，后方军粮足不足，能不能运得上去，想必他是比较清楚的，在粮运上弄虚作假，李严就不怕马忠识破吗？他又凭什么认为，窥破秘密的马忠不会向诸葛亮告发自己呢？再说，李严又不是傻子，他既是有心推卸责任，"解己不办之责，显亮不进之愆"，那他为什么要在来往书信里留下那么多自相矛盾的破绽，从而让诸葛亮轻轻松松就抓住了自己的把柄呢？最后，李严若是有心畏罪潜逃，马忠又是凭什么劝得他回心转意了呢？

遗憾的是，所以这些疑问，在现有的史料中并不能找到解答。

因为我们现在能看到的材料，全都是来自诸葛亮一方的说法。

我们看到，在弹劾李严的表奏中，同诸葛亮联名的包括魏延、刘琰、袁綝、吴壹、吴班、高翔、杨仪、邓芝、费祎、姜维、许允、丁咸、刘敏、刘巴（非原尚书令刘巴）、上官雍、胡济、阎晏、爨习、杜义、杜祺、盛勃、樊岐二十二名官员，几乎囊括了当时随军北伐的所有高级将领和丞相府僚属（其中并没有马忠）。这些人既有荆州集团的代表，也有来自东州集团和益州集团的成员。而作为被弹劾人的李严，既没有出言辩解，也没有人替他说话。这种情况下李严最后只是落得被废为民、流放梓潼的结局，似乎已经颇可庆幸了。

我们看到，此案结束后，诸葛亮专门给留守成都的蒋琬、董允写信（此举意在使两人转告后主及成都众官），说陈震当初出使吴国之前，就告诫我说李严这个人"腹中有鳞甲，乡党以为不可近"，我心想只要不触犯其鳞甲不就行了吗？没想到李严竟然效仿苏秦、张仪，搞出这样颠倒黑白的事来！甚至在弹奏李严的表奏中，诸葛亮还引述一则乡谚说："难可狎，李鳞甲。"

我们还看到，李严被废后，诸葛亮立刻剥夺了其子李丰江州都督的官职，转而以其为从事中郎，让他回成都跟蒋琬共事。他还写信以极其惋惜的口吻对李丰说："我待你们父子如何，神明可鉴。闹成这副局面，我也没想到。你要多宽慰宽慰令尊，只要他改过自新，依然有复起的希望。现在他虽被废为庶民，但家中仍有奴客数十，你又在丞相府任职，依然不失大户之家。只要令尊诚心悔过，你也跟蒋琬推心从事，那么很快便能否极泰来，失而复得。"

《李严传》甚至记载，建兴十二年（234年）得知诸葛亮去世，处于流放中的李严也发病而卒。因为他一直抱有希望，相信诸葛亮将来会重新起用自己，如今诸葛亮既死，他也就断了希望，没多久便郁郁而终了。

第148章 新、旧矛盾

诸葛亮和李严这段恩怨究竟谁是谁非，虽然受史料所限很难说得清楚，但并不妨碍以往的研究者提出多种不同看法。

多数人支持诸葛亮。

例如余明侠在《诸葛亮评传》中就立场鲜明地提出："孔明容忍克制，处处从团结的愿望出发，想用自己的挚情和公心来感化李平，不料他毫无悛改之意，竟然丧心病狂颠倒乃尔。""李平完全是一个狡诈自私、阴险残忍、不以国事为重的恶劣分子，他辜负了先帝白帝城托孤之重。"章映阁《诸葛亮新传》、柳春藩《诸葛亮传》等作品基本也是这一态度。

但是也有人站李严。尹韵公就曾在《光明日报》撰文，直斥诸葛亮权欲极盛、擅权心烈、善于玩权，是一个玩弄权术的高手和老手，他处心积虑地寻找各种机会排挤和压制副手李严，最后终于逮住了李严送上门来的过失，狠狠一击，将其打入了最底层。

除了这两派针锋相对的意见，也有学者试图抛开道德上的是非，尽量客观地分析葛、李冲突的本质以及这一冲突何以发生。

例如张孝元就猜测，诸葛亮之所以跟李严闹矛盾，是因为两人对联吴抗曹这一政策的态度不同，李严视东吴为敌人，对诸葛亮结盟东吴的政策心存不满。对他这一观点，笔者并不认同。

方诗铭则认为，其实李严就是刘备临死前用来牵制诸葛亮的一步棋，诸葛亮搞掉李严，无非是因为他妨碍自己专权。

当然，对这一问题更深入的研究还属田余庆先生的文章《李严兴废与诸葛用人》。

在这篇文章中，田余庆先生并没有像之前的一些学者那样仅仅着眼于诸葛亮和李严的个人权力斗争，而是将两人的恩怨纠葛放到了一个更大的背景当中去考察，即蜀汉政权内部自始至终存在着"新人"和"旧人"的矛盾。"新人"指刘备带同入蜀者，是客；"旧人"则指包括东州士和益州在官地主在内的刘璋旧部，是主。换言之，"新人"也就是我们前面提到的荆州集团，而"旧人"主要指东州集团和益州集团。

田余庆先生认为，蜀汉立国后统治者的主体是"新人"，同时刘备亦拉拢部分"旧人"（如董和、李严）以使两者彼此相安。刘备死后，诸葛亮试图继续维持新旧平衡，保持与李严的和谐关系就是表现之一。但是形势在发展，利害有冲突，新人旧人的矛盾日益增长，几年后遂演化成了诸葛亮和李严的公开冲突。

为了证明新人旧人之间的矛盾在增长，田余庆先生举出了两个例子，一个是廖立，一个是来敏。

廖立是武陵人，是刘备在荆州的旧部。刘备任荆州牧时，以廖立为从事，后又将其拔擢为长沙太守。这时候廖立还不到三十岁，可见刘备对他颇为器重。刘备入蜀、留诸葛亮守荆州时，有一次孙权遣使通好，问诸葛亮荆州士人有何人才，诸葛亮就回答说："庞统、廖立，楚之良才，当赞兴世业者也。"他能将廖立跟庞统并举，也说明廖立确有大才。后来吕蒙袭取荆州，时任长沙太守的廖立弃城逃回，刘备对他也没有深责，仍旧让他当巴郡太守。等刘备当上汉中王，又以廖立为侍中。以上情况显示，尽管廖立没什么功绩，但由于他是刘备嫡系，其仕途还是很有保障的。

然而后主继位、葛相执政后，情况似乎不太一样了。刘禅登基时遍封百官，廖立只被授予长水校尉一职。史称"立本意，自谓才名宜为诸葛亮之贰，而更游散在李严等下，常怀怏怏"。意思是廖立自命不凡，觉得以自己的才干应该成为诸葛亮的副手，没想到封的官比李严还低，于是很不高兴。这一情形后来诸葛亮在奏请废黜廖立的上疏中说得更为具体："陛下即位之后，普增职号，立随比为将军，面语臣曰：'我何宜在诸将军中！不表我为卿，上当在五校！'臣答：'将军者，随大比耳。至于卿者，正方亦未为卿也。且宜处五校。'自是之后，怏怏怀恨。"也就是说，最开始"普增职号"之时，廖立只是随大流被授任为将军。他就当面对诸葛亮抱怨说，我怎么能只当个将军呢？你不让我名列九卿，至少也应该跻身五校吧？诸葛亮回答说，让你当将军只是"随大比"，你看李严也不是九卿嘛，你就暂且屈身五校吧。

据洪武雄研究，在蜀汉官制中，班位最高的将军是大将军、骠骑、车骑、卫将军，其次是左、右、镇西、征西等杂号大将军，再次是位在卿上的前后左右将军、安汉将军、军师将军，再往下是班次低于九卿、高于五校的杂号将军（征、镇、安、平、辅汉、镇军、讨逆、扬武等），最后才是低于五校的一众杂号将军。五校，即屯骑、越骑、长水、射声、步兵校尉，东汉时官秩为比二千石。按诸葛亮的讲述，后主

初即位时廖立只是"随大比"担任低于五校的杂号将军，所以他才抱怨说："我何宜在诸将军中！不表我为卿，上当在五校！"这时李严也不过是中都护，级别上不到九卿，故此诸葛亮就安慰廖立说你看李严也不是卿。不久李严"加光禄勋"，这才跻身九卿。大概也是在这时，廖立迁为长水校尉，比原来升了一级。

即便这样，廖立仍是不满意。于是几年后便发生了这样一件事：

有一天，丞相掾李邵、蒋琬来探访廖立。不知道廖立是不是喝多了酒，又或者是他心中压抑，久久得不到发泄，他竟然毫不顾忌地开启了嘴炮模式，对着李邵、蒋琬这两位诸葛亮的心腹大放厥词："如今大军就要远出，我有些话你们好好听着。当年先主不先取汉中，反而去跟东吴争夺荆南三郡，结果最终还是把三郡送给了吴人，劳民伤财，徒劳无功，而且还导致汉中被曹操夺走，夏侯渊、张郃深入巴郡，差点儿连益州都丢了。后来先主来争汉中，又使得关侯身死，荆州尽丧，上庸覆败，徒失一方。这是因为关羽只仗着自己有勇武之名，于军事毫无章法，完全是想到哪儿干到哪儿，所以前后打了好几次败仗。其余像什么向朗、文恭，都不过是凡俗之人。文恭做治中时全无纲纪，向朗当年把马良兄弟称作圣人，现在当长史只会拍马屁。还有从事中郎郭演长，只是从众之人，不足与经大事，如今也当了侍中。眼下汉室衰弱，丞相欲用此三人，委实大谬不然。至于王连，那就是一个只知道搜刮聚敛的酷吏，徒使百姓疲弊，以致今日。"

廖立提到的文恭，字仲宝，当时任丞相参军；郭演长大概就是《出师表》里言及的侍中郭攸之；王连曾任司盐校尉、丞相长史，此时已卒；向朗则接替王连为丞相长史。廖立的意思是诸葛亮用的不是庸俗之人，就是无能之辈。更狂的是，他还毫不客气地批评了先帝刘备，说荆州丢失和东三郡覆败全是他的责任。其余不和谐的言论大概还有一些。

也不知道当时蒋琬和李邵听了这些话，脸上是什么表情。总之这两人一出门，就立刻向诸葛亮打了廖立的小报告。

诸葛亮治蜀，本来就十分注重对士人的思想言论进行管制。一听廖立如此无法无天，那还了得？便立刻向后主上表，奏请说："长水校尉廖立，坐自贵大，臧否群士，公言国家不任贤达而任俗吏，又言万人帅者皆小子也，诽谤先帝，疵毁众臣。人有言国家兵众简练，部伍分明者，立便举头视屋，愤咤作色曰：'何足言！'凡如是者不可胜数。羊之乱群，犹能为害，何况廖立官居显位，寻常士庶岂能辨其言论真伪邪？"后主就下诏将廖立废为庶民，流放到了汶山郡的不毛之地。

与廖立情况类似的是来敏。

来敏是义阳人，其家号称"荆楚名族"，但因为在刘璋时代他便自荆入蜀，所以被学术界视为东州士，也就是田余庆先生所说的旧人。由于来敏长于儒学，刘备入蜀后先以其为典学校尉，后又迁为太子家令。后主登基后任其为虎贲中郎将。再然后诸葛亮北伐，用其为军祭酒、辅军将军。此后不知在何时，来敏被诸葛亮免职。《诸葛亮集》中载有教令一篇，云："将军来敏对上官显言：'新人有何功德而夺我荣资与之邪？诸人共憎我，何故如是？'敏年老狂悖，生此怨言。昔成都初定，议者以为来敏乱群，先帝以新定之际，故遂含容，无所礼用。后刘子初（刘巴）选以为太子家令，先帝不悦而不忍拒也。主上即位，吾暗于知人，遂复擢为将军、祭酒，违议者之审见，背先帝所疏外，自谓能以敦厉薄俗，帅之以义。今既不能，表退职，使闭门思愆。"

按照这一表述，在刘备入蜀时来敏的态度大概就不甚合作，所以当年"议者以为来敏乱群"，只是刘备为了安抚旧人，没跟他计较。后来尚书令刘巴推举来敏担任太子家令，刘备虽不大高兴，却也不忍拒绝。到了后主时代，诸葛亮说自己本以为拔擢来敏能起到示范作用，就让他

当军祭酒、辅军将军，然而结果令人失望，来敏年老狂悖，竟然说出那些不当言论，于是只好将他免职，命他闭门思过。

　　清人何焯认为，来敏所说的"新人有何功德而夺我荣资与之"指的就是诸葛亮解除了来敏虎贲中郎将的职务，而将其调到汉中担任军祭酒、辅军将军的虚职，其原本的虎贲中郎将一职则由董允以侍中的身份兼领。虎贲中郎将"统宿卫亲兵"，不但握有实权，而且亲近皇帝，诸葛亮起初让来敏担任这一职位大概是考虑到他本来是太子家令，算是刘禅的人。不过我前面提过，诸葛亮出屯汉中前担心自己走后刘禅不学好，对其身边的重要人事多有更迭，其中之一就是以董允为侍中领虎贲中郎将，专门负责宫廷宿卫，此后"献纳之任，允皆专之"。而来敏调任的军祭酒相当于文职参谋，辅军将军也是虚号，再加上来敏任太子家令时，董允只是二百石的太子舍人，现在两人地位反转，来敏心中自然很不平衡。

　　田余庆先生说，廖立作为新人，不服旧人李严，显示了新人与旧人之间的矛盾；而来敏作为旧人，也认为新人董允侵占了自己的利益。诸葛亮废徙廖立、左迁来敏，"目的是惩罚和防备发难闹事的人，以求维持平衡和安定"。但是新旧矛盾仍未解决，这才有了后来李严被废一案。

第149章 诸葛用人

再参考田余庆先生的另一篇文章《蜀史四题》，可知其基本理路是：刘备自荆入蜀，形成了新人占统治地位的蜀汉政权，也造成了新旧矛盾。刘备临死前起用李严安抚旧人的同时，也赋予了诸葛亮控制李严、抑制旧人的特权，之后诸葛亮试图解决新旧矛盾的做法（手段主要是分化旧人，或吸收，或排抑）都是在贯彻刘备的意图。在此过程中，有个别地位特殊、因利害冲突而滋生事端的人先后被诸葛亮绳之以法，即来敏、廖立、李严。而李严之所以被废，主要就在于他不服诸葛亮、挑起新旧不和，军粮运输一事只不过是借口。

对于以上观点，大体上我是同意的。不过遗憾的是，正如胡宝国指出的那样，由于田余庆先生治学的特点是采用叙述的方式说明问题，所以对一些更宏观的问题他并不愿去解释。放到蜀汉政治这个领域，蜀汉政权内部存在新旧矛盾不假，但是这种新旧矛盾为什么产生？在其四十余年的历史中有哪些变化？蜀汉和孙吴某种程度上皆属外来政权，那么蜀汉是否同孙吴政权的"江东化"一样，也存在一个"巴蜀化"的过程？这些问题田先生都未曾涉及。

当然，本书不是学术论文，没必要探讨这些略嫌枯燥的问题。不过我还是认为，在这一点上稍加阐释有助于我们更好地理解诸葛亮和李严的权力之争以及蜀汉政治中的某些特点。而厘清这一问题的线索，在我看来就隐藏在蜀汉不同时期重要职官的人事变迁当中。

自刘备为汉中王，蜀汉始设百官。如果我们以此为始，将蜀汉历史划分为刘备时期、诸葛亮执政时期、后主亲政时期三个阶段，再分别统计三个阶段中担任中央重要官职和地方太守者的籍贯出身[1]，我们就会发现：

就中央重要官职而言，刘备时期出自荆州集团者11人，属东州集团者5人，益州集团者4人；葛相时期出自荆州集团者17人，东州、益州集团者各6人；后主时期出自荆州集团者13人，东州集团6人，益州集团7人。

就地方太守而言，刘备时期出自荆州集团者13人，东州集团者6人，益州集团者7人；葛相时期出自荆州集团者4人，东州集团者1人，益州集团者15人；后主时期出自荆州集团者5人，东州集团者5人，益州集团者13人。

这一数据显示，如田余庆等前辈学者所说的那样，蜀汉确实是一个荆州人占据统治地位的政权，这种状况直到其灭亡前夕也没有改变。但是与此同时我们也应该看到，像孙吴政权的"江东化"一样，蜀汉内部

---

[1] 中央职官据万斯同《蜀汉将相大臣年表》，地方太守据洪武雄《蜀汉政治制度史考论》第五章《蜀汉郡守考》。另外，除个别籍贯不详者之外，有些身份特殊者既非新人，亦非旧人，也没有计算在内（如马超、姜维、夏侯霸）。

其实也存在着一定程度的"巴蜀化"趋势,这在地方太守的选任上表现得尤其明显:刘备时代"新人"与"旧人"平分秋色的态势在诸葛亮执政后为之一变,所谓的"旧人",尤其是益州籍官员转而成了郡守主力。在中央职官上这一趋势虽不突出,但益州籍官员的人数和比例也在稳步增长。可以认为,如果不是亡国从外部打断了这一趋势,蜀汉政权的"巴蜀化"肯定会从地方蔓延到中央。

实际上,若是抛开数据,只从具体的史料入手,我们也可以发现,诸葛亮一直都很注意起用和保护旧人,以此调和新旧关系。例如蜀郡是益州首善之区,刘备入蜀后以法正为太守,岂知法正睚眦必报,"于蜀郡太纵横",搞得当地人怨声载道,纷纷跑来跟诸葛亮告状。诸葛亮虽然鉴于法正是刘备眼前的大红人,一时摊手表示没奈何,但到了建安二十二年,他还是抓住法正随刘备出征汉中的机会,奏请用益州人杨洪取代了他蜀郡太守的职位。考虑到当时刘备为了跟曹操争汉中,一个劲儿地向后方要兵要粮,益州百姓负担很重,诸葛亮此举显然有安抚益州人的意图。目前史籍所见的七位蜀郡太守,有三位属益州籍,除杨洪是诸葛亮举荐之外,另两位也是诸葛亮执政时所任用。正是因为诸葛亮注意起用益州人士,才出现了在其执政时代各郡太守有四分之三皆为益州籍的情况。

还不止是郡守,在一些涉及军政大权的重要岗位上,诸葛亮尽管同刘备一样更信任荆州老乡,但他也深谙起用旧人的重要性。留府长史的任命就是一个很明显的例子:建兴五年诸葛亮北屯汉中前,打算让成都本地人张裔出任留府长史,为此他曾问杨洪有什么意见。杨洪说,张裔这个人确有才干,但是为人不太公平,让他独当大任恐怕不太好,不如用向朗,向朗忠厚老实,让张裔在他手下办事,可以两全其美。不过后来诸葛亮还是带向朗去了汉中,让张裔全面负责留府事宜。对这事儿后

来张裔对杨洪说，是"公留我了矣，明府不能止"。意思是丞相早就决定留我了，你劝阻也没用。其实诸葛亮之所以留张裔不留向朗，一个重要的原因就是向朗是荆州人，而张裔是土生土长的益州人。在诸葛亮率军出屯汉中的情况下，成都这个大后方一要保持稳定，二要保障"足食足兵"，就必须全力争取本地人的支持。从这一点考虑，留张裔自然比留向朗更合适。所以我们看到，诸葛亮出屯汉中后成都方面的布置是：皇帝刘禅的身边人（侍中、侍郎、中领军）用"新人"董允、向宠、郭攸之，以保障对皇权的绝对控制；外围实际事务则让"旧人"杨洪、张裔负责，以换取后方的稳定和行政效率。

说诸葛亮注意提拔"旧人"，还有一个例证就是他对费祎的培养。

熟悉《三国演义》的朋友都知道，诸葛亮临死前向后主推荐了两个接班人，一个是蒋琬，另一个就是费祎。蒋琬是荆州人，当年以小吏的身份随刘备入蜀，算是典型的"新人"；而费祎的籍贯虽是江夏，但由于其族父跟刘璋是亲戚，他早在刘璋时代便随族父入蜀，可谓东州士中的后起之秀。当年诸葛亮南征凯旋，群僚百官出成都几十里来相迎，许多人都比费祎年资名位要高，但是诸葛亮却独独命费祎上车与自己同乘而还，可见他确实对费祎别具青眼。按《出师表》中的陈述，诸葛亮本来是安排费祎留守的，然而后来他却改变了心意，让费祎随自己前往汉中。再后来，他又数次派费祎出使东吴，让他跟孙权建立交情。建兴八年以后，费祎又长期在诸葛亮身边担任中护军、司马，每次魏延跟杨仪不和，他就居中调停。在众人联名的《废李严表》中，费祎排行第十，而姜维则排在第十四位。诸葛亮临死前又推荐费祎继蒋琬之后接班。由此可见，费祎确实是诸葛亮着力培养的一个接班人。

从诸葛亮推荐蒋琬、费祎先后接班来看，按他的规划，随着当政者由荆州人过渡到东州士，以及益州籍官员以郡守为本位崛起，蜀汉政权将不再是一个少数外来人占据统治地位的头重脚轻的政权，这一过程中，其内部的新旧分野自然也会逐渐消失。

实际上，不管刘备、诸葛亮乐不乐意，随着荆州集团第一代成员纷纷谢世，蜀汉政权要想延续统治，迟早要像东吴一样实现本土化。诸葛亮显然明白这一点，所以在用人上他虽然未必能做到新人旧人一视同仁，但若说他有刻意打压、抑制旧人的意图，恐怕也不是真相。

就拿李严这事儿来说吧，李严的身份跟董和、费祎一样都是东州士，董和、费祎皆深受器重，各以令名终，李严却晚节不保，"任业以丧"（杨戏语），说明旧人身份并不是李严被废的要因。田余庆先生强调的新旧矛盾固然是探究李严一案时不能不参考的背景，但是如果只看到这一点，就会低估了历史的复杂性。

田余庆先生自己也承认，李严被废，"也有他个人的原因"。具体说就是李严性格高傲自负，同时又热衷于功名权位。关于前者，除了前面提到的乡谚"难可狎，李鳞甲"，陈寿也明确提到"都护李严性自矜高"。至于后者，其实我们从李严为太守时策划祥瑞逢迎上意，为都护时穿山筑城、希望另立巴州，为骠骑将军时又欲求开府等事迹上也能看得出来。简单说就是，李严不像许靖、刘巴一样甘心于担虚名当花瓶，而是渴求实权，尤其是与自己托孤重臣的名分相匹配的实权。这一点，从其写信给孟达"吾与孔明俱受寄托，忧深责重，思得良伴"之语就多少能够感受到。

然而遗憾的是，不论为私还是为公，诸葛亮都不会满足他这个愿望。

这才是两人最终决裂的根本原因。

多年前朱子彦先生曾著有一书，名为《走下圣坛的诸葛亮》。该书大搞翻案，认为诸葛亮今天的形象是被后人大大神化的结果，其实诸葛亮就是一玩弄权术的伪君子、篡位未遂的野心家。书中的许多观点，如"关羽败亡是因为诸葛亮借刀杀人""诸葛亮跟司马懿一样有狼顾之心""其北伐的目的是为了受九锡，进而代汉称帝""诸葛亮设计除掉魏延是排斥异己，是为保障自己的接班人成功上位"等，有的本书前面已经有所辨析，有的则根本无凭无据，不值一驳。此处专门提到此书，是因为朱先生在李严一事上的观点很有代表性，即认为按照刘备的规划，李严本应执掌蜀汉的军事大权，"然而这只能是刘备的一厢情愿，这种政治格局诸葛亮是绝不可能接受的。诸葛亮苦心经营、殚精竭虑谋划的大事，就是要由他一人独揽大权"，所以他要不遗余力排挤和打击李严，以便独掌军权，好在条件成熟时自取帝位。

诸葛亮到底有没有"自取"之心，这个我们回头再讲。这里我只强调一点，那就是根据本书前文对李严所任官职的考述可知，李严不是蜀汉军事统帅，他也从来没有被刘备赋予执掌全国军事大权的地位，认为诸葛亮是为独掌兵权而排挤李严的说法在前提上就难以成立。实际上在诸葛亮执政时期，李严从永安都护到江州都督，再到以中都护之职署丞相府事，其职权一直在扩大。尽管这种扩大是诸葛亮在李严"因行之际逼臣取利"的情况下有所妥协的结果，但李严却始终未曾摆脱诸葛亮的控制。所以当两人因军粮运输一事而爆发冲突时，李严立刻便败下阵来。从这个角度说，不是诸葛亮想方设法谋夺李严的权，而是他拒绝分权给李严。

如果你非要说诸葛亮专权，我倒是无法反驳。

可是，专权就一定不好吗？

当然不是。

须知三国之中，蜀汉体量小，底子薄，实力最弱。要想集中力量与魏、吴抗衡以求生存，就必须建立强有力的政府；而要想政府强而有力，就必须集权。在刘备去世、举国托付给诸葛亮的情况下，政府集权便意味着诸葛亮专权，这本是殆无疑义之事。专权本身无所谓好坏，关键看专权者是利用权力谋私利，还是为国家谋公益。诸葛亮显然是后者。

为什么诸葛亮拒绝分权？因为在战争不息的乱世，分权往往会坏事。

对蜀汉而言，这方面最惨痛的教训就是荆州丢失。

关羽为什么没等刘备批准就贸然发动襄樊攻势？还不是因为刘备给他的权力太大。当时荆州事务全由关羽一个人说了算，他自然勿需请示。

为什么诸葛亮不让李严当巴州刺史？因为一旦另立巴州，李严在巴州的权限就会等同于关羽在荆州。以李严孤傲自矜的个性，到时巴州五郡很可能成为国中之国，势必损害蜀汉政府的集权和统一。

为什么诸葛亮不让李严开府？因为一旦开府，李严的府署就会膨胀成李严集团，到时群下争利，党争和倾轧肯定无法避免，依然会损害蜀汉内部的团结和稳定。

这个道理，本身就是人君的孙权说得更透彻："夫威柄不专，则其事乖错，……自古至今，安有四五人把持刑柄，而不离刺转相蹄啮者也！"

所以，正如诸葛亮在《废李严表》中所说："今篡贼未灭，社稷多难，国事惟和可以克捷，不可苟含以危大业。"

为了蜀汉政局的和谐与稳定，李严不得不废。

这也就是诸葛亮。要是曹操，李严的命早就没了。

第150章 辽东经略

建兴九年这次北伐再次无功而返后，此后一连三年，诸葛亮都没再出兵。

这其中有休养生息的原因，也有内部稳定的考虑。除了李严一案，建兴十年（232年），汉中大本营还发生了车骑将军刘琰与魏延不和之事。刘琰这个人虽然没啥本事，但因为早年被刘备以同姓奉为上宾，在蜀汉内部地位颇高。史书说他"班位每亚李严"，在《废李严表》中他排行最前，而魏延排在第二。所以这两人闹矛盾，也不是一件小事。可能是刘琰理亏，最后诸葛亮将他狠狠批评一顿，遣还成都了事。

从那以后，刘琰就落下了心病，史籍云其"失志慌惚"，大概精神上出了问题。两年后的正月，刘琰的老婆胡氏到宫里给吴太后拜年。吴太后喜欢有胡氏作伴，就把胡氏留在宫内住了一个月。由于胡氏貌美，刘琰总是担心有别人觊觎她的美色。这次她待在宫里这么久，本就精神不稳定的刘琰不由醋性大发,竟然怀疑她跟后主刘禅有奸情。胡氏一回到家,刘琰就叫手下人将其一顿暴打,甚至还拿鞋底狠抽她的脸,末了又把她遣回了娘家。胡氏咽不下这口恶气,就向朝廷告发了刘琰。此案涉及后主名誉,司法部门当然不敢怠慢。最后刘琰竟被斩首弃市,成了蜀汉历史上获罪致死的官衔最高的大臣。

此外,建兴十一年(233年),南中地区还发生了夷帅刘胄的叛乱。史籍虽然将叛乱的原因归咎于庲降都督张翼持法太严,但考虑到诸葛亮北伐一直仰仗南中资源,很难说这次叛乱与蜀汉政府对南中持续汲取无关。诸葛亮以马忠为将,很快平定了这起叛乱。

剩下的时间,诸葛亮则休士劝农,练兵讲武,还制作了大批木牛流马,运米于斜谷邸阁,为下一次大举北伐精心地做着准备。

在曹魏方面,司马懿也不相信诸葛亮会就此罢手。他曾经对手下言道:"诸葛亮两出祁山,一攻陈仓,皆挫败而归,纵使其今后再来侵扰,也将不复攻城,当求野战,必在陇东,不在陇西。亮每以粮少为恨,归必积谷,以我之所料,非三稔不能动矣。"就向朝廷上表,请求徙冀州农民到关陇屯田,免得到时需要从内地转运军粮。

这三年期间,最引人注目的事件发生于东吴。

黄龙元年四月孙权称帝后,屁股在御座上还没有坐热,就急火火地干了两件事。一件事是派使者入蜀,正式提出"并尊二帝"的倡议,此事前文已经讲过;还有一件事就是派校尉张刚、管笃出使辽东,跟当时的"东北王"公孙渊建立了联系。

自从公孙度被董卓授任为辽东太守,公孙氏已经盘踞辽东半岛达四十年之久。其势力强盛时,"东伐高句骊,西击乌丸,威行海外",甚至越海在山东半岛设立郡县掠取人民,自称辽东侯、平州牧,俨然东北一霸。期间曹操虽封公孙度为永宁乡侯,试图对他加以笼络,但公

孙度却满不在乎地宣言："我王辽东，何永宁也！"转手就把印绶扔到仓库里弃若敝屣了。后来曹操北征乌桓，在位者已经变成了公孙度的儿子公孙康。面对乌桓破败、曹兵压境的局面，公孙康颇为识趣地杀掉了投奔他的袁尚、袁熙，把二人的头颅拱手献上。当时南方未定，曹操觉得还不到收复辽东的时候，也就封了公孙康一个襄平侯的爵位，收兵而还。公孙康在建安末年死后，由于其子晃、渊年纪尚小，众臣就推举他的弟弟公孙恭当了头儿。然而这个公孙恭不但身有隐疾（史云其"病阴消为阉人"），而且是个懦弱无能之辈。到了魏文帝太和二年（228年），成年后的公孙渊就发动政变（渊兄晃时在曹魏为质子），把位子从叔叔手里抢了回来。

史料记载，早在公孙康时代，孙权就曾经派人去过辽东，其意图很可能是想与之结盟，共同对付曹操。然而公孙康却杀掉了孙权的使者，双方结盟不成，反而结下了仇。这次甫一称帝，孙权就不念旧恶，再次派张刚、管笃由海路出使辽东，说明他显然有更大的图谋。

彼时天下三分，魏强而吴蜀势弱，两家除了联手抗曹，也都尽可能地寻找其他用得上的盟友。诸葛亮北结鲜卑首领轲比能，孙权也试图拉拢公孙渊，都是为了在战略上牵制曹魏。除此之外，孙权刚刚称帝，很需要让自己的帝号获得"国际承认"，再加上辽东产马，结好公孙渊可以开拓一条获得战马的新途径，这对于战马急缺的东吴来说也具有战略意义，所以孙权才不顾宿怨，急不可耐地向辽东派出了使团。

从后来公孙渊表称"固守所执，拒违前使"来看，孙权这次示好依然吃了憋。这大概是因为公孙渊上台未久，需要获得曹魏"官方认证"以巩固自己的地位，所以不便跟孙权勾勾搭搭。但是孙权并未气馁，三年后他再次"遣将军周贺、校尉裴潜乘海之辽东"。

这一时期，除了汲汲于辽东之外，孙权还大搞航海事业探地图，台湾、琉球、海南岛，统统是大皇帝探索的目标。对于孙权这些好大喜功的举动，满朝文武大多持有保留意见。例如黄龙二年（230年）孙权派将军卫温、诸葛直率甲士万人浮海去寻找夷洲和亶洲，陆逊就表示毫无必要，全琮也认为得不偿失，但孙权仍旧一意孤行。结果卫温、诸葛直在海上漂了一年，也没找到亶洲这个传说中的海岛，整个舰队还染上瘟疫，士卒死了一大半，最后只从夷洲（今台湾）掳掠了几千土著带回来。这让孙权很是恼火，就将卫温、诸葛直砍了脑袋泄愤。

而对于他远结辽东的行为，也有大臣表示不解。例如那个倒地装醉不愿跟孙权喝酒的虞翻，几年前因为说话难听已经被孙权贬到了岭南①，却依然"处江湖之远而忧其君"，天天替朝廷操心。这次听说皇帝陛下以求马为名遣使辽东，他觉得辽东绝远之地，主动来降尚不足取，现在反而拿着财货去求马，"既非国利，又恐无获"，实在是劳民伤财之举。他想直接进谏又不敢，就写了个表奏给交州刺史吕岱，意思是请吕岱转呈。吕岱不愿替他触这个霉头，压下来不报。哪知这事儿被别人得知，还是向孙权打了小报告。孙权心说虞翻你是不是嫌贬得还不够远？就下诏把他流放到了苍梧猛陵（今广西藤县北）。

此时被魏明帝封为辽东太守、车骑将军的公孙渊已经坐稳了"东北王"的位子，心思有些活络，也想脚踏两只船，两方的便宜都占。于是

---

① 据《三国志·虞翻传》所载，有一次虞翻乘船出行，迎面正遇上降将麋芳。麋芳那边儿人多，都叫嚷说让虞翻这边儿"避将军船"。虞翻听了厉声喝道："失忠与信，何以事君？倾人二城，而称将军，可乎？"麋芳把舱门一关，不理虞翻，吩咐手下赶紧让虞翻先过去。后来虞翻又乘车经过麋芳的营门，守门的关门，不让他过。虞翻又怒道："当闭反开，当开反闭。事情都是这么做的吗？"当闭反开云云，显然是讽刺麋芳开城投降。麋芳听了就面有惭色。又有一次，孙权跟张昭讨论神仙之事，虞翻指着张昭便道："彼皆死人，而语神仙，世岂有仙人也！"孙权"积怒非一，遂徙翻交州"。

他接纳了孙权的使团,周贺、裴潜等在辽东一待就待了半年。消息传到洛阳,魏明帝震怒,便想发兵进讨。但公卿朝议,大多数表示反对,只有中书令孙资支持。其实当初公孙渊夺叔父之位上台时,侍中刘晔就曾建议,应该趁其内部纷争之时发奇兵突袭,彻底解决公孙氏这个后患。不过那时魏明帝正忙于应付诸葛亮北伐,后来又三道伐吴,一时腾不出手。眼下虽有余暇,但司马懿屯守关中不得脱身,明帝又发愁没有领兵的人选,这时中领军杨暨就向明帝推荐了田豫。

田豫,字国让,幽州渔阳人,跟刘备是半个老乡。当年刘备投在公孙瓒帐下时,年纪尚轻的田豫与刘备深相托付,刘备也很欣赏他。后来刘备南下,田豫因老母在堂无法追随,刘备还与他涕泣相别,说:"恨不与君共成大事。"

田豫人如其名,颇有国士豫让之风,然其虽有权谋,却并未得到公孙瓒重用。公孙瓒覆亡后,渔阳人推刘虞旧部鲜于辅为太守,田豫看出袁绍外强中干,便劝鲜于辅尽早归曹。那以后田豫在地方担任守令多年,所在皆有治绩。

到了建安二十三年,代郡乌桓反叛,曹操命鄢陵侯曹彰为北中郎将,以田豫为副手前往征讨。临行前,曹操还郑重告诫曹彰说:"居家为父子,受事为君臣,动以王法从事,尔其戒之!"谁知曹彰、田豫一行刚进入幽州,便遇到了乌桓人的数千伏兵。那时各郡人马还没有集结,曹彰身边只有一千多步卒、几百个骑兵。突然间大批胡骑来袭,一时间士兵们都慌乱莫知所为。幸好田豫献计,指挥士兵抢先占据有利地形,把大车连结起来结成圆阵,内布弓弩,车与车之间则以疑兵填补空隙。乌桓人攻了几次攻不进去,随即退兵。曹彰带领数百骑兵乘胜追击,"铠中数箭,意气益厉,乘胜逐北,至于桑乾",取得了一场大胜。后来曹彰又采纳田豫之策,深入穷追,一举平定了代郡乌桓。田豫也因功被升为南阳太守。

鉴于田豫在此战建立的声威，文帝时代曹丕一直以其为护乌桓校尉，还授权他与护鲜卑校尉牵招一起并护鲜卑。田豫在任九年，"胡人破胆，威震沙漠"，与在任十二年的牵招并称治边之能臣。不过到了后来，田豫对乌桓、鲜卑一直奉行离强合弱的武力打击政策，跟奉行招抚政策的幽州刺史王雄产生了矛盾，再加上王雄想自领校尉，他就弹劾田豫"乱边为国生事"。朝廷便把田豫调为了汝南太守。

眼下为了震慑辽东，魏明帝决定重新起用田豫。又考虑到他跟王雄不和，明帝没有让他重返幽州，而是让他以汝南太守、殄夷将军之职都督青州。明帝的意思，是叫田豫在青州走海路，王雄在幽州走陆路，两路共讨辽东。时任散骑常侍的蒋济闻知，劝明帝说："自古凡不相吞灭之国、不侵不叛之臣，不宜轻伐。若伐之而不能制，反倒会逼其为贼。今辽东海表之地，累世委质，岁选计考，职贡不乏，未免师出无名。即使一举将其消灭，得其民不足益国，得其财不足为富。倘若稍有不如意，既会与之结怨，又会留下失信之名。"然而明帝并未听从。

田豫到青州时，东吴的上百艘大船已经在辽东停靠了半年。他知道仅凭青州一州之力，短时间内不可能打造出一支足可渡海攻辽的舰队，就沿着海岸线仔细勘察，谋划趁吴人返回之时中途邀击。

自来由辽东半岛走海路去往江浙吴越之地，必须绕过今烟台、威海一带的胶东半岛，而古代航海主要依靠地文导航，航海者必须通过可视性地理坐标来判断航道，所以航线大多沿海岸而行。这就使得胶东半岛的最东端——成山角成了南北海路必经之枢纽（时至今日，成山角依然有"东方好望角"之称），田豫准备截击东吴船队的地点就选在这里。

田豫还考虑，随着天气转冷，海上风急浪高，东吴船队为避风涛一定会靠岸停泊。于是他根据成山一带的地形，预先在附近的山岛险要处

设兵屯守。期间他还亲自登上了汉武帝当年祭祀的高台。

明帝准备征讨辽东的计划明显刺激了公孙渊。到了十月（《吴书》云九月），公孙渊遂决定派校尉宿舒、郎中令孙综随吴将周贺一同返航，正式向孙权称藩。这支船队行到半途，果然像田豫预计的那样遇到了狂风，许多船只在滔天巨浪中触礁沉没，幸存的士卒被风浪卷至岸边，也都落入田豫布下的陷阱，成了俘虏。不过，虽然吴将周贺被擒斩，但公孙渊的使者宿舒、孙综还是侥幸逃脱，抵达了吴都建业。

尽管周贺军在成山覆亡让孙权感到挺不开心，以致他又想起了虞翻的劝告，觉得此人到底是个忠臣，但辽东使者奉上的表文让他很快便重又高兴了起来。公孙渊在表文中自称臣子，大肆吹捧孙权是"德不再出，时不世遇"的神君，自己此番弃暗投明，就像改换门庭的乐毅、陈平一样，终于找到了天命有归的主人。

那一刻，孙权似乎完全忘记了自己当年同样向曹丕称臣时的目的和用心。

他随即宣布大赦天下，并决定再次遣使辽东，赐公孙渊九锡，爵封燕王。

第151章 公孙渊的奸计

孙权想要封公孙渊为燕王的消息一公布，便招来了东吴群臣一致反对。

史称："举朝大臣自丞相雍已下皆谏，以为渊未可信，而宠待太厚。但可遣吏兵数百，护送舒、综。权终不听。"

群臣之所以反对，主要理由有二。

一是认为孙权不该对公孙渊"宠待太厚"。当时孙权的意思，是准备派出一支万人使团，携带大量财货珍玩前往辽东。此举既是为了宣扬国威，同时也有贿赂公孙渊以获取战马的意图。东吴群臣不是反对跟公孙渊接触，而是觉得仅凭一封讨好的表文，就赏赐给公孙渊九锡、燕王的头衔还有这么多财宝，实在太过。因为这道理正如当年刘晔劝曹丕不要封孙权为吴王一样，一下把赏赐给到顶，就会在以后的外交行动中丧失回旋的余地和主动权。况且海路险恶，以万人前去，万一再遇到海难，代价实在太高。

二是认为公孙渊称臣只是奸计，不可轻信。例如据《太平御览》收录的《魏国统》佚文，东吴丞相顾雍就劝孙权说："公孙渊未可信，后必反悔。"孙权起身想要回宫，顾雍还追在后面边叩头边说："此国之大事，臣以死争之！"搞得孙权老大不耐烦，赶紧叫左右把顾雍架了出去。

顾雍为人寡言少语，行事一向谨慎，孙权当初之所以用他为丞相，就是觉得他脾气好、比较听话。现在连他都表现得这么激烈，其余大臣的情绪更是可想而知。

前面提到，老臣张昭因为知道自己讨孙权的嫌，已经退居在家著书立说，多年不理朝政了。上次孙权召他见面，还是因为蜀汉使臣来访，席间唇枪舌战，年轻一辈的吴士镇不住场面，孙权这才想起张昭，把他接进了宫。

这次闻知孙权要报聘辽东，张昭又自感责任深重，不直言力谏就对不起死去的孙策和吴太后，于是坚持请见，对孙权道："公孙渊背叛曹魏，惧其讨伐，这才远来求援，此事非其本志也。倘若他反悔欲与魏国和好，就一定会杀掉我们派去的使臣。到时两使不返，岂不招致天下人取笑？"

孙权耐着性子与张昭反复辩难，张昭却依然坚持己见，毫不让步。

到最后孙权实在气愤难忍，抄起随身佩刀怒道："吴国士人入宫则拜孤，出宫则拜君。孤之敬君，亦为至矣！而数于众中折孤，孤尝恐失计。"意思是我对你的尊敬到了极点，你却一点儿不给我面子，老是当众顶撞我，我实在怕自己什么时候忍不住就把你给处理了！

张昭见状，眼也不眨地瞪了孙权一会儿，说道："臣也知道自己的话陛下不会听，但臣之所以尽此愚忠，实因为太后临崩时呼老臣于床下，遗诏顾命言犹在耳啊！"话没说完，已经是老泪纵横。

孙权心头一软，也扔掉佩刀，抱住张昭哭了起来。

然而哭归哭，这并没有改变孙权的心意。事后张昭赌气，就此称疾不朝。孙权心说，好，有病是吧？那你就不要出门了！于是下令把张昭家的大门用土封了起来。张昭一看，心说你拿八抬大轿来请我我还不想出呢！就从里面把大门也封上了。

当然，这种极端行为或许于孙权敬老尊贤的声名有损，却并不妨碍他继续派太常张弥、执金吾许晏率万人船队开赴辽东。

这支船队于嘉禾二年（233年）三月自建业出发后，很顺利便抵达了今旅顺一带。按照公孙渊后来写给魏廷的表奏中的描述，孙权总共派来七八千人，其中大部分被他留在了港口，只有张弥、许晏等四百余人带着孙权赏赐的金玉珍宝从陆路来到了公孙渊的大本营襄平（今辽宁辽阳）。

《魏书》记载，公孙渊觉得东吴距离太远，就算称臣终究也帮不上自己什么忙，他又贪图吴使带来的财货，于是就设计诱杀了这些使臣，转而又向曹魏乞降。但公孙渊自己则辩解说，其实他原本就没打算背叛曹魏，之前向孙权称臣只是他使的计策，目的就是消耗东吴的实力，羞辱孙权的声誉。

公孙渊报称，张弥、许晏等到达襄平后，他本来计划等天气转凉后再动手，可张弥的随从士兵众多，他怕自己迟迟不愿接受册封引得他们生出疑心，就当机立断发兵围攻，杀掉了张弥、许晏等四名使臣，其余随从兵众见主帅身亡，纷纷投降，他不忍屠戮，就把他们发配到各郡县边城去干苦力。停泊在港口的兵卒水手也被公孙渊派兵剿杀，总共斩首三百多人，溺亡二百多人，余众要么投降，要么逃窜山谷饥饿而死。孙权赏赐的那些符节、印绶、九锡等物事，连带张弥等四人的首级则被公

孙渊送往了洛阳，用以向魏明帝表功。

消息传到东吴，孙权勃然大怒，当即就要亲征辽东。《江表传》记其愤恨之语道："朕年近六十，世事难易靡所不尝，不想近日却被鼠子所戏，实令人气踊如山！不自截鼠子头以掷于海，无颜复临万国。就令颠沛，不以为恨。"

孙权说要亲征辽东可不仅仅是做个姿态，当时他确实恨不得亲手砍下公孙渊的脑袋。然而这一次，来自文武群臣的反对声浪比上一次还高。

尚书仆射薛综上疏说，御驾亲征有三不可：第一，辽东荒远，得其地无益，守也不好守；第二，海路风波恶，翻船风险太高；第三，海上长久航行，容易暴发疫病。

选曹尚书陆瑁则两次进谏，从战略战术的角度力陈征辽之不可行：第一，曹魏才是我们的心腹大患，远征辽东是舍本逐末。第二，公孙渊以逸待劳，即便我们在辽东登陆，也要把全军一分为三：强者进取，次当守船，又次运粮。行人虽多，难得悉用。第三，从登陆点到襄平道里尚远，公孙渊一定会派骑兵断我粮道。第四，不能排除曹魏跟公孙渊相互勾结乘机南侵的风险。第五，公孙渊倘若远窜山林，一时难以剿灭，保不齐我国腹地的山越亦会乘时而起。

就连远在武昌的上大将军陆逊也写来表奏，先宽慰孙权说："曹操、刘备、关羽这当世三杰都是您的手下败将，一个小小的公孙渊哪里配跟您当对手？"继而又郑重指出，"攻灭曹魏、统一天下才是您真正的目标，曹魏一灭，到时公孙渊自然授首。现在您心疼那些有去无回的士兵和战马，难道您就不心疼我江东万安之本业吗？请您务必克制一己之忿，以经国大业为念。"

孙权愤怒归愤怒，到底还没有智商下线，也知道群臣的话处处在理，于是一段时间过后，他逐渐冷静下来，终于打消了远征辽东的念头。

这时，他又想起了因谏阻通辽而被自己用土封门的张昭。

他先是派使者上门，向张昭表示慰谢。张昭并未搭理。

他又借故出宫，经行张昭门前，亲自呼张昭来见。张昭称自己病危，还是不肯露面。

孙权急了：你这老不死的怎么就这么不识抬举呢？来呀，给我放火，看他出不出来！

史云："权烧其门，欲以恐之。"然而张昭"更闭户"，宁肯全家烧死，也不向孙权屈服。

最后孙权没辙了，他总不能真就把张昭烧死，在历史上留下昏暴之名。于是他下令将火扑灭，呆呆地站在张家门口发了半天怔。

也不知道是张昭软了心，还是他的家人觉得不能让皇帝一直下不来台，后来张昭的几个儿子连搀带架，到底还是把这个倔老头弄到了孙权面前。孙权拉着他同乘一车回宫，当着众臣的面正式向张昭道歉。张昭不得已，只好又恢复了朝见。

报聘辽东这出戏，本来到此就该结束了，哪知没过多久，海边又传来了新消息：辽东使团并未全军覆没，不但有幸存者，而且还被高句丽王派船送了回来。

原来，张弥、许晏等到襄平后，公孙渊担心其随从兵丁尚多，就把秦旦、张群、杜德、黄强等六十来人安置到了北边二百里的玄菟郡（今辽宁沈阳东）居住。

玄菟城总共两百户人家，满打满算壮丁也就三四百。秦旦等分散寄住于百姓家，靠当地人供应饮食。四十多天后，他们才得知公孙渊攻杀使团的消息。秦旦就对黄强等人说："我们这些人有辱国命，远弃于

此，与死亡何异？今观此郡，形势甚弱。如果我们协力同心，定可焚烧城郭，杀其长吏，为国家报仇雪耻，之后就是伏死，也足以无恨。怎么样也比偷生苟活、永为囚虏要强！"黄强等都深以为然。于是众人秘密商定，准备在八月十九日夜里同时起事。哪知到了十九日中午，有人向玄菟太守王赞告发了此事。王赞就集合兵丁，闭锁了城门。秦旦、张群、杜德、黄强等只能逾城逃亡。当时正赶上张群腿生恶疮，跟不上众人，杜德就在后面搀扶着他一同前进。众人就这样在崎岖的山谷间走了六七百里，张群伤势更重，再也抬不动腿，只得无力地倒卧在草丛里涕泣喘息。末了他对杜德等说，自己早晚也是死，你们速速前进，不要管我，万一能到达什么地方，总比都死在荒山穷谷里要好。杜德答道："我辈流离万里，死生与共，怎能就此将你抛弃？"于是众人留杜德在此照顾张群，采些野菜野果充饥，其余的人仍跟着秦旦、黄强跋涉前进。

双方分别后，又过了几天，秦旦一行不知不觉逼近了高句丽国都——丸都城。

高句丽作为部族名称，最早出现在西汉，本是居住于浑江流域的一个小部落，其首领长期接受汉朝册封，受玄菟太守管辖。大概在两汉之际，高句丽攻灭了周边的秽貊诸部，将国土扩张至今朝鲜半岛北部。整个东汉时代，高句丽时叛时服，经常侵扰辽东边境。公孙氏占据辽东后，也一直视高句丽为敌手。参考《三国志·高句丽传》以及高丽史料《三国史记》，可知公孙度曾出兵介入高句丽内部争夺王位的内战，虽然并未成功，但却迫使新王"更作新国"。学界一般认为，这指的就是高句丽将国都迁到了新筑的丸都城。而现在的高句丽王位宫，就是修筑丸都城的老王伊夷模之子。

秦旦等可能早有计划，也可能是临时起意，见到高句丽人后他们立刻宣称，自己是大吴皇帝派来的使臣，本来有重赏给高句丽王，只是半路尽被公孙渊所劫夺。高句丽王位宫闻报，大喜过望，连忙派人将秦旦等接入城中盛情招待，还命人去将张群、杜德接回。不久，位宫又派人护送秦旦一行由海路还国，并向孙权奉表称臣。

秦旦等见到孙权，皆悲喜不能自胜。孙权则封他们为校尉，以示嘉奖。

一年后，孙权再次派使者北上，试图封高句丽王位宫为单于。然而这时高句丽受到曹魏方面警告，并不敢大张旗鼓与东吴交往。东吴使者经历了一番波折，才迫使位宫接受了册封，并献马数百匹以谢罪。但由于船只容量有限，最后只载了八十匹返回。

这件事结束后，东吴的大船再度登陆辽东海岸，要等到四年以后了。

第152章 从斜谷出击

建兴十二年二月,五十四岁的蜀汉丞相诸葛亮再次统领十万大军自斜谷而出,进据渭水南岸的五丈原,向曹魏关中都督司马懿发起了挑战。

正像司马懿事先估计的那样,这次诸葛亮没有选择进攻陇西,而是将攻略关中列为了目标。

为什么有如此转变呢?是因为像司马懿所说,之前屡次在陇西受挫,才调转方向,试图在新战场有所突破吗?

可能有这方面原因。但我认为,还可以补充以下观点:

如前所述,诸葛亮起初以祁山、陇右为目标,一是鉴于曹魏在此统治比较薄弱,二是想利用蜀军擅长山地作战的优点而回避其不擅长平野合战的弱点,三是想取得凉州的战马和人力资源。但是经过之前五六年的调整,曹魏明显加强了陇右防务,陇右三郡的亲汉势力在街亭之战后也受到毁灭性打击，丧失了接应蜀军的实力。原本人口较多的武都、祁山一带经过蜀、魏双方争夺和徙民，也都成了空无人烟的弃地，这使得军粮的筹措和运输面临了更大的压力。二出祁山之役，诸葛亮在占据优势的情况下最后因粮尽而退兵，就是一则显例。再加上蜀军精练八阵之后，平野合战的战斗力大有提升，已经不惧怕与魏军在平原进行战斗，这种情况下，进取陇右就不再是眼前的最佳选择。

那么，为什么这次诸葛亮要选择从斜谷出击呢？

进攻关中，固然还有陈仓道、子午道等路线可取，但我们知道，陈仓道路程最远，陈仓城又易守难攻，当初与郝昭的对峙已经让诸葛亮认识到了这一点，而走子午道属于悬军深入的激进策略，诸葛亮又不愿分兵给魏延，自然也不予考虑。褒斜道在里程和难易程度上都相对适中，比较适合大军通行，之前蜀汉在此也修建了邸阁、府库等不少军事设施可供利用，褒斜道的出口又位于陈仓和郿县这两个曹魏据点之间的空地上，进退皆有余地，所以不论从哪个角度来说，其作为出击路线都是比较合适的。

唯一的障碍，还是军粮运输问题。

所以我们看到，早在两年前，诸葛亮就开始为这次北伐的军粮运输做准备了。

《三国志·后主传》云："十年，亮休士劝农于黄沙，作流马木牛毕，教兵讲武。"

黄沙（今陕西汉中黄沙镇），又名黄土，位于沔阳以东。这里是黄沙水、漾家河等汉水支流交汇处，有灌溉之利，方便屯田。正是在这里，诸葛亮发明了另一种新颖的运输工具——流马。

前面在讲木牛时我已辨明，木牛和流马其实是两种颇为不同的运输工具，尤其是它们的行进速度和运载量差别很大。木牛载重量大，但是

速度慢，单位时间内占用的人力多，所以"宜可大用，不可小使"，主要适用于战前的准备阶段，一旦战事开始，用于运输的人手不足，木牛就难以发挥效用了。而诸葛亮之所以在发明了木牛以后还要创制流马，针对的就是木牛存在的以上缺点。

流马的形制，据我本人考证（参见本书附录《诸葛亮流马形制考》），说穿了其实就是给木制框架安上四个轮子的简易手推车，其本身结构简单，制造成本低廉，便于批量生产，虽然载重量小，但行进速度较快，而且其不足三尺的轮距也非常适合在狭窄的秦岭栈道上行进。另据方北辰研究，每个流马之所以要配两个"方囊"，就是因为流马的使用是一种"接力式的快速运输方法"：

首先，在褒斜道南口的汉中大本营，用按照统一尺寸制造的方箱装米，然后每人推一个流马，每个流马承载两个方箱，开始经栈道运输。

其次，由于褒斜栈道的特点是大部分路段相对平缓、在两个平缓路段之间则以坡度较大但距离较短的阶梯相连，所以在平缓路段以流马运输，遇到连接性的阶梯路段，就将方箱从流马上卸下，改以壮丁用扁担肩挑（方箱的尺寸重量恰好适合肩挑），待通过阶梯路段后，再以流马运输。

最后，卸下方箱的流马空车返回起点，装载新的方箱。

如此周而复始，仿佛流水滚滚向前，故而称之为"流马"。

以这种方式运输，只需事先将流马和人力进行合理调配，那么完全可以像现代工厂里的流水线作业一样，大大节省人力成本，提高运输效率。

褒斜道的总长大约在五百里。若以日行二十里的木牛运粮，一个运输周期就是五十天。要想保证十万士兵五十天不断粮，一次运输就需要木牛13888辆、27776人。流马的运行速度不详，如果以步行的常规速度日行五十里计，不采用接力法的一个运输周期就是二十天，而每个流马载米4.6斛，要想运载十万人二十天的口粮（133333斛），一次运输就需要流马28985辆。如果采用接力法，由于流水线连绵不断，省掉了空车返回的时间，那么只需原来的一半即14493辆即可满足要求。算上损耗，取其整数为15000。假如这15000辆流马分为10组，每组负责运输的距离也刚好是50里，那么如果一切顺利，每天都将有1500辆流马、将近7000斛粮食运抵前线，刚好可供十万士兵一天之食。也就是说，即使在战争开始时诸葛亮没有任何存粮，只要他每天投入15000人操作流马，整个北伐大军就不会断粮。

以上计算或有错漏，实际状况也不可能像上述那么理想，不过采用流马运输的好处应该就是这样。要知道在古代，军粮运输的高昂成本一直是困扰历朝统治者的棘手问题。《孙子兵法》云："带甲十万，千里馈粮。则内外之费，宾客之用，胶漆之材，车甲之奉，日费千金。"《史记》中亦有所谓"千里馈粮，士有饥色"的说法。北宋的沈括曾计算，兴军的时间只要超过一个月，最少需要"三人饷一卒"，也就是一个人打仗需要三个民夫来运粮，"若兴师十万，辎重三之一，止得驻战之卒七万人，已用三十万人运粮"。而诸葛亮由于采用了流马之法，在其十万军士当中只需要抽出不到两万人运粮，便可以保证全军之食。考虑到运输又是在崇山峻岭中进行，这实在是相当惊人的成绩。

《后主传》又云："十一年冬，亮使诸军运米，集于斜谷口，治斜谷邸阁。"可知除了制造木牛、流马之外，诸葛亮还提前在斜谷的邸阁中储存了大量粮食。

所谓邸阁，其实就是粮库。蜀汉在褒斜道中段本有府库。前面提到，诸葛亮第一次北伐时赵云、邓芝统疑兵自箕谷退军，由于赵云亲自断后，军资什物损失不大，当时诸葛亮想将剩下的军资分赐赵云及其将士以示嘉奖，但赵云却提议将其收入赤岸府库留待冬赐。此处之赤岸又名赤崖，即今陕西留坝江口镇，这里不但建有府库，而且在相当长的时间内都是魏、蜀两国实际控制区的分界线。当初赵云退兵时虽然烧毁了赤岸以北栈道一百多里，但张郃军在建兴八年入侵时既然能由此而行，说明栈道大多已经修复，所以这次诸葛亮能提前"使诸军运米，集于斜谷口"。

褒斜道北段为斜谷，南段为褒谷。这里的斜谷口，有人说是指斜谷北口，但李之勤先生认为，斜谷北口当时是曹魏辖区，蜀军不可能安然在此聚粮。此言甚是。依我之见，斜谷口在这里应是指斜谷南口，也就是出褒谷入斜谷的山口，即今陕西省太白县以东这一片山间盆地。赵云为疑兵时所据的箕谷，应该就在这片盆地北边某处①。

运输军粮的行动很可能持续了相当长的时间。因为《太平御览》收录的一则诸葛亮教令佚文云："计一岁运，用蓬旅簟十万具。"蓬旅簟是用来覆盖遮挡物资以防雨、防晒的草席。从运输行动计划持续一整年的情况看来，这则教令很可能就是这次北伐前所颁布的。

诸葛亮不但在斜谷口聚粮，还在此打造军械。

---

① 《通鉴》胡注云："今兴元府褒县北十五里有箕山，郑子真隐于此，赵云、邓芝所据，即此谷也。"即箕谷位于褒县北十五里的褒谷中。然由《三国志·诸葛亮传》"扬声由斜谷道取郿，使赵云、邓芝为疑兵，据箕谷，魏大将军曹真举众拒之"可知，箕谷应位于褒斜道北段的斜谷道上。褒谷位于褒斜道南段，若箕谷在此，就达不到疑兵的目的，曹真也不会举众来拒。另由赵云退军烧毁赤岸以北阁道百余里可知，箕谷至少在赤岸以北百里以上，也说明箕谷位于褒斜道北段。又据《水经注·渭水注》："渭水之右，磻溪水注之。水出南山兹谷……今人谓之凡谷。"磻溪水即今宝鸡东南潘溪河。此处之"凡谷"，别本作"几谷"。参考《魏书》云郑修"少隐于岐南几谷中"，可知"凡谷"应为"几谷"之讹。"兹""几"古音相近，兹谷即几谷，也即赵云所据之箕谷。清代地志亦有言箕谷水在宝鸡东南六十五里者，据此有学者认为箕谷水是今伐鱼河。潘溪河与伐鱼河紧邻，古时或同源。要之，箕谷必在今太白县北某处。

清人张澍编《诸葛亮集》时，从唐宋类书中辑有一则诸葛亮铸刀的故事：

诸葛亮手下的西曹掾蒲元，即前文所说帮诸葛亮制造木牛之人，"性多巧思"，曾奉命在斜谷口铸刀三千口。刀铸好后需要淬炼，蒲元说："汉水钝弱，不任淬用；蜀江爽烈，是谓大金之元精。"就命人去成都取蜀江之水。等水取回来后，蒲元试着淬刀，又说其中杂有涪江水，根本用不成。取水的人还不承认。蒲元就"以刀画水"，然后道："共杂有八升，如何说不杂？"取水人这才叩头服罪，说其实自己在涪津渡河时不小心摔倒弄翻了水，害怕受到惩罚，就往里面掺了八升涪江水。众人于是尽皆叹服。重新取水淬刀后，蒲元用装满铁珠的竹筒试刀。一刀劈下，竹筒应声而断，就如同割草分水一般，时人都称之为"神刀"。

由此可知，山南百里的斜谷口其实就是这次北伐的战前基地。

另外，诸葛亮还有一封写给诸葛瑾的书信被《水经注》载录下来。前人多将其系于建兴六年攻围陈仓之时，但是我却认为，这封信应是此次出斜谷时所写。其内容如下：

有绥阳小谷，虽山崖绝险，溪水纵横，难用行军，昔逻候往来要道，通人。今使前军斫治此道，以向陈仓，足以扳连贼势，使不得分兵东行者也。

绥阳小谷，即《水经注》所说的绥阳溪水所经之河谷，也就是今天宝鸡东南的马尾河。古时这条河"上承斜水，水自斜谷分注绥阳溪，北届陈仓入渭"。由斜谷口沿绥阳溪水北行，可以直抵陈仓城下。尽管这一路线"山崖绝险，溪水纵横"，不适合大军行走，但可供小股侦察兵

往来出入。故此诸葛亮说，他现在命令前锋部队开辟这条道路，然后向陈仓进发，足以达到"扞连贼势，使不得分兵东行"的目的。

由于此处提到陈仓，而建兴六年的陈仓之战又是在石亭之战曹魏被东吴击败的情况下才发动，再加上《水经注》明言这封信是写给诸葛瑾，所以前辈学者大多认为，该信写于陈仓之战前，"足以扞连贼势，使不得分兵东行"的意思就是诸葛亮告诉诸葛瑾，我军进攻陈仓的目的是牵制曹军，使其不能分兵进攻东吴。

然而这里存在一个明显的矛盾，即史籍明言，建兴六年诸葛亮出陈仓时走的是散关故道，而并非褒斜道，也没有史料显示诸葛亮曾分兵别行。既走故道，也就不可能途经绥阳小谷，所以这一说法是不成立的。

实际上，这封信应该是建兴十二年北伐诸葛亮进驻斜谷口后所写。如前所述，这次北伐出斜谷后，诸葛亮屯驻在五丈原。而五丈原位于陈仓和郿县这两个曹魏据点之间。陈仓城内的驻军虽不多，但倘若置之不理，其仍然可以对蜀军形成夹攻，甚至切断蜀军粮道。所以在进驻五丈原之前，诸葛亮必须分兵对陈仓魏军形成牵制。"足以扞连贼势，使不得分兵东行"说的其实是这个意思，而不是说使曹魏无法分兵进攻东吴。后来诸葛亮屯驻五丈原长达半年，也不见陈仓的曹军有何动静，显然说明这一措施起到了效果。

史料还显示，这一年诸葛亮似乎显得尤为多愁善感。

在给哥哥诸葛瑾的信中，他表达了对儿子诸葛瞻的喜爱，但同时也对他的早熟有些担心："瞻今已八岁，聪慧可爱，嫌其早成，恐不为重器耳。"

在给陆逊的信中，他委婉地暗示，听说吴主孙权让自己的侄子诸葛恪主管粮草后勤，可是诸葛恪性格粗疏，恐怕不能胜任，"仆虽在远，窃用不安。足下特为启至尊转之"。

在发往成都的公函中,他则意犹未尽地写道:"师徒远涉,道路甚艰,自及褒斜,幸皆无恙。使还,驰此,不复具。"①

虽然道路艰险,所幸穿越褒斜道至此依然无恙。具体的情况由使者来告诉你吧,我就不再多说了。

历经三年准备,春风再起时,诸葛亮终于走出斜谷,来到了草色渐青的五丈原。

---

① 此文出自《远涉帖》,最早为北宋《宣和书谱》收录,其真伪学术界仍有争议。

第153章 五丈原对决

五丈原，位于斜谷水西岸、渭水以南、终南山山前。

此原为何名之为五丈？

有人说，是因为这个原最窄的地方只有五丈；还有人说，是因为原高五十丈，五丈原只是其简称。究竟是不是这样，没人能说得清楚。从地形图来看，这一片山前台地因为受到渭水和斜谷水侵蚀切割，形成了一个南北长、东西短的半岛形台原，其东、北、西三面皆为断崖沟壑，只有台地南侧逐渐升高与山体相连。这一地势使得五丈原易守难攻，向为自斜谷北出之战略要地。故《读史方舆纪要》引吕氏云："原高平旷远，实行军者必争之地也。"历史上除了诸葛亮，东晋时梁州刺史司马勋曾统步骑三万出汉中，与秦王苻健大战于五丈原。后秦时亦有氐人苟渴据五丈原叛乱。可见不论是从西方还是从南方向长安发起挑战，五丈原都是一个可资利用的重要据点。

据《三国志·明帝纪》记载，就在诸葛亮由斜谷出兵的当月，空中出现了"太白犯荧惑"的异常天象。太白，即金星，在古人看来象征着西方和杀伐；荧惑，即火星，象征着兵革和灾祸。太白犯荧惑，按唐人李淳风的说法，"为大战，太白在南，南国败；在北，北国败"。上一次史籍记载这种天象，还是在东汉本初元年（146年）五月二十六日，史书说这象征着"逆谋"。两个月后，年仅九岁的汉质帝刘缵就被"跋扈将军"梁冀给毒死了。

说来也巧，这次"太白犯荧惑"后一个月，退位多年的汉献帝刘协也死在了山阳郡的家中，时年五十四岁。当然，没有证据显示他是非正常死亡。魏明帝不但派专人前往山阳国治理丧事，还亲自"素服发哀"。之后十数日的大赦，也应与此有关。

到了四月，曹魏境内又爆发了瘟疫。紧接着，洛阳崇华殿发生了火灾。再加上此时司马懿已经在五丈原与蜀汉十万大军展开对峙，东吴那边也准备响应诸葛亮而"克期大举"，所有这一切都在昭示，这一年注定将是极不平静的一年。

史料显示，虽然二月间诸葛亮就引兵自斜谷而出，但双方真正交战则是从四月间司马懿由郿县进屯渭南后才开始的。中间这两个月，蜀汉一方忙于用流马运粮，在五丈原扎稳脚跟，而曹魏一方则在向郿县集结军队。雍州刺史郭淮应该就是在此时加入了司马懿军，魏明帝也从洛阳派了征蜀护军秦朗统步骑两万前来增援，再加上司马懿原本所统，魏军在数量上应该并不弱于蜀军。

《晋书·宣帝纪》说，得知蜀军大举入寇，诸将都主张固守北岸，好以渭水为凭与诸葛亮相抗。但是司马懿却道："百姓积聚皆在渭南，此必争之地也。"遂引军渡河，背靠渭水扎下了营垒。司马懿又对诸将说："诸葛亮倘若足够勇敢，就当出武功依山东进；若是西上五丈原，

第153章 五丈原对决

则诸军可安枕无忧。"结果诸葛亮果然西上屯驻在了五丈原。

由《水经注》之记载可知，郿县地处渭北，而东边的武功县则在渭南，越过武功县便可直趋长安，所以司马懿才说东出武功依山而进是勇敢的做法。相形之下，诸葛亮就成了胆小之人。

然而我早就提醒过大家，对于《晋书》里涉及司马懿创业的记载要谨慎看待，不能轻信。他渡到渭南是不是为了保护"百姓积聚"我不知道，但这种情况下诸葛亮如果东出武功，那不是把整个后背都毫无防备地放给司马懿了吗？这样的战法不是勇敢，而是鲁莽和自杀，任何一个脑袋正常的人都绝不会采用。

实际上，真实情况应该与《晋书》的描述颇为不同。《水经注》中收录有一封诸葛亮写给吴将步骘的书信，提到"仆前军在五丈原，原在武功西十里余"，"马冢在武功东十余里，有高势，攻之不便，是以留耳"。前贤多认为，这里的武功不是指武功县，而是指武功水，也就是斜谷水（盖因当时入渭处比现在更加靠东，属武功境）。五丈原位于斜谷水西岸十里，水东十余里则是一个名叫马冢的高地，魏军应驻防于此，所以诸葛亮才说"攻之不便"，故此停留。当时步骘为西陵督，镇守吴蜀边界，诸葛亮写给孙权的书信都要由西陵转呈，这大概就是诸葛亮写信向他解释蜀军为何淹留不进的原因。

那么，诸葛亮有没有向武功水以东推进呢？

有的。

《水经注》又载诸葛亮上表云："臣遣虎步监孟琰据武功水东。司马懿因水长，攻琰营。臣作车桥，越水射之，桥成，驰去。"《长安志》则补充说，司马懿是"出骑万人"来攻。虎步监这个官职，从诸葛亮收姜维时写信给张裔、蒋琬说"须先教中虎步兵五六千人"来看，应该就是统领"中虎步兵"的将领。而孟琰跟孟获一样同出南中大姓，估计虎步兵可能跟"无当飞军"一样，里面有不少来自南中的"劲卒、青羌"。孟琰率虎步兵渡过武功水后，马冢是否还在曹魏的掌控下，情况不详，但司马懿既然利用涨水的机会动用骑兵万人围攻孟琰，说明孟琰部的行动已经对魏军构成了威胁。在诸葛亮的支援下，孟琰守住了营地，蜀军由此在武功水东取得了落脚点。

但是，在试图寻求新的突破时，诸葛亮似乎遇到了困难。

《三国志·郭淮传》说，诸葛亮出斜谷后，郭淮预测蜀军下一步一定会争据北原，建议抢先占据，许多人对此并不认可。这时郭淮就说道："若亮跨渭登原，连兵北山，隔绝陇道，摇荡民、夷，此非国之利也。"司马懿点头称善，就派郭淮领军驻屯于北原。营垒还没建好，"蜀兵大至，淮逆击之"。过了几天，诸葛亮大张旗鼓地派兵向西行进，诸将都以为这是要攻西围，郭淮却判断这是声东击西之计，诸葛亮一定会来攻阳遂，叫大家加紧防备。当天夜里，蜀军果然来攻阳遂，因为魏兵有所准备而没能成功。

此处提到的北原，即《水经注》所说的积石原，位于郿县西北二十五里的渭水北岸。北山则指今岐山县以北的"泾渭分水岭"千山等黄土丘陵。郭淮身为雍州刺史，最担心的就是诸葛亮在渭水北岸的台原上建立根据地，因为那样的话蜀军只需"连兵北山"，就能"隔绝陇道，摇荡民、夷"。司马懿知道郭淮所说不假，就提前占据了北原。诸葛亮在进取北原无果的情况下，又假意西进（西围可能位于陈仓附近），实则仍想攻取北原上的阳遂。郭淮也没有上当。

除《郭淮传》外，双方争夺北原的战斗在《晋书》中也有记录，不同的是将功劳都揽在了司马懿的头上："（诸葛亮）将北渡渭，帝遣将军周当屯阳遂以饵之。数日，亮不动。帝曰：'亮欲争原而不向阳遂，此意可知也。'遣将军胡遵、雍州刺史郭淮共备阳遂，与亮会于积石。临原而战，亮不得进，还于五丈原。"

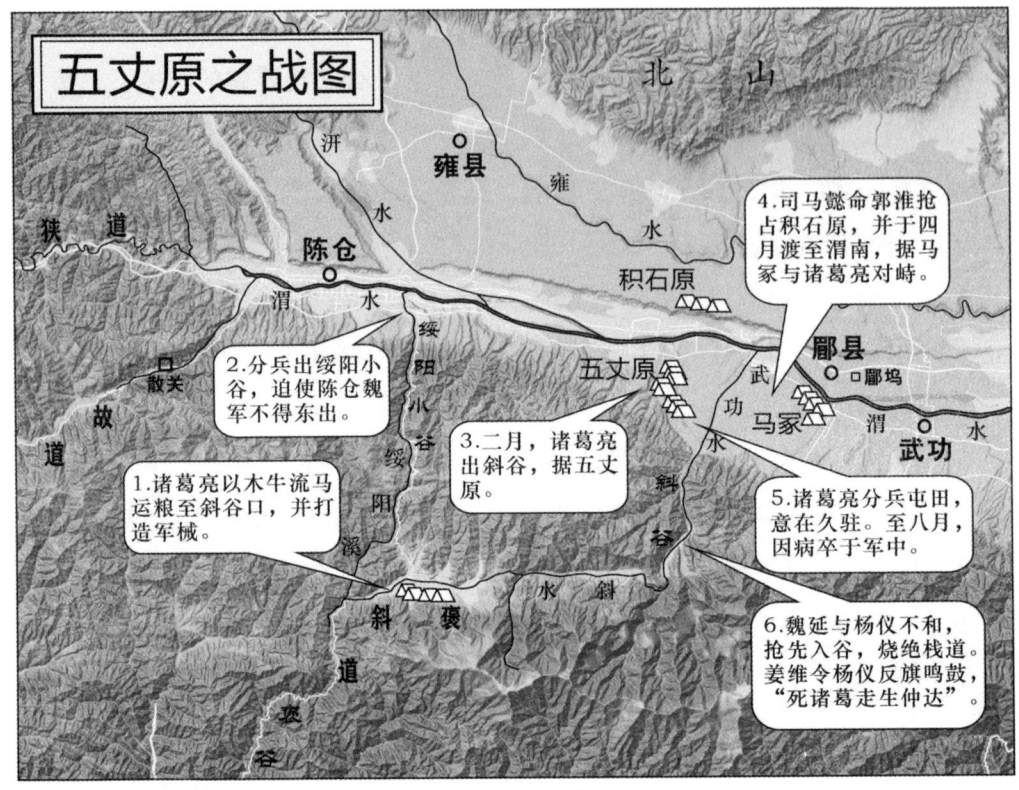

到了五月，孙权为配合蜀汉北伐，也向曹魏发起了大举进攻。

石亭之战结束后，曹休不久病死，鉴于豫州刺史满宠在东南边疆治事多年，颇有成绩，明帝就让满宠继曹休担任了扬州都督。这一人事安排很是成功，接下来的几年里，满宠表现出色，多次挫败了孙权的图谋。

第一次是在太和四年冬。当时由于曹魏三路入侵汉中失败，紧接着诸葛亮又取得了阳溪大捷，孙权伺机而动，也想来凑个热闹，就扬声要进攻合肥。满宠得知后，表请朝廷调兖、豫诸军前来支援。诸军集解未久，孙权就退兵而去。朝廷随即降诏罢兵。满宠认为，吴兵大费周章前来，这么轻易就退兵，定非本意，这一定是孙权假装退兵迷惑我们，等我们一罢兵，他就会乘虚返回，攻我不备。就上表请求不要罢兵。过了十几天，孙权果然去而复还，又来攻合肥。由于满宠早有准备，最终不克而退。

第二年，孙权又派中郎将孙布向曹魏扬州刺史王凌诈降，想要效石亭之故伎再诱曹兵。

王凌出身太原王氏，是设计杀董卓的司徒王允之侄。他在魏文帝时代崭露头角，曾历任兖州、青州刺史，所在颇有治绩。曹休死后，明帝可能是怕督将权力过大，就将其原本扬州牧、都督扬州的职务一分为二，在任命满宠为扬州都督的同时，也将王凌调到扬州任刺史。这就为二人不和种下了苗头。

当时扬州都督驻合肥，而刺史治寿春。孙权也知道满宠不好蒙骗，就故意让诈降者去寿春接触王凌，说"道远不能自致，乞兵见迎"。王凌一来年轻，二来贪功，再加上他之前已经通过党羽向朝廷上表，诋毁满宠年老耽酒，明帝正要召满宠入朝，他想趁此机会接管满宠的部众，就向满宠写信要兵，说去接应孙布。满宠心知必诈，就以兵多会泄露消息为由表示拒绝，临行前还嘱咐留府长史，如果王凌去迎孙布，千万不能给他兵马。王凌见要不来兵，索性就自己派了一将带步骑七百深入魏吴边境，结果在夜里中了孙布设下的埋伏，死伤过半而还。而满宠还朝后受到明帝接见，明帝见他不但身体康健、精神矍铄，喝下一石酒还能谈笑自若，一点儿也没有年老昏聩的样子，就把他又派了回来。

不久，陆逊又从武昌方面发兵进袭庐江。手下人都说应赶紧发兵去救，满宠却道："庐江虽小，将劲兵精，守则经时。况且吴贼舍船二百里而来，后方全无接应，平时我们想诱其前来而不可得，今日既自来送死，就应该放他们进来才对。现在去救，我只怕吴兵早退，追之不及。"结果满宠的军队才走到半路，吴兵闻知就撤退了。

第153章 五丈原对决

那以后，满宠又向朝廷上疏，建议将合肥城西迁三十里，另筑新城以防吴。理由是现在的合肥城"南临江湖，北远寿春"，而且经巢湖有水道直抵城下，这就使得东吴每次来攻都能够据水为势，发挥其擅长水战的优势，而曹魏发来的救兵则必须付出很大的力气才能够解围。西北三十里的地方有奇险可守，又距水道较远，另筑新城就能够"引贼平地而掎其归路，于计为便"。

尽管这个方案因有示弱于敌的嫌疑而受到了老臣蒋济质疑，但经过满宠反复交涉并有尚书赵咨支持，明帝最终还是批准了另建新城的计划。很快，一座小而坚固的合肥新城在鸡鸣山东北麓被建造起来。

第154章 长星陨落

满宠另建新城的消息引起了孙权的警觉。

青龙元年（233年），合肥新城刚一建好，孙权便统军而至，颇有围城之意。然而由于新城远离水道，孙权心有顾忌，"积二十日不敢下船"。满宠就对诸将说道："孙权得知我将城防内迁，必定会向群下夸言说我畏惧于他。现在他举大兵前来，虽然不敢攻城，也一定会上岸耀武扬威以示有余。"于是满宠就悄悄派步骑六千埋伏在隐蔽处等其上岸。不久，吴兵果然舍舟登陆。趁其立足未稳，伏兵发动突袭，不算落水溺亡者，光斩首也有数百人。

这一次为响应蜀汉北伐，孙权再次三路发兵：命上游陆逊、诸葛瑾率部众万余自江夏入沔口，进攻襄阳；命下游孙韶、张承自京口入淮，袭取广陵、淮阴；他自己则统大众，号称十万，来攻合肥新城。

然而这次攻势和以往一样，也是雷声大雨点小。尽管《满宠传》为夸耀传主功绩，记叙了满宠募壮士数十人烧毁攻城器械、射杀孙权侄子孙泰（孙匡之子，其母为曹操侄女）的一场战斗，《田豫传》也记载了田豫推测孙权"势将自走"的神预言，但孙权稍一试探便即退兵的真实原因，恐怕还是魏明帝御驾亲征，统大军正向东南而来。

面对吴蜀东西夹攻的局面，魏明帝决定采取西守东攻的策略。他先是下诏给司马懿："但坚壁拒守以挫其锋，使进不得志，退无与战，久停则粮尽，掳掠无所获，则必走矣。走而追之，以逸待劳，全胜之道也。"后来怕司马懿压不下诸将的好战情绪，他还特意派辛毗杖节赶往前线，以保证坚守的计划不出纰漏。再然后，当满宠提议撤离合肥、诱敌深入时，明帝又勒令他坚守不退，以等待自己御驾亲征。

本来这个时候东南诸州的戍兵有不少正在轮休，若想大发援兵，除了要召回这些轮休的士兵，洛阳方面的中军也必须动用。而等待这些军队集结，势必迁延时日。散骑常侍刘劭就向明帝建议，可以先派步兵五千、精骑三千提前进发，逼近合肥的时候疏其行列、大张旗鼓，然后开向敌人后方，装出断其归路、劫其粮道的样子，说不定孙权便会震惧而走。明帝依计而行。

到了七月十九日，明帝亲御龙舟，统中军开赴东南战场。到距合肥还有数百里时，早前派出的八千疑兵就已经先到了。孙权本来以为，在关中受到诸葛亮威胁的情况下魏明帝多半不敢远行，此时进攻合肥受挫，又得知明帝亲统水军前来，自知占不了什么便宜，只好解围而去。随后陆逊、孙韶两路也相继撤回了本境。

魏国群臣得知吴兵已退，都建议明帝改变行程，去往长安为司马懿助威。但明帝却道："孙权既走，诸葛亮势必破胆，司马懿足以制之，吾无忧矣。"就继续前往寿春，对东南诸军将士大肆犒赏，直到八月底才返回许昌。

这期间，司马懿一直紧守诏谕，坚决不跟诸葛亮放对。《魏氏春秋》说，诸葛亮多次遣使求战，甚至"致巾帼妇人之饰，以怒宣王"。与电视剧《三国演义》中"沉迷女装"的表现相反，史书中的记述是："宣王将出战，辛毗杖节奉诏，勒宣王及军吏已下，乃止。"《魏略》也说："宣王数数欲进攻，毗禁不听。"《世说新语》更绘声绘色地描述说，彼时辛毗"毅然仗黄钺，当军门立"，谁敢出战就斩谁。

也就是说，司马懿至少表现得像个有种的男人，是辛毗代表明帝下令，才制止了他。

当然，更大的可能是司马懿原本就没有出战打算，他跟辛毗合作演这一场戏，其实只是为了在将士面前维护自己的尊严。因为据《汉晋春秋》记载，得知司马懿被辛毗所止，姜维对诸葛亮说道："辛佐治仗节而到，贼不复出矣。"诸葛亮答道："彼本无战情，所以固请战者，以示武于其众耳。将在军，君命有所不受，苟能制吾，岂千里而请战邪？"司马懿这个家伙要是有打败我的办法，他哪里还用得着千里迢迢向朝廷上表请示？

还有史料透露，司马懿曾试图散播孙权再次向曹魏称藩的假消息，以此来迷惑诸葛亮①。但诸葛亮一眼就看穿了他的计谋，叫人转告司马懿说："计吴朝必无降意，卿是六十老翁，何烦诡诳如此？"

论年龄，司马懿比诸葛亮还大上两岁，确实可称六十老翁。

然而残酷的是，上天派鬼神勾魂索命，从来就不是按照年龄。

"六十老翁"司马懿似乎也意识到了这一点。当蜀军使者又来下战书

---

① 《三国志·刘放传》云："青龙初，孙权与诸葛亮连和，欲俱出为寇。边候得权书，放乃改易其辞，往往换其本文而傅之，与征东将军满宠，若欲归化，封以示亮。亮腾与吴大将步骘等，以见权。权惧亮自疑，深自解说。"司马懿散播的假消息很可能与刘放篡改孙权书信一事有关。

时,他不谈军事,却屡屡探问诸葛亮饮食起居如何。蜀使回答:"诸葛公夙兴夜寐,罚二十已上,皆亲览焉。所啖食,日不过数升。"司马懿听了,事后就对手下道:"亮将死矣,食少事烦,其能久乎?"

诸葛亮每天一大早就起来,夜里很晚才休息,军中执法凡二十杖以上的惩罚,他都要亲自检查看是否公平允当。如此辛劳,每天吃的米却不到数升。

前面讲过,当时一个成年男子的常规饭量是日食七升。而现在诸葛亮所食大概只有这个量的一半。

古人认为,能吃饭是身体健康的表现。所以廉颇要用"饭斗米"来证明自己尚未老迈。在没有什么副食的情况下,每天只能吃得进数升米,诸葛亮的身体显然出了问题。

《晋阳秋》记载说,当时有一颗"赤而芒角"的流星,在空中从东北飞向西南,落入诸葛亮营地后消失,不久却又返回空中。去的时候大,返回的时候小,在两次往返后又一次落入营中,再也没能出现。

《晋书》也说"会有长星坠亮之垒",司马懿由此知其必败。

长星,即拖着长尾的彗星,象征兵革之事。后人解释说:"两军相当,有大流星来走军上及坠军中者,皆破败之征也。"这大概就是司马懿预知蜀军必败的原因。

由于多年来积劳成疾,在五丈原的秋风里,诸葛亮在其五十四岁之年,生命即将燃尽。

没有祈禳作法,也没有魏延来踢翻七星灯。

历史上的诸葛亮自知疾病不起后,只是给后主刘禅上了一封遗表:

臣初奉先帝,资仰于官,不自治生。今成都有桑八百株、薄田十五顷,子弟衣食,自有余饶。至于臣在外任,无别调度,随身衣食,悉仰于官，不别治生以长尺寸。若臣死之日，不使内有余帛，外有赢财，以负陛下。

又遗命葬于汉中定军山，因山为坟，冢足容棺，敛以时服，不须器物。

后主闻报，急命尚书仆射李福赶来视疾，并向诸葛亮咨询其身后国家大计。李福与诸葛亮交谈后，本来已经告辞离去，几天后又赶了回来。诸葛亮见其神色，便知道他想说什么，于是言道："我知君为何去而复还。近日你我言语虽多，却仍有所不尽，所以更来一决。"李福敬谢道："此前确实不曾就此事向公咨请，如公百年之后，不知谁可继任大事？"

诸葛亮答道："君所问者，公琰其宜也。"也就是蒋琬。

李福又道："乞复请，蒋琬之后，谁可任者？"

诸葛亮道："文伟可以继之。"文伟是费祎的字。

李福又问费祎之后，何人可以接替。

这一次，诸葛亮没有回答。

李福走后，诸葛亮召来长史杨仪、司马费祎、护军姜维等亲近僚属，秘密布置了自己身殁之后的退兵计划。末了诸葛亮还嘱咐说："我之死后，但谨自守，慎勿复来也。"即叫他们此后轻易不要再北伐。[1]

当月，戎马半生的蜀汉丞相诸葛亮带着无尽的遗憾，卒于五丈原军营。

五百多年后，一位落魄诗人从关中辗转南下，几乎逆着当年诸葛亮

---

[1] 这则记载见于《魏略》，还称诸葛亮死前让魏延代行职权，故裴松之认为"此盖敌国传闻之言，不得与本传争审"。其记载不可轻信。

北伐的路线来到了成都。彼时山河破碎，万姓流离，诗人在成都城郊的茅屋中愁对凄风苦雨，心中那"致君尧舜上，再使风俗淳"的理想却仍未泯灭。

有一天风和日丽，诗人走进了附近的一所祠堂。望着祠堂上供奉的人像，诗人胸中激荡的情感久久难以平复，于是他挥毫泼墨，写下了这首传诵千载的名诗：

> 丞相祠堂何处寻？锦官城外柏森森。
> 映阶碧草自春色，隔叶黄鹂空好音。
> 三顾频烦天下计，两朝开济老臣心。
> 出师未捷身先死，长使英雄泪满襟。

以诸葛亮的死为标志，三国历史上最光彩夺目的篇章至此也就结束了。

这当然不是说此后的历史就不再有趣、不够精彩，而是说从此以后，历史的天空便被功利主义和现实主义所笼罩，再也难寻理想主义和浪漫英雄主义的色彩。

常言道"盖棺论定"，行文至此，自感还有两个问题需要费些笔墨。

一个问题是，陈寿称诸葛亮北伐失败，是因为"应变将略，非其所长"。那么诸葛亮的军事才能到底如何？

还有一个问题是回应前文提到的朱子彦的观点，即诸葛亮到底有没有"自取"之心。

前者针对的是作为军事家的诸葛亮，后者针对的则是作为政治家的诸葛亮。

我们先看第一个问题。

在《诸葛亮传》中，陈寿对诸葛亮的军事才能有两次表示过质疑。一次是其受命编纂《诸葛亮集》，任务完成后向朝廷上表阐释自己编纂此集的指导思想，在总结了诸葛亮的一生功业后，陈寿写道："然亮才，于治戎为长，奇谋为短，理民之干，优于将略。而所与对敌，或值人杰，加众寡不侔，攻守异体，故虽连年动众，未能有克。"这是在解释为什么孔明这么牛，最后他的北伐还是归于失败。第二次是在本传末尾，陈寿秉持太史公以来的论赞传统，在对诸葛亮一生所为多加赞扬之后，用不太确定的语气评论道："然连年动众，未能成功，盖应变将略，非其所长欤！"所谓"应变将略，非其所长"，大体上就是前面"于治戎为长，奇谋为短"云云的精简版。

正是这两处质疑引发了后世对于诸葛亮军事才能的持久讨论。

有人为维护诸葛亮形象之完美，甚至认为，陈寿这个地方是故意抹黑，而他之所以这么干，是因为他的父亲当年作为马谡参军被诸葛亮处罚过，陈寿自己也跟诸葛瞻有私怨，所以他才借此泄愤。

其实这实在是冤枉了陈寿。有学者指出，根据汉代官制，参军之下不可能再设参军，而街亭之战时马谡本身就是参军，所以陈寿之父为马谡参军而受罚的说法本来就靠不住。诸葛瞻轻侮陈寿之说多半也是没有根据的传言。胡应麟、王鸣盛、钱大昕等史家也早就辨明，陈寿在《三国志》的历史书写中对诸葛亮推许备至，"应变将略，非其所长"的评价其实也很中肯，说他借此故意抹黑诸葛亮，根本就是无稽之谈。

那么，我们又该如何理解陈寿对诸葛亮军事才能的这一评价呢？

回顾诸葛亮的一生，我们就会发现，当其初出茅庐时他还不是一个军事家，刘备给他的定位是参谋，是说客，是后勤主管，直到刘备入川后诸葛亮才开始独领一军参与实际作战。取得益州后，诸葛亮主要负责的仍是内政。直到刘备去世后，他才南征北讨，真正发挥出自己的军

事才能。之所以强调这一点，是因为今人受《三国演义》等文艺作品影响，大多将诸葛亮视为一出道便用兵如神、算无遗策的"智圣"。然而我想说的是，再牛的天才也需要一个实践和成长的过程，诸葛亮在军事上的造诣也存在一个提高精进的趋势。简单说就是，以八阵图的创建为标志，越到后来，他的功力越发炉火纯青。但是正如我前面曾经提到的，相比于"应变将略"的用兵，诸葛亮的确更擅长治军。这不是说诸葛亮不会用兵，而是说他治军和用兵这两项都远高于常人，但比较起来，治军100分，用兵95分，还是前者更为突出。这应该也是陈寿说他"于治戎为长，奇谋为短"的本意。坊间传言，有所谓"诸葛一生唯谨慎"的说法，虽然并不很准确，但多少也反映出了这点儿意思。

实际上，诸葛亮之所以有时表现得比较"谨慎"、缺乏"奇谋"，不是因为他才能不足或缺乏勇气，而恰恰是因为他在政治上的考虑压制了军事上的需求。因为政治的核心是求稳，而军事的核心是求变，很多情况下军事上的冒险固然可以带来胜利，但在政治层面却是失败的（例如拿破仑进攻俄国、日本偷袭珍珠港），一般而言，侧重政治的思维和侧重军事的思维通常会互相妨碍。所以我们看到，很多优秀的军事家并不同时是优秀的政治家（韩信），很多优秀的政治家的军事能力则很一般（刘邦）。像诸葛亮这样既是优秀的军事家又是优秀的政治家的人，古往今来也没有几个。只是相比其优秀的军事才能，其政治才能更为优秀而已。

第155章 三代以下君一人

至于诸葛亮北伐为何未能成功,则是一个更为复杂的问题。

按陈寿的解释,起码有内外两方面的原因:内部原因就是"亮才于治戎为长,奇谋为短,理民之干,优于将略";外部原因则是"所与对敌,或值人杰,加众寡不侔,攻守异体",意思是诸葛亮的对手也很有水平,再加上曹魏的实力本来就碾压蜀汉,防守也比进攻要更容易。

这方面,同时代的人也有类似的看法。例如袁准也曾提到:"亮,持本者也,其于应变,则非所长也,故不敢用其短。"而张俨在《默记·述佐篇》中论诸葛亮、司马懿"二相优劣",认为诸葛亮之所以优于司马懿,一个重要原因就是双方所凭借的背景、所能支配的资源不同:诸葛亮凭借的巴蜀不过是东汉一州,"方之大国,其战士人民,盖有九分之一",但是他却能够"贡赞大吴,抗对北敌,至使耕战有伍,刑法整齐,提步卒数万,长驱祁山,慨然有饮马河、洛之志";而司马懿"据天下十倍之地,仗兼并之众,据牢城,拥精锐",却只能"务自保全","使彼孔明自来自去"。故此张俨说道,假如诸葛亮不那么早亡,而是"终其志意,连年运思,刻日兴谋,则凉、雍不解甲,中国不释鞍,胜负之势,亦已决矣"。这也是从外部原因来解释为什么北伐未能成功。

说一千道一万,在诸葛亮军事才能到底如何这个问题上,还是跟他交过手的司马懿最有发言权。尽管《晋书》声称司马懿给弟弟司马孚写信,吹嘘说:"亮志大而不见机,多谋而少决,好兵而无权,虽提卒十万,已堕吾画中,破之必矣。"但实际情况却是"畏蜀如虎""死诸葛走生仲达",姜维、杨仪仅仅反旗鸣鼓,做出诸葛亮未死的样子,便吓得司马懿退兵而不敢逼。事后司马懿巡视诸葛亮留下的营垒处所等遗迹,更是说出了"天下奇才"的断语。这一记载因为被陈寿写入《三国志》而无法篡改,《晋书》只好照录其事,由此造成司马懿对诸葛亮的前后评价自相矛盾,也就顾不得了。

接下来,我们探讨第二个问题,即诸葛亮专断蜀政十余年,到底有没有生出"自取"之心呢?

对于这种诛心之问,本来是没有办法找到令人满意的答案的。但是我们仍然可以拿诸葛亮跟同时代的曹操、司马懿做对比,从两个方面试着做出判断。

一个方面是,诸葛亮有为子孙亲戚谋私利吗?

大凡有篡位之心的权臣,无不利用执掌大权的机会培植党羽并授予子弟亲戚以要职,此之谓"营立家门"或"作家门"。曹操以曹丕为副丞相,执掌兵权的不是姓曹就是姓夏侯,高平陵之变后的司马氏也是一样。这种情况下你装得再忠贞,终究也掩盖不了霸气侧漏的无君之心。所以哪怕曹操、司马懿生前没有篡位,却还是被视为篡逆之臣。可是这些行为诸葛亮有过吗？没有。

有人也许会说，这是因为诸葛亮死得早，那个时候诸葛瞻只有八岁，根本没办法把他培养成接班人。的确，诸葛亮的子嗣不多，年纪幼弱，这或许是一个障碍。但是我们知道，那个时候诸葛亮的弟弟诸葛均也在蜀汉，正值壮年，如果诸葛亮有心培植亲党，为什么他不培养、提携诸葛均呢？史载诸葛均官至长水校尉，这很可能是后主亲政时代所赐。实际上，诸葛均一生之所以默默无闻，很可能就是因为诸葛亮为了避嫌，有意压制了弟弟的仕进。还有，如果诸葛亮有心为子弟亲戚谋私利，又怎么可能身故之后除了八百株桑树、十五顷薄田之外，什么都没有给子弟留下呢？

另一个可资对比的方面，是诸葛亮对政治对手的态度。

众所周知，曹操在专权执政期间对不顺从自己的人极难容忍，他杀边让、杀许攸、杀娄圭、杀孔融、杀杨修、杀华佗，逼死荀彧和崔琰，对那些反叛者更是动不动就"夷三族"（董承、伏后）。而司马懿在靠政变夺权之后同样对政治对手进行了大清洗。二人之所以选择在肉体上消灭对手而不是将其免官废黜，倒不仅仅是因为他们性格残忍冷酷，而是因为他们自知所行不正，不将异己者消灭，就没办法阻止他们"散播反动言论"。

诸葛亮在蜀汉虽然威望甚高，但也不是没有政治对手和异己者，然而他可曾因为权力斗争杀过人吗？一个也没有。相比而言，刘备还杀过彭羕、张裕，而诸葛亮对李严、廖立、来敏不过是免官流放而已。来敏后来屡废屡起，一直活到九十七，李严和廖立得知诸葛亮去世，也都垂泣感激。为什么诸葛亮能做到这样？因为他问心无愧，完全不惧后人评说。

为了证明诸葛亮有篡权夺位的野心，朱子彦先生还提到过一则史

料，即《华阳国志》所记李邈上书事。

李邈是益州广汉人，其弟李邵曾在诸葛亮手下任职。李邈自己则是刘璋旧臣，按田余庆先生所说属于典型的旧人。刘备刚拿下益州那会儿，有一次在元旦举行酒会，李邈利用给刘备敬酒的机会，居然当面谴责他说你跟刘璋都是宗室肺腑，刘璋又是诚心诚意请你来，所以"将军之取鄙州，甚为不宜"。刘备当着众人的面没好意思发火，就反问李邈说："知其不宜，何以不助之？"你说我不该取益州，那你怎么不帮着刘璋抵抗，现在反倒吃我的饭、砸我的锅呢？李邈说："非不敢也，力不足耳。"老子不是怕你，是心有余而力不足。

事后按刘备的意思，就要将李邈诛杀。这时候是诸葛亮向刘备求情，才免除了李邈的死罪。后来诸葛亮执政，又提拔李邈为犍为太守、丞相参军、安汉将军，可见诸葛亮待李邈相当不错。建兴六年马谡败于街亭后，李邈因为帮马谡说话，这才被诸葛亮遣还了成都。到十二年诸葛亮病卒，后主刘禅为之素服发哀，当此举国哀痛之时，李邈却上书言道："吕禄、霍禹未必怀反叛之心，孝宣不好为杀臣之君，直以臣惧其逼，主畏其威，故奸萌生。亮身杖强兵，狼顾虎视，五大不在边，臣常危之。今亮殒殁，盖宗族得全，西戎静息，大小为庆。"

这段话是拿西汉时吕氏、霍氏专权的例子作比，说即便君臣之间没有谋害对方的心思，迫于君弱臣强的形势，还是会产生冲突。而诸葛亮"身杖强兵，狼顾虎视"，按照古时所谓"五大不在边"[①]的传统，李邈说自己时常为此担心。现在诸葛亮死了，再也不用担心出事，这是好事，应该庆贺才是。

[①] 语出《左传·昭公十一年》申无宇语："臣闻五大不在边，五细不在庭。亲不在外，羁不在内。"五大，指上古五官之长，权力最大。国君为防其尾大不掉，通常不令其居边。

其中的"狼顾虎视"一语常被人引作诸葛亮有篡权野心的证据。但是前面讲司马懿时我已经指出，狼顾的本意是描述一种像狼那样经常回头看的恐惧担忧、顾虑重重的心理状态，指某人野心膨胀、有反噬之心是其引申义。如果用前一种意思来解释，"狼顾"对内，是指诸葛亮因手握强兵而时常担忧受到猜忌，"虎视"对外，用陈寿的话来说就是"进欲龙骧虎视，苞括四海；退欲跨陵边疆，震荡宇内"，这一解释我觉得是比较合适的。

其实从上下文来看，李邈整段话也并不是说诸葛亮想要篡位，而是意在提醒后主，就算诸葛亮没有反叛之心，让其长久独掌大权也是一种危险的状态。即使不考虑李邈一贯喜欢跟众人唱反调的作风，他在诸葛亮刚刚去世、举国悲痛的当口便上此疏奏，也实属不讲政治、不合时宜。其结果就是"后主怒，下狱诛之"，可算是求仁得仁。

对于李邈的遭遇，有人深为同情。例如常璩就十分惋惜地写道："汉南（李邈字）哽哽，天夺其守。"但是也有人认为，李邈全无心肝，后主杀他杀得对。此案之所以引起史家重视，实是因为李邈是蜀汉内部公开对诸葛亮之专权表示反对的唯一之人。他这种意见在当时是否具有一定的代表性，限于史料匮乏，目前尚无法判断。我想说的是，即便李邈的指责属实，也只能认为诸葛亮专权，而不能认为他有意篡权。

正如袁准所说，诸葛亮治蜀是"专权而不失礼，行君事而国人不疑"。

再结合以上两方面，我相信，诸葛亮执掌蜀汉十余年，或有专权之嫌（尽管这种专权是必要的），但他绝对不曾生出过自取帝位之心。就政治道德而言，诸葛亮可称纯臣。

千百年来，诸葛亮之所以被世人崇拜，原因还远不止此。

就个人价值而言，诸葛亮的一生实为中国知识分子最理想的楷模。

第 155 章　三代以下君一人

"其处弹琴抱膝,居然隐士风流;出而羽扇纶巾,不改雅度。在草庐之中,而识天下三分,则达乎天时;承顾命之重,而至六出祁山,则尽于人事。七擒、八阵,木牛、流马,既已疑鬼神之不测;鞠躬尽瘁,志决身歼,仍是为臣子之用心。比管、乐则过之;比伊、吕则兼之。"毛宗岗这段话就是很好的注脚。

中国知识分子的理想从来就不是当帝王,而是要当帝王师,是"修身、齐家、治国、平天下"。就这一目标而言,诸葛亮可谓做到了极致。

他也真正地做到了"穷则独善其身,达则兼济天下"。不论是躬耕陇亩,还是高坐庙堂,他都能够"静以修身,俭以养德。非淡泊无以明志,非宁静无以致远"。身为统治者,他没有用手中的权力谋私利,而是时时刻刻以国家大义为念,"抚百姓,示仪轨,约官职,从权制,开诚心,布公道"。在他的治下,"尽忠益时者虽仇必赏,犯法怠慢者虽亲必罚,服罪输情者虽重必释,游辞巧饰者虽轻必戮。善无微而不赏,恶无纤而不贬。庶事精练,物理其本,循名责实,虚伪不齿",故而"行法严而国人悦服,用民尽其力而下不怨"。在当时的条件下,这已经是人治所能达到的极限。

诸葛亮去世未久,每逢时节,蜀汉百姓便在街道巷陌为其举行私祭;

诸葛亮死后数十年,思念他的歌谣仍在蜀地百姓中间传唱;

诸葛亮死后五百年,"梁汉之民歌道遗烈,庙而祭者如在"。

这还是宋元演义小说将诸葛亮神化之前的状况。宋元以后,民间对诸葛亮的崇拜是什么样子,世人皆知,不必再提。

据说东晋权臣桓温伐蜀时,曾遇见过一个百余岁的老翁,此人曾经在诸葛亮手下当过小吏。桓温问他诸葛丞相可比今日何人,老翁说:

"诸葛公在时,亦不觉异;自公殁后,不见其比。"

此事见于南朝人殷芸的《小说》,未必是实录。因为桓温伐蜀在公元347年,上距诸葛亮亡故已经113年,除非老翁的年龄在130岁以上,否则他不可能有为诸葛亮效力的经历。但我觉得,作者借老翁之口说出的话却是一点儿也不假:自从诸葛亮死后,世间就再也没有能比得上他的人了。

诸葛大名垂宇宙,三代以下君一人。

在儒家知识分子的眼中,除了上古贤相伊尹、周公和吕尚,集人格之完美与功业之壮烈于一身的,还有谁能比得上诸葛亮呢?

第156章 魏延谋反真相

这次北伐前,诸葛亮以前军师、征西大将军魏延为前锋。

大军刚出斜谷,魏延就做了一个梦。

梦里,他的头上生出了硬硬的角。醒后,额头依然隐隐作痛。

魏延找来军中的占卜师赵直,问他这梦主何吉凶。

赵直说:"头上有角者,麒麟也;麒麟有角而不用,此乃不战而贼欲自破之象。"魏延听后放下了心。

然而赵直退出后,却私下对人说道:"角之为字,刀下用也;头上用刀,其凶甚矣。"

魏延其人虽勇,且能善待士卒,但性格强硬傲慢,在军中人缘并不算太好,这大概是赵直没有直言相告的一个原因。

而除了魏延之外,北伐军中还有一个刺头儿,便是长史杨仪。史书称杨仪"性狷狭",也就是心眼小、性子急。但与此同时,杨仪也很有才干，每次诸葛亮出兵，"仪常规画分部，筹度粮谷，不稽思虑，斯须便了。军戎节度，取办于仪"。他就像是军中的大管家，一应庶务都要经他来调度。或许就是因为这样，平日里魏延跟杨仪没少闹矛盾。《费祎传》说，两人的不和甚至闹到每次见面就争吵，有时魏延忍不住拔刀相向，杨仪则气得涕泪横流，这时候只有费祎能够在两人之间居中调停，才使得两人在诸葛亮在世时没有酿成大的纷争。

杨、魏两人不睦的情况，当时连东吴君臣都知晓。有一次费祎出使吴国，孙权乘酒宴大醉之时问他："杨仪、魏延，皆为牧竖小人。虽于时务有鸡鸣狗盗之用处，然既已任之，势不得轻，若一朝无诸葛亮，必为祸乱矣。诸君何以如此糊涂，竟对此不加防范，这岂能算是为子孙后代而考虑？"费祎一时愕然，不知如何回答才是。一旁的副使董恢见状，就伏耳对费祎言道："可速言仪、延之不协起于私忿耳，而无黥、韩难御之心也。今方扫除强贼，混一华夏，功以才成，业由才广，若舍此不任，防其后患，是犹备有风波而逆废舟楫，非长计也。"意思是杨仪跟魏延不和是私怨，他们没有韩信、英布那种桀骜不驯之心，战争年代需要人才，不能因为有点风浪就丢掉舟船。费祎照此回答，孙权闻之大笑。后来诸葛亮知道此事，也觉得董恢说得在理。史称："亮深惜仪之才干，凭魏延之骁勇，常恨二人之不平，不忍有所偏废也。"

既是"不忍有所偏废"，照理说就该一碗水端平。然而我们看到，当诸葛亮临死前秘密布置退兵计划时，他的安排却是"令延断后，姜维次之；若延或不从命，军便自发"。此举明显是在防备魏延。

有人说，这就是故意在逼魏延造反。

诸葛亮是不是故意逼魏延造反，稍后再谈，这里我们先根据史籍记载，看一下诸葛亮死后事态是怎样一种发展：

诸葛亮病卒后，身边的杨仪、费祎、姜维等第一时间秘不发丧，并

按照诸葛亮生前的布置，准备退兵。按照安排，魏延将率部断后，杨仪怕魏延不奉命，就先派费祎去见魏延，打探一下他的意图。

费祎来到魏延营中后，告知了他丞相去世的消息和退兵安排。这时魏延说道："丞相虽亡，吾自见在。府亲官属便可将丧还葬，吾自当率诸军击贼，云何以一人死废天下之事邪？且魏延何人，当为杨仪所部勒，作断后将乎！"

魏延跟杨仪不和，加之生性高傲，所以不愿受杨仪指挥，这还可以理解。更要命的是前面这句"府亲官属便可将丧还葬，吾自当率诸军击贼"，意思是你们这些丞相僚属奉着灵柩回去就行了，剩下的十万大军归我指挥，我还要接着跟司马懿死磕。这暴露了魏延的两个目标：一、取代诸葛亮成为蜀汉实际上的操盘手，二、继续北伐。显然，这两个目标都违背了诸葛亮的临终安排。

魏延可不是说说而已，紧接着他把费祎扣留在了自己军中，还强迫他跟自己联名写信给诸将，将夺权计划付诸行动。如果这一计划得以展开，蜀军内部很可能爆发骚乱。而此时魏军近在眼前，后果不堪设想。幸好费祎骗魏延说，他愿意帮魏延去劝杨仪，杨仪一个文官，不懂军事，肯定不敢违命。魏延就放费祎出了营。等费祎上马飞奔而去，魏延立马就后悔了，再想追已经来不及。于是魏延派人到杨仪这边刺探，看他们到底想怎么干。等到他发现杨仪等按照诸葛亮的安排，准备丢下自己率余军撤退，立刻大怒，就趁杨仪还没出发，带着自己的部众抢先入了谷。

接下来，魏延又干了一件性质极为恶劣的事——"所过烧绝阁道"。

你不愿意受杨仪指挥，那你自己撤就行了呗。把栈道都烧毁了，你是想干吗？

要知道，这时候杨仪带领的蜀军至少有六七万，倘若这些将士都因栈道烧毁而无法南归，在司马懿的进攻下肯定会全军覆没，蜀汉的国力也会严重受损。而魏延阻止杨仪南返，目的只有一个，那就是自己返回成都独掌大权。以当时朝中局势来看，此举势必引发内战。到时内忧外患纷至沓来，蜀汉便有亡国之虞。

事实上，司马懿不是没有发现蜀军阵营发生的异动。

如前所述，当司马懿得到汇报引军来追时，是姜维献计，叫杨仪"反旗鸣鼓"，装出反攻的样子，利用司马懿尚未确知诸葛死讯这一点将其吓退。杨仪这才得以结阵而去，全军退入了斜谷。但是由于栈道被毁，粮草辎重难以运输，只好统统丢弃。故《晋书》记载，司马懿"获其图书、粮谷甚众"。由此司马懿也得以确知，诸葛亮确实是死了。他对辛毗说道："兵家所重，无非军书密计、粮谷辎重。今蜀贼尽皆弃之，哪有人抛弃五脏六腑而可生存的道理？宜急追之。"

好在这时杨仪、姜维等已经入谷，全军斫山开路，昼夜兼行，再加上山谷中地势险峻，荆棘丛生，魏军同样行走不便，司马懿追到赤岸，就放弃了追击。

接下来的情景，是"延、仪各相表叛逆，一日之中，羽檄交至"。

魏延说杨仪造反，杨仪说魏延谋逆，成都朝廷一天之内得到几种不同汇报，君臣上下人人一脸懵。

后主刘禅没法儿，只好让蒋琬、董允拿主意。蒋琬、董允知晓诸葛亮的心思，都保杨仪不保魏延。后主于是命蒋琬统领宿卫禁军，准备捍卫北境。

魏延率部先抵达褒谷南口后，立刻占据有利地形，发兵阻击后面的杨仪军。杨仪则遣王平为前锋迎战。

论兵力，魏延比杨仪少。更关键的是，他手下将士这时都已经明

白，魏延所行形同造反，根本不值得为之卖命。于是当王平在阵前大声喊出"公尸骨未寒，汝辈何敢乃尔"之后，魏延军的斗志几乎瞬间就荡然无存了。再加上这时他们已经回到了汉中境内，士卒各有所归，没多久便都溃散而去。魏延见状，只好带着几个儿子向南郑方向奔逃，最后被马岱擒斩。据说在得到魏延首级后，杨仪还一边踩，一边恨恨地骂道："庸奴！看你还能作恶不？"

至于《三国演义》中魏延在马上大叫三声"谁敢杀我"，然后被马岱斩杀的情节，实为虚构；说魏延脑后有反骨云云，也是小说家言。

此时蒋琬率领宿卫军刚往北走出几十里，得到杨仪报告，知道魏延已死，乱事已经结束，于是返回成都。

以上便是这次魏延、杨仪内争的始末。

事后追究责任，蒋琬报称，从魏延不向北投降曹魏而向南回军可以看出，他并不是一心谋反，而只是想杀掉杨仪。而魏延之所以想杀杨仪，一是因为他平日里就跟杨仪等相处不来，二是因为他原以为自己一定会接替诸葛亮执掌军权。后主应该是采纳了这个说法，并在随后举行了大赦，以此安抚魏延旧部，稳定诸葛亮死后本就颇感不安的人心。

另外，关于这件事，曹魏方面的史料还有不同记载。《魏略》就声称，诸葛亮临死前把军权交给了魏延，是杨仪怕魏延掌权后对自己不利，才以魏延有意降魏为辞率部攻杀了魏延。但裴松之早已指出："此盖敌国传闻之言，不得与本传争审。"而且《魏略》的记载本身就存在漏洞，故此说不予采信。

现在，我们可以回过头来审视前面的问题了：诸葛亮临死前为什么要那么安排？他是要故意逼反魏延吗？

当然不是。诸葛亮这样安排，是因为当时的形势迫使他只能这样安排。

首先我们要知道，在北伐军内部，其实魏延长期以来是拥有一支相对独立的部队的。这支部队也就是刘备时代魏延任汉中督、汉中太守时所统的卫戍部队，从后来蜀汉驻防汉中的兵力估计，这支部队应至少有两三万人。诸葛亮出屯汉中后，"更以延为督前部，领丞相司马、凉州刺史"。也就是说，在诸葛亮自己掌握汉中地区的军事指挥权后，魏延的军队遂被纳入北伐军，并充任前部，所以他的职务也从督汉中变成了督前部。当时北伐军分为前、中、左、右四部，魏延控制四分之一。

其次，建兴八年阳溪大捷后魏延因功升迁为"前军师、征西大将军，假节，进封南郑侯"。两年后，魏延跟中军师、车骑将军刘琰不和，诸葛亮将刘琰遣送回成都。此后在北伐军中除了诸葛亮，没有人比魏延资历更老、地位更高，再加上他又在诸将中唯一拥有假节之权，"性矜高"的魏延很自然地便"冀时论必当以代亮"，把自己当成了诸葛亮的接班人。

那么，诸葛亮有可能让魏延接替自己执掌军权吗？

当然不可能。不论是从诸葛亮推荐蒋琬、费祎，还是从他着力培养姜维来看，诸葛亮都没有考虑过让魏延接盘的可能性。我想，这主要是因为魏延只懂军事，不懂政治。

《魏延传》说，其人"性矜高，当时皆避下之"，谁见了魏延都不爱招惹他。蒋琬则说"平日诸将素不同"，说明魏延跟他人的矛盾不是一天两天的事。他跟杨仪闹矛盾动不动拔刀的事连东吴都当笑话看，北伐军中唯一资格比他老的刘琰也让他挤兑走了。再加上魏延在军中发迹，从来没在朝中当过官，对于朝堂政治两眼一抹黑，这样的人，诸葛亮怎么可能让他接班？

其实从魏延闻知诸葛亮死讯后说出"丞相虽亡，吾自见在。府亲官属便可将丧还葬，吾自当率诸军击贼"便可看出，此人确实是个不懂政

治的莽夫，而诸葛亮不让他接班的决策是正确的。在诸葛亮去世、人心不稳的情况下，北伐大军能够全军而还已经是最好的结局，如果交由魏延统领跟司马懿死磕，后果不堪设想。所以当时的情况是，除了诸葛亮，谁都制不住魏延，他独领两三万人为前锋驻在别处，又野心勃勃地想趁诸葛亮一死便掌控全军。诸葛亮决计不能让这种情况出现，但是又不能在没有任何罪名的情况下预防性地剥夺魏延的军权，因此只能安排让魏延断后，姜维等次之，"若延或不从命，军便自发"。这也算是留给魏延一条退路，如果魏延服从安排，那就一切好说，回朝之后他即使进不了决策层，也可以以元勋的身份退居二线。怎奈魏延偏要一条道走到黑，违抗命令不说，甚至还烧毁栈道，置数万蜀军将士于不顾。其行为就算不是造反，跟造反其实也差不了多少，最后落得一个"头上用刀"的结局，他又能怪谁呢？

所以，正如知乎网友琅邪杨文理所说，如果魏延死在诸葛亮时代，那是蜀汉的重大损失，但如果魏延以史实方式死在后诸葛亮时代，对蜀汉朝廷来说，简直是一件可喜可贺之事。

第157章 暗潮涌动

诸葛亮之死对当时的三国局势产生了重大影响。

在蜀汉，按照诸葛亮的临终安排，后主刘禅以蒋琬为尚书令，总理国事。不久，蒋琬又升为大将军，录尚书事，领益州刺史。然其虽位高权重，但一时并无开府治事之权，此后蜀汉亦不再设丞相一职，蜀汉由此进入后主亲政时代。诸葛亮推荐的另一位人选费祎，则在蒋琬升任大将军后接手了尚书令一职，既是蒋琬的副手，也是其接班人。蒋琬是"新人"，长期留守成都，是朝廷文官的代表；费祎是"旧人"，长期随军汉中，是北伐诸将的代表。以此二人合作为标志，蜀汉政府实现了新与旧、政界与军界和谐共存。在彼时"新丧元帅，远近危悚"的背景下，蒋琬"出类拔萃，处群僚之右，既无戚容，又无喜色，神守举止，有如平日"，以一种举重若轻的淡然态度带领大家度过了诸葛亮去世后的艰难时日，不但稳固了局面，也赢得了群臣的尊重。

军事方面，这一时期汉中防务由升任车骑将军的"国舅"吴壹负责，以王平为副手。此后四五年，蜀汉方面唯以镇静为务，并无北伐之举。

至于杨仪，他跟魏延一样犯了先入为主的错误。他本以为自己全军而还，又诛杀了"反贼"魏延，立下大功，后主一定会让自己主持朝政，也找来占卜师用周易给自己算命。结果一卦下去，得了一个"家人"。按流行的说法，"家人"卦"利女贞"，即应该像女子那样保持安静和谦逊。杨仪显然知道这一含义，一时间沉默不语，很不高兴。回到成都后，后主果然以蒋琬为尚书令，而只让杨仪出任中军师这一虚职。

杨仪本来就心眼极小，这下心理落差过大，他更是牢骚满腹，不吐不快。再加上杨仪在刘备时代当尚书时，蒋琬只是一个郎官，到了诸葛亮执政时代，每次北伐，杨仪都是随军出征、干脏活累活的那个，蒋琬却优游后方，只需保障足食足兵，杨仪自觉不论是资历、功劳还是才干，自己都比蒋琬高出一大截，"于是怨愤形于声色，叹咤之音发于五内"，俨然变成了火力全开的老喷子，全然忘记了廖立、来敏因言获罪的先例。

如果杨仪只是对身边的亲戚朋友发发牢骚也就算了，费祎来探望他，他还要大放厥词，甚至说什么"当初丞相亡没之时，我如果举军北投曹魏，怎能落魄如此啊！实在令人悔不可及"。结果费祎转头就向后主递上密表，告发了杨仪。后主将杨仪废为庶民，流放边郡。但杨仪在流放期间依然"上书诽谤，辞指激切"，于是又被抓捕下狱。最后，杨仪于狱中自杀，此案才告了结。

东吴方面，孙权得知诸葛亮病卒的消息后，十分担心蜀汉就此衰乱而被曹魏乘机攻灭，于是下令向巴丘（今湖南岳阳）一带增兵。此举有两手准备：倘若曹魏来攻，蜀汉可救，就予以救援；不可救，就趁火打劫，分割蜀汉东境的地盘。蜀汉方面闻讯，也增加了永安的驻军以备非常。不久，后主刘禅派右中郎将宗预出使东吴，孙权问他说："东之与西，譬犹一家，近日却闻西朝更增白帝之守，这是为何啊？"宗预道："臣以为东益巴丘之戍、西增白帝之守皆事势宜然，俱不足以相问也。"大家为啥增兵彼此心知肚明，你又何必问呢？于是孙权大笑，称赞宗预说得好。

话说回来，孙权的担忧不无道理。因为诸葛亮新亡之时，对曹魏来说确实是兴兵伐蜀的绝好时机。然而不知为什么，史书中却找不到这方面的任何迹象，似乎这一时期魏明帝根本就没有伐蜀之意。

那么，在诸葛亮去世后的这几年里，魏明帝曹叡在忙些什么呢？

答案令人费解：大兴土木。

尽管史料显示，明帝早在即位之初就为生母甄氏大起陵寝，并在洛阳营建宗庙，初步显示了对于土木工程的兴趣。但那时受制于吴、蜀犯疆的军事形势，营造的范围和规模都不大。明帝真正放飞自我，开始大规模营建宫室苑囿，是在青龙年间诸葛亮去世以后。

据统计，从青龙三年（235年）至明帝亡故的景初三年（239年），其先后开展的大规模土建项目有：

治洛阳宫，起昭阳、太极殿，筑总章观。太极殿是举行盛大朝会的前殿；昭阳殿位于太极殿之北，铸黄龙高四丈、凤凰高二丈，置于殿前；总章观可能位于太极殿一侧，高十余丈，拥有楼阁十三间，建翔凤于其上。

扩建芳林园，在园中大起陂池，又于园之西北起土山。芳林园位于洛阳城东北，谷水穿流其中，东注天渊池。园中建景阳山，"树松竹杂木善草于其上，捕山禽杂兽置其中"。魏明帝甚至亲自掘土，命公卿百

官都参加劳动。

重建崇华殿，改名九龙殿。崇华殿本是曹丕所建，青龙二年发生火灾后重修，结果次年又被火灾焚毁，明帝再度重建。据说当时郡国有九龙现，也可能是考虑到龙能灭火，遂改名为九龙殿。重建的九龙殿比原来更为富丽堂皇，殿前亦引谷水为渠，建有玉井绮栏、蟾蜍含受、神龙吐出等景观，又命博士马钧作司南车、水转百戏等物。

营洛阳南委粟山为圜丘。委粟山位于洛阳南二十里，圜丘是祭天之处，每年冬至时举行祭天大典。魏明帝首创曹姓出于舜后，故号圜丘曰"皇皇帝天"，以始祖帝舜配。这是进一步为汉魏禅代树立合法性（因汉家尧后，尧传位于舜）。

徙长安诸钟簴、骆驼、铜人、承露盘。以上物事大部分是同样好大喜功的汉武帝当年所铸造，皆为彰显帝国威严的巨大雕像。据说建章宫的承露盘高三十丈，大七围，通体铜铸。搬迁这样的巨物显然不是一件容易的事，结果路上发生倾覆，承露盘折断之声传出数十里。"铜人重不可致，留于霸城。大发铜铸作铜人二，号曰'翁仲'，列坐于司马门外。又铸黄龙、凤皇各一，龙高四丈，凤高三丈余，置内殿前。"

明帝一度还想夷平北邙山，在上面修建亭台楼阁以望孟津。辛毗谏阻说这么做不但成本巨大，而且一旦黄河泛滥，没有邙山为屏障，洛阳城说不定会遭水灾。明帝这才罢休。

要知道，在当时生产工具极为落后的条件下，以上每项工程都需要几万人劳作数月乃至数年才能完成，再加上明帝崇尚奢华精巧，对建筑内部的装修陈设要求甚高，魏国上下为此耗费了大量的人力物力。更重要的是，蜀汉虽因诸葛亮的去世而暂停了北伐行动，但孙权却一直在东南边境没完没了地制造麻烦。景初元年（237年）以后，明帝更是发动了大举讨伐辽东公孙渊的战争，军事上的花费只多不少。数年内四方劳役大起，百姓负担比以往更加沉重。

不独如此，明帝还从民间大肆选拔有姿色的女子入宫，纳于亭台楼馆之内，极尽声色之娱。据《魏略》所说，芳林园修建好后，明帝将诸才人以次序安置于八坊之中，贵人、夫人以上则住在南边，级别待遇比照百官。又挑选识文断字、值得信任的女子六人为女尚书。当明帝在园中游宴居住时，就叫这些女尚书管理群臣奏事，甚至可以代表明帝批阅奏章。这一时期嫔妃宫女的数量，"自贵人以下至尚保，及给掖庭洒扫、习伎歌者，各有千数"。

更恶劣的行为是明帝还下诏"录夺士女前已嫁为吏民妻者，……又简选其有姿首者内之掖庭"。曹魏为保障兵源，实行兵户世代为兵的士家制度，但是由于兵户社会地位低下，许多士家女子都希望嫁给非士家的吏民，这就造成了兵士乏妻的社会现象。长此以往，兵户势必越来越少，兵源就会枯竭。这时明帝宣布"诸士女嫁非士者，一切录夺，以配战士"，虽然允许其丈夫用年纪、姿色相当的奴婢对妻子进行赎买，但仍有大量出不起赎金、买不起奴婢的家庭由此被拆散。在此过程中，政府会先挑选年轻貌美者送入后宫，然后才把老丑的女子配给士兵为妻。太子舍人张茂上书谏阻，明帝也不予理会。

当时明帝的后宫里到底有多少宫女，没有人能够确切知道。有一次，少府杨阜想劝明帝将后宫里得不到宠幸的宫女遣出为民，特意向管事的小吏问后宫人数多少。结果小吏说后宫人数是国家机密，按规矩不能泄露。杨阜大怒，下令打了小吏一百杖，还说："国家不与九卿为密，反与小吏为密乎？"

这一时期，明帝种种骄奢淫逸、滥用民力的举动引起了曹魏群臣极大不安。史书所见上疏劝谏者，"旧臣则有陈群、辛毗、蒋济，大僚则有高堂隆、高柔、杨阜、杜恕、陈矫、卫觊、王肃、孙礼、卫臻，小臣

则有董寻、张茂",这些人的态度或克制或激切,或引经据典,或直言不讳,甚至还有人以叩棺待死的决心固谏。

面对汹汹民意和群臣的轮番上阵,魏明帝虽然心中不悦,却并没有诉诸暴力去惩戒进谏者,而是摆出了一副"死猪不怕开水烫"的态度:要么把奏疏"留中不发",置之不理;要么"意见接受,行动照旧"。

当然,明帝也有一套强词夺理的说辞。例如当司空陈群以吴蜀未灭劝他节省民力之时,他说:"王者宫室,亦宜并立。灭贼之后,但当罢守耳,岂可复兴役邪?"意思是打仗反正也要消耗民力,不如跟修建宫室一块儿干,这样等到天下太平的时候就不用再大兴徭役了嘛!当散骑常侍高堂隆谏阻他不必西取长安大钟之时,他也反问道:"兴衰在政,乐何为也?化之不明,岂钟之罪?"意思是国家治理得好不好,根本与大钟无关。面对老臣辛毗的谏言,他也曾一针见血地指出:"二虏未灭而治宫室,直谏者立名之时也。"意思是你们这些人进谏其实都是沽名钓誉。但是这些似是而非的解释根本说服不了群臣。

而除了大兴宫室、虚耗民力以外,明帝子嗣寡少、皇子多夭的情况也令群臣感到忧心忡忡。

按史籍所记,在青龙三年之前,明帝至少曾育有三子二女,然而不知是何缘故,其中的三个儿子和一个女儿都幼年夭折,只有齐长公主一人活了下来。特别是太和六年(232年)的短短数月之内,明帝连丧爱女曹淑和未及周岁的皇子曹殷,精神上备受打击。大概就是从那时开始,他有了收养兄弟之子为继嗣的打算。更奇怪的是,尽管明帝一再"广采众女,充盈后宫",但大肆扩招的结果却反倒是生不出儿子。可能明帝自己对这种状况也早有预感,太和三年(229年)在皇子曹穆夭折后,他便下诏,宣布从今往后"万一有由诸侯入奉大统,则当明为人后之义",立下了旁支继嗣不得追封本生父母为皇帝、皇后的规矩。到了青龙三年，他又立养子曹芳为齐王、曹询为秦王，为自己一旦晏驾提前找好了备胎。

一些大臣们认为，皇帝之所以广种薄收、子嗣不昌，恰恰是因为后妃过多、纵欲过度。例如廷尉高柔就上疏说，按周礼规定，天子可有后妃一百二十人，已经很多，听说现在宫里的后妃人数比这还多，"圣嗣不昌，殆能由此"。因此他建议"妙简淑媛以备内官之数，其余尽遣还家"，认为这样才有利于提高怀孕几率和生育质量。

护军将军蒋济同样劝明帝说："欢娱之耽，害于精爽；神太用则竭，形太劳则弊。愿大简贤妙，足以充'百斯男'者。其冗散未齿，且悉分出，务在清静。""百斯男"一词出自《诗经·思齐》，意思是能生很多儿子。蒋济的意思跟高柔一样，认为纵欲过度会危害精子质量，所以应该对宫女进行筛选，把适龄的留下，把那些未成年的、见不着皇帝的都遣送出宫。

司徒王朗也说："'百斯男'之本，诚在于一意，不但在于务广。"广泛撒网，终究不如重点培养。

对于以上意见，明帝的答复是："辄克昌言，他复以闻。"你们这些话说得好，还有什么要说的别忘了再告诉我哟！然后一切如旧。

总之，不管大臣们如何进谏，遇到明帝不软不硬的冷处理，都像是泥牛入海，除了在水面上留下几个气泡，根本掀不起一点波澜。皇帝陛下还是我行我素，完全无视他们以心忧社稷为名的种种意见。

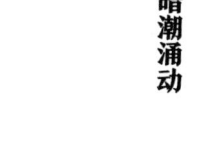

第 157 章 暗潮涌动

第158章 排抑浮华

有学者注意到，魏明帝末年这种不良的君臣互动是一个极为危险的信号：一方面皇帝对臣子日益疏远和冷漠；另一方面则是臣子在进谏屡屡受挫后觉得自己对朝廷毫无价值，从而削弱了对曹魏政权的向心力。

后者有个明显的例子，就是直臣杨阜的态度。

杨阜本是凉州佐吏，当年因抗击马超有功，被曹操深加赏识，其就任边郡长官十余年，至明帝时才入朝为官。前面讲过，他曾经当面指摘明帝穿衣过于随便，搞得明帝此后"不法服不以见阜"。明帝命曹真伐蜀，杨阜上疏反对；明帝大兴土木、搜求美女，杨阜也屡次谏言；为了问后宫人数，杨阜痛打小吏，更让明帝深为敬惮；爱女曹淑夭折后，明帝想亲自送葬，杨阜甚至直言说，当年你爹、你奶奶（卞太后）下葬你都没亲送，现在为了一个婴儿就这样，成何体统？

总之，魏明帝见到杨阜就像汉武帝见到汲黯一般，一方面看见他就讨厌，一方面却也敬佩他仗义敢言，是个社稷之臣。

然而后来杨阜见明帝屡谏不纳，闷着头在"奇观误国"的道路上越走越黑，实在没有办法，就多次向明帝要求辞职。在疏奏中，他甚至赌气说道，如果魏国灭亡他能够独存，他也就不说话了，问题是君臣存亡一体，就是为自身考虑他也要尽到诤臣的责任，现在自己的话陛下只当耳旁风，那还不如让自己去死。

见杨阜如此，明帝对其意见既不接纳，又不准许他辞职。幸而不久后杨阜病死（没准儿就是气死的），这种尴尬的局面才告结束。

前面讲到，魏明帝曹叡的性格是"沉毅断识，任心而行"，十分有主见，只要他认准一件事，九头牛都拉不回来。对于这样的君主，犯颜直谏显然不是一个好方法。在这个问题上认识最清楚的是刘晔。

据《傅子》记载，明帝即位以后，对刘晔一直颇为器重。有一次明帝与群臣商议伐蜀，群臣都说："不可。"唯独刘晔利用入侍的机会对明帝说："可伐。"但是出殿之后，刘晔却附和其他朝臣的意见说不可。那时中领军杨暨是坚决主张不伐蜀的大臣之一，他一向对刘晔很尊重，每次跟刘晔谈起此事，刘晔都将不伐蜀的理由讲得头头是道。后来杨暨随驾出游天渊池，明帝说起伐蜀，他就切谏不可。明帝责问他说你一个书生，哪里懂得军事？杨暨就说，我确实对军事是外行，可侍中刘晔是先帝仰仗的谋臣，他也常说蜀不可伐。明帝说不对啊，刘晔可是跟我说蜀汉可伐啊！杨暨为了证明自己没说瞎话，只能建议明帝召刘晔来对质。然而刘晔来了以后，明帝问什么他都不正面回答。

之后刘晔找到单独谈话的机会，责备明帝说："出兵征伐这种大事，臣睡着的时候都怕说梦话泄露机密，哪里敢对外人说起？常言道'兵者诡道'，直到战事开启，都应该严格保密。陛下您这么公开地讨论，臣只怕敌人早已经知道了。"明帝听了，就很不好意思。

出宫后，刘晔又责备杨暨："钓鱼者一旦钓中大鱼，就故意将鱼线放长，随其游弋，然后才能慢慢将其制服拉出水面。人主的权威，又岂是大鱼能比得了？你诚然是一个直臣，但进言的策略却不足取，希望你好好反省。"杨暨也为之汗颜。

也就是说，在刘晔看来，明帝这样个性强硬的君主就像桀骜不驯的大鱼，要想让他听自己的就不能硬来，而是应该顺着他的脾气引导，慢慢诱使他上道儿。所以必要的情况下，他不排斥口是心非，当面一套，背后一套。

如前所述，《傅子》虽是魏晋之际的著作，但其著述的目的是"评判得失"，有时会为了说道理而罔顾事情的真实性，故而以上刘晔言论未必可视作实录。但是我认为，其提到的这种"放长线钓大鱼"的进谏策略跟刘晔的处世哲学还是基本符合的。根据《三国志·鲍勋传》的记述，当文帝曹丕因游猎过度而被鲍勋谏阻时，刘晔曾为文帝辩护说游猎是好事，当时鲍勋就指责他"佞谀不忠，阿顺陛下过戏之言"。刘晔本传也说："晔在朝，略不交接时人。"有人问他为何这么做，他便回答："魏室取代汉室是天命，有识之士都明白这一点，但某些凡俗之人却不这么看。我在汉朝是宗室枝叶（刘晔是光武帝子阜陵王刘延后裔），于魏室却忝列腹心，少些人际交往，没什么坏处。"

刘晔毕竟是最早接触明帝的近臣之一，他深知这位被自己称为秦皇、汉武之俦的皇帝之所以在人前表现得沉毅而有主见，实是因为他最忌惮被手下蒙蔽，最厌恶臣子专权。而臣子专权的特征之一就是私结朋党。考虑到自己汉室枝叶的身份，他尤其要避免给皇帝留下这样的印象。

他还利用这一点来打击自己的政治对手。据裴注所引《世语》，刘晔曾经以专权为辞，在明帝面前毁谤尚书令陈矫。

之前有一次，明帝突然摆驾至尚书省，陈矫跪着问道："陛下欲何之？"明帝道："欲案行文书耳。"陈矫就说："文书之事自是臣之职分，非陛下所宜临。若臣不称其职，则请就黜退。陛下宜还。"明帝被陈矫说得不好意思，只好起驾还宫。

本来明帝想亲自查看文书档案，就是担心自己被手下蒙蔽，陈矫拒绝查档就可能让他耿耿于怀，现在刘晔又控诉陈矫专权，更让明帝对他充满了不信任。那一段时间，陈矫相当忧虑。次子陈骞就宽慰他说，以陛下之圣明，顶多就是做不成三公而已。后来明帝果然查明是刘晔诽谤，并没加罪于陈矫。

此事说明，明帝虽然专断，听不进他人意见，却也并非昏君。所以我们看到，尽管许多大臣犯颜直谏，说的那些话丝毫不给明帝颜面，但明帝却从来不处罚进谏之人。然而归根结底，由于明帝独断专行、刚愎自用，像辛毗、杨阜这样刚亮公直的大臣并不受重用，得其信任者大多是柔顺善变之臣。

即使像刘晔这样采取见风使舵、明哲保身的态度，一旦被明帝识破，也难免失去信任。

《傅子》说，后来有人向明帝告黑状："刘晔其人不尽忠，善伺上意所趋而合之。陛下试与晔言，皆反意而问之，若皆与所问反者，是晔常与圣意合也。复每问皆同者，晔之情必无所逃矣。"明帝最怕手下人骗他，就照此人所说，找了一些话题先反着问刘晔，然后又正着问，结果刘晔果然来回都顺着自己说。明白这一点以后，明帝从此就疏远了刘晔。"晔遂发狂，出为大鸿胪，以忧死。"按其本传所述，刘晔是在太和六年因病从侍中出为太中大夫的闲职，不久转为大鸿胪，又过了两年才病卒。若是如此，他的病应是"狂疾"，即精神出了问题。

除了明帝因大兴土木而屡屡拒谏之外，当时魏朝还有一起轰动一时

的事件对后来的政治走向影响深远。

那便是发生在青龙年间的"禁浮华"一案①。

所谓"浮华",固然有奢侈浪费、轻浮放纵、不切实际之意,作为当时的政治用语,则专指朋党交游而言。例如司马师秉政时,邓艾曾建言,行考绩则"交游之路绝,浮华之原塞",吴主孙皓时陆凯批评时政,也说今日"浮华者登,朋党者进",都是这个意思。

士人交游之风,东汉最盛。其中一个原因是到了东汉后期,随着士人阶层发展壮大,整个王朝以察举、征辟为主要手段的选官制度呈现出明显的"以名取人"倾向,而欲得"士名",常规路径就是通过交游拓展人脉、参加圈内活动积累声望。在此过程中,作为士林领袖的"名士"和以品题人物为核心的"清谈"遂同时诞生,并在相当程度上主导着民间舆论。而这种非官方的士林舆论使得"位成乎私门,名定乎横巷",构成了对政府选官权威的巨大冲击,因此历来不被专制统治者所喜。再加上交游者极易结成朋党,形成尾大不掉的利益集团,更被统治者视为大忌。所以从汉末以来,浮华朋党就一直是政府打击排抑的对象。桓、灵二帝时期的两次党锢之祸实际上就是如此,而当年曹操要杀孔融,也宣言是"破浮华交会之徒"。

在明帝以前,由于曹操用人重才不重名,以及曹丕时代九品中正制度的推行和对朋党的严厉打击,士人浮华交游的现象一时受到了遏制。但是到了明帝在位以后,随着曹魏内部第二代知识分子觉醒和成长,这一现象又出现了新的苗头,并引起了当权者警觉。

早在太和四年,魏明帝就下诏对郎吏进行考察,"其浮华不务道本

---

① 浮华案的发生时间,前人多取太和六年(232年)。今据柳春新《"青龙浮华案"析论》、杨晏州《青龙浮华案探微》,定于青龙三年(235年)之后。

者，皆罢退之"。说明那个时候皇帝就已经注意到了此事。然而此案真正爆发，则源于司徒董昭的上疏。作为一个从建安初年便死心塌地辅佐曹氏的三朝老臣，董昭声言："窃见当今年少，不复以学问为本，专更以交游为业；国士不以孝悌清修为首，乃以趋势游利为先。合党连群，互相褒叹，以毁訾为罚戮，用党誉为爵赏。"又将这些行为跟建安末年魏讽谋反于邺城、黄初年间曹伟因私交孙权而被杀相提并论，以说明浮华朋党之危害。

明帝见了董昭的上疏，就"发切诏，斥免诸葛诞、邓飏等"。又据《三国志·诸葛诞传》裴注所引《世语》：

是时，当世俊士散骑常侍夏侯玄、尚书诸葛诞、邓飏之徒，共相题表，以玄、畴四人为四聪，诞、备八人为八达，中书监刘放子熙、孙资子密、吏部尚书卫臻子烈三人，咸不及比，以父居势位，容之为三豫，凡十五人。帝以构长浮华，皆免官废锢。

再参考其他史料和前人研究，可知受这次浮华案牵连的人物姓名履历可考者总共八位。他们是：

夏侯玄，夏侯尚之子，时为羽林监；
何晏，曹操继子，当时可能为驸马都尉或其他冗散侍从官；
诸葛诞，时为尚书；
邓飏，时为中书郎；
刘熙，中书监刘放子，官职不详；
孙密，中书令孙资子，官职不详；
卫烈，尚书右仆射卫臻子，官职不详；
李胜，其父为关内侯，官职不详。

此外，有学者还认为应包括司马懿的长子司马师。因为《魏氏春秋》称："初，夏侯玄、何晏等名盛于时，司马景王亦预焉。"甚至何晏还将夏侯玄、司马师并列，品题说："唯深也，故能通天下之志，夏侯泰初是也；唯几也，故能成天下之务，司马子元是也。"另外，据《晋书》记载，司马师于景初三年司马懿为太傅后始出仕为散骑常侍，此时他已经三十二岁，明显偏晚。所以学者便推测他之前可能跟夏侯玄一样，因为牵涉进浮华案而遭到禁锢、无法做官。这有一定可能，但是毕竟没有实打实的证据证明司马师确实名列"四聪八达"之中。

至于《曹爽传》里提到的丁谧和毕轨两人，似乎并未参与。

如果仅圈定以上八人，我们可以发现，这些人大多属于年纪较轻的"官二代"，有的还是皇亲国戚，但是与此同时，他们也都是曹魏政权的边缘人。

夏侯玄之父夏侯尚在文帝朝虽为重臣，但不幸早卒，夏侯玄自己则因为不齿与明帝的小舅子毛曾共坐而被明帝嫌恨，从黄门侍郎被贬为了羽林监；何晏虽然是曹操继子，但相比同为"假子"、乖巧谨慎的秦朗，略显孤傲的何晏既不受曹丕待见，也不被曹叡所喜，所以历明帝世，他只是担任可有可无的"冗官"；刘熙、孙密、卫烈三人的父亲在当时虽颇有权势，但出身都不算高，而他们三人好像也没有官职，所以只能侧身"三豫"；其中官位最高的诸葛诞、邓飏，也不过是三品的尚书和五品的中书郎。

尽管如此，他们在洛阳士人圈中的影响力却不小。

据史料记载："是时何晏以材辩显于贵戚之间，邓飏好变通，合徒党，鬻声名于闾阎，而夏侯玄以贵臣子少有重名，为之宗主。"邓飏"少得士名于京师"，诸葛诞"与夏侯玄、邓飏等相善，收名朝廷，京都翕然"。

而这种情况，恰恰是打击朋党不遗余力的魏明帝最为忌讳之事。

于是董昭一上疏，立刻就引发了明帝的强烈反应。

然而麻烦的地方在于，这些"浮华交会之徒"终究是皇亲国戚和功臣子弟，如果打击面太大或是刑罚过于严厉，也不利于整个曹魏内部的团结。所以明帝最后只处罚了为首的十余人，将他们免官禁锢了事。

但是这件事并未到此结束。几年后，以夏侯玄、何晏为首的这批浮华之士将会再度登上历史舞台。

第158章 排抑浮华

第159章 司马懿北征

景初元年（237年）年底，已经在长安闲居了三年多的司马懿突然接到朝廷诏敕，调他即刻回京，统领大军四万开赴辽东，讨伐叛臣公孙渊。

自从几年前杀了孙权的使者，公孙渊重又向曹魏纳贡称臣。当时明帝正在应付诸葛亮北伐，也就顺水推舟表示同意，并封其为大司马、乐浪公。但是经过前面的闹剧，双方根本无法互相信任。公孙渊怀疑明帝派来封拜的使者是刺客，"先以步骑围之，乃入受拜"，又屡次对宾客口出恶言，言下之意对曹魏十分不满。

其实也难怪公孙渊对曹魏使者严加防范，因为派刺客对敌酋实施"斩首行动"本就是曹魏惯用的一种手段。就在这次封拜的两年前，公孙渊的西邻、威震漠北的鲜卑大首领轲比能被幽州刺史王雄派勇士刺杀，鲜卑诸部落由此走向分崩离析。

有迹象显示，实际上诸葛亮一死，魏明帝就准备着手解决辽东问题了。公孙氏的统治在辽东已历三世四主，根深蒂固，绝非游牧部落制的鲜卑可比，所以相比刺杀，派大兵征伐才是一劳永逸的办法。而幽州刺史王雄并没有这方面的才略，上次截杀东吴船队的田豫事后又被弹劾侵吞财物，不受明帝信任。司马懿当然是合适的人选，但是明帝又担心他功高震主，觉得能不用还是尽量不要用他。这种情况下，明帝决定起用毌丘俭。

毌丘俭早年是明帝任藩王时的文学侍从，所以明帝对他甚为亲待。太和年间毌丘俭也就仕途亨通，一路从尚书郎升迁到了荆州刺史。眼下为了对付公孙渊，明帝就把他调到幽州，取代了王雄。而毌丘俭也深知明帝的用意，于是到任未久，他便向朝廷上疏，称自己愿率军长驱，朝至夕卷，"聊可以此方无用之士克定辽东"。

尽管毌丘俭的作战计划受到了尚书仆射卫臻等人反对，但明帝还是跟以前一样，只要打定了主意，谁的意见他也不听。

于是在景初元年七月，毌丘俭统幽州诸军以及降附曹魏的部分鲜卑、乌桓军队进逼辽东南界，持玺书征公孙渊入朝。公孙渊当然不肯听命，遂发兵迎击。这时候恰逢大雨十余日不止，辽水大涨，毌丘俭作战不利，只得撤军而还。之后公孙渊索性自立为燕王，改元绍汉，署置百官，还封拜鲜卑部酋为单于，实打实地做起了土皇帝。

看这架势，明帝知道单凭一个毌丘俭多半制不住公孙渊。他经过慎重考虑，觉得还是派司马懿去比较靠谱。

接到调令后，司马懿的心情相当复杂。

十年前，曹叡即位未久，便将名列辅政大臣的司马懿调往南方边区担任军事指挥，这固然是基于当时形势需要，却也在一定程度上反映出个性独立而专断的新君与司马懿这个前朝老臣之间的关系并不亲近。十

年来，司马懿只在回朝的时候见过明帝两次，双方的交流并不多，他也很少对朝政发表见解。甚至当明帝因大兴土木而招致群臣集体劝谏之时，司马懿也同样保持了沉默。可以说，这一时期司马懿的地位基本等同于藩镇，而完全不是当初曹丕定位的辅政大臣。

即便这样，司马懿擒孟达、抗诸葛，多年来屡立功勋，声威远震，特别是随着曹休、曹真、陈群先后去世，其在群臣中的地位和声望已经无人能及。这种情况多少引起了一向忌惮手下尾大不掉的明帝担心。

据《世语》记载，明帝有一次问尚书令陈矫："司马公忠正，可谓社稷之臣乎？"陈矫则回答："司马公实为朝廷之望；至于社稷，臣未知也。"

当年在曹操、曹丕帐下，陈矫跟司马懿共事多年，对其性情人品应该是十分了解。而面对明帝"司马懿是不是社稷之臣"的提问，他却既不说是，也不说不是，其不确定的态度显然意味深长。

陈矫这种不确定的态度是否影响到了魏明帝呢？史籍没有记载。

不过，我们还是可以从迁司马懿为太尉一事上多少感知到一点明帝的意图。

青龙三年（235年）正月，也就是诸葛亮去世五个月后，明帝下诏封司马懿为太尉。

按曹魏官制，太尉为三公之首，当时的魏朝没有任何大臣的地位比太尉还高，甚至当初班位在前的司空陈群现在也要排在司马懿之后。按理说司马懿劳苦功高，以此为奖赏看上去没什么毛病。

可是问题在于，司马懿早在太和四年（230年）便已经晋升为大将军了，而按照传统，大将军"位在三司上"，班位是比太尉更高的。这一点，从当年曹操奉献帝名义封袁绍为太尉而自为大将军，因为袁绍"耻班在公下"，后来不得不将大将军让给袁绍而自居司空一事上就能看得出来。如果是正常的晋升序列，从大将军再往上，应该封大司马才对。例如曹仁、曹真都是从大将军进位的大司马，曹休亦是从征东大将军进为大司马①。况且多年来司马懿的晋升一直紧随在曹真之后，曹真为大将军时，其为骠骑大将军，曹真为大司马时，其为大将军，现在曹真已卒，他再获晋升时接任大司马，不是很正常的事吗？

然而明帝并不想这么做。

无他。自汉代以来，大司马不但在武职序列中位于最前，而且在所有实职官号中也位居最高（班位在其前的只有太师、太保、太傅，皆为虚职，亦不常设），一旦升司马懿为大司马，那么以后他就再也没有可晋升的空间。再说，大司马"总武事"，名义上相当于"天下兵马大元帅"，例来非曹氏宗亲不能担任，明帝也不愿意让本就掌握兵权的司马懿再拥有这个头衔。

于是经过一番思考，明帝决定授司马懿为太尉。对此，后来曹爽曾解释说，这是因为明帝考虑到曹仁、曹休和曹真都是在当上大司马后没两年就死了，不让司马懿当大司马，其实是皇帝期望他长命百岁的一片苦心。

这个理由只能糊弄一下小孩儿，明帝的真实态度，司马懿岂能不知？

因此，尽管明帝事后对司马懿"累增封邑"，以此稍示抚慰，但司马懿还是在皇恩浩荡中感觉到了一丝凉意。

现在，六十岁的司马懿再次被召至京师，受命出征辽东。

据说临行前，魏明帝对司马懿说："辽东弹丸之地，本不足劳君远

---

① 曹休能跳过大将军而从征东大将军直接晋升大司马，应该是明帝对其因未能入朝辅政而有"外内之望"加以抚慰的结果。

征。实在是我志在必克，故此相烦。君以为，公孙渊将以何计相待？"

司马懿道："公孙渊若弃城远遁，是为上计；若据辽水以待大军，是为中计；若坐守襄平，此成擒耳。"

明帝又问："你觉得公孙渊会做何选择呢？"

司马懿说："只有足够明智的人才能知己知彼，预先有所取舍。公孙渊怕是做不到这一点。他以为我军悬军深入，势不能持久，所以一定会先据辽水，然后坐守。"

"那此次出征，往返共需多久？"明帝问道。

"往百日，攻百日，还百日，以六十日为休息，如此一年足矣。"司马懿回答。

司马懿还劝皇帝，现在黄河以北百姓困苦，内外同时兴役对国家消耗太大，应该暂时中止宫室营造以救时急。明帝不置可否。

为了支持此次战事，明帝总共调发了四万军队交给司马懿统领。

之前大臣们都表示，四万兵实在太多，会大大加重途经州郡的财政和劳役负担。但明帝却说："四千里征伐，虽云用奇，亦当任力，不当稍计役费。"依然派给司马懿四万人马。需要注意的是，这只是从洛阳方面派出的军队数量，而不是此次战役动用的军力总数。因为据散骑常侍何曾的上奏，司马懿所统包括"北边诸将及懿所督"，"懿所督"即洛阳出发的四万人，"北边诸将"则指毌丘俭等幽州原有的驻防部队。裴注引《毌丘俭志记》云当时朝廷以毌丘俭为司马懿之副，也可证明这一点。

于是在景初二年（238年）正月，司马懿统领牛金、胡遵等步骑四万离开洛阳，展开了对辽东的征伐。魏明帝亲至西明门相送，还特旨允许司马孚、司马师送过司马懿的老家温县，郡守以下都来饯行。

在温县，司马懿大摆筵席，与父老故旧宴饮终日。觥筹交错间，面对众人纷至沓来的颂扬奉承之语，司马懿怅然有感，不知为何竟叹息起来。末了又亲自作歌一曲："天地开辟，日月重光。遭遇际会，毕力遐方。将扫群秽，还过故乡。肃清万里，总齐八荒。告成归老，待罪舞阳。"

这首诗是司马懿存世的唯一作品。其文辞浅白，算不上优美，反映的胸襟和境界也不太高。有意思的地方在于，整首诗歌虽以弘扬主旋律为基调，其末尾却以"告成归老，待罪舞阳"这一略显灰暗的情绪迎来了结束。在"天地开辟，日月重光"之世，司马懿若是立下"肃清万里，总齐八荒"之功，又何以认为自己在告老还乡后会"待罪舞阳"（司马懿爵封舞阳侯）呢？这其中或许真的含有某些不足为外人道的苦衷。

公孙渊闻知曹魏大举来伐，颇为恐惧，于是又向东吴遣使称臣，求孙权发兵相救。

孙权一听，又是好气，又是好笑，心说你公孙渊难道当我是傻子吗？

一开始，孙权想杀了公孙渊的使者，任其自生自灭。但太子中庶子羊衜献计说，这种做法除了泄愤没什么好处，不如假意应允，然后派奇兵进袭，"倘若曹魏没能灭掉公孙渊，那我军就是万里相救、义薄云天；要是他们两家相持不解、自顾不暇，那我们也可以趁机掳掠其郡县人口，足可报当年之仇"。

孙权说这个办法好。就对公孙渊的使者说："请你回去等待消息，我一定与文懿（公孙渊字）弟同休戚，共存亡，即便殒命于中原，也是我所甘心。"又说，"司马懿所向无前，我深为文懿弟感到忧虑。"等使者一走，他就派羊衜、孙怡等率水师启程，也去袭掠辽东。

第159章 司马懿北征

第160章 荡平辽东

按照司马懿的规划,从洛阳到辽东四千余里,需百日抵达。

然而在幽州与毌丘俭会合后,大军经孤竹,越碣石,于六月间才进至辽水西岸,比司马懿估算的多花了一个月时间。这大概是因为,此次司马懿北征走的正是当年曹操征乌桓回师所经的"傍海道",途中要经过两百里无人区,其旅程比预想的要更为艰难。

穿越"傍海道"后,司马懿遇到了新的挑战。

据学者研究,古时候在辽河以西的下游地段,曾经存在一个方圆数百里的沼泽湿地,名为"辽泽",今盘锦市境内的大小湖泊和河流,就是古辽泽消失后的残留。在当时,辽泽和辽水共同构成了襄平西部的天然屏障,每逢雨水多发季节,这片广袤的地域就会成为难以通行的禁区。上次毌丘俭于七月间来伐,就是因为辽水大涨,作战不利,才迫不得已而收兵。而现在已是六月,大雨随时可能来袭,司马懿必须尽快越过辽水，才能进入东边地势比较高敞的地带。

公孙渊当然要阻止他这样做。正像司马懿之前估计的，他派大将卑衍、杨祚等领兵数万驻守辽隧（今辽宁海城西），依托辽水建造了二十余里的长围（一说南北六七十里）以阻遏魏军。

两军初次交锋，卑衍试探性的进攻被司马懿派胡遵击退。接下来的战事据《晋书》讲述，司马懿先是"盛兵多张旗帜"，假装要绕过敌围向南方进攻，等到敌军大众来赴之时，他又引军向东北方急行，"泛舟潜济，以出其北，与贼营相逼"，在敌围的北面紧靠辽水也筑起了一道长围。卑衍本以为司马懿这是要跟自己相持，哪知道长围筑好以后，司马懿又弃之不顾，引军直向襄平而去。诸将对此十分不解。司马懿就解释说："贼寇坚营高垒，欲以老吾兵也。攻之，正入其计，此王邑所以耻过昆阳也。古人曰：'敌虽高垒不得不与我战者，攻其所必救也。'贼大众在此，则巢窟必然空虚。我直指襄平，必人怀内惧；惧而求战，破之必矣。"

当年昆阳之战刘秀之所以能以少胜多，一个很重要的原因就是王邑顿兵坚城之下，士气相当低落。司马懿拿这件事当例子，就是强调曹军没必要在这里跟卑衍打消耗战，而是应该攻敌所必救，去打公孙渊的老巢。

卑衍发现司马懿人去营空，便知他一定是去袭击襄平，急忙回追。双方一前一后，进至距襄平还有十五六里的首山时，司马懿道："所以不攻其营，正欲致此，不可失也。"于是掉过头来对敌人进行了迎头痛击，三战三捷，大破卑衍。紧接着乘胜进抵襄平，将公孙渊围在了城中。

魏军还没将围堑修好，时间已进入七月，大雨又如期而至。

这次降雨时断时续，一直持续了三十多天。

雨水最盛时，陡然间平地涨水数尺，将士们大为震恐，都要求将营地立刻转移。而一旦这样做，对襄平城的包围就将前功尽弃。于是司马懿下令，军中但凡有人敢言徙营，一律处斩。有个叫张静的军官一时不慎犯了此令，立刻被司马懿斩首，军中局势这才稳定下来。

这边厢曹魏士兵泡在烂泥里忍受着蚊虫叮咬，那边厢由于襄平城地势较高，公孙渊的士兵却能够打柴的打柴，放羊的放羊，看上去一切照旧。诸将建议派骑兵劫杀那些出城樵采的敌兵，司马懿又不准。司马陈圭不解，问道："当年攻上庸之时，八部并进，昼夜不息，所以才能在十五六天的时间里攻克坚城，擒斩孟达。现在我军远来，反而不急于进攻。我实在是有些不明白。"

司马懿便回答："孟达兵众虽少，城中粮食却可支一年，而我军将士四倍于孟达，军粮只能支持一个月，以一月图一年，怎可不速？以四击一，就算折损一半，犹所当为。我之所以不计死伤，是为了与军粮消耗的速度相竞争。现在贼众我寡，贼饥我饱，再加上大雨如此，工事难以营造，就算我想急攻，又能有什么作为？自从兵发京师以来，我最担心的不是跟公孙渊作战，而是他逃走。如今敌人存粮将尽，我方又围堑未合，这时候倘若掠其牛马，抄其樵采，那就是逼着公孙渊弃城逃窜。须知兵者诡道，要善于因应时势。敌人自以为兵多，又仰仗雨水，所以虽有饥困之忧，却仍不肯远遁。这种情况下便当外示无能以安其心。"

魏军攻势受阻于雨水的消息传回洛阳，朝臣都主张应尽早收兵。但魏明帝坚持认为："司马懿临危制变，公孙渊之擒，指日可待。"

不过话说回来，大雨对魏军也不是全无好处。由于辽水暴涨，河道大为畅通，从幽州、青州而来的运粮船可以从入海口溯流而上，一直开到襄平城外。至少在几个月内，司马懿都不必为军粮问题担心。

进入八月，天气终于放晴。司马懿立刻命三军合围，并建造土山、地道、冲车、楼橹，还制造了一种"发石连弩"，展开了对襄平的围攻。这个时候，公孙渊就是想跑也已经来不及了。

经过二十来天的攻守，襄平城墙虽仍屹立不倒，城里却闹起了大饥荒。史称："粮尽，人相食，死者甚多。"公孙渊的大将杨祚也逾城来降。到了九月七日夜间，忽有一大流星长数十丈，从首山东北直坠襄平城东南（《晋书》云自襄平城西南流于东北），引发了城中军民极度恐慌。公孙渊大惧，就派相国王建、御史大夫柳甫等来向司马懿乞降。

此举可能是缓兵之计。因为王建提出，投降的条件是司马懿停止攻势，并退避三舍以示诚意。司马懿则砍下了王建等人的脑袋以示答复，还传话给公孙渊说，一定是王建等老糊涂了才错误传达了公孙渊的意思，要是还想谈，就派几个头脑清楚的年轻人来。于是公孙渊又派侍中卫演前来，说司马懿如果不信，自己愿意送儿子当人质。司马懿又道："军事大要有五：能战当战，不能战当守，不能守当走，剩余二事，惟有降与死耳。你既不肯面缚，那就是决心就死，也不须送什么人质。"

公孙渊心知自己之前反复无常，在明帝眼中早已罪恶昭彰，现在又毫无谈判的资本，即便投降也是难免一死。于是在九月二十三日，他和儿子公孙修带领数百骑兵从东南方突围而出，看样子是想去投奔高句丽。司马懿急忙调军追击，正好赶在前些天流星坠落的地方将公孙渊父子擒斩。①襄平城随后失陷。

司马懿入城后，将城中十五岁以上的男子七千余人全部坑杀，以为京观（积尸封土筑成的高台），公孙渊署置的公卿以下两千余人也被斩杀。辽东、带方、乐浪、玄菟四郡皆平，共收得民户四万、男女三十余

---

① 流星坠落和擒斩公孙渊的时间，据《三国志·公孙渊传》，一在八月丙寅，一在八月壬午。然景初元年三月初行景初历之时曾改三月为四月，则二年八月庚寅朔，无丙寅、壬午，九月庚申朔，丙寅为初七，壬午为二十三日。此两日实在九月。

万口。东吴派去的水师也掳走了一小部分人口。割据辽东五十年的公孙氏政权,至此寿终正寝。

十一月,朝廷论平定辽东之功,封司马懿等将士"增邑封爵各有差"。但司马懿的官号仍是太尉,爵位也没有变化,实际的封赏仅是"增封食昆阳,并前二县",即食邑从舞阳一县变成了舞阳、昆阳两县。相比荡平辽东的战果,明帝这一封赏其实相当吝啬。

十二月,统军回师至河内汲县(今河南汲县西)的司马懿收到朝廷诏书,命他走轵关(今河南济源西)直接回长安,不必再回朝面圣。可是数天后,宫里的辟邪竟然送来一封用黄纸写就的明帝手诏,上言:"间侧息望到,到便直排阁入,视吾面。"意思是我只要有时间,就侧着身子盼望你赶快到来,回来以后不必请示,直接入宫进到我的面前。司马懿大惊,因为他六月间刚到襄平时就做过一个梦,梦里明帝枕着自己的膝头,只说了三个字:"视吾面。"眼下与手诏一印证,可知宫里一定出了极大的变故,再一问辟邪,果然是明帝身染重疾,势将不起了。

据《三国志》的记录,明帝曹叡是在十二月初八日开始"寝疾"。得病的原因则不详。

几年前,寿春县有个农民的妻子自称是天神所派,命中注定要"营卫帝室,蠲邪纳福"。由于这个巫女用符水治病颇有灵验,明帝就把她迎入后宫,甚为优宠。这次明帝染病后,也喝了巫女制作的符水,然而并不见效,就下令将她杀掉。到了二十四日,明帝自知已经没有痊愈的希望,于是开始安排后事。

前文已述,因为没有子嗣,之前明帝曾收养了曹芳、曹询为后。此时曹芳刚刚八岁,曹询九岁。由于宫省事秘,尽管有传言说曹芳可能是皇帝的堂弟任城王曹楷(曹彰之子)的子嗣,但没有人能够确知谁才是他们两人的生身父亲。按理说，当皇帝无嗣时，应该首先从直系中选择血缘最近的继承人。可是据文献记载，可能是曹丕的基因不太行，他的十个皇子当中，至明帝去世时仍然健在者只剩下了东海王曹霖一人。加以此公又是个性情粗暴的恶棍，"闺门之内、婢妾之间，多所残害"，自然不能立为国君。

曹丕这支既然不行，那关系最近的就是同为卞后所生的曹植、曹彰两支。此时曹植已经去世，但是考虑到他生前曾与曹丕有太子之争，甚至太和二年明帝西征至长安时还一度产生过明帝驾崩、从驾群臣迎立曹植的谣言，明帝是绝不情愿让曹植的后代坐上帝位的。曹彰之子曹楷则生育能力较强，之前元城王曹礼死后无子，就是以曹楷子曹悌为嗣，邯郸王曹邕死后，也是以曹楷子曹温为嗣。立曹楷子为后在血缘上较近，辈分也合适，所以传言说曹芳是曹楷的后代，也并非全然是空穴来风。这可能就是明帝选择曹芳而没有选择年龄更大一点的曹询的原因。

鉴于曹芳只有八岁，不能没有母亲抚养和教导，所以明帝还得提前为他选择一个太后。

这件事则相对比较简单。

因为四年前，曹丕的皇后——文德太后郭女王已经死了，后宫里没有人能够干涉曹叡的选择。

说起来，郭女王的死也是一个历史疑案。

前面提到，当初曹丕赐死曹叡的生母甄妃后，曾叫曹叡认郭女王为母，两人的关系实际上相当冷漠。而甄妃临死前，曾将自己获罪的始末缘由告知了一位李夫人。按《三国志》的说法，郭太后在青龙三年春死于许昌。那时候明帝为修建洛阳宫室，和后宫嫔妃都在许昌暂住。但是《魏略》却说，郭太后之死是因为明帝"追痛甄后之薨"，她才"以忧暴崩"的。而且在她死后，李夫人才向明帝透露，甄妃之所以被赐死，

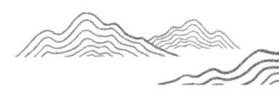

主要是因为郭女王进谗言，以致其死后"不获大敛，被发覆面"。明帝得知后又是悲痛，又是愤怒，于是就下令将郭女王也如此安葬。

《汉晋春秋》也记载："初，甄后之诛，由郭后之宠，及殡，令被发覆面，以糠塞口，遂立郭后，使养明帝。帝知之，心常怀忿，数泣问甄后死状。郭后曰：'先帝自杀，何以责问我？且汝为人子，可追仇死父，为前母枉杀后母邪？'明帝怒，遂逼杀之，敕殡者使如甄后故事。"

事实可能就是这样。但这个说法也不是没有问题：甄妃被赐死时明帝已经十七八岁，即便那个时候他不知道母亲被害的细节，也应该猜得到郭女王得宠与甄妃失宠之间存在联系。如果他有心追查生母的死因，那他即位后很容易就能查到郭女王头上。而郭女王死的时候明帝已经在位九年了，怎么九年的时间里他不逼问，偏偏在这时候才想起来逼问呢？而那个李夫人又为什么在此前的九年里不向明帝告发，偏偏要等到郭女王死后才说出往事呢？

除非将来发现新的史料，否则这些问题大概没有人能够说清楚了。

第161章 高堂隆的警告

景初二年十二月二十四日，病榻上的魏明帝宣布立郭氏为皇后。

此郭后非彼郭后，跟前面提到的郭女王没有任何关系。

明帝在当藩王时，最早是纳了出身河内大族的虞氏为妃，可是他却不喜欢虞氏而宠爱出身微贱的毛氏。等他当了皇帝，就在太和元年立毛氏为皇后。虞氏因为不得立，屡有怨言，甚至当太皇太后卞氏前来劝慰她时，她还抱怨说："曹氏自来喜好立贱，从未能以道义取人。然而内外之道相辅相成，若不能善始，就很难善终。恐怕曹家将来迟早会由此而亡国绝祀！"明帝知道后就将虞氏打入了邺城冷宫。

毛氏专宠的情况并没持续太久。没过几年，明帝便又喜欢上了出身西平大族的郭氏，对毛后的态度也就一天比一天冷漠了。

景初元年的一天，明帝带着郭夫人和一众嫔妃在后园游赏宴乐。郭夫人说："应该请皇后一起来。"明帝不许，还命令左右谁都不能跟皇后说。然而没有不透风的墙，不知怎地毛皇后还是知道了此事。第二天见到明帝，毛皇后就很有情绪地说道："陛下昨日游宴北园，想必一定很欢乐吧？"明帝为了追查是谁泄露了消息，一连杀了十几个身边人，毛皇后也被他下令赐死了。

眼下明帝自知不起，只好立郭氏为皇后（史称郭元后），并将曹芳、曹询托付给她照料。

最后，他还要指定几位托孤辅政的大臣，这才是他感到最为棘手的地方。

我前面讲到，自打秦始皇建立起"君一人而臣万民"的专制皇权体制，坐在御座上的皇帝就始终面临着来自七大方面的挑战，即宗室、外戚、宦官、大臣、小民、夷狄和读书人。不过换个角度来看，宗室、外戚、宦官、大臣这四者既在内部构成对皇权的挑战，同时对外而言也是维护皇权的柱石。因为说到底，皇帝老子总不能一个人治理国家，总得需要以上四者提供不同程度的帮助。所以对皇权而言，最理想的状态就是四者共存，任何一方都没有强大到足以威胁皇权的地步，而最危险的状态就是一家独大或者他们难以共存，非要斗个你死我活。

东汉的衰亡，后人很大程度上归咎于宦官和外戚。所以曹魏立国后，一直注意压制这两方势力。例如曹丕甫一即位，便宣布"宦人为官者不得过诸署令"，而且将此命令刻成金策，藏于石室，代代遵行。到了黄初三年，他又下诏："自今以后，群臣不得奏事太后，后族之家不得当辅政之任，又不得横受茅土之爵。"因此在曹魏一朝，外戚和宦官的势力一直没有得到太大的发展，他们对政治的影响力微乎其微。与此同时，曹丕因为在上位的过程中曾受到来自曹植、曹彰的挑战，他也采取了诸多措施来限制和防范宗室诸王。这一点前面已经有所交待。

所有这些情况导致在曹叡上台时，宗室、外戚、宦官这三股势力都处于低落衰微的状态，以开国元勋为主的大臣们成了唯一有实力与皇权博弈的群体。

按照儒家知识分子的理论，这种状况没什么不好。因为只要大臣们各司其职，皇帝只需垂衣拱手，便可天下大治，据说上古那些圣王们就是如此。但是法家那些思想家则告诉我们，人都是自私的动物，在利益面前，老婆孩子都不能信任，更何况那些跟你没什么关系的异姓大臣。数不清的历史事实也证明，君主本人的利益与官僚集团的利益往往并不一致，甚至有时还会互相冲突，特别是每当一个王朝进入中后期，官僚集团的自利倾向就会不可遏止地超过服务倾向。因此，对任何强势君主来说，要想有效地驾驭群臣而不是被群臣所驾驭，他必须时刻紧握权柄，并千方百计阻止臣僚结成朋党。

对曹叡而言，这一情形尤其严峻。因为文帝曹丕留给他的都是功勋卓著、位尊望隆的老臣，而他自己则是在曹丕临终前才被立为太子，除了少年时的几个玩伴，基本上连个可信任的人都没有，更谈不上什么私人势力。宦官、外戚和宗室这三个汉代皇帝经常信用的帮手，到他上台的时候却一个也仰仗不上，他只能独自一人去面对那些各怀私计的文武大臣。故此我们看到，魏明帝之所以表现得任性专断、独立而有主见，也不全是他"秦皇、汉武之俦"的性格使然，而是反映了他内心深处的恐惧：他觉得不这样做，就有被臣下操纵的危险。所以他不信任手下，希望能亲自查验文书档案；他忌讳结党营私，严厉惩治浮华朋党一案；他憎恨被大臣蒙蔽，最后疏远了表里不一的刘晔；他将曹休、曹真、司马懿三位辅政大臣派往边境，"皆以方任处之"，也是因为他希望"政自己出"，握有对朝政的绝对控制权。

就实际效果而言，曹叡是成功的。

前面提到，当曹叡初上台之时，孙权对曹魏的国运曾有一番分析预

测，即认为曹丕不比曹操，而曹叡则不如曹丕，理由是以曹叡之幼弱，必定"随人东西"，到时候陈群、曹真等大臣就会"弄巧行态，阿党比周"，"奸谗并起，更相陷怼"，最终酿成"群下争利，主幼不御"的混乱局面。

然而实际的情况恰恰相反。因为孙权没有想到，曹叡并不是"随人东西"的幼弱之君，他个性强硬，沈毅明敏，精通御下之术，在他的治下不但没有出现群臣结党争利的局面，而且陈群、曹真、司马懿这些老油条也都被他治得服服帖帖。面对蜀汉和孙吴的东西夹攻，曹魏政权不但没有像孙权预测的那样衰弱下去，而且还平定了辽东，使其版图达到了最盛。这些事实足以证明，曹叡对国家的统治可谓成功。

然而这并不是说曹叡的统治就没有隐忧。

青龙三年秋，一年前被火灾焚毁的洛阳崇华殿修复未久，又再次发生了火灾。此事并没有影响明帝大兴宫室的决心，他不但下令原地重建，而且华饰过于从前。可能是出于厌胜的需要，考虑到龙能兴雨而克火，明帝还将崇华殿改名为九龙殿。到了第二年，重修的九龙殿陵霄阙初具规模，就有鹊鸟在上面筑起了巢。明帝就召见侍中、太史令高堂隆，问这件事有何寓意。

高堂隆学识渊博，精通阴阳谶纬之学，早年曾经在明帝为平原王时担任过他的王傅，两人关系较亲，说起话来也不太有顾忌。

高堂隆说："《诗》云：'惟鹊有巢，惟鸠居之。'如今大兴宫室，起陵霄阙，而鹊巢之，此乃宫室未成身不得居之象也。天意若曰，宫室未成，将有他姓制御之。斯乃上天之戒也。"后面他又借题发挥，说了许多劝谏明帝罢役休民的话。但是真正让明帝"改容动色"的则是他对陵霄阙"鹊巢鸠占"的解释：未来将有他姓占据这座新建的宫殿。

后来高堂隆染病，临死前向明帝上遗疏，再次警告他说："臣观黄初之际,天兆其戒,异类之鸟,育长燕巢,口爪胸赤,此魏室之大异也,宜防鹰扬之臣于萧墙之内。"为此他建议给曹氏宗王以兵权,好让他们起到"镇抚皇畿,翼亮帝室"的作用。

许多学者认为,高堂隆这些"鹊巢鸠占""鹰扬之臣"的比喻其实指的就是司马懿,并进而认为,当时司马懿篡魏之心已经显露,然而明帝却并未领悟,曹魏灭亡就肇因于此。

例如王夫之在《读通鉴论》中就声称:"高堂隆因鹊巢之变,陈他姓制御之说;问陈矫以司马公为社稷之臣,而矫答以未知。然则魏之且移于司马氏,祸在旦夕,魏廷之士或不知也,知而或不言也。隆与矫知之而不深也,言之而不力也。"王夫之认为高堂隆、陈矫都非真正的"忧国之臣",因为他们明明感知到了司马懿的野心,却遮遮掩掩地不把话跟皇帝挑明,如果不是有私心,那还能是什么原因?

可是我却认为,王夫之实在是有些冤枉了陈矫和高堂隆。

正如白居易诗中所说:"周公恐惧流言日,王莽谦恭未篡时。向使当初身便死,一生真伪复谁知?"在后人看来,司马懿久怀狼顾之心,其亡魏成晋的事业肇始于明帝时代似乎无可非议。然而一旦进入当时的历史情景,以当时人的眼光来审视,就会发现这一点恐怕并不能成立。因为如前所述,从曹丕时代一直到曹叡时代,这二十年来司马懿在其职位上尽职尽责,其所作所为看不出有任何的不臣之心。即便他有不臣之心,明帝也没有给他任何机会。当时司马懿在曹魏的权势地位别说跟诸葛亮没法比,就是跟东吴那边坐断上流的上大将军陆逊相比,可能也有不如。如果他真的能对皇权构成威胁,那明帝除掉他只是一纸诏书的事儿。诚然,陈矫说不确定司马懿是不是社稷之臣,但这不等于说他认为司马懿是奸臣。再说这只是陈矫的一己之见,也有人和他意见相反。例如曹丕当年的好友吴质就对明帝盛赞司马懿,称其"忠智至公,社稷之臣也"；东吴大鸿胪张俨虽然认为司马懿不如诸葛亮，但也承认他"辅翼幼主，不负然诺之诚，亦一国之宗臣，霸王之贤佐"。如果像王夫之所说的，"青龙、景初之际，祸胎已伏，盖岌岌焉"，时人是不会看不透这一点的。

那么，高堂隆的"鹊巢鸠占""鹰扬之臣"之论到底是什么意思呢？

在我看来，高堂隆的警告不是针对某个人，而是针对一种危险趋势。

在曹魏政权建立的专制皇权统治体系中，由于宗室、外戚、宦官这三种势力结构性缺失，皇权在与官僚集团进行权力博弈时无所依傍，而只能仰赖于君主个人的政治权威和帝王心术。明帝的统治虽然成功，但他种种独断专行、好大喜功、消极拒谏、耗竭民力的行为也造成了一定的恶果，其中之一就是加深了君臣之间的隔阂，使整个官僚集团明哲保身的自利倾向超过了为国家和君主尽忠的服务倾向。一旦明帝过早离世，新君幼弱，自然也就谈不上什么政治权威和帝王心术，这时候皇权对官僚集团失去制约，最可能出现以下情况：先是位高权重的大臣们彼此争权，互相争斗，随后就是争斗中胜利的大臣野心膨胀，反噬其主而篡权夺位。在此过程中，基于自利倾向的整个官僚集团只能任由其发生。就这个意义而言，"鹰扬之臣"未必是专指司马懿。只要这种危险的结构和趋势没有改变，即使没有司马懿，将来也会有其他大臣脱颖而出。所以高堂隆最后才劝明帝："可选诸王，使君国典兵，往往棋跱，镇抚皇畿，翼亮帝室。"即扶持宗室力量来制约大臣。

这才是高堂隆之言的真正含义。

第162章 谁为陈平、周勃

高堂隆的话，明帝不是不明白，可是曹魏开国二十余年（从曹操封魏公起），统治结构早已固化，原有的趋势积重难返，一时间很难扭转。

惩于东汉宦官为祸之烈，曹丕勒令宦者为官不得过诸署令，明帝自己也无心培植宦官势力，这点不必再提。

至于外戚，有迹象显示，明帝曾试图有所扶持，但是由于种种原因，效果都不甚理想。例如毛皇后的父亲毛嘉，本来只是一个"典虞车工"（造车、修车的），因为女儿的关系暴得富贵，爵封乡侯，但是他的言谈举止却整个是一个土老帽儿，完全上不了台面。有一次明帝令朝臣在其家聚会饮宴，毛嘉紧张得手脚没处放，每次开口自称"侯身"，一时沦为京师笑谈。而皇后的弟弟毛曾也曾因与夏侯玄并坐而被时人讥讽为"蒹葭倚玉树"。这样的人物，不给明帝添乱就不错了，怎么可能成为他政治上的佐助？

明帝还曾大力扶植自己的母舅一方。他即位未久，便"差次舅氏亲疏高下，叙用各有差，赏赐累巨万"，还封表弟甄像为虎贲中郎将。青龙二年抵御孙权入寇合肥的那次战争，明帝还任命甄像为伏波将军，持节监诸将东征。战事结束后又以其为射声校尉，负责宫廷禁卫。可以想见，如果一切顺利，甄像这个人将来在明帝朝的政治当中很可能会扮演一个重要角色。然而天不遂人愿，第二年甄像就去世了，明帝培养舅氏势力的计划遂告夭折。

明帝一朝，唯一对政治有点影响的外戚是卞太后的侄子卞兰。他曾经担任散骑常侍，并代表明帝应对高堂隆的进谏。史称卞兰少有才学，常常利用自己侍从的机会向明帝切谏大兴宫室之事。"帝虽不能从，犹纳其诚款。"不过卞兰也死在了明帝前面。

既然外戚无法倚仗，那明帝有没有向高堂隆建议的那样扶持宗室诸王呢？

对于这一点，明帝的态度相当复杂。

一方面，明帝继承了曹丕时代对诸王严加防范和限制的苛禁政策，但是在其统治的中后期，他又对这种苛禁的力度有所缓和。当时诸王的食邑有所增加，生活条件有所改善，也被允许在朝廷规定的时间内朝聘往来。就连身份极其敏感的曹植也屡次向明帝上疏，希望朝廷给自己一个"立功于圣世"的机会。尽管明帝没有答应他的请求，但他既敢于自荐，多少也说明政治环境相对宽松了一些。不过总体而言，宗王还是被圈养在封国之内，不能仕进居官，更不能入朝辅政，宗王置身于国家政权之外的情况并没有实质性的改变。

另一方面，明帝似乎也想在宗室中选择一二亲信之人，委以重任。对此，史籍中有他跟中书令孙资的对话可资证明。

据《孙资别传》，明帝曾诏问孙资："吾年稍长，又历观书传中，皆叹息无所不念。图万年后计，莫过使亲人广据职势，兵任又重。今射声校尉缺，久欲得亲人，谁可用者？"

明帝以其亲身经历和从书中得来的历史经验，觉得为魏室江山考虑，最好的办法就是让亲戚宗室占据要职、掌握兵权。射声校尉负责宫廷禁卫，自然属于这类要职，所以他才问孙资用谁担任比较合适。

孙资说："陛下思虑深远，诚非愚臣所及。正如书传所载，如果当年汉高祖不重用陈平、周勃，汉武帝不托付金日䃅、霍光，那后面发生的事就将不可想象。昔年文皇帝召曹真还京辅政时，他就曾亲口向臣透露过担忧和顾虑，及至文皇帝晏驾，陛下即阼，仍有曹休生出外内之望，幸亏日月无情，陛下又御下有道，诸臣才各守分职，嫌隙不起。由此看来，亲臣贵戚虽然应当据势握兵，但也应该分出轻重高低。就好像诸侯典兵，如果权力相等，宠信均平，那就难免互不服气；互不服气，就会各自为政。如今宿卫五营各自所统领的禁兵，通常不过数百，从亲贵里挑选校尉还是比较好选的。至于更重大的职任，能对朝政有所纲维者，陛下还是应该挑选一两个像陈平、周勃、霍光那样的人物，逐渐增强其权威，让他起到镇抚朝纲的作用，此不失为善策。"

按照孙资的讲述，以曹丕跟曹真、曹休的交情，其实也做不到百分百的信任，所以当年召曹真入朝担任上军大将军、都督中外诸军事时，曹丕也有过犹豫。后来曹丕临死前虽然指定了四位辅政大臣，但曹休实际上一直在南方前线，不曾履行过辅政的职责，故此他才生出了"外内之望"，与曹真或有不和。只不过曹休早死，最终没酿成纷争①。孙资拿

---

① 据《三国志·蒋济传》，后来蒋济在上疏中也提到"往者大臣秉事，外内扇动。陛下卓然自览万机，莫不祗肃"。可能说的也是曹真、曹休不和之事。

这些往事当例子，就是想劝告明帝，起用宗室贵戚虽好，但是不能光搞平衡，还得设法建立一个尊卑有序的权力等级，并让最可靠也最有能力的人来担任权力等级最上端的"有所纲维者"，如此才能避免权臣内部因互不服气而陷入争斗。

明帝心知孙资的话在理，就继续问道："卿之所言，确为深谋远虑。只是如陈平、周勃、霍光者，今日谁能当此任？"

孙资并没有正面回答，而是陈述说陈平、周勃、霍光等都是经过长期考验才获得了信任，即便这样还有人质疑他们的人品，可见知人不易，为臣犹难，这一人选"当得陛下所亲，当得陛下所信，诚非愚臣之所能识别"。

那么，明帝后来是否采纳了孙资的建议，着手拣选和培养自己的陈平、周勃、霍光了呢？史籍没有明说。不过，我们还是可以找到些蛛丝马迹，证明明帝确实曾有这样的举措。

景初二年十二月二十四日，与立郭后同时，病榻上的明帝颁布了他的第一份辅政大臣名单：以燕王曹宇为大将军，与领军将军夏侯献、武卫将军曹爽、屯骑校尉曹肇、骁骑将军秦朗等共同辅政。

这位领衔的燕王曹宇是曹操所生，也就是明帝的叔父，但是他的年龄比曹叡也大不了几岁，两个人在年少时经常一同游玩，感情很好。等到明帝即位，对他的宠赐也比诸王更加优厚。按曹丕定下的规矩，居于封国内的诸宗王除非有特旨，否则是不能入朝的。据其本传记载，青龙三年时，在其他宗王未获允许的情况下，明帝独独征燕王曹宇入朝来见，而且在京师一住就是两年，至景初元年夏才返回封国邺城，可见曹宇在明帝心中的地位相当特殊。考虑到明帝的表弟甄像在青龙三年去世时的职位正是射声校尉，而明帝与孙资的对话又是因射声校尉出缺而引起，所以孙资提出以上建议的时间很可能是在青龙三年。也就是说，明帝之所以召燕王曹宇入朝，可能就是想像孙资建议的那样把他当陈平、霍光培养。到了景初二年夏天，明帝再次征曹宇入朝。这一次曹宇没有再返回封国，直到十二月二十四日，他被明帝加封为大将军，列为辅臣之首。

排在曹宇之后的其余四位辅臣，夏侯献史籍无传，其生父为谁不详，但从其被收录于《魏名臣奏》的奏表来看，至迟在青龙二年他便出任中领军这一统领宫廷禁军的职位了。

曹爽是曹真之子，应该是在太和年间开始接替许褚担任武卫将军。其本传称："少以宗室谨重，明帝在东宫，甚亲爱之。及即位，为散骑侍郎，累迁城门校尉，加散骑常侍，转武卫将军，宠待有殊。"明帝对他的信任很像曹丕对于曹真。

曹肇则是曹休之子，"有当世才度"。据前引《曹毗曹肇传》，曹肇和其弟曹纂都是明帝的玩伴，"赌衣弄帻"之事就发生在他们之间。屯骑校尉和射声校尉一样属于五校，明帝让曹肇当屯骑校尉，也是对他充满信任的表现。

最后，秦朗即曹操继子，从小性格乖巧谨慎，所以跟何晏不同，他在曹丕、曹叡时代都颇受宠爱。《魏略》说："每车驾出入，朗常随从。时明帝喜发举，数有以轻微而致大辟者，朗终不能有所谏止，又未尝进一善人，帝亦以是亲爱；每顾问之，多呼其小字阿苏，数加赏赐，为起大第于京城中。"因为这种逢迎柔顺的个性和其在明帝身边扮演的角色，《魏略》将秦朗列入了《佞幸传》。早在青龙元年，秦朗就曾以骁骑将军的身份统中军出讨并州鲜卑。

据《宋书·百官志》，曹魏的禁卫系统主要分为内军、外军两部分。内军负责宫城内的警卫，最高长官为领军将军（中领军），下辖五校、中垒、武卫三营（不过这是后来的制度，此时中垒营可能还不归领

军将军管辖);外军则负责宫城外、京城内的警卫,最高长官为护军将军(中护军),此时任此职者为蒋济。

我们发现,明帝这份辅政大臣名单的特点是:五人皆为曹氏宗亲,也都是明帝少年时代便亲近的人物,所以明帝才让他们充任禁卫长官之职。这一点跟前面他对孙资所说"使亲人广据职势,兵任又重"的期望是相符合的。而且五人当中,燕王曹宇独以大将军之职居于众人之上,似乎也能起到"有所纲维者"的作用。

没想到三天以后,明帝又改了主意。

第163章 谁是竖刁、赵高

《三国志·明帝纪》云："甲申（二十七日），免，以武卫将军曹爽代之。"即免去了燕王曹宇大将军的职务，而改任曹爽为大将军。

关于罢免燕王曹宇的细节，各家史料所记颇为不同，并由此引发了诸多争议。鉴于这一段史事对于后来的司马氏代魏关系重大，必须详加辨析，在此需要大段大段地搬运史料，还望读者诸君能够理解。

《刘放传》云：

其年，帝寝疾，欲以燕王宇为大将军，及领军将军夏侯献、武卫将军曹爽、屯骑校尉曹肇、骁骑将军秦朗共辅政。宇性恭良，陈诚固辞。帝引见放、资，入卧内，问曰："燕王正尔为？"放、资对曰："燕王实自知不堪大任故耳。"帝曰："曹爽可代宇不？"放、资因赞成之。又深陈宜速召太尉司马宣王，以纲维皇室。帝纳其言，即以黄纸授放作诏。放、资既出，帝意复变，诏止宣王勿使来。寻更见放、资曰："我自召太尉，而曹肇等反使吾止之，几败吾事！"命更为诏，帝独召爽与放、资俱受诏命，遂免宇、献、肇、朗官。太尉亦至，登床受诏，然后帝崩。

按照这一讲述，先是"性恭良"的燕王曹宇自信心不足，主动向明帝请辞。明帝无奈，就咨询时任中书监、令的刘放和孙资的意见，两人赞成用曹爽取代曹宇，并召司马懿入朝"以纲维皇室"。明帝采纳此言，就让刘放草拟诏书。但是刘放、孙资刚走，明帝又下诏让司马懿不要来。刘放、孙资再次入见时，明帝说是曹肇让我不要召司马懿，差点坏我大事，然后叫刘放、孙资再重新拟诏。这一次，明帝只召曹爽一人入内跟刘放、孙资同受诏命，并免去了曹宇、夏侯献、曹肇和秦朗的职务。后来司马懿及时赶到，登床接受诏命，明帝才咽了气。

陈寿《三国志》对魏国史事的撰写以曹魏官修史书为本，所以《刘放传》的记叙可以看作是曹魏官方的说法。在这一说法中，是曹宇主动放弃了辅政的责任，才导致了曹爽入替和司马懿入朝。

但是约略与陈寿同时的郭颁所著《世语》对此则有不同的记载。其文曰：

放、资久典机任，献、肇心内不平。殿中有鸡栖树，二人相谓："此亦久矣，其能复几？"指谓放、资。放、资惧，故劝帝召宣王。帝作手诏，令给使辟邪至，以授宣王。宣王在汲，献等先诏令于轵关西还长安。辟邪又至，宣王疑有变，呼辟邪具问，乃乘追锋车驰至京师。帝问放、资："谁可与太尉对者？"放曰："曹爽。"帝曰："堪其事不？"爽在左右，汗流不能对。放蹑其足，耳之曰："臣以死奉社穆。"曹肇弟纂为大将军司马，燕王颇失指。肇出，纂见，惊曰："上不安，云何悉共出？宜还。"已暮，放、资宣诏宫门，不得复内肇等，罢燕王。肇明日至门，不得入，惧，诣廷尉，以处事失宜免。帝谓献曰："吾已差，便出。"献流涕而出，亦免。

按这一说法，辅政名单之所以发生变更，是因为夏侯献、曹肇久与刘放、孙资不和，刘放、孙资担心这两人掌权以后会对自己不利，这才劝明帝召司马懿，而曹爽只是用来制衡司马懿的一枚棋子。同时《世语》也承认"燕王颇失指"，即曹宇的表现不能令明帝满意，这与《刘放传》中曹宇自知不堪大任的描写并不矛盾。此举可能是导致曹宇与夏侯献、曹肇等同时被免职的一个原因。

东晋人习凿齿的《汉晋春秋》对此事的叙述与《世语》大体相同，但细节更为丰富：

帝以燕王宇为大将军，使与领军将军夏侯献、武卫将军曹爽、屯骑校尉曹肇、骁骑将军秦朗等对辅政。中书监刘放、令孙资久专权宠，为朗等素不善，惧有后害，阴图间之，而宇常在帝侧，故未得有言。甲申，帝气微，宇下殿呼曹肇有所议，未还，而帝少间，惟曹爽独在。放知之，呼资与谋。资曰："不可动也。"放曰："俱入鼎镬，何不可之有？"乃突前见帝，垂泣曰："陛下气微，若有不讳，将以天下付谁？"帝曰："卿不闻用燕王邪？"放曰："陛下忘先帝诏敕，藩王不得辅政。且陛下方病，而曹肇、秦朗等便与才人侍疾者言戏；燕王拥兵南面，不听臣等入，此即竖刁、赵高也。今皇太子幼弱，未能统政，外有强暴之寇，内有劳怨之民，陛下不远虑存亡，而近系恩旧，委祖考之业，付二三凡士，寝疾数日，外内拥隔，社稷危殆，而已不知，此臣等所以痛心也。"帝得放言，大怒曰："谁可任者？"放、资乃举爽代宇，又白"宜诏司马宣王使相参"，帝从之。放、资出，曹肇入，泣涕固谏，帝使肇敕停。肇出户，放、资趋而往，复说止帝，帝又从其言。放曰："宜为手诏。"帝曰："我困笃，不能。"放即上床，执帝手强作之，遂赍出，大言曰："有诏免燕王宇等官，不得停省中。"于是宇、肇、献、朗相与泣而归第。

这段史料最有价值的地方，就是对《世语》不曾涉及的刘放、孙资劝明帝罢免曹宇等的理由进行了补充。因为明帝之前既拟定了五人辅政的名单，一定经过一番精心考虑，仅仅过了三日便弃之不用，必须要有一个足够有说服力的理由。对此，《刘放传》但以"宇性恭良，陈诚固辞"来解释是不够的。因为曹宇一人请辞，不足以说明夏侯献、曹肇、秦朗三人为何同时被免。《世语》虽然提出是刘放、孙资从中作梗，但却没有记载他们是怎样说服明帝。而《汉晋春秋》中刘放的这番言论恰恰补足了这一缺憾。

总结起来，刘放说了三点：第一，提醒明帝不要忘记先帝"藩王不得辅政"的诏敕；第二，指控曹肇、秦朗趁明帝疾病时调戏后宫嫔妃；第三，指控燕王曹宇拥兵隔绝内外，阻止明帝与他人联系。

坦白说，后两条指控很有可能是刘放的诬陷。因为曹肇、秦朗在明帝身边侍奉多年，长期出入宫禁，怎么他们早不调戏、晚不调戏，偏偏等到决定命运的关键时刻才想起来调戏嫔妃宫女呢？这种行为是"有当世才度"的曹肇和谨慎的秦朗能做得出来的吗？燕王曹宇如果真的指挥禁兵将明帝与外间隔绝了开来，那刘放、孙资是怎么进来的？怎么一纸诏书他就乖乖接受罢免了呢？

不过问题在于，病入膏肓的明帝根本没有精力去调查刘放所说是真是假。他只能宁可信其有，不可信其无。而且越是贪恋权力之人，在其生命最脆弱、即将失去权力的时候，猜忌之心也最为强烈，所以明帝才被刘放之言激怒，轻信了他的一面之词。再加上"藩王不得辅政"这条祖训，明帝终于罢免了曹宇、曹肇、夏侯献和秦朗。

不管真相是否如此，至少所有史料都承认，在遗诏变更的过程中，是刘放、孙资两人起了关键作用。

这两人在史传中虽不显眼，但其实长久以来，他们在曹魏政治中扮演的角色相当重要。

曹魏承袭东汉制度，以尚书省（台）为政务处理之中枢。史称："天下枢要，在于尚书。""魏世事统台阁，重内轻外，故八座尚书，即古六卿之任也。"但是与此同时，为了提高行政效率，早在魏国初建之时曹操就在身边另设了一套秘书机构，负责起草文书教令、典尚书奏事以及部分图书档案工作。

曹丕即位后，在此秘书机构的基础上正式设立中书省，原本是秘书郎的刘放和孙资在此时便成了第一任中书省最高长官：刘放为中书监，孙资为中书令。两人地位相等，分工稍有不同。中书监、令品级不高，起初其执掌也就是接收传递公文、按指示写写稿子，顶多"省读书可"，帮皇帝批个奏折，虽掌机密，并无参政议政之权。

到了明帝时代，明帝"政自己出"，凡事喜欢不跟大臣商量而自己拿主意，可是一个人的才智和精力终究有限，明帝又贪图享乐游宴，所以在一些事情上他经常向左右近臣咨询。中书监、令"给事中"，昼夜在禁中值班，又是诏令的起草者，自然成了明帝最常咨询的对象。于是这一时期，刘放、孙资两人对于朝政的影响力迅速攀升。例如前面提到，在进攻蜀汉、接应彭绮、讨伐公孙渊等事上，明帝都采纳了孙资的意见，甚至连自己身后的"万年之计"，他也向孙资咨询。史书所记

第163章 谁是竖刁、赵高

刘放的事迹较孙资为少，是因为孙资的"功绩"都被其后代以家传的形式保存了下来，而刘放则没有这么好的运气。实际上从曹操晚年到曹叡时代，"三祖诏命有所诏谕，多放所为"，刘放这一支笔的作用相当了得。在相当长的时间里，他的爵位也比孙资要高一级。后来辽东平定，两人则以参谋之功同封县侯。

当时两人权势之煊赫，亦可以从辛毗由侍中转卫尉一事略见一斑。

《三国志·辛毗传》称："时中书监刘放、令孙资见信于主，制断时政，大臣莫不交好，而毗不与往来。"于是辛毗的儿子就劝他说："方今刘、孙用事，众人皆与之亲附，父亲大人应该略略屈尊与之和光同尘，不然的话，只怕二人必有谤言。"辛毗就正色言道："今上虽不是圣明之主，却也并非昏劣之君。我立身处事自有原则，就算与刘、孙不和，也不过令我做不成三公而已，何危害之有？岂有大丈夫欲为三公便毁其高节的道理？"仍旧不去讨好刘放和孙资。后来有一次，冗从仆射毕轨推荐由辛毗来取代"精勤旧吏"王思担任尚书仆射一职。在当时的迁转序列中，由侍中而尚书令、仆，或令、仆加侍中，再迁便可进为三公，如陈矫、卫臻都是如此。如果辛毗能当上仆射，那么三公也就近在咫尺了。然而当明帝就此任命征求刘放、孙资的意见时，二人说："陛下用王思，就是因为他有务实的能力，而不是为图虚名。辛毗诚然公忠亮直，但他性格刚强专断，圣虑不可不察。"明帝深以为然，不但没用辛毗为仆射，后来还把他从侍中出为卫尉。辛毗最终死在卫尉任内，果然没能当成三公。

刘放、孙资权势太盛的状况也引起了老臣蒋济不满。在上疏中，蒋济对明帝专任中书监、令的情况表示担忧，认为这样不但会使得明帝易受蒙蔽，也会潜移默化地腐蚀众臣的政治操守。明帝虽然对蒋济的直言表示嘉奖，但跟他一贯的态度一样，"意见接受，行动照旧"。

平心而论，如陈寿所说："放、资既善承顺主上，又未尝显言得失，抑辛毗而助王思，以是获讥于世。然时因群臣谏争，扶赞其义，并时密陈损益，不专导谀言云。"其实刘放、孙资并非一味逢迎拍马的佞臣，大多数情况下他们只是忠实完成领导交待任务的"工具人"，也正由于此，他们才能够历武帝、文帝、明帝三朝而不倒。

作为"工具人"，刘放、孙资虽不"结党"，但"营私"之心却终究无法避免。他们排抑辛毗是如此，诋毁曹宇、夏侯献、曹肇和秦朗也是如此。

他们只是害怕失去自己的权位，并不知道此举会带来何种后果。

第164章 曹爽 VS 司马懿

在刘放、孙资的影响下，魏明帝曹叡最终改变了辅政名单，以曹爽为大将军，并急召司马懿入朝。

这里还有一个问题：《世语》是先叙刘放、孙资劝明帝召司马懿，继而司马懿"乘追锋车驰至京师"，接下来才讲述了明帝罢免曹宇等人之事。这就给人造成了一种感觉，即司马懿进宫在前，曹宇被罢免在后，两者之间可能存在联系。有学者就据此认为，辅政名单改易的背后其实隐藏着一场政变：孙刘二人先是密信司马懿，随后司马懿领兵入洛，在全面控制局势后才做出了遗命的改易。

按照这一说法，早在高平陵政变前十年，司马懿就已经控制曹魏政权了。

为了证明此一观点，该学者提出了以下理由：一、明帝筹划以燕王曹宇等辅政非止一日，不太可能临时变卦。二、即便想要变更，在禁卫皆被夏侯献、曹肇等掌控的情况下，诏书也无由得出。三、《宋书·五行志》记景初中童谣云："阿公阿公驾马车，不意阿公东渡河。阿公东还当奈何？"是暗指司马懿入洛属意外之举，并非诏书召至。同书《五行志》《天文志》所记景初二年的异常天象也昭示了政变的发生。四、西晋惠帝时朝廷议国史限断，曾有以正始起年的提案，说明正始年间司马懿已经控制了政局。五、景初三年司马懿有数子得封侯爵，也说明政变后司马懿便控制了朝政。

以上观点，我并不认同。

诚然，原本的顾命名单的确是明帝深思熟虑的结果，但如前所述，刘放、孙资的话也足以说服病入膏肓的明帝改变看法。《魏略》《世语》都明确记载，给司马懿的诏书是派"宫中常所给使者"辟邪送出的，并未走常规渠道，说不定曹宇、曹肇等根本就没有觉察到。而且曹宇等也没有隔绝内外，孙、刘既进得来，辟邪自然也就出得去，说诏书无由得出就等于说《魏略》《世语》记载不实，这是没有根据的。《宋书》所记的童谣和天象，本身没有明确的含义。司马懿入洛确属意外，但是并不能证明有政变发生。再说司马懿时在汲县，位于洛阳东北，也不能说是"东渡河"。景初三年司马懿诸子之封侯，应该是曹爽尊其为太傅后对其贿赂补偿的安抚措施。至于正始起年之议，着眼的是司马懿的辅政权力（曹丕临死前虽指定他为辅政，但实际上明帝时期其并未履行辅政之权）。用这些证据来证明司马懿在明帝临死前发动了一场政变，是难以成立的。

另外，这一逻辑本身也存在许多漏洞：既然禁卫在曹宇等的掌握之下致使诏书无由得出，那么孙刘二人给司马懿的密信是怎么送出去的？如果司马懿是带兵入洛，那么曹宇、夏侯献为何不统领禁兵进行抵抗？如果司马懿自景初末年就控制了朝政，那么为什么后来会出现曹爽

专权？

最后，这一观点成立的大前提——司马懿进宫在前、曹宇被罢免在后的事件顺序其实根本就是误读史料所致。

《三国志·明帝纪》明确记载，罢免曹宇、改任曹爽在景初二年十二月二十七日，而司马懿入宫受遗诏在次年正月初一。《刘放传》亦云罢曹宇在前，司马懿受遗在后。《汉晋春秋》虽没有记载司马懿何时抵达，但其叙曹宇等被罢与手诏召司马懿既在同时，则彼时尚在汲县的司马懿必定后至无疑。同样，《世语》所叙刘放、孙资劝明帝召司马懿一事与罢免曹宇等人之事也只可能发生在一天之内，因为明帝之所以召司马懿就是因为他听信孙、刘之言，对曹宇等失去了信任，接下来的几天里他不可能让他们继续掌握禁军军权。《世语》并非严谨的史学著作，裴松之对其曾有"謇乏全无宫商"（才识低劣，没有条理），在张璠、虞溥、郭颁三家著作中"最为鄙劣"之评语。此处其叙司马懿"乘追锋车驰至京师"于明帝发诏之后、罢曹宇之前，不过是为了接续辟邪持诏来授这一情节。正是这一"謇乏全无宫商"的处理导致阅读者将叙事视角的转换错误理解成了事件发生的先后次序，才产生了司马懿进宫在前、曹宇被罢免在后的错觉。

总之，在这件事情上，还是应以陈寿的记载最为可靠。即二十七日明帝罢曹宇等，三天后的正月初一司马懿才赶回洛阳。

从表面上看，辅政名单改易是刘放、孙资一手操纵的结果，但其实质则是明帝末年曹魏政权内部各种潜在危机的反映：

宗王势力长期受到打压，临了到需要用他们的时候，其已不堪重任。燕王曹宇此前从未担任过任何官职，既没有处理朝政的经验，在群臣中也没有影响力，现在突然间把他拔高到国家实际上的一把手位置，他一没有信心，二没有能力，即便勉强上位，也起不到"有所纲维者"

的作用。其余曹爽、曹肇、秦朗、夏侯献诸人都是宗室疏属,资历浅,威望低,同样难以服众。再加上这一辅政名单没有外朝大臣的参与,如果付诸实施,一定会加剧群臣的离心倾向,造成宫廷与政府之间的分裂。

刘放、孙资在后世史家的话语体系中属于典型的"恩幸",他们的权力并非制度所赋予,而是全靠君主宠信,所以只要明帝一死,他们的权位就朝不保夕。这种情况下,即使他们跟曹宇、曹肇、秦朗、夏侯献诸人没有宿怨,双方也极难共存。对孙刘二人来说,不论宗室还是大臣,任何一方独掌大权都对自己不利,最好的办法就是让宗室和大臣互相钳制。这便是他们推荐曹爽和司马懿共同辅政的真正原因。

我相信,明帝也知道这一新方案并不完美,然而他已经没有别的选择了。

据《晋书》所记,司马懿是在自辽东回师的途中收到手诏的,当时他正驻军于汲县的白屋水畔,距洛阳大概四百里。为了突出事态紧急,《晋书》云"三日之间,诏书五至"。这可能有所夸张,因为手诏发出是在二十七日,送到司马懿手里最早也要二十八日,而景初二年十二月是小月,只有二十九天,司马懿既是在正月初一回到洛阳,那么他就是二十九日动的身。也就是说,在收到诏书的次日,司马懿就出发了,并不存在"三日之间,诏书五至"的情况,除非其余几次诏书都是半路送到。

《晋书》还说:"帝(司马懿)大遽,乃乘追锋车昼夜兼行,自白屋四百余里,一宿而至。"大遽就是十分着急,追锋车则是一种驾两马的轻便小车,通常用于战场上传递消息。由此可见,司马懿为了追求速度,很可能抛弃了军队而孤身轻车疾进。坦白说,尽管有明帝手诏和给使辟邪的话做保证,此举仍然具有一定的风险。因为万一是明帝临死前

采取预防措施要除掉司马懿，或者是曹宇等设套，那他就是自投罗网。眼下他没有办法排除这种可能性，只能冒险为之。

司马懿的冒险是值得的。

正月初一，他冒着凛冽的寒风进入洛阳宫，被引入嘉福殿，直接来到了明帝的卧榻前。

司马懿流涕问疾。弥留之际的明帝则将曹芳、曹询召至面前，勉力拉着司马懿的手，嘱咐道："吾疾甚，以后事属君。死乃复可忍，吾忍死待君，今得相见，无所复恨矣！君其与曹爽辅此少子。"又指着曹芳对司马懿说，"此是也。君谛视之，勿误也！"还叫曹芳过来抱住司马懿的颈项。司马懿则顿首流涕，回答道："陛下不见先帝属臣以陛下乎？"意思是陛下尽管放心，我怎么辅保的陛下，将来就怎么辅保曹芳。后来司马懿回忆，当时他还说了"万一有不如意，臣当以死奉明诏"云云。

可能司马懿的承诺确实让明帝放下了心，当天，他遗诏立曹芳为皇太子，随后便告别了人世。

八岁的曹芳在曹爽、司马懿的扶助下灵前即位，成了魏国新君，并尊郭皇后为皇太后。二十七日，明帝的梓宫入葬高平陵。曹魏政权由此进入了曹爽、司马懿共同辅政的时代。

这个时候，曹爽官居大将军、侍中，假节钺，都督中外诸军事，录尚书事；司马懿则为太尉、侍中，持节①，都督中外诸军事，录尚书事。两人各统兵三千，共执朝政，更直殿中，在军政上的权力基本相等。唯

---

① 《晋书·宣帝纪》云司马懿时为"持节、都督中外诸军、录尚书事"，但《资治通鉴》云司马懿与曹爽同为假节钺。方北辰认为司马懿早在太和四年即已假黄钺，此处不应降低两个级别为持节，《晋书》记载有误。但《三国志·三少帝纪》所记迁司马懿为太傅诏书云"持节统兵都督诸军事如故"，说明司马懿彼时确为持节。

一的区别就是曹爽班位在前,其假节钺的特权也比司马懿的持节等级更高。彼时新遭大丧,强敌虎伺,两人一个是宗室新贵,干劲十足,一个是功勋老臣,年高德劭,如果能精诚合作,倒也不失为一个足以辅保少主、震慑中外的组合。

然而遗憾的是,魏明帝的遗愿落了空。

当初孙权在曹叡初登基时"群下争利,主幼不御"的预言,现在终于应验在了少帝曹芳的身上。

明帝下葬后不到一月,朝廷降旨,尊太尉司马懿为太傅,"持节统兵都督诸军事如故"。

《三国志·曹爽传》说,这一变动其实是丁谧为曹爽策划的阴谋:"丁谧画策,使爽白天子,发诏转宣王为太傅,外以名号尊之,内欲令尚书奏事,先来由己,得制其轻重也。"

丁谧出身谯沛集团,是曹操元从功臣丁斐之子。据说其少年时博观《书》《传》,性格沈毅,颇有才略。明帝朝他曾担任度支郎中,与曹爽甚为亲密,曹爽也曾向明帝举荐丁谧才堪大用。如今明帝既崩,曹爽辅政,他就提拔丁谧为散骑常侍,引为心腹。尊司马懿为太傅的提议,就出自丁谧的策划。

新君即位,照例应该对辅政大臣加以封赏。例如曹爽自己,就被改封为武安侯,享有封邑一万二千户,并被授予"剑履上殿,入朝不趋,赞拜不名"之特权。那么应该封司马懿何等爵赏呢?前面讲到,当初明帝就是怕将来升无可升,才将司马懿从大将军改封为太尉,颇有明升暗降的嫌疑,因为按照先例,司马懿本应升为大司马才算正常。这时,丁谧正好利用此事做文章。按他的计策,曹爽让自己的弟弟曹羲撰写了一封表奏,大意是:我曹爽不论是功勋还是德行都比司马懿差得远,实在不好意思让自己的班位排在他之前,故此,"臣以为宜以懿为太傅、大

司马，上昭陛下进贤之明，中显懿身文武之实，下使愚臣免于谤诮"。

也就是说，按照曹爽的这个提议，应该同时加封司马懿为太傅、大司马[1]。此举既弥补了他当初不得为大司马的遗憾，又使其得享上古保傅之尊位，如此优厚之爵赏、无上之尊荣，任谁知道，也不会说我曹爽亏待司马懿。

然而诡异的是，当朝廷下旨正式对司马懿进行封赏时，却只封了他一个太傅的头衔，说好的大司马竟然没了！与此同时，可能是为了安抚司马懿，还封其长子司马师为散骑常侍，司马昭等子弟三人为列侯。

据《魏书》所载诏旨以及《晋书》的描述，当时的说法是：朝议以为前后担任大司马的曹仁、曹休、曹真都是居此位后不久便去世，为了司马懿能够长命百岁，最好还是不要当大司马，太傅这个官地位尊崇，还是当太傅好。

朝议之时司马懿是否在场，不得其详。我怀疑，曹爽很可能是利用了两人在殿中轮流当值的机会，趁司马懿轮休的时候操纵了这次朝议。

而据《魏书》记载，撰写此诏书的正是刘放、孙资。这似乎说明，刘放、孙资两人至少在当时还算不上是司马懿一党。

史书说，曹爽玩这一招的目的是"欲令尚书奏事，先来由己，得制其轻重"。由此学界多认为，司马懿转太傅后便失去了实权，此后直至高平陵之变，实际上都是曹爽专政时期。例如仇鹿鸣就强调，曹爽"外示尊崇，而夺其实权，独专朝政"，"从景初二年到正始十年，司马懿被排挤出权力中枢已有十年"。但是我却认为，这个说法恐怕并不准确。

---

[1] 历史上同时担任太傅和大司马之职的，此前只有王莽。

第165章 保卫汉中

为什么这么说呢？我们可以从以下几个方面来推断：

首先，根据《三国志·三少帝纪》所载诏书："……其以太尉为太傅，持节统兵都督诸军事如故。""录尚书事"不在其中，再参考《曹爽传》"欲令尚书奏事，先来由己"的说法，一般认为此后司马懿就失去了处理政务之权。不过，太傅之职"论道经邦，燮理阴阳""训护人主，导以德义"，依然可以参政议政。而且既云"先来由己"，不云"独由己"，似乎说明司马懿依然拥有过问尚书事务的权限，只不过曹爽享有优先权，所以"得制其轻重"。此外，成为太傅后司马懿应该不再担任侍中，不在宫内当值，这也间接造成了尚书奏事先由曹爽处理的局面。关键在于司马懿依然都督中外，并没有失去对京师军队的指挥权。

其次，《曹爽传》称："初，爽以宣王年德并高，恒父事之，不敢专行。及晏等进用，咸共推戴，说爽以权重不宜委之于人。乃以晏、飏、谧为尚书，晏典选举，轨司隶校尉，胜河南尹，诸事希复由宣王。"裴注又云："初，宣王以爽魏之肺腑，每推先之，爽以宣王名重，亦引身卑下，当时称焉。"以上这些描述说明，至少在开始的一段时间内，曹爽遇事是常跟司马懿商量的，双方也维持着友好合作关系。而迁太傅一事发生在两人共同执政后不久，如果此后便由曹爽一人专权，那也就谈不上"恒父事之，不敢专行"了。

最后，前引史料显示，"诸事希复由宣王"发生在曹爽重用何晏等人之后。而据杨鉴生考证，何晏为吏部尚书是在正始五年（244年）。其余曹爽党羽，其弟曹羲任中领军至少要等到正始三年（242年）七月蒋济迁太尉后；毕轨为中护军在"正始中"；夏侯玄接任中护军在毕轨后，出为征西将军是在正始五年；李胜为河南尹、毕轨为司隶校尉则更晚；丁谧、邓飏何时任尚书不详，推测也应在正始五年前后①，《晋书·天文志》便将"丁谧、邓飏等专改法度"系于正始八年（247年）时。可见曹爽的势力有一个膨胀的过程，大体说来，在正始五年之前似乎不能简单地称作曹爽专权。

再看司马懿的活动。

正始二年（241年）夏，东吴四路入寇，全琮略淮南，诸葛恪攻六安，朱然围樊城，诸葛瑾攻柤中（今湖北南漳东）。看上去很有气势，其实形同骚扰，孙权和陆逊也都没有亲自出马。很快，全琮的攻势便被王凌、孙礼击溃，荆州刺史胡质也向樊城派出了救兵。这种情况下，各地守将实际上已经足以应对，但司马懿却以樊城被围经月不解为辞，亲

---

① 据《三国志·王弼传》裴注，何晏为吏部尚书后，欲用王弼为黄门侍郎，"时丁谧与晏争衡，致高邑王黎于曹爽，爽用黎。于是以弼补台郎"。可见丁谧当权与何晏大体同时。

自统兵南征。结果司马懿刚到，吴兵便退走了。此战过后，司马懿的封邑增至四县，子弟十一人皆为列侯。

第二年，司马懿又奏请开凿广漕渠，"引河入汴，溉东南诸陂"，并重用邓艾在淮北大兴屯田。

正始四年（243年）秋，司马懿再次主动南征，兵锋直指巢湖以南，迫使孙权放弃了皖口（今安徽安庆西南）据点。这次战争仍然持续了很短的时间。

以上这些活动皆为兴师动众的大事，尤其两次出征司马懿都是自洛阳发兵，与明帝朝其长期镇守边境的情况大为不同。如果当时朝廷中是曹爽专权，司马懿就绝不会获得如此大的权限。

最大的可能，就是此时曹爽和司马懿还处在合作当中，曹爽主要负责尚书奏事，而司马懿则主要负责领军出征。成为太傅后，司马懿的权力的确受到了削弱，但此时曹爽还不能专断朝政。

但是到了正始五年后，这种情况出现了变化。

具体的表现有两点：一是前面所说的，以任用何晏为吏部尚书为标志，曹爽以何晏、夏侯玄、丁谧、邓飏、毕轨、李胜等为党羽，开始大肆培植私人势力，其党羽也以"权重不宜委之于人"为由，劝曹爽继续侵夺司马懿之权力。史书记载："丁谧、毕轨等既进用，数言于爽曰：'宣王有大志而甚得民心，不可以推诚委之。'由是爽恒猜防焉，礼貌虽存，而诸所兴造，皆不复由宣王。"两人从合作开始走向分裂。

第二点，就是曹爽不甘心自己的威名远逊司马懿，在李胜、邓飏的鼓动下鲁莽地发动了伐蜀战争。

自从诸葛亮去世，后主刘禅用蒋琬主政，蜀汉在军事上转趋保守。公孙渊叛魏时，后主认为有机可乘，曾命蒋琬出屯汉中，准备一旦东吴跟曹魏开打，就趁机进攻。但是后来公孙渊被司马懿在一年之内消灭，

孙权的进攻也是隔靴搔痒，根本没有对魏国南境构成实质性的威胁，蒋琬自然不敢轻举妄动。

在汉中屯驻期间，蒋琬觉得以前的北伐之所以失败，很大程度上是因为秦岭道路艰险、粮运难继，于是提出了沿汉水东征的构想。具体策略，就是在汉中建造一支水师，然后在水盛之时顺流而下，直取曹魏的魏兴、上庸等下游郡县。虽然从理论上来说这一计划可行，但却遭到了群臣反对。主要的意见是，顺水东下易进而难退，一旦战局不利，蜀军就会像当年的夷陵之战那样面临全军覆没的危险。再加上蒋琬疾病缠身，这一方案并未付诸施行。

延熙四年（241年）十月，后主特派费祎、姜维前往汉中，一来探蒋琬之病，二来则是为了制订新的北伐策略。三人经过协商，认为曹叡虽死，但"吴期二三"，孙权那边始终不出全力，所以眼前并非兴兵北伐之时，不如暂时将大军撤回到涪县（今四川绵阳），然后伺机由姜维领偏师西进，开辟凉州战场。这一策略被后主批准，于是次年年初姜维带领部分军队先撤回到了涪县，至延熙六年（243年），蒋琬也统军撤离了汉中。

当时蜀汉这番军事调动还引起了东吴恐慌。荆州守将步骘、朱然纷纷向孙权报告，说蜀汉看样子是想背弃同盟，调转枪口向我们进攻，要不然司马懿来攻（指正始四年秋司马懿南征事），蒋琬为什么不乘虚北进，反而把主力都撤回了成都呢？幸亏孙权头脑清楚，没有听信步骘、朱然之言。

不久蒋琬病情加重，已经完全没办法处理军务，后主遂以费祎为大将军、录尚书事，取代其主持政局。

此时汉中防务全由镇北大将军王平负责，守军不满三万。新上任的费祎则屯驻在七八百里外的涪县，其人又不以军事见长。急需军功以壮威名的曹爽以为，现在正是拿蜀汉刷经验、建功勋的绝好机会，于是不顾司马懿的反对，执意启动了征蜀攻略。

为了筹备攻蜀，曹爽先以夏侯玄为征西将军出镇关中，李胜任长史为佐助，继而于正始五年三月亲至长安，调发大兵十余万，督夏侯玄、夏侯霸、司马昭、赵俨诸军直指骆谷而来。

骆谷又作洛谷，其谷口位于今陕西周至县南三十里，由此南入，翻越沈岭等三岭，再沿傥谷而行，便可进抵汉中盆地今洋县一带，故而这条道路又被称作傥骆道。

前面提到，在汉中通往关中的四道当中，傥骆道路程最短——南北谷口仅相距四百几十里，但是其路况却最为艰险。这是因为傥骆道须穿越秦岭主峰太白山以及临近的分水岭，海拔高，落差大，有"中路屈曲八十里，凡八十四盘"之说。大概就是因为这一点，傥骆道的主体虽然在汉代便已开通（即《石门颂》所说"围谷—堂光"道），但长久以来并不被兵家所重。史籍所见经由傥骆道的军事行动，以曹爽这次出师为第一次。

魏军总数，《曹爽传》说是六七万人，《王平传》却说是步骑十余万。我怀疑曹爽可能有分兵，六七万是走骆谷的人马，子午谷方面或许也安排了数万军队。因为曹魏历次伐蜀，几乎都是分道并进，不论是从后勤还是从行军上考量，曹爽都没有必要把十几万人都堆在一条山谷中。而且蜀汉方面的王平得知消息后，也曾在子午谷南口的黄金戍布防，说明魏军确实存在分兵的可能性。

至于曹爽为何选择走傥骆道，大概是五丈原之役魏延撤军时烧毁了褒斜道栈道，蜀汉经营斜谷较久、防御比较严密的缘故。

此时汉中守军还不到三万，所以魏军南入的消息传到，诸将大为震恐，都主张固守汉、乐二城不出，以等待涪县方面发来援兵。

镇北大将军王平虽然目不识丁,但他起自行伍,军事经验十分丰富,深知汉中之险皆在谷道关隘,而且当年魏延镇守此地时已经在外围构建了足够的防御设施,诸葛亮后来又有所完善,如果放弃外围诸戍而困守腹地二城,战略上就会处于不利境地。护军刘敏也认为,现在汉中平原男女布野,农谷万亩,倘若任凭敌军进来坐享这些粮食物资,就会造成不可挽回的损失。于是王平对诸将说道:"汉中去涪县将近千里。贼寇若是据有关隘,便为大祸。如今应该先派刘护军、杜参军占据兴势,我自统军为后拒;如果贼寇分兵向黄金,我便率领千人前往阻击。这期间,涪县大军足以赶来。这才是上策。"诸将就依计而为。

兴势即今洋县,其东北方的山岭称兴势山或兴势坂,当年曹真自子午谷伐蜀,诸葛亮就是在这一带严阵以待。《水经注》云:"诸葛亮出洛谷,戍兴势,置烽火楼,处处通照。""出洛谷"或许有误,史籍没有关于诸葛亮曾出骆谷的记载,从勉县或汉、乐二城至兴势也不需经过骆谷;但"置烽火楼,处处通照"应为实情。黄金,即今洋县东八十里的金水镇。金水河流经的山谷史称黄金谷,谷中有一处关隘名为黄金戍,据说乃是张鲁时期的遗迹,"傍山依峭,险折七里"。与谷中西岸的黄金戍相对,东岸山上另有一城名为铁城。两城"南接汉川,北枕驿道,险极之固"。其北枕的驿道便是子午道,故又有"山水艰阻,黄金、子午"的说法。

正因为兴势、黄金两地分别扼守着傥骆道和子午道的南口,这次自然就成了王平、刘敏设防的重点。为迷惑敌人,以壮声威,他们还在两地间百余里的山道上大张旗帜,试图营造守军众多的假象。

闰三月,后主刘禅特赐费祎假节,命其统领驻涪大军前往汉中拒敌。临行前,已经复起为光禄大夫的来敏登门跟费祎话别。一番会谈之后,来敏提议两人下棋。期间羽檄交至,帐外人马喧嚣,将士奔走,费祎却始终容色如常，专心致志地跟来敏对弈，毫无厌倦之色。来敏于是说道："方才棋戏，我是聊以此试君耳！君实为高人，必能明辨贼情。"

到了四月，曹爽军前锋已进至傥骆道末端，但受阻于兴势诸戍，再难前进一步。十万大军只能拥塞山谷之内，关中民、夷百姓困于劳役转输，牛马骡驴多死，号泣之声不绝于道路。

随军顿于兴势的司马昭在躲过蜀军的一次夜袭后劝夏侯玄说："蜀贼据险距守，进不获战，攻之不可，宜即刻旋军，以为后图。"曹爽的参军杨伟也劝他"宜急还，不然将败"，为此跟邓飏、李胜吵得不可开交。司马懿还写信给夏侯玄说："昔年武皇帝两入汉中，几至大败，君所知也。今兴势至险，蜀已先据，若进不获战，退见徼绝，覆军必矣。君将何以任其责！"夏侯玄心知此言非虚，就也劝曹爽退兵。曹爽无奈，只好在五月间发布了撤令。

此时费祎已经率军赶到。《汉晋春秋》称："费祎进兵据三岭以截爽，爽争险苦战，仅乃得过。所发牛马运转者，死失略尽，羌、胡怨叹，而关右悉虚耗矣。"不过此事在《费祎传》等蜀汉史料中都没有记载，三岭究为何处也不得其详。

曹爽主持的这次伐蜀战役，就这样虎头蛇尾地结束了。

第165章 保卫汉中

第166章 正始改制

按理说,曹爽伐蜀受挫之后,便该清醒地认识到自身才略跟司马懿之间的差距,收敛起与之争胜之心,施行韬光养晦的策略才是长算。因为司马懿的岁数毕竟摆在那里,曹爽只需要不犯错误,健健康康地再活上个十年八年,到时候自然就能把司马懿熬死。

然而智者与愚夫之间的区别,就是智者知道什么时候适可而止,愚夫却总是不知进退。

而且此时曹爽党羽已成,依附他的人为求利禄,也怂恿他继续抓权。

曹爽及其心腹认为,常言道"文治武功",武的暂时不行,但文的可是咱们强项,搞文治一样可以树立威名。

再加上曹爽重用的何晏、夏侯玄等人本就是颇负盛名的青年才俊,对于治国安邦,他们自有一套与以往不尽相同的理论阐释。伐蜀战役结束前后，他们遂在曹爽的支持下针对时弊提出了一系列具有改良意义的构想与措施，后世有研究者称之为正始改制。

正始改制的思想领袖何晏和夏侯玄在中国文化史上都是极了不起的人物，因为他们既是魏晋风度的开创者，又是玄学理论的奠基人（外加王弼）。后人提到魏晋名士，必以正始为首；提到正始名士，则必以二人为尊。

论风度，夏侯玄"朗朗如日月之入怀""肃肃如入廊庙中，不修敬而人自敬"。有一次他倚着廊柱作书，突然天降大雨，一道闪电从天而降，正好击中他倚靠的柱子。四周的人都吓得趴倒在地，夏侯玄却仍旧站在原地写他的著作，任凭身上的衣服冠帽着火烧焦，神色丝毫不变。

论气质，何晏"美姿仪，面至白""动静粉白不去手，行步顾影"。有一次，魏明帝为了搞清楚何晏是不是擦了粉，故意在大夏天赐他热汤面吃。待何晏吃完，早已大汗淋漓，他便抬手用朱红色的衣袖擦汗。红袖掩映之下，何晏的肤色反倒越发白皙起来。

论学识，夏侯玄的文集至隋朝时尚有三卷存世，"著《乐毅》《张良》及《本无肉刑论》，辞旨通远"；何晏"少有异才，善谈《易》《老》"，著作有九种之多，流传至今的《论语集解》便是由他主编而成。

论修养，时为吏部尚书的何晏与不到二十岁的平民小子王弼一见如故，他深为王弼的才华叹服，屈身与之结为忘年之交。他自己本来注解《老子》已经进行了一半，一听王弼对于《老子》的阐释比自己高明，这位权倾一时的高官立刻表现得像个小学生，"不复得作声，但应诺诺"。后来何晏就放弃了为《老子》作注，转而受王弼启发写成了《道》《德》二论。

前面提到，早在明帝在位中期，夏侯玄、何晏、邓飏、诸葛诞等青年才俊便因交游品题等"浮华"活动而颇具社会影响力,其时"何晏以材辩显于贵戚之间,邓飏好变通,合徒党,鬻声名于闾阎,而夏侯玄以贵臣子少有重名,为之宗主"。但是后来他们都遭到了明帝排抑和打击。直到曹爽秉政,他们才解除禁锢,重新出仕,并在正始中期渐次占据了高位。

而曹爽之所以倚重何晏、夏侯玄为首的浮华名士,一来是因为他们都是宗室疏属,夏侯玄跟他又是表兄弟,本来私交就不错,二来更是因为他自知名望不足,需要借助他们的盛名和影响力来获得舆论支持以笼络人心。再说,以司马懿为代表的那些功勋老臣们一个个倚老卖老,家族网络盘根错节,曹爽极难拉拢,而何晏等人本是政权之外的边缘人物,功名心强烈,也需要有一个攀附骥尾以致千里的机遇。双方各取所需,曹爽集团和浮华名士就这样自然而然地走到了一起。

那段时间,曹爽的大将军府内时常举办名士云集的高级沙龙——清谈。由于夏侯玄远在长安,何晏通常是聚会中谈锋最健、最受众人关注的那一个。史称:"曹爽常大集名德,长幼莫不预会,及欲论道,曹羲乃叹曰:'妙哉!平叔之论道,尽其理矣!'既而清谈雅论,辩难纷纭,不觉诸生在坐。"清谈的内容,除了坐而论道、谈玄说虚之外,往往也涉及礼乐刑政、人才名实等与现实政治颇有关联的话题。基本上可以说,这一场场高朋满座的清谈活动就是正始改制的渊薮,借由谈笑论辩,何晏、夏侯玄倡导的施政理念得以传播开来。

遗憾的是,尽管史籍屡称何晏、邓飏、丁谧等在曹爽的支持下"变易旧章""屡改制度",但由于种种原因,何晏等到底提出了哪些具体措施、变更了哪些制度,一概不得其详。能够据以稍加推测的,目前所见只有一则史料,即夏侯玄与司马懿议时事的书信。

据《夏侯玄传》,这封信大概写于正始五年夏侯玄任征西将军之前。信中他主要谈了三件事：

指出现行的以九品中正为核心的选官制度存在权责不清、上下交侵的弊端，认为亟需理顺"台阁""官长""中正"这三者之间的关系。

现在州郡县三级的地方行政制度叠床架屋、弊端丛生，应该精简机构，取消郡一级建制。

针对世风日奢的现况，提出应推行朴素的服制等级，倡导质朴的社会风尚。

以上三条大体反映出，正始年间为夏侯玄、何晏这些玄学理论家所主导的各项改革，其指导思想是希望恢复上古三代那种相对简单质朴、自然无为的社会形态。正如何晏在《景福殿赋》中所说，应该"除无用之官，省生事之故。绝流遁之繁礼，反民情于太素"。这种思想实质是对曹魏开国以来推行"名法之治"的修正，具有一定的理想主义色彩。

那么，对于夏侯玄的这些建议，司马懿的答复是什么呢？

史书记载："宣王报书曰：审官择人，除重官，改服制，皆大善。……恐此三事，当待贤能然后了耳。"意思是你的建议很好，但是冰冻三尺非一日之寒，这三件事还是等待将来有贤能之人再办吧！

说穿了就是，司马懿其实并不赞成。

夏侯玄对司马懿的消极态度不以为然，又回信说，以太傅您命世作宰的权势地位，只要在上面切实推行，下面就会群起响应，现在你却一边口头说赞成，一边又自谦说等待贤能，这恐怕不是伊尹、周公之所为吧？

司马懿再没答复。

以上情况也证明，起码在正始五年之前曹爽并未取得专权地位，在朝政上司马懿依然具有与之抗衡的影响力。要不然，有曹爽支持的夏侯玄也就没必要在推行改革一事上非得争取司马懿的支持。

第166章 正始改制

但是到了正始五年以后，随着何晏等人各据要职，曹爽集团的势力越来越大，"诸所兴造，皆不复由宣王"，司马懿的权力进一步受到侵夺。有迹象显示，夏侯玄等人提出的改革措施的确得到了部分实施。

例如《晋书·荀勖传》称："正始中，亦合并郡县，此省吏也。"《三国志·三少帝纪》也说："自帝（曹芳）即位至于是岁，郡国县道多所置省，俄或还复，不可胜纪。"显然，正始年间合并郡县的举动正与夏侯玄的第二条建议相符合，应该就是曹爽阵营所推行的改革措施。

至于第一条改革选官制度的建议，虽然史籍中找不到明确证据证明其得到了实施，但同样有迹象显示，这一议题实际上正是曹爽集团与司马懿暗中较力的焦点。

《太平御览》卷二百六十五引《傅子》曰："晋宣帝除九品，州置大中正，议曰：案九品之状，诸中正既未能料究人才，以为可除九制（品），州置大中正。"但是司马懿的这一提案遭到了曹爽弟曹羲反驳。曹羲的理由是："伏见明论，欲除九品，而置州中正，欲检虚实。一州阔远，略不相识，访不得知，会复转访本郡先达者耳。此为问州中正而实决于郡人。"

对于这段史料，尽管各家理解颇不相同①，但曹羲反对司马懿的态度无可怀疑。按理说，司马懿认为现行的九品中正制度"未能料究人才"，其要求改革的思路跟夏侯玄一致，曹羲似乎不应该加以阻挠才对。然而倘若我们仔细分析这一建议，就会发现这背后其实隐藏着两派

---

① 九品中正制于魏初初创时是否设立了州中正是学界分歧所在。唐长孺认为，陈群初创九品中正制时只设立了郡中正，而无州中正，州中正是司马懿在正始元年至嘉平二年（240—250年）之间所设立，其依据之一便是"晋宣帝除九品，州置大中正"这一记载。但张旭华认为，有史料证明州、郡中正是同时设置的，"除九品，州置大中正"议实际上是司马懿要求废除九品中正制，但主要是废除郡中正，同时保留并设置州中正的建议。参见氏著：《九品中正制研究》，中华书局，2015年版。

权力斗争的真相。

如前所述，汉代选拔官吏，主要采用察举和征辟的方法。但是到了东汉中期以后，选官制度日趋腐败，越来越呈现出"以名取人""以族取人"这两种倾向。实际上，以"月旦评"为代表的汉末士林品题清议之风就是典型的"以名取人"。这种"乡论"毕竟来自民间，事实上对官府取士构成了严重干扰。到了曹魏初建之时，一方面为了将评判士人的权力收归官府，一方面也考虑到当时"丧乱之后，人士流移，考详无地"的情况，陈群遂创立了九品中正之制。

按《傅子》的说法，所谓九品中正制，即"郡置中正，平次人才之高下，各为辈目。州置都，而总其议"。每郡设立中正这一职位，由各郡推举在朝当官的本郡人担任，以"诸府公卿及台省郎吏有德充才盛者为之"。郡中正负责考察评定本郡的人才状况，依其品德才能分为上上至下下九品，并书写品状形成档案。在州这一级别则设立州都（大中正），对各郡的品状汇总审核。吏部选授官职，便以此为依据。

九品中正制的本质是一种人才审核制度。在此制度下，不管通过何种渠道入仕，都必须先由中正给予品第，这个品第在很大程度上决定着入仕者能当什么官、当多大的官、上升空间如何。

至正始年间，这个制度已经推行了二十来年，但是从夏侯玄书信中"自州、郡中正品度官才之来，有年载矣，缅缅纷纷，未闻整齐"的评价来看，其施行的状况并不理想。主要原因就是中正跟"台阁"（尚书台）权责不明，干涉了吏部用人的权柄。所以夏侯玄才针对这种情况，提出"岂若使各帅其分，官长则各以其属能否献之台阁，台阁则据官长能否之第，参以乡闾德行之次，拟其伦比，勿使偏颇。中正则唯考其行迹，别其高下，审定辈类，勿使升降。台阁总之，如其所简，或有参错，则其责负自在有司"。即"中正"应该只负责考察人才的道德品行

并加以分类，但不能编排等级；"官长"（各级行政长官）则根据下属的工作能力大小确定能力方面的等级；中正所做的人物品行档案和官长所做的才能档案都汇总到尚书台，尚书台根据这两份材料综合确定人才高低的次序，然后按照这个次序选任官员。

有学者指出，夏侯玄这个建议的实质是将评定人才高下的权力由中正手中收归吏部，而由于当时何晏任吏部尚书，丁谧、邓飏也任尚书，尚书台实际被曹爽集团所控制，此举势必大大加强曹爽集团的权势，司马懿自然不赞同这一做法。

那么，司马懿提出"除九品，州置大中正"又是什么意思呢？

张旭华认为，所谓"除九品，州置大中正"，就是在废除九品中正制的同时，又保留并设置州中正。这一点我基本赞同。但是对于司马懿此一提议的动机，他却解释说是为了响应夏侯玄改革选官制度的建议。对此我的看法则正好相反。

司马懿的论议既云"案九品之状，诸中正既未能料究人才，以为可除九制（品），州置大中正"，可知司马懿要废除的确实是郡中正及其以九品论人的制度。这是因为当时以九品论人的权限在郡中正，州都（州中正）只能"总其议"，不能自己列单子。郡中正的职能就是以九品论人，所以废郡中正跟废九品是一回事。但是废除郡中正后朝廷用人就没了依据，故而他又建议"州置大中正"，即将评判人才的权力交由大中正。这样一来，州中正的权限就从"总其议"变成了自己列单子，操纵选举的权柄就落到了州中正的手里。

司马懿跟夏侯玄都将批评矛头指向了九品中正制，但他们的解决方案大相径庭：夏侯玄建议限制郡中正，将评判权力收归吏部；司马懿建议废除郡中正，将评判权力收归州中正。

曹羲为什么强烈反对司马懿呢？

因为按照规定，州郡中正只能由在朝中当官的德高望重的本州人或本郡人担任。以京师洛阳所在的司州为例，州中正只能由司州籍官员担任，而司马家籍贯河内郡，正属司州，司州籍官员里没有人能比司马懿更德高望重，即使司马懿本人不当司州大中正，这个职位多半也要归司马家（如司马孚）占据。一旦废除郡中正，那么司州士人的选举势必被司马懿所掌控。曹爽等当然不愿意见到这种状况，所以曹羲才加以反对。

从史籍中透露的迹象来看，郡中正后来显然没有被废除。

这一轮争议，司马懿应该还是输了。

第167章 山雨欲来

正始五年后，随着曹爽集团推行改制，何晏、丁谧、邓飏这些当权派的所作所为在朝中引发了越来越多的不满。

不满者大多是像司马懿这样的功勋老臣。不满的原因主要来自两个方面：一是改制触动了他们的权益，二是他们受到了当权派排挤。

前一方面，正始年间合并郡县的改革或许可以说明问题。

如前所述，夏侯玄曾提议裁撤郡一级行政机构。据说此举可以裁减郡吏万数，不但能提高行政效率，更有利于国计民生。但是麻烦的地方在于，郡一级官吏的职位早被各地世家大族所垄断，其家族成员多有在朝中当官者，许多朝官在地方也置有产业，其构建的家族权势网络亦以本郡为依托，一旦裁撤郡县，肯定会滋生很多事端。可以想见，此举一定会引发那些垄断郡职的世家大族的不满。

后一方面，史籍中也可以找到不少例子。

例如汉末名士卢植的儿子卢毓在青龙、景初之际便担任吏部尚书，多年来颇为称职，但是曹爽掌权后为了树立私党，便升卢毓为尚书仆射，而让何晏担任吏部尚书。不久，曹爽又将卢毓出为廷尉，然后指使司隶校尉毕轨弹劾卢毓，免了他的官。据《曹爽》传透露，此案实际上是"因毓吏微过，深文致毓法，使主者先收毓印绶，然后奏闻"，定罪上属于诬陷，程序上也不合法。故而当时引起了群臣一致愤慨。后来众臣集体为卢毓鸣冤，曹爽才将其重新起用为光禄勋。

卢毓的同乡孙礼也遇到了类似的情况。

当初明帝临死前以曹爽为大将军时，因为担心其能力不济，特意安排孙礼为大将军长史为之佐助。可曹爽秉政后没多久，就嫌弃孙礼"亮直不挠"，把他调到南方前线去当扬州刺史了。之后孙礼历任少府、荆州刺史，大概在正始七年（246年）前后调任冀州。临行前司马懿勉励他说："清河、平原两郡为了争夺地界已经打了七八年官司，历经两任刺史都没搞明白，那都是因为没有遇到像你这么好的长官。你一去，肯定能把这件案子审结。"孙礼说："这好办。年头久了，祖坟的位置、老人的回忆都做不得准。当年先帝为平原王时画有郡界地图，就存在朝廷的档案里，拿这个勘定不就行了嘛！"后来孙礼到任，就比照地图把那片有争议的地区划给了平原郡。哪知道曹爽受了清河郡的好处，来信说地图不能用，这件事还得再审。孙礼上疏据理力争，惹得曹爽大怒，就劾奏其"怨望朝廷"，判了孙礼五年苦役。由于群臣都帮孙礼说话，他并没有正式服刑。一年后风头已过，才起复为城门校尉。

史籍所见，当时像卢毓、孙礼这样受到曹爽一党排挤的大臣还有：

黄门侍郎傅嘏。因对何晏不满，以微事被免官。

少府王观。因为阻挠曹爽私自占用御府财宝，被改任太仆。

钟繇之子、散骑常侍钟毓。"以失爽意，徙侍中，出为魏郡太守"。

王朗之子、太常王肃。亦因宣扬对何晏等人之不满,"坐宗庙事免"。

总之,这一时期曹爽集团的权势大大扩张,基本上可以说专断了朝政,但是与此同时他们也得罪了不少人,特别是那些功勋老臣。尤其因为何晏、邓飏、丁谧三尚书操控了尚书台,曹爽集团的各项政策都有赖他们推行,三人遂成为最招嫉恨的目标。据说当时有人公开散播和张贴大字报,上写:"台中有三狗,二狗崖柴不可当,一狗凭默作疽囊。""三狗"指的就是何、邓、丁三人,"崖柴"是犬吠欲斗的样子,而"默"是曹爽的小名,"疽囊"是毒疮聚集的病根儿。其意是说,何、邓、丁都是咬人的狗,但丁谧这条狗靠着曹爽撑腰,最能兴风作浪。这大概是因为丁谧相当于曹爽的"狗头军师",许多主意都出自他的策划,而且他还特别喜欢弹劾人。

坦白讲,曹爽及其党羽原本都是曹魏政坛的边缘人物,年龄也普遍较轻,当他们掌握中央权力后,为了保证政令通达、改革措施能够推行,以年轻一辈的亲党占据要职、实行人事上的大换血似乎无可避免。这一过程里,以司马懿为首的一众功勋老臣就成了权力再分配的牺牲品,改革的口号无论如何响亮,都一定会引起他们强烈抵触和反弹。据说连担任曹爽官属的王基、应璩都写诗著文对曹爽加以讽刺。

对此状况,曹爽不是不知道。有一次,王肃跟太尉蒋济、大司农桓范一起议论时政。谈及何晏、邓飏等人的所作所为,王肃便正色言道:"此辈皆是弘恭、石显之徒,还能再说些什么呢?"弘恭是汉宣帝的宠臣,石显则是汉元帝身边的佞幸,两人在元帝初年曾结党专权,逼使辅政大臣萧望之自杀,被后世认为是导致西汉由盛转衰的罪魁祸首。曹爽闻知此言,后来就告诫何晏等说:"汝等当共慎之!今公卿已将诸君比作前世恶人矣！"

在这样的背景下，到了正始八年（247年），遂发生了司马懿"称疾避爽"一事：司马懿称病不出，对朝政再也不发一辞。

走到这一步，其实司马懿也是迫不得已。因为从三年前开始，他跟曹爽在朝政上的分歧便越来越多，而且几乎每次司马懿的意见都被曹爽当成了耳旁风，根本不予理会。

正始五年，曹爽执意伐蜀，司马懿"止之，不可"。

六年，曹爽下令废除禁军中垒、中坚营，将营兵划归其弟中领军曹羲统领。司马懿"以先帝旧制禁之，不可"。

七年正月，吴将朱然入寇柤中，导致沔水以南的万余家曹魏百姓渡河逃到北岸。司马懿建议将这些百姓留在沔北，免得以后再被东吴掠夺，但曹爽认为此举是向敌人示弱，"非长策"，仍下令将百姓遣还。结果不久后朱然再次来袭，又杀掠了数千人。

此外，史籍还记载："曹爽用何晏、邓飏、丁谧之谋，迁太后于永宁宫，专擅朝政，兄弟并典禁兵，多树亲党，屡改制度。帝不能禁，于是与爽有隙。"司马懿见自己权势日削，说话也没什么鸟用，便生出了避世远祸之心。

恰好至正始八年四月，司马懿的元配夫人张春华去世。在其晚年，由于司马懿宠幸柏夫人，张春华跟司马懿的感情并不好，甚至还经常被司马懿骂作"招人烦的老东西"（"老物可憎"）。但她毕竟是司马师、司马昭等三子一女的母亲，家庭地位摆在那里。所以丧事办完以后，五月间司马懿就借口老年丧妻、悲伤过度，从此称疾在家，"惹不起我躲得起"，当起了甩手掌柜。

这一来，曹爽等愈发肆无忌惮起来。

或许是后来司马氏专政时期有意对曹爽一党加以污蔑，又或许是曹

第167章 山雨欲来

爽等在毫无监管的情况下确实有些放纵和腐败，这一时期，史籍中出现了大量曹爽及其党羽飞扬跋扈、为非作歹的记载。

《曹爽传》说，何晏等私下分割了京师附近的国家屯田数百顷，侵吞了大量国有资产，还"因缘求欲州郡，有司望风，莫敢忤旨"。洛阳城里还传出了"何、邓、丁，乱京城"的谣言。

至于曹爽本人，史籍的记录则更为夸张："爽饮食车服，拟于乘舆，尚方珍玩，充牣其家。妻妾盈后庭，又私取先帝才人七八人，及将吏、师工、鼓吹、良家子女三十三人，皆以为伎乐。诈作诏书，发才人五十七人送邺台，使先帝倢伃教习为伎。擅取太乐乐器，武库禁兵。作窟室，绮疏四周，数与晏等会其中，纵酒作乐。"再加上前面提到的"迁太后于永宁宫，专擅朝政，兄弟并典禁兵，多树亲党"，给人的感觉是除了没有滥杀无辜，其他方面跟董卓其实也差不了多少。为了增强可信性，史官还说，当时就连曹爽的弟弟曹羲也对其兄的种种僭越行为"深以为大忧"，曾多次涕泣恳切谏阻，但曹爽就是不听。

以上诸事，到底有几分真、几分假，因为缺乏足够的证据，今天很难说得清楚。不过至少有两个例子提醒我们，后来在司马氏的掌控下，官方记录中对曹爽集团的描述确实存在一定程度的"污名化"现象。

就拿"迁太后于永宁宫"这一罪状来说吧，老实说就有点"欲加之罪，何患无辞"。按照《晋书》记载，此事发生于正始八年（247年），其时少帝曹芳已经十六岁，而且四年前已经"加元服"、立后，身份上已是成人了。而按照传统，皇帝成年后就应该与太后分宫居住。例如曹丕称帝，卞太后便居于永寿宫；明帝即位，郭太后便移居永安宫。曹芳即位时刚刚八岁，郭元后负有母养之责，两人自然同居一宫；现在曹芳成年了，年轻的寡妇郭元后便按传统迁入永宁宫居住。这本是十分正常的事，后世史官为逢迎司马氏，竟然将这件事描述成攻击曹爽的黑材料，实在有些过分。要知道，司马懿本人在发动政变后向曹芳表奏曹爽的罪状，也没有提到此事。因此，尽管《魏略》称"奏使郭太后出居别宫"出于丁谧的策划，但这件事根本就不足以成为曹爽的罪名。

还有就是，何晏等曹爽党羽真的像上引材料所说是假公济私、贪财弄权的弘恭、石显之徒吗？恐怕也不尽然。

《曹爽传》中提到的何晏等瓜分国家屯田、侵吞国有资产等事，皆为孤证，我们根本没办法判断是否属实①。那么身为吏部尚书，何晏的本职工作干得又如何呢？《魏略》说，何晏选官多用"其宿与之有旧者"，似乎是想指责他任人唯亲。不过在晋惠帝时代，时任御史中丞的傅咸却在上书中宣言："正始中，任何晏以选举，内外之众职各得其才，粲然之美于斯可观。"有意思的地方在于，傅咸是傅玄之子，而傅玄及其从兄弟傅嘏在当时都被视作何晏的仇人。《晋书》甚至声称："时玄与何晏、邓飏不穆，晏等每欲害之。"仇人的儿子竟然称赞何晏选官人尽其才、粲然可观，至少说明当时他这个吏部尚书相当称职。

此外还要考虑到，在用人的问题上其实何晏只有建议权，最终人选还是要由曹爽来决定。例如前面提到的少年天才王弼，何晏称其后生可畏，很想提拔他当黄门侍郎，但曹爽却选用了丁谧推荐的高邑人王黎，后来王黎病卒，曹爽又用王沈，王弼始终未能入选门下，何晏"为之叹恨"，却也无可奈何。而经由何晏荐举为黄门侍郎的贾充、裴秀、朱整三人后来都投靠了司马氏，也说明何晏并非任人唯亲。

---

① 《晋书·石苞传》云，石苞"徙邺典农中郎将。时魏世王侯多居邺下，尚书丁谧贵倾一时，并较时利。苞奏列其事，由是益见称"。石苞靠搜集丁谧的黑材料获得了司马懿的赏识，由此发迹。而司马昭曾在正始初年任洛阳典农中郎将，后司马望亦为此职，洛阳典农跟司马家渊源颇深。所以我怀疑《曹爽传》所说"晏等专政，共分割洛阳、野王典农部桑田数百顷"这件事，很可能跟石苞告发丁谧一样，有捏造陷害的成分。

《魏略》还说，邓飏这个人比较贪财，他在任侍中时曾向臧霸的儿子臧艾索贿，声称可以让他官居高位，后来臧艾就把父亲的姬妾送给了邓飏为酬劳，为此京城里都传言"以官易妇邓玄茂"（邓飏字玄茂）。查《三国志·臧霸传》，臧艾曾任青州刺史、少府，而明帝朝有青州刺史程喜，嘉平年间刺青州者则是司马氏的心腹石苞，则臧艾最有可能在正始年间出刺青州。考虑到青州曾经长期是臧霸的根据地，朝廷授予臧艾这一官职很可能是为了借助臧氏在当地的影响力，臧艾也没有必要为此而贿赂邓飏。所以他拿父妾换来的，应该是少府这个主管皇家财政的肥缺。正始年间任少府者，前有孙礼，后有王观，都是不受曹爽待见之人。臧艾任少府应在孙礼之后、王观之前，靠的就是邓飏的运作。这种卖官鬻爵的行为，邓飏大概干了不少，故而史籍说他"每所荐达，多如此比"，还说何晏主管选举之所以有不得人的地方，"颇由飏之不公忠"，意思是主要应由邓飏背锅。但舍此之外，并不见邓飏还有何恶举。

至于"乱京城"的另外一狗——"凭默作疽囊"的丁谧，按《魏略》所说，其最大的罪过也无非"在台阁数有所弹驳，台中患之"，即喜欢弹劾人。

其余曹爽党羽，李胜"前后所宰守，未尝不称职"，夏侯玄"为中护军，拔用武官，参戟牙门，无非俊杰，多牧州典郡，立法垂教，于今皆为后式"，不但绝非大奸大恶之人，反而颇有名臣风范。何晏也曾上表劝谏成年后的少帝曹芳亲君子而远小人，其奏言被钱大昕称赞"有大儒之风"。

怎么看，曹爽集团充其量也就是专权恣肆，其罪恶远不像司马氏渲染的那样祸国殃民。

第168章 血色将至

正始八年夏秋的一个夜晚，京师洛阳的某处官舍中，时任司隶部河南从事的山涛山巨源辗转反侧，久久不能入眠。

山涛是河内怀县（今河南武陟西南）人，幼年孤贫，性好《老》《庄》，四十岁时才以郡主簿出仕。论关系，他不但跟司马懿是同乡，而且还是亲戚，因为司马懿的夫人张春华之母便是山涛的"从祖姑"，也就是说，山涛可以管司马懿叫表姑夫。

据说在山涛十七岁时，司马懿便见过他。那时有山家的亲戚对司马懿说："山涛这个小伙子很不错，将来可以跟司马师、司马昭一起纲纪天下。"司马懿就开玩笑说："卿小族，那得此快人邪？"你们山家小门小户，哪里找来山涛这么一个优秀的人？

尽管有这层关系，但就史料所见，山涛在仕途上并没有从司马懿那里得到什么帮助。这可能是因为山涛年轻时不求上进，也可能是因为司马懿发达以后并没有把山家这门穷亲戚当回事儿，再说，到晚年他跟张春华的感情也并不好。

山涛出仕后的那几年，正赶上曹爽和司马懿争权，虽然他只是河内郡的小小郡吏，却也感受到了政治空气日趋紧张。到了这年夏天，先是张春华去世，紧接着司马懿称病不出，曹爽大权独揽，其亲党布列朝廷，表面上看来胜负已无悬念。就拿山涛的直属领导司隶校尉来说吧，上一任本为老臣徐邈，其为人清正廉明，百僚敬惮，但是后来不知为何被免了职，继任者便是曹爽的党羽毕轨。

这几日山涛思前想后，根据他对那位表姑夫的了解，总觉得事情绝不会如此简单，因此甚为不安，中夜无眠。

忽然间，一个念头闪过脑海，山涛不由得打了个激灵。

他翻身坐起，借着月色走到同屋而宿的同事石鉴榻前，伸脚把他踹醒。

"现在都什么时候了，你还在这儿稀里糊涂地睡大觉？你可知太傅卧病是何意图？"山涛道。

被弄醒的石鉴一脸懵，愣了片刻才没好气地答道："就算是宰相，如果三天不朝，皇帝也会下诏让他回家养老。太傅年将七十，有什么可担心的？"

山涛望着睡眼惺忪的石鉴，又好气又好笑："唉！石生，咱们可千万不要落到他人的马蹄之间啊！"

石鉴没有理他，转身再次睡去。

山涛摇摇头，站起来开始默默收拾行李。

第二天早上，同事们发现山涛不见了，床铺上只有他留下的符传印信。

不久后，山涛回到河内老家，过起了游山玩水、远离官场的隐居生活。

他常去的地方是山阳县白鹿山附近的一处竹林①,同他一起交游酣饮的则是嵇康、阮籍、阮咸、刘伶、向秀和王戎。

他们一共七人,被后人称为"竹林七贤"。

当时像山涛这样意识到一场政治风暴即将来袭的人应该并不少,其中甚至还有女人。

有一次,侍中钟毓在参加了曹爽举办的酒宴后还家,无意间向自己的母亲说起了曹爽等纵酒酣饮之事。钟母张氏便道:"乐则乐矣,然难久也。居上不骄,制节谨度,然后乃无危溢之患。今奢僭若此,非长守富贵之道。"意思是曹爽这么"作",肯定高兴不了太久。

可能你会觉得,钟母毕竟是官宦人家的"命妇",她这话也只是从道理出发,说明不了太多问题。那么,请再看下面这个例子:

据《晋书·列女传》记载,正始年间傅玄丧妻后,听说京兆郡有个叫杜有道的人早亡,他的寡妻严氏独自抚养一子一女成年,其女杜韡甚有淑德,就求请以杜韡为继室。当时傅玄跟何晏、邓飏不和,旁人都担心他早晚被害,都不愿意跟他结亲,但是严氏却愿意把女儿嫁给傅玄。有人不解,说你这不是把女儿往火坑里推吗?严氏便道:"你只知其一,不知其二。何晏等人骄奢恣肆,必当自败。如今司马太傅虎睡而已,到时家破人亡的还指不定是谁呢!"

一个普通的妇人怎么会知道司马懿是在"虎睡"呢?我想,这可能与司马师在民间的秘密行动有关。

---

① 陈寅恪先生认为,"竹林七贤"这一说法产生于东晋,其"竹林"并非指现实的地理环境,而是受佛教影响,从佛经中常见的"竹林精舍"概念借用而来的一种文化意向。但也有学者提出,山阳县古时多竹林,不能排除写实的可能。"七贤"曾共游于山阳竹林的说法,首见于孙盛《魏氏春秋》。

实际上，司马懿称病是假，以退为进才是真。从《曹爽传》称其"密为之备"来看，至少从正始八年五月告疾开始，司马懿就在筹划设法除掉曹爽了。若是考察司马师的履历，这一时间甚至可能更早。

司马懿深知，与曹爽较量，最重要的是掌握兵权。然而我们前面提到，从正始三年七月开始，曹羲任中领军，曹训任武卫将军，中护军则先由毕轨，后由夏侯玄担任，基本上整个京师禁卫都被曹爽一党所掌握，司马懿空有都督中外的头衔，实际上要想动用军队，就必须取得曹爽的支持。这或许可以解释，为什么在正始五年之前，司马懿非要小题大做，先后对东吴进行了两次南征。因为只有这样，他才能保持自己在军中的权威和影响力。

但是到了正始五年夏侯玄离开京师担任征西将军后，我们发现，中护军这一职位竟然落到了司马师的手里。《魏略》称："玄既迁，司马景王代为护军。"曹爽为何放心将这一重要职位交给司马师，实在令人费解。仇鹿鸣怀疑，曹爽是以此为筹码换取了司马懿对关中人事变更的认可，因为司马懿毕竟在长安经营多年，关中诸将多为其旧部。当然，当时曹爽和司马懿还没有闹翻，所以司马昭还能随夏侯玄出征，司马懿的故吏邓艾也能担任夏侯玄的参军。

中护军不但执掌京师"外军"，而且拥有选拔中下级禁卫将领之权。司马师上任后，"整顿法令，人莫犯者"，很快树立了权威。对于这种状况，曹爽也不是没有防备，于是便出现了正始六年其"毁中垒、中坚营，以兵属其弟中领军羲"之事。

中垒、中坚两营大概创设于明帝时，可能原属中护军指挥。曹爽废除这两营，将其营兵划归中领军曹羲，显然针对的是司马师。所以司马懿才以"先帝旧制"为辞表示反对，但并未成功。

这一来，司马师能够动用的兵力大为削弱。我猜就是在此以后，司马师开始秘密在民间招募死士，以备不时之需。《晋书》称："初，帝阴养死士三千，散在人间。"这三千死士既散在民间，难免有人嘴巴不严，司马懿的意图就有可能被民间所知晓。这大概就是寡妇严氏做出"司马太傅虎睡"这一论断的根据。

对于"虎睡"的司马懿而言，为了提高胜算，除了军事上要有所准备，在政治上广结同盟、建立对付曹爽的统一战线同样不容忽视。而曹爽支持改制，排挤老臣，不知不觉中也把许多利益受损者推向了司马懿身边。

正始九年（248年），曾因判决清河、平原两郡争地而触怒了曹爽的孙礼被外放并州当刺史。临行前他来拜访司马懿，见面后却阴沉着脸半天不说话。司马懿问："你是觉得到并州亏待了你吗？还是因为分界的事而生气啊？怎么如此不高兴呢？"孙礼就直言道："明公你怎么说这么荒唐的话！我孙礼虽然德行不高，却也不是为官位和往事而介怀。我本以为，明公你可以比肩伊、吕，匡辅魏室，上报明帝之托，下建万世之勋。如今社稷将危，天下汹汹，这才是我之所以不悦的原因啊！"话未说完，孙礼已经老泪纵横。

伊尹助商汤灭夏，又通过放逐的方式迫使暴君太甲改邪归正，吕尚则辅佐武王灭商，又帮助周公平定了管、蔡之乱，"比肩伊、吕，匡辅魏室"指的是什么意思，司马懿自然心知肚明。

但是他只对孙礼说了六个字："且止，忍不可忍。"

忍，本质上是狠。对他人狠，对自己更狠。

司马懿是真的能忍。

从四十多年前假装风痹开始，他就必须时刻克制自己的欲望，隐藏自己的野心，恭恭敬敬、毫不懈怠地扮演好自己忠正之臣的角色。惟其如此，他才能在曹操、曹丕、曹叡祖孙三代的怀疑和猜忌下生存下来、

第168章 血色将至

强大起来，一步一步地攀升到今天的地位，拥有今天的权势。而现在，曹爽这个愚蠢的家伙竟然想要自己轻易放弃这苦心得来的一切。是可忍，孰不可忍？

不可忍也要忍。因为现在的实力不足以正面对抗，只有忍，才能麻痹敌人，迎来致命一击的机会。

我司马懿已经忍了四十年，再忍一段时间，又有什么了不起？

于是司马懿送走了慷慨激昂的孙礼，继续在家卧床"养疾"。

这段时间里，朝中又发生了几处重要的人事变动：

二月间中书监刘放、中书令孙资，三月间司徒卫臻相继以年老逊位。《孙资别传》记载此事说："大将军爽专事，多变易旧章。资叹曰：'吾累世蒙宠，加以豫闻属托，今纵不能匡弼时事，可以坐受素食之禄邪？'遂固称疾。"可见刘放、孙资这两个当初劝明帝以曹爽为大将军的"恩人"如今也受到了曹爽排挤。至于卫臻，其本传称，曹爽通过夏侯玄传话，说打算让卫臻兼任尚书令，还想让自己的弟弟娶卫家女，卫臻都没答应。要知道，当时任尚书令的可是司马懿的弟弟司马孚。尽管曹爽自录尚书，司马孚"不视庶事，但正身远害而已"，可他毕竟是尚书令，卫臻如果顶替这个职位，就等于站到了司马家的对立面，从此成为曹爽一党。看来他并不愿这么做，所以才坚持告老退休。

曹爽大概觉得，如今朝堂里已经不存在异己力量，潜在的威胁可能来自外部，于是开始将眼光放到边地藩镇。

彼时藩镇手握强兵者，征西将军夏侯玄是自己人，不必多说；破灭高句丽的幽州刺史毌丘俭虽然跟夏侯玄私交甚好，但他毕竟并非曹爽腹心，于是曹爽决定将其调任豫州，并授其左将军加以笼络，另以无党无派、军事才能匮乏的杜恕为替；车骑将军、扬州都督王凌也不是曹爽一党，但其手下将领文钦是曹爽老乡，因此文钦被王凌弹劾的时候曹爽多加祖护，不治其罪，还加其冠军将军，遣还庐江为太守，到了九月，曹爽就打算征王凌入朝担任司空，然后让文钦取代他的位置；最后，征南将军、荆豫都督王昶是司马懿举荐，不能置之不理，曹爽遂决定以自己的心腹李胜为荆州刺史，以备将来取代王昶。

正好近来风传司马懿病重，曹爽就叫李胜以辞行为借口去探听一下司马懿的消息。

于是史书中出现了以下名场面：

宣王见胜，胜自陈无他功劳，横蒙时恩，当为本州，诣阁拜辞，不悟加恩，得蒙引见。宣王令两婢侍边，持衣，衣落；复上指口，言渴求饮。婢进粥，宣王持杯饮粥，粥皆流出沾胸。

李胜见司马懿像得了老年痴呆一般，连口粥都喝不利索，不禁憮然欲泣，十分感伤地说道："方今主上尚幼，天下仰赖明公。我等本以为明公只是风疾复发，没想到尊体竟然如此！"

司马懿缓了半天，才气息奄奄地说道："我年老病重，已是死在旦夕……君当屈身并州，并州地近胡寇，君可要好好防备。日后只恐再无相见之时……"

李胜心说，太傅一定是耳朵背了，我明明说是本州（李胜是荆州人），他却听成了并州，便道："当还忝为本州，非并州也。"

司马懿还是装作没听明白，自顾自说道："君方到并州，多多保重！"又说什么并州的毛毡不错，到时记得送点来。语无伦次，越来越不像样。

李胜靠近一步，再次纠正道："是荆州，非并州也。"

司马懿这才仿佛明白了一点，勉力言道："我真是老迈昏聩，错听

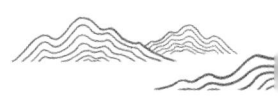

君之言语。君既还为本州刺史,衣锦还乡,定能好建功勋。今当与君相别,自顾气力转微,他日不复相见,因欲择日设薄酒为君祖道践行,令师、昭兄弟与君相结为友,以副懿区区之心……"说着眼泪就流了下来。

李胜也长叹哽咽,不知说什么话来安慰。

从太傅府回来后,李胜就对曹爽等说道:"司马公尸居余气,形神已离,不足虑矣。"又说,"太傅之病恐不可复济,令人怆然。"曹爽闻言,这才彻底放了心。

李胜并不知道,当他迈步出门时,一双饿狼一样的眼睛正在背后暗处冷冷地盯着他。

第169章 管辂的预言

由于司马懿提出要以自己的名义择日替李胜祖道践行，李胜暂时推迟了启程的日期。

他还没来得及离开，另有一奇人却自冀州而来，赶在岁末入了京。

此人名叫管辂，堪称三国时代首屈一指的占卜大师。

管辂字公明，平原人，虽生得容貌粗丑，又嗜酒贪杯，但为人平易宽厚，不拘小节，在乡里人缘很好。据说他在八九岁的时候便迷上了仰观星辰之事，并且在精研自然变化之理上表现出了自己的天才。成年后，他"明《周易》，仰观、风角、占、相之道，无不精微"。

管辂的父亲在利漕（今河北曲周东南）当官时，当地有个叫郭恩的人，兄弟三人都是瘸子，已经瘸了三十来年。管辂年轻的时候曾跟郭恩学习《周易》和天文占卜，但是仅仅过了一年，他的水平就远远超过了郭恩。一天，郭恩做东单独请管辂赴宴，一番畅饮后他自诉道："我兄弟三人俱得跛疾，不知何故？请君试着为我们算上一卦，告知缘由。若是有咎殃在身，天道宽以赦人，君可为我向神明祈福，切勿有所吝惜。倘若老天怜悯，我兄弟便从此再世为人。"管辂一口应允，为之起了一卦。然而卦象甚是复杂，他思考了一整天都未得其详。此时天色已晚，他便在郭恩家中住了下来。直到半夜，他恍然大悟，便叫醒郭恩，对他说道："这卦中暗藏有君之本墓，墓中有一女鬼，不是君之伯母便是叔母。昔年饥荒之世，有人贪图她家的数升米，将其推入井中，见她在水中挣扎呼救，又扔下一块大石，砸破了她的头。此一孤魂冤痛难解，自诉于天，至今未息。"郭恩听了，就泪水横流地承认道："皇汉末年，确有此事。君不说出名字，是有所避讳；我不交待事实，是迫于礼法；我兄弟三人跛了三十来年，腿脚如同生满了荆棘，再也治不好了。我只希望这罪孽不殃及子孙。"管辂便安慰他说，火形不绝，水形无余，咎既在水中，不及后世。

后来管辂因善卜筮出了名，经常被一些达官贵人请去算卦。冀州东部的许多太守、县令都请他上过门，他基本上是百占百验，如有神助。

例如有一次，管辂到列人（今河北肥乡北）典农官王弘直家中，忽然见到有一股三尺多高的旋风从申位而来，在庭院里往复回旋，息而复起，良久才消失不见。王弘直就问管辂这主何吉凶。管辂说："不久，东方将有驿吏乘马而来，只怕父亲要哭儿子，没奈何啊！"第二天胶东郡有驿吏赶到，果然带来了王弘直儿子病亡的噩耗。后来王弘直问管辂如何推知，他便说道："其日乙卯，象征着长子；木落于申，斗建申，申破寅死，象征着死丧；日过午而起风，象征着马；离为文章，象征着吏；申未为虎，虎为大人，象征着父亲。"没几日，又有一只雄野鸡飞来，登上了王弘直家的铃柱头。王弘直十分不安，就叫管辂起卦。管辂说："到五月，君必高升。"此时是三月，到了五月，朝廷果然升王弘直当了渤海太守。

还有一次，管辂的好友诸葛原升迁到外地当太守，管辂去参加他的践行宴会。席间众人射覆为戏。诸葛原亲自找来燕卵、蜂巢、蜘蛛三样物事，偷偷放入器物里让管辂起卦来猜。卦成，管辂算道："第一物，含气须变，依乎宇堂，雄雌以形，翅翼舒张，此燕卵也；第二物，家室倒悬，门户众多，藏精育毒，得秋乃化，此蜂巢也；第三物，觳觫长足，吐丝成罗，寻网求食，利在昏夜，此蜘蛛也。"一座无不叹服。

到了三十六岁①那年，经人举荐，管辂被冀州刺史裴徽辟为文学从事，后升为别驾，至正始九年十月，又被举为本州秀才。按当时制度，每到年终，各州郡举荐的秀才、孝廉都要随同计吏入都，以备次年年初接受朝廷策试和审查。于是在这年岁末，管辂自冀州南下，启程前往洛阳。

冀州刺史裴徽本身就是玄学爱好者，在京城时跟何晏、夏侯玄、邓飏多有往来。临行前，他特意嘱咐管辂说："丁、邓二尚书虽有经国才略，于万物之理并不精通，但何尚书却神思精微，言皆巧妙，其谈锋殆破秋毫，与之交谈，君当谨慎才是。他常自言于《周易》有九事不解，必当以相问。君到洛阳之时，对此可精心准备。"

管辂一路行来，在邺城先见到了因与曹爽不和而被外放为魏郡太守的钟毓以及时任典农中郎将的邓艾。

钟毓也颇通易理，两人谈宴时他向管辂提了二十多个与易经有关的难题，管辂言无滞涩，一一解答。管辂又说，以易经占卜，甚至可以预

---

① 管辂的年龄是个谜。裴注引《管辂别传》云其三十六岁为冀州文学从事，同年（正始九年）举秀才；其本传却称其卒于正元三年（256年），四十八岁，则正始九年其为四十岁；但下文又云管辂"本命在寅"，则其生于建安十五年（210年），正始九年为三十九岁。

知钟毓生死之日期。钟毓不信,就叫管辂卜算自己的生日。结果一卦下来,管辂将钟毓出生的年月说得一点儿不差。钟毓大吃一惊,道:"君之术实在令人生畏!我的死期还是交给上天来决定吧,就不交给君了!"终止了占卜。

钟毓又问管辂今后世道是否太平。管辂说:"方今四九天飞,利见大人,神武升建,王道大明,何忧不太平?"

这个回答让钟毓感到有些莫名其妙。因为明眼人都看得出来,当今幼主在位,朝中虎臣权争,吴蜀强敌在侧,这种情况下国家能够平安无事就算不错,哪里谈得到什么飞龙在天、王道大明?

不久之后,钟毓才明白管辂是什么意思。

十二月二十八日,来到洛阳的管辂受何晏邀请,到其府中做客。邓飏也在座。

何晏见到管辂,果然问了他九个平时自己百思不得其解的问题。管辂逐一解答,其言论之精妙、道理之透彻令何晏和邓飏赞叹不已。末了何晏含笑言道:"久闻君之卜筮神妙无双,可否试作一卦,看我能否位至三公?"又说,"连日常梦见有青蝇数十,落在鼻子上驱之不去,不知主何征兆?"

管辂没有起卦,只说了下面一段话:"昔年八元、八凯佐助舜帝,周公辅翼成王,都是因为慈爱和惠、敬慎谦恭,这才得享多福、泽被百代。此之谓履道休应(走正道,自然得吉兆),不用卜筮便能明白。如今君侯之权位重于山岳,感念你恩德的人少,畏惧你权威的人多,恐怕这并不是小心谨慎以求多福之道。就人身而言,鼻为艮,为天中之山。唯有高而不危,才能长守富贵。现在青蝇闻到恶臭而集于鼻上,是指位高者面临着跌落的危险,不可不思害盈之数、盛衰之期。愿君侯上追文王六爻之旨,下思尼父象象之义,然后三公之位可至,青蝇可驱也。"

所谓"文王六爻之旨""尼父象象之义",跟"履道休应"一样,大体都指易经中反复强调的居安思危、持盈保泰、过犹不及之类的朴素道理。

何晏还没说话,一旁的邓飏开腔了:"此老生之常谈。"这些道理谁都懂,何晏叫你算卦你就算卦,婆婆妈妈地说这些干什么?

"夫老生者见不生,常谈者见不谈。"管辂反唇相讥道。在他的眼中,邓飏行动时筋不束骨、脉不制肉,已经呈现"鬼躁"之相;何晏顾盼间魂不守宅、血不华色,亦是"鬼幽"之貌。两人已经与死人无异。

听了这些话,何晏心里也不大愉快,这时见邓飏跟管辂之间的气氛有些紧张,就道:"等过了年,我们当再相见。"将管辂送了出来。

送走了管辂,何晏心中久久不能平静。管辂说的那些话,他不是不明白。如他这般聪明之人,自然也看得出一场风暴正在酝酿当中。可是如今自己就好像曹爽手中的一面大旗,哪能那么容易,说退便退呢?《名士传》说,很可能是有感于管辂的言论,何晏写了一首诗:

> 鸿鹄比翼游,群飞戏太清。
> 常畏大网罗,忧祸一旦并。
> 岂若集五湖,从流唼浮萍。
> 承宁旷中怀,何为怵惕惊?

那翱翔在天、与同伴比翼而飞的鸿雁是快乐的吗?为什么还要时时担心那猎人布下的陷阱和罗网呢?放弃高飞的梦想,甘心于在生满浮萍的池塘中嬉戏是逍遥的吗?为什么在宁静安逸的生活中还会陡然心惊呢?

何晏自幼聪慧而敏感,对于世道人心早就有清楚的认知。据说他

第169章 管辂的预言

七八岁时，曹操很喜欢他，经常把他叫到身边，问他些兵书上的疑难问题，他都能够解释应答，曹操为此曾生出过将其认为己子之心。须知在当时，继子和养子虽同为"假子"，但二者在宗法上的身份、地位并不相同。继子跟亲父姓，属于亲父一族，而养子跟养父姓，相当于放弃了在原宗族的身份而转入养父一族。这也是之所以何晏、秦朗仍保留原姓，而"寇氏子"刘封在被刘备收为养子后便改姓为刘的原因。所谓"神不歆非类，民不祀非族"，继子既并非同族，在法律和继承上就难以享受到同族人的待遇。显然，如果那时能被曹操正式接纳为养子，何晏的境遇和地位就会大为不同。

可是不知为何，幼年的何晏用略显孤傲和古怪的行为显示出自己对这一可能并不感兴趣。《何晏别传》说："晏小时，武帝雅奇之，欲以为子。每挟将游观，命与诸子长幼相次。晏微觉，于是坐则专席，止则独立。或问其故。答曰：'礼，异族不相贯坐位。'"还有一次，何晏在地上画了一个大方框，自己独自待在里面。别人问他这是什么意思，他说："此处为何氏之庐。"曹操知道后，就打消了认其为子的念头。

或许就是因为这种骨子里的清高，何晏一直学不来像秦朗那样甘心于摧眉折腰，这使得本就落落寡合的他更易被众人所孤立。曹丕一见秦朗，就亲热地称呼其小名"阿苏"；一见何晏，却语意含讽地称呼他为"假子"。明帝封秦朗为骁骑将军、给事中，每次车驾出入都要秦朗随从，还在洛阳城里给他建造了一套豪华府邸；何晏在明帝世却一直担任"冗官"，并不被派给任何实际事务。

而何晏自己也早已习惯了孤芳自赏、顾影自怜。在前半生无所作为的岁月里，他曾经纵情于药、酒，试图在当中寻找超脱凡世的体验，大名鼎鼎的五石散就是他所发明；他也曾沉迷于一场场形而上学的思辨和清谈，在头脑风暴当中追索人之为人的终极意义，魏晋玄思之风便自他而起。如果不做大官,他也能生活得很好,因为他毕竟是曹操继子,后来又娶了曹魏公主,拥有列侯爵位。然而他又是寂寞的,他渴望得到众人的认可和仰慕;他还是自负的,他相信不该让自己的才华在无人问津的角落里白白浪费。像野鸭那样在遍生浮萍的池塘中嬉戏不是他的志向,他更愿意成为那展翅高飞的鸿鹄。

现在,猎人已经在暗处布下了罗网。

鸿鹄或许也感觉到了杀机,但却不知道攻击会发生于何时何地。

第169章 管辂的预言

第170章 高平陵之变

正始十年（249年）正月初一，一大早，一场猛烈的沙尘暴就席卷了洛阳城。这让天还没亮便云集宫门外准备正旦朝贺的文武群臣备受折磨。

好不容易朝会大典结束，皇帝又宣布了新的旨意：他计划在初六日拜谒先帝高平陵。

这不是一个寻常的决定。

虽然按东汉制度，每到正月，皇帝在祭祀了南郊、北郊、明堂、高庙、世祖庙之后，接下来便"以次上陵"，岁岁以为常，但是曹魏立国后一直崇尚节俭，曹操临死前特命简葬，曹丕亦在"终制"中规定，其陵寝不封不树，不立寝殿、造园邑、通神道，还申明古无墓祭之礼，取消了上陵制度。所以迄今为止，近三十年的时间里并没有皇帝上陵的先例。为什么朝廷忽然于此时恢复上陵制度，史籍并未明言。如果这个主意出自少帝曹芳自己，那么他就是想借谒陵尽孝来弥补自己以养子继统在合法性上的不足；如果这个主意出自曹爽，那么此举就是正始改制的一部分，意在恢复汉末以来崩解的礼乐制度。

不管怎样，消息传到太傅府后，司马懿立刻意识到，他等待了许久的机会终于来了。

随后的几天里，司马懿、司马师父子在内室极其隐秘地商定了起事计划。为免泄露消息，连司马昭都不得与闻。

到了初五晚上，司马懿才将明天要做的事情告诉了司马昭。据说司马昭大为紧张，整夜不得安枕，而司马师则显得成竹在胸，睡得像平常一样安稳。

初六凌晨，天刚蒙蒙亮，少帝曹芳的车驾便在大将军曹爽、中领军曹羲、武卫将军曹训、散骑常侍曹彦等文武近臣的扈从下络绎出城，向位于洛阳城南九十里的明帝高平陵而去。

本来前段时间，由于朝中政治空气比较紧张，曹爽兄弟也担心会有事端发生，很少一同出游。但是这一次皇帝谒陵，是今上即位以来十年难遇的大事，曹爽兄弟不是执掌禁兵就是担任常侍，必须随驾出行。这才给了司马懿闭城夺宫的机会。另外，还有一点与东汉上陵不同：似乎这次谒陵只限于曹氏宗亲和皇帝身边的近臣，而没有要求公卿百官全部参加。这也为司马懿计划的实施创造了极大的便利。

尽管如此，由于司马懿已经有一年半以上的时间不再过问朝政，司马师担任的中护军职务因为中垒、中坚两营被废除，权限也受到了较大的削弱，司马家能够指挥得动的兵力极为有限。所幸司马师早就在民间招募了三千死士，这些人将是这次起事能否成功的决定性力量。

皇帝的车驾刚刚消失在清晨的薄雾里，三千死士在司马家门前"一朝而集"，做好了接受命令的准备。

综合史籍中的各种线索，可知司马懿的计划是：

第一步，亲自统领现有兵力，抢先占据武库。

第二步，由司马师、司马孚屯守司马门，切断宫城与外界之间的联系；司马懿、司马昭入宫，控制居于永宁宫的郭元后。

第三步，以郭元后的名义下敕，号令群臣，然后派人分据曹爽的大将军营以及曹羲的中领军营；在城中局势得到控制的情况下，再集合兵力屯守洛水浮桥，防备曹爽反扑。

以上三步环环相扣，一步都错不得。占据武库是为了获得武器和甲胄，没有武器，有三千死士也是白搭；控制司马门是为了防止宫内的宿卫营兵与曹爽取得联系，以免他们与曹爽里应外合；控制郭元后才能以太后的名义下令，一可以增强起事的合法性，二可以凭此号令内外禁兵为己所用；最后，切断洛水浮桥，就扼住了曹爽回城的通道，基本上也就控制了整个洛阳城。

整个计划尽管筹备周密，但是在执行第一步——攻占武库时就险些出了问题。

当时司马懿的府邸位于永安里，据清人徐松考订，在洛阳城东面北数第一门建春门（上东门）以内。至于武库和曹爽府所在的位置，仇鹿鸣认为皆在城市东北角，只不过武库靠北而曹爽府靠南。说曹爽府位于武库以南是没有问题的，因为《晋书》在记载贾后杀杨骏时明言："时骏居曹爽故府，在武库南。"但是说武库和曹爽府都在洛阳城东北角却很可能与史实不符。

据《后汉书·坚镡传》，东汉初年光武帝派坚镡进攻更始帝控制的洛阳时，坚镡从上东门入，与敌人大战武库下。这则史料似乎说明，东汉武库位于城东北靠近上东门的地方。李贤注又引《洛阳记》云："建始殿东有太仓，仓东有武库，藏兵之所。"再加上《洛阳伽蓝记》亦云

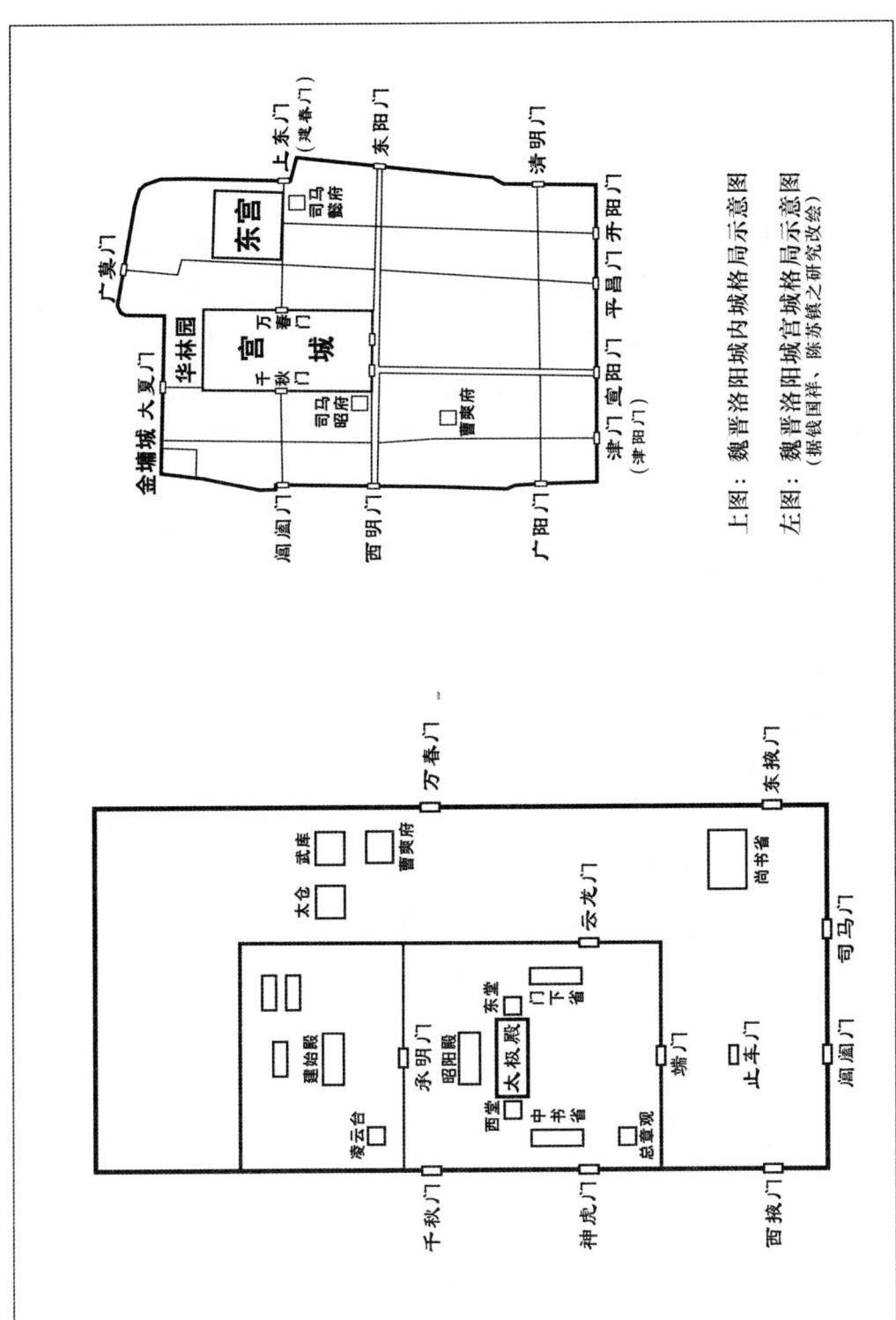

上图：魏晋洛阳城内城格局示意图

左图：魏晋洛阳宫城格局示意图
（据钱国祥、陈苏镇之研究改绘）

晋太仓在建春门内。大概就是以此为依据，徐松在考订《河南志》时便将太仓、武库都标注在了洛阳城东北角的位置。

问题在于，《坚镡传》中的记载发生于东汉定都洛阳之前，那时洛阳宫室的大规模建设还没有开展。退一步说，即便东汉武库位于上东门附近，也不能拿来说明魏晋武库的位置。因为众所周知，魏晋洛阳城是在董卓烧毁洛阳后重建的；而且魏明帝在位时也有新建武库之举[①]。

相比而言，陆机的《洛阳记》距离当时最近，其"建始殿东有太仓，仓东有武库"的记载更为可靠，而搞清楚建始殿的位置才是确定武库所在的关键。

如前所述，建始殿是曹操晚年所建，但是刚开始动工他便去世了。后来曹丕迁都，便以建始殿为正殿。故裴松之云："是时帝居北宫，以建始殿朝群臣，门曰承明。"《太平寰宇记》引《魏略》曰："董卓烧南北二宫，魏武帝更为夏门内立北宫。"夏门即洛阳城北墙西头之门，可见建始殿应位于宫城北部、洛阳城的西北。后来明帝修建的以太极殿为核心的建筑群都在建始殿以南。近年来的考古发掘虽确定了太极殿的位置，但太极殿以北的大片地域尚未勘探清楚，我怀疑建始殿的遗迹便位于这片尚未勘探的地域中。

建始殿既位于宫城北部，则太仓、武库便应处在宫城东北，而且有证据表明，武库并不像徐松考订的那样远在宫城之外，而是就位于宫城以内。

证据一，杨骏在武库南的曹爽故府得知宫中有变后，有人建议他"宜烧云龙门以示威，索造事者首，开万春门，引东宫及外营兵"。云

[①] 陈群谏明帝的上疏中曾言："前欲坏武库，谓不可不坏也；后欲置之，谓不可不置也。"

龙门是通往皇帝居住的禁宫（禁中）之东门，万春门则是通往宫外的宫城东门。这说明，曹爽故府正位于云龙门和万春门之间（参见附图《魏晋洛阳城宫城格局示意图》）。

证据二，西晋末年匈奴人刘曜攻陷洛阳，将晋怀帝"幽于端门"，"曜自西明门入屯武库"。西明门即洛阳城西边北数第三门，正对宫城南门阊阖门，端门则是禁宫南门。刘曜屯武库是为了控制宫城，这也说明武库位于宫城内。如果武库远在洛阳城东北角，此举就失去了意义。

证据三，东晋时，有彭城妖贼卢悚"晨攻广莫门，诈称海西公还，由云龙门突入殿庭，略取武库甲仗"。东晋建康宫的布局大体模仿西晋洛阳，广莫门为建康城北门，云龙门为宫城东门，这说明东晋的武库也位于宫城内。

所以，曹魏武库应位于宫城内东部偏北的地方，其西紧邻太仓、建始殿，其南即曹爽府。

另据《水经注》记载，北魏永宁寺那块地域原本是曹爽故宅，当年在修建寺院的时候还在西南角发现了一个地下窟室，即《曹爽传》所说的"作窟室，绮疏四周，数与晏等会其中，纵酒作乐"之处。若如此，则曹爽当拥有不止一处住宅，宫外的用于聚会欢乐，宫内的则便于控制朝廷。

正因为曹爽府和武库都位于宫城内，所以司马懿要占据武库就必须先入宫，这才导致了意外险些发生。

裴注引《世语》说，司马懿"勒兵从阙下趣武库"，在途经曹爽府大门的时候"人逼车住"，因为人员拥挤而一时难以通过。曹爽的妻子刘氏得知后甚为惊恐，就到曹爽办公的地方对其帐下军官们说："大将军在城外，现在发生兵乱，你们说该怎么办？"有个叫严世的军官说："夫人勿忧。"就登上门楼，抄起一支弩箭瞄准了司马懿。另一名军官

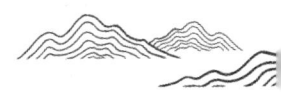

孙谦见状，赶紧上去拉住严世的手肘，说："天下事未可知！"严世要射，孙谦不让，这样弄了三四回，司马懿才从门前过去了。

因为武库位于宫城内东部偏北的地方，曹爽府又位于武库南边，所以从东边赶来的司马懿才必须从其门前经过。实际上，"从阙下趣武库"已经足可说明武库确在宫城内，这一点也被《晋书》"帝列阵阙下，经爽门"的记载所证实。仇鹿鸣但以"《世语》叙事或有小误"来解释，是说不过去的。

显然，司马懿置曹爽府于不顾而直奔武库，说明武库的重要性远超过群龙无首的曹爽府或大将军营。

武库是天下甲兵所聚，西晋惠帝时武库失火，总共烧毁了足可武装二百万人的装备器械。而宫中宿卫的禁军诸营兵除了正在担负巡逻、守卫任务的人之外，其他人平常是没有装备武器的。所以占据武库，不但能够武装自己的士兵，也可以迫使诸营兵倒向自己一方。

拿下武库后，剩下的事情就相对比较顺利了。

当今太后郭元后居于永宁宫，具体位置不详，推测亦应在宫城内。她虽然不是司马懿的人，但肯定对曹爽没有好感。再说眼下兵威逼迫，也容不得她有所异议。于是司马懿很容易便获得了"挟太后以令群臣"的特权。随后他留司马昭监视太后，自己则持太后诏召来太尉蒋济、司徒高柔、太仆王观等，命高柔假节行大将军事，入据曹爽营，命王观行中领军，摄曹羲营。

王观这个人前面说过，他就是因为阻挠曹爽私自占用御府财宝才被改任为太仆的，而且他还是司马懿任太尉时的故吏，自然全力支持司马懿。司马懿派他行中领军占据曹羲军营，也说明了对他的信任。

高柔在曹魏一朝则一直是个不党不从的独立派，他当了二十三年廷尉，除了本职的司法工作以外，别的事务一向很少掺和。他能当上三公，也是以资历累积的结果。史籍中见不到他对曹爽集团持何态度，但司马懿既有太后诏敕，高柔也没有反对的理由。司马懿安排他假节入驻大将军营，代行曹爽职务。为了笼络高柔，司马懿还对他意味深长地说道："君为周勃矣。"意思是曹爽等是祸乱汉室的诸吕，而我们从事的是正义的事业，就是陈平、周勃！

与高柔不同，在正始后期，太尉蒋济明显表示出了对曹爽一党的厌恶态度。他曾经借日食上疏，公开反对何晏、邓飏等轻改法度的措施；也曾经跟王肃等一起论议，赞同他将何、邓、丁比作"弘恭、石显之属"的看法。考虑到蒋济前后担任护军、领军将军多年，在禁军中甚有威望，取得他的支持也十分重要。

此时司马师、司马孚也屯兵司马门，切断了宫中与外界的联系。禁军诸营即使有忠于曹爽者，一来他们没有武器，二来也无法与城外的曹爽取得联系。再加上司马懿有太后诏敕为令，又有蒋济、高柔、王观等老臣帮他弹压坐镇，大部分禁军将士随即倒向了司马懿。只有极少数人设法逃出了城，去向曹爽报信。史籍所见，这其中有曹爽的司马鲁芝、主簿杨综、参军辛敞，还有时任大司农的桓范。

第171章 愚蠢的决定

桓范这个人,也是曹氏元从谯沛集团的一员,"于沛郡仕次在曹真后"。其在建安末年出仕,历任羽林左监、中领军、尚书、东中郎将等职。但是他的性格有些偏激和急躁,经常跟同事闹矛盾。在任东中郎将时,他就因为跟徐州刺史邹岐争夺房屋的使用权而"引节欲斩岐",结果被邹岐告倒丢了官。

过了几年,朝廷想调他出任冀州牧。那时候,冀州统属镇北都督区,而镇北将军吕昭不论才干还是资历都不如桓范。桓范就对妻子发牢骚说:"我宁可在朝里当诸卿,向三公长跪,也不想到冀州去屈居吕昭之下。"他妻子就劝他说:"你原来在徐州的时候就因为欲擅斩刺史而获罪,大家知道后都不愿意当你的手下,现在再因为吕昭闹别扭,就没人愿意当你的上司了!"结果桓范被这句大实话戳中了痛点,竟然恼羞成怒,用刀环狠狠地撞向了妻子腹部。他妻子本来有孕在身,这下承受不住，随即流产，不但胎儿死了，妻子的命也没保住。桓范后来就称病在家，没有赴冀州上任。

到了正始年间，曹爽秉政，桓范才被重新起用为大司农。其实桓范不是没能力，他在当尚书的时候"号为晓事"，任大司农期间也"以清省称"，他之所以仕途不顺，就是因为个性强、心眼小、人缘又差。比方说有一次，桓范在《汉书》中抄捡了若干史事，夹带些自己的议论，写了一篇论著叫《世要论》。等到群臣闲坐时，他就拿出这部书稿交由众人传阅。当时太尉蒋济也在场，桓范本来指望蒋济看过自己的大作后能夸赞几句，或者提出问题来跟自己讨教。哪知道传到蒋济身边时，蒋济看都不看一眼。桓范怀恨在心，就找了个别的话题讽刺蒋济。蒋济不愿跟他一般见识，闭上眼睛没搭理他，这事儿才没闹大。

其实严格来说，桓范算不上是曹爽一党。史称曹爽"以范乡里老宿，于九卿中特敬之，然不甚亲也"，并没把他当自己人。甚至一开始司马懿起事的时候，原计划也不是让王观，而是想让他来代行中领军。然而当桓范准备应召时，他的儿子却拦住他说："车驾在外，不如南出。"桓范犹豫了一会儿，儿子又催他，他才决定出城。他的部下都劝他不要去，他也没听。这时候城门已闭，桓范赶到平昌门（南城墙东数第二门）时，见守门的门吏是自己故吏，就叫他近前，扬起手中笏版道："有诏召我，你快快开门！"门吏要求看诏书，桓范便怒道："你难道不是我故吏吗？竟敢如此放肆！"门吏这才开门。桓范出城后就冲门吏喊道："太傅图逆，你跟我走吧！"但是门吏没马，步行根本跟不上桓范，桓范就自己去投奔了曹爽。

司马懿得知桓范出奔，很不高兴地对蒋济说："智囊往矣。"桓范性格虽不好，但头脑十分清楚，他又是大司农，有权调用各地屯田军粮，让他归了曹爽，实在是失误。不过蒋济却道："桓范虽智，然曹爽

驽马恋栈豆，其策必不能用也。"

此时城中局势尽被司马懿掌控。于是他便拉着蒋济同乘一车，统兵来至洛水浮桥前，并派人向皇帝上奏——其实也就是向曹爽递交通牒。

奏文中，司马懿先是回顾了当年他接受明帝顾命时的场景，以示自己有责任在国家面临危难时拨乱反正。接着他列出了曹爽的以下罪名：

一、背弃顾命，败乱国典。这是就正始改制的各项改革措施而言。

二、内则僭拟，外专威权。这是指史书中所说的"饮食车服，拟于乘舆""擅取太乐乐器、武库禁兵""私取先帝才人七八人"以及罢免卢毓等事。

三、"破坏诸营，尽据禁兵，群官要职，皆置所亲；殿中宿卫，历世旧人皆复斥出，欲置新人以树私计。"这是说曹爽有图谋不轨的企图。

四、"以黄门张当为都监，专共交关，看察至尊，候伺神器，离间二宫，伤害骨肉。"意思是曹爽派人监视皇帝，还离间太后跟皇帝的感情，用心极其险恶。

总之，鉴于曹爽"有无君之心"，司马懿这才跟太尉蒋济、尚书令司马孚等奏请皇太后批准，"罢爽、羲，训吏兵，以侯就第"，如果曹爽兄弟胆敢反抗，便军法从事，屯兵于洛水浮桥也是为此。

必须注意，这里司马懿只是要求将曹爽兄弟免官，并没有要杀他们的意思，其爵位也仍然保留，也没有提到何晏、邓飏等人。这正是司马懿在政治上极其老道的地方。

首先，这可以软化曹爽兄弟的斗志，避免其做困兽之斗。要知道，他们手里不但有数千人马，而且皇帝也在其控制之下，如果真的拼一个鱼死网破，指不定弄出多大的乱子。

其次，这一要求能够最大程度地争取到群臣的支持，达到"团结大多数，打击极少数"的目的。

最后，这一要求能够在达到目的的同时，最大限度地隐藏司马懿的野心。

曹爽得知城中乱起，司马懿拒水断桥，一时间大为窘迫，不知如何是好，慌乱间只是下令先在伊水南扎营，伐木为鹿角，并调发周围的屯田兵数千自卫。司马懿送来的奏书他也截留在手，不敢让皇帝得知。这时候桓范赶到，给他出主意说："应该奉天子诣许昌，然后征召四方镇兵以自辅。"曹爽犹豫不应，他弟弟曹羲也一语不发。桓范又对曹羲说："现在事情已经很清楚了，你平常读了那么多书，怎么还不明白呢？这时候你们就是想贫贱地苟活，又哪里能够办得到？如今天子在你们这一边，你们以此号令天下，谁敢不从？"曹羲还是不说话。桓范着急了，又道："你领军别营近在阙南，洛阳典农治在城外，随叫随到。现在去许昌，不过一两天便到，许昌别有武库，足可供用。所担忧的只有谷食，而大司农印章又在我身。你们还等什么呢？"结果曹爽、曹羲还是下不了决心。

平心而论，桓范的建议是可行的。许昌不但拥有现成的宫室、武库、屯田兵吏，而且在地理上也颇有回旋余地：西北有嵩山诸险可为屏障，抵御洛阳方面的来兵，东南有汝颍水道可供转输军粮，实在守不住，还可以继续南撤，进入南阳盆地或淮北地区继续抵抗。藩镇方面，关中的夏侯玄肯定会响应曹爽，在挟天子发号施令的情况下，扬州的王淩、豫州的毌丘俭都有可能听命勤王，即便荆州的王昶倒向司马懿，实力上双方也是半斤八两，蛮可以较量一番。如果曹爽足够有魄力，他甚至可以以割地为条件向东吴和蜀汉请援（例如许诺将荆州王昶的地盘给孙权）。当然，这样一来，魏国内部肯定将陷入长期内乱，局势发展将不可控制，但这也是曹爽唯一的出路。

然而正如蒋济预测的那样，"驽马恋栈豆"，越是平庸的人越关注眼前的蝇头小利，舍不得去冒险。当年曹爽连伐蜀一事都应付不来，现在要他像曹操那样"挟天子以令诸侯"，去跟老谋深算的司马懿争天下，这一任务的艰巨性和复杂性远远超过了他的大脑容量。相比之下，似乎还是放弃权力、避险远祸来得轻松。再说，他的权势地位原本就是轻易得来，若是能够保命，就算全部丢掉也没有那么可惜。所以眼前曹爽最关心的是，司马懿到底是不是像他在奏疏里所说的那样，不打算要自己的性命。于是天黑以后，他就派侍中许允、尚书陈泰入城来见司马懿，想把这个问题问清楚。

司马懿也怕曹爽拥少帝不战而走，从而带来无穷的后患，就当着许允、陈泰的面梳理了一遍曹爽的罪状，说这些事情顶多就是免官。蒋济也写信替司马懿打包票，说曹爽你只要认罪，保证性命无忧，不过就是免官而已。许允、陈泰把这些情况向曹爽汇报后，也劝他放弃抵抗，曹爽就更动摇了。司马懿还怕曹爽信不过自己，又派了一个跟曹爽平常十分亲近的名叫尹大目的禁军军官给他传话，说自己已经指着洛水发誓，如果违背诺言就必获天谴云云。

当夜，太白袭月。乌漆漆的天空死气沉沉。

时间一分一秒地过去，曹爽也越来越丧失拼死一搏的勇气。

到五鼓时分，他终于投刀于地，对从驾群臣说道："我忖度太傅之意，也不过是想让我兄弟听他的话而已！今既罢兵，得以侯还第，我亦不失做富家翁！"就决定放弃抵抗，一边派许允、陈泰告知司马懿，一边拿着司马懿的章奏呈送少帝，道："请陛下作诏免臣官，以报皇太后。"主簿杨综劝阻曹爽说，此时交出兵权就等于把自己送上了刑场。曹爽也没听从。

桓范得知后跺脚痛哭道："想不到曹子丹响当当人物，竟生出这等猪狗不如的蠢材！老子受你们连累，怕是要灭族了啊！"

曹爽并不知道，那一刻他断送的不但是自己的生命，也是曹氏一门辛苦经营数十年的基业和江山。

清晨，在伊水边停宿了一夜的车驾启程返回洛阳。尽管昨天晚上，司马懿派人提前给皇帝送去了帐幔、饮食，使得少帝曹芳没有遭受露宿野外之苦，但大部分从驾群臣和宿卫将士则享受不到这种待遇，所以现在身处从驾行列中的人大多又冷又饿，疲惫的脸上写满了丧气。桓范也在其中。队伍穿过洛水浮桥后，桓范远远望见司马懿，就走下车来，什么也没说，冲他叩了个头。司马懿冷冷地说："桓大夫这是何意啊？"转过头不再理他。

至此，曹爽兄弟已经成了司马懿案板上的鱼肉，是蒸着吃还是烤着吃，是放蒜瓣还是放孜然，全看司马懿的心情。

据《魏末传》记载，曹爽刚回到家，就发现洛阳县派来八百人在自家府邸四角筑起了高楼，有人站在楼上时刻监视着府中动静。曹爽愁闷无聊，拿着弹弓到后园，刚想射个鸟玩玩儿，楼上人便高声传呼道："故大将军东南行！"估计他上个茅房，也会有人高喊："故大将军如厕！"曹爽整天担惊受怕，不知道司马懿到底是什么意思，就跟兄弟们商量后写信给司马懿说："贱子爽哀惶恐怖，无状招祸，分受屠灭。前遣家人迎粮，于今未返，数日乏匮，当烦见饷，以继旦夕。"据说司马懿读到这封信后大惊，说你家缺粮我完全不知道啊，抱歉抱歉！赶紧叫人送来了大米一百斛，以及肉脯、盐豉、大豆等物。曹爽觉得这说明司马懿不想杀自己，心中暗喜，对即将到来的大祸茫然不知。

实际上在这几天里，司马懿一刻也没有停止搜罗曹爽的黑材料。朝中原本依附曹爽的那些势利眼现在看到他倒台，也都忙不迭地与之划清界限，自然也就有人抱着戴罪立功以自赎的念头向司马懿举报曹氏兄弟

第171章 愚蠢的决定

的不法行为。

史书说，去年三月，主管后宫诸事的宦官——黄门张当曾经私自把"掖庭才人石英等十一人"送给曹爽，供其乐舞淫乐。这时候司马懿就用张当为突破口，于初十日把他抓起来进行了审讯。张当本来就没什么底线，严刑拷打之下，更是任人摆布。于是很快坐实了曹爽有谋反之罪，说曹爽跟何晏等已经在训练士兵，计划在三月中便造反篡权。

此等罪名大逆不道，当夷三族。

因此案被杀的，除了曹爽、曹羲、曹训兄弟，还有何晏、邓飏、丁谧、毕轨、李胜、桓范、张当七人及其家属，"凡有八族"。

第172章 反叛来自淮南

司马懿这么做，实话说相当不要脸。

我这么说的原因有以下三条：

首先，他违背了自己指着洛水发下的誓言。

如果不是司马懿三番五次向曹爽承诺说其罪止于免官，并且还拉了蒋济等人替他担保，曹爽未必会如此轻易便交出兵权。现在才过了几天，司马懿就自食其言，这翻脸的速度让蒋济都瞠目结舌。当蒋济知道司马懿一定要把曹爽往死里弄的时候，他是坚决反对的，认为至少不应该处以族诛之罪。《晋书》就记载说，蒋济劝司马懿道："曹子丹之勋，不可使之绝嗣。"但是司马懿这时候屠刀在握，蒋济的话他根本不听。

蒋济堂堂太尉，跟司马懿当了几十年的同事，到这时候才算认清此人的真面目。一想到自己竟然豁出老脸给这个白眼狼当担保，结果却让他当猴耍了一回，还搞得曹真断子绝孙，蒋济羞愤难当，很快就病倒了。司马懿要给他封赏，他拒不接受，三个月后就病死了。依我看，他就是被司马懿给气死的。

其次，司马懿加于曹爽等人的谋反罪名，基本上可以肯定是诬陷。

对此，我们可以引费祎的话为佐证。据裴注所引《通语》，司马懿诛曹爽的消息传到蜀汉后，费祎曾经写了一篇对话体论文，文中模仿甲乙两人就此事展开辩论。甲方认为，曹爽兄弟都是庸人，只是靠着宗亲身份才得到顾命的机会，他们骄奢淫逸、结党营私、谋反乱国，司马懿诛灭他们是大功一件，是符合百姓利益的大好事。但是乙方却说，曹爽跟司马懿闹翻，根本原因是曹叡托付不专，你司马懿要是觉得曹爽干得不对，为什么不规劝帮助，反而趁其不备一动手就把他杀灭族了呢？这说明你根本就是为了私利。要是曹爽真有心谋反，那你起兵的时候把皇帝扔给他们算怎么回事？你就不担心曹芳的安危吗？这是忠臣该干的事吗？由此得知，曹爽或有小罪，但绝无大恶。司马懿治其奢僭之罪，废他为庶人、杀他的头都可以，诬以谋反的罪名让曹真绝嗣，还搞得何晏等也抄家灭门，就未免太过分了！

显然，这乙方的观点才是费祎想说的话。作为利益无关的旁观者，他的分析相当精准。

最后，为了遮掩自己的不义，司马懿除了要毁灭曹爽一党的肉体，还要毁灭他们的名誉。

正如那个莫须有的造反罪名一样，实际上从曹爽倒台的那一刻起，对其本人及党羽的污蔑便开始了。这其中，何晏由于名声最盛，被污名化也最为严重。除了我们前面说过的那些情况，《晋书》还指其"恣为奸淫""好服妇人之服""口谈浮虚，不遵礼法""罪深于桀纣"，极力将其塑造成道德败坏的名教罪人。《魏末传》甚至声称："晏妇金乡公主,即晏同母妹。"说何晏是娶了亲生妹妹的乱伦者。然而陈寿明确记载,何晏生母姓尹,而公主的母亲沛王太妃姓杜,两人根本没有血缘关系。

何晏被捕前的情况,司马氏也没有忘记抹黑。《魏氏春秋》称,曹爽兄弟下台后,一开始司马懿叫何晏负责审理曹爽一案,何晏就"穷治党与,冀以获宥",总共将丁、邓等七姓罗织在内。司马懿却说还不够。何晏被逼急了,才说:"岂谓晏乎?"司马懿说:"是也。"于是就把何晏也抓了起来。

这里何晏又被描写成了一个为求活命而出卖同党的卑劣小人。对此记载,司马光在《通鉴考异》中早就表达了自己的怀疑:"按宣王方治爽党,安肯使晏典其狱?就令有之,晏岂不自知与爽最亲而冀独免乎!此殆孙盛承说者之妄耳。"意思是这种说法从逻辑上就说不过去,很可能是《魏氏春秋》的作者孙盛不知从哪听来的段子。其实《三国志》已经明确记载:"爽等见收,太傅司马宣王使毓行司隶校尉,治其狱。"真正审理这件案子的是曹爽的仇人卢毓,何晏则是被审讯者。

总之,司马懿在高平陵之变前后的这一通操作,虽然一举奠定了亡魏成晋的大趋势,但其手段之毒辣、背信弃义之无耻,却也在历史上留下了不可洗刷的污点,是司马氏政权挥之不去的"原罪",直到七八十年后,还令其后代司马绍感到蒙羞。

对于自己这么做的后果,司马懿应该心知肚明。不过他并不在乎这一点。

毕竟,政治斗争从来就是你死我活、成王败寇,如果司马懿是爱惜名誉之人,他可能早就活不到今天了。

无论如何,经由高平陵之变,司马懿一举实现反杀,算是成功掌握了中央政权。其时司马孚以尚书令、侍中之职料理朝廷常务,司马师以

中护军的身份统领内外禁卫,司马昭持节待命,听候父兄调遣,随时奔赴地方,司马懿自己则继续以太傅的地位掌控全局。本来朝廷录其诛曹爽之功,要封其为丞相,加九锡,但司马懿可能是觉得此举过于嚣张,并未接受。而帮助他发动了政变的高柔、王观等人,则大多被授予坐而论道的闲职,排斥在核心决策层之外。

这个时候,司马懿虽然一手遮天,但还不能说就高枕无忧。尤其是在其野心已经暴露的情况下,当时不论在中央还是在地方,都存有不少司马家的反对者。如果其手中还握有兵权,那就更让司马懿寝食难安了。

征西将军夏侯玄就是其中一位。

前面讲到,从正始五年开始,夏侯玄便出镇关中了,此后他对于朝堂政治很少参与。或许就是因为这一点,司马懿在整治曹爽一案时并没有把他罗织在内。但是他毕竟是曹爽亲党,又手握关中兵权,司马懿当然对他很不放心,于是在曹爽被杀的同时,他便征夏侯玄还朝担任大鸿胪一职,而以雍州刺史郭淮顶替了他的职务。

明眼人都看得出来,所谓覆巢之下无完卵,夏侯玄如果入朝,即使能够活命,在司马家的淫威下肯定也再无出头之日。为身家性命考虑,他如果不能起兵反抗,至少也应该弃国逃亡才是。

夏侯玄的堂叔①、征蜀(一作讨蜀)护军夏侯霸就是这么想的。这时夏侯霸因为跟曹爽关系不错,正在为自己的前途担心。听说朝廷征夏侯玄入朝,即将接替他的郭淮以前又跟自己有私怨,夏侯霸越发感到不安,就动了逃奔蜀汉的念头。他私下劝夏侯玄跟自己同去,认为以他的声名地位在蜀汉肯定能官居显位。但夏侯玄却拒绝道:"我岂能为了苟

---

① 《魏略》云:"时征西将军夏侯玄,于霸为从子,而玄于曹爽为外弟。"

活而寄食于寇虏呢？"就选择了还朝。

夏侯霸的觉悟可没那么高。他走阴平道南下，中间一度在山谷里迷了路，粮尽杀马而食，历经艰险，才进入了蜀境。

对于夏侯霸来降，蜀汉君臣都相当重视。除了因为夏侯霸本身在曹魏的地位，还因为后主刘禅的皇后跟夏侯霸也是亲戚。前面提到，将近五十年前张飞随刘备为袁绍效力时，曾经在寇略谯县时掳走了夏侯渊的侄女为妻。后来两人生了个女儿，在刘禅继位后就被立为了皇后。由于有这层关系，当年定军山之战夏侯渊被黄忠斩杀后，张飞的妻子还特请将其尸首安葬。现在刘禅见到夏侯霸，就宽慰他说："卿父当年是在乱军中遇害，可不是我先父动手杀的。"又指着自己的儿子说，"这是你夏侯家的外甥。"还封了夏侯霸很高的爵禄。

据说当时蜀汉群臣对司马懿上台后的曹魏局势很是关心。姜维就问夏侯霸说："司马懿既得彼政，当复有征伐之志不？"夏侯霸回答："彼方营立家门，未遑外事。"意思是司马懿正忙着篡权，一时半会儿不会来打蜀汉。

"京师有何俊士？"这是问魏朝有什么人才。

夏侯霸沉吟片刻，道："有钟士季者，其人虽少，若管朝政，终为吴、蜀之忧，然非非常之人亦不能用也。"

钟士季就是钟会，是钟繇幼子、钟毓之弟，这时候才二十来岁，任职仅为中书侍郎。夏侯霸从黄初年间便驻扎在关陇，未必认识钟会，更不可能预见到将来蜀国亡于钟会、邓艾之手，这段记载多半是后人附会之辞。

由于夏侯玄放弃抵抗和夏侯霸出逃，司马懿兵不血刃地解决了曹爽余党在关中的潜在威胁。但是当他把目光转向淮南，试图加强对扬州方面的控制权之时，问题就没有这么简单了。

从曹操时代开始，为了防备东吴，以合肥、寿春两地为核心的扬州

都督区一直是曹魏重兵屯守的地域，历来镇守此地的都是夏侯惇、曹仁、曹休这样的宗室重臣。直到曹休死后，宗室乏人，明帝遂以满宠为都督驻合肥，但同时又以王凌为刺史驻寿春，在扬州开创了都督、刺史互相牵制的局面。这种方式虽然能避免藩镇尾大不掉，却也容易造成内耗，王凌在任扬州刺史时就没少给满宠找麻烦。后来满宠因年老还朝，王凌继为扬州都督、征东将军，曹爽又安排了诸葛诞为扬州刺史为之掣肘。

前面讲过，王凌出身太原王氏，是设计杀董卓的司徒王允之侄。论年龄他可能比司马懿还要大上几岁，论资历他则与司马懿、杨修、贾逵诸人大体同时担任丞相主簿，两人仕途不同的地方就是司马懿后来得到曹丕器重，在文帝朝飞黄腾达，成了朝中大佬，而王凌则一直出刺外州，历任兖州、青州、扬州、豫州刺史之职。从人脉上看，王凌跟兖州刺史令狐愚、雍州刺史郭淮、同城的扬州刺史诸葛诞都是姻亲，征南将军王昶则跟他是同乡，王昶"兄事之"，新任荆州刺史王基是王凌故吏。总之，王凌以婚宦为纽带的关系网络铺得相当之广，这一点跟司马懿极其相似。某种程度上来说，王凌其实就是个小号的司马懿。

曹爽秉政时，可能就是担心王凌不听指挥，特意提拔了自己的老乡文钦为庐江太守，进一步对王凌构成了牵制。因为扬州实际上只有两郡，除了寿春所在的淮南郡，就只剩下了庐江。正始九年九月，他又授王凌为司空，似乎有将其调回京师之意。不过此举由于曹爽倒台并未成行。司马懿专政后，立刻进王凌为太尉、假节钺，进文钦为前将军，笼络之意甚明，说明他暂时并不想打草惊蛇，免得影响国中局势的稳定。

这种情况下，按史书的描述，是王凌首先启动了反对司马懿的计划。其本传云："是时，凌外甥令狐愚以才能为兖州刺史，屯平阿。舅甥并典兵，专淮之重。……凌、愚密协计，谓齐王（曹芳）不任天位，楚王彪长而才，欲迎立彪都许昌。"楚王彪字朱虎，乃是曹操之子，即曹植名篇《赠白马王彪》中的主人公曹彪。在当时健在的曹魏宗王当中，曹彪年辈既长，亦有智勇之名，所以王凌和令狐愚想拥立他为新君，好与操纵少帝曹芳的司马懿抗衡。

这个构想最初可能出自令狐愚，因为曹彪的居住地白马县正处在兖州之内。当地民间还流传有"白马素羁西南驰，其谁乘者朱虎骑"的谣言，而许昌正位于白马西南。《魏略》说，令狐愚和王凌就是受谣言影响，定下了拥立楚王彪的计划。令狐愚先派人跟曹彪秘密接洽说："使君谢王，天下事不可知，愿王自爱。"曹彪也揣知了对方的意图，答道："谢使君，知厚意也。"这可能就是《王凌传》记载的"嘉平元年（249年）九月，愚遣将张式至白马，与彪相问往来"一事。

当时，王凌的儿子王广在洛阳任职，对朝中情况比较了解，所以王凌就此事也征求了儿子的意见。王广却说："废立大事，勿为祸先。"态度鲜明地表示了反对。《汉晋春秋》提及此事时则替王广补充了一大段理由，大意是曹爽之所以覆亡是因为他不得民心，而司马懿上台后则采取了不少刁买人心的措施，再加上他们父子兄弟手握重兵，现在很难撼动他们的统治。

第173章 司马懿之死

王凌和令狐愚的计划怎么看都还只是一个雏形，在当时的条件下并不具备现实的可操作性。

别的不说，单就地理而言，王凌驻于淮河沿岸的寿春，令狐愚驻平阿（今安徽怀远西），而楚王曹彪则居于黄河岸边的白马，与之相隔颇为悬远。再加上许昌距洛阳近，距寿春、白马皆远，若想要拥曹彪入许昌，势必大费周章。何况许昌地属豫州，刺史毌丘俭跟王凌素无往来，也不太可能站到他这一方。

到了嘉平元年年底，令狐愚又派张式去见楚王彪，但是人还没回来，令狐愚就病死了。这一来，拥立楚王彪的计划就更不可能成功了。

可是不知为何，王凌不但没有放弃，反而受惑于天象，愈加笃信自己能够成事。嘉平二年（250年），"荧惑守南斗"，即火星逆行进入南斗区域，而南斗在分野上对应扬州。这是预示扬州地区将有死丧或兵祸，一般来说不是啥好事。不过据《魏略》记载，当王凌就此专门询问了一个名叫浩详的占星师时，浩详明知这天象预示着吴地将有死丧（孙权将死），却怕直说会惹恼王凌，就故意骗他说："淮南，楚分也，今吴楚同占，当有王者兴。"王凌深信不疑，自言："斗中有星，当有暴贵者。"觉得自己能够通过起兵而暴得富贵。

恰好在当时，曹魏跟东吴之间再次爆发了边境争端，曹魏这边征南将军王昶派兵进攻秭归、夷陵，孙权那边则发动十万兵丁填塞涂水（今安徽滁河），试图制造一片洪泛区以隔断魏军自合肥以北的通道。王凌就以此为借口在嘉平三年（251年）正月宣布戒严，并向朝廷上表要求调集周边州郡的军队归自己指挥。然而这个时候司马懿已经察觉了王凌的意图，没有批准。

据《魏略》透露，令狐愚死后，他的手下杨康便向朝廷告发了他的阴谋，所以司马懿早就知道王凌要造反。现在朝廷不批准发兵，王凌知道仅凭自己现有的军队远远不够，就派了个叫杨弘的将军来拉拢新任兖州刺史黄华，想让他跟自己一同出兵。结果黄华不但没被他策反，反而跟杨弘一起联名向司马懿告发了王凌。其实这个时候，七十三岁的司马懿已经有病在身，但是他考虑到淮南局势的重要性，依然决定统军亲征。

四月间，司马懿一边颁布赦令表示赦免王凌及其部属的罪行，一边统中军自水路南下，迅速向寿春方向逼近。为了瓦解王凌的斗志，他还扣押了其子王广，叫他写信劝降王凌。仅仅九日，司马懿的大军便开到了项城百尺堰（今河南沈丘）。

百尺堰是蒗荡渠（古鸿沟）与颍水交汇处，下距淮河不过四百余里，最多五六天官军就能进抵寿春城下。王凌自知势穷，又被赦令所迷惑，就决定放弃抵抗，只乘了一叶小舟前来投降。等司马懿进军至武丘

（今安徽界首西北），王凌果然自己捆了双手，跪在岸边俯首谢罪。司马懿派人过去宣诏，表示皇帝已经赦免了他的死罪，还解开绑绳，把王凌送来的印绶、节钺还给了他。王凌心下窃喜，又觉得司马懿跟自己是老同事，就放下心来，乘着小船想到司马懿的船上跟他见个面。哪知道司马懿立刻叫人把他拦了下来，王凌的船只好停在河中心，离司马懿的船十来丈远。王凌便知司马懿见外，就远远地冲他喊道："凌若有罪，卿但以一支折简召我，我岂敢不至？何苦竟至于引军前来啊？"司马懿道："以君非折简之客故耳。"古人写短信常用一支竹简，若不讲礼节，用折断一半的竹简即可。司马懿的意思是，皇帝虽然赦免你了，我却没有，你王凌是叛逆，跟你不能讲礼数，只能动刀兵。

王凌这才意识到自己被骗了。

"卿负我！"他咆哮道。

"我宁负卿，不负国家。"司马懿道。

在六百步骑的护送下，王凌被押往洛阳。路上据说王凌还不死心，又写信向司马懿索要钉棺材板儿的钉子，想看看自己是不是非死不可，结果不久果然收到了司马懿送来的棺钉。押送的队伍途经项城，王凌看见河边有贾逵的祠堂，就大呼道："贾梁道，我王凌实为忠于大魏社稷之人，你死后有灵，一定全都知道！"当晚，王凌又对随行的掾属说："我年近八十，如今要身名并灭了吗？"遂饮药自杀了。

司马懿则至寿春穷治此案，张式等王凌手下皆自首。回到京都后，他又奏请赐死楚王彪，将王凌、令狐愚剖棺戮尸，诸相连者悉夷三族。

按史籍所记，王凌谋反一案大体就是这么回事。

然而如果细读史籍，反复推敲，就会发现此案其实也存在不少说不清道不明的疑点。

例如，令狐愚死后，实际上王凌已经不具备起事条件，为什么他还要"阴谋滋甚",以至于去策反跟自己毫无交情的兖州刺史黄华呢?史籍但以其惑于星象来解释,我认为说服力是不够的,因为王凌"行年八十",都半截入土了还有啥可图的呢?如果王凌铁心造反,他自然应该知道自己罪无可赦,那么当司马懿统军前来,在明知道打不过的情况下,他为什么不逃奔东吴,反而自缚迎降呢?他最后对司马懿说的那句"卿负我"到底是什么意思呢?

还有就是,楚王彪当时到底是居于东郡白马县还是居于其淮南封国呢?据其本传所记,他最早封侯就是寿春侯,黄初三年晋爵为弋阳王,同年徙封吴王,五年随例改郡王为县王时再次改封寿春县,黄初七年徙封白马,但是到了太和六年,明帝又将其改封楚王,因此到案发时,正常情况下他应该是居于"楚国"的。而这个楚国,所辖疆域基本就是包括寿春、平阿在内的淮南郡。故《三国志》记蒋济籍贯,云其是"楚国平阿人",而胡质则是"楚国寿春人"。按曹丕以来对宗王的规定,宗王必须居于封国,非有诏不得外出。时令狐愚屯平阿,王凌屯寿春,照理说他们跟楚王彪联系是不需要远赴白马的,所以卢弼在《三国志集解》中才质疑道:"彦云(王凌字)都督扬州,屯兵寿春,与楚王近在咫尺,何事不可协商,乃必遣将远至东郡之白马,事之离奇,无过于此。千古疑狱,留此破绽,以待后人之推求。承祚之笔,亦谲而婉矣!"言下之意,陈寿似乎是不方便直叙此案之隐情,所以才暗中留下一笔与事实矛盾的地方,以引导后世有心人追寻真相。

不过,也不能排除楚王彪本人居于白马,其封国虽在淮南,但其并未"就国"的可能。因为据《三国志》记载,原封赞王的曹衮于黄初七年徙封濮阳,但直到太和二年才就国,太和六年改封中山后,他并没有从濮阳迁往中山,这从其去世前遗令葬于濮阳卫大夫蘧瑗墓旁便可得知。同样的情况也出现在了曹植的身上。曹植于太和六年二月从东阿王

1175

改封为陈王，但当年十一月卒后，他依然葬于东阿鱼山，这也说明曹植并未就国①。以上事实提醒我们，太和六年曹彪从白马王改封楚王时，很可能同曹衮、曹植一样，仍居于原"国都"白马不变，所变动的仅仅是其封邑②。正是由于这个原因，当令狐愚派张式去跟曹彪接触时，才需要"远至东郡之白马"。

这就引出了我们前面提到的问题：既然寿春距白马甚远，许昌距离寿春、白马两地也比到洛阳的距离要远上很多，为什么王凌非要大费周章"迎立彪都许昌"呢？同是曹操之子，彭城王曹据距离王凌就近得多，既然反正是要造反，为什么他不选择拥立曹据呢？

最后，《魏略》所记令狐愚手下单固的事迹也很耐人寻味：

单固是山阳人，其父跟令狐愚是好友，令狐愚刺兖州后便辟单固为别驾。单固本来不想去，但架不住他母亲央求，就应命前往，跟治中从事杨康一起成了令狐愚所倚重的心腹。据说令狐愚跟王凌拥立楚王彪的阴谋，两人都是知道的。嘉平元年令狐愚得病时，杨康应司徒召诣洛阳，单固也因病"停薪留职"，令狐愚死后，杨康就告发了他。王凌投降后，司马懿到寿春穷治此案，问单固说："卿知其事为邪？"这是问他知不知道王凌造反的事。单固说不知。司马懿又问："且置近事。问卿，令狐反乎？"意思是王凌的事先不说，令狐愚的事你总该知道吧？单固还是说无有。司马懿便将单固及其家属抓捕下狱，严刑拷打，然而单固还是不承认王凌或令狐愚有谋反的行为。最后司马懿叫单固跟杨康

---

① 《曹植传》云其"十一年中而三徙都"，即一徙雍丘，二徙浚仪，三徙东阿，并不包括徙陈，这也说明曹植并未前往陈国。
② 其实这一点陈寿已经通过用词的差异提醒了我们。在记叙曹魏诸王的爵土变迁时，凡云"徙封"，则意味着封国从某地迁徙到了另一地，但太和六年明帝"以郡为国"导致诸王爵土集体发生变化的这次改动，陈寿但云"改封"。

当面对质，单固才无话可说。杨康原本以为自己告密能够得封赏，哪知道后来司马懿还是把他跟单固一起处斩了。临刑前，单固就骂杨康道："老奴，汝死自分耳！若令死者有知，汝何面目以行地下也。"

以上记载说明，令狐愚阴谋拥立楚王彪的事最初是从杨康口中泄露的。即使确有此事，从其贪图告密得封赏一事来看，其中恐怕也有不尽不实的成分。再参考《魏略》所录王凌写给司马懿书信中的话，我推测事情的本末大概是这样：

拥立楚王彪的设想应该是令狐愚提出并主导的。而令狐愚之所以会有这样的想法，应该与高平陵之变后少帝曹芳沦为司马氏傀儡的情况以及"白马素羁西南驰，其谁乘者朱虎骑"之类谣言有关，是忠于魏室者对司马氏专权有所不满的反映。令狐愚为此曾向王凌寻求支持，但王凌考虑到条件并不成熟，实施起来难度太大，其态度恐怕并不积极，不过碍于亲情，他也没有揭露此事。所以在给司马懿的信中，王凌才说："亡甥令狐愚携惑群小之言，仆即时呵抑，使不得竟其语。"然而在令狐愚死后，这件事还是因为杨康告密而被司马懿得知。司马懿既想借此机会打击以楚王彪为首的曹氏宗王，又想拔除王凌这一颇具实力的潜在竞争者①，与此同时考虑到淮南濒临东吴，战略地位极其敏感，他又要尽量避免鲁莽行事而逼反王凌。再加上夏侯霸降蜀给关中局势带来了变数，他也不想轻举妄动。这种情况下，他先是派黄华入驻兖州监视王凌，暗中有所准备。王凌也感知到了司马懿对自己的猜忌，于是才在嘉平三年正月向朝廷表请调兵。司马懿当然不准。此时随着自己的健康状况每况愈下，司马懿也觉得不宜再拖，就在四月间突然引军出动。路上

---

① 据《魏氏春秋》记载，王凌之子王广，弟飞枭、金虎，并才武过人。司马懿尝从容问蒋济，济曰："凌文武俱赡，当今无双。广等志力，有美于父耳。"退而悔之，告所亲曰："吾此言，灭人门宗矣。"

他一边以"露布赦书"的形式公布了王凌与令狐愚同谋的罪行，一边却又写私信给王凌，用话术把皇恩浩荡的赦令说成是自己卖给他的天大人情，暗示王凌只要投降，自己就力保其不死。虽然谋反一事知情不报也是大罪，但王凌考虑到自己毕竟没有具体的谋反行为，又被司马懿信中的话所迷惑，这才选择了束手迎降。所以在给司马懿的信中，王凌才会反复提及"生我者父母，活我者子也""虽足下私之，官法有分"，这说明他天真地相信，朝廷之所以赦免自己乃是司马懿顾念私谊的缘故。

然而同高平陵之变戏耍曹爽一样，一旦王凌俯首就擒，司马懿立刻换了一副嘴脸。王凌之所以说"卿负我"，就是因为司马懿欺骗了他。

由于拥立楚王彪的计划实际上出自令狐愚，王凌仅是知情，并未深度参与，加之又有赦令在先，为了构成其罪，司马懿需要搜罗新的证据，所以单固等才被严刑逼供。事后司马懿除了将王凌、令狐愚的部属"诸相连者悉夷三族"，还将楚王彪的"官属以下及监国谒者"，以"知情无辅导之义"的罪名尽皆处死，似乎也有杀人灭口的嫌疑。

最后，司马懿还以楚王彪一案为借口，将曹魏诸王公都召至邺城软禁起来，进一步为篡魏预先清除障碍。

以上便是我所见到的王凌谋反的真相。

可能是此次东征旅途劳累加重了病情，六月间司马懿回到洛阳后，很快便陷入了病危。《晋书》还说，司马懿"梦贾逵、王凌为祟，甚恶之"。八月初五，司马懿死了，时年七十三岁。

第174章 大皇帝的心事

司马懿的年龄比孙权只大三岁，他们可以说是同一代人。

司马懿去世的时候，孙权也来日无多了。

这些年，眼看着司马懿从公忠体国的大魏忠臣变成图穷匕见的野心家和自作家门的谋篡者，不知孙权作何感想？二十多年前，孙权就曾对诸葛瑾预言，曹魏的国势在曹丕死后很快便会走下坡路，其表现就是主幼不御、群下争利、阿党比周、转相蹄啮。结果这一情形终于在少帝曹芳时代变成现实，司马懿也并吞曹爽，成了魏国实际上的统治者。目睹了这整个过程，不知他又有何体会？

很遗憾，史籍中找不到孙权的回答。

但在我看来，其实他已经用自己的后半生书写了答案。

黄龙元年孙权称帝后，并没有放弃统一中国的野心。三年后的冬季，群臣向孙权建议，应该效仿前代天子在来年岁首举行郊祀之礼，

"以承天意"。然而孙权却质疑说："郊祀当于土中,今非其所,于何施此?"意思是历来举行郊祀大典都是在天下之中的中原地区,现在我孙吴偏安东南,这说得通吗?后来群臣又以"普天之下,莫非王土,王者以天下为家"云云来解释,但孙权仍没有同意。这说明,孙权确实不甘心于仅仅坐断东南,他想吞没曹魏的豪言壮语并不是一句空话。

实际上,在孙权称帝后,相较于以前经常处于守势的情况,在与曹魏的交锋中采取主动进攻的态势多了起来。例如黄龙三年(231年)派孙布诈降设套诱骗王凌,嘉禾元年(232年)派陆逊攻庐江,二年、三年孙权两次亲征合肥新城并派陆逊、诸葛瑾攻襄阳,六年全琮袭六安,赤乌四年(241年)四路攻魏,六年诸葛恪寇六安,九年朱然征柤中等,只不过这些战事大多失利而还,除了掳掠了部分人口之外,并没有取得什么值得夸耀的战果。这一情形显示,尽管曹魏方面幼主在位,强臣争权,但于其国家实力和边境防御并没有太多影响,东吴凭借地利自守有余,想要攻破曹魏却是远远不足。

这种情况下,已经步入老年的孙权不得不将重心放到内事上来。这一时期他最关心的事情只有一个,那就是如何让自己和自己的子孙在皇帝的位子上坐得既长久又稳固。

于是他选择了几乎所有专制君主都会采取的常规手段——加强君权。

最典型的表现就是设立了校事制度。

校事之官,最早应该是建安末年曹操所创立。《太平御览》收录的《魏略》佚文称:"抚军都尉,秩比二千石,本校事官。始太祖欲广耳目,使卢洪、赵达二人主刺举,洪、达多所陷人,故于时军中为之语曰:'不畏曹公,但畏卢洪;卢洪尚可,赵达杀我。'"曹操以卢洪、赵达为校事专门刺探纠察群下的情况在《高柔传》《徐邈传》中都有提及。例如徐邈就因为在禁酒期间喝醉酒而被赵达举报，差一点被杀；面对高柔对校事官的不满，曹操则用"叔孙通用群盗"来譬喻，坦率地承认校事所行虽然不是光明正大之事，却迎合了自己获取外界信息的需求。

东吴的校事官何时设立不详，其正式官称为"中书典校事"，有时也称中书典校或典校郎，在行政建制上属于中书省，实际上由孙权直接指挥，职责是"典校诸官府及州郡文书"。由于当时所有的行政事务都是通过文书往来进行处理，所以校事的触角可以借此伸到从上到下各个行政层面。用清人俞正燮的话来说，"魏、吴有校事官者，似北魏之侯官，明之厂、卫"。也就是说，校事官类似明代的锦衣卫、东厂，其实质是听命于皇帝个人的特务组织。

相比于曹操主要用校事纠察中下级官吏和普通百姓，孙权时期的校事官权力更大，管辖范围更广。

尤其是在嘉禾年间（232—238年），由于孙权信用校事吕壹纠察百官，朝野上下掀起了轩然大波，是孙权晚年颇为引人注目的一起政治事件。

吕壹这个人来历不详，从何时开始担任校事官也不清楚。据《建康实录》嘉禾三年的记载，当时就已经出现了"典校事吕壹专威福""群臣无敢言"的情况，这说明吕壹的得宠还在此年之前。《三国志·顾雍传》也说，吕壹等校事"渐作威福，造作权酷障管之利，举罪纠奸，纤介必闻，重以深案丑诬，毁短大臣，排陷无辜"。可知吕壹的职掌除了纠察百官之外，还包括主管盐酒专卖、抽税山泽等经济活动。近年在湖南长沙出土的走马楼吴简当中，也出现了"中书典校事吕壹"之名，很可能与简牍中涉及的两起小吏贪污军粮案有关。

那么，吕壹到底干了哪些"专威福"之事呢？

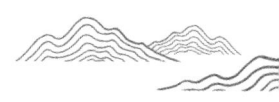

史籍所见如下:

吕壹的宾客在建安郡(今福建建瓯)犯了法,太守郑胄将其抓捕审讯。吕壹怀恨在心,就向孙权说郑胄的坏话。孙权大怒,召郑胄还京治罪。潘濬、陈表等人求情才将其开释。

江夏太守刁嘉被吕壹诬陷"谤讪国政",孙权将刁嘉下狱,并严厉讯问当时在场的人是否确有此事。其他人害怕被吕壹整治,都说听见刁嘉说了那些话,唯独侍中是仪说没有听到。于是审讯持续了一整天,孙权的诏旨越来越严厉,群臣吓得大气都不敢出。是仪坚持道:"如今刀锯已架到了臣的脖子上,臣哪里敢为刁嘉隐讳,自取灭亡,为不忠之鬼呢?只是所听闻的事本末就是如此。"仍然实话实说,毫不改口。后来孙权才放了他,刁嘉也由此活命。

在当时,受吕壹检举纠察的还不仅仅是郑胄、刁嘉这样太守级别的官员,就是朝廷里最顶级的公卿勋贵,也在吕壹的打击范围内。

据《三国志·朱据传》的记载,嘉禾五年(236年)孙权改革币制新铸大钱后,孙权的女婿、左将军朱据的部曲应受钱三万缗(一缗千文),有个叫王遂的工匠利用职务之便竟然伪造手续私吞了这笔巨款。审计时发现账目不对后,吕壹怀疑这笔钱是被朱据贪污,就抓了朱据手下的军吏严刑拷打,结果这名军吏被活活打死。朱据深为军吏的无辜感到哀痛,就买了副好棺材将其厚葬。吕壹知道后又密报孙权,说军吏是替朱据隐瞒了罪证,才得厚葬。孙权为此数次责问朱据,朱据无以自明,只好"藉草待罪"。最后还是另一个叫刘助的军吏发现了王遂的罪行,将其告发,朱据才洗刷了冤枉。

与朱据有同样遭遇的还有丞相顾雍。《三国志·潘濬传》云:"时校事吕壹操弄威柄,奏案丞相顾雍、左将军朱据等,皆见禁止。"此处之"禁止"有两种解释,一种如胡三省所言,就是"虽未下之狱,使人守之,禁其不得出入,止不得与亲党交通";还有一种是禁止再入宫的意思。总之是有点类似现在的停职反省、接受审查。

为此黄门侍郎谢宏就在一次闲聊时问吕壹:"顾公事,何如?"你觉得顾雍这案子会怎么发展?吕壹说:"不能佳。"顾雍好不了了。谢宏又问:"若此公免退,谁当代之?"顾雍下台后,谁会当丞相呢?吕壹还没来得及回答,谢宏自语道:"莫非是潘太常得之乎?"吕壹良久才道:"君语近之也。"潘太常就是潘濬。当时论年龄资历,众臣中以潘濬最为德高望重,他又刚刚结束征伐武陵蛮的任务,此时正要还朝。如果顾雍被罢免,十有八九是潘濬来当丞相。谢宏就对吕壹道:"潘太常平素常切齿于君,只因远在荆州,所以才不得其便。倘若今天他取代了顾公,恐怕明天他就会攻击你了啊。"吕壹闻言大惧,这才设法替顾雍开脱,了结了此案。

要知道,顾雍已经当了十来年东吴丞相,深受孙权敬重。他因为何事被吕壹弹奏纠察,史无明文,然而堂堂丞相竟被吕壹这样一个刀笔小吏几句话便弄到停职反省、几同软禁的地步,这背后如果没有孙权的纵容和默许,打死我也不信。

那么,孙权为什么要如此重用吕壹呢?

这道理其实跟汉武帝重用张汤、武则天重用来俊臣等酷吏一样:孙权需要让群臣恐惧自己。

前面提到,早年孙权为控驭手下,最喜"以情谊感动人才,以恩义笼络人才"来提高对方的忠诚度,此外,他还常常"忘过记功",即用人时主动忽视臣僚的过错而去显扬他们的功劳。在创业进取阶段,这一策略相当成功,孙权也借此坐稳了江山,成就了帝业。但是这种策略有一个副作用,那就是臣下仰恃宠任和恩义,往往对君主缺乏足够的畏惧,而这种建立在个人关系上的恩义也很难通过代际传递延续到下一代

之间。

还有一个不容忽视的情况是，孙氏政权立足江东已经将近四十年，随着当年跟孙坚孙策打天下的那批淮泗旧臣日益凋零，孙权不得不吸收大量江东本地士人参与到政权中来，以用陆逊为上游统帅、用顾雍为丞相为标志，这种用人"江东化"的倾向已经成为不可扭转的趋势。这就带来了一个新的问题：江东本地以顾、陆、朱、张为首的世家大族宗族旺盛、人口众多，经济上实力雄厚，文化上各领风骚，又通过婚宦关系彼此联结，不论在朝还是在野都拥有巨大的影响力。现在顾雍、陆逊、朱据等又身居高位、手握重兵。如果他们对君主没有畏惧之心，一旦将来时局有变，保不准就会对皇权构成直接威胁。

远的不提，就拿近旁的魏蜀两国来说吧。蜀汉那边诸葛亮以丞相之职专断国政的情况世所共见，虽然诸葛亮人品盖世无双，对汉室毫无异心，但孙权可没信心保证自己的臣属将来能像诸葛亮一样忠心耿耿。曹魏那边更不用多说，虽然吕壹案爆发时高平陵之变还没有发生，但司马懿、曹爽互相不对付的情况无疑也坐实了孙权当年"主幼不御，群下争利"的推论。所有这些都提醒孙权，要想在皇位上坐得长久而安稳，光靠恩义不行，还必须时时用大棒敲打群臣，让他们畏惧自己的权威。

吕壹就是他手中的大棒，是他用来威吓群臣的工具。

所以我们看到，这个大棒砸向了朱据，也砸向了顾雍。至于陆逊，因为远在武昌，一时还没轮到他的头上。不过这种情况如果持续下去，恐怕他也迟早会成为吕壹敲打的对象。《陆逊传》记载说，面对吕壹在朝中窃弄权柄、擅作威福的情况，"逊与太常潘濬同心忧之，言至流涕"。陆逊当然明白，吕壹这个小人只是狐假虎威，真正令人担忧的，其实是老年孙权越来越浓厚的猜忌之心。

第175章 二宫并立

历史上,所有的酷吏其实只是君主的"黑手套",用得着的时候需要他去干那些不光彩的、得罪人的事情,其固然可得宠一时,等到犯了众怒或是失去利用价值,就会像一块用烂了的旧抹布一样,转手便被丢弃。

当年曹操信用的校事官赵达,最后就是因为犯了众怒而被杀。汉武帝重用的张汤、武则天重用的来俊臣,其下场也很悲惨。

吕壹也是一样。

在他得志的那几年间,上至公卿将校,下至平民百姓,无不慑于其淫威,"或一人以罪闻者数四"。随着打击面的扩大,他这种像疯狗一般乱咬的行为引起了东吴群臣的极大愤慨。

为了除掉吕壹这个祸害,有的大臣对孙权直言劝谏。如骠骑将军步骘就前后多次上疏,劝孙权不要过于信任校事,而应该信任顾雍、陆逊这些社稷之臣。太子孙登也数次向孙权进言。

有的大臣则以毒攻毒，设法用告黑状的方式诋毁吕壹。如羊衜力荐武昌庶民李衡担任尚书郎，认为以他的吏才一定能抓住吕壹的把柄。后来孙权引见李衡，李衡就当面向孙权陈述了吕壹的罪行过错数千言，直说得孙权哑口无言，面露愧色。

更有大臣不惜以身犯法，要冒着杀头的危险刺杀吕壹。前面提到，潘濬在荆州时就恨吕壹恨得牙痒痒，时常跟陆逊一起担忧此人乱国，说到激动的时候就直掉眼泪。后来潘濬入朝，一开始他想当面劝孙权罢黜吕壹，可他又听说连太子孙登的进言孙权都不肯听，多半自己说了也是白说，就在府中宴请百官，准备趁吕壹来喝酒的机会亲手宰了这个龟孙儿，到时候哪怕一命抵一命，自己为国除患，也是值了。哪知道这消息被吕壹得知，就假装生病，没有到场。潘濬不得已，才利用觐见的机会力陈吕壹祸国殃民。

孙权可能也没有想到，重用一个吕壹，事到如今竟会引起整个官僚集团集体反弹。要知道，步骘是淮泗老臣的代表，潘濬、羊衜是荆州人，顾雍、陆逊、朱据等人的背后是江东大族的势力，太子孙登则是自己的储君。现在这些利益不尽相同的人竟然为了一个吕壹联合起来，共同向自己施加压力，如果自己再不退让，不是成了殷纣王那样的"独夫"了吗？

于是在赤乌元年（238年）七月，孙权抛弃了吕壹，下令就群臣反映的罪状对其进行彻查。负责审理此案的正是丞相顾雍。

顾雍并没有因为之前吕壹陷害自己而伺机报复，整个审理期间，他都和颜悦色，也没有给吕壹动刑。尚书郎怀叙当面骂辱吕壹，顾雍还斥责他说："官有正法，何至于此！"临走时，顾雍还别有深意地问吕壹："你想表达的都表达了吧？还有没有什么话要说？"吕壹叩头无言。此举除了说明顾雍人格高尚，也说明他对此案不想过于深究，免得吕壹乱咬，死到临头还说出什么对孙权不利的话。

很快，司法部门奏请将吕壹判处死刑，甚至还有人提议应该对吕壹施以车裂或火刑，用彰元恶，以儆效尤。孙权就此征求了中书令阚泽的意见，阚泽说："盛明之世，不宜复有此刑。"于是孙权只将吕壹砍头了事。

事后为了抚慰群臣的情绪，孙权还摆出一副"引咎责躬"的态度，特派中书郎袁礼前往各藩镇"告谢诸大将"，并要求他们对朝政建言献策、知无不言。孙权满以为，自己既已"罚酒三杯"，错都认了，这件事就此揭过，此后君臣重归于好，岂不美哉？哪知道诸臣的反应却令他很是不满。诸葛瑾、步骘、朱然、吕岱等诸将见了袁礼，纷纷以自己不掌民政为理由，什么建议都不肯提；陆逊和潘濬则伤心落泪，惶恐无地，一副受了天大委屈的样子，搞得孙权很是没趣。

无论如何，由吕壹引发的这场政治风波总算是结束了。

不过，吕壹虽然死了，校事制度却并没有废除。而且我还认为，正是群臣在面对吕壹一案时团结一致的表现反而加深了孙权的疑忌，在他心中留下了"只要群臣联合起来，我的话就可能说了不算"的心理阴影。而孙权末年之所以围绕太子人选搞了一套让人看不懂的迷之操作，或许也与之息息相关。

史书记载，孙权总共有七个儿子。依长幼之序，是为孙登、孙虑、孙和、孙霸、孙奋、孙休和孙亮，而且皆非一母所生①。此外可考者，他还有四个女儿。考虑到孙权后宫嫔妃的数量以及他去世时七十一岁的年

---

① 今本《三国志》虽云孙霸是孙和"同母弟"，但后文又云孙霸之子的祖母是谢姬，而孙和母为王夫人，可知和、霸实为异母。"同母"二字为衍文。

龄，可知其生育能力实在平平。

如果再考察其情史，就会发现"方颐大口""形貌奇伟"的孙仲谋多情而又善变，放到现在，有很大的概率会被冠以"渣男"之名。

史料显示，孙权本人成婚甚早，大概在十六七岁时，便在母亲吴氏的安排下娶了会稽人谢氏为妻。谢氏初时虽"爱幸有宠"，但并未诞下子嗣。到了二十来岁时，已经接替兄长孙策统事的孙权喜欢上了自己的表侄女、年纪轻轻便成了寡妇的徐氏（徐氏之祖母为孙坚妹）。为了娶徐氏过门，孙权提出跟谢氏离婚。谢氏不肯，就此失宠，不久就死了。然而徐氏后来也没有给孙权生下儿子。直到孙权二十八岁时，他才跟一个在史书上姓氏都未曾留下的卑贱女子生下了长子孙登。此后孙权就将孙登交给徐氏抚养，所以孙登一直视徐氏为母。

黄初二年孙权被曹丕封为吴王后，便立十三岁的孙登为太子。那个时候徐氏已经因妒失宠，被孙权放逐到了吴县老家。因而孙登在得知自己将被立为太子的时候就向孙权请求说："本立而道生，欲立太子，宜先立后。"孙权道："卿母安在？"意思是你都不知道你生母在哪里，凭什么要求立她为后？结果孙登答道："我母在吴。"孙权知道他说的乃是徐氏，良久沉默不语。

这一时期，孙权最宠幸的妃子是步氏，江湖人称步练师的便是。

步氏名讳"练师"，见于《建康实录》。学界认为，练师又作炼师，是魏晋南北朝时俗家对道士的称呼。步夫人跟步骘是同族，都是淮阴人，而淮北民间盛行天师道，步氏的芳名或许就与天师道信仰相关。据其本传记载，步氏是在汉末动乱中流落到了庐江，在孙策攻破庐江太守刘勋后被孙权纳入后庭的。有意思的是，大乔、小乔姐妹也是因此役而被孙策、周瑜所得。一战获三国色，庐江战役就是这么意义非凡。

步夫人虽然"以美丽得幸于权，宠冠后庭"，但她只生了两个女儿：长女孙鲁班，小名大虎，初时嫁给了周瑜之子周循，周循卒后改嫁全琮，人称全公主；次女孙鲁育，小名小虎，嫁给了朱据，人称朱公主。

据说步夫人性格很好，从来不忌妒，尽管这时候孙权嫔妃甚多（如王夫人"宠次步氏"，生下了孙和），但她却能跟她们相处融洽，所以孙权对步氏很是满意，一直想把她立为皇后。然而群臣恪于礼法，都希望能立有正妻名分的徐氏，为此孙权依违了十多年不决。这期间宫内对步夫人都以皇后相称，亲戚上疏亦称中宫，可直到赤乌元年步氏去世，她都始终没有获得正式的皇后名分，仅在死后才被追封为后。

步氏在时，太子孙登每次收到她赐来的衣物用品，虽不敢拒绝，却也仅仅是拜受而已；而每当徐氏派来的使者赶到，赐给他衣服，他都要先沐浴一番，然后亲自当着使者的面把衣服穿上。孙登当然是希望徐氏能够成为皇后的，因为只有这样，他的太子之位才能牢靠。

在史籍的描述中，孙登是个优秀的继承人。孙权称帝后迁都建业，有数年时间孙登与整套太子官属都被留在了武昌。那时候许多公卿子弟都是太子宾友，东宫人才济济。孙登并没有因为远离父皇的管教而骄纵恣肆，而是谦恭仁恕，颇有君子之风。

据说他只要出宫打猎，就绕着农田走，生怕践踏了田里的庄稼，扎营的时候也选择那些没有人居住的空地，不愿惊动打搅了百姓的正常生活。有一次他骑马出游，一个弹丸忽然掠过，差点将他打伤。侍卫们四处搜寻，不久就在附近抓到了一个拿弹弓的人。此人并不承认，侍卫就要报以老拳。孙登连忙制止，叫他们去找刚才掠过的那枚弹丸。找到后一比对，发现样式不同，孙登就把这个人放了。还有一次，孙登身边有金器失窃，调查一番后发现是左右侍奉的人偷了。孙登不忍将他法办，只是斥责了几句，将他遣送回家，还嘱咐其亲友不要声张。

嘉禾元年时孙权次子孙虑病卒，孙权颇为哀痛。参加完葬礼后，孙登就请求留在建业，以便晨昏定省，尽人子之道。后来孙权亲征合肥新城，孙登就负责留守。吕壹弄权期间，孙登也没少劝谏，立场与众臣相同。

可惜这样一位优秀的继承人并没有登上皇位。赤乌四年时，三十三岁的孙登不幸染病身亡。

不过话说回来，如果他不是英年早逝，将来能否顺利接班恐怕也不好说。

遍览中国历史，我们发现，凡被立为太子者，能够顺利即位为皇帝的几率其实只有一半，而且越是在位时间长、成就高的皇帝，在其晚年废黜太子的可能性就越高。例如汉武帝、光武帝、宋文帝、隋文帝、唐太宗、唐玄宗、康熙帝都曾废黜过太子。这其中一个重要的原因就是君权跟储权天然存在矛盾——老皇帝在位的时间越长，则太子将来当皇帝的时间就越短。而且储君自带官属，大臣们为未来权位着想，也常常党附储君，这就导致储权极易膨胀成足以威胁君权的势力。历史上被儿子逼宫而退位的老皇帝虽然不多，却也不是没有。所以老皇帝但凡头脑清醒、精力允许，总会对太子疑心重重、严加防范，生怕这不肖子生出弑父之心。再加上太子往往是大老婆所生，而皇帝总是喜新厌旧，更宠爱小老婆，连带着也会更喜欢幼子而嫌弃长男，这就导致先当太子的人总是面临着被兄弟顶替的危险。

孙登总共当了二十一年太子。起初由于步夫人没有生下皇子，他的地位并未受到威胁。但是赤乌元年步夫人去世后，生下第三子孙和的王夫人开始擅宠。有迹象显示，孙登的位子就变得不那么牢靠起来。史籍称孙和"少以母王有宠见爱"，"少岐嶷，有智意，故权尤爱幸。常在左右，衣服礼秩、雕玩珍异之赐，诸子莫得比焉"。在其十四岁的时候，孙权便为他设置宫卫，又命中书令阚泽教他读书写字。孙和受父皇宠幸的情况，孙登当然看在眼里。《吴书》甚至声称孙登对孙和颇为亲敬，不但在礼数上把他当兄长对待，还"常有欲让之心"，想把太子之位让给孙和。

考虑到东吴的末代皇帝孙皓是孙和的儿子，在其在位期间有意识地对官方史料进行了修改以强化其正统性，以上陈述或有夸张。孙登未必愿意把太子位让给孙和，但他感受到了孙和的威胁应是实情。甚至孙登在临死前，还在遗书中盛赞孙和"仁孝聪哲，德行清茂"，建议立他当太子，给自己死后留了个让贤的好名声。

赤乌四年孙登这一死，在所有皇子中孙和年龄最长，其母王夫人又最受宠。按照史籍的讲述，孙权也喜欢他，他品德资质也好，还受到了前太子力荐，怎么看，他都是最合适不过的继承人。所以次年正月他被立为太子后，按理说至少在短时间内就不应该再有什么纷争。

然而诡异的事情出现了：立孙和为太子后，百官奏请孙权早立皇后，其余皇子也应该尽快封王，如此则嫡庶分明、名分早定，是最符合儒家宗法秩序的理想状态。可孙权却下诏说，现在天下尚未安定，老百姓们还很贫穷，"猥割土壤以丰子弟，崇爵位以宠妃妾，孤甚不取。其释此议"。以一个很敷衍的理由否决了众臣的这个建议。

过了半年，群臣又奏请立后及诸王。

那么这一次孙权是怎么做的呢？

他只封了第四子孙霸为鲁王，还是没立孙和的生母王夫人为皇后，也没封其余皇子为王。

这不是奇了怪了吗？既然史书说"步氏葬后，和立为太子，权将立（王）夫人为后"，"和为太子，和母贵重，诸姬有宠者皆出居外"，如果孙权真这么喜欢王夫人，为什么群臣两次奏请，他都不愿意立她为

第 175 章 二宫并立

后呢？

更奇怪的是，孙权立孙霸为鲁王后，立刻给了他跟太子几乎平级的待遇。问题是孙霸在小时候并没有被孙权特别喜爱，他的生母谢姬也不受宠，直到立孙和为太子后孙权才封他为鲁王，"宠爱崇特，与和无殊"就显得非常突兀。

一开始，太子跟鲁王同住一宫，礼秩无二，群臣都觉得不伦不类，就多次向孙权进谏。于是孙权干脆让他们分宫居住，各有各的僚属。这一来鲁王除了名义上不是太子，拥有的臣僚仪仗跟太子基本上完全一样。这种情况史籍称为"二宫并阙"，意思是太子跟鲁王就像并立的双阙一样，地位完全平等。其余三位皇子（奋、休、亮）则无一享有此种待遇。

再参考《吴录》云步夫人死后孙权有意立袁术之女袁夫人为后的记载，不禁让人怀疑似乎孙权并不是那么喜欢王夫人，史籍所记孙和最受孙权宠爱的情况恐怕也有所夸张。

第176章 南鲁党争

笔者认为,孙权抬高鲁王地位、导致"二宫并阙"的一系列操作是他有意为之,其目的就是遏制储权、后权与群臣结合。

如前所述,在吕壹事件中,正是太子孙登、陆逊、潘濬、步骘、朱据等代表不同势力的人联合向孙权施压,才迫使孙权处理了吕壹。现在太子换成孙和后,以顾雍、陆逊为首的那些恪守儒家礼法的大臣们肯定是拥护太子的,如果再立孙和的母亲为皇后,那么太子集团的势力就会更加膨胀,到时候倘若在什么问题上太子、皇后和群臣联合起来反对孙权,那孙权是无论如何也抵挡不住的。若是大臣里再出现一两个野心家企图通过操纵太子而专权,那皇位就更加危险了。所以孙权才想了一个分而治之的主意,即通过抬高鲁王的地位变相削弱太子,也向群臣暗示不要都站在太子一方。在这种充满竞争的条件下,鲁王觉得自己有可能成为太子,太子亦有可能失去自己的位子,双方都会极力讨好孙权,他们自然也就不敢像太子孙登一样跟群臣联合起来反对自己。同时此举也会促使群臣分裂成不同的党派，有利于孙权削弱相权而加强君权。在这一计划中，鲁王孙霸只是一枚棋子，孙权对他宠爱与否根本不重要。

以上就是孙权的如意算盘。

那么孙权达到自己的目的了吗？

达到了。"二宫并阙"的局面出现后，东吴群臣基于自身利害和人际关系，很快形成了分别拥护太子和鲁王的两大派系，史称南鲁党争（时太子居南宫）。《三国志》裴注引殷基《通语》曰：

初权既立和为太子，而封霸为鲁王。初拜犹同宫室，礼秩未分。群公之议，以为太子、国王上下有序，礼秩宜异，于是分宫别僚，而隙端开矣。自侍御宾客，造为二端，仇党疑贰，滋延大臣。丞相陆逊、大将军诸葛恪、太常顾谭、骠骑将军朱据、会稽太守滕胤、大都督朱绩、尚书丁密等奉礼而行，宗事太子。骠骑将军步骘、镇南将军吕岱、大司马全琮、左将军吕据、中书令孙弘等附鲁王。中外官僚将军大臣，举国中分。

殷基本人曾在末主孙皓朝效力，其父殷礼则是顾雍之子顾邵的故吏，当时二宫交争的情况他自然十分熟悉，所以这一记载应该相当可靠。

按殷基的记录，太子党为首者是继顾雍为丞相的陆逊（顾雍赤乌六年卒）、诸葛瑾之子诸葛恪（瑾赤乌四年卒）、顾雍之孙顾谭、朱然之子朱绩（后复本姓即施绩）、朱据、滕胤、丁密。其余史料所见还有陆胤、顾承、顾悌、张纯、吾粲、姚信、纪陟、张休、屈晃、羊衜，甚至时任鲁王傅的是仪也主张独尊太子。值得注意的是，在以上十八人中，除诸葛恪、滕胤、张休、屈晃、羊衜、是仪六人的籍贯为江北外，其余都属江东人士。

至于鲁王党,除了名列《通语》的步骘、全琮、吕岱、吕据、孙弘,由史料可知还有吴安、杨竺、孙奇、孙峻、诸葛绰。以上十人中孙奇籍贯无考,全琮、孙弘、孙峻、吴安四人为江东人,余五人皆为江北籍。

有学者据此认为,在二宫党争中存在明显的地域倾向:以顾、陆、朱、张为首的江东世家大族主要支持太子,而淮泗旧将及其子弟则主要支持鲁王。

之所以会出现这种情况,原因比较复杂。本书既不是学术论著,也就没必要展开论述。这里我只强调一点,那就是拥护太子就等于拥护嫡庶尊卑有别的儒家礼法,而儒家礼法是古代政权存在的基础,所以太子一党天然地能在群臣中获得更多的支持。而由于立国以来数十年的"江东化",江东世家大族已经逐渐成为孙吴政权的支柱,在这种情况下,拥护太子的大臣中江东人士占多数实在是十分正常之事。

例如"吴四姓"顾、陆、朱、张中为首的顾雍一族,就是嫡长子继承制的坚定支持者。由于顾雍的儿子顾邵早亡,赤乌六年顾雍卒后,长孙顾谭就成了家族领袖。而顾谭在孙霸被封为鲁王后不久,就上疏讲了一大套"有国有家者,必明嫡庶之端,异尊卑之礼"的大道理,劝孙权不要抬高鲁王,公然站到了鲁王的对立面。

顾谭兄弟的姻亲、在顾雍死后接替了丞相之职的陆逊对此事也采取了同样的立场。鲁王党的骨干全琮曾试图拉拢陆逊,劝他派一两个子弟到鲁王府中当宾客,但陆逊回答说:"子弟苟有才,不忧不用。不宜私出以要荣利,若其不佳,终为取祸。且闻二宫势敌,必有彼此,此古人之厚忌也。"不但拒绝了全琮,还劝他切莫纵容自己的儿子全寄党附鲁王。

"吴四姓"中代表吴郡朱氏的左将军朱据同样属太子党。还有朱然的儿子朱绩（施绩），有一次鲁王孙霸来到他办公的地方，想跟他坐到一块儿聊聊天，联络联络感情，然而朱绩却立刻下到地上站着说话，婉拒了鲁王的请求。这说明朱绩也是拥护太子的人。再加上前面提到的滕胤、丁密、吾粲、羊衟、诸葛恪等十余人，可知对太子抱支持和同情态度者应在朝廷中占据多数。

相比之下，鲁王党人数较少，其形成亦似乎纯以利合。

按《通语》的说法，鲁王党以官位最高的步骘、全琮、吕岱为首。这是就朝堂上的势力而言。实际上，鲁王党背后另有一隐藏的大boss，那就是全琮之妻、孙权的长女、小名"大虎"的孙鲁班。

如前所述，孙鲁班是步练师所生，推测其年龄与前太子孙登比较接近，那时孙登娶了周瑜的女儿，而鲁班则嫁给了周瑜的长子周循，可惜周循早卒，孙权称帝后，就把守寡的女儿配给了三十来岁的大将全琮，后来人们就称她为全公主。与"性不妒忌"的步夫人不同，孙和之母王夫人却是个容不得雨露均沾的主儿，因此黄武年间孙和出生后，一心想成为皇后的王夫人应该没少跟步夫人斗心眼儿。全公主受母亲影响，自然视王夫人及其子为仇敌。赤乌年间随着步夫人去世，孙登早卒，孙和成为太子，王夫人更加飞扬跋扈，当时"诸姬有宠者皆出居外"。然而孙权为了制衡太子势力，又刻意抬高鲁王，并且迟迟不立王夫人为后。深谙父亲心事的全公主随即望风而动，经常有事没事地在孙权耳边说王夫人的坏话，还撺掇自己的丈夫全琮明里暗里地拥护孙霸，成了鲁王党的骨干。

而就在孙霸被封鲁王的前一年，全琮刚刚因为芍陂论功一事跟支持太子的顾谭兄弟结下了梁子，现在又被老婆大吹枕边风，自然立场坚定地站到了鲁王一边。

前面我曾经提到，赤乌四年时，孙权曾发兵四路入侵曹魏，其中全琮这一路统兵数万直入淮南，在芍陂（今安徽寿县南）跟王凌、孙礼大战了一场。当时顾谭的弟弟顾承、张昭的儿子张休跟全琮的子侄全绪、全端等都各统一军。一开始吴军战况不利，五营失陷，中郎将秦晃等战死，顾承、张休率部奋击才挡住了魏军的攻势。全绪、全端见敌军攻势受阻，随后亦发动了冲锋，魏军才退兵而去。事后朝廷论功行赏时，认为挡住魏军攻势的功劳大，击退魏军的功劳小，所以顾承、张休得封杂号将军（承奋威将军，休扬武将军），而全绪、全端只进位偏裨小将。全琮父子为此大感不公，认为顾承等在朝中有靠山（当时顾雍还健在，顾谭则为选曹尚书），所以得到了特殊照顾，从此就恨上了顾雍一族。

至于步骘、吕岱这两位元老为何站到鲁王一边，史籍并未明言。有学者说，步骘跟步夫人同族，自然与全公主的关系比较亲密。还有人说，步骘、吕岱都与陆逊有竞争关系，党附鲁王是为了权势。不过这两种观点都没有明确的证据。

总之，目前的史料显示，全琮夫妇实为鲁王党的急先锋和主力军。两人男主外、女主内，大概在赤乌七年（244年）前后，颇费心机地对太子孙和及其支持者发动了持续进攻。而尽管鲁王党人数较少，但由于跟当初重用吕壹一样，孙权培植鲁王及其党羽本来就是用作压制储权、打击士族的工具，所以在二宫党争的过程中，他总是明目张胆地"拉偏架"，这就使得太子党面对鲁王党的攻击节节败退，一直处于下风。

吴宫以内，全公主利用自己经常出入宫禁的机会，频繁地在孙权耳边散播不利于太子和其母王夫人的流言。据说王夫人没能当成皇后，就与她的谗言有关。为此，她不惜跟自己的亲妹妹、人称朱公主的孙鲁育撕破了脸。因为朱公主跟丈夫朱据一条心，都拥护太子。史称"时全主谮害王夫人，欲废太子，立鲁王。朱主不听，由是有隙"，两姐妹从此成了彼此憎恨的仇家。

有一次，孙权生了一场大病，就派太子孙和替自己到宗庙向神灵祈祷。由于太子妃张氏的叔父是张昭之子张休，而张家的府邸正好位于宗庙附近，太子夫妇就应张休之邀，途中到张家盘桓了一下。这一幕被全公主探知，她便入宫向孙权密报，说"太子不在庙中，专就妃家计议"，还说"王夫人见上寝疾，有喜色"。言下之意，太子和王夫人都巴不得孙权早死，已经迫不及待地商量好了登基的种种安排。这一下孙权大怒，要不是陆逊、顾谭、吾粲等重臣力保，险些便要将太子废掉，而王夫人也被他大加谴斥，陷入了恐慌忧惧之中，不久就死掉了。

鲁王党得寸进尺，又利用芍陂论功一事对顾谭、顾承、张休展开了打击。

据裴注所引《吴录》，全琮父子多次向孙权上奏，说顾承、张休打通了典军陈恂的关节，后来陈恂在向朝廷汇报时就故意伪造和夸大了二人的功绩，孙权因此将张休、顾承下狱。顾雍去世后，顾谭以太常之职主管尚书事务。考虑到顾家的地位和历史功绩，孙权本来没想从重处理这件案子，他希望顾谭能代表弟弟道个歉说几句软话，他就把二人放了。然而当孙权就此事在朝会的场合质问顾谭时，顾谭不但不肯认错，反而语带含讽地指责孙权听信了谗言。要知道，孙权在年轻的时候脸皮子就特别薄，最忌讳别人当众让自己下不来台，现在顾谭竟然当着满朝文武的面打自己的脸，老来越发刚愎的孙权岂肯善罢甘休？《江表传》说，之后顾谭立刻被有司弹奏，罪名是"诬罔大不敬，罪应大辟"。孙权顾念顾雍对自己有功，这才免除了顾谭的死罪，将他跟顾承、张休一起流放到了交州。后来三人便都死在了流放地。

到了赤乌八年（245年）二月，太子党再次遭受致命打击——江东士族公认的领袖、丞相陆逊也在抑郁和愤怒中去世了，时年六十三岁。

陆逊很大程度上是被孙权气死的。

其本传记载，因为孙权要废太子，陆逊数次从武昌上疏道："太子正统，宜有磐石之固，不宜动摇以乱人心。鲁王实为藩臣，当使宠秩有差，彼此得所，上下获安。谨叩头流血以闻。"他还希望孙权能允许自己还朝，好当面向他进言。然而孙权不但不批准，还屡次派使者代表自己责让陆逊。再加上陆逊的外甥顾谭、顾承、姚信三人都因为亲附太子而被流放边荒，太子太傅吾粲也因为与陆逊论议太子废立之事而被鲁王党羽杨竺潜害，下狱被诛。陆逊完全知道，自己如果坚持立场，早晚也会像顾谭、吾粲一样不得善终。其实他并不关心个人荣辱，他担心的是孙权被私爱所蒙蔽，被小人所欺骗，致使现在的东吴重蹈当年袁绍、刘表废长立幼、国破家亡的覆辙。这才是他"愤恚致卒"的真正原因。

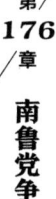

第 176 章 南鲁党争

第177章 诸葛恪入局

赤乌八年以后，随着顾谭等被流放、陆逊病卒，鲁王党实际上已经在二宫党争中取得了胜利。一个明显的标志就是，赤乌九年（246年），孙权以步骘为丞相，朱然为左大司马，全琮为右大司马，吕岱为上大将军，诸葛恪为大将军。五人当中，步骘、全琮、吕岱皆为鲁王党，虽然朱然的儿子朱绩同情太子，但朱然本人却一直置身于党争之外，被认为属太子党的只有排在末尾的诸葛恪。

这种情况下，按理鲁王就该被立为太子了吧？

并没有。

不但如此，孙权还将太子和鲁王都软禁了起来。

据鲁王孙霸本传，孙权对外以"精学"为名，勒令太子和鲁王不准出宫，同时禁止二人与宾客或外臣互通声气进行交往。督军使者羊衜为此上疏，说此举可能会在境内外引发不利于我国的流言，劝孙权解除对二宫的禁锢。孙权也并未听从。

这一情形再次证明,孙权其实根本就不宠爱鲁王,他只是孙权手中的一枚棋子而已。

更何况在这时,孙权的心里已经有了新的人选。

大概在赤乌五年(242年),会稽郡有一潘姓女子因父亲犯法被没入织室为奴婢①,年逾六十的孙权"见而异之,召充后宫,得幸有娠",不久生下一子,取名孙亮。后来王夫人"以忧死",年轻貌美的潘氏遂得专宠,再加上孙权老来喜欢幼子,他便生出了以孙亮为继嗣的想法。不过这时孙亮还只有三四岁,倒也不急于一时,所以孙权短时间内也没有废黜太子和鲁王。

都说女儿是父亲最贴心的小棉袄,果然不假,孙权的心事很快被"大虎"全公主揣知。这时候全公主也看出来了,其实孙权根本就不喜欢孙霸。鉴于自己之前一直谮毁孙和母子,投资孙霸一人显然不够保险,既然老皇帝现在喜欢幼子,那么不妨在孙亮身上也投下赌注。

于是这段时间,全公主总会带着全尚的女儿,也就是自己的从孙女一起入宫。有时让她陪孙亮一起玩耍,有时则陪孙权聊天,有事没事她就在孙权耳边把这个小姑娘夸上几句。一来二去,她就撺掇孙权给孙亮和全尚之女订了娃娃亲。

到了赤乌十三年(250年),孙亮长到八岁,孙权终于决定立他为新太子了。

当年秋天,孙权将原太子孙和召到宫省内幽闭起来,准备将他废掉。

---

① 东晋人王嘉所著小说《拾遗记》中记载,潘氏"为江东绝色",以至于一同被幽禁于织室的百余人称之为"神女"。此事惊动了孙权,孙权命画工图其容貌,见而喜悦,遂纳入后宫而得幸。

此时步骘、朱然、全琮皆已亡故，吕岱、诸葛恪则出镇上流，南、鲁二党实际上已经名存实亡，朝中位望最尊者只剩下了曾经支持太子的骠骑将军朱据。眼看太子即将被废，朱据与尚书仆射屈晃等率领诸将吏"泥头自缚"，一连数日跪在宫门前替太子求情。孙权在宫内登高台望见，十分厌恶地斥责他们无事生非。以无难督陈正、五营督陈象为首的一些禁军军官也诣阙上书，痛陈当年晋献公废长立幼导致晋国内乱的历史，希望挽回孙权的心意。殊不知孙权越老脾气越犟，这些指责他犯下大错的举动只会激怒于他。盛怒之下，孙权下令将陈正、陈象族诛，又命护卫将朱据、屈晃押到殿内，各自杖责一百。即便这样，朱据、屈晃仍然口谏不止，叩头流血，辞气不挠。之后屈晃被免官斥还田里，朱据则被贬为新都郡丞，其他大臣因为直谏被诛杀、流放者亦有十余人。

最终，孙权还是将太子孙和废为庶人，流放故鄣（今浙江安吉北）。鲁王孙霸这枚失去利用价值的棋子的结局更糟：他直接被赐死，党羽杨竺、全寄、吴安、孙奇也被诛杀。

十一月，年仅八岁的孙亮被立为太子，以全尚之女为太子妃。

次年五月，孙亮之母潘氏被立为皇后。这也是孙权在世时唯一得立的皇后。

此时孙权即将迈入古稀之年。在堂邑以兵丁十万作涂塘制造洪泛区的行为显示，他已经不再奢望有生之年能够进取中原。可能是源于对死亡的恐惧，原本就对养生之术颇为感兴趣的他像暮年的秦皇、汉武一样，将关注的重点放在了寻找神仙和所谓的不死药上。

据说，孙权曾为一名叫葛玄的道士在方山立观，还曾向术士介象学习"匿形法"，他身边还有一名术士叫姚光，号称"火仙"，可以被烈火焚烧而不伤。赤乌十年（247年），西域胡僧康僧会来到东吴传布佛教，也受到孙权热情接待，孙权还为他在京城建了寺院。

史籍还说，孙权之所以立潘氏为后，并改年号为太元，也是"神人授书"所致。

立皇后的同月，孙权就派中书郎李崇前往临海罗阳县（今浙江瑞安），带着"罗阳王"的印绶去接一个叫王表的"神仙"进宫。传说此人不但能预言吉凶祸福，而且善隐身术，寻常人不见其形。七月间，王表来至建业，孙权将其安置在皇宫东门外的大宅中，多次派左右近臣带酒食赏赐前往，咨以世事。王表预言水旱等小事，往往灵验。

我不知道孙权有没有叫王表预测自己的寿命。如果此人真能通灵，想必他也不会告知孙权，其实他的阳寿只剩下不到半年了。

十一月，孙权亲往南郊祭天，回来以后就得了风疾。

僵卧病榻之上的孙权自知势将不起，这才意识到让幼子继位并非善策。据《吴书》记载，这时候孙权对废除孙和颇感后悔，一度想召其还朝，重新立他为太子，由于全公主、侍中孙峻、中书令孙弘等苦劝，他才放弃了这个计划。

既如此，又该让何人来辅佐小皇帝孙亮呢？

当时襄助孙氏兄弟开国肇基的第一代元勋功臣已死亡殆尽，只有吕岱以上大将军之职与诸葛恪同镇武昌，负责上游防务。问题是吕岱这时候已经是九十一岁的高龄，任谁也不会觉得他还有很多年好活，所以孙权就没考虑吕岱。第二代大臣里面，以诸葛恪最有才名，资历、年纪都比较合适，因此侍中孙峻就推荐征诸葛恪入朝辅政。

事后看来，这是一个错误的选择。若是吕岱辅政，东吴的政治走向可能会好上许多。

因为后来孙峻不得不亲手杀死了诸葛恪，而诸葛恪死后，吕岱又活了三年多。

诸葛恪字元逊，是诸葛瑾的长子。史籍云其身长七尺六寸，须眉皆

少，塌鼻梁，宽脑门，嘴巴阔大，声音洪亮。

他少有才名，尤擅长与人清谈辩论，为此史书中留下了不少他机智应答的段子。

前面讲到，年轻的时候孙权"性既滑稽，嘲啁无方"，最喜欢在酒宴场合跟部下开玩笑。有一次孙权大宴群臣，酒过三巡，他又起了个无厘头的主意，居然叫优伶牵进一头驴来，驴脑袋上挂了个标签，上写"诸葛子瑜"四字。诸葛瑾天生一副大长脸，江东无人不知，众人见此，顿时笑成了一团。一旁的诸葛恪坐不住了，离席而出，跪倒向孙权要笔墨，请求允许自己添两个字。孙权好奇地满足了他的要求。于是诸葛恪在标签下面加了"之驴"两字，巧妙地化解了父亲遭遇的尴尬。当下举座欢笑，孙权也笑着把这头驴赏给了诸葛恪。

又有一次，孙权问诸葛恪："卿父与叔父孰贤？"诸葛恪对答道："臣父为优。"意思是诸葛瑾比诸葛亮还要贤明。孙权问他为什么这么说。诸葛恪道："臣父知所事，叔父不知，以是为优。"意思是我爹知道自己跟对了人，我叔叔却不明白这一点，所以他不如我爹。这一手马匹拍得相当高明，令孙权十分高兴。

接下来，孙权又叫诸葛恪行酒。敬到张昭时，张昭已经喝了不少，又轻视诸葛恪是小辈，不肯喝，还说："此非养老之礼也。"孙权见状说道："卿其能令张公辞屈，乃当饮之耳。"你要想让张昭跟你喝，你得先说得过他才行。于是诸葛恪道："昔年姜太公年已九十，秉旄仗钺，犹未告老。今军旅之事，将军在后，酒食之事，将军在先，何谓不养老也？"你张昭现在年纪大，不再统兵打仗，但是每次酒宴都排位在最前，怎么说这不是尊敬老人呢？张昭无话可说，只好把酒喝干。

《江表传》说，一次宴会时，曾有白头鸟飞集殿前。孙权问众臣："此何鸟也？"诸葛恪道："白头翁也。"张昭以为在坐诸人数自己年龄最老，怀疑诸葛恪这是拿鸟影射自己，就说道："诸葛恪欺诳陛下，未尝闻鸟名白头翁者。不然，试使恪复求白头母。"翁即父，有父必有母，所以张昭才以此刁难诸葛恪，说你有本事给我找个白头母来。结果诸葛恪道："鸟名鹦母，未必有对。不然，试使辅吴（张昭为辅吴将军）复求鹦父。"鹦鹉之"鹉"，在当时读作"母"。诸葛恪是说，名字叫父的鸟不一定有母，叫母的鸟不一定有父，不信你给我找个鹦父来。张昭一时哑口无言，众人尽皆欢笑。

正如陈寿所说："恪之才捷，皆此类也。"除了以上三例，诸葛恪留下的这类段子史料中还能找到不少。不过有人却认为，巧言令色鲜矣仁，才捷如此对诸葛恪来说不是好事。德行笃慎、为人弘雅的诸葛瑾就对自己的儿子很不看好。其本传称："瑾常嫌之，谓非保家之子，每以忧戚。"诸葛亮似乎也认为诸葛恪难成大器，当孙权觉得诸葛恪颇有才干，以之为主管粮谷的节度官时，诸葛亮曾写信给陆逊说："家兄年老，而恪性疏。今使典主粮谷，粮谷，军之要最，仆虽在远，窃用不安。足下特为启至尊转之。"性疏，是说诸葛恪的思维方式简单直接，考虑事情不够全面和细致。故而诸葛亮认为不应该让他去主管粮谷，这才请陆逊转告孙权，建议给诸葛恪换个岗位。

孙权听了诸葛亮的劝告，转而让诸葛恪带兵。

诸葛恪又主动提出，自己有办法让丹阳郡内据险蛰伏的山民成为国家控制下的正式民户，"三年可得甲士四万"。这是一个极富挑战性的计划，因为从孙吴立国以来，遍布吴越山区的原住民就叛服无常，一直是威胁国家稳定的心腹大患。经过多年清剿，仍有大批山民藏于深山，"战则蜂至，败则鸟窜"，始终不接受官府管束。诸葛恪说他能从山民中征集四万甲士，意味着必须从深山迁出二十万人口。而当时孙吴全国人口顶多也就二百万。你诸葛恪一个之前跟山民没有打过任何交道的年

轻后生,空口白牙就说你三年能转化全国十分之一的人口,任谁都很难相信。

远在荆州的诸葛瑾知道这个消息后,也认为难以成功,叹道:"恪不大兴吾家,将大赤吾族也!"这小子将来不是振兴我家,就是让诸葛家灭族啊!

然而事实是,在孙权让诸葛恪以抚越将军、丹扬太守的职位放手去干这件事以后三年,诸葛恪果然出色地完成了任务。"岁期,人数皆如本规。恪自领万人,余分给诸将。"孙权十分高兴,便封诸葛恪为威北将军,爵都乡侯。

之后的十几年里,诸葛恪一直在外为将,先屯皖口,复屯柴桑,虽然没有特别出色的战绩,却也足以镇静边疆,作为第二代将领,已经殊为难得。

在南鲁党争中,诸葛恪虽然被视为太子党,不过史籍中找不到他有什么具体的支持太子的行为。反倒是诸葛恪的儿子诸葛绰因为交关鲁王,后来被孙权交还给他管教,诸葛恪为表忠心,亲自鸩杀了此子。或许就是由于他这种惟皇命是听的态度,当顾谭、陆逊等纷纷因替太子说话而遭到打击的时候,诸葛恪却一直官运亨通,一直坐到了大将军、代陆逊领荆州事的位子。

这时候孙权病重,急需如蜀汉丞相诸葛亮那样的贤臣辅佐幼子,而一些本可纲维全局的大臣又死的死,流放的流放,足堪此任的人才本就不多。于是在侍中孙峻的推荐下,孙权就选定了诸葛恪。

第178章 司马师伐吴

其实最开始孙峻举荐诸葛恪时,孙权是有过犹豫的。

裴注所引《吴书》云:"权寝疾,议所付托。时朝臣咸皆注意于恪,而孙峻表恪器任辅政,可付大事。权嫌恪刚很自用。峻以当今朝臣皆莫及,遂固保之,乃征恪。"

"刚很",即强硬而执拗;"自用",即自以为是。孙权对诸葛恪这一性格缺点的认识实际上相当准确,这一点从诸葛恪曾对吕岱所说的话中就能看出几分。

那是在诸葛恪离开武昌东下之前,与他共事多年的老前辈吕岱基于对诸葛恪的了解,好心嘱咐他说:"方今世道多难,子遇事必先十思。"联系到诸葛亮对诸葛恪曾有"性疏"的论断,可以认为吕岱这是诚心劝他遇事应反复斟酌,因为辅政治国头绪万端,必须平衡各方势力,不像带兵打仗,只需独当一面。然而这句饱含善意的提醒却被诸葛恪理解为是在讽刺自己能力不足，他立刻答道："昔年季文子三思而后行，夫子曰：'再思可矣。'今君令恪十思，明恪之劣也！"一般人再思三思就可以了，你却叫我十思，这不是明摆着瞧不起我吗？吕岱被他这句话呛得无以回答，心下颇悔失言。

常言道："宰相肚里能撑船。"一个人如果连善意的提醒都接受不了，自然更听不进反对意见。诸葛恪有没有宰相之才不知道，至少可以肯定，他并无宰相之量。

问题在于，当时也确实没有比诸葛恪更好的人选。起码诸葛恪忠心耿耿，为了不违逆孙权的意思，连自己的儿子都能杀，再加上侍中孙峻力保，最后孙权也就只好瘸子里面拔将军，凑合着这么办了。

当年年底，诸葛恪回到京城。孙权将其召入卧内，诏令道："吾疾困矣，恐不复相见，诸事一以相委。"诸葛恪则跪于床下，歔欷流涕道："臣等皆受厚恩，当以死奉诏。愿陛下安精神，损思虑，无以外事为念。"紧接着，孙权又封诸葛恪为太子太傅，诏有司"诸事一统于恪，惟杀生大事然后以闻"。

而除了诸葛恪，孙权在人事上还做了其他安排：

以会稽太守、公主婿滕胤为太常；

以侍中孙峻领武卫将军；

以中书令孙弘领太子少傅；

以越骑校尉吕据为太子右部督；

以上五人并受诏辅太子。

立故太子孙和为南阳王，使居长沙；第五子孙奋为齐王，居武昌；第六子孙休为琅邪王，居虎林（今安徽池州西）。

到了次年二月，还发生了一件颇为诡异的事：九个月前刚被立为皇后的潘氏竟然在睡着的时候被几个宫女给勒死了。其本传称，潘氏为人阴险，性格忌妒，从她得宠到现在，后宫里包括袁夫人在内的不少人都被她所谮害。孙权病重后，她还专门向中书令孙弘咨询了吕后专制的历史。潘氏原有羸疾，这时又因侍疾常感疲劳，几个宫女便趁她睡着休息的时候把她勒死了，对外则宣称是得了急病。不久案发，因此而被杀者有六七人。

《资治通鉴》在叙此事时，多出了"左右不胜其虐"六字，言下之意，似乎诸宫女是因为受不了潘氏的虐待才合力杀了她。不过胡三省却怀疑，此案可能并非如此简单："斯事也，实吴用事之臣所为也。潘后欲求称制，左右小人正当相与从谀为之，安有不胜其虐而缢杀之之理！吴史缘饰，后人遂因而书之云尔。"也就是说，胡三省认为是"用事之臣"主使宫女杀死了潘氏，因为她有效仿吕后称制的野心。这一说法听上去挺合理，可惜没有证据。

为了消灾延寿，病榻上的孙权又是改元，又是大赦，还多次命人催促那个"神仙"王表，请他为自己祈福。王表见势不妙，跑了。

四月二十五日，孙权再次召见诸葛恪、滕胤、孙峻、孙弘、吕据五人，属以后事。次日①，他在内殿去世。享年七十一岁。

孙权绝不会想到，自己刚咽气，他指定的五位辅政大臣就自相残杀起来。

按《诸葛恪传》的说法，挑事儿的人是中书令孙弘。

孙弘是会稽人，与皇室并非同族。他大概在赤乌七年前后代替阚泽任中书令，深受孙权信赖。在南鲁党争中，孙弘党附鲁王，曾不遗余力地攻击顾谭、张休、朱据等人。可能正是因为这一点，他与诸葛恪素来

---

① 《三国志·吴主传》但记孙权薨于四月，未言日期。诸葛恪在给弟弟诸葛融的书信中称："今月十六日乙未，大行皇帝委弃万国。"《建康实录》亦云权死于四月乙未。然四月庚午朔，乙未实为二十六日。

不睦。现在诸葛恪以首辅掌权，孙弘担心他早晚要收拾自己，就趁孙权咽气时自己当值的机会隐匿了死讯，矫诏想除掉诸葛恪。孙峻知道后，赶忙把消息告知了诸葛恪。诸葛恪就假意找孙弘有事相商，"于坐中诛之"，然后才宣布发丧。

两天后，诸葛恪、滕胤等奉十岁的太子孙亮即位。次月，诏旨以诸葛恪为太傅，滕胤为卫将军，共领尚书事；上大将军吕岱为大司马，仍镇武昌。

新官上任三把火。诸葛恪甫一上台，便废除了孙权晚年旨在加强君主集权的许多弊政，自吕壹事件以来紧张多年的政治空气顿时为之一松。再加上新君即位后群臣普遍加官进爵，这让士民心中对他的好感大增。史书说，当时众心喜悦，诸葛恪每次出入宫省，京师百姓都挤在道边，纷纷伸长了脖子，想看到他的身影。

诸葛恪自己也雄心勃勃。他在写给弟弟诸葛融的信中透露，自己很想像叔父诸葛亮那样建立功名，以不负先帝托孤之重。

于是接下来他干了两件事。

对内，为维护幼帝权威，他进一步打压宗王。之前孙权封孙奋为齐王，孙休为琅邪王，两人的居住地武昌、虎林都位于江边，诸葛恪担心将来一旦有什么风吹草动，这两位王爷会被南下的魏军或反叛者挟持利用，就下诏将孙奋迁往豫章，孙休迁往丹阳。丹阳近在畿下，所以孙休没什么意见。但是豫章则位于扬州腹地，条件比武昌差得多，因此齐王孙奋大怒，一时拒绝搬家。诸葛恪就写了一封语气强硬的书信，威胁说如果他敢抗旨不遵，那么鲁王孙霸就是前车之鉴。孙奋惧而服软，只好乖乖迁往了豫章。

至于被封为南阳王的故太子孙和，因为他的居住地长沙原本就是腹地，所以诸葛恪并没有要求他迁徙。此外，由于当初张承（张昭长子）

娶了诸葛瑾的女儿，而孙和的妃子张氏是张承之女，论上去诸葛恪就是孙和夫妻的舅父，这使得诸葛恪对待孙和这位故太子的态度相当微妙。据说诸葛恪秉政后，和妃张氏就派了个使者前往建业，在问候新君的同时也跟诸葛恪取得了联系。使者临走时，诸葛恪还对他说："为我转告王妃，期当使胜他人。"后一句翻译过来就是"到时候我会让你胜过别人"，似乎话里有话，别有居心。

对外，为了防备曹魏趁东吴大丧前来进攻，他重修东兴大堤，加强了巢湖以南的防务。

孙权称帝并迁都建业后的第二年，为了加强对首都的保护，曾经在濡须水北口的东关一带修筑大堤，遏巢湖以阻挡曹魏水师南下。不过三年后孙权两次亲征合肥，为便利水师通行又将其拆毁，还师后吴军依然据守濡须南口，东关一带实际上成了两国的军事缓冲区。这时诸葛恪不但派军修复了大堤，还在堤坝左右连山新筑两城，各以千人屯守，使将军全端守西城，都尉留略守东城，然后引军而还。

这一消息传到曹魏，被同样秉政未久的司马师视作严重挑衅。

前面提到，司马懿在处理完王凌一案后随即身死，由于中央军政大权尽被司马氏掌握，其长子司马师便以"伊尹既卒，伊陟嗣事"为借口顺利继承了他的权柄。不久，魏廷正式封司马师为大将军，加侍中，持节都督中外诸军、录尚书事。司马师年富力强，深沉有大略，但是除了先前助父亲发动高平陵之变以外，并未建立过什么个人功业，其治国能力也尚待检验，所以这时他的权威尚浅，其执政的合法性亦先天不足。诸葛恪选在这时修筑东兴大堤，本不是什么了不得的边境冲突，因为巢湖以南本就是弃地，并无魏军驻守。然而在司马师看来，此时孙权新死，东吴主幼国疑，如果对这种挑衅举动置之不理，未免显得自己软弱可欺，反不如借此机会发动一次南征，哪怕小有胜利，亦可震慑四方，

第178章 司马师伐吴

树立权威。

而且我还认为,高平陵之变后,随着司马懿"作家门"的野心彻底暴露,驱动曹魏政治走向的主要矛盾就是司马氏与反对司马氏的势力之间的争斗。由于司马懿去世前没来得及清理国内除王凌以外的异己势力,司马师上台后,国内仍然潜存着不少威胁和障碍。这时候他利用掌握中央政权的优势发动对外战争,一可以转移国内矛盾,二则有利于司马氏进一步掌控地方军权。

就拿司马懿生前尚未解决的淮南问题来说吧。南境诸藩镇当中,征南大将军、荆豫都督王昶是司马懿故吏,这个前面早就说过;荆州刺史王基这个职位是司马懿所授,司马师刚刚执政,他就写信推荐人才,被司马师采纳,说明他也是司马氏的人;取代王凌任扬州都督的诸葛诞与司马家关系密切,这时也甘为司马氏爪牙。与司马家关系疏远的只有扬州刺史文钦和豫州刺史毌丘俭二人,然而按照当时体制,同居寿春的文钦须听命于都督诸葛诞,豫州刺史毌丘俭在战时则受王昶指挥,再加上司马昭时为安东将军坐镇许昌,文钦、毌丘俭即使有心反对司马氏,恐怕也不得其便。此时司马师高举伐吴大旗,文钦、毌丘俭就必须听受他的调遣。

为筹备伐吴,司马师还主动向各藩镇征求意见。司马彪《战略》云:"孙权死,征南大将军王昶、征东将军胡遵、镇南将军毌丘俭等表请征吴。朝廷以三征计异,诏访尚书傅嘏。"其实除了以上"三征",奏请伐吴的还有镇东将军诸葛诞。由于诸人意见不一,司马师特意向尚书傅嘏咨询。然而傅嘏并不赞成大举伐吴,仅仅认可在淮南要地以兵屯田、且耕且守、乘时观衅的保守策略。这一回答显然与司马师的期望不符,所以司马师没听他的意见,而是采用了诸葛诞的建议。

《汉晋春秋》记诸葛诞对司马师言道:"致人而不致于人者,此之谓也。今因其内侵，使文舒逼江陵，仲恭向武昌，以羁吴之上流，然后简精卒攻两城，比救至，可大获也。"

此处之"两城"，即诸葛恪在东兴大堤新筑的两城。说白了，诸葛诞的计策其实就是围城打援：先派精兵伪攻东兴，以吸引吴军主力来救，等救兵赶来时再派大军合击，便可重创吴军主力，而上游的文舒（王昶字）、仲恭（毌丘俭字）两军只起牵制作用。

史云："景王从之。"司马师基本上是照诸葛诞之计而行。

嘉平四年（252年）十一月，魏廷诏征南大将军王昶、征东将军胡遵、镇南将军毌丘俭等各自向前线进发。十二月初，王昶向江陵，毌丘俭向武昌，司马昭则督胡遵、诸葛诞向东兴，同时在东、中、西三路向吴国发动了进攻。

第178章 司马师伐吴

第179章 东关之战

东兴又称东兴关或东关,位于今安徽省巢湖市东南、含山县西南的濡须山麓,现在当地仍称东关。

据《太平寰宇记》所引顾野王《舆地志》:"(巢)湖东四十里东南有石梁,凿山通水,是名关口。相传云夏禹所凿,一号东兴,本属和州,今巢县亦管其一半,地高峻险峡,实守阨之所,故天下有事,是必争之地。吴魏相持于此,南岸吴筑城,北岸魏置栅。"历史上每当南北政权纷争,东兴关就会成为必争之地,这是因为东关扼守着濡须水这条贯通江淮水系的重要水道的北口。在魏吴两国之前的多次交锋中,东吴一直固守濡须水南口的大坞(濡须坞),直到诸葛恪重修东兴堤,并在大堤两端筑城防守,吴军才将防线提前到了北口附近①。所以史籍才说"大行皇帝(孙权)本有遏东关之计,计未施行",而诸葛恪扼守东关则被司马师视作"入其疆土,耻于受侮"之事。

古代的巢湖比现在面积大,其中心也更偏向西南。按《水经注》的说法,濡须水(即栅水)从巢湖东口流出,在今林头镇一带积为窦湖,湖中有洲,湖东有一山名韩纵(综)山,山上有城。此山很可能是因韩综驻军于此而得名。韩综是韩当之子,后因获罪叛降了曹魏,这次亦随胡遵、诸葛诞而来。窦湖在韩综山以北分出一支东流为北湖,湖南有大堤称为后塘。而濡须水的干流出窦湖继续东南流,先后流经刺史山北、右塘、中塘和格虎山西,两山之上都有城。右塘、中塘再加上前面提到的后塘就是当年东吴修筑的东兴堤,刺史山、格虎山上的城很可能就是诸葛恪新筑的东、西二城。

由于濡须水大体是自北向南流,在东关筑起大堤就可以使河水倒灌入巢湖,引起湖水漫溢并淹没周边地区,严重时甚至合肥、寿春都会受到威胁。例如南朝时梁武帝"频断东关,欲令溑湖泛溢以灌淮南诸戍",便使得北魏寿阳城里"众庶惶惶,并惧水害"。有迹象显示,东兴大堤的修筑很可能直接导致了汉居巢县的消失。周瑜曾被袁术任命为居巢县县长,曹操征孙权时亦曾驻军于居巢,直到青龙二年,孙权还

---

① 宋杰在《三国兵争要地与攻守战略研究》一书中认为,早在黄初年间朱桓为濡须督时,便已经在东关濡须山麓筑城了。依据是《朱桓传》云其时"桓与诸军共据高城,南临大江,北背山陵",而濡须水南口一带今为平地沙滩,无山可依。但笔者认为,古今江岸环境多有变化,今南口一带为平地,不代表一千八百年前就是如此。若当时朱桓所据之城在东关濡须山麓,则距离江岸超过五十里,又何谈"南临大江"呢?再说,从曹仁在战前声言攻濡须以东的美溪,致使朱桓中调虎离山之计分兵去救美溪的情况来看,朱桓所据的濡须坞也不可能位于东关一带。因为如果东关有设防,曹仁是不可能绕过东关去攻美溪的(事见本书第107章"二朱守城")。

"入居巢湖口,向合肥新城"。但是随着东兴大堤的修筑,居巢城此后再不见于史籍,这说明它很可能已经被湖水淹没或废弃。

在司马师的这次伐吴攻势当中,攻东兴的东路军是重点,所以他不但派胡遵、诸葛诞统领青徐扬三州兵众七万,还让弟弟司马昭坐镇项城直接督导这次战事。

按吴国方面的记载,魏军是十二月初一日对东兴发动的进攻。由于大堤横跨于濡须水上,东西两端各有一城,胡遵、诸葛诞就搭建浮桥,将魏军运到堤坝之上,分兵对两城进行围攻。两城地势高峻,一时间难以攻拔,这就给了吴军救援的时间。

十九日,诸葛恪统军四万赴救,以丁奉、吕据、留赞、唐咨诸将为前部。

据《三国志·丁奉传》,大军出发之时,诸将皆曰:"敌闻太傅自来,上岸必遁走。"但老将丁奉却道:"不然。彼动其境内,悉许、洛兵大举而来,必有成规,岂虚还哉?无恃敌之不至,恃吾有以胜之。"他认为魏军势大,又是有备而来,绝不会因为听闻诸葛恪亲来便撤军。

传文又云:"及恪上岸,奉与将军唐咨、吕据、留赞等,俱从山西上。奉曰:'今诸军行迟,若敌据便地,则难与争锋矣。'乃辟诸军,使下道,帅麾下三千人径进。时北风,奉举帆二日至,遂据徐塘。"

宋杰在《三国兵争要地与攻守战略研究》所附"曹魏嘉平四年东关之役"的示意图上,将诸葛恪和丁奉的进军路线都描绘成是自建业走长江水路入濡须口,然后再溯濡须水北上到达东关,唯一的区别就是丁奉在前,诸葛恪在后。我却认为,这一路线图与史籍所记不符,并非实情。

因为《丁奉传》明确提到,诸葛恪领军"上岸"后,其安排是让丁奉等四将"俱从山西上",丁奉担心这么做"行迟",就带着自己麾下三千人"下道",这才在北风的帮助下,"举帆二日"赶到并占据了徐塘。这告诉我们:第一,丁奉走的是水路不错,但从其借助北风可知,他并非溯濡须水而上,因为濡须水自北向南流,这么走就成了逆风而上;第二,丁奉脱离大部队后,其余唐咨、吕据、留赞部应该仍如诸葛恪安排的那样,走陆路"从山西上"。从东关附近的地理环境来看,此处之山指的只能是东关以东呈东北—西南走向的濡须山(可能即《水经注》所言格虎山)。

再联系诸葛恪"上岸"这一记载,我认为,吴军主力离开建业后并未沿长江进入濡须口,而是在当时下游最常使用的渡口牛渚(即采石矶)一带登陆,然后西上经含山县、清溪镇,再沿濡须山西麓南下,便可自北方抵达东关。实际上,后来东吴末主孙皓在建衡三年(271年)时"从牛渚陆道西上",走的就是这条路线的前半段。至于脱离大部队的丁奉,我猜测他应该走的是在牛渚附近入江的一条濡须水支流,很可能就是黄初四年曹仁攻濡须时以蒋济为疑兵指向的羡溪道。今天采石矶以南的这一段长江,共有两条发自巢湖的支流汇入,靠北一支为牛屯河,靠南一支为裕溪河。裕溪河河道笔直,应该是后来人工开凿的运河,而且其走向为西北—东南,从东向西前进时北风并不能成为助力;牛屯河所经似乎为古河道,走向为西南—东北,如果走这条水路,那么正好可以利用北风。所以我觉得,当时丁奉很可能是沿这条河道进抵东关。

如果这一推论成立,那么吴军的进攻就不是一路,而是兵分两路:丁奉独领一军走水路沿濡须山南麓而来,诸葛恪统余军则走陆路绕行濡须山以西(即山北麓)而至。这实际上构成了钳形攻势,使攻围东关的魏军处于腹背受敌的态势。

这样也就可以解释,为什么此战魏军会如此轻易便被击败了。

综合《丁奉传》和《诸葛恪传》的讲述,当时天气寒雪,魏军诸将

正在置酒高会。丁奉见魏军前部兵少，就对手下道："取封侯爵赏，正在今日。"为便于攀爬，他还命令士兵将铠甲脱掉，只戴着头盔，手拿刀盾靠近了大堤。堤上的魏兵见状，都哈哈大笑，不去拿矛戟，也不严阵以待。丁奉等得以攀上大堤，纵兵乱斫，大破魏军前屯。这时正好留赞、吕据、唐咨等赶到，魏军惊扰散走，争渡浮桥。朱异又率水军攻浮桥，浮桥分裂解体，魏军士兵"自投于水，更相蹈藉"，"死者数万"，担任前锋的叛将韩综、乐安太守桓嘉等人也死在乱军之中。吴军缴获车乘牛马驴骡各数千，资器山积，振旅而归。

关于这场战役，魏国史料除了但言"吴大将军诸葛恪拒战，大破众军于东关。不利而还"之外，没有任何有关战斗过程的记载。《汉晋春秋》则云，毌丘俭、王昶这两路军听闻东路军战败，各自烧屯营撤回。后来朝议欲贬黜诸将，司马师就道："我不听公休（诸葛诞字），以至于此。此我过也，诸将何罪？"没有给诸将任何惩罚，只将名义上担任元帅的司马昭削除了爵位。司马昭本人嘴上不说，心里却十分窝火。据王隐《晋书》，有一次他问手下说："近日东关之事，谁任其咎？"一旁的司马王仪就说："责在军帅。"其实这是在援引春秋责帅的典故。然而司马昭却怒道："司马欲委罪于孤邪？"你小子是说责任都在我吗？就把王仪给杀了。

问题在于，这场战事不是司马师采纳了诸葛诞的建议才发动的吗？为什么他要说"我不听公休，以至于此"呢？

如前所述，诸葛诞的建议，本质是想"围城打援"，攻围东关不是目的，吸引吴军主力来援后与之进行平野合战、利用魏军的野战优势殄敌才是。或许就是因为这一点，当丁奉带领手下三千人赶到时，胡遵、诸葛诞可能是觉得人数太少，并未给与足够的重视。他们没有想到的是，诸葛恪统领的吴军主力并非走水路自正面而至，而是走陆路绕到了他们的背后。在腹背受敌的情况下，浮桥被断又引发了大恐慌，这才导致七万魏军大败而回。某种程度上来说，诸葛诞的计策并未得以实际开展，这大概就是司马师说自己"不听公休"的原因。

无论如何，东关之战的失败对于上台未久急于建功立威的司马师来说可谓一次严重挫折。为避免这一军事上的失败引发政治上的动荡，他不得不摆出一副谦逊的态度引咎自责，并对南方诸将采取怀柔手段加以抚慰。不久，雍州刺史陈泰又向朝廷奏报，请求命并州发兵跟他合力讨伐胡寇。司马师予以批准。结果并州方面刚一调兵，新兴、雁门两郡的降胡就因为害怕被征发到远方当劳役而惊动叛乱了。司马师就再一次对群臣道歉，说这都是他决策错误所致，跟陈泰无关。据说他这种反躬自省的态度令群臣颇感安慰，人心因此安定下来。

东吴那边的情况则全然不同。

从东关大胜而归后，诸葛恪被进封县侯，加荆、扬二州牧，督中外诸军事，赐金一百斤，其余赏赐无算。要知道，自从当年石亭之战靠设伏击败曹休，二十多年里东吴从未取得过如此大的胜利，就是大皇帝孙权统兵十万出征，也往往无功而还。现在诸葛恪只带了四万人马就击败了七万曹军，还是陆战获胜，史书说他"遂有轻敌之心"，也实在是难免之事。

诸葛恪飘了，膨胀了，一时间忘了自己姓啥了。

再加上蜀汉那边政局有变，一向主张积极进攻的姜维于此时上台掌权，诸葛恪认为现在已经到了大举反攻之时。

他一边派自己的司马李衡前往蜀汉，劝姜维说现在曹魏"政在私门，外内猜隔，兵挫于外，而民怨于内"，已经显露出了亡国的征候，这种情况下咱两家东西夹攻，一定可获大胜。姜维表示赞同。

另一边，他则著书立说，为自己反攻曹魏的计划在朝中大造舆论。

在这篇被后世称作《伐魏论》的雄文中，诸葛恪远以六国、近以刘表做例子，盛陈了一番"不趁自己有实力的时候削弱敌人，将来迟早要被敌人消灭"的道理，还说现在正是"趁你病，要你命"的好时机，因为当年曹操带的那批兵将现在已经死绝了，年轻人还没成长起来，司马懿又收拾完王凌就死了，他儿子能力不济却专断朝权，国内即便有出色的人才也不得任用。曹魏人口基数远胜我国，如果现在不打，十几年后双方的实力差距只会越来越大。以士众劳苦、百姓贫弱为借口不愿出兵，纯属见识短浅、不思进取、苟且偷安。

诸葛恪还表示，打铁要趁热，眼前乘曹军新败，明年春天便应大举兴军。

对于这一行动，东吴群臣绝大多数表示反对。许多人以"数出疲劳"为辞集体上表谏阻，诸葛恪根本不听；中散大夫蒋延于朝堂固争，被诸葛恪命人扶出；他的好友丹阳太守聂友也以天时不利为由劝他重新考虑，诸葛恪则说他"未见大数"；与诸葛恪同为辅政大臣、两人又结成了亲家的滕胤也劝他不要违背民意，但诸葛恪仍执拗地认为现在曹魏内部不稳、上下离心，此战自己一定能够获胜。

正如当初孙权所担心的那样，诸葛恪"刚很自用"，凡是他认准的事儿，九头牛也拉不回来。

于是在建兴二年（253年）三月，诸葛恪调发举国之兵二十万，仍然亲自挂帅，对曹魏的淮南领土发动了大规模进攻。

第180章 新城之围

在三国历史上，极少见到单方面投入军力达到二十万的大规模战争。官渡、赤壁、夷陵这三大著名战役，只有赤壁战前接收了刘表军队的曹军在兵力上超过了二十万。后来曹操四越巢湖，每次动用的军队不过十余万，诸葛亮北伐以及孙权屡次亲征，顶多也就是十万之众。就是后来曹魏灭蜀，总兵力也没有超过二十万。直到标志着三国时代终结的西晋灭吴之战，西晋一方投入的兵力才超过了诸葛恪的这次出师。

要知道，东吴灭国时，其登记在册的兵吏总数是二十六万多人。如果这次诸葛恪确实征发了二十万人伐魏，不得不承认，这实在是相当疯狂的举动。

实际上，即便不考虑东吴群臣基于国家利益而提出的种种反对意见，就是单纯以他诸葛恪的个人利益为考量，他也不应该拿举国之兵去冒险。

为什么这么说呢？因为这个时候诸葛恪已经是太傅兼荆、扬二州牧，既总统国事，又督中外诸军，是东吴实际上的统治者，加之东关新获大胜，威名远震，不管他自己愿不愿意，他都已然处在了功高震主的危险境地。须知东吴的天下毕竟姓孙而不是姓诸葛。以诸葛亮当年的权位、声威和死而后已的高尚品德，当其"身杖强兵"之时，仍然无法避免李邈之徒对他横加"狼顾虎视"的指责，司马家更是靠掌握军权终于窃取了曹氏之权柄，这一事实人所共见，现在他诸葛恪以北伐为辞手握全国之兵，又何德何能可以使别人不怀疑他是为了篡权夺国呢？

　　"旁观者清，当局者迷"，这种情形反倒是东吴以外的人看得最为清楚。

　　当时诸葛亮的儿子，也就是诸葛恪的堂弟诸葛瞻在蜀汉担任侍中。得知诸葛恪大举伐魏的消息后，汉嘉太守张嶷特意写信给诸葛瞻，说道："东主初崩，帝实幼弱，太傅受寄托之重，谈何容易！昔年周公以至亲秉政，犹有管、蔡流言之变；霍光亲受遗诏，亦有燕、盖、上官逆乱之谋。当时仰赖成王、昭帝的明略，二人才幸免于难。以往我常听说，东主从不将杀生赏罚之权交由臣下，直到其临亡，才紧急召见太傅托以后事，这种权力交接的方式实在令人担忧。再加上吴楚之人生性剽悍，做事容易冲动，而今太傅却离开少主，远涉敌庭，这恐怕并非良计长算之术啊！虽然东朝向来纲纪肃然，上下和睦，可智者千虑，必有一失，此种事情古今同理。如果郎君尚不能进忠言于太傅，那还有谁能够进言呢？眼前应罢兵息民，推行德政，数年之后再东西并举，实为不晚。愿深采察。"

　　显然，张嶷认为诸葛恪猝掌大权，其地位并不稳固，现在他更应该着眼于巩固权位，而不是着急忙慌地领军出征，因为他现在的地位和权势实在太容易招来忌恨，搞不好就会引来自己人的明枪暗箭。彼时吴蜀盟好,诸葛恪又是诸葛瞻的堂兄,所以张嶷这话说得还算比较委婉。相比之下,曹魏那边的张缉就没什么顾虑了,东关战后他就曾经对司马师断言说,诸葛恪虽然得胜,但活不了太久了。司马师问他为什么这么说,他答道:"威震其主,功盖一国,欲不死可得乎?"

其实回顾诸葛恪一生行事,我们发现,似乎是为了凸显自己能力超群,他特别喜欢主动挑事儿。一开始他在丹阳当太守,就是在众人都不看好的情况下主动强制迁徙境内山越为民;后来他以威北将军一职屯驻皖口,亦曾深入曹魏境内掳掠民户,还计划远征寿春,最后惹得司马懿亲自南征,孙权怕边境冲突升级,才将他跟守柴桑的陆抗对调;修建东兴大堤,表面看上去是为了防守,其实也是守中带攻的先发制人之举。

以上事实证明,诸葛恪确实有魄力,有担当,是个不辞辛劳肯干事的人。但是问题也出在这里,他总是想一出是一出,走一步看一步,做事情不能从全局考虑,在战略层面上也缺乏长远而宏观的规划。诸葛亮说他"性疏",多少也是就此而言。

这次北伐也是一样。

一般来说,调动二十万人这样大规模的军队出征,常规的做法是分成几路,或齐头并进,或分进合击,总要使敌人陷于多方受敌、首尾难顾的境地才好。之前魏吴双方但凡发动主动攻击,莫不如是。所以这次诸葛恪北伐之前,也一度扬声要从海路来攻青州和徐州。这一消息引起了曹魏方面的担心,有人就建议,应该叫青徐一带提前做好防备。然而尚书傅嘏却道:"淮海绝非吴贼轻行之路。当年孙权遣兵入海,曾遇到飘风巨浪,其舟船沉溺,略无孑遗。他诸葛恪岂敢倾尽举国之根本,寄命于滔天洪流呢?以我之见,他顶多也就是派几个素习水军的偏裨小将乘海溯淮以图扰动青、徐。至于诸葛恪自己,一定会并兵来向淮南。"

结果不出傅嘏所料,三月间诸葛恪统军出发后,原计划是"曜威淮

南，驱略民人"，然而有将领建议说："今引军深入，疆场之民必相率远遁，恐兵劳而功少，不如只围新城。新城困，救必至，至而图之，乃可大获。"于是诸葛恪就回军向合肥新城发起了围攻。

这一事实说明，这次北伐之前诸葛恪很可能就没有制定一个明确的战略目标，否则他不会仅仅因"恐兵劳而功少"就改变了"曜威淮南"的计划，转而动用二十万大军来攻围一个小小的合肥新城。

新城被包围后，曹魏方面还有人担心诸葛恪会分兵四出，从水道寇掠淮泗各地，就提议在诸水口增兵设防。但是司马师判断，诸葛恪只是乘东关之胜以博取一时之利，他的目标只是合肥，根本没工夫寇掠青、徐等州。再说水口那么多，多增兵根本就顾不过来，少增兵则不足御寇，就没采纳这个建议。事实证明，诸葛恪确实没有分兵。虽然有史料说诸葛恪曾叫自己的弟弟诸葛融从公安北上，但是曹魏方面似乎完全没有受到诸葛融的干扰。

如前所述，合肥新城是青龙元年满宠所筑，位于旧城以西三十里的鸡鸣山东北麓。因其"有奇险可依"，之前孙权两次亲征都无功而还。

这次新城之围，《吴书》云在四月，《魏书》则记于五月。当时姜维为了配合东吴的攻势，也出兵攻入了狄道（今甘肃临洮）。这种东西受敌的态势令司马师很是烦恼，他为此特意向足智多谋的中书郎虞松请教。虞松道："当年周亚夫坚壁于昌邑而吴、楚自败，事有似弱而强，或似强而弱，不可不察也。如今诸葛恪举大众而来，明明足可肆暴于淮泗，却只是坐守新城，其目的就是吸引我军前去决战。倘若他攻城不拔，请战不得，师老兵疲，势将自走，如此则战事愈迁延，对我方愈有利。姜维虽有重兵，但其悬军深入，全靠掳掠我方麦谷为军粮，并非深根之寇。而且他以为我方会全力对付诸葛恪，西方必然空虚，所以才敢径进。现在如果命关中诸军倍道急赴，出其不意，很快便可以将他击退。"司马师点头称善，就制定了西攻东守的战略，一边命郭淮、陈泰统关中之众去解狄道之围，一边则下令给南边的毌丘俭和文钦，叫他们按兵自守，暂时不要去救援新城。

东关一役战败后，司马师虽然没有责罚南方诸将，但是他却将诸葛诞和毌丘俭调换了防区，诸葛诞从扬州调到了豫州，而毌丘俭则从豫州调任扬州都督。所以这个时候，救援合肥本应是毌丘俭、文钦的任务。史料说，新城被围后，毌丘俭和文钦都向朝廷请战，然而司马师既采纳了虞松西攻东守的建议，就传令给二人说："诸葛恪卷甲深入，投兵死地，其锋未易当。新城虽小，却甚坚固，攻之未可拔。"指示他们按兵不动，先耗上一段时间再说。

当然，司马师采取"以新城委吴"的策略不代表他对东南局势置之不理。相反，新城刚一被围，他就派叔父司马孚统领中军开往了寿春前线。再加上扬州防区的原有兵力，这时候曹魏在淮南也集结了二十万大军。此役双方投入的总兵力达到四十万，这还是三国历史上头一回。

司马孚也严格执行了暂时观望以消耗对手的既定战略。其本传称，当有好战的将领前来请战时，他说："所谓攻击，应该善于借力，善施巧力，不宜以硬碰硬。"后来他在寿春一带稽留了一个多月，才向合肥进军。

那么在此期间，合肥新城是什么状况呢？

两个字：惨烈。

新城守将名叫张特，本是诸葛诞的手下，不过诸葛诞并不觉得此人有能力，调任豫州的时候就没带他，后来毌丘俭上任，就安排他去守新城。而城中的守军，满打满算就三千来人。

考古发现显示，新城遗址长约330米，宽约210米，是一座相当小的城。也正因为小，平均每米城墙可布置三名士兵防守，再加上城墙高

第180章 新城之围

峻，又位于高地之上，这就使得其防守异常牢固。但是即便如此，在二十万大军连续数月的围攻下，守军连战死带疾病，伤亡已经达到一半以上。后来诸葛恪又在城侧堆起土山，不顾城外死者枕藉，发狠急攻，到了六七月间，眼看城池就要失陷。张特就叫吴兵传话给诸葛恪，说：自己现在已经无心再战了，准备献城投降。然而魏国军法规定，守城者如果被攻超过一百天还没有救兵，即使投降，家属也可以不受连坐，现在新城被围已经九十多天了，城里的士兵死伤超过一半，可还是有一半人不愿意投降，都是因为怕家属被连累。你们能不能先别攻，等我回去好好劝劝他们，明天一早我把投降人的名单给你们。要是不信，可以先把我的印绶拿走。

说完张特把自己的印绶从城上扔了下来。

诸葛恪一寻思，能投降最好，等一天就等一天吧。就下令停止了攻击。

结果张特带着士兵连夜把城里的房子拆了，不但用木材修补了城墙缺口，还在里边加筑了一圈围栅。

到了早上，张特对吴兵道："我但有斗死耳！"

诸葛恪大怒，命令急攻，却再没办法攻拔。

后来据毌丘俭汇报，这期间还发生过两起可歌可泣的事：

城里派一个叫刘整的士兵出去报信儿，不幸被吴兵抓获。吴兵想从他的口中挖出情报，对其严刑拷打，还说："只要你坦白交待，诸葛太傅就饶你不死。"刘整骂道："死狗，何必多言！我就是死了也是大魏之鬼，不求苟活！要杀快杀，不必啰嗦！"至死不透露任何消息。

还有一个叫郑像的士兵出城送信时被人发现，被诸葛恪派骑兵抓了回来。吴兵用锁链锁着他的脖子，牵着他绕城，叫他冲城上喊话说"大军已还洛，不如早降"。郑像却高呼道："大军近在围外，壮士努力！"因此被杀。

攻城期间，由于夏季暑热，士卒疲劳，加之水源受到污染，诸葛恪军中暴发了瘟疫，大量军士腹泻不止、脓疮满身。攻城死伤连带病死，致使吴军减员达到了一半以上。一开始各营军官向诸葛恪报告病死者日多，他还不信，竟以扰乱军心为由将报告者斩首，后来就再没人敢汇报了。攻围直到七月，一个小小的合肥新城竟然拿不下来，诸葛恪又是着急，又感到耻辱，整天怒形于色。朱桓的儿子朱异曾给他出主意："宜速还，袭石头城，不过数日可拔。"这实际上是想让诸葛恪利用手中现在有兵的机会发动政变①。然而诸葛恪以公忠体国自命，当然不可能同意这一建议。后来他还剥夺了朱异的兵权，把他遣送回了建业。都尉蔡林数陈军计，诸葛恪也不听。蔡林预感必败，干脆骑马逃奔了曹魏。

司马师得到蔡林汇报，知道吴军死伤惨重，便命司马孚、毌丘俭、文钦各自进军。其中文钦一路从西边而来，直抄吴军后路。诸葛恪得到探报后，知道自己再不退军，就有全军覆没的危险，只好万般无奈地颁布了撤退的命令。文钦率军追击，大破吴军后部，斩首万余级而还。

---

① 裴注引《吴书》原文为："异又随诸葛恪围新城。城既不拔，异等皆言宜速还豫章，袭石头城，不过数日可拔。"有学者指出豫章郡南昌城附近有石头渚，故此石头城指豫章。然豫章为东吴内地，又在中游，与合肥距离甚远，诸葛恪完全没必要袭取豫章。故笔者认为，豫章两字或有错讹，此处的石头城指的就是建业西的石头城要塞。朱异是想劝诸葛恪在攻城不利的情况下，回师发动政变，以此摆脱因战败将要面临的政治危机。

第181章 血溅吴宫

前文说到,这次合肥战役开打之前,曹魏那边的张辑就曾断言,诸葛恪功高震主,活不了太久了。随着七月间他从新城大败而归,对他唱衰的声音就更多了起来。

例如司马师的心腹、汝南太守邓艾就颇为自信地对司马师说:"如今孙权已没,大臣未附,吴国那些名宗大族皆有部曲,他们阻兵仗势,足以另立新主。诸葛恪新秉国政,不念抚恤上下以立根基,反而虐用其民,争竞于外,举其全国之众而来,顿于坚城之下,死者数万,载祸而归,现在已经到了获罪之日。当年伍子胥、吴起、商鞅、乐毅等人皆曾被君主信任于一时,然而在君主死后却都身死名裂,何况诸葛恪之才能远逊以上四人。如此看来,其败亡指日可待。"

邓艾说得没错。

在诸葛恪出征之前,由于其大发兵众,搞得国内民怨沸腾,朝中已经有不少大臣对他颇为不满。现在他惨败而归，折损兵众军资无数，反对他的情绪更是在朝野上下弥漫开来。这还不算，诸葛恪领残军回到国内后，面对朝廷接二连三发来的征召责问的诏书，竟然置之不理，晏然自若，一直在江边停驻了一个月，方才徐徐回朝。这一傲慢无礼的态度更加使其在群臣中失去了人心。就连诸葛恪的好友聂友也感知到了人心的这一变化，他充满担忧地写信给滕胤说："当人强盛，河山可拔；一朝赢缩，人情万端。言之悲叹。"

然而不知为何，对上述情况，诸葛恪自己则全然视而不见。

八月间诸葛恪回到建业后，立刻召中书令孙嘿到府中来见，厉声斥责他说："卿等何敢妄作诏书？"言下之意召他回来不是少帝孙亮的意思，而是孙嘿等人矫诏。孙嘿大惧，慌忙请辞告退，随后就称病不再入朝。其本传还说，接下来的两个月，诸葛恪更换了一批趁他出征在外时获选的官吏，处理起朝政更加严厉，动不动就加罪于人，凡是进见他的人无不战栗屏息。他还"改易宿卫，用其亲近，复敕兵严，欲向青、徐"，准备进行新的战争。

看样子诸葛恪这是铁了心，准备一条道跑到黑了。

于是一些吴国大臣认为，"庆父不死，鲁难未已"，要想江东乂安，就必须将诸葛恪除掉。

一场针对太傅的阴谋就此实施开来。

阴谋的策划者不是别人，正是当初向孙权推荐诸葛恪辅政的孙峻。

孙峻这个人，是孙坚的弟弟孙静之曾孙，论起来是孙权的堂侄孙，属于宗室疏属。他"少便弓马，精果胆决"，身上遗传了不少江东孙氏的武将基因。孙权到了晚年，便提拔他任武卫都尉兼侍中，对他颇为信任。在二宫党争期间，孙峻似乎表现得相当独立，并不主动去靠拢任何一方。大概就是因为如此，孙权反而经常向他倾诉心事，甚至在军政大

第181章 血溅吴宫

事上也咨询他的意见。据说有一次，孙权颇为坦诚地对他说道："子弟不睦，臣下分部，我江东恐将有袁氏之败，为天下笑。太子和鲁王只能有一人得立，安得不乱？"后来就发生了太子被废、鲁王也被赐死的悲剧。至孙权临终，他又采纳了孙峻的建议征诸葛恪入朝担任首辅，足见此人在幕后拥有相当强的政治影响力。

当时孙峻举荐诸葛恪是否有自己的企图不得而知，但有迹象显示，孙峻其实素有野心。他不但早就私下与全公主结好，而且在孙权死后一直以武卫将军之职牢牢把持着禁卫军权。这一时期，外朝虽听命于太傅诸葛恪及其姻亲滕胤，宫禁之中却始终都处在孙峻的掌握之下。

虽然史料声称孙峻"因民之多怨，众之所嫌，构恪欲为变"，在除掉诸葛恪一事上取得了少主孙亮的首肯。但考虑到孙亮这时只有十一岁，这一决定是否是他本人的意思还很难说。

十月冬初，孙亮在宫内大宴群臣，太傅诸葛恪也在被邀请之列。

头天夜里，诸葛恪莫名地感到烦躁不安，几乎一晚上没有睡着。天亮后起来洗漱，又总觉得水里有一股子腥臭味儿。侍者服侍他穿衣，衣服也闻上去臭臭的。诸葛恪颇感奇怪，下令把洗脸水和衣服都换掉，结果那股味道还是挥之不去，这让他一大早就很不开心。等到仪仗集结完毕，他准备出门上车，家里的一条狗又跑出来叼住他的衣服往回拉。诸葛恪自语道："此犬难道不想让我走吗？"就回房里坐了。片刻后他再起身欲出，那狗又过来拉他。诸葛恪很不耐烦，就叫手下人把狗撵走，自己上了车。

等他来到宫门前，文武百官早已入席，孙峻怕自己在帷后伏兵的消息提前泄露，就亲自来迎诸葛恪。

他看诸葛恪的脸色不太好，就装出关切的样子说道："公若尊体不安，自可须后，峻当具白主上。"

诸葛恪道："当自力入。"就下车入了宫。

从宫门到举行宴会的大殿还颇有一段距离。诸葛恪走到半路，之前已经入席的散骑常侍张约、朱恩派人送来一张字条，提醒诸葛恪说："今日张设非常，疑有他故。"诸葛恪看罢转身便往回走。还没出宫门，迎面又遇上了同样迟到的太常滕胤。诸葛恪就对滕胤说自己突然肚子痛，宴会参加不了。然而滕胤不知道孙峻有阴谋，劝诸葛恪说："君自从回师以来，还未曾见过主上，如今主上置酒请君，君已至门，还应勉力进见才是。"诸葛恪犹豫了一下，又在滕胤的陪同下折了回来。为怕遭到暗算，他不顾自己没有剑履上殿的特权，腰里挎着剑就进了殿。

关于这一段情节，《吴历》的记录与上述《三国志》中的描述颇为不同。《吴历》说，张约、朱恩密告诸葛恪得知后，诸葛恪把字条拿给滕胤看，滕胤就劝诸葛恪还府，但是诸葛恪却满不在乎地说道："孙峻这小子又有何能为？我唯一担心的就是他在酒食中下毒。"就叫手下人拿着自己常服的药酒进了殿。

总之，随着一脚迈过殿门，诸葛恪也就迈进了鬼门关。

按照《三国志》的讲述，诸葛恪入座后，侍者上酒，他因为担心酒中有猫腻，一时没有去喝。孙峻就对他说道："公是不是身体还不舒服？若有常服药酒，可叫人去取。"诸葛恪就稍稍安下心来，取了自己带来的酒喝。酒过三巡，少帝孙亮起身入内。孙峻谎称如厕，换了戎装，持刀出来喝道："有诏，收诸葛恪！"诸葛恪大惊，慌忙起身拔剑。但是还没等他出鞘，孙峻的刀就劈了下来，当场将他砍翻在地。那个给诸葛恪送信的张约也拔出刀来，砍伤了孙峻的左手，孙峻还击，一刀便斩断了他的右臂。这时殿外的卫士都冲了进来，孙峻就冲他们说道："诏旨所取者，只有诸葛恪。现在他已经死了。"卫士们本来就听孙峻指挥，见场面已经得到控制，纷纷收起兵器，上前把尸首血迹清理

干净。在孙峻的注视下，惊魂未定的群臣只好装作没事发生一样继续宴饮起来。

东晋人干宝的《搜神记》还记载说，诸葛恪被杀的时候，他的妻子在家忽然闻到一股血腥味，似乎是从一个婢女的身上传出来的。她就问那个婢女："汝何故血臭？"婢女说没有啊。过了一会儿，血腥味更加浓烈，而且那个婢女的样子也很奇怪。诸葛恪的妻子就又问道："汝眼目视瞻，何以不常？"你的眼睛怎么跟平常不一样？婢女没有回答，突然跃起老高，头顶到房梁上，胳膊不断扭动起来，切齿言道："诸葛公乃为孙峻所杀！"于是合家老小都知道诸葛恪已经死了。不久孙峻派来的士兵就将诸葛家包围了起来。

事后，诸葛恪的尸首只裹了一层草席，被丢弃到了建业城南的乱葬岗上。直到后来其故吏臧均向朝廷上表，孙峻才允许将之安葬。诸葛恪的两个儿子在得知父亲被杀后曾用车拉了母亲一起北逃，半路上也被孙峻派骑兵追获诛杀。至于其弟诸葛融，因为统领着诸葛瑾留下的部众，孙峻特派禁军会合朱绩、孙壹、全熙三将，一起去攻公安。公安城被包围后，诸葛融自知难免，就服毒自杀了。滕胤虽然跟诸葛恪是姻亲，但不在三族之列，而且孙峻也不想树敌太多，所以他并未受牵连。

诛杀诸葛恪有功的孙峻一转身变成了丞相、大将军，督中外诸军事，开始专断东吴朝政。

诸葛恪被杀的消息传入曹魏，司马师一时颇为感叹，对众人道："诸葛恪也算并非寻常人等了。近日张敬仲（张缉）遥论恪，以为此人虽一时得势，必被诛杀，今果然如此，可见敬仲之智慧分明胜于诸葛恪嘛！"

当时在场的人如果有心，一定可以听出司马师这句话的弦外之音。因为不论是朝中的地位还是执政以来的功业，司马师都与诸葛恪极其相似，两人都以异姓统国政，辅少主，张缉所说诸葛恪"威震其主，功盖一国"的情况，用来形容司马师也无不可。再说，诸葛恪并没有篡权夺位的企图，他不过是举措过于激进，又因为一场战败丧失了人心，竟然就被干掉了，而且是被觊觎者刺杀于宫殿之内，这对于志在篡魏的司马师无疑是一个警示，提醒他必须高度重视潜藏在身边的敌人。

高平陵之变后，司马懿虽然干掉了曹爽一党，但他在去世前并没有来得及将朝中的异己势力清理干净。司马师刚刚接班时，为了笼络人心，在用人方面也显得比较包容，所以史称当时"诸葛诞、毌丘俭、王昶、陈泰、胡遵都督四方，王基、州泰、邓艾、石苞典州郡，卢毓、李丰掌选举，傅嘏、虞松参计谋，钟会、夏侯玄、王肃、陈本、孟康、赵酆、张缉预朝议，四海倾注，朝野肃然"。某种程度上来说，这也是从曹爽的覆亡当中吸取了教训。因为曹爽后期就是由于改革旧制，动了既得利益者的蛋糕，才在官僚阶层当中失去了支持。

为了巩固权位，孤立曹魏皇室，司马师还设法与郭太后搞好关系，把自己的女儿嫁给了郭太后的堂弟甄德（德本姓郭，被明帝过继给了母族甄家）。在培植党羽、扩大私门方面，司马师也不遗余力，例如竹林七贤之一的山涛、三府累辟不出的名士李憙等都被司马师纳为了僚属。当时大将军府的掾属人数得到了很大的扩充，这显然是为效仿曹操以霸府架空朝廷做准备。

问题在于，尽管司马氏当权之势已成，许多曹魏大臣或积极主动或半推半就地向司马氏靠拢，表现出了愿意为司马氏所用的态度，但是依然有一部分人由于恪守君臣大义，或者仅仅是因为与曹魏皇室关系亲密，属于"一荣俱荣，一损俱损"的利益共同体，而很难与司马氏和谐相处。

司马师深知，只要自己稍不留神，这些人就像东吴的孙峻一样，随

第 181 章 血溅吴官

时有可能将利刃刺向自己的后背。所以他必须时刻警惕,必要时更应该先发制人。

不久,他果然发现了一起酝酿中的阴谋。

阴谋的发起者是中书令李丰,那个预言诸葛恪不得不死的张缉以及正始名士的领袖夏侯玄也被牵涉其中。

第182章 司马氏的反对者

李丰字安国,冯翊人,其父官至九卿,他自己则从少年时便"砥砺名行以要世誉",所以年纪轻轻便在中州的士族圈里建立了不小的名声。史称,李丰在十七八岁没出仕的时候,便已经"海内翕然,莫不注意",后来随军在许昌当官,更是"声称日隆","京师之士多为之游说"。据说在明帝时,吴国有人来降,明帝问他:"江东闻中国名士为谁?"那降人就回答说:"闻有李安国者。"那时李丰在朝中担任黄门侍郎,明帝问左右李安国是谁,左右都说是李丰。明帝就感叹道:"李丰之名竟然传到了吴越之地吗?"

不过史料说,其父李恢(一名李义)对他这种四处交游、过于招摇的举动十分反感,一度勒令他在家闭门谢客,再加上明帝在位时压抑浮华之士,用人更注重实用而非虚名,所以在明帝朝李丰的官位虽有一定提升,但并未受到重用。明帝崩后,他更是被调离殿中,成了太后的车马总管（永宁太仆）。直到正始中期曹爽专权后，他才迁为侍中、尚书仆射，跻身当朝显贵。后来李丰的儿子李韬又被选为了明帝女齐长公主的驸马。

由于彼时尚书台被曹爽一党所掌控，李丰尽管身为仆射，却并无实权。所以那一时期他基本上是尸位素餐，动不动就请病假不去上班。按制度规定，病假满一百天就会被"停薪留职"，李丰就每休息数十天然后上个几天班，如此混了好几年。他的弟弟李伟在当郡守时酗酒乱政，他也不管不问。

在正始末年曹爽与司马懿的争斗中，李丰也小心谨慎地与两方都保持着距离。《魏略》云："曹爽专政，丰依违二公间，无有适莫。故于时有谤书曰：'曹爽之势热如汤，太傅父子冷如浆，李丰兄弟如游光。'其意以为丰虽外示清净，而内图事，有似于游光也。"这似乎说明李丰尸位素餐、碌碌无为只是伪装，他在内心跟司马懿一样，也对权力充满着渴望，无有适莫只是因为他跟山涛一样，怕站错队伍沦为马蹄间的齑粉而已。据说高平陵之变后司马懿向皇帝奏请诛杀曹爽时，曾在宫门前跟李丰说过话，那时李丰吓得大气都不敢出，腿软得跪在地上半天起不来。

后来司马懿去世，司马师接班，朝廷人事有一些变化。当时中书令的职位出缺，司马师问朝臣："谁可补者？"有人就推荐了李丰。

前面提到，中书令一职品级不高，相当于皇帝的机要秘书，主要负责接收传递公文以及撰写诏书。任此职者的权力大小全看其是否受皇帝信任。明帝一朝的中书监、令刘放和孙资之所以在政治上颇具影响力，就是因为明帝喜欢自己抓权，二人又深受其信任。明帝死后，尽管刘放、孙资仍为中书监、令，但因为少帝曹芳年幼，国政先握于曹爽，后握于司马懿之手，二人的位望虽比原来高了不少，影响力却大不如前。

到了嘉平二年和三年，两人先后病卒，中书监、令的职位更是空缺了一段时间。直到司马师秉政，才考虑新选一个中书令。

麻烦的地方在于，这个时候少帝曹芳已经二十一岁了，理论上早该亲政，中书令在宫中当值，属于皇帝近臣，势必与曹芳交往频频，此时出任中书令，除非是司马氏的心腹，否则很容易被司马师看成是曹芳的私人。万一将来皇帝跟司马师产生矛盾，比方说叫你草诏废司马师什么的，你写还是不写？所以一般人是不愿接受这一任命的。更何况当时李丰官居尚书仆射，再熬上几年说不定就能位至三公，正常情况下他完全没必要去当这个品级又低，又容易置身嫌疑之地的职位。然而史籍却记载："丰虽知此非显选，而自以连婚国家，思附至尊，因伏不辞，遂奏用之。"说李丰明知道中书令"非显选"，但是觉得自己跟皇帝是姻亲，想进一步跟皇帝套近乎，就没有推辞。

到此时为止，李丰已经在中书令的位置上干了两年。这两年期间，"帝比每独召与语，不知所说"。曹芳经常找李丰单独谈话，聊些什么外人都不知道。

这一情况当然逃不过司马师的眼睛。

裴注引《魏书》云："丰自以身处机密，息韬又以列侯给事中尚齐长公主，有内外之重，心不自安。"李丰究竟是原本就有反对司马师的想法才去当了中书令，还是当上中书令后受曹芳影响才生出了铲除司马氏之心，已经不得而知。毋庸置疑的是，由于与皇室的关系过于密切，他已经引起了司马师的注意。这一点反过来也迫使他去寻找同盟者，以尽快执行铲除司马氏的计划。

李丰找到的第一个盟友，就是当今皇帝的老丈人——张缉。

张缉是曹操手下声著西州的凉州刺史张既之子，跟李丰既是同乡，又是通家之好。他本人颇有才能，曾被明帝所赏识。明帝将他从尚书郎外放东莞太守，很可能就是想让他先到地方上锻炼几年，再调回朝中重点培养。不过这一计划并未实现，因为后来明帝英年早逝，而张缉的女儿又被选为了少帝曹芳的皇后。

曹芳于正始四年加元服后，所立的第一任皇后为甄氏，是明帝生母甄氏的侄孙女，但是此女在嘉平三年去世。当时在新后的人选上，曹芳自己想立他最宠爱的王贵人，可郭太后不同意。最后张缉的女儿得立，大概是各方妥协的结果。那以后，张缉就从东莞太守的职位上被征调回朝，拜为光禄大夫，位特进。按照曹丕立下的规矩，"后族之家不得当辅政之任，又不得横受茅土之爵"。张缉自诩才华，本来就是个好动不好静的人。他在东莞虽是太守，好歹手底下领兵数千，还有机会参与伐吴战事；现在女儿当了皇后，他空有高位，却毫无实权，这让他很是郁闷。《魏略》说："缉性吝于财而矜于势，一旦以女征去郡，还坐里舍，悒悒躁扰。"所以他才"数为国家陈击吴、蜀形势"，还对司马师预言说，诸葛恪迟早不得好死。

李丰家就在张缉府邸附近，两人又是好友，对于张缉郁郁不得志的情况，他当然有所了解。按《魏书》的讲述，李丰对儿子李韬说："夏侯玄在海内有重名，加以曾当大任，如今年时方壮，却沉沦不得重用。他又是曹爽外弟，于大将军（司马师）素有嫌隙。我看了夏侯玄的书信，不由为他深深担忧。张缉有经世致用之才，现在却不得不离开兵马大郡，还坐家巷。此两人皆不得志，我欲让你以密计告之。"后来张缉有病在家，李丰就派李韬以探病为名来见他。李韬屏退旁人，对张缉道："韬尚公主，父子在机近，方今大将军秉事，常恐不见明信，太常（夏侯玄）亦怀深忧。君侯虽有后父之尊，安危未可知，皆与韬家同虑者也，韬父欲与君侯谋之。"听了这话，张缉默然良久，才说道："同舟之难，吾焉所逃？此大事，不捷即祸及宗族。"同意与李丰进行合作。

李丰又秘密联络了黄门监苏铄、永宁署令乐敦、冗从仆射刘贤这几个宦官头儿，一方面许以高官厚爵，一方面则恐吓他们说："卿诸人居内多有不法，大将军严毅，累以为言，张当可以为诫。"意思是司马师早看你们不顺眼了，你们要是不跟我联手，当年那个被司马懿弄死的张当就是你们的下场。苏铄等人也就都入了伙。

由于李丰的弟弟李翼时任兖州刺史，李丰本来计划让李翼带兵入朝，这样就可以里应外合，同时起事。然而当李翼上表奏请来朝时，不知道司马师是不是觉察到了什么，朝廷并未批准。于是李丰等只好冒险，制订了一个相当不靠谱的B计划。

时为嘉平六年（254）二月，皇帝曹芳新立了一名贵人，要临轩举行典礼，按规矩禁卫诸营要陛列殿门，百官陪位。李丰就对黄门监苏铄道："今拜贵人，诸营兵皆屯门，陛下临轩，我等便因此际胁迫天子，然后带领群臣禁兵，就诛大将军。卿等当共密白此意。"苏铄等说："陛下傥不从人，奈何？"李丰就道："事有权宜，临时若不信听，便当劫将去耳。那得不从？"苏铄等都点头认可。李丰又把这计划密告张缉、夏侯玄得知。张缉也派了儿子张邈来跟李丰合计。

这里有一个问题，那就是曹芳本人知不知道李丰的这个计划。从苏铄那句"陛下傥不从人，奈何"的疑问来看，他应该是不知道的。不过《晋书·景帝纪》却很肯定地说："天子与中书令李丰、后父光禄大夫张缉……谋以太常夏侯玄代帝辅政。"我的看法是，曹芳或许曾向李丰表达过对司马师的不满，但当时他对李丰等人准备在拜贵人典礼上起事的情况恐怕并不知情。《晋书》把曹芳跟李丰说成同谋，其实是为后面司马师废帝一事制造借口。

史料还透露，如果这次政变成功，李丰等计划让夏侯玄当大将军，

第 182 章 司马氏的反对者

让张缉当骠骑将军，让时任中领军的许允为太尉，李丰自己当什么官则没有记载。我估计，他可能是打算让自己以卫将军或护军将军的身份录尚书事。

那么李丰的这个计划如果如期开展，有没有成功的可能呢？

不是没有，但是很难。

首先，当时禁卫军权基本都掌握在司马氏及其党羽的手里：司马师的堂兄弟司马望为中护军、司马遗为中垒将军[①]，担任屯骑校尉的武陔是司马师的掾属，中坚将军甄德、射声校尉甄温、步兵校尉郭建这三人则是投靠了司马师的郭太后亲族，尤其是太后的堂弟甄德，先后娶了司马师、司马昭的两个女儿，后来跟甄温、郭建都在晋朝当了大官。

其次，司马师当时住在宫外，自领大将军营，而且从不进宫朝觐，故《晋书》称"时景、文相继辅政，未尝朝觐"，毌丘俭亦指责司马师"陛下即阼，初不朝觐。陛下欲临幸师舍以省其疾，复拒不通"。所以可以推论，拜贵人的典礼司马师是一定不会来参加的。这种情况下即使李丰等劫持了皇帝，顺利取得了宫内禁军的指挥权，要想诛杀司马师，也得先战胜大将军营以及护军营的军队才行。而司马师自从上台后就"多选精兵，以自营卫，五营领兵，阙而不补，多载器杖，充聚本营"，有意识地加强了自己直辖军队的实力，同时削弱禁军五校。别说五校将士不忠于李丰，就是他们愿意为李丰效力，多半也打不过司马师的军队。

李丰等人唯一能够拉拢的禁军将领，只有时任中领军的许允。

[①] 在《魏书》所记奏永宁宫废帝的诸臣名单中，有"中垒将军昌武亭侯臣廙"，张金龙认为此人或为荀彧之孙荀廙，因《三国志》记廙"官至中领军"，廙妻又是"司马景王、文王之妹"。但《司马朗传》记载"明帝即位，封朗子遗昌武亭侯"。"遗""廙"音同，故此处"昌武亭侯臣廙"应为司马遗。

许允这个人在高平陵之变时是帮了司马懿忙的，当时他和陈泰往返于曹爽和司马懿之间传递消息，没少劝曹爽相信司马懿而放弃抵抗，或许就是因为这一点，后来他才得以出任中领军一职。

许允平素与夏侯玄、李丰的关系都不错。司马懿死后他还曾安慰夏侯玄说："无复忧矣！"这下你不用再担心了。可是夏侯玄听了却摇头叹道："士宗（许允字），卿何不见事乎？此人犹能以通家年少遇我，子元、子上不吾容也。"司马懿跟我父亲是好友，还能顾念些情分不杀我，司马师、司马昭这哥儿俩肯定容不下我啊！

有迹象显示，当时李丰是试图拉许允入伙的。据《三国志·夏侯玄传》记载："先是，有诈作尺一诏书，以玄为大将军，允为太尉，共录尚书事。有何人，天未明乘马以诏版付允门吏，曰：'有诏。'因便驰走。允即投书烧之，不以开呈司马景王。"意思是有一天天还没亮，有一个身份不明的人忽然骑马来到许允府门前，把一份伪造的诏书交给门吏，然后就离开了。诏书的内容是任命夏侯玄为大将军，以许允为太尉，两人共录尚书。许允后来将其烧毁，而没有报告司马师得知。

这件事肯定发生在夏侯玄、李丰被捕之前，很可能是李丰所主使。不过许允并没有接受，所以后来李丰在策划拜贵人典礼的方案时没有将许允考虑进来。实际上即便许允参加进来，他这个中领军能够动用的兵力也十分有限，因为如前所述，名义上听他指挥的中垒、中坚、屯骑、射声、步兵诸营长官都是司马师的人。不过从许允没将李丰、夏侯玄告发来看，他内心里还是希望司马氏能够倒台的。

第182章 司马氏的反对者

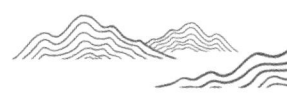

第183章 废帝立威

可惜的是,李丰等人在暗中的举动并没有逃过司马师的监控。

史云:"大将军微闻其谋,请丰相见,丰不知而往,即杀之。"据《世语》《魏氏春秋》等史料,可知李丰被杀的过程是:

司马师通过密报得知了李丰的阴谋,本来想派军队去抓他,但舍人王羕(一作王美)自告奋勇,说自己保证能将李丰带来:"丰若无备,情屈势迫,必来;若不来,羕一人足以制之。若知谋泄,以众挟轮,长戟自卫,径入云龙门,挟天子登凌云台,台上有三千人仗,鸣鼓会众,如此,羕所不及也。"意思是派兵去抓可能会把事情闹大,有可能波及天子,反不如自己出其不意将他带来。司马师就同意了。结果王羕果然用一辆车将李丰接到了司马师府中。

司马师责问李丰,并且追问其同谋。李丰自知计划泄露,大祸临头,不但拒不交待,还正色言道:"你们父子兄弟心怀奸诈,倾乱我大魏社稷,只可惜我力量微弱,不能将你擒灭!"司马师大怒,就命勇士将李丰拉下去,"以刀环筑腰,杀之"。

当晚,司马师派人把李丰的尸首送到了廷尉。李丰毕竟是朝廷命官,现在案子还没有审理,就被司马师用私刑杀死,这实际上是不合法的。所以廷尉钟毓说:"非法官所治也。"不愿意接受。司马师向钟毓施压,他才接收了李丰的尸首。少帝曹芳闻知,也十分气恼,想质问司马师为何杀死李丰,"太后惧,呼帝入,乃止"。

紧接着司马师派兵将李丰之子李韬、夏侯玄、张缉、苏铄、乐敦、刘贤等人一一抓捕,大治此狱。

《世语》记载说,夏侯玄被抓到廷尉后,一直"不肯下辞",既不交待,也不认罪。其实夏侯玄对李丰的计划原本就不看好,但他知道,现在曹氏宗亲里数自己名望最高,即使没有此事,司马师兄弟迟早也饶不过自己,所以事先他明知祸及,也不愿告密以求自保。

最后还是廷尉钟毓亲自来到狱中,当面审问夏侯玄。见这位堂堂九卿竟然像个狱吏一样搬弄刀笔,夏侯玄的心中不由闪过一丝怜悯,他正色言道:"吾当何辞?卿为令史责人也,卿便为吾作。"我夏侯玄是什么罪名,值得你像个令史一样审问?你便替我写个供词吧。钟毓也深知夏侯玄这样的名士最看重气节和尊严,不宜动用刑罚迫使其招供,要想尽快审结,替他写供词或许是最好的办法,于是就揣摩司马师的意思连夜撰写了一份,流着泪递给了夏侯玄看。夏侯玄读罢,什么也没说,只是点了点头。

其实夏侯玄跟司马师还是亲戚,司马师的第一任正妻,正是夏侯玄的同胞姐妹夏侯徽。诡异的是,青龙二年时,二十四岁的夏侯徽突然死了,而且史料说,她是被司马师毒死的。其原因据说是夏侯徽看出司马师父子"非魏之纯臣",司马师觉得夏侯徽是"魏氏之甥",对她深为猜忌。问题在于，青龙二年时司马懿正在关中跟诸葛亮对峙，司马师本人则尚未出仕，还在跟何晏、夏侯玄这些名士称兄道弟，互相品题，这个时候司马氏的篡魏野心尚未暴露，他们也没有除掉夏侯徽的必要。夏侯徽"遂以鸩崩"的这则记载实在令人摸不着头脑。

可以肯定的是，不论夏侯徽是不是正常死亡，司马师都绝不会念及旧情。

《魏氏春秋》说，夏侯玄被抓后，曾经与他一起共事的司马昭替他向兄长求情，结果司马师说："你忘了当年赵司空葬礼上发生的事了吗？"正始六年司空赵俨去世时，司马师兄弟参加了葬礼。彼时宾客数百，夏侯玄后至，众宾客都越席而迎，那场面令司马师十分嫉妒①。他指出这件事就是想提醒司马昭，夏侯玄其人在士人圈里拥有广泛的号召力，为免后患，不得不除。

二月二十二日，夏侯玄、苏铄诸人被拉到洛阳东市斩首。行刑前夏侯玄"颜色不变，举动自若"，时年四十六岁。李韬、张缉因为是皇亲国戚，被赐死于狱中。其三族皆被株连，三族以外的亲属也远徙辽东。李丰的弟弟兖州刺史李翼得知事发的消息后，其妻荀氏曾劝他趁抓捕的人还没到，赶紧逃亡东吴。但李翼却认为自己的两个儿子年幼，逃亡的话一定祸及亲属，不逃亡的话，按照律法，死的只是自己一个，两个儿子还能活命。后来果如其言。

至于那个将诏书烧掉秘而不宣的中领军许允，据说在得知朝廷派人去抓夏侯玄、张缉的时候十分惶遽，一度想去见司马师，出门后又"回遑不定，中道还取袴"。此处之袴，应为袴褶，是魏晋南北朝时的军戎

---

① 殷芸《小说》则记此事云：景王欲诛夏侯玄，意未决间，问安平王孚云："己才足以制之否？"孚云："昔赵俨葬儿，汝来，半坐迎之；太初后至，一坐悉起。以此方之，恐汝不如。"乃杀之。

服饰。一开始许允忘了穿军装，半道回去取，是为了在司马师的面前装出一副前来赴难的样子。然而等他赶到，李丰一党早已被抓捕完毕了。司马师听说许允张皇无措，觉得奇怪地对左右说："我自收丰等，不知士大夫何为怱怱乎？"当时惶恐不安的朝臣不少，但是众人都觉得司马师说的就是许允。这说明司马师已经对许允产生了怀疑。

正好镇北将军刘静（刘靖）去世，司马师便调许允去冀州接替镇北，还写信勉励许允，说他荣归本州是锦衣昼行。许允心中甚喜，以为司马师并不打算办自己，就没着急出发。许允以前当过侍中，跟少帝曹芳关系不错，曹芳得知他将要远离，就召集群臣给他饯别。席间曹芳还叫许允来至近前，君臣依依惜别，甚至激动地落下了泪水。要知道，这时候因为李丰、张缉一案，司马师已经逼迫曹芳废掉了张皇后，而且正在谋划废帝另立新君，许允如此作为，在司马师看来显然十分扎眼。于是还没等他离开京城，有关部门就在司马师的授意下弹奏许允"擅以厨钱谷乞诸俳及其官属"，判了他一个减死徙边的刑罚。当年秋天，许允被发配边疆，半路就死掉了。

接下来倒霉的，就轮到了少帝曹芳。

《三国志·三少帝纪》云："九月，大将军司马景王将谋废帝，以闻皇太后。"裴注于此还引用了《世语》和《魏氏春秋》的记载，说当年秋天姜维寇掠陇右，朝廷将以安东将军之职镇许昌的司马昭征还去战姜维。司马昭统军经过洛阳时，曹芳登平乐观检阅三军，中领军许允便与左右小臣谋划，准备趁司马昭向皇帝辞行的时候将他杀死，然后夺取其军队去诛司马师。诏书已经提前写好。司马昭进来的时候，曹芳正在吃粟米饭，一个叫云午的俳优唱道："青头鸡，青头鸡。"青头鸡者，鸭也，意思是这件事要"压一压"。曹芳惧不敢发。于是司马昭引兵入城，就跟司马师商定了废帝之事。

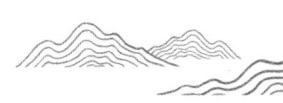

这件事的真实性，裴松之早就表示了怀疑。因为如前所述，当年早些时候许允已经因与李丰一案有涉而被发配辽东了，所以他"此秋不得故为领军而建此谋"。

我同意裴松之的判断。

实际上，上述这件事如果不是虚构，那么更有可能发生在去年，而不是此时。

理由是，在《太平御览》所录《魏氏春秋》佚文以及《金楼子》等的相关记述中，都不曾明言此事发生于何年，只说当时司马昭镇许昌，而姜维寇陇右，而参考《晋书·文帝纪》以及《三国志·后主传》的记载可知，司马昭行征西将军自许昌出镇关中是在魏嘉平五年、蜀汉延熙十六年（253年）①，当年四月，"卫将军姜维复率众围南安，不克而还"，此后直到正元二年（255年）毌丘俭叛乱、司马师亲征时，司马昭才回到洛阳，中间没有回京城的记载。嘉平五年时，许允仍为中领军，只有在这时候他才可能"为领军而建此谋"，并且此时李丰仍是中书令，才方便提前准备好诛杀司马昭的诏书。《资治通鉴》不加辨别，径以《世语》和《魏氏春秋》为据，将这件事系于嘉平六年秋天司马师废曹芳之时，是完全错误的。

再说，以当时司马师对朝廷的控制程度，他要废帝轻而易举，完全

---

① 《晋书·文帝纪》未记司马昭出镇关中的年月，但云："蜀将姜维又寇陇右，扬声欲攻狄道。以帝行征西将军，次长安。"又与雍州刺史陈泰共退姜维云云，并将此事记于东关之战后、高贵乡公得立之前，即252到254年之间。由《三国志·后主传》可知，252年蜀汉并未发兵，254年姜维虽"复率众出陇西。冬，拔狄道、河间、临洮三县民"，但其事与《文帝纪》记司马昭与陈泰所语事不合。唯有253年之役，姜维"出石营，经董亭，围南安，魏雍州刺史陈泰解围至洛门，维粮尽退还"，这一过程与司马昭所云姜维先攻羌人（董亭），收其质任，复转行至此（南安），又扬声欲攻狄道，后烧营而去的叙述相合。可知司马昭出镇关中必在253年。

没必要非得调司马昭带兵入朝。

唯一麻烦一点的地方，就是"说服"永宁宫的郭太后。

十九日，司马师先派郭太后的堂叔、散骑常侍郭芝入宫将废帝的想法告知太后。不想当时少帝曹芳正跟太后坐在一起，于是郭芝说："大将军欲废陛下，立彭城王据。"曹芳一听，顿时气得站起，甩袖而去。郭太后的脸色也很不好看。

郭芝见事已至此，干脆把话挑明道："太后有子而不能教，如今大将军其意已成，又勒兵于外以备非常，但当顺旨，将复何言！"意思是司马师已经带着军队在宫外等着了，你不同意也得同意，还有什么可说的？

郭太后当然知道不听话是什么后果，但是她还是有些想法想要表达，就道："我欲见大将军，有话要说。"

郭芝一跺脚，道："现在如何见得？但当速取玺绶！"

郭太后拗不过，只好派侍者去取了皇帝玺绶放在身侧。

郭芝觉得自己的任务已经办妥，连忙出来告知司马师。

司马师心下甚喜，就以皇太后的名义召集群臣，把废帝立新的意思告知了众人。

面对群臣震惊中夹杂着惶恐的表情，司马师拿出了一副痛不欲生的嘴脸，流涕言道："皇太后令如是，诸君其若王室何！"这都是太后本人的意思，你们说到底怎么办才好？

彼时朝中位望尊崇的重臣，除了司马家的人以外，尚有司徒高柔、司空郑冲、光禄大夫孙邕、廷尉钟毓、卫尉满伟、大鸿胪鲁芝、侍中荀顗、尚书仆射卢毓等。这些人其实心里都明白是怎么回事，然而他们还是同声附和道："昔伊尹放太甲以宁殷，霍光废昌邑以安汉，夫权定社稷以济四海。二代行之于古，明公当之于今。今日之事，亦唯公命。"

第183章 废帝立威

你司马师现在就是伊尹、霍光，你说咋弄就咋弄。

司马师立刻借坡下驴："诸君所以望师者重，师安所避之？"

现在挽救社稷的重任落在了我的肩上，我怎么可以推辞？

于是司马孚、司马师领衔，会同群臣一起向郭太后上奏，说皇帝曹芳不是个合格的皇帝，"不可以承天绪，奉宗庙"。

奏章所列曹芳的恶行劣迹包括：

年纪都一大把了，既不处理朝政，也不好好学习，反而沉溺女色，整日里跟小优伶郭怀、袁信等人在建始、芙蓉殿前裸体游戏，叫他们跟宫女、女尚书公行淫乱，自己则带着嫔妃在旁观赏品鉴。

命郭怀、袁信等在广望观下扮演辽东妖妇，大为放肆淫亵之状，惹得道路行人掩目，曹芳却在观上当娱乐节目看。

迎六宫家人留止内房，让郭怀、袁信行酒把她们灌醉，戏侮无别。

宫女李华、刘勋等与郭怀、袁信等嬉戏，因为被清商令（主管宫掖的官）令狐景呵斥了几句，就向曹芳说令狐景的坏话。曹芳由此对令狐景怀恨在心，经常用弹弓射他。令狐景劝曹芳收敛自己的行为，免得被太后得知。曹芳却道："我是皇帝，想干吗就干吗，太后管得着我吗？"还让人用烧红的烙铁烫令狐景，把他的身体都烧烂了。

甄后去世以后，曹芳想立王贵人为皇后。郭太后不同意，曹芳就生气地说："以前的皇帝立皇后，都是按自己的喜好。太后非要违背我的意思，她还想不想让我去见她了？"后来他对待张皇后就很冷漠。

太后的母亲去世，太后水米不进，很是悲痛，曹芳却整日在后院跟倡优嬉乐，也不去探视。清商丞庞熙劝他，他说："我就这样，谁能奈我何？"后来皇太后回到北宫，杀掉了两个曹芳宠爱的嫔妃，曹芳就十分气愤地说："太后横杀我所宠爱，此后我们再无母子之恩！"

其余类似的行为还有不少。总之，曹芳"肆行昏淫，败人伦之叙，乱男女之节",对太后既不恭敬,也不孝顺,如此下去,大魏社稷必将有倾覆之忧,所以不得不效仿当年霍光废昌邑王的先例,收回曹芳的皇帝玺绶,让他以齐王的身份回归藩邸。

第183章 废帝立威

第184章 生不逢时的新君

群臣上奏中的各项劣迹是否确有其事，就目前的史料而言，只能说不得而知。

反正宫省事秘，又没有人敢于对司马师进行质疑，那还不是欲加之罪，何患无辞？

面对这份章奏，郭太后别无选择，只能表示同意。

然而《魏略》所记的一个细节却值得我们注意，那就是已经被没收玺绶、不得不出宫归藩的曹芳登车与郭太后垂涕相别后，"群臣送者数十，太尉司马孚悲不自胜，余多流涕"。此外，当时需要将废帝的决定告知宗庙，这项工作本来应由太尉去做，而彼时的太尉明明是司马孚，可最终却是司徒高柔以"兼太尉"的临时身份代替司马孚完成了这一任务。这似乎显示，尽管司马孚列名于群臣奏请废帝的名单之首，但他内心深处对此大概是不赞同的，所以他才不愿意去面对曹魏三祖（太祖曹操、高祖曹丕、烈祖曹叡）的神位。

无论如何，现在旧帝已废，接下来便该早立新君。

前面提到，按郭芝所说，司马师是想立彭城王曹据。这是因为明帝生前指定的另一子嗣秦王曹询此时已死，曹丕之子亦无一健在，在幸存的曹操诸子中，属曹据年龄最长，所以他最有资格。

然而当司马师再次派人向郭太后要玺绶时，郭太后说道："彭城王，我之季叔也，今来立，我当何之！且明皇帝当绝嗣乎？"

论辈分，曹据那是我小叔子，现在让他当皇上，那我这太后成什么了？再说，难道让明帝曹叡就此绝嗣不成？

紧接着，郭太后提出了自己深思熟虑的替代方案："吾以为高贵乡公者，文皇帝之长孙，明皇帝之弟子，于礼，小宗有后大宗之义，其详议之。"

高贵乡公，即东海王曹霖的儿子曹髦，这时刚刚十四岁。从血统上来说，他是曹丕的长孙，也就是曹叡的侄子，跟被废掉的曹芳是同辈。按照宗法，大宗绝嗣时，小宗有义务将子嗣过继给大宗承继香火，而且明帝当年曾有诏令，"后嗣万一有由诸侯入奉大统，则当明为人后之义"，意思是但凡有人从皇室旁支过继过来接替皇位，那么其身份就是嗣子。若如此，在法理上郭太后和曹髦仍是母子，其太后的地位就不会受到影响。

使者将郭太后的意见告知了司马师。

对司马师而言，废帝本为立威，立曹据还是曹髦，区别不大。况且郭太后及其亲属还算比较配合，今后仍有利用价值，再加上现在玺绶还在她的手上，如果强行夺取，搞不好会弄出个像当年王莽时王太后怒摔玉玺的事故，那就很没趣了。所以司马师争取了一下，见郭太后相当固执，也就只好认可了这一提议。又于二十二日召集群臣，示以皇太后

第184章 生不逢时的新君

令,最后定下了迎立曹髦的程序。

之前因为楚王彪、王凌一案,曹魏诸王公已经被司马懿迁到了邺城一带监视居住。十九日曹芳被废当天,司马师就派了人提前上路去迎曹据,这会儿正在半路巴巴地等着玺绶。现在既然决定另立曹髦,司马师又叫人来跟郭太后要玺绶。郭太后道:"等我见到高贵乡公再说。他小时候我见过,到时候我亲自把玺绶交给他。"

十月初四,在一众臣属的奉迎下,曹髦的车驾抵达了洛阳城北的玄武馆。群臣奏请曹髦入住行宫前殿,曹髦却说那是先帝住过的地方,避居西厢。群臣又奏请以皇帝法驾来迎,曹髦认为自己现在还是臣子,也没有准许。

次日曹髦入城,群臣在皇宫西掖门前拜倒迎接。曹髦便走下车舆,想要回拜。一旁的傧者(赞礼官)忙劝阻道:"仪,不拜。"曹髦道:"吾人臣也。"仍坚持以臣子礼答拜。等进了止车门,曹髦又下车步行。左右说:"以往皆乘舆入。"曹髦又道:"我被皇太后征入,未知所为!"意思是自己还不是皇帝,不能按皇帝的礼仪来。于是他一直步行到了太极东堂,与郭太后相见。郭太后这才将玺绶交了出来。

当天,曹髦即皇帝位于太极前殿。

由于他在入宫前的这一系列作为有礼有节,显露出了与年龄不符的成熟,其本人又相貌俊朗,很有精气神,众人都觉得宫廷内外自废帝以来的紧张空气为之一新。史书说,登基大典上"百僚陪位者欣欣焉"。

当然,因为司马师依旧称疾,没有出席典礼,他并没有见到曹髦。事后他就问自己的心腹钟会:"上何如主也?"

钟会说:"才同陈思,武类太祖。"意思是他在文学上的才华如同曹植,在武略上的气质则与曹操颇似。

听了这话,司马师心中一凛,言不由衷地说道:"若如卿言,社稷之福也。"

这一见于《魏氏春秋》的记载或有夸张。因为当时曹髦只是一个十四岁的少年,又刚刚来到洛阳,钟会不太可能仅凭一次朝会便看出他具备以上资质。不过考虑到钟会时任中书侍郎,常在宫内当值,与曹髦见面的机会甚多,经过一段时间的相处后,应该不难对其性情禀赋得出一个靠谱的论断。从史籍所记曹髦的有限事迹来看,他志向弘远,聪明好学,颇具才思,的确是一个明君的好苗子。

只可惜,他生不逢时。

后来吴国人张悌曾评论司马氏篡魏一事说:"曹操虽功盖中夏,民畏其威而不怀其德也。丕、叡承之,刑繁役重,东西驱驰,无有宁岁。司马懿父子累有大功,除其烦苛而布其平惠,为之谋主而救其疾苦,民心归之亦已久矣。故淮南三叛,而腹心不扰;曹髦之死,四方不动。任贤使能,各尽其心,其本根固矣,奸计立矣。"

也就是说,张悌认为司马氏篡魏必然成功,其原因就是"民心归之"。

当然,张悌所说的"民"不单单指普通百姓,更是指士人或"士大夫"。曹操当年宣称,自己是跟贤士大夫共定天下。司马氏篡魏,说白了也就是让这些跟曹操共定天下的贤士大夫转而拥护他司马家。

必须承认,在这一过程中,至少有三点司马家是占了便宜的。

一是曹魏的立国时间短,到现在不过三四十年,不管是士人还是老百姓,对于这个政权的依恋感都不强,或者用古人的话说,其福德不厚。

二是曹魏本身就是篡汉而来,其得国不正,曹操本人又崇尚以法术治国,文、明二帝也继承了其刑政严苛的传统,故"民畏其威而不怀其德"。

三是在曹魏篡汉的过程中，有气节、有底线的士人如孔融、荀彧等或被诛杀，或被贬死，成功进入曹魏统治阶级的贤士大夫们对忠君爱国的看法大多比较通达，利害当前时，他们更在乎家族门户。

以上这三个前提条件的存在，使得司马家对士大夫阶层的笼络和收买相对容易了许多。

再加上司马家本身就出自士大夫阶层，对这个阶层的整体诉求和利益所在最为了解，这也方便了他们制定政策时对症下药，以赢取士大夫阶层的支持。

比方说高平陵之变结束后，司马懿便立刻废除了正始改制以来那些触犯了功勋老臣既得利益的政策，"修先朝之政令，副众心之所求。爽之所以为恶者，彼莫不必改，夙夜匪解，以恤民为先"。所以尽管何晏、邓飏这些名气很大的人"同日斩戮，名士减半"，当时却是"百姓安之，莫或之哀"，并没有引发什么政治动荡。也因此王凌、令狐愚谋叛，乃至后来毌丘俭、文钦造反，都没办法将高平陵之变作为反对司马氏的借口。再比如司马师刚接班那会儿，有朝臣提议"改易制度"，司马师却说："'不识不知，顺帝之则'，诗人之美也。三祖典制，所宜遵奉；自非军事，不得妄有改革。"保证维持武、文、明三朝制定的政策不动摇，其实也就是保证不触动曹魏功勋集团的既得利益。反过来看，如果这政策是士大夫们强烈反对的，那么即使是"三祖典制"，司马懿父子该改革还是会改革。例如前面提到的曹操创设的校事官制度，到了司马氏掌权的嘉平年间，终于得到了废除，一方面是因为当时君权衰弱，一方面也是司马氏顺应了士大夫的呼声。

更重要的是，司马懿父子向士大夫们明明白白地宣示，只要你在政治上认可司马氏的统治，不管是主动还是勉强，甚至是被迫，只要你不公开反对司马氏专权，那么你原来在曹魏统治下的既得利益就会得到保障,原本的功臣贵戚子弟,现在依然高官得做、骏马得骑。

这一情况早就引起了古人的注意。晋武帝司马炎时,大臣刘颂就曾指出:"陛下践阼,其所服乘皆先代功臣之胤,非其子孙,则其曾玄。"原本曹魏时代的功臣贵戚,除了如曹爽、夏侯玄、王凌这样直接与司马氏争夺权力的失败者以外,大部分都被司马懿父子像任我行用吸星大法一样给吸收了进来。后来在咸宁元年(275年),晋武帝颁布了一份有资格配飨太庙的十二人功臣名单,其中司马孚、司马攸为宗室,羊祜是司马氏姻亲,石苞是司马师一手提拔,剩下的八人郑冲、荀𫖮、裴秀、王沈、何曾、贾充、陈骞、荀勖则全都是曹魏官僚及其子弟。仇鹿鸣更是指出,郑冲、裴秀、王沈、荀勖四人甚至还是曹爽故吏,但是这一"污点"并没有妨碍他们成为司马家的开国元勋。

回到曹芳被废、曹髦即位时的状况,我们发现,由于前面提到的种种原因,朝野内外已经有许多曹魏旧臣和勋贵子弟或主动或被动地投入了司马氏的怀抱。

这其中,就有钟繇的少子钟会。

关于钟会的出生,据他本人描述,还有一段颇为离奇的故事。

钟会的生母张氏从小父母双亡,因而沦落至在钟繇府中当奴婢。彼时是文帝黄初年间,身为太尉的钟繇虽然已经是七十来岁的高龄,却依然对美丽的女子充满兴趣。在西晋人所著的《陆氏异林》中,就记载有一则钟繇与美艳女鬼相狎昵的逸事。张氏能得钟繇宠幸有娠,也足见这位大书法家老而弥坚。

然而不幸的是,当时在钟繇府中当家的女主人是"贵妾"孙氏,孙氏妒忌张氏得宠,"数谮毁,无所不至",不过皆因钟繇宠爱张氏而未果。后来张氏怀孕,孙氏更加妒火中烧,就搞来毒药放到饭食中,想把张氏毒死。张氏吃到一半,这才意识到有毒,赶忙逼着自己大口呕吐。

第184章 生不逢时的新君

之后她虽然没死,却头昏眼花地病了好几天。有人问她说,你怎么不告诉太尉公呢?张氏说:"嫡庶相害,往往破家危国,古今都是如此。如果我自己向太尉告发,别人一定会以为我是争宠而不相信我,而孙氏她猜测我会告发,就一定会抢在我的前面。这事情让她自己抖露出来,不是更好吗?"遂称疾不与钟繇相见。

果不其然,孙氏见张氏没被毒死,做贼心虚,就抢先对钟繇说:"妾身想让张氏生个男孩,所以特意弄来生男孩的药给她吃,哪知道她竟然怀疑我要毒死她!"钟繇老虽老,却一点儿不糊涂,道:"若是生男孩的药,就应该正大光明地给她,偷偷放在食物里,分明违背人情!"一讯问家中侍者,很快就搞明白了真相。于是钟繇就把孙氏从家里逐了出去。

当时这事在京城里传得沸沸扬扬。王朗为此还写信劝钟繇,说你们两口子共同生活这么多年,何至于一旦分手就再也没办法和好呢?文帝生母卞太后也来管闲事,偏要让曹丕下诏叫钟繇把孙氏接回去。钟繇气不过,差一点就服了毒,曹丕这才收回成命。

不过后来钟繇为了挽救晚节,还是新娶了一个正室贾氏。张氏也终于在黄初六年(225年)诞下一子,便是钟会。按唐人张怀瓘的说法,这一年钟繇七十五岁。

第185章 第二次淮南叛乱

钟会天资聪颖，自小又受到了良好的教育，博学多能，再加上家世不凡，年纪轻轻便在洛京士人圈里声名鹊起。其本传称，他五岁时被蒋济视为"非常人也"；二十岁时与小他一岁的天才少年王弼齐名；高平陵之变后夏侯霸奔蜀，面对姜维等"京师有何俊士"的提问，推荐的人选也是年仅二十五岁的钟会钟士季。

大概是因为钟会年少成名，其聪明机智令人印象深刻。《世说新语》中也收录有好几则以他为主角的逸事。

其中有两则同见于《言语》篇。一则说，钟会跟他的哥哥钟毓都"少有令誉"，因而引起了魏文帝曹丕的注意。有一天，曹丕叫钟繇带二子来觐见，那时钟会刚刚十三岁。见到当今皇帝，钟毓紧张得出了一脸汗。曹丕就问他："卿面何以汗？"钟毓回答："战战兢兢，汗出如浆。"曹丕又问钟会："卿何以不汗？"结果钟会答道："战战栗栗，汗不敢出。"

还有一则说，钟毓、钟会两兄弟小时候，有一次趁着父亲白天睡觉，一起偷他的药酒喝。钟繇其实已经醒了，却故意装睡，以观察两个儿子的行动。只见钟毓"拜而后饮"，钟会则"饮而不拜"。后来钟繇就责问两儿，先问钟毓为什么还要下拜，钟毓说："酒是成礼之用，故不敢不拜。"又问钟会为何不拜，他回答："偷这种行为本身就属非礼，所以不拜。"

其实这两则故事很可能皆为虚构。因为曹丕去世时钟会刚刚两岁，不可能出现殿前觐见的场景，而他与哥哥钟毓的年龄差至少要在十几岁以上，两人基本玩不到一块儿。再说，钟会六岁时钟繇便已去世，偷酒的事除非发生在他六岁以前，否则也不可能出现。

由于钟会是"名公之子"，加之少年成名，在当时以九品论人的中正选官制度下，他的仕途起点很高。因此在二十岁时，他便以秘书郎一职正式出仕，后又迁尚书郎、中书郎。高平陵之变发生时，二十五岁的钟会正好以中书郎的身份随驾在外，亲眼目睹了这场改变历史的重大事件。

在钟会二十岁到二十五岁之间，也恰为正始玄学思潮兴起的重要时间段。颍川钟氏的家学本身就兼修古文经学与黄老刑名，钟会少年时精习《易经》《老子》，又与何晏、王弼等频繁往来，自然也免不了跻身清谈、沾染玄风。据史料记载，于时"何晏以为圣人无喜怒哀乐，其论甚精，钟会等述之"；王弼注《老子》后，钟会"每服弼之高致"，并且也效仿王弼对《老子》进行了注释；钟会还著有三卷本《周易无互体论》，当然，他最著名的学术成果，还是对"才性之辩"进行总结的《四本论》。

所谓"才性之辩"，是关于人的才能与其本性有何关系的讨论。这一议题最早产生于选拔官员的人物品评活动,是汉魏之际知识分子最为关注的学术热点。按《世说新语》所记及刘孝标注,正始年间就此主要有四种观点最为流行,称之为"才性四本":"四本者,才性同、才性异、才性合、才性离也。尚书傅嘏论同,中书令李丰论异,侍郎钟会论合,屯骑校尉王广论离。"后来钟会就把众人的观点整理辨析,写成了《四本论》一书。

《世说新语》还说,钟会写成《四本论》以后,可能是想找名人推介,就特别想让嵇康读一读。于是他把书卷揣到怀里,去见嵇康。可是到了嵇康家门口,他又害怕嵇康看了以后出言刁难自己,犹豫了半天。最后他站在门口把书卷往里边儿一扔,就急忙转身走掉了。

由此看来,年轻时候的钟会是很想通过著书立说来为自己建立当世名誉的。然而现实政治的发展很快对他进行了再教育:高平陵之变后,曾经与他一起高谈阔论的何晏、论才性离的王凌之子王广、论才性异的中书令李丰相继因为与司马氏为敌而被杀,曾经与嵇康一起悠游竹林的山涛、阮籍也顶不住压力而选择出仕为司马氏效力。司马懿外宽内忌,司马师则刚断严毅,在这对父子的统治下,政治空气格外压抑,思想领域的自由论辩也难再继续。于是在李丰、夏侯玄被杀后,钟会为求功名,开始迅速向司马家靠拢。

关于钟会得到司马师赏识的过程,裴注引郭颁《世语》记述说,有一次司马师叫取代李丰为中书令的虞松草拟一份表章,虞松呈送两稿,他都觉得不满意,下令再改。虞松思索了好久,还是觉得改不好,甚是愁闷。这一情形被时任中书侍郎的钟会见到,问他为何忧虑。虞松以实相告。钟会说我帮你看看,就拿过草稿看了一遍,然后改了五个字。虞松读过以后甚悦,将此呈送给了司马师。司马师一看,说这不像是你虞松的手笔,是谁帮你改定的?虞松说是钟会。司马师就道:"若是如

此，此人可大用，可令他来见我。"来见司马师之前，钟会还特意问虞松司马师擅长什么。虞松说："大将军博学明识，无所不通。"于是钟会就把自己关在家里谢绝宾客，像备考一样突击了十天。结果到见面那天，钟会早上进大将军府，跟司马师一直聊到当晚二更天才出来。等他走后，司马师还抚手叹息说："此人真是王佐之材啊！"

从那以后，司马师就把钟会收为了心腹。由于钟会时常在宫内当值，有学者还认为，他就是司马师安排在魏帝身边的眼线。

在禄去公室的条件下，当时像钟会这样为了博取权位，或者仅仅是为了维持自家门户于不坠而主动靠拢司马家的曹魏勋贵子弟还有不少。例如荀彧的孙子荀𩖶，其妻就是司马师、司马昭的妹妹，所以他本人跟司马师兄弟关系甚为亲密，司马师兄弟也放心地让他统领宫廷禁卫。荀𩖶的叔父荀顗，后来也成了西晋的佐命功臣。还有太仆何夔的儿子何曾，在曹爽与司马懿争权时便投到了司马氏门下，司马师废黜曹芳的谋划，"曾预其谋焉"。其余如王朗之子王肃、陈群之子陈泰、卫觊之子卫瓘、贾逵之子贾充、陈矫之子陈骞，他们有的积极一些，有的消极一点，但总体来说，都是站在支持司马氏的立场上。

正因为曹魏勋贵及其子弟大多投靠了司马氏，我们才看到，同样是废帝，司马师的行为其实跟汉末的董卓几无二致，然而董卓当年却遭到了关东诸侯群起而攻，司马师却只遇到了来自毌丘俭、文钦的挑战。

这便是所谓的"第二次淮南叛乱"。

前面讲到，东关之战后，司马师将毌丘俭和诸葛诞对调，让诸葛诞都督豫州，而把毌丘俭调到了淮南。表面上看，这似乎是因为诸葛诞在东关之战打了败仗，可是诸葛诞尽管调任豫州，其官位、军号却并未有任何降低，司马师自己也说："我不听公休，以致于此。"说明调防并非针对诸葛诞的惩罚措施。那么，司马师为什么要如此安排？其动机实在不易明白。

杨晏州认为，诸葛诞与司马师关系较近，而毌丘俭则一直比较疏远，将诸葛诞调到距离洛阳更近的豫州而将毌丘俭调到扬州是为了捍卫洛阳稳定，由于有诸葛诞镇守豫州，司马师便可以将坐镇许昌的司马昭解放出来，让他西行入关参加对蜀作战。这个解释多少有几分道理。

然而这么做的副作用就是，司马师很可能会失去对淮南的控制。

因为扬州刺史、前将军文钦本来就是曹爽的老乡，在曹爽专政时他没少受其庇护和提拔，后来司马懿诛灭曹爽，文钦的心就一直没放下来。只不过他跟前两任顶头上司王凌、诸葛诞的关系都不好，在两人的监督下他寻不着阴谋造反的机会。直到诸葛诞跟毌丘俭对调后，文钦感觉跟毌丘俭很对脾气，毌丘俭也觉得文钦是个勇将，对他多方拉拢，两人遂气味相投，生出了联手翦除司马氏之心。

毌丘俭、文钦多半以为，司马师专权跋扈，废帝杀后，残害忠良，其罪恶昭彰，世所共见，只要他们举起"扶持王室，扫除奸逆"的大旗，不说天下群起响应，至少也会获得尽忠魏室者的支持。恰好在正元二年（255年）正月，"有彗星数十丈，西北竟天，起于吴、楚之分"，毌丘俭和文钦认为这是对本方有利的吉兆，便于当月矫郭太后之诏令，列举司马师十一条罪状，传檄四方，胁迫淮南兵众歃血为盟，据寿春举兵造反了。

鉴于两人手中的兵力总共只有五六万，未免势单力孤，毌丘俭、文钦又派人去联络豫州都督、镇南将军诸葛诞和征西将军郭淮，并各遣子为质，主动向东吴求援。

按理说，诸葛诞和郭淮这两人都有跟毌丘俭、文钦联合的动机和理由。诸葛诞跟夏侯玄、邓飏"至亲"，郭淮的妻子则是王凌的妹妹。当初王凌伏法后，郭淮妻本来也应该依连坐之法被诛杀，囚车都上道了，

第185章 第二次淮南叛乱

最后郭淮还是架不住儿子的叩头泣血央求，派数千骑兵愣是从御史手里把妻子给劫了回来。为此他专门写信向司马懿解释说自己愿意承担一切罪责。司马懿虽然没说什么，但从此就失去了对郭淮的信任。可能就是因为这个缘故，两年前司马师就以司马昭行征西将军镇关中，实际上剥夺了郭淮的军事指挥权。

据《三国志·三少帝纪》，毌丘俭、文钦在正月十二日起事，当月三十日郭淮就去世了，他自然帮不上毌丘俭、文钦什么忙。至于诸葛诞，面对毌丘俭派来的使者，他的选择是"斩其使，露布天下，令知俭、钦凶逆"，迅速与毌丘俭、文钦划清界限，站到了司马师这一边。

毌丘俭、文钦并不知道郭淮已死。为了占据主动，他们只留下极少老弱把守寿春，然后全军北渡淮河，迅速占领了扼守颍水水道与涨荡渠交汇处的项城。继而两人又分军为二，毌丘俭守城，文钦则领一半兵力在外为游军。

淮南叛乱的消息传入洛阳时，正值司马师刚刚动完割除目瘤的手术，其伤口尚未愈合，身体状况并不理想。所以当司马师召集群臣会商的时候，许多人都提议最好是派其叔父、当朝太尉司马孚领中军进讨。只有河南尹王肃、尚书傅嘏、中书侍郎钟会等少数几人力劝司马师亲自出征。

王肃说："当年关羽率荆州之众，破降于禁于汉滨，威震华夏，何其嚣张，然而后来孙权一旦袭取江陵，掳获其将士家属，他的兵众便即瓦解冰消。现今淮南将士的父母妻儿皆在内州，大将军只需急往御卫，让他们不得前进，毌丘俭、文钦二寇一定会像关羽一样迅速败亡。"

见司马师还在犹豫，傅嘏进言道："淮楚之兵久捍吴寇，劲果难斗，毌丘俭又负力远来，其锋未易当也。倘若诸将战有利钝，大势一失，则公事败矣！"

傅嘏的意思很明白：毌丘俭起兵本身在道义上是占据优势的，现在他之所以得不到别人的支持，是因为众人都在观望，因此对司马师来说，这场战事只能胜、不能败，一旦战事不利，被司马家压制的反对势力一定会卷土重来，与毌丘俭和文钦互为表里，到那时，局面很可能就会失去控制，司马家篡魏的大业搞不好就会前功尽弃。

听了这话，司马师一惊而起，道："我请舆疾而东！"

于是在正月二十五日[①]，司马师强忍病痛，亲统中军步骑十余万兵发洛阳，同时召集青徐、荆州、豫州三方驻军迅速于许昌一带集结。京中留守事宜，则交由从长安调回的司马昭全权负责。

[①]《三国志·三少帝纪》云："戊戌，大将军司马景王征之。"《晋书·景帝纪》则云："戊午，帝统中军步骑十余万以征之。"然毌丘俭于正月乙丑（十二日）起兵，本日后当月无戊戌，亦无戊午，唯有戊辰（十五日）、戊寅（二十五日）。沈家本认为，戊辰距乙丑仅四日，算上消息传递和商议出师的时间，不可能如此之快，而戊寅上距乙丑为十四天，下距司马师倍道兼行进至濦桥的甲申日为七天，比较合理，因此认为司马师兵发洛阳的时间是二十五日。

第186章 司马昭秉政

司马师统大军出征那天，百官都在洛阳城东祖道相送，一时群贤毕至，只有光禄勋郑袤未曾到场。席间司马师就有意无意地对王肃说："今日不见郑光禄，吾深以为恨。"

王肃下来赶紧叫人通知郑袤。郑袤本来身体不好，特意请了病假，这时听了王肃传来的消息，赶忙命人准备乘舆，抬着他去追司马师。

王肃、郑袤之所以如此紧张，实是因为现在是非常时期，任何一点疏远司马师的举动都有可能为自己招来杀身之祸。就在前不久，鉴于刘晔之子刘陶是淮南人，又自诩擅长纵横之策，司马师特为毌丘俭叛乱一事跟他征求意见。然而仅仅因为刘陶的回答模棱两可，司马师就怒道："卿平生常与我论天下事，至于今日，为何言而不尽？"便将刘陶出为平原太守，又半道将其追杀。

等郑袤好不容易追上了司马师，司马师笑道："我知道卿必会前来。"就拉着郑袤同车共载,问他对淮南之事有何良策。

郑袤道:"当年我与毌丘俭同为台郎,所以熟知其为人。此人虽好谋略,却不能通达事理,自从在幽州建立功勋以来就野心膨胀,再难安分守己。而文钦这个人有勇无谋。现在大军出其不意,江淮之卒轻锐而不能持久,公应该效仿周亚夫平定七国之乱的策略,深沟高垒以挫其锐气。"司马师点头称善,这才放郑袤回去。

不几日,司马师进至许昌,在这里先与受命统许昌之军的荆州刺史王基会合。

司马师问王基:"以卿之见,淮南之事何如?"

王基道:"此次淮南叛逆,并非吏民思乱,实是因为毌丘俭等人对其诳骗逼迫,众人因为害怕被屠戮,所以才暂且聚集在二寇帐下。若大兵进逼,必定土崩瓦解,俭、钦之首,不出一日便可悬于军门。"司马师便以王基为前锋,继续向项城前进。

不过正如郑袤建议的那样,当时在司马师身边有不少人(很可能即傅嘏、钟会)都认为淮南将士劲勇剽悍、难与争锋,主张深沟高垒,更加谨慎一些。于是司马师又命王基停止前进。

王基道:"毌丘俭举军足以深入,如今其久停不进,定是因为他诈伪已露,众心疑沮。我军不能扬威乘势,反而停军高垒,颇有畏敌之意,似与用兵之道相违。倘若叛军趁机驱掠淮北百姓,其势就会越来越大,东吴再发来援兵,那么淮南淮北都会沦为敌境,这个损失就太大了。现在应该迅速进据南顿(今河南项城西),南顿城中有大邸阁,储存的军粮可供大军食用四十日。保坚城,因积谷,先声夺人,这才是平贼之要领。"

就这样申请了好几次,司马师才允许王基继续前进,据㶏水为阵。毌丘俭的部将史招、李绩亦于此时来降。

但是王基觉得这样远远不够，还是坚称应抢先占领南顿。司马师则想在此停驻，以便等青徐兖等东部诸军前来会合。最后王基干脆对手下道："将在外，君令有所不受。彼得则利，我得亦利，南顿是必争之城，必须抢先占据。"就率领本军径自前进，占领了南顿城。当时毌丘俭也派兵来相争，半路听说南顿已被王基所得，只好还屯项城。

司马师则屯于南顿北边五十里的汝阳（今河南周口西南），继续贯彻他效仿周亚夫破吴楚七国之乱的策略，一边命诸葛诞督豫州诸军自安风（今安徽霍邱北）向寿春，征东将军胡遵督青徐诸军出谯、宋之间，分别从东西两个方向切断毌丘俭的退路，一边深沟高垒，避免与敌军交锋。他还劝军中的主战派诸将说："诸君只知其一，未知其二。淮南将士本无反志，且毌丘俭、文钦本谓远近必应，而事起之日，淮北不从，史招、李绩又前后瓦解。如今他内乖外叛，自知必败，不过是困兽犹斗而已。现在速战正合他的心愿，虽说我军一定能够获胜，死伤必然甚多。况且淮南将士受毌丘俭欺诳，时间一长，其奸伪必然败露，到时便可不战而胜。"

司马师倒是没有说错。

在没有得到任何外部援助的情况下，毌丘俭和文钦的兵力只有司马师的三分之一，现在司马师既采取坚壁自守的策略，他们求战不得，前进无路，又害怕老巢寿春被诸葛诞、胡遵偷袭而不敢退回，一时间进退维谷，根本不知怎么办才好。再加上淮南将士的家属大多居住在北方，众人担心家中安危，士气低落沮丧，不过十几天的工夫，就有大批士卒来向官军投降。只有淮南地区新近降服的农民愿意为毌丘俭、文钦效力。

在这十几天的时间里，兖州刺史邓艾也领兵万余来跟司马师会合。

毌丘俭起兵时，也曾派人去拉拢邓艾。然而邓艾本是颍川郡的屯田小吏，他能有今天的位子全靠司马懿父子提拔，自然不可能党附他毌丘俭。于是邓艾立刻将来使斩首，率领麾下诸军兼道行进，来跟司马师会合。得知大军屯驻在汝阳，而毌丘俭据守项城，他就直趋汝阳、项城两地之间的乐嘉（今河南周口东南），结营屯驻下来。

此时双方的战略态势如下：颍水自西北流向东南，先经汝阳城北，复经乐嘉城东，再经南顿城北，最后流经项城。现在司马师屯汝阳，邓艾屯乐嘉，王基据南顿，毌丘俭据项城，文钦则在城外为游军。乐嘉城以南有濦水注入颍水，构成了官军与叛军之间的天然阻隔。南顿城虽在濦水以南，但距离河道较远，与乐嘉、项城并不在一条线上。

闰正月十五日，邓艾在乐嘉做浮桥毕，打开了大军南渡濦水的通道。司马师遂"潜军衔枚，径造乐嘉"，准备全军渡河。在外游曳的文钦探知邓艾造桥，兵马较少，就引军来攻，但他事先并不知道司马师的大军正在靠近。当天晚上，文钦军进抵乐嘉，这才发现前方营帐铺天盖地，竟是司马师的主力军。文钦大为震恐，便想撤回，但他年仅十八岁的儿子文鸯自恃勇武，道："及其未定，击之可破也！"文钦本就是一骁勇粗豪的莽汉，如今见儿子都不畏强敌，自然也不肯退缩。于是父子两人商量了一下，便将军队一分为二，约定于某时从两个方向合围，对司马师的大营发动突袭。

夜半时分，文鸯一马当先，带领手下壮士杀入了官军大营，一边高呼司马师何在，一边鼓噪以壮声势。一时间军中大乱。司马师在睡梦中惊醒，大惊之下眼部创口崩裂，眼球竟然突了出来。他怕将士看到引发恐慌，就拿被子盖住头脸，剧痛之下把被子都咬烂了，左右竟无人发觉。蹊跷的是，不知为何，文钦并没有按约定的时间从另一个方向发动攻击，文鸯虽勇，却也架不住官军太多，而且这时司马师手下诸将已经明白了是怎么回事，正在集解兵力准备反攻。文鸯只好杀出重围，引军

撤退。

此时天色渐明，文钦父子找到了对方，于是一同退却。司马师则派邓艾等将领骁骑追击。这时司马师身边一个叫尹大目的校尉向他建议说，自己昔年与文钦相善，定能劝降文钦。司马师就叫尹大目一同去追文钦。

不知诸位是否还记得，高平陵之变时，因为尹大目曾是曹氏家奴，与曹爽关系很好，当时司马懿曾派他去劝降曹爽。正是尹大目口口声声向曹爽保证，说司马懿指着洛水发誓投降后绝不会杀他，最多就是免官，曹爽最后才放弃了抵抗。然而谁也没料到，后来司马懿竟然食言而肥，一口气杀光了曹爽全家。尹大目跟蒋济一样，感觉受了司马懿玩弄，心里面其实一直愤愤不平，再加上他从小便是曹氏家奴，自然心向曹氏，这时见司马师的眼珠子都掉出来了，看样子很可能活不了太久，就想着赶快把这一消息告知文钦，这才谎称自己能将他劝降。

尹大目乘马披铠，拼命追了好久，好不容易才望见了文钦的背影，就远远地冲他喊话。碍于身边有其他将校，他只能暗示文钦道："君侯何苦不能再忍上数日？"可是文钦并没搞懂尹大目的意思，反而厉声骂道："你这家伙是先帝家奴，如今不念旧主、不思报恩，反而与司马师作逆，上天岂能容你！"说着张弓搭箭，就要射尹大目。尹大目无法辩解，自知无力回天，不由放声哭道："世事败矣，君侯善自保重吧！"这时后面的追兵也赶到了，文鸯见状，对父亲道："不先折其势，不得去也。"就率领手下十余骁骑大喝陷阵，刀矛所指，当者披靡，文钦遂得以远去。司马师又派左长史司马琏（一作司马班）统八千骑兵分左右翼包抄来追，将军乐綝等督步兵继后。文鸯则多次单枪匹马冲入数千骑中，一连杀伤百余人才突围而出，"如此者六七，追骑莫敢逼"。

然而文鸯再勇，单凭一己之力也不可能挽救败局。最后在官军步骑的联合攻势下,文钦的军队被分割包围,终于全线溃败,除文钦父子带领少量部众逃出外,其余众尽皆投降。本来文钦是想逃回项城的,但王基得知文钦战败,也从南顿发兵,直扑项城。毌丘俭见大军来袭,文钦又全军覆没,自知难以抵挡,就在十六日夜里弃城往淮南而逃。他手下士兵的妻儿老小都在北方,本来就不乐意跟他造反,这时更是作鸟兽散,没逃出多远,毌丘俭就成了光杆司令。二十一日,为躲避追兵,毌丘俭带着自己的弟弟和孙子躲藏在池塘边的水草中,被安风津都尉辖下的一个部民发现,被其射杀。文钦父子得知毌丘俭弃城,寿春守军在诸葛诞的进逼下也已溃散,就向南投降了东吴。

第二次淮南叛乱至此亦以失败告终。

几乎与此同时,只剩下一只眼球的司马师也陷入了病危。得到消息后,司马昭急忙从洛阳赶往许昌,以卫将军的身份接管了军队指挥权。

当月二十八日,司马师于许昌去世,时年四十八岁。

丧问报入洛阳后,魏帝曹髦立刻给随军在前线的守尚书仆射傅嘏下了一道诏令,说"东南新定,权留卫将军屯许昌为内外之援",并命傅嘏率诸军还京。显然,曹髦此举意在利用司马师刚死的空当,想要剥夺司马氏对中军的控制权。如果傅嘏忠于帝室,那么他完全可以依诏而行,司马昭如果不同意,他甚至可以援引此诏,设法诛除司马昭。然而遗憾的是,大概从曹爽专政开始,傅嘏就投靠了司马家,一直被司马师视为心腹。在此关键时刻,他一如既往地站到了替司马家着想的立场上。傅嘏就此事跟钟会商议了一番,最后建议司马昭不理会曹髦的命令,与他一同拜表辄行,很快便统领中军回到了洛水南岸。

曹髦见司马昭统军而还,势同逼宫,只得于二月初五加封他为大将军、侍中,都督中外诸军、录尚书事。司马师的辅政地位遂被司马昭全盘继承。

第 186 章 司马昭秉政

第187章 第三次淮南叛乱

甘露元年（256年）二月初九，十六岁的魏帝曹髦摆驾太极东堂，在此宴请群臣。侍中荀顗，中书令虞松，尚书崔赞、袁亮、钟毓等皆在列。

还在当藩王的时候，曹髦就很喜欢读书，成为皇帝后，他又在大儒的辅导下系统学习了《尚书》《周易》等上古典籍，阅读范围更加广博。席间，他不时就阅读中遇到的疑难问题与群臣进行讨论，不知不觉就聊到了古今帝王何者为优、何者为劣。

《魏氏春秋》说，曹髦最推崇中兴夏朝的少康。他问荀顗等人道："夏朝衰微时，帝相近乎灭国，其子少康却能收合余众，再造禹绩；汉高祖拔起于陇亩之中，驱率天下豪杰，并吞秦楚，包举宇内。这两位君主的才略虽不相同，却皆为命世大贤。若考其功德，谁宜为先？"

一开始，荀顗等五人都认为，少康即使功绩再大，顶多就是个中兴之君，跟光武帝刘秀同一级别，而汉高祖刘邦白手起家，自然比少康更牛。但是曹髦却反驳说："是不是创业之君并非评判君主功德高下的唯一标准。少康生于国家灭亡之后，沦落为诸侯之臣隶，崎岖逃难，仅以身免，然而他却能够广布恩德，实施其谋划，最终消灭仇人，兴复禹绩，重建了夏王朝。不是大仁大德之人，岂能成就如此功勋？而刘邦创业正赶上秦朝土崩瓦解之时，全靠智谋和武力，干的那些事大多都不道德，逃命的时候连老爹、妻儿都不顾，事业成功了以后又杀功臣，死了以后政权又差点被吕氏篡夺。如果把刘邦跟少康所处的地位换一换，他未必能兴复夏国，由此可知刘邦比不上少康。"

这一番论述并未说服虞松、钟毓和崔赞。三人依旧认为，少康虽有仁德，但是他上承大禹遗泽，内外又都有友军援助，再加上篡夺了夏国的寒浞、浇、豷无道，他才复兴了故国，而刘邦则是以布衣的身份率领乌合之众成就了帝业，所以"论德则少康优，课功则高祖多，语资则少康易，校时则高祖难"。

曹髦说："论出身和资望，少康的确比刘邦高，但不能据此便认为他的成功比刘邦要容易，因为推行德政远比使用暴力要难。再说'仁者必有勇'，少康能消灭比自己强大的敌人，其在武事上的功勋肯定不比刘邦差，只不过因为夏朝太过古老，历史记载残缺，后人不得其详罢了。若是古书都能够保存下来，他的事迹得以详知，今天就一定不会有争议了！"

于是群臣尽皆悦服。

显然，曹髦之所以如此推崇少康，实是因为他觉得如今自己所处的形势与少康颇为相似，而他自己也渴望成为少康那样的中兴之君。借由这场论辩，他希望群臣都能够了解到自己的志向，也希望像少康一样靠推行仁德吸引到支持自己的人。

然而正如我们前面早就提到的那样，曹髦生不逢时，上天给了他少康那样的胸襟和志向，却没有给他足够的资源和运气。在曹芳时代，司马家虽然把持了军政大权，但好歹朝中还有中书令李丰、中领军许允这些可以凭借的力量，外部也有王凌、毌丘俭这些跟司马氏难以共存的势力，只是曹芳未能善加利用而已；而到了现在，他曹髦又能仰仗谁呢？

一个人都没有。

其实，曹髦也曾经很努力地想要在群臣中寻找和培植忠于自己者。

例如史料记载，曹髦经常在太极东堂举行讲宴活动，上述论少康、汉高优劣的论辩就是其中一次。受曹髦邀请参加讲宴活动的大臣，最常见的有中护军司马望、侍中王沈、散骑常侍裴秀、黄门侍郎钟会四人，曹髦还亲切地给四人都起了外号。裴秀有文采，号为"儒林丈人"，王沈最博学，其名"文籍先生"，"望、会亦各有名号"。由于曹髦性子急，召见四人的时候总希望他们尽快赶到，裴秀、王沈、钟会三人是内官，常在宫内当值，所以到得快，但司马望是外朝官，往往就会迟到，后来曹髦就特意赏赐给他追锋车一辆、虎贲卒五人，每次召见的时候就允许他乘追锋车奔驰而至。

以上四人，除了钟会是司马昭心腹，曹髦让他待在身边可能是为了避免司马昭生疑，其余三人能被选中，多少都是因为曹髦觉得他们有被自己拉拢的可能性。

裴秀是曹魏老臣裴潜之子，其入仕是因为毌丘俭向曹爽举荐，被曹爽辟为掾属，后来曹爽被杀，他也因此免职。王沈同样是曹爽故吏，曾受曹爽提拔。司马望则是司马孚的儿子，而司马孚本人一直自诩为"有魏贞士"，对曹魏皇室一直恪守臣节，如果曹髦想通过分化司马家的方式削弱司马昭，从司马孚父子入手显然是可选项。

那么，曹髦的小心机是否收到了效果呢？

并没有。裴秀这个人实际上早就抱上了司马家的大腿,史称其"历文帝安东及卫将军司马,军国之政,多见信纳",显然是司马昭的心腹。王沈则隐藏较深,至少在表面上与司马昭并不亲近。然而后来到了关键时刻,他却果断选择了卖主求荣,同裴秀一样成了司马家的佐命功臣。至于司马望,他担心曹髦对自己如此宠待会招来司马昭嫉恨,就主动向朝廷申请出外,不久就调到关中任征西将军去了。

曹髦还曾援引古礼,任命太常王祥为三老,侍中郑小同为五更。三老、五更本是秦汉时掌教化的乡官,到东汉时则出现了国家级的三老五更,作为年高德劭者的象征,"天子以父兄养之,示天下之孝悌也"。三老、五更其实只是虚号,甚至根本算不上正式的国家职官,但是由于其在文化意义上象征着天子父兄,曹髦借助这一任命就可以加深与王祥、郑小同的私人情谊。

王祥其人,乃是"二十四孝"中"卧冰求鲤"的原型,本就以至孝出名。郑小同则是汉末大儒郑玄之孙,曾为曹髦讲授《尚书》。任命这两人为三老、五更,说明在司马昭的掌控下,曹髦几乎没有插手朝廷人事的权力,而只能设法在现有的官僚体制之外培植私人势力。

结果呢?连这一点空间,司马昭都要消灭于萌芽之中。

《魏氏春秋》记载说,有一次郑小同去见司马昭,司马昭正好去上厕所,书案上有一道密疏没有藏起来。等他回来后就问郑小同:"卿见吾疏乎?"郑小同答说:"未见。"然后事后司马昭还是对郑小同心怀疑虑,就派人把他毒死了。

况且,司马昭不但在曹髦身边广布眼线,而且跟哥哥司马师一样绝不入宫朝觐,同时他还继续扩充本营兵力,削减宫省禁卫,总之就是绝不给曹髦一点儿危及自身的机会。

甚至当诸葛诞造反、他本人统军亲征的时候,司马昭怕曹髦趁机在

背后搞事情，也要带着曹髦和郭太后同行。

诸葛诞这个人，前文已经多有提及。他籍贯琅琊阳都，是西汉名臣诸葛丰的后代，因此跟诸葛亮、诸葛瑾算是同族。早年间，诸葛诞是跟夏侯玄、邓飏齐名的名士，曾以尚书之职列名"八达"之首，后因明帝禁抑浮华而被免官，直到曹爽执政后，他才复起为封疆大吏，多年来一直在南方边境任职。

《世说新语》中曾有一个著名的比喻，说诸葛亮、诸葛瑾及其从弟诸葛诞三人各在一国，皆有盛名，"于时以为'蜀得其龙，吴得其虎，魏得其狗'"。

由于在今天的观念中，狗是骂人的词汇，再加上许多人在感情上同情蜀汉而憎恶曹魏，所以"魏得其狗"常被人误解为是嘲讽诸葛诞才能平庸。

诚然，相比"卧龙"诸葛亮，诸葛诞的才干和功绩并不突出，但时人将其比喻为狗却并非取贬损之义。

当年刘邦消灭项羽后，评定功勋以萧何为第一，诸功臣纷纷质疑，刘邦便说："打猎的时候追杀猎物的是狗，发号施令、指示猎物所在的是人。你们这些人有功，但是只能追杀猎物，是功狗，萧何却能指示猎物所在，是功人。"诸葛诞对于曹魏而言，正如逐兔的鹰犬，多年来他一直尽职尽责，忠实地执行着朝廷交给他的任务。

王凌阴谋造反时，诸葛诞与王凌是姻亲，而且两人同居寿春城，然而王凌不但没有拉诸葛诞入伙，司马懿亲征时反而任命诸葛诞为镇东将军、扬州都督，让他取代了王凌的职位。

东关之战诸葛诞失利而还，司马师不但没有惩罚他，还说："我不听公休，以致于此。"主动替他背锅。

毌丘俭、文钦造反，诸葛诞又第一时间斩了毌丘俭的使者，亲统豫州诸军掩袭寿春，使得俭、钦二人还无所归，迅速归于失败。

此外，诸葛诞一家不但与司马家是世交，而且也是姻亲：诸葛诞之子诸葛靓与司马昭之子、后来的晋武帝司马炎"有旧"，诸葛靓的姐姐则嫁给了司马昭的弟弟司马伷，日后在江左建立了偏安政权的晋元帝司马睿很可能就是诸葛诞的外曾孙。

以上这些情况显示，史家虽然时常将诸葛诞与王凌、毌丘俭并列称为"淮南三叛"，并视诸葛诞为曹氏忠臣，但直到甘露二年（257年）诸葛诞正式举起反旗之前，实际上他都并非"司马氏的敌人"。

既然如此，为什么诸葛诞又举兵反叛了呢？

史书的解释是："诞既与玄、飏等至亲，又王凌、毌丘俭累见夷灭，惧不自安。"说诸葛诞因为与夏侯玄、邓飏关系密切，又见到之前担任扬州都督的王凌和毌丘俭都落得个灭族的下场，就十分担心自己会步其后尘。于是诸葛诞开始在寿春"倾帑振施以结众心，厚养亲附及扬州轻侠者数千人为死士"。

司马昭秉政后的第二年冬天，传言说东吴有进攻合肥的企图，按理说诸葛诞所督兵马足以防御，但是他却夸大敌情，向朝廷报请增兵十万驻守寿春，还申请在淮河沿岸增筑城池以备吴寇，其实都是为了割据自保。司马昭察觉到了诸葛诞的企图，就在甘露二年夏征诸葛诞入朝为司空。诸葛诞收到诏书后，更加害怕入朝后脑袋不保，遂召集诸将攻杀了同城的扬州刺史乐綝，起兵造反了。

裴注所引《世语》和《魏末传》还透露，诸葛诞之所以造反，贾充在其中也扮演了关键角色。

贾充是贾逵之子，原本是司马师的参军，前年曾随从司马师讨伐毌丘俭、文钦，司马师病危后返回许昌，就留贾充在项城监督诸军，可见对其相当信任。

司马昭上台后，贾充向他建议，应该派人以慰劳为名，刺探一下四征将军对他主政持何态度。于是司马昭就派贾充来慰问新近刚升为征东大将军的诸葛诞。

贾充与诸葛诞见面后，自然免不了谈及时事。这时贾充就别有心机地问了诸葛诞一个问题："近闻洛中诸贤皆愿禅代，君所知也。君以为何如？"意思是你支不支持司马昭当皇帝？

诸葛诞厉声道："卿非贾豫州之子乎？世受魏恩，如何负国，欲以社稷输人乎？此非吾所忍闻。若洛中有难，吾当死之。"

贾充默然不应。

回去后他就对司马昭说："诸葛诞前后两在扬州，素有威名，民望所归，观其筹略，日久必反。今若征其还朝，必不来，然事浅而祸小；若不征，事迟祸大。"司马昭听信了贾充之言，恰好三月时司空卢毓去世，就以朝廷的名义于四月二十四日下诏，征诸葛诞入朝为司空。

这个时候，钟会正好因母亲去世在家守丧，听说要征诸葛诞入朝，钟会便心知此人必反，急忙骑马来见司马昭。司马昭觉得这事既然已经执行了，也不怕他造反，就没有收回成命。

五月初五，诸葛诞果然拒绝就征，杀掉了扬州刺史乐綝，举兵自保。他一边驱敛淮南淮北屯田兵民十余万口和扬州新附胜兵四五万人，聚谷足一年食，闭城自守，一边派长史吴纲护送幼子诸葛靓入吴为质，向东吴请降求救。

此之谓淮南第三叛。

第188章 寿春之战

上述诸葛诞反对司马昭称帝之事,独见于《魏末传》,《晋书·贾充传》中的描述应该也是据此改写而成。

不过裴松之早就指出,《魏末传》"所言率皆鄙陋",是为"底下之书",即民间私撰的野史,可信度不高。

如果诸葛诞真像《魏末传》所说的那样,信誓旦旦地宣称自己忠于魏室,"若洛中有难,吾当死之",那么从高平陵之变迄今的这八九年里,为什么他会甘于做司马氏的鹰犬呢?特别是司马师废掉曹芳之后,其篡夺魏室的野心天下共知,那么当毌丘俭邀其共反的时候他为什么不与之合作呢?要知道,那个时候诸葛诞都督豫州,距离洛阳更近,造反成功的概率绝对比现在要高。

所以我更倾向于认为,诸葛诞造反与其说是因为反对司马氏,倒不如说是为了自保。

有学者指出，在司马懿父子倾移魏鼎的过程中，他们为了杜绝来自地方的挑战，一边笼络既有势力（如王昶、王基、郭淮），一边则培植己方亲信上位以掌控地方军权（如邓艾、胡遵、石苞）。到了司马昭时代，由于篡魏事业步入快车道，需要对地方有更强的控制力，司马昭对异姓都督的猜疑心越来越重，再加上司马氏子弟年龄渐长，已经堪为羽翼，司马昭遂开始逐步以同姓都督取代异姓都督出镇四方。例如甘露元年以司马望为征西将军，景元年间司马骏为平南将军、以司马伷监兖州、司马亮监豫州等。而诸葛诞身为司马氏姻亲，刚好处在从异姓都督到同姓都督的过渡中。

淮南是重兵所聚之地，又与东吴毗邻，有任何风吹草动本来就极易牵动司马昭敏感的神经，再加上王凌、毌丘俭先后以此为基地图谋造反，督领此地者就更易引起司马昭猜疑。诸葛诞虽与司马氏结亲，但他毕竟不是司马昭的亲信，长久来看，司马昭是绝对不放心他在外领兵的。

实际上不只诸葛诞，后来的邓艾、钟会、石苞，乃至与诸葛诞同时的征南大将军王昶都面临着这一问题。《世语》记载，诸葛诞收到征其为司空的诏书后曾言："我作公当在王文舒后，今便为司空！"意思是论资历，朝廷本该让王昶当司空才对，现在竟然征召自己，分明是想诓自己入朝。后来王昶要不是死得早，恐怕也会招来司马昭猜忌。

这方面还有个例子就是石苞。石苞跟邓艾一样，都是司马师亲手从小吏提拔培养出来的嫡系，多年来不但立下了汗马功劳，而且还在司马炎称帝的过程中发挥了关键作用，对司马家可谓忠心耿耿。然而即便这样，由于石苞多年镇抚淮南、威名素著，司马炎还是怀疑他勾结东吴阴谋反叛，在泰始四年（268年）派司马望统大军对其发动了征讨。要不是石苞自己"放兵步出，住都亭待罪"，用主动放弃兵权的方法化解了司马炎的误解，当时就险些酿成第四次淮南叛乱。

我觉得，这次征诸葛诞为司空之前如果司马昭没有派贾充去刺探诸葛诞，那么诸葛诞还有可能选择就征入朝，但既然被贾充了解了他的底细（即使《魏末传》所记言论为假，其倾帑振施、豢养死士的行为也是罪状），那他入朝就是凶多吉少，因此他只有起兵自保这一条路可走。

正因为诸葛诞唯一的动机就是活命，所以他起兵之后，既没有主动进攻，也没有发布罪责司马昭的檄文，而仅仅是闭城自守，并向东吴求救。

这时候东吴的主政者，是权臣孙峻的堂弟孙綝。

前文提到，诛杀诸葛恪后，孙峻以丞相专断朝政。由于孙峻"骄矜险害，多所刑杀"，又奸乱宫人，还与全公主私通，吴国群臣对他并不顺服，在其主政的四年里曾经酝酿过两次宫廷政变，然而却都被孙峻抢先下手消灭了政敌。文钦降吴后，一直不遗余力地鼓动孙峻北伐。于是孙峻就在太平元年（256年）八月调发大军北出广陵，准备大举伐魏。可是就在孙峻于石头城为骠骑将军吕据等诸将践行之后不久，他竟然突发急病，死了（其本传的说法是"梦为诸葛恪所击，恐惧发病死"）。

由于去世的时候只有三十八岁，其子年幼，孙峻临死前就把权柄交给了自己的堂弟孙綝。骠骑将军吕据得知孙綝辅政，一百个不服，立刻引兵还京要废孙綝，并与诸将联名保奏滕胤为丞相。但孙綝掌握了禁兵，又以皇帝的名义发号施令，最终还是干掉了滕胤和吕据，开始以大将军的身份执掌朝权。

此时诸葛诞以寿春来降，对孙綝来说当然是一次提振威名的好机会。于是他先派了文钦、唐咨、全端、全怿等带三万人来救，又调集大军准备亲出东关为后继。

消息传到洛阳，群臣都主张应该像前两次一样尽快出兵，但司马昭说："诸葛诞鉴于毌丘俭以轻动冒进而覆灭，如今必定外连吴寇以为救

援，如此事态虽大，其变化却迟缓。我当要集合四方之军力，以全胜之策制之。"

司马昭之所以不追求快速反应，而是选择稳妥的出兵方案，一个重要的原因就是他既不放心让别人统领大军，也不放心丢下魏帝曹髦径自东行。

所以他上表奏请，以"陛下宜暂临戎，使将士得凭天威"为由，胁迫曹髦和郭太后随自己一同东征。

因此直到六月二十五日，司马昭才带同皇帝和太后进抵项城。战事直到七月初才终于展开。

这一次司马昭狮子搏兔，事先调集了青、徐、荆、豫四州之兵以及关中游军，再加上从洛阳带来的中军，总共凑齐了二十六万人马。为稳妥起见，他留车驾于项城，于七月五日自领中军进至丘头（今河南沈丘东南），以镇南将军王基、安东将军陈骞为前锋。

王基率军刚刚进抵寿春城下，文钦、唐咨等四将带领的三万吴军便到了。趁魏军尚未合围，文钦等绕到城东北方，利用八公山的山势发动进攻。把守这一带的魏军诸将难以抵挡，愣是让这三万吴军冲进了城。司马昭知道后相当气恼，立刻将临敌不进的将军李广和称疾不出的泰山太守常时斩首，以正军威。

尽管如此，魏军的数量依然占据绝对优势。为了不让敌人突围逃逸，司马昭命王基、陈骞等四面合围，里里外外修筑了两重长围，长围上森严壁垒，长围下沟堑陡深，将偌大的寿春城围了个水泄不通。他又命青州监军石苞、兖州刺史州泰、徐州刺史胡质等简锐卒为游军，专门在外围防备可能出现的援兵。文钦又试着出城攻了几次长围，皆被魏军击退。这一来，城中再想突围就很困难了。

这时，孙綝将大将朱异从夏口调回，领三万人进屯寿春西南百里处的安丰城，与文钦、诸葛诞遥相呼应。司马昭担心在平地扎营的围城军队遭到朱异攻击，就下令给王基等移屯到城北的八公山。王基不同意这一调动，向司马昭申辩说，与敌军对峙最重要的是不动如山，现在诸军都深沟高垒、军心安定，如果在这时迁移，一定会搞得人心摇荡，于士气不利。司马昭就收回了成命。不久，兖州刺史州泰在阳渊（今安徽寿县西南正阳关镇）阻击朱异成功，杀伤两千余人，朱异撤了回去。之后也就没人再提移营之事。

这一小小挫折并不能使孙綝放弃，他又亲统大军出屯镬里（疑在安徽巢县附近），并再派朱异、丁奉、黎斐等统军五万，前去解寿春之围。

寿春城以南八十里，有一大湖名叫芍陂。芍陂之水上通施水可至合肥，下通淝水可入淮河。八月，朱异留辎重于湖旁的都陆，自领军进至黎浆。此地位于寿春东南二十里的淝水、黎浆水汇合处，只需西渡黎浆水便能进抵寿春城下。于是在一天夜里，朱异派了支六千人组成的敢死队，在屯西六里抢建浮桥，并筑偃月垒为据点。然而这一行动被魏军探知，石苞、州泰立刻引军来攻，摧毁了浮桥和据点。朱异退军到高处，又以大车组成箱阵，直趋五木城（今地不详），结果再度被石苞、州泰击破。更糟糕的是，在此期间曹魏泰山太守胡烈统领五千奇兵抄小道偷袭都陆，一把火烧毁了朱异的全部辎重。朱异没有军粮，带着残兵靠吃葛叶才回到了镬里。

面对惨败而归的朱异，孙綝大怒，又授给他人马三万，命令他返回死战。朱异认为军粮不足，拒绝再出兵。孙綝更加恼怒，就把朱异斩于军前。

后来胡三省评论说，寿春围城已固，别说朱异，就是周瑜、陆逊复生，恐怕也难以解围，唯一的可能就是围魏救赵，"举荆、扬之众出襄阳以向宛、洛"，这样司马昭才会分寿春之兵还救，文钦、诸葛诞才有

可能突围。但实际上，当时曹魏征南大将军王昶已经"据夹石以逼江陵"，吴国上游的施绩、全熙诸军自保有余，想出襄阳向宛、洛则全无可能。

孙綝冷静下来后，也知道短时间内解围无望，再加上会稽、鄱阳、新都三郡发生了郡民叛乱，后方不稳，九月初，他便留弟弟孙恩继续在镬里观望形势，自己统军回了建业。

得知孙綝自戮名将，司马昭道："朱异不得至寿春，并非其无能，而吴人杀之，不过是为了给寿春守军一个交待，以坚定诸葛诞固守之心。如果不这样做，诸葛诞就会决死突围。又或者他们认为我方大军难以持久，多半会节省口粮，期待将来有新变故发生。我推测敌人的心态不出此三者。现在应当设法扰乱敌人的计划，防止其逃逸，如此才是万全之计。"于是就把老弱残兵遣发到淮北去就食，还下令以大豆为军粮，每人每天只分三升（正常情况应日食七升），以制造军中乏粮的假象。

文钦、诸葛诞闻知，果然欣喜非常。司马昭还派人散布流言，说东吴的救兵就要到了。诸葛诞等更加放松警惕，以为司马昭退兵在即，就放宽了对城中存粮的控制，守城将士人人敞开了肚皮吃，结果原本够吃一年的粮食，半年多就快吃光了（也与城中多了三万吴军有关）。

王基、石苞又请攻城，司马昭道："诸葛诞为逆并非一朝一夕，其聚粮完守，外结吴人，自谓足以割据淮南。而文钦诳惑吴人前来，轻易亦不会逃走。眼下倘若急攻，必会折损游军之力，一旦外寇猝至，表里受敌，便会陷入危险之中。今当治以长策，但坚守不使逃逸即可。如果吴贼自陆道而来，军粮必少，我方以游兵轻骑绝其粮道，便可不战而破外贼。外贼破，文钦等必然成擒。"

到了十一月，救兵依然未至。诸葛诞的部下蒋班、焦彝就劝他说：

"朱异等统大众前来而不能进，孙綝又杀了朱异返回江东，看来他不过是对外以发兵为名，其实只想坐观成败。现在应该趁军心尚且完固，士卒斗志可用，合力死战，攻其一面；即使不能获胜，也可破围脱走。何必像现在这样空坐守死、碌碌无为呢？"

一旁的文钦听了这话，大为反感。因为东吴之所以派他领兵来救，就是看中了寿春这个战略要地，如果像蒋班、焦彝建议的那样弃城突围，就算顺利逃回江东，也算不上什么功劳，势必会影响他这个降将在东吴的地位。于是文钦反驳说："公今举十余万之众归命于吴，而钦与全端等皆同居死地，父兄子弟尽在江表，即便孙綝不欲来救，主上及其亲戚岂肯置之不理？况且魏国没有一年无战事，军民皆疲敝不堪，现在围守我们将近一年，已是强弩之末，内变将起。为何要弃城行此乘危侥幸之举呢？"

蒋班、焦彝依旧坚持己见，惹得文钦大怒。诸葛诞嫌蒋班扰乱军心，也想杀他。二人甚感恐惧，又知道这样下去寿春必破无疑，就携手逾城投降了司马昭。

这还不算，到了十二月，一直在司马昭身边出谋划策的钟会又利用一起偶发事件，狠狠摆了文钦和诸葛诞一道。

第188章 寿春之战

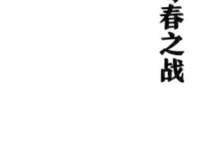

第189章 井底的囚龙

事情是这样的:

由于当年全公主把自己的从孙女、全尚的女儿嫁给了少帝孙亮,全琮死后,她又跟权臣孙峻私通,而全尚之妻就是孙峻的姐姐,所以在孙峻、孙綝主政时期,全氏家族的势力迅速膨胀。特别是滕胤被孙綝所杀后,国丈全尚遂代滕胤为太常、卫将军,录尚书事。当时全氏家族跟孙綝家族并为"一门五侯",各典兵马。史称"自吴兴,外戚贵盛莫及"。

这次诸葛诞来降,孙綝派全端、全怿跟文钦、唐咨一起领兵来救,此时也在寿春城中。全怿的哥哥全绪已死,其子全祎(一作辉)、全仪奉母在建业,可能是因为在争夺家产的官司中吃了亏,这时候竟然带着老母和部曲数十家渡江投奔了曹魏。钟会知道这件事后,就给司马昭出了个主意,让全祎、全仪给城里的全怿写信,并且让亲信家人送去,谎称孙綝恼恨全怿等不能解寿春之围，欲尽诛诸将家，所以他们才叛逃到了魏国。

全怿信以为真，大为恐惧，就跟全端一起在十二月间带着数千部众打开城门，投降了司马昭。

这一下城中惶乱，士气大受打击。

转眼到了第二年正月，东吴依然没有发来救兵，城中存粮则所剩无几。文钦这时才觉得要想活命就必须进行突围。他对诸葛诞、唐咨说："蒋班、焦彝觉得我方不能突围，故而降魏，全端、全怿又率众出降。眼前正是敌军放松防备的时候，正可以出战。"诸葛诞、唐咨亦深以为然。

于是文钦等紧急赶制了大批攻城器械，昼夜不息地对包围圈南部发动了进攻。

战事持续了五六天。南部诸围正是王基的防区，在王基的指挥下，围上的士兵居高临下，用发石车、火箭等将攻城器械尽皆摧毁，箭矢和雷石如大雨般倾泻而下，吴军死伤惨重，死者的鲜血几乎灌满了围墙下的堑壕。文钦等见状不妙，只好又撤回了城中。

由于存粮罄尽，连日来城中军民纷纷出逃投降，文钦就向诸葛诞提议，应该把城里所有的北方人都放出去，只留吴兵守城，一来可以节省粮食，二来许多北方士兵的妻儿不在城中，意志并不坚定，留下来反而不利军心。可是诸葛诞心想，把北兵都放走，自己岂不成了光杆儿司令？就坚决不同意。两人为此争吵不止，彼此都怀恨在心。本来文钦在当扬州刺史的时候，跟诸葛诞的关系就不好，这次迫于形势共同合作，局面稍好的时候还能彼此容忍，眼下事态危急，在关键的决策上又谈不拢，彼此就更加猜忌了。终于，诸葛诞抢先下手，利用一次议事的机会亲手杀死了文钦。文钦的儿子文鸯、文虎当时统兵在小城驻扎，听说父

第189章 井底的囚龙

亲被害，召集部众就要去跟诸葛诞拼命。然而分给他们的部众都是诸葛诞的兵，没人愿意跟他们一起行动。文鸯、文虎只好逃出城来向司马昭投降。

左右军吏都主张将文鸯兄弟斩首，但司马昭却说："文钦罪不容诛，其子固然应当正法，然而文鸯、文虎以穷途来奔，且城未拔，杀此二人就会坚定守城人的心。"就赦免了二人的死罪，还封为将军，叫他们带着几百骑兵绕城驰呼道："文钦之子犹不见杀，其余何惧？"守城的士兵见到后，纷纷心下窃喜。再加上城内饥荒日甚一日，司马昭亲自巡视长围，见城墙上的守军没精打采地拿着弓箭，拉都懒得拉一下，便对诸将说："现在可以攻城了。"

二月二十日，魏军四面进兵，同时鼓噪登城。守城士兵大多象征性地战斗了一下就放弃了抵抗，寿春城很快被魏军攻占。诸葛诞窘急，乘马带着亲兵从小门突围而出，被司马胡奋所部截击，即时斩于马下。吴将唐咨、孙曼、孙弥、徐韶等皆降，唯独诸葛诞麾下数百亲兵尽管被俘，却拒不投降，司马昭不得不下令将他们全部斩首。据干宝《晋纪》记载说，当时这数百人拱手为列，每斩一人，就问剩下的人投不投降。结果杀到最后，都说："为诸葛公死，不恨。"竟无一人投降。

从甘露二年五月诸葛诞反叛，到三年二月寿春被攻占，这场战事总共持续了十个月。期间司马昭一直采取深沟高垒的围困战术，直到最后一天才发动了攻势，所以除了耗费了大量军粮以外，尽管投入了二十多万人，却没有造成太多士兵伤亡。当然，这除了归功于司马昭战术得当，还要承认魏军的运气也不错。因为围城期间不但少见地没有暴发瘟疫，也没有遇到淮南地区多发的水灾。据说寿春一带往年到了雨季，淮河动不动就发大水，经常淹没城邑。所以当初司马昭筑长围的时候，诸葛诞并不很担心，还笑着说："这长围一定会不攻自破。"结果围城期间淮南大旱，十个月里几乎没怎么下雨。直到寿春城失陷后，"是日大雨，围垒皆毁"，一场突然降临的春雨才结束了旱灾。

事后有人向司马昭建议，鉴于淮南数次叛乱，投降的吴兵其家室又都在江南，应该将他们全部坑杀以绝后患。但司马昭道："古之用兵，全国为上，戮其元恶而已。将来吴兵就算逃回江南，也可以显示我国之宽宏大量。"没有听从。不过为了防范吴兵叛逃，他还是把吴兵都迁到了中州腹地安置。

司马昭又增设淮北都督区，以陈骞为安东将军都督淮北，以王基为征东将军都督扬州，进一步加强了对寿春地区的控制。

司马昭还一度想乘战胜之威，派诸将轻兵深入，招引东吴降将子弟，以此震荡江东。但王基劝阻说，当年诸葛恪在东关战胜之后不知收敛，这才有了新城之败，现在我军刚刚获得大捷，将士有轻敌之心，出征的时间又将近一年，士卒思归，应该见好就收才是。司马昭就改变了想法。

四月，司马昭携魏帝曹髦回到了京师。

紧接着为赏平叛之功，朝议以并州、司州之八郡封司马昭为晋公，加九锡，进位相国。然而面对诏书，司马昭却极力推辞，"前后九让，乃止"。于是"增邑万户，食三县，诸子之无爵者皆封列侯"。显然，上述封赐并不出自魏帝曹髦自己的意志。

至于司马昭为何相中了晋公的头衔，传统的解释是司马氏的老家温县在春秋时属晋地，而司马昭原来的封邑高都县亦属晋地。

一年后，"天子复命帝爵秩如前，又让不受"，矫情的司马昭还是不肯接受晋公、九锡和相国的封赐。

之所以如此，一方面是为了向世人摆出一副为国为民不计名利的姿态，一方面也可能是因为，司马昭觉得自己的功勋和威望还不足够。

要知道，当年曹操平黄巾、诛吕布、破袁绍、定乌桓，统一了大半个中国，也不过封魏公、加九锡。他司马昭自掌权以来，仅仅攻下一个寿春，平定了内部的一场叛乱，就想着要跟曹操一个待遇，如果就这样接受，未免会显得不够谦逊，给人留下德不配位的口实。

饶是如此，众人都看得出来，司马昭已经将建立晋国提上了日程，魏晋禅代只是时间问题了。

面对此情此景，"才同陈思，武类太祖"的魏帝曹髦虽有效仿少康中兴之志，却完全没有挽救社稷危亡的机会和空间。整日里他只能如行尸走肉一般，坐视威权日去，殿前的烛火像大魏国祚一样越来越黯淡。

而且有迹象显示，由于曹髦年龄渐长，性格愈发刚强，司马昭担心其对禅代之事不能很好地配合，已经生出了废曹髦另立新君之念。

甘露四年（259年）春，宁陵县官吏报告，说有黄龙两只现身于当地的井中。这已经是曹髦在位以来地方上第八次报告有龙出现了，有时是青龙，有时是黄龙，而且每次都出现于井中。群臣都说这是嘉祥。然而这一次曹髦却道："龙者，君德也。上不在天，下不在田，而数屈于井，非嘉兆也。"又写了一首《潜龙诗》，以龙自喻，抒发了自己被困于井中的愤懑心情。据说司马昭见到这首诗以后，对曹髦愈加憎恶。

转过年来，不久前刚被提拔为扬州都督的石苞来朝。返回扬州之前，石苞来向皇帝辞行，然而不知为何，曹髦把他留在宫里一聊就是一整天。此举引起了司马昭的高度怀疑，石苞出宫后，他立刻派人把他叫到了自己府中，责问他为何留了那么长时间。石苞解释了一番，末了又道："主上非常人也。"司马昭本来就十分担心曹髦拉拢石苞，现在石苞这话分明是在提醒他，必须尽早废掉曹髦。《晋书·华表传》也说："石苞来朝，盛称高贵乡公，以为魏武更生。时闻者流汗沾背。"时任侍中的华表担心受池鱼之殃，就请病假不再上班，因此才"免于大难"。还有学者认为,司马昭之所以怀疑郑小同看了自己的密疏而把他毒死,可能就是因为那道密疏牵涉到了废帝之事。

更直接的证据则是《晋书·文帝纪》所记的这句话:"天子既以帝三世宰辅,政非己出,情不能安,又虑废辱,将临轩召百僚而行放黜。"既是"又虑废辱",说明曹髦已经感知到了司马昭准备废掉自己。

《汉晋春秋》亦记载说,曹髦"见威权日去,不胜其忿",就于甘露五年(260年)五月六日夜里召来侍中王沈、尚书王经、散骑常侍王业三人,说道:"司马昭之心,路人皆知。我不能坐受废辱,今日当与卿等自出讨之!""不能坐受废辱"一句似乎也说明,废帝之事正在司马昭的计划中。曹髦此举并非像后世所说是他过于冲动,实是因为他当时已经别无选择。

面对年轻皇帝那怒气冲冲的脸孔,尚书王经劝道:"昔年鲁昭公不忍季氏,败走失国,遂为天下所笑。如今权在其门,为日久矣,朝廷四方皆为之致死,不顾逆顺之理,已经远非一日。况且宿卫空缺,兵甲寡弱,陛下又何所资用?一旦为此,难道不是欲除疾病却反而使病症更深了吗?必会招来不测之祸,请陛下务必慎思啊!"

曹髦不听,从怀中逃出早已写就的一份诏书草稿,发狠般扔到地上,道:"我已决意行之!即便是死,又有何惧?何况未必便死呢!"说完就走入内殿要去告知郭太后。

王沈、王业见状,知道事情已无可挽回,就急忙跑出皇宫,来向司马昭报告。据说二人临走时曾劝王经跟他们一起,不要留在曹髦身边送死,但王经摇头道:"吾子行矣!"你们走吧,我要留下来尽臣子的本分。

王经,字彦伟,出身贫寒,与许允并称冀州名士,曾任江夏太守、

雍州刺史、司隶校尉之职，一年前刚刚转为尚书。

之前他跟曹髦并不亲近，应该也没有参加过他在太极东堂举办的讲宴活动。

然而生死之际，他却远比王沈、王业这些整日陪侍皇帝的官员表现得更为忠诚。

第190章 天子殉国

接下来发生的事,各家史料所记稍有差异。

《晋书·文帝纪》记载,在告知王经等三人之前,曹髦已经命冗从仆射李昭打开了陵云台上存放武器的仓库,并在宫中实行戒严。等他发现王沈、王业逃跑,知道事情泄露,就亲自率领左右去攻打相府。然而这时候司马昭已经命贾充做好了准备。一开始相府兵将见是皇帝本人前来,不敢战斗,贾充就命令诸将说:"公畜养汝辈,正为今日!"于是一个叫成济的军官"抽戈犯跸,刺之,刃出于背,天子崩于车中"。

按这一叙述,似乎曹髦是主动进攻,司马昭是被动防御,最后曹髦是死在了攻打相府的过程中。《晋书·贾充传》也对此做旁证云:"魏高贵乡公之攻相府也,充率众距战于南阙。"眼看本方军队将败,成济问贾充到底该怎么办,贾充就说:"公等养汝正为今日,复有何疑!"成济于是抽戈犯跸,杀死了曹髦。

然而《魏氏春秋》的记叙却并非如此：

戊子夜，帝自将冗从仆射李昭、黄门从官焦伯等下陵云台，铠仗授兵，欲因际会，自出讨文王。会雨，有司奏却日，遂见王经等出黄素诏于怀曰："是可忍也，孰不可忍也！今日便当决行此事。"入白太后，遂拔剑升辇，帅殿中宿卫、苍头、官僮击战鼓，出云龙门。贾充自外而入，帝师溃散，犹称天子，手剑奋击，众莫敢逼。充帅厉将士，骑督成倅弟成济以矛进，帝崩于师。时暴雨雷霆，晦冥。

陵（凌）云台是曹丕时所修，位于禁宫北部，台高二十余丈，贮存有足可武装三千人的兵器甲胄。曹髦把这些器甲赐给殿中宿卫、苍头（奴仆）、官僮，想亲自带领他们去讨伐司马昭。因为下雨，有人劝曹髦推迟行动，但曹髦召见王经等三人，仍决定今晚便行动。趁曹髦入见太后之际，王沈、王业逃走，将此事告知了司马昭。因此当曹髦带着一众宿卫和奴仆杀出云龙门时，迎面便遇上了自外而入的中护军贾充及其军队。曹髦率领的乌合之众当然不是贾充所领精兵的对手，很快溃散，但曹髦却仍然自称天子，持剑奋击。士兵们见状不敢逼近，贾充就督促骑督成济上前，在暴雨雷霆中用矛刺死了曹髦。

在这一叙述中，曹髦并非死在了攻打相府的过程中，而是被贾充所攻，死在了云龙门附近。这一地点上的差异所蕴含的意义大不相同：

据《洛阳伽蓝记》所记，司马昭所居相国府在阊阖门以西、紧邻宫城西南角，要想从皇帝所居的禁宫去攻打相府，最合理的路线是出宫城南门阊阖门，然后延门前横街直接西行。《贾充传》云"充率众距战于南阙"，正与这一路线相对应。显然，《晋书》的叙述意在暗示曹髦是主动进攻的一方，他一直杀到宫外才被贾充所阻挡，而且成济是在本军将败的情况下才不得不刺杀了曹髦,是不得已而为之。

云龙门则是禁宫东门,位于宫城之内,而时任中护军的贾充的职责是负责宫城外的防卫,按理说没有诏谕是不能进宫的。然而按《魏氏春秋》的记载,贾充不但率军入宫,在云龙门附近与曹髦交战,而且还在曹髦所统兵众已经溃散的情况下,又命成济杀死了他。这就说明贾充并非被动防御,他实际上完全占据着主动。《魏末传》甚至还描述说,成倅、成济兄弟在进攻前问贾充:"当杀邪?执邪?"贾充答说:"杀之。"于是"济兄弟因前刺帝,帝倒车下"。也就是说,曹髦之死完全出于贾充有意弑杀。

比《魏氏春秋》成书更晚的《汉晋春秋》则补充了更多的细节:

曹髦"遂帅僮仆数百,鼓噪而出"后,首先在东止车门遭遇了司马昭的弟弟、屯骑校尉司马伷,"左右呵之,伷众奔走"。屯骑校尉负责宫城内的防卫,所以曹髦才会最先遇到司马伷,但是面对皇帝本人,司马伷手下兵将不敢进攻,纷纷退走。这时中护军贾充自外而入,"逆帝战于南阙下"。由于曹髦亲自挥剑冲锋,众兵将也心生退意。成济就问贾充怎么办,贾充说司马昭养你们就是为了今天,现在还有什么可问的?于是成济"即前刺帝,刃出于背"。

东止车门应在云龙门以东,由此以内臣子必须下车;南阙即宫城南门附近,门内外皆可称阙下。

那么,曹髦遇害的地点到底是在宫城内还是在宫城外呢?

《世语》所记满宠之孙满长武(长武应为字,其名不详)的事迹可以告诉我们答案。

满长武身长八尺,二十四岁时就做了大将军司马昭的掾属。五月六日夜间曹髦发难时,他正好负责把守阊阖掖门,司马昭的弟弟司马幹想要由此入宫,满长武却对他说:"此门近,公且来,无有入者,可从东掖门。"司马幹的妻子就是满长武的姑姑，他就听了满长武的劝，转而走东掖门入宫。这一绕远，司马幹就来迟了。司马昭的参军王羡也同样被满长武拒之门外。后来王羡就向司马昭告状，说满长武故意断门不让入宫。司马昭为此将满长武下狱拷问，活活打死于杖下。

《晋书·荀勖传》也记载了此事，只不过断门的人变成了"大将军掾孙佑"，而且还说孙佑把守的是阊阖门，并非满长武把守的阊阖掖门。且后来由于荀勖进谏，孙佑并未被杀，而只是免为庶人。

我们且不管把门的到底是孙佑还是满长武，又或者阊阖门跟阊阖掖门是否在一处[①]，总之这两则材料都告诉我们，既然阊阖门和东掖门都是宫城之门，那么曹髦与贾充交战的地点肯定是在宫城之内。

显然，来源于晋朝官方史料的《晋书·文帝纪》对这一信息进行了模糊处理，而有意强调曹髦是死于进攻相府的途中，以及将贾充所统的护军营禁军说成是"相府兵将"，都是为了给人制造一种"是曹髦想害我，我只是正当防卫"的印象。至于曹髦之死，则是其自食恶果，自取灭亡。

基于同样的逻辑，七日一大早，司马昭立刻以郭太后的名义发布公告，对曹髦进行了全面抹黑。令文声称：

当初自己立曹髦为帝，是因为见他读书还不错，本以为是个可造之才。哪知道他年龄大了以后性情暴戾，日甚一日，自己说了他几句，他

---

① 今本《三国志》《册府元龟》记满长武语皆作"此门近，公且来，无有入者"，然"且来"一句语义不明。笔者怀疑，"且"字有误，原文似应为"车"，即"此门近公车，来无有入者"。盖因阊阖门、司马门皆由公车司马令负责警卫，又称公车门，阊阖掖门近在其侧，而彼时的公车司马令应该就是孙佑。据《晋书·荀勖传》，时大将军掾孙佑守阊阖门，司马幹闻难欲入，佑谓幹曰："未有入者，可从东掖门。"看来，司马幹应该是首先在宫南正门阊阖门受阻，然后又想走满长武把守的阊阖掖门，但是由于阊阖掖门距离阊阖门太近，容易被公车司马发觉，所以满长武才劝司马幹绕远走东掖门。

竟然怀恨在心，不但用污言秽语诅骂我，还不再跟我见面。他骂的那些话，天地所不忍闻。当时我就曾密令大将军，此儿不可以奉宗庙，将来迟早会颠覆社稷，让自己死无面目以见先帝。大将军劝我说，他年龄尚幼，以后就会改过向善。哪知道此儿毫不悔改，变本加厉。他曾经拿着弩箭向我居住的寝宫发射，祝祷说希望射中我的脖子，我亲眼所见那支箭就落在我的面前。前前后后我跟大将军说了几十次，必须废了此儿才行。此儿闻知后自觉罪孽沉重，便买通我身边人，想趁我服药的时候下毒毒死我。后来事情败露，他就发动宫中兵丁，准备先杀我，再杀大将军。幸亏宗庙有灵，王沈、王业把这消息告知了大将军，大将军才得以严兵警戒。而此儿又带领左右出云龙门，擂战鼓，躬自拔刃，冒入兵阵间，遂为前锋所害。他既行此悖逆不道之事，又自陷大祸，便应废为庶人，以民礼将其安葬。

不用我分析，相信读者诸君就能看得出来，这篇令文捏造事实，掩盖真相，颠倒黑白，完全是无耻的政治谎言。

其实当时曹魏群臣都知道这一点，只是他们迫于司马氏的淫威，不敢明说而已。毕竟王经的例子摆在那里：他因不肯跟从王沈向司马昭告密，而以"凶逆无状"的罪名抓入廷尉，连其家属一起被杀了。

这件事的象征意义就是：只要你支持或同情曹髦，那你就站到了司马昭的对立面。

因此，尽管皇帝被害是惊天动地的大事，但当时敢于公开表达悲愤和同情态度的大臣只有三个。

一个是司马昭的叔父、太尉司马孚。

据其本传所载，曹髦被害的消息传开后，文武百官莫敢奔赴，只有司马孚赶到现场，趴在尸身上失声恸哭道："杀陛下者，臣之罪也！"还奏请立刻追究查办弑君者。得知太后下令废曹髦为庶人，司马孚又与

群公上表，请求将曹髦以王礼安葬。

另一人是曹髦生前指定的三老——王祥。其本传称："及高贵乡公之弑也，朝臣举哀，祥号哭曰：'老臣无状。'涕泪交流，众有愧色。"

最后一人，是陈群之子、尚书左仆射陈泰。

据说司马昭在得知曹髦被杀的消息后，也大吃一惊跌倒在地，道："天下其谓我何！"意思是弄出这等事来，天下人该怎么看我？后来他就召集百官入宫，商议该如何善后。众官都到了，只有陈泰未至。司马昭就叫荀顗去请陈泰。

颍川荀氏与陈氏在汉末并为名门望族，互通婚姻，论辈分荀顗是陈泰的舅舅，论名声时人"以五荀方五陈"，荀顗亦与陈泰齐名，所以荀顗亲自来请，其实是给了陈泰很大的面子。然而陈泰知道荀顗的来意后却道："世之论者，多以泰方于舅，今日方知舅不如泰也。"言下之意，你荀顗如此阿附司马氏，于品格操守未免有亏。面对荀顗的劝说，尽管陈泰不为所动，可是他的子弟家眷却害怕他给整个家族带来灾祸，一个劲儿地对他进行逼迫和哀求，陈泰不得已，只好含泪来见。

司马昭一见陈泰，就装出一副痛不欲生的样子，问他："玄伯，卿何以处我？"事情弄成这样，你赶紧给我出个主意呀！

陈泰道："唯有速斩贾充，可以稍微向天下谢罪。"

贾充是司马昭的头号心腹，其带兵入宫的行动又经过司马昭直接授意，如果此时杀掉贾充，那将来谁还愿意替他去干那些不光彩的脏活？所以司马昭沉吟半天，为难地说道："公闾不可得杀也，卿为我更思其次。"你能不能再想个别的招？

陈泰脸色一沉，不客气地说道："泰言惟有进于此，不知其次！"杀贾充是最低要求，我觉得这还远远不够。

司马昭没理会陈泰。有史料说，陈泰回来后就愤而自杀了。还有史料说，陈泰是呕血而卒。总之在曹髦被害后不久，陈泰便也去世了。

尽管司马昭没有把贾充牺牲掉，但他也深知，此事影响极为恶劣，不找个替罪羊出来实在没办法解释。于是亲手杀死曹髦的成济兄弟就成了倒霉蛋儿。

五月二十六日，司马昭向郭太后奏请以"大逆无道"的罪名将成济夷三族。在奏章里他还辩称：得知曹髦来攻，自己明明命令将士不得迫近辇舆，不得伤害皇帝，违者一律军法从事，没想到成济竟然违背军令，突然闯入阵间，这才造成了曹髦死亡。这样一来，弑君的罪责就全部推到了成济的身上，不但他司马昭没有责任，甚至贾充也可以免除干系。

成济兄弟本以为自己替司马昭立了大功，定能升官发财，哪知道到头来竟是这么个结果，自然是一百个不忿。侍御史带兵来抓捕他们时，二人"不即伏罪，袒而升屋，丑言悖慢"，估计连司马昭的先人都骂了个遍。士兵将屋子包围后从下边射箭，才把二人射死。

司马昭还同意了司马孚等人的请求，允许将曹髦以王礼安葬。

最后，国不可一日无君，经与郭太后和公卿商议，司马昭派自己的儿子司马炎前往邺城，迎立燕王曹宇之子、常道乡公曹奂（原名曹璜）为新君。

六月初二，十五岁[①]的曹奂于太极前殿即位。

尽管曹奂才是曹魏王朝的最后一位国君，但在那个暴雨雷霆的夏夜，当形单影只的曹髦以天子身份战死于宫阙之下时，曹魏的国祚实际上便已经宣告终结。

---

① 史籍中曹奂年龄有两种记载：《三国志·三少帝纪》云禅位时年二十，则即位时年十五。《魏世谱》云"年五十八，太安元年崩"，则即位时年十六。

第191章 名士凋零

洛阳城东建春门外一里，有一座横跨阳渠的石桥。

石桥以南是一座平日里人烟稠密、熙熙攘攘的农贸市场，由于交易的物品以牛马牲畜为大宗，时人多称之为马市或牛马市。

从东汉开始，这里还经常用作处决囚犯、悬首示众之所。

例如史籍明确记载，东汉末年皇甫嵩击破"黄巾贼"首领张梁后，就曾经将张梁和之前已死的张角的首级一起"传送马市"。到了司马氏掌权时代，这里更是频繁成为其处决政敌的刑场，曹爽兄弟、夏侯玄、王经等人皆是在此被砍下了头颅。

大概在景元三年（262年）某日①，全副武装的士兵们早早进入市场，开始驱赶商贩和行人，不多时便清理出了一块空阔的场地。于是人

---

① 因史料互相龃龉，关于嵇康生卒年一直有多种说法。本处以《三国志》云其"景元中坐事诛"及《与山巨源绝交书》写于景元二年为依据，暂定其卒年为景元三年。

们知道，又有大人物的脑袋要滚落泥中，与马粪青蝇为伴了。

当囚犯在押解下穿过人群进入场地，人们才发现，此人竟是如此的气质高迈、卓尔不群。

其人身高七尺八寸，风姿特秀，望去如孤松独立，其行若玉山将崩，容色虽不加雕饰，却是天生的龙章凤姿。

他正是竹林七贤之一、中散大夫嵇康嵇叔夜。

嵇康是谯郡铚县（今安徽宿州西）人，其父是曹氏元从谯沛集团的一员，他自己幼而聪慧，博学多闻，因此尽管早孤，但在母亲和两位兄长的教导下，成年后的嵇康才华横溢，在文学、玄理、音乐、书画等多方面都展现出了过人的资质。大概在二十来岁时，他娶了曹操之子沛王曹林的女儿为妻①，随后以郎中出仕，被朝廷授予了中散大夫的闲职。中散大夫在魏、晋官品中属第七品，其职责类似顾问，虽然不是什么显要职官，但对于一个家世并不显赫的年青人来说已经是个不错的起点。

不过，据嵇康自己所说，他向来性情疏懒，闲散惯了，又喜欢老、庄清静无为的思想，"荣进之心日颓，任实之情转笃"，一直以来根本无意仕宦。这一时期，他寓居河内山阳，与山涛、阮籍、向秀、吕安等好友相识相知，每日里读书饮酒，打铁灌园，弹琴咏诗，修道寻仙，这才是他想要的生活。被授予中散大夫一职后，嵇康应该搬到洛阳居住过一段时间，前述钟会携新著之《四本论》前来拜访不敢入门一事可能就发生在此期间。

当时名士，在朝者以夏侯玄、何晏、邓飏等"正始名士"为代表，

---

① 《三国志》裴注引《嵇氏谱》云："嵇康妻，林子之女也。"《文选》注引王隐《晋书》则云："嵇康妻，魏武帝孙穆王林女也。"曹操卒时，曹林最多二十出头，因此从年辈推测，嵇康妻似应为沛王曹林之女。但古人早婚早育，也不能排除为曹林孙女的可能。

在野者便以嵇康、阮籍、山涛等"竹林名士"为代表。魏晋玄学之盛，即始于此时。

这种情况一直持续到高平陵之变发生前。

高平陵之变发生后，何晏、邓飏被杀，夏侯玄被贬，正始名士凋零，掌权的司马懿父子为笼络人心，开始网罗竹林名士以装点门面，嵇康、阮籍、山涛等人的命运亦随之改变。

最先接受司马氏招安的是当时名气最大的阮籍。

阮籍字嗣宗，是建安七子之一阮瑀之子，他比嵇康大十几岁，成名和出仕也早。早在蒋济为太尉时，便曾想辟阮籍为掾属，阮籍初不应辟，惹得蒋济大怒，最后乡亲父老齐来劝谏，阮籍才接受了吏职。不过没多久他就称病辞职了。后来他还当过尚书郎和曹爽的参军，也都是短时间内便以疾病为辞告归田里。史称阮籍"容貌瑰杰，志气宏放，傲然独得，任性不羁，而喜怒不形于色。或闭户视书，累月不出；或登临山水，经日忘归。博览群籍，尤好《庄》《老》。嗜酒能啸，善弹琴。当其得意，忽忘形骸。时人多谓之痴"。显然，阮籍跟嵇康一样，骨子里也是追求精神自由的逍遥派。故而二人在山涛处一见，便"契若金兰"，从此成为知交。

阮籍为人虽放浪形骸，不拘礼法，但在政治态度上却谨慎而克制，从不锋芒毕露。尽管他内心深处对司马氏颇为不满，比如他曾登临广武山（今河南荥阳北）楚汉屯兵处，借评论刘项之争暗讽司马懿父子道："时无英雄，使竖子成名！"但当司马氏征辟其为掾属时，他却没有再像当年婉拒蒋济一样选择公开拒绝。其本传称："宣帝为太傅，命籍为从事中郎。及帝崩，复为景帝大司马从事中郎。"等到司马师废曹芳立曹髦为帝后，阮籍甚至得到了关内侯、散骑常侍的官爵。司马昭还一度想让自己的儿子司马炎娶阮籍的女儿为妻。可见在司马懿父子的眼里，阮籍并不是他们营立家门的障碍。

对阮籍的这一态度，史书解释说："籍本有济世志，属魏晋之际，天下多故，名士少有全者，籍由是不与世事，遂酣饮为常。"有何晏、邓飏、夏侯玄、李丰这些人的例子在前，阮籍深知与司马氏作对是何下场，所以他明哲保身，并不公开展露自己的政治态度。他虽然能为"青白眼"，对寻常礼俗之士颇为鄙薄，但却"口不臧否人物"，从来不议论他人是非。以致司马昭曾对人言："天下之至慎，其惟阮嗣宗乎！每与之言，言及玄远，而未曾评论时事，臧否人物，真可谓至慎矣。"可见阮籍为官小心谨慎到了何种程度。

而与此同时，出于情感和道德操守的要求，阮籍却也不想与司马氏走得太近。所以除了"言及玄远"之外，他只能通过"酣饮为常"的方法来消极地化解司马氏的拉拢。司马昭不是想跟阮籍结亲家吗？可是当提亲者上门时，阮籍却一连大醉了六十日，提亲者根本找不到进言的机会，最后司马昭只得作罢。钟会亦曾数次问阮籍以时事，准备抓他言语中的纰漏好罗织罪名整他，阮籍也借由装醉获免。到了后来，他甚至仅仅因为步兵营有人擅长酿酒、后厨有贮酒三百斛便主动向司马昭求为步兵校尉，好整日里与刘伶在府营一醉方休，喝死拉倒。

相比阮籍这种"不主动、不拒绝、不负责"的冷淡态度，对于为司马氏效力，山涛似乎显得更积极一些。因为如前所述，毕竟他跟司马家还有一层亲戚关系。据其本传透露，司马师秉政后，已经辞官数年的山涛主动求见。司马师尽管揶揄他说："吕望欲仕邪？"但还是命司隶举山涛为秀才，任其为郎中，又转为骠骑将军王昶的从事中郎，使山涛重返仕途。后来在司马昭时代，山涛更是以大将军从事中郎的身份周旋于钟会、裴秀这两位司马氏宠臣之间，甚至司马昭西征，还放心地让他镇守邺城。

对于嵇康，司马昭也流露出了招揽之意。史料显示，他至少曾两次想辟嵇康为掾属。《魏氏春秋》云："大将军尝欲辟康。康既有绝世之言，又从子不善，避之河东，或云避世。"这大概是在甘露元年或二年司马昭秉政未久之时，"从子不善"所指何事已难查考，总之这时嵇康离开洛阳跑到河东地区待了一段时间，很大程度上是为了躲避司马昭的征辟。第二次则是在魏帝曹髦被害之后，这时候司马昭怕背负弑君之名，对舆论及其敏感，但凡有人在举动上对司马氏有所疏远，都有可能被他视为潜在的敌人。如果嵇康这时再拒绝司马昭，说不定会惹来大麻烦。可能就是考虑到了这一点，已经迁为尚书吏部郎的山涛"举康自代"，想劝老朋友出来接替自己的职位。从制度上来说，尚书郎属于魏朝职官，并非大将军掾属，接受这一官职也不代表就是司马昭的手下，因此这是一个避免惹怒司马昭也照顾到了嵇康感受的折中方案。

然而得知这一消息后，嵇康随即修书一封，表明了自己绝不妥协的立场。

后世的标题党给这封书信起了一个颇为扎眼的名字——《与山巨源绝交书》。

书信中，嵇康以颇为遗憾的口吻埋怨山涛说：

"我们相知已久，你应该十分清楚我嵇康是何等样人，也应该了解我的志向。我固然仰慕柳下惠、东方朔那些随波逐流、与时浮沉的通达之人，可限于我本性疏懒，放纵傲慢，又喜老庄之学，以致'荣进之心日颓，任实之情转笃'。这就像禽兽野鹿，如果从小接受了驯服，那么长大后自然温顺，如果等到它长大后再给他套上笼头羁绊，那它就会挣扎着想要摆脱，即便用黄金装饰它的外表，给它吃最好的饲料，它也依然想要回归山林。阮嗣宗口不论人过，我很想学学他，可是未能做到。然而即便是阮嗣宗，也难免被朝中的礼法之士嫉恨，我嵇康于人情世故更加不通,我若当官,岂不是自找麻烦?我思考再三,人际交往的礼数、朝廷的法规制度,我总共有七件事受不了,两件事万不可为。有这九个隐患,即使不惹祸上身,我自己也会郁闷得病,我哪里敢出来当官?再说我现在正在修习服食养生之术,一旦当官就会前功尽弃,加以近年儿女多病,自己的心脏也不太好,'今但愿守陋巷,教养子孙,时与亲旧叙阔,陈说平生,浊酒一杯,弹琴一曲,志愿毕矣'。我哪能舍弃眼前的乐事而去干自己所畏惧的事呢?人之相知,贵在相互了解,你就不要再强人所难了吧。"

后来这封信的内容被司马昭闻知,他相当恼怒。这不仅仅是因为嵇康再一次拒绝了他,更是因为嵇康在书信中自陈不堪朝廷礼法,"每非汤武而薄周孔"。要知道,所谓汤、武革命,均是以臣克君,从而导致了改朝换代,而从司马懿开始,司马家的人就一直以辅政的周公自居。现在嵇康竟然公开宣布商汤、武王都做得不对,周公其实也不怎么样,这分明就是在暗示,他司马氏的所作所为都是错的,都是倒行逆施。司马昭哪里受得了?

再说,这也不是嵇康第一次传播反动思想、散布反动言论了。

嵇康生平所著文章,以论辩体数量最多、成就最大,甚为世人所推崇。其中一篇著名的文章,就叫《管蔡论》。

管叔、蔡叔是周武王的两个弟弟,武王灭商后将两人封于殷商故地监视殷遗民,但是武王去世后,两人对辅政的周公姬旦不满,联合殷遗民发动了叛乱。最后周公再次东征,杀管叔,放蔡叔,这才巩固了周朝的统治。

传统观点都认为,管叔蔡叔是逆贼,周公平叛是正义之战。然而嵇康在《管蔡论》中却提出管叔、蔡叔其实是忠臣,他们起兵是因为相信了周公篡权的流言,是为了捍卫周成王的天子地位。但是他们的起兵

毕竟构成了叛乱，所以事后成王尽管知道二人是忠臣，却不能替他们翻案。

联想到当时的政治局势，王淩、毌丘俭、诸葛诞诸人的所作所为显然与管叔、蔡叔极其相似。因此在司马昭眼中，嵇康的这篇文章既然是在替淮南三叛正名，自然也就是在诋毁司马氏专权的合法性。

甚至有史料说，当年毌丘俭起兵之时，嵇康曾经有起兵响应的计划，后来他问山涛的意见，山涛说不可，再加上毌丘俭迅速败亡，他才没有行动。这则材料独见于《世语》，到底是确有其事，还是钟会为陷害嵇康而捏造的流言，如今已很难确知①。

许多史料都记载，在嵇康之死的过程中，钟会扮演了关键角色。据说在成为司马昭的宠臣之后，钟会曾乘肥马、衣轻裘，在一众宾客的簇拥下，又来拜访嵇康。当时嵇康正与向秀在一棵大树下"箕踞而锻"，见钟会前来，嵇康依然低着头打铁，既没有以礼相待，更没有与之交谈。钟会不尴不尬地在旁边待了半天，见嵇康没有理会自己的意思，就转身要走。这时嵇康才发问道："何所闻而来？何所见而去？"钟会冷冷地回了一句："闻所闻而来，见所见而去。"自此便对嵇康衔恨在心。

等到景元三年前后，由于前述两事司马昭已经流露出了对嵇康的不满，偏巧这时嵇康又因为替自己的好友吕安作证而卷入了一起官司，时任司隶校尉的钟会就利用此案大做文章，力劝司马昭杀掉嵇康。

---

① 笔者个人认为，以嵇康的性情及其一无财力、二无权势的地位而言，起兵响应毌丘俭之举很不现实，此事属捏造的可能性更大。

第192章 广陵散绝

吕安字仲悌,东平人,其父就是桓范当年不肯为之下的镇北将军吕昭。吕安本人跟嵇康私交甚笃,不但频繁参与竹林之游,而且经常跟向秀一起陪同嵇康打铁、灌园,讨论《庄子》等玄学问题。《世说新语》甚至描述说:"嵇康与吕安善,每一相思,千里命驾。"有一次吕安来找嵇康,不巧嵇康不在家,他的哥哥嵇喜就出门迎接,然而吕安却不进门,只在门上写了个"鳳"字就不顾而去。嵇喜并没察觉其实吕安是在讽刺他,说他跟弟弟相比,简直就是个"凡鸟"(《说文》云凤从鸟,凡声)。

吕安也有个哥哥,名叫吕巽。早年嵇康跟吕巽同样是好友,而且正是经由吕巽介绍他才结识了吕安。不幸的是,嵇康"好善暗人"(与人为善而暗于知人),并没瞧出来吕巽其实是个衣冠禽兽。据《魏氏春秋》《晋纪》等史料透露,由于吕安之妻徐氏貌美,一次吕巽趁弟弟不在家，就将徐氏灌醉，强行跟她发生了关系。后来吕安得知，便来跟嵇康商议，说自己想向官府告发吕巽，并跟徐氏离婚。嵇康为吕家门户着想，不希望他们兄弟反目，就居间调停。在吕巽当面发誓保证不报复吕安的情况下，嵇康最终劝说吕安放弃了诉讼。按理说，这件事就应该到此结束了。哪知道吕巽做贼心虚，出尔反尔，竟秘密上表诬陷吕安殴打母亲、忤逆不孝，吕安因此被抓捕下狱。案件审理过程中，吕安援引嵇康为自己作证，嵇康也亲自前往监狱，极力保明吕安清白无罪。问题在于，负责审理这件案子的人正是司隶校尉钟会，而钟会不但嫉恨嵇康，更知道司马昭对嵇康久有不满在心。他劝司马昭说："嵇康其人乃是卧龙，不可令其有腾空而起的机会。公如今无忧于天下，只有嵇康堪足为虑。"嵇康有意起兵响应毌丘俭的事，估计也是钟会这时候所捏造。司马昭也觉得，既然嵇康不肯为己所用，留着迟早是个祸害，就授意钟会利用此案将他除掉。

于是当嵇康为吕安出庭作证时，钟会庭论道："当今皇道开明，四海风靡，边鄙无诡随之民，街巷无异口之议。然而嵇康其人上不臣天子，下不事王侯，言论放荡，非毁典谟，轻时傲世，不为物用，既无益于今世，又有败于乡俗。昔年姜太公诛华士，孔子戮少正卯，皆以其败坏名教、乱群惑众也。今不诛康，无以整齐风俗，弘扬王道。"说完便将本是证人的嵇康以罪犯的身份关入了监狱。

这件事当时在洛阳引起了很大的骚动。

嵇康是天下士人仰慕的名士，其本人又曾在洛阳太学抄写古文石经，在太学生当中拥有很高的威望。

嵇康本人并无实际罪行，而钟会抓捕嵇康的罪名"言论放荡、非毁典谟""败坏名教、乱群惑众"云云，老实说也十分勉强。

因此据王隐《晋书》的记载，嵇康下狱后，"太学生数千人请之，于时豪俊皆随康入狱"。不但数千名太学生向朝廷请愿要求释放嵇康，还有不少人甘愿陪嵇康一同入狱。后来朝廷废了很大力气，才将这些请愿和陪同下狱的人劝了回去。

终于，在钟会的操作下，司法部门还是无视舆论压力，判了嵇康、吕安死罪。

然而时至今日，这个案子依然有许多疑点令史学界聚讼纷纭。

其中一个争议的焦点，就是吕安下狱后有没有被流放边地，嵇康因作证被捕到底是不是在吕安被流放之后才发生。这个问题之所以关键，是因为它不但关系到一封被《昭明文选》收录的著名书信的作者到底是谁，而且也关系到嵇康一案应该如何定性。

而这个争议产生，实是因为几种史料对于吕安下狱后的记载有所不同。

按东晋人孙盛所著的《晋阳秋》，吕巽告弟吕安殴打母亲的同时"表求徙边"，"安当徙，诉自理，辞引康"。也就是说，吕安原本的罪名是不孝，判决的结果是徙边，但是在被流放之前，吕安进行上诉，诉辞中引嵇康为证，于是才有了嵇康当庭作证一事。

可是比孙盛略早的干宝在《晋纪》中却记载："（吕）安，巽庶弟，俊才，妻美。巽使妇人醉而幸之，丑恶发露，巽病之，告安谤己。巽于钟会有宠，太祖（司马昭）遂徙安边郡。遗书与康'昔李叟入秦，及关而叹'云云。太祖恶之，追收下狱。康理之，俱死。"

从"追收下狱"可知，在干宝的叙述中，吕安是在被流放边郡的途中给嵇康写了一封信，正是这封信的内容引起了司马昭的憎恶，从而导致吕安被追回，此案也重新审理，这时嵇康才出庭为吕安申辩。重审的结果，吕安自己不但从流放改判为死刑，还连累嵇康也被处死。在这一叙述中，真正导致嵇康被杀的就不再是他为吕安作证的证词，而成了吕安写给嵇康的那封书信。

实际上,这封以"昔李叟入秦,及关而叹"开头的书信由于被《昭明文选》收录而得以全文保存了下来,但对于其作者则一直存在两种意见。

一种意见如干宝所说,认为其作者是吕安,是他在流放途中为嵇康所写。

另一种意见则来自嵇康的儿子嵇绍。《文选》李善注引《嵇绍集》云:"赵景真与从兄茂齐书,时人误谓吕仲悌与先君书,故具列本末。赵至,字景真,代郡人,州辟辽东从事。从兄太子舍人蕃,字茂齐,与至同年相亲。至始诣辽东时,作此书与茂齐。"

也就是说,嵇绍成年以后,发现当时有不少人把赵至写给其堂兄嵇蕃的一封书信当成了吕安写给其父嵇康的信,因此就在自己的文集中"具列本末",希望澄清这个误会。《文选》就是采纳了嵇绍的说法,才将这份书信定名为《与嵇茂齐书》。

以常理而论,嵇绍是嵇康的亲子,又与赵至、嵇蕃相知,对于这件事他的话最具权威性,理当信从才是。然而不知为何,嵇绍的辟谣并没能阻止前一种说法继续传播。干宝在《晋纪》中的记述就是最显著的例证。更有甚者,自南朝以降,公孙罗、李周翰乃至近现代的黄侃、余嘉锡、戴明扬等学者皆从质疑嵇绍的动机入手,认为嵇绍"恶其父与吕安为党","不欲其父不忠于晋,使人谓彼为罪人之子",所以其辟谣不但不可信,反而有欲盖弥彰的嫌疑。

那么,到底这封信里写了什么敏感内容,以致公孙罗等人会据此认为,嵇绍之所以将作者转嫁到赵至头上,就是要掩盖嵇康与吕安结党的"事实"呢?

这份书信以"昔李叟入秦,及关而叹"开头,总共六百五十余字,以所叙内容和情绪而言，大体可划分为六个段落。

在诉说了离别之后行路艰难的状况，以及此番北行迫不得已、郁郁不得志的悲伤情绪后，作者于第四段写道："若乃顾影中原，愤气云踊，哀物悼世，激情风烈，龙睇大野，虎啸六合，猛气纷纭，雄心四据，思蹑云梯，横奋八极，披艰扫秽，荡海夷岳，蹴昆仑使西倒，蹋太山令东覆，平涤九区，恢廓宇宙，斯亦吾之鄙愿也。"

持此信为吕安所作者大多认为，这段文字词气壮烈，明白显示了吕安想推翻司马氏统治的雄心。例如周振甫便声称，所谓"顾影中原，愤气云踊"就是"对掌握中原的司马氏政权不胜愤怒"；"披艰扫秽""平涤九区"就是"要扫荡司马氏政权，恢复曹魏政权"；"蹴昆仑使西倒"云云就是"即使司马氏政权像昆仑、太山那样稳固，他还要把它推倒"；这其中表现出的心态与史籍所言吕安"亦至烈，有济世志力"的性情相合，而与赵至不合。

如果周振甫的说法能够成立，那这封信就成了吕安与嵇康图谋造反的证据，再加上嵇康曾有意响应毌丘俭的传闻，司马昭自然是非杀他不可。

不过笔者却认为，公孙罗、周振甫等恐怕过度解读了上述文字的含义，这封信的作者应如嵇绍所言实为赵至，而与嵇康、吕安一案无关。

以下先论赵至何以可能。

据其《晋书》本传，赵至籍贯代郡，但其先世在汉末动乱中流离失所，遂寓居洛阳，沦为了身份微贱的"士家"（世代为兵吏的兵户）。为摆脱贱籍，使父母得荣养，赵至自幼发愤求学，并于十四岁时在洛阳太学遇到了正在抄写石经的嵇康，由此成了嵇康的"死忠粉"。为了逃避兵役，十六岁时赵至离家出走，隐瞒身份四处寻找嵇康，后来在邺城与嵇康相遇，又跟他回山阳居住了一年。嵇康死后，赵至投靠了魏兴太

守张嗣宗，曾跟随张嗣宗到江夏，想找机会逃往东吴去发展，因张嗣宗去世而未能成行。随后赵至便前往辽西，在那里隐瞒身份落了籍。后来赵至被辽西郡举为上计吏，又被幽州辟为州从事，成为良吏。但始终无法恢复真实身份、孝养父母，遂于三十七岁时郁闷病卒。

赵至因为曾与嵇康共同生活过一段时间，自然与嵇绍、嵇蕃相识，更与年岁相当的嵇蕃成了密友。若嵇绍所说不错，那么这封书信就是他前往辽西时写给时任太子舍人的嵇蕃的。

要知道，赵至的出身是兵户，是贱民，哪怕他再好学有才，在制度上也是不能当官的。为了摆脱这一出身，获得出人头地的机会，他少年时便不得不离家出走、隐瞒身份、寄人篱下、四处碰壁，有家不能回，有父母不能认，其胸中愤懑可想而知。最后因为在中原绝无出头之日，他不得不前往偏远的辽西寻找机会。在这样的情绪下，"顾影中原，愤气云踊"云云又有什么可奇怪的呢？"披艰扫秽""平涤九区"云云，不过是显示了赵至不凡的志向，又与推翻司马氏政权有什么关系呢？

更重要的证据是，信中第五段紧接着写道："吾子植根芳苑，擢秀清流，布叶华崖，飞藻云肆，俯据潜龙之渊，仰荫栖凤之林，荣曜眩其前，艳色饵其后，良俦交其左，声名驰其右，翱翔伦党之间，弄姿帷房之里，从容顾昒，绰有余裕，俯仰吟啸，自以为得志矣，岂能与吾同大丈夫之忧乐者哉！"

嵇康固然是名士，"植根芳苑，擢秀清流"用来形容他或许合适，但"荣曜眩其前，艳色饵其后"云云却与不喜与俗人交往、甘于清贫、以致打铁卖钱以供酒食之费的嵇康之性情行事不合。特别是"弄姿帷房之里"一句，更不可能用来形容嵇康。再联系前后文义，可知此处是用写信者的不得志与收信者的得志相对比，更加突出了作者寂寥愤懑的心情，这种情形也与吕安、嵇康彼此互为知音的关系不合。

因此我认为，这封信的作者就是赵至，而与嵇康、吕安无关。干宝在《晋纪》中的说法可能是采用了流行的谣言。魏晋时代，相比平平无奇的嵇蕃，竹林七贤之一的嵇康显然更加有名，而谣言传播的一个特点就是更喜欢寻找有名的"箭垛"，所以，当人们读到书信末段"去矣嵇生，永离隔矣"一句时，首先想到的人非嵇康莫属，而嵇康、吕安相交同死的故事在当时又广为人知。这大概就是在嵇绍生活的那个时代，有很多人误将此书的作者指为吕安的最初原因。

这封信既不是吕安所写，那么《晋纪》所说吕安被流放边地的说法就没有了依据。嵇康被捕自然也不是因为这封信，而应如《晋阳秋》和《晋书·嵇康传》记载的那样，是因为"辞相证引"，即他为吕安作证的证词。

遗憾的是，由于吕安的申辩和嵇康的证词完全没有记录，我只能纯以臆测来解释，为什么嵇康不作证还好，这一作证反而加重了吕安的罪名，使得原本被判流放的吕安被判处死刑，嵇康自己也落入了钟会的陷阱。

首先，我觉得吕巽告发吕安"殴打母亲"这一行为十有八九是事实，至少吕安没有办法证明此事纯属捏造，否则吕安之前就不会以不孝之名被判处流放。

其次，史料说吕安是吕巽的庶弟，所以他们是异母兄弟。被吕安"殴打"之母应非其生母，而是嫡母，也就是吕巽的生母。这位吕母肯定是偏袒吕巽的，不排除他跟吕巽共谋陷害吕安的可能。

基于以上前提，不管是吕安的申辩还是嵇康的证词，再要对"殴打母亲"的事实进行辩解，都是没有用的。所以他们只能在"何为不孝""是否不孝"这一法理上做文章。例如嫡母与吕安并无血缘关系，甚至亦无抚养之恩，那么吕安的行为是否构成不孝呢？如果是嫡母先戕

害吕安,那么吕安是否可以还手呢?类似的言论都将冲击传统的儒家礼教和司马氏吹捧的所谓"以孝治天下"的价值观。尽管现存的嵇康著述和相关史料中并没有提及他对孝道有何看法,但作为"越名教而任自然"的玄学名士,我猜嵇康对矫情虚伪的传统孝道肯定是颇为鄙薄的。其自称"每非汤武而薄周孔",应该也有这一因素在内。问题在于,自诩诸生出身的司马氏相当重视"以孝治天下"。当年阮籍在母丧期间饮酒食肉,就被时任司隶校尉的何曾弹劾,差点被流放。嵇康、吕安如果在法庭上公开发表与传统孝道有悖的言论,那么是很容易被钟会抓把柄扣帽子的。要知道,当初曹操杀孔融,就是抓住了孔融"父母与人无亲,譬若缶器,寄盛其中"的言论,诬其以不孝之名。联系前文钟会"言论放荡、非毁典谟""败坏名教、乱群惑众"的庭论,我觉得嵇康作证时发表此类言论的可能性很大。

也就是说,嵇康最后被杀,其拒绝被司马氏招安是根本原因,但是直接的罪名却并非像周振甫所说的那样涉及谋反,而是他在为吕安作证时发表了"不孝"的言论,散播了危险的思想。

说到底,嵇康跟苏格拉底一样,都是为捍卫思想自由而死。

行刑那天,嵇康在洛阳东市与兄弟亲族诀别,三千太学生向朝廷请愿未果,只能含泪围观。

在一片肃穆中,神色如常的嵇康抬眼望了望日头,见时间还没到,就问哥哥嵇喜说:"可曾将琴带来?"嵇喜连忙将琴送上。

目送归鸿,手挥五弦。

琴声窈窕，曲调平和自然，是为越地小调《广陵散》①。

一曲终了，嵇康叹道："昔年袁孝尼曾请学此散，我每矜固不与。《广陵散》于今绝矣！"

---

① 向秀《思旧赋》但云嵇康临终索琴而弹，未言曲名。孙盛《魏氏春秋》云："康临刑自若，援琴而鼓，既而叹曰：'雅音于是绝矣！'"亦未言曲名。最早称嵇康弹奏的琴曲为《广陵散》的史料为裴注所引《嵇康别传》以及《世说新语》，但晚于孙盛却早于裴松之的张骘《文士传》则云曲名为《太平引》。另外，唐宋以后盛传《广陵散》又名《广陵止息》，其曲调描绘了战国时聂政刺韩相侠累的故事。但据嵇康《琴赋》"若次其曲引所宜，则广陵、止息、东武、太山。……更唱迭奏，声若自然。流楚窈窕，惩躁雪烦"云云，可知《广陵》《止息》是两首不同的曲子。而这类曲子曲调悠扬，闻之能平息烦躁情绪，显然也不是激昂悲壮的主题。

第193章 孤独的北伐

如果把曹魏王朝比作一个人，那么曹髦的死好似砍断了他的头颅，而嵇康的死则等于剜除了他的心。现今其肌体虽存，却已经是一副空洞干瘪、随时可以入土为安的躯壳。

此时司马昭若想登基坐殿、改朝换代，不过是动动指头的事。

可是问题在于，杀曹髦、杀嵇康这两件事都办得极不光彩，世人虽然嘴上不敢说，肚子里却免不了颇有微词。尤其是曹髦之死，更是触及了士人群体的伦理底线，将司马昭推入了以臣弑君的道德困境。做贼心虚的司马昭当然明白，这种情况下，大概只有建立不世之功才能扭转舆论，提振自己本就不足的声望和威名，稍稍弥补被弑君一事严重削弱的禅代合法性。

于是在曹髦被害之后，司马昭又先后四次拒绝了朝廷颁给他的晋公、相国、九锡之封赐。与此同时，他则不声不响地盘算着另一件大事——伐蜀。

前面提到，自从诸葛亮去世，蜀政趋向保守。一方面是因为，在经历了连续的北伐战争后，巴蜀军民需要一定的时间来休养生息。当初诸葛亮之所以指定蒋琬为接班人，也是考虑到他具有"为政以安民为本"的政治理念。另一方面则是因为，相继主政的蒋琬、费祎都知道自己的能力才干比诸葛丞相远甚，保境安民尚可，要想收复中原，简直势比登天。

问题在于，自永安托孤以来，诸葛亮主政十二年，北伐中原、还于旧都已经成为蜀汉的基本国策和政治旗帜，不但整个国家的经济社会结构皆围绕此而构建，而且季汉政权借以凝聚人心以抗魏吴的政治合法性也立足于此。

不北伐，就意味着放弃了汉家火德、衰可季兴的天命；失去天命，也就失去了人心。而国小民贫的蜀汉政权一旦丧失斗志和理想，那跟坐待夷灭的公孙述和刘璋有什么分别？

北伐，一来未必能胜，二来即便获得一两场胜利，也无法对曹魏造成致命打击，劳民伤财，得不偿失；万一大败亏输，更有亡国之忧。

左右为难之下，从延熙五年到六年（242—243年），主政的蒋琬与费祎、姜维、马忠等经过反复磋商，最终确立了一个颇为中庸的方案：

鉴于曹魏实力强大、根基牢固，东吴又总是不能很好地配合我方，眼前不宜发动大规模北伐。

由蒋琬率北伐军主力暂时撤至涪县，在兼顾汉中防御的同时，节省军需成本。

"以凉州胡塞之要，进退有资，贼之所惜；且羌、胡乃心思汉如渴，又昔偏军入羌，郭淮破走，算其长短，以为事首，宜以姜维为凉州刺史。"即以姜维为偏师继续奉行北伐策略，攻略目标从关中调整为凉

第 193 章 孤独的北伐

州，以"衔持河右"开辟新战场。

显然，这是一个缺乏进取心、风险也相对较低的策略。

蒋琬还屯涪城，意味着蜀汉不再大举北伐，而只以有限的军事行动作为继承武侯遗志的象征。此后直到费祎去世，十年间这一政策大体不变，蜀军主力也在涪县、汉中、汉寿（葭萌）之间频频调动，除了在延熙七年支援了一次汉中保卫战之外，始终不曾投入北伐战争。

这期间，是姜维率领不到万人的偏师多次深入魏境，孤身一人扛起了北伐大旗。

诸葛亮初得姜维之时，姜维二十七岁，正是当年他由隆中初出茅庐的年纪。短暂的相处后，他便给予了姜维很高的评价。在给蒋琬等人的信中，他称赞姜维"忠勤时事，思虑精密"，综合素质比李邵、马良还高，堪称"凉州上士"，又说："姜伯约甚敏于军事，既有胆义，深解兵意。此人心存汉室，而才兼于人。"

所谓"忠勤时事""有胆义""心存汉室"，是称赞姜维的道德品质过硬；"深解兵意""才兼于人"是欣赏其军事才能；"思虑精密"则与诸葛亮一贯的行事风格相符。我相信，诸葛亮在姜维的身上看到了年轻的自己。兴复汉室的事业需要接班人，为此他把毕生所学对姜维倾囊相授。

但是诸葛亮也明白，姜维有他自己的短板和局限，并且这一点与其才能无关：姜维是凉州人，既不属于随从刘备入蜀的荆州集团，也不属于土生土长的益州集团，再加上他是半路来投，与蜀汉士人素无交往，其家世亦不显赫，这就严重限制了他在政界的影响力。就团结蜀中各方势力、主持大局而言，姜维远不如蒋琬、费祎，甚至也不如董允。所以尽管诸葛亮对姜维十分看好，临终前却也没有指定他为自己的接班人。

然而真正继承其遗志、心心念念不忘北伐者，只有姜维。

受《三国演义》"九伐中原"一说之影响，许多人都以为姜维总共进行了九次北伐。实际上根据史料，姜维北伐明确可考者并非九次，而是十次。以费祎去世为界，这十次北伐又可划分为前后两个阶段。

在前一阶段，姜维四次出兵：

延熙三年（240年），时任蒋琬司马的姜维出陇西，入羌中。曹魏雍州刺史郭淮来救，遂退还。双方似并未交战。

延熙十年（247年），凉州羌胡爆发反曹叛乱，向蜀汉求援。在蒋琬去世后升迁为卫将军的姜维于是统兵"出陇西、南安、金城界，与魏大将军郭淮、夏侯霸等战于洮西"。这场战事曹魏史料未言谁胜谁负，《华阳国志》则笼统地说姜维"克之"。从结果看，郭淮、夏侯霸虽平定了叛乱，但姜维却将凉州胡王白虎文、治无戴等部落顺利接回到蜀汉境内安置，自己亦无损失。

延熙十二年（249年），夏侯霸在高平陵之变后降蜀，姜维趁机于当年秋天出攻雍州，在麴山（今地不详）建立了据点。这次进攻引起了司马懿的高度重视，他立刻调司马昭入屯关中，为诸军节度，并命郭淮、陈泰、邓艾、徐质前往御敌，包围了句安、李韶把守的麴山据点。姜维领军来救，但由于郭淮、陈泰、邓艾诸人密切配合，姜维进无所据，又恐后路被断，加之司马昭出兵骆谷，汉中受到威胁，只好撤军回师。句安、李韶见救援无望，于是投降了魏军。这一次应算姜维小败。

翌年，"姜维复出西平，不克而还"。具体过程史籍完全没有记载。在这次出征西平郡（今青海西宁）期间，姜维俘虏了当地的一个官员郭修（一作郭循）。不料三年后，正是此人导致了费祎死亡。

《魏氏春秋》称，郭修在本郡素有威名，被姜维俘虏后他被刘禅授以左将军之职，然而郭修却暗中怀有刺杀刘禅之心，只是得不到刘禅的亲近，找不到机会。偶有庆贺朝见的机会，郭修且拜且前，刚想接近刘

禅,就被其左右制止。最后郭修只好转变主意,决定刺杀蜀汉的主政大臣——大将军费祎。

延熙九年(246年)之前,蜀汉虽以蒋琬主政,但实际上是"三英共治"①的局面:大司马蒋琬统军镇守涪县,总帅诸军;大将军费祎留守成都,负责外朝事务;侍中董允则在后主身边拾遗补阙,负责宫省事务。然而九年之时,蒋琬、董允双双病故。随后后主便以费祎主政,并提拔姜维为卫将军,与费祎并录尚书事。

作为诸葛亮亲自培养和指定的接班人之一,费祎天资出色,精力过人,才能和履历比蒋琬更为全面,史称他"识悟过人,每省读书记,举目暂视,已究其意旨,其速数倍于人,终亦不忘。常以朝晡听事,其间接纳宾客,饮食嬉戏,加之博弈,每尽人之欢,事亦不废"。而且费祎还特别平易近人,对新近降服的曹魏降将、羌胡首领也都能推诚相待。越巂太守张嶷为此曾委婉地提醒他,因为不知道这些降人是不是真心归顺,身为位高权重的大将军,接见他们时应该多加一份小心。可惜的是,张嶷的告诫并未得到费祎的重视。延熙十六年(253年)正月初一,费祎在驻地汉寿大会宾客,降将郭修也在座。席间费祎亲自行酒,来至郭修面前时,郭修便抽出藏在鞭柄中的小刀刺伤了费祎。众人虽然杀死了郭修,但费祎伤势过重,几天后就离世了。

现今网上阴谋论盛行,有人就脑洞大开,怀疑姜维是指使郭修行刺费祎的幕后黑手。理由是费祎一直压制姜维,姜维"每欲兴军大举,费祎常裁制不从,与其兵不过万人"。按《汉晋春秋》所记,他还曾对姜维说:"我等不如丞相亦已远矣,丞相尚且不能克定中原,更何况我等

---

① 《华阳国志》曰:"时蜀人以诸葛亮、蒋琬、费祎及(董)允为四相,一号四英也。"

呢？现在不如保国治民，敬守社稷，收复北方的功业还是等待更有才能者来完成吧！不可抱有侥幸之心，期冀决成败于一举。万一不如意料，悔之无及。"而费祎死后，姜维不但取代了他的主政地位，更是在三个月后便大举出兵北伐。总之费祎死后姜维获益最大，郭修又是他从魏国俘虏来的，不是他指使，又能是谁？

笔者认为，先不说这一推论毫无证据，单就逻辑而言其实也似是而非，根本无法成立。

须知行刺费祎这般位高权重之人，无论成与不成，绝无生还可能，因此若不是受重利引诱或受深仇大恨驱使，也就没有人愿以生命为代价去当刺客。郭修入蜀后，已经被刘禅封为左将军的高官，距姜维的卫将军也不过差两级。姜维不但提供不了更诱人的利益，甚至也无法保证郭修在行刺后能全身而退，再加上费祎跟郭修无仇无怨，这种情况下，姜维怎么可能指挥得动郭修？

再说，郭修原本想刺杀的对象也不是费祎，而是刘禅。考虑到他的亲属子嗣皆在曹魏，而后来曹魏朝廷也对他刺杀费祎的行为给予了优厚的褒奖：其本人被追封乡侯，食邑千户，爵位由其子继承，又加拜奉车都尉。可以认为，郭修的动机其实就是效仿汉朝的傅介子，想通过刺杀敌国首领的举动为自己赚得一个死后的名声，并使子孙得爵禄而已。另据《晋书·荀勖传》，司马昭当政时，曾有悬赏募求刺客入蜀之举，为此荀勖曾劝他说这种行为不够正义，不足以服远人。可见郭修之所以抱有行刺的想法，可能也与司马氏募求刺客的政策有关。

最后我还要说，费祎之死对姜维来说也不尽是好处。虽然在北伐一事上费祎总是裁抑姜维，不愿意给他太多的兵力，但作为主政者，他对姜维开辟凉州战场的行动却一直是支持的。两人多年在诸葛亮帐下共同效力的经历也使得他们彼此信任，能够互相理解和合作。有费祎在，姜

维便无后顾之忧。然而费祎死后,姜维名义上虽居主政之位,实际上对于朝政的控制力却远不如蒋琬和费祎。费祎死后三年,姜维才得迁大将军,其主政期间既未开府,又经常不在成都,所以他空有录尚书事之名,但朝廷事务其实是掌握在后主及其宠臣陈祗、黄皓手里的。费祎死后姜维真正掌握的,说白了只有北伐军的军权。而失去了费祎的支持,本就属"羁旅托国"的姜维与后主和成都朝廷之间的联系也在减弱,这使得他越到后来越受孤立,最终成了格格不入的"局外人"。

至于费祎死后三月姜维即出兵北伐,无他,只是因为当时东吴诸葛恪兴军二十万伐魏,联络姜维东西并举,机会实属难得罢了。

第194章 从洮西到段谷

延熙十六年夏,"维率将数万人出石营,经董亭,围南安,魏雍州刺史陈泰解围至洛门,维粮尽退还"。

这是姜维第一次以"数万人"的北伐军主力出击,但是所统军队一多,他马上也遭遇到了当年连诸葛亮都难以解决的军粮问题。

十七年正月,姜维返回成都,被后主加以"督中外军事"之职。六月,曹魏狄道县县长李简密书请降,他再次出陇西,进围襄武(今甘肃陇西),"与魏将徐质交锋,斩首破敌,魏军败退"。可惜有病在身的老将张嶷亦在此役阵亡。之后姜维"乘胜多所降下,拔河间、狄道、临洮三县民还"。选择迁走民众而不是空守土地,大概是三县距离蜀汉本土较远、粮运难继、守土成本太高的缘故。这也是当时通行的做法,因为决定国家实力的核心要素说到底并非疆土,而是人户。

经过姜维持续的蚕食,曹魏在陇西郡的统治受到了相当严重的削弱。恰巧此时，曹魏国内又爆发了毌丘俭、文钦叛乱，继而司马师去世，司马昭上台，一时间政局尚未完全稳定。姜维遂于延熙十八年（255年）夏季再次兴军大出，越秦岭奔陇西而来。

这次出征之前，姜维在朝堂上还跟征西大将军张翼发生了争吵。张翼是益州籍官僚中官爵最高者。近年来，对于姜维主政后改变了费祎"保国治民，敬守社稷"的策略而频频北伐，许多官员早有怨言，其中益州籍官员的不满情绪更甚。张翼当众宣称："国小民劳，不宜穷兵黩武。"这显然代表了益州集团的主流意见。不过这时候姜维权威尚在，加以去年对陇西的攻势掳获了大量人户，整体形势对蜀汉比较有利，张翼的抗议并没有得到后主的支持。事后为安抚张翼，姜维还奏请升他为镇南大将军（蜀汉官制，四镇大将军班在四征前），跟自己一同出征。

这时候郭淮已死，陈泰继为征西将军、雍凉都督，而新任雍州刺史正是后来那位不愿同王沈、王业一起告密的王经。事先姜维很可能使用了疑兵之计，以致王经得到情报后向陈泰报告说，姜维、夏侯霸这次多半会三道并出，同时向祁山、石营、金城三个方向进攻。就建议应调凉州军至枹罕（今甘肃临夏），派讨蜀护军向祁山，自己则进兵为翅（疑在今甘肃武山南）阻击出石营的蜀军。而陈泰毕竟经验丰富，他认为以姜维的兵力和用兵习惯，一定不会兵分三路，再加上"兵势恶分"，凉州兵也不宜越境，就指示王经不要慌，先把蜀军的动向搞清楚再说。

当王经还在犹豫不决的工夫，姜维已率兵数万悄无声息地穿越岷山雪岭，突然出现在了枹罕附近，兵锋直指狄道城。

狄道即今临洮，扼守着渭水河谷通往河西走廊的咽喉，向为兵争要地。城西，黄河上游第一大支流洮水由此经过，浩荡北流；城外的山塬上，则有秦时长城绵延不绝，象征着这里曾是羌胡叩关的边塞之地。倘若狄道有失，则河西诸郡与关中的联系就会被截断，整个凉州都有重陷动乱的危险。所以陈泰闻知后不敢怠慢，连忙命王经进屯狄道，先据城采取守势，等自己统军前去会合后再共同行动。

然而陈泰刚刚开至陈仓，就又收到了新的军报：王经为了救援在故关（疑在今甘肃永靖）与姜维作战不利的驻防部队，已经率雍州兵渡过了洮水。陈泰便知要糟，急命五营在前先行进发，自统诸军继后，度陇前往增援。

陈泰的预感是正确的：八月初二，王经与姜维在洮西大战。在双方兵力相差无几的情况下，姜维大破王经，"经众死者数万人"。王经统余众万人逃回狄道，随即被姜维包围起来。

其实在击破王经之后，随姜维同行的张翼是不主张进围狄道城的。他劝姜维说："眼前的战果已经足够，不宜复进，再若深入就是画蛇添足，说不定会毁此大功。"姜维本来就因为张翼之前反对北伐而暗怀不满，此时闻言大怒，道："添足便添足！"仍旧坚持围城。

曹魏那边，获知王经于洮西大败的消息后，军于上邽的陈泰担心狄道有失，不待司马昭批复，便晨夜兼行来赴。此举引起了朝臣们的担忧，众人以为，王经既已败北，狄道城恐怕也不足自固，倘若被姜维切断通往凉州的道路，兼并四郡民夷，又据关、陇之险，说不定姜维就能"没经军而屠陇右"，为慎重起见，陈泰应在上邽等待大兵四集，再致攻讨。但司马昭却说："当年诸葛亮常有断陇道之志，终究未能办到。如此大事需深谋远虑，绝非姜维所堪任。狄道城虽非仓促所能攻拔，但其存粮寡少，征西速救，乃是上策。"就任命在讨伐文钦的战斗中立功升迁的邓艾行安西将军，与胡奋、王秘诸将齐往增援。即便如此，司马昭还觉不放心，到了月底，又派叔叔司马孚统中军进驻关中，以为诸军后继。

这是自当年诸葛亮首出祁山以来，在近三十年的时间里，头一次迫使曹魏出动如此之多的兵力应对蜀汉北伐。

遗憾的是，如此重要的一场战事，同之前姜维的历次北伐一样，蜀汉方面的史料中仍然只有寥寥十余字记载，以致我们今天只能通过曹魏方面的记录来认识这场战事。

按《三国志·陈泰传》所叙，陈泰与邓艾、胡奋等会合后，分为三军进至陇西境内。这时候对下一步如何行动，诸人产生了分歧。邓艾认为，姜维现在士气正旺，不宜与之争锋，应该等他在城下多消耗些时日再去救援不迟。然而陈泰却说："姜维没有乘战胜之势举兵东进、掠谷招降、断绝陇道，这完全是一个失误。眼下他悬军深入，粮谷不继，正是我军速进破敌之时。蜀军面朝坚城，背靠洮水，所处地势相当不利。我军只需乘高据险，逼临其颈项，姜维必会不战而走。"

陈泰毕竟是主帅，邓艾等胳膊拧不过大腿，只好同意进军。于是魏军翻越渭水源头"绝壁千寻"的鸟鼠山高城岭（今陕西渭源西），进入了洮河谷地。从鸟鼠山往西，当时有两条河谷可通狄道。由于北边的谷道较近，行人多取此道。但陈泰见山路深险，担心姜维在半路设伏，就故意派疑兵进入南边的谷地，制造大军将从此入的假象。结果姜维果然连续三日在南道设下了伏兵。陈泰侦知后就下令三军悄然潜行，突然从北道穿了进去①。当天夜里，魏军神不知鬼不觉地登上了狄道城东南的高山，一时间大举烽火，鼓角齐鸣。城中将士见救兵赶到，都十分激动。

姜维本以为曹魏的救兵会等大兵集齐才来救援，现在见陈泰军突然

---

① 《三国志·陈泰传》原文为："自军之发陇西也，以山道深险，贼必设伏。泰诡从南道，维果三日施伏。定军潜行，卒出其南。"就地形而言，自鸟鼠山西行只有两条河谷通往狄道，从文意推测，"卒出其南"的"南"实应为"北"。另外，裴松之早就指出，如果姜维提前设伏，说明他早就知道魏军在近，那么就不会"上下震惧"，此段语义不通，史料或有脱漏。

出现，十分吃惊。他试着派军攻了一下，由于陈泰军占据了制高点，并未取胜。再加上这时候探马来报，说凉州军已经从金城方向开来，进到了狄道西北百里的沃干阪（今甘肃兰州西南）。而陈泰与王经联络上以后，也有里应外合以断姜维后路的迹象。姜维闻知后便于九月二十五日撤围而去，退往了钟提（今地不详）屯驻。

陈泰等也不敢去追。城中将士得出，王经对陈泰等叹道："城中粮谷连支持十天都不够，若不是救兵这么快就赶到，恐怕就要举城屠裂、覆丧一州了啊！"陈泰慰劳了一番守城将士，对现有兵力和驻防部队重新进行了整编和调动，随后便撤回了关中。司马昭又正式任命邓艾为安西将军，领护东羌校尉，命他屯守上邽，取代王经担任陇右主将，进一步加强了陇西地区的防守。

当时不少人都觉得，姜维退军后力量已竭，短期内应该不会再来了。可邓艾并不这样认为。他说："洮西之败，可不是什么小损失，我方破军杀将，仓廪空虚，百姓流离，整个陇西几乎沦亡。现在的情况是彼有乘胜之势，我有虚弱之实，一也；彼上下相习，五兵犀利，我将易兵新，器杖未复，二也；彼以船行①，我以陆军，劳逸不同，三也；狄道、陇西、南安、祁山各当有守，彼专为一，我分为四，四也；彼从南安、陇西而来，可以因食羌谷，若趋祁山，又有熟麦千顷为之悬饵，五也。姜维狡黠，必会再来。"于是邓艾整修城防，积谷练兵，又亲自率将士以区种法屯田，为迎接姜维的下一次攻击精心地做着准备。

由邓艾之言可知，姜维尽管没有拿下狄道城，但洮西之战还是重创了曹魏在陇西的统治，为此魏军不得不收缩防区，谨守狄道、陇西、南

---

① 由汉中出军，有西汉水水道可通往祁山方向，有白龙江、岷江水道通往陇西、狄道方向。

安、祁山这几个据点，而将黄河以南、洮水以西的疆土让给了蜀汉。可以说，经过持续多年的奋战，姜维基本上在凉、雍之间夺得了立足点，达到了当初蒋琬所说"衔持河右"开辟凉州新战场的目的。

为奖励姜维之功，第二年开春，后主刘禅便加封其为大将军。这也是姜维政治生涯的顶点。

自从荆州被东吴袭取，在将近四十年的时间里，东西并举、两路北伐的战略就一直是蜀汉君臣的奢望。现在经由姜维不屈不挠的努力，终于有了实现的可能。尽管这时的两路北伐已经与当年隆中对策时规划的相去甚远。

这年秋天，姜维再次从西境出军，兵锋直指渭水河谷。据《三国志·邓艾传》的记载，姜维的目标最初是祁山，但是半途得知邓艾已有防备，便回军经董亭（疑在今甘肃武山南）去攻南安，邓艾于是抢先占据南安以南的险隘武城山，与姜维转入相持。"维与艾争险，不克，其夜，渡渭东行，缘山趣上邽。艾与战于段谷，大破之。"此之谓段谷之败。

不过据蜀汉史料，按计划这次北伐本应是两路出师，当姜维从西边进军的时候，镇西大将军胡济亦应在汉中出兵，两路人马原本应该在上邽刻期会师，但是胡济"失誓不至"，姜维才被邓艾在段谷击破。

所以我推测，《邓艾传》所说姜维初向祁山，复又转攻南安的行动，很可能并非因为闻知邓艾已有防备，而是他有意的调虎离山之计，其目的就是诱使邓艾从上邽出兵西进。如此则上邽城必然空虚，胡济若于此时乘机来攻，上邽城十有八九守不住。而一旦上邽失守，邓艾就将还无所归，姜维亦可据上邽断陇道，实现当年诸葛亮都没有达成的目标。

然而遗憾的是，由于胡济失约未至，姜维不得不强行渡过渭水东进，走山路疾趋上邽，结果被走平路的邓艾抢在头里，不幸在上邽东郊外的段谷遭遇，吃了败仗。此役蜀军"星散流离，死者甚众"，曹魏诏书则声称"斩将十数，馘首千计"，邓艾的故吏段灼后来更是吹嘘说，其时邓艾所统兵力只有一万，却能"以少击多，摧破强贼，斩首万计"。综合各方记载，再加上败退途中逃散的士兵，看样子段谷一战姜维军的损失至少在万人以上，可谓颇伤元气。

退还成都后，姜维引咎自责，求自贬削。于是后主将其贬号为后将军，行大将军事（即以后将军的名号代行大将军的职责）。

诡异的是，失期不至的胡济却似乎没有受到任何惩罚，至少在现有史料当中没有这方面的记载。

胡济字伟度，义阳人，应该是在新野时期便跟随刘备的老将，亦曾担任诸葛亮的主簿，延熙十一年（248年）王平去世后，由他代为汉中督。而自从费祎去世，荆州籍诸将中便属胡济官爵最高，当时他统领的兵力即使没有三万，至少也有两万多。他到底因为什么没能如期抵达上邽，史籍中完全找不到线索。按汉代军法，"失期"是重罪，轻则免官，重则杀头。而胡济不但没有被贬，数年后反而被升为右骠骑将军，就更加匪夷所思。这是在执法如山的诸葛亮时期根本不可能出现的事。所以，胡济此举如果不是受到了朝廷包庇，至少也反映出这时的蜀汉政治与诸葛亮时代公平公正的清明政治相比出现了很大的问题。

第194章 从洮西到段谷

第195章 季汉斜阳

同样是僻居西南的小国，诸葛亮执政时的蜀汉跟他去世之后的蜀汉到底有什么不同呢？我想，我们至少可以通过三个层面来认识这个问题。

首先是政治层面。

延熙九年秋，蜀汉宣布大赦。这已经是诸葛亮去世后第四次大赦天下了。大司农孟光为此当众责难主政的费祎说："赦者，为偏枯之物，非明世所宜有也。衰弊穷极，必不得已，然后乃可权而行之耳。方今主上仁贤，百官称职，有何旦夕之危、倒悬之急，而要屡次施此非常之恩，赦免那些奸恶之行呢？何况现在正是秋后用刑之时，反而宽宥有罪之人，上犯天时，下违人理。老夫耄朽，不达治国之体，窃以为此法难以长久，并非德治之道啊！"费祎无话可说，只好表情尴尬地表示道歉。

诸葛亮时代，其以法治国的原则从来就是"治世以大德，不以小惠"，用法峻急但"赦不妄下"。在其执政的十二年里，只在刘禅登基时施行过一次大赦。而从诸葛亮病故直到蜀亡，蜀汉总共大赦十二次，其中蒋琬时代四次，费祎主政时两次，费祎之后则有六次。且越到末年，大赦越是密集。

蒋琬、费祎作为诸葛亮指定的接班人，陈寿称二人执政"咸承诸葛之成规，因循而不革"。所以很显然，蒋琬、费祎不是不想像诸葛亮一样"惜赦"，而是他们主政的时候蜀汉社会的现实状况已经不同。

据《三国志·吕乂传》记载，诸葛亮去世后蜀汉各郡都出现了"士伍亡命，更相重冒，奸巧非一"的社会问题。即为了逃避兵役、劳役和赋税，民间隐匿人口，军队士兵流亡，户籍上弄虚作假、冒名顶替的情况层出不穷。吕乂出任蜀郡太守后，一方面采取措施进行严格限制，一方面对百姓开谕劝导，数年间便查出了一万多隐匿人口。这还只是蜀郡一地的情况。吕乂任蜀郡太守的时间是在延熙九年接替董允为尚书令之前，说明在蒋琬主政时，这种情况已经相当严重了。

再看经济层面。

本书前面曾经提到，早在刘备时代，蜀汉政府便一再采用发行虚价大钱的方法来增加财政收入。这个方法虽可解燃眉之急，但却造成了严重的通货膨胀，致使巴蜀民间经济陷入了持续衰退的低谷。至诸葛亮执政时，通过开发南中、深耕盐铁蜀锦等国营经济、推行屯田、精兵简政等多种方法开源节流，再加上其高超的资源调配技术和过人的执行能力，在北伐战事持续开展的情况下，蜀汉经济总算维持住了相对稳定的局面，并没有发生大的滑坡。这不可不谓一个奇迹。

然而蜀汉钱币持续贬值的趋势在诸葛亮时代同样存在，到诸葛亮亡故后则更加愈演愈烈。以政府发行的法定货币"直百五铢"为例，时代

第195章 季汉斜阳

与蒋琬、费祎主政时期相当的朱然墓所出"直百五铢"重3克左右，其钱文模糊，制作粗糙，比之刘备、诸葛亮时期已属质量不佳，到了蜀亡前夕，钱体则愈发轻薄粗劣。而且诸葛亮卒后，蜀汉还发行了一种2克重的"直百"钱，但是后来"直百"钱很快也走上了与"直百五铢"相同的减重贬值轨迹，从2克逐渐减为1.4克、1.0克、0.6克，直至0.4克的劣币。同样，被学界普遍认定为蜀汉政权发行的"太平百钱"也存在越到后来越为轻薄的现象，反映出蜀汉末年的社会经济陷入了持续通胀的恶性循环。总之，蜀汉社会经济从建国之初直到灭亡，货币不断减重，特别是到了蜀汉末期，币制已经完全混乱。

此外，据《三国志·霍峻传》，延熙末年永昌郡夷獠"数为寇害"，至霍峻子霍弋任永昌太守时方率军剿平，显示出蜀汉汲取南中资源以供军需的策略也面临了困境。

最后，我们再考察一下军事层面。

史料显示，这一时期蜀汉的军事实力相比诸葛亮时代也有下降，一个耐人寻味的情况是，似乎姜维能够动用的北伐兵力比诸葛亮当年明显要少。

如前所述，诸葛亮第一次北伐和最后一次北伐所动用的总兵力都在十万左右。其证据是《襄阳记》云斩马谡时"十万之众为之垂涕"，《晋书·宣帝纪》云诸葛亮"率众十余万出斜谷"，下文司马懿亦言"虽提卒十万，已坠吾画中"，以及郭冲"条亮五事"云汉中蜀军"十二更下，在者八万"等。而姜维在费祎去世之后的北伐，史籍所记但言"数万"，应在3万到5万之间。考虑到同时期汉中督胡济统领的军队大概是两三万。也就是说，姜维主政时期蜀汉能够投入北伐的总兵力在5万到8万之间，这跟诸葛亮时期相比至少少了两三万。对这一数字，司马昭的估算也可以作为旁证。景元四年（263年）大举伐蜀之前，司马昭曾对群臣说："计蜀战士九万，居守成都及备他郡不下四万，然则余众不过五万。"意思是驻守成都和东、南各郡的兵力是四万，而魏军正面面对的兵力（即姜维军和汉中军）只有五万。鉴于司马昭这话乃是对心腹臣僚所说，并非夸大其词的檄文，相对是比较可信的。

另外，蜀亡时曹魏得到的户口统计是"带甲将士十万二千，吏四万人"，即兵吏总数为十四万有余。这一数字当然不是魏军清查户口的结果，而是直接摘自蜀汉政府的户籍记录。由于蜀汉末年朝政废弛，官僚机构效率下降，没有条件也没有兴趣进行全面的户籍统计，我个人猜测，这一数字应来自诸葛亮时期的某次人口普查。与司马昭的估计相比较，蜀汉兵吏总数从十四万变成了九万，也说明姜维北伐能够动用的兵力比诸葛亮时要少两三万甚至更多。

那么问题来了，为什么会出现这一情况呢？

第一，当然是因为战争导致的死伤和自然损耗。这个不需解释。

第二个原因，则是前面提到的士兵逃亡和隐匿人口现象。蜀汉没有实行世兵制，其士卒主要由各郡县征调而来。地方豪强隐匿的人口越多，政府控制的人口就越少，兵源自然也相应减少。

曾有学者指出，蜀汉长期持续的征战和戍边使得大量青壮年人口脱离家庭或难以婚配，战士大量死亡也导致了一定的男女比例失调，这都会造成人口发展停滞。兵源减少或许也与此相关。

说完了政治、经济、军事这三个层面的变化，还必须说一下"后诸葛亮时代"后主刘禅及其朝政方面存在的问题。

诸葛亮去世的时候，刘禅二十八岁。

诸葛亮在时，他对丞相百依百顺，"事之如父"。诸葛亮去世以后，他同样对其尊崇备至。丞相新亡，他"素服发哀三日"，赐谥号为忠武侯；李邈上书指责诸葛亮专权，他怒而诛之；延熙六年，他把自己

的女儿嫁给了丞相之子诸葛瞻;景耀六年(263年)春,他又下诏在丞相墓前为之立庙①。诸葛亮推荐的接班人,他全部重用;诸葛亮定下的制度,他一概遵循;诸葛亮的故吏旧部,他统统信任。

蒋琬、费祎时代,刘禅对两人也给予了充分信任。故《三国志·费祎传》云:"自琬及祎,虽自身在外,庆赏威刑,皆遥先谘断,然后乃行,其推任如此。"尽管蒋琬卒后刘禅"乃自摄国事",开始收回部分权力,但他还是在几乎所有重大问题上都尊重费祎的意见。所以陈寿才说,后主"任贤相则为循理之君",其早年的行事还是值得表扬的。

然而陈寿紧跟着又说:"惑阉竖则为昏暗之后。传曰'素丝无常,唯所染之',信矣哉!"意思是刘禅就好像一张白纸,近朱者赤,近墨者黑,后期他被"阉竖"所惑,就成了一个昏暗之主。

真的是这样吗?

在陈寿的记叙中,刘禅身上符合昏暗之主特性的"黑点"主要有以下几处:

刘禅曾经觉得嫔妃太少,"常欲采择以充后宫",由于侍中董允坚决反对而最终作罢。

刘禅曾"颇出游观,增广声乐",为此招致了太子家令谯周的批评。谯周指责他对祭祀祖先有所怠慢,对外出游玩却兴趣浓厚,希望他能够省减乐官数量和后宫开销。

---

① 《三国志·诸葛亮传》裴注引《襄阳记》曰:"亮初亡,所在各求为立庙,朝议以礼秩不听,百姓遂因时节私祭之于道陌上。言事者或以为可听立庙于成都者,后主不从。步兵校尉习隆、中书郎向充等共上表……于是始从之。"有学者据此认为刘禅刻意阻挠民间为诸葛亮立庙,是对诸葛亮心怀怨恨。此说大谬。按儒家礼制,诸葛亮功劳再大,也是臣,理当配飨先主庙庭,而不能单独立庙;单独立庙则有僭越之嫌,不但有违礼制,也不符合诸葛亮的生平志愿。后至景耀六年蜀亡前夕才为诸葛亮立庙于汉中,则反映了蜀汉朝廷对民意的妥协。

刘禅宠信宦官黄皓，并最终导致了黄皓专权。

相比同时代的其他君主，头两条其实算不上什么大问题。作为一个心智正常的男人，喜欢声色游宴乃是本性，曹家父子无不如此，再说刘禅对声色的追求也比较克制。唯一可指摘的地方是蜀汉底子薄，经不起大手大脚的折腾。这就像学校里的学霸和学渣，学霸只要成绩好，那么无论他怎么玩闹老师和家长也不会过分批评，而学渣却正好相反，动辄得咎。总之我觉得，以上两条证明不了刘禅是个昏君。

历代史家对刘禅批评最厉害的，还是他宠信阉宦这一点。

因为他们大多认为，后汉之亡主要就亡在了宦官身上。自从一众太监被袁绍兄弟杀了个干净，宦官势力一蹶不振，继起的三国中曹魏是阉宦之后，孙吴后期也是政变频频，这两家都没有搞出宦官专权的事儿，反倒是皇汉正宗的蜀国丝毫没有吸取后汉灭亡的教训，重演了宦官专权的戏码，你说可恨不可恨？

那么黄皓为什么会深受刘禅信任呢？

原因不外乎两点：

刘禅幼年丧母①，刘备又常年在外征战，十三岁成为汉中王太子后，正常情况下他就应该分居别宫。所以在刘禅成长的过程里，他既缺乏严父的管教，也缺乏慈母的训导，而黄皓这样的宦官则是他日常相处最多、关系最亲的贴心人。再加上黄皓"便辟佞慧"，有眼色，会来事儿，善于投刘禅之所好，自然也就博得了他的信任。

则与诸葛亮去世后君权复归有关。

诸葛亮在时，蜀汉事无巨细全都由他负责，乃至刘禅自称"政由葛

---

① 甘夫人卒年不详。但《三国志》云其卒于南郡，此时应在刘备借荆州之后，且刘备入蜀时孙权想将孙夫人和刘禅一并迎还东吴，说明其时甘夫人可能已死。则甘夫人应卒于建安十六年前后，即刘禅五岁左右。

氏，祭则寡人"。吴蜀约盟，盟约中但云"诸葛丞相德威远著"而不及刘禅一字。其时蜀汉的政治体制可谓"虚君实相"，硬要说刘禅是傀儡，也不能算错。然而刘禅毕竟是有独立意志的个体，也绝不像演义作品中描写的那样是个智力愚钝之人，所以随着年龄的增长、阅历的增加，他也会有自己行使权力的欲望。

而正常情况下，宦官无非皇权的工具。皇权的伸张总要有"抓手"，宠任宦官就是其中之一。

在诸葛亮时代，董允以侍中领虎贲中郎将，统宿卫亲兵，实际负责宫省事务。由于董允为人严正亮直，忠于职守，连后主刘禅对他也颇为忌惮，所以黄皓虽有心取容，却"畏允，不敢为非"。这种情况一直延续到了蒋琬时代，"终允之世，皓位不过黄门丞"。

然而至延熙九年，蒋琬、董允同时去世。继任侍中之位的是汝南人、许靖的堂外孙陈祗。延熙十四年（251年）吕乂卒后，陈祗又兼任尚书令，加镇军将军。史称："大将军姜维虽班在祗上，常率众在外，希亲朝政。祗上承主指，下接阉竖，深见信爱，权重于维。"上承主指说明陈祗顺从后主的指示，下接阉竖说明他亲近黄皓。陈祗的资望远比姜维、费祎为轻，当初其任侍中就属超迁，所以唯有如此，他才能赢得后主的宠信，获得比姜维更大的实际权力。黄皓也在陈祗的纵容下"始预政事"，其官位上升到了黄门令。景耀元年[①]（258年）陈祗死后，黄皓又升为中常侍、奉车都尉。新提拔上来的董厥、诸葛瞻等资望更轻，愈发对黄皓无所制约，于是"宦人黄皓始专政"。

[①]《三国志》云陈祗卒于景耀元年，但《华阳国志》云卒于二年八月丙子。后主赐陈祗谥号的诏书云"祗统职一纪"。陈祗于延熙九年董允卒后任侍中，至景耀元年为十三年，比二年更接近一纪（十二年）；另，景耀元年八月亦有丙子（十四日）。故颇疑《华阳国志》二年为元年之误。

与黄皓的发迹相对应，后主在授大权给重臣时也越来越谨慎。

诸葛亮死后，蜀汉不再设丞相。原本由丞相府处理的政事重归尚书台。

蒋琬死后，亦不再设大司马。

费祎虽在延熙六年便迁大将军、录尚书事，但他直到九年后才获得开府之权，并且次年便被刺身亡。

至于姜维，他则自始至终没有被允许开府。

所以从费祎死后，蜀汉大政基本上是后主刘禅自己说了算。黄皓只是秉承上意而已。

若追究蜀政走向衰落的责任，刘禅比黄皓更难辞其咎。

彼时吴国使臣薛珝到蜀汉采购战马。回国后，吴主孙休问他蜀政得失，他回答："主暗而不知其过，臣下容身以求免罪，入其朝不闻正言，经其野民皆菜色。就像燕雀栖处堂檐之下，平日子母相乐，自以为安，完全没有预感到后院火起，即将房倒屋塌。如今的蜀国，大概就是这样的情形吧！"

第195章 季汉斜阳

第196章 "天狱"陷阱

延熙二十年（257年），趁诸葛诞发动第三次淮南叛乱、司马昭分关中兵马东下的机会，姜维再次走傥骆道出汉中，发动了第九次北伐。

从路线的选择来看，这一次进攻相当激进。因为翻越秦岭的几条谷道中以傥骆道最短，其北口位于今陕西周至县西南，东至长安不过一百五十里，即便是当年诸葛亮以全盛之师北伐，也从未选择过如此激进的路线。可见姜维欲雪段谷之耻的愿望极其强烈，并且他认为关中空虚的机会实属难得，必须在魏军平定淮南叛乱之前速战速决。

可怕的是，魏、蜀两国国力的差距是如此之大：尽管司马昭调集了二十六万人马东征诸葛诞，但曹魏依然留有足够的兵力来应付姜维数万蜀军的进攻。

彼时镇守关中的征西将军是司马昭的堂弟司马望，而邓艾在段谷大捷后被升为镇西将军、陇右都督。两人合兵一处，在渭水南的长城戍

（今周至县马召镇西）一带与姜维展开了对峙。姜维则进至芒水（今黑河），倚山为营。由于司马望和邓艾"傍渭坚围"，长城戍又积谷甚多，任凭姜维数次下山挑战，他们就是不应，所以这次对峙持续的时间虽长，却并没有发生大规模战斗。次年春季，诸葛诞败亡的消息传来，姜维自知再待下去局面会对本方不利，只好撤军回师。

姜维回到成都后不久，复拜大将军。此时恰逢史官（太史令或丞）上奏，说最近天空出现了"景星"的嘉祥。而景星象征着德运，据说所现之国将太平昌盛。于是后主大悦，宣布大赦天下，并改年号为景耀。

意为景星照耀之下，我大汉必将国运昌隆。

讽刺的是，在后人眼中预示着蜀汉即将亡国的几个迹象也都出现于景耀年间。

首先，陈祇于景耀元年去世，黄皓升为中常侍、奉车都尉，"操弄威柄""始专政"。由于蜀汉不设中书令，诏旨下发、章奏上达都要通过黄皓，他又深得后主宠信，自然就方便"窃弄机柄"，成了朝政的实际操纵者。当时包括董厥、诸葛瞻在内，都不敢得罪黄皓，与之往来。独有尚书吏部郎罗宪对他爱答不理，意见颇不同，黄皓心生恼恨，便将其左迁为了巴东太守。《晋书·陈寿传》也说："宦人黄皓专弄威权，大臣皆曲意附之，寿独不为之屈，由是屡被谴黜。"

《华阳国志》还记载，姜维十分憎恶黄皓擅权，曾上奏后主要求把他杀掉。然而刘禅却说："黄皓不过是个往来趋走的小臣，往年董允对他恨得切齿，我就很不满意。君又何足介意！"姜维见后主极力为黄皓撑腰，深悔失言，只好逊辞而出。后来刘禅虽然命黄皓来向姜维道歉，以弥补两人的关系，但实际上两人就此便结下了梁子。

与此同时，车骑将军夏侯霸亦于景耀初亡故，之后后主将骠骑、车骑将军之号一分为二，以胡济为右骠骑将军，以张翼为左车骑，廖化为

右车骑。景耀四年（261年），又以诸葛瞻为中都护、卫将军，以董厥为辅国大将军，共平尚书奏事。这些人里胡济是坑苦了姜维的，张翼是跟姜维有过争吵的，廖化也对姜维北伐持反对态度，诸葛瞻和董厥后来甚至主张剥夺姜维的兵权，让他当益州刺史。可知后主大举提拔这些人，明摆着是想制约姜维。

其次，主张放弃北伐的失败主义情绪开始在蜀国民间蔓延，其代表就是谯周的《仇国论》。

谯周字允南，是巴西郡的宿儒。诸葛亮为益州牧时，他曾担任劝学从事。据说其人由于"体貌素朴"，又不善言辞，初见诸葛亮时还引来了左右从官的嘲笑。他告辞后，有人就指责笑场之人。诸葛亮便道："孤尚不能忍，况左右乎！"后来诸葛亮在五丈原病逝，谯周在家中闻讯后便立刻前往汉中奔丧，不久朝廷降诏禁止奔赴[①]，只有谯周因为行动快而抵达。后来谯周又任太子家令、中散大夫等职，曾上疏劝后主减少游宴和乐官。

至延熙末年，姜维频频北伐，给蜀中的经济和民生带来了很大的压力。谯周跟尚书令陈祗多次就此议题进行了讨论，回来后就写成了《仇国论》一文。文章将蜀汉和曹魏比作互为仇敌的"因余之国"和"肇建之国"，以国势弱小的"因余之国"臣子高贤卿、伏愚子两人问答的方式，明白无疑地表达了谯周对北伐国策的看法。谯周认为，眼前的局势，曹魏传国已久，根基牢固，要想以弱胜强，就不能像刘邦那样发动长期持续的战争，而应该像周文王那样以仁德养民，像越王勾践那样积

[①] 禁止奔丧，一是因为诸葛亮死在前线，二是因为诸葛亮身兼丞相、益州牧、司隶校尉数职，威望既高，执政时间亦长，蜀汉群臣几乎都是其故吏。若允许奔丧，政府机构将为之一空，亦与礼制有碍。毕竟当年刘备于永安去世时，从其遗诏令"三日除服"来看，似乎也没有允许群臣奔丧。

蓄力量、等待时机，不顾国情而穷兵黩武，其结果只能是土崩瓦解。

该论既是谯周与陈祗讨论而得，说明陈祗多少也持此论。而张翼"国小民劳，不宜黩武"的观点其实也跟谯周相同。之后的廖化、董厥、诸葛瞻等人同样阐述过类似的意见。甚至谯周的学生、《三国志》的作者陈寿本人亦深受老师影响，在史书中批评姜维"玩众黩旅，明断不周"以致败亡。这说明在延熙末年以后，放弃北伐的消极思想已经成了蜀汉从上到下的主流认识。

问题在于，北伐对蜀汉来说不仅仅是一种军事策略，更具有支持其政权合法性的政治意义。北伐是为讨贼，唯其为贼，天下才仍旧是汉室的天下，而季汉作为汉室的继承者，统治才具有合法性。放弃北伐不仅背离了诸葛亮"兴复汉室，还于旧都"的理想，某种程度上也消解了季汉立国的合法性。没有了北伐大旗，本就国小民贫、人才匮乏的季汉政府将何以凝聚人心？人心一旦散乱，崎岖于一州之地的季汉又何以图存？

就这个意义而言，放弃北伐其实就是放弃抵抗，主张安民其实就是主张投降。

所以我们看到，至景耀年间，谯周又鼓吹起了更加无耻的亡国之论。

自汉末以来，图谶之学便在蜀地广为流传。当初刘备称帝，就援引了不少符瑞、图谶以称述天命。什么"赤三日德昌，九世会备，合为帝际"啦，"帝三建九会备"啦，总之就是说刘备是炎汉"三日"（刘邦、刘秀、刘备）之一，从刘秀往下传九世，合该是刘备当皇帝。然而我们知道，"祥瑞图谶，皆虚妄之事"，反正是向壁虚造，那还不是想怎么解释就怎么解释？更何况当时更为流行的谶语乃是"代汉者当涂高"。早在刘焉时期，蜀地儒生周舒、周群父子就一直主张说："当涂

第 196 章 「天狱」陷阱

高者，魏也。"后来这一理论被杜琼继承，又再传至谯周。谯周发挥杜琼的图谶之学，宣言说："《春秋传》记载，晋穆侯给他的太子起名曰仇，太子弟曰成师。后来果然兄弟相仇，弟弟取代了哥哥的太子之位。汉灵帝的两个儿子分别称作史侯、董侯，结果虽然先后被立为皇帝，终究被免为诸侯。先主名讳为备，其训'具'也，后主名讳为禅，其训'授'也，如言'刘已具矣，当授与人'也。这预兆怕是比晋穆侯、汉灵帝之名字还要明显。"

谯周是说，刘备的"备"即"完备"的意思，刘禅的"禅"即"让与"的意思，二人父子相承，那岂不是意味着"老刘家已经完蛋，应当让给别人"吗？

景耀五年（262年），成都皇宫中有一大树无故自折。谯周若有感悟，深为忧虑，就在一根房柱上写了十二个字："众而大，期之会。具而授，若何复？"陈寿解释说："曹者众也，魏者大也。""曹"有类别、群辈的意思，"魏"有高大的意思；"众而大，期之会"就是指天下将会合于曹魏。刘氏已经"具而授"，哪里还有再继续的可能呢？

有迹象显示，谯周这种宣扬蜀汉失去天命的论调彼时已经在国内悄然散播开来。

最后，直接导致蜀汉速亡的关键是军事策略方面的失误。在这一点上，姜维的确负有责任。

据《姜维传》记载，景耀元年返回成都后，姜维向朝廷提交了一项动议。

自从当年刘备以魏延镇守汉中，一直采用"实兵诸围以御外敌"的策略。即在汉中盆地外围的要塞据点屯驻重兵，堵塞秦岭各谷道的出口，"敌若来攻，使不得入"。延熙七年的汉中保卫战，王平等之所以挡住了曹爽，都是采用这种战法。这时姜维建议："以为错守诸围，虽合《周易》'重门'之义,然适可御敌,不获大利。不若使闻敌至,诸围皆敛兵聚谷,退就汉、乐二城,听敌入平,且重关镇守以捍之①。有事之日,令游军并进以伺其虚。敌攻关不克,野无散谷,千里悬粮,自然疲乏。引退之日,然后诸城并出,与游军并力搏之。此殄敌之术也。"

姜维的意思是,采用固守外围据点的方法固然可以御敌于国门之外,却难以大量歼灭敌人的有生力量,所以不如布下一个口袋阵,即放弃外围据点,退守汉中腹地的汉、乐二城,诱使敌军深入平地,同时加强阳平关、关城、白水关(地望详后)等多重关隘的防守,然后再布置若干游军伺机出击。等到敌军因攻关不克、粮运难继而疲惫引退之时,再命汉、乐二城的守军和游军合力发动攻击,便能够聚歼敌军于汉中"天狱"!

蜀汉的国防态势,大体可以划分为两道防线:第一道防线是秦岭及其南麓"诸围",第二道防线是巴山及蜀道诸关隘。自从刘备夺得汉中,蜀汉的防御策略都是谨守第一道防线。这不仅仅是因为"汉中则益州咽喉,存亡之机会,若无汉中则无蜀",也是以汉中为北伐基地的基本要求。但是从诸葛亮到姜维,三十多年的北伐攻势,歼敌最多的战果仅是洮西之战的数万人,相比曹魏庞大的人口基数和军事实力,这点成绩说是九牛一毛都不过分。所以三十多年下来,魏蜀两国的国力差距不但没有缩小,反而越拉越大。(这种情况东吴也存在,即诸葛恪所说十数年后"贼众一倍,而我兵损半"的预测。)一来姜维急于求成,觉得这种防御策略"适可御敌,不获大利",二来在攻略陇西、凉州的战略

---

① 今本《三国志·姜维传》此处原文为"使敌不得入平,且重关镇守以捍之"。《华阳国志》云"听敌入平,且重关镇守以御之"。《资治通鉴》云"听敌入平,重关头镇守以捍之"。就文义和地理形势而言,"听敌入平""重关镇守"更符合逻辑,今改之。

中，汉中诸军不但很难发挥作用，而且还存在不受姜维控制的嫌疑（如胡济失誓不至），所以他才设计了以上方案，准备以牺牲第一道防线为代价，把汉中打造成一个埋葬曹魏大军的陷阱。

单就地理形势而言，汉中盆地确实是一个布下陷阱的理想场所。当年曹操就曾直言："南郑直为天狱中，斜谷道为五百里石穴耳！"曹爽、夏侯玄伐蜀，也曾因为秦岭道路难行而险些有来无回。更重要的是，由于有阳平关、关城、剑阁等蜀道关隘的存在，即使放敌军进入汉中平原，只要以上关隘不失守，那么巴蜀腹地就依然安全。

所以，姜维设计的这个方案要想奏效，至少要保证以下三个关键环节绝对不出问题：

阳平关、关城、剑阁这几个扼守蜀中门户的关隘坚决不能丢，即所谓的"重关镇守以捍之"。

必须有相当数量的"游军"在后方不远处待命，既可以对关隘随时实施救援，又可在敌军攻关不克、疲乏引退之时配合汉、乐二城进行反击。

必须加强对汉中西侧的保护，防止魏军南下绕到阳平关等关隘的背后。

姜维的建议随即被后主批准。"于是令督汉中胡济却住汉寿，监军王含守乐城，护军蒋斌守汉城，又于西安、建威、武卫、石门、武城、建昌、临远皆立围守"。

从军队的调动情况看，蜀汉朝廷对以上三处关键环节的理解还是比较到位的。汉中驻防的军队原有三万左右，现在只留蒋斌、王含守汉、乐二城，守军数量据史籍记载各为五千，那么剩下的两万人应该都随汉中督胡济退屯到了汉寿。汉寿即葭萌，其地紧邻白水关，上距阳平关四百余里，下距剑阁不到百里，当年刘备和费祎都曾领数万人在此驻扎。可以认为，胡济这支两万人的部队所扮演的就是"游军"角色。

另外值得注意的是，在撤汉中围守的同时，姜维又增立了西安、建威、武卫、石门、武城、建昌、临远诸围。这七地可考者，西安似在汶山郡，建威在祁山南、武街（下辨）北，武卫、石门在狄道以南、洮水以西[①]，而武城可能即今武城县附近，在南安南。由此可知，这些新增的围守大部分不在陇西就在陇南。姜维在撤汉中围守的同时又增强对陇西、陇南的防守，应该是为了巩固自洮西大捷以来新获得的领土，并有防止魏军从陇西南下的意图，因为曹魏一旦伐蜀，必然会多路并进，如果陇南挡不住魏军的攻势，那么汉中侧翼就会暴露在魏军面前，"天狱"陷阱也就失去了效用。

总之，如果说之前从诸葛亮到姜维的北伐都是"以攻为守"，那么"天狱"陷阱的设置则明显具有"以守为攻"的意图。它是姜维在蜀汉群臣普遍反对北伐的背景下心态失衡、急于求成的产物。这个计划要想奏效，所要求的条件较多，而一旦任何环节出现纰漏，面临的风险都很高，因此并不是一个谨慎的策略。

令人遗憾的是，以上论及的三个关键环节后来果然都出了问题。

---

① 据《晋书·张骏传》，前凉张骏曾趁石勒攻灭刘曜之时"因长安乱，复收河南地，至于狄道，置武卫、石门、侯和、漒川、甘松五屯护军，与勒分境"。当时前凉与后赵大体以洮水为界，可知武卫、石门位于狄道以南、洮水以西。

第197章 五路伐蜀

景耀五年,"姜维复率众出侯和,为邓艾所破"。过程不详。

此次出征之前,姜维跟其余蜀汉重臣之间的关系已经相当不好。黄皓积极拉拢镇守永安的右大将军阎宇,筹划以阎宇取代姜维为大将军;年已七十开外的老将廖化则评论说,姜伯约智不出敌,而力少于寇,如此用兵无厌,不啻玩火自焚。侯和战败后,诸葛瞻、董厥也以姜维"好战无功,国内疲弊"为由,准备奏请后主召还姜维为益州刺史,夺其兵权。

姜维本就是"羁旅托国",并没有真正融入蜀汉士人的圈子。如今功业未就,又闻知朝中诸臣有共谋罢黜自己的动向,索性也就不再返回成都,而是以屯田为名,在阴平西北的沓中(今甘肃舟曲西)安顿了下来。

与此同时,司马昭则正式启动了伐蜀进程。

《三国志·钟会传》称："文王以蜀大将姜维屡扰边陲，料蜀国小民疲，资力单竭，欲大举图蜀。惟会亦以为蜀可取，豫共筹度地形，考论事势。景元三年冬，以会为镇西将军、假节都督关中诸军事。"

三十八岁的钟会此前只是司隶校尉，虽然在平定毌丘俭和诸葛诞的叛乱中他都担任参谋，立下了不少功劳，并被时人比作张良，但他之前并没有独自带兵出征的经验。这次他能被超擢为镇西将军、关中都督，一来是因为他深得司马昭之信任，二来也是因为在堪当主帅的人选当中，只有钟会主张伐蜀的态度最为坚决。

蜀汉虽为小国，但是在将近四十年的时间里却能持续北伐一十六次，迫使强大的曹魏不得不转入战略防御，其之前仅有的两次伐蜀攻势也都无功而还。历史的惯性延续至今，曹魏群臣普遍对伐蜀心生畏惧。就连两度战胜姜维的邓艾，在得知司马昭有意伐蜀后也屡次表达异议，认为不应该在蜀汉内部没有变乱的情况下大举出兵。这样一来，邓艾虽能征惯战，又在景元二年（261年）代替司马望出任征西将军，司马昭却不愿用其为伐蜀主帅。在司马家内部，司马孚、司马望父子论资望、才能虽然够格，可是由于他们对被害的曹髦流露出了同情的态度，司马昭也不想让他们统领大军。伐蜀前两年司马望由征西将军、雍凉都督征还为卫将军，就显示了司马昭的意图。

对司马昭来说，伐蜀本身不是目的，而是手段。眼前的他迫切需要一场盛大的功业来为自己改朝换代的事业造势。

因此蜀汉非伐不可，而且只能胜，不许败。

只有钟会对此心知肚明。

与此同时，钟会也有自己的小算盘。

据说在钟会西赴长安任镇西将军之后，辛毗的女儿辛宪英曾问自己的侄子、秘书监羊祜说："钟士季何故西出？"羊祜道："将为灭蜀

第 197 章　五路伐蜀

也。"辛宪英便感叹道:"钟会其人为事纵恣,料想绝非持久甘处人下之辈,我怕他另有他志也。"羊祜一惊,连忙说道:"叔母切勿多言。"不久钟会奏请以辛宪英的儿子羊琇为参军,辛宪英又忧心忡忡地说:"前日见钟会之出,我是为国担忧,现在轮到为自家担忧了。"羊琇想向司马昭请辞,司马昭不批准,辛宪英便勉励他说:"去就去吧,只是要多加小心。身在军旅,唯有仁恕之心可以得济,汝千万要记得。"

到第二年夏季,钟会在关中已经将伐蜀前的准备工作处理得差不多了,司马昭也派自己的主簿师纂前往陇西去担任邓艾的司马,劝他接受了伐蜀的命令。他还下令东南诸州修建战船,命唐咨建造浮海大舰,装出将要大举伐吴的样子以麻痹蜀汉。

眼看万事俱备,司马昭遂对一众臣僚宣布道:"自定寿春以来,我息役六年,治兵缮甲,早有平定吴蜀二虏之心。为此我大概推算,若是取吴,作战船,通水道,当用千余万功,需十万人劳作百数十日方可。加之南土下湿,必生疾疫。如今应以取蜀为先。蜀中克定,三年之后,便可因顺流之势,水陆并进,此灭虞定虢、吞韩并魏之势也!我估算蜀国共有战士九万,居守成都和防备他郡者不下四万,然则余众不过五万。今可绊姜维于沓中,使不得东顾,直指骆谷,出其空虚之地以袭汉中。彼若婴城守险,兵势必散,首尾离绝。我军举大众以屠城,散锐卒以略野,到时剑阁不暇守险,关头不能自存。以刘禅之暗,而边城外破,士女内震,其亡可知也。"

于是朝廷降诏,征四方之兵十八万伐蜀。命征西将军邓艾、雍州刺史诸葛绪各统三万人马,邓艾自狄道趋甘松、沓中攻姜维,诸葛绪出祁山趋武街、桥头断姜维归路;命镇西将军钟会督前将军李辅、征蜀护军胡烈,统十余万众分从骆谷、斜谷进袭汉中;命魏兴太守刘钦领郡兵溯汉水西进,趋子午谷南口,与钟会形成夹击。五路并进,直取蜀汉。

当年曹真、曹爽父子那两次伐蜀,所用兵力不过十余万,而这次司马昭动用的兵力不但远比前两次为多,更在陇西方向多出了邓艾、诸葛绪这两路至关重要的偏师。

邓艾字士载,义阳棘阳(今河南新野东)人,少孤贫。当年曹操南征荆州,还是孩童的邓艾随母东迁汝南,一度靠给当地农民放牛为生。十二岁时,邓艾跟母亲前往颍川,路过名士陈寔之墓,读其碑文所刻"文为世范,行为士则"等句,心中仰慕不已,后来便给自己取名为"范",字"士则"。可是因为陈寔本人及其八字评语太过于有名,当时不少人都用"范""则"取名,邓艾有个同宗就叫邓范字士则。为了避免重名,邓艾只好又改名为艾,字士载。

在整个少年时代,邓艾一直是襄城典农下属的屯田部民,其本人虽好学有才干,但因为有口吃的毛病,长官觉得他当不了僚佐,只派他看守稻田和草垛。邓艾也不气恼,外出干活时每见高山大泽,就将草垛和农民想象成军队,"辄规度指画军营处所"。旁人见状嘲笑于他,他也不以为意。

到了二十来岁①,有个叫郭玄信的谒者获罪贬官回家,向典农司马借车马。典农司马便将邓艾、石苞两人派去给郭玄信驾车。行出十余里,郭玄信跟邓艾、石苞聊了起来,发现两人都很有才华,并非一般俗吏可比。分别时,郭玄信便预测说:"你二人日后必为卿相。"

又过了将近二十年,邓艾好不容易当上了典农功曹、上计吏,因而

---

① 据裴注所引《世语》,邓艾少为襄城典农部民,与石苞皆年十二三;建安中,少府吉本起兵许都,玄信坐被刑在家,从典农司马求入御,时邓艾、石苞为郭玄信御者。邓艾生年不详,据其本传段灼"七十老公,反欲何求"之语,可知其卒时年近七十。而吉本起事在建安二十三年,故其时邓艾已年过二十。

有机会前往洛阳，见到了时为太尉的司马懿。

司马懿阅人无数，不多时便已看出，此人虽然口吃，胸中却实有大才。于是便将邓艾辟为掾属，不久又迁为尚书郎。邓艾这才时来运转，仕途顺遂起来。

司马懿先采邓艾之策，开广漕渠灌溉淮北屯田，"六七年间，可积三千万斛于淮上"，以为伐吴之资，继而又任其为南安太守，助郭淮镇守陇西。从那时起，邓艾就开始跟姜维交战。如今十几年过去，执政者由司马懿变成了司马昭，邓艾也变成了征西将军、陇右都督，爵封邓侯。

实际上，如果按邓艾自己的意思，他本来是不乐意攻蜀的。其本传记载，不久前邓艾做了一个梦，梦见自己坐在一座高山上，身边流水潺潺。醒来后他就问擅长解梦的护军爰邵此梦是何含义。爰邵说，按照《周易》的说法，山上有水是"蹇"卦，"蹇"卦爻辞云"蹇利西南，不利东北"，孔子的解释是"蹇利西南，往有功也；不利东北，其道穷也"，所以此梦的意思是，伐蜀必然有功，然而却有去而不还的危险。邓艾听了，好长一段时间怏然不乐。可是问题在于，司马昭特派师纂来担任邓艾的司马，传达的意思很明白：你邓艾不乐意去也必须去，如果敢不听调遣，那就会成为司马昭的敌人。

邓艾无奈，只好听命。他麾下原本有两万多人，此番为了伐蜀，他又招募了五千多凉州劲勇和羌胡健儿，使总兵力达到了近三万。这一数字与其老对手姜维所统应该基本持平。

别忘了，诸葛绪那边还有三万兵。此人本为泰山太守，数年前代王经为雍州刺史。他这时应屯驻上邽，麾下所统多数是陈泰留下的部众。

至于钟会的十余万人马，则主要是从关东各州征调而来。

八月间，在洛阳集结的主力军启程出发。司马昭下令犒赏三军，陈师誓众。期间将军邓敦不知好歹，居然选在这时进谏称蜀未可伐。惹得司马昭大怒，被斩首示众。

当然，对于一次性赋予钟会如此大的兵权，司马昭也不是完全没有防备。

据钟会本传，伐蜀诏令颁布后，西曹属邵悌曾求见司马昭，进言说："今遣钟会率十余万众伐蜀，愚以为其单身无重任，不如另使余人行。"

"单身无重任"一句，《通鉴》作"单身无任"。钟会年近四十却无子嗣，史籍中也找不到他曾经结婚的记录。其兄钟毓死后，虽然他的几个儿子钟邕、钟毅等由钟会抚养，但钟会并无直系血亲在世。而按照胡三省所言，曹魏制度规定，凡将帅出征，都要留其家属在后方当人质。钟会既无妻母，又无子弟，没有堪为人质的亲属，故曰单身无任。邵悌这话显然是在暗示，一旦钟会有异心，司马昭手里连个能制约他的牌都没有。

听了这话，司马昭笑道："这事我难道会不知道吗？蜀人为患已久，使我百姓不得安息，我今伐之，易如反掌，可众人皆言蜀不可伐。人心一旦先怯懦下来，则智计勇略皆会失去依托，若是派这样的人统军，难保不被敌人所擒。唯有钟会伐蜀之意与我相同，如今我派他伐蜀，蜀必可灭。灭蜀之后，即便如卿所虑，他又哪里能够成事？须知凡败军之将不可以言勇，亡国之大夫不可与图存，因为他们心胆已破。若蜀国灭亡，其遗民必然震恐，不足与图事；中国之将士则各自思归，断不肯与之同谋。倘若钟会谋逆作恶，只能是自取灭族。卿不须为此担忧，切莫使他人闻知即可。"此外，司马昭还以廷尉卫瓘持节担任伐蜀监军，代表朝廷对钟会、邓艾进行监督。

很快，曹魏五路伐蜀的消息传入了蜀境。

姜维在沓中闻讯，立刻上表后主："闻钟会治兵关中，欲规进取，宜并遣张翼、廖化督诸军分护阳安关口、阴平桥头以防未然。"

阳安关即阳平关，是姜维"天狱"陷阱方案中最重要的一环，阳平关如果失守，开进汉中的魏军便能直指剑阁，对巴蜀腹地构成威胁；而阴平桥头则位于从陇南南下蜀中的要道上，过桥头沿白龙江而下，同样可以进抵剑阁，在此防守就可以挡住邓艾和诸葛绪的入侵。显然，姜维的这个建议对此战胜负至为关键。

然而奏表送达朝廷后，立刻便被中常侍黄皓截留了下来。

史称："皓征信鬼巫，谓敌终不自致，启后主寝其事，而群臣不知。"

也就是说，黄皓找巫师或术士占卜了一下，占卜的结果显示敌军将像前两次一样无功而还，于是他就向后主说不必理会姜维的建议，而刘禅这个家伙也就听信了黄皓和鬼巫之言，没跟群臣商量此事。

这是什么猪脑子，才会相信鬼巫之言呢？

两军交争，时间往往是最宝贵的资源。特别是在行军布局阶段，任何一点迟疑都有可能贻误战机。

史籍又言："及钟会将军向骆谷，邓艾将入沓中，然后乃遣右车骑廖化诣沓中为维援，左车骑张翼、辅国大将军董厥等诣阳安关口以为诸围外助。"

尽管后主没有在第一时间批准姜维的建议，但他好歹还是派出了援兵。

然而我们发现，这时候蜀汉方面的军力布置已经与姜维之前的"天狱"方案有所不同。

最大的差别是：原本应承担"游军"角色屯驻汉寿的胡济军，完全不见了影踪。

第198章 脆弱的防线

景耀初年姜维提出撤汉中围守的计划时,胡济为汉中督、右骠骑将军,不论是资历还是官号,都排在张翼、廖化之前。

然而到了景耀六年曹魏伐蜀之时,在姜维的建议和后主的命令中却都找不到胡济的名字。

故此我认为,胡济很可能在六年之前已经亡故。

而其死后,似乎再也无人担任汉中督一职。

这或许可以解释为什么原本应屯驻在汉寿的两万部队不见了影踪。

问题在于,这两万人去了哪里呢?

史料中没有记载。

考虑到景耀四年诸葛瞻升任中都护、卫将军,董厥升任辅国大将军,而黄皓、诸葛瞻、董厥诸人都有意剥夺姜维的兵权,这两万人不太可能拨给姜维让他带往北伐前线。我想,这支部队多半是被后主撤回了成都，重新配给了廖化、张翼、诸葛瞻等人。

没有"游军"，汉中"天狱"就失去了防守反击的效用，姜维的计划亦无从展开，蜀汉在战略上就全盘陷入了被动。

九月初，钟会统大军分从斜谷、骆谷南入，命牙门将许仪在前修治栈道，自己在后而行。不想走到半途，一座栈桥突然被战马踩穿，马足深陷，钟会差点掉下深渊。钟会大怒，当即将许仪斩首。许仪可是许褚的儿子，众将士见功臣之子钟会也照杀不误，都震惧非常。

由于之前蜀汉已经撤掉了兴势、黄金、赤岸等围守，退还汉、乐二城，加之天公作美，不曾降下大雨，魏军的行进相当顺利。大概在九月中下旬，包括从东边溯汉水西进的魏兴太守刘钦军在内，十余万大军都进入了汉中盆地。

蜀军方面，守乐城的是监军王含，守汉城的则是蒋琬的儿子、护军蒋斌，各领五千士兵。这一点兵力，当然只能婴城固守。好在当年诸葛亮建造二城时将其修得相当坚固，城中存粮亦多，足可应付一时。钟会便派护军荀恺、前将军李辅各统万人，分别将二城包围起来，又命征蜀护军胡烈等越过二城，直接去攻阳平关。

与此同时，邓艾、诸葛绪也分别从狄道和祁山出军，向沓中的姜维军发起了进攻。其中诸葛绪由建威、武街直扑阴平桥头，想要一举切断姜维的归路。而邓艾则"遣天水太守王颀等直攻维营，陇西太守牵弘等邀其前，金城太守杨欣等诣甘松"，意图将姜维的军队切割包围起来。

学界一般认为，沓中即今甘肃舟曲以西白龙江沿岸之山谷，而甘松更在沓中以西。考虑到当地狭窄逼仄的地形，姜维的军队不太可能集中屯驻于一处，而应是沿山谷如长蛇般连营分布。正是针对这一情况，邓艾才命牵弘攻其前，杨欣攻其后，王颀则直攻姜维大营。

姜维得知朝廷发兵迟缓，而钟会已入汉中，一来担心阳平关有失，二来担心归路被断,并不想在沓中跟邓艾过于纠缠,集合部众后便即向阴平方向撤退。

这个时候,奉命增援姜维的廖化其实已经赶到了阴平。但当他听说诸葛绪军从祁山南下,正向建威、武街发动攻击的消息后,可能是考虑到自己如果继续前进,那么归路也将被诸葛绪切断,于是就在阴平停了下来,一待就待了一个月。

这一来,姜维如果不尽快撤退,就有可能被邓艾、诸葛绪合力包围。

《三国志·邓艾传》云:"维闻钟会诸军已入汉中,引退还。欣等追蹑于强川口,大战,维败走。"《晋书·文帝纪》亦云:"姜维闻之,引还,王颀追败维于强川。"可见姜维在撤退中遭到了王颀、杨欣追击,在强川口之战中被击败。

由《水经注》可知,强水即羌水,为今流经甘肃宕昌县之岷江(非长江上源之岷江),强川口即舟曲县东南岷江汇入白龙江之河口。姜维在此被击败后便沿白龙江继续向南撤退,途中他得到情报,诸葛绪已经"塞道,屯桥头",便"从孔函谷入北道",佯装要从诸葛绪背后绕过去。诸葛绪闻知,急忙后撤三十里。这时候姜维已经在北道行进了三十里,探知诸葛绪撤退,就调头疾行,返回桥头冲了过去。等到诸葛绪发现自己上了当,再转身去追,"较一日不及",姜维已经提前一天穿过了桥头。

仍按《水经注》,桥头位于白龙江与白水江汇合处,也就是现在甘肃省陇南市文县玉垒坪。在明清时期,这里被称作玉垒关,据说古时有铁索桥横贯白水江,为陇蜀间要道,清代以后重修为木桥。当年姜维就是在此声东击西,极其漂亮地躲过了诸葛绪的堵截。

摆脱诸葛绪后,姜维遂得以在阴平与廖化会合。以上也即《姜维

第198章 脆弱的防线

传》所说:"(廖化)比至阴平,闻魏将诸葛绪向建威,故住待之。月余,维为邓艾所摧,还住阴平。"

在此,有必要对阴平的具体位置先做一简要考证。因为不搞清楚这个问题,不但没办法理解姜维的撤退路线,而且后面邓艾走阴平道奇袭成都的路径也会模糊不清。

东汉的阴平郡郡治,一般认为即今甘肃文县。如《通鉴》胡注引宋白曰:"唐文州曲水县,汉阴平道也。"《明一统志》云文县"本古氐羌地,汉开西南夷,置阴平道,属广汉郡,晋置阴平郡。"《读史方舆纪要》云:"阴平今陕西文县也。"都是就此而言。从《华阳国志》说阴平郡治阴平县"汉曰阴平道","本广汉北部都尉治。永平后,羌虏数反,遂置为郡"来看,这应该是没有问题的。

可是当我们查看地图,就会发现,文县并不处于从沓中、强川口沿白龙江南下桥头的路线上,反而位于桥头西北百里外的白水江沿岸。这与史籍所记姜维撤退时从沓中至强川口,再经桥头后抵达阴平,继而退往白水、剑阁的路线并不符合。

要之,蜀汉末年的阴平,一定位于桥头以南。这也是廖化可以在阴平停军月余不进,坐视姜维被邓艾追击、被诸葛绪堵截的原因。

故此我推测,蜀汉时期,阴平郡的郡治很可能发生了迁移,从原本的文县一带南迁到了今沙州镇白水县一带。

证据之一是,《华阳国志》记载:"汉安帝永初二年,羌反,烧郡城。郡人退住白水。"十年后方收复旧治。这一情况说明,当阴平因战乱不适合居住时,沿白龙江南下迁居白水是百姓的常规选择。而自从诸葛亮派陈式攻取武都、阴平二郡,魏、蜀两国为争夺人口,纷纷将二郡居民内迁。如曹魏武都太守杨阜迁万余户于关中,郡治徙于小槐里(今陕西兴平西),曹操亦遥置阴平郡,而当时由于魏蜀攻伐多由武都郡,郡"遂荒无留民"。阴平郡的情况很可能与之相同。如据裴注所引《魏书》，景初二年时郭淮曾派兵进攻阴平，被太守廖化击破[1]。阴平郡民为避战乱再次内迁白水，想来亦属正常。这种情况下，郡治亦随之南迁是很有可能的。

证据之二是，据《元和郡县志》，隋唐之景谷县即汉晋白水县，"因县北景谷为名"，而邓艾追姜维至阴平后，正是"由景谷道旁入"奇袭成都。如果阴平仍在文县，邓艾便该如明初傅友德伐蜀那样，在攻克文州后经青川杲阳关（今四川平武县东）沿涪江至江油，而不会经过景谷了。

在这一个月里，汉中方向的战局也发生了变化。

阳平关和关城相继失守了。

此处还需说明，在汉晋史籍中，阳平关（阳安关）与关城实为两地。阳平关在今汉中勉县西，而关城在今汉中宁强县阳平关镇。由汉中至蜀，需先经阳平关，再经关城，两地相距一百二十里。对此，黄盛璋先生在《阳平关及其演变》一文中已经辨明。而史料显示，当时把守阳平关的蜀将是蒋舒，把守关城的则是傅佥，是蒋舒开城出降直接导致了两关失守。

《姜维传》云："钟会攻围汉、乐二城，遣别将进攻关口，蒋舒开城出降，傅佥格斗而死。"由前述后主派张翼、董厥"诣阳安关口以为诸围外助"可知，关口即阳安关口，也就是阳平关。守关的是蒋舒。裴注引《蜀记》云："蒋舒为武兴督，在事无称。蜀令人代之，因留舒助

---

[1] 《魏书》原文作"阴平太守廖惇"。《三国志集解》引潘眉云："惇乃淳字之伪，廖化本名淳。"《水经注》亦云白水在桥头与羌水合后，又东经郭公城南，此城"昔郭淮之攻廖化于阴平也，筑之，故因名焉"。若彼时魏军深入至桥头东南筑城，更可证明阴平郡民有南迁之必要。

汉中守。舒恨，故开城出降。"武兴即今陕西汉中略阳。《元和志》云："蜀以其处当冲要，置武兴督守之。"有人据此指责姜维用人不当，不应该用"在事无称"的蒋舒守阳平关。我觉得这锅可能轮不到姜维来背。因为武兴和阳平关都属汉中督区，而如前所述，姜维对汉中的控制力并不强。再说《蜀记》但言"蜀令人代之"，也没说是姜维下的命令。

单从《姜维传》的讲述来看，似乎蒋舒与傅佥是同守阳平关。但《蜀记》还载有后来晋武帝的一封诏书，其文云："蜀将军傅佥，前在关城，身拒官军，致死不顾。"可知当时傅佥把守的乃是关城。

另据《汉晋春秋》透露，蒋舒在出降前欺骗傅佥说（由于两人不在一城，以下对话应是通过书信或使者来进行）："如今贼至不击而闭城自守，非良图也。"傅佥则回答："我等受命保城，惟全为功。今违命出战，倘若丧师负国，虽死何益？"蒋舒见说不动傅佥，就道："你以保城获全为功，我以出战克敌为功，请各行其志。"便率其部众而出。傅佥以为蒋舒当真是出战，哪知道他却投降了魏军的前锋胡烈。"烈乘虚袭城，佥格斗而死，魏人义之。"正因为蒋舒先献出了阳平关，胡烈才能乘虚进袭关城。

故《姜维传》云："会攻乐城，不能克，闻关口已下，长驱而前。"又"使护军胡烈等行前，攻破关城，得库藏积谷"。

在经过汉城时，钟会还写信给守城的蒋琬之子蒋斌，说自己此番西行经过涪县，定要去墓前祭拜蒋琬。蒋斌也客气地回信，告知了他蒋琬的坟茔所在。西出阳安口时，他又派人到新修的诸葛亮祠庙前去吊祭。此举不单是为表达他对武侯的景仰之心，也是为了赢得蜀人的好感。祭拜蒋琬也是一样。

前面讲到，在姜维的"天狱"方案中，最关键的是三个环节：第一，阳平关、关城、剑阁这几个关隘不能丢；第二，必须有"游军"可提供救援或实施反击；第三，必须加强对汉中西侧的保护。现在开战仅仅一个多月，阳平关、关城丢了，原屯汉寿的游军不见踪影，张翼、董厥的援军又迟迟不到，姜维受到邓艾、诸葛绪的夹击撤离陇南，汉中西侧亦失去了保护。三个环节全部掉链子，"天狱"陷阱至此也就彻底崩塌。

《钟会传》记述说："姜维自沓中还，至阴平，合集士众，欲赴关城。未到，闻其已破，退趣白水，与蜀将张翼、廖化等合守剑阁拒会。"

姜维在阴平与廖化会合后，本来想经今广坪镇一带东进去救援关城，路上闻知关城失守，只好经白水退往剑阁。这与《姜维传》"翼、厥甫至汉寿，维、化亦舍阴平而退，适与翼、厥合，皆退保剑阁以拒会"的记载相合。直到这时，张翼、董厥才姗姗来迟。

这里又遇到了一个小问题：既然我前面说蜀汉末年阴平迁到了白水，那么姜维此时"退趣白水"，这个白水又是指哪里呢？

有两种可能。

一是指汉代的白水关。

《后汉书·公孙述传》记载，公孙述使将军侯丹开白水关，北守南郑。同书《李固传》则云李固"出为广汉洛令，至白水关，解印绶，还汉中"。李贤注引《梁州记》曰："关城西南百八十里有白水关，昔李固解印绶处也。"李贤又云："故关城今在梁州金牛县西。"唐金牛县即现在阳平关镇东边的大安镇。若如此，汉白水关应位于今阳平关镇西南一百八十里某处。

有学者据此认为，白水关与白水县为一地或相距不远，在今沙洲镇五里垭；有人则认为更在沙洲镇以南，或即三堆镇；有人认为在广元以

北的朝天峡；有人则根据《通鉴》胡注引《水经注》云"白水东南流至葭萌县，谓之葭萌水，水有津关，所谓白水关"的说法，认为白水关在葭萌（汉寿）。从白水关同时扼守着由汉中和陇西入蜀的要道这一点来看，我个人更倾向于前两个说法。刘备初入蜀之时，刘璋便让他居葭萌督白水军；而后来刘备起兵，更是先杀了白水关守将杨怀、高沛，占领了白水关；夺取汉中后，刘备还"起馆舍，筑亭障，从成都至白水关，四百余区"，沿途增修了不少城防、通讯设施。

当然，史料只说姜维"退趣白水"，不一定非是白水关。所以也还存在另一种可能，即姜维退往的白水，是《水经注》中所说的"广魏白水县"。

该书《漾水篇》《羌水篇》皆提及，西汉水（嘉陵江）流至葭萌东北、广魏白水县西，在此与羌水（白龙江）合流。从地势来看，此处的广魏白水县很可能就是现在的四川广元市。之所以称之为广魏白水县，大概是为了与习称梓潼白水县的汉白水故城相区别[①]。姜维、廖化从阴平退至此地，恰与刚刚赶到汉寿的张翼、董厥会合，也是有可能的。

[①] 《山海经》西晋郭璞注云白水"色微白浊，今在梓潼白水县，源从临洮之西西倾山来，经沓中，东流通阴平至汉寿县入潜"。

第199章 阴平奇袭

尽管蜀军在汉寿会师后，总兵力达到了五万以上。但面对魏军来自两个方向的进攻，汉寿并不利于防守。于是经过磋商，姜维统领诸军退往了剑阁。

这是捍卫蜀中的最后一道关隘。

所谓剑阁，是时人对小剑山、大剑山之间三四十里阁道的统称。后世的剑门关便设在此间。《华阳国志》称，汉德县"有剑阁道三十里，至险，有阁尉"。汉德县是刘备在梓潼郡新立的县，疑即在剑阁南口，也就是唐代的大剑镇、宋代的剑门县、今天的四川汉阳镇。《太平寰宇记》剑门县条云："诸葛武侯相蜀，于此立剑门，以大剑山至此有隘束之路，故曰剑门。即姜维拒钟会于此。"

世人常道"蜀山险""蜀道难"，最险便是剑门关。剑阁之险，正如李太白诗云："剑阁峥嵘而崔嵬，一夫当关，万夫莫开。"这是因为自小剑戍入山，一路行来皆为连云栈道，"连山绝险，飞阁通衢"，绝无他路可行。相传战国时秦惠王以张仪、司马错伐蜀，便是由此而行。后来刘备、诸葛亮治蜀，又凿石架空，对飞阁栈道进行了重修。直到周末隋初，隋文帝为防止再有蜀人断剑阁叛乱，在阁道以南另开平缓新道，经小剑山的旧道之地位才有所下降。

此时姜维等便退据剑阁南口，凭借剑山天险挡住了钟会的十余万大军。

史称："姜维列营守险，会攻之不能克。"《元和郡县志》还记载，在小剑戍以南、大剑戍以北有一处地方叫空冢戍。据说是钟会统军至此，考虑到自己已入剑阁、身居死地，唯有死战可以获胜，便令士兵预掘坟冢，后因南入成都而无所埋，徒留下一座座空冢，故称空冢戍。

这一故事虽不可信，却多少反映出了当时钟会受阻剑阁所遭遇的困境。蜀军本就擅长山地作战，此时姜维、张翼、廖化、董厥诸人又暂时放下了成见，合力共御外侮，一时间钟会除了给姜维等人写信、移檄蜀中将吏，试图动摇蜀汉军民的斗志之外，也没有什么太好的办法。

他写信给姜维说："公侯以文武之德，怀迈世之略，功济巴、汉，声畅华夏，远近莫不归名。每惟畴昔，尝同大化，吴札、郑乔，能喻斯好。"说许多年前姜维曾跟自己同沐大魏王化，希望咱们二人的友谊能像春秋时吴国的季札、郑国的子产之间的交往一样，成为万古美谈。

姜维不予理会。

他移檄蜀中将吏士民，以吴国降将孙壹、唐咨等在魏国得享高官厚禄为例，劝蜀人识机知命，"去累卵之危，就永安之福"。此举或许于成都朝廷里的投降派官员有所影响，于眼前的战事却帮助不大。

再加上战线拉长后粮运愈发艰难，汉、乐二城也尚未攻下，如果战局就这么僵持下去，最后胜负如何还真就不一定。

这时候，是邓艾打破了僵局。

前面讲到，这次伐蜀之前，因为邓艾反对在蜀汉内部并无变乱的情况下轻启战端，司马昭对他并不是很放心，不但委派师纂为征西司马对其进行监督，而且还安排他只领本部人马为偏师。相反，钟会却能在并无统兵经验的情况下，独领十余万众为伐蜀主力。论官号，邓艾是征西，班次比钟会的镇西高；论资历，邓艾早在司马懿执政时便在陇西与姜维作战，而钟会则直到司马师秉政才发迹；论功劳，钟会虽在镇压毌丘俭、诸葛诞叛乱的过程中有谋谟之功，但比之两败姜维的邓艾，依然有不小差距。钟会唯一比邓艾强的地方，就是出身高贵，乃是名公之子，又精研玄理，颇有名士风范。对这一情况，邓艾心里其实一直是不大服气的。

此前追击姜维到阴平后，邓艾心知，随着蜀军退往剑阁据险固守，钟会一定会遇到前所未有的阻力，这时候如果继续沿白水南下与钟会会师，一来毫无意义，二来自己与钟会地位相近、互不统属，一山难容二虎，也甚为不便。于是他就向雍州刺史诸葛绪建议，不如另辟蹊径，由江油直取成都。可是诸葛绪觉得，当初朝廷诏书只命自己邀击姜维，没说叫取成都，现在自己已经可以交差，西行趋江油不是自己该负责的任务，再说他这个雍州刺史在军事上更应听命于关中都督钟会，而不是邓艾这个陇右都督。因此诸葛绪就自领部众南下白水，与钟会合兵到了一处。岂知钟会早有野心，欲专军势，他见诸葛绪孤身前来，就密奏司马昭其"畏懦不进"。司马昭下令将诸葛绪槛车徵还，他的三万军兵也就归了钟会。

诸葛绪走后，邓艾只剩下本军三万人，但是这并没有动摇他直取成都的决心。相反，他认为三万人不是太少，而是有些过多了。为了便于在荒无人烟的山区快速前进，他再度对军队进行了精简。以致后来段灼

第199章 阴平奇袭

声称，邓艾彼时"步乘不满二万"。《晋书·文帝纪》更是记载："邓艾帅万余人自阴平逾绝险至江由。"

大概在十月下旬，邓艾向朝廷上表道："今贼摧折，宜遂乘之，从阴平由邪径经汉德阳亭趣涪，出剑阁西百里，去成都三百余里，奇兵冲其腹心。剑阁之守必还赴涪，则会方轨而进；剑阁之军不还，则应涪之兵寡矣。军志有之曰：'攻其不备，出其不意。'今掩其空虚，破之必矣！"很可能没有等司马昭批准，邓艾便引军出发了。

这便是历史上著名的邓艾自阴平偷袭成都事件。《三国演义》称此为"邓士载暗度阴平"。

其实不管是"暗度阴平"，还是如今网上流行的"偷度阴平"，严格说来都不准确。因为邓艾是自阴平出发，而并非是"度过"阴平。

至于邓艾所走的路线，以往学者因为大多认定阴平即今文县，所以普遍认为，邓艾是从文县出发，向南翻越今甘肃、四川交界的摩天岭（或云走青塘岭，或云先东南趋桥头再折向西南），然后在今平武县南进入涪江河谷后，沿江而下抵达今江油地区的。严耕望先生虽据《后主传》《姜维传》邓艾"自阴平由景谷道傍入"之记载，正确地指出景谷道即今沙州镇（严书称白水街）以西的谷道，但他同样认为邓艾是自文县出发，先沿白水江东下，再由景谷向西南斜出至江油。

然而本书前面已经揭示，史籍所记姜维撤退、邓艾追击的路线皆是"沓中—强川口—桥头—阴平"，此阴平一定在桥头以南，所以不可能在文县。最合理的解释，就是当时阴平郡的治所已经南迁到了汉白水故城，也就是隋唐时期的景谷县。也正因为如此，邓艾才会选择"由景谷道傍入"。由于这条路线并非入蜀大道，所以才称作"邪径""傍入"。

另据《钟会传》："邓艾追姜维到阴平，简选精锐，欲从汉德阳入江由左儋道诣绵竹，趣成都。"可知入景谷道后，邓艾又经过汉德阳亭，然后转入了江由左儋道。德阳亭之地望，唐宋以前史籍无考，明清地志中虽有记载，多半出于后人附会，并不可靠，姑且搁置。而汉晋之江由即唐宋之龙州，并非现在的江油市，而是在平武县东南的江油关镇。《华阳国志》云："平武县，有关尉。自景谷有步道，径江油左儋出涪，邓艾伐蜀道也。刘主时置义守，号关尉。"即是就此而言。

到达江油关镇一带后，再沿涪江江岸南下，是为"左儋道"。"儋"通"擔"，也就是担负的担。之所以叫左担道，按任豫《益州记》的解释，是因为"其道至阻，自北来者，担在左肩，不得度担也"。因为山道或栈道紧贴崖壁，路面又十分狭窄，自北向南行进时只能把担子置于左肩，一路上连换肩膀的空间都没有，故此得名。宋人祝穆的《方舆胜览》就记载，江油左担路涪水崖壁上有栈道六阁，曰青崖、石回等。由于"左担"只是形容崖道险仄，所以在地方志中亦有称文县经摩天岭的道路、广元经剑阁的道路，乃至宜宾通昭通的道路为左担道者[1]，然这三道皆与邓艾入蜀道无关。

综上可知，邓艾奇袭成都的路线，是自今沙州镇出发，沿通往青川县的山谷（即景谷）西行，先是抵达了今江油关镇一带，在此"蜀守将马邈降"，继而沿涪江南下，在今江油市北部出了山。至于邓艾军是如何抵达的江油关镇，由于德阳亭地望不可考，已经难以知悉。不过，从《邓艾传》称其"自阴平道行无人之地七百余里，凿山通道，造作桥阁。山高谷深，至为艰险，又粮运将匮，频于危殆。艾以毡自裹，推转而下。将士皆攀木缘崖，鱼贯而进"来看，几乎是无道可行，全靠硬闯。

---

[1] 明人曹学佺《蜀中广记》据《太平御览》引《蜀记》《益州记》及常璩《华阳国志·南中志》认为："左担有三，绵谷一也，阴平二也，朱提三也，义则一而已。"

与此同时,由于诸葛绪来投,钟会也得知了邓艾走小路西取成都的计划。或许是为了助其一臂之力,更可能是为了与其争抢功劳,钟会立刻派部将田章绕到剑阁以西(大概是走今雁门镇、马角镇一线山路),也来取江由。在击破了三批蜀军伏兵后,田章与邓艾在江由会合。邓艾便以田章为前锋,直向涪县、绵竹杀来。

成都朝廷本以为有姜维等在剑阁堵住钟会的大军,魏兵不会来得如此之快,等到闻知邓艾从江由杀出,距成都不过三百里,顿时炸开了锅。后主急忙派中都护诸葛瞻统军前往抵御。

这一年,诸葛瞻三十七岁。当年诸葛亮于五丈原病卒之时,他还只是个八岁的孩童。尽管他天生聪慧,但彼时诸葛亮却认为他有些过于早熟,担心他将来难成重器。在流传至今的《诫子书》中,诸葛亮勉励他"静以修身,俭以养德","非淡泊无以明志,非宁静无以致远"。而诸葛亮之所以为儿子取名为瞻,字思远,或许也有这一期盼寄托其中。

看来诸葛亮是觉得,过于顺利的成长环境并不利于养成堪当大器的品德和性格。诸葛瞻年幼袭武乡侯爵,十七岁尚公主,次年为羽林中郎将,二十来岁便为侍中、尚书仆射,加军师将军,三十五岁为中都护、卫将军辅政。虽然诸葛瞻的特长仅为"工书画,强识念",但蜀中士民因为追思诸葛丞相,也都爱屋及乌地推崇他。故而陈寿记载说:"每朝廷有一善政佳事,虽非瞻所建倡,百姓皆传相告曰:'葛侯之所为也。'是以美声溢誉,有过其实。"当然,也有传言说,陈寿由于曾经被诸葛瞻瞧不起,所以才对他评价不高。无论如何,身为诸葛亮之子,后人很难不拿诸葛瞻来与其父相比较。而就像参天大树之下一定长不出另一棵大树一样,诸葛瞻没能继承其父的才干智略,实在也没什么奇怪。

这时候诸葛瞻有多少人马呢?史籍没有记载。考虑到之前张翼、廖化、董厥带走了成都方面的中军主力,我感觉不会超过两万。

邓艾本有"疲兵两万",再加上田章的援军,数量上并不比诸葛瞻少,甚至可能还占优势。

或许正是有此顾忌,诸葛瞻统军进至涪县后,一时间有些犹豫了起来,不知是该继续进军,还是应该在此设防。黄权之子、尚书郎黄崇见状,屡劝诸葛瞻"宜速行据险,无令敌得入平地",诸葛瞻并未听从。不久两军前锋交战,蜀军不利,诸葛瞻退据绵竹,列阵以待。

邓艾还试图劝降诸葛瞻,写信说如果你归顺,我一定力保你得封琅琊王。

诸葛瞻大怒,当即斩了邓艾的使者,以示决不投降。

《益州记》甚至记载说,诸葛瞻下令将士兵的脚埋入土中,宁可战死,决不后退一步!《元和郡县志》也说,诸葛瞻于军前叹道:"吾内不除黄皓,外不制姜维,进不守江油。吾有三罪,还有何面目生还?"此二事虽不可信,却反映出诸葛瞻确实抱有誓死卫国之心。

或许是被诸葛瞻的斗志所感染吧,据《邓艾传》称,两军决战之初,蜀军是占据了优势的,邓艾的右军邓忠部、左军师纂部都不利退还,声言:"贼未可击。"最后邓艾大怒道:"存亡之分,在此一举,何不可之有?"说着便叱骂二人,拔剑欲斩。邓忠、师纂驰还再战,终于大破蜀军。而诸葛瞻也临阵战死,用生命捍卫了诸葛家的名声。其长子诸葛尚见状,长叹道:"我父子荷国重恩,不早斩黄皓,以致倾败,用生何为?"也策马冒阵而死。

此役同时战死的,还有前面提到的黄崇,以及张飞之孙张遵、李恢之侄李球。

之后邓艾下令,将阵亡的蜀军将士聚尸筑成高台(京观),彰显战功。直到唐代,这座被称作平蜀台的高丘依然耸立在德阳城北面。

第199章 阴平奇袭

第200章 成都陷落

诸葛瞻败亡、魏军逼近雒城的消息传来,蜀中大震。诸县长吏或望风而降,或弃城奔走,城中百姓亦纷纷出逃,躲进山野以避兵燹,成都朝廷里则乱成了一锅粥。

后主刘禅急召群臣会议。

有人提议,既然吴蜀是同盟,眼前局势危急,"宜可奔吴"。

有人则说,南中七郡是我国大后方,地势险阻,适合割据自守,"宜可奔南"。

光禄大夫谯周,也就是《仇国论》的作者、头两年便宣扬"刘已具矣,当授与人"的预言家这时更是站出来,不知羞耻地说道:"自古以来,没有寄居他国而能为天子者。如今若是入吴,就必然要向其臣服。况且除非有特殊情况,否则大国吞并小国是自然之理。由此言之,将来魏能吞吴、吴不能并魏是很明白的事情。同样是称臣,向小国臣服还不如向大国臣服。与其将来再受第二次羞辱，也还不如眼前只受一次羞辱。再说，如果想撤往南中，当初便该早早筹备，这样才能成功。现在大敌已近，祸败将及，下面人心惶惶，群小不可信任，只怕陛下前脚一动，后脚变乱便会发生，又哪里能到得了南中啊！"意思是奔吴、奔南都不好，最好是立刻投降。

有大臣不同意谯周的意见，说邓艾眼看就要杀到，他要是不接受咱们投降怎么办？

谯周就说："现在有东吴为敌，魏国不可能不接受投降，受降后更不可能不以礼相待；万一陛下投降后魏国未能裂土以封陛下，那我谯周这把老骨头就亲自去洛阳跟他们讲理去！"

史籍至此记载说："众人无以易周之理。"没人能驳倒谯周。

更可悲的是，居然没有一个大臣敢向刘禅建议，他应该死战到底，与社稷共存亡。

至于刘禅自己，毕竟已经当了四十年皇帝，起初他也并不是十分乐意投降，而是更倾向于逃往南方。谯周事后就继续上疏，逐一解释南奔至少有四点不好：第一，南中那个地方往常就动不动叛乱，后诸葛丞相南征，他们受兵势逼迫，这才稍加顺从。这些年来他们既要交税，又要提供兵丁，早就心怀不满了。现在我们穷途往奔，只怕南人又会趁此反叛。第二，即便南人暂时接受我们，我们顺利抵达了南中，到时对外要维持军队、筹措抗敌，对内要供应宫廷和官府的开销，全部花费只能从南夷身上获取，他们还是会叛乱。第三，魏军取蜀之后，必定也要进军南中，迟早也是无路可逃。第四，蜀中本地的豪强大姓皆不愿随陛下南逃，若是南奔，蜀人便都会弃你而去。总之，晚降不如早降，早降还能封公封侯，晚了就啥也捞不到。再说应天顺人乃是圣人之行，眼前就该效仿尧舜禅让让出天命。

刘禅一辈子没打过仗，他上一次上战场还是在长坂坡被赵子龙从乱军丛中抢救出来。

当年刘备筚路蓝缕、辗转流离的艰辛与磨难，他并没有领略过。

后来诸葛亮、姜维持续北伐三十多年的坚韧与执着，他也并不能感同身受。

他没有主见，缺乏勇气，觉得谯周说得在理。

于是他决定接受谯周的建议，派侍中张绍等奉玺绶，向邓艾投降。

倒是刘禅的第五子、北地王刘谌颇有骨气，他得知父亲将要投降，怒道："若理穷力屈，祸败必及，便当父子君臣背城一战，同死社稷以见先帝，如何便降？"然而刘禅却不为所动。当日，刘谌"哭于昭烈之主庙，先杀妻子，而后自杀"，是为刘备子孙中唯一以身殉国之人。

邓艾进至雒城，忽闻刘禅派人来投降，顿时大喜，当即表示接受。等魏军开至成都城北，刘禅果然带着太子诸王及群臣六十余人舆榇自缚，乘骡车来至军门，宣布向邓艾投降。邓艾下令解开绑缚，烧掉棺木，将刘禅请进来与己相见，还承制拜刘禅为骠骑将军，允许他继续住在原本的皇宫里。

其时为炎兴元年（263年）十一月，季汉亡。

四百里外的剑阁南口，姜维、廖化等初闻诸葛瞻败亡，便知成都必危。由于那时候两地之间的联系已经被邓艾切断，姜维等完全不清楚成都的状况，既有传言说后主欲南奔建宁，也有消息说他会据城坚守。无论如何，再坚守剑阁已毫无意义。于是姜维等分批撤军，开始沿梓潼江、涪江向南撤退，准备从东面接近成都，以便搞清楚朝中动向。

之前钟会受阻于剑阁，一个月来毫无进展，再加上粮草不济，天气渐寒，已经动了退兵的心思。这时见邓艾偷袭战术大获成功，姜维主动撤军而去，连忙一边派胡烈等追击，一边驱大众直进涪县，试图与邓艾抢功。

当姜维进至成都东边二百里的郪县（今四川三台县郪江镇）时，他终于接到了指令：刘禅已经向邓艾投降，并命他放下武器，也就近向魏军归顺。彼时"将士咸怒，拔刀砍石"，姜维虽然不情不愿，却也只能接受。他将节传交给了胡烈，自己亲至涪县来见钟会。

据干宝《晋纪》记载，钟会一见姜维，便故作亲近地对他说道："来何迟也？"

姜维则正色流涕言道："今日见此，已为速矣！"

钟会在洛阳之时，便久闻姜维姜伯约之大名，以为在蜀汉官属之中，没有比姜维更出色者。此番一见，果然名不虚传，大为倾倒。后来他曾对自己的长史杜预说："以伯约比之中土名士，公休、太初不能胜也。"公休即诸葛诞，太初即夏侯玄，二人皆是当时魏国士人心中的名士领袖。虽然他们皆因权力争斗被司马氏所杀，钟会自己更是亲身参与了镇压诸葛诞的战事，但他却始终对二人充满敬意。正如姜维虽迫于时势向自己投降，但钟会不以成败论英雄，仍认为他是才兼文武的真豪杰。之后钟会毫不掩饰对姜维的欣赏之情，不但将其印绶节盖等物权且又还给了他，还与之出则同舆，坐则同席，相处十分融洽。来降的蒋斌等人也受到了他的厚待。

前面提到，钟会没有子嗣，似乎也没有老婆，而他很小的时候其父钟繇便去世了，再加上他又是庶出，一直对其母张氏十分依恋，我很怀疑在其潜意识当中，对于年长强势的男人多少怀有仰慕之心。这一点，从他汲汲于与夏侯玄为友，又十分期望得到嵇康认可两事，或许可以看出些端倪。他之所以如此器重姜维，可能也有这一心理因素在内。不过，这并不是最主要的原因。

最主要的原因，还是他想借助姜维的力量实现野心。

第200章 成都陷落

彼时随着伐蜀战役宣告结束，曹魏王朝本身也在走向寿终正寝。

正如仇鹿鸣指出的那样，这次伐蜀本身就是一场服务于国内政治目标的对外战争，司马昭不过是想借伐蜀之功为其禅代铺平道路而已。因此在灭蜀之役取得节节胜利之际，其停顿数年的代魏步伐也骤然加快了起来。

十月间，也就是阳平关和关城相继失守、钟会进趋剑阁之后，司马昭就立刻接受了之前已经推辞了四次的相国、晋公、九锡之命。司空郑冲领衔的劝进表章，还是由之前一直借酒装醉的阮籍写就。

十一月刘禅投降、季汉灭亡后，"天子命晋公以相国总百揆"。距离登上御座，司马昭又近了一步。为赏灭蜀之功，司马昭还表奏邓艾为太尉，钟会为司徒。

这时候，明眼人都看得出来，只需快则数月，慢则半载，这曹家的江山便将彻底易手。

钟会是黄初年间生人，他虽然没有赶上东汉末年的群雄割据，却亲眼目睹了两个短命王朝走向灭亡：刘备号称仁义，其国家却最为弱小，其后代亦行同懦夫，在大兵压境下不堪一击；曹魏比吴蜀强大数倍，司马氏却能伪装忠诚，从内部将其篡夺。整个历史的演进似乎都在诠释：恪守道德原则毫无意义，只有拥有强大的实力、无耻背叛才能最后获胜。再说，钟会本来就深信黄老刑名之学，崇尚权变，无可无不可，如今其远离京都，统领大军，又单身无任，无所顾忌，自然而然也就生出了"司马昭既可篡魏，我如何不可据蜀"之心。

姜维虽非益州本地人，但其毕竟是蜀汉大将军，于魏蜀两国皆有威名，又有武略，若能得其辅佐，自然可收事半功倍之效。

这便是钟会的如意算盘。

为了实现这个计划，第一步就是先把邓艾除掉。

这次伐蜀之前，钟会是镇西，邓艾是征西。邓艾的班次虽在其前，所统军队的数量却不如他远甚，按理说钟会才是伐蜀主力，他也早有独揽大功之心。哪知道战局发展下来，邓艾这老家伙竟然绕到了蜀军剑阁防线背后，抢先逼降刘禅，攫取了灭蜀头功，事后得封太尉，还是压了被封司徒的钟会一头。这让钟会很不痛快。

而拿下成都后，邓艾的所作所为更是给了钟会诋毁他的口实。

前面讲到，这次伐蜀之前朝廷给邓艾的诏令，本来只是让他进趋沓中牵制姜维，西取成都并非司马昭的指示，所以诸葛绪才要跟他分道扬镳。此举现在来看似乎没有什么，但在当时却有违命之嫌。因为那个时候正值群臣劝进司马昭接受晋公、相国、九锡之命的关键时期，邓艾的行动毕竟是冒险，万一失败，岂不是给晋公添堵？当然，由于最后邓艾的奇袭大获成功，一举灭蜀，司马昭也就不再计较此事。可邓艾接下来的行为却又犯了大忌。

史书说，接管成都后，邓艾"辄依邓禹故事，承制拜禅行骠骑将军、太子奉车、诸王驸马都尉。蜀群司各随高下拜为王官，或领艾官属。以师纂领益州刺史，陇西太守牵弘等领蜀中诸郡"。

所谓"邓禹故事"，是指东汉初年光武帝派邓禹西征，邓禹"承制"封拜割据河西的隗嚣为西州大将军一事。而所谓"承制"，按照胡三省的解释，即"承制诏而命之"，也就是秉承皇帝诏旨相机行事的意思。

问题在于，人家邓禹跟刘秀是少年时代便十分亲密的朋友，内充腹心，外任大将，彼此推诚信任，这才敢行使承制封拜之权，而你邓艾跟司马昭是什么关系？不客气地说，在司马家眼中看来，出身低微、文化气质与士族迥异的邓艾不过是个能干的鹰犬，尽管功勋卓著，"却从来不是参与司马氏集团决策的核心人物"（仇鹿鸣语）。而且在此之前，

因为他不愿出兵伐蜀，司马昭已经明显地表现出了对他的不信任。这种情况下，邓艾便该更加低调才是。可是他不但在没有知会司马昭的情况下"承制"大肆封拜刘氏子弟和蜀国群司，还任命自己的部下各领蜀中诸郡，甚至还自以为是地对蜀中士大夫宣言说："诸君全赖有幸遇到了我，故而得有今日。如若遇上吴汉之徒，那可就要殄灭无遗了呀！"东汉初年光武帝派吴汉灭蜀，攻破成都后曾放兵大掠，焚烧宫室，残杀百姓；邓艾受降后则勒令将士不准掳掠，是以"官府帑藏一无所毁，百姓布野，余粮栖亩"。这本来是件好事，但邓艾非要在人前显摆，想要蜀人感戴自己的恩德。司马昭得知此事，心里肯定是不会感到愉悦的。

这还不算，被封太尉之后，邓艾又给司马昭写信，主要说了两件事：第一，蜀汉已灭，下一步便该伐吴，但是考虑到大军疲惫，现在应该"留陇右兵二万人，蜀兵二万人"在此造船，其余便可撤回。第二，为伐吴考虑，应该厚待刘禅，如果现在就把刘禅送往京城，那吴人就会以为刘禅像囚犯那样被流徙，到时候就不好劝降，所以不如留刘禅在成都住上一年，等明年秋冬再送洛阳，还可以封他为扶风王（此时司马昭仍为晋公），让他住在董卓郿坞，其子也封公侯。

司马昭收到这封信，立刻便指示监军卫瓘给邓艾传话，只说了八个字："事当须报，不宜辄行。"其实这对邓艾来说已经是一个很严重的警告了。然而他居然仍未开悟，重又回信辩解说，自己的所作所为是合乎权宜的正当行为，如果事事都要等待朝廷指示，那就会浪费时间、错失机会。还说按照《春秋》记载，大夫出国征战时，"有可以安社稷、利国家，专之可也"。总之就是说自己专断有理，拒不悔改。

可想而知，这个时候司马昭对邓艾已经相当恼怒了。

钟会亦趁机煽风点火，密报邓艾有造反之意。《世语》记载说，当时钟会利用自己擅长模仿他人笔迹的特长，在剑阁拦截了邓艾的表奏，然后一通改写，"令辞指悖傲，多自矜伐"，还将司马昭写给邓艾的书信也掉了包，以此离间两人。《邓艾传》还说，除钟会之外，胡烈、卫瓘、师纂也都密报邓艾要反。胡烈也就罢了，他毕竟是钟会的部下，但卫瓘是司马昭指定的监军，师纂是司马昭亲自派到邓艾身边当眼线之人，连他们也如此说，司马昭岂能不信？

于是在次年正月，"诏书槛车征艾"。司马昭还怕邓艾不服，同时命钟会向成都进军，又遣贾充将兵入斜谷，他自己则带着魏帝曹奂出镇长安。

第 200 章 成都陷落

第201章 蜀中再无大将军

钟会、邓艾"二士争功"这件事，按仇鹿鸣的说法，其本身是司马氏集团内部固有矛盾的反映：在魏晋禅代的过程中，除了最高统治者从曹操家族变成司马懿家族之外，在整个社会占据统治地位的官僚阶层并没有在成分上发生大的变化，曹魏功臣贵戚子弟依然是构成司马氏集团的核心力量。钟会作为名公之子，其家族与司马氏为通家之好，文化上气类相近，其与邓艾冲突的实质是司马氏集团内部功臣子弟与出身低微的事功型官员之间的矛盾。

由于这一认定，仇鹿鸣还认为，当钟会与邓艾产生冲突时，司马昭完全站到了偏袒钟会的立场上，并且他本人并没有预见到钟会随后会造反。

其证据是《晋书·荀勖传》的一段记载："及钟会谋反，审问未至，而外人先告之。帝待会素厚，未之信也。"后来是荀勖劝司马昭说，钟会虽受恩深重，但他不是那种知恩图报的人，不能不早加防备，司马昭这才亲自出镇长安。

然而若是考察司马昭出镇长安的日期，就会发现这一记载并不可信。

据《三国志·三少帝纪》，"槛车征邓艾"的日期是咸熙元年（264年）正月壬辰，而同月甲子司马昭和曹奂西幸长安。然据《二十史朔闰表》，正月壬戌朔（初一），甲子日是初三，当月并无壬辰日。所以壬辰应为壬戌之讹，即槛车征邓艾的诏书是正月初一颁布的，而两天后司马昭就启程赶往了长安。《晋书·文帝纪》则云"乙丑（初四），帝奉天子西征"，比《三国志》所记晚了一天。那么钟会是什么时候叛乱的呢？其本传记载是正月十五日他从涪县赶到成都之后。因此司马昭也就不可能如《荀勖传》所言，是在钟会谋反后才赶往长安。"帝待会素厚，未之信也"云云，很可能是为了凸显荀勖高瞻远瞩、其意见甚被司马昭所重视而编造的谎言。

诚然，司马昭待钟会不可谓不厚，但这不代表他对钟会没有戒心。前述他与西曹属邵悌之间关于钟会"单身无任"的对话已经说明了这一点。这次钟会密奏邓艾要反，司马昭西出长安之前，邵悌又道："钟会所统人马，五六倍于邓艾，但可敕钟会取艾，晋公您不足自行。"司马昭便说："卿忘了前日所说的话吗？怎么又说可不须自行呢？此话你明白就好，不可对外人讲。我虽然应以诚信待人，但只要人不负我，我岂可先生疑心？近日贾护军还问我说：'颇疑钟会否？'我答言：'如今要遣卿行，难道可以再疑卿吗？'贾亦无可回答。只待我到长安，则事情自然明了。"

也就是说，司马昭如果真的相信钟会不会谋反，那么他就没必要亲自出征，因为凭钟会五六倍于邓艾的兵力，他完全可以独力解决掉邓

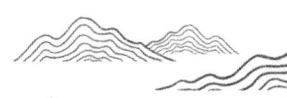

艾。其亲出长安的举动本身就证明，他已经对钟会起了疑心。尽管他对邵悌和贾充把话说得都很漂亮，说什么应诚信待人、只要人不负我岂可先生疑心，但实际上这些话跟"害人之心不可有，防人之心不可无"一样，重点都在"防人"。

还有一事也值得注意：加封邓艾为太尉、钟会为司徒的诏书是十二月二十四日公布的，而七天后紧接着便颁布了槛车征邓艾的诏令，九天后司马昭就兵发长安了。相隔时间如此紧凑，也说明司马昭对即将发生的事情早有准备。

那么，既然司马昭预见到钟会有可能会造反，为什么他还敢交给他十几万人马呢？

道理很简单：灭蜀这个任务如此艰巨，必须要靠钟会这样坚定的主战派去执行；而灭蜀的功劳又是如此之大，任谁立下此功，也难保不会野心膨胀。既然如此，不如索性派钟会去试一试。反正即使他有造反的企图，由于他统兵未久（魏军主力八月才从洛阳出发），在蜀根基不牢，其军士的家属又都在北方，成功的可能性也不高。

成都距洛阳三千余里，加以蜀道艰险，乐观估计诏书也要六七天才能送达[①]，因此钟会、卫瓘等人应是在正月七日左右收到了槛车征邓艾的诏书。这时候钟会又耍了个心眼：他以卫瓘是监军为辞，叫他持诏书在前先去收捕邓艾，自己则统军在后而行。因为卫瓘所领兵少，如果邓艾不服杀掉卫瓘，就更可以坐实他造反的罪名。

卫瓘虽然知道钟会是故意坑自己，却也不得不往。

应该是在正月十四日的夜里，卫瓘抵达成都城下，立刻传檄邓艾所

[①] 严耕望认为，唐代从四川向长安运荔枝，两千余里需3~7天。又据《三国志·陈泰传》，时陈泰任征西将军，"驿书不过六百里"，可知六百里是传递驿书的常规速度。

统诸将前来集合（邓艾军大部应驻扎于城外），称有诏书及晋公手书收邓艾，其余一无所问，若及时来赴，爵赏如先，敢有不出，诛及三族。等到鸡鸣之时，除了邓艾大帐内的军官，其余军官都已赶到卫瓘这里集合。天亮城门一开，卫瓘就乘着使者车直接来到了成都殿前。此时邓艾还什么都不知道，依然高卧未起，父子当场被抓。也有忠于邓艾的将领想解救邓艾，拿着武器直奔卫瓘大营。卫瓘就轻装出迎，伪称自己已经写就了一封章奏，正要向朝廷全力申明邓艾是被冤枉。诸将信了他的话，于是放弃了行动。

《魏氏春秋》还记载，被抓之后邓艾仰天叹道："邓艾乃忠臣也，一至此乎？白起之酷，复见于今日矣！"

不久，钟会也来到了成都。

有迹象显示，他还在路上便已经决定要造反了。而姜维也早就看穿了他的意图。

按《汉晋春秋》的讲述，姜维感知钟会心怀异图、有叛变自立的野心后，觉得这是一个趁乱复国的难得机会，就假意劝钟会说："闻君自淮南以来，算无遗策，晋道克昌，皆君之力。今复定蜀，威德振世，民高其功，主畏其谋，欲以此安归乎！"现在你钟会功高震主，难道不感到担心吗？

"夫韩信不背汉于扰攘，以见疑于既平，大夫种不从范蠡于五湖，卒伏剑而妄死，彼岂暗主愚臣哉？利害使之然也。今君大功既立，大德已著，何不法陶朱公泛舟绝迹，全功保身，登峨嵋之岭，而从赤松游乎？"

韩信、文种的事你是知道的，这两人并非愚臣，刘邦、勾践也不是昏主，为什么他们会遭到兔死狗烹的结局呢？是利害使然。现在你钟士季也面临着跟韩信、文种相似的局面，为了全功保身，还是早点像范蠡

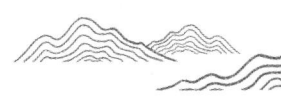

那样急流勇退、泛舟五湖才好啊！

听了姜维这番试探之语，钟会道："君言远矣，我不能行。且为今之道，或未尽于此也。"你说的什么急流勇退、泛舟五湖根本不现实，我办不到。何况现在的情况，也许还有别的办法。

姜维自然明白"别的办法"所指为何，笑道："其他则君智力之所能，无烦于老夫矣。"意思是你放开手脚干吧，我听你的。

钟会本以为，只要邓艾一除，猛将锐卒皆在己手，自己坐拥二十万大军，定可天下无敌。到时便可命姜维先率五万蜀兵出斜谷，自统大众继后，既至长安，再令骑兵从陆道，步兵从水道顺流浮渭入河，如此则五日可到孟津，与骑兵会于洛阳，夺取天下易如反掌！他可没想到，其实司马昭早就怀疑他有野心，此刻已经赶到了长安。

就在押解邓艾的槛车上路之时，钟会收到了司马昭发来的亲笔信，上言："恐邓艾或不就征，今遣中护军贾充将步骑万人径入斜谷，屯乐城，吾自将十万屯长安，相见在近。"

一见此信，钟会大惊，不禁对手下心腹直言道："但取邓艾，相国知我一人便可独办，如今他亲统大众而来，一定是察觉了我的异状。眼前只有立刻行动。事成，可得天下；不成，退保蜀汉，不失做刘备也！"

正好明帝的皇后、已经被司马家利用过好几回的郭太后不久前刚刚去世，第二天钟会就召集所有中高级将领以及蜀国百官，在朝堂为郭太后发丧，宣称郭太后临死前有遗诏给自己，命自己起兵匡扶魏室、废掉司马昭。他先把伪造的遗诏班示众人，催他们早下决心，接着又把他们关在诸曹官署中，严兵围守，紧闭宫门城门，而安排自己的亲信代领其职。看起来钟会是想胁迫这些魏军将领继续为己所用。

可是问题在于，绝大多数魏军将士的家属都在北方，他们根本不想无缘无故便起兵造反。尽管钟会对宫城内外实施了封锁，但他要胁迫众人叛变、司马昭已至长安的消息还是很快在军营间传播开来。"于是士卒思归，内外骚动，人情忧惧"，整个成都城都被惶恐不安的情绪笼罩了起来。

姜维见状，便怂恿钟会将魏军诸将全部杀掉，准备等钟会杀死诸将，他再设法除掉钟会、尽坑魏兵，然后解救后主，光复季汉。《华阳国志》记载，姜维还送密书给刘禅说："愿陛下忍数日之辱，臣欲使社稷危而复安，日月幽而复明。"

由于魏军诸将迟迟不肯合作，钟会不得不郑重考虑起了姜维的提议。他把监军卫瓘扣在府中，在书版上写了"欲杀胡烈等"几个字给卫瓘看，卫瓘当然不同意。钟会就逼迫他赶快决定，两人经宿不眠，各自横刀膝上。然而钟会不知道的是，中间利用一次上厕所的机会，卫瓘已经把钟会要杀诸将的事告诉了一个名叫丘建的帐下督。

丘建这个人本是胡烈的部下，后来被胡烈推荐给了司马昭，钟会很欣赏他，伐蜀前就跟司马昭把他要到了自己帐下。胡烈等人被钟会监禁起来后，只允许各留亲兵一人送取饮食。这时丘建就借由亲兵报信，把这事告知了胡烈，胡烈又转告其他将领的亲兵，诓骗他们说："我从丘建处得到消息，钟会已经挖好了大坑，准备召外兵进城，拜他们为散将，然后叫他们把我等逐一棒杀于坑中。"各亲兵辗转相告，一夜之间便传遍了军营。

这个时候在城外驻扎的魏军士兵已经群情激愤，起意要攻钟会了，只是因为中高级军官都被钟会囚禁，一时缺乏组织者，才暂时没有发动。钟会、卫瓘也感知到了士兵们的骚动。卫瓘想借机摆脱钟会的控制，就建议钟会亲自去安抚诸军。钟会怕卫瓘要诈，就说你是监军，还是你先去，我随后便到。卫瓘就下殿出了阁门。很快钟会又反了悔，派人去追卫瓘。卫瓘便在外廨装起病来。他喝下几大碗盐汤，当着钟会亲兵的面大肆呕吐，仿佛得了急病一般。他平常身体就差，这一番折腾下来，更是面如死灰，精神委顿。钟会派亲信和医生来看，都说卫瓘活不长了。钟会也就不再管他。卫瓘见无人监视，天黑后，就写了一封檄文叫人送到了城外。

胡烈的儿子胡渊时年十八，亦在城外军中，听说钟会要杀自己老子，早已经义愤填膺。十八日中午，胡渊率领胡烈帐下军兵鼓噪而出，各营士兵得了卫瓘的檄文，也都赶来会合。到得中午时分，愤怒的魏军士兵便自发地对成都城发动了进攻。

此时钟会正在将武器甲胄发放给姜维及其手下。有人来报说，大批士兵正在向城门逼近，看样子是要攻城。钟会大惊，对姜维道："兵来似要为乱，该当如何？"姜维道："但当击之耳。"

钟会知道已经无路可退，就下令手下将囚禁的诸将赶紧全部杀掉。然而诸将和亲兵已经用木头、案板抵住了屋门，钟会的兵在外乱砍乱斫，一时间也没能把门攻破。片刻间，城外的士兵已经架梯子登上了城墙，蚁附乱进，矢下如雨，涌进城的士兵越来越多。官署里的诸将也爬墙翻出，跟自己的部众会合到了一处。混乱中，姜维率钟会帐下数百人奋力格战，在亲手斩杀了五六个魏兵后，终于寡不敌众，死在了刀兵下。紧接着，钟会也被愤怒的士兵所杀。

有传言说，姜维死后，几个魏兵剖开了他的尸体，但见其"胆如斗大"。

姜维本为魏人，但他穷尽后半生只为兴复汉室，直到生命的最后一刻还不忘复国，即便在地下见到诸葛武侯，应该也能无愧于心了。

许多年后，蜀中故老提起姜维伪降钟会，想要伺机杀之以复蜀土，"会事不捷，遂至泯灭"的故事，依然老泪纵横，伤心不已。

英雄的时代已经远去，从此蜀中再无大将军。

第202章 三国唯一昏君

钟会被杀后，魏军士兵对成都进行了洗劫。

原本刘禅投降时"百姓布野，余粮栖亩"的景象立刻变成了人间炼狱，数日当中死丧狼藉，城中大火经久不息，刘禅的太子刘璿也被乱兵所杀。许多天后已经无物可供乱兵抢掠，卫瓘约束诸将，局势这才逐渐安定下来。

在此期间，邓艾本营的一些将士去追槛车，把邓艾父子救了出来。卫瓘得知后，觉得当初自己是跟钟会一起告的邓艾，邓艾要是回来统军，没准儿就要搞自己。于是他找来一个名叫田续的护军，拨给他一支人马，让他去截杀邓艾。

当初邓艾南下江由之时，田续因为畏懦不进差点被邓艾所杀，所以卫瓘才派他前去，还鼓动他说："现今你可以报江由之辱了！"结果田续在绵竹以西遇到邓艾，当场就把邓艾及其子邓忠一起砍了。邓艾其余在洛阳的子嗣，后来也都被司马昭诛杀。尽管其故吏段灼等人一直呼吁给邓艾平反，晋室君臣也都知道邓艾谋反一事纯属冤枉，但终晋之世，这个问题始终没有彻底解决。

至于钟会的亲属，由于钟繇、钟毓父子于司马家有大功，司马昭免除了钟毓之子钟峻、钟迅的死罪，而只杀掉了钟会当儿子抚养的钟毅。

两个月后，司马昭进封晋王。

与此同时，曾经的后主刘禅被举家解往洛阳，得封安乐公。

乐不思蜀的故事大家都很熟悉，在此我也就不必多提。

又过了一年，魏帝曹奂命晋王司马昭"冕十有二旒，建天子旌旗，出警入跸，乘金根车，驾六马，备五时副车……进王妃为王后，世子为太子，王女王孙爵命之号皆如帝者之仪"。

改朝换代的进度，至此已经完成了99%。

其时刚即位不久的吴主孙皓迫于蜀汉灭亡的压力，派光禄大夫纪陟出使魏国。司马昭大摆宴席，百官毕会，魏帝曹奂、安乐公刘禅也在座。司马昭还特命赞礼官告诉纪陟："某者安乐公也，某者匈奴单于也。"意思是蜀汉、匈奴就是东吴的榜样，天下即将在我司马氏的统治下复归一统。

然而谁也没想到，司马昭不但没有见到天下统一，而且愣是没能在生前当成皇帝。

三个月后，五十五岁的司马昭竟然死了。

于是他的长子、时年三十岁的司马炎毫不费力地摘取了司马家已经培育了三代的胜利果实。

咸熙二年十二月（266年1月），司马炎逼迫魏帝曹奂禅位于己，改元泰始，是为晋武帝。

曹魏王朝传五世，历四十六年，只比蜀汉多延续了两年零一个月。

西晋王朝自此始。

按理说，三国之中曹魏本就是最强，现在又吞并了蜀汉，新生的西晋不但实力大为增长，战略上更是从东西受敌的不利状态转变为占据长江上流的有利位置，在这样的实力的全面碾压之下，西晋征服东吴、统一天下已经指日可待。然而晋武帝司马炎却并没有急于发动统一战争，他一等就等了十四年。

这一是因为：司马炎作为坐享其成的"摘桃子者"，即位时的年龄虽然不算小，之前却"既无政治历练，又缺乏可靠的行政班底，虽然顶着开国之君的名义，实际上却更像是一个受成之主"。即位之初，司马炎的角色更像是西晋政治中的平衡者，而不是具有绝对权威的裁决者。此时他面临的主要议题，一是给那些帮助司马家亡魏成晋的功臣勋贵"分蛋糕"，以巩固晋室的统治基础；二是暗中抑制功臣和宗室的势力，以构建帝系独大的统治结构和皇帝个人的政治权威。而西晋的功臣集团在既得利益已得到了保障的情况下，也对消灭东吴缺乏足够的兴趣。

另一方面，外部环境也存在着干扰：蜀汉灭亡后，益州地区时有叛乱发生。泰始六年（270年），河西地区又发生了秃发树机能领导的羌胡叛乱，秦州刺史胡烈、凉州刺史牵弘等先后被杀。这场叛乱持续了十年，直到灭吴前夕才彻底平定。期间晋、吴两国还对交州进行了长达八年的争夺，由于西晋主要倚仗蜀汉降将，并未派主力参战，东吴最终重新控制了交州。

直到咸宁二年（276年）以后，司马炎为了摆脱自己功业不足的弱势皇帝地位，以便增强权威，彻底解决威胁皇权传承的"齐王攸问题"[1]，

---

[1] 齐王司马攸是司马昭次子、司马炎之弟，因司马师无子，过继给司马师为后。由于司马师在亡魏成晋过程中功业突出，司马昭早年曾有以司马攸为嗣之意。司马炎称帝后，因太子司马衷在智力上有缺陷，朝臣也普遍倾向于以齐王攸为嗣。

第202章 三国唯一昏君

才骤然加快了灭吴的军事准备工作。

尽管早在泰始五年（269年），司马炎便以羊祜为荆州都督，泰始八年（272年）又采纳羊祜建议，以王濬为益州刺史在蜀中开始大造战船，初步展露了自己欲平定天下的意图，但在咸宁二年以前，羊祜虽然坐镇荆州前线已近十年，却谨守疆场，并不曾主动上疏建议伐吴。直到咸宁二年以后晋武帝平吴之心愈显，而东吴名将陆抗已卒，被晋升为征南大将军的羊祜才正式上疏，提出了一个多路平吴的计划。司马炎深加采纳，后来的灭吴之战，基本上就是按照羊祜的计划来执行。

此外，还有一个重要因素显示灭吴时机已经成熟，那就是现在的东吴皇帝孙皓实在是一个不折不扣的昏君。

前面讲到，诸葛恪被刺杀后，掌握东吴朝政的权臣是孙峻，孙峻临死前又将权力交给了堂弟孙綝。在孙綝执政的第三年，少帝孙亮不满其专权，与太常全尚、将军刘丞谋划将他除掉，可惜提前走漏了消息，反被孙綝所废。事后孙綝便拥立了孙权的第六子孙休为帝。

彼时孙休二十四岁，个人素质和政治修养都比孙亮出色，其人也颇有胆略。他即位不到两月，便联合丁奉、张布在腊八朝会之时干掉了孙綝。然而孙休只在位六年便不幸早逝，死前他虽然指幼子为嗣，但当时蜀汉刚刚被曹魏所灭，交州又发生了叛乱，东吴"国内恐惧，欲得长君"，朝中重臣濮阳兴、张布等就没有遵奉孙休的遗旨，而是迎立了废太子孙和的嫡子、乌程侯孙皓为新君。

即位后头两个月，孙皓"发优诏，恤士民，开仓廪，振贫乏。科出宫女，以配无妻"，很是干了些笼络民心的事儿。再加上孙皓正值二十三四的盛年，行事又颇有孙策之风，濮阳兴、张布等本以为自己找对了接班人。哪知道孙皓跟孙策像倒是像，却没有继承到他的雄才大略，而只继承了他心狠手辣的一面。不久，孙皓便显露了自己"粗暴骄盈，多忌讳，好酒色"的本性，群臣一时颇为失望，濮阳兴、张布也流露出了后悔之意。此举被孙皓探知，于是在即位后的第三个月，他就诛杀了拥立他的丞相濮阳兴、左将军张布。

其实从当时东吴群臣的疏奏以及史籍记载的种种迹象来看，早在孙权统治的中晚期，东吴内部就蕴含着经济萧条不振、户口持续减少的深刻危机。例如骆统在黄武年间的上疏便称，当时民间为躲避兵役劳役，富人倾家荡产贿赂官府以求代，穷人则逃亡山泽结为寇盗，弃子不养者亦所在多有。近年于长沙走马楼发现的大批吴简也显示，嘉禾年间长沙地区的钱米折算比例持续下降，显示东吴经济存在着严重的通货紧缩现象；同时吴简还显示，尽管朝廷对户籍上的兵吏施行了严格的人身控制，甚至取其父兄子弟以为"保质"，但兵吏"叛走"的现象还是十分常见。另一方面，江南各地的强宗大姓则通过"占募"等方式不断蚕食着国家的人力资源，一有机会就把潜在和现有的国家编户转变为私家部曲和依附人口，这也造成东吴后期出现了严重的兵源枯竭、兵众减少现象。

当年诸葛恪之所以执意北伐，一个重要的原因就是他注意到了这一现象。他在《伐魏论》中声称，随着岁月繁滋，十几年后曹魏"其众必倍于今"，而东吴由于"国家劲兵之地，皆已空尽"，十几年后"略当损半"，到时便会出现"贼众一倍，而我兵损半"的不利局面。

史料显示，诸葛恪并不完全是危言耸听。

凤凰三年（274年），已经为国镇守西境十六年之久的名将陆抗身染重病。去世前他向吴主孙皓上疏说，其所统的辖区上至建平（今重庆巫山）、下至公安，疆界千里、四处受敌，却总共只有数万兵马，以前他曾向朝廷请求增兵三万，结果未获批准，鉴于西陵、建平"国之西门"的重要地位，这是远远不够的，希望朝廷能够减省分给诸王的兵力、料

检依附人口，以便使本防区补足八万兵力。

另据《晋书·羊祜传》所记西晋诏书，两年前西陵督步阐叛吴降晋之时，羊祜派去救援的晋兵为八万，而陆抗所统尚不到三万，即便加上消灭步阐后俘虏的吴兵，此时整个西部防区的吴军也不会超过五万。而除了要面对羊祜的八万荆州兵，陆抗还要防范上游王濬的益州军，所以他才向孙皓建议，应该将本防区的兵力增至八万。

然而孙皓并没有听。

按史籍所记，孙皓在位十七年，基本上没干什么于国家有益的事。

有害的事倒是不少。若按类型分，主要有以下三种：

一曰穷奢极欲，荒淫无度。

孙皓溺于酒色，吴宫里嫔妃宫女的数量在他统治时期达到了最高峰。据《三国志·陆凯传》记载，孙权时代"后宫列女及诸织络数不满百"，到了孙休时期，这一数字突破了千数，然而孙皓并不满足。他曾经派黄门官巡查各州郡，专门搜求将吏家的适龄女子入宫，还规定"其二千石大臣子女，皆当岁岁言名。年十五六一简阅，简阅不中，乃得出嫁"。这导致其后宫数量迅速增加。史料或称孙皓"后宫数千，而采择无已"，或称"今中宫万数，不备嫔嫱"。从后来东吴灭亡后晋武帝曾一次性"诏选孙皓妓妾五千人入宫"来看，孙皓的后宫人数很可能接近一万。这不但给国家财政造成了严重的负担，也形成了"宫女旷积""外多鳏夫"的社会问题。

与此同时，孙皓还大兴宫室，修建了豪华壮丽的昭明宫。这座新宫"方五百丈"，在规模上远远超过了孙权修建的太初宫。为建造这座新宫，孙皓勒令二千石以下的官员都要上山监督伐木，"又破坏诸营，大开园囿，起土山楼观，穷极伎巧。功役之费，以亿万计"。

《江表传》还说，孙皓以张布之女为美人，本来对她很宠幸，可是因为有一次孙皓问她："汝父何在？"张美人答说："贼已杀之。"孙皓大怒，就把她乱棒打死了。然而后来孙皓却仍对其姿色念念不忘，又把张布已经出嫁的大女儿夺入宫来，封为了左夫人。此后孙皓昼夜与左夫人在内殿饮宴歌舞，不理朝政，还命尚方（负责制造御用器物的官署）用黄金制成炫目的首饰、步摇、假发髻数千个，叫宫女戴上相扑取乐。常常早上刚制作好，晚上就弄坏了，再回炉重造。工匠们趁机上下其手，偷工减料，皇宫里库藏的黄金为之一空。再后来左夫人死了，孙皓十分哀痛，把她葬在禁苑中，修建了豪华的坟冢，"以金银珍玩之物送葬，不可称计"。由于葬礼过于奢华隆重，吴国百姓都以为是孙皓死了，再加上葬礼结束后孙皓待在宫里半年没露面，一时间谣言四起，都说皇帝已死多时，现在的皇帝是孙皓母舅的儿子何都假冒的。而除张氏二女以外，孙皓所宠嫔妃还有不少，以致史籍有"皓内诸宠姬，佩皇后玺绶者多矣"的说法。

二曰信用小人，残害忠良。

孙皓本是废太子之子，其早年生活形同囚徒，与士人交往不多，抚养其长大的生母何氏又出身低微，文化素养不高，所以孙皓即位后对江东的世家大族一直心存疑忌，而只信任自己的娘家人、同样出身微贱的仆隶小人以及后宫阉宦。

史籍所见，这些被孙皓所用而被后人视为佞幸者，有"昔从家隶超步紫闼"的万彧，出自"斗筲小吏"的陈声、曹辅，"本孙权给使"的何定，出身"驺子"（养马驾车之人）的张俶，以及"黄门竖宦"高通、詹廉、羊度等人。这些人有的以谄媚事主，擅长拍马逢迎，孙皓用他们是为了满足一己私欲。例如孙皓以何定为"楼下都尉"，专门负责替自己敛财。何定还勒令诸将每人都要进贡上好的猎犬，一犬一兵，用于捕兔以供御厨。有的人则像当年吕壹之于孙权一样，是孙皓用来打击

江东大族、功臣宿将的工具。再加上孙皓性格乖张暴戾，容不得逆耳直言，在其统治下，有不少忠正之臣皆因仗义敢言而被贬被杀。

散骑中常侍王蕃，因为"不能承颜顺指，时或迕意"，被孙皓斩于殿堂，其头颅被孙皓左右佞臣争咬至碎裂；中书令贺邵，因为上疏劝孙皓斥退何定之徒、罢黜弊政而被他衔恨，另一位散骑中常侍楼玄亦因"奉法而行，应对切直"被孙皓憎恶，孙皓便以贺邵与楼玄"谤毁国事"为由，将楼玄流放广州、交阯，又追赐毒药，逼使其自杀，贺邵也被下狱考掠，终至杀害；侍中领左国史韦曜，因为修史时不逢迎孙皓的意图，又在酒宴之际不配合孙皓嘲戏公卿，被孙皓认为"不承用诏命，意不忠尽"，下狱诛杀；甚至还有史料说，孙皓每次宴会群臣，一边强迫人喝醉，一边又派人监督记录大臣们的言语礼仪，有谁说错了一句话，或者是敢瞪皇帝一眼，"大者即加威刑，小者辄以为罪"。又引渠水入宫，宫人有不合意者，就杀掉顺水流出。或剥人之面，或凿人之眼。凡此种种，不一而足。

而除了以上两点，孙皓还极其迷信巫史，大搞特搞荒诞不经的符瑞、谶纬之事。

第203章 统一之战

孙皓即位后的第二年,就干了一件令人震惊的事:将国都从建业迁到了武昌。

尽管孙权为吴王时曾经以武昌为国都,但随着八年后孙权称帝,国都就迁回了建业,三十多年来不曾有过变化,为什么孙皓在此时突然有迁都之举呢?

《三国志·三嗣主传》记载,孙皓徙都武昌之举是"从西陵督步阐表"。但步阐是基于什么理由奏请迁都则史籍无载。有学者认为,考虑到当时蜀汉新亡,迁都武昌是为了应对来自西部边界的压力。这可能确为原因之一。

不过据《江表传》和《汉晋春秋》透露,孙皓迁都其实更多是出于对风水的考虑。《江表传》云:"皓用巫史之言,谓建业宫不利。乃西巡武昌,仍有迁都之意。"王蕃之所以被杀,其反对迁都也是原因之一。《汉晋春秋》也说:"初,望气者云荆州有王气破扬州,而建业宫不利。故皓徙武昌,遣使者发民,掘荆州界大臣名家冢与山冈连者,以厌之。""建业宫不利"的说法,还见于孙皓给左丞相陆凯的口诏:"又建业宫不利,故避之。而西宫室宇摧朽,须谋移都,何以不可徙乎?"建业宫也就是孙权修建的太初宫,位于建业城西,又称西宫。这座宫殿从上一次改建至今还不到二十年,殿宇是否已朽坏到不堪居住的程度,令人生疑,联系到望气者所说"荆州有王气"的说法,看来迁居在风水上对自己有利的地方才是孙皓关注的重点。

我们知道,秦汉以来,民间一直流传有"东南有天子气"的说法①。迄至魏晋,这个说法更发展为了"金陵有天子气",并一度成为孙权定都建业的理论依据。如《江表传》载张纮劝孙权定都秣陵云:"秣陵,楚武王所置,名为金陵,地势冈阜连石头。访问故老,云昔秦始皇东巡会稽经此县,望气者云金陵地形有王者都邑之气,故掘断连冈,改名秣陵。今处所具存,地有其气,天之所命,宜为都邑。"后来孙权派陈化出使曹魏,面对曹丕"吴、魏峙立,谁将平一海内"的质问,陈化答云:"《易》称帝出乎震,加闻先哲知命,旧说紫盖黄旗,运在东南。"也是从术数上对"东南有天子气"加以解释。

其实所谓的东南有天子气或王气,本质上是东南地区有实力与西北、中州相对抗的政治现实在文化上的反映。同理,"荆州有王气"也反映出在东吴内部,上游的荆州完全具备与下游的扬州分庭抗礼的实力。

从东吴建国开始,孙权就一直委派功臣名将坐镇上游,其子孙亦世代

---

① 《史记》《汉书》里所说的"东南有天子气"是指刘邦,因其生于东南之沛县。汉魏禅代前夜,太史丞许芝亦援引此说云:"新天子气见东南以来,二十三年。"则是指曹氏老家谯沛于中州亦为东南。

领兵。如诸葛瑾死后,诸葛融仍领兵驻公安;步骘之后,其子步协、步阐继为西陵督;陆逊病卒,其子陆抗又领其部曲,都督荆州中部。这种情况正如邓艾所说,"吴名宗大族,皆有部曲,阻兵仗势,足以建命"。

而孙皓上台后对于这些世代领兵的名宗大族是相当不信任的。凤凰元年(272年)西陵督步阐之所以叛乱降晋,就与他这种猜忌心理有关;前引他拒绝陆抗给西境防区增兵的请求,应该也有这方面的考虑。换言之,孙皓不会允许"有王气"的荆州具备与中央相对抗的实力。后来陆抗死后,他又命陆抗的五个儿子晏、景、玄、机、云分领其兵马,西部防区的军权被进一步分割碎化。也许这样做可以让孙皓感觉到安全,却也更加削弱了上游抵御外敌入侵的能力。

同样,迁都武昌也是孙皓对"荆州有王气破扬州"一说的应对之举。故此他到达武昌后,立刻便效仿当年的秦始皇,"掘荆州界大臣名家家与山冈连者",用"厌胜"的方法来降伏荆州的王气。为了自家的风水,甚至去刨别人家的祖坟,这无疑会令孙皓在荆州大失民心。另一方面,由于武昌一带土地贫瘠、物产不丰,迁都后整个宫廷的用度全靠下游供给,扬州百姓苦于徭役,甚至传出了"宁饮建业水,不食武昌鱼;宁还建业死,不止武昌居"的谣言。迁都才过一年,吴郡就发生了山贼施但的叛乱。叛军劫持了孙皓的庶弟孙谦,聚众万余进攻建业。然而这批乌合之众由于没有甲胄,很快便被留守的大臣剿灭,施但家属皆被俘虏。孙皓闻知,觉得这正好可以因应"荆州有王气破扬州"的预言,就派数百兵马从武昌而下,鼓噪入建业,杀掉了施但一家,还宣言说:"天子使荆州兵来破扬州贼。"

通过这一系列"厌胜"行为,孙皓觉得已经化解了荆州王气之说,于是又把国都迁回了建业。但他仍觉得太初宫风水不好,就在此后新建了昭明宫。

常言道:"上有所好,下必甚焉。"孙皓既然对巫史术士之言深信不疑,下边自然会有人制造种种符瑞谶纬之兆投其所好。到了建衡三年(271年)正月,孙皓突然发神经一般,在毫无预备的情况下"举大众出华里",搞了一次大型行为艺术般的北伐。

事情的起因据《江表传》所说,是侍中刁玄宣称自己多年前出使蜀汉时得了一部名为《司马徽与刘廙论运命历数事》的书,书中记有一则谶言为:"黄旗紫盖,见于东南。终有天下者,荆、扬之君乎!"司马徽也就是水镜先生,刘廙则在曹魏当到侍中,二人皆为学识渊博的名士。"黄旗紫盖"则是当时云气占术对"天子气""王气"的形容词。据说早在汉代便有术士言讲:"黄旗紫盖,见于斗、牛之间(斗、牛星宿为吴越分野),江东有天子气。"刁玄引司马徽、刘廙之言,意思是上天已经昭示东吴将统一天下。

孙皓自即位以来,对司马家就一直不服不忿。灭蜀后司马昭下书劝他投降,他的回信"两头言白,称名言而不著姓"[①];降将徐绍"称美中国",他就将其召还诛杀;司马炎代魏后,出使西晋的使臣丁忠称"北方守战之具不设,弋阳可袭而取",彼时身在武昌的孙皓就有北伐之意,后来虽未成行,却与晋室从此断交。宝鼎三年(268年),孙皓首次北伐,亲出东关,并命施绩入江夏,万彧攻襄阳。此次北伐虽未获胜,却也没让晋军占到太多便宜。次年孙皓又派军从陆海两路南下,继续与西晋争夺交州。据说由荆州南征的吴军有十万之多,两年后终于收复了交州全境。而彼时的西晋忙于内政,一直对东吴的进攻采取消极防御的政策。甚至有史料称:"以孙皓之虚名,足以惊动诸夏,每一小出,

---

① 两头言白,是时人写信给地位平等之人的习用格式。《全晋文》里收录有不少以"某白"开头(如羲之白)并伴之以"某白"结尾的尺牍。隋文帝曾在诏书中云:"尉佗之于高祖,初犹不臣;孙皓之答晋文,书尚云白。"

虽圣心知其垂亡，然中国辄怀惶怖。"所以，当时的孙皓不但不畏惧西晋，甚至还觉得自己面临的形势一片大好。刁玄臆造的"黄旗紫盖"之说，迎合的正是孙皓的这种心态。

恰在此时，又有从西晋逃亡过来的百姓传言寿春一带近来有童谣云："吴天子当上。"孙皓闻知大喜，道："此天命也。"就下令北伐，带着母亲和数千嫔妃宫女，乘车"从牛渚陆道西上"，扬言说"青盖入洛阳"（天子之车青盖），以顺天命。所谓牛渚陆道，即从牛渚矶（采石矶）渡江后经今含山县西行，再北上趋寿春的陆道。其时正值隆冬，半途遇上大雪，车辆陷在泥浆里寸步难行，兵士们只能百人共拉一车前进，迎着北风在雪地里冻得要死。最后兵卒实在受不了了，都传语说："如果遇上敌军，我们就倒戈投降！"孙皓知道后，这才老大不乐意地下令回师。

尽管这次"青盖入洛阳"的闹剧并未成功，但不久后就传来了交州克复的喜讯。紧接着第二年发生了西陵督步阐叛乱，西晋方面派兵八万来救，居然被陆抗率三万人击败，步阐一族被灭。这两件事使孙皓愈加相信，老天爷站到了自己这一边。据干宝《晋纪》记载："陆抗之克步阐，皓意张大，乃使尚广筮并天下。遇同人之颐，对曰：'吉。庚子岁，青盖当入洛阳。'故皓不修其政，而恒有窥上国之志。"陆抗平定步阐叛乱是在壬辰年，庚子岁也就是八年以后。既然"黄旗紫盖，运在东南"，卦象又显示八年后"青盖当入洛阳"，孙皓对自己终有天下一事便更加深信不疑了。

据说，当时孙皓已经在建业为司马炎修好了府邸，专等消灭西晋后便赏给这个亡国之君居住。

这以后的时间里，孙皓继续沉迷于符瑞、谶纬之事。

三年后，吴郡官员奏称，当地"掘地得银，长一尺，广三分"，

状如册书,上刻有年月字。孙皓觉得这是上天的册命,于是改年号为"天册"。

过了一年,吴郡又奏称,自汉末便壅塞为草泽的临平湖如今恢复了碧波荡漾的旧貌,故老相传:"此湖塞,天下乱;此湖开,天下平。"近来无故忽更开通,此乃天下当太平、青盖入洛阳之徵祥。还有人在湖边发现了一个石函,里面有一个青白色状如玉玺的小石,上刻皇帝字样。孙皓大喜,又改年号为"天玺"。

见吴郡如此积极,其他郡县也不甘落后,东吴境内大造符瑞的运动至此进入高潮。

同年,鄱阳郡上奏,鄱阳湖东岸的石山上有石印,石印神名三郎,如今石印之封开启,巫祝请石印三郎下降,言"天下方太平"。孙皓派使者前往祭山,登梯往视,见其印文若曰:"楚九州渚,吴九州都。扬州士,作天子,四世治,太平始。"得到这一汇报,孙皓大喜道:"吴当为九州作都、渚乎?从大皇帝逮孤,四世矣。太平之主,非孤复谁?"

吴兴郡也奏称,阳羡山有石忽空,陷为石室,长十余丈,为大瑞之兆。于是在众臣的逢迎下,孙皓决定先举行封禅仪式中的禅礼,派兼司徒董朝、兼太常周处前往阳羡,封禅国山。时至今日,孙皓所立的《禅国山碑》依然矗立在今江苏宜兴善卷洞风景区的国山之上。次年孙皓再次改元"天纪",以应石文。

此外,史料所见符瑞还有建业岩山天发神谶、海盐玉玺文曰"吴真皇帝",以及国山碑所记的"麟凤龟龙,衔图负书""嘉禾秀颖,甘露凝液"等,各种预示着孙皓将统一天下的嘉祥不一而足。

孙皓并不知道,正当他沉浸在"终有天下"的美梦里不能自拔的时候,西晋益州刺史王濬正在长江上游紧锣密鼓地大造战船。据说王濬建造的大船"方百二十步,受二千余人。以木为城,起楼橹,开四出门,其上皆得驰马来往"。北军舟楫之盛，自古未有。造船产生的大量木片刨花浮江而下，顺着三峡直流入东吴境内。

建平太守吾彦将捞起的木片送往朝廷，上表说："晋必有攻吴之计，宜增建平兵以塞冲要。建平不下，晋人终不敢渡江。"然而孙皓不予理会。于是吾彦只好自作主张，在峡口用铁锁横断江路，又制作丈余长的铁锥暗置江中，期望以此阻遏东下的战船。

除王濬外，在羊祜卒后接替他担任荆州都督的杜预也在为伐吴做着精心的准备。步阐的叛乱被镇压后，继为西陵督的吴将本是张政。杜预到任后拣选精锐，先是发动突袭击破张政，俘虏了不少吴兵，继而又使用离间计，将俘虏的吴兵都放还给了张政。孙皓原本就对西陵守军很不放心，得知此事后怀疑张政跟杜预有勾结，就立刻将其召还，改派武昌监留宪（一作刘宪）去接任。

此时已经到了天纪三年（279年）。这年夏天，广州又发生了部曲督郭马等人的叛乱，南海太守被杀，广州刺史被逐。孙皓遂命滕修领万人从东道、陶浚领七千人从西道，会同交州牧陶璜一起前往镇压。

王濬、杜预闻知，同时上表晋武帝，敦请利用这个机会，即刻起兵伐吴。

尽管朝中重臣贾充、荀勖、冯𬘘等都表示反对，但晋武帝为了摆脱自己功业不足的弱势地位，还是下定了灭吴的决心。

当年十一月，晋武帝下诏，命镇军将军、琅琊王司马伷出涂中，安东将军王浑出牛渚，建威将军王戎出武昌，平南（或作平西）将军胡奋出夏口，镇南大将军杜预出江陵，龙骧将军王濬、广武将军唐彬率巴蜀之卒浮江而下，六路大军东西并举，总兵力二十余万伐吴。又命太尉贾充为大都督，统中军坐镇襄阳为诸军节度。

结束三国时代的统一之战至此终于到来了。

第204章 金陵王气黯然收

从曹操时代起，在长达六十多年的时间里，曹魏多次大举伐吴均无功而返，最重要的原因就是有长江天险存在，而北国的水军力量相比东吴又不能占据优势。

现在情况不同了。由于吞并了蜀汉，西晋已经夺取了长江天险的一半，并在战略上占据了顺流而下的优势。更重要的是，益州刺史王濬经过七年准备，组建了一支拥有七万战士的水军。这次西晋虽然是六路进兵，但能否一举灭吴，其关键全在王濬的这支水军。

当初司马昭就曾说过，灭蜀之后便可"因巴蜀顺流之势，水陆并进"以取吴；后来邓艾也提议，应预先在蜀中制作舟船为伐吴之资；再后来羊祜举荐王濬留任益州刺史，亦表请晋武帝密令其建造战船。可见用舟师在巴蜀顺流而下以攻破东吴的长江防线乃是晋廷主战派的共识。

十几年前孙皓派纪陟出使曹魏，司马昭曾问他说："吴之戍备几何？"纪陟说："自西陵以至江都，五千七百里。"司马昭又问："道里甚远，难为坚固？"你们东吴的防线这么长，怎么谈得上坚固？纪陟就回答说："疆界虽远，而其险要必争之地，不过数四。犹如人虽有八尺之躯，但要防护风寒，最关键的地方亦只有数处。"司马昭听了就点头称善。

可是问题在于，东吴防线上的险要必争之地虽然只有数处，但这些关键地点皆位于长江沿线，是沿着长江的流向呈东西线列分布。这种情况正如羊祜所言，是"缘江为国，无有内外"，严重缺乏战略纵深。以往曹魏伐吴迫于形势，选择的主攻方向或为濡须，或为江陵、广陵，皆为这条防线的正面。彼时东吴凭借水军优势，可以借由长江航道东西赴救，所以尽管总兵力弱于曹魏，却能集中力量于防御重点。现在西晋选择将上游作为突破口，以益州水军从西边发动攻击，则是从侧面去撕破这条防线。

换句话说，在宏观层面上，这次西晋使用的正是战史上不断出现的经典侧翼斜击战术。

十一月晋武帝下诏宣布伐吴后，各路大军开始向前线集结进发，至次年正月陆续进入吴境。由于荆州都督杜预、扬州都督王浑的屯驻地距离吴境最近，其所领军队亦最先与东吴守军发生战斗。正月下旬，王浑军攻克江北寻阳（今湖北黄梅西南）、赖乡诸城，俘获吴将周兴等五人，吴厉武将军陈代、平虏将军朱明等惧而来降。杜预则一边进逼江陵，一边派遣部将樊显等循江西上，逐次拔除吴军在江北的据点，旬日之间，累克城邑。

与此同时，王濬从成都统领"水陆军及梁州羌胡七万"[①]顺江东下，以巴东监军唐彬为前锋，亦于正月间开始进攻东吴的"国之西门"——西陵（即夷陵）。

蜀汉未亡之时，吴蜀两国本来各以巫县、永安为界，后来刘禅出降，吴主孙休趁火打劫，也派步协、陆抗溯江西进，想要瓜分蜀汉东境领土，不料却被守永安的蜀将罗宪所阻。罗宪一边固守，一边遣使向司马昭归降，半年后司马昭命胡烈来救，吴军才撤围而去。司马昭便仍以罗宪镇守永安。泰始四年后，罗宪袭取巫县，迫使东吴的国界退至今秭归一线。建平太守吾彦横断江面的铁锁、铁锥就设置在这一带。

当初羊祜坐镇襄阳时，早就通过间谍掌握了铁锁横江的情况，所以王濬此番是有备而来。他预先派人制造了几十个跟战船几乎同样大小的巨型竹筏，上面扎了好多草人，都配上衣甲兵器，让水性好的士兵驾竹筏走在最前。吾彦暗藏江中的铁锥虽刺穿了竹筏，竹筏却并不下沉，反而将铁锥一并带走。对于铁锁，王濬则特制了超大号的火炬，每个长十余丈，粗数十围，灌满麻油置于船头。遇上铁锁拦路，就点燃火炬猛烧，不多时铁锁熔断，于是畅通无阻。

尽管吾彦坚守的建平一时难以攻克，但王濬军还是于二月初一攻下丹阳（今湖北秭归东），初三日攻下了西陵，到任未久的西陵督留宪兵败被杀。东吴整个西北防区总兵力不足三万，又分散于五六个据点，根本抵抗不了王濬和杜预的联合攻势。两天后，王濬军又拿下了夷道城，

[①] 《华阳国志》卷八《大同志》原文为"自成都帅水陆军及梁州三水胡七万"。刘琳以"三水"为地名，在安定郡，因《后汉书》有卢芳与三水属国羌胡起兵事。笔者以为，三水在今宁夏固原一带，距巴蜀、梁州较远，又宋本《太平御览》引此作"帅水陆军及梁州又率七万人"（任乃强注则云"《御览》引作梁州三十七万人"），可知"七万"之前或有错讹，从梁州居民族属状况来看，似应为"水陆军及梁州羌胡七万"为宜，"三水"为"羌"字之讹。

从而与杜预军在乐乡顺利会师。

由于伐吴战役启动之前,王濬的官职仅是益州刺史,既非征镇将军,又不带都督头衔,所以朝廷曾有诏书,命他攻下建平、进入荆州地界后便听镇南大将军杜预节度,若是进至建业,就听安东将军王浑调遣。杜预知道后对手下诸将说:"如果王濬得下建平,则顺流长驱,威名已著,不宜令其受制于我。如果他不能攻克西陵,我也没机会去指挥他。"等到王濬拿下西陵,杜预又给他写信说:"足下既已摧破西藩,便当径取秣陵(即建业),一举荡平吴寇。然后自江入淮,振旅还都,亦旷世奇功。"王濬见信大悦,还把这封信呈送朝廷。

乐乡城位于长江南岸,是当年陆抗的大本营。在王濬军到来之前,杜预由于缺乏战船,只派牙门将周旨等领八百人乘小舟夜渡南岸,一边多张旗帜,一边放火烧山,对乐乡城外围发动了骚扰性的进攻。乐乡督孙歆不知虚实,大为震恐,写信给江陵守将伍延说:"北来诸军,难道是飞渡长江不成?"等到西陵失守,王濬进逼乐乡,孙歆派军阻击,大败而还,周旨带着这八百人居然混在败兵的队伍中进了城。孙歆还没察觉,就莫名其妙地当了俘虏。这时候王濬趁机再一攻,乐乡城便在初八日陷落了。

紧接着,十七日杜预军攻破江陵,伍延被斩;平南将军胡奋也占领了曾经的荆州治所江安(即公安)。至此,东吴西境防线彻底崩盘。"于是沅湘以南,至于交广,吴之州郡皆望风归命,奉送印绶。"杜预分军南入,荆州大部分疆土遂归西晋所有,"凡所斩及生获吴都督、监军十四,牙门、郡守百二十余人"。

十八日,晋武帝下诏,封王濬为平东将军、梁益二州都督,并对下一阶段的攻势做出指示:命王濬、唐彬统水师继续东下,进攻巴丘,并与胡奋、王戎共平夏口、武昌,然后便可顺流直趋建业;杜预则留在荆

第 204 章 金陵王气黯然收

州对江南的零陵、桂阳等郡实施占领；杜预应分兵万人给王濬，七千人给唐彬，一旦夏口攻克，胡奋就分七千人给王濬，等拿下武昌，王戎也要分六千人给唐彬。最后，鉴于荆州战事大局已定，太尉贾充所领中军即刻由襄阳移屯项城，继续为诸军后援。

尽管开战以来，晋军势如破竹，不到两月就占领了整个荆州，但实际上这时朝廷内部依然存在反对继续伐吴的声音。《晋书·杜预传》记载，众军会议时有人就表示，东吴已经盘踞江东将近百年，不是一口就能吃掉的，现在春汛来临，说不定会有瘟疫，最好等冬天再继续进攻。名义上的三军总指挥贾充更是上表，称进入夏季后，"江、淮下湿，疾疫必起，宜召诸军还"。幸而晋武帝头脑清醒，没有批准他的提议。

二月下旬，王濬军继续顺江东进，配合胡奋、王戎对中游重镇夏口和武昌发动了进攻。

武昌是东吴旧都，拥有完善的防御工事，而且本来也应有重兵镇守。然而前面我已讲过，孙皓对上游领兵诸将颇为忌惮，其在位期间一直致力于分化和削弱诸将的兵权。例如在建衡二年（270年），他曾经派宠臣何定领兵五千，突然间西上夏口，说是打猎。本来民间就盛传孙皓想除掉夏口督孙秀，现在何定又突然领兵来到夏口，孙秀惊惶无计，就带着家属部众逃奔了西晋。再比如前文提到，在迁都武昌后孙皓曾因"荆州有王气破扬州"而掘了许多荆州大族的祖坟；在凤凰二年（273年）和天纪二年（278年），孙皓又分两批封了二十二个王（多数应为皇子），"王给三千兵"。考虑到这时东吴的兵源早已枯竭，分给诸王的六万多兵丁大概只能从诸将手中巧取豪夺。无怪乎陆抗临死前在上疏中一再强调："诸王幼冲，未统国事，……无用兵马，以妨要务。"再加上孙皓喜欢用文士担任武昌督区的官长，之前为争夺交州也抽调了不少荆州的兵力，所有这一切都严重削弱了武昌、夏口方面抵御入侵的能力。

因此，晋军在这两地几乎没遇到什么像样的抵抗。史云："濬自发蜀，兵不血刃，攻无坚城，夏口、武昌，无相支抗。"在王濬、王戎的联合攻势下，东吴江夏太守刘朗、武昌督虞昺等皆望风迎降。

这一阶段，唯一的一场大规模战斗发生在下游王浑军主攻的横江方向。

综合《晋纪》《襄阳记》之记载，可知吴主孙皓在得知晋军大举入侵，尤其是王浑军逼近横江之后，便派丞相张悌督丹阳太守沈莹、护军孙震、副军师诸葛靓（诸葛诞子）等率中军三万前去抵御。吴军开至牛渚时，就进军方向曾有分歧。丹阳太守沈莹不赞成渡江去迎击王浑，他说："晋人在蜀中治水军已久，如今倾国大举，万里齐力，必悉益州之众浮江而下。而我上流诸军，无有戒备，名将皆死，当任者皆为幼少小将，只恐沿江诸城戍无能抵御，晋人之水军必至于此。不如且蓄众力，待其来时再决一战。如若能胜，江北之寇必不战自退，上流虽失，亦可再去收复。现在渡江逆战，胜负难料，万一丧败，则大事去矣！"

然而张悌却道："吴之将亡，不在今日，此贤愚所知也。我只怕待蜀兵来此，众心早已震骇恐惧，士气无存，如何能战？现在应该趁军心未乱，即刻渡江一战，若不幸丧败，则你我同死社稷，也算了无遗恨。若能得胜，则北敌奔走，兵势大振，便当乘威西进，逆王濬于半途，不忧不破也。如按你所说而行，在等待敌人到来的时候只怕兵士就会逃亡散尽了。到时坐待敌至，君臣俱降，连一个为国死难者都没有，岂非耻辱？"

于是张悌就统军渡到江北，先在杨荷桥将王浑军的前锋张乔部包围了起来。张乔手下只有七千人，眼见不敌，就闭栅自守，举起了白旗假装投降。当时诸葛靓建议张悌先受降，然后再将其尽数坑杀，但张悌认为强敌在前，没工夫处理战俘，况且杀降不祥，就没同意，只安抚了一

第204章 金陵王气黯然收

下张乔就继续前进了。不久，张悌与王浑军主力周浚、张翰部遭遇，双方摆阵合战。沈莹所领的五千丹阳锐卒，手持刀盾，头扎青巾，号称"青巾兵"，以往是屡陷坚阵的精锐部队。此时他们鼓噪冲锋，直冲周浚的淮南军，冲了三次居然都没撼动阵脚。耗尽体能的青巾兵随即散乱引退，晋军乘乱再一追击，吴军各部就像倒掉的多米诺骨牌一般纷纷溃退，任凭将帅怎么拦阻都止不住，张乔又在后夹击，终于"大败吴军于坂桥，获悌、震、莹等"。

《襄阳记》还记载说，当吴军溃败之时，诸葛靓与所部五六百人撤退，派人来接张悌一起走。张悌不肯离去，诸葛靓亲自过来拉他，劝他说天下兴亡自有定数，没必要为此白白牺牲。张悌就流着泪对诸葛靓说道："仲思，今天便是我死之日。我还是孩童时，便为卿家丞相所拔，常恐不得其死，有负名贤知顾。如今既可以身殉国，为何还要逃避？你莫要再这样拉着我了。"张悌本是襄阳人，很可能是在吕蒙袭取荆州后才入了东吴。他所说的"卿家丞相"，应该就是诸葛亮。当年他曾受诸葛亮知遇之恩，也希望自己能像武侯一样死得其所。听了他这番话语，诸葛靓只好含泪放开了手。他走出百余步再回头，已见张悌被晋兵所杀了。

此战过后，东吴中军精锐一时荡尽，举朝大为震恐。随后吴主孙皓虽然又组织了几次抵抗①，但基本上都是望风披靡，毫无效果。原先派

---

① 尽管干宝《晋纪》称张悌败于坂桥，《晋书·武帝纪》也说"王浑、周浚与吴丞相张悌战于版桥，大破之，斩悌及其将孙震、沈莹"，但有史料显示，张悌败死与版桥一战是两场不同的战斗。因为如前所述，张悌是死于江北，而版（板、坂）桥位于建业西南的长江南岸、新林浦与三山之间。谢朓有诗名为《之宣城出新林浦向版桥》。李善注引《水经注》佚文："江水经三山，又湘浦出焉，水上南北结浮桥渡水，故曰版桥。"《建康实录》亦云："二月，王浑、周浚等进屯横江。后主闻悌军没，甚惧，自选羽林精甲以配沈莹、孙震等，屯于板桥。"可知张悌败亡在前，版桥之战在后。《晋书》所记是概括言之，可能是出于王浑争功的原因。

去讨伐郭马的陶濬在武昌失陷后逃回建业，孙皓问他上游军情，他撒谎说："蜀船皆小。只需得二万兵，乘大船战，自足击之。"于是孙皓就拼凑人马战船，授给陶濬节钺，让他明日出发。结果当天夜里，吴军士众都跑了个精光。王濬的水军进至距建业五十里的三山，孙皓又命游击将军张象率舟军万人出战，"象军望旗而降"。孙皓自己巡视完石头城要塞回宫，左右人皆舞刀大呼，云："要当为陛下决一死战！"孙皓大喜，就拿出金银财宝赏赐左右，不料这些佞幸小人得了财宝以后，都偷偷逃走了。

走投无路之下，孙皓只能采纳臣下的建议，分遣使臣向王濬、王浑、琅琊王司马伷献上了降书。

三月十五日，顺流而至的王濬军首先抵达石头城下，"孙皓大惧，面缚舆榇，降于军门"。次日，琅琊王司马伷会同诸军渡江，入据建业宫，收其府库图籍。吴亡。

四月二十八日，晋武帝封举家北迁的孙皓为归命侯。五月一日，孙皓终于抵达洛阳，实现了当初"青盖入洛阳"的谶言。此时正是庚子年。

正所谓：

王濬楼船下益州，金陵王气黯然收。
千寻铁锁沉江底，一片降幡出石头。

滚滚长江虽东流依旧，三国纷争的历史至此却落下了帷幕。

（全书完）

诸葛亮流马形制考

附录

众所周知,三国时蜀相诸葛亮自汉中北伐,曾创制"木牛流马"以运军粮。然而遗憾的是,尽管《三国志》裴注所引《诸葛亮集》中收录有《作木牛流马法》(以下简称《作法》)一文,但由于其文简略,且内中杂有后人难解其义之术语,甚至某些字句在传抄流传的过程中可能出现了错讹,以致千百年来,虽然木牛流马之名借由三国故事的流传变得妇孺皆知,其具体形制却一直是众说纷纭的难解之谜。

大体从宋代开始,史籍中便记录有时人对木牛流马形制之猜测。如高承《事物纪原》"小车"条云:"木牛,即今小车之有前辕者;流马,即今独推者是,而民间谓之江州车子。"陈师道《后山丛谈》卷四亦云:"蜀中有小车独推,载八石,前如牛头;又有大车,用四人推,载十石。盖木牛流马也。"迄至现代,研究木牛流马乃至试图复原其形制者更夥。仅就笔者所见,建国以后公开发表的相关论文便至少有数十篇①。若以运动方式划分,这些观点大致可以分成三类:一类认为木牛流马是有轮之车;一类认为是仿牛马形态可迈步行走之机械;还有一类认为木牛是车,流马则是小船或其他水上运输工具。目前以第一类观点在学术界占主流。

在第一类观点中,又可细分为以下几种不同意见:

一、木牛流马是同一种工具,即人力驱动的独轮车。

二、木牛、流马是两种不同的工具,木牛是人力驱动的独轮车,流马则是四轮车。

三、木牛、流马是两种不同式样的四轮车。

基于史料相关记载及《作法》中木牛"一脚四足""双者为牛脚""转者为牛足"②等特征,笔者认为,目前以方北辰、谭良啸对木牛形制之考证最有说服力,即木牛是在独轮车的基础上发展而来的四轮横贯于单轴之中的人力车③。至于流马,亦应为一种四轮小车,但其具体形制前贤之考论皆难称允当。这主要是因为复原流马形制的唯一依据只有

---

① 其中较具代表性的研究参见刘仙洲:《我国独轮车的创始时期应上推到西汉晚年》,《文物》1964年第6期;史树青:《有关汉代独轮车的几个问题》,同前刊;谭良啸:《木牛流马考辨》,《社会科学》1984年第2期;陈从周、陆敬严:《木牛流马辨疑》,《同济大学学报》1988年第3期;刘洁:《从褒斜道路况探"流马"功能》,《四川文物》2003年第4期;林成西:《木牛流马新论》,《社会科学研究》2006年第4期;周剑锋:《"木牛流马"的历史考究》,《兰台世界》2014年第13期;李遵刚:《论诸葛亮木牛流马》,《临沂大学学报》2016年第1期;曹励华、邹慧君:《依据〈三国志·作木牛流马法〉复原木牛流马》,《机械设计与研究》2019年第4期。综合评价参见赵彬:《木牛、流马研制现状及问题》,《成都大学学报》2006年第6期;谭良啸:《消除误区,求解木牛流马——兼评木牛流马研制现状》,《襄樊学院学报》2011年第9期。
② 《三国志》卷35《诸葛亮传》裴注引《诸葛亮集》,中华书局,1959年版,第928页。
③ 参见方北辰:《"木牛流马"新探讨》,收录于氏著:《一个成都学者的精彩三国》,成都时代出版社,2015年版,第83-95页。

《作法》中记载的"流马尺寸之数"这段文本,而这段文本不但个别词语语义不明,就是整体之叙述逻辑也颇令人费解。研究者不明就里,也就只好要么回避细节泛泛而谈,要么凭空想象闭门造车了。之所以会出现这种现象,笔者认为,文本本身存在讹误应是一个不容忽视的原因。故此要想搞清楚流马之形制,必须先从文本之校订入手。

今本《三国志》裴注所引《作法》"流马尺寸之数"如下:

流马尺寸之数,肋长三尺五寸,广三寸,厚二寸二分,左右同。前轴孔分墨去头四寸,径中二寸。前脚孔分墨二寸,去前轴孔四寸五分,广一寸。前杠孔去前脚孔分墨二寸七分,孔长二寸,广一寸。后轴孔去前杠分墨一尺五分,大小与前同。后脚孔分墨去后轴孔三寸五分,大小与前同。后杠孔去后脚孔分墨二寸七分,后载刻去后杠孔分墨四寸五分。前杠长一尺八寸,广二寸,厚一寸五分。后杠与等版方囊二枚,厚八分,长二尺七寸,高一尺六寸五分,广一尺六寸,每枚受米二斛三斗。从上杠孔去肋下七寸,前后同。上杠孔去下杠孔分墨一尺三寸,孔长一寸五分,广七分,八孔同。前后四脚,广二寸,厚一寸五分。形制如象,靬长四寸,径面四寸三分。孔径中三脚杠,长二尺一寸,广一寸五分,厚一寸四分,同杠耳。①

以下据《通典》卷十、《册府元龟》卷九百八、《续后汉书》卷十五、《通鉴纲目》卷十五、《资治通鉴》卷七十二胡注所录之尺寸数

---

① 《三国志》卷35《诸葛亮传》裴注引《诸葛亮集》,第928页。

以及前人研究逐句进行校释。①

原文：

流马尺寸之数，肋长三尺五寸，广三寸，厚二寸二分，左右同。

校释：

各本同。所谓"肋"，其功用类似今之车梁，为流马之骨架。肋之尺寸在诸部件中最为长大，共左右两件，长35寸，宽3寸，厚2.2寸（参见图一）。

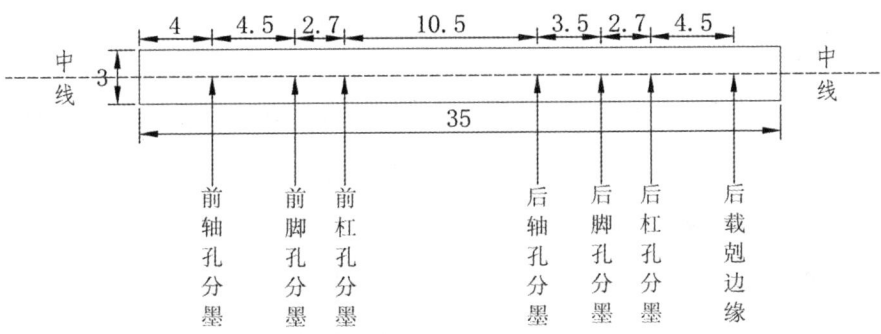

图一　"肋"之尺寸及分墨位置平面示意图（俯视）

原文：

前轴孔分墨去头四寸，径中二寸。

校释：

各本同。前轴，即车前轮之轴；分墨，李伯勋释为"划界的墨

---

① 上述史籍所取版本如下：《通典》，中华书局，1988年版，王文锦等点校本；《册府元龟》，凤凰出版社，2006年版，周勋初等校订本；《资治通鉴》，中华书局，1976年版，标点本；《续后汉书》《通鉴纲目》皆为文渊阁四库全书本。

线",李遵刚则云分墨义同分线,即相邻两卯孔的距离线①。笔者以为,分墨应为孔中心点之投影。盖因欲确定孔之位置,必先取其中心点,而木工确定中心点的方法便是在其投影点处画纵横两道墨线,墨线交叉点即中心点,故云分墨。前轴孔分墨去头四寸,即前轴孔中心点在肋上之投影距离肋之端头4寸;径中二寸,即前轴直径2寸。需要说明的是,从后文可知,肋下有脚,轴在脚前,所以前轴孔并不开在肋上,肋上的分墨只是其中心点之投影。

原文:

前脚孔分墨二寸,去前轴孔四寸五分,广一寸。

校释:

此处《通典》卷二十为"前脚孔分墨去头四寸,径中二寸,前脚孔分墨去前轴孔四寸五分,长一寸五分,广一寸"。《通鉴纲目》卷十五为"前脚孔分墨去头四寸五分,长一寸五分,广一寸"。因分墨为投影点,本身并无尺寸,再参考后文叙距离皆为某孔分墨去某孔之句式,可知原文"分墨二寸"之"二寸"或为衍文。而《通典》卷二十则重复抄录前文十三字。以后文后脚孔与后轴孔的对应关系来看,原文应为"前脚孔分墨去前轴孔四寸五分,长一寸五分,广一寸"。句意为:前脚孔中心点投影距离前轴孔中心点投影4.5寸,孔长1.5寸,宽1寸。《说文》云:"脚,胫也。"可知古文之脚,今意为小腿。脚在肋下,连接地面,故脚孔应开在肋之下方。

---

① 参见李伯勋:《诸葛亮集笺论》,西安:陕西人民出版社,1997年,第317页;李遵刚:《论诸葛亮木牛流马》,《临沂大学学报》2016年第1期。

原文：

前杠孔去前脚孔分墨二寸七分，孔长二寸，广一寸。

校释：

此处《通鉴》胡注云："前杠孔分墨去前脚孔分墨三寸七分，孔长二寸，广一寸。"余本同。由后文后杠孔去后脚孔分墨二寸七分可知胡注"三寸"误。但其在"前杠孔"后比余本多出的"分墨"两字应为原文，因为两孔之距离只有以中心点距中心点计算才便于操作，亦与各点相加后的肋体尺寸相符合（论证见后）。故原文应为"前杠孔分墨去前脚孔分墨二寸七分，孔长二寸，广一寸"。杠应为连接左右两肋之横杠，以起承重之作用，故前杠孔应开在肋之内侧，其中心点投影距前脚孔中心点投影2.7寸，孔长2寸，宽1寸。

原文：

后轴孔去前杠分墨一尺五分，大小与前同。

校释：

此处《通典》《通鉴纲目》云："后轴孔去前杠孔分墨一尺五寸，大小与前同。"《续后汉书》《通鉴》胡注则云："后轴孔去前杠孔分墨一尺五分，大小与前同。"可知原文"前杠"后脱一"孔"字，应据补。然此处之距离究为一尺五寸乎？一尺五分乎？核以各点相加后的整体尺寸，应以一尺五分为宜，详后。此句句意为：后轴孔中心点投影距离前杠孔中心点投影10.5寸，后轴孔之大小与前轴孔相同。

原文：

后脚孔分墨去后轴孔三寸五分，大小与前同。

校释：

各本同。句意为：后脚孔中心点投影距离后轴孔中心点投影3.5寸，后脚孔之大小与前脚孔相同。

原文：

后杠孔去后脚孔分墨二寸七分，后载尅去后杠孔分墨四寸五分。

校释：

此处《通典》《通鉴纲目》皆作："后扛孔去后脚孔分墨二寸二分，后扛孔分墨四寸五分。"七讹成二，且脱去四字，误。原文应如余本。后载尅具体形制不详，李遵刚释为"居于后面的克制载重物的构件"①，其功用是在前进时防止肋上的重物向后滑。其说可从。因此该物应位于肋之末端，并向上突起，若左右肋上的后载尅横向相连，还可起到类似超市购物车扶手的作用。全句意为：后杠孔中心投影点距后脚孔中心投影点2.7寸，后载尅距后杠孔中心投影点4.5寸。

原文：

前杠长一尺八寸，广二寸，厚一寸五分。后杠与等版方囊二枚，厚八分，长二尺七寸，高一尺六寸五分，广一尺六寸，每枚受米二斛三斗。

校释：

此处文字除《通典》《通鉴纲目》在"厚八分"前多一"板"字之外皆同。但仍须指出，今本《三国志》此处之断句不确，应如李伯勋、方北辰指出的那样，"版方囊"之前有断②。版方囊是用木板制成的木箱。句意为：前杠长18寸，宽2寸，厚1.5寸，后杠之尺寸与之相同。木

---

① 李遵刚：《论诸葛亮木牛流马》，《临沂大学学报》，2016年第1期。
② 李伯勋：《诸葛亮集笺论》，第317页；方北辰：《"木牛流马"新探讨》，第89页。

板制作的方箱两个,板厚0.8寸,箱长27寸,高16.5寸,宽16寸。每个箱子可装米2斛3斗。

原文:

从上杠孔去肋下七寸,前后同。上杠孔去下杠孔分墨一尺三寸,孔长一寸五分,广七分,八孔同。前后四脚,广二寸,厚一寸五分。形制如象,靬长四寸,径面四寸三分。

校释:

各本同。此处在前杠、后杠之后出现了上杠和下杠,既云上下,可知此杠不在肋上,而在脚上,起支撑稳固之作用。由"前后同""八孔同""前后四脚"可知,前两脚和后两脚之间皆有上下两杠,共四杠八孔。上杠孔中心点投影距离肋之下缘7寸,下杠孔中心点投影距上杠孔中心点投影13寸。八个杠孔皆长1.5寸,宽0.7寸。形制如象,盖云前后四脚站立如同立象。靬,《说文》云"干革也",此处谓何殊为难解。考虑到下文紧接着说到车轮,颇疑"靬长四寸"是指每只车轮以皮革四寸包裹轮辋来减少磨损。车轮与地面接触的轮辋曲面是极易磨损之部位,古时便有以皮革裹之的做法。如《汉书·霍光传》云,霍氏显贵骄奢,便以"韦絮荐轮",即以皮革裹辋,内中填以丝絮。若不填丝絮而填蒲绒,则名蒲轮①。流马复重致远,又多行山路栈道,其木质车轮若不加保护,必会很快磨损而不堪用,故以皮革裹之应为合理选择。径面四寸三分,是指车轮直径为4.3寸。则推算车轮周长为13.5寸,以4寸长皮革而能裹之,因皮革富于弹性、易于拉伸也。

---

① 参见孙机:《汉代物质文化资料图说》,上海古籍出版社,2011年版,第125页。

原文：

孔径中三脚杠，长二尺一寸，广一寸五分，厚一寸四分，同杠耳。

校释：

三脚杠，《册府元龟》《续后汉书》《通鉴》胡注均作二脚杠；广一寸五分，《通鉴》胡注作二寸五分。此处之孔，应为轮中心之孔，即轴孔；脚杠，即连接前脚与后脚之杠，左右各一，故"三"应据《元龟》等改为"二"。由于前轴孔距前脚孔分墨4.5寸，后轴孔距后脚孔分墨3.5寸，这就导致轮轴不在脚之正下方，而是位于脚之前方，所以为使脚、轮相连并将肋、杠承重后的压力转移至轮、轴上，脚杠需架在脚之下、轴之上。这时为使方形的脚杠与圆柱形的轴牢固连接，轴上需使用某种榫卯技术（如在轴上开凹槽），所谓"孔径中二脚杠"或许是就此而言。因脚之厚度即为脚杠之宽度，故《通鉴》胡注云"广二寸五分"当为讹误，原文一寸五分为确。"同杠耳"，《通典》作"杠同前"，余本同，其意虽未详，但并不影响对流马形制之推定。以叙述逻辑臆测，此处似应云左右同。全句句意为：轮轴中有二脚杠连接前后脚，杠长21寸，宽1.5寸，厚1.4寸，左右相同。

至此，"流马尺寸之数"全文考订如下：

流马尺寸之数，肋长三尺五寸，广三寸，厚二寸二分，左右同。前轴孔分墨去头四寸，径中二寸。前脚孔分墨去前轴孔（分墨）四寸五分，（孔）长一寸五分，广一寸。前杠孔分墨去前脚孔分墨二寸七分，孔长二寸，广一寸。后轴孔（分墨）去前杠孔分墨一尺五分，大小与前同。后脚孔分墨去后轴孔（分墨）三寸五分，大小与前同。后杠孔（分墨）去后脚孔分墨二寸七分，后载尅去后杠孔分墨四寸五分。前杠长一尺八寸，广二寸，厚一寸五分，后杠与等。版方囊二枚，厚八分，长二尺七寸，高一尺六寸五分，广一尺六寸，每枚受米二斛三斗。从上杠孔（分墨）去肋下七寸，前后同。上杠孔（分墨）去下杠孔分墨一尺三寸，孔长一寸五分，广七分，八孔同。前后四脚，广二寸，厚一寸五分。形制如象，靬长四寸，径面四寸三分。孔径中二脚杠，长二尺一寸，广一寸五分，厚一寸四分，同杠耳。

值得注意的是，《作法》中有两个数据没有提及，一个是前后四脚的脚长，一个是前后两轮轴的轴长。这大概是因为，只要脚长和轴长满足前述其他尺寸的要求，那么在此基础上稍长或稍短一些都不影响流马的正常使用。具体说来就是，脚长必须大于从上杠孔分墨到肋下与下杠孔分墨到上杠孔分墨这两个距离相加之和，即7+13=20寸。在满足这一条件的情况下，脚长若是太长，会导致重心高，载重不稳；若是太低，则不便于人力推行。参考今日手推车扶手之平均高度，再酌情减去数据不明的后载剋高度以及车轮半径、脚杠厚度等，若推行者身高170cm，则脚长似应在25寸至35寸之间为宜，今权且取其中为30寸。至于轴长，则必须大于前杠长（或与之基本相等的上杠、下杠之长）与左右二脚杠之宽度之和，即18+1.5×2=21寸，再加上数据不明的两个车轮厚度以及两个轮毂的长度，实际轴长很可能在25寸以上，今亦暂取30寸。

按以上数据，若以寸为单位，复原后的流马形制如图二所示：

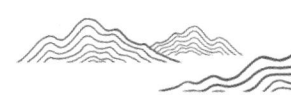

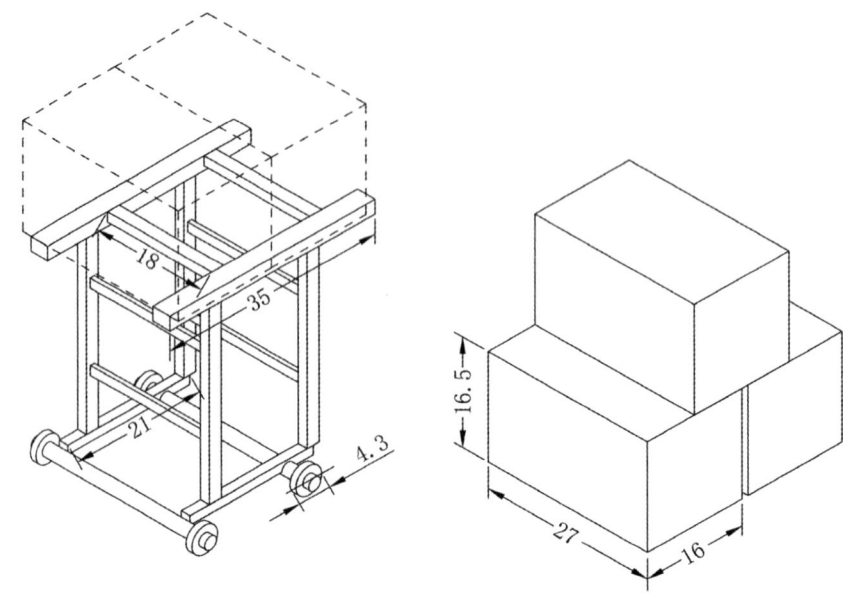

图二　流马及版方囊形制示意图

何以知道这个复原方案与《作法》相符合呢？

可以从以下两个方面来判断：

一、将前轴、前脚、前杠、后轴、后脚、后杠这几个分墨之间的距离相加，再加上前轴分墨到肋前端的4寸以及后杠到后载剋之间的距离，即4.5+2.7+10.5+3.5+2.7+4+4.5=32.4寸，而将两个方箱横置于肋上，其箱体总宽度恰为32寸，富余的0.4寸则留给两个箱体之间的空隙。另外，诸分墨之间的总距离32.4寸与肋长35寸相比，两者差2.6寸，这应该便是后载剋在肋上所占的长度。若将分墨理解成"相邻两卯孔的距离线"，那么总距离便会超过肋长。若将后轴孔分墨去前杠孔分墨的距离据《通典》算为15寸，那么总距离仍会超过肋长。由此可知，笔者将分墨理解为"孔中心点之投影"的推测是正确的，将后轴孔分墨与前杠孔分墨之间的距离校订为10.5寸也是合适的。另外,《作法》为求简略,在叙述孔与孔之间的相对距离时对分墨二字多有省略,如"前脚孔分墨去前轴孔四寸五分"一句,实际上是说两孔分墨之距离为4.5寸,切不可解读为前脚孔分墨距前轴孔边缘为4.5寸。因为倘若如此,各分墨间距再加上各孔的长度,其总和就会超过肋长。

二、将前轴、前脚、前杠、后轴、后脚这几个分墨之间的距离相加,即4.5+2.7+10.5+3.5=21.2寸,再加后脚宽度的一半即1寸,为22.2寸,而连接前轴、前脚、后轴、后脚的脚杠长21寸,两者大体相同。之所以会出现1.2寸之差,大概是因为前轴与脚杠前端之连接可能采用了榫卯结构,而卯孔长度是不计入杠长的(如前杠长18寸,即不包括杠孔长度)。当然,脚杠与轮轴之间的连接方式也可以采用别的方法,例如古代双轮车常用的伏兔等装置,又或者轮轴采用两端细、中间粗的方式,加上这一点长度,尺寸就更加相合了。

三、这一复原方案前后四脚站立、负重于背的方式与马相同,故可称流马;其轮在脚前的方式类似足趾宽厚之象足,加其四脚而立,亦可称"形制如象"。前后两脚并列、以轮承脚的方式亦与《作法》中木牛"双者为牛脚""转者为牛足"的特征相同。总体来看,其承重结构合理,单人推行比较省力,其轮距小于三尺的形制也便于在秦岭狭窄的栈道上行进。更重要的是,这一方案结构简单,制造成本低廉,便于批量生产,能够符合大规模运送军粮的要求。

按史籍所记,诸葛亮初次使用木牛运粮,是其建兴九年(231年)再出祁山时,而流马则至下一年才出现于史籍,并主要用于建兴十二年(234年)最后一次北伐的出斜谷之役。两者不但初次使用的时间地点不同,而且形制、特点和载重量也大不一样。根据《作法》的描述,木牛有双辕,有供人拉拽的鞅和鞦轴。从其"人行六尺,牛行四步。载一岁粮，日行二十里，而人不大劳"这一描述看来，木牛靠人力驱动，且由于其载重量大，多半需两人操作，前拉后推才能前行。而流马的形制，说穿了其实就是给木制框架安上四个轮子的简易手推车，并没有车辕、鞅和鞦轴这些部件，其不足三尺的轮距也非常适合在狭窄的秦岭栈道上行进，再加上其运载量较小，完全可以靠单人推行前进，而不是像木牛那样还需要有人在前拉动。就运输效率而言，木牛的特点是"载多而行少""特行者数十里，群行者二十里"，即运载量较大，但行进速度慢，所以"宜可大用，不可小使"；流马的行进速度虽无明确记载，但从其载重量只有木牛的五分之一来推断，其行进自然应更加快速，否则就没有投入使用的必要。此外，流马使用易于装卸的"方囊"载粮，也是木牛不具备的特点。

正是因为木牛和流马存在形制、投入人力、运载量和行进速度上的差异，所以诸葛亮才会在创制了木牛以后，又要发明流马以运军粮。而流马的使用亦与褒斜道以栈道为主的道路状况密切相关。

据方北辰研究，每个流马之所以要配两个"方囊"，是因为流马的使用是一种"接力式的快速运输方法"：

首先，在褒斜道南口的汉中大本营，用按照统一尺寸制造的方箱装米，然后每人推一个流马，每个流马承载两个方箱，开始经栈道运输。

其次，由于褒斜栈道的特点是大部分路段相对平缓、在两个平缓路段之间则以坡度较大但距离较短的阶梯相连，所以在平缓路段以流马运输，遇到连接性的阶梯路段，就将方箱从流马上卸下，改以壮丁用扁担肩挑（方箱的尺寸重量恰好适合肩挑），待通过阶梯路段后，再以流马运输。

最后，卸下方箱的流马空车返回起点，装载新的方箱。如此周而复始，仿佛流水滚滚向前，故而称之为"流马"。

以这种方式运输，只须事先将流马和人力进行合理调配，那么完全可以像现代工厂里的流水线作业一样，大大节省人力成本，提高运输效率。

褒斜道的总长大约在五百里。若以日行二十里的木牛运粮，一个运输周期就是五十天。而诸葛亮最后一次北伐，动用的总兵力是十万。要想保证十万士兵五十天不断粮，一次运输就需要木牛13888辆、27776人。流马的运行速度不详，如果以步行的常规速度日行五十里计，不采用接力法的一个运输周期就是二十天，而每个流马载米4.6斛，要想运载十万人二十天的口粮（133333斛），一次运输就需要流马28985辆。如果采用接力法，由于流水线连绵不断，省掉了空车返回的时间，那么只需原来的一半即14493辆即可满足要求。算上损耗，取其整数为15000。假如这15000辆流马分为10组，每组负责运输的距离也刚好是50里，那么如果一切顺利，每天都将有1500辆流马、将近7000斛粮食运抵前线，刚好可供十万士兵一天之食。也就是说，即使在战争开始以前诸葛亮没有任何存粮，那么只要他每天投入15000人操作流马，整个北伐大军就不会断粮。

以上计算或有错漏，实际状况也不可能像上述那么理想，不过采用流马运输的好处应该就是这样。要知道在古代，军粮运输的高昂成本一直是困扰历朝统治者的棘手问题。《孙子兵法》云："带甲十万，千里馈粮。则内外之费，宾客之用，胶漆之材，车甲之奉，日费千金。"《史记》中亦有所谓"千里馈粮，士有饥色"的说法。北宋的沈括曾计算，兴军的时间只要超过一个月，最少需要"三人饷一卒"，也就是一个人打仗需要三个民夫来运粮，"若兴师十万，辎重三之一，止得驻战

之卒七万人，已用三十万人运粮"。①而诸葛亮由于采用了流马之法，在其十万军士当中只需要抽出一万五千人运粮，便可以保证全军之食。考虑到运输又是在崇山峻岭中进行，这实在是相当惊人的成绩。后来诸葛亮在五丈原与司马懿对峙长达半年，却并未出现军粮短缺的问题，或许就是拜流马运粮所赐。

当然，流马虽然存在结构简单、制造成本低廉、便于批量生产等好处，但其形制特点只适用于栈道为主的道路，并且为了发挥其效用，对于人力的组织和调配也要求很高。这或许可以解释，为何流马只是在诸葛亮最后一次北伐时昙花一现，蜀汉后期再无使用记录，以致年代既久之后，虽然流马尺寸之数被保存了下来，其制作方法却终于失传，其形制后人也不得其详了。

---

① （宋）沈括：《梦溪笔谈》卷11《官政》"运粮"之法条。

参考书目

【古籍史料】

《读史方舆纪要》，中华书局，2005年。

《后汉书》，中华书局，1965年。

《华阳国志校补图注》，上海古籍出版社，1987年。

《建康实录》，中华书局，2009年。

《晋书》，中华书局，1974年。

《洛阳伽蓝记校释》，中华书局，2010年。

《三国志》，中华书局，1959年。

《三国志集解》，上海古籍出版社，2009年。

《世说新语校释》，上海古籍出版社，2011年。

《水经注校证》，中华书局，2007年。

《太平寰宇记》，中华书局，1985年。

《通典》，中华书局，1992年。

《资治通鉴》，中华书局，1956年。

【学术著作】

方北辰：《一个成都学者的精彩三国》，成都时代出版社，2015年。

方诗铭：《论三国人物》，北京出版社，2015年。

何兹全：《三国史》，人民出版社，2011年。

《读史集》，上海人民出版社，1982年。

洪武雄：《蜀汉政治制度史考论》，文津出版社有限公司，2008年。

黄炽霖：《曹魏时期中央政务机关之研究：兼论曹操与司马氏对政制之影响》，文史哲出版社，2002年。

柳春藩：《诸葛亮传》，中国青年出版社，1986年。

柳春新：《汉末晋初之际政治研究》，岳麓书社，2006年。

吕思勉：《三国史话》，四川人民出版社，2017年。

马植杰：《三国史》，人民出版社，1993年。

［日］内藤湖南：《诸葛武侯》，江苏人民出版社，2019年。

仇鹿鸣：《魏晋之际的政治权力与家族网络》，上海古籍出版社，2015年。

权家玉：《魏晋政治与皇权传递》，社会科学文献出版社，2019年。

宋杰：《三国兵争要地与攻守战略研究》，中华书局，2019年。

孙启祥：《蜀道三国史研究》，巴蜀书社，2017年。

田余庆：《秦汉魏晋史探微》，中华书局，1993年。

王永平：《孙吴政治与文化史论》，上海古籍出版社，2005年。

王仲荦：《说曹操》，中华书局，2009年。

吴金华：《三国志校诂》，江苏古籍出版社，1990年。

易中天：《品三国》，上海文艺出版社，2007年。

余明侠：《诸葛亮评传》，南京大学出版社，1996年。

张大可：《三国人物新传》，华文出版社，2003年。

《三国史》，华文出版社，2003年。

［澳］张磊夫（Rafe de Crespigny）：《国之枭雄：曹操传》，江苏人民出版社，2018年。

章映阁：《诸葛亮新传》，上海人民出版社，1984年。

张作耀：《曹操传》，人民出版社，2000年。

《刘备传》，人民出版社，2004年。

《孙权传》，人民出版社，2007年。

朱子彦：《走下圣坛的诸葛亮——三国史新论》，中国人民大学出版社，2006年。

祝秀侠：《诸葛亮传》，东方出版社，2009年。